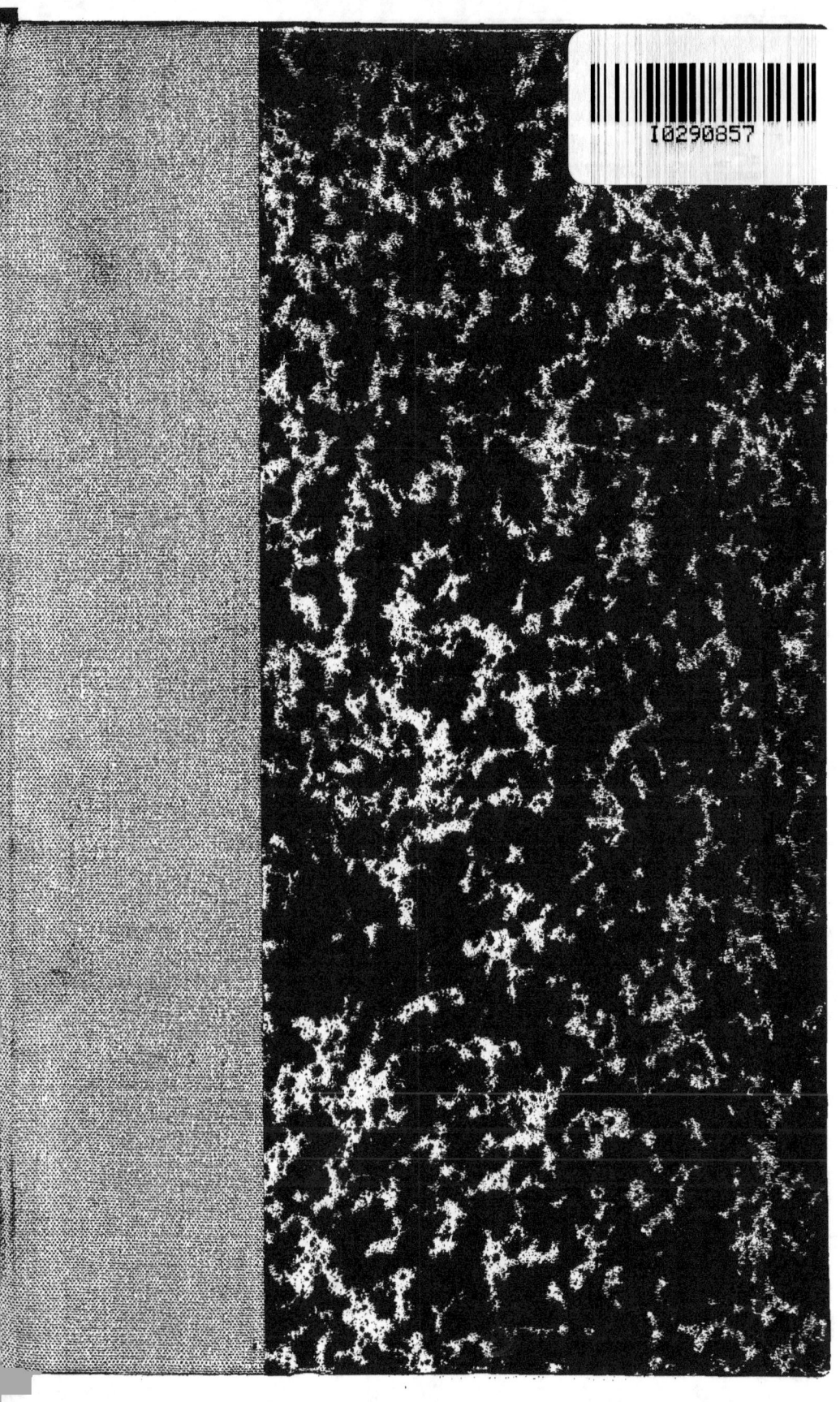

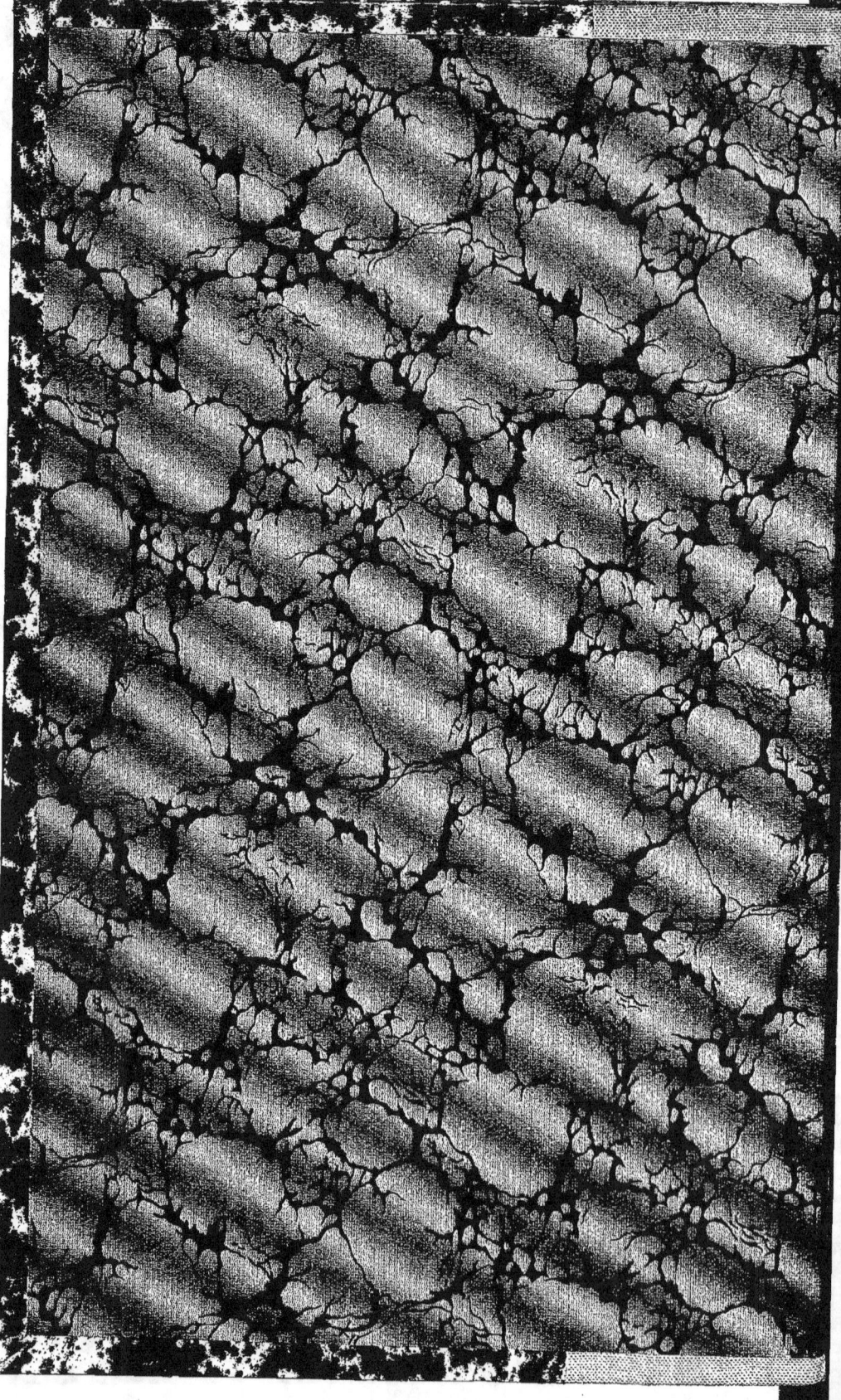

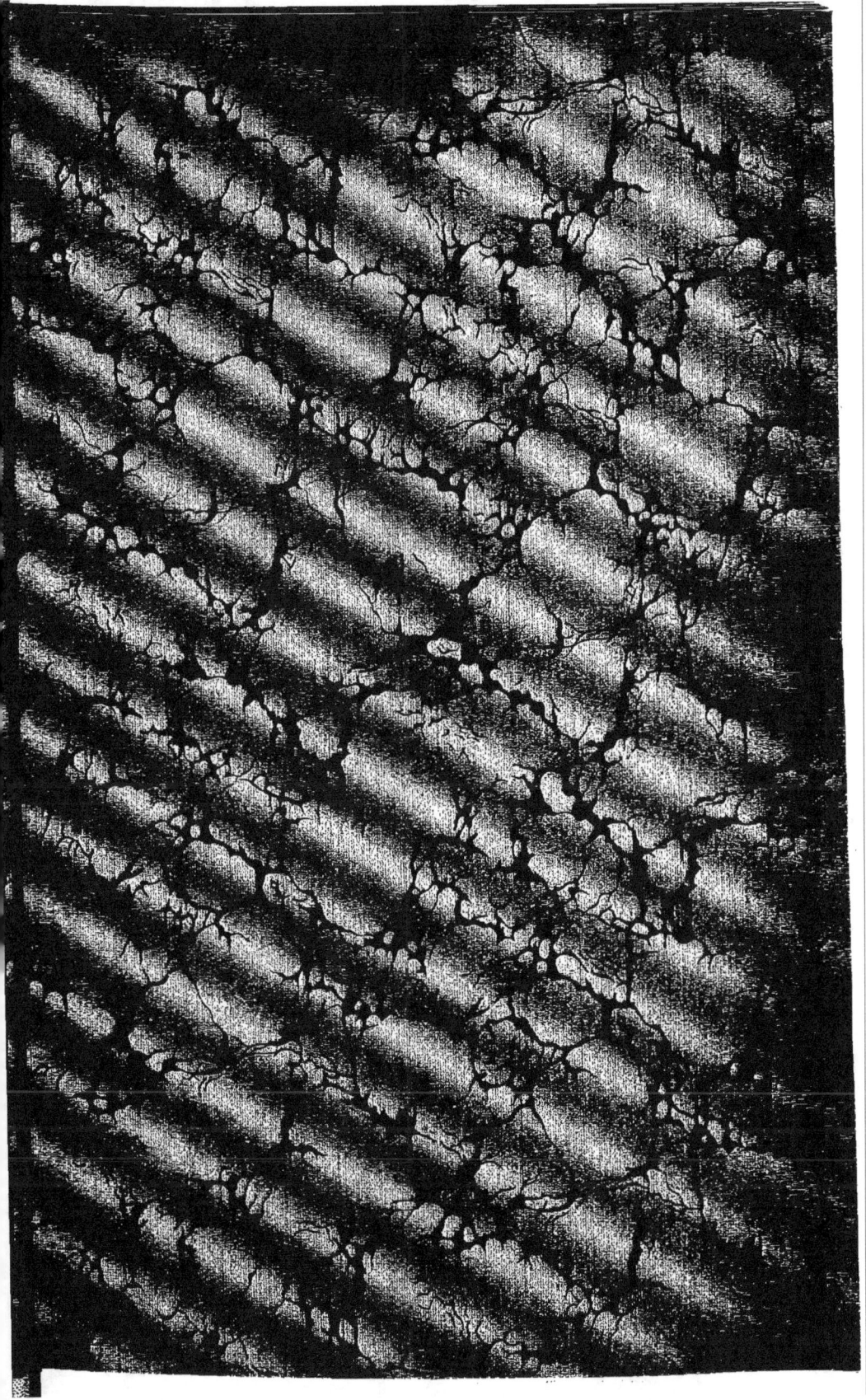

E. MARTINELLI

COMMERCE — TRAVAUX PUBLICS

LES
CHEMINS DE FER DE L'EUROPE

EN EXPLOITATION

D'APRÈS LES DOCUMENTS OFFICIELS DES COMPAGNIES

PAR

C. L. C. HOCHSTEYN

EX-FONCTIONNAIRE DE LA DIRECTION GÉNÉRALE DES CHEMINS DE FER
DU GRAND CENTRAL BELGE

PREMIÈRE ANNÉE

BRUXELLES
IMPRIMERIE FÉLIX CALLEWAERT PÈRE
26, RUE DE L'INDUSTRIE, 26
—
1876

Tous Droits de Reproduction et de Traduction réservés

COMPAGNIE DES WAGONS-LITS.   SCHLAFWAGEN-GESELLSCHAFT.

Mann's Railway Sleeping Carriage Company-Limited

M. Georges NAGELMACKERS, DIRECTEUR GÉNÉRAL

22, rue Marie de Bourgogne, 22,

BRUXELLES.

Bureaux de Division :

PARIS, 24, Rue de Dunkerque.

LONDRES, 6, Westminster Chambers, Victoria Street.

BERLIN, 25, I, Königgraetzerstrasse.

COLOGNE, 12, Domhof.

BUCAREST, 19, Strada Targovisti.

VIENNE, 15, Getreidemarkt.

Agences :

PARIS, 2bis, Place de l'Opéra.

BERLIN, 33, Unter den Linden.

BORDEAUX, 7, Cours de l'Intendance.

COLOGNE, 12, Domhof.

VIENNE, 1, Kärthnerring.

FRANCFORT, 9, Gallustrasse.

Lignes en Exploitation :

Paris-Cologne.   Paris-Vienne.   Paris-Bordeaux.

Berlin-Eydtkouhnen.   Berlin-Francfort.   Berlin-Aix-la-Chapelle, viâ Kreiensen.

Berlin-Hamburg.   Berlin-Breslau.   Cologne-Ostende.

Ostende-Bâle, viâ Luxemb.   Strasbourg-Munich.   Vienne-Prague Eger.

Bucarest-Roman.   Londres-Douvres.

Lignes entrant en prochaine exploitation :

Bucarest-Vercierova.   Paris-Francfort, viâ Metz.

C. KLINCKSIECK
LIBRAIRE DE L'INSTITUT DE FRANCE.
11, RUE DE LILLE, PARIS.

LES

CHEMINS DE FER DE L'EUROPE

EN EXPLOITATION

COMMERCE — TRAVAUX PUBLICS

LES
CHEMINS DE FER DE L'EUROPE

EN EXPLOITATION

D'APRÈS LES DOCUMENTS OFFICIELS DES COMPAGNIES

PAR

C. L. C. HOCHSTEYN

EX-FONCTIONNAIRE DE LA DIRECTION GÉNÉRALE DES CHEMINS DE FER
DU GRAND CENTRAL BELGE

PREMIÈRE ANNÉE

BRUXELLES

IMPRIMERIE FÉLIX CALLEWAERT PÈRE
26, RUE DE L'INDUSTRIE, 26

1876

Tous Droits de Reproduction et de Traduction réservés.

Déposé conformément au vœu des lois.

INTRODUCTION

Les moyens de communication par voie ferrée, reculant d'heure en heure les confins de l'inconnu, acquièrent de nos jours un développement tel que l'on se retrouve avec difficulté dans le dédale inextricable des nombreux réseaux qui sillonnent de leurs ramifications les grands centres industriels de l'Europe.

Les relations qui existent entre l'industrie qui crée et le railway qui transporte, exigent une connaissance approfondie, non-seulement des grandes artères, dites internationales, mais aussi de leurs affluents et des différentes contrées qu'ils desservent.

Dans cet ordre d'idées et en vue de faciliter aux agents attachés aux administrations des chemins de fer et du commerce, les opérations du trafic toujours croissant dont ils sont chargés d'assurer l'exécution, j'ai cru faire chose utile en publiant, d'après les documents officiels des compagnies de l'Europe entière, un guide méthodique, contenant tous les éléments susceptibles de rendre des services réels et de tous les instants, et j'ai classé comme suit les parties de ce travail :

PREMIÈRE PARTIE.

1° La liste de toutes les Compagnies de chemins de fer de l'Europe.

2° La description des différents réseaux de voies ferrées sillonnant le Continent et le Royaume-Uni de la Grande-Bretagne avec les données suivantes par Administration :

A. Les noms des Membres des Conseils d'Administration et de Direction, des Ingénieurs, Directeurs et Chefs de Service chargés des branches techniques et administratives.

B. La nomenclature des stations formant chaque ligne avec les distances progressives entr'elles, données dans la mesure itinéraire de chaque pays, et l'indication de leur situation géographique au point de vue des Provinces, Comtés, Départements, etc., etc. (La réduction de ces mesures rapportées au mètre figure également à la fin de l'ouvrage.)

C La spécification du nombre de voies au moyen desquelles les sections sont exploitées.

3° Un tableau des mesures itinéraires employées dans chaque pays avec leur équivalent métrique.

DEUXIÈME PARTIE.

A. La liste alphabétique des gares d'échange entre les Compagnies.

B. Un vocabulaire donnant la traduction, dans les principales langues de l'Europe, du nom des localités importantes.

C. Une table alphabétique de toutes les stations, haltes, etc.

D. Une table alphabétique des fonctionnaires, etc., attachés aux différentes Sociétés.

En laissant à l'appréciation du public le soin de juger de l'utilité d'une œuvre qui m'a coûté trois années de travaux assidus, je ferai remarquer qu'elle est d'une compréhension facile aux agents des divers Pays, l'orthographe des noms ayant été respectée.

Je prie également les Compagnies de chemin de fer de vouloir bien me faire parvenir les observations qui tendraient à redresser les erreurs qui n'ont pu échapper dans la première édition d'un travail aussi considérable afin de pouvoir en tenir compte pour la prochaine édition.

Explication des signes et abréviations.

PREMIÈRE PARTIE.

(**V.**)   Placé après la firme des Compagnies indique que ces Compagnies sont Membres de l'*Union des Chemins de fer Allemands (Verein)*.
(**U. R.**) Placés après la firme des Compagnies indiquent que ces Compagnies sont Membres de l'*Union des Chemins de fer Russes*.
   La voie unique est indiquée au moyen du filet simple qui longe les gares et la double voie au moyen de deux filets.
*   Indique le point de jonction entre plusieurs sections d'une même Société.
H.   Placé après le nom d'une localité indique une halte.
Kil.   Kilomètre.
M. A.   Mille Anglais.
M. D.   » Danois.
M. E.   » de l'Empire d'Allemagne.
M. N.   » Norvégien.
M. O.   » Autrichien.
M. P.   » Prussien.
M. S.   » Suédois.
Bif.   Bifurcation.
Br.   *Branch.*
Col.   *Coliery.*
Ext.   *Extension.*
Sid.   *Siding.*

DEUXIÈME PARTIE.

Les chiffres placés en regard du nom des localités et des fonctionnaires indiquent les *numéros d'ordre* des Compagnies.

Les gares, haltes, etc., dont le nom commence par Saint, Sainte, San, Sant', Santa, sont renseignées dans la nomenclature à la lettre qui commence leur nom réel et les mots St, Ste, San, Sant, et Santa, sont mis à la suite entre parenthèses.

ERRATA

A. — Liste alphabétique des Compagnies :

Ajouter :
33bis. Arth-Righi.
97bis. Bourges à Gien et d'Argent à Beaune-la-Rolande.

765bis. St-Ghislain à Erbisœul.
853bis. Taff Bargoed Joint.

B. — Description des Réseaux.

26. — Anvers-Gand.

Page 22, col. 1 ; *lire* : Dive et Vanden Borre.

Ajouter :
33bis. — Arth-Righi (*Suisse*).
DIRECTION A ARTH.

	Kil.	
Arth.	—	Schwyz.
Oberarth.	»	»

60. — Bassins Houillers du Hainaut.

Ajouter : Tente-Verte *entre* Roosendael *et* Dunkerque.

67. — Belfast and Northern Counties.

Page 29, col. 2, *remplacer* : Bellaghy par Killaghan.
Page 30, col. 1, » Newtownlimavady* par Limavady*.
Page 30, col. 1, *ajouter la section* :

| Limavady*. | — Londonderry. |
| » | » » |

Page 30, col. 2 ; *le chemin de fer* : Benevente à Toro *doit porter le* n° 71 *au lieu de* 70.

72. — Berg-Marche.

Ajouter les sections :

	Kil.
Hagen *.	—
Kükelhausen. H.	»
Harkorten. H.	»
Niederhaspe	»
Vogelsang.	»
Haufe.	9.34
Born. H. *.	—
Hückeswangen.	»
Wermelskirchen.	3.95

79. — Berlin-Stettin.

Ajouter la section :

	Kil.	
Ducherow *.	—	Stettin.
Usedom.	»	»
Dargen.	»	»
Swinemünde.	38.18	»

Ajouter :
97bis. — Bourges à Gien et d'Argent à Beaune-la-Rolande (*France*).
En construction.

Conseil d'Administration a Paris, 67, Rue St-Lazare :

de Cossé, Duc de Brissac, Président.
de Gouvello (Marquis), Vice- »
de Banneville, (»)
Reynaud, L.
Brière.
Outrey, A.
Savary.
Récipon, E.
Otway.
Sir Carmichael.
Chapman, J., Esq.
Sir Vilmot.

230. — Douro-Minho.

Ajouter :

	Kil.	
Penafiel.	—	Braga.
Cahide.	7	»

252. — Dux-Bodenbach.

Ajouter :

	Kil.	
Rakonic.	—	Böhmen.
Stadtl. H.	11.83	»
Purglitz.	15.49	»
Zbecno. H.	23.45	»
Neuhütten.	32.24	»
Althütten.	36.02	»
Beraun.	41.60	»

267. — Empereur Ferdinand et Nord de Moravie-Silésie.

Ajouter à la fin de cette Cie les lignes de : Grussbach à Neusiedl-Durnholz * et de Zellerndorf à Lundenburg, renseignées à la fin de la Cie du Nord-Ouest de l'Autriche.

284. — Etat Bavarois.

Ajouter, page 108, col. 1 : Steinmühle. H. entre Mitterteich et Waldsassen.

Ajouter la section :

	Kil.	
Dombuhl.	—	Bayern.
Dorfgütingen.	»	»
Feuchtwangen.	11	»

La gare de Further-Kreuzung s'appelle Doos.
La halte de Kissing est érigée en station.

285. — Etat Belge.

Page 112, col. 1, ajouter en tête du Secrétariat Général :

Fassiaux, C. A., Secrétaire Général.
Page 112, col. 1, effacer : Delbarre, E., Chef du 5e Bureau.
Page 112, col. 1, remplacer la : Direction supérieure par :
Janssens, J. J. G., Inspecteur Général.
Vandersweep. F., » »
Belpaire, A. J., » »
Mongenast, C. P., » »

Page 112, col. 1, remplacer : Inspections Supérieures par :
Inspection Générale des Services Techniques.
Page 112, col. 1, effacer les : Services de Contrôle et d'Exploitation.
Page 112, col. 1, effacer : Fassiaux au Service Général.
Page 112, col. 1, remplacer : Chomé et De Nobele par Vandeput, A. F. H., Chef de Bureau.
Page 112, col. 2, effacer : Depruysenaere.
» » » ajouter :
3e Bureau. — *Liquidation des traitements, indemnités, etc* :
De Nobele, C., Chef de Bureau.
Page 112, col. 2, ajouter : Kestcloot, Chef de Bureau au Service des Renseignements, etc.
Page 112, col. 2, il faut : Gondry, H. E., Ingénieur.
Page 112, col. 2, effacer : Maurissen et Stévart et ajouter : Blancquaert, J. P. F., Ingénieur en Chef, Inspecteur de Direction.
Page 112, col. 2, effacer à Candèze les mots : ff. de Directeur.
Page 112, col. 2, effacer Blancquaert au 1er Bureau.
Page 112, col. 2, effacer à Carez, les mots, Chef de Bureau.
Page 112, col. 2, effacer à Baillicu, les mots : ff. de Directeur, et les remplacer par : de Direction.
Page 113, col. 1, effacer : Mongenast.
» » » il faut : Martinet, Chef de Division.
Page 113, col. 1, il faut : Bricoux, Chef de Bureau.
Page 113, col. 1, remplacer : Lemoine par Geedts, P. G. F.
Page 113, col. 1 : Service du Mouvement, 1re Division. 2e Bureau, effacer : Louvois, Geedts, Cuttaert, Pissens et Braun.
Page 113, col. 1, ajouter : 3e Bureau. — *Formation des états de parcours du matériel circulant sur les lignes de l'Etat* :
Martin, C., Chef de Bureau.
Cutsaert, A. L. V., Contrôleur.
Pissens, A. A., »
Braun, F. J., »
Page 113, col. 2, remplacer : Demeuse, par Garnir, J. L., et effacer ce dernier au 1er Bureau.

Page 113, *col.* 2, *ajouter après* Gillion:
Andrigo, D. J., Chef de Bureau.
Page 113, *col.* 2, *ajouter après* Renson:
Knudden, P. H. J., Chef de Bureau.
Page 113, *col.* 2, *ajouter au* Contrôle des Matières:

2ᵉ Bureau. — *Approvisionnements, Tarif des Valeurs*:
Van Dyck, E. J., Chef de Bureau.

290. — Etat de Westphalie.

Ajouter la section:

	Kil.	
Welver *.	—	Anrsberg.
Lenningsen.	»	»
Unna-Königsborn.	»	»
Wickede-Asseln.	»	»
Brakel. H.	»	»
Dortmund.	35.81	»

291. — État de Wurtemberg.

La gare de Sulz *s'appelle*: Sulz a/Neckar.

292. — Etat Hongrois.

Ajouter: Pechiy-Falu. H. *entre* Zeben *et* Siebenlinden *et* Gombaszög *entre* Pelsöch *et* Rosenau.

293. — Etat Néerlandais.

Ajouter:

	Kil.	
Zevenbergen.	—	Noord-Brabant.
Zwaluwe *.	7.89	»

302. — Falun-Kil-Göteborg.

Ajouter:

	M. S.	
Molkom.	—	Westmoreland
Deje.	1.5	»
Kil.	3.0	»

321. — Francfurt-Bebra.

Ajouter la section:

	Kil.
Niederhone *.	—
Allendorf.	»
Eichenberg.	»
Friedland. H.	32

365. — Great Western.

Page 175, *col.* 2, *il faut*: Leigh Court et non Leigh.

Page 178, *col.* 1, *il faut*: Middle Amman, Coal & Iron Cº, *Siding, et non* Gellyccidrim, *Coliery.*

389. — Haute Italie.

Page 188, *col.* 2, *il faut*: Monchiero Dogliani *et non*: Monchiero.
Page 188, *col.* 2, *il faut*: Cengio *et non*: Millesimo.

405. — Hollandais.

Ajouter la section:

	Kil.
Amersfoort *.	—
Barneveld.	»
Assel	»
Apeldoorn.	»
Voorst. H.	»
Zutphen.	60

521. — Louis de Hesse.

Ajouter la section:

	Kil.
Niederselters.	—
Camberg.	4.75

531. — Lundenburg-Nikolsburg-Grussbach.

Lire: Exploité par: Empereur Ferdinand.

539ᵇⁱˢ. — Maine-et-Loire et Nantes.

Remplacer les 2 sections par les 2 sections suivantes:

	Kil.	
Nantes (*Prairie au Duc*).		Loire-Inférieure.
Pont-Rousseau.	6	»
Bouguenais.	8	»
Bouaye.	17	»
Port-St-Père.	21	»
Ste-Pazanne *.	27	»
St-Hilaire-de-Chadéons.	31	»
Bourgneuf	42	»
Les Moutiers.	46	»
La Bernerie.	49	»
Le Clion.	54	»
Pornic.	57	»

Ste-Pazanne *.	—	Loire-Inférieure.
Machecoul.	13	»

552. — Marche de Posen.

Ajouter Topper *entre* Neu-Cunnersdorf *et* Wutschdorf.

569. — Méridionaux.

Ajouter la section :

	Kil.	
Ferrandina.	—	Potenza.
Salandra Grot.	13	»
Grassano.	23	»

600. — Monmoutshire.

L'administration de cette Cie est à Newport (Dock Street).

643. — Nord-Français.

Page 300, *col.* 2, *il faut* : Beaumont-Persan * et non Beaumon-Persant *.

Ajouter les sections :

	Kil.	
Lille *.	—	Nord.
La Madeleine.	»	»
Wambrechies.	»	»
Quesnoy s/Deule.	»	»
Comines.	»	Belgique.

Arras *.	—	Pas-de-Calais.
Beaumetz.	»	»
Gouy-Bailleulval.	»	»
Saulty-Larbret.	»	»
Mondicourt-Pas.	»	»
Anthieule.	»	»
Doullens.	»	»
Bouquemaison.	»	»
Frévent.	»	»
Petit-Houvin.	»	»
St-Pol *.	»	»

645. — Nord-Ouest de l'Autriche.

Les lignes de : Grussbach à Neusiedl-Durnholz * et de Zellerndorf à Lundenburg *font actuellement partie du réseau* : Empereur Ferdinand.

679. — Orléans-Rouen.

Ajouter :

	Kil.	
Chartres *.	—	Eure-et-Loir.
Pont-Tranchefêtu.	11	»
Bailleau-le-Pin.	17	»
Illiers.	26	»
Vieuvicq. H.	32	»
Brou.	38	»

690. — Paris à Orléans.

Effacer : Cornudet, Administrateur.
Ajouter : Lemercier, G., »
Page 341, *col.* 1, *il faut* : St-Michel s/Orge.

691. — Paris à Lyon et à la Méditerranée.

Effacer : Cornudet *et* Tesserenc de Bort, Administrateur.

Ajouter la section :

	Kil.	
Le Pouzin *.	—	Ardèche.
Baix.	5	»
Cruas.	12	»
Rochemaure.	20	»
Le Teil.	25	»
Aubignas.	33	»
St-Jean-le-Centenier.	40	»
Villeneuve-de-Berg.	47	«
Vogue.	52	»
Balazuc.	57	»
Ruoms.	65	»
Grospierres.	72	»
Beaulieu-Berrias.	79	»
St-Paul-le-Jeune.	87	»
Gagnières.	92	Gard.
Robiac *.	97	»

765bis. — St-Ghislain à Erbiscœul.

Ajouter : D'orzée, F., *et* Dincq-Jordan, Concessionnaires.
François, Délégué, 5, Rue d'Hoogvorts, à Schaerbeek.

806. — Sidnouth.

Lire : Sidmouth.

902. — Ulricehamn-Wartofta.

Ajouter la gare de : Asarp *entre* Wartofta *et* Trädet.

927. — Virton.

Ajouter : Buzenol *entre* Ethe *et* Croix-Rouge.

LISTE ALPHABÉTIQUE

DES

Compagnies de Chemins de Fer de l'Europe.

1. Aberdare and Central Wales Junction.
2. Abergavenny and Monmouth.
3. Abingdon.
4. Aboyne and Braemar.
5. Achiet à Bapaume.
6. Adra.
7. Aix-la-Chapelle.
8. Aix-la-Chapelle-Düsseldorf-Ruhrort.
9. Aix-la-Chapelle-Maastricht-Landen.
9b. Alais au Rhône et à Orange.
10. Alar à Santander.
11. Alcazar de San Juan à Quintanar de la Orden.
12. Alcester.
13. Aldborough.
14. Alfoeld-Fiuman.
15. Alicante à Alcoy.
16. Alicante à Murcia.
17. Almansa à Valencia y Tarragona.
18. Alsace-Lorraine.
19. Altenburg-Zeitz.
20. Altona-Kiel.
21. Alyth.
22. Amagne à Vouziers.
23. Ammeberg.
24. Angermunde-Schwedt.
25. Anglesey Central.
26. Anvers à Gand.
27. Anvers à Rotterdam.
28. Auzin à Somain.
29. Appenzell.
30. Arad-Temesvar.
31. Aranjuez à Cuenca.
32. Arbroath and Forfar.
33. Archiduc Albert.
34. Ashby and Nuneaton.
35. Athènes à Lamya.
36. Athènes à Patras.
37. Athènes au Pirée.
38. Athenry and Ennis.
39. Athenry and Tuam.
40. Atvidaberg.
41. Aussig-Teplitz.
42. Avricourt à Cirey.
43. Aylesbury and Buckingham.
44. Ayr and Maybole Junction.
45. Bala and Dolgelly.
46. Bala and Festiniog.
47. Ballymena and Larne.
48. Ballymena-Cushendall and Redbay.
49. Baltique.
50. Banbridge Junction.
51. Banbridge-Lisburn and Belfast.
52. Banbury and Cheltenham direct.
53. Banrève-Nadasd.
54. Barbezieux à Châteauneuf.
55. Barcelona à Francia por Figueras.
56. Barcelona à Sarria.

57. Barnoldswick.
58. Barnstaple and Ilfracombe.
59. Barry.
60. Bassins Houillers du Hainaut.
61. Battaszek-Dombovar-Zakany.
62. Bayonne à Biarritz.
63. Bazancourt à Béthéniville.
64. Bedford and Northampton.
65. Beira.
66. Belfast and County Down.
67. Belfast and Northern Counties.
68. Belfast Central.
69. Belfast, Holywood and Bangor.
70. Belleville à Beaujeu.
71. Benavente à Toro.
72. Berg-Marche.
73. Bergs and Hants.
74. Berlin-Anhalt.
75. Berlin-Dresden.
76. Berlin-Görlitz.
77. Berlin-Hamburg.
78. Berlin-Potsdam-Magdeburg.
79. Berlin-Stettin.
80. Berwickshire.
81. Birkenhead.
82. Birkenhead, Chester and North Wales.
83. Birmingham and Lichfield Junction.
84. Birmingham and Sutton Coldfield Extension.
85. Birmingham West Suburban.
86. Bishop's Castle.
87. Bishop's Waltham.
88. Blane Valley.
89. Blyth and Tyne.
90. Bockwa.
91. Bodmin.
92. Bodmin and Wadebridge.
93. Bodmin and Wadebridge and Delabole.
93[b]. Boisleux à Marquion.
94. Bondy à Aulnay-lez-Bondy.
95. Boras.
96. Boras-Varberg.
97. Bouches-du-Rhône.
98. Bourn and Lynn.
99. Bourton-on-the Water.
100. Brabant Septentrional-Allemagne.
101. Brading-Harbour.
102. Braunau-Strasswalchen.
103. Brean Down Harbour.
104. Brecon and Merthyr Tydfil Junction.
105. Breslau-Schweidnitz-Freiburg.
106. Breslau-Warschau.
107. Bressuire à Poitiers.
108. Brest-Litovsk à Graïevo.
109. Brewood and Wolverhampton.
110. Bridport.
111. Briouze à La Ferté-Macé.
112. Bristol and Exeter.
113. Bristol and North Somerset.
114. Bristol and Portishead.
115. Bristol Harbour.
116. Bristol Port and Pier.
117. Brolthal.
118. Bromley direct.
119. Broyethal.
120. Bruges à Blankenberghe.
121. Brünig.
122. Brunn-Rossitz.
123. Brunswick.
124. Brynmawr and Blaenavon.
125. Buckfastleigh, Totnes and South Devon.
126. Buckinghamshire.
127. Buckley.
128. Buitron à San Juan del Puerto.
129. Burnham Tydal Harbour.
130. Bury-St-Edmunds and Thetford.
131. Bury Port and Gwendraeth Valley.
132. Busby.
133. Buschtehrad.
134. Cadiz à Malaga.
135. Caen à la mer.
136. Caithness.
137. Calabro-Sicilien.
138. Calatayud-Teruel.
139. Caledonian.
140. Callander and Oban.
141. Calne.
142. Calvados.

143. Cambrian.
144. Cannock Chase and Wolverhampton.
145. Cannock Chase Extension.
146. Canterbury and Herne Bay.
147. Cardiff and Ogmore Valley.
148. Carignan à Messempré.
149. Carlisle and Silloth Bay.
150. Carshamn-Vislanda.
151. Carskrona-Wexiö.
152. Carmarthen and Cardigan.
153. Carnforth and Wennington Joint.
154. Carrickfergus and Larne.
155. Castleisland and Gortatlea.
156. Ceinture de Paris.
157. Central de Moravie-Silésie.
158. Central de Poméranie.
159. Central Néerlandais.
160. Central Suédois.
161. Central Suisse.
162. Central Wales and Carmarthen.
163. Charentes.
164. Charles-Louis de Galicie.
165. Charmes à Rambervilliers.
166. Charnwood Forest.
167. Chauny à St Gobain.
168. Chemnitz-Aue-Adorf.
169. Chemnitz-Komotau.
170. Chemnitz-Wurschnitz.
171. Cheshire Joint Lines.
172. Chester and Holyhead.
173. Chichester and Midhurst.
174. Chimay.
175. Christiania-Drammen.
176. Chistiania-Eidsvold-Kongsvinger.
177. Christiania-Frederikshald et à la frontière Suédoise.
178. City of Glasgow Union.
179. Ciudad-Real à Badajoz y Almorchon à las Minas de Belmez.
180. Cleator and Furness.
181. Clermont à Tulle.
182. Cleveland Extension Mineral.
183. Cockermouth, Keswick and Penrith.
184. Colchester, Stour Valley, Sudbury and Halstead.
185. Coleford.
186. Coleford, Monmouth, Usk and Pontypool.
187. Colnbrook.
188. Colne Valley and Halstead.
189. Cologne-Minden.
190. Compiègne à Pierrefonds.
191. Cordoba à Belmez.
192. Cordoba à Malaga.
193. Cordoba à Sevilla.
194. Cork and Bandon.
195. Cork and Kinsale Junction.
196. Cork and Macroom Direct.
197. Cork, Blackrock and Passage.
198. Cork Harbour and Curraghbinny.
199. Cornwall.
200. Cornwall Minerals.
201. Cornwall Minerals and Bodmin and Wadebrigde Junction.
202. Corris.
203. Corwen and Bala.
204. Cottbus-Grossenhain.
205. Cowbridge.
206. Cowes and Newport.
207. Crefeld-Kreis-Kempen.
208. Croesor and Portmadoc.
209. Cromford and High Peak.
210. Cronberg.
211. Crystal Palace and South London Junction.
212. Cuenca à Valencia.
213. Culm Valley.
214. Cuxhaven.
215. Dalmatie.
216. Danube et Mer Noire.
217. Dare Valley.
218. Deeside.
219. Deeside Extension.
220. Deggendorf plattling.
221. Denbigh, Ruthin and Corwen.
221[a]. Desierto à la Mina Amistosa.
221[b]. Desierto à Ortuella.
221[c]. Desierto à Triano.
222. Devon and Cornwall.
223. Devon and Somerset.

224. Devon Valley.
225. Didcot, Newbury and Southampton Junction.
226. Dingwall and Skye.
227. Dniester.
228. Dombes et Sud-Est.
229. Dortmund-Gronau-Enschedé.
230. Douro-Minho.
231. Dover and Deal.
232. Dowlais.
233. Dowlais Extension.
234. Downpatrick, Dundrum and Newcastle.
235. Drammen-Randsfjord.
236. Dublin and Antrim Junction.
237. Dublin and Belfast Junction.
238. Dublin and Drogheda.
239. Dublin and Kingstown.
240. Dublin and Meath.
241. Dublin Port and City.
242. Dublin, Rathmines, Rathgar, Roundtown, Rathfarnham and Rathcoole.
243. Dublin, Wicklow and Wexford.
244. Dudley and Olbury Junction.
245. Duero.
246. Duke of Sutherland.
247. Dunabourg-Vitebsk.
248. Dundalk, Newry and Greenore.
249. Dundee and Newtyle.
250. Dunfermline and Queensferry.
251. Dungannon and Cookstown.
252. Dux-Bodenbach.
253. East and West Junction.
254. East Cornvall Mineral.
255. East Gloucestershire.
256. East Lincolnshire.
257. East London.
258. East Norfolk.
259. Easton and Church Hope.
260. East Somerset.
261. Edinburgh and Bathgate.
262. Edinburgh, Loanhead and Roslin.
263. Ely and Clydach Valleys.
264. Ely, Haddenham and Sutton.
265. Ely Valley.
266. Emmenthal.
267. Empereur Ferdinand et Nord de Moravie-Silésie.
268. Empereur François-Joseph.
269. Engelholm-Astorp.
270. Enghien-Montmorency.
271. Ennis and West Clare.
272. Enniskillen, Bundoran and Sligo.
273. Entre-Sambre-et-Meuse.
274. Eperies-Tarnow.
275. Epinac.
276. Ermsthal.
276^b. Eskilstuna-Sodertelje.
277. Est Bavarois.
278. Est Belge.
279. Est et Ouest de Saxe-Thuringe.
280. Est Français.
281. Est Hongrois.
282. Est Prussien.
283. Etat Autrichien.
284. Etat Bavarois.
285. Etat Belge.
286. Etat Danois.
287. Etat de Finlande.
288. Etat de Hanovre.
289. Etat de Nassau.
290. Etat de Westphalie.
291. Etat de Wurtemberg.
292. Etat Hongrois.
293. Etat Néerlandais.
294. Etat Saxon.
295. Etat Suédois.
296. Eutin-Lübeck.
297. Evesham and Redditch.
298. Evesham, Redditch and Stratford-upon-Avon Junction.
299. Exeter and Crediton.
300. Exe Valley.
301. Exmouth Docks.
302. Falun-kil-Göteborg.
303. Fal Valley.
304. Fareham.
305. Fareham and Netley.
306. Faringdon.
307. Fastow.

308. Fermoy and Lismore.
309. Ferrol à Lugo.
310. Festiniog.
311. Festiniog and Blaenau.
312. Filipstad-Nordmark.
313. Findhorn.
314. Fin Valley.
315. Finspong-Norrköping.
316. Flohathal.
317. Forcett.
318. Forest of Dean Central.
319. Forth and Clyde Junction.
320. Forth Bridge.
321. Frankfurt-Bebra.
322. Frankfurt-Hanau.
323. Frankfurt-Offenbach.
324. Frédéric-François de Mecklembourg.
325. Freshwater, Yarmouth and Newport.
326. Frévent à Gamaches, par Doullens.
327. Frontière de Moravie.
328. Funfkirchen-Barcs.
329. Furness.
330. Galdames à Sestao.
330[b]. Galindo à la Mina Begona.
331. Galway, Oughterard and Clifden.
332. Gand-Eecloo-Bruges.
333. Garstang and Knot End.
334. Gefle-Falun.
335. Georgsmarienhütte.
336. Girvan and Portpatrick Junction.
337. Giurgiu-Bucuresci.
338. Glasgow and Paisley Joint.
339. Glasgow and South-Western.
340. Glasgow, Barrhead and Neilston Direct.
341. Glasgow, Bothwell, Hamilton and Coatbridge.
342. Glasgow, Garnkirk and Coatbridge.
343. Glencairn.
344. Gloucester and Dean Forest.
345. Glückstadt-Elmshorn.
346. Gorsedda Junction and Portmadoc.
347. Gossnitz-Gera.
348. Gothard.
349. Gottland.

350. Granada à Bobadilla.
351. Grand Central Belge.
352. Grand Duché de Baden.
353. Grand Duché d'Oldenbourg.
354. Grande Ceinture autour de Paris.
355. Grande Société Russe.
356. Granollers à San Juan de las Abadesas.
357. Graz-Koflach.
358. Great Eastern.
359. Great Marlow.
360. Great Northern.
361. Great Northern and Western of Ireland.
362. Great North of England, Clarence and Hartlepool Junction.
363. Great North of Scotland.
364. Great Southern and Western of Ireland.
365. Great Western.
366. Greenock and Wemyss Bay.
367. Greiz-Brunn.
368. Griazy-Tsaritsyn.
369. Guillaume de Luxembourg.
370. Guise à Saint-Quentin.
371. Gwendraeth Valleys.
372. Haddenham, Willingham and Long Stanton.
373. Hainichen-Rosswein.
374. Hakantorp à Lidköping.
375. Halberstadt-Blankenburg.
376. Halesowen and Bromsgrove.
377. Halifax and Ovenden.
378. Halle-Sorau-Guben.
379. Halsberg-Motala-Mjolby.
380. Halmstad-Nassjö.
381. Hamar-Aamodt.
382. Hammersmith and City Junction.
383. Hammersmith Extension.
384. Hannover-Altenbecken.
385. Harborne.
386. Harrow and Rickmansworth.
387. Hasselt-Maeseyck.
388. Hatfield and Saint-Albans.
389. Haute Italie.

390. Haute Loire.
391. Hayling.
392. Hedemora à Noret.
393. Helsingborg-Hessleholm.
394. Hemel, Hempstead and London and North-Western.
395. Henley-in-Arden and Great Western Junction.
396. Hérault.
397. Hereford, Hay and Brecon.
398. Hesbaye et Condroz.
399. Hesse Supérieure.
400. Hessleholm-Kristianstad.
401. Hexham and Allendale.
402. Highland.
403. Hjo-Stenstorp.
404. Hohenstadt-Zoptau.
405. Hollandais.
406. Holme and Ramsey.
407. Holstein.
408. Holywell.
409. Homburg.
410. Hörks à Silken.
411. Horncastle.
412. Hoylake and Birkenhead.
413. Hudicksvall-Forsa.
414. Hultsfred à Wimmerby.
415. Hultsfred-Westervik-Gamleby et Linköping.
416. Hunstanton and West Norfolk.
417. Hyde and Hayfield Joint.
418. Hylton, Southwick and Monkwearmouth.
419. Iasy-Pruth.
420. Ilen Valley.
421. Impératrice Elisabeth.
422. Irish North Western.
423. Isle of Man.
424. Isle of Wight.
425. Isle of Wight (Newport Junction).
426. Istrie.
427. Jougne-Eclépens.
428. Jura-Berne-Lucerne.
429. Jura Industriel.
430. Kahlenberg.

431. Kalmar-Emmaboda.
432. Karskoga-Björtorp.
433. Kaschau-Oderberg.
434. Keighley and Worth Valley.
435. Kelvin Valley.
436. Kendale and Windermere.
437. Kervo-Borga.
438. Kettering, Thrapston and Huntingdon.
439. Kharkow-Nicolaïew.
440. Kiew à Brest-Litovsk.
441. Kilkenny Junction.
442. Killorglin.
443. Kilmarnock and Troon.
444. Kilrush and Kilkee.
445. Kingsburry and Harrow.
446. King's Lynn Dock.
447. Kington and Eardisley.
448. Kirchheim.
449. Konstantinovka.
450. Koping-Hult.
451. Koping-Uttersberg.
452. Koursk-Kharkow-Azow.
453. Koursk-Kiew.
454. Kozlow-Voronèje-Rostow.
455. Kristianstad-Hessleholm.
456. Kristinehamn-Sjöändan.
457. Krylbo-Norberg.
458. Kungsgarten-Torphammar.
459. Laaland et Falster.
460. Lancashire and Yorkshire.
461. Lancashire Union.
462. Lancaster and Carlisle.
463. Landskrona-Helsingborg.
464. Landvorovo-Romny.
465. Langreo.
466. Larne and Ballyclare.
467. La Teste à Cazaux.
468. Launceston and South Devon.
469. Lausanne-Echallens.
470. Leeds, Castleford and Pontefract Junction.
471. Leeds. Roundhay-Park and Osmondthorpe.
472. Leipzig-Dresden.

473. Leipzig-Gaschwitz-Meuselwitz.
474. Lemberg-Czernowitz-Iasy.
475. Leoben-Vordernberg.
476. Leominster and Bromyard.
477. Leominster and Kington.
478. Lerida à Reus y Tarragona.
479. Lérouville à Sedan.
480. Lesmahagow.
481. Letterkenny.
482. Leven and East of Fife.
483. Libau.
484. Lidköping, Skara, Stenstorp.
485. Liége à Maastricht.
486. Liégeois-Limbourgeois.
487. Liégeois-Namurois.
488. Lille à Béthune et à Bully-Grenay.
489. Lille à Valenciennes et ses Extensions.
490. Limerick and Ennis.
491. Limerick and Foynes.
492. Limerick and Kerry.
493. Limerick, Castle-Connell and Killaloe.
494. Lindberga- Rosersberg.
495. Linde-Walskog.
496. Liskeard and Caradon.
497. Liskeard and Looe Union.
498. Liwny.
499. Llanelly.
500. Llanfyllin and Llangynog.
501. Llangollen and Corwen.
502. Llantrissant and Taff Vale Junction.
503. Llynvi and Ogmore.
504. Lodz.
505. Lombards.
506. London and Aylesbury.
507. London and Blackwall.
508. London and Greenwich.
509. London and North Western.
510. London and South Western.
511. London, Brighton and South Coast.
512. London Central.
513. London, Chatham and Dover.
514. Londonderry (Seaham to Sunderland).
515. Londonderry and Enniskillen.
516. Londonderry and Lough Swilly.
517. London, Tilbury and Southend.
518. Longton, Adderley-Green and Bucknall.
519. Lostwithiel and Fowey.
520. Louis.
521. Louis de Hesse.
522. Louth and East Coast.
523. Louth and Lincoln.
524. Lowestoft.
525. Lozowaïa-Sébastopol.
526. Lübeck-Buchen et Lübeck-Hambourg.
526[b]. Luchana à Orconeva.
527. Luchana à Regato.
528. Luco à Utrillas.
529. Ludlow and Clee Hill.
530. Lugo à Rivadeo.
531. Lundenburg-Nikolsburg-Grussbach.
532. Lyme Regis.
533. Lymington.
534. Macclesfield Committee.
535. Macclesfield, Knutsford and Warrington.
536. Madrid à Zaragosa y Alicante.
537. Magdeburg, Côthen, Halle, Leipzig.
538. Magdeburg-Halberstadt.
539. Magny à Chars.
539[b]. Maine-et-Loire et Nantes.
540. Main-Neckar.
541. Main-Wezer.
542. Malines à Terneuzen.
543. Mallorca.
544. Malmesbury.
545. Malmo-Ystad.
546. Malpartida à Salamanca.
547. Manchester and Milford.
548. Manchester, Sheffield and Lincolnshire
549. Manchester South District.
550. Manchester South Junction and Altrincham.
551. Marche de la Basse-Silésie.
552. Marche de Posen.
553. Marcoing-Bapaume.
554. Marienburg-Mlawa.
555. Mariestad-Moholm.
556. Marlborough.
557. Marma-Sandarne.

558. Marseille à la Madrague de Podestat.
559. Maryport and Carlisle.
560. Mawddwy.
561. Medina-del Campo à Salamanca.
562. Medina-del-Campo à Zamora.
563. Médoc.
564. Mellis and Eye.
565. Meltheuer-Weida.
566. Menjibar à Almeria.
567. Merida à Malpartida de Plasencia.
568. Merida à Sevilla.
569. Méridionaux.
570. Merionethshire.
571. Merrybent and Darlington.
572. Mersey.
573. Methley Joint.
574. Metropolitan.
575. Metropolitan and St-John's Wood.
576. Metropolitan and South-Western Junction.
577. Metropolitan District.
578. Metropolitan Inner Circle.
579. Mézidon à Dives.
580. Mid Hants.
581. Midi Français.
582. Mid Kent (Bromley to St-Mary Cray).
583. Midland.
584. Midland and Eastern.
585. Midland and South-Western Junction.
586. Midland Counties and Shannon Junction.
587. Midland Great Western.
588. Mid Wales.
589. Milford.
590. Milford Haven.
591. Minehead.
592. Miramas à Port-de-Bouc.
593. Mistley, Thorpe and Walton.
594. Mitau.
595. Mitcheldean Road and Forest of Dean Junction.
596. Mohacs-Funfkirchen.
597. Mold and Denbigh Junction.
598. Mollet à Caldas de Mombuy.
599. Monforte à Orense.
600. Monmouthshire.
601. Monthermé.
602. Montrose and Bervie.
603. Monts Ourals.
604. Morayshire.
605. Morchansk-Syzran.
606. Moscou à Brest-Litovsk.
607. Moscou à Jaroslavl.
608. Moscou à Koursk.
609. Moscou à Riasan.
610. Mountsorrel.
611. Moutiers à Albertville.
612. Much Wenlock and Severn Junction.
613. Muldenthal.
614. Münster-Enschedé.
615. Murcia à Granada.
616. Muswell Hill.
616[b]. Nançois-le-Petit à Gondrecourt.
617. Nancy à Château-Salins et à Vic.
618. Nancy à Vézelize.
619. Nantais.
620. Nantwich and Market Drayton.
621. Nässjö-Oscarshamn.
621[b]. National Suisse.
622. Navan and Kingscourt.
623. Neath and Brecon.
623[b]. Néerlandais-Westphalien.
624. Nettlebridge Valley.
625. Newent.
626. Newport.
627. Newport-Pagnell.
628. Newquay and Cornwall Junction.
629. Newry and Armagh.
630. Newry, Warrenpoint and Rostrevor.
631. Nizan à St-Symphorien.
632. Nora à Karskoga.
633. Norberg à Ammaningen.
634. Nord Belge.
635. Nord de Berlin.
636. Nord de Bohême.
637. Nord de la Hesse.
638. Nord de l'Espagne.
639. Nord de Moravie-Silésie.
640. Nord-Est Français.
641. Nord-Est Hongrois.

642. Nord-Est Suisse.
643. Nord-Français.
644. Nordhausen-Erfurt.
645. Nord-Ouest de l'Autriche.
646. Nord-Ouest de l'Espagne.
647. Normands.
648. Noret à Grangesberg et Bjorbo.
649. Norrköping à Gamleby.
650. Northampton and Banbury Junction.
651. North and South Western Junction.
652. North British.
653. North British, Arbroath and Montrose.
654. North Eastern.
655. Northern (Ireland).
656. Northern and Eastern.
657. North London.
658. North Monkland.
659. North Staffordshire.
660. North Union.
661. North Wales.
662. North Western.
663. Norwich and Spalding.
664. Nottingham and Grantham.
665. Novgorod.
666. Nybro à Säfsjöström.
667. Nykoping-Walskog.
668. Oberlausitz et Cottbus-Grossenhain.
669. Odessa.
670. Oels-Gnesen.
671. Oiry-Romilly.
671[b]. Olaveaga à Yturrigorri.
672. Oldham, Asthon and Guide-Bridge.
673. Olmestad au lac de Bolmen.
674. Orel-Iéletz-Griazy.
675. Orel-Vitebsk.
676. Orenbourg.
677. Orense à Vigo.
678. Orléans à Châlons.
679. Orléans à Rouen.
680. Orne.
681. Ostrau-Friedland.
682. Otley and Ilkley Joint.
683. Ouchy à Lausanne.
684. Ouest de Bohême.
685. Ouest Français.

686. Ouest Hongrois.
687. Oxelöxund-Flen-Walskog.
688. Oystermouth.
689. Palsboda-Finspong.
690. Paris à Orléans.
691. Paris à Lyon et à la Méditerranée.
692. Parsonstown and Portumna Bridge.
693. Peebles.
694. Pembroke and Tenby.
695. Penarth.
696. Penarth Harbour.
697. Penicuik.
698. Perpignan à Prades.
699. Peterborough, Wisbeach and Sutton.
700. Picardie et Flandres.
701. Pilsen-Priesen.
702. Plymouth and Dartmoor.
703. Poitiers à Saumur.
704. Pont-Maugis à Raucourt
705. Pontypool, Caerleon and Newport.
706. Poole and Bournemouth.
707. Portadown, Dungannon and Omagh.
708. Port-Carlisle.
708[b]. Porto à Povoa de Varzim.
709. Portpatrick.
710. Portugais.
711. Posen-Creuzburg.
712. Poti à Tiflis.
713. Potteries, Shrewsbury and North Wales.
713[b]. Povena à Orton.
714. Prag-dux.
715. Premier Chemin de fer de Hongrie-Galicie.
716. Premier Chemin de fer de Transylvanie
717. Pressburg-Tyrnau.
718. Preston and Longridge.
719. Preston and Wyre.
720. Prince Henri.
721. Prince Impérial Rodolphe.
722. Putilow.
723. Quintanilla de las Torres à Orbo.
724. Raab-Oedenburg-Ebenfurt.
725. Raccordement du Nord et du Sud de l'Allemagne.

726. Rakonic-Pribram-Protivin.
727. Ramsey.
728. Rathkeale and Newcastle Junction.
729. Ravenglass and Eskdale.
730. Redditch.
731. Redondela à Murcia.
732. Rhénan Néerlandais.
733. Rhénan Prussien.
734. Rhondda Valley and Hirwain Junction.
735. Rhône.
736. Rhône au Mont-Cenis.
737. Rhymney.
738. Riajsk-Morchansk.
739. Riajsk-Viasma.
740. Riazan-Kozlow.
741. Richmond and Reeth.
742. Riga-Bolderaa.
743. Riga-Dunabourg.
744. Righi.
745. Ringwood, Christchurch and Bournemouth.
746. Rive droite de l'Oder.
747. Romains.
747[b]. Rorschach à Heiden.
748. Ross and Ledbury.
749. Ross and Monmouth.
750. Rostow-Vladikavkas.
750[b]. Rotterdam-Münster.
751. Rouen au Petit-Quévilly.
752. Roumains.
753. Rowrach and Kelton Fell Mineral.
754. Royston and Hitchin.
755. Rybinsk-Bologoé.
756. Ryde and Newport.
757. Rye and Dungeness.
758. Saal.
759. Saal-Unstrut.
760. Saarbrück.
761. Sabero à Elburgo.
762. Saffron Walden.
763. St-Andrews.
764. St-Austell and Pentewan.
765. St-Brieuc à la mer.
766. St-Nazaire au Croisic.
767. St-Pétersbourg, Tsarskoé, Sélo.
768. Sala-Tillberga.
769. Salamanca à Ciudad-Rodrigo.
770. Salisbury and Dorset Junction.
771. Salisbury and Market House.
772. Salisbury and Yeovil.
773. Salzburg-Hallein.
774. Salzkammergut.
775[b]. San Saturnino-de-Noya à Ygualada.
775. Sandbach and Winsford.
776. Santiago à Carril.
777. Sardes.
777[b]. Sarriá à Barcelona.
778. Saundersfoot.
779. Saxe-Bohême.
780. Saxe-Thuringe.
781. Scarborough and Whitby.
782. Schleswig.
783. Schmalkalden-Wernshausen.
784. Schouïa, Ivanovo, Kinechma.
785. Scotswood, Newburn and Wylam.
786. Seaton and Beer.
787. Séelande.
788. Segovia à Calatayud.
789. Seine et Marne.
790. Selgua à Barbastro.
791. Serin à Avilés.
792. Settimo à Rivarolo.
793. Seudre.
794. Sevenoaks, Maidstone and Tunbridge.
795. Severn and Wye.
796. Severn Bridge.
797. Severn Bridge and Forest of Dean Central.
798. Severn Tunnel.
799. Sevilla à Alcala, Carmona y Montilla.
800. Sevilla à Huelva y à las Minas de Riotinto.
801. Sevilla à Jerez.
802. Shrewsbury and Hereford.
803. Shrewsbury and Wellington.
804. Shrewsbury and Welschpool.
805. Shropshire Union.
806. Sidmouth.
807. Silésie Supérieure.

808. Simplon.
809. Sirhowy.
810. Sittingbourne and Sherness.
811. Skebo-Hollsta.
812. Sligo and Ballaghaderreen Junction.
813. Smedjebacken-Engelsberg.
814. Snailbeach District.
815. Société Allemande de Construction.
816. Söderhamn-Bergvik.
817. Solvesborg-Kristianstad.
818. Solway Junction.
819. Somerset and Dorset.
820. Sonstorp-Norsholm.
821. Sopuerta à Castro-Urdiales.
822. Soria à Castejon.
823. South Devon.
824. South Eastern.
825. Southern of Ireland.
826. South Kensington.
827. South Wales Mineral.
828. South Yorkshire.
829. Spilsby and Firsby.
830. Stafford and Uttoxeter.
831. Staines and West Drayton.
832. Staines, Wokingham and Woking.
833. Stamford and Essendine.
834. Stockbridge.
835. Stockholm-Koping-Engelsberg.
836. Stockholm-Nynas.
837. Stokes Bay.
838. Stonehouse and Nailsworth.
839. Stony-Stratford.
840. Stora-Guldsmedshyttan.
841. Storen-Aamodt.
842. Stratford-on-Avon.
843. Striberg-Jernboas.
844. Sucéva-Iasy.
845. Sud de l'Autriche.
846. Sud-Est Portugais.
847. Sud-Est Prussien.
848. Suisse Occidentale.
849. Sundsvall-Torphammar.
850. Sutherland.
851. Sutherland and Caithness.
852. Swansea Vale.

853. Swindon, Marlborough and Andover.
854. Taff Vale.
855. Tajo.
856. Tal-y-Llyn.
857. Tambow-Kozlow.
858. Tambow-Saratow.
859. Tarascon à St-Remy.
859[b]. Tarragona à Barcelona y Francia.
860. Tarragona à Martorell y Barcelona.
861. Taunus.
862. Tees Valley.
863. Teign Valley.
864. Temple Mineral.
865. Tenbury.
866. Tendring Hundred.
867. Teruel à Gargallo.
868. Teruel à Sagunto.
869. Tewkesbury-Malvern.
870. Tharsis à Beja.
871. Tharsis à Odiel.
872. Theiss.
873. Thetford and Watton.
874. Thuringe et Werra.
875. Tilsit-Insterburg.
876. Tirgovesci-Perisu.
877. Tivy Side.
878. Toggenburg.
879. Torbay and Brixham.
880. Torjok.
881. Torino-Cirié.
882. Torino-Rivoli.
883. Torralba à Soria.
884. Töss-Thal.
885. Tottenham and Hampstead.
885[b]. Toulon à Hyères.
886. Trelleborg-Lund.
887. Trent, Ancholme and Grimsby.
888. Tréport.
889. Triano a la ria de Bilbao.
890. Trondhjem à la frontière Suédoise.
891. Trondhjem-Stören.
892. Truro and Perran Mineral.
893. Tudela à Bilbao.
894. Tunbridge Wells and Eastbourne.
895. Tunnel de la Manche.

896. Turin à Marseille.
897. Turnhout.
898. Turquie d'Europe.
899. Tyrnau-Kralup-Prag
900. Uddevalla-Wenersborg-Herrljunga.
901. Uetliberg.
902. Ulricehamn-Wartofta.
903. Ulster.
904. Union du Palatinat.
905. Union Suisse.
906. Unstrut.
907. Upsala-Lenna.
908. Upsala-Gefle.
909. Upwell, Outwell and Wisbeach.
910. Usk and Towy.
911. Utrera à Moron y Osuna.
912. Uxbridge and Rickmansworth.
913. Valdezafan à Reus.
914. Vale of Llangollen.
915. Vale of Towy.
916. Valladolid à Calatayud.
917. Van.
918. Varna.
919. Vassy à St-Dizier.
919[b]. Velu-Bertaincourt à Saint-Quentin.
920. Vendée.
921. Vertaizon à Billom.
922. Vickern-Mockeln.
923. Victor-Emmanuel.
924. Villabona à San Juan de Nieva.
925. Villalba à Segovia.
926. Villaseca à Alcoy.
927. Virton.
928. Vistule.
929. Vitré à Fougères et prolongements
930. Volga-Don.
931. Vorarlberg
932. Vosges.
933. Vrigne-Meuse à Vrigne-aux-Bois.
934. Waagthal.
935. Wadenschwyl-Einsiedln.
936. Wadstena-Fogelsta.
937. Wainfleet and F.rsby.
938. Walkeasaari-Systerback.
939. Warschau-Terespol.

940. Warschau-Wien et Warschau-Bromberg.
941. Waterford and Central Ireland.
942. Waterford and Limerick.
943. Waterford and Tramore.
944. Waterford and Wexford.
945. Waterford, Dungarvan and Lismore.
946. Waterford, New-Ross and Wexford Junction.
947. Watford and Rickmansworth.
948. Watlington and Princes Risborough.
949. Watton and Swaffham.
950. Weedon and Daventry.
951. Weimar-Gera.
952. Wellington and Drayton.
953. Wellington and Severn Junction.
954. Wenlock.
954[b]. Werra.
955. Wessman-Barken.
956. West Cork.
957. West Cornwall.
958. West Lancashire.
959. West London.
960. West London Extension.
961. West Norfolk Junction
962. West-Riding and Grimsby.
963. West Somerset.
964. West Somerset Mineral.
965. Wexiö-Alfvesta.
966. Weymouth and Portland
967. Wermlands Oriental.
968. Whitby, Redcar and Middlesborough Union.
969. Whitehaven, Cleator and Egremont.
970. Whitland and Taff Vale.
971. Widness.
972. Wien-Pottendorf-Neustadt-Grammat-Neusiedl.
973. Wigan Junction.
974. Wigtownshire
975. Winterthur-Singen-Kreuzling.
976. Wislanda-Ljungby.
977. Witney.
978. Wivenhoe and Brightlingsea.
979. Wolverhampton and Walsall.

980. Worcester and Aberysthwyth Junction.
981. Worcester, Bromyard and Leominster.
982. Wrexham, Mold and Connah's Quay.
983. Wye Valley.
984. Yarmouth and Ventnor.
985. Ystad-Eslöf.
986. Zafra à Huelva.
986[b]. Zamora al Morro.
987. Zamora à Astorga.
988. Zaragoza à Barcelona y Pamplona.
989. Zaragoza à Escatron y Val de Zafan.
990. Zerere.
991. Zittau-Reichenberg.
991[b]. Zorroza à la Mina Primitiva.
992. Zwickau-Lengenfeld-Falkenstein.

PREMIÈRE PARTIE.

Description des Réseaux de Voies Ferrées du Continent et du Royaume-Uni de la Grande-Bretagne.

1. — Aberdare and Central Wales Junction *(Angleterre)*.

Exploité par le Taff Vale.

DIRECTEURS :

Sir Boughton, C. H. R.
Robertson, J., Esq.
Sir Price, R. G.

2. — Abergavenny and Monmouth *(Angleterre)*.

Exploité par le Great Western.

DIRECTEURS :

Lewick, F., Esq.
Darby, A., Esq.
Clifford, H. M., Colonel.
Rolls, J. A., Esq.
Bailey, C., Esq.

3. — Abingdon *(Angleterre)*.

Exploité par le Great Western.

DIRECTEURS :

Clarke, J. C., Esq., Président.
Morland, G. B., Esq.
Clarke, J. H., Esq.
Williams, J., Esq.
Richardson, C., Esq.

4. — Aboyne and Braemar *(Ecosse)*.

Exploité par le Great North of Scotland.

DIRECTEURS :

Farquharson, J. R., L^t-C^l., Président.
Duncan, J., Esq., Président-Délégué, Représentant du Deeside.
Foggo, R. G., Esq., Représentant du Deeside.
Ruxton, T., Esq., Représentant du Deeside.
Whyte, A. B., Esq.,   »
Hickie, J., Esq.

BUREAUX A ABERDEEN :

Ferguson, W. B., Secrétaire.
Milne, R., Directeur Général.
Barnett, P. M., Ingénieur.
Fletcher, R., Auditeur.
Meston, J., Auditeur.

5. — Achiet à Bapaume *(France)*.

Siége social à Bapaume.

CONSEIL D'ADMINISTRATION :

Arrachart, E., Président.
Grardel, E., Vice-Président.
Parel, F., Trésorier.
Goubet.
Lagnier-Legay.
Théry-Aimé.
Théry-Watissé.

Level, E., Directeur, 18, Rue de Dunkerque, Paris.
Poirel, A., Ingénieur, à Bapaume.

	Kil.	
Achiet.	—	Pas-de-Calais.
Bihucourt. H.	»	»
Biefvillers. H.	»	»
Bapaume.	7	»

6. — Adra *(Espagne)*.

Bremon, L. M., Concessionnaire.

En construction : de Adra aux Mines de La Sierra de Gador, par Berja.

7. — Aix-la-Chapelle *(Allemagne)*.

Tull, Directeur, à Aix-la-Chapelle.

Würselen.	Aix-la-Chapelle
Morsbach.	»
Grevenberg.	»
Höngen.	»
Stolberg.	»

8. — Aix-la-Chapelle, Düsseldorf, Ruhrort *(Allemagne)*.

Exploité par le Berg-Marche.

9. — Aix-la-Chapelle, Maastricht, Landen *(Allemagne)*.

Exploité par le Grand Central Belge.

DIRECTION D'AIX-LA-CHAPELLE :

Lamberts, A., Président.
van Gülpen, E.
Franoux, C.
Püngeler, P. J.
Kesselkaul, E.

DIRECTION DE MAASTRICHT :

Seydlitz, H., Président.
Bonhomme, A.
Sandberg, G.
Tielens, J.

COMMISSION DE CONTRÔLE :

Michiels v. Kessenich, F., Président.
Zurhelle, A., Vice-Président.
Tyrell, H.
de Villers de Pité.
Van der Maesen de Sombreff, P.
Michiels v. Kessenich, A.
Lamberts, J.
Durst, H.
Hoesch, H.
Brügmann, W.

Sommer, M., Directeur Spécial, à Aix-la-Chapelle.
van der Elst, E., Directeur de la Houillère, à Kerkrade.
Desamari, R., Secrétaire et Caissier, à Aix-la-Chapelle.

10. — Alar à Santander *(Espagne)*.

Exploité par le Nord de l'Espagne.

CONSEIL D'ADMINISTRATION A MADRID :

de Manzanedo (marquis), Président.
Bernar, E.
Casares, J. A.
Muguiro, J.
del Busto, L.
Acebo, J. G.
Guardamino, J.
Acebo, F. G.
Luque, F.
Cedrun, J. A.
Obregon, M.
Cortès, G.

11. — Alcázar de San Juan à Quintanar de la Orden *(Espagne)*.

A construire.

Cervela, V., Directeur.

	Kil.	
Alcázar de San Juan.	—	Toledo.
Quintanar de la Orden.	27.784	»

12. — Alcester *(Angleterre)*.

Exploité par le Great Western.

DIRECTEURS :

Yarmouth (comte of), Président.
Sir Wood, C. A., Président-Délégué.
Lowe, W. B., Esq.
Kirshaw, J. W., Esq.
Spencer. W., Esq.

13. — Aldborough *(Angleterre)*.

A construire.

14. — Alfoeld-Fiuman *(Hongrie)*.

CONSEIL D'ADMINISTRATION A BUDA-PEST :

Karolyi (comte), G., Président.
Kochmeister, F., Vice-Président.
v. Csengery, A.
Fuchs, R.
v. Gerliczy (B^{on}), F.
v. Harkanyi, C.
Herz, J.
v. Lucacs, A.
v. Mayran (Chev.), R.
v. Pap, L.
Podmaniczky (B^{on}), F.
v. Pulszky, F.
v. Schossberger, S.
Tschögl, J.

DIRECTION A BUDA-PEST :

Naszluhàcz, L., Inspecteur Général de l'Exploitation technique.
Wahl, A., Inspecteur Général de l'Exploitation Administrative.

Gronovsky, M., Chef du Secrétariat.
Mikolay, F., Inspecteur, Chef des Voies et Travaux.
Bohatsch, F., Inspecteur, Chef du Service des Trains et du Matériel.
Bitterlich, J., Inspecteur, Chef du Trafic et du Service Commercial.
Hubert, C., Inspecteur, Chef du Contrôle.
Rosenberg, C., Inspecteur, Chef du Matériel.
Rie, E., Chef de la Comptabilité.

	M. O.	
Grosswardein.	—	Ungarn.
Less. H.	2.1	»
Cséffa.	3.5	»
Szalonta.	5.2	»
Sarkad.	7.8	»
Gyula.	9.6	»
Csaba.	11.6	»
Gerendás. H.	13.1	»
Csorvás.	14.3	»
Oroshaza.	16.3	»
Sámson. H.	17.8	»
Vásárhely, *Hod-Mezö.*	20.3	»
Algyo.	22.5	»
Szegedin.	23.5	»
Horgos.	25.9	»
Palics. H.	28.	»
Maria-Theresiopel.	29.	»
Tavankut-Ausweiche.	31.2	»
Bajmok.	32.5	»
Militics.	35.4	»
Zombor.	36.7	»
Priglevitza St. Ivan.	38.7	»
Szonta.	39.8	»
Gombos-Bogojeva.	40.8	»
Erdöd.	41.3	»
Dálya.	42.3	»
Szarvas. H.	43.8	»
Essegg, *Unterstadt.*	45.	»
Essegg.	45.4	»
Dárda.	46.8	»
Laskafalva. H.	47.7	»
Baranyavar-Monostor.	49.	»
Magyar-Boly. H.	50.5	»
Villány.	51.3	»

15. — Alicante à Alcoy *(Espagne).*

A construire.

Maisonnave, E., Concessionnaire.

16. — Alicante à Murcia *(Espagne).*

A construire.

17. — Almansa à Valencia y Tarragona
(Espagne).

CONSEIL D'ADMINISTRATION :

Rivero, N. M., Président.
Benedito, M., Vice-Président.
Campo, J., (Marquis de).
Moyano, L.
Gomis, V.
de Molini, L.
Muinana, F.
Septier, J. M.
Campo, A., Directeur-Gérant.

ADMINISTRATION A MADRID, CALLE DEL CID :

Lledo, D., Chef de le Comptabilité.
Carreras, M., Chef de la Statistique.
Covven, C., Ingénieur, Chef de la Traction.
Lafuente, A., Chef du Mouvement.
Revenga, A., Ingénieur, Chef des Voies et Travaux.
Faugüas, F., Chef du Contentieux.
Rubert, J. N., Chef du Trafic.
Lopesino, M., Agent commercial.

	Kil.	
La Encina (Venta).	—	Almansa.
Fuenta la Higuera.	13	Valencia.
Mogente.	22	»
Vallada.	38	»
Montesa.	45	»
Alcudia.	51	»
Jativa.	58	»
Manuel.	65	»
Puebla Larga.	70	»
Carcagente.	74	»
Alcira.	77	»
Algemesi.	82	»
Benifayó.	92	»
Silla.	101	»
Catarroja.	105	»
Alfafar.	108	»
Valencia *.	113	Valencia.
Albuixech.	128	»
Puig.	132	»
Puzol.	135	»
Sagunto (murviedro).	142	»
Las Valles.	147	»
Almenara.	152	Castellon de la Plana.
Chilches.	156	»
Nules.	165	»
Burriana.	171	»
Villareal.	175	»
Castellon.	182	»
Benicasim.	195	»
Torreblanca.	218	»
Alcalá.	232	»
Benicarló.	254	»
Vinaroz.	260	»

— 17 —

	Kil.	
Ultdecona.	276	Tarragona.
Santa Bàrbara.	291	»
Tortosa.	305	»
Amposta.	318	»
Ampolla.	328	»
Atmella.	339	»
Hospitalet.	355	»
Cambriels.	369	»
Salou.	376	»
Tarragona.	388	»

Valencia *.	—	Valencia.
Grao.	5	»

18. — Alsace-Lorraine et Guillaume de Luxembourg *(Allemagne).* (V.)

DIRECTION GÉNÉRALE A STRASSBURG :

Mebes, Directeur Général, Président.
Cronau.
V. Guerard.
Schulz.
Funke.
Bolte.
Breithaupt.
Schübler.
Greiff.
Simson.
Wohler.
Ulrich.
Wolfthügel, Membre assistant.
Lindner, »

ADMINISTRATION CENTRALE A STRASSBURG.

Büttner, Inspecteur d'Exploitation et Chef du bureau technique.
Beemelmans, Inspecteur d'Exploitation et Chef du bureau technique des Voies et Travaux.
Schieffer, Chef des Voies et Travaux au bureau technique d'Exploitation.
Wolff, Chef des Voies et Travaux au bureau technique des Voies et Travaux.
Beckershaus, Chef des Voies et Travaux.
Braunn, »
Mielert, Caissier Principal.
Wendler, Chef Principal du Matériel, de la Traction, des Ateliers et Magasins.
Hieronimy, Inspecteur principal des Télégraphes.
Coermann, Inspecteur d'Exploit" à Mühlhausen.
Stelzer, » Colmar.
Ostermeyer, Inspecteur d'Expl" à Strassburg.
Victor, » Saargemünd.
Kecker, » Metz.
Hering, » Luxemburg.

Merensky, Inspecteur des March[ises] à Mühlhausen.
Janner, » Colmar.
Budde, » Saargemünd.
Seydel, » Metz.
Trommer, » Luxemburg.
Heidecker, Inspecteur des Marchandises et Chef du Bureau des Réclamations, à Strassburg.
Klahr, Chef de Traction à Strassburg.
Grasshof, » Mühlhausen.
Volkmar, » Montigny.
Hüster, » »
Reh, » Luxemburg.

	Kil.	
Frontière Luxembourgeoise. —		Diedenhofen.
Gross-Hettingen.	9	»
Diedenhofen *.	17	»
Ueckingen.	22	»
Hagendingen.	28	Metz.
Maizières.	32	»
Devant-les-Ponts.	42	»
Montigny *.	48	»
Metz.	50	»
Peltre.	54	»
Courcelles a. d. Nied *.	60	»
Remilly.	69	»
Herny.	76	Bolchen.
Falkenberg.	86	»
Saint-Avold.	97	Saint-Avold.
Homburg.	104	Forbach.
Benningen *.	108	»
Farschweiler.	118	»
Hundlingen.	124	»
Saargemünd *.	131	Saargemünd.
Bliesbrücken.	142	»
Rohrbach.	149	»
Klein-Rederchingen.	152	»
Enchenberg.	157	»
Lemberg.	161	»
Bitsch.	169	»
Bannstein.	180	»
Philippsburg.	186	»
Niederbronn.	193	Niederbronn.
Reichshofen, *Stadt.*	196	Hagenau.
» *Werk.*	197	»
Gundershofen.	199	Hagenau.
Mietesheim. H.	202	»
Merzweiler.	203	»
Schweighausen.	210	»
Hagenau *.	214	»
Marienthal. H.	219	»
Bischweiler.	222	»
Hördt.	231	Strassburg.
Vendenheim *.	238	»
Mundolsheim *.	242	»
Strassburg, *Stadt.*	247	»
Königshofen. H.	248	»
Grafenstaden.	254	Erstein.

	Kil.			Kil.	
Geispolsheim. H.	256	Erstein.	Saarburg *.	—	Saarburg.
Fegersheim.	259	»	Berthelmingen.	12	»
Limersheim. H.	262	»	Finstingen.	16	»
Erstein.	267	»	Niederstinzel. H.	18	»
Matzenheim.	270	»	Wolfskirchen.	22	Zabern.
Benfeld.	274	»	Pisdorf. H.	25	»
Kogenheim. H.*	279	»	Saarwerden. H.	28	»
Ebersheim. H.	284	Schletstadt.	Saar-Union.	29	Saar-Union.
Schletstadt *.	290	»	Schopperten. H.	33	Zabern.
Saint-Pilt. H.	296	Rappoltsweiler.	Keskastel.	35	»
Rappoltsweiler.	300	»	Saaralben.	39	Forbach.
Ostheim. H.	303	»	Willerwald. H.	42	»
Bennweier.	306	»	Hambach.	46	Saargemünd.
Colmar *.	313	Colmar.	Neuscheuern. H.	50	»
Egisheim. H.	317	Gebweiler.	Saargemünd *.	54	»
Herlisheim. H.	320	»			
Rufach.	326	»	Hagenau *.	—	Hagenau.
Merxheim. H.	334	»	Walburg.	8	Weissenburg.
Bollweiler *.	338	»	Sulz u. Wald.	17	»
Wittelsheim. H.	343	Thann.	Hoffen.	20	»
Lutterbach.	350	Mühlhausen.	Hundspach.	25	»
Dornach.	352	»	Riedselz. H.	28	»
Mühlhausen *.	255	»	Weissenburg.	33	»
Rixheim. H.	361	»	» frontière.	36	»
Habsheim.	362	»			
Sierenz.	372	»	Vendenheim *.	—	Strassburg.
Bartenheim. H.	375	»	Brumath.	8	»
Saint-Ludwig.	383	»	Mommenheim.	13	»
» frontière.	384	»	Hochfelden.	18	»
Bâle.	388	Bâle.	Dettweiler.	26	Zabern.
			Steinburg.	30	»
Diedenhofen *.	—	Diedenhofen.	Zabern.	34	»
Hayingen.	7	»	Lützelburg.	44	Saarburg.
Fontoy.	15	»	Harzweiler.	50	»
Frontière française *.	18	»	Saarburg *.	61	»
			Hemmingen.	69	»
Frontière française *.	—	Metz.	Rixingen.	79	»
Amanvillers.	2	»	Avricourt, frontière prussienne.	82	»
Moulins.	10	»
Montigny *.	15	»
Ars a. d. Mosel.	21	»	Avricourt, frontière française	83	»
Novéant.	27	»	Moussey.	88	»
» frontière *.	28	»	Azoudange.	94	»
			Gisselfingen.	100	»
Courcelles a. d. Nied *.	—	Metz.	Dieuze.	105	»
Pange.	4	»			
Courcelles-Chaussy.	9	»	Mutzig.	—	Molsheim.
Landonvillers.	12	»	Molsheim *.	3	»
Condé-Northen.	16	»	Dachstein. H.	6	»
Bolchen.	22	Bolchen.	Düttlenheim. H.	8	Erstein.
			Düppigheim. H.	10	»
Carlingen.	—	Forbach.	Enzheim. H.	13	»
Benningen *.	11	»	Holzheim. H.	16	»
Kochern.	14	»	Lingolsheim. H.	17	»
Forbach.	19	»	Königshofen. H *.	21	Strassburg.
Stieringen.	22	»	Strassburg, Metzger Thor.	26	»
» frontière.	23	»	Kehl.	29	»

	Kil.	
Wasselnheim.	—	Molsheim.
Wangen. H.	2	»
Marlenheim.	3	»
Kirchheim. H.	4	»
Scharrachbergheim.	6	»
Sulz-Bad.	9	»
Avolsheim. H.	10	»
Molsheim *.	13	»
Dorlisheim.	15	»
Rosheim.	18	»
Bischofsheim. H.	20	»
Oberehnheim.	23	»
Goxweiler. H.	26	Erstein.
Gertweiler. H.	29	»
Barr.	30	»

Schletstadt *.	—	Schletstadt.
Kestenholz.	5	»
Weilerthal.	6	»
Wanzell. H.	9	»
Lebereau.	14	Rappoltsweiler.
Heilig-Kreuz,	18	»
Markirch.	21	»

Mundolsheim *.	—	Strassburg.
Schiltigheim.	»	»

Colmar *.	—	Colmar.
Logelbach.	3	»
Türkheim.	6	»
Walbach.	10	»
Weier-im-Thal.	13	»
Gunsbach.	16	»
Münster.	19	»

Bollweiler *.	—	Gebweiler.
Obersulz.	5	»
Gebweiler.	7	»

Wesserling.	—	Thann.
Saint-Amarin.	3	»
Weiler.	7	»
Bitschweiler-Thann.	9	»
Thann.	13	»
Sennheim *.	18	»
Lutterbach.	27	Mühlhausen.
Dornach.	29	»
Mühlhausen *.	32	»
Zillisheim. H.	38	»
Illfurt.	42	Altkirch.
Altkirch.	49	»
Dammerkirch.	58	»
Alt-Münsterol.	66	»
» frontière *.	68	»

	Kil.	
Sennheim *	—	Thann.
Aspach. H.	5	»
Burnhaupt.	8	»
Gewenheim.	11	»
Sentheim.	14	»

GUILLAUME DE LUXEMBOURG.

Frontière prussienne *.	—	G. D. Luxembourg
Bettemburg *.	5	»
Fentingen. H.	10	»
Luxemburg *.	16	»
Dommeldingen.	20	»
Walferdingen.	24	»
Lorentzweiler. H.	28	»
Lintgen.	31	»
Mersch.	34	»
Kruchten. H.	40	»
Colmar-Berg.	43	»
Ettelbrück *.	47	»
Michelau. H.	»	»
Göbelsmühle.	57	»
Kautenbach.	61	»
Wilwerwiltz.	67	»
Clerf.	77	»
Maulusmühle. H.	80	»
Ufflingen.	85	»
» frontière *.	93	»

Frontière belge.	—	G. D. Luxembourg.
Bettingen.	1	»
Capellen. H.	6	»
Mamer.	9	»
Strassen-Bartringen.	13	»
Luxemburg *.	19	»
Oetringen.	31	»
Roodt.	39	»
Wecker.	47	»
Mertert. H.	54	»
Wasserbillig *.	56	»

	Kil.	
Bettemburg *.	—	G. D. Luxembourg.
Nörzingen. H. *.	4	»
Esch a. d. Alzette *.	9	»

Nörzingen. H. *.	—	G. D. Luxembourg.
Kayl. H.	»	»
Oettingen.	7	»

Ettelbrück *.	—	G. D. Luxembourg.
Diekirch.	4	»

19. — Altenburg-Zeitz. (Allemagne.)

Exploité par l'Etat Saxon.

CONSEIL D'ADMINISTRATION :

Grosse, A.
Krausse, F. J.
Wagner, R.
Brehme, W.

20. — Altona-Kiel. (Allemagne.) (**V.**)

CONSEIL D'ADMINISTRATION A ALTONA :

Rienke, T.
Volckmar, E.
Schröder, L.
Kracke, C. W.
Mourier, G.
Meyer, A.
Donner, J. J.
Schwedeler, E.
Pustau, W.
Volckmar, H.
Jaspersen, C.
Stoppel, H.
Schmidt, A.
Scharmer, J.
Meyn, L.
Martens.
Kaiser, R.
Paap, P. W.
Kraus.
Lorentzen, E.
Baur, J.
Dreyer, E.
Haack, W.
Lütkens, A.
Messtorff, J. J.

Direction à Altona :

Semper, C.
Geske, B.
Reimers.
Kruse.
Tellkampf.
Metzener.

ADMINISTRATION :

A. Lignes du Holstein, à Altona :

Wegener, W. A., Inspecteur Principal d'Exploitation.
Hesse, R., Inspecteur d'Exploitation.
v. Hielmcrone, C. E., Comptable Principal.
Bormann, G. J. H., Chef de bureau.
Abel, F., Contrôleur d'Exploitation.
v. Einem, J. A. F., Caissier principal.
ingklib, G. J., Chef du Matériel.

May, C., Ingénieur.
Nollau, H., Chef de Traction.
Renken, W., Chef du Trafic.
Kahler, H. E. G., Comptable.
Walter, T., Inspecteur des Télégraphes.
Wollheim, H. J., Ingénieur à Neumünster.
Scheer, F. H. N., Ingénieur à Rendsburg.

B. Lignes du Schleswig, à Flensburg :

Schroeder, D. A., Délégué Général.
Matthiessen, H., Inspecteur d'Exploitation.
Petersen, A. F., id.
Constantine, R., Chef de Traction.
Eyring, A. L., Contrôleur des Recettes, à Altona.

	M. E.	
Vamdrup *.	—	Danemark.
Sommerstedt.	1.7	Schleswig-Holstein.
Woyens *.	2.7	»
Ober-Jersdal.	3.4	»
Rothenkrug *.	5.4	»
Jordkirch.	6.1	»
Bollersleben.	6.6	»
Tingleff *.	7.5	»
Schaafhaus.	8.8	»
Pattburg.	9.5	»
Flensburg.	9.8	»
Schleswig, *Nord*.	10.5	»
Tarp.	11.9	»
Eggebeck.	12.6	»
Jübeck *.	13.6	»
Schleswig.	15.	»
Owschlag.	16.8	»
Rendsburg.	18.2	»
» *Stadt*.	18.3	»
Bockelholm.	19.7	»
Nortorf.	21.	»
Neumünster *.	22.8	»
Brockstedt.	24.7	»
Wrist.	25.8	»
Dauenhof.	27.1	»
Horst.	27.7	»
Elmshorn.	28.7	»
Tornesch.	29.7	»
Pinneberg.	30.7	»
Eidelstedt.	31.9	Schleswig-Holstein.
Altona *.	32.8	»
Bahrenfeld.	33.2	»
Flottbeck.	33.7	»
Blankenese.	34.1	»

Altona *.	—	Schleswig-Holstein.
» *Schulterblatt*.	0.4	»

		M. E.	
Neustadt.		—	Schleswig-Holstein.
Bujendorf.		1.	G. U. Oldenburg.
Eutin.		2.1	»
Gremsmühlen.		2.8	»
Plön.		4.	Schleswig-Holstein.
Ascheberg *.		4.9	»
Wankendorf.		6.3	»
Bockhorst.		7.	»
Neumünster *.		8.3	»
Bordesholm.		9.9	»
Voorde.		11.1	»
Kiel.		12.5	»
Rainsdorf.		13.9	»
Preetz.		14.6	»
Ascheberg *.		16.1	»

Jübeck *.	—	Schleswig-Holstein.
Sollbrück.	0.7	»
Ohrstedt.	1.9	»
Husum.	3.6	»
Friedrichstadt.	4.9	»
Harbleck.	5.6	»
Tönning.	6.4	»

Tingleff *.	—	Schleswig-Holstein.
Bülderup-Bau.	1.6	»
Jeising-Hostrup.	2.7	»
Tondern.	3.5	»

Rothenkrug *.	—	Schleswig-Holstein.
Apenrade.	1.	»

Woyens *.	—	Schleswig-Holstein.
Hammelef.	0.9	»
Hadersleben.	1.6	»

Neumunster *.	—	Schleswig-Holstein.
Bostedt.	9	»
Ricklingen.	10	»
Fahrenkrug.	25	»
Segeberg.	29	»
Wakendorf.	38	»
Oldesloe.	44.8	»

21. — Alyth. (Ecosse.)

DIRECTEURS :

Airlie (Comte of).
Sir Ramsey, G.
Matthewson, D., Esq.
Hean, D., Esq.
Jobson, D., Esq.

22. — Amagne à Vouziers. (France.)

Exploité par l'Est Français.

23. — Ammeberg. (Suède.)

DIRECTION A LIÉGE (BELGIQUE) ET A AMMEBERG (SUÈDE).

	Kil.	
Ammeberg.	—	Orebro.
Zinkgrulvor, usine.	12	»

24. — Angermunde-Schwedt. (Allemagne).

EXPLOITÉ PAR LE BERLIN-STETTIN.

25. — Anglesey Central. (Angleterre.)

EXPLOITÉ PAR LE LONDON ET NORTH WESTERN.

DIRECTEURS :

Hughes, W. B., Esq. Président.
Mitchell, H. B., Esq. Président-Délégué.
Holmes, T. K., Esq.
Hugues, R. G., Général-Major.
Maskelyne, N. S., Esq.
Pritchard, H., Esq.
Campbell, G. W., Esq.

Dew, W., Secrétaire à Bangor.
Phillips, R. T., Directeur du Trafic à Amlwch.
Preston, R. M., Solicitor.
Dew, S.,
Reynolds, J. B., Auditeur.
Matthews, J., »

26. — Anvers à Gand (Belgique).

CONSEIL D'ADMINISTRATION, 6, RUE ROYALE, A BRUXELLES :

Oppenheim, J., Président.
Lavallée, H.
Emden, S.
Koenigswarter, A.
Vilain XIIII (Vicomte de) A.
Oppenheim, P., Commissaire.
Boeckaert, E., »
Verwilghen-Goris, S., »
Boeyé, C., »
Janssens-Smits, L., »

DIRECTION A St-NICOLAS :

Prisse (Bon), E., Directeur-Gérant.
Woremser, T., Inspecteur, Chef du Trafic, du Contentieux, du Service Commercial, des Réclamations, du Contrôle, de la Comptabilité générale et du Secrétariat.

Vive, N., Inspecteur, Chef de la Traction.
Danden Borre, P. J., Inspecteur, Chef des Voies et Travaux.
Geerts, J., Inspecteur, Chef du Mouvement.
De Corte, E., Comptable.

Anvers, *Tête de Flandre.*	Kil.	Anvers.
Zwyndrecht.	3.748	Flandre Orientale.
Beveren.	9.380	»
Nieukerke.	15.160	»
St-Nicolas.	18.596	»
Mille-Pommes.	24.682	»
Lokeren.	31.594	»
Beirvelde.	39.421	»
Loochristy.	42.674	»
Gand.	49.670	»

27. — Anvers-Rotterdam *(Belgique)*.

Exploité par le Grand Central Belge.

CONSEIL D'ADMINISTRATION, 88, RUE BELLIARD, A BRUXELLES :

Stoclet, A., Président.
Mackenzie-Shaw, W., Esq.
de Caters (B^{on}).
Catoir, H.
Matthieu, J., Commissaire.
Montefiore-Lévi, »
Drugman, E., »
Van Kerkwyk, J. J., »
t'Hooft v. Benthuise, »

28. — Anzin à Somain *(France)*.

DIRECTION A ANZIN (NORD):

de Commines de Marsilly, Directeur de la Compagnie.
Courtin, Secrétaire Général.
Gogneau, Chef de l'Exploitation.
Déprez, Ingénieur, Chef du Matériel.
Parent, Directeur en Chef des Travaux du jour.
Gidoin, Chef du Contentieux.

Frontière Belge.	Kil.	Nord.
Vieux-Condé.	4.783	»
Condé.	6.822	»
Fresnes.	8.418	»
Bruai *.	13.965	»
Anzin.	17.344	»
St-Vaast.	18.269	»
Herin.	21.448	»
Denain.	26.845	»
Escaudain.	29.930	»
Abscon.	32.716	»
Somain.	36.008	»

	Kil.	
Bruai *.	—	Nord.
Valenciennes.	3.515	»

29. — Appenzell *(Suisse)*.

DIRECTION A HERISAU :

Meyer, Emm., Président.
Sandaman, F.
Merz, L.
Meyer, Emi.
Schüss, A.
Kirchhofer, B.

	Kil.	
Winkeln.	—	Appenzell.
Herisau.	5	»
Wylen.	»	»
Waldstadt.	10	»
Zürchersmühle.	»	»
Urnäsch.	16	»

30. — Arad-Temesvar *(Hongrie)*.

Exploité par le Theiss.

CONSEIL D'ADMINISTRATION A BUDA-PEST :

Zichy (Comte), H., Président.
v. Weninger, V., Vice-Président.
v. Blasovits, C.
Hazmann, F.
v. Kopp (chev.), E.
Schiefner, J.
Schnédar, J.
Tschögel, J.

31. — Aranjuez à Cuenca *(Espagne)*.

En construction.

M. I. Ortiz y Casado, Président de la Compagnie, 12, Calle de Relatores, à Madrid.

32. — Arbroath and Forfar *(Ecosse)*.

Exploité par le Caledonian.

COMITÉ DE GÉRANCE :

Miln, R., Esq., Président.
Traill, J., »
Powrie, W., »
Lindsay, D., »
Gordon, A., »
Mudie, J., »

Macdonald, W. K., Secrétaire à Arbroath.

33. — Archiduc-Albert *(Autriche)*. (V.)

CONSEIL D'ADMINISTRATION A VIENNE :

Poninski (Prince), C., Président.
v. Erlanger (Bᵒⁿ), L., 1ᵉʳ Vice-Président.
v. Zápory (chev.), F. R., 2ᵉ   »
v. Bauer (chev.), S.
v. Lössl (chev.). F.
Löwenick, N.
Mündel v. Jeldberg (chev.) J.
Reisch, C.
Raunheim, S.
Stirner, J.
Zifferer, D.

BUREAU CENTRAL A VIENNE, 3, CANOVAGASSE :

v. Kolosváry, V., Inspecteur technique.
Kugler, L., Chef de la Comptabilité.

DIRECTION D'EXPLOITATION A LEMBERG :

v. Loeszl, F., Directeur.
Müller, O., Secrétaire Général.
v. Deyma, A., Chef du Service Commercial.
Wolski, V., Inspecteur, Chef des Voies et Travaux et de l'Exploitation.

	Kil.	
Lemberg.	—	Galicie.
Glinna-Nawarya.	15.59	»
Szczerzec.	26.33	»
Mikołajów-Drohowyze.	44.73	»
Bilcze-Wolica.	58.57	»
Uhersko-Dobrzany.	67.27	»
Stryj.	74.90	»
Morszyn.	89.27	»
Bolechow.	99.26	»
Dolina.	112.04	»
Krechowice.	126.23	»
Kalusz.	140.41	»
Bednarow.	154.37	»
Majdan-Pawcteze. II.	166.38	»
Stanislau.	182.53	»

34. — Ashby and Nuneaton *(Angleterre)*.

Exploité par le London and North Western et le Midland.

35. — Athènes à Lamya *(Grèce)*.

SIÉGE SOCIAL A ATHÈNES.

En construction.

36. — Athènes à Patras *(Grèce)*.

SIÉGE SOCIAL A ATHÈNES.

En construction.

37. — Athènes au Pirée *(Grèce)*.

L'exploitation de cette ligne est confiée à la Direction du Crédit Industriel de la Grèce, à Athènes.

	Kil.	
Athènes.	—	Athènes.
Le Pirée.	10	»

(avec embranchement vers Falaire.)

38. — Athenry and Ennis Junction *(Irlande)*.

Exploité par le Waterford and Limerick.

DIRECTEURS :

Lombard, J. F., Esq., Président.
Evans, L. H., Esq.
Butler, A., Esq.
Coffey, D., Esq.
Greene, T., Esq.
Hemans, G. W., Esq.
Roche, T. R., Esq.
Simpson, W. H., Esq.

BUREAUX A WATERFORD :

Nicoll, J. F., Secrétaire.
Mac, Namara, M., Auditeur.
Nolan, A. B.,   »
M'Grath et Cᵒ. W. H., Solicitors.

39. — Athenry and Tuam *(Irlande)*.

Exploité par le Waterford and Limerick.

DIRECTEURS :

Bodkin, R., Esq., Président.
Blake, G., Esq.
Cannon, J. W., Esq.
Henry, R., Esq.
Rutledge, D., Esq.

BUREAUX A WATERFORD :

Nicoll, J. F., Secrétaire.
Mullen, L., Auditeur.
Vaughan, F.,   »
Heggins, T., Solicitor.

40. — Atvidaberg (Suède).

M. le Bon Adelsvard, Directeur à Atvidaberg.

	Kil.
Atvidaberg.	— Ostergötlands.
Bergsbogrufva.	41 »

41. — Aussig-Teplitz (Autriche) (V.)

CONSEIL D'ADMINISTRATION :

Wolfrum, C., Président.
Kress, J., Vice-Président.
Clary-Aldringen, (Prince) E.
v. Riese-Stallburg, (B^{on}) W. F.
v. Liebieg, (B^{on}) T.
v. Mallmann, (Chev.) J.
Rilke, J.
Tragy, J.
Peez, A.
v. Buliken, (Chev.)
Wachsmuth, A.
Marbach, H.
Dittrich, F.

DIRECTION A TEPLITZ :

Edler v. Emperger, F., Directeur.
Cerwónka, F., Secrétaire.
Funk, C., Ingénieur Principal.
Tapezierer, H., Ingénieur de la Traction.
Schweigert, L., Ingénieur Principal de la Construction.
Ott, G., Chef du Matériel.
Gartner, E., Chef du Service Commercial.
Harzer, I., Caissier Principal.

	M. 0.	
Aussig.	—	Böhmen.
Türmitz *.	0.6	»
Schönfeld.	0.9	»
Karbitz.	1.2	»
Mariaschein.	1.7	»
Teplitz.	2.4	»
Settenz.	2.6	»
Ullersdorf.	3.1	»
Dux.	3.7	»
Preschen-Bilin.	4.2	»
Ratschitz-Oberleutensdorf.	4.9	»
Prohn.	»	»
Brüx.	5.7	»
Tschansch.	»	»
Holtschitz-Seestadtl.	6.8	»
Wurzmes.	7.3	»
Udwitz-Görkau.	7.8	»
Alaunsee.	»	»
Komotau.	8.5	»

	M. 0.	
Türmitz *.	—	Böhmen.
Tschorchau.	0.88	»
Hertine.	1.29	»
Auperschin.	1.77	»
Liessnitz. H.	2.13	»
Wohontsch.	2.52	»
Schwatz-Kuttowitz.	2.98	»
Bilin.	3.52	»

42. — Avricourt à Cirey (France).

Exploité par l'Est Français.

43. — Aylesbury and Buckingham (Angleterre).

Exploité par le Great Western.

DIRECTEURS :

Buckingham and Chandos, (duc of) Président.
Sir Verney, H., Président-Délégué.
Verney, E. H., Capitaine.
Smith, P., Lt-Colonel.
Cobb, T. R., Esq.
Fowler, J. K., Esq.
Tindal, A., Esq.
Williamson, J. W., Esq.
Du Pré, C. G., Esq.

BUREAUX A AYLESBURY :

Rowe, J. G., Secrétaire et Directeur.
Wilson, W., Ingénieur.
Bartlett, J. E., Auditeur.
Hearn, H., »
Jennings, White et Buckston, Solicitors.

44. — Ayr and Maybole Junction (Ecosse)

Exploité par le Glasgow and South Western.

DIRECTEURS :

Ross, jun, J., Esq., Président.
Cuthbertson, W. B., Esq., Président-Délégué.
Brown, D., Esq.
Paterson, A., Esq.
Bone, G. M. M. T., Esq.
Cunningham, J., Esq.

Pollock, J., Secrétaire à Ayr.

45. — Bala and Dolgelly (Angleterre).

Exploité par le Great Western.

46. — Bala and Festiniog (*Angleterre*).

En construction.

DIRECTEURS :

Sir Wynn, W. W.
Holland, S., Esq.
Darby, W. H., Esq.
Sir Gooch, D.
Robertson, J., Esq.
Wagstaff, W., Esq.

47. — Ballymena and Larne (*Irlande.*)

En construction.

DIRECTEURS :

Magill, J., Esq., Président.
Galiam, O., Esq., Président-Délégué.
Chaine, J., Esq.
Ancketill, W. R., Esq.
Eccles, W., Esq.

48. — Ballymena, Cushendall and Redbay
(*Irlande.*)

En construction.

DIRECTEURS :

Shelly, J., Esq., Président.
Valentine, W., Esq.
Hind, J., Esq.
Valentine, T., Esq.
Grainger, D., Esq.

Bureaux à Belfast, 9, Victoria Chambers :

Evans, S., Secrétaire.
Lewis, W., Ingénieur à Dublin.

49. — Baltique (*Russie*) (**U. R.**).

DIRECTION A ST-PÉTERSBOURG, RUE GALERNAÏA, 43 :

de Pahlen, (B^on) A., Président.
de Winberg, C.
de Poleschajeff, A.
de Helmersen, G.

ADMINISTRATION TECHNIQUE A RÉVAL :

Opolsky, F., Directeur Spécial.
Schtschepetoff, Chef des Constructions.
Wendrich, Chef du Mouvement.
Slawkowitsch, Chef du Mouvement à Saint-Pétersbourg.
Kolshorn, Chef de Traction.
Mayer, G., Représentant à Moscou.

	Verstes.	
Saint-Pétersbourg	—	Saint-Pétersbourg
Ligovo *.	13	»
Krasnoé-Sélo.	25	»
Wojennaïa. H.	27	»
Taitz, H.	33	»
Gatchino *.	44	»
Horvitzy. H.	54	»
Iélizavetinskaïa.	65	»
Kikerino. H.	73	»
Volossvo.	81	»
Vrouda. H.	93	»
Tiesenhausen. H.	96	»
Moloskovitsy.	104	»
Weimarn. H.	114	»
Iambourg.	129	»
Narva.	151	»
Korff. H.	165	Estonie.
Waiwara.	174	»
Iewe.	190	»
Isenhof.	213	»
Kappel.	233	»
Wesenberg.	250	»
Katherinen.	262	»
Taps.	274	»
Lechts. H.	282	»
Charlottenhof.	294	»
Kedder.	310	»
Razik.	320	»
Laakt.	334	»
Réval.	347	»
Nemme. H.	355	»
Friedrichshof. H.	365	»
Kegel.	373	»
Eschenrode.	378	»
Lodensee.	381	»
Baltischport.	392	»

Gatchino *.	—	Saint-Pétersbourg.
Ohotnitskhaïa.	18	»
Lisino.	27	»
Tosno, *Baltique*.	45	»
» Nicolaïevskaïa.	46	»

Ligovo *.	→	Saint-Pétersbourg.
Sergy.	5	»
Stricïna.	8	»
Neu-Peterhof.	15	»
Alt-Peterhof.	18	»
Oranienbaum.	26	»

50. — Banbridge Junction (*Irlande*).

Exploité par le Northern of Ireland.

DIRECTEURS :

Reilly, J. T., Esq., Président.
Mc. Clelland, R., Esq., Président-Délégué.

Law, S., Esq.
Hill, S., Esq.
Smyth, W. Esq.

Mackay, W., Secrétaire à Banbridge.
Hill, J. C., Auditeur.
Mc. Clelland, T., Solicitor.

51. — Banbridge, Lisburn and Belfast
(Irlande).

Exploité par le Ulster.

DIRECTEURS :

Filgate, F., Esq., Président.
Quinn, J., Esq.
Ferguson, T., Esq.
Lindsay, J., Esq.
Murland, C., Esq.
Gray, J., Esq.
Blacker, S^t. J., Esq.
Coates, W., Esq.

BUREAUX A BELFAST :

Mackay, W., Secrétaire.
Simms, R., Auditeur.
Finlay, A.,   »
Murland, J., Solicitor.

52. — Banbury and Cheltenham Direct
(Angleterre).

En construction.

BUREAUX A LONDRES, S. W. 3, Victoria Street, Westminster :

DIRECTEURS :

Devon (Comte of), Président.
Clarke, S., Esq., Président-Délégué.
Lord Lennox, A. G.
Dalrymple, H., Esq.
Ommanney, O., Esq.
Wilkinson, J., Lieutenant-Colonel.

Looker, R. B., Secrétaire.
Wilson, E., Ingénieur.
Hargrove, Fowler & Blunt, Solicitors.
Looker, J. B., Solicitor.

53. — Banrève-Nàdasd *(Hongrie).*

M. Rubinyi, Inspecteur Principal à Ozd.

	M. O.	
Banrève.	—	Ungarn.
Czenter.	0.08	»
Ozd.	1.53	»
Arlo.	2.96	»
Nádasd.	3.88	»

54. — Barbezieux à Châteauneuf *(France).*

Exploité par les Charentes.

55. — Barcelona à Francia, por Figueras
(Espagne).

Voir Tarragona à Barcelona y Francia.

56. — Barcelona à Sarriá *(Espagne).*

Voir Sarriá à Barcelona.

57. — Barnoldswick *(Angleterre).*

Exploité par le Midland.

DIRECTEURS :

Bracewell, W., Esq.
Dean, H., Esq.
Slater, C., Esq.
Boothman, W., Esq.

Waite, H., Secrétaire.
Mawson, J. I., Ingénieur à Manchester.
Ascroft, R. et W., Solicitors à Preston.

58. — Barnstaple and Ilfracombe
(Angleterre).

Exploité par le London and South Western.

DIRECTEURS :

Pain, T., Esq., Président.
Fry, T., Esq.
Gould, W. R., Esq.
Mortimer, C. S., Esq.
Scott, A., Esq.

BUREAUX A LONDRES, S.W., 46, PARLIAMENT STREET :

Sawle, R., Secrétaire.
Galbraith, W. R., Ingénieur.
Hart, P. M., Comptable.
Smith, F. G., auditeur.
Notman, W. H., auditeur.
Bircham & C°, Solicitors.

59. — Barry *(Angleterre).*

En construction.

DIRECTEURS :

Jenner, R. F. L., Esq.
Sir Guest, I. B.
Fredricks, J. J. W., Esq.
Bolden, S. E., Esq.

Smith, R., Secrétaire.
Bolden, H., Ingénieur.
Tilleard & Cº, Solicitor.

60. — Bassins Houillers du Hainaut
(Belgique).

CONSEIL D'ADMINISTRATION, 60, RUE ROYALE
A BRUXELLES :

Philippart, S., Administrateur Délégué, Président.
Gendebien, F.,   »   »
Quenon, A.
Cucheval-Clarigny.
Joris, G., Administrateur et Secrétaire.
Van de Vin, F., Commissaire.
Senzeilles (Bon de),   »
Duquesnes, L.,   »
Pécher, E.,   »
Goddyn, J.,   »
Van den Sande, L. C.   »
Janssens, J.,   »   près du Gouvernement.

DIRECTION GÉNÉRALE :

Wilmart, L., Directeur Général.
André, L., Secrétaire Général.
Roussel, A., Directeur du Contentieux.
Poirier, G.,   »   du Service Technique.
Bernard, Ingénieur   »   »

EXPLOITATION :

Gendebien, F., Administrateur délégué.
Masy, V., Inspecteur Principal.
Callewaert,   »
Van den Bogaerde, Directeur à Courtrai.
Wilmart, O., Chef de Service.
Hannevaert, Contrôleur.
Bartelous, Inspecteur Principal.
Du Roy, Ingénieur en Chef.
Gheude, Directeur de la Construction.

	Kil.	
Heyst s/mer.	—	Flandre Occidentale
Blankenberghe.	8.803	»
Lisseweghe.	12.962	»
Dudzeele.	15.993	»
Bruges, *Bassin*.	21.113	Flandre Occidentale.
» *Etat*.	23.363	»
Lophem.	29.335	»
Zedelghem.	32.853	»
Thourout *.	40.918	»
Cortemark *.	47.530	»
Staden.	53.683	»
Westroosebeke.	57.668	»
Poelcapelle.	60.535	»
Langhemarcq.	64.435	»
Boesinghe.	67.787	»
Ypres *.	72.092	»
Vlamertinghe.	75.910	»
Poperinghe.	82.184	»
Abeele.	87.851	»
Godewaersvelde.	91.592	France (Nord).
Caestre.	96.597	»
Hazebrouck.	102.851	»
Ostende.	—	Flandre Occidentale.
Snaeskerke.	5.798	»
Ghistelles.	8.779	»
Moere.	11.448	»
Eerneghem.	13.586	»
Ichteghem.	16.525	»
Wynendaele.	19.785	»
Thourout *.	23.846	»
Lichtervelde *.	28.634	»
Gits.	32.101	»
Beveren.	34.608	»
Roulers *.	37.264	»
Rumbeke.	39.676	»
Iseghem.	44.175	»
Ingelmunster.	47.301	»
Oostroosebeke.	53.021	»
Wielsbeke.	56.211	»
Waereghem.	61.426	»
Heirweg.	66.376	»
Anseghem.	71.876	»
Deynze.	—	Flandre Orientale.
Grammene.	4.299	»
Aerzeele.	8.383	Flandre Occidentale.
Thielt.	14.677	»
Meulebeke.	19.931	»
Ingelmunster *.	25.438	»
Lendelede.	28.574	»
Heule.	33.218	»
Courtrai.	36.474	»
Wevelghem.	43.122	»
Menin.	48.363	»
Wervicq.	53.514	»
Comines *.	57.162	»
Warneton.	61.108	»
Le Touquet.	66.750	France (Nord).
Houplines.	69.450	»
Armentières.	71.944	»

	Kil.	
Roulers *.	—	Flandre Occidentale.
Moorsléde-Passchendaele	9.275	»
Zonnebeke.	13.649	»
Ypres *.	22.466	»
Comines *.	35.200	»

Lichtervelde *.	—	Flandre Occidentale.
Cortemark *.	6.068	»
Handzaeme.	8.804	»
Zarren.	11.925	»
Eessen.	16.158	»
Dixmude *.	18.671	»
Oostkerke.	24.321	»
Ave-Capelle.	29.330	»
Furnes.	33.662	»
Adinkerke.	38.772	»
Ghyvelde.	44.762	France (Nord).
Roosendaal.	51.042	»
Dunkerque.	55.612	»

Dixmude *.	—	Flandre Occidentale
Pervyse.	7.596	»
Ramscapelle.	12.160	»
Nieuport, *Ville*.	14.960	»
» *Bains*.	17.760	»

Gand, *Etat*.	—	Flandre Orientale.
» *Eecloo*.	6.214	»
Wondelgem.	10.743	»
Langerbrugge.	14.125	»
Terdonck-Cluysen.	18.773	»
Ertvelde	21.867	»
Selzaete *.	25.575	»
Sas de Gand.	28.424	»
Philippine.	33.349	»
Sluyskill.	36.890	»
Terneuzen.	41.658	»

Lokeren.	—	Flandre Orientale.
Daekman.	2.743	»
Exaerde.	5.447	»
Moerbeke *.	9.011	»
Wachtebeke.	13.928	»
Selzaete *.	19.264	»
Assenede.	23.894	»
Bouchaute.	28.124	»
Bassevelde.	30.834	»
Caprycke.	34.758	»
Lembeke.	37.597	»
Eecloo.	42.050	»

Moerbeke *.	—	Flandre Orientale.
Petit-Sinay.	4.	»
Stekene.	8.692	»
Kemseke.	10.	»
St-Gilles. *Waes*.	14.306	»

61. — Bàttàszek, Dombovar, Zakany (*Hongrie*) (**V.**)

Conseil d'administration à Pest.

DIRECTION A PEST :

v. Blaskovics, F., Directeur.
Laber, M., Inspecteur, Chef du Trafic et du Service Commercial.
Latesz, J., Inspecteur, Chef de la Voie et des Ateliers.
v. Csathó, A., Inspecteur, Chef du Bureau Central.
Abel, F., Inspecteur.

M. O.

Báttászek.	—	Tolnauer.
Mórágy.	1.19	»
Hidas-Bonyhád.	3.36	»
Szásvár-Máza.	4.56	Baranyer.
Mágocs.	7.15	»
Dombovar.	8.74	Tolnauer.
Csoma. H.	»	»
Nagi-Berki. H.	»	»
Baté.	10.59	Somogyer.
Kaposvár.	12.42	»
Szomajon, H.	»	»
Kis-Korpád.	14.4	»
Jáká.	15.	»
Beleg.	16.53	»
Nagy-Atád-Szobb.	17.77	»
Csurgo.	20.16	»
Zákány.	21.76	»

62. — Bayonne à Biarritz (*France*).

A construire.

M. Ardoin, Concessionnaire.

63. — Bazancourt à Béthéniville (*France*).

Exploité par l'Est Français.

64. — Bedford and Northampton (*Angleterre*).

Exploité par le Midland.

DIRECTEURS :

Higgins, W. B., Colonel, Président.
Palmer, J., Esq.
Amber Cole, J., Général.
Punchard, W. H., Esq.

BUREAUX A LONDRES, S. W. 2, VICTORIA STREET

Lankester, H., Secrétaire.
Liddell, C., Ingénieur.

Notman, H. W., Auditeur.
Price, S., Auditeur.
Morgan, C., Solicitor.

65. — Beira (Portugal).

En construction.

66. — Belfast and County Down (Irlande).

DIRECTEURS :

Ancketill, W. R. Esq., Président.
Murney, G., Esq.
Campbell, W., Esq.
Valentine, W., Esq.
Murphy, J. J., Esq.
Gray, R., Esq.
Cleland, J., Esq.
Heron, W. C., Esq.
Charter, G. W., Esq.

ADMINISTRATION A BELFAST, QUEEN'S QUAY :

Milliken, J., Secrétaire.
Haines, T. C., Directeur Général.
Domville, C. K., Ingénieur en Chef de la Traction.
Cumming, J., Comptable.
Caughey, W. B., Auditeur.
Mc. Gee, J. G.   »
Wallace et C°, H., Solicitors.

	M. A.	
Bangor.	—	Down.
Clandeboye.	3/4	»
Craigavad.	6 1/2	»
Cultra.	7 1/4	»
Marino.	8	»
Holywood.	8 3/4	»
Tillysburn.	10 3/4	»
Sydenham.	11 1/2	»
Belfast, Queen's Quay.	12 1/4	Antrim.
Knock et Belmont.	15	Down.
Dundonald.	17 1/4	»
Comber *.	20 1/4	»
Ballygowan.	24 1/4	»
Saintfield.	27 1/2	»
Ballynahinch *.	30	»
Crossgar.	33 1/4	»
Downpatrick *.	38 3/4	»

Comber *.	—	Down.
Scrabo.	4	»
Newtownards.	5 1/2	»
Groomsport road.	9 3/4	»
Donaghadee.	15	»

	M. A.	
Downpatrick *.	—	Down.
Tullymurry.	3 3/4	»
Dundrum.	7 1/2	»
Newcastle.	11 1/4	»

Ballynahinch *.	—	Down.
»	3 1/4	»

67. — Belfast and Northern Counties (Irlande).

DIRECTEURS :

Clarke, G. J. Esq., Président.
Sir Lanyon, C., Président-Délégué.
M' Neill, E., Esq.
Young, J., Esq.
M' Neile, H. H., Esq.
Lyle, G., Esq.
Gray, G., Major.
Hamilton-Jones, T. M., Esq.
Knox, E. C., Cap.
Knox, R., Esq.
Templeton, (vicomte).
Dawson, R. P., Esq.
Valentine, W., Esq.

ADMINISTRATION A BELFAST, YORK ROAD :

Stewart, C., Secrétaire.
Cotton, E. J., Directeur Général.
Collins, R., Ingénieur.
Findlay, R., Chef de Traction.
Hopkirk, F. J., Comptable.
Pim, J., Auditeur.
Cunningham. W. C., Auditeur.
Torrens, J., Solicitor.

	M. A.	
Belfast, York Road.	—	Antrim.
Greencastle.	2 1/2	»
Whitehouse.	2 3/4	»
Whiteabbey.	4 1/4	»
Jordanstown.	5 1/2	»
Carrickfergus *.	6 3/4	»
Ballynure Road.	10 3/4	»
Ballyclare and Doagh.	13 1/4	»
Templepatrick.	16 1/4	»
Dunadry.	18 1/4	»
Moylend.	20 3/4	»
Antrim.	21 3/4	»
Cookstown *.	24 3/4	»
Ballymena.	33	»
Culleybackey.	36	»
Glarryford.	41	»
Bellaghy.	43	»
Ballymoney.	53 1/2	»

	M. A.	
Coleraine *.	61 1/2	Londonderry.
Castlerock.	66 1/2	»
Downhill.	68 1/4	»
Magilligan.	71 1/4	»
Bellarena.	74 1/4	»
Newtownlimavady *.	79	»
Ballykelly.	81 1/4	»
Carrickhugh.	82	»
Eglinton.	87	»
Culmore.	89 1/2	»
Londonderry, *Quay*.	94 1/2	»
» *Wood Side*.	»	»

Cookstown *.	—	Antrim.
Randalstown.	2 1/4	»
Toome.	11 1/2	»
Castledawson.	16 1/4	Londonderry.
Magherafelt.	17 3/4	»
Moneymore.	24 1/4	»
Cookstown.	29	Tyrone.

Carrickfergus *.	—	Antrim.
Trooper's Lane.	1 1/4	»
Carrickfergus.	2 3/4	»
Kilroot.	4 3/4	»
Whitehead.	7 3/4	»
Ballycarry.	9 3/4	»
Magheramorne.	12 3/4	»
Glynn.	14 3/4	»
Larne, *Town*.	15 1/4	»
» *Harbour*.	16 1/4	»

Coleraine *.	—	Londonderry.
Portstewart.	3 1/2	»
Portrush, *Town*.	6 1/2	Antrim.
» *Quay*.	»	»

68. — Belfast Central (*Irlande*).

Ouvert seulement au trafic des marchandises.

DIRECTEURS :

Sherriff, A. C., Esq., Président.
Browne, G. L., Esq.
Sir Dakin, T.
Etlinger, E., Esq.
Sir Heath, L. G.
Taylor, J., Esq.
Tipping, W., Esq.
Young, A., Esq.

BUREAUX A LONDRES, E. C., 7. CROSBY SQUARE :

Ray, J., Secrétaire.
Mac Neill, T., Ingénieur.
Ashurst, Morris et C°, Solicitors.
Bates, R. D., Solicitor.

69. — Belfast, Holywood and Bangor (*Irlande*).

Exploité par le Belfast and County Down.

DIRECTEURS :

Sir Lanyon, C., Président.
Alexander, J., Esq.
Wallace, W. N., Esq.
Lyle, G., Esq.
Valentine, W., Esq.

BUREAUX A BELFAST, QUEEN'S QUAY :

Milliken, J., Secrétaire.
Haines, T. C., Directeur Général.
Domville, C. K., Ingénieur, Chef de Traction.
Buckley, M., Solicitor.

70. — Belleville à Beaujeu (*France*).

Exploitation à Beaujeu.

ADMINISTRATION CENTRALE, 57, RUE DE LA REINE, A LYON.

	Kil.	
Belleville.	—	Rhône.
Cercie.	6	»
Durette-Quincie.	9	»
Beaujeu.	13	»

70. — Benavente à Toro (*Espagne*).

A construire.

72. — Berg-Marche (*Allemagne*).

DIRECTION ROYALE A ELBERFELD :

Danco, Président.
Plange.
Brandhoff.
Pichler.
Wehrmann.
Witte.
Krahn.
Stambke.

FONCTIONNAIRES SUPÉRIEURS A ELBERFELD :

Schröder, Inspecteur principal d'Exploitation.
Hassenkamp, » de la Construction.
Otto, Chef principal du Trafic.

COMMISSIONS ROYALES A :

Aix-la-Chapelle, Hirche, Président.
Düsseldorf, Dieck, »
Essen, Janssen, »
Cassel, v. Schlichting, »
Altena, Kricheldorff, »

— 31 —

INSPECTIONS D'EXPLOITATION :

Rupertus, Inspecteur d'Exploitation à Aix-la-Chapelle.
Blumberg, Inspecteur d'Exploitation à Düsseldorf.
Emmerich, » » Elberfeld.
Kottenhoff, » » Essen.
Kahle, » » Dortmund.
v. Gabain, » » Arnsberg.
Dulk, » » Cassel.

	Kil.	
Frontière belge.	—	Aachen.
Bleyberg.	5.045	»

Aachen, *Marschierthor.*	—	Aachen.
« *Templerbend.*	2.25	»
Richterich.	6.30	»
Kohlscheid.	8.62	»
Herzogenrath.	13.20	»
Palenberg.	20.02	»
Geilenkirchen.	24.52	»
Lindern.	31.72	»
Baal.	38.77	»
Erkelenz.	44.40	»
Wickrath.	53.32	»
Rheydt.	57.22	Düsseldorf.
München-Gladbach *.	60.90	»
Corschenbroich.	65.85	»
Kleinenbroich.	68.70	»
Büttgen.	72.45	»
Neuss *.	78.	»
Düsseldorf *.	84.97	»
Gerresheim.	90.97	»
Erkrath.	93.67	»
Hochdahl.	96.45	»
Haan *.	101.32	»
Vohwinkel *.	105.82	»
Elberfeld, *Steinbeck.*	111.24	»
» *Döppersbeck.*	112.12	»
Barmen.	116.17	»
Barmen Rittershausen*.	118.12	»
Schwelm.	123.15	Arnsberg.
Milspe.	127.57	»
Gevelsberg.	129.75	»
Haspe.	135.37	»
Hagen *.	138.75	»
Herdecke *.	143.02	»
Westhofen.	148.65	»
Schwerte *.	152.62	»
Langschede.	163.95	»
Fröndenberg.	168.15	»
Wickede.	175.87	»
Neheim-Hüsten.	187.95	»
Arnsberg.	195.90	»
Oeventrop.	201.67	»
Wennemen.	209.17	»
Meschede.	215.70	»
Eversberg.	220.20	»

	Kil.	
Bestwig-Nuttlar.	224.17	Arnsberg.
Olsberg.	230.92	»
Brilon-Corbach.	238.80	»
Messinghausen.	248.25	»
Bredelar.	256.72	»
Marsberg.	264.97	»
Westheim.	270.22	Minden.
Scherfede.	280.50	»
Warburg.	290.02	»
Liebenau.	298.35	Cassel.
Hümme *,	310.20	»
Hofgeismar.	315.97	»
Grebenstein.	321.90	»
Mönchehof.	331.72	»
Cassel.	343.57	»
Wilhelmshöhe.	347.47	»
Guntershausen.	357.60	»
Guxhagen.	360.75	»
Melsungen.	373.42	»
Beiseförth.	379.05	»
Altmorschen.	383.77	»
Heinebach.	388.27	»
Rotenburg.	395.85	»
Bebra.	404.77	»
Hönebach.	413.47	»
Gerstungen.	442.77	Eisenach.

		Limbourg-Hollandais.
Venlo.	—	
Kaldenkirchen.	4.73	Düsseldorf.
Breyell.	9.30	»
Boisheim.	12.52	»
Dülken.	27.32	»
Viersen *.	32.27	»
München-Gladbach *.	40.82	»
Rheydt-Geneiken.	43.83	»
Müllfort.	45.85	»
Odenkirchen.	47.65	»
Hoch-Neukirchen.	52.60	»
Otzenrath.	57.40	Aachen.
Ameln.	66.48	»
Jülich *.	76.76	»
Inden.	82.61	»
Weisweiler.	88.61	»
Eschweiler.	93.11	»
» -Aue.	96.41	»
Stolberg.	98.51	»

Jülich *.	—	Aachen.
Krauthausen.	6.48	»
Düren.	15.45	»

Viersen *.	—	Düsseldorf.
Anrath.	5.47	»
Crefeld.	14.85	»
Uerdingen.	21.82	»
Trompet.	27.97	»
Homberg.	33.59	»

		Kil.	
Ruhrort *.		35.02	Düsseldorf.
Meiderich. H.		39.77	»
Mülheim a. d. R. *		47.04	»
Neuss *.		—	Düsseldorf.
Heerdt.		4.12	»
Obercassel.		8.02	»
Düsseldorf *.		—	Düsseldorf.
Grafenberg.		4.20	»
Rath.		7.65	»
Ratingen.		11.77	»
Hösel.		17.40	»
Kettwig *.		22.88	»
Werden.		27.	»
Heisingen.		33.75	»
Kupferdreh *.		35.62	»
Ueberruhr *.		40.12	Arnsberg.
Steele *.		42.37	»
Bochum *.		52.35	»
Langendreer *.		58.80	»
Marten.		64.20	»
Dortmund *.		71.77	»
Hoerde.		80.01	»
Aplerbeck.		83.91	»
Holzwickede *.		89.08	»
Unna Salz *.		95.91	»
Hemmerde.		104.09	»
Werl.		111.66	»
Soest.		125.46	»
Essen *.		—	Düsseldorf.
Steele *.		5.92	Arnsberg.
Dahlhausen *.		10.12	»
Hattingen.		14.84	»
Henrichshütte.		»	»
Blankenstein.		21.96	»
Herbede.		24.96	»
Bommern.		28.41	»
Wengern.		33.19	»
Volmarstein.		35.83	»
Herdecke *.		41.68	»
Hengstei.		47.25	»
Kabel.		49.66	»
Limburg.		58.29	»
Letmathe *.		62.64	»
Linsal. H.		67.68	»
Altena.		71.64	»
Werdohl.		81.09	»
Plettenberg.		89.94	»
Finnentrop *.		102.76	»
Grevenbrück.		108.24	»
Altenhundem.		115.21	»
Welschenennest.		126.31	»
Creuzthal.		137.79	»
Geisweid.		143.66	»
Haardt.		146.21	»
Siegen.		148.84	»

		Kil.	
Letmathe *.		—	Arnsberg.
Iserlohn.		5.62	»
Finnentrop *.		—	Arnsberg.
Attendorn.		8.48	»
Listernohl. H.		14.03	»
Olpe.		23.63	»
Rothemühle.		31.80	»
Witten *.		—	Arnsberg.
Annen.		4.35	»
Barop.		9.75	»
Dortmund *.		15.60	»
Schwerte *.		—	Arnsberg.
Holzwickede *.		9.15	»
Unna-Salz *.		15.98	»
Bönen.		24.60	»
Hamm.		34.35	»
Fröndenberg.		—	Arnsberg.
Menden.		4.65	»
Humme *.		—	Cassel.
Trendelburg.		4.42	»
Helmarshausen.		13.49	»
Carlshafen.		16.49	»
Essen *.		—	Düsseldorf.
Caternberg.		6.60	»
Schalke.			»
Mulheim a/Ruhr *.		—	Düsseldorf.
Oberhausen.		5.02	»
Essen *.		—	Düsseldorf.
Bismark.		1.97	»
Herne *.		2.89	»
Haan *.		—	Düsseldorf.
Ohligs Wald *.		7.53	»
Leichlingen.		13.68	»
Opladen.		18.33	»
Schlebusch.		22.15	Cöln.
Mülheim a/Rhein *.		30.18	»
Delbrück.		35.43	»
Bergisch-Gladbach.		39.55	»
Bensberg.		43.97	»
Mülheim a/Rhein *.		—	Cöln.
Deutz.		3.22	»

— 33 —

	Kil.	
Ohligs-Wald *.	—	Düsseldorf.
Solingen.	5.70	»

Kupferdreh *.	—	Düsseldorf.
Nierenhof.	5.35	Arnsberg.
Langenberg.	7.67	Düsseldorf.
Neviges.	13.45	»
Aprath.	21.55	»
Dornap.	23.42	»
Vohwinkel *.	26.27	»

Barmen Rittershausen *.	—	Düsseldorf.
Ronsdorf.	6.22	»
Lüttringhausen.	9.15	»
Lennep *.	12.30	»
Born.	16.52	»
Hückeswagen.	24.07	»
Wipperfürt.	29.55	»

Lennep *.	—	Düsseldorf.
Remscheid.	4.65	»

Ueberruhr *.	—	Arnsberg.
Dahlhausen *.	5.	»
Weitmar.	»	»
Laer.	11.10	»
Langendreer *.	18.25	»
Witten *.	23.57	»
Wetter.	31.30	»
Herdecke *.	34.75	»
Hagen *.	39.02	»
Oberhagen.	40.82	»
Delstern.	43.22	»
Dahl.	48.55	»
Rummenohl.	52.22	»
Dahlerbrücke.	55.37	»
Schalksmühle.	57.10	»
Brügge.	62.80	»
Lüdenscheid.		

Herne *.	—	Arnsberg.
Riemke.	4.	»
Bochum, Gusstahlfabrik.	7.23	»
Bochum *.	8.78	»
Wattenscheid.	14.78	»
Essen *.	24.28	Düsseldorf.
Mülheim-Eppinghofen.	34.25	»
Mülheim a/Ruhr *.	35.30	»
Ruhrort *.	44.93	»
» Hafen.	46.59	»

Mülheim a/Ruhr *.	—	Düsseldorf.
Duisburg.	7.13	»
» Hafen.	8.17	»

	Kil.	
Mülheim a/Ruhr *.	—	Düsseldorf.
Broich.	2.78	»
Saarn.	5.17	»
Kettwig *.	14.25	»

73. — Berks and Hants. (Angleterre).

Exploité par le Great Western.

DIRECTEURS :

Ailesbury (Marquis of), Président.
Lord Bruce, E.
Meek, A., Esq.
Griffith, C. D., Esq.
Tugwell, W. E., Esq.
Best, H. P., Esq.
Benyon, R., Esq.

ADMINISTRATION A DEVIZES :

Hart, G. F., Secrétaire et Ingénieur.
Ward, R. J., Ingénieur.
Gundry, R. H., Auditeur.
Fox, T. B., »
Meek, Jackson & Lush, Solicitors.
Merriman & Cº. »
Baxter & Cº. »

74. — Berlin-Anhalt. (Allemagne.) (V.)

CONSEIL D'ADMINISTRATION A BERLIN :

Löwe, Président.
Ebeling, Vice-Président.
Wolff, H.
Hagen.
Muhlberg.
Heckman, A.
Geim.
Meyer, F.
Schwabach.
Magnus, G.
Kuczünski.
Zwicker.

DIRECTION A BERLIN :

Fournier, Président.
Siegert, Vice-Président.
Conrad, E.
Martini.
Schrader.
Wolff, W.
Niedner.
Jaedicke.
Riem.

ADMINISTRATION :

Wiedenfeld, Ingénieur en Chef des Constructions nouvelles.
Lantzendörfer, Adjoint à l'Ingénieur en Chef des Constructions nouvelles.
Messow, Inspecteur Principal d'Exploitation.
Rehbein, Ingénieur en Chef.
Gestewitz, Inspecteur d'Exploitation, à Bitterfeld.
Heinrich, » à Cöthen.
Schwamborn, » à Jüterbogk.
Fischer, » à Berlin.
Hennig, Chef Principal de la Traction, à Berlin.
Stösger, Adjoint »
Werner, Chef du Trafic.
Rühl, Caissier.
Engel, Contrôleur Principal et Chef du Bureau des Tarifs.
Trapp, Chef du Bureau Principal.
Kühne, » de la Comptabilité.
Engelmann, Chef du contrôle des Marchandises.
Wobeser, » » du Matériel.
Puchert, » » des Voyageurs.
Neumann, Chef du Bureau de la Révision et de la Caisse Principale.
Devrient, Chef du Bureau de la Révision et de la Caisse des Marchandises.

	Kil.	
Berlin.	—	Potsdam.
Lichterfelde.	9.22	»
Grossbeeren.	18.37	»
Ludwigsfelde.	24.6	»
Trebbin.	34.42	»
Luckenwalde.	49.65	»
Grüna, H.	58.57	»
Juterbogk *.	62.85	»
Oehna.	70.8	Merseburg.
Linda.	80.02	»
Holzdorf.	88.35	»
Herzberg.	104.17	»
Falkenberg *.	111.97	»
Burxdorf.	125.7	»
Jacobsthal.	135.67	Dresden.
Röderau.	140.92	»

Juterbogk *.	—	Potsdam.
Blonsdorf.	12.22	Merseburg.
Zahna.	21.15	»
Wittenberg *.	32.1	»
Bergwitz.	41.4	»
Grafenhainchen.	53.32	»
Burgkemnitz.	58.65	»
Bitterfeld *.	68.77	»
Delitzsch.	80.7	»
Zschortau.	85.42	»
Rackwitz.	90.3	»
Leipzig.	100.2	Leipzig.

	Kil.	
Halle.	—	Merseburg.
Hohenthurm. H.	9.6	»
Landsberg.	14.92	»
Brehna.	19.57	»
Roitzsch.	22.95	»
Bitterfeld *.	30.	»
Jessnitz.	37.57	Anhalt.
Raguhn.	40.72	»
Marke H.	44.17	»
Heideburg. H.	49.64	»
Dessau *.	55.42	»
Wallwitzhafen.	58.42	»
Rosslau.	60.59	»
Tornau. H.	62.99	»
Jütrichau. H.	70.34	»
Zerbst.	73.74	»
Frontière.	78.29	»

Rosslau.	—	Anhalt.
Kliecken. H.	11.52	»
Coswig.	17.52	»
Klein-Wittenberg. H.	28.25	Merseburg.
Wittenberg *.	32.07	»
Elster.	44.67	»
Jessen.	54.47	»
Annaburg.	63.47	»
Fermerswalde. H.	»	»
Falkenberg *.	85.17	»

Dessau *.	—	Anhalt.
Mosigkau. H.	6.75	»
Elsnigk.	13.35	»
Cöthen.	21.15	»

75. — Berlin-Dresden. *(Allemagne.)* (**V.**)

DIRECTION A BERLIN :

Heise, Président.
Hassengier, Inspecteur Principal d'Exploitation.
Klehmet, » d'Exploitation.
Becker, » »
Blobel, Inspecteur Principal du Trafic.
Kahl, Chef Principal de Traction.
v. Hagen, Inspecteur des Télégraphes.
Nöggerath, Chef de la Comptabilité.

	Kil.	
Berlin.	—	Potsdam.
Suedende-Marienfelde. H.	5.45	»
Marienfelde.	8.78	»
Mahlow.	16.50	»
Rangsdorf.	23.80	»
Zossen.	32.26	»
Wuchensdorf.	38.25	»
Baruth.	50.70	»
Clasdorf.	55.68	»

	Kil.	
Golssen.	61.18	Frankfurt a/Oder.
Drahnsdorf. H.	67.91	»
Uckro (Luckau).	74.80	»
Drähna.	84.82	»
Brenitz (Sonnenwalde).	92.92	»
Kirchhain-Dobrilugk.	101.85	»
Hohenleipisch.	113.25	Merseburg.
Elsterwerda.	122.05	»
Frontière.	128.36	»
Frauenhayen.	130.86	Sachsen.
Grossenhain.	140.58	»
Basslitz.	148.27	»
Weinböhla.	156.44	»
Elbbrücke.	164.84	»
Cossebaude.	167.34	»
Dresden, *Alstadt*.	173.96	»

76. — Berlin-Görlitz. *(Allemagne).* **(V.)**

CONSEIL D'ADMINISTRATION A BERLIN :

Wilckens, Président.
Levinstein.
v. Seydewitz.
Fahr.
Lent.
Ravène.
Salomonsohn.
Sattig.
Schmidt.
Frech.
Drewke.
Kauffmann.
Keyssner.
Rieloff.
Woelfel.

DIRECTION A BERLIN :

Hartnack, Président.
Reder.
Philippi.
Kessel.
Posseldt.
Wilckens, Membre Adjoint.
Levinstein,   »
v. Seydewitz,   »

ADMINISTRATION :

Frank, Chef Principal de la Traction.
Rust, Inspecteur Principal d'Exploitation.
Melzenbach, Inspecteur d'Exploitation.
Schubert,   »   » à Görlitz.
Pritzel,   »   » à Kamenz.
Pastenaci, Chargé de la Construction, à Görlitz.
Hattemer, Inspecteur des Télégraphes.
Seering, Chef du Bureau Central.
Gehrcke, Chef du Contrôle.
Neumann, Contrôleur d'Exploitation.

	Kil.	
Berlin.	—	
Grünau.	13.72	Potsdam.
Königs-Wusterhausen.	27.67	»
Halbe.	50.41	»
Brand.	59.73	Frankfurt a/Oder.
Lübben.	74.63	»
Lübbenow *.	85.61	»
Vetschau.	97.45	»
Cottbus.	114.73	»
Bagenz. H.	128.38	»
Spremberg.	138.41	»
Weiswasser *.	157.13	Liegnitz.
Rietschen.	173.06	»
Uhsmannsdorf.	184.29	»
Horka. H.	187.10	»
Kodersdorf. H.	192.23	»
Görlitz.	207.92	»
Nikrisch *.	217.40	»
Seidenberg.	224.85	»

Weiswasser *.	—	Liegnitz.
Muskau.	7.7	»

Lübbenow *.	—	Frankfurt a/Oder.
Calau.	14.63	»
Lukaitz. H.	21.30	»
Alt-Neu-Döbern.	24.93	»
Gross-Räschen.	31.82	»
Senftenberg.	40.34	»
Hohenbocka. H.	49.52	Liegnitz.
Wiednitz. H.	56.56	»
Strassgrabchen.	60.08	»
Kamenz.	71.39	Bautzen.

Nikrisch *.	—	Liegnitz.
Ostritz.	6.5	Bautzen.
Hischfelde.	16.3	»
Zittau.	23.4	»

77. — Berlin-Hamburg *(Allemagne).* **(V.)**

CONSEIL D'ADMINISTRATION A BERLIN :

Gossler, E., Président.
Mendelssohn-Bartholdy, 1er Vice-Président.
Flörke,   2e   »
Abendroth, C. E.
Amsinck, W.
Berkefeld, O.
Berndes, E. F.
Böckmann, H.
Crasemann, C. A.
Jacob, C. W. L.
Johns, E. D.
v. Melle, E.
Petersen.
Schröder.

Flügge.
Köhler.
v. Nettelbladt (Baron).
v. Könemann.
v. Stenglin (Baron).
Gelpcke.
Hinschius.
Jung.
Kronecker.
Lewald.
Löwe.
Simon, L.
Ullmann.
Wedding.
Gans Edler Herr.

DIRECTION A BERLIN :

Neuhaus, Président.
Simon.
Wolff.
Westphal.
Mendelssohn-Bartholdy, P., Membre de la députation de la Direction.
Gossler, Membre de la députation de la Direction.
Hinschius, Syndic.
Monkeberg, »

ADMINISTRATION :

Neuhaus, Ingénieur en Chef, Directeur de l'Exploitation.
Moeller, Inspecteur Principal d'Exploitation.
Krause, »　　»　　»
Bensemann, Chef de Bureau.
Kaplick, Ingénieur de Section.
Kühnert, »　　»　à Wittenberge.
Harms, »　　»
Stahr, »　　»　à Hagenow.
Eckolt, »　　»　à Hamburg.
Gruson, Chef Principal de la Traction.
Brandt, Chef de Traction, à Hamburg.
Reimsfeld, Inspecteur des Télégraphes.
Normann, Chef Principal du Trafic, à Hamburg.
Schlungbaum, Inspecteur »
Dumont, Vérificateur de la Comptabilité générale.
Wedemeyer, Caissier Principal, à Hamburg.
Reimann, Chef de Traction. »
Otto, Secrétaire.
Rudolph, Contrôleur des Recettes.
Brandt, Chef de Bureau, à Hamburg.
Fricke, Contrôleur Principal.

	Kil.	
Berlin.	—	Potsdam.
Spandau.	12	»
Seegefeld.	20	»
Nauen.	35	»
Paulinenaue.	49	»
Friesack.	62	»

	Kil.	
Neustadt a/Dosse.	75	Potsdam.
Zernitz.	83	»
Glöwen.	102	»
Wilsnack.	113	»
Wittenberge *.	127	»
Karstädt.	144	»
Wendisch-Warnow.	155	»
Grabow.	163	Mecklemburg-Schwerin.
Ludwigslust.	171	»
Hagenow.	192	»
Pritzier.	203	»
Brahlsdorf.	212	»
Boitzenburg.	225	»
Büchen *.	239	Lauenburg.
Schwarzenbeck.	249	»
Friedrichsruh.	260	»
Reinbeck.	266	Holstein.
Bergerdorf.	270	Hamburg.
Hamburg.	286	»

Wittenberge *.	—	Potsdam.
Lanz. H.	14	»
Lenzen.	23	»
Dömitz.	38	Mecklemburg-Schwerin.
Dannenberg.	49	Lüneburg.
Hitzacker.	56	»
Göhrde.	69	»
Dahlenburg.	79	»
Vastorf.	90	»
Lüneburg.	102	»
Mechtersen.	111	»
Wulfsen.	123	»
Marxen. H.	132	»
Buchholz.	142	»

Büchen *.	—	Lauenburg.
Lauenburg.	13	»

Hamburg, Berlin-Hamburg.	—	Potsdam.
»　Klosterthor.	»	»
»　Dammthor.	2	»
»　Sternschange.	3	»
»　Schulterblatt.	4	»
»　Altona.	»	»

78. — Berlin-Potsdam-Magdeburg
(Allemagne). **(V.)**

CONSEIL D'ADMINISTRATION A BERLIN :

Giesecke, Président.
Pieper, Vice-Président.
Brunnemann.
Wilkens.
Reimer, G.
Herzbruch.

— 37 —

Krug.
Hache.
Quincke.
Schlötke.
Schilling, I.
Jacoby.
Meyer-Cohn.
Mollard.
Kunz.
Buttmann.
Freise.
Siemens.
Conrad.
Schilling, II.
Philipsborn.
Reinhard.
Stackfleth.
Dülberg.
Kühne, H.
Iffland.
Schonert.
Grosse.
Beyer.
Reickenheim.
Reuscher.
Nethe.
Hasselbach.

DIRECTION A BERLIN :

Kroenig, Président.
Hausmann, Vice-Président.
Simson.
Buchtemann.
Wolff.
Wolfs.
Quassowski.

ADMINISTRATION :

Bessert-Nettelbeck, Directeur de l'Exploitation.
Lange, Chef du Bureau Principal.
Orlich, Secrétaire de la Direction.
Glogau, Inspecteur des Télégraphes, à Magdeburg.
Bölke, Contrôleur d'Exploitation.
Weise, Chargé de la Construction, 1er Département.
Schucht, Chargé de la Construction, 2e Département, à Potsdam.
Schulze, Chargé de la Construction, 3e Département, à Brandenburg.
Wollanke, Chargé de la Construction, 4e Département, à Magdeburg.
Schneider, Inspecteur d'Exploitation, à Magdeburg.
Norwack, Inspecteur d'Exploitation.
Schmid, Ingénieur Principal.
Turner, I., Chef de la Traction, à Potsdam.
Turner, II., Chef de l'Atelier Central, à Potsdam.

Böttcher, Inspecteur Principal du Trafic.
Heutz, » » du Matériel, à Potsdam.

	Kil.	
Berlin.	—	Potsdam.
Schöneberg.	3.9	»
Friedenau. H.	4.9	»
Steglitz. H.	7.	»
Lichterfelde.	9.3	»
Zehlendorf *.	12.	»
Neuendorf. H.	24.5	»
Potsdam.	26.1	»
Wildpark.	29.6	»
Werder.	36.	»
Gross-Kreutz.	47.	»
Brandenburg.	61.3	»
Wusterwitz.	76.5	Magdeburg.
Genthin.	91.5	»
Güsen.	106.2	»
Burg.	117.6	»
Möser. H.	125.	»
Gerwisch.	130.5	»
Biederitz. H*.	133.7	»
Magdeburg, *Neustadt*.	139.3	»
» *Centrale*.	142.	»
» *Sundenburg*.	144.7	»
Niederndodeleben.	151.2	»
Ochtmersleben.	160.	»
Dreileben-Drakenstedt.	162.8	»
Eilsleben *.	171.7	»
Wolpke.	179.5	»
Offleben.	184.9	»
Frontière Braunschweig.	188.2	Braunschweig
Schöningen.	189.	»

Biederitz *.	—	Magdeburg.
Königsborn.	3.8	»
Gommern.	12.5	»
Dornburg.	19.	»
Gehrden.	24.	»
Zerbst.	34.	Anhalt.

Eilsleben *.	—	Magdeburg.
Wefensleben.	5.2	»
Marienborn. H.	8.7	»
Helmstedt.	17.7	Braunschweig

Zehlendorf *.	—	Potsdam.
Schlachtensee. H.	3.6	»
Wannensee. H.	6.8	»
Neu-Babelsberg. H.	11.4	»

Biederitz *.	—	Magdeburg.
Friedrich-Wilhem 's Garten.	9.64	»
Magdeburg, *Alter Bahnhof*.	10.95	»

79. — Berlin-Stettin (Allemagne) (V.).

CONSEIL D'ADMINISTRATION A STETTIN :

Pitzschky, Président.
Schlutow.
Meister, J.
Brumm.
Meyer, I.
de la Barre.
Bartels.
John.
Meister, C.
Witte.
Abel, A.
Sarré, T.
Güterbock, G.
Kreich.
Humbert.

DIRECTION A STETTIN :

Fretzdorff, Président.
Zenke.
Stein.
Metzenthin.
Rahm.
Böttcher, E.
Haker.
Oelschlaeger, Syndic.
Foerster, Membre Adjoint.
Orlovius, »

ADMINISTRATION :

Magunna, Directeur de l'Exploitation.
Wolff, Inspecteur Principal d'Exploitation.
Hasse, » » »
Busse, I., Ingénieur, Inspecteur d'Exploitation à Berlin.
Kossak, Inspecteur d'Exploitation.
Susemihl, Inspecteur d'Exploitation à Stargard.
Siehr, » » à Cöslin.
Mohr, » » à Stolp.
Bansen, » » à Langfuhr.
Arndt, » » à Pasewalk.
Busse, II. » » à Greifswald.
Stephan, Inspecteur Principal du Trafic.
Zwez, Inspecteur des Télégraphes.
Kretschmer, Chef de la Traction, à Stargard.

	Kil.	
Berlin.	—	Potsdam.
Bernau.	23	»
Biesenthal.	34	»
Neustadt-Eberswalde *.	46	»
Chorin.	58	»
Angermünde *.	71	»
Passow.	90	»
Casekow.	100	Stettin.
Tantow.	111	»
Colbitzow.	122	»

	Kil.	
Stettin, Personen *.	135	Stettin.
» Güter.	»	»
Finkenwalde, H.	142	»
Damm.	145	»
Carolinenhorst.	157	»
Stargard.	170	»
Trampke.	187	»
Frienwalde.	197	»
Wangerin.	214	»
Labes.	226	»
Schivelbein.	248	Cöslin.
Gross-Rambin.	264	»
Belgard *.	280	»
Nassow.	291	»
Thunow. H.	295	»
Cöslin.	305	»
Schübben-Zanow.	317	»
Carwitz.	336	»
Schlawe.	345	»
Zitzewitz.	359	»
Stolp.	372	»
Hebron-Damnitz.	390	»
Pottangow.	405	»
Lauenburg.	423	»
Gross-Boschpol.	440	»
Neustadt.	459	Danzig.
Rheda.	468	»
Kielau.	477	»
Klein-Katz. H.	486	»
Zoppot.	491	»
Oliva.	495	»
Langfuhr.	499	»
Danzig.	503	»
Schwedt.	—	Potsdam.
Pinnow. H.	14	»
Angermünde *.	23	»
Greiffenberg.	32	»
Wilmersdorf.	36	»
Seehausen.	50	»
Prenzlau.	61	»
Nechlin.	74	»
Pasewalk *.	85	Stettin.
Jatznick.	95	»
Ferdinandshof.	103	»
Borkenfriede.	110	»
Ducherow.	116	»
Anclam.	128	»
Züssow *.	144	»
Greifswald.	162	»
Miltzow.	178	»
Stralsund.	193	Stralsund.
Stettin *.	—	Stettin.
Grambow.	15	»
Löknitz.	25	»
Pasewalk *.	42	»
Blumenhagen. H.	52	»
Strassburg.	61	Uckermarkt.

	Kil.	
Züssow *.	—	Stralsund.
Buddenhagen.	11	»
Wolgast.	18	»

	Kil.	
Neustadt-Eberswalde *.	—	Potsdam.
Niederfinow.	10	»
Falkenberg.	13	»
Frienwalde.	19	»
Wriezen. a/O.	30	»

	Kil.	
Belgard *.	—	Cöslin.
Cörlin.	9	»
Fritzow.	17	»
Degow.	25	»
Colberg.	36	»

80. — Berwickshire (Angleterre).

Exploité par le North British.

DIRECTEURS :

Sir Campbell, H. H., Président.
Cranstoun, G. C. T., Esq.
Innis, A. M., Esq.
Muir, W., Esq. } Représentants du North
Miller, W., Esq. } British.

ADMINISTRATION A EDINBURGH :

Turnbull, J., Secrétaire.
Purves, A., Auditeur.
Stevenson, W., »
Turnbull, J., Agent.

81. — Birkenhead (Angleterre).

Exploité par le Great Western et le London and North Western.

DIRECTEURS :

A. — *Great Western* :

Sir Gooch, D.
Sir Wood, C. A.
Ponsonby, F. G. B.
Bulkeley, Capitaine.
Mott, C. G., Esq.

B. — *London and North Western* :

Moon, R., Esq.
Cawkwell, W., Esq.
Bancroft, J., Esq.
Stephen, O. L., Esq.
Bickersteth, J. P., Esq.

ADMINISTRATION :

Wait, J., Secrétaire, à Birkenhead.
Johnston, R. E., Ingénieur, »
Patchett, W., Inspecteur principal, à Shrewsbury.

82. — Birkenhead, Chester and North Wales (Angleterre).

En Construction.

DIRECTEURS :

Sir Heath, L. G.
Young, A., Esq.
Morris, W., Esq.
Jackson, T. H., Esq.

ADMINISTRATION A LONDRES, S. W.,
22, ABINGDON STREET :

Pitt, N., Secrétaire.
Barlow, W. H., Ingénieur.
Minshall, T. E., »
Ashurst, Morris and C°., Solicitors.

83. — Birmingham and Lichfield Junction (Angleterre).

En Construction.

ADMINISTRATION A LONDRES, E. C.,
31, NEW BROAD STREET :

DIRECTEURS :

Lichfield (comte of).
Sir Hartopp, J. W. C.
Brown, C. W. S., Esq.
Bagnall, J. N., Esq.
Nicholson, W., Esq.
Pelly, A., Esq.

Preston, W. A., Secrétaire et Solicitor.

84. — Birmingham and Sutton Coldfield Extension (Angleterre).

En Construction.

DIRECTEURS :

Koch, J. E. C., Esq., Président.
Fitzgerald, J. F. V., Esq.
Jones, F. P., Esq.
Lawric, R. H., Esq.
Wildy, A. S., Esq.

Tolmé, J. H., Ingénieur, 1, Victoria Street, Westminster, S., W.
Noyes, S. F., Solicitor.
Paris, T., Auditeur.
Addison, J. A., »

85. — Birmingham West Suburban
(Angleterre).

En Construction.

DIRECTEURS :

Baldwin, J., Esq.
Elkington, F., Esq.
Lane, T., Esq.
Nettlefold, J. H., Esq.
Wiggin, H., Esq.
Williams, J. A., Esq.

86. — Bishop's Castle *(Angleterre).*

DIRECTEURS :

Whalley, G., Esq., Président.
Farmer, G., Esq.
Lefeaux, W., Esq.

ADMINISTRATION A MONTGOMERY :

Craston, J., Directeur à Bishop's Castle.
Wilding, W., Secrétaire.
Griffiths, Th., Solicitor.

	M. A.	
Bishop's Castle.	—	Shropshire.
Lydham Heath.	2	»
Eaton.	4	»
Plowden.	5 1/2	»
Horderley.	7 1/2	»
Craven Arms.	10 1/2	»

87. — Bishop's Waltham *(Angleterre).*

Exploité par le London and South Western.

88. — Blane Valley *(Ecosse).*

Exploité par le North British.

DIRECTEURS :

Young, R., Esq., Président.
Muir, R. S., Esq., Président-Délégué.
Harvie, A., Esq.
Stirling, C. C. G., Major.
Kaye, R., Esq.
Grierson, H., Esq.

ADMINISTRATION A GLASGOW, 186, WEST GEORGE STREET :

Keyden, J., Secrétaire.
Forman, Ingénieur.
Mc. Call, »
Watson, A. J., Auditeur.
Keyden, T. E., »
Keydens, Strang and Girvan, Solicitors.

89. — Blyth and Tyne *(Angleterre).*

Exploité par le North Eastern.

90. — Bockwa *(Allemagne).*

Ce chemin de fer industriel a une longueur de 1.86 miles de l'Empire.

DIRECTION A BOCKWA (SAXE).

91. — Bodmin *(Angleterre).*

En Construction.

DIRECTEURS :

Alms, T. F. H., Esq., Président.
Gower, E. F. L.
Wyld, J., Esq.
Hichens, J., Esq.
Parkyn, G. P., Esq.
Crang, J., Esq.

92. — Bodmin and Wadebridge.
(Angleterre).

Exploité par le London and South Western.

DIRECTEURS :

Castleman, C., Esq., Président.
Hutchins, E. J., Esq., Président-Délégué.
Bury (Vicomte).
Campbell, H. W., Lt. Cl.
Dutton, R. H.
Eyre (Comte).
Gaselee, MR. S.
Johnston, J. G., Cap.
Mortimer, C. S., Esq.
Portal, W. S., Esq.
Snell, W. P., Esq.

ADMINISTRATION A WADEBRIDGE (CORNWALL) ET A LONDRES (WATERLOO STATION) :

Clarke, F., Secrétaire, Waterloo Station.
Kyd, H., Inspecteur principal à Wadebridge.
Galbraith, W. R., Ingénieur.
Crombie, L., Solicitor.
Harvey, C., Auditeur.

93. — Bodmin and Wadebridge and Delabole *(Angleterre).*

En Construction.

DIRECTEURS :

Grant, W. L., Esq.
Ryder, G. R., Esq.
Hard, W. J., Esq.
Rowan, W. R., Esq.

94. — Bondy à Aulnay-lès-Bondy
(France).

SIÈGE SOCIAL A PARIS, 11, BOULEVARD DE LA MADELEINE.

CONSEIL D'ADMINISTRATION :
Gargan, Président.
de Gourgue (Comte), Vice-Président.
Germa, M.
Tarault.
Chantagrel.
Dubus, Administrateur-Délégué.
Schacher, C., Ingénieur du Conseil.
Deharme, Ingénieur.

	Kil.	
Bondy.	—	Seine.
Raincy-Pavillons.		
Gargan.	»	Seine-et-Oise.
Abbaye.		
Aulnay-lès-Bondy.	8.019	»

95. — Boras *(Suède)*.

CONSEIL D'ADMINISTRATION :
Bökman, C. M., Président.
Hedenlund, A., Vice-Président.
Hallin, O. P.
Akerlund, P. A.
Svensson, A. S.

ADMINISTRATION A BORAS :
Björnwall, C. J., Secrétaire.
Hedenlund, A., Caissier.

SECTION DE L'EXPLOITATION :
Bökman, C. M., Chef.
Anderson, C. A., Contrôleur.
Zachrisson, F. R., Inspecteur à Boras.
Fagerberg, C., » à Fristad.
Memsen, E. N., » à Borgstena.
Edberg, C. J., » à Ljung.
Svensson, C. E., » à Herrljunga.

SECTION DU MATÉRIEL ET DE LA TRACTION :
Bökman, C. M., Chef.
Lundgren, E. E., Chef des Ateliers.
Akerblom, A. W., Intendant du Matériel.
Ahlblad, F., Comptable des Ateliers.
Blomgren, J. G., » du Service des Trains.

SECTION DE LA VOIE :
Levander, J. E., Chef principal.

	M.	S.	
Herrljunga.	—		Elfsborgs.
Ljung.	1.		»
Mollaryd. H.	1.9		»
Borgstena.	2.1		»
Fristad.	2.7		»
Sparsör. H.	2.9		»
Boras.	3.9		»

96. — Boras-Varberg *(Suède)*.
En construction.

97. — Bouches du Rhône *(France)*.

ADMINISTRATION A PARIS, 13, BOULEVARD HAUSSMANN.

ADMINISTRATION A MARSEILLE, 2, BOULEVARD DU MUY.

CONSEIL D'ADMINISTRATION :
Vacheron, J.
Blavet, P.
Michel, H.

DIRECTION :
Michel, H., Administrateur Directeur.
Saige, J., Ingénieur en Chef.
Aglot, E., Agent Général, à Marseille.

	Kil.	
Pas des Lanciers.		Bouches du Rhône.
Gignac. H.	2.457	»
Marignane.	5.068	»
Châteauneuf.	9.373	»
La Mède. H.	14.375	»
Martigues.	18.920	»

Tarascon.	—	Bouches du Rhône.
Saint-Étienne. H.	5.876	»
La Rodde. H.	8.400	»
Saint-Remy.	14.663	»

Arles.	—	Bouches du Rhône.
Mont-Major.	6.	»
Fontvieille.	8.265	»

98. — Bourn and Lynn *(Angleterre)*.
Exploité par le Great Northern et le Midland.

99. — Bourton-on-the-Water *(Angleterre)*.
Exploité par le Great Western.

100. — Brabant-Septentrional. Allemagne (Pays-Bas) (V.)

CONSEIL D'ADMINISTRATION A GENNEP :

Kerstens, Président.
Vanden Bogaard, Membre.
Voorhoeve, Secrétaire.

CONSEIL DES COMMISSAIRES :

Van Hoytema, Président.
Vande Werk.
Bloemaerts.
Van Rossem.
Frank, Commissaire près du Gouvernement Prussien.

DIRECTION :

Wurstenberg, Directeur de l'Exploitation à Goch.
de Jong van Beek et Donk, Chef de la Traction à Gennep.
Ryperman, Ingénieur de la Construction et de l'Entretien à Gennep.
de Kuyper, Contrôleur-Adjoint.

	Kil.	
Boxtel.	—	Brabant Septentrional.
Schijndel.	11	»
Veghel.	18	»
Uden.	24	»
Mill.	36	»
Haps.	42	»
Oeffelt.	47	»
Gennep-Waas.	49	»
Goch.	62	»

101. — Brading Harbour (Angleterre).

En construction.

DIRECTEURS :

Saunders, W. H., Esq.
Mansell, W. A., Esq.

102. — Braunau Strasswalchen (Autriche).

Exploité par : Impératrice Élisabeth.

103. — Brean Down Harbour (Angleterre)

Exploité par le Bristol-Exeter.

104. — Brecon and Merthyr Tydfil Junction (Angleterre).

DIRECTEURS :

Phillpotts, A. H., Esq., Président.
Ashhurst, H. G., Esq.

de Winton, W., Esq.
Temple, A., Esq.
Davies, D., Esq.
Robinson, S., Esq.
Jenkins, R. C., Esq.

ADMINISTRATION A BRECON :

Thompson, W., Secrétaire.
Caulfield, H. St-G., Ingénieur.
Henshaw, A., Directeur du Trafic.
Long, C., Inspecteur Principal de Traction à Machen.
Waddell, J., Auditeur.
Cobb, J. R., Solicitor.

	M. A.	
Brecon, New *.	—	Brecon.
» New Pass.	0.6	»
» Heol-Lladron *.	0.56	»
Groesffordd, Siding.	1.72	»
Talyllyn.	3.77	»
» *.	4.30	»
Talybont.	6.73	»
Torpantau.	14.10	»
» Quarry, Siding.	14.72	»
Dolygaer.	15.56	»
Pontsticill *	17.31	Glamorgan.
Tylerybont, Lime Siding.	17.69	»
Pant *.	18.60	»
»	18.68	»
Dowlais Top, B. et M.	20.42	»
» *	21.8	»
Pantywaen *.	21.72	»
» Quarry Siding.	21.78	»
Vochriw, Siding.	22.66	»
»	23.36	»
Bargoed, Level.	24.70	»
» Pit.	25.31	»
Deri *.	25.77	»

Brecon Heol-Lladron *.	—	Brecon.
» Watton Goods.	0.29	»

Talyllyn B. M.	—	Brecon.
» *.	0.46	»

Talyllyn *	—	Brecon.
» Dowlais *.	0.47	»

Pontsticill *.	—	Glamorgan.
» Tylerybont Lime Siding.	0.38	»
Pontsarn.	2.20	»
Cefn Coed Cymmer.	3.68	»
Merthyr, Elwyngelyn *.	5.28	»
» Rhydycar *.	6.12	»

	M. A.	
Pant *.	—	Glamorgan.
Ivor *.	1.16	»
Dowlais, Pass.	1.36	»
» Goods.	1.42	»

Vochriw, Siding.	—	Glamorgan.
» Coliery.	0.63	»

Rhymney.	—	Glamorgan.
New Tredegar, Pit.	1.48	Monmouth.
» Level.	2.15	»
White Rose.	2.36	»
» Hope Coliery.	2.78	»
Brithdir, Branch *.	3.24	»
Aberbargoed.	4.51	»
Gilfach *.	5.55	»
» Siding.	6.3	»
Pengam	6.34	Monmouth.
» Old Plas.	6.43	»
» New Plas.	6.51	»
Garngethin.	7.12	»
Spelter, Coliery.	7.30	»
Maesycwmmer *.	7.42	»
»	8.19	»
Bryngyn.	12.35	»
Bedwas.	12.74	»
» Coliery.	13.14	»
Cwmglo, Coliery.	14.11	»
Machen *.	15.61	»
»	15.63	»
» Foundry.	15.70	»
» Bovil Brick Works.	16.20	»
Machen, Lime Works.	16.42	»
Church Road.	17.22	»
Rhiwderyn.	19.25	»
» Garth Siding.	19.49	»
Bassaleg.	20.40	»
» *.	20.64	»

Gilfach *.	—	Monmouth.
Bargoed, South *.	0.62	»

Machen *.	—	
Rhos Llantwit, Coliery.	2.63	Monmouth.
Caerphilly *.	3.42	»

Machen *.	—	Monmouth.
» Tin Works.	0.45	»

105. — Breslau-Schweidnitz-Freiburg
(*Allemagne*) (**V**).

CONSEIL D'ADMINISTRATION A BRESLAU :

* v. Burghauss, (Comte), Président.
* v. Schweidnitz et Crayn, A. D., (comte), Vice-Président.
Becker.
* Berthold, R.
* Eichborn.
* Friedenthal, D. P. G.
* Gradenwitz, M.
* Hedemann.
* Ledermann, W.
Müller, A.
* Pringsheim, S.
* v. Carolath-Beuthen (prince).
* v. Pückler (comte).
* Pototzky-Nelken.
Salzmann.
Schwarze.
v. Uechtritz.
Korn, H., Membre-Adjoint.
v. Loebbecke. »
Loewig. »
Marck, J. »
Tietze, R. »
Weber, D. »

Le Comité se compose des membres du Conseil d'Administration indiqués par *.

DIRECTION A BRESLAU :

Becker, Président.
v. Uechtritz.
Glauer.
Vogt.
Salzmann.
Müller, A.
Schwarze.
Kletke, Membre-Adjoint.

ADMINISTRATION A BRESLAU :

Wernich, Directeur des Voies et Travaux.
Dickhuth, » de l'Exploitation.
Warmbrunn, Inspecteur d'Exploitation.
Kayser, » » Liegnitz.
Reimer, » » Gründberg.
Falk, Contrôleur »
Blauel, Chef Principal de Traction.
Anschütz, Chef de Traction.
Bothe, »
Nennstiel, »
v. Eichmann, Inspecteur des Télégraphes.
Müller, Chef du Trafic.

— 44 —

Shrödter, Contrôleur de la Voie.
Postler, »   »
Grempler, Caissier général.
Jaeckel, Chef de la Comptabilité.
Nick,   » du Bureau Central.
Schmitz, Géomètre en Chef.
Wiebe, attaché à la Construction à Stettin.
Mentz, Inspecteur   »   Custrin.

	Kil.	
Frankenstein.	—	Breslau.
Gnadenfrei.	9.899	»
Reichenbach.	21.725	»
Faulbrück.	28.449	»
Jacobsdorf.	36.357	»
Schweidnitz.	39.683	»
Königszelt.	49.901	»
Stanowitz. H.	54.	»
Striegau.	60.066	»
Ober-Streit. H.	63.	»
Gross-Rosen.	66.458	Liegnitz.
Jauer.	75.153	»
Brechelshof.	81.137	»
Neuhof.	90.435	»
Liegnitz.	96.844	»
Neurode.	107.456	»
Lüben.	118.128	»
Koslitz. H.	125.	»
Raudten *.	135.194	»
Gramschütz.	145.061	»
Gross-Glogau.	156.479	»
Fröbel.	165.746	»
Tschirnau. H.	170.	»
Beuthen a/O.	176.215	»
Neusalz a/O.	188.192	»
Nittritz.	196.146	»
Grünberg.	211.372	»
Rothenburg a/O.	224.048	»
Rädnitz.	237.314	Frankfurt a/Oder.
Beutnitz.	246.952	»
Baudach.	252.146	»
Pleisshammer.	259.424	»
Gross-Gandern.	265.399	»
Reppen.	280.972	»
Kohlow.	288.363	»
Lässig.	296.106	»
Göritz.	304.451	»
Custrin.	312.593	»

Raudten *.	—	Breslau.
Steinau.	17.252	»
Wohlau.	35.598	»
Dyhernfurth.	45.659	»
Klein-Bresa.	55.505	»
Herrnprotsch.	62.917	»
Schmiedefeld.	68.448	»
Breslau.	74.675	»

	Kil.	
Schmolz.	85.121	Breslau.
Canth.	95.025	»
Mettkau.	104.789	»
Ingramsdorf.	110.489	»
Saarau.	117.280	»
Königszelt.	122.987	»
Freiburg.	132.193	»
Altwasser.	144.466	»
Waldenburg.	146.955	»

106. — Breslau-Warschau
(Allemagne). (V)

CONSEIL D'ADMINISTRATION A POLNISCH-WARTENBERG :

Königsberger, W., Président.
Abel, G., Vice-Président.
Lauterbach, W.
Kämpf, A.
Hadra, L.

ADMINISTRATION A POLNISCH-WARTENBERG :

Fischer, Directeur de l'Exploitation.
Wieczorek, »
Loesewitz, Chef de Traction à Oels.
Walter, Contrôleur d'Exploitation, à Oels.
Gropp, Secrétaire.
Gocksch, Caissier Principal.
Goetze, Chef du Service Télégraphique, à Oels.

	Kil.	
Oels.	—	Breslau.
Gimmel.	»	»
Stradam.	19	»
Polnisch-Wartenberg.	25	»
Bralin.	37	»
Kempen.	45	Posen.
Louisenhof.	52	»
Wilhelmsbrück.	55	»

107. — Bressuire à Poitiers *(France)*.

En construction.

CONSEIL D'ADMINISTRATION, 51, RUE DE LA CHAUSSÉE D'ANTIN, A PARIS :

André, Administrateur-Délégué.
Meunier, A.
Philippart, S.
Pecher, E.

— 45 —

108. — Brest-Litovsk à Graïevo
(*Russie*). (U. R.)

CONSEIL D'ADMINISTRATION A St-PÉTERSBOURG,
3, BOULEVARD DES CHEVALIERS DE LA GARDE :

de Seume, F., L^t-C^l, Président.
de Brandt, G.
de Ruediger, A.
de Lehndorff-Steinort (Comte).
de Peters, N., Candidat.
d'Ignatius, M., »
de Moraweck, V., Secrétaire-Général.

DIRECTION A BIÉLOSTOCK :

Ismaïlow, A., Ingénieur-Directeur.
Presniakow, » Chef de l'Exploitation.
Domogatsky, » » la Voie.
Paschkowsky, M., Chef du Mouvement et du Matériel.

	Verstes.	
Brest-Litovsk.	—	Grodno.
Lychitsy.	22	»
Vysoko-Litovskaïa.	40	»
Klechtcheli.	58	»
Grigorovitsy.	70	»
Bielsk.	84	»
Strablia.	97	»
Levitskaja.	111	»
Staroseltsy.	124	»
Biélostock.	128	»
Knychine.	145	»
Monki.	160	»
Gonionz.	173	»
Graïevo (front^{re} pruss.)	197	Lomja.

109. — Brewood and Wolverhampton
(*Angleterre*).

En construction.

DIRECTEURS :

Monckton, F., Esq., Président.
Elwell, C. J., Esq., Président-Délégué.
Loveridge, S., Esq.
Bellasyse, E. L., Esq.
Whittle, J. T. P., Esq.

110. — Bridport (*Angleterre*).

Exploité par le Great Western.

DIRECTEURS :

Legg, T., Esq., Président.
Mitchell, T. A., Esq.
Smith, W., Esq.

Swatridge, W., Esq.
Hodgson, K. D., Esq.
Stephens, J. P., Esq.

ADMINISTRATION A BRIDPORT :

Flight, E. G., Secrétaire et Solicitor.
Lane, M., Ingénieur.
Williams, J., Auditeur.
Good, F.. »

111. — Briouze à la Ferté-Macé (*France*).

Bara, Chef de l'Exploitation à la Ferté-Macé.

	Kil.	
Briouze.	—	Orne.
Lonlay.	7	»
La Ferté-Macé.	14	»

112. — Bristol and Exeter (*Angleterre*).

DIRECTEURS :

Devon (Comte of), Président.
Castle, M., Esq., Président-Délégué.
Poole-King, Esq.
Fry, F., Esq.
Adair-Bruce, W., Esq.
Meade King, R. K., Esq.
Barnes, W., Esq.
Walrond, J., Esq.
Wills, W. H., Esq.
Ellis, H. S., Esq.
Miller, G., Esq.
Perry, J., Esq.

ADMINISTRATION A BRISTOL, TEMPLE MEAD :

Matthews, J. H., Secrétaire.
Wall, J. C., Directeur Général.
Fox, F., Ingénieur.
Pearson, J., Inspecteur Principal de la Traction et du Matériel.
Nott, P., Chef Comptable.
Pyke, W., Econome.
Fussell, Pritchard and Swann, Solicitors.
Thomas, G., Auditeur.
Tribe, W., »

	M. A.	
Bristol *.	—	Gloucester.
Bedminster.	»	Somerset.
Bourton.	5 1/2	»
Nailsea.	8	»
Yatton *.	12	»
Worle.	15 1/2	»
Weston *.	18 1/2	»

	M. A.	
Bleaton and Uphill.	20 1/2	Somerset.
Highbridge.	27	»
Dunball, *Wharf.*	30 3/4	»
Brigewater.	33	»
Durston *.	39	»
Taunton *.	44 3/4	»
Norton Fitzwarren *.	46 3/4	»
Wellington.	51 3/4	»
Burlescombe.	56 1/4	Devon.
Tiverton *.	60 3/4	»
Hele and Bradninch.	67.	»
Silverton.	68 1/4	»
Stoke Cannon.	72	»
Exeter, *St. David's*	75 1/2	»

Clevedon.	—	Somerset.
Yatton *.	4	»
Congresbury.	5 1/2	»
Sandford and Banwell.	8 1/2	»
Winscombe.	9 1/2	»
Axbridge.	12	»
Cheddar.	13 1/2	»
Draycott.	15 3/4	»
Lodge Hill.	18	»
Wookey.	20 1/2	»
Wells.	21 1/2	»

Durston *.	—	Somerset.
Athelney.	2 1/2	»
Langport.	7	»
Martock.	12	»
Yeovil.	19	»

Taunton *.	—	Somerset.
Thorne.	3	»
Hatch.	6 1/2	»
Ilminster.	11 1/4	»
Chard.	15 1/4	»

Wiveliscombe.	—	Somerset.
Milverton.	3	»
Norton Fitzwarren *.	7 1/4	»
Bishops Lydeard.	10 1/4	»
Crowcombe Heatfield.	14 1/4	»
Stogumber.	16 3/4	»
Williton.	20 1/4	»
Watchet *.	21 3/4	»

Tiverton *.	—	Devon.
Tiverton.	2	»

Weston *.	—	Somerset.
Weston Super Mare.	1 1/2	»

	M. A.	
Bristol *.	—	Gloucester.
Clifton Bridge.	3 1/4	Somerset.
Pill.	7 3/4	»
Portbury.	9 1/2	»
Portishead.	11 1/2	»

Watchet *.	—	Somerset.
Washford.	2 1/4	»
Blue Anchor.	4 1/2	»
Dunster.	6 1/2	Devon.
Minehead.	8 1/4	»

113. — Bristol and North Somerset
(*Angleterre*).

Exploité par le Great Western.

DIRECTEURS :

Tyler, G., Esq., Président.
Miles, J. W., Esq.
Chappell, F. P., Esq.
Bulkeley, Capitaine.
Dawson, J. W., Esq.

ADMINISTRATION A LONDRES, 28, LINCOLN'S INN FIELDS. W. C :

Frere, G. E., Secrétaire.
Clarke, W., Ingénieur.

114 — Bristol and Portishead
(*Angleterre*).

Exploité par le Bristol-Exeter.

DIRECTEURS :

Ford, J., Esq., Président.
Woodward, G. R., Esq., Vice-Président.
Fry, R., Esq.
Fry, L., Esq.
Fuidge, R., Esq.
Md Clean, F., Esq.
Robinson, R., Esq.
Weatherly, F., Esq.

ADMINISTRATION A BRISTOL, 6, CLARE STREET :

Daniel, J. F. R., Secrétaire et Directeur Général.
Stileman, F. C., Ingénieur.
Cooke and Sons, I., Solicitors.
Fussell, Pritchard and Swann, Solicitors.
Tribe, W., Auditeur.
Pike, E. J., »

115. — Bristol Harbour (*Angleterre*).

Exploité par le Great Western et le Bristol-Exeter.

DIRECTEURS :

Miles, J. W., Esq., Président. } Représentants du
Sir Gooch, D. } Great Western.
Caste, M., Esq. } Représentants du
Fry, F., Esq. } Bristol-Exeter.

ADMINISTRATION A BRISTOL, TEMPLE MEAD :

Marwood, J. B., Secrétaire.

116. — Bristol Port and Pier
(*Angleterre*).

DIRECTEURS :

Miles, P. W. S., Esq., Président.
Gort, (Vicomte).
Robinson, E. S., Esq.
Goodeve, H. H., Esq.
Terrell, W., Esq.

ADMINISTRATION A BRISTOL, CORN STREET :

Dalrymple, H., Secrétaire.
Wheeler, J., Solicitor.
Taylor, T. T., Auditeur.
Averay Jones, J., »

	M. A.	
Clifton.	—	Gloucester.
Sea Mills.	2	»
Shirehampton.	3 1/2	»
Avonmouth.	5 3/4	»

117. — Brolthal (*Allemagne*).

DIRECTION A COLOGNE :

Gustorff, F., Directeur.
Saling, C., Inspecteur d'Exploitation à Hennef.

	Kil.	
Allner.	—	Coln.
Bröl.	3.99	»
Ingersauelermühle.	9.2	»
Herrnstein.	14.14	»
Felderhofer-Brücke.	»	»
Schönenberg *.	16.48	»
Ruppichteroth.	19.81	»
Bennroth.	23.56	»
Berkenroth.	24.94	»
Waldbröl.	30.63	»

Schönenberg *.	—	Coln.
Saurenbacher-Thale.	1.33	»

118. — Bromley Direct (*Angleterre*).

En construction.

DIRECTEURS :

Starling, W. D., Esq.
Russell, W., Esq.

119. — Broyethal (*Suisse*).

Exploité par : Suisse Occidentale.

120. — Bruges à Blankenberghe
(*Belgique*).

Exploité par les Bassins Houillers du Hainaut.

121. — Brünig (*Suisse*).

CONSEIL D'ADMINISTRATION :

Wyder, Président.
Ritschard.
Seiler-Hoff.
Des Gouttes.
Ruchti.
Dennler.
Stampfli.

DIRECTION A INTERLAKEN :

Seiler, Directeur.
Schenk, Chef de Service.

	Kil.	
Därligen.	—	Bern.
Interlaken.	4.3	»
Zollhaus. H.	6.2	»
Bönigen.	8.4	»

122. — Brunn-Rossitz (*Autriche*).

Exploité par l'Etat Autrichien.

CONSEIL D'ADMINISTRATION :

Bresson, L., Président.
d'Engerth (Chev.), G., Vice-Président.
Klein, A.
Kopp, E.
Lecointe, A.
Rahn, A.

123. — Brunswick *(Allemagne).* **(V.)**

CONSEIL D'ADMINISTRATION :

Schotter, F. W.
Haeusler, O.
Giesecke.
Fentches.
Wülfing, F. H.
Menke, E.
Buchler, H.
Overweg, C.
Selwig, F.
Seeliger, G.
Wilkens, A. D.
Danco, C.
Brandhoff, E.
Büchtemann, W.
Kroenig, T.
Haussmann, A.
Haussmann, K.
Wehrmann.

DIRECTION A BRUNSWICK :

Wolf, Président.
Scheffer.
Arönheim.
Hildebrand.
Rummel.

INSPECTION PRINCIPALE D'EXPLOITATION :

Steigerthal, Directeur.
Küddecke, Inspecteur Principal du Trafic.
Wolf, » d'Exploitation.
Kalbe, » »
Bremer, » des Télégraphes.
Praunn, Chef de Construction.
Mittendorf, »
Ebeling, »
Blenkinsop, Ingénieur en Chef.
Clauss, » »

	Kil.	
Frontière.	—	Braunschweig.
Vechelde.	5	»
Gleidingen. H.	11	»
Braunschweig *.	19	»
Leiferde. H.	25	»
Wolfenbuttel *.	34	Wolfenbuttel.
Hedwigsburg. H.	37	»
Boerssum *.	43	»
Schladen.	47	Hannover.
Vienenburg *.	56	»
Oker.	65	Wolfenbuttel.
Gozlar.	70	Hannover.

Vienenburg *.	—	Wolfenbuttel.
Harzburg.	8	»

	Kil.	
Braunschweig *.	—	Braunschweig.
Saint-Léonhard. H.	3	»
Weddel. H.	9	»
Schandelah.	14	»
Bornum. H.	19	Helmstedt.
Koenigslutter.	23	»
Frellstedt.	32	»
Helmstedt.	39	»
Büddenstedt *.	46	»
Schöningen.	50	»
Söllingen.	56	»
Jerxheim *.	61	»

Büddenstedt *.	—	Helmstedt.
Trendenbusch	3	»

Wolfenbuttel *.	—	Wolfenbuttel.
Dettum. H.	10	»
Schoeppenstedt.	18	»
Watenstedt. H.	26	Helmstedt.
Jerxheim *.	30	»

Oschersleben.	—	Sachsen.
Wegersleben.	9	»
Gunsleben. H.	14	»
Jerxheim *.	24	Helmstedt.
Mattierzoll.	33	Wolfenbuttel.
Hedeper. H.	39	»
Boerssum *.	47	»
Gielde. H.	53	Hannover.
Salzgitter.	62	»
Ringelheim.	67	»
Lutter a/Bbge.	74	Gandersheim.
Neukrug. H.	81	»
Seesen *.	88	»
Ildehausen. H.	93	»
Gandersheim.	102	»
Kriensen.	108	»
Naensen.	118	»
Vorwohle.	131	Holzminden.
Stadtoldenhof.	138	»
Holzminden.	153	»
Frontière.	155	»

Seesen *.	—	Gandersheim.
Münchehof. H.	6	»
Gittelde.	13	»
Frontière.	16	»

124. — Brynmawr and Blaenavon
(Angleterre).

Exploité par le London and North Western.

DIRECTEURS :

Tipping, W., Esq. ⎱ Représentants du
Stephen, O. L., Esq. ⎰ London and North Western.
Finch, G. F., Esq.
Jayne, J., Esq.

125. — Buckfastleigh, Totnes and South Devon (Angleterre).

Exploité par le South Devon.

DIRECTEURS :

Hamlyn, J., Esq., Président.
Batten, J., W., Esq.
Michelmore, J., Esq.
Furneaux, J., Esq.
Tucker, E., Esq.

ADMINISTRATION :

Lhoyd, A. E., Secrétaire.
Margary, P. J., Ingénieur, à Plymouth.
Batten, J. B., Solicitor.
Michelmore, H., »
Barns, J., Auditeur.
Bourne, R., »

126. — Buckinghamshire (Angleterre).

Exploité par London and North Western.

DIRECTEURS :

Sir Verney, H., Président.
Buckingham, (duc of).
Cobb, T. R., Esq.
Dean, R. R., Esq.
Kinnaird, A. F.
Sir Forster, C.
Lyon, M., Esq.
Tipping, W., Esq.

ADMINISTRATION A LONDRES, EUSTON STATION N. W :

Long, W., Secrétaire.
Crosfield, H., Auditeur, à Liverpool.
Carter, R., » à Buckingham.

127. — Buckley (Angleterre).

Exploité par le Wrexham, Mold and Connah's Quay.

DIRECTEURS :

Dixon, G. M., Esq., Président.
Clough, C. B., Esq., Président-Délégué.
Davison, C., Esq.

Barnes, J. R., Esq.
Buddicom, W. B., Esq.
Bowring, C. T., Esq.

ADMINISTRATION A WREXHAM (STATION) :

Broughton, J., Secrétaire.
Musgrave, F., Auditeur.
Kelly, Keene and Roper, Solicitors, à Mold.

128. — Buitron à San Juan del Puerto (Espagne).

Exploité par la Cie anglaise des Mines de Buitron. (Huelva.)

Uldershaw, F., Concessionnaire :

	Kil.	
Valverde.	—	Huelva.
Venta de Eligio.	»	»
Trigueros.	»	»
San Juan del Puerto.	35	»

129. — Burnham Tydal Harbour (Angleterre).

Exploité par le Somerset and Dorset.

130. — Bury St-Edmunds and Thetford (Angleterre.

Exploité par le Thetford and Watton.

DIRECTEURS :

Greene, E., Esq., Président.
Bristol, (Marquis of).
Rodwell, B. B. H.
Oakes, H. P., Esq.
Wilson, F. M., L^t C^l.

Ion, J. W., Secrétaire, à Bury St-Edmunds.
Bruff, P., Ingénieur, à Ipswich.
Partridge and Greene, Solicitors.
Tahourdin, »
Clayton, E. E., Auditeur.
Oliver, G. J., »

131. — Burry Port and Gwendraeth Valleys (Angleterre).

DIRECTEURS:

Malcolm, G. A., G^l., Président.
Sir Johnstone, H.
Pemberton, F. A. R., Esq.
Cleghorn, J., Esq.

ADMINISTRATION A BURRY PORT. (SOUTH WALES):

Russell, J., Secrétaire.
Luckraft, J. P., Ingénieur, Inspecteur Principal.
Taylor, W., Auditeur.
Fletcher and C°, R., Auditeur.

	M. A.	
Pembrey, *Pwl Coliery*.	—	Carmarthen.
» *New Lodge Coliery*.	1.1	»
Pembrey, *Burry Port*.	1.65	»
Pontyeats *.	9.49	»
Pontyberem.	12.52	»

Trimsaran, *Coliery*.	—	Carmarthen.
Vers Pembrey.	1.40	»

Cwm Capel, *Coliery*.	—	Carmarthen.
Pembrey.	0.76	»

Carway, *Coliery*.	—	Carmarthen.
Kidwelly *.	1.51	»
» *Quay*.	»	»

Kidwelly *.	—	Carmarthen.
Mynydellyganey.	2.25	»

Pontyeats *.	—	Carmarthen.
Evan's, *Coliery*.	0.14	»

132. — Busby (Ecosse).

Exploité par le Caledonian.

DIRECTEURS :

Hill, T., Esq., Président.
Cowan, J., Esq., Président-Délégué.
Bolton, J. C., Esq.
Brown, H., Esq.

ADMINISTRATION A GLASGOW, 212, WEST GEORGE STREET :

Graham, J., Secrétaire et Trésorier.
Mackenzie, W., Auditeur.
Anderson, W., »
Forman, Ingénieur.
M' Call, »
Keydens, Strang and Girvan, Solicitors.

133. — Buschtehrad (Autriche) (V).

CONSEIL D'ADMINISTRATION A PRAGUE, 7, BREDAUERGASSE :

v. Fritsch, J., Président.
Fragy, J., Vice-Président.
Furstenberg-Durchlauchl (Prince zu) E.
v. Lanna, A.
Bachofen v. Echt, C.
Pilz, J. G.
Tempsky, F.
Wachsmulh, R.

DIRECTION GÉNÉRALE A PRAGUE :

Kress, J., Directeur Général.
Kretschmer, G., Directeur d'Exploitation.
Böhm, H., Secrétaire et Chef du Contentieux.
Pfeiffer, M., Inspecteur au Secrétariat.
Rössler, H., Caissier Général.
Dillrich-Kalkhoff, G., Chef de la Comptabilité.
Hauer, A., Inspecteur du Bureau des Marchandises.
Pfeffer, E., Inspecteur du Bureau Commercial.
Gebauer, O., Inspecteur de la Voie et de la marche des trains.
Bamberger, L., Ingénieur Principal du Matériel.
Poliwka, J., Ingénieur Principal de la Construction et de l'Entretien.
Kretz, J., Inspecteur du Bureau de Révision.
Flach, J., Inspecteur au Bureau Commercial.

	M. 0.	
Prag, *Bubna*.	—	Böhmen.
» *Bruska*.	0.8	»
Weleslawin.	1.3	»
Liboc.	1.5	»
Rusin.	1.7	»
Hostiwic *.	2.2	»
Jenc.	2.7	»
Rossel.	3.	»
Unhoscht.	3.5	»
Wejhybka *.	4.	»
Mrakau.	4.8	»
Lana *.	5.7	»
Neustraschitz.	6.6	»
Renc.	7.3	»
Luzna-Lischan *.	8.3	»
Krupa.	8.9	»
Milostin-Kounowa.	9.7	»
Satkau-Teschnitz.	11.	»
Michelob.	12.1	»
Trnowan.	13.2	»
Saaz.	13.8	»
Horatitz.	14.7	»
Priesen *.	15.5	»
Tuschmitz.	16.2	»
Kaaden-Brunnersdorf.	16.9	»
Klösterle.	17.8	»

	M. O.	
Pürstein.	18.7	Böhmen.
Rauenstein-Warta.	19.6	»
Welchau-Wikwitz.	20.3	»
Schlackenwerth.	21.1	»
Neudau.	22.1	»
Carlsbad.	23.2	»
Chodau.	24.7	»
Elbogen-Neusattel.	25.1	»
Falkenau. a. Eger. *.	26.2	»
Zieditz.	26.6	»
Dassnitz.	27.4	»
Königsberg-Maria-Kulm.	28.1	»
Mostau-Nebanitz.	28.5	»
Tirschnitz *.	29.3	»
Eger.	30.1	»

Priesen *	—	Böhmen.
Komotau.	1.2	»
Tschernowitz.	1.6	»
Domina-Schönlind.	3.	»
Krima-Neudorf *.	4.2	»
Sonnenberg.	4.9	»
Pressnitz-Reischdorf.	5.7	»
Kupferberg.	6.3	»
Schmiedeberg.	7.6	»
Weipert.	8.8	»

Wejhybka *.	—	Böhmen.
Kladno.	0.6	»
Duby *.	»	»
Buschtěhrad.	1.2	»
Brandeisl.	1.6	»
Zakolan.	2.4	»
Wotwowitz.	2.7	»
Kralup.	3.4	»

Prag, Smichow.	—	Böhmen.
Jinonic.	1.1	»
Cibulka.	1.5	»
Repy.	2.	»
Hostiwic *.	2.6	»

Falkenau a/Eger *.	—	Böhmen.
Davidsthal.	0.21	»
Hartenberg.	1.02	»
Bleistadt.	1.66	»
Heinrichsgrünn.	2.35	»
Grasslitz.	2.79	»

Tirschnitz *.	—	Böhmen.
Franzensbad.	0.5	»

Wejhybka *.	—	Böhmen.
Duby *.	1.2	»

	M. O.	
Krima-Neudorf *.	—	Böhmen.
Sebastiansberg.	0.96	»
Reizenhain.	1.9	»

Rakonitz.	—	Böhmen.
Luzna-Lischan *.	1.2	»

Lana *.		—	Böhmen.
Thiergarten.	par chevaux	»	»
Pinic.		1.7	»

134. — Cadiz à Malaga (*Espagne*)

Concédé le 7 mars 1873. — A construire.

135. — Caen à la Mer (*France*).

	Kil.	
Caen.	—	Calvados.
Cambes. H.	6	»
Mathieu.	9	»
Douvres-la-Délivrande.	14	»
Chapelle-de-la-Délivrande.	14	»
Luc-sur-Mer.	17	»

136. — Caithness (*Ecosse*).

Exploité par le Highland.

DIRECTEURS :

Caithness (Comte of), Président.
Sir Anstruther, R.
Horne, J., Esq.
Laing, S., Esq.
Adams, A., Esq.

137. — Calabro-Siciliens (*Italie*).

Exploité par les Méridionaux.

138. — Calatayud à Teruel (*Espagne*).

Concédé le 15 Février 1873. — A construire.

139. — Caledonian (*Ecosse*).

DIRECTEURS :

Hill, T., Esq., Président.
Bolton, J. C., Esq., Vice-Président.
Buchanan, A., Esq.
Fergusson, R., Esq.

— 52 —

Crum, A., Esq.
Cowan, J., Esq.
Salkeld, L.t-C.l
Thompson, G., Major.
Sir Gladstone, T.
Ainslie, D., Esq.
Brown, H., Esq.
Hozier, W. W., Esq.
Taylor, J., Esq.
Nicolson, J. B., Esq.

ADMINISTRATION A GLASGOW. 302, BUCHANAN STREET :

Gibson, A., Secrétaire.
Kerr, J., Avocat.
Smithells, J., Directeur Général.
Kempt, I., Adjoint au Directeur Général.
Graham, G., Ingénieur.
Galbraith, G., Comptable.
Fergusson, A., Trésorier.

DÉPARTEMENT DES VOYAGEURS :

Ward, H., Inspecteur Général, à Glasgow.
Currer, R.,   »   de District   »
Grafton, W.,   »   »   à Stranraer.
Gillespie, W., »   »   à Perth.
Alexander, A., »   »   à Aberdeen.

DÉPARTEMENT DES MARCHANDISES :

Thompson, J., Directeur Général à Glasgow.
Davidson, G. B.,   »   de District à Carlisle.
Clapperton, J.,   »   »   à Edinburgh.
Small, R.,   »   »   à Dundee.
Whitton, J.,   »   »   ».
Cook, W., Inspecteur   à Glasgow.
Ferguson, J.,   »   des mines   »

DÉPARTEMENT DE LA TRACTION :

Conner., B., Inspecteur à Glasgow. (St-Rollox.)
Brittain, G.,   »   »

	M. A.	
Aberdeen, *Goods.*	—	Aberdeen.
» *Ferryhill* *.	0.57	»
Creosote, *Works.*	1.14	Kincardine.
Cove.	4.72	»
Manuell's, *Siding.*	5.30	»
Blackhall.	5.52	»
Portlethen.	8.20	»
Newton Hill.	10.37	»
Muchalls.	11.50	»
Stonehaven.	16.18	»
Newmill.	21.55	»
Drumlithie.	23.32	»
Fordoun.	27.26	»
Laurencekirk.	30.52	»
Marykirk.	33.68	»

	M. A.	
Craigo.	55.79	Forfar.
Dubton *.	39.24	»
Pudgeston.	40.13	»
Bridge of Dun.	41.77	»
» *	42.1	»
Farnell Road.	45.7	»
Glasterlaw.	48.33	»
Guthrie *.	50.47	»
»	50.35	»
Auldbar Road.	52.32	»
Clocksbriggs.	55.3	»
Forfar, *Dundee* *.	57.10	»
» *.	57.16	»
»	57.31	»
Kirriemuir *.	60.19	»
Drumgley.	61.49	»
Glamis.	63.4	»
Eassie.	65.18	»
Drumkilbo, *Siding.*	67.52	»
Meigle, *North* *.	68.22	Perth.
»	68.29	»
» *South* *.	69.42	»
Ardler.	70.48	»
Coupar Angus.	73.3	»
Gentle's, *Siding.*	»	»
Woodside.	75.20	»
Cargill.	77.45	»
Ballathie.	79.34	»
Stanley.	81.53	»
Strathord.	83.59	»
Luncarthy.	84.55	»
Perth, *Almond Valley**.	87.19	»
» *Dovecotland.*	88.31	»
» *General.*	88.71	»
» *D. P.* *.	89.7	»
» *South* *.	89.65	»
Friarton, *Siding.*	89.70	»
Hilton *.	90.72	»
Kirkton.	91.27	»
Forgandenny.	92.65	»
Forteviot.	95.55	»
Dunning.	98.37	»
Auchterarder.	102.47	»
Crieff *.	104.54	»
Blackford.	106.70	»
Curling Club.	108.70	»
Glenloaning.	111.9	»
Kinbuck.	114.24	»
Ashfield.	114.72	»
Dunblane.	116.74	»
Bridge of Allan.	118.79	»
Cornton.	120.6	Stirling.
Stirling, *North* *.	121.56	»
»	121.73	»
» *South* *.	122.1	»
Bannockburn.	124.21	»
» *Coal Siding.*	125.57	»
Plean, *Branch* *.	125.65	»

— 53 —

	M.O.	
Dunmore, *Quarry Siding*	125.71	Stirling.
Alloa *.	127.62	”
Stenhousemuir, *Quarry*.	128.56	”
” or Muirhall.	129.22	”
Larbert.	129.75	”
” *.	130.51	”
” *Denny Branch**.	130.55	”
Greenhill, *Bonny Bridge* *.	132.74	”
Greenhill, *Lower* *.	133.41	”
Woodend.	135.	”
Glen, *Siding*.	136.52	”
Abronhill.	137.44	”
Vault Glen.	137.64	Dumbarton.
Green Yards.	138.48	”
Cumbernauld.	138.74	”
Madgescroft.	140.48	”
Gane.	141.64	Lanark.
Glenboig and Bridgend.	142.34	”
Garnqueen, *North* *.	143.10	”
” *South* *.	143.46	”
Gartsherrie, *Heatherbell*.	144.5	”
” *.	144.18	”
”	144.31	”
” *South* *.	144.36	”
” *Iron Works*	146.5	”
Summerlee, *West* *.	146.7	”
” *Iron Works*	146.35	”
Coatbridge.	146.39	”
” *.	146.54	”
Whifflet, *North* *.	147.17	”
”	147.29	”
” *South* *.	147.36	”
Calder, *Iron Works*.	147.65	”
Cornbroe, *Iron Works*.	147.78	”
” *Coliery*.	149.1	”
Thankerton, *Lower*.	149.17	”
Holytown *.	149.64	”
Milnwood *.	150.9	”
” *Coliery*.	150.13	”
Jerviston, *Quarry*.	150.39	”
Braidhurst.	150.78	”
Motherwell, *Iron Works*.	151.48	”
Lesmahagow *.	151.52	”
Motherwell *.	151.77	”
Parkhead and Windmillhill.	152.40	”
Flemington.	152.63	”
Shiels, *Coliery*.	153.8	”
Shieldsmuir.	153.43	”
Wishaw, *Iron Works*.	154.10	”
” *Green Pit*.	154.39	”
”	154.54	”
Pather.	155.13	”
Overtown.	155.68	”
Carriongill *.	156.34	”
Law *.	157.1	”
Hallcraig *.	157.63	”

	M.A.	
Castlehill, *Iron Works*.	158.32	Lanark.
Raesgill.	158.35	”
Carluke.	159.17	”
Milton Lockhart.	159.28	”
Waggateshaw.	159.39	”
Braidwood, *Tile Works*.	160.8	”
”	160.37	”
” *Mayfield Pit*.	160.55	”
Fiddler's Gill.	160.64	”
Craigenhill.	162.42	”
Cleghorn.	164.67	”
” *.	165.5	”
” *Silvermuir* *.	165.9	”
Carstairs.	167.29	”
Float.	168.21	”
Thankerton.	172.32	”
Symington.	174.2	”
Lamington.	177.52	”
Abington.	183.3	Lanark.
Crawford.	186.42	”
Elvanfoot.	188.21	”
Summit.	191.12	”
Greskine, *Siding*.	195.52	Dumfries.
Beattock.	201.13	”
Wamphray.	206.31	”
Dinwoodie.	209.12	”
Nethercleuch.	212.17	”
Lockerbie *.	215.4	”
”	215.8	”
Castlemilk.	218.22	”
Ecclefechan.	220.61	”
Kirtlebridge *.	224.6	”
”	224.14	”
Cove, *Quarry*.	226.72	”
Kirtpatrick.	227.72	”
Gretna, *Caled* *.	232.13	”
”	232.15	”
” *N.B.* *.	232.27	”
Mossband, *Siding*.	232.42	Cumberland.
Floriston.	233.54	”
Rockcliffe.	235.54	”
Carlisle *.	238.74	”
” *Goods*.	239.46	”
Dubton *.	—	Forfar.
Broomfield Road *.	1.46	”
Montrose.	3.	”
Broomfield Road *.	—	Forfar.
” ”	0.6	”
North Water Bridge.	2.16	Kincardine.
Saint-Cyrus.	4.30	”
Lauriston.	5.27	”
Johnshaven.	7.53	”
Birnie, *Siding*.	9.1	”
Gourdon.	10.74	”
Bervie.	12.4	”

— 54 —

	M. A.	
Bridge of dun *.	—	Forfar.
Kincraig, *Siding.*	2.32	»
Brechin.	4.	»

	M. A.	
Guthrie *.	—	Forfar.
Friockheim.	1.10	»
Border, *Siding.*	2.	»
Leysmill.	2.56	»
Colliston.	4.4	»
Waulkmill.	5.10	»
Letham mill.	5.64	»
Arbroath *.	7.35	»
»	7.44	»
Elliot *.	8.78	»
Kelly Bleachfield.	9.11	»
East Haven.	11.74	»
Panbridge.	12.63	»
Carnoustie.	13.57	»
Panmure, *Siding.*	14.41	»
Tenant's, *Vitriol Works.*	14.50	»
Taymouth.	14.56	»
Barry.	15.26	»
Monifieth.	18.19	»
Brougty Ferry, *Milton Siding.*	18.60	»
Broughty Ferry, *Forfar* *.	20.6	»
»	20.48	»
West Ferry.	21.7	»
Dundee, *East.*	24.7	»
» *West.*	24.40	»
» *Ninewells* *.	25.71	»
Invergowrie.	27.10	»
Kingoodie, *Siding.*	27.39	»
Mylnefield, *Siding.*	27.66	»
Longforgan.	29.14	Perth.
Inchture.	31.47	»
Grange, *Siding.*	32.55	»
Errol.	33.78	»
Inchcoonans.	35.18	»
Glencarse.	38.	»
Kinfauns.	40.68	»
Barnhill, *Siding.*	43.26	»
Perth, *Princes Street.*	43.73	»
» *D. P.* *.	44.37	»

Kirriemuir.	—	Forfar.
Balmuckety.	0.50	»
Ballindarg.	1.77	»
Kirriemuir *.	3.12	»

Forfar, *Dundee* *.	—	Forfar.
Kingsmuir.	2.50	»
Kirkbuddo.	5.50	»
Monikie.	9.53	»
Wellbank.	11.20	»
Gagie, *Siding.*	12.62	»

Kingennie.	14.40	Forfar.
Broughty Ferry, *Barnhill*	16.27	»
» *Forfar* *.	16.30	»
» *N. B.* *.	16.60	»

Elliot *.	—	Forfar.
Cuthlie.	2.	»
Denhead.	3.35	»
Redford.	5.5	»
Gwynd.	5.19	»
Carmyllie.	5.42	»

Aberdeen, *Goods.*	—	Aberdeen.
» *Deeside Goods.*	0.22	»

Alyth.	—	Perth.
Porterockney.	0.62	»
Jordanstone.	1.72	»
Fullarton.	4.4	»
Meigle *.	5.17	»
»	5.24	»
Newtyle *.	6.24	»
» *Pass.*	6.50	»
Pitnappie, *Siding.*	9.30	Forfar.
Boniton.	10.35	»
Auchterhouse.	10.74	»
Dronley.	12.23	»
Leoch, *Quarry.*	13.39	»
Rosemill, *Quarry.*	13.57	»
Auchrie, *Quarry.*	13.63	»
Rosemill.	13.70	»
Baldragon.	14.47	»
Baldovan.	15.49	»
Lochee.	17.30	»
Camperdown.	18.7	»
Liff.	19.6	»
Dundee, *Ninewells* *.	21.	»

Blairgowie.	—	Perth.
Rosemount.	1.31	»
Coupar Angus.	4.51	»

Perth, *Edmond Valley* *.	—	Perth.
Ruthven Road.	1.29	»
Huntingtower.	1.72	»
Almond Bank.	2.21	»
Tibbermuir or Powbridge.	3.38	»
Methven *.	4.61	»
Balgowan.	7.35	»
Madderty.	9.64	»
Abercairney.	11.77	»
Innerpeffray.	13.79	»
Crieff.	16.13	»
Highlandman.	17.55	»
Muthill.	20.15	»
Tullibardine.	22.56	»
Crieff *.	25.13	»

	M. A.	
Methven *.	—	Perth.
»	1.22	»

Perth *.	—	Perth.
» Harbour.	0.40	»

Arbroath *.	—	Forfar.
» Harbour.	0.28	»

Forfar *.	—	Forfar.
» Old.	0.32	»

Meigle, South *.	—	Perth.
Newtyle *.	1.37	»
» Goods.	1.65	»

Dunblane.	—	Perth.
Springbank.	0.34	»
Doune.	3.57	»
Cambusmore.	9.26	»
Callander *.	10.28	»
» Dreadnought Pass	11.11	»
Strahire.	19.60	»
Kingshouse.	»	»
Lochearnhead.	22.66	»
Killin.	27.78	»
Luib.	33.68	»
Crianlarich.	40.5	»
Tyndrum.	45.19	»

Plean. Branch *.	—	Stirling.
» West Pit.	1.60	»

Plean. Branch *.	—	Stirling.
» East Pit.	1.56	»

Alloa *.	—	Stirling.
Dunmore, Coals.	1.13	»
Airth Road.	1.50	»
Alloa, South Ferry.	4.45	»

Larbert, Denny Branch *.	—	Stirling.
Ingleston *.	2.66	»
»	4.33	»

Ingleston *	—	Stirling.
Denny.	0.21	»
Stoneywood.	1.19	»

	M. A.	
Grangemouth, Branch *.	—	Stirling.
»	2.55	»
» Harbour.	2.75	»

Greenhill, Lower *.	—	Stirling.
» Upper *.	0.60	»

Garnqueen, North *.	—	Lanark.
Gartverrie.	0.23	»
Gartcosh *.	1.56	»
» Iron Works.	1.58	»
»	2.2	»
» Brick Works.	2.40	»
Heathfield.	3.10	»
Garnkirk.	3.20	»
Cardowan.	3.74	»
Steeps Road.	4.57	»
Robroyston.	5.29	»
Glasgow, Millton *.	6.48	»
» Sighthill East *.	7.50	»
» Buchanan Street.	9.18	»

Glasgow, St-Rollox, West.	—	Lanark.
» » East.	0.23	»
» Provan Mill.	1.78	»
» Millton *.	2.14	»

Gartsherrie, South *.	—	Lanark.
»	0.5	»
» North *.	0.18	»
» Gartgill Coliery.	0.41	»
Gartcosh *.	1.21	»

Whifflet, South *.	—	Lanark.
» N. B. *.	0.14	»

Coatbridge *.	—	Lanark.
Dundyvan, Iron Works.	0.45	»
Langloan *.	0.50	»
»	0.64	»
» Drumpeller *.	0.74	»
Tennockside *.	2.37	»
Ellismuir, Coliery.	2.70	»
Ballieston.	3.2	»
Calder Bank, Coliery.	3.18	»
Ballieston, Coliery.	3.75	»
Burnt Broom.	4.8	»
Mount Vernon.	4.21	»
Kenmure Hill.	4.63	»
Carmyle.	5.27	»
Clyde *.	6.2	»
Rutherglen *.	6.68	»

	M. A.	
Tennockside *.	—	Lanark.
Braehead, *Quarry*.	0.33	»
Tennockside and Aitkenhead.	1.21	»

Langloan, *Drumpeller* *.	—	Lanark.
Cuilhill.	0.49	»
Braehead, *Quarry*.	0.31	»
Newlands.	0.43	»

Wemyss Bay.	—	Renfrew.
Kelly, *Quarry*.	1.5	»
Inverkip.	2.22	»
Dunrod.	3.71	»
Ravenscraig.	5.43	»
Greenock, *Upper*.	7.65	»
Port-Glasgow, *Wemys Bay*.	10.6	»
Port-Glasgow, *Pass*.	12.27	»
» *Goods*.	12.62	»
» *.	12.66	»
Langbank.	16.40	»
Bishopton.	20.36	»
South Barr.	21.61	»
Houston.	22.40	»
Blackstone.	23.12	»
Paisley, *Boghead and Candrons*.	24.9	»
Paisley, *Underwood Mineral*.	24.69	»
Paisley, *Pass*.	25.28	»
» *Goods*.	25.79	»
» *Gallowhill* *.	26.17	»
Moss Road.	28.66	Lanark.
Craigton.	29.23	»
Drumoyne.	29.25	Renfrew.
Craigton *.	29.48	Lanark.
Ibrox *.	29.78	»
Shields *.	30.78	»
Glasgow, *Terminus* *.	31.47	»
» *West Street* *.	31.73	»
» *Gordon Street* *.	32.14	»
» *Gushetfaulds* *.	32.31	»
» *Govan Coliery*.	32.56	»
» » *Iron Works*.	32.74	»
Shawfield, *Chemical Works*.	33.50	»
Rutherglen, *Pit*.	33.58	»
»	34.12	»
» *Dalmarnock* *.	34.20	»
Rutherglen, *Stonelaw*.	34.29	»
» *Eastfield*.	34.58	»
» *.	34.66	»
Cambuslang, *Goods*.	35.47	»
» *Pass*.	35.74	»

	M. A.	
Newton, *Steel C° Works*.	37.24	Lanark.
»	37.40	»
» *Hamilton* *.	37.44	»
» *Coliery*.	37.66	»
Uddingstone.	39.37	»
Maryville.	39.71	»
Fallside.	40.33	»
Bothwell Park.	41.44	»
Orbiston.	42.21	»
Motherwell, *Coliery*.	43.20	»
Motherwell Bridge, *Lesmahagow* *.	43.47	»
Motherwell Bridge.	43.72	»
Camps.	44.39	»
Dalziel.	44.43	»
Ross and Haughead.	45.17	»
Ferniegair.	45.64	»
Allanton.	46.24	»
Home Farm.	46.41	»
Merryton.	46.67	»
Bogs, *Coliery*.	47.23	»
Dykehead, *Coliery*.	47.24	»
Larkhall, *Coliery*.	47.36	»
»	48.5	»
Skellyton.	48.35	»
» *New Pit*.	48.52	»
Millburn, *Coliery*.	49.1	»
Ayr Road.	49.22	»
Cornsilloch.	49.23	»
Stonehouse *.	49.29	»
Ashgillhead.	49.38	»
Marledge.	49.76	»
Auldton.	50.2	»
Dalserf.	50.4	»
Woodside n° 3.	50.35	»
Longlee.	50.67	»
Woodside, *Coliery*.	50.75	»
Hill, *Coliery*.	51.17	»
Netherburn, *Siding*.	51.45	»
»	51.55	»
Craignethan.	52.7	»
Southfield *.	52.73	»
Littlegill *.	53.55	»
Auchenheath, *Gin Pit*.	54.3	»
» *Pass*.	54.30	»
» *Goods*.	54.35	»
» *Coal Dépôt*.	54.43	»
Netherton, *Siding*.	54.73	»
Lesmahagow.	57.19	»
Auchren.	58.5	»
Alton Heights.	58.41	»
Auchlochan, n° 2.	60.2	»
Benfield.	60.47	»
Auchlochan, n° 1.	61.2	»
Bankend.	61.53	»

	M. A.	
Greenock.	—	Renfrew.
» Cartsdyke.	0.48	»
» Churchill.	1.4	»
» Bogston.	1.70	»
Port-Glasgow, Wemyss Bay *.	2.16	»

Port-Glasgow *.	—	Renfrew.
» Goods.	»	»
» Harbour.	0.14	»

Govan.	—	Lanark.
Moorpark *.	0.54	»
Craigton *.	0.77	»

Moorpark *.	—	Lanark.
Ibrox.	0.10	»
» *.	0.17	»

Glasgow, Shields *.	—	Lanark.
» Pollockshields.	0.34	»
» West Street Bridge *.	0.76	»
Glasgow, Bridge Street.	1.24	»

Glasgow, West Street Bridge *.	—	Lanark.
Glasgow, Eglinton Street Goods.	»	»

Glasgow, General.	—	Lanark.
» Scotland Street*	0.31	»
» Pollockshields *.	0.60	»
» Shields Road	»	»
» Term. *.	0.75	»

Glasgow, Term. *.	—	Lanark.
Muirhouse.	0.29	»
Strathbungo *.	0.55	»
Pollockshaws, Goods.	2.5	Renfrew.
» Pass.	2.16	»
Auldhousefield.	2.50	»
Busby *.	2.53	»
Kennishead.	3.34	»
Nitshill.	4.56	»
Barrhead, Mins.	6.11	»
»	6.35	»
Neilston, Pass.	8.40	»
» Goods.	8.56	»
Caldwell.	11.46	»
Dixon's, Pit n° 2.	12.6	Ayr.
Lugton, Goods.	13.1	»
» Pass.	13.20	»
» *.	13.28	»

	M. A.	
Dunlop.	15.42	Ayr.
Stewarton, Pass.	17.62	»
» Goods.	17.74	»
Kilmaurs.	21.	»
Kilmarnock *.	22.63	»
» Goods.	23.12	»

Kilmarnok.	—	Ayr.
» G. and S. W. *	0.20	»

Glasgow, South Side.	—	Lanark.
Strathbungo *.	0.73	»

Busby *.	—	Renfrew.
Brassey's, Siding.	0.65	»
Washwall, Old Siding.	0.75	»
» New Siding.	1.14	»
Ciffnock.	1.46	»
Clarkstone.	2.56	»
Busby.	3.53	»
Thornton, Siding.	4.52	Lanark.
Eaglesham Road.	4.54	»
Hairmyres.	6.15	»
East Kilbride.	7.64	»

Busby.	—	Renfrew.
Print, Works.	0.39	»

Kennishead.	—	Renfrew.
Thornliebank.	0.50	»
Spiersbridge.	0.75	»

Lugton *.	—	Ayr.
Waterland, Siding.	0.47	»
Barrmill.	3.2	»
Beith.	5.	»

Glasgow, West Bridge *.	—	Lanark.
» Paisley Canal.	0.22	»

Glasgow, South Side.	—	Lanark.
» Gushetfaulds *.	0.36	»
» »	0.72	»

Rutherglen *.	—	Lanark.
Bridgeton.	0.70	»

Clyde *.	—	Lanark.
» Iron Works.	0.13	»

	M. A.	
Newton, *Hamilton*.	—	Lanark.
Blantyre.	1.34	»
Strathaven *.	2.31	»
Auchenraith.	2.79	»
High Blantyre.	4.9	»
Syde's, *Siding*.	4.33	»
Udston.	5.26	»
Townhill.	5.61	»
Meikle Earnock.	6.78	»
Quarter, *Iron Works*.	7.61	»
Fairholm.	8.24	»
Quarter Road.	8.42	»
Glassford.	10.71	»
Strathaven.	12.51	»

Strathaven *.	—	Lanark.
Greenfield.	0.3	»
Hamilton.	0.65	»

Milnwood *.	—	Lanark.
Jerviston.	0.60	»
Motherwell *.	1.79	»

Stonehouse *.	—	Lanark.
Shawsburn.	0.78	»
Swinehill.	1.34	»
Birkenshaw.	1.56	»
Watston.	2.15	»
Stonehouse.	3.27	»
Cots Castle.	4.38	»

Southfield *.	—	Lanark.
» New Pit.	0.25	»
» Old Pit.	0.47	»
Blackwood.	1.32	»

Littlegill *.	—	Lanark.
Auchenheath, *Coliery*.	0.12	»
» New Pit.	0.32	»
Littlegill, *Coliery*.	1.12	»

Law *.	—	Lanark.
Mauldslie.	0.64	»
Law, *Pit*, n° 1.	1.	»
Shawfield, *Coliery*.	1.22	»

Hallcraig *.	—	Lanark.
Mauldslie, *Brick Works*.	0.40	»
Hallcraig.	1.25	»

	M. A.	
Mountcow.	—	Lanark.
Drumbowie.	0.39	»
Duntilland.	0.45	»
Shotts Road Salisburgh.	1.25	»
Hareshaw.	2.37	»
Mannieshall.	2.59	»
Greenhill, *Coliery*.	3.6	»
Auchenlee.	3.17	»
Lanridge *.	3.42	»
Langbyres *.	3.72	»
Auchenlee, *Quarry*.	3.79	»
Spindleside.	4.23	»
Drumbowie *.	4.59	»
Newmains.	6.7	»
Morningside *.	7.20	»
»	7.26	»
» N. B. *.	7.28	»

Morningside *.	—	Lanark.
Chapel.	0.21	»
Coltness, *Iron Works*.	0.36	»
Carriongill *.	1.49	»

Lanridge *.	—	Lanark.
Windyedge.	0.29	»
» n° 2.	0.44	»
Midhill.	0.65	»
Lanridge.	0.69	»

Newarthill.	—	Lanark.
Cleland *.	0.4	»
» *Coliery*	0.12	»
Omoa *.	2.29	»
Cleland.	2.68	»
Langbyres, n° 2.	3.	»
Drumbowie *.	3.54	»

| Omoa *. | — | Lanark. |
| » *Iron Works*. | 0.49 | » |

Holytown.	—	Lanark.
Wrangham.	0.53	»
Stevenston, *New Pit*.	0.72	»
» *Old Pit*.	1.15	»
Carfin.	1.34	»
Newarthill.	1.68	»
» *Cleland* *.	1.72	»
Omoa, *Iron Works*.	3.20	»
Windyedge, n° 4.	3.33	»
Bellside for Omoa *.	3.47	»
»	3.53	»
» *Quarry*.	4.11	»
Bowhouseboc ou Mossboc.	6.56	»
Dykehead of Shotts.	7.41	»

	M. A.	
Hawkwoodburn.	7.70	Lanark.
Shotts.	8.27	»
» *Iron Works*.	9.27	»
Benhar *.	10.72	»
Fauldhouse, *Pass*.	11.57	Linlithgow.
» *Goods*.	11.79	»
Mouldron *.	12.46	»
Levenseat.	13.6	»
Breich.	13.72	»
Woodmuir *.	15.29	«
Addiewell.	16.59	»
West Calder.	18.15	»
Hermand, *Oil Works*.	18.60	»
Limefield.	18.76	»
Newpark.	20.14	»
Oakbank.	22.54	»
Midcalder *	22.64	Edinburgh.
»	23.79	»
Camps, *Main Line* *.	24.69	»
Ravelrig *.	26.53	»
»	26.76	»
Currie Hill.	28.49	»
Baberton.	29.57	»
Kingsknowe.	31.7	»
Balerno *.	31.56	»
Slateford.	31.74	»
» *.	32.33	»
Coltbridge *.	33.32	»
Roseburn.	33.42	»
Craigleith.	34.53	»
Crew *.	35.26	»
Pilton, *West* *.	35.62	»
Breakwater *.	36.48	»
Granton.	36.58	»

Breakwater *.	—	Edinburgh.
» *Western*.	0.25	»

Pilton, *West* *.	—	Edinburgh.
» *East* *.	0.40	»
Newhaven.	1.50	»
Leith.	2.44	»

Crew *.	—	Edinburgh.
Pilton, *East* *.	0.43	»

Slateford *.	—	Edinburgh.
Dalry *.	1.8	»
Edinburgh, *Princes Street*	1.54	»

Dalry *.	—	Edinburgh.
Coltbridge *.	0.39	»

	M. A.	
Ravelrig *.	—	Edinburgh.
Balerno, *Pass*.	1.18	»
» *Branch* *.	1.25	»
Currichill.	2.32	»
Juniper Green.	3.50	»
Colinton.	4.57	»
Balerno *.	6.2	»

Balerno, *Branch*. *.	—	Edinburgh.
» *Goodds*.	0.21	»

Camps, *Main Line* *.	—	Edinburgh.
Burnhouse.	1.14	»
Camps *.	1.24	»
» *Raw*.	1.28	»

Midcalder *.	—	Edinburgh.
Burnbrae.	2.64	»
Harburn.	4.2	»
Cobbinshaw, *Gods*.	6.53	»
» *Pass*.	7.10	»
Tarbrax *.	7.36	Lanark.
Wilsonstown, *North* *.	9.34	»
» *South* *.	9.54	»
Auchengray.	10.21	»
Ampherlaw.	11.63	»
Carnwath.	14.43	»
Lampits.	15.21	»
Carstairs *.	15.68	»
»	16.14	»

Tarbrax *.	—	Lanark.
Woolfords.	0.24	»
Viewfield.	0.60	»
Tarbrax.	1.70	»

Wilsonstown, *North* *.	—	Lanark.
» *West* *.	0.19	»
Lower Haywood.	1.3	»
Lawhead *.	1.9	»
Haywood.	1.36	»
Tashieburn.	1.59	»
Cleugh, *Coliery*.	2.19	»
» *Upper*.	2.39	»
Wilsonstown, *Coliery*.	2.48	»
» *New Pit*.	2.64	»
»	2.74	»
Climpy.	3.73	»

Lawhead *.	—	Lanark.
Greenbank.	0.13	»
Lawhead, *Coliery*.	0.47	»
Cleugh, *Coliery n°* 2.	0.69	»
» *Lower*.	1.11	»

	M. A.	
Carstairs *.	—	Lanark.
Bankhead.	1.48	»
Newbigging.	4.9	»
Dunsyre.	8.14	»
Dolphinton.	10.59	»
» N.B.*.	10.73	»

Limefield.	—	Edinburgh.
Young's, *Pit n° 8*.	0.60	»
» n° 10.	0.67	»
West Calder, *Oil Works*.	1.3	»
Raeburn's Grange, *Siding*.	1.17	»
Stoneyburn.	3.61	»
Loganlee, *Coliery*.	3.79	»
Woodmuir *.	4.51	»
»	5.51	»

Mouldron *.	—	Linlithgow.
»		»

Benhar.	—	Lanark.
Caledonia, *Oil Works*.	0.66	Linlithgow.
Fauldhouse, *Pit*.	0.73	»
Polkemmet.	1.48	»
Starryshaw.	1.50	»
Harthill.	1.70	»

Cleghorn *.	—	Lanark.
» *Silvermuir South *.	0.21	»
Lanark, *Oil Works*.	1.57	»
» *Douglas East *.	1.58	»
» » *South *.	2.2	»
Sandilands.	4.78	»
Ponfeigh.	6.62	»
Douglas, *Coliery*.	7.22	»
»	8.67	»
Inches.	15.3	»
Glenbuck.	17.70	»
Ashieburn.	19.24	Ayr.
Auldhouseburn, *Iron Works*.	20.56	»
Muirkirk *.	20.78	»

Lanark, *Douglas East *.	—	Lanark.
» » *West *.	0.23	»
»	0.64	»

Lanark, *Douglas West *.	—	Lanark.
» » *South *.	0.22	»

	M. A.	
Symington.	—	Lanark.
Coulter.	1.75	»
Biggar.	3.30	»
Broughton.	8.1	Peebles.
Stobo.	12.38	»
Lyne.	15.75	»
Peebles.	19.3	»
» *.	19.7	»

Lockerbie *.	—	Dumfries.
Lochmaben.	4.13	»
Shieldhill.	7.60	»
Amisfield.	10.29	»
Locharbriggs.	11.77	»
Dumfries *.	13.27	»
»	13.44	»

Kirtlebridge *.	—	Dumfries.
Corsehill.	3.	»
Annan.	5.43	»
» *Shawhill *.	6.7	»
Bowness.	8.17	Cumberland.
Whitrigg.	11.17	»
Kirkbride *.	12.47	»
Abbey *.	15.77	»
Broomfield.	19.17	»
Brayton.	21.17	»

Castle-Douglas *.	—	Kirkcudbright.
Crossmichael.	3.49	»
Parton.	6.63	»
New Galloway.	8.72	»
Loch Skerrow.	12.68	»
Dromore.	16.72	»
Creetown.	21.40	»
Palnure.	24.46	»
Newton-Stewart.	27.68	Wigtown.
Kirkcowan.	34.7	»
Glenluce.	42.41	»
Dunragit.	45.67	»
Castle-Kennedy.	48.54	»
Stranraer *.	51.21	»
Colfin.	55.42	»
Portpatrick.	58.58	»
» *Harbour*.	59.15	»

Stranraer *.	—	Wigtown.
» *Harbour*.	0.55	»

Carlisle *.	—	Cumberland.
Port-Carlisle *.	0.40	»

Carlisle *.	—	Cumberland.
» *Citadel *.	0.56	»

	M. A.	
Greenock, *Cartsdyke*.	—	Renfrew.
» *Victoria Harbour*	0.25	»

Nitshill.		—	Renfrew.
Victoria Pit.		0.27	»

140. — Callander and Oban. (*Ecosse*.)

Exploité par le Caledonian.

DIRECTEURS :

Bolton, J. C., Esq., Représentant du Caledonian, Président.
Ainslie, D., Esq., Représentant du Caledonian, Président-Délégué.
Malcolm, J. W., Esq.
Macfie, R., Esq.
Campbell, F., Cap^{ne}.
Breadalbane, (Comte of).
Brown, H., Esq., Représentant du Caledonian.
Hozier, W. W., Esq., » »
Cowan, J., Esq., » »

BUREAUX A GLASGOW, 18, DUNDAS STREET :

Anderson, J., Secrétaire.
Blyth, Ingénieur à Edinburgh.
Cunningham, » »
Kerr, H., Auditeur.
Graham, J., »
Sheill, Solicitor, à Dundee.
Small, » »

141. — Calne. (*Angleterre*.)

Exploité par le Great Eastern.

DIRECTEURS :

Henly, Jun, H., Esq., Président.
Weaver, H., Esq.
Harris, T., Esq.
Dowding, W. J., Esq.
Woolley, J. J., Esq.

ADMINISTRATION A CALNE :

Clarkson, R., Secrétaire.
Spencer, J., Auditeur.
Hart, C., F., »
Ward., F. R., Solicitor.

142. — Calvados (*France*).

SIÉGE SOCIAL A PARIS, 34, RUE DE LA VICTOIRE.

M. Palluel, Chef d'Exploitation, à Orbec.

	Kil.	
Lisieux.	—	Calvados.
Glos.	3	»
Mesnil-Guillaume.	6	»
Saint-Martin de Mailloc.	8	»
Saint-Pierre de Mailloc.	10	»
Chapelle-Yvon.	13	»
Saint-Martin de Bienfaite.	15	»
Orbiquet.	»	»
Orbec.	19	»

143. — Cambrian (*Angleterre*).

DIRECTEURS :

Londonderry (Marquis of), Président.
Bolden, S. E., Esq. Président-Délégué.
Davies, D., Esq.
Fynney, F. A., Esq.
Gartside, H., Esq.
Herbert, R. C.
Johns, J. W., Esq.
Loxdale, G. H., Esq.
Mc. Andrew, W., Esq.
Pryce, R. D., Esq.,

DIRECTION A OSWESTRY :

Lewis, G., Secrétaire.
Cattle, H., Directeur du Trafic.
Owen, G., Ingénieur.
Walker, A., Chef de Traction.
Young, J., Auditeur.
Halliday, J., »
Corfield, H. C., Solicitor.
Conacker, J., Comptable.

	M. A.	
Whitchurch, *Pass*.	—	Shropshire.
» *	»	»
Fenn's Bank.	3	»
Bettisfield.	6 3/4	»
Welshampton.	7 3/4	»
Ellesmere.	11	»
Frankton.	13	»
Whittington.	16 1/2	»
Oswestry.	18 1/4	»
Llynclys *.	22 1/4	»
Pant.	23 1/4	»
Llanymynech *.	24 1/4	»

	M.	A.	
Four Crosses.	25	3/4	Montgomery.
Arddleen.	27	3/4	»
Pool, *Quay*.	29	1/4	»
Buttington.	31	1/4	»
Welshpool.	34		»
Forden.	38	1/4	»
Montgomery.	40	1/4	»
Abermule *.	43	3/4	»
Newtown.	47	3/4	»
Scafell Cutting.	49	1/2	»
Moat Lane *.	52	1/4	»
Caersws.	53	1/2	»
Pontdolgoch.	55		»
Carno.	59	1/4	»
Llanbrynmair.	64	3/4	»
Cemmes Road.	70		»
Machynlleth *.	75	1/4	»
Glan-Dovey *.	79		»
»	79	3/4	»
Ynys-Llas.	85	1/4	Cardigan.
Borth.	87	1/4	»
Llanfihangel.	89	3/4	»
Bow Street.	91	1/4	»
Aberystwith.	95	1/2	»

	M.	A.	
Machynlleth *.		—	Montgomery.
Derwenlas, *Crossing*.	2	1/2	»
Glan-Dovey *.	3	3/4	»
Aberdovey.	9	3/4	Merioneth.
Towyn.	13	1/2	»
Llwyngwril.	20		»
Barmouth *.	23	3/4	»
»	25	1/2	»
Dyffryn.	30	1/4	»
Pensarn.	33	1/4	»
Harlech.	35	3/4	»
Talsarnau.	39	1/4	»
Penrhyn-Deudreath.	41	1/4	»
Mynffordd.	42	1/2	»
Portmadoc.	44	3/4	Carnarvon.
Criccieth.	49	1/2	»
Afon Wen.	53		»
Pwllheli.	57		»

	M.	A.	
Moat Lane *.		—	Montgomery.
Llandinam.	2	1/4	»
Dolwen.	5		»
Llanidloes.	7	3/4	»

	M.	A.	
Barmouth *.		—	Merioneth.
Arthog.	1		»
Penmaen Pool.	5	1/2	»
Dolgelly.	7	3/4	»

	M.	A.	
Llanymynech *.		—	Montgomery.
Llansaintffraid.	3	1/2	»
Llanfechan.	5	1/2	»
Llanfyllin.	9		»

	M.	A.	
Abermule *.		—	Montgomery.
Kerry.	3	3/4	»

	M.	A.	
Llynclys *.		—	Shropshire.
Porth-Waen.	1	3/4	»

144. — Cannock Chase and Wolverhampton
(*Angleterre.*)

En construction.

DIRECTEURS :

Anglesey (Marquis of), Président.
Chawner, R. C., Esq.
Harrison, W. B., Esq.
Brown, J. W., Esq.
Manley, C., Esq.
Sir Elliot, G., Esq.

ADMINISTRATION A LONDRES, 23, GREAT GEORGE STREET, S. W :

Judd, R. R., Secrétaire.
Wainwright, H. M., Solicitor.
Mc. Clean, Ingénieur.
Stileman, »

145. — Cannock Chase Extension
(*Angleterre*).

En construction.

DIRECTEURS :

Anglesey (Marquis of), Président.
Tredcroft, E., Esq.
Landor, T., Esq.
Woodhouse, J. T., Esq.

146. — Canterbury and Herne Bay
(*Angleterre*).

En construction.

DIRECTEURS :

Slarke, W., Cap.
Godfrey, T., Esq.
Collard, J., Esq.

147. — Cardiff and Ogmore Valley
(*Angleterre*.)

En construction.

DIRECTEURS :

Paull, A. F., Esq., Président.
Brogden, H., Esq.
Brogden, A., Esq.

ADMINISTRATION A BRIDGEND (GLAMORGANSHIRE) :

Saunders, G. F., Secrétaire.
Szlumper, J.-W., Ingénieur à Aberystwyth.
Luard, Solicitor à Cardiff.
Shirley, » »
Fletcher, R., Auditeur.
Mackay, R., »

148. — Carignan à Messempré (*France*).

Exploité par l'Est Français.

149. — Carlisle and Silloth Bay (*Ecosse*).

Exploité par le North British.

DIRECTEURS :

Dixon, P. J., Esq., Président.
Carr, J. D., Esq.
Ferguson, R. S., Esq.
Ferguson, R., Esq.
Marshall, G. H., Esq.
Nelson, T., Esq.
Page, W. B., Esq.

ADMINISTRATION A CARLISLE :

Laver, J., Secrétaire.
Cartmel, I., Auditeur.
James, I., »
Nanson, Solicitor.
Clutterbuck, Solicitor.

150. — Carlshamn-Wislanda (*Suède*).

CONSEIL D'ADMINISTRATION A CARLSHAMN :

Meyer, E.
Stettershöm, S.
Lothigius, W.
Berg, C. G.
Landegren, S.
Filen, O., Ingénieur, Directeur du Trafic.

	M. S.	
Carlshamn.	—	Blekinge.
Asarum.	0.5	»
Svangsta.	1.1	»
Härnäs.	1.9	»
Hofmansbygd.	2.4	»
Ryd.	3.4	Smaland.
Alshult.	4.1	»
Ulfö.	4.8	»
Torne.	5.9	»
Grimslöf.	6.5	»
Wislanda.	7.3	»

151. — Carlskrona-Wexiö (*Suède*).

DIRECTEURS :

Wachtmeister, H.
Sunding, C. A.
v. Heidenstam, C. V.
Lind af Hageby, A. F.
Palander, F. A.
Lindaht, W.
Hansen, F.

SUPPLÉANTS :

Psarski, W.
Thorn, A.
Peterson, F.
Thörn, W.

Svensjon, C. E., Chef du Trafic à Carskrona.

	M. S.	
Carlskrona.	—	Blekinge.
Rodeby.	1.2	»
Spjutsbygd.	1.8	»
Holmsjö.	3.	»
Wissefjerda.	4.3	Kalmar.
Emmaboda.	5.3	»
Skruf.	6.4	Kronbergs.
Lessebo.	7.4	»
Hofmantorp.	8.3	»
Aryd.	9.4	»
Wexiö.	10.6	»

152. — Carmarthen and Cardigan.
(*Angleterre*).

DIRECTEURS :

Knight, J. M., Esq., Président.
Collum, R., Esq.
Tyler, G., Esq.
Ivimey, J., Esq.
Sewell, P. E., Esq.
Parsons, W., Esq.

ADMINISTRATION A LONDRES, 1, CROWN COURT, OLD
BROAD STREET, E. C. :

Gunning, H., Secrétaire.
Ivimey, H., Solicitor.

	M. A.	
Llandyssil.	—	Carmarthen.
Pencader *.	3.4	»
»	3.42	»
Llanpumpsaint.	8.40	»
Conwil.	11.44	»
Bronwydd Arms.	14.52	»
Abergwilly *.	16.52	»
Carmarthen.	17.62	»
» *.	18.42	»

153. — Carnforth and Wennington Joint
(*Angleterre*).

Exploité par le Midland.

154. — Carrickfergus and Larne
(*Irlande*).

Exploité par le Belfast and Northern Counties.

DIRECTEURS :

Lord Templetown, Président.
Sir Coey, E., Président-Délégué.
M'Neile, H. H., Esq.
M'Garel, C., Esq.
Sir Lanyon, C., Esq.
Casement, E. M. G., Esq.
Johnston, G. B., Esq.
Macaulay, J., Esq.
Valentine, W., Esq.
Agnew, J., Esq.
Chaine, J., Esq.
Ross, J., Esq.

ADMINISTRATION A BELFAST, YORK STREET :

Stewart, C., Secrétaire.
Smith, G., Auditeur.
Smiley, H. H., »
Torrens, J., Solicitor.

155. — Castleisland and Gortatlea
(*Irlande*).

DIRECTEURS :

Lord Ventry.
Lord Headley.
Hussey, S. M., Esq.
Chute, F. M., Esq.
Roche, jun, R., Esq.

	M. A.	
Castleisland.	—	Kerry.
Gortatlea.	4 1/2	»

156. — Ceinture de Paris. (*France*).

ADMINISTRATION A PARIS, 112, RUE SAINT-LAZARE

SYNDICAT :

Leroux, A., Président.
Vuitry.
Berthier.
Baude.
Blount.
Dufeu.
Rey de Foresta.
de Saint Didier (B^{on}).

COMITÉ D'EXPLOITATION :

Piérard, C., Directeur de la Cie de l'Ouest.
Delaître, Sous-Directeur   »
Marin, Ingénieur, Chef d'Exploitation de la Cie de l'Ouest.
Mathias, Ingénieur, Chef d'Exploitation de la Cie du Nord.
Jacqmin, Directeur de la Cie de l'Est.
Durbach, Ingénieur, Chef de l'Exploitation de la Cie de L'Est.
Bargmann, Directeur de l'Exploitation du Paris-Lyon-Méditerranée.
Bidermann, Chef d'Exploitation du Paris-Lyon-Méditerranée.
de Boulongne, Ingénieur de la Direction du Paris-Lyon-Méditerranée.
Didion, Délégué-Général de la Cie de Paris à Orléans.
Solacroup, Directeur de la Cie de Paris à Orléans.
Lemercier, Chef d'Exploitation   »

Chambolle, Secrétaire du Syndicat.

DIRECTION ET EXPLOITATION :

Mantion, Ingénieur en Chef des Travaux et de la Surveillance.
Gayrard, Ingénieur en Chef des Services.
Dubois, Ingénieur de la Voie.
Sohier, Inspecteur du Mouvement.
Rossignol, Chef de la Comptabilité.

	Kil.	
Paris, *Saint-Lazare*.	—	Seine.
Batignolles.	6	»
Courcelles-Levallois.	»	»
Neuilly, *Porte-Maillot*.	»	»
Avenue du Général Uhrich.	»	»
Passy.	7	»
Auteuil.	9	»
Point-du-Jour.	10	»
Grenelle.	11	»
Vaugirard-Issy.	12	»
Ouest de Ceinture.	13	»
Montrouge.	14	»

	Kil.	
La Glacière-Gentilly.	16	Seine.
Maison-Blanche.	17	»
Orléans-Ceinture.	19	»
La Rapée-Bercy.	20	»
Bel-Air.	21	»
Avenue de Vincennes.	22	»
Charonne.	24	»
Ménilmontant.	25	»
Belleville-Villette.	27	»
Pont-de-Flandre.	28	»
La Chapelle Saint-Denis.	30	»
Nord-Ceinture.	»	»
Boulevard Ornano.	31	»
Avenue Saint-Ouen.	32	»
» de Clichy.	33	»
Courcelles-Ceinture.	35	»

157. — Central de Moravie-Silésie.
(Autriche) (V.)

CONSEIL D'ADMINISTRATION A VIENNE :

v. Proskowetz, (chev.), E., Président.
Primavesi, M.
v. Bühler, E.
Luft, A.
Schroff, R.

DIRECTION GÉNÉRALE A VIENNE :

Nitzelberger, M., Secrétaire Général.
Rainoschek, O. M., Inspecteur et Secrétaire Adjoint.
Hablin, M., Caissier.
Stummer, L., Comptable.
Sinnek, J., Chef du Contrôle Commercial.
Ast, G., Chef du Bureau de la Construction.
Haluska, J., Inspecteur d'Exploitation à Jägerndorf.
Sedlacek, F., Ingénieur Adjoint à l'Inspecteur d'Exploitation.

	Kil.	
Olmütz, *Centrale*.	—	Mähren.
Gross-Wisternitz.	6.38	»
Marienthal.	10.858	»
Rombock.	14.946	»
Gross-Wasser.	19.416	»
Domstadl.	29.244	»
Bärn-Andersdorf.	36.194	»
Dittersdorf.	44.876	»
Kriegsdorf *.	56.396	»
Freudenthal.	64.284	»
Erbersdorf *.	73.29	»
Bransdorf.	79.951	»
Jägerndorf *.	87.2	»
Olbersdorf.	99.531	»
Röwesdorf.	103.192	»
Hennersdorf.	109.579	»
Frontière.	112.896	»

	Kil.	
Jägerndorf *.	—	Schlesien.
Strochowitz-Braunsdorf.	12.761	»
Troppau, *M. S.*	25.17	»
» *Nord.*	28.913	»

158. — Central de Poméranie.
(Allemagne.)

En construction.

CONSEIL D'ADMINISTRATION A BERLIN.

159. — Central Néerlandais.
(Pays-Bas.) (V.)

CONSEIL D'ADMINISTRATION A UTRECHT :

Cramerus, Président.
v. Hemert.
Cahen.
Van Lennep.
Van Naamen Van Eemnes.
Fontaine de Laveleye, } Membres du Comité de
de Laurencin, (Comte), } Paris,12,Place Vendôme.

DIRECTION A UTRECHT :

Van Lennep, Directeur.
Berg, Secrétaire.
Ris, Chef du Service Général.
Verhoesen, Chef de la Voie.
Conrad, Ingénieur-Mécanicien, Chef du Mouvement.
Van Beuningen, Chef du Service Commercial.
v. Gelder, Chef du Contrôle.

	Kil.	
Utrecht.	—	Utrecht.
de Bildt.	9	»
Soest.	16	»
Amersfoort.	22	»
Nijkerk.	32	Guelderland.
Putten.	40	»
Harderwijk.	49	»
Hulshorst.	55	»
Nunspeet.	61	»
Elburg-Epe.	70	»
Wezep.	79	»
Hattem.	83	»
Zwolle.	88	Overijssel.
Mastenbroek.	94	»
Kampen.	101	»

160. — Central Suédois.

DIRECTEURS A LONDRES, 103, CANNON STREET :

Bischoffsheim, H. L., Esq., Président.
Weguelin, C., Esq.
Wythes, G., Esq.
Longridge, J. A., Esq.

ADMINISTRATION :

Cutbill, W. J., Esq., Secrétaire à Londres.
de Lungo, U., Esq.,   »   »
Easton, J., Auditeur à Stockholm.
Linford, W. T., Auditeur à Londres.
Sharp, H. P., Solicitor   »

DIRECTION GÉNÉRALE A STOCKHOLM :

Walmsley Stanley, Esq., Directeur Général.

M. S.

Frövi.	—	Orebro.
Wedevag.	1.	»
Linde.	1.8	»
Gusselby.	2.3	»
Stora.	3.2	»
Wasselhyttan.	3.5	»
Rällsa.	4.1	»
Bangbro.	4.8	»
Kopparberg.	5.2	»
Stålldalen.	5.9	»
Ståilberg.	6.4	»
Hörken.	7.	»
Grängesberg.	7.5	Falun.
Björnhyttan.	»	»
Gonäs.	8.7	»
Ludvika.	9.2	»

161. — Central Suisse.

COMITÉ DE DIRECTION A BALE :

Köhelin-Brunner, Président.
Feer-Herzog, Vice-Président.

DIRECTION A BALE :

Sulger, Président.
Siegfried, Vice-Président.
Sailer.
Vischer.
Adam.

ADMINISTRATION A BALE :

Buris, Ingénieur en Chef de l'Exploitation.
v. Wurthenson, Ingénieur en Chef des Travaux.
Altorfer, Chef d'Exploitation.
Egger, Chef du Matériel, à Olten.
Weissenbach, Secrétaire Général.

	Kil.	
Bâle.	—	Bâle-Ville.
Muttenz.	5	Bâle-Campagne.
Pratteln.	10	»
Nieder-Schönthal.	12	»
Liestal.	14	»
Lausen.	19	»
Sissach.	22	»
Sommerau.	26	»
Läufelfingen.	31	»

	Kil.	
Olten *.	41	Soleure.
Dänikon.	46	»
Schönenwerth.	48	»
Aarau *.	53	Argovie.

Lucerne.	—	Lucerne.
die Emmenbrücke.	5	»
Rothenburg.	10	»
Sempach.	17	»
Nottwyl.	22	»
Sursee.	26	»
Wauwyl.	31	»
Nebiton.	36	»
Dagmersellen.	38	»
Reiden.	43	»
Zofingen.	48	Argovie.
Aarburg *.	53	»
Niederwyl.	58	»
Murgenthal.	63	Berne.
Roggwyl.	65	»
Langenthal.	70	»
Bützberg.	72	»
Herzogenbuchsee *.	77	»
Riedtwyl.	82	»
Wynigen.	87	»
Burgdorf.	94	»
Lyssach.	96	»
Hindelbanck.	101	»
Schönbühl.	106	»
Zollikofen.	111	»
Berne.	118	»
Ostermundingen.	123	»
Gümligen.	125	»
Rubigen.	130	»
Münsingen.	132	»
Wichtrach.	137	»
Kiesen.	140	»
Uttigen.	142	»
Thun.	147	»
Scherzlingen.	»	»
Därligen.	149	»

Olten *.	—	Soleure.
Aarburg *.	2	Argovie.

Biel.	—	Berne.
Pieterlen.	8	»
Grenchen.	12	Soleure.
Selzach.	17	»
Solothurn.	24	»
Derendingen.	27	»
Subingen.	29	»
Inkwyl.	36	Berne.
Herzogenbuchsee *.	39	»

	Kil.	
Aarau *.	—	Argovie.
Ruppersweil.	6	»
Lenzburg.	9	»
Hendschiken.	12	»
Dottikon et Dintikon.	15	»
Wohlen et Willmergen.	19	»
Boswyl.	26	»
Muri.	29	»

162. — Central Wales and Carmarthen Junction. (Angleterre.)

DIRECTEURS :

Borradaile, J., Esq., Président.
Kitson, J., Esq.
Grüning, H., Esq.
Goddard, J., Esq.
Dunn, J. B., Esq.

ADMINISTRATION : 113, CANNON STREET, LONDRES, E. C. :

Grundy, F., Directeur Général.
Hayter, C. J., Secrétaire.
Noyes, I. F., Solicitor.

	M. A.	
Abergwilly *.	—	Carmarthen.
»	0.55	»
White Mill.	2.30	»
Nantgaredig	4.13	»
Llanarthney.	6.57	»
Dryslwyn.	»	»
Golden Grove.	10.42	»
Llandilo Bridge.	13.3	»
» *.	13.25	»

163. — Charentes (France).

CONSEIL D'ADMINISTRATION :

* Lemercier (comte), A., Président.
* Firino, P., Premier Vice-Président.
  Cavaré, V., Deuxième   »
* Ardant, H.
* Bazaine, Administrateur Délégué de la Direct^{on}.
  Bonnet, A.
  Brian, C., Administrateur-Délégué et Secrétaire du Conseil et du Comité.
* Chevalier, E.
  d'Aygues-Vives (comte).
  Durrieu, H.
* Dupuy, J.
  Girod.
  Jenty, C.
  de Laguéronnière (vicomte).
  Sazerac de Forge, A.
  Le Comité d'Administration se compose des membres désignés par *.

Petit-Bergonz, Conseil Judiciaire.

Peyrusset, Secrétaire-Général.
Lombard, Chef du Service des Titres.
Richard, Ingénieur en Chef.
Lejeune, Chef d'Exploitation.
Vergnol, Chef du Contentieux.

EXPLOITATION A SAINTES :

Falguerolles, Ingénieur, Chef du Matériel et de la Traction.
Garcia, Ingénieur, Chef de l'Entretien et de la Surveillance de la Voie.
Rennes, Sous-Chef de l'Exploitation.

	Kil.	
La Roche s/Yon.	—	Vendée.
Nesmy.	9.1	»
Champ Saint-Père.	21.	»
La Bretonnière.	29.8	»
Luçon.	36.7	»
Nalliers.	47.3	»
Le Langon-Mouzeuil.	53.5	»
Velluire.	61.3	»
Vix.	65.2	»
L'Isle d'Elle.	73.8	»
Marans.	79.1	Charente-Inférieure.
Andilly Saint-Ouen.	87.1	»
Dompierre.	95.5	»
La Rochelle *.	103.7	»
Angoulins.	109.	»
Chatel-Aillon. H.	112.9	»
Saint-Laurent-Fouras.	124.2	»
Rochefort s/Mer, Gare.	132.1	»
» » Echange.	133.3	»
Charente (Tonnay).	138.5	»
Bords.	149.2	»
Saint-Savinien.	159.4	»
Taillebourg.	166.4	»
Saintes.	176.1	»
Chaniers.	182.6	»
Beillant *.	185.8	»
Brives-Chérac.	191.9	»
Le Pérat.	196.2	Charentes.
Cognac.	203.1	»
Gensac la Pallue.	209.9	»
Jarnac (Segonzac).	217.	»
Saint-Même.	220.8	»
Saint-Amant de Graves.	224.2	»
Châteauneuf.	230.2	»
Sireuil.	238.8	»
Nersac.	242.7	»
St-Michel s/Charente.	248.4	»
Angoulême *.	253.9	»

	Kil.	
Beillant *.	—	Charente-Inférieure.
Montils.	6.1	»
Pons.	14.6	»
Mosnac (Saint-Genis).	23.6	»
Jonzac.	34.	»
Fontaine-Ozillac.	42.	»
Turegas-Chartuzac.	46.5	»
Montendre.	54.8	»
Bussac.	62.9	»
Saint-Mariens *.	72.4	Gironde.
Saint-Savin de Blaye.	78.2	»
St-Christoly St-Gérons.	84.3	»
Cars Saint-Paul.	92.6	»
Blaye.	97.8	»
Saint-Mariens *.	—	Gironde.
Cavignac.	3.9	»
Marcenais.	9.3	»
Maransin.	13.2	»
Guitres.	22.1	»
Le Barreau. H.	26.2	»
Coutras.	28.8	»
Angoulême *.	—	Charentes.
Ruelle.	6.2	»
Magnac-Touvre.	9.3	»
Le Quéroy.	15.4	»
La Rochefoucauld.	28.	»
Chasseneuil.	39.6	»
Fontafie.	48.9	»
Roumazières.	52.6	»
Exideuil s/Vienne.	60.6	»
Chabanais.	65.	»
Saillat.	73.2	Haute-Vienne.
Saint-Junin.	81.	»
Saint-Victurnien.	90.1	»
Verneuil.	100.7	»
Aixe s/Vienne.	107.2	»
Limoges, *Ville*.	117.8	»
» *Puy Imbert*.	121.2	»
La Rochelle, *Charente* *.	—	Charente-Inférieure.
» Orléans.	0.8	»
Barbezieux.	—	Charentes.
Viville.	7	»
Chadeuil. H.	9	»
Malaville.	12	»
Châteauneuf *.	19	»
Bordeaux.	—	Gironde.
La Sonys. H.	2.097	»
Bouliac. H.	5.337	»
La Tresne.	7.911	»
Citon-Cénac.	10.776	»
Liguan.	14.658	»
Sadirac.	17.190	»
Créon.	22.025	»
La Sauve.	26.385	»

164. — Charles-Louis de Galicie
(Autriche). (**V.**)

CONSEIL D'ADMINISTRATION :

Jablonowski (prince), C., Président.
Stummer v. Traunfels (chev.), J. Vice-Président.
Krasicki (Comte), C.
Borkowski (Comte), W.
Dobler (Chev.), M.
Dzieduszycki (Comte), C.
Hasner v. Artha (chev.), L.
v. Höfken, (Chev.) G.
v. Krainski, (Chev.) M.
Mises, A. O.
Neumann, L.
Poninski, (Prince) C.
v. Pfeiffer, (Chev.) J. M.
v. Simbschen, (Vicomte) A.
v. Todesco, (Bon) E.
Weissel, J.
Wodzicki, (Comte) H.
Wodzicki, (Comte) L.

DIRECTION GÉNÉRALE A VIENNE :

Sochor v. Friedrichsthal (Chev), Directeur Général.
v. Ostheim (Chev.), A., Administrateur-Directeur.
Miller, A., Secrétaire.
Czerwenka, F., Inspecteur Principal du Contrôle des Recettes.
Krämer, E., Attaché à la Comptabilité Centrale.
Klimke, G.   »   »   »
Arlet, A., Caissier.
Keltscha, L., Comptable.
Lewicki, D. A., Inspecteur du Bureau Commercial.
Luschka, M., Inspecteur de Traction.
Hüller, E., Inspecteur de l'Entretien des Voies.
Sladkowski, W., Inspecteur Central d'Exploitation.
Zawadil, F., Inspecteur Principal du Contrôle du Matériel.
Woyer, R., Inspecteur Principal du Contrôle de Sortie.

DIRECTION D'EXPLOITATION A LEMBERG :

Ursprung, A., Directeur.
Müllbauer, J., Chef du Bureau Principal.
Yirasch, A., Inspecteur.
Pöch, A., Inspecteur de la Voie.
Göbel, C.,   »   »
Ressig, A., Inspecteur de Traction.
Koblizek, W., Inspecteur des Télégraphes.
Erdt, F., Chef du Matériel.
Lipp, A., Inspecteur du Bureau Commercial.
Ruziczka, F., Chef du Bureau des Réclamations.
Petzold, A., Inspecteur du Contrôle des Recettes.
Czerszyk, J., Caissier.

	Kil.	
Krakau.	—	Galizien.
Bierzanow *.	8.397	»
Podleze *.	18.346	»
Klay. H.	28.122	»
Bochnia.	37.987	»
Slotwina.	50.91	»
Biadoliny. H.	60.91	»
Bogumilowice.	69.91	»
Tarnow.	77.398	»
Wola Rzedzinska.	85.414	»
Walki. H.	91.94	»
Czarna.	98.821	»
Dembica.	110.603	»
Ropczyce.	123.668	»
Sedziszow.	131.769	»
Trzciana.	142.911	»
Rudna-Wielka.	150.255	»
Rzeszow.	157.501	»
Strazow.	166.076	»
Lancut.	174.28	»
Rogozno.	184.048	»
Przeworsk.	194.236	»
Pelkinie.	202.938	»
Jaroslaw.	209.396	»
Radymno.	223.049	»
Zurawica. H.	237.608	»
Przemysl.	244.253	»
Medyka.	256.986	»
Mosciska.	264.606	»
Horosnika. H.	271.258	»
Sadowa-Wisznia.	290.548	»
Rodatycze.	299.82	»
Grodek.	309.46	»
Kamienobrod. H.	314.896	»
Mszana.	325.59	»
Lemberg.	341.826	»
» Podzamkiem.	348.38	»
Barszczowice.	365.248	»
Zadwórze.	378.972	»
Kulkorz. H.	»	»
Krasne *.	392.27	»
Ozydow.	408.473	»
Zablotce.	421.762	»
Brody.	434.562	»

Krasne *.	—	Galizien.
Kniaze. H.	15.899	»
Zloczow.	25.47	»
Pluchow. H.	41.085	»
Zborow.	47.443	»
Jezierna.	64.162	»
Hluboczeck-Wielki. H.	80.624	»
Tarnopol.	89.514	»
Borki-Wielkie.	103.516	»
Maxymowka. H.	120.133	»
Bogdanowka (Ka-mionka).	131.19	»
Podwoloczyska.	144.115	»

	Kil.	
Bierzanow *.	—	Galizien.
Wieliczka.	4.534	»
Podleze *.	—	Galizien.
Niepolomice.	5.15	»

165. — Charmes à Rambervillers.
(*France.*)

Exploité par l'Est Français.

166. — Charnwood Forest. (*Angleterre.*)

En construction.

DIRECTEURS :

Shield, M., Esq., Président.
Mowbray, G. T., Major.
Scott, J. J. F., Esq.
Humphreys, H., Esq.
Vaughan, G. L., Esq.
Hughes, H., Esq.
Warner, E. H., Esq.

ADMINISTRATION A LOUGHBOROUGH, 9,
DEVONSHIRE SQUARE :

Carroll, T., Secrétaire.
Bruff, W. F., Ingénieur.
Wells Owen, G., »
Harper, W. et Goode, W. W., Solicitors.

167. — Chauny à St-Gobain. (*France.*)

CONSEIL D'ADMINISTRATION :

de Broglie (Duc), Président.
Chevandier de Valdrome, Vice-Président.
Fremy, Vice-Président.
Boutron.
Gérard, A.
Meurinne.
Mercier, (B^{on}).
Desrousseaux.
Duparc.
de Kersaint, (Vte).
Hély d'Oissel, P.
de Fresne.

ADMINISTRATION A PARIS, 313, RUE ST-DENIS :

Biver, H., Directeur Général.
Watier, Chef d'Exploitation à St-Gobain.

	Kil.	
Chauny.	—	Aisne.
Sinceny.	6	»
Rond d'Orléans.	7	»
Barisis.	10	»
St-Gobain.	15	»

168. — Chemnitz-Aue-Adorf.
(Allemagne.) (**V.**)

CONSEIL D'ADMINISTRATION A DRESDE, 66,
BERGSTRASSE :

Alexander, J., Président.
Lengnick, Vice-Président.
Simon.
Bein.
Keller.
v. Querfurth.
Leuthold.
Beckh.
Zschille.
Oelsner.
Penzig.
v. Craushaar, Commissaire du Gouvernement.

DIRECTION A DRESDE :

Schickert, Directeur.
Zschille, Membre.

Hättasch, Ingénieur en Chef.
Hunte, Directeur d'Exploitation à Chemnitz.
Baumann, Ingénieur de Division, à Chemnitz.
Weber, » » Schöneck.
Kraft, Inspecteur.
Wittmann, Contrôleur Principal.
Thieme, Caissier Principal.
Baumgart, Inspecteur d'Exploitation à Chemnitz.

	M. E.	
Chemnitz.	—	Zwickau.
Einsiedel.	1.1	»
Dittersdorf. H	1.4	»
Burkhardtsdorf.	2.3	»
Thalheim.	3.2	»
Dorf-Chemnitz. H.	3.8	»
Zwönitz.	4.6	»
Lössnitz.	5.3	»
Aue.	6.5	»
Bockau.	7.6	»
Unterblauenthal.	8.1	»
Wolfsgrün.	8.5	»
Eibenstock.	8.9	»
Schönheiderhammer.	9.2	»
Wilzschhaus.	9.9	»
Rautenkranz.	10.3	»
Jägersgrün.	10.6	»
Hammerbrück.	11.4	»
Schöneck.	12.5	»
Zwota *.	13.2	»
Markneukirchen.	14.5	»
Adorf.	14.8	»

Zwota *.	—	Zwickau.
Klingenthal.	8.2	»

169. — Chemnitz-Komotau *(Allemagne)* (**V.**)

CONSEIL D'ADMINISTRATION :

Alexander, J., Président.
Hauschild, M., Vice-Président.
Kistel.
Dobberke, C. F.
Grote.
v. Herder, W.
Germann, B.
Baer, M.
Röbbelen, F.

DIRECTION A DRESDE, 24, MARIENSTRASSE :

Palm, H., Directeur.
Ackermann, G., Syndic.
v. Finckh, A., Inspecteur Principal d'Exploitation,
Adjoint au Directeur.
Le Mang, R., Chef du Trafic.
Weber, R., Chef de Traction.
Lotze, B., Contrôleur-Comptable.
Steinmann, A. H. W., Caissier.

	Kil.	
Floha.	—	Zwickau.
Hohenfichte. H.	8.7	»
Leubsdorf. H.	11.7	»
Grünhaynichen.	15.3	»
Reifland. H.	20.8	»
Rauenstein. H.	22.	»
Pockau-Lengefeld *.	26.7	»
Zöblitz.	33.9	»
Marienberg.	39.	»
Gelobt-Land. H.	48.	»
Reitzenhain.	56.5	»
(Frontière).	58.	»

Pockau-Lengefeld *.	—	Zwickau.
Blumenau.	5.7	»
Olbernhau.	10.6	»

170. — Chemnitz-Wurschnitz *(Allemagne)*

Exploité par l'Etat Saxon.

CONSEIL D'ADMINISTRATION :

Kunath.
Heydenreich.

171. — Cheshire Joint Lines *(Angleterre)*

DIRECTEURS :

Cropper, J. W., Esq., Midland Railway.
Ellis, E. S., Esq., »
Kenrick, T., Esq., »
Faber, C. W., Esq., Great Northern Railway.
Denison, C. B., Esq.,
Tennant, R., Esq., »

— 71 —

Fenton, W., Esq., | Manchester Sheffield and
Turner, G., Esq., | Lincolnshire Railway.
Sir Watkin, E. W. |

ADMINISTRATION A LIVERPOOL:

English, W., Directeur.
Ross, E., Secrétaire, à Manchester.
Scott, W. G., Ingénieur.
Walker, R. R., Comptable.

	M. A.	
Manchester, Cornbrook *.	—	Lancashire.
Urmston.	3.66	»
Flixton.	5.7	»
Irlam.	7.18	»
Glazebrook *.	8.3	»
»	8.35	»
Padgate.	12.59	»
Warrington, Central.	14.42	»
Sankey.	17.6	»
Farnworth.	20.49	»
Hough Green.	22.32	»
Halewood.	24.39	»
Hunts Cross.	25.66	»
» Cross *.	26.52	»
Garston.	27.35	»
Cressington Park *.	28.11	»
» »	28.17	»
Mersey Road.	28.78	»
Otter's Pool.	29.34	»
St Michael's.	20.26	»
Liverpool, Egerton Street *.	31.31	»
Liverpool, St James Street.	32.14	»
Liverpool, Central.	32.76	»

Woodley, Apethorne *.	—	Cheshire.
Godley.	2.16	»
» *	2.24	»

Woodley *.	—	Cheshire.
Bredbury *.	1.9	Lancashire.
Brinnington *.	2.29	»
Stockport, Teviot Dale.	3.4	»
» Wellington *.	3.52	»
Cheadle.	5.42	»
Northenden *.	6.69	Cheshire.
»	7.3	»
Baguley.	9.23	»
» Skelton *.	10.29	»
Timperley *.	10.34	»
West Timperley.	11.11	»
Partington.	14.8	»
Cadishead.	15.3	Lancashire.
Glazebrook *.	15.53	»

	M. A.	
Stockport, George's Road Goods.	—	Lancashire.
Stockport, Wellington *.	0.10	»
» » Road Goods.	0.30	»

Timperley, Skelton *.	—	Cheshire.
» Broadheath *.	0.43	»

Liverpool, Egerton Str. *.	—	Lancashire.
» Brunswick Str.	0.27	»

Cressington, Park *.	—	Lancashire.
» Pass *.	0.30	»

Altrincham *.	—	Cheshire.
Bowdon Peel Causeway.	0.53	»
Ashley.	2.24	»
Mobberley.	4.12	»
Knutsford.	6.60	»
Plumbley.	9.35	»
Lostock Gralam.	11.35	»
Northwich, Pass.	12.66	»
» *	12.70	»
Hartford and Greenbank *.	14.31	»
» »	14.45	»
» *.	15.28	»
Cuddington.	17.32	»
» *.	18.3	»
Delamere.	20.28	»
Mouldsworth.	23.20	»
» *.	23.22	»
Tarvin.	26.9	»
Mickle Trafford.	27.42	»
Chester, Boundary.	31.1	»

Mickle Trafford *.	—	Cheshire.
» »	0.15	»

Mouldsworth *.	—	Cheshire.
Manley *.	0.78	»
»	1.18	»
Helsby and Alvanley *.	3.2	»
» » Pass.	3.32	»
» *.	4.20	»

Manley *.	—	Cheshire.
» Quarry.	0.20	»

Helsby and Alvanley *.	—	Cheshire.
» » Goods	0.12	»

Cuddington *.	—	Cheshire.
Whitegate.	2.70	»
Winsford and Over.	6.2	»

	M. A.	
Hartford and Greenbank *.	—	Cheshire.
Northwich, *Winnington* and *Anderson*.	1.70	»
Northwich *.	—	Cheshire.
» *Goods*.	0.18	»
Northwich *.	—	Cheshire.
» *Salt Br. n° 3.*	0.65	»
Northwich *.	—	Cheshire.
» *Verdin's Works.*	1.36	»
Northwich *.	—	Cheshire.
» *Fletchers Works.*	1.15	»
» *Hayes Rock Pits.*	1.58	»

172. — Chester and Holyhead (*Angleterre*).

Exploité par le London and North Western.

173. — Chichester and Midhurst
(*Angleterre*).

En construction.

174. — Chimay (*Belgique*).

SIÉGE SOCIAL A BRUXELLES, 85, RUE DUCALE ET A CHIMAY.

CONSEIL D'ADMINISTRATION :
de Chimay (Prince), Président.
Bellefroid, V., Vice-Président.
Licot de Nismes, A.
Prudent.
Eloin.
Prud'homme.
Designy, A.

DIRECTION A CHIMAY :
Gellé, E., Directeur.
Heusghem, Inspecteur du Mouvement.
Lefebvre, Chef de Comptabilité et du Contrôle.
Berlingin, Chef du Service de la Voie.
Brognet, Agent Commercial.

	Kil.	
Hastières-Lavaux.	—	Namur.
Heer-Agimont.	7.062	»
Doische.	10.985	»
Romerée *.	16.429	»
Matagne-la-Petite.	19.139	»
Matagne-la-Grande.	21.134	»
Mariembourg.	29.039	»
Boussut-en-Fagne.	33.475	»
Aublain.	38.707	»
Lompret.	40.257	Hainaut.

	Kil.	
Chimay.	45.248	Hainaut.
Villers-la-Tour.	50.043	»
Momignies.	58.099	»
(*Frontière*).	59.632	»
Anor.	65.531	France.
Romerée *.	—	Namur.
Romedenne.	»	»

175. — Christiania-Drammen, (*Norwège.*)

Voir Drammen-Randsfjörd.

176.—Christiania-Eidsvold, Kongsvinger.
(*Norwège.*)

CONSEIL D'ADMINISTRATION :
Jensen, C., Président.
Graah, K.
Heiberg, A.
Sir Browe, J.,   } Représentants des actionnaires
Homann, H.,   } privilégiés.
Sept-Browe,   }

DIRECTION A CHRISTIANIA :

A. — Ligne Christiania-Eidsvold :
Engelstad, J., Secrétaire, Chef du Trafic et Ingénieur de la Voie.
Hoff, L. E., Ingénieur du Matériel.

B. — Ligne Kongsvinger-Lillesfröm :
Engelstad, J., Secrétaire et Chef du Trafic.
Torp, Ingénieur de la Voie.
Hoff, L. E., Ingénieur du Matériel.

C. — Hamar-Aamot :
Engelstad, J., Secrétaire.
Mellbye, C., Chef du Trafic, Ingénieur de la Voie et du Matériel, à Hamar.

	M. N.	
Christiania.	—	Christiania.
Bryn.	0.3	Akershus.
Grorud.	0.9	»
Strömmen.	1.6	»
Lillesfröm *.	1.8	»
Leersund.	2.4	»
Frogner.	2.6	»
Klöften.	3.2	»
Trögstad.	3.9	»
Dahl.	5.1	»
Eidsvold.	6.	»

	M. N.	
Lillestrôm *.	—	Akershus.
Fetsund.	0.7	»
Blakjer.	1.9	»
Haga.	2.5	»
Aarnæs.	3.3	»
Sæterstoen.	4.1	»
Skarnæs.	5.2	Hedemarken.
Sander.	5.9	»
Kongsvinger.	7.	»
Aabogen.	8.	»
Eidsskog.	8.9	»
Magnor.	9.9	»
(*Frontière Suédoise*).	10.2	»

Hamar.		— Hedemarken.
Aker.	0.3	»
Hjellum.	0.4	»
Ilseng.	0.8	»
Hörsand.	1.1	»
Loken.	1.3	»
Berg.	1.6	»
Elverun.	2.8	»
Grundset.	3.4	»
Oksna.	4.	»
Aaska.	5.1	»
Rena.	5.7	»
Stenvigen.	7.9	»
Ophuss.	8.7	»
Stai.	10.9	»
Koppang.	11.7	»

177. — Christiania à Frederikshald et à la frontière Suédoise. (*Norvège*).

En construction.

178. — City of Glasgow Union Joint.
(*Ecosse.*)

Exploité par le North British et le Glasgow and South Western.

DIRECTEURS :

Sir Lumsden, J., Glasgow and South Western.
Clouston, P., Esq., » »
Rodger, J., Esq., » »
Barclay, R., Esq., » »
Young, R., Esq., North British.
Harvie, A., Esq., »
Stirling, J., Esq., »
Grierson, H., Esq., »

ADMINISTRATION A GLASGOW, 54, DUNLOP STREET :

Wood, J. G., Secrétaire et Directeur.
Fowler, J., Blair, J. F., et Crouch, W., Ingénieurs.

M'Grigor, Donald & C°, Solicitor.
Kerr, H. et Robertson, L., Auditeurs.

179. — Ciudad-Real à Badajoz y Almorchon-Belmez. (*Espagne.*)

CONSEIL D'ADMINISTRATION :

Martinez, M. A., Président.
* Lavaurs, J. F., Vice-Président.
Lascoiti, V. F.
Blin, E.
Alcázar, S.
* Lebeuf de Montgermont, A.
de Ibarrola, A.
* Ducros, J.
* Boisacq, A.
* Fontaine de Laveleye, L.
* de Laurencin, (Cte)
Canalejas y Casas, J.
* Lavaurs, R.

COMITÉ DE PARIS, 12, PLACE VENDÔME :

Les membres faisant partie de ce Comité, sont ceux ci-dessus désignés par *.

ADMINISTRATION A MADRID, 8, PLAZA DEL ANGEL :

Cartier, Chef de la Comptabilité.

		Kil.	
Ciudad-Real.		—	Ciudad-Real.
Canada y Caracuel.		16	»
Caracuel. H.		24	»
Argamasilla.		33	»
Puertollano.		39	»
Veredas.		58	»
Caracollera.		73	»
Almadenejos.		98	»
Almaden.		114	»
Belalcázar.		134	Cordoba.
Cabeza del Buey.		147	Badajoz.
Almorchon *.		156	»
Castuera.		180	»
Campanario.		199	»
Magacela.		209	»
Villanueva de la Serena.		218	»
don Benito.		224	»
Medellin.		234	»
Guarena.		249	»
Villagonzalo.		256	»
La Zarza. H.		260	»
don Alvaro.		264	»
Mérida.		277	»
Garrovilla.		290	»
Montijo.		300	»
Talavera.		348	»
Badajoz.		336	»

	Kil.	
Almorchon *.	—	Badajoz.
Zujar.	20	»
Valsequillo.	40	Cordoba.
Penarroya.	57	»
Belmez.	64	»

180. — Cleator and Furness. (Angleterre.)

Exploité par le Whitehaven, Cleator and Egremont.

181. — Clermont à Tulle. (France.)

En construction.

CONSEIL D'ADMINISTRATION A PARIS, 55, RUE DE LA CHAUSSÉE D'ANTIN.

Rostand, A., Président.
Narjot de Toucy.
Sakakini, J.
Mazarin, (De N.).
Peghoux, A.
Roux, H.
Lemaître, A., Secrétaire Général.
Ducrey, Censeur.

182. — Cleveland Extension Minerals. (Angleterre.)

En construction.

DIRECTEURS :

Richardson, D., Esq.
Dodds, J., Esq.
Robinson, J., Esq.
Graham, P., Esq.

183. — Cockermouth, Keswick and Penrith. (Angleterre.)

DIRECTEURS :

Fletcher, I., Esq., Président.
Jameson, J., Esq., Vice-Président.
Gandy, H., Cap.
Lowthian, I., Esq.
Wyndham, P.
Harrison, W.
Spedding, J., Esq.
Mc. Gasson, W., Esq.
Hodgson, N., Esq., } Représentants du London
Thompson, A. G., } & North Western.
(Major)
Pease, H., Esq., Représentant du North Eastern.
Wilson, I., Esq., » »

DIRECTION A KESWICK :

Thompson, P., Secrétaire et Directeur.
Wood, J., Ingénieur.
Wales, J., Comptable.
Crosthwaite, F. et Altham, T., Auditeurs.
Waugh, E., Solicitor.

	M.	A.	
Penrith.	—		Cumberland.
» *.	»		»
» Redhills *.	»		»
Blencow.	3.53		»
Penruddock.	7.54		»
Troutbeck.	9.75		»
Threlkeld.	14.54		»
Keswick.	18.12		»
Braithwaite.	20.48		»
Bassenthwaite Lake.	25.45		»
Embleton.	27.70		»
Cockermouth.	30.52		»

184. — Colchester, Stour Valley, Sudbury and Halstead (Angleterre).

Exploité par le Great Eastern.

DIRECTEURS :

Hawkins, C. H., Esq., Président.
Quilter, W., Esq.
L'Estrange Ewen, T., Esq.
Wythes, G., Esq.

ADMINISTRATION A COLCHESTER, CHURCH LANE :

Philbrick, F. B., Secrétaire.
Ward, J. et Fenton, C. F., Auditeurs.

185. — Coleford (Angleterre).

En construction.

DIRECTEURS :

Sir Gooch, D., Représentant du Great Western, Président.
Sir Wood, C. A., Représentant du Great Western.
Wanklyn, E., Esq., » »

186. — Coleford, Monmouth, Usk and Pontypool. (Angleterre).

Exploité par le Great Western.

DIRECTEURS :

Brown, T., Esq., Président.
Gratrex, T., Esq., Président-Délégué.

Cave, G., Esq.
Relph, G. R. Q., Esq.
Holland, T., Esq.
Wyatt, O. A., Esq.

Gustard, H. S., Secrétaire et Solicitor à Usk.

187. — Colnbrook *(Angleterre)*.

Exploité par le Great Western et le London and South Western.

DIRECTEURS :

Barlow, C. E., Esq.
Hale, M., Esq.
Hemingway, E. V., Esq.
Ibotson, jun. P. G., Esq.
Smith, J. S., Esq.
Robinson, J. F. H., Esq.

Jordan et Marriet, Solicitors.

188. — Colne Valley and Halstead *(Angleterre)*.

DIRECTEURS :

Brewster, J., Esq., Président.
Hanam, R., Esq.
Payne, F., Esq.
Tweedy, H., Esq.

DIRECTION A HALSTEAD (ESSEX) ET LONDRES, S. W. 6, VICTORIA STREET :

Watt, R. J., Directeur Général, à Halstead.
Bailey, W. G., Secrétaire, à Londres.
Theobald, J. W. et Cardinall, D. E., Auditeurs.
Baxter and Cº, Solicitors.
Mayhew, Salmon et Whiting, Solicitors.

	M.	A.	
Chappel.	—	—	Essex.
Colne.	2	.	»
Halstead.	. 6		»
Sible et Castle Hedingham	9	1/4	»
Yeldham.	12		»
Birdbrook.	16	1/4	»
Haverhill.	19		Suffolk.

189. — Cologne-Minden *(Allemagne)*. (**V.**)

CONSEIL D'ADMINISTRATION :

Bachem, Président.
v. Oppenheim, (Bᵒⁿ) S., Vice-Président.
Baum.
Bluhme.
Böninger.
Pfarrius.
v. Rath, G.
Wortmann.
Hartmann.
Rafchdorff.
Schnikler, E.
v. Wittgenftein, F.
Deichmann, T.
Mayer.
v. Rath, C.
Rautenftrauch.
Seydlitz, J.
v. Wintzingerode, (Bᵒⁿ).

CONSEIL DE DIRECTION :

Oppenheim, D., Président.
Haehner.
Kühlwetter.
v. Noftitz.
Offermann.
Joeft.
Matzerath.

DIRECTION A COLOGNE :

Baasel, Directeur Spécial.
Funk, Directeur des Voies et Travaux.
Lohse, Directeur de l'Exploitation.
Mellin,   »   »
Marschall, Inspecteur Principal du Trafic.
Girscher, Chef Principal de la Traction, à Dortmund.
Sürlh, Chef du Contrôle des Wagons, à Dortmund.

	Kil.	
Hamburg.	—	Hamburg.
Harburg a/Elbe.	10.9	Hannover.
Hittfeld.	19.6	»
Buchholz.	31.1	»
Tostedt.	42.6	»
Lauenbrück.	56.5	»
Scheessel.	62.4	»
Rotenburg.	71.9	»
Sottrum.	81.3	»
Ottersberg.	89.2	»
Sagehorn.	96.7	Bremen.
Ober-Neuland.	102.9	»
Bremen.	113.8	»
Hemelingen.	119.4	Hannover.
Kirchweyhe *.	128.3	»

	Kil.	
Syke.	136.3	Hannover.
Bassum.	146.	»
Twistringen.	154.9	»
Barnstorf.	168.	»
Drebber.	174.8	»
Diepholz.	182.4	»
Lemforde.	198.8	»
Bohmte.	210.6	»
Verthe.	224.3	»
Osnabrück.	234.7	»
Hassbergen.	243.6	Münster!
Lengerich.	253.9	»
Kattenfenne.	261.6	»
Westbevern.	273.9	»
Münster.	284.9	»
Appelhülsen.	302.4	»
Dulmen.	314.5	»
Haltern *.	326.7	»
Recklinghausen.	342.1	»
Wanne *.	352.7	»
Gelsenkirchen.	357.8	Arnsberg.
Altenessen.	364.8	Düsseldorf.
Berge-Borbeck.	367.	»
Oberhausen *.	376.1	»
Duisburg.	383.7	»
Grossenbaum. H.	390.2	»
Calcum.	397.7	»
Düsseldorf.	408.4	»
Benrath.	418.5	»
Langenfeld.	426.7	»
Kuppersteg.	433.6	»
Mulheim a/Rhein.	443.	Cöln.
Deutz *.	446.9	»
Deutz-Feld.	448.4	»
Wahn.	459.7	»
Troisdorf.	467.	»
Siegburg.	471.2	»
Hennef.	477.7	»
Eitorf.	489.9	»
Herchen.	496.7	»
Schladern.	505.2	»
Au.	511.7	»
Wissen.	518.2	»
Niederhövels.	522.3	»
Betzdorf.	529.9	Coblenz.
Herdorf.	536.8	»
Neunkirchen.	540.8	»
Burbach.	547.8	»
Haiger.	565.1	Wiesbaden.
Dillenburg.	574.9	»
Herborn.	577.5	»
Sinn.	584.8	»
Ehringshausen.	590.4	Coblenz.
Wetzlaer.	600.4	»
Giessen.	612.8	Oberhessische.

	Kil.	
Minden.	—	Minden.
Porta.	5.3	»
Bad-Oeynhausen.	15.1	»
Lohne.	20.9	»
Herford.	31.3	»
Bielefeld.	45.1	»
Brackwede.	49.5	»
Gutersloh.	62.8	»
Rheda.	71.5	»
Oelde.	82.	Münster.
Beckum.	90.8	»
Ahlen.	100.6	»
Hamm.	112.4	Arnsberg.
Camen.	127.1	»
Courl. H.	132.7	»
Dortmund *.	143.	»
Mengede.	152.1	»
Castrop *.	157.3	»
Herne.	164.2	»
Wanne *.	168.4	»
Schalke.	174.4	Düsseldorf.
Horst.	179.9	»
Bottrop.	184.1	»
Osterfeld.	189.	»
Sterkrade *.	192.4	»
Neumuhl.	207.2	»
Ruhrort, *Hafen*.	213.2	»

	Kil.	
Emmerich.	—	Düsseldorf.
Empel.	12.2	»
Mehrhoog.	21.7	»
Wesel *.	34.2	»
Dinslaken.	46.8	»
Sterkrade *.	56.6	»
Oberhausen *.	60.8	»
Meiderich. H.	65.9	»

Cöln.	—	Cöln.
Deutz *.	»	»

Betzdorf *.	—	Coblenz.
Kirchen.	2.4	»
Brachbach.	8.	»
Niederschelden.	10.6	»
Siegen.	17.	»

Castrop *.	—	Arnsberg.
Marten	»	»
Dortmund *.	»	»

Sagehorn.	—	Bremen.
Kirchweyhe *.	17.2	Hannover.

Sterkrade *.	—	Düsseldorf.
Neumühl. H.	»	»
Ruhrort.	»	»

	Kil.	
Venlo.	—	Limbourg-Hollandais.
Straelen.	11.3	»
Geldern.	21.3	Hannover.
Issum. H.	27.6	»
Menzelen. H.	37.2	»
Wesel *.	49.2	»
Peddenberg.	57.7	»
Schermbeck.	66.3	»
Dorsten.	73.3	»
Haltern *.	90.3	»

190. — Compiègne à Pierrefonds (France.)

En construction.

191. — Cordoba à Belmez. (Espagne.)

CONSEIL D'ADMINISTRATION :

Soler y Perez, F., Président.
de Peracamps (Cte), Vice-Président.
Parino, J. M.
Luzaró, M. P.
Garcia, J. G.
Pedroso, F. M.
Pinedo, J. D.
de Borrell, J. J.

DIRECTION A MALAGA :

Alonso, J., Directeur Gérant.
Carles y Ortiz, A., Secrétaire.
Loring, J., Directeur de l'Exploitation.
del Oso y Herraiz, M., s/Directeur de l'Exploitation et Chef du Mouvement et du Trafic.
Sezary, E., Chef des Voies et Travaux.
Azofra, M. C., Chef des Ateliers et de la Traction.

	Kil.	
Cordoba.	—	Cordoba.
Obejo.	22.343	»
Vacar.	30.576	»
Alhondiguilla.	43.195	»
Espiel.	51.961	»
Cabeza de Vaca.	69.100	»
Belmez.	71.010	»

192. — Cordoba à Malaga. (Espagne.)

CONSEIL D'ADMINISTRATION :

Heredia, T., Président.
Casa-Loring, (Marquis).
Diaz-Zafra, G.
Montes, W. M.
Enriquez, J. M.
de Lários, M.

Casado, M.
Perez, J. G.
Tentor, L.

ADMINISTRATION A MALAGA :

Casa-Loring, (Marquis), Directeur Gérant.
Casado, Secrétaire Général et Directeur Intérimaire.
Azofra, M. C., Ingénieur de la Traction.
Tardieu, Ingénieur de la Voie.
Osso, M., Chef du Mouvement.
Valle, R., Chef de la Comptabilité.
Casilari, Arbitre.
Fourquet et Bramma, frères, Représentants à Paris.
Bell & Sons, A., Représentants à Londres.

	Kil.	
Cordoba.	—	Cordoba.
La Bercadilla.	0.679	»
Aguadillo. H.	13.537	»
Torres-Cabrera.	24.343	»
Fernan-Nunez.	33.678	»
Montilla.	50.054	»
Aguilar de la Frontera.	56.899	»
Puente-Genil.	77.413	»
Casariche.	90.105	Sevilla.
La Roda.	99.991	»
Fuente-Piedra.	112.442	Malaga.
Bobadilla *.	124.124	»
Gobantes.	148.560	»
Alora.	167.653	»
Pizarra.	175.063	»
Cartama.	187.150	»
Los Remedios. H.	190.827	»
Campanillas.	194.792	»
Colmenares. H.	196.846	»
Aguirne. H.	198.830	»
El Contador. H.	200.970	»
Paredillas. H.	202.437	»
Málaga.	206.731	»

Bobadilla *.	—	Malaga.
» H.	3.143	»
Antequera.	15.965	»
La Pena. H.	23.884	»
Archidona.	35.471	»
Salinas.	49.580	»
San Francisco. H	69.110	Granada.
Loja.	70.424	»
Huetor.	78.848	»
El Tocon.	88.612	»
Ullora.	98.257	»
Pinos-Puente.	107.854	»
Sierra Elvira.	111.612	»
Atarfe.	114.174	»
Granada.	122.719	»

193. — Cordoba à Sevilla. *(Espagne.)*

Fusionné avec le Madrid à Zaragoza y Alicante.

CONSEIL D'ADMINISTRATION, 9, PASEO DE
RECOLETOS, A MADRID :

Leon y Medina, E., Président.
de la Puente, (Marquis).
de Garcia Torres, J.
Polack, E.
Balaguer, V.
de Nava de Tajo, (Comte).
de Haber, (Baron).
de Vargas, P., Secrétaire.

COMITÉ DE PARIS, 25, BOULEVARD HAUSSMANN :

Pereire, I., Président.
Bailleux de Marisy.
Charlon, H.
Clary, (Comte).
Decazes, (Duc).
de Haber, (Baron).
Laffitte, C.
Lebeuf de Montgermont.
Pereire, E.
Guérin de Litteau, Secrétaire.

194. — Cork and Bandon. *(Irlande.)*

DIRECTEURS :

Mc. Birney, D., Esq., Président.
Vance, T., Esq.
Taaffe, R., Esq.

COMITÉ LOCAL A CORK :

Barry, D., Esq.
Perrier, W. L., Esq.
Pike, J., Esq.

DIRECTION A DUBLIN, 45, TALBOT STREET :

Connell, J. H., Secrétaire.
Dorman, J. M., Ingénieur.
Conran, T., Chef de Traction.
Coghlan, R., Directeur du Trafic.
Barrington and Jeffers, Solicitors.
Babington, T.,   »
Leonard, M. et Niven, W., Auditeurs.

	M. A.	
Cork, *Albert Quay*.	—	Cork.
Waterfall.	6	»
Ballinhassig.	10	»
Junction *.	13 1/4	»
Upton and Brinny.	15 1/2	»
Innoshannon.	»	»
Bandon.	17 3/4	»

	M. A.	
Junction *	—	Cork.
Ballymartle.	4	»
Farrangalway.	8	»
Kinsale.	10 3/4	»

195. — Cork and Kinsale Junction.
(Irlande.)

Exploité par le Cork and Bandon.

DIRECTEURS :

Conybeare, Esq., Président.
Williams, J. W. H., Esq.
Sedgwick, F. W., Esq.
Bainbridge, W., Esq.
Lindsay, T. S., Esq.
Holland, J. W., Esq.

DIRECTION, 6, WESTMINSTER CHAMBERS,
VICTORIA STREET, A LONDRES :

Mitson, W. J., Secrétaire.
Radcliffe & Davis, Solicitors.
Babington, T.,   »

196. — Cork and Macroom Direct.
(Irlande.)

DIRECTEURS :

Sir Arnott, J., Président.
Sir Colthurst, G. C., Vice-Président.
Rye, R. T., Cap^{ne}.
Massy H. Massy, W., Esq.
Morton, J., Esq.
Mahony, T., Esq.
Hussey, S. M., Esq.
Harding, J., Esq.
Payne, J. H., Esq.
Delacour, J., Esq.

DIRECTION A CORK, 16, SOUTH MALL :

Purcell, G., Secrétaire.
Dyster, F. L., Directeur.
Mahony, E. R. et Denny Lane, Solicitors.

	M. A.	
Macroom.	—	Cork.
Dooniskey.	4 1/4	»
Crookstown Road.	7 3/4	»
Kilcrea.	11 3/4	»
Kilumney.	15	»
Ballincollig.	18	»
Cork.	24 3/4	»

197. — Cork, Blackrock and Passage.
(Irlande.)

DIRECTEURS :

Hall, R., Esq., Président.
Hayes, M., Esq., Vice-Président.
Sugrue, J. H., Esq.
Barrett, W. T., Esq.
Armstrong, J. C., Esq.
Mahony, T., Esq.
Flood, H., Esq.
Burke, E., Esq.
Denny Lane, Esq.
O'Farrell, F., Esq.
Carroll, J. H., Esq.
Dix, E. S., Esq.

DIRECTION A CORK, ALBERT STREET :

Hackett, J., Secrétaire.
Barber, J., Inspecteur de la Traction et du Trafic.
M'Carthy Mahony et Exham, T., Auditeurs.

	M. A.	
Cork, *Victoria Road*.	—	Cork.
Blackrock.	2	»
Rochestown.	3 3/4	»
Passage.	6 1/2	»

198. — Cork Harbour and Curraghbinny
(Irlande).

En construction.

DIRECTEURS :

Lane, J., Esq.
Neligan, C., Esq.
Hartigan, E., Esq.

199. — Cornwall *(Angleterre)*.

DIRECTEURS :

Tweedy, R., Esq., Président.
Woollcombe, T., Esq., Président-Délégué.
Broad, R. R., Esq.
Carlyon, J., Esq.
Daubuz, J. C., Esq.
Bassett, R., Esq.
Borrow, H., Esq.
Lord Robartes.
Sir Williams, F. M.
Sir Brady, A.
Bruce, W. A., Esq.
Castle, M., Esq.

ADMINISTRATION A PLYMOUTH :

Paul, R. M., Secrétaire.
Jenkins, J., » du Comité.
Margary, P. J., Ingénieur.
Compton, C. E., Inspecteur Principal.
Avery, W. A., Directeur des Marchandises.
Waghorn, T., Chef Comptable.
Reginald Rogers et Deloitte, W. W., Auditeurs.
Smith, Roberts et Paul, Solicitors.

	M. A.	
Plymouth.	—	Devon.
Devonport.	1 1/2	»
Saltash.	4 1/4	Cornwall.
St-Germans.	9 1/2	»
Menheniot.	14 3/4	»
Liskeard.	17 1/2	»
Doublebois.	20 1/2	»
Bodmin Road.	27 3/4	»
Lostwithiel.	30 1/2	»
Par.	34 3/4	»
St-Austell.	39	»
Burngullow.	41 1/4	»
Grampound Road.	46 1/4	»
Truro.	54	»
Perranwell.	58	»
Penryn.	62 1/4	»
Falmouth.	65 3/4	»

200. — Cornwall Minerals *(Angleterre)*.

DIRECTEURS :

Sherriff, A. C., Esq., Président.
Louth, J. S., Esq.
Robarts, C. H., Esq.
Wilson, G., Esq.
Lloyd, S., Esq.
Treffry, C. E., Esq.

ADMINISTRATION A LONDRES, 27-28, PALMERSTON BUILDINGS, OLD BROAD STREET, E. C :

Preston, R. C., Secrétaire.
Thomas, W. H., Ingénieur.
Price, Holyland et Waterhouse, Auditeurs.
Cope, Rose et Pearson, Solicitors.

	M. A.	
Newquay, *Terminus*.	—	Cornwall.
»	0.50	»
Tolcarn *.	1.40	»
Halloon.	7.20	»
Bodmin Road *.	9.10	»
Victoria.	13.	»
Bugle *.	15.20	»

	M. A.	Cornwall.
Bridges.	17.22	»
Par.	21.20	»
» Dock.	22.2	»
Fowey.	25.34	»
» Quay Terminus.	25.55	»

		Cornwall.
Burngullow *.	—	
High Street.	1.28	»
Carpella.	2.7	»
Drinnick, Mill *.	2.55	»
» » Terminus	3.3	»
Bodmin Road *.	7.5	»
Melangoose, Mill.	9.25	»

		Cornwall.
Treamble.	—	
Duchy Peru *.	1.50	»
East Wheal Rose.	5.	»
Tolcarn *.	8.50	»

		Cornwall.
Bugle *.	—	
Roche.	1.	»

201. — Cornwall Mineral and Bodmin and Wadebridge Junction (Angleterre).

En construction.

DIRECTEURS :

Hard, W. J., Esq.
Ryder Cranville, R., Esq.
Grant, W. L., Esq.
Rowan, W. R., Esq.

202. — Corris (Angleterre).

Exploité par le Cambrian.

DIRECTEURS :

Rowlands, J., Esq., Président.
Fraser, J., Esq.
Morrison, C., Esq.

BUREAUX : 7, BANK BUILDINGS-LOTHBURY, A LONDRES.

Fraser, E. M., Secrétaire.
Owen, G., Ingénieur, à Oswestry.
Fraser, Jun, J., Auditeur.

203. — Corwen and Bala (Angleterre).

Exploité par le Great Western.

DIRECTEURS :

Tottenham, C. J., Esq., Président.
Jones, W. P., Esq.
Lloyd Price, R. J., Esq.

Wagstaff, W., Esq.
Robertson, J., Esq.
Darby, W. H., Esq.

Jones, J., Secrétaire, à Oswestry.
Robertson, H., Ingénieur.
Longueville, Jones et Williams, Solicitors.

204. — Cottbus Grossenhain (Allemagne).

Voir Oberlausitz.

205. — Cowbridge (Angleterre).

EXPLOITÉ PAR LE TAFF VALE.

DIRECTEURS :

Carne, R. C. N., Esq., Président.
Carne, J. W. N., Esq., Président-Délégué.
Fothergill, R., Esq.
Homfray, J., Esq.
Gould, H. C., Esq.
Williams, G., Esq.

ADMINISTRATION A COWBRIDGE :

Stockwood, J., Secrétaire.
Bassett, A., Ingénieur.
Roberts, D., Comptable.

206. — Cowes and Newport (Angleterre).

DIRECTEURS :

Petre, H. W., Président.
Castle, H. J.
Colley, P. W.

ADMINISTRATION A NEWPORT :

Lincoln, E., Secrétaire.
Martin, H., Ingénieur.
Binfield, J. et Bennett, A., Auditeurs.

	M. A.	
Cowes.	—	Isle of Wight.
Newport.	5	»

207. — Crefeld-Kreis-Kempen (Allemagne). (V.)

Scheerbarth, Directeur de l'Exploitation, à Crefeld.

	Kil.	
Crefeld, Sud *. H.	—	Düsseldorf.
St-Tönis. H.	5	»
Süchteln-Vorstadt *. H.	10	»
» H.	15	»
Viersen. H.	18	»

	Kil.	
Süchteln-Vorstadt *. H.	—	Düsseldorf.
Oedt. H.	3	»
Kempen. H.	9	»
St-Hubert. H.	12	»
Hüls. H.	16	»
Crefeld, *Nord*. H.	20	»
» *Sud*.* H.	20	»

	Kil.	
Süchteln-Vorstadt *. H.	—	Düsseldorf.
Grefrath. H.	5	»

208. — Croesor and Port Madoc
(*Angleterre*).

Exploité par le Cambrian.

DIRECTEURS A CARNARVON :

Roberts, H. B., Esq.
Mackie, H. A., Esq.
Roberts, A. T., Esq.
Preston, R. M., Esq.
Ormiston, J., Esq.

209. — Cromford and High Peak
(*Angleterre*).

Exploité par le London and North Western.

DIRECTEURS :

Wright, J., Esq., Président.
Bancroft, J., Esq.
Hubersty, P., Esq.
Hurt, A. F., Esq.
Jessop, W., Esq.

ADMINISTRATION A CROMFORD :

Barton, F., Secrétaire.
Staley, G. et Wheatcroft, N., Auditeurs.

210. — Cronberg (*Allemagne*).

CONSEIL D'ADMINISTRATION A CRONBERG.

Klöpper, Directeur de l'Exploitation, à Cronberg.

	Kil.	
Cronberg.	—	Wiesbaden.
Niederhöchstadt. H.	3.8	»
Eschborn. H.	5.5	»
Rödelheim. H.	9.68	»

211. — Crystal Palace and South London Junction (*Angleterre*).

Exploité par le London, Chatham and Dover.

DIRECTEURS :

Leveson-Gower, J. E., Esq., Président.
Humby, E., Esq.
Lynch-Staunton, M. S., Esq.
Walker, J. W., Esq.

BUREAUX A LONDRES, E. C., 2, GREAT WINCHESTER STREET BUILDINGS :

Johnson, G., Secrétaire.
Turner, F. T., Ingénieur.
Newman, Dale et Stretten, Solicitors.
Weise, J. et Banks, C., Auditeurs.

212. — Cuenca à Valencia (*Espagne*).

A construire.

213. — Culm Valley Light (*Angleterre*).

En construction.

DIRECTEURS :

Ellis, H. S., Esq., Président.
Follett, C. J., Esq., Président-Délégué.
Barnes, jun, W., Esq.
Porter, H. A., Esq.
Furze, W., Esq.
Walrond, J. W., Esq.

ADMINISTRATION A EXETER, CITY CHAMBERS :

Pollard, F., Secrétaire.
Pain, A. C., Ingénieur.
Cotton, W. et New, J. C., Auditeurs.
Bowerman, R. J., Solicitor.

214. — Cuxhaven (*Allemagne*).

En construction.

DIRECTION A BERLIN.

215. — Dalmatie (*Autriche*).

En construction.

v. Pischof, Chef de la Construction, à Vienne.

216. — Danube et Mer Noire (*Turquie*).

DIRECTEURS :

Tipping, W., Esq., Président.
Barkley, J. T., Esq., Vice-Président.
Newall, W. J., Esq.
Liddell, C., Esq.
Beale, W. L., Esq.
Kenrick, W., Esq.
Ogilvy, D., Esq.
Sir Watkin, E. W., Esq.

Kidner, R., Secrétaire, 24, Abingdon Street, à Londres.

DIRECTION A KUSTENDJIÉ (*Turquie*).

Harris, E., Directeur Général.
Roff, G. L., Ingénieur.

	M. A.	
Kustendjié.	—	Turquie.
Moorfatlar.	13	»
Medjidié.	24	»
Tchernavoda.	40	»

217. — Dare Valley (*Angleterre*).

Exploité par le Taff Vale.

DIRECTEURS :

Bushell, W. D., Esq., Président.
Perry, J., Esq.
Lewis, E., Esq.
Gould, H. C., Esq.

ADMINISTRATION A CARDIFF, TAFF VALE STATION :

Marwood, F, Secrétaire.
Fisher, G., Ingénieur.
Barnard, F. L. W. et Robertson, G., Auditeurs.

218. — Deeside (*Ecosse*).

Exploité par le Great North of Scotland.

DIRECTEURS :

Duncan, J., Esq., Président.
Davidson, P., Esq., Président-Délégué.
Whyte, A. B., Esq.
Ruxton, T., Esq.
Aberdein, F., Esq.
Davidson, A., Esq.

ADMINISTRATION A ABERDEEN :

Ferguson, W. B., Secrétaire.
Milne, R., Directeur Général.
Barnett, P. M., Ingénieur.
Marquis, G., et Sinclair, J. A., Auditeurs.

219. — Deeside Extension (*Ecosse*).

Exploité par le Great North of Scotland.

220. — Deggendorf-Plattling (*Allemagne*).

Exploité par l'Etat Bavarois.

221. — Denbigh Ruthin and Corwen (*Angleterre*).

DIRECTEURS :

Ashbury, J., Esq., Président.
Gartside, H., Esq., Président-Délégué.
Bickham, S. H., Esq.
Fynney, F. A., Esq.
Banks, W. L., Esq.

ADMINISTRATION A LONDRES, 7, BANK BUILDINGS, LOTHBURY :

Fraser, J., Secrétaire.
Cartwright, T., Directeur du Trafic.
Owen, G., Ingénieur.
Noyes, S. F., Solicitor.
Neal, T. et Morrison, C., Auditeurs.

	M. A.	
Denbigh.	—	Denbigh.
Llanrhaiadr.	3.11	»
Rhewl.	5.9	»
Ruthin.	6.49	»
Eyarth.	8.30	»
Nant Clwyd *.	11.34	»
Derwen.	13.37	»
Gwyddelwern.	16.16	Merioneth.
Bryn Eglwys, *Siding*.	17.26	»
Corwen *.	18.38	»
Nant Clwyd *.	—	Denbigh.
Lime Quarry.	0.62	»

221^A. — Desierto à la Mina Amistosa (*Espagne*).

Concessionnaire : La Compagnie des Mines de Desierto à Amistosa.

	Kil.	
Desierto.	—	Bilbao.
Amistosa, *Mina*.	6.5	»

221^B. — Desierto à Ortuella (*Espagne*).

Concessionnaire : La Compagnie des Mines de Desierto à Ortuella.

	Kil.	
Desierto.	—	Bilbao.
Ortuella.	7.5	»

221^C. — Desierto à Triano (*Espagne*).

Concessionnaire : La Compagnie des Mines de Desierto à Triano.

	Kil.	
Desierto.	—	Bilbao.
Triano.	11	»

222. — Devon and Cornwall (Angleterre)

Exploité par le London and South Western.

DIRECTEURS :

Young, A., Esq., Président.
Hamlyn, S. C., Esq., Président-Délégué.
Batten, J. W., Esq.
Sir Dakin, T.
Sir Heath, L. G.
Mc. Andrew, W., Esq.
Tyrrell, E., Esq.

ADMINISTRATION A LONDRES, 2, WESTMINSTER CHAMBERS, S. W :

Lankester, H., Secrétaire.
Galbraith, W. R., Ingénieur.
Morgan, H. L. et Notman, H. W., Auditeurs.
Batten, J. B. et Davis, G., Solicitors.

223. — Devon and Somerset (Angleterre.)

Exploité par le Bristol-Exeter.

DIRECTEURS :

Lord Poltimore, Président.
Locke, J. A., Esq., Vice-Président.
Moysey, H. G., Esq.
Nash, J. T., (Capitaine).
Sir Throckmorton. N. W. G.
Barff, A., Esq.

ADMINISTRATION A TAUNTON (SOMERSET) ET A LONDRES, 13, LITTLE QUEEN STREET, S. W :

Muggeridge, R. M., Secrétaire.

224. — Devon Valley (Ecosse).

Exploité par le North British.

DIRECTEURS :

Adam, W. P., Président.
Young, H., Esq., Président-Délégué.
Paton, J., Esq.
Robertson, G., Esq.,
Douglas, J. M., Esq.,
Harrison, G., Esq.,

ADMINISTRATION A TILLYCOULTRY :

Lorimer, P. A., Secrétaire.
Jopp, C., Ingénieur, à Edinburgh.
Dickson, A. J., Solicitor, »
Bogie, G. et Walker, H. W., Auditeurs.

225. — Didcot, Newbury and Southampton Junction. (Angleterre.)

En construction.

DIRECTEURS :

Enomens, W., Esq.
Vigne, H., Esq.
Engledue, J. R., Esq.

226. — Dingwall and Skye. (Ecosse.)

Exploité par le Highland.

DIRECTEURS :

Matheson, A., Esq.
Lord Middleton.
Fraser, S.
Mac Leod.
Dallas, A. G., Esq.
Mackintosh, E. W., Esq.
Bruce, T. C.
Inglis, H., C¹.

ADMINISTRATION A INVERNESS :

Dougall, A., Secrétaire.
Hay, A. P. et Davidson, R., Auditeurs.
Stewart, Rule & Burns, Solicitors.
Inglis, A. et H.,   »
Martin & Leslie,   »

227. — Dniester. (Autriche.) (V.)

CONSEIL D'ADMINISTRATION :

Krasiki (Comte), J., Président.
v. Pillersdorf (Baron), Vice-Président.
Fontaine v. Felsenbrunn (Chev.).
Dreger, C.
v. Glaser, W.
Polansky, F.
Pongratz, O.
Raczinski, C.

BUREAU CENTRAL A VIENNE :

Ehrenberger, F., Inspecteur.

Geowacki, J., Ingénieur, Chef d'Exploitation à Sambor.

	Kil.	
Chyrow.	—	Galizien.
Gleboka-Fulsztyn.	10	»
Nadyby-Wojntycze.	17	»
Sambor.	30	»
Dublany-Kransberg.	45	»
Dobrowlany.	61	»
Drohobycz *.	74	»
Gaje-Wyzne.	86	»
Stryj.	101	»
Drohobycz *.	—	Galizien.
Boryslaw.	11	»

228. — Dombes et Sud Est. (France).

CONSEIL D'ADMINISTRATION :

Mangini, L., Président.
Mangini, F.
Seguin, A.
Frossard de Sangy, P.
Frossard de Sangy, A.
Frossard de Sangy, E.

DIRECTION DE L'EXPLOITATION A LYON, 1, RUE DES ARCHERS :

	Kil.	
Sathonay.	—	Ain.
Les Echets.	7.461	»
Mionnay. H.	9.893	»
St-André de Corcy.	13.877	»
Villars-les-Dombes.	24.577	»
Marlieux.	32.194	»
St-Paul de Varax.	38.408	»
Servaes.	42.779	»
Bourg.	51.777	»

Mâcon.	—	Saône-et-Loire.
Charnay-Condemine.	4.7	»
Prissé.	8.	»
St-Sorlin-Milly.	11.6	»
La Croix Blanche.	15.	»
Cluny.	23.4	»
Ste-Cécile la Valouze.	28.	»
Clermain.	33.4	»
La Chapelle-Meulin.	38.1	»
Trivy-Dompierre.	41.	»
Les Terreaux-Verosvres.	47.4	»
St-Bonnet-Beaubery.	50.2	»
Vendenesse s/Semence.	56.9	»
Charolles.	64.8	»
Paray-le-Monial.	77.1	»

Lons-le-Saulnier.	—	Jura.
Chilly-le-Vignoble.	4.156	»
Courlaoux.	7.994	»
Savigny-Beaurepaire.	12.483	Saône-et-Loire.
Pont-Rouge le Fay.	16.794	»
Ratte.	21.280	»
Louhans.	28.675	»
Branges.	31.998	»
Montret.	38.838	»
St-Etienne en Bresse.	44.755	»
St-Germain du Plain.	49.609	»
Ouroux St-Christophe.	52.999	»
Epervans.	58.375	»
St-Marcel. H.	60.561	»
Châlon-St-Côme.	65.479	»

	Kil.	
Montalieu-Vercieu.	—	Isère.
Villebois.	2	Ain.
Le Sault.	5	»
St-Sorlin.	9	»
Lagnieu.	12	»
Vaux. H.	14	»
Ambérieu.	18	»

Lyon, St-Paul.	—	Rhône.
» Gorge de Loup.	2	»
Ecully, La Demi-Lune.	4	»
Tassin.	6	»
Charbonnières.	9	»
La Tour de Salvagny.	12	»
Lentilly.	16	»
Fleurieux-Lozanne.	19	»
L'Arbresle.	23	»
St-Bel.	26	»
Bessenay.	31	»
Courzieux la Giraudière.	34	»
Ste-Foix l'Argentière.	43	»
Meys.	50	»
Viricelles-Chazelles.	53	»
Bellegarde St-Galmier.	60	»
Montrond.	64	»
Boisset le Cerizet.	67	Loire.
Grézieux le Fromental.	72	»
Montbrison.	79	»

229. — Dortmund-Gronau-Enschedé. (Allemagne.) (V.)

CONSEIL D'ADMINISTRATION :

v. Born, G., Président.
Ranendahl, W., Vice-Président.
Hardt, R.
Reinhardt.
v. Born, C.
Grillo, F.
Strobandt.
Van Heck, G. F.

DIRECTION A DORTMUND :

Brisgen, Ingénieur Principal.
Deckner.
Belitz, Chef de la Construction.
Pabst, Chef de la Traction.

	Kil.	
Dortmund.	—	Arnsberg.
Derne.	8.	»
Lünen.	14.95	»
Bork. H.	21.8	»
Selm. H.	26.1	»
Lüdinghausen.	32.45	Münster.
Dülmen.	44.65	»

	Kil.	
Lette. H.	55.45	Münster.
Cöesfeld.	60.84	»
Holtwick.	»	»
Legden. H.	73.2	»
Ahaus.	80.59	»
Epe. H.	92.2	»
Gronau.	96.19	»

230. — Douro-Minho. (*Portugal.*)

Construit et exploité par le Gouvernement.

ADMINISTRATION A PORTO :

de Carvalho, L., Ingénieur-Directeur du réseau du Douro.
de Mattos, J., Ingénieur-Directeur du réseau du Minho.
Etur, C. A. E., Chef du Matériel et de la Traction.
Mello, Chef de la Comptabilité Générale, du Contrôle et de la Statistique.
da Cunha Muniz, J., Chef du Mouvement et du Trafic.
Copke da Carvalho, Chef de l'Exploitation.

	Kil.	
Porto.		Braga.
Rio Tinto.	6	»
Ermezinde *.	9	»
Vallongo.	16	»
Recarei.	26	»
Cette.	31	»
Paredes.	35	»
Penafiel.	39	»

Ermezinde *.	—	Braga.
San Romao.	7	»
Trofa.	14	»
Famalicao.	23	»
Nine.	30	»
Tadin.	39	»
Braga.	45	»

231. — Dover and Deal. (*Angleterre*).

A construire.

232. — Dowlais (*Angleterre*).

Exploité par le Brecon-Merthyr.

233. — Dowlais Extension (*Angleterre*).

Exploité par le Brecon-Merthyr.

234. — Downpatrick, Dundrum and Newcastle (*Irlande*).

Exploité par le Belfast and County Down.

DIRECTEURS :

Ancketill, C. W., Esq., Président.
Corry, J. P., Esq.
Murphy, J. J., Esq.
Murland, C., Esq.
Shaw, W., Esq.

ADMINISTRATION A BELFAST, 9, VICTORIA CHAMBERS :

Evans, S., Secrétaire.
Sir Mac Neill, J., Ingénieur.
Lewis, W. et Wallace & C°, H., Solicitors.
Cochrane, J. A. et Vance, S., Auditeurs.

235. — Drammen-Randsfjord (*Norwège*).

DIRECTEURS :

Breder, P. P. W., Président.
Fuel, J. A.
Broch, O. J.
Graah, K.

DIRECTION A DRAMMEN :

Krefting, C. E., Directeur.
Ihlen, O., Sous-Directeur.
Engh, P. C., Ingénieur, Chef de la Traction.
Storen, R., Ingénieur, Chef des Voies et Travaux.

	M.N.	
Christiania.	—	Christiania.
Tyskestranden.	0.3	Akershus.
Lysaker.	0.5	»
Hovik.	0.9	»
Sandviken.	1.2	»
Slæbende.	1.4	»
Hvalstad.	1.7	»
Asker.	2.	»
Heggedal.	2.5	»
Röken.	3.	Buskerud.
Lier.	4.	»
Brageroen.	4.5	»
Drammen.	4.7	»
Gulskogen.	4.9	»
Mjondalen.	5.7	»
Hougsund. *	6.2	»
Burud.	6.7	»
Stotselven.	7.1	»
Aamot.	7.6	»
Gjethus.	8.1	»
Vikersund *.	8.5	»
Nakkerud.	9.4	»
Skjærdalen.	9.8	»

	M. N.	
Ask.	10.5	Buskerud.
Hönefos.	11.	»
Heen.	11.6	»
Randsfjord.	12.7	»
Hougsund *.	.—	Buskerud.
Vestfossen.	0.5	»
Darbo.	0.9	»
Krekling.	1.3	»
Skollenborg.	1.9	»
Konsgberg.	2.5	»
Vikersund *.	—	Buskerud.
Snarum.	1.1	»
Kroderen.	2.3	»

236. — Dublin and Antrim Junction
(Irlande).

Exploité par : Ulster.

DIRECTEURS :

Dowling, T., Esq., Président.
Dowglass, (Capitaine).
Houghton, V. W., Esq.
Barbour, J. D., Esq.
Whitehead, B., Esq.

ADMINISTRATION A BELFAST, 1, LOMBARD STREET :

Mackay, W., Secrétaire.
Bower, J., Ingénieur.
Smith, G. K., Solicitor.

237. — Dublin and Belfast Junction
(Irlande).

Forme avec le Dublin and Drogheda le Northern railway of Ireland.

DIRECTEURS :

Barlow, J., Esq., Président.
Digges la Touche, W., Esq., Président-Délégué.
Law, S., Esq.
Hawkins, J., Esq.
Hutton, H., Esq.
Hone, T., Esq.
Culley, R., Esq.
Donagh, F., Esq.
Reilly, J. T., Esq.
Colvill, J. C., Esq.

238. — Dublin and Drogheda (Irlande).

Forme avec le Dublin and Belfast Junction le Northern railway of Ireland.

DIRECTEURS :

Murland, J. W., Esq., Président.
Evans, W., Esq., Président-Délégué.
Meade, J. F., Esq.
Law, H., Esq.
Vickers, H. T., Esq.
Eckersley, P., Esq.
M' Donnell, L. J., Esq.
Hutton, L. O., Esq.
Verdon, P., Esq.

239. — Dublin and Kingstown (Irlande).

Exploité par le Dublin, Wicklow and Wexford.

DIRECTEURS :

Warren, R., Esq., Président.
Robertson, J. J., Esq., Président-Délégué.
Haughton, W., Esq.
Hone, T., Esq.
Pim, H., Esq.
Jameson, W., Esq.
Culley, R., Esq.
Palmer, R. S., Esq.
Pim, G., Esq.

ADMINISTRATION A DUBLIN, 35, WESTLAND ROW :

Pim, J. B., Secrétaire.
Hone, J., Solicitor.

240. — Dublin and Meath (Irlande).

Exploité par le Midland Great Western of Ireland.

DIRECTEURS :

Baillie, W. M., Esq., Président.
Gordon, W. F., Major.
Whittington, J., Esq.
Mc. Birney, D., Esq.
Smith, G. F., Esq.
Bailey, R. P., Capitaine.

ADMINISTRATION A LONDRES, 8, UNION COURT, OLD BROAD STREET, E. C :

Theobald, J. W., Secrétaire.
Fitzgerald, D. et T.. Solicitors.

241. — Dublin Port and City (Irlande).

En construction.

DIRECTEURS :

Nesbitt, H., Esq., Président.
Bury, M., Esq.
Cross, T. N., Esq.
Galt, W., Esq.

ADMINISTRATION A LONDRES, 70, BISHOPSGATE STREET, WITHIN, E. C :

Quinton, G. F., Secrétaire.
Fox et Sons, C., Ingénieurs.
Kernaghan, B., Solicitor.

242. — Dublin, Rathmines, Rathgar, Roundtown, Rathfarnham and Rathcoole
(*Irlande*)

En construction.

DIRECTEURS :

Sir Nugent, P., Esq.
Gray, J., Esq.
Treacy, D., Esq.
Kincaid, J., Esq.

ADMINISTRATION A DUBLIN, 136, St-STEPHEN'S GREEN WEST :

Lawrenson, R. C., Secrétaire.
Vignoles, C., Ingénieur.
Kincaid, J., Ingénieur en Chef.
Brett, H., » »
Dillon, Mellon & Son, J., Solicitors.
Carson, E. H., Architecte.

243. — Dublin, Wicklow and Wexford
(*Irlande*).

DIRECTEURS :

Waldron, L., Esq., Président.
Sir Power, J., Président-Délégué.
Waller, J. F., Esq.
Sir Cusack, R. S.
Martin, R., Esq.
Foot, W., Esq.
Parker, A., Esq.
Boyce, J., Esq.

ADMINISTRATION A DUBLIN, 48, WESTLAND ROW :

Maunsell, E. W., Secrétaire.
Smith, J. C., Ingénieur.
Payne, W. L., Directeur du Trafic.
Wakefield, J., Chef de Traction.
Mac Cready, E. et Graydon, T., Auditeurs.
Keogh, G., Solicitor.

	M. A.	
Dublin, *Harcourt Street*.	—	Dublin.
Milltown.	2	»
Dundrum.	3	»
Stillorgan.	5 1/4	»
Foxrock.	6	»
Carrickmines.	7 1/4	»
Shankill.	9 1/2	»
Bray *.	12	»

	M. A.	
Delgany and Greystones.	17	Wicklow.
Kilcool.	19 3/4	»
Newtown, Mount Kennedy.	22 1/4	»
Wicklow.	28 1/4	»
Rathnew, Newrath Bridge.	29 3/4	»
Glenealy.	33 1/4	»
Rathdrum.	37 1/4	»
Ovoca, New Bridge.	42 3/4	»
Woodenbridge and Shillelagh *.	44 3/4	»
Arklow.	49	»
Gorey.	59 1/2	Wexford.
Camolin.	67	»
Ferns.	69 3/4	»
Enniscorthy.	77 1/2	»
Mackmine *.	83 1/4	»
Killurin.	86	»
Wexford.	92 3/4	»

	M. A.	
Dublin, *Westland Row*.	—	Dublin.
Kingstown.	6	»
Sandycove.	6 1/2	»
Glenageary.	7 1/4	»
Dalkey.	8	»
Killiney.	9 3/4	»
Ballybrack.	10 1/4	»
Bray *.	13 1/4	»

	M. A.	
Woodenbridge & Shillelagh *.	—	Wicklow.
Aughrim.	4 1/2	»
Tinahely.	12	»
Shillelagh.	16 1/2	»

244. — Dudley and Oldbury Junction
(*Angleterre*).

En Construction.

DIRECTEURS :

Meriton, S., Esq.
Lloyd, S. S., Esq.
Albright, A., Esq.

245. — Duero (*Espagne*).

A construire.

246. — Duke of Sutherland (*Ecosse*).

Exploité par le Highland.

247. — Dunabourg-Vitebsk *(Russie.)* U. R.

Siége social a Londres, 15, Angel Court, Strogmorton Street :

Rudnitzky, K., Président du Conseil d'Administration, à Dunabourg.
Trunin, P., Directeur d'Exploitation, à Dunabourg.

	Verstes.	
Dunabourg.	—	Vitebsk.
Iossifovo.	16	»
Malinovka.	27	»
Kreslavka.	39	»
Baltino.	50	»
Balbinovo.	64	»
Georginovo.	77	»
Drissa.	90	»
Svolna.	104	»
Barkovitchi.	117	»
Borovoukha.	136	»
Polotsk.	151	»
Goriany.	167	»
Obol.	183	»
Lovcha.	194	»
Sirotino.	205	»
Staroïe-Sélo.	223	»
Kniajitsa.	233	»
Vitebsk.	244	»

248. — Dundalk, Newry and Greenore *(Irlande).*

Directeurs :

Moon, R., Esq., Président.
Bickersteth, J. P., Esq.
Lowther, W.
Mc. Micking, G., Esq.
Erne (Comte of).
Macrory, A. J., Esq.
Newry (Vicomte)
Minnett, R. A., Esq.

Administration :

Reay, S., Secrétaire.
Baker, W., Ingénieur.
Crosfield, H., Oaklands, Waterhouse, E. et Aigburth, Auditeurs.
Roberts, R. F. et Macrory et C°, Solicitors.

	M. A.	
Dundalk *.	—	Louth.
Windmill Road *.	»	»
Dundalk, *Quarry Street.*	0.23	»
Bellurgan.	3.73	»
Bush.	9.7	»
Greenore.	12.72	»

249. — Dundee and Newtyle *(Ecosse).*

Exploité par le Caledonian.

250. — Dunfermline and Queensferry *(Ecosse).*

En Construction.

Directeurs :

Elgin and Kincardine (Comte of), Président.
Matthieson, K., Esq., Président-Délégué.
Hunt, J. A., Esq.
Scott, T., Esq.
Spowart, T., Esq.
Walker, T., Esq.
Hay, J., Esq.

251. — Dungannon and Cookstown *(Irlande).*

En Construction.

Directeurs :

Nugent, R., Esq., Président.
Barlow, A. P., Esq.
Dickson, T. A., Esq.
Brown, J., Esq.

252. — Dux-Bodenbach *(Autriche).* (V)

Conseil d'Administration a Vienne :

v. Mallmann (Chev.) J., Président.
v. Huze, F., Vice-Président.
Eisentraut, C. B.
v. Liebieg (Baron), H.
v. Liebieg (Baron), T.
Mayer, B.
Peez, A.
Tschinkel, F.
v. Wolf (Baron), A.

Direction a Teplitz :

Pechar, J., Directeur.
Stastny, F., Chef du Service Commercial.
Mixa, Contrôleur du Trafic et des Télégraphes.
Busch, C., Chef du Bureau Central.
Ruzitschka, G., Ingénieur en Chef.
Kruzner, A., »   »
Balling, C.,

	M. O.	
Bodenbach.	—	Böhmen.
Bünaburg.	0.6	»
Eulau.	1.2	»
Königswald.	1.8	»
Klein-Kahn.	2.1	»
Kulm.	3.4	»
Hohenstein.	3.7	»
Rosenthal (Graupen).	4.2	»

	M. O.	
Teplitz, *Waldthor*.	4.8	Böhmen.
Kosten.	5.3	»
Dux, *Liptitz* *.	6.7	»
Bruch.	6.8	»
Oberleitensdorf.	7.3	»
Obergeorgenthal.	8.	»
Eisenberg.	8.7	»
Görkau.	9.8	»
Komotau, *D. B. E.*	10.6	»
» *B. E. B.*	10.7	»

Dux, *Liptitz* *.	—	Böhmen.
Ossegg.	0.6	»

	Kil.	
Zdic.	—	Böhmen.
Lochovic.	7.45	»
Jinec.	15.73	»
Pribram.	27.56	»
Milin. H.	35.06	»
Tochovic. H.	41.50	»
Breznic. H.	46.77	»
Mirovic.	56.03	»
Cimelic.	63.09	»
Vraz. H.	73.89	»
Cizová.	80.72	»
Pisek.	85.63	»
Putim.	92.69	»
Protivin.	101.34	»

253. — East and West Junction
(Angleterre).

DIRECTEURS :

Longridge, J. A., Esq., Président.
Owen, W., Esq.
Dickson, Major.
Hall, G., Esq.
Crampton, T. H.

ADMINISTRATION A LONDRES, 3, WESTMINSTER CHAMBERS, VICTORIA STREET, S. W :

Banks, C., Secrétaire.
Burke, J. F., Directeur du Trafic, à Stratford-on-Avon.
Ashurst, Morris & Cº, Solicitors.

	M. A.	
Green's Norton *.	—	Northumberland.
Blakesley.	3.24	»
Morton Pinkney.	6.32	»
Byfield.	10.44	»
Fenny Compton *.	17.28	Warwick.
Kineton.	23.58	»
Ettington.	27.58	»
Stratford-on-Avon.	32.72	»

	M. A.	
Stratford-on-Avon *.	33.12	Warwick.
Fenny Compton *.	—	Warwick.
» *G. W.* *.	0.7	»

254. — East Cornwall Mineral
(Angleterre).

DIRECTEURS :

Bruce, G. B., Esq., Président.
Barkley, J. T., Esq.
Cutbill, W. J., Esq.
Longridge, M., Esq.

ADMINISTRATION A LONDRES, 103, CANNON STREET :

Hughes, A. S., Secrétaire.
Smith, C. G., Directeur Général, à Calstock.
Ashworth, H. H. et Sevenoaks, S. H., Auditeurs.

	M. A.	
Calstock.	—	Cornwall.
Callington.	7.2	»

255. — East Gloucestershire *(Angleterre).*

Exploité par le Great Western.

DIRECTEURS :

Barker, J. R. R., Esq., Président.
Sir Hicks Beach, M. E.
Talbot, G. G. C., Esq.
Bazley, T. S., Esq.

ADMINISTRATION A LONDRES, 80, COLEMAN STREET, E. C :

Broom, G., Secrétaire.
Liddell, C. et Richards, E., Ingénieurs.
Ring, G. C. et Hayes, R. B., Auditeurs.
Johnston, Farquhar & Leech, Solicitors.

256. — East Lincolnshire *(Angleterre).*

Exploité par le Great Northern.

257. — East London *(Angleterre).*

Exploité par le London, Brighton and South Coast.

DIRECTEURS :

Hawes, W., Esq., Président.
Acland, L., Esq.

Brownrigg, J. S., Général-Major.
Barker, J. S., Esq.
Graham, P., Esq.
Smee, A., Esq.

ADMINISTRATION A LONDRES, 3, GREAT WINCHESTER STREET, BUILDINGS, E. C:

Cooper, G. E., Secrétaire.
Sir Hawkshaw, J., Ingénieur.
Brownrigg, H. M. et Stansfeld, H. H., Auditeurs.
Wilson, Bristows & Carpwael, Solicitors.
Clifton, E. N., Surveillant.

258. — East Norfolk (*Angleterre*).

Exploité par le Great Eastern.

DIRECTEURS :

Lord Suffield, Président.
Parkes, C. H., Esq., Président-Délégué.
Sir Preston, J. H.
Humfrey, R. B., Esq.
Chamberlin, R., Esq.
Currie, G. W., Esq.
Wilkinson, Lt Cl.
Simpson, L., Esq.
Gurney, jun, J. H. Esq.

ADMINISTRATION A LONDRES, BISHOPSGATE STATION, E :

Parkes, A. H., Secrétaire.
Wilson, E., Ingénieur.
Shaw, W. H., Solicitor.
Taylor & Sons, J. O., Solicitors.
Waddy, F. et Taylor, F. O., Auditeurs.

259. — Easton and Church Hope (*Angleterre*).

En Construction.

DIRECTEURS :

Heath, R. A., Esq., Président.
Rate Lachlan Mackintosh, Esq.
Michael, W. A., Esq.
Green, H., Secrétaire, à Londres, 60, Threadneedle Street, E. C.

260. — East Somerset (*Angleterre*).

Fait partie du Great Western.

261. — Edinburgh and Bathgate (*Ecosse*).

Exploité par le North British.

DIRECTEURS :

Hutchison, R., Esq., Président.

Barbour, G. B., Esq.
Walker, J., Esq.

ADMINISTRATION A EDINBURGH, 144, PRINCES STREET:

Jamieson, A., Secrétaire.
Carter, F. H., et Wood, W., Auditeurs.
Waddell, et Mc. Intosh, Solicitors.

262. — Edinburgh, Loanhead and Roslin (*Ecosse*).

Exploité par le North British.

DIRECTEURS :

Weir, J., Esq., Président.
Maclean, H. F., Esq.
Lord Falshaw, J.
Rose, H., Esq.
Cassels, R., Esq.

Millar, W., Secrétaire, à Edinburgh, 8, Bath Street.

263. — Ely and Clydach Valleys. (*Angleterre*).

En Construction.

DIRECTEURS :

Gibbon, J. S., Esq.
Bassett, R., Esq.
Lee, V. H., Major.
Lewis, H., Esq.
Williams, G. C., Esq.

264. — Ely, Haddenham and Sutton (*Angleterre*).

Exploité par le Great Eastern.

DIRECTEURS :

Peel, O. C., Esq., Président.
Camps, F., Esq.
Valentine, J. S., Esq.

ADMINISTRATION :

Bond, T. P., Secrétaire.
Valentine, J. S., Ingénieur.

265. — Ely Valley (*Angleterre*).

Exploité par le Great Western.

DIRECTEURS :

Gibbon, J. S., Esq., Président.

Lewis, H., Esq.
Bassett, R., Esq.
Lee, V. H., Major.
Williams, G. C., Esq.
Williams, C. H., Esq.

Williams, R. W., Solicitor, à Cardiff.

266. — Emmenthal *(Suisse).*

CONSEIL D'ADMINISTRATION :

Vigier, W., Président.
Müller, R., Vice-Président.
Bucher, A.
Schmid, A. } Membres de la Direction.
Lehmann-Studer, F.
Cuenin, L.
v. Arx, I.
Kaiser, S.
Dietler, H., Président de la Direction.
Lang, F.
Brosi, A.

ADMINISTRATION A SOLEURE :

Dietler, H., Ingénieur, Directeur.
Poggweiler, A., Chef du Trafic.
Studer, J., Chef de la Comptabilité et Caissier.

	Kil.	
Soleure.	—	Soleure.
Biberist *.	5	»
Gerlafingen.	6	»
Utzenstorf.	11	Berne.
Aefligen.	15	»
Kirchberg.	17	»
Burgdorf.	21	»

Biberist *.	—	Soleure.
Derendingen.	5	»

267. — Empereur Ferdinand et Nord de Moravie-Silésie. *(Autriche)* (**V.**)

Stummer v. Traunfels, (Chev.) J., Président.
v. Plenker, (Bᵒⁿ) G., Vice-Président.
Felder, C.
Fillunger.
v. Goldschmidt, (Chev.) M.
v. Königswarter, (Bᵒⁿ) M.
Kuranda, I.
Tennenbaum, L.
Lenz, A.
v. Todesco, (Bᵒⁿ) E.
v. Wertheimstein, (Chev.) L.
v. Winterstein, (Bᵒⁿ) S.

ADMINISTRATION CENTRALE A VIENNE :

Eichler v. Eichkron, (Chev.) W., Inspecteur Général.
v. Jacobi, (Chev.) J., Secrétaire Général.

INSPECTION GÉNÉRALE A VIENNE :

Schwenk, F., Inspecteur Principal.
v. Stokert, F., Inspecteur Central (Construction).
Lessle, T., »
Knauer, F., Inspecteur (Construction et Entretien).
Pfob, N., Inspecteur Central (Entretien).

TRAFIC ET SERVICE COMMERCIAL :

Himmel, Inspecteur Central (Commercial).
Kutilek, G., Inspecteur du Trafic.
Frankl, J., »
Castellez, J., »
Schefczik, A., Inspecteur.
Becker, L., Inspecteur Central de la Traction et des Ateliers.
Schlu, H., Ingénieur de Traction.
Langhof, F., Ingénieur des Ateliers.
Tabeau, F., Ingénieur du Matériel.
Protesch, A., » »
Schohay, Ingénieur en Chef de la Construction et Etudes.

SECRÉTARIAT GÉNÉRAL A VIENNE :

Dietschold, R. J., Inspecteur Central.
Beseczny, A., Chef du Contentieux.
Astl, C., Chef de la Comptabilité.
Kaiser, J., Comptable.
Rauer, A., Chef du Bureau Commercial.
Hulek, J., Chef du Bureau de la Révision Administrative.
Bayer, G., Chef du Contrôle de la Caisse.
Beraun, C., Inspecteur Central de la Révision Technique.
Beschorner, G., Caissier Principal.
Romberg, G., Liquidateur.
Martinitz, V., Chef du Bureau du Contrôle.
Seeböck, M., Contrôleur.
Rick, C., Chef du Personnel.

	Kil.	
Wien, *Nord.*	—	Oesterreich.
Floridsdorf *.	5.31	»
Süssenbrünn. H.	13.36.	»
Wagram (Deutsch).	18.2	»
Gänserndorf *.	31.1	»
Angern.	40.2	»
Dürnkrut.	50.06	»
Drösing. H.	58.44	»
Hohenau.	65.24	»
Bernhardsthal. H.	75.1	»
Lundenburg *.	83.44	Mähren.
Mährisch-Neudorf.	94.82	»
Luschitz.	99.37	»

	Kil.	
Göding.	104.68	Mähren.
Strassnitz-Rohatetz.	111.51	»
Bisenz-Pisek.	124.41	»
Ungarisch-Hradisch.	138.06	»
Napagedl.	149.44	»
Quassitz-Tlumatschar.	160.82	»
Hullein.	168.4	»
Prerau *.	183.58	»
Leipnik.	198.75	»
Weisskirchen.	211.64	»
Pohl.	221.51	»
Zauchtl-Neutitschein.	232.88	»
Stauding.	244.26	Oes. Schlesien.
Schönbrunn *.	261.71	»
Mährisch-Ostrau *.	267.02	Mähren.
Hruschau.	269.3	Oes. Schlesien.
Oderberg.	275.37	»
Pétrowitz.	290.54	»
Seibersdorf. H.	295.85	»
Pruchna.	301.92	»
Chybi.	311.02	»
Dziedilz *.	324.67	»
Jawiszowice. H.	333.78	Galizien.
Oswięcim.	345.92	»
Chelmek. H.	354.26	»
Libiace. H.	360.33	»
Chrzanów. H.	367.16	»
Trzebinia *.	371.71	»
Krzeszowice.	384.6	»
Zabierszow.	397.5	»
Krakau.	410.4	»
Lundenburg *.	—	Mähren.
Kostel.	10.62	»
Saitz.	18.97	»
Branowitz.	34.9	»
Rohrbach.	42.48	»
Raigern.	48.55	»
Mödritz.	53.1	»
Ober-Gerspitz.	57.66	»
Brünn.	59.93	»
Chirlitz-Turas.	69.03	»
Sokolnitz.	75.1	»
Austerlitz-Krenowitz.	84.2	»
Raussnitz.	92.55	»
Lultsch. H.	100.89	»
Wischau.	106.96	»
Eywanowitz.	115.3	»
Nezamislitz *.	122.13	»
Bedihost.	135.79	»
Prossnitz.	140.33	»
Wrbatek.	147.92	»
Olmütz *.	161.58	»
Boniowitz. H.	168.4	»
Sternberg.	175.99	»
Olmütz *.	—	Mähren.
Brodek.	13.65	»

	Kil.	
Prerau *.	22.75	Mähren.
Chropin.	34.23	»
Kojetein.	38.78	»
Nezamislitz *.	50.16	»
Mährisch-Ostrau *.	—	Mähren.
Ostrau (Witkowitz).	3.82	Oes. Schlesien.
Kunzendorf.	8.57	»
Pascau.	15.1	»
Carlshütte.	19.83	»
Friedek-Mistek.	22.76	»
Baschka.	26.06	»
Friedland.	33.79	Mähren.
Schönbrunn *.	—	Oes. Schlesien.
Diehlau. H.	17.59	»
Freiheitau.	14.42	»
Oppahof-Stettin. H.	20.48	»
Komorau. H.	23.54	»
Troppau.	28.83	»
Trzebinia *.	—	Galizien.
Cieszkowice.	10.62	»
Szczakowa *.	15.93	»
Dabrowa.	23.51	»
Myslowice.	28.07	Preussen.
Szczakowa *.	—	Galizien.
Granica.	1.52	»
Floridsdorf *.	—	Oesterreich.
Jedlesee.	1.52	»
Gänserndorf *.	—	Oesterreich.
Oberweiden. H.	9.1	»
Marchegg.	18.21	»
Dziedilz *.	—	Oes-Schlesien.
Bielitz-Biala.	11.38	»

268. — Empereur François-Joseph
(*Autriche*). (**V.**)

Conseil d'Administration :

v. Schwarzenberg (Prince), J. A., Président.
v. Gründacker v. Suttner (B^on), C., Vice-Président.
v. Schwarzenberg (Prince), A. J.
Vrints (Cte), M.
Kutschera v. Aichbergen (Chev.), F.
Flück v. Leidenkron, M.
Hoyos-Sprinzenstein (Cte), E.
v. Schönerer (Chev.), M.
Weiss, A.
v. Böckmann (Chev.), A.
Seuter v. Lötzen, E.

Nostitz (Cte), H.
Ladenburg, L.
Thurn-Valle-Sassina (Cte), J.
v. Dobler (Chev.), M.
Bayer, J.

DIRECTION GÉNÉRALE A VIENNE:

v. Kogerer (Chev.), H., Directeur-Général.
Danzer, F., Inspecteur Général du Service Commercial, Adjoint au Directeur Général.
Buschmann (B^{on}), A., Secrétaire.
Blaschek, V., Inspecteur Principal de la Construction.
Schmarda, F., Ingénieur Principal de la Construction.
Alzinger, F., Inspecteur Principal de l'entretien des Voies.
Puringer, G., Inspecteur Principal de l'entretien des Voies.
Claudy, C., Inspecteur Principal du Trafic.
Pancera, M., » du Trafic et des Télégraphes.
Tüp, E., Inspecteur Principal des Ateliers de Traction.
Knoblich, A., Inspecteur du Bureau des Tarifs.
Becher, E., » du Service des Transports et des Réclamations.
v. Wettstein (Chev.), C., Caissier Général.
Klier v. Treuenstamm, J., Inspecteur Principal du Contrôle des Recettes.
Schimana, J., Inspecteur au Bureau de la Révision Commerciale.
Bäumer, R., Ingénieur Principal du Bureau de la Révision Technique.
Cerny, V., Ingénieur Principal, Chef du Matériel.
Pfeiffer, C., Secrétaire du Service des Expropriations.
Wardruschka, A., Inspecteur.
Liebsch, E., Ingénieur Principal, à Pilsen.
Jindra, F., » » à Prague.
Graf, R., » » du Trafic.
Klieber, L., » » à Pilsen.
Herfurth, J., » » à Prague.
Frank, E., » » du Matériel, à Budweis.
Longo, J., » » de l'Atelier Central, à Gmünd.
Pospischil, A., Chef du Dépôt Principal du Matériel, à Gmünd.

	M. O.	
Wien.	—	N.Oesterreich.
Nussdorf.	0.5	»
Kahlenbergerdorf.	0.8	»
Leopoldsberg.	1.0	»
Klosterneuburg.	1.2	»
Kritzendorf. H.	1.8	»
Greifenstein. H.	2.4	»
St-Andrä-Wördern.	2.9	N.Oesterreich.
Langenlebarn.	3.8	»
Tulln.	4.3	»
Neu-Aigen-Stetteldorf. H.	5.3	»
Absdorf-Hippersdorf *.	5.8	»
Gross-Weikersdorf. H.	6.9	»
Ziersdorf.	8.	»
Limberg-Maissau. H.	9.2	»
Eggenburg.	10.4	»
Sigmundsherberg-Horn.	11.7	»
Hötzelsdorf. H.	12.9	»
Wappoltenreith.	14.4	»
Göpfritz-Gross-Siegharts.	16.0	»
Schwarzenau-Zwettl.	18.2	»
Vitis.	19.4	»
Pürbach-Schrems.	20.3	»
Gmünd *.	21.6	»
Gratzen.	23.4	Böhmen.
Forbes.	25.5	»
Budweis *.	28.1	»
Frauenberg.	29.3	»
Netolic-Nakri.	30.9	»
Wodnian.	32.	»
Protiwin.	32.9	»
Razice-Pisek.	34.1	»
Cejtik. H.	35.	»
Strakonic.	35.9	»
Kattowic. H.	36.9	»
Horasdowic.	38.2	»
Wolsan.	39.7	»
Nepomuk.	41.4	»
Zdár-Zdirec. H.	42.3	»
Blowic.	42.9	»
Stiahlau.	44.3	»
Plzenec.	44.8	»
Pilsen.	46.	»
Tuschkau-Kosolup.	47.5	»
Ullitz-Pleschnitz. H.	48.3	»
Neuhof.	49.1	»
Mies-Kladrau.	50.4	»
Schweissing-Tschernoschin	51.6	»
Josephihütte. H.	53.3	»
Plan-Tachau.	54.4	»
Marienbad.	56.	»
Königswart.	57.	»
Sandau. H.	57.8	»
Eger.	59.9	»

Prag *.	—	Böhmen.
Hostivar. H.	1.2	»
Qurinoves.	1.9	»
Riean. H.	2.7	»
Mnichowic-Stransic. H.	3.6	»
Cercan-Pisely.	5.4	»
Beneschau.	6.6	»
Bistric.	7.3	»
Nottic.	8.8	»
Bestahow. H.	9.4	»

— 94 —

	M. O.	
Klein-Hermanic-Sedlec.	9.8	Böhmen.
Stupcic. H.	11.0	»
Sudomeric.	11.9	»
Tabor.	13.7	»
Plána.	14.7	»
Sobeslau.	16.3	»
Wessely *.	17.2	»
Lomnic.	18.8	»
Wittingau.	20.	»
Schlumec--Pilar.	21.5	»
Suchenthal.	22.2	N. Oesterreich.
Erdweis. H.	23.6	»
Gmünd *.	24.4	»

Budweis *.	—	Böhmen.
Zámost.	1.3	»
Schmiedgraben. H.	2.3	»
Sévetin.	2.9	»
Bukowsko-Dinin. H.	3.8	»
Wessely *.	4.9	»

Absdorf-Hippersdorf *.	—	N. Oesterreich.
Kirchberg.	1.	»
Wagram. H.	2.2	»
Hadersdorf-Elsdorf.	2.7	»
Gedersdorf. H.	3.2	»
Krems a. Donau.	4.2	»

Hrabowka.	—	Böhmen.
Prag. *.	0.27	»
Vysehrad.	0.66	»
Smichow.	0.80	»

269. — Engelholm-Astorp. (Suède.)

	M. S.	
Engelholm.	—	Kristianstad.
Spannarp.	0.6	»
Heagard.	0.9	»
Astorp.	1.2	»

270. — Enghien à Montmorency. (France.)

CONSEIL D'ADMINISTRATION A PARIS :

Rey de Foresta, Président.
Gay, L.
Gouin, E.
Level, P.
Louvet, A.
Marchand, A.

Level, E., Ingénieur-Directeur, 18, Rue de Dunkerque, à Paris.

	Kil.	
Enghien.	—	Seine-et-Oise.
Soisy.	»	»
Montmorency.	6	»

271. — Ennis & West Clare. (Irlande.)

En construction.

DIRECTEURS :

Stacpoole, W., Esq., Président.
Petty, J., Esq., Président-Délégué.
Studdert, G. S., Major.
Irwin, J. V. H., Esq.
Banks, C., Esq.

ADMINISTRATION A LIMERICK :

Naan, T., Secrétaire.
Hill, J., Ingénieur, à Ennis.
Barrington, W., Ingénieur.
Bunton, T., Solicitor.

272. — Enniskillen, Bundoran, Sligo. (Irlande.)

Exploité par le Irish North Western

DIRECTEURS :

Conolly, T., Esq., Président.
Mc. Birney, D., Esq., Président-Délégué.
Bloomfield, J. C., Esq.
Tredennick, G. N.
Bailey, T., Esq.
Taylor, J., Esq.
d'Arcey, F., Major.

ADMINISTRATION A DUBLIN, TALBOT STREET :

Connell, J. H., Secrétaire.
Glenny, J. S., Ingénieur.
Collum & Son, J., Solicitors.
Batten, J. B., »
MC. Blain, T., Auditeur.
Hansen, H. C., »

273. — Entre-Sambre-et-Meuse. (Belgique.)

Exploité par le Grand Central Belge.

DIRECTEURS :

Baruchson, A., Esq., Président.
Austin, W., Esq.
Batten, J. B., Esq.
Pincoffs, F. A., Esq.
Feel-Steble, R., Lt Cl.
Taylor, H. T., Esq.
Kemp, Ford & Co, Auditeurs.
Snellgrove, A., Secrétaire, 61, Moorgate Street, Londres.

274. — Eperies-Tarnow. (Autriche.)

Exploité par l'Etat Hongrois.

275. — Epinac. (*France*.)

CONSEIL D'ADMINISTRATION A PARIS, 29, RUE LE PELETIER :

Bleymuller, Président.
Mallet, A.
Lutscher, A.
Audeoud, T.
Hottinguer, R.
Chauffert, J.
Mirabaud.
Demarest, M., Secrétaire Général.
Blanchet, Directeur, à Epinac.

	Kil.	
Epinac.	—	Saône-et-Loire.
Le Curier.	1.956	»
Molinot.	6.656	Côte-d'Or.
Ivry, *Bas.* H.	10.114	»
» *Haut.*	10.492	»
Cussy. H.	14.747	»
Monteceau. H.	15.617	»
Bligny.	21.124	»
Pont d'Ouche.	28.796	»

276. — Ermsthal. (*Allemagne*.)

Exploité par l'Etat de Wurtemberg.

276bis. — Eskilstuna à Södertelge.
(*Suède*.)

En construction.

277. — Est de Bavière. (*Allemagne*.) (**V.**)

Exploité par l'Etat Bavarois.

CONSEIL D'ADMINISTRATION A MUNICH :

v. Schubert, H., Président.
Sedlmayer, G.
Neuffer, G.
v. Nussler.
v. Bronberger.
v. Dyck.
v. Eichthal, C. F.
Engel, F.
v. Froelich, R.
v. Herrmann.
Henle.
v. Hirsch, J.
v. Holnstein (Cte), M.
Merk.
v. Morgenroth, A.
Pracher, C.
Stenglein, M.

v. Reigersberg (Cte).
v. Sutter, M.

278. — Est Belge. (*Belgique*.)

Exploité par le Grand Central Belge.

CONSEIL D'ADMINISTRATION, 88, RUE BELLIARD, A BRUXELLES :

Tesch (Ministre), V., Président.
Vander Straeten, J.
Letoret, C.
Quairier, J.
Stoclet, A.

ADMINISTRATION :

Van Hoegaerden, Directeur Gérant.
de Hennin, E., Agent Comptable.

COMMISSAIRES :

Veydt.
Croonenberghs.
T'Kint de Roodenbeke (Bon).
Gauchez-Leghait, A.
Van Volxem, J.
Doffegnies.
Maeskens, L.

279. — Est et Ouest de Saxe-Thuringe.
(*Allemagne*.)

En construction.

Luden, H., Président de la Direction, à Weimar.

280. — Est Français.

CONSEIL D'ADMINISTRATION :

* Davilier, H., Président.
* Baude, A., Vice-Président.
de Barante (Bon).
* Berthier.
* Van Blarenberghe.
Chevandier de Valdrôme, E.
Daguin.
Dollfus-Mieg.
Du Bochet, V.
Gros, A.
Noizet, Gl.
* Reille (Vte), G.
Renouard de Bussière (Baron).
de Rotschild (Baron), Alp.
de Rotschild (Baron), Ed.
* Ste-Claire-Deville, H.
Touchard.
Werlé.
Morrison.
Weguelin.

— 96 —

Le Comité se compose des Membres du Conseil désignés par *

DIRECTION ET ADMINISTRATION CENTRALE, PLACE DE STRASBOURG, A PARIS :

Jacqmin, Directeur.
Gireaud, Secrétaire.
Désiles-Benard, Chef du Contentieux.
Leuzinger, Chef de la Comptabilité.
Martin St-Léon (fils), Caissier.

EXPLOITATION :

Durbach, Ingénieur, Chef de l'Exploitation.
Collière, Secrétaire de l'Exploitation.
Lamoninari, Chef du Mouvement.
De Laborie, Sous-Chef du Mouvement.
Lécuru, Inspecteur Principal.
Fiévet, Agent Commercial.
Bié, » » Adjoint.
Méchain, Chef du Contrôle.

TRAVAUX ET SURVEILLANCE :

Ledru, Ingénieur, Directeur de la Construction.
Gallois, » Sous-Directeur »
Le Roy, » Principal.
Thuilleaux, » Chef du Service Central de la Voie.
Guillaume, Ingénieur des Etudes et du Matériel fixe.
Joyant, »
Legros, »

MATÉRIEL ET TRACTION :

Regray, Ingénieur en Chef.
Vuillemin » » Conseil.
Guébhard, » Adjoint
Borrel, Chef du Service Central.
Dietz, Ingénieur du Matériel Roulant.
Mensier, Ingénieur de la Traction.

Grilhon, E., Inspecteur, Représentant à Bruxelles, Chaussée de Wavre.

	Kil.	
Paris, Strasbourg.	—	Seine.
» La Villette.	6	»
» Pantin.	6	»
Noisy-le-Sec *.	9	»
Bondy.	11	»
Raincy-Villemomble-Livry.	13	Seine-et-Oise.
Gagny-Montfermeil.	15	»
Chelles.	19	Seine-et-Marne.
Lagny-Thorigny.	28	»
Esbly.	37	»
Meaux.	45	»

	Kil.	
Trilport.	51	Seine-et-Marne.
Changy.	58	»
La Ferté s/s Jouarre	66	»
Nanteuil-Saâcy.	74	»
Nogent l'Artaud.	84	Aisne.
Château-Thierry.	95	»
Mézy.	104	»
Varennes-Jaulgonne.	107	»
Dormans.	117	Marne.
Port à Binson-Châtillon.	126	»
Damery-Boursault.	135	»
Epernay *.	142	»
Oiry-Mareuil *.	148	»
Jalons-les-Vignes.	159	»
Châlons s/Marne, Ville	173	»
» Coolus *.	175	»
Vitry-la-Ville.	188	»
Loisy.	199	»
Vitry-le-Français.	205	»
Blesme-Houssignemont *.	218	»
Parguy.	226	»
Sermaize.	231	»
Révigny-aux-Vaches.	239	Meuse.
Mussey.	245	»
Bar-le-Duc.	254	»
Longeville.	259	»
Nançois-le-Petit *.	265	»
Ernecourt-Loxéville.	276	»
Lérouville.	289	»
Commercy.	295	»
Sorcy.	303	»
Pagny s/Meuse *.	308	»
Foug.	313	Meurthe-et-Moselle.
Toul.	320	»
Fontenoy s/Moselle.	329	»
Liverdun.	338	»
Frouard *.	345	»
Champigneulles. H.	348	»
Nancy *.	353	»
Jarville-la-Malgrange.	356	»
Vanrangéville-St-Nicolas.	366	»
Rosières aux Salines.	374	»
Blainville la Grande *.	376	»
Lunéville *.	386	»
Marainvillers.	393	»
Embermenil.	402	»
Avricourt *.	410	»
» Frontière.	411	»

Epernay.	—	Marne.
Aï.	6	»
Avenay.	8	»
Germaine. H.	15	»
Rilly-la-Montagne.	20	»
Reims *.	31	»
Witry-lès-Reims.	39	»
Bazancourt *.	48	»
Le Châtelet.	58	Ardennes.

	Kil.			Kil.	
Tagnon. H.	64	Ardennes.	Donchéry.	72	Ardennes.
Rethel.	70	»	Sedan.	76	»
Amagne, *Est* *.	78	»	Pont-Maugis *.	81	»
Saulce-Monclin.	86	»	Bazeilles.	83	»
Launois.	95	»	Douzy.	86	»
Poix-Terron.	102	»	Pourru-Brévilly.	90	»
Boulzicourt.	110	»	Sachy. H.	94	»
Mohon.	116	»	Carignan *.	99	»
Mézières-Charleville.	119	»	Blagny. H.	101	»
Nouzon.	126	»	Margut.	107	»
Braux-Levrezy.	134	»	Lamouilly.	113	Meuse.
Monthermé-Château-Regnault-Bogny *.	136	»	Chauvency.	120	»
			Montmédy.	125	»
Deville.	140	»	Velosnes-Torgny. H.	132	»
Laifour. H.	144	»	Vezin.	137	Meurthe-et-Moselle.
Revin.	152	»	Longuyon *.	146	»
Fumay.	159	»	Pierrepont.	155	»
Haybes. H.	162	»	Joppécourt.	164	»
Vireux-Molhain.	172	»	Audun-le-Roman.	171	»
Givet.	182	»	» *Frontière*.	177	»
Laon.	—	Aisne.	Longuyon *.	—	Meurthe-et-Moselle.
Coucy-les-Eppes.	12	»	Cons-la-Granville.	11	»
St-Erme.	19	»	Longwy.	17	»
Amifontaine. H.	25	»	Mont-St-Martin.	19	»
Guignicourt.	31	»	» *Frontière*.	22	»
Loivre.	41	Marne.			
Reims *.	53	»	St-Hilaire-au-Temple *.	—	Marne.
Sillery.	64	»	Cuperly.	7	»
Thuisy.	70	»	Suippes.	17	»
Sept-Saulx. H.	74	»	Somme-Tourbe.	27	»
Mourmelon-le-Petit.	80	»	Somme-Brionne. H.	31	»
St-Hilaire-au-Temple *.	90	»	Valmy.	36	»
La Veuve.	96	»	Ste-Menehoult.	45	»
Châlons s/Marne.	106	»	Les Islettes.	53	Meuse.
			Clermont-en-Argonne.	59	»
Soissons.	—	Aisne.	Aubréville.	65	»
Ciry-Sermoise.	11	»	Dombasle.	73	»
Braisne.	17	»	Baleicourt.	84	»
Fismes.	29	Marne.	Verdun.	91	»
Jonchéry.	39	»	Eix-Abaucourt.	103	»
Muizon.	47	»	Etain.	112	»
Reims *.	55	»	Buzy.	119	»
			Jeandelize.	125	Meurthe-et-Moselle.
Hirson.	—	Aisne.	Conflans-Jarny.	131	»
St-Michel-Sougland.	6	»	Batilly.	140	»
Aubenton-Any.	11	»	» *Frontière*.	144	»
Signy-le-Petit.	17	Ardennes.			
Auvillers-Rumigny.	25	»	Noisy-le-Sec *.	—	Seine.
Maubert-Fontaine.	29	»	Rosny-sous-Bois.	6	»
Le Tremblois. H.	35	»	Nogent s/Marne.	8	»
Rimogne.	38	»	Villiers.	12	Seine-et-Marne.
Lonny-Renwez.	44	»	Emérainville-Pontault.	19	»
Tournes.	48	»	Ozouer-la-Ferrière.	24	»
Belval-Sury. H.	51	»	Gretz-Armainvillers *.	30	»
Mézières-Charleville.	56	»	Villepâtour-Coubert.	36	»
Nouvion s/Meuse.	66	»	Ozouer-le-Voulgis.	40	»
Vrigne-Meuse *.	70	»			

	Kil.			Kil.	
Verneuil-Chaumes.	44	Seine-et-Marne.	Belfort.	434	Haut-Rhin.
Mormant.	50	»	Chèvremont.	440	»
Grandpuits.	56	»	Petit-Croix.	446	»
Nangis.	64	»	» Frontière.	447	»
Maison-Rouge.	74	»			
Longueville *.	80	»	Gretz-Armainvillers *.	—	Seine-et-Marne.
Chalmaison.	84	»	Tournan.	6	»
Flamboin-Gouaix *.	87	»	Marles-la-Houssaye.	11	»
Hermé.	91	»	Mortcerf.	18	»
Melz.	96	»	Guérard.	23	»
Nogent s/Seine.	102	Aube.	Faremoutiers-Pommeuse.	27	»
Pont s/Seine.	111	»	Mouroux.	31	»
Romilly s/Seine *.	120	»	Coulommiers.	34	»
Maizières la Grande Paroisse. H.	125	»	Longueville *.	—	Seine-et-Marne.
Mesgrigny.	132	»	Provins.	7	»
St-Mesmin.	139	»			
Savières. H.	143	»	Flamboin-Gouaix *.	—	Seine-et-Marne.
Payns.	146	»	Les Ormes.	6	»
St-Lyé. H.	149	»	Vimpelles.	9	»
Barberey.	152	»	Châtenay.	17	»
Troyes, *Preize* *.	156	»	Noslong. H.	22	»
»	158	»	Montereau.	30	»
St-Julien. H. *.	162	»			
Rouilly-St-Loup.	166	»	St-Julien. H. *.	—	Aube.
Lusigny.	174	»	Maisons-Blanches-Verrières.	6	»
Montiéramey.	180	»	Clérey.	11	»
Vendeuvre.	191	»	St-Parres-lès-Vaudes.	15	»
Jessains.	202	»	Fouchères-Vaux.	19	»
Arsonval-Jaucourt. H.	207	»	Courtenot-Lenclos.	22	»
Bar s/Aube.	212	»	Bar s/Seine.	29	»
Bayel. H.	220	»	Polisot.	34	»
Clairvaux.	225	»	Gyé s/Seine.	41	»
Maranville.	231	Haute-Marne.	Plaines. H.	47	»
Bricon *.	241	»	Mussy.	49	»
Villiers-le-Sec. H.	248	»	Pothières.	55	Côte-d'Or.
Chaumont *.	253	»	Sainte-Colombe.	62	»
Foulain.	265	»	Châtillon s/Seine.	64	»
Rolampot.	278	»	Brion s/Ource.	72	»
Langres.	288	»	Courban.	78	»
Culmont-Chalindrey *.	299	»	Veuxaulles.	84	»
Hortes.	308	»	Latrecy.	93	Haute-Marne.
Charmoy-Fayl-Billot.	315	»	Château-Villain.	100	»
La Ferté-Bourbonne.	319	»	Bricon *.	108	»
Vitrey.	327	Haute-Saône.			
Jussey.	338	»	Culmont-Chalindrey *.	—	Haute-Marne.
Monthureux-les-Baulay.	345	»	Maâtz.	13	»
Port d'Atelier *.	352	»	Champlitte.	26	Haute-Saône.
Port s/Saône.	361	»	Oyrières.	36	»
Vaivre *.	368	»	Gray.	45	»
Vesoul.	373	»	Vereux-Beaujeu.	56	»
Colombier.	380	»	Autet.	61	»
Crevenay-Saulx.	386	»	Seveux.	67	»
Genevreuille.	394	»	Vellexon.	72	»
Lure.	403	»	Fresnes-St-Mamès.	76	»
Ronchamp.	413	»	Noidans-le-Ferroux.	84	»
Champagney.	419	»	Mont-le-Vernois.	75	»
Bas-Evette.	427	Haut-Rhin.	Vaivre *.	81	»

	Kil.	
Blesme-Houssignemont *.	—	Marne.
St-Eulien. H.	11	»
St-Dizier *.	18	Haute-Marne.
Ancerville-Guë. H.	23	»
Eurville.	28	»
Chevillon.	37	»
Curel. H.	41	»
Joinville.	47	»
Donjeux.	56	»
Froncles. H.	63	»
Vignory.	68	»
Bologne *.	76	»
Chaumont *.	90	»
Pagny s/Meuse *.	—	Meuse.
St-Germain. H.	7	»
Vaucouleurs.	14	»
Maxey s/Vaise.	22	»
Sauvigny.	29	»
Domremy-Maxey s/Meuse.	36	Vosges.
Coussey.	40	»
Neufchâteau.	47	»
Liffol-le-Grand.	56	»
Prez-s/s-la-Fauche.	62	»
Bourmont St-Blin.	69	Haute-Marne.
Manois.	75	»
Rimaucourt. H.	77	»
Andelot.	80	»
Chantraines. H.	86	»
Bologne *.	95	»
Blainville-la-Grande *.	—	Meurthe-et-Moselle.
Einvaux.	8	»
Bayon.	15	»
Charmes *.	26	Vosges.
Châtel-Nomexy.	36	»
Thaon.	44	»
Epinal *.	51	»
Doux-Noux.	62	»
Xertigny.	70	»
La Chapelle-aux-Bois. H.	74	»
Bains.	81	»
Aillevillers-Plombières.	95	»
St-Loup-Luxeuil.	100	Haute-Saône.
Conflans-Varigney.	108	»
Mersuay. H.	»	»
Faverney.	120	»
Port-d'Atelier *.	125	»
Frouard *.	—	Meurthe-et-Moselle.
Pompey, Racct.	»	»
Marbache.	7	»
Dieulouard.	13	»
Pont à Mousson.	20	»
Pagny s/Moselle.	30	»
» Frontière.	34	»

	Kil.	
Epinal *.	—	Vosges.
Dinozé. H.	6	»
Arches.	12	»
Pouxeux.	16	»
Eloyes. H.	19	»
St-Nabord. H.	24	»
Remiremont.	28	»
Lunéville *.	—	Meurthe-et-Moselle.
St-Clément.	11	»
Ménil-Flin. H.	16	»
Azerailles.	19	»
Baccarat.	25	»
Bertrichamps. H.	29	»
Raon-l'Etape-la-Neuveville.	34	Vosges.
Etival-Clairfontaine.	39	»
St-Michel.	44	»
St-Dié.	51	»
Paris, Bastille.	—	Seine.
Picpus (Bel-Air).	3	»
St-Mandé.	5	»
Vincennes.	7	»
Fontenay-s/s-Bois.	10	»
Nogent s/Marne.	11	»
Joinville-le-Pont.	13	»
St-Maur-les-Fossés.	15	»
Parc de St-Maur.	17	»
Champigny.	19	»
La Varenne-St-Maur.	21	»
Sucy-en-Brie.	24	Seine-et-Oise.
Boissy-St-Léger.	26	»
Limeil.	28	»
Villecresnes.	32	»
Mandres.	35	»
Santeny-Servon.	37	»
Brie-Comte-Robert.	40	Seine-et-Marne.

Chemins de fer d'intérêt local exploités par l'Est Français.

VASSY-SAINT-DIZIER.

	Kil.	
Vassy.	—	Haute-Marne.
Pont-Varin (Port Sec).	6	»
Louvemont.	7	»
Eclaron.	12	»
Humbécourt. H.	14	»
St-Dizier *.	23	»

MONTHERMÉ.

Monthermé, Château-Regnault-Bogny *.	—	Ardennes.
Monthermé, Lavaldieu.	2	»
» Phade.	5	»

CARIGNAN-MESSEMPRÉ.

	Kil.	
Carignan *.	—	Ardennes.
Osnes-Pure.	5	»
Messempré.	7	»

AVRICOURT-CIREY.

	Kil.	
Avricourt *.	—	Meurthe-et-Moselle.
Foulcrey. H.	4	»
Gogney. H.	7	»
Blamont.	9	»
Frémonville.	13	»
Cirey.	18	»

BAZANCOURT-BÉTHENIVILLE.

	Kil.	
Bazancourt *.	—	Marne.
Isles s/Suippes. H.	4	»
Warmériville.	4	»
Heurtrégiville. H.	8	»
St-Masmes.	10	»
Pontfaverger.	14	»
Bétheniville.	17	»

VRIGNE-MEUSE A VRIGNE-AUX-BOIS.

	Kil.	
Vrigne-Meuse *.	—	Ardennes.
Vrigne-aux-Bois.	5	»

OIRY-ROMILLY.

	Kil.	
Oiry-Mareuil *.	—	Marne.
Avize.	7	»
Ménil-Oger.	10	»
Vertus.	16	»
Colligny.	24	»
Morains-Aulnay.	28	»
Fère-Champenoise.	34	»
Connantre H.	40	»
Linthes-Linthelles-Pleurs.	45	»
Sézanne.	54	»
Barbonne-Fayel.	62	»
St-Quentin-le-Verger.	67	»
Anglure.	73	»
St-Just.	78	»
Romilly s/Seine *	84	Aube.

CHARMES-RAMBERVILLERS.

	Kil.	
Charmes *.	—	Vosges.
Porticux. H.	5	»
» Verrerie.	9	»
Moriville. H.	12	»
Rehaincourt.	15	»
Ortoncourt. H.	18	»
Moyemont.	21	»
Romont.	24	»
Rambervillers.	28	»

AMAGNE-VOUZIERS.

	Kil.	
Amagne, Est *.	—	Ardennes.
» Village.	4	»
Alland'huy.	7	»
Attigny.	10	»
Rilly-Semuy-St-Irénée.	16	»
Voncq.	20	»
Vrizy-Vandy.	24	»
Vouziers.	27	»

PONT-MAUGIS A RAUCOURT.

	Kil.	
Pont-Maugis *.	—	Ardennes.
Remilly (Port Sec).	4	»
Angecourt.	5	»
Haraucourt.	8	»
Raucourt.	10	»

NANCY A VÉZELISE.

	Kil.	
Nancy *.	—	Meurthe-et-Moselle.
Jarville la Malgrange.	3	»
Houdemont. H.	8	»
Ludres. H.	11	»
Meissein. H.	13	»
Neuves-Maisons. H.	16	»
Pont St-Vincent.	17	»
Bainville s/Madon. H.	19	»
Pierreville. H.	24	»
Pulligny-Autrey. H.	26	»
Ceintrey.	28	»
Clerey-Omelmont. H.	31	»
Tantonville. H. *.	33	»
Vézelise.	36	»

Tantonville. H. *.	—	Meurthe-et-Moselle.
» Brasserie.	2	»

NANCY A CHATEAU-SALINS ET A VIC.

	Kil.	
Nancy *.	—	Meurthe-et-Moselle.
Champigneulles. H.	6	»
Lay-St-Christophe. H.	9	»
Eulmont-Agincourt.	12	»
Laitre s/s Amance. H.	16	»
La Bouzule. H.	18	»
Brin.	24	»
Moncel.	28	»
Frontière.	»	Alsace-Lorraine.
Chambrey. H.	31	»
Burthécourt. H. *.	34	»
Salonnes. H.	36	»
Château-Salins.	39	»

Burthécourt. H. *.	—	Alsace-Lorraine.
Vic.	3	»

NANÇOIS-LE-PETIT A GONDRECOURT.

	Kil.	
Nançois-le-Petit *.	—	Meuse.
Ligny.	5	»
Menaucourt.	10	»
Théveray.	17	»
Laneuville St-Joire.	18	»
Demange-aux-Eaux.	26	»
Houdelaincourt.	30	»
Gondrecourt.	35	»

281. — Est de la Hongrie *(Autriche)*. (**V**.)

CONSEIL D'ADMINISTRATION A BUDA-PEST.

DIRECTION GÉNÉRALE A BUDA-PEST.

V. Bottlik, L., Directeur Général.
Gail, A., Directeur de l'Exploitation.
Czigly, J., Secrétaire Général.
Pope, L., Chef de la Comptabilité Générale.
Rauscher, J., Contrôleur Principal.
Zucker, J., Inspecteur, Chef du Bureau Commercial.
Kompach, F., Inspecteur Chef du Trafic.
Zwinz, F., »   » de la Voie et des Ateliers.
Donhofer, C., Inspecteur, Chef du Matériel.
Lott, J., Directeur de la Construction.
Jahoda, V., Inspecteur »
V. Enyedi, C., Ingénieur en Chef à Brassó.

	Kil.	
Grosswardein.	—	Ungarn.
Fugyi Vásárhely. H.	9.48	»
Mezö-Telegd.	23.06	»
Elesd.	33.30	»
Rév.	46.43	»
Brátka.	59.48	»
Busca.	69.49	»
Csucsa.	80.27	Siebenburg.
Bánffy-Hungard.	102.65	»
Sztána. H.	112.59	»
Egeres.	124.05	»
Magyar-Gorbó. H.	131.49	»
Magyar-Nádas.	140.13	»
Koloszvár.	151.97	»
Apahida.	163.65	»
Kolos-Kara.	168.58	»
Virágosvölgy. H.	187.71	»
Gyéres *.	203.11	»
Kocsárd *.	220.03	»
Maros-Ujvár. H.	223.53	»
Felvincz.	226.40	»
Nagy-Enyed.	240.36	»
Tövis *.	253.41	»
Karácsonfalva. H.	269.50	»
Balázsfalva.	277.24	»
Hosszü-Aszó. H.	286.34	»

	Kil.	
Mikeszásza.	294.69	Siebenburg.
Kis-Kapus *.	304.93	»
Mediasch.	315.32	»
Eczel. H.	»	»
Elisabethstadt.	333.30	»
Dános. H.	344.22	»
Segesvár.	354.64	»
Héjasfalva.	364.55	»
Erked.	380.94	»
Mehburg. H.	389.66	»
Kacza.	399.67	»
Homorod-Köhalom.	408.31	»
Alsó-Rákos. H.	422.27	»
Agostonfalva.	432.97	»
Apácza.	445.41	»
Mogyorós. H.	451.59	»
Földvár.	461.27	»
Botfalù. H.	469.91	»
Brassó.	483.19	»

Kis-Kapus *.	—	Siebenburg.
Nagy-Selyk.	11.15	»
Ladámos. H.	24.12	»
Vizakna.	34.51	»
Nagy-Szeben.	44.60	»

Tövis *.	—	Siebenburg.
Gyula-Fehérvár.	19.19	»

Gyéres *.	—	Siebenburg.
Torda.	9.	»

Kocsárd *.	—	Siebenburg.
Kecze. H.	9.1	»
Maros-Ludas.	19.11	»
Maros-Bógat. H.	21.84	»
Csapó-Radnóth.	34.81	»
Nyáradtö.	51.12	»
Maros-Vásárhely.	59.31	»

282. — Est Prussien *(Allemagne)*. (**V**.)

DIRECTION ROYALE A BROMBERG :

Mutius, Président.

COMMISSION DE BERLIN :

Goring, Président.
Rintelen, Inspecteur.

COMMISSION DE KÖNIGSBERG :

Gemmel, Président.
Grillo.

COMMISSION DE BROMBERG :

Kuhlmeyer, Président.
Bädecker, Inspecteur.

— 102 —

Administration a Bromberg :

Schröter, Inspecteur des Télégraphes.
Pirsch, Chef du Contentieux.
Reiser, » »
Müller, » »
Ohme, Secrétaire.
Schultz, Inspecteur des Télégraphes, à Berlin.
Kolleng, Secrétaire, à Königsberg.

	Kil.	
Berlin.	—	Potsdam.
Kaulsdorf. H.	10.8	»
Neuenhagen.	18.5	»
Fredersdorf *.	22.8	»
Straussberg.	27.8	»
Rehfelde. H.	33.9	»
Dohmsdorf-Müncheberg.	45.8	Frankfurt a/O.
Trebnitz.	54.	»
Gusow.	63.5	»
Golzow.	74.5	»
Custrin *.	82.5	»
Tamsel. H.	90.3	»
Vietz.	104.2	»
Döllensradung. H.	111.4	»
Düringshof.	117.	»
Landsberg. a/Warthe.	128.2	»
Zantoch.	141.4	»
Gurkow. H.	148.9	»
Friedeberg.	157.	»
Alt-Carbe. H.	163.7	»
Driesen.	174.2	»
Kreuz.	187.3	Bromberg.
Filehne.	198.8	»
Schönlanke.	223.1	»
Schneidemühl *.	245.7	»
Schönfeld.	257.9	»
Krojante.	269.	Mariennwerder
Flatow.	278.	»
Zatrzewo.	287.	»
Linde.	298.8	»
Buchholz.	310.1	»
Firchau.	317.2	»
Konitz.	329.	»
Rittel. H.	341.3	»
Czersk.	358.5	»
Schwarzwasser.	370.5	Danzig.
Frankenfelde. H.	378.8	»
Hoch-Stüblau.	386.3	»
Preussen-Stargard.	401.3	»
Swaroschin.	412.5	»
Dirschau *.	426.8	»
Simonsdorf	435.4	»
Marienburg.	444.2	»
Altfelde.	455.2	»
Grunau.	462.9	»
Elbing.	473.2	»
Güldenboden.	485.7	Königsberg.
Schlobitten.	497.9	»
Mühlhausen.	505.1	»

	Kil.	
Tiedmannsdorf.	515.6	Königsberg.
Braunsberg.	528.	»
Heiligenbeil.	540.	»
Wolitnik.	552.2	»
Ludwigsort.	560.4	»
Kobbelbude.	573.2	»
Seepothen. H.	578.4	»
Königsberg.	589.9	»
Gutenfeld. H.	601.4	»
Löwenhagen.	610.5	»
Lindenau.	619.8	»
Tapiau.	631.7	»
Wehlau.	641.6	»
Puschdorf. H.	652.3	Gumbinnen.
Norkitten.	662.9	»
Insterburg.	680.9	»
Judschen.	694.4	»
Gumbinnen.	706.5	»
Trakehnen.	719.9	»
Stallupönen.	731.9	»
Evdtkuhnen.	743.	»
Vers Wirballen.	744.8	»

Schneidemühl *.	—	Bromberg.
Erpel.	10.3	»
Friedheim.	20.1	»
Weissenhöhe.	27.1	»
Netzthal.	38.8	»
Samostrzel.	48.1	»
Nakel.	60.1	»
Strzelewo.	74.1	»
Bromberg *.	86.9	»
Brahnau. H.	97.1	»
Schulitz.	107.1	»
Czirpitz. H.	126.5	»
Thorn *.	136.7	Marienwerder.
Tauer. H.	151.2	»
Schönsee.	162.7	»
Briesen.	176.2	»
Ksionsken. H.	185.5	»
Jablonowo.	195.1	»
Ostrowitt.	203.4	»
Bischofswerder.	214.2	»
Deutsch-Eylau.	230.9	»
Raudnitz.	240.1	»
Bergfriede.	251.0	Königsberg.
Osterode.	260.2	»
Biesellen.	277.8	»
Hermsdorf.	285.1	»
Allenstein.	300.0	»
Wartenburg.	314.9	»
Rothfliess.	330.5	»
Bergenthal.	338.6	»
Bischdorf.	352.6	»
Korschen.	367.4	»
Dönhofstädt. H.	375.7	»
Skandau.	382.3	»
Gerdauen.	393.1	»

	Kil.	
Klein-Gnie.	407.3	Königsberg.
Bokellen. H.	414.3	»
Insterburg.	437.7	Gumbinnen.

Bromberg *.	—	Bromberg.
Maximilianowo.	9.	»
Kotomierz.	19.5	»
Prust. H.	27.	»
Terespol.	40.8	Marienwerder.
Laskowitz.	52.2	»
Warlubien.	68.2	»
Milewo.	76.2	»
Czerwinsk.	86.8	»
Gentomie.	98.9	»
Pelplin.	107.2	Danzig.
Subkau.	114.7	»
Dirschau *.	127.3	»
Hohenstein.	137.8	»
Praust.	149.	»
Danzig, Lege Thor.	158.8	»
» Hohe Thor.	163.1	»
Neufahrwasser.	170.4	»

Tilsit.	—	Gumbinnen.
Pogegen.	6.3	»
Stonischken.	17.6	»
Jugnaten.	33.5	»
Heidekrug.	42.2	»
Kukoreiten.	55.5	»
Prockuls.	70.6	Königsberg.
Carlberg.	83.3	»
Memel.	91.8	»
» Winterhafen.	94.1	»

Fredersdorf *.	—	Potsdam.
Rüdersdorf.	5.4	»

Cüstrin *.	—	Frankfurt a/O.
Podelsig.	11.3	»
Lebus.	17.9	»
Frankfurt a/Oder.	30.1	»

Thorn *.	—	Marienwerder
Otloczyn.	13.	»
Alexandrowo.	17.1	»

283. — Etat Autrichien (*Autriche*) (**V.**)

CONSEIL D'ADMINISTRATION A VIENNE :
de Wodianer (Bon), M., Président.
Zichy (Cte), H., Vice-Président.
Bréda (Cte), L.
Hartig (Cte), E.
de Härdtl (Bon), C.
de Mayrau (Bon), C.
Nakó (Cte), C.
de Seiller (Bon), G.
Szécsen (Cte), A.
Trenk de Tonder (Bon), H.
Pereire, I., Président.
d'Eichthal, A., Vice-Président.
de Galliera (Duc), R.
Germain, H.
de la Guéronnière (Vte).
de Heeckeren (Bon).
Mallet, C.
Bailleux de Marisy.
Pereire, H.
Salvador, C.

} Comité de Paris.

DIRECTION GÉNÉRALE A VIENNE :

Bresson, L., Directeur Général.
d'Engerth (Chev.), G., »   adjoint.
Lecointe, A., Directeur Honoraire, Conseil technique.
Raspi, F. L., Inspecteur Principal, Secrétaire du Conseil et de la Direction Générale.
Galba, J., Conseil Judiciaire.
Schuster, F., »   »
Kann, J., Inspecteur principal, Chef du Bureau du Personnel.
Kretschmer, S. V., Inspecteur Général, Chef de la Comptabilité Générale.
Kopp, E., Directeur de l'Exploitation.
Reinhardt, L., Sous-Directeur du Trafic et de l'Exploitation Commerciale.
Polonceau, E., Sous-Directeur des Machines.
Lihotzky E., »   de l'Entretien.
Stockhausen, H., Inspecteur Général, Chef de l'Economat.
de Serres, A., Sous-Directeur, Chef de la Direction des travaux.
Schmidt, H., Inspecteur Général des travaux.
Barré, A., Directeur des domaines.
de Ballás, S., Inspecteur Général des domaines.
Haswell, G., Directeur de la Fabrique des Machines.

M. O.		
Bodenbach.	—	Böhmen.
Topkowitz (Karlitz).	1	»
Nestrzic-Pömmerle.	2	»
Aussig.	3	»
Zalesl.	4	»
Praskovic-Kartitz. H.	4 1/2	»
Lobosic.	5 1/2	»
Theresienstadt.	6 1/2	»
Hrobec. H.	7 1/2	»
Raudnic.	8	»
Wegstädtl.	9	»
Berkowic-Melnik.	10 1/2	»
Jensowic.	11 1/2	»
Weltrus.	12 1/2	»
Mühlhausen.	13	»
Kralup.	13 1/2	»
Libsic.	14	»

— 104 —

	M. O.			M. O.	
Roztok.	15	Böhmen.	Schönfeld-Lassee.	76	Nieder-Oesterreich.
Podbaba. H.	16	»	Marchegg.	77	»
Bubenc.	16 1/2	»	Neudorf.	77 1/2	»
Bubna.	»	»	Blumenau. H.	78 1/2	»
Prag.	17	»	Pressburg.	79	Ungarn.
Bechowic.	18 1/2	»	Weinern.	80 1/2	»
Auwal.	20	»	Lanschütz.	81 1/2	»
Böhmisch-Brod.	21 1/2	»	Wartberg.	82 1/2	»
Porican.	»	»	Födemes. H.	83 1/2	»
Pecek.	23 1/2	»	Diószeg.	84 1/2	»
Velim.	24 1/2	»	Galantha.	85 1/2	»
Kolin.	25 1/2	»	Sellye.	87	»
Alt-Kolin.	»	»	Tornócz.	87 1/2	»
Elbeteinitz.	27	»	Tardosked.	89	»
Kladrub.	28 1/2	»	Tót-Megyer *.	89 1/2	»
Prelouc.	29 1/2	»	Neuhäusel.	91	»
Pardubitz.	31 1/2	»	Udvard.	92	»
Dasic.	32	»	Perbete.	93	»
Morawan.	33	»	Kürth.	94	»
Uhersko.	33 1/2	»	Köbölkut.	95 1/2	»
Zamrsk-Hohenmauth.	34 1/2	»	Gran-Nána.	97 1/2	»
Chotzen *.	35 1/2	»	Szobb.	99 1/2	»
Brandeis.	36	»	Gross Maros.	101	»
Wildenschwert.	37 1/2	»	Verőcze.	102	»
Böhmisch-Trübau *.	38 1/2	»	Waitzen.	103	»
Abtsdorf.	40	»	Göd.	104 1/2	»
Zwittau.	41	Mähren.	Dunakesz.	105 1/2	»
Greifendorf.	42	»	Palota (Rakos).	106 1/2	»
Brüsau-Brünnlitz.	43 1/2	»	Pest.	107 1/2	»
Letowitz.	44 1/2	»	Steinbruch.	108 1/2	»
Skalic-Roskowic.	45 1/2	»	Lörinz. H.	109	»
Raitz.	46 1/2	»	Vecsés.	110 1/2	»
Blansko.	47 1/2	»	Ullö.	111 1/2	»
Adamsthal.	48 1/2	»	Monor.	112 1/2	»
Brünn.	50 1/2	»	Pilis.	114	»
Strelitz *.	52	»	Alberti-Irsa.	115	»
Siluwka (Neslowitz). H.	53	»	Czegléd.	117	»
Kanitz-Eibenschitz.	53 1/2	»	Nagy-Körös.	119	»
Kromau.	55	»	Kecskemét.	121	»
Wolframitz. H.	55 1/2	»	Puszta-Páka.	122 1/2	»
Mislitz.	57	»	Félegyháza.	123 1/2	»
Frischau.	58	»	Puszta-Péteri. H.	125 1/2	»
Grussbach-Schönau *.	59	»	Kistelek.	127 1/2	»
Laa.	60 1/2	Nieder-Oesterreich.	Szatymáz.	129 1/2	»
Staatz.	61 1/2	»	Doroszma. H.	130 1/2	»
Frättingsdorf.	62 1/2	»	Szegedin.	131 1/2	»
Mistelbach-Poysdorf.	64	»	Szőreg.	132	»
Ladendorf.	64 1/2	»	Oroszlamos.	134	»
Neubau-Kreuztätten.	65	»	Valkány *.	136	»
Schleinbach.	66 1/2	»	Mokrin.	137	»
Wolkersdorf.	67 1/2	»	Gross-Kikinda.	138 1/2	»
Gerasdorf. H.	68 1/2	»	St-Hubert.	140	»
Stadlau.	69 1/2	»	Hatzfeld.	141	»
Wien *, *Centrale*.	71	»	Gyertyámos.	143	»
Stadlau.	72 1/2	»	Beregszó.	145	»
Gross-Enzersdorf.	74	»	Szakálháza.	145	»
Siebenbrunn-Leopoldsdorf.	75	»	Temesvár.	146	»
			Sáágh.	148	»

— 105 —

	M. O.	
Zsebely.	149 1/2	Ungarn.
Vojtek *.	152	»
Delta.	152	»
Sztamora-Moravicza.	154	»
Verschetz.	156 1/2	»
Jassenova *.	159	»
Jam.	160 1/2	»
Rakasdia.	162 1/2	»
Oravicza.	164	»
Moidan. H.	165	»
Lissawa.	165 1/2	»
Krassowa-Gerlistje.	167	»
Anina-Steierdorf.	168	»
Jassenova *.	—	Ungarn.
Weisskirchen.	1 1/2	»
Bazias.	3	»
Valkány *.	—	Ungarn.
O. Bessenyö.	1 1/2	»
Nagy St-Miklós.	3 1/2	»
Szaravola.	4 1/2	»
Rácz St-Péter.	5 1/2	»
Perjámos.	6	»
Grussbach-Schönau.	—	Mähren.
Possitz-Joslowitz.	1	»
Hödnitz.	2 1/2	»
Mühlfraun.	3	»
Znaim.	3 1/2	»
Strelitz *.	—	Mähren.
Tetschitz.	1	»
Rossitz-Pendorf.	1 1/4	»
Segen Gottes.	1 1/2	»
Zbeschau. H.	2 1/4	»
Wien, Centrale *.	—	Oesterreich a/E.
Simmering.	0 1/2	»
Schwechat-Kledering.	1	»
Lanzendorf-Pellendorf.	1 1/2	»
Himberg.	2	»
Gutenhof-Velm. H.	2 1/2	»
Grammat-Neusield.	3	»
Götzendorf.	4	»
Trautmannsdorf.	4 1/2	»
Weifleinsdorf.	5	»
Bruck a. d. Leitha.	5 1/2	»
Parndorf.	6 1/2	Ungarn.
Zurndorf.	8	»
Nikelsdorf. H.	9 1/2	»
Strass-Sommerein.	9 1/2	»
Kalkenstein. H.	»	»
Wieselburg.	11	»
St-Miklós (Lebeny).	13	»
Raab.	15 1/2	»
St-Ivan. H.	16	»

	M. O.	
St-János.	17 1/2	Ungarn.
Acs.	19	»
Neu-Szöny.	20 1/2	»
Olmütz.	—	Mähren.
Stefanau.	1	»
Littau.	2 1/2	»
Müglitz.	4	»
Lukawec. H.	5	»
Hohenstadt.	6	»
Budigsdorf.	8	»
Landskron.	8 1/2	Böhmen.
Rudelsdorf. H.	9 1/2	»
Triebitz.	10 1/2	»
Böhmisch-Trübau *.	11 1/2	»
Tót-Megyer *.	—	Ungarn.
Nagy-Suray.	1 1/2	»
Vojtek *.	—	Ungarn.
Gattaja.	2 1/2	»
Moritzfeld.	3 1/2	»
Gertenyes.	4	»
Zsidovin.	4 1/2	»
Rom-Bogsán.	5 1/2	»
Deutsch-Bogsán.	6	»
Chotzen *.	—	Böhmen.
Oujezd.	0.8	»
Korunka-Jeleni.	1.45	»
Borohradeck.	2.15	»
Tynist.	3.11	»
Bolehost.	4.16	»
Opocno.	5.15	»
Bohuslavic.	5.96	»
Neustadt a. d. Mettau.	6.55	»
Wenzelsberg.	7.19	»
Nachod.	7.90	»
Hronov.	8.85	»
Politz.	9.57	»
Matha-Mohren.	10.29	»
Weckelsdorf.	10.83	»
Bodisch.	11.23	»
Halbstadt.	11.92	»
Hermsdorf-Oehlberg.	12.71	»
Braunau.	13.13	»

Lignes Roumaines.

	Kil.	
Bucuresci.	—	Ilfovu.
Chitila *.	10	»
Buftea.	18	»
Perisû.	30	»
Crivina.	40	Prahova.
Ploiesci.	60	»
Valea Calugarésca.	71	»

	Kil.	
Albescii.	77	Prahova.
Mizilu.	93	Buzeu.
Ulmeni.	113	»
Montcoru.	118	Prahova.
Buzeu.	129	Buzeu.
Celibia.	149	»
Faurei.	170	Braila.
Ianca.	190	»
Muftiu.	207	»
Braila.	229	»
Barbosi *.	250	Covurluiu.
Galati.	269	»

	Kil.	
Chitila *.	—	Ilfovu.
Ciocanesci.	14	»
Ghergani.	26	Dambovita
Titu.	39	»
Gaesci.	60	»
Leurdeni.	77	Muscelu.
Golesci.	91	»
Pitesci.	99	Argesu.
Costesci.	120	»
Stolnici-Isbasesci.	136	»
Corbul de sus.	146	Oltu.
Potcóva.	158	»
Slatina.	179	»
Pótra.	196	»
Balsu.	209	Romanati.
Pelesti.	225	»
Craiova.	240	Doljiu.
Isalnita.	250	»
Cotofenii.	258	»
Racari.	269	»
Filiésu.	276	»
Butoiescii-de-Jos.	289	»
Strehaie.	300	Mehedinti
Timnea.	315	»
Prunisori.	325	»
Palota.	335	»
Severinu-(Turnu).	354	»
Verciorova.	371	»
vers Orsova.	»	»

Tecuciu *.	—	Tecuciu.
Berheciu.	15	»
Ghidigeni.	28	Tutova.
Tutova.	34	»
Berlad.	50	»

Barbosi *.	—	Covurluiu.
Serbesci.	13	»
Prevalu.	30	Tecuciu.
Hanu-Conachi.	40	»
Ivesci.	54	Tutova.
Tecuciu *.	72	Tecuciu.
Marasesci.	99	Putna.
Pufesti.	114	»

	Kil.	
Agiud.	124	Putna.
Sascut.	138	»
Racaciuni.	155	Bacau.
Valea Séca.	172	»
Bacau.	183	»
Galbeni.	202	Roman.
Roman.	227	»

284. — Etat Bavarois (Allemagne). (**V**)

DIRECTION GÉNÉRALE A MUNICH :

Hocheder, A., Directeur Général.
Röckl, A., Directeur de la Construction.
Fischer, H., Directeur de l'Exploitation.
Schnorr v. Carosfeld, C., Ingénieur Principal.
Reisinger, J.,   »   »
Förderreuther, F.,   »   »
Rölig, C.,   »   »
Mohnié, J.,   »   »
Fuchss, C., Chef Principal de Traction.
Mahla, E.,   »   »
Lorenz, R.,   »   »   et des
    Ateliers.
Schuster, P., Chef Principal du Matériel.

SERVICES ACTIFS :

v. Reigersberg (Comte), M., Chef de la Division de Munich.
Euler-Chelpin, C., Chef de la Division de Nürnberg.
Baumann, E., Chef de la Division de Bamberg.
v. Schellerer, O., Chef de la Division de Wurzburg.

	Kil.	
Aschaffenburg.	—	Unterfranken
Laufach.	11	»
Heigenbrücken.	18	»
Partenstein.	32	»
Lohr.	38	»
Gemünden.	52	»
Wernfeld. H.	55	»
Karlstadt.	65	»
Retzbach.	73	»
Thüngersheim. H.	77	»
Veitshöchheim.	83	»
Würzburg *.	90	»
Heidingsfeld.	96	»
Winterhausen.	104	»
Gossmannsdorf. H.	107	»
Ochsenfurt.	111	»
Marktbreit.	117	»
Herrnbergtheim.	128	Mittelfranken
Uffenheim.	134	»
Ermetzhofen.	140	»
Steinach *.	147	»
Burgbernheim.	150	»
Oberdachstetten.	159	»

	Kil.			Kil.	
Rosenbach. H.	166	Mittelfranken.	Hagenbüchach.	75	Mittelfranken.
Lehrberg.	171	»	Siegelsdorf *.	85	»
Ansbach.	179	»	Burgfarrnbach.	88	»
Winterschneidbach. H.	188	»	Fürth.	94	»
Triesdorf.	195	»	Fürther Kreuzung *.	96	»
Altenmuhr.	200	»	Nürnberg *.	102	»
Gunzenhausen.	206	»	Dützendteich.	106	»
Windsfeld.	215	»	Feucht.	115	»
Berolzheim.	222	»	Ochenbruck.	119	»
Wettelsheim.	226	»	Rübleinshof. H.	123	Oberpfalz.
Treuchtlingen.	230	»	Postbauer.	129	»
Pappenheim.	236	»	Neumarkt.	138	»
Solnhofen.	242	»	Deining.	149	»
Dollnstein.	249	»	Seubersdorf.	159	»
Eichstädt.	259	»	Parsberg.	166	»
Adelschlag.	264	»	Mausheim. H.	172	»
Tauberfeld.	270	»	Beratzhausen.	177	»
Gaimersheim.	277	»	Laaber.	182	»
Ingolstadt, *Locale*.	282	Ober-Bayern.	Eichhofen.	190	»
» *Centrale* *.	286	»	Etterzhausen.	193	»
Reichertshofen.	294	»	Prüfening.	199	»
Wolnzach.	306	»	Regensburg *.	203	»
Pfaffenhofen.	317	»	Obertraubling *.	211	»
Reichertshausen. H.	323	»	Mangolding.	215	»
Petershausen.	330	»	Moosham.	215	»
Röhrmoos.	340	»	Taimering.	218	»
Dachau.	349	»	Sünching *.	223	»
Allach. H.	356	»	Radldorf.	230	»
München *.	367	»	Straubing *.	240	Nieder-Bayern.
Thalkirchen.	372	»	Amselfing. H.	246	»
Haidhausen *.	377	»	Strasskirchen.	252	»
Trudering. H.	381	»	Stephansposching. H.	259	»
Haar. H.	387	»	Plattling *.	265	»
Zorneding.	395	»	Langen-Isarhofen.	273	»
Kirchseeon.	399	»	Osterhofen.	279	»
Grafing.	404	»	Pleinting.	288	»
Assling. H.	412	»	Vilshofen.	295	»
Ostermünchen.	418	»	Sandbach.	301	»
Grosskarolinenfeld.	426	»	Schalding. H.	309	»
Rosenheim *.	432	»	Passau.	316	»
Raubling. H.	440	»			
Brannenburg.	446	»			
Fischbach. H.	450	»	Rottendorf *.	—	Unterfranken.
Oberaudorf.	457	»	Seligenstadt.	10	»
Kiefersfelden.	463	»	Bergtheim.	15	»
Kufstein.	467	Tirol.	Essleben.	21	»
Würzburg *.	—	Unterfranken.	Weigolshausen.	24	»
Rottendorf *.			Bergrheinfeld. H.	29	»
Dettelbach.	7	»	Schweinfurt *.	38	»
Kitzingen.	14	»	Schonungen.	43	»
Mainbernheim.	22	»	Gädheim.	49	»
Iphofen.	28	»	Obertheres. H.	55	»
Markt-Einersheim.	32	Mittelfranken.	Hassfurt.	60	»
Heltmitzheim. H.	34	»	Zeil.	67	»
Marktbibart.	38	»	Ebelsbach.	73	»
Langenfeld.	46	»	Staffelbach.	80	Oberfranken.
Neustadt a/Aisch.	53	»	Oberhaid. H.	85	»
Emskirchen.	64	»	Bamberg *.	93	»
	70	»	Breitengüssbach.	100	»

	Kil.			Kil.	
Zapfendorf.	107	Oberfranken.	Manching.	267	Ober-Bayern.
Ebensfeld.	113	»	Ingolstadt, *Centrale* *.	270	»
Staffelstein.	118	»	Zuchering.	277	»
Lichtenfels.	125	»	Niederarnbach.	285	»
Michelau. H.	129	»	Schrobenhausen.	296	»
Hochstadt *.	133	»	Rädersdorf.	307	»
Burgkundstadt.	138	»	Aichach.	314	»
Mainroth.	144	»	Obergriesbach.	319	»
Mainleus.	149	»	Dasing.	324	»
Culmbach.	155	»	Friedberg.	331	»
Untersteinach.	161	»	Hochzoll.	334	»
Neuenmarkt *.	167	»	Augsburg *.	337	Schwaben-Neuburg.
Markt-Schorgast.	174	»	Inningen. H.	341	»
Falls-Gefrees.	179	»	Bobingen.	346	»
Stambach.	186	»	Grossaitingen H.	352	»
Münchberg.	196	»	Schwabmunchen.	357	»
Seulbitz. H.	202	»	Westererringen. H.	363	»
Schwarzenbach a/S.	209	»	Buchloë *.	374	»
Oberkotzau *.	214	»	Pforzen. H.	386	»
Hof.	222	»	Kaufbeuren.	394	»
Oberkotzau *.	—	Oberfranken.	Biessenhofen.	400	»
Rehau.	8	»	Ruderatshofen.	404	»
Selb.	19	»	Aitrang.	408	»
Asch.	27	Böhmen.	Günzach.	418	»
Hasslau.	36	»	Wildpoldsried.	428	»
Franzensbad.	48	»	Betzigau. H.	431	»
Eger.	54	»	Kempten *.	437	»
Waldsassen.	66	»	Waltenhofen.	443	»
Mitterteich.	75	Oberpfalz.	Oberdorf.	448	»
Wiesau *.	80	»	Immenstadt *.	458	»
Reuth-Erbendorf.	91	»	Thalkirchdorf.	470	»
Windish-Eschenbach.	99	»	Staufen.	475	»
Neustadt a/Wald-Naab.	108	»	Harbatzhofen.	482	»
Weiden *.	114	»	Röthenbach.	488	»
Rothenstadt. H.	119	»	Hergatz.	504	»
Luhe.	123	»	Schlachters.	513	»
Wernberg.	131	»	Oberreitnau. H.	519	»
Pfreimt.	138	»	Lindau.	527	»
Naabburg.	142	»			
Schwarzenfeld.	150	»	Bamberg *.	—	Oberfranken.
Irrenlohe *.	154	»	Hirschaid.	11	»
Schwandorf *.	158	»	Eggolsheim.	17	»
Klardorf.	164	»	Forchheim.	24	»
Haidhof.	173	»	Baiersdorf.	32	Mittelfranken.
Ponholz.	177	»	Erlangen.	39	»
Regenstauf.	185	»	Eltersdorf.	44	»
Wutzlhofen. H.	193	»	Poppenreuth. H.	52	»
Walhallastrasse.	196	»	Fürther Kreuzung *.	54	»
Regensburg *.	201	»	Nürnberg *.	60	»
Sinzing *.	206	»	Reichelsdorf.	68	»
Gundelshausen. H.	215	Nieder-Bayern.	Schwabach.	75	»
Abbach.	219	»	Roth.	85	»
Saal *.	225	»	Georgensgmünd *.	94	»
Thaldorf.	232	»	Pleinfeld *.	103	»
Abensberg.	240	»	Lauglau. H.	112	»
Neustadt a/Donau.	246	»	Gunzenhausen.	120	»
Münchsmünster.	254	Ober-Bayern.	Kronheim.	128	»
Vohburg.	260	»	Wassertrüdingen.	134	»

	Kil.			Kil.	
Ottingen.	146	Schwaben-Neuburg.	Rothenbach.	102	Mittelfranken.
Dürrenzimmern. H.	152	»	Lauf.	107	»
Nördlingen.	159	»	Ottensoos.	108	»
Möttingen.	168	»	Henfenfeld.	112	»
Harburg.	176	»	Hersbruck.	115	»
Donauwörth *.	190	»	Pommelsbrunn.	120	»
Baumenheim.	»	»	Hartmannshof.	124	»
Mertingen.	197	»	Etzelwang. H.	130	Oberpfalz.
Nordendorf.	204	»	Neukirchen *.	132	»
Meitingen.	210	»	Sulzbach.	143	»
Langwaid. H.	216	»	Rosenberg.	145	»
Gersthofen.	223	»	Altmannshof. H.	149	»
Augsburg *.	230	»	Amberg.	154	»
Stierhof.	236	Ober-Bayern.	Freihöls.	168	»
Mering.	245	»	Irrenlohe *.	177	»
Althegnenberg.	252	»	Schwandorf *.	181	»
Haspelmoor.	255	»	Altenschwand.	194	»
Nanhofen.	261	»	Bodenwöhr.	202	»
Maisach.	267	»	Neubäu. H.	211	»
Olching. H.	273	»	Roding.	218	»
Lochhausen. H.	279	»	Pösing.	221	»
Pasing *.	284	»	Cham.	229	»
München *.	292	»	Kothmaissling.	236	»
Thalkirchen.	297	»	Ahrnschwang.	244	»
Haidhausen *.	302	»	Furth a/Walde.	249	»
Riem. H.	308	»			
Feldkirchen. H.	312	»	Ingolstadt, *Centrale* *.	—	Ober-Bayern.
Poing. H.	319	»	Weichering.	13	Schwaben-Neuburg.
Schwaben *.	323	»	Rohrenfeld.	19	»
Hörlkofen. H.	331	»	Neuburg a/Donau.	25	»
Walpertskirchen. H.	334	»	Unterhausen.	31	»
Dorfen.	349	»	Burgheim.	37	»
Schwindegg.	356	»	Rain.	44	Ober-Bayern.
Weidenbach. H.	364	»	Donauwörth *.	57	Schwaben-Neuburg.
Ampfing.	369	»			
Mühldorf.	377	»	Augsburg *.	—	Schwaben-Neuburg.
Neuötting.	390	»	Westheim.	7	»
Perach. H.	395	»	Diedorf. H.	11	»
Marktl.	403	»	Gessertshausen.	15	»
Buch. H.	408	Nieder-Bayern	Mödishofen. H.	21	»
Simbach.	416	»	Dinkelscherben.	26	»
Crailsheim.	—	Jagskreis.	Gabelbachgereuth. H.	35	»
Ellrichshausen.	8	Mittelfranken.	Jettingen.	41	»
Schnelldorf.	12	»	Burgau.	44	»
Zumhaus.	17	»	Offingen.	52	»
Dombühl.	23	»	Gunzburg.	60	»
Büchelberg.	32	»	Leipheim.	65	»
Leutershausen.	36	»	Nerzingen.	73	»
Ansbach.	46	»	Neu-Ulm *.	82	»
Sachsen.	53	»	Ulm.	85	Donau (Wurt).
Wicklesgreuth.	58	»			
Heilsbronn.	64	»	Neu-Ulm *.	—	Schwaben-Neuburg.
Raitersaich.	70	»	Senden.	10	»
Rosstall.	75	»	Vöhringen.	15	»
Stein.	85	»	Bellenberg. H.	18	»
Schweinau.	87	»	Illertissen.	22	»
Nürnberg *.	90	»	Altenstadt.	29	»
Mögeldorf.	95	»	Kellmünz.	33	»

— 110 —

	Kil.	
Fellheim.	39	Schwaben-Neuburg.
Heimertingen. K.	43	»
Memmingen *.	50	»
Ungerhausen.	59	»
Sontheim.	64	»
Stötten.	72	»
Mindelheim.	78	»
Türkheim.	88	»
Wiedergeltingen. H.	93	»
Buchloë.	97	»
Igling.	104	Ober-Bayern.
Kaufering *.	108	»
Epfenhausen. H.	113	»
Schwabhausen.	118	»
Türkenfeld.	125	»
Grafrath.	132	»
Bruck.	144	»
Aubing.	154	»
Pasing *.	157	»
München *.	165	»
Mittersendling.	172	»
Grosshesselohe.	176	»
Deisenhofen.	184	»
Sauerlach.	191	»
Holzkirchen *.	202	»
Westerham.	215	»
Bruckmühl.	223	»
Heufeld.	227	»
Aibling.	230	»
Kolbermoor	235	»
Rosenheim.	240	»
Stephanskirchen. H.	245	»
Endorf.	256	»
Prien.	264	»
Bernau.	269	»
Uebersee.	277	»
Bergen.	286	»
Traunstein.	292	»
Lauter.	298	»
Teisendorf.	309	»
Freilassing *.	321	»
Salzburg.	327	Salzburg (Oest)
Obertraubling *.	—	Oberpfalz.
Köfering.	4	»
Hagelstadt. H.	8	»
Eggmühl.	16	»
Steinrain.	26	Nieder-Bayern.
Neufahrn *.	31	»
Ergoldsbach.	36	»
Mirskofen.	46	»
Landshut.	55	»
Bruckberg.	68	Ober-Bayern.
Moossburg.	75	»
Langenbach.	82	»
Freising.	92	»
Neufahrn.	102	»
Lohhof.	109	»

	Kil.	
Schleissheim.	114	Ober-Bayern.
Feldmoching. H.	118	»
München *.	128	»
Pasing *.	136	»
Planegg.	143	»
Gauting.	147	»
Mühlthal. H.	152	»
Starnberg.	156	»
Possenhofen.	161	»
Feldafing.	163	»
Tutzing *.	168	»
Diemendorf. H.	172	»
Wilzhofen.	177	»
Weilheim.	182	»
Unterpeissenberg.	188	»
Sulz.	190	»
Tutzing *.	—	Ober-Bayern.
Bernried.	7	»
Seeshaupt.	12	»
Staltach.	18	»
Penzberg.	23	»
Schliersee.	—	Ober-Bayern.
Hausham.	2	»
Miesbach.	7	»
Thalham.	13	»
Darching. H.	18	»
Holzkirchen *.	25	»
Ober-Warngau. H.	31	»
Schaftlach.	36	»
Reigersbeuren.	40	»
Tölz.	47	»
Memmingen *.	—	Schwaben-Neuburg
Grönenbach.	13	»
Dietmannsried.	22	»
Häusing. H.	26	»
Kempten *.	35	»
Pleinfeld *.	—	Mittelfranken.
Ellingen.	5	»
Weissenburg.	10	»
Grönhard. H.	15	»
Treuchtlingen.	19	»
Georgensgmünd *.	—	Mittelfranken.
Spalt.	7	»
Freilassing *.	—	Ober-Bayern.
Hammerau.	6	»
Piding. H.	11	»
Reichenhall.	15	»
Schwaben *.	—	Ober-Bayern.
Ottenhofen.	4	»
Aufhausen. H.	10	»
Erding.	14	»

Straubing *.	Kil.	—Nieder-Bayern.
Pilling. H.	9	»
Geiselhöring *.	16	»
Laberweinting.	22	»
Niederlindhardt.	29	»
Neufahrn *.	34	»
Geiselhöring *.		—Nieder-Bayern.
Sünching *.	9	Oberpfalz.
Neuenmarkt *.		— Oberfranken.
Trebgast.	5	»
Harsdorf. H.	11	»
Bindlach. H.	17	»
Bayreuth.	21	»
Stockau. H.	29	»
Seybothenreuth.	33	»
Kirchenlaibach.	39	Oberpfalz.
Kemnath-Neustadt.	46	»
Trabitz.	52	»
Pressath.	58	»
Schwarzenbach. H.	64	»
Parkstein-Hütten.	67	»
Weiden *.	79	»
Weiherhammer.	»	»
Rothenbach.	»	»
Freihung.	»	»
Langenbruck.	»	»
Vilsek.	»	»
Schonlind. H.	»	»
Grossalbershof.	»	»
Neukirchen *.	130	»
Wiesau *.		— Oberpfalz.
» H.	6	»
Tirschenreuth.	14	»
Hochstadt *.		— Oberfranken.
Redwitz.	5	»
Oberlangenstadt. H.	8	»
Küps.	10	»
Kronach.	17	»
Gundelsdorf.	21	»
Stockheim.	25	»
Meiningen.		— Sachsen-Meiningen.
Rentwertshausen.	15	»
Mellerichstadt.	26	Unterfranken.
Unsleben.	32	»
Heustreu.	36	»
Neustadt a/Saale.	39	»
Niederlauer.	44	»
Munnerstadt.	49	»
Rottershausen.	59	»
Ebenhausen *.	65	»
Poppenhausen.	69	»
Oberwerrn.	73	»
Oberndorf-Schweinfurt.	80	»
Schweinfurt *.	82	»

Ebenhausen *.	Kil.	— Unterfranken.
Kissingen.	9	»
Saal *.		—Nieder-Bayern.
Kelheim.	5	»
Alling.		— Oberpfalz.
Brückdorf.	»	»
Sinzing *.	4	»
Mittelalling.	10	»
Kaufering *.		— Ober-Bayern.
Landsberg.	5	»
Siegelsdorf *.		— Mittelfranken.
Raindorf. H.	3	»
Langenzenn.	6	»
Steinach *.		— Mittelfranken.
Hartershofen. H.	6	»
Rothenburg.	11	»
Immenstadt *.		— Schwaben-Neuburg.
Blaichach.	5	»
Sonthofen.	9	»
Rosenheim *.		— Ober-Bayern.
Schechen.		»
Rott.		»
Wasserburg.		»
Sojen.		»
Gars.		»
Jettenbach.		»
Kraiburg.		»
Mühldorf.		»
Rohrbach.		Bayern.
Neumarkt a/Rott.		»
Ganghofen.		»
Trembach. H.		»
Frontenhausen.		»
Griessbach. H.		»
Mamming.		»
Pilsting.		»
Landau a/Isar.		»
Wallersdorf.		»
Otzing.		»
Plattling *.		Nieder-Bayern.
Deggendorf.		»

285. — Etat Belge.

Ministère des Travaux Publics :
Bernaert, A., Ministre.

Cabinet du Ministre :
Cutsaert, J. P., Chef de Division.
Alvin, L. C. E., Sous-Ingénieur.

SECRÉTARIAT GÉNÉRAL :
Dupont, E., Directeur.
1er Bureau. — *Affaires Générales et Contentieux* :
Lacomblé, E., Chef de Division.

2e Bureau. — *Comptabilité du Personnel* :
Bodart, J., Chef de Bureau.

3e Bureau. — *Comptabilité Générale* :
Van Snick, J., Chef de Bureau.

4e Bureau. — *Pensions* :
Juste, L., Chef de Bureau.

5e Bureau. — *Matériel, Bibliothèque et Archives* :
Delbarre, E., Chef de Bureau.

ADMINISTRATION DES CHEMINS DE FER, POSTES, TÉLÉGRAPHES ET MARINE.

I. — Direction Supérieure :
Fassiaux, C. A., Directeur Général.
Belpaire, A. J., Inspecteur Général-Adjoint.
Vinchent, J. L. F. V. J. G.,   »

II. — Inspections Supérieures :
SERVICES TECHNIQUES :
Cabry, H., Inspecteur Général.
Picard, L. A. G., Ingénieur.

SERVICES DE CONTRÔLE :
Janssens, J. J. G., Inspecteur Général.

SERVICES D'EXPLOITATION :
Vandersweep, F., Inspecteur Général.
Michaux, A. J.,   »   »
Thiebaut, J. H., Chef de Bureau.

III. — Service général :
Fassiaux, C. A., Directeur Général.
Lepère, P. N., Inspecteur de Direction.

1re DIVISION :
Salmon, C. J., Chef de Division.

1er Bureau. — *Cabinet du Directeur Général Affaires Générales et Réservées* :
Godart, J., Chef de Bureau.

2e Bureau. — *Comptabilité Centrale des Dépenses, etc* :
Olivier, E., Chef de Bureau.

2e DIVISION :
Tinne, L. H. P. Chef de Division.

1er Bureau. — *Personnel (Fonctionnaires et Employés)* :
Chomé, H. A., Chef de Bureau.
De Nobele, C.,   »

2e Bureau. — *Personnel ouvrier ; Masse d'habillement* :
Hennequin, J., Chef de Bureau.
Depruysenaere, L.,   »

IV. — Service des Renseignements et de la Statistique Générale :
Goffaux, J., Directeur.
Dandelin, N., Inspecteur.
Loisel, P. F. A., Chef de Bureau. (*Calcul du Prix de revient, Compte-Rendu, etc.*)

V. — Voies et Travaux (2e Direction).
Thiriar, D. A. J., Ingénieur en Chef, Directeur.
Dubois, A., Ingénieur en Chef, Inspecteur de Direction.
Lamquet, G. E. H., Ingénieur Principal, Inspecteur de Direction.
Ernests, V. M., Chef de Division.

1er bureau. — *Personnel, Approvisionnements, etc* :
Delpierre, C. J., Chef de Bureau.

2e Bureau. — *Adjudications, Dépenses, Renseignements, etc* :
Mayard, J. J., Chef de Bureau.

3e Bureau. — *Acquisitions de terrains, Raccordements, Dépôt des plans, etc* :
Paul, A. C. P., Chef de Bureau.

4e Bureau. — *Etudes, Examen des projets, etc* :
Gondry, H. E., Chef de Bureau.

VI. — Traction et Matériel (3e Direction)
Gobert, L. A. E., Ingénieur en Chef, Directeur.
Maurissen, L. H., Ingénieur en Chef, Inspecteur de Direction.
Stévart, A., Ingénieur, Inspecteur de Direction.

1re DIVISION :
Candèze, J. A., Ingénieur Principal ff. Directeur.

1er Bureau. — *Améliorations au Matériel* :
Blanquart, J., Ingénieur en Chef.
Carez, F., Ingénieur, Chef de Bureau.

2e Bureau. — *Affaires Générales Techniques, Locomotives, Chauffage et Eclairage, etc* :
Hequet, H. E., J., Chef de Bureau.

2e DIVISION.
Balliu, F. F. D., Inspecteur ff. Directeur.

1er Bureau. — *Adjudications, Approvisionnements, Marchés, Crédits, etc* :
Voué, P. A. A., Chef de Bureau.

2ᵉ bureau. — *Personnel, Statistique, Dépenses, etc* :
Penant, F. J. L. A., Chef de Bureau.

VII. — **Exploitation (4ᵉ Direction)**.
Mongenast, C. P., Inspecteur Général.

A. — Personnel et Contentieux :
Evrard, H. J., Directeur.

Personnel, Budgets et Affaires Générales :
Martinet, D. H. A., Chef de Bureau.
Bricoux, C. J., »

Contentieux, Réclamations, Pertes, Avaries, etc :
Vander Elst, J. I., Chef de Division.

1ᵉʳ Bureau. — *Contentieux, Procès, Examen des questions de principe, Règlements et Conventions* :
Ithier, P. P., Chef de Bureau.

2ᵉ Bureau. — *Avaries, Accidents, Instruction et Règlement des Réclamations, Articles en souffrance* :
Nys, J. B., Chef de Bureau.

3ᵉ Bureau. — *Recherches, Instruction et Règlement des réclamations relatives aux manquants des colis, marchandises et bagages* :
Gits, J. P. V., Chef de Bureau.
Van Nieuwkuyck, J. P. T., Contrôleur.
Van Espen, »
Lemoine, L. J., »

B. — Service du Mouvement :
Lapierre, M. A. J., Directeur.

1ʳᵉ Division :
De Smet, A. P., Chef de Division.

1ᵉʳ Bureau. — *Stations, Budgets, Crédits, etc* :
Albo, A., Chef de Bureau.

2ᵉ Bureau. — *Matériel à marchandises, Raccordements, etc* :
Leroy, L., Chef de Bureau.
Louvois, G. A., »
Geedts, P. G. F., Contrôleur.
Cutsaert, A. L. V., »
Pissens, A. A., »
Braun, F. J., »

2ᵉ Division :
Desamblanx, P. J. E. P., Inspecteur ff. Directeur.

1ᵉʳ Bureau. — *Organisation des trains, etc* :
Waver, N., Chef de Bureau.

2ᵉ Bureau. — *Contrôle de la marche des trains, Matériel à voyageurs* :
Mertens, C. A. C., Chef de Bureau.

C. — Service Commercial :
Demeuse, V. O., Chef de Division.

1ᵉʳ Bureau. — *Tarifs et Transport des Voyageurs, Bagages, Marchandises, etc* :
Garnir, J. L., Chef de Bureau.
Thiry, E., »

2ᵉ Bureau. — *Statistique des Transports*.
Soete, E., Chef de Bureau.

IX. — **Contrôle des Recettes (6ᵉ Direction)**.
Vanderzanden, C., Inspecteur Général.
Demanet, C. E., » de Direction.

1ʳᵉ Division :
De Heneffe, Chef de Division.

1ᵉʳ Bureau. — *Situations comptables, etc* :
Kuhn, F., Chef de Bureau.

2ᵉ Bureau. — *Constatation des Produits, Décomptes généraux, Liquidation, Remboursements, etc* :
Gram, F. H. P. A., Chef de Bureau.

3ᵉ Bureau. — *Comptes-Courants des marchandises* :
Piers, L. J. J., Chef de Bureau.

2ᵉ Division :
Vanlangenhove, J. A., Chef de Division.

1ᵉʳ Bureau. — *Vérification des taxes et de la statistique des marchandises (Service Intérieur), Mouvement et Recettes des Transports, etc* :
Jacques, I. J. T., Chef de Bureau.

2ᵉ Bureau. — *Vérification des taxes des marchandises (Services Mixtes et Internationaux), Partage des recettes, etc* :
Gillion, L. J., Chef de Bureau.

3ᵉ Division.
Vérification des taxes des voyageurs et bagages, Comptes avec les Compagnies, etc :
Renson, V. F. F., Chef de Division.

X. — **Contrôle des Matières (7ᵉ Direction)**.
De Grelle, E., Directeur.
Wittmann, J. F. M., Inspecteur de Direction.

1ᵉʳ Bureau. — *Affaires générales, Personnel, etc* :
Claisse, E. F. S., Chef de Bureau.

Ostende, *Quai*.	Kil. —	Flandre occidentale.
»	»	»
Plasschendael.	6.557	»
Jabbeke.	12.732	»
Bruges.	22.122	»
Oostcamp.	28.557	»
Bloemendael.	34.389	»
Acltre.	43.556	Flandre orientale.
Bellem.	46.658	»
Hansbeke.	50.146	»
Landeghem.	53.108	»
Tronchiennes.	58.962	»
Pont-du-Strop (*Passage*)	»	»
Gand *.	66.740	»
Ledeberg (*Passage*).	65.734	»
Meirelbeke.	67.019	»
Melle *.	70.448	»
Quatrecht.	73.107	»
Wetteren *.	76.943	»
Schellebelle *.	79.815	»
Lede.	85.457	»
Alost *.	90.330	»
Erembodeghem.	93.295	»
Denderleeuw *.	96.732	»
Eschene-Lombeek.	100.161	Brabant.
Ternath.	103.770	»
Bodeghem St-Martin.	106.776	»
Dilbeek.	109.571	»
Berchem Ste-Agathe.	112.915	»
Jette St-Pierre.	116.027	»
Laeken.	118.021	»
Bruxelles, *Nord*.	120.619	»
» *Rue des Palais*	122.069	»
» *Rue Josaphat*.	123.478	»
» *Rue Rogier*.	124.434	»
» *Chaussée de Louvain*.	125.533	»
» *Rue de la Loi*.	126.400	»
» *Quartier Léopold*.	127.095	»
Watermael-Berg.	130.960	»
Boitsfort.	132.695	»
Groenendael.	136.695	»
La Hulpe.	141.795	»
Rixensart.	145.645	»
Ottignies.	150.745	»
Mont St-Guibert.	155.795	»
Chastre-Villeroux.	160.045	»
Gembloux *.	165.245	Namur.
St-Denis-Bovesse.	172.945	»
Rhisne.	176.255	»
Namur.	182.255	»
Naninne.	191.057	»
Assesse.	200.365	»
Natoye.	204.790	»
Ciney.	211.100	»
Haversin.	221.361	»
Aye (Marche) *.	230.839	Luxembourg.

Marloie *.	Kil. 233.564	Luxembourg.
Jemelle.	239.438	»
Lamsoul. H.	240.700	»
Forrières.	242.692	»
Grupont.	248.284	»
l'oix.	258.555	»
Libin. H.	262.405	»
Libramont *.	271.973	»
Longlier.	280.960	»
Lavaux Ste-Anne.	289.218	»
Marbehan.	296.907	»
Habay la Neuve.	304.127	»
Fouches.	309.508	»
Arlon.	317.836	»
Autel-Bas *.	332.418	»
Messancy.	339.060	»
Athus.	342.740	»
vers la frontière (Longwy).		
Wetteren *.	—	Flandre Orientale.
Schellebelle *.	2.872	»
Wichelen.	6.088	»
Schoonaerde.	9.054	»
Audegem *.	12.992	»
Termonde *.	15.834	»
Baesrode.	19.252	»
Buggenhout.	22.812	»
Malderen.	24.726	Brabant.
Londerzeel.	29.672	»
Capelle-au-Bois.	34.287	»
Hombeek.	39.816	Anvers.
Malines *.	42.760	»
Bautersem *.	»	
Muysen *.	»	
Boortmeerbeek.	50.388	Brabant.
Haecht.	53.654	»
Wespelaer.	55.693	»
Wijgmael.	61.616	»
Louvain *.	66.340	»
» *Bassin*.	67.584	»
Corbeek-Loo.	71.244	»
Vertryck.	77.030	»
Tirlemont *.	84.432	»
Esemael.	90.815	»
Neerwinden.	94.048	Liége.
Landen *.	97.670	»
Gingelom.	101.046	Limbourg Belge.
Rosoux-Goyer.	106.005	Liége.
Waremme.	111.476	»
Remicourt.	116.770	»
Fexhe-le-Haut-Clocher.	122.560	»
Bierset-Awans.	126.948	»
Ans, *Etat*.	130.499	»
Haut-Pré.	133.944	»
Liége, *Guillemins* *.	136.348	»
» *Longdoz* *.	137.491	»
Angleur *.	138.182	»

— 115 —

	Kil.	
Chênée *.	140.323	Liége.
Chaudfontaine.	143.859	»
Trooz.	147.438	»
Nessonvaux.	151.785	»
Pepinster *.	156.883	»
Juslenville.	160.090	»
Theux.	161.142	»
La Reid.	164.109	»
Spa.	168.590	»
Hockai. H.	180.890	»
Francorchamps.	184.501	»
Stavelot.	193.015	»
Trois-Ponts.	197.943	»
Grand-Halleux.	203.903	Luxembourg.
Vielsalm.	209.887	»
Bovigny.	217.349	»
Gouvy.	221.263	»

vers la frontière Luxembourgeoise.

Gand *.	—	Flandre orientale.
Pont-du-Strop (Passage)*	»	»
St-Denis-Westrem.	7.009	»
La Pinte *.	9.024	»
Deurle.	12.129	»
Deynze.	17.379	»
Machelen.	21.350	»
Olsene.	24.349	»
Waereghem.	29.696	Flandre occidentale.
Desselghem.	34.266	»
Harlebeke.	38.458	»
Courtrai *.	43.726	»
Lauwe.	49.760	»
Mouscron *.	55.829	»
Néchin.	65.713	Hainaut.
Templeuve.	68.718	»
Tournai *.	75.415	»
Vaulx.	79.373	»
Antoing.	82.094	»
Callenelle.	89.119	»
Péruwelz *.	94.143	»
Basècles-Carrières.	98.540	»
Blaton *.	100.768	»
Ville-Pommerœul.	106.585	»
St-Ghislain, Rivages.	119.451	»
» Charbonnages.	124.451	»

Anvers, Bassins.	—	Anvers.
» Borgerhout.	2.363	»
Berchem.	4.458	»
Vieux-Dieu *.	8.232	»
Contich *.	12.501	»
Duffel.	18.029	»
Wavre-Ste-Catherine.	19.836	»
Neckerspool *.	»	»
Malines *.	25.736	»
Weerde.	30.669	»

	Kil.	
Eppeghem.	32.592	Brabant.
Vilvorde.	36.459	»
Haren.	39.199	»
Schaerbeck *.	42.997	»
Bruxelles, Nord.	46.101	»

Schaerbeck *.	—	Brabant.
Laeken *.	1.998	»
Pannenhuis.	3.607	»
Koekelberg.	4.746	»
Bruxelles, Ouest.	5.778	»
Cureghem.	7.858	»
Bruxelles, Midi.	9.996	»
Forest.	11.299	»
Ruysbroeck.	13.621	»
Loth.	16.794	»
Buysingen.	18.820	»
Hal *.	21.277	»
Brages.	26.484	»
Saintes.	28.431	»
Enghien *.	34.081	Hainaut.
Bas-Silly.	45.498	»
Silly-Hellebecq.	48.310	»
Ghislenghien.	50.233	»
Isières-Lanquesaint.	54.441	»
Ath *.	59.674	»

Lokeren.	—	Flandre orientale.
Zèle.	6.296	»
Grembergen, État.	11.933	»
Termonde.	14.394	»
» Entrepôt.	15.849	»
Audegem *.	17.236	»
Gyseghem.	20.701	»
Alost *.	26.199	»
Erembodeghem.	29.164	»
Denderleeuw *.	32.661	»
Okegem.	36.931	»
Ninove.	39.844	»
Santbergen.	45.871	»
Ideghem.	48.591	»
Schendelbeke.	50.251	»
Grammont *.	54.041	»
Deux-Acren.	58.789	Hainaut.
Lessines.	61.148	»
Papignies.	64.228	»
Rebaix.	67.768	»
Ath *.	72.248	»
Maffles.	74.496	»
Chièvres-Attres.	77.293	»
Brugelette.	78.893	»
Lens.	84.240	»
Jurbise *.	87.863	»
Ghlin.	93.853	»
Mons, Bassin.	98.949	»
» *.	99.604	»
Jemmapes *.	104.030	»
Quaregnon.	105.864	»

	Kil.	
St-Ghislain *.	108.692	Hainaut.
Boussu.	110.443	»
Thulin.	114.301	»
Quiévrain *	118.779	»
vers la frontière française.	119.717	»
Ath *.	—	Hainaut.
Ligne.	5.244	»
Leuze *.	11.921	»
Barry-Maulde.	17.565	»
Havinnes.	23.107	»
Tournai *.	30.074	»
Blandain.	37.747	»
vers la frontière française.	40.419	»
Mouscron *.	—	Flandre occidentale.
vers la frontière française.	3.042	»
La Pinte *.	—	Flandre orientale.
Eecke-Nazareth.	6.480	»
Gavere-Asper.	9.989	»
Synghem.	12.531	»
Eyne.	17.224	»
Audenaerde *.	19.955	»
Leupeghem.	22.165	»
Etichove.	25.771	»
Renaix *.	33.658	»
Anvaing.	39.307	Hainaut.
Frasne-lez-Buissenal.	43.771	»
Leuze *.	49.407	»
Basècles.	57.909	»
Blaton *.	61.890	»
Melle.	—	Flandre orientale.
Landscauter.	2.832	»
Moortzeele.	5.921	»
Scheldewindeke.	7.810	»
Baeleghem.	12.396	»
Sottegem *.	15.173	»
Erwetegem.	18.193	»
Lierde-Ste-Marie.	22.562	»
Grammont *.	29.084	»
Viane-Moerbeke.	33.671	»
Gammerages.	37.334	Brabant.
Hérinnes.	41.340	Hainaut.
Enghien *.	47.889	»
Rebecq-Rognon.	52.021	»
Braine-le-Comte *.	58.171	»
Ecaussines d'Enghien *.	64.053	»
Marche les Ecaussines.	66.270	»
Familleureux.	70.067	»
Manage *.	72.459	»
Godarville.	76.703	»
Gouy-lez-Piéton.	79.716	»
Pont-à-Celles.	82.787	»

	Kil.	
Luttre *.	85.294	Hainaut.
Courcelles-Nord.	87.672	»
Gosselies-Courcelles *.	90.552	»
Roux *.	90.615	»
Marchiennes.	93.452	»
Denderleeuw *.	—	Flandre orientale
Haeltert.	4.015	»
Burst.	11.305	»
Herzeele.	14.428	»
Sottegem *.	20.299	»
Rooborst.	25.913	»
Boucle-St-Denis-Nederzwalm.	30.077	»
Eename.	34.811	»
Audenaerde *.	37.514	»
Peteghem.	41.042	»
Anseghem.	45.798	Flandre occidentale
Vichte.	53.218	»
Deerlyck.	55.988	»
Courtrai *.	62.841	»
Hal *.	—	Brabant.
Lembecq.	2.354	»
Tubise.	5.113	»
Hennuyères.	10.111	Hainaut.
Braine-le-Comte *.	15.959	»
Soignies.	22.192	»
Neufvilles.	27.564	»
Masnuy St-Pierre.	31.195	»
Jurbise *.	35.040	»
Bruxelles, Nord.	—	Brabant.
» Allée Verte.	2.093	»
» Entrepôt.	2.652	»
Baume *.	—	Hainaut.
Mariemont St-Arthur.	2.465	»
Morlanwelz.	3.342	»
Carnières, Nord.	5.089	»
Bois des Vallées. H.	6.572	»
Piéton *.	7.572	»
Fontaine-l'Évêque.	11.593	»
Monceau s/Sambre.	16.631	»
Marchiennes, Usines.	18.743	»
Marcinelle.	20.724	»
Charleroi Etat.	21.943	»
Couillet.	25.443	»
Montigny s/Sambre.	»	»
Châtelineau.	28.778	»
Le Campinaire.	31.343	»
Farciennes.	32.073	»
Tergnée *.	»	Namur.
Oignies *.	»	»
Tamines.	36.783	»
Auvelais.	39.268	»
Jemeppe s/Sambre.	41.241	»

— 117 —

	Kil.	
Moustier.	44.133	Namur.
Mornimont *.	»	»
Franière.	47.293	»
Floreffe.	49.870	»
Flawinne.	53.642	»
Namur *.	58.642	»
» Meuse.	60.249	»
Risles.	63.000	»
Vedrin.	64.142	»
Gognelée.	67.082	»
Leuze-Longchamps.	70.762	»
Eghezée.	74.827	»
Taviers s/Méhaigne.	76.922	»
Ramillies *.	77.688	Brabant.
Huppaye.	82.873	»
Jodoigne-Souveraine.	86.138	»
Lumay.	90.440	»
Hougaerde.	92.578	»
Tirlemont *.	98.238	»
Chénée *.	—	Liége.
Beyne.	9.182	»
Fléron.	11.440	»
Micheroux.	15.245	»
Herve.	19.469	»
Battice.		»
Bruxelles, Midi *.	—	Brabant.
Forest-Stalle.	3.383	»
Uccle.	4.255	»
Calevoet.	5.555	»
Rhode Ste-Genèse.	11.130	»
Waterloo.	15.185	»
Braine-l'Alleud.	18.624	»
Lillois.	23.207	»
Baulers.	27.914	»
Nivelles, Est.	29.127	»
Obaix-Buzet.	33.750	Hainaut.
Luttre *.	37.633	»
Angleur, Luxembourg.	—	Liége.
Tilff.	6.627	»
Esneux.	12.408	»
Poulseur.	15.938	»
Rivage. H.	19.113	»
Comblain-au-Pont.	20.828	»
Comblain-la-Tour.	24.211	»
Hamoir.	29.139	»
Bomal.	36.775	Luxembourg.
Barvaux.	40.074	»
Melreux-Hotton.	48.710	»
Aye (Marche) *.	58.498	»
Marloie *.	61.594	»
Libramont *.	—	Luxembourg.
Bernimont.	6.110	»
Wideumont-Bercheux.	9.970	»
Morhet.	18.530	»

	Kil.	
Sibret.	21.810	Luxembourg.
Bastogne.	28.298	»
Courcelles *.	—	Hainaut.
Gosselies-Courcelles *.	2.856	»
Courtrai *.	—	Flandre Occidentale.
Sweveghem.	5.918	»
Moen-Heestert.	11.332	»
Avelghem.	15.218	»
Orroir.	17.350	Flandre Orientale
Amougies.	21.124	»
Renaix *.	27.937	»
Manage *.	—	Hainaut.
Bascoup (Chapelle).	6.671	»
Piéton *.	9.959	»
Leval *.	—	Hainaut.
Anderlues.	»	»
Piéton *.	6.090	»
Forchies-la-Marche.	8.164	»
Trazegnies.	11.015	»
Courcelles *.	14.156	»
Roux *.	16.798	»
Frameries *.	—	Hainaut.
Paturages.	3.903	»
Ecaussines d'Enghien *.	—	Hainaut.
Mignault.	3.644	»
Houdeng-Goegnies.	8.601	»
Sars-Longchamps *.	11.615	»
Haine St-Paul.	12.034	»
Baume *.	12.800	»
Cronfestu.	16.160	»
Leval *.	17.410	»
Ressaix.	19.390	»
Binche.	21.160	»
Bonne-Espérance *.	24.763	»
Peissant.	29.458	»
Grandreng.	31.475	»
Erquelinnes.	35.535	»
Flénu, Central.	—	Hainaut.
St-Louis *.	»	»
Frameries *.	»	»
Cuesmes-Trieu *.	—	Hainaut.
Hyon-Ciply.	1.835	»
Harmignies.	7.198	»
Estinnes-Haulchin.	12.835	»
Bonne-Espérance *.	17.139	»
St-Ghislain *.	—	Hainaut.
Flénu (Monsville).	4.180	»

		Kil.	
Jemmapes (*Produits*).	»	Hainaut.
St-Louis *.	»	»

	Kil.	
Sars-Longchamps *.	—	Hainaut.
La Louvière.	2.670	»
Houssu.	»	»
Haine-St-Pierre.	»	»
La Verrerie.	»	»
Maricmont.	»	»

	Kil.	
Wavre *	—	Brabant.
Limal.	3.682	»
Ottignies *.	5.804	»
Court-St-Etienne *.	8.852	»
Noirhat.	»	»
Bousval.	14.064	»
Genappe.	18.631	»
Baulers.	26.224	»
Nivelles, *Nord*.	27.826	»
Feluy-Arquennes.	33.732	Hainaut.
Seneffe.	37.619	»
Manage *.	44.314	»
La Croyère.	44.020	»
La Louvière *.	46.856	»
La Paix.	48.653	»
Bois-du-Luc.	49.821	»
Bracquegnies.	51.359	»
Havré-Ville.	56.208	»
Obourg.	59.853	»
Nimy.	63.730	»
Mons, *Bassin*.	65.559	»
» *.	66.020	»
Cuesmes-Tricu *.	67.949	»
Flénu, *Produits* *.	72.815	»
» *Central* *.	73.494	»
Paturages *.	78.561	»
Wasmes.	79.880	»
Hornu *.	»	»
Dour, *Charbonnages*.	»	»
»	82.772	»
Elouges.	84.902	»
Quiévrain *.	85.495	»
vers la frontière française.	86.133	»

	Kil.	
Louvain *.	—	Brabant.
Herent.	4.789	»
Velthem.	7.642	»
Cortenberg.	14.005	»
Saventhem.	19.333	»
Dieghem.	21.444	»
Schaerbeck *.	25.954	»

	Kil.	
Landen *.	—	Liége.
Lincent.	5.915	»
Orp-le-Grand.	10.098	Brabant.
Jauche.	12.856	»

	Kil.	
Ramillies *.	18.556	Brabant.
Perwez.	25.236	»
Gembloux *.	35.996	Namur.
Sombreffe.	44.336	»
Ligny-Tongrinne.	46.916	»
Fleurus.	51.096	»
Lambusart *.	57.196	»
Tamines.	59.461	»

Pepinster *.	—	Liége.
Ensival.	2.938	»
Chic-Chac (*Passage*).	3.938	»
Verviers.	4.603	»
Chic-Chac (*Passage*).	»	»
Minous.	»	»
Dolhain.	11.369	»
Welkenraedt *.	17.870	»
Henri-Chapelle.	21.140	»
Montzen-Moresnet.	25.940	»
Bleyberg.	28.120	»

Liége, *Longdoz* *.	—	Liége.
Angleur *.	2.977	»
Chénée *.	5.118	»

Herbesthal.	—	Liége.
Welkenraedt *.	0.132	»

Contich *.	—	Anvers.
Lierre.	6.246	»

Autel-Bas *.	—	Luxembourg.
Sterpenich.	4.772	»
vers la frontière Luxembourgeoise.		»

Gand, *Manœuvres*.	—	Flandre Orientale.
» *Muide*.	»	»
» *Rabot*.	»	»

Peruwelz *.	—	Hainaut.
vers la frontière française.	2.331	»

Berzée.	—	Hainaut.
Thuillies.	7.480	»
Stréc.	11.663	»
Beaumont.	16.920	»

Grembergen, *État* *.	—	Flandre Orientale.
» *Moerzeke*.		»
Hamme.		»

Lambusart.	—	Hainaut.
Sucrerie (*Racct*.)	2.6	»

Soleilmont.	Kil.	»	Hainaut.
Gilly, *Sart-Allet.*	7.8	»	
» *Haies.*		»	»
Tournai, *Ancienne* *.			Hainaut.
» *Nouvelle* *.			»
Landen *.		—	Liége.
Bertrée-Avernas.	5	»	
Hannut.	10	»	
Avennes.	14	»	
Braives-Latinne.	17	»	
Fallais.	20	»	
Fumal.	23	»	
Huccorgne.	26	»	
Moha.	28	»	
Huy, *Statte.*	34	»	
» *Tilleul.*	36	»	
Barse.	42	»	
Modave.	46	»	
Vieux-Dieu *.		—	Anvers.
Contich, *Ouest.*	4	»	
Reeth.	8	»	
Boom.	12	»	

Sections industrielles.

St-Ghislain, *Rivages.*	Kil. —	Hainaut.
» *.	0.3	»
Hornu *.	4.4	»
Buisson, *n° 2.*	5.6	»
Hornu *.	—	Hainaut.
Sentinelle.	1.	»
Alliance.	1.7	»
Buisson, *n° 1.*	2.6	»
Warquignies.	3.3	»
Escouffiaux, *n° 7.*	4.2	»
» *n° 1.*	3.8	»
Sauwartan, *Gare.*	3.6	»
Grande Veine, *n° 2.*	4.2	»
Chevalières.	5.	»
Monceau *.	—	Hainaut.
Pont de l'Etat *.	0.8	»
Marchiennes *.	1.6	»
Bayemont, *Rivage* *.	3.	»
» *St-Charles.*	4.1	»
» *St-Auguste.*	4.7	»
» *St-Henri.*	5.4	»
Amercœur.	—	Hainaut.
Bayemont, *Rivage* *.	2.2	»
Marchiennes, *Usines* *.	3.7	»

Fontaine-l'Evêque *.	Kil. —	Hainaut.
» *Charbonnage.*		»	
Monceau *.	—	Hainaut.
Martinet, *n° 4.*	0.6	»
Usine Constant.	2.4	»
» *Hanrez.*	2.9	»
» *Balieux.*	3.3	»
» *Nimal-Thiebaut.*	3.3	»
» *Monceau s/Sambre.*	3.6	»
Monceau-Fontaine, *Rivage.*	4.3	»
Monceau *.	—	Hainaut.
Pont de l'Etat *.		»	»
Martinet *.		»	»
» , *n° 3.*		»	»
Leval *.		—	Hainaut.
Ste-Barbe.		»	»
Haine St-Paul *.		»	Hainaut.
Baume *.		»	»
La Verrerie *.		»	»

286. — Etat Danois.

ADMINISTRATION ET DIRECTION A AARHUS :

Holst, Directeur.
Brostrup, A. C., Chef du Secrétariat.
Bayer, C. G., Ingénieur en Chef des Chemins de fer en Exploitation.
Blair, J., Chef du Matériel et de la Traction.
Möller, F., Inspecteur en Chef d'Exploitation.
Fegner, F. V., Ingénieur en Chef des Chemins de fer en Construction.
Raae, P. F. R., Caissier en Chef.
Buchheister, H. C. L., Chef de la Comptabilité.

1re SECTION A FRÉDÉRICIA :

Le Maire, D. F. P., Ingénieur d'Exploitation.
Conreau, G. A. F. L., Inspecteur de Service.
Wood, J. S., Ingénieur de la Traction et du Matériel, à Nyborg.

2e SECTION A AARHUS :

Bangert, J. H. K., Ingénieur d'Exploitation.
Hansen, R. T., Inspecteur de Service.
Osterwaldt, C. F., Ingénieur de la Traction et du Matériel.

3e SECTION A AALBORG :

Toussieng, F. G. S., Ingénieur d'Exploitation.
Berner, E. A., Inspecteur de Service.
Rambusch, H., Ingénieur de la Traction et du Matériel, à Frederikshavn.

4e SECTION A VARDE :
Fibiger, J. G. D., Inspecteur d'Exploitation.
Hartz, T. V. C. C., Inspecteur de Service.

	M. D.	
Frederikshavn.	—	Jutland.
Kvissel.	1.2	»
Tolne.	2.	»
Sindal.	3.	»
Hjörring.	4.8	»
Vraa.	6.4	»
Brönderslev.	7.7	»
Sulsted.	9.2	»
Nörre-Sundby.	10.9	»
Aalborg.	—	Jutland.
Svendstrup.	1.2	»
Ellitshöi.	1.9	»
Stövring.	2.6	»
Skjörping.	3.5	»
Arden.	4.5	»
Hobro.	6.6	»
Onsild.	7.9	»
Faarup.	8.8	»
Randers.	10.8	»
Langaa.	12.5	»
Laurberg.	13.0	»
Lerberg.	13.6	»
Hadsteen.	14.2	»
Hinnerup.	15.5	»
Mundelstrup.	16.7	»
Brabrand.	17.7	»
Aarhus.	18.6	»
Hasselager.	19.8	»
Hörning.	20.5	»
Skanderborg *.	21.6	»
Hovedgaard.	23.6	»
Tvingstrub.	24.1	»
Horsens.	25.4	»
Lösning.	27.1	»
Daugaard.	28.1	»
Veile.	29.6	»
Börkop.	31.5	»
Fredericia.	33.2	»
Taulov.	34.4	»
Eltang.	35.1	»
Kolding.	35.8	»
Lunderskov *.	37.6	»
Veien.	39.2	»
Brörup.	40.2	»
Holsted.	41.1	»
Gjörding.	42.1	»
Bramminge *.	43.9	»
Kjereborg.	44.9	»
Esbjerg.	46.0	»
Guldager.	47.0	»
Varde.	48.3	»
Tistrup.	50.2	»

	M. D.	
Olgod.	51.6	Jutland.
Tarm.	53.3	»
Skjerm.	53.9	»
Lem.	55.4	»
Ringkjöbing.	57.0	»
Tim.	58.7	»
Ulfborg.	59.8	»
Vemb.	60.9	»
Holstebro.	63.3	»
Hjerm.	64.5	»
Struer.	65.4	»
Vinderup.	67.1	»
Skive.	69.8	»
Höislev.	70.5	»
Stoholm.	71.5	»
Sparkjer.	72.2	»
Viborg.	74.0	»
Rindsholm.	74.7	»
Rödkjersbro.	75.8	»
Bjerringbro.	77.2	»
Ulstrup.	78.3	»
Langaa.	79.3	»
Skanderborg *.	—	Jutland.
Alken.	0.7	»
Ry.	1.6	»
Laven.	2.3	»
Svirbæk.	3.1	»
Silkeborg.	4.	»
Lunderskov *.	—	Jutland.
Vamdrup.	0.8	»
Bramminge *.	—	Jutland.
Gredsted.	1.1	»
Ribe.	2.2	»
Strüb.	—	Fionie.
Middelfart.	0.6	»
Nörre-Aaby.	2.	»
Eiby.	2.6	»
Gjelsted.	3.2	»
Aarup.	4.	»
Bred.	4.4	»
Skalbjerg.	4.8	»
Tommerup.	5.2	»
Holmstrup.	6.	»
Odense.	7.1	»
Marslev.	8.4	»
Langeskov.	9.	»
Ullerslev.	9.7	»
Nyborg.	11.1	»

287. — Etat de Finlande (*Russie*). (U. R.)

DIRECTION A HELSINGFORS :

Mickwitz, J., Général, Président.

Wasastjerna, A. E.
Lennart, B.
Forsten.
Jansson, A. F.

ADMINISTRATION :

Strömberg, G., Chef des chemins de fer de l'Etat.
Granstedt, F., Ingénieur-Adjoint.
Stjermschantz, J. W., Directeur du Trafic.
Hedman, E. G., } Adjoints au Directeur du Trafic.
Appelberg, A.,
Wasastjerna, E., Directeur de la Voie.
Neuman, H., Ingénieur-Adjoint au Directeur de la Voie.
Gummerus, H. E., Ingénieur de district à Saint-Pétersbourg.
Tallqvist, H. T., Ingénieur de district à Wiborg.
Roschier, C. R., » » Kymmene.
Thuneberg, N., » » Riihimäki.
Bremer, H. R., » » Tavastehus.
Böcker, P. E., » » Hangö.
Engström, K. P., Directeur de la Traction.
Moring, K. M., Ingénieur-Mécanicien.
Forsman, W. W., Constructeur.
Nordman, K. A., Chef de Dépôt et d'Atelier, à Saint-Pétersbourg.
Stenström, G. R. » » à Wiborg.
v. Christiersson, F., » » à Hangö.

	Verstes.	
Saint-Pétersburg.	—	Saint-Pétersbourg.
Lanskaja.	4	»
Udelnaja.	8	»
Schouvalovo.	11	»
Pargala.	15	»
Levaschovo.	18	»
Walkeasaari.	30	»
Terijoki.	46	Wiborg.
Raivola *.	55	»
Nykirka.	70	»
Perkjärvi.	83	»
Galitzino.	94	»
Säiniö.	111	»
Wiborg.	120	»
Nurmis.	137	»
Simola.	158	»
Pulsa.	168	»
Davidstad.	190	»
Kaipiais.	213	»
Uttis.	223	»
Kymmene.	240	Nuland.
Kausala.	255	»
Nyby.	272	Tavastehus.
Lahtis *.	291	»
Herrala.	305	»
Järvelä.	316	»

	Verstes.	
Lappila.	322	Tavastehus.
Ois.	332	»
Hikie.	338	»
Riihimäki *.	346	»
Hyvinge *.	358	Nuland.
Jokela.	368	»
Träskända.	379	»
Kervo.	386	»
Dickursby.	398	»
Helsingfors *.	413	»
Sörnäs.	419	»
Tavastehus.	—	Tavastehus.
Turengi.	13	»
Ryttylä.	25	»
Riihimäki *.	33	»
Hyvinge *.	45	Nuland.
Korpi.	69	»
Nummela.	93	»
Lojo.	105	»
Svarta.	124	»
Karis.	138	»
Ekenäs.	153	»
Lappvik.	168	»
Hangö.	185	»
Raivola *.	—	Wiborg.
» Bruck.	2	»
Lahtis *.	—	Tavastehus.
Wesijärvi (Lac).	4	»

288. — Etat de Hanovre (*Allemagne*). (**V.**)

DIRECTION ROYALE A HANOVRE :

v. Schmerfeld, Président.
Durlach.
Halle.
Schwencke.
Schaffer.
Oberbeck.
Roedenbeck.
Menz.
Schultz.
Grüttehein,
Benthin,
Landgrebe, } Adjoints.
Fuhrmann,
Döpke,

ADMINISTRATION A HANOVRE :

Schulenburg, Inspecteur de Construction et d'Exploitation et Chef du bureau technique de l'Exploitation.
Oerbeck, Inspecteur et Chef du bureau technique de la Traction.

Mertens, Chef Principal du Trafic.
Könen, Chef du bureau technique de Construction.
Eilert,   »   »   »

COMMISSION DE HANOVRE :

Hammer, Président.
Beckmann, Membre.
Knoche, Inspecteur de Construction et d'Exploitation.
Kettler,   »   »   »
Textor, Chef   »
Brosius,   »   de Traction.
Thielen,   »   de l'Atelier des Machines.
Wilmans, Inspecteur des Télégraphes.

COMMISSION DE BRÊME :

Spielhagen, Président.
Wrede, Membre.
Schenck, Inspecteur de Construction et d'Exploitation.
Leuchtenberg, Inspecteur de Construction et d'Exploitation.
Hesse, Chef de Traction.

COMMISSION A HARBOURG :

Klemme, Président.
Nahrath, Membre.
Ziehen, Inspecteur de Construction et d'Exploitation.
Rohrmann, Chef de Construction.
Ellenberger,   »   »
Wedemeyer,   »   Traction.

COMMISSION A CASSEL :

Hinüber, Président.
Krönig, Membre.
Krone,   ⎫
Dato,   ⎬ Inspecteurs de Construction et d'Exploitation.
Lange,   ⎭
Liegel, Inspecteur de Construction.
Pilger, Chef de Traction.
Grevemeyer, Chef de l'Atelier des Machines.
Vockrodt, Chef de Traction.

	Kil.	
Geestemünde.	—	Hannover.
Loxstedt.	7.8	»
Stubben.	19.8	»
Oldenbüttel.	33.7	»
Osterholz-Scharmbeck.	40.5	»
Ritterhude.	45.8	»
Burg Lesum *.	50.4	»
Oslebshausen. H.	54.6	»
Bremen.	61.6	»
Sebaldsbrück.	67.3	»
Achim.	78.3	»
Langwedel.	90.2	»
Verden.	97.5	»

	Kil.	
Dörverden.	105.9	Hannover.
Eistrup.	112.9	»
Rohrsen.	121.9	»
Nienburg.	128.7	»
Linsburg.	137.8	»
Hagen.	143.9	»
Neustadt.	153.	»
Wunstorf *.	162.6	»
Seelze.	172.3	»
Hannover *.	184.	»
Wülfel.	191.1	»
Rethen.	196.	»
Sarstedt.	202.6	»
Barnten.	206.5	»
Nordstemmen *.	210.7	»
Elze.	217.	»
Banteln.	224.	»
Alfeld.	234.	»
Freden.	242.8	»
Kriensen.	253.1	Braunschweig.
Salzderhelden-Einbeck.	261.	Cassel.
Northeim *.	272.8	»
Nörten.	282.1	»
Bovenden.	286.4	»
Göttingen *.	292.3	»
Dransfeld.	308.	»
Oberscheden.	316.3	»
Münden.	326.2	»
Kragenhof.	339.4	»
Cassel.	350.3	»

Harburg a. d. Elbe.	—	Hannover.
Stelle.	12.3	»
Winsen.	19.9	»
Bardowick.	33.1	»
Lüneburg *.	39.	»
Bienenbüttel.	51.9	»
Bevensen.	61.3	»
Uelzen.	74.1	»
Suderburg.	85.9	»
Unterlüss.	97.2	»
Eschede.	108.8	»
Celle.	126.5	»
Ehlershausen.	137.5	»
Burgdorf.	146.	»
Lehrte.	154.4	»
Sehnde.	161.	»
Algermissen.	168.4	»
Harsum.	172.9	»
Hildesheim.	179.3	»
Nordstemmen *.	190.9	»

Lüneburg *.	—	Hannover.
Adendorf.	4.4	»
Echem.	12.6	»
Hohnstorf.	16.1	»

	Kil.	
Burg-Lesum *.	—	Hannover.
St-Magnus.	3.	»
Grohn-Vegesack.	5.9	»

Wunstorf *.	—	Hannover.
Haste-Nenndorf.	6.9	»
Lindhorst.	14.5	Schaumburg-Lippe.
Stadthagen *.	21.6	»
Kirchhorsten.	27.	»
Bückeburg.	33.8	»
Minden.	42.9	Minden.
Porta.	48.2	»
Oeynhausen.	58.1	»
Löhne.	63.9	»
Kirchlengern.	69.	»
Bünde.	73.8	»
Bruckmühlen.	82.6	Hannover.
Melle.	89.9	»
Wissingen.	100.9	»
Osnabrück *.	111.6	»
Velpe.	126.6	»
Laggenbeck (Erze).	131.1	Münster.
Ibbenbüren.	137.2	»
Püsselbüren.	140.1	»
Hörstel.	146.7	»
Rheine.	158.3	»

Northeim *.	—	Hannover.
Catlenburg.	8.7	»
Hattorf.	19.5	»
Herzberg a/Harz *.	27.1	»
Scharzfeld-Lauterberg.	32.7	»
Osterhagen.	40.2	»
Tettenborn.	44.8	»
Walkenried.	49.8	Braunschweig.
Ellrich.	54.3	Erfurt.
Niedersachswerfen-Ilfeld.	62.4	Hannover.
Nordhausen.	68.8	Erfurt.

Herzberg a/Harz *.	—	Hannover.
Osterode a/Harz.	12.7	»
Frontière.	16.2	»

Göttingen *.	—	Hannover.
Obernjesa.	8.8	»
Friedland.	13.4	»
Arenshausen.	20.1	Merseburg.

Stadthagen *.	—	Schaumburg-Lippe.
Osterholz.	7.5	»

	Kil.	
Osnabrück *.	—	Hannover.
Piesberg.	5.9	»

Peine *.	—	Hannover.
Ilsede.	»	»

	Kil.	
Hannover *.	—	Hannover.
Misburg.	8.5	»
Lehrte.	16.1	»
Hämelerwald.	25.9	»
Peine *.	35.2	»
Frontière.	52.6	»

289. — Etat de Nassau (Allemagne). (V.)

DIRECTION ROYALE A WIESBADEN :

Hendel, Président.
Hilf.
Ursimus.
Weise,
Sombart, } Adjoints.
Panthel,

ADMININISTRATION :

Usemer, Inspecteur de la Construction.
Fuchs, Chef du Bureau Central.
Burg, Caissier Général.
Rast, Chef Principal du Trafic.
Heckmann, Chef Principal de Traction à Limburg.
Gutmann, Inspecteur de Construction et d'Exploitation à Cassel.
Stratemeyer, Inspecteur de Construction et d'Exploitation.
Wagner, Inspecteur d'Exploitation à Limburg.
Allmenröder, Chef de Construction, à Rudesheim.
George, Chef de Construction, à Oberlahnstein.
Merkel, » » à Limburg.
Welde, » »
Loebbecke, Inspecteur des Télégraphes, à Oberlahnstein.
Müller, Chef du Bureau des Tarifs.

	M. P.	
Frankfurt a/M.	—	Wiesbaden.
Griesheim.	0.97	»
Höchst *.	1.18	»
Hattersheim.	1.97	»
Flörsheim.	2.91	»
Hochheim.	3.77	»
Castel.	4.44	Rhein-Hessen.
Biebrich-Curve *.	5.00	»
Wiesbaden, *Taunus*.	5.58	Wiesbaden.

Wiesbaden, *Rhein*.	—	Wiesbaden.
Biebrich-Mosbach.	0.67	»
Schierstein.	1.08	»
Nieder-Walluf.	1.51	»
Eltville *.	1.91	»
Erbach. H.	2.19	»
Hattenheim.	2.59	»

	M. P.	
Oestrich-Winkel.	3.01	Wiesbaden.
Geisenheim (Johannisberg).	3.64	»
Rüdesheim.	4.11	»
Assmannshausen.	4.71	»
Lorch.	5.69	»
Caub.	6.55	»
St-Goarshausen.	7.97	»
Kestert. H.	8.85	»
Camp.	9.55	»
Osterspai. H.	10.34	»
Braubach.	11.13	»
Oberlahnstein.	11.66	»
Hohenrein. H.	11.87	»
Nievern. H.	12.34	»
Lindenbach.	12.52	»
Ems Best.	13.39	»
Nassau.	14.47	»
Obernhof. H.	15.05	»
Laurenburg.	15.97	»
Rupbach. H.	16.12	»
Balduinstein.	16.75	»
Fachingen.	17.20	»
Diez-Best *.	17.50	»
Limburg *.	17.98	»
Eschhofen. H.	18.41	»
Kerkerbach. H.	18.75	»
Runkel.	19.00	»
Wilmar.	19.38	»
Aumenau.	20.28	»
Schafstall. H.	20.51	»
Fürfurt. H.	20.79	»
Guntersau. H.	»	»
Weilburg.	21.88	»
Löhnberg.	22.26	»
Stockhausen.	23.05	Coblenz.
Braunfels.	23.53	»
Albshausen.	24.22	»
Wetzlar.	24.95	»

Diez-Best *.	—	Wiesbaden.
Flacht.	0.54	»
Oberneisen.	0.87	»
Hahnstätten.	1.15	»
Zollhaus.	1.46	»

Limburg *.	—	Wiesbaden.
Staffel.	0.32	»
Elz.	0.56	»
Hadamar.	1.07	»

Höchst *.	—	Wiesbaden.
Soden.	1.89	»

Biebrich-Curve *.	—	Rhein-Hessen.
Biebrich.	0.19	»

	Kil.	
Limburg *.	—	Wiesbaden.
Niederbrechen.	9.385	»
Oberbrechen.	11.515	»
Niederselters.	15.585	»

Eltville *.	—	Wiesbaden.
Schlangenbad.	8.25	»
L. Schwalbach.	15.75	»

290. — Etat de Wesphalie (*Allemagne*). (V.)

DIRECTION ROYALE A MUNSTER :

Pape, Président.
Senftleben, Membre technique.
Pieper, » »
Bachmann, » »
Bramer, » »
Stündeck, » adjoint.
v. Diffurth, » »
v. Ysselstein, » »

Klose, Inspecteur Principal d'Exploitation.
Tacke, Chef Principal de Traction, à Paderborn.
Sillies, Chef de Traction.
Köster, » » à Singen.
Köppen, Chef du Trafic.
Staudinger, Inspecteur du Télégraphe.

1re INSPECTION D'EXPLOITATION A EMDEN :

Voss, Inspecteur d'Exploitation.
Glünder, » de Construction à Singen.
Röhner, » » à Emden.

2e INSPECTION D'EXPLOITATION A MUNSTER :

Schmidt, Inspecteur d'Exploitation et de Construction.

3e INSPECTION D'EXPLOITATION A HAMM :

Garcke, Inspecteur d'Exploitation et de Construction.

4e INSPECTION D'EXPLOITATION A PADERBORN :

Müller, Inspecteur d'Exploitation et de Construction.
Westphalen, Inspecteur de Construction.

	Kil.	
Warburg.	—	Minden.
Bonenburg.	11.2	»
Teutonia H.	15.1	»
Willebadessen. H.	19.1	»
Buke. H.	33.	»
Altenbeken *.	37.2	»
Paderborn.	54.5	»

— 125 —

	Kil.	
Salzkotten-Salz.	67.4	Minden.
Gesecke.	74.6	Arnsberg.
Lippstadt.	86.4	»
Benninghausen. H.	93.5	»
Sassendorf-Salz.	102.7	»
Soest.	107.1	»
Welver. H.	118.1	»
Hamm.	130.9	»
Ermelinghof. H.	134.7	Münster.
Drensteinfurt.	146.4	»
Rinkerode. H.	150.4	»
Hiltrup. H.	157.5	»
Münster *.	163.6	»
Greven.	178.8	»
Emsdetten.	189.5	»
Mesum. H.	195.6	»
Rheine.	202.4	»
Salzbergen.	210.3	Osnabrück.
Leschede. H.	219.2	»
Ellberghen. H.	226.6	»
Lingen.	234.4	»
Meppen.	254.6	»
Kellerberg. H.	264.8	»
Lathen.	273.6	»
Kluse-Dörpen. H.	281.7	»
Aschendorf. H.	295.3	»
Papenburg.	300.7	»
Ihrhove. H.	310.1	Aurich.
Leer.	317.7	»
Neermoor. H.	326.	»
Oldersum. H.	334.	»
Petkum. H.	339.	»
Emden.	343.2	»

Altenbeken *.	—	Minden.
Driburg.	9.6	»
Brakel.	21.7	»
Godelheim. H.	35.9	»
Höxter.	44.6	»
Holzminden.	48.7	Braunschweig.

Münster *.	—	Münster.
Altenberge.	16.6	»
Nordwalde.	19.7	»
Borghorst.	26.2	»
Burgsteinfurt.	32.1	»
Metelen.	37.7	»
Ochtrup.	44.6	»
Gronau.	55.8	»

291. — Etat de Wurtemberg
(*Allemagne*). (**V**.)

DIRECTION ROYALE A STUTTGART :
v. Dillenius, 1er Président.
v. Böhm, 2e Président.

Wrede.
Brockman.
Weizsäcker.
Dimler.
Würich.
Bärlin.
Götz.
Dopffel.
Klüpfel.
Huber.

DIRECTION GÉNÉRALE D'EXPLOITATION :
v. Dillenius, Directeur Général.
Hofacker.
v. Klein.
v. Grundler.
Knapp.
Weizsäcker.
Schleisher.
Schrag.

COMMISSION DE CONSTRUCTION :
v. Klein, Président.
v. Morlok.
v. Abel.
Schlierholz.
v. Grundler.
v. Mauser.
Knapp.
Rank.
Planitz, Caissier Principal.
Fetzer, Contrôleur de Comptabilité.

	Kil.	
Osterburken.	—	Unterrhein.
Adelsheim.	3.72	»
Sennfeld.	7.04	»
Roigheim.	10.64	Neckar.
Möckmühl.	15.97	»
Züttlingen.	20.68	»
Siglingen.	23.10	»
Neudenau.	26.68	Unterrhein.
Untergriesheim.	32.95	Neckar.
Jagstfeld.	38.01	»
Kochendorf.	39.78	»
Neckarsulm.	43.62	»
Heilbronn *.	49.21	»
Nordheim.	55.33	»
Lauffen.	61.29	»
Kirchheim a/Neckar.	66.65	»
Besigheim.	72.	»
Bietigheim *.	78.42	»
Asperg.	84.27	»
Ludwigsburg.	87.91	»
Kornwestheim.	91.40	»
Zuffenhausen *.	95.29	»
Feuerbach.	97.36	»
Stuttgart *.	101.84	»
Canstatt *.	105.79	»

	Kil.	
Untertürkheim.	109.49	Neckar.
Obertürkheim.	111.88	»
Esslingen.	115.71	»
Altbach.	121.94	»
Plochingen *.	125.03	»
Reichenbach.	129.04	Donau.
Ebersbach.	133.81	»
Uhingen.	138.47	»
Göppingen.	143.89	»
Eislingen.	147.92	»
Süssen.	152.17	»
Gingen.	155.42	»
Geislingen.	163.11	»
Amstetten.	168.82	»
Lonsee.	174.66	»
Beimerstetten.	183.81	»
Ulm *.	195.79	»
Einsingen.	203.48	»
Erbach.	206.95	»
Risstissen.	213.47	»
Laupheim.	218.21	»
Schemmerberg.	223.02	»
Langenschemmern.	225.87	»
Warthausen.	229.89	»
Biberach.	233.12	»
Ummendorf.	237.43	»
Schweinhausen. H.	240.50	»
Essendorf.	245.68	»
Schussenried.	253.12	»
Aulendorf *.	258.20	»
Durlesbach.	265.24	»
Mochenwangen.	270.11	»
Niederbiegen.	274.81	»
Ravensburg.	280.03	»
Meckenbeuren-Tettnang.	290.74	»
Friedrichshafen.	299.38	»

Plochingen *.	—	Neckar.
Unterboihingen *.	6.36	Schwarzwald.
Nürtingen.	12.30	»
Neckarthailfingen.	16.79	»
Bempflingen.	21.87	»
Metzingen *.	25.88	»
Sondelfingen. H.	31.21	»
Reutlingen.	34.40	»
Betzingen.	37.75	»
Kirchentellinsfurth.	41.89	»
Tübingen *.	48.75	»
Kilchberg.	53.50	»
Rottenburg.	59.39	»
Niedernau.	62.92	»
Bieringen.	66.07	»
Eyach.	72.37	»
Mühlen.	77.04	»
Horb *.	80.32	»
Neckarhausen.	87.28	Hohenzollern.
Sulz.	94.37	Schwarzwald.
Oberndorf.	105.62	»

	Kil.	
Epfendorf.	111.58	Hohenzollern.
Thalhausen.	116.93	»
Rottweil *.	123.41	»
Deisslingen.	131.02	»
Trossingen.	135.15	»
Schewenningen.	141.11	»
Marbach. H.	147.27	See.
Villingen.	150.19	»

Rottweil *.	—	Schwarzwald.
Neufra.	6.78	»
Aldingen.	10.80	»
Spaichingen.	15.02	»
Rietheim.	20.09	»
Wurmlingen.	23.41	»
Tuttlingen.	27.75	»
Möhringen.	31.30	See.
Immendingen.	37.91	»

Tübingen *.	—	Schwarzwald.
Dusslingen.	8.15	»
Mössingen.	16.14	»
Bodelshausen.	21.35	»
Hechingen.	24.73	Hohenzollern.
Zollern. H.	30.95	»
Bisingen.	34.26	»
Engstatt.	38.77	Schwarzwald.
Balingen.	41.67	»

Kirchheim u/Teck.	—	Kirchheim.
Oethlingen.	2.2	Nürtingen.
Unterboihingen *.	6.7	Esslingen.

Metzingen. *.	—	Schwarzwald.
Neuhausen. H.	3.0	»
Dettingen.	7.5	»
Urach.	12.0	»

Bruchsal.	—	Mittelrhein.
Heidelsheim.	5.93	»
Gondelsheim.	10.86	»
Bretten.	15.52	»
Maulbronn.	25.87	Neckar.
Mühlacker.	34.90	»
Illingen.	37.45	»
Vaihingen (Sersheim).	42.37	»
Grossachsenheim.	48.31	»
Bietigheim *.	55.07	»

Calw *.	—	Schwarzwald.
Hirsau. H.	3.26	»
Liebenzell.	7.84	»
Unterreichenbach.	14.51	»
Weissenstein.	21.17	Mittelrhein.
Brötzingen. H. *.	23.84	»
Birkenfeld.	26.17	Schwarzwald.

	Kil.			Kil.	
Neuenbürg.			Saulgau.	254.06	Donau.
Rothenbach.	31.36	Schwarzwald.	Hochberg.	258.12	»
Höfen.	35.04	»	Altshausen *.	264.53	»
Calmbach.	38.11	»	Steinenbach. H.	268.67	»
Wildbad.	40.72	»	Aulendorf *.	273.07	»
	43.61	»	Waldsee.	282.53	»
Mergentheim.	—	Jagstfeld.	Rossberg.	290.40	»
Igersheim. H.	3.03	»	Wolfegg.	295.91	»
Markelsheim.	3.45	»	Kislegg.	302.73	»
Weikersheim.	11.12	»	Gebrazhofen.	308.36	»
Laudenbach.	14.33	»	Leutkirch.	313.82	»
Niederstetten.	20.42	»	Urlau. H.	318.89	»
Schrozberg.	29.89	»	Friesenhofen.	322.33	»
Blaufelden.	36.78	»	Aigeltshofen. H.	325.89	»
Roth a/See.	44.53	»	Isny.	329.67	»
Wallhausen.	49.99	»			
Satteldorf.	53.91	»	Altshausen *.	—	Donau.
Crailsheim *.	58.99	»	Hesskirch-Königsegg.	9.	»
Jagstheim.	64.28	»	Ostrach.	14.	Hohenzollern.
Stimpfach.	68.30	»	Burgweiler.	18.	»
Jagstzell.	71.65	»	Pfullendorf.	25.1	See.
Ellwangen.	80.39	»			
Schwabsberg.	85.72	»	Heilbronn *.	—	Neckar.
Goldshöfe *.	89.44	»	Weinsberg.	7.20	»
Wasseralfingen.	94.08	»	Willsbach.	12.64	»
Aalen *.	96.12	»	Eschenau.	16.23	»
Unterkochen.	100.	»	Bretzfeld.	20.74	»
Oberkochen.	104.53	»	Oehringen.	26.71	Jagst.
Königsbronn.	110.	»	Neuenstein.	33.64	»
Schnaitheim.	115.	»	Waldenburg.	39.22	»
Heidenheim.	118.25	»	Kupfer.	42.91	»
Mergelstetten.	121.39	»	Gailenkirchen.	47.41	»
Herbrechtingen.	124.61	»	Hall.	53.83	»
Giengen a. d. Brenz.	129.85	»	Hessenthal. H.	60.93	»
Hermaringen.	133.51	»	Sulzdorf.	66.70	»
Sontheim a. d. Brenz.	137.97	»	Gross-Altdorf.	73.91	»
Niederstotzingen.	143.07	Donau.	Eckartshausen-Ihshofen.	77.76	»
Rammingen.	147.23	»	Maulach.	82.38	»
Langenau.	152.54	»	Crailsheim *.	88.14	»
Unter-Elchingen.	157.77	Schwaben.			
Thalfingen.	162.07	»	Nördlingen.	—	Schwaben.
Ulm *.	168.63	Donau.	Pflaumloch.	4.97	Jagst.
Söflingen.	171.03	»	Trochtelfingen. H.	7.88	»
Heerlingen.	176.06	»	Bopfingen.	12.36	»
Blaubeuren.	185.08	»	Lauchheim.	23.33	»
Schelklingen.	191.26	»	Westhausen.	27.55	»
Allmendingen.	196.87	»	Goldshöfe *.	32.65	»
Ehingen.	202.15	»	Wasseralfingen.	37.29	»
Dettingen. H.	205.43	»	Aalen *.	39.34	»
Rottenacker.	209.25	»	Essingen.	45.09	»
Munderkingen.	213.52	»	Mögglingen.	50.74	»
Untermarchthal.	216.35	»	Unterbobingen.	54.18	»
Rechtenstein.	221.14	»	Gmünd.	64.03	»
Zwiefaltendorf.	226.28	»	Lorch.	71.64	»
Unlingen.	230.32	»	Waldhausen.	76.14	»
Riedlingen.	233.82	»	Plüderhausen.	79.65	»
Ertingen.	239.64	»	Urbach. H.	81.53	»
Herbertingen *.	245.06	»			

	Kil.	
Schorndorf.	85.13	Jagst.
Winterbach.	88.66	»
Grunbach (Geradstetten).	93.41	»
Endersbach.	97.13	»
Waiblingen.	102.93	Neckar.
Fellbach.	105.32	»
Canstatt *.	111.50	»
Stuttgart *.	115.48	»
Feuerbach.	119.93	»
Zuffenhausen *.	122.00	»
Kornthal.	125.63	»
Ditzingen.	129.73	»
Leonberg.	136.39	»
Renningen.	142.51	»
Weilderstadt.	147.68	»
Schafhausen.	151.57	Schwarzwald.
Alt-Hengstett.	159.75	»
Calw *.	170.52	»
Teinach.	174.07	»
Wildberg.	180.84	»
Emmingen.	185.42	»
Nagold.	189.60	»
Gündringen.	195.76	»
Hochdorf.	200.01	»
Horb *.	213.16	»

Pforzheim.	—	Mittelrhein.
Brotzingen. H. *.	2.93	»

Herbertingen *.	—	Donau.
Mengen.	5.95	»
Scheer.	9.62	»
Sigmaringendorf.	12.76	Hohenzollern.
Sigmaringen.	16.26	»

Ulm *.	—	Donau.
Thalfingen. H.	6.58	»
Unterelchingen.	10.88	»
Langenau.	16.11	»

292. — Etat Hongrois (*Hongrie*.) (**V.**)

CONSEIL D'ADMINISTRATION A BUDA-PEST :

Langer, C.
Hieronymi, C.
Ribáry, A.
Köffinger, F.
Beretvás, A.
Kilényi, H.
Hideghéthy, A.
Zahorszky, K. ⎫
Csörgeő, J. ⎪
Pallavicini, (Comte) E. ⎬ Adjoints.
Matlekovics, A. ⎪
Walter, A. ⎭

DIRECTION ROYALE A BUDA-PEST :

v. Tolnay, L., Directeur Général.
Somody, J., Chef du Contentieux.
Schober, A., Inspecteur et Chef du Secrétariat Général.
Kunhegyi, C., Adjoint au Secrétaire Général.
Für, A., Chef du Secrétariat.
Schlindler, R., Chef du Bureau Central.

MATÉRIEL :

Szarvassy, G., Inspecteur Chef de Section.
Kalmar, E., Chef du Matériel.
Bachunek, B., Chef de l'Inventaire du Matériel.

TRAFIC ET EXPLOITATION COMMERCIALE :

Obermayer, A., Inspecteur Général, Chef de Section.
Langer, F., Inspecteur Principal adjoint.
Schuller, A., Inspecteur, Chef du Trafic.
Storch, J., » » du Bureau Commercial.
Csausz, J., Inspecteur, Chef du Bureau des Réclamations.
Hegyi, J., Inspecteur, Chef du Contrôle d'Exploitation.
Grüll, H., Inspecteur, Chef du Trafic direct, à Vienne.

TRACTION ET ATELIERS :

Verderber, S., Inspecteur Principal, Chef de Section.
Forcher, A., Inspecteur, Chef du Bureau de Traction.
Elsner, A., Inspecteur, Chef du Service des Ateliers.

DIVISION DES RECETTES :

Szmekál, J., Chef de Section.
Korény, A., Inspecteur-Adjoint.
Engelhardt, C., Chef de la Comptabilité.
Sztrelko, G., Caissier Principal.
Roth, C., Liquidateur.

CONSTRUCTION ET ENTRETIEN :

v. Horváth, A., Inspecteur Général, Chef de Section.
v. Horváth, L., Inspecteur Principal Adjoint.
Bethlenfalvay, R., Inspecteur Chef des travaux de soustructure.
Pohl, O., Ingénieur en Chef.
Rochlitz, J., Inspecteur, Chef de la Construction des ouvrages d'art.
Wachsmann, F., Inspecteur, Chef de l'Entretien des voies.
Szkalka, J., Inspecteur de la Comptabilité technique.

SERVICE ACTIF :

Romer, J., Chef du Trafic du réseau du Nord, à Hatvan.

— 129 —

Goth, L., Chef du Trafic du réseau du Nord, à Losoncz.
Czermák, L., Chef du Trafic du réseau du Sud, à Agram.

	M. O.	
Pest.	—	Ungarn.
Kőbánya.	0.43	»
Rákos.	0.81	»
Csaba-Keresztúr.	1.80	»
Péczel.	2.57	»
Isaszegh.	3.62	»
Gödöllő.	4.52	»
Aszód.	6.72	»
Tura.	7.85	»
Hatvan.	8.86	»
Apcz-Szántó.	10.73	»
Szusdok-Püspoki. H.	»	»
Pászthó.	12.72	»
Bátony.	14.27	»
Kis-terenne.	14.77	»
Pálfalva.	15.92	»
Salgó-Tarján.	16.25	»
Somos-Ujfalu.	17.37	»
Fülek *.	19.11	»
Losoncz.	21.14	»
Lónya-Bánya.	23.01	»
Krivány.	24.73	»
Véghles-Szalatlına.	26.58	»
O-Zólyom *.	28.14	»
Garam-Berzencze *.	29.83	»
Bartos-Lehotka.	31.82	»
Körmöcz-Bánya.	33.28	»
Jánoshegy (Berg).	34.51	»
Turcsek.	35.96	»
Stubnya-Teplitz.	37.23	»
Znyo-Varalja. H.	38.49	»
Rákó-Pribócz.	39.09	»
Turócz-Sᵗ-Márton.	40.19	»
Ruttka.	41.02	»

Fülek *.	—	Ungarn.
Balogfalva.	2.33	»
Feled *.	3.45	»
Rimaszécs.	4.93	»
Bánréve *.	6.35	»
Putnok.	7.19	»
Vadna.	8.63	»
Sajó-Sᵗ-Péter.	10.12	»
Miskolcz *.	12.12	»
Nyék-Ládháza.	13.79	»
Emőd.	14.74	»
Keresztes-Nyárád.	16.70	»
Mező-Kövesd.	17.94	»
Szihalom. H.	18.72	»
Füzes-Abony *.	19.61	»
Kaál-Kápolna.	21.21	»
Ludas.	22.80	»

	M. O.	
Karacsond. H.	23.25	Ungarn.
Vámos-Györk *.	24.58	»
Hort.	25.92	»
Hatvan.	27.24	»
Monostor.	29.10	»
Jászberény.	30.52	»
Tápio-Györgye.	32.67	»
Ujszász.	34.04	»
Szolnok.	36.15	»

Vámos-Györk *.	—	Ungarn.
Gyöngös.	1.45	»

Füzes-Abony *.	—	Ungarn.
Maklár. H.	0.81	»
Eger (Erlau)	2.18	»

O-Zályom *.	—	Ungarn.
Szliács.	0.7	»
Farkas-Falva. H.	1.5	»
Besztercze-Bánya.	2.6	»

Feled *.	—	Ungarn.
Janosi. H.	0.95	»
Rima-Szombath.	1.51	»
Rima-Bánya.	3.64	»
Rimabrezó.	»	»
Nyustya.	4.72	»
Tiszolcz.	6.53	»

Bánréve *.	—	Ungarn.
Kövecses. H.	0.95	»
Tornalya.	1.93	»
Gömör-Panyit. H.	2.83	»
Pelsöcz.	4.12	»
Rozsnyó.	6.04	»
Alsó-Sajó.	7.97	»
Dobsina, *Rangir.*	8.92	»
» · *Personen.*	9.21	»

Garam-Berzencze *.	—	Ungarn.
Béla-Bánya.	2.	»
Selmecz-Bánya.	3.2	»

Miskolcz *.	—	Ungarn.
Diósgyör.	1.	»

Eperies.	—	Ungarn.
Nagysáros.	1.09	»
Kis-Szeben.	2.68	»
Héthárs.	4.16	»
Pusztamszö. H.	5.86	»
Orló.	7.09	»

	M. O.	
Zákány.	—	Croatien.
Druje. H.	0.7	»
Kaproncza.	1.9	»
Lepavina.	3.67	»
Körös.	5.84	»
Gradec. H.	7.37	»
Vrbovecz.	8.43	»
Bozjakovina. H.	9.98	»
Dugoselo.	10.57	»
Sesvete.	11.9	»
Zágráb (Agram):	13.53	»

Károlyváros (Karlstadt).	—	Agram.
Dugaresa.	1.4	»
Generalskistol.	3.65	»
Touin.	5.04	»
Ogulin.	7.33	»
Gomirje. H.	9.21	Fiuman.
Vrbovsko.	10.08	»
Cameral-Moravice.	11.21	»
Skrad.	13.25	»
Delnice.	14.99	»
Lokve.	16.	»
Fuzine.	17.14	»
Lic. H.	18.07	»
Plase.	19.26	»
Meja.	20.25	»
St Bucarri.	21.27	»
Fiume.	22.84	»

293. — Etat Néerlandais (*Pays-Bas*). (**V**.)

Conseil des Commissaires :

den Tex, C. J. A., Président.
Storm van 's Gravesande, C. M., Vice-Président.
Quack, H. P. G.
du Bois, H. C.
Stieltjes, T. J.
Fokker, B. A.
Brugmann, E. H.
von Hemert, C. A.
Wurfbain, A. L.
Haitink, E. A.
Wertheim, A. C.
Müller, T. A.
Luden, H.
de Villers de Pité, L. L. G. M.
Bieruma Oosting, J.

Direction Générale a Utrecht :

s'Jacob, F., Directeur Général.
van Heukelom, H. P., Inspecteur en Chef, à Liége.
Vrolik, W. K. M., Secrétaire.
van der Goes, (Baron) H. M., Chef du Mouvement.
Engeringh, J. J., Chef du Service Commercial.

Stous Sloot, J. N., Ingénieur en Chef, Mécanicien, Chef du Service de la Traction.
van den Berg, C. P. J., Ingénieur, Chef du Service des Voies et Travaux.
Gerlach, J. W. R., Chef de Division du Service du Mouvement.
Micling, C. W. P., Ingénieur, Chef de Division du Service des Voies et Travaux.
Rühle von Lilienstern ter Meulen, A. J., Ingénieur mécanicien, Chef du Service de la Traction.
Engeringh, M., Chef de Division du Service commercial.
Verhoop, J. H., Chef de Division du Service de la Comptabilité.
Doorman, H. J. D., Chef de Division du Service des Magasins.
Wiardi-Beckman, P. G., Chef de Division du Contrôle.
van Riemsdijk, J. C. M., Chef de Division du Service Général.
de Zwaan, N., Chef de Division du Secrétariat.
Evers, J. C., Inspecteur des Télégraphes.
Bosscha, H. C., » de district, à Groningue.
Gischler, C., » » Zutphen.
Bekkers, A. J., » » Tilbourg.
Quaedvlieg, G. L. L. E., » Venlo.
Obreen, A. L., » » Liége.
Kock, A. W. T., Ingénieur de section à Bergen.
van Hooff, C. C., » » Meppel.
van Duyl, M. J., » » Zutphen.
Kips, J. J., » » Breda.
Bake, T. C., » » Bois-le-Duc.
van der Kun, H. P. M. G., » Venlo.
Hoeufft, W., » » Groningue.
Renson, C., » » Liége.
Staring, H. M. W. W., mécanicien, à Zwolle.
Oberstadt, T., » » Tilbourg.
Middelberg, G. A. A., Ingénieur, Chef des Ateliers, à Zwolle.
van Geuns, J., Ingénieur, Chef des Ateliers, Tilbourg.

	Kil.	
Rotterdam.	—	Zuid-Holland.
Mallegat-Fijenoord.	»	»
Ijsselmonde.	1	»
Barendrecht.	6	»
Zwijndrecht.	11	»
Dordrecht.	15	»
Willemsdorp.	25	»
Zwaluwe (Moerdijk).	29	Noord-Brabant.
Langeweg.	34	»
Breda.	45	»
Gilze-Rijen.	55	»
Tilburg.	66	»
Oisterwijk.	74	»
Boxtel *.	83	»
Best.	93	»

	Kil.	
Eindhoven *.	103	Noord-Brabant.
Nuenen-Tongelré.	107	»
Helmond.	116	»
Deurne.	125	»
Helenaveen.	131	»
Horst-Sevenum.	143	Limburg.
Blerick.	153	»
Venlo.	155	»
Tegelen.	159	»
Reuver.	166	»
Swalmen.	173	»
Roermond.	178	»
Maasbracht-Linne.	186	»
Echt.	192	»
Susteren.	196	»
Sittard.	203	»
Geleen.	206	»
Beek-Elsloo.	211	»
Bunde.	218	»
Maastricht.	225	»

Vlissingen, Dok.	—	Zeeland.
»	»	»
Middelburg.	6	»
Arnemuiden.	10	»
s'Heer Arendskerke.	20	»
Goes.	25	»
Biezelinge.	30	»
Vlake.	34	»
Kruiningen.	36	»
Krabbendijke.	43	»
Rilland.	46	»
Woensdrecht.	56	»
Bergen-op-Zoom.	62	Noord-Brabant.
Wouw.	68	»
Roozendaal.	75	»

Utrecht.	—	Utrecht.
Houten.	8	»
Schalkwijk.	12	»
Kuilenburg.	18	Gelderland.
Geldermalsen.	26	»
Waardenburg.	31	»
Zalt-Bommel.	35	»
Hedel.	41	»
s'Hertogenbosch.	48	Noord-Brabant.
Vught.	52	»
Boxtel *.	61	»

Harlingen.	—	Friesland.
Franeker.	10	»
Dronrijp.	16	»
Deinum.	23	»
Leeuwarden *.	27	»
Tietjerk.	35	»
Hardegarijp.	37	»
Veenwoude.	41	»

	Kil.	
Buitenpost.	51	Friesland.
Grijpskerk.	61	Groningen.
Zuidhorn.	69	»
Vierverlaten.	76	»
Groningen *.	81	»
Kropswolde.	93	»
Hoogezand.	96	»
Zuidbroek.	103	»
Scheemda.	110	»
Winschoten.	115	»
Nieuweschans.	127	»

Arnhem.	—	Gelderland.
Velp.	7	»
de Steeg.	12	»
Dieren.	17	»
Brummen.	23	»
Zutphen *.	31	»
Laren.	41	Noord-Holland.
Lochem.	47	Gelderland.
Markelo.	55	Overijssel.
Goor.	61	»
Delden.	70	»
Hengelo *.	76	»
Oldenzaal.	86	»
Gildehaus.	99	Deutchland.
Bentheim.	102	»
Schüttorf.	106	»
Salzbergen.	115	»

Zutphen *.	—	Gelderland.
Gorsel.	7	»
Deventer.	16	Overijssel.
Diepenveen.	20	»
Olst.	25	»
Wijhe.	32	»
Windesheim.	38	»
Zwolle.	45	»
Dalfsen.	52	»
Dedemsvaart.	60	»
Staphorst.	68	»
Meppel *.	73	Drenthe.
Koekange.	84	»
Echten.	87	»
Hoogeveen.	93	»
Beilen.	107	»
Assen.	122	»
Zuidlaren.	133	»
de Punt.	139	Groningen.
Haren.	144	»
Groningen *.	150	»

Meppel *.	—	Drenthe.
Nijenveen.	5	»
Steenwijk.	14	Overijssel.
Peperga.	22	»
Wolvega.	26	Friesland.
Oude Schoot.	34	»

		Kil.	
Heerenveen.		37	Friesland.
Akkrum.		48	»
Grouw.		53	»
Idaard-Roordahuizum.		57	»
Wirdum.		59	Groningen.
Leeuwarden *.		66	Friesland.
Almelo.		—	Overijssel.
Borne.		11	»
Hengelo *.		16	»
Enschede.		24	»
Frontière.		31	Deutchland.
Gronau.		33	»

Liégeois-Limbourgeois.

	Kil.	
Liége, *Vivegnies*.	—	Liége.
Herstal.	3	»
Milmorte.	8	»
Liers *.	10	»
Glons.	18	»
Nederheim.	20	»
Tongres.	24	Limbourg-Belge.
Hoesselt.	32	»
Bilsen.	34	»
Beverst.	39	»
Diepenbeek.	43	»
Hasselt.	50	»
» *Canal*.	51	»
Zonhoven.	56	»
Helchteren.	65	»
Wijchmael.	74	»
Exel.	77	»
Neerpelt.	83	»
Achel.	90	»
Walkenswaard.	99	Noord-Brabant.
Aalst-Waalré.	103	»
Eindhoven *.	109	»

Liers *.	—	Liége.
Rocour.	3	»
Ans, *L. L.* *.	5	»

Flémalle-Haute.	—	Liége.
Flémalle-Grande.	2	»
Horloz-Jemeppe.	3	»
Ans, *L. L.* *.	12	»
Ans, *E. B.* *.	14	»

294. — Etat Saxon. *(Allemagne).* **(V.)**

DIRECTION ROYALE A DRESDE :

v. Tschirschky-Bogendorf, O. J., Directeur Général.
v. Biedermann (baron), G. W., Membre-Adjoint au Directeur-Général.

Hallbauer, A.
Opelt, R. T.
Nowotny, F. S. V.
Kell, C. H.
Rachel, G. H.
Ballenberger, H. A.
v. Nostitz & Jänckendorf, G. G.
Jencke, J. F.
Edler, v. d. Planitz, O.
Ritterstädt, P. H., Assesseur.
Zieger, C. E.
Klinghardt, C. E.

ADMINISTRATION PRINCIPALE A DRESDE :

Pietsch, E., Inspecteur Principal.
Heil, E., Caissier Principal.
Messerschmidt, C. A., Chef de la Comptabilité.
Fischer, G. F. G., Chef Principal du Trafic.
Teubner, C. T., Contrôleur en Chef.
Ulbricht, J. F., Chef du Bureau de la Statistique.
Enderlein, L. J., Inspecteur du Service des Dépenses.
Biedermann, G., Chef du Contrôle des wagons.
Pörsch, F. T. G., Inspecteur en Chef des Télégraphes.
Hartmeyer, J., Inspecteur Principal d'Exploitation.
Mieth, G. A., Inspecteur Principal d'Exploitation.
Damm, H. F., » » à Leipzig.
Kahle, W., » » à Chemnitz.
Falkenstein, H. C. F., » » à Zwickau.
Bahr, J. G., » » des Transports.
Bergk, G. G., Chef Principal de la Traction et des Ateliers à Chemnitz.
Franke, B. H., Comptable de la Traction et des Ateliers, à Chemnitz.
Klien, E. R., Chef de Traction, à Chemnitz.
Eschke, G. W., Ingénieur, Chef intérimaire de Traction, à Leipzig.
Hoffmann, F., Chef de Traction, à Leipzig.
Töpelmann, B. M., Administrateur Principal des Magasins, à Chemnitz.
Schulze, J. C.,   ⎱ Administrateurs des Magasins
Meltzer, C. F.,   ⎰ de Leipzig et Dresde.
Strick, C. H., Inspecteur Principal des Machines.
Klemm, E., Comptable du Service des Machines.
Schmidt, C. A., Ingénieur Principal de l'Exploitation.

	Kil.	
Görlitz.	—	Liegnitz.
Gersdorf. H.	»	»
Reichenbach.	15	»
Zoblitz. H.	»	Dresden.
Löbau *.	26	»
Pommritz. H.	33	»
Kubschütz. H.	»	»
Bautsen.	49	»
Seitschen. H.	52	»

— 133 —

	Kil.	
Demitz. H.	58	Dresden.
Bischofswerda.	67	»
Harthau. H.	»	»
Fischbach.	82	»
Radeberg *.	90	»
Langebrück. H.	»	»
Dresden, *Neustadt* *.	105	»
Plauen. H.	»	»
Potschappel.	113	»
Deuben. H.	»	»
Hainsberg. H.	»	»
Tharandt.	»	»
Edle Krone. H.	120	»
Klingenberg.	128	»
Niederbobritzsch. H.	131	»
Muldenhütten.	141	»
Freiberg.	146	»
Kleinschirma. H.	»	»
Frankenstein. H.	»	»
Oederan.	160	»
Falkenau. H.	164	Zwickau.
Flöha *.	173	»
Niederwiesa *.	»	»
Chemnitz *.	179	»
Chemnitz,*Nicolaivorstadt*.H.	186	»
Siegmar.	»	»
Grüna. H.	»	»
Wustenbrand *.	193	»
Hohenstein-Ernstthal.	197	»
St-Egidien.	204	»
Glauchau *.	211	»
Mosel.	221	»
Zwickau *.	236	»
Neumark *.	247	»
Reichenbach.	249	»
Netzschkau.	258	»
Herlasgrün *.	264	»
Treuen.	269	»
Lengenfeld.	278	»
Auerbach.	281	»
Falkenstein.	286	»
Bergen. H.	292	»
Lottengrün. H.	302	»
Untermarxgrün. H.	»	»
Oelsnitz.	315	»
Adorf.	316	»
Elster.	330	»
Brambach.	334	»
Voitersreuth.	347	»
Franzensbad.	357	Böhmen.
Eger.	364	»
	371	»
Herlasgrün *.		
Jocketa. H.	—	Zwickau.
Plauen *.	11	»
Mehltheuer.	14	»
Schönberg.	25	»
Reuth.	31	»
	40	»

	Kil.	
Gutenfürst. H.	»	Zwickau.
Hof.	61	Oberfranken.
Neumark *.	—	Zwickau.
Brunn. H.	6	»
Molsdorf. H.	»	Reuss.
Greiz.	12	»
Leipzig.	—	Leipzig.
Gaschwitz. H. *.	»	»
Böhlen. H.	18	»
Kieritzsch *.	21	»
Breitingen.	29	»
Altenburg *.	39	Altenburg.
Paditz. H.	»	»
Gossnitz *.	59	»
Crimmitzschau.	68	Zwickau.
Werdau.	78	»
Zwickau *.	88	»
Cainsdorf. H.	»	»
Wilkau.	94	»
Wiesenburg.	99	»
Fährbrücke. H.	107	»
Stein.	108	»
Niederschlema *.	114	»
Aue.	118	»
Lauter.	124	»
Schwarzenberg.	129	»
Glauchau *.	—	Zwickau.
Meerane.	3	»
Gossnitz *.	»	»
Schmölln.	14	Altenburg.
Nöbdenitz. H.	27	»
Ronneburg.	»	»
Gera.	38	Reuss.
Niederschlema *.	—	Zwickau.
Oberschlema. H.	6	»
Schneeberg-Neustädtel.	8	»
Altenburg *.	—	Altenburg.
Rositz.	8	»
Meuselwitz *.	14	»
Rehmsdorf.	20	»
Zeitz.	26	»
Gaschwitz. H. *.	—	Leipzig.
Zwenkau.	5	»
Rüssen. H.	9	»
Groitzsch.	13	»
Lucka.	21	Altenburg.
Meuselwitz *.	28	»
Wustenbrand *.	—	Zwickau.
Lugau.	12	»

	Kil.			Kil.	
Kieritzsch *.	—	Leipzig.	Annaberg.	86	Zwickau.
Lobstädt. H.	7	»	Buchholz.	89	»
Borna.	7	»	Cranzahl. H.	98	»
Fröhburg.	15	»	Königswalde. H.	»	»
Geithain.	26	»	Bärenstein. H.	»	»
Narsdorf *.	32	»	Weipert.	106	Böhmen.
Cossen.	41	»			
Burgstädt.	47	»	Plauen *.	—	Zwickau.
Wittgensdorf *.	52	»	Neundorf. H.	»	»
Bahrmühle. H.	»	»	Weischlitz.	10	»
Chemnitz *.	62	Zwickau.	Pirk. H.	»	»
Oberlichtenau.	71	»	Oelsnitz.	19	»
Altmittweida. H.	78	»			
Mittweida.	80	Leipzig.	Radeberg *.	—	Dresden.
Erlau.	80	»	Grossröhrsdorf.	11	Bautzen.
Schweikershain. H.	»	»	Pulsnitz.	16	»
Waldheim.	86	»	Bischheim. H.	25	»
Steina. H.	89	»	Kamenz.	28	»
Limmritz. H.	92	»			
Döbeln.	96	»	Dresden. Neustadt *.	—	Dresden.
Graussbauchlitz.	»	»	» Altstadt.	8	»
Zschaitz. H.	»	»	Niedersedlitz. H.	»	»
Ostrau.	106	»	Mügeln.	23	»
Stauchitz.	111	»	Heidenau. H.	»	»
Seerhausen. H.	»	Dresden.	Pirna *.	30	»
Riesa.	121	»	Obervogelgesang. H.	»	»
			Pötzscha. H.	»	»
Penig.	—	Leipzig.	Rathen. H.	»	»
Langenleuba. H.	2	»	Königstein.	45	»
Narsdorf *.	11	»	Krippen.	53	»
Breitenborn. H.	17	»	Schöna. H.	»	»
Kottwitzsch. H.	»	»	Niedergrund. H.	»	Böhmen.
Rochlitz.	21	»	Mittelgrund *.	64	»
			Obergrund.	»	»
Wittgensdorf *.	—	Zwickau.	Bodenbach.	75	»
Hartmannsdorf. H.	»	»			
Limbach.	7	»	Mittelgrund. *.	—	Böhmen.
			Tetschen.	3	»
Rosswein.	—	Leipzig.			
Berbersdorf. H.	7	»	Löbau *.	—	Bautzen.
Böhrigen.	10	»	Neu-Cunnersdorf. H.	»	»
Grunau. H.	14	»	Ober » H.	»	»
Hainichen.	19	Zwickau.	Herrnhut.	15	»
Frankenberg.	28	»	Oberoderwitz.	23	»
Braunsdorf. H.	29	»	Mitteloderwitz. H.	»	»
Niederwiesa *.	37	»	Scheibe. H *.	»	»
Flöha *.	43	»	Zittau.	34	»
Erdmannsdorf.	47	»	Grottau.	41	Böhmen.
Hennersdorf. H.	»	»	Weisskirchen. H.	»	»
Witzschdorf. H.	»	»	Kratzau.	51	»
Waldkirchen.	56	»	Machendorf. H.	»	»
Zschopau.	60	»	Reichenberg.	61	»
Wilischthal.	»	»			
Scharfenstein.	69	»	Löbau *.	—	Bautzen.
Wolkenstein.	72	»	Dürrhennersdorf.	12	»
Wiesenbad. H.	81	»	Ebersbach *.	15	»
Schönfeld. H.	»	»	Alt-Gersdorf.	18	»

— 135 —

	Kil.	
Neu-Gersdorf.	18	Bautzen.
Eibau.	22	»
Leutersdorf.	26	»
Seifhennersdorf.	30	»
Warnsdorf.	33	Böhmen.
Grosschönau.	35	Bautzen.
Hainewalde H.	38	»
Scheihe. H. *.	39	»

Ebersbach *.		
Neusalza-Spremberg.	—	Bautzen.
Taubenheim.	»	»
Sohland.	»	»
	13	»

Pirna *.		
Löhmen.	—	Dresden.
Dürröhrsdorf.	»	»
Arnsdorf.	»	»
Grossröhrsdorf.	31	»

295. Etat Suédois (Suède).

DIRECTION ROYALE A STOCKHOLM :
Troilius, C. O., Directeur Général.
Elworth, H., Directeur en Chef de la Construction.
Kahr, M., Directeur en Chef de l'Exploitation.
Almgren, F., » » de la Traction et du Matériel.
Hofman, Secrétaire.
Limneu, E., Chef du Bureau du Contentieux.

	M. S.	
Storvik.	—	Gefleborgs.
Torsaker.	0.9	»
Hästbo.	1.6	»
Byvalla.	2.7	Kopparbergs.
Horndal.	3.1	»
Morshyttan.	3.7	»
Fors.	4.4	»
Jularbo.	5.	»
Krylbo.	5.3	»
Brovallen.	5.9	»
Rosshyttan.	6.3	Westeras.
Broddbo.	7.4	»
Sala.	8.4	»
Heby.	9.8	»
Morgongafva.	10.4	»
Wittinge.	11.	»
Aland.	12.3	Upsala.
Wänge.	13.	»
Upsala.	14.2	»
Bergsbrunna.	14.9	»
Knifsta.	15.9	Stockholms.
Märsta.	17.	»
Rosersberg.	17.4	»
Wasby.	18.1	»

	M. S.	
Rotebro.	18.6	Stockholms.
Jerfva.	19.7	»
Stockholm, Centrale.	20.4	»
» Södra.	20.7	»
Liljeholmen.	20.8	»
Huddinge.	21.7	»
Tumba.	22.6	»
Sodeltelje, Nedre.	23.8	»
» Öfre.	23.9	»
Jerna.	24.9	»
Mölnbo.	25.9	»
Gnesta.	26.5	Södermanlands.
Björnlunda.	27.4	»
Stjernhof.	28.3	»
Sparreholm.	29.4	»
Flen.	30.8	»
Walla.	32.	»
Katrineholm *.	33.	»
Strangsjö.	34.	»
Simonstorp.	35.3	Ostergötlands.
Grafversfors.	36.4	»
Aby.	36.7	»
Norrköping.	37.5	»
Fiskeby.	38.	»
Eksund.	38.2	»
Okna.	38.8	»
Norsholm.	39.5	»
Gistad.	40.2	»
Linghem.	40.8	»
Linköping.	41.8	»
Bankeberg.	43.	»
Mantorp.	43.9	»
Mjölby.	44.8	»
Stralsnäs.	45.8	»
Boxholm.	46.4	»
Sommen.	47.1	Jönköpings.
Tranas.	48.2	»
Gripenberg.	49.2	»
Frinnaryd.	49.8	»
Aneby.	50.9	»
Flisby.	51.4	»
Solberga.	52.	»
Nässjö *.	53.1	»
Grimstorp.	54.	»
Sandsjö.	54.7	»
Säfsjö.	55.8	»
Stockaryd.	56.8	»
Lamhult.	58.3	Kronobergs.
Moheda.	60.1	»
Alfvesta.	61.2	»
Wislanda.	62.5	»
Liatorp.	64.2	»
Elmhult.	65.9	»
Killeberg.	66.7	Kristianstads.
Ousby.	67.9	»
Hästveda.	69.	»
Balingslöf.	69.9	»
Hessleholm.	70.7	»

— 136 —

	M. S.	
Sösdala.	72.1	Kristianstads.
Tjörnarp.	72.5	»
Höör.	73.4	Malmöhus.
Stehag.	74.4	»
Eslöf.	75.3	»
Ortofta.	76.	»
Lund.	76.9	»
Akarp.	77.6	»
Arlöf.	77.9	»
Malmö.	78.4	»
Halsberg *.	—	Orebro.
Kumla.	0.6	»
Mosas.	1.4	»
Orebro.	2.3	»
Falköping *.	—	Skaraborgs.
Sörby.	1.3	»
Foglavik.	2.6	Elfsborgs.
Herrljunga.	3.2	»
Wargarda.	4.5	»
Lagmansholm.	5.2	»
Alingsas.	6.5	»
Norsesund.	7.5	»
Floda.	8.2	»
Lerum.	8.8	»
Jonsered.	9.3	»
Partilled.	9.9	Göteborgs.
Göteborg.	10.7	»
Katrineholm *.	—	Soderman'ands.
Wingaker.	1.9	Ostergöllands.
Kilsmo.	3.7	Orebro.
Palsboda.	4.8	»
Halsberg *.	6.1	»
Wretstorp.	7.5	»
Laxa *.	8.9	»
Finnerödja.	10.2	Skaraborgs.
Elgaras.	11.8	»
Töreboda.	13.1	»
Moholm.	14.2	»
Tidan.	14.6	»
Wäring.	15.7	»
Sköfde.	17.1	»
Stenstorp.	18.6	»
Falköping *.	19.9	»
Wartofta.	21.	»
Sandhem.	22.4	»
Mullsjö.	23.5	»
Habo.	24.7	»
Jönköping.	26.5	Jönköpings.
Tenhult.	28.	»
Forserum.	29.	»
Nässjö *.	30.5	»
Laxa *.	—	Orebro.
Hasselfors.	1.2	»

	M. S.	
Svarta.	2.	Orebro.
Degersfors.	3.2	»
Karlskoga.	3.5	»
Björneborg.	4.5	Wermlands.
Kristinehamn.	5.6	»
Olme.	6.4	»
Wäse.	7.2	»
Skattkärr.	8.4	»
Karlstad.	9.4	»
Skare.	10.1	»
Kil.	11.1	»
Fryksta.	»	»
Fageras.	11.7	»
Boda.	12.7	»
Brunsberg.	13.7	»
Edane.	14.3	»
Arvika.	15.7	»
Ottebol.	16.6	»
Amot.	17.6	»
Charlottenberg.	18.9	»
vers la Norvège.	19.5	»

296. — Eutin-Lübeck (Allemagne) (V.)

CONSEIL D'ADMINISTRATION A EUTIN :

v. Warnstedt, Président.
Buresch.
v. Erlanger (B^{on}), L.
Wolff, H.
Siebold.
Spiegeler.
Zuikermandel. } Adjoints.
Platho.

Bruhn, A., Inspecteur d'Exploitation à Lübeck.

	Kil.	
Eutin.	—	Oldenburg.
Ottendorf.	8.71	»
Gleschendorf.	11.53	»
Pansdorf.	19.25	»
Schwartau.	26.94	»
Lübeck.	33.	Lübeck.

297. — Evesham and Redditch
(Angleterre).

Exploité par le Midland.

298. — Evesham, Redditch and Stratford upon-Avon Junction (Angleterre).

Exploité par le Midland.

DIRECTEURS :

Brown, J. N., Président.
Morris, W., Esq.
Gardiner, W. D., Esq.

Lloyd, S., Esq.
Merrick, W., Solicitor.

299. — Exeter and Crediton *(Angleterre)*.

Exploité par le London and South Western.

DIRECTEURS :

Dutton, R. H., Président.
Johnston, J. G., Cap.
Castleman, C., Esq,
Eyre (Cte).
Gaselee, S.
Hutchins, E. J., Esq.

BUREAUX A LONDRES, 25, BUCKLERSBURY, E. C :

Harris, G. H., Secrétaire.
Bircham, Dalrymple, Drake, Solicitors.
Cann, W. et Taylor, J., Auditeurs.

300. — Exe-Valley *(Angleterre)*.

En construction.

DIRECTEURS :

Devon (Cte of), Président.
Castle, M., Esq.
Walrond, W. J., Esq.

301. — Exmouth Docks *(Angleterre)*.

Exploité par le London and North Western.

302. Falun-Kil-Göteborg *(Suède)*.

Falun.	M. S.	
Ornäs.	— Kopparbergs.	
Borlänge.	1.6	»
Skräcka.	2.2	»
Rämen.	4.	»
Gräsberg.	4.9	»
Ludvika.	5.7	»
	6.6	»

303. — Fal Valley *(Angleterre)*.

En construction.

DIRECTEURS :

Rowan, F. J., Esq.
Hard, W. J., Esq.
Lankester, J., Esq.

304. — Fareham *(Angleterre)*.

En construction.

DIRECTEURS :

Moore, A., Esq.

Withers, J., Esq.
Mansell, W. A., Esq.

305. — Fareham and Netley *(Angleterre)*.

En construction.

306. — Faringdon *(Angleterre)*.

Exploité par le Great Western.

307. — Fastow *(Russie)*.

En construction.

SIÉGE SOCIAL A SAINT-PÉTERSBOURG,
4, QUAI ANGLAIS.

308. — Fermoy and Lismore *(Irlande)*.

Exploité par le Great Southern and Western.

DIRECTEURS :

Devonshire (Duc of), Président.
Lord Cavendish, F. C.
Howard, F. J., Esq.
Currey, F. E., Esq.
Sir Ramsden, J.

BUREAUX, 14, GREAT GEORGE STREET, WESTMINSTER, S. W., LONDRES :

Noble, G., Secrétaire.
Purdon et Lewis, Ingénieurs.
Carrey and Holland, Solicitors.
Barrington and Jeffers, »

309. — Ferrol à Lugo *(Espagne)*.

A construire.

310. — Festiniog *(Angleterre)*.

DIRECTEURS :

Durham, A., Esq., Président.
Gaussen, C., Esq.
Huddart, G. A., Esq.
Livingstone, J. G., Esq.
Halpin, C., Esq.

ADMINISTRATION A PORTMADOC :

Spooner, C. E., Directeur Général, Secrétaire et Ingénieur.
Needham Shelton et Graydon, T., Auditeurs.

	M. A.	
Portmadoc.	—	Merioneth.
Mynfford *.	2.23	»
Penrhyn.	3.37	»

	M. A.	
Tan-y-Bwlch.	7.41	Merioneth.
Tan-y-Grisiau.	11.54	»
Duffws.	13.18	»

311. — Festiniog and Blaenau
(Angleterre).

DIRECTEURS :

Holland, H., Esq., Président.
Davies, W., Esq.
Holland, C. M., Esq.
Vaughan, J., Esq.
Greaves, J. W., Esq.
Roberts, R., Esq.
Morgan Lloyd, Esq.

Jones, G. S., Secrétaire.
Jones, W., Directeur.
Davies, W., Auditeur.

	M. A.	
Festiniog.	—	Merioneth.
Tyddyn-Gwyn.	»	»
Tan-y-Manod.	»	»
Duffws.	3 1/4	»

312. — Filipstad-Nordmark *(Suède).*
En construction.

313. — Findhorn *(Angleterre.)*
(N'est plus exploité depuis 1869.)

DIRECTEURS :

Binning. J., Esq., Président.
Michie, J., Esq.
Mackenzie, F. C., Esq.
Davidson, R., Esq.
Mackessack, R., Esq.
Kynock, J., Esq.

ADMINISTRATION A FORRES :

Davidson, J. D., Secrétaire.
Urquhart, R., et Sclanders, Auditeurs.

314. — Finn Valley *(Irlande).*
Exploité par le Irish North Western.

DIRECTEURS :

Lifford (Vte), Président.
Macky, J. T., Esq., » -Délégué.
Delap, J. B., Esq.
Hunter, E., Esq.
Cochrane, J., Esq.
Cooke, J., Esq.

Russell, R., Esq.
Popplewell, J. B., Esq.

BUREAUX A STRANORLAR :

Ledlie, J. A., Secrétaire et Directeur Général.
Pitt Skipton et Mc. Corkell, A., Auditeurs.

315. — Finspong-Norrköping *(Suède).*
En construction.

316. — Flohathal *(Allemagne.)*
Voir : Chemnitz-Komotau.

317. — Forcett *(Angleterre).*
Exploité par le North Eastern.

DIRECTEURS :

Bolckow, C. F. H., Esq., Président.
Vaughan, T., Esq.
Swan, J. G., Esq.
Bowron, J., Esq.
Richardson, R. T., Esq.

ADMINISTRATION A BARNARD-CASTLE :

Richardson. T., Secrétaire et Solicitor.
Nimmo, et Mac. Nay, Ingénieurs.
Mac. Nay, J. E., Auditeur.
Bowron, Jun. J., »

318. — Forest of Dean Central
(Angleterre).

Exploité par le Great Western.

DIRECTEURS :

Barlow, A. T. P., Esq., Président.
Barrett, O., Esq.
Bower, W., Esq.
Greenwood, C., Esq.
Kendall, E., Esq.
Morris, G. W., Esq.
Jones, F. C., Esq.

BUREAUX A LONDRES, E. C. 8, UNION COURT, OLD BROAD STREET :

Theobald, J. W., Secrétaire.
Wright et Venn, Solicitors.

319. — Forth and Clyde Junction
(Ecosse).

Exploité par le North British.

DIRECTEURS :

Kerr, H., Esq.
Mc. Gavin, J., Esq.

Cooper, H. R., Esq.
Wilson, A., Esq.
Stirling, J., Esq.
Douglas, J. M., Esq.
Harvie, A., Esq.
Young, R., Esq.

BUREAUX A GLASGOW, 103, WEST REGENT STREET :

Young, R., Secrétaire.
Young, J., Ingénieur
Wingate, J. T. et Morison, P. G., Auditeurs.
Mathie, J. J., Mac Luckié et Galbraith, T. L., Solicitors.

320. — Forth Bridge (Ecosse).

En construction.

DIRECTEURS :

Stirling, J., Esq., Président.
Adam, W. P.
Ronald, J., Esq.
Cox, J., Esq.
Barclay, J. W., Esq.
Yeaman, J., Esq.
Sir Miller, W.

Wieland, G. B., Secrétaire, à Edimburgh, Prince's Street.

321. — Frankfurt-Bebra (Allemagne). (V).

CONSEIL DE DIRECTION :

Redlich, Président.
Klingelhöffer.
Behrend.
Lehwald.
Reitzenstein.
Kost.
Graaf.
Gamp. } Adjoints.

DIRECTION ROYALE A FRANKFURT A/M :

Lütteken, Inspecteur Principal d'Exploitation.
Bauer, » d'Exploitation, à Fulda.
Schmidt, » » à Hanau.
Fischer, » de Construction.
Güntzer, » »
Bucking, Chef de la Construction, à Fulda.
Kalb, » » à Gemünden.
Eggert, » »
Zimmermann, » » à Hanau.
Rommel, Chef du Trafic.
Fischer, » de la Traction, à Fulda.
Oestreich, » » à Hanau.
Fink, Inspecteur des Télégraphes, à Fulda.

	Kil.	
Bebra *.	—	Cassel.
Mecklar. H.	6.49	»
Hersfeld.	13.38	»
Oberhaun. H.	18.61	»
Neukirchen.	26.46	»
Burghaun.	35.04	»
Hünfeld.	39.43	»
Fulda.	56.01	»
Kerzell. H.	64.11	»
Neuhof.	69.41	»
Flieden.	74.37	»
Elm *.	84.47	»
Schlüchtern.	92.22	»
Steinau.	98.51	»
Salmünster.	105.21	»
Wächtersbach.	111.77	»
Gelnhauzen.	122.49	»
Meerholz.	125.35	»
Langenselbold.	132.70	»
Niederrodenbach.	136.96	»
Hanau.	143.64	»
Klein-Steinheim.	145.43	Starkenburg.
Mühlheim.	150.52	»
Offenbach, Neu.	156.44	»
Oberrad *. H.	159.31	Wiesbaden.
Frankfurt a/M, Sachsenhausen.	162.14	»
» West.	164.93	»

Elm *.	—	Cassel.
Vollmerz.	6.45	»
Sterbfritz.	11.48	»
Jossa.	23.07	Unterfranken.
Mittelsinn.	28.21	»
Burgsinn.	33.37	»
Rieneck.	40.26	»
Gemünden.	46.20	»

Oberrad *. H.	—	Wiesbaden.
Offenbach, Alt.	2.4	»

Bebra *.	—	Cassel.
Cornberg.	12.375	»
Sontra.	20.475	»
Hoheneiche.	27.375	»
Niederholne *.	35.025	»
Eschwege.	39.000	»

322. — Frankfurt a/M à Hanau (Allemagne).

Voir le Louis de Hesse ; Ligne de Frankfurt à Aschaffenburg.

323. — Frankfurt-Offenbach (Allemagne).

Exploité par le Frankfurt-Bebra.

324. — Frédéric-François de Mecklembourg *(Allemagne)* (V.)

DIRECTION A SCHWERIN :

Schmeitzer.
Jacobi.
Moeller, E.

ADMINISTRATION A SCHWERIN :

Ruge, G., Inspecteur principal d'Exploitation.
Müller, E., » d'Exploitation, à Güstrow.
Pöschmann, C., Chef de Traction, à Malchin.
Rathsagg, A., Ingénieur de Construction et d'Exploitation, à Malchin.
Loycke, H., Ingénieur de Construction et d'Exploitation, à Lübeck.
Langfeldt, H., Ingénieur de Construction et d'Exploitation, à Rostock.
Abesser, A., Chef Principal du Trafic.
Occolowitz, C., Contrôleur Principal.
Müller, W., Secrétaire de la Direction.
Möllendorf, H., Chef de la Comptabilité.
Frenck, F., Réviseur.
Werth, H., Contrôleur des Wagons.
Thiesseng, L., Chef du Matériel.
Klipphahn, L., Inspecteur des Télégraphes.

Lübeck.	Kil. Lübeck.	
Lüdersdorf. H.	11.1	Mecklemburg-Strélitz.
Schönberg.	19.2	»
Grevesmühlen.	36.6	Mecklemburg-Schwerin.
Bobitz.	50.5	»
Kleinen *.	59.3	»
Ventschow. H.	67.6	»
Blankenberg.	76.8	»
Friedrischswalde. H.	81.	»
Warnow. H.	89.	»
Bützow *.	99.9	»
Güstrow.	113.2	»
Lalendorf.	129.	»
Teterow.	142.3	»
Malchin.	156.3	»
Stavenhagen.	167.5	»
Molln.	186.9	»
Neubrandenburg.	200.9	Mecklemburg-Strélitz.
Sponholz.	»	»
Oertzenhof.	222.9	»
Frontière.	229.5	»

Wismar.	—	Mecklemburg-Schwerin
Kleinen *.	15.6	»
Schwerin.	32.1	»
Zachun. H.	48.1	»
Hagenow.	60.4	»

Rostock.	—	Mecklemburg-Schwerin.
Schwaan.	16.7	»
Bützow *.	31.	»

325. — Freshwater, Yarmouth and Newport *(Angleterre).*

En construction.

DIRECTEURS :

Nixon, C. N., Esq.
Williamson, J. W., Esq.
Howard, R. G., Secrétaire à Londres, S. W., 8, Abingdon Street.

326. — Frévent à Gamaches *(France).*

Exploité par le Tréport.

CONSEIL D'ADMINISTRATION :

Hvitfeldt v. Moltke (Cte), Président.
de Chassepot (Cte).
de Forceville (Cte).
d'Offoy.
Hesse.

BUREAUX A PARIS, 13, RUE St-GEORGES :

Desgrange, Ingénieur du Conseil.
Frontault, » -Secrétaire.

327. — Frontière de Moravie *(Autriche).* (V.)

CONSEIL D'ADMINISTRATION A VIENNE :

v. Pillerslorff (Bon), H., Président.
v. Oberleithner, E., Vice-Président.
Bucher, G.
v. Oberleithner, C.
Schenk, A.
Scholz, A.
Schüler, J.
Sturm, E.
Ulrich, E.

DIRECTION A VIENNE :

Kohn, I., Secrétaire Général.
Schaffer, F., Chef de l'Exploitation.

	M. O.	
Hohenstadt.	—	Mähren.
Heilendorf.	0.63	»
Blauda *.	1.08	»
Mährisch-Schönberg *.	1.76	»
Weikersdorf.	2.14	»
Petersdorf.	2.52	»
Zöptau.	2.90	»

	Kil.	
Sternberg.	—	Mähren.
Aujezd. H.	»	»
Mährisch Neustadt.	1.99	»
Treublitz.	2.57	»

	Kil.	
Deutsch-Liebau.	4.83	Mähren.
Frankstadt. H.	6.09	»
Mährisch-Schönberg *.	6.80	»
Blauda *.	7.48	»
Böhmisch-Eisenberg.	8.77	»
Märzdorf.	9.44	»
Hannsdorf.	10.20	»
Grumberg-Mohrau.	11.19	»
Rothfloss. H.	»	»
Grulich *.	12.86	Böhmen.
Lichtenau.	13.45	»

| Grulich *. | | Böhmen. |
| Mittelwalde. | 0.95 | Oest-Schlesien. |

328. — Fünfkirchen-Barcs *(Autriche.)* (V).

Conseil d'Administration a Buda-Pest :

Direction d'Exploitation a Funfkirchen :
Bock, L., Chef d'Exploitation.
Schnaidt, C., Inspecteur »
Dietz, D., Ingénieur Principal.
Pollak, L., Chef Principal de la Comptabilité.

	Kil.	
Uszög.	—	Ungarn.
Funfkirchen (Pecs).	5.01	»
St-Lorincz.	23.75	»
Szigetvár.	38.39	»
Darány.	55.30	»
Barcs.	68.05	»

329. — Furness *(Angleterre)*.

Directeurs :
Devonshire (Duc of), Président.
Buccleuch (Duc of).
Lord Cavendish, F. C.
Nicholl, F. J., Esq.
Howard, F. J., Esq.
Sir Ramsden, J.
Rickards, G. K., Esq.

Administration a Barrow-in-Furness :
Cook, H., Secrétaire et Directeur du Trafic.
Stileman, F. C., Ingénieur.
Bissett, T. G., Comptable.
Mason, R., Chef de la Traction.

	M. A.	
Carnforth. *L. N. W.* *.	—	Lancashire.
» *Wennington* *.	0.35	»
Silverdale.	0.69	»
Arnside.	3.58	»
	6.19	Westmoreland

	M. A.	
Grange-over-Sands.	9.40	Lancashire.
Kent's Bank.	11.27	»
Cark and Cartmell.	13.56	»
Plumpton. *East* *.	17.22	»
» *West* *.	17.61	»
Ulverston.	19.24	»
Lindal, *Dépôt*.	21.67	»
»	22.17	»
Crooklands.	22.40	»
Dalton.	22.67	»
East *.	23.37	»
Park *.	24.8	»
»	24.68	»
Askam *.	25.60	»
»	26.40	»
Dunnerholme, *Siding*.	»	»
Kirkby.	29.53	»
Foxfield *.	32.0	»
Green Road.	33.69	»
Underhill.	34.47	Cumberland.
Millom *.	36.40	»
Silecroft.	39.47	»
Bootle.	44.71	»
Eskmeals.	47.76	»
Ravenglass.	49.40	»
Drigg.	51.40	»
Seascale.	53.44	»
Sellafield *.	55.23	»
Braystones.	57.27	»
Nethertown.	58.67	»
St-Bees.	60.73	»
Whitehaven, *Corkickle*.	64.44	»
» *Bransty*.	65.41	»

| Plumpton, *East* *. | — | Lancashire. |
| »   *North* *. | 0.29 | » |

Plumton, *West* *.	—	Lancashire.
» *North* *.	0.34	»
Greenodd.	2.32	»
Haverthwaite.	5.12	»
Windermere, *Lake Side*.	8.12	»

Dalton, *East* *.	—	Lancashire.
Millwood, *Siding* *.	0.36	»
Furness Abbey.	0.75	»
Roose *.	2.43	»
Barrow, *Piel*.	5.78	»

Roose *.	—	Lancashire.
Barrow.	1.48	»
Hindpool.	3.10	»
Hawcoat.	4.10	»

| Foxfield *. | — | Lancashire. |
| Broughton. | 1.16 | » |

	M. A.	
Woodland.	3.63	Lancashire.
Torver.	7.36	»
Coniston.	9.64	»

Askam *.	—	Lancashire.
» Iron Works.	0.37	»

Millom *.	—	Cumberland.
» Iron Works.	0.75	»

Sellafield *.	—	Cumberland.
Beckermet.	2.7	»
Egremont.	5.16	»

330. — Galdames à Sestao (*Espagne*).

Concessionnaire : La Compagnie des Mines de Galdames à Sestao.

	Kil.	
Galdames.	—	Bilbao.
Sestao.	21	»

330 bis. — Galindo à la Mina Begona (*Espagne*).

Concessionnaire : La Compagnie des Mines de Galindo à Begona.

	Kil.	
Galindo.	—	Bilbao.
Begona.	6.7	»

331. — Galway, Oughterard and Clifden (*Irlande*).

En construction.

DIRECTEURS :

Berridge, R., Esq.
Johnstone, D. G., Esq.
Drayson, A. W., Esq.

332. — Gand-Eecloo-Bruges (*Belgique*).

CONSEIL D'ADMINISTRATION :

du Jardin, J., Président d'Eecloo-Gand.
Aernaut, C., Directeur-Gérant.

Neelemans, D., Président d'Eecloo-Bruges.
Lefebvre, F.
du Jardin, L.
Neelemans, E. } Conseil de surveillance.
Geerinckx, J.
Aernaut, R.
Monthaye, Commissaire près du Gouvernement.

ADMINISTRATION A GAND (EECLOO) :

Neelemans, L., Chef de la Comptabilité.
Muûls, L., Chef du Contrôle et du Contentieux.
Mavant, A., Chef de la Vérification et du Service Commercial.
Bogaerd, C., Chef du Mouvement.
Van Vyve, H., » de la Traction et des Ateliers.

	Kil.	
Bruges.	—	Flandre Occidentale.
Steenbrugge.	3.23	»
Syseele.	9.976	»
Maldegem.	18.78	Flandre Orientale.
Adegem.	21.555	»
Balgerhoeke.	23.53	»
Eecloo.	28.43	»
Waerschoot.	32.585	»
Sleydinge.	37.708	»
Evergem.	40.916	»
Wondelgem.	43.262	»
Gand, *Eecloo*.	49.68	»

333. — Garstang and Knot End (*Angleterre*).

Ce railway a cessé d'être exploité.

	M. A.	
Garstang *.	—	Lancashire.
» and Catterall.	0.3	»
»	1.73	»
Winmarleigh.	3.74	»
Pilling.	6.79	»

334. — Gefle-Falun (*Suède*).

Per Muren, Directeur à Gefle.

	M. S.	
Gefle.	—	Gefleborgs.
Lund.	0.8	»
Bäck.	1.	»
Margretehill.	1.5	»
Jädran.	2.	»
Sandviken.	2.4	»
Kungsgard.	3.	»
Storvik.	3.7	»
Robertsholm.	5.4	»
Källviken.	5.5	»
Born.	5.9	Kopparbergs.
Langsjön.	6.4	»
Lottbo.	6.4	»
Ryggen.	6.9	»
Korsnäs.	8.1	»
Falun.	8.6	»

335. — Georgsmarienhütte (*Allemagne*).

DIRECTION A GEORGSMARIENHUTTE :

	M. E.	
Georgsmarienhütte.	—	Münster.
Holzhausen.	»	»
Hasbergen.	1	»

336. — Girvan and Portpatrick Junction
(*Ecosse*).

En construction.

DIRECTEURS :

Guthrie, D., Esq., Président.
Hay, J. C. D., Vice-Amiral, Président-Délégué.
Frederick, D., Esq.
Pender, J., Esq.
Dixon, W. S., Esq.
M. Douall, J., Esq.

BUREAUX A STRANRAER :

Maclean, H., Secrétaire.
Blyth, E. L. I., Ingénieur.
Graham, J. et Duncan, J. T., Auditeurs.
Lamond, H. G. R., Millar et Robson, Solicitors.

337. — Giurgiu-Bucuresci (*Roumanie*).

(Propriété de l'Etat.)

Dubois, Directeur à Bucarest.

	Kil.	
Bucuresci.	—	Ilfovu.
Gilava.	8.2	»
Vidra.	17.4	»
Camana.	28.7	»
Banésa.	45.8	Vlasca.
Fratesci.	59.2	»
Giurgiu.	67.0	»

338. — Glasgow and Paisley Joint
(*Ecosse*).

Exploité par le Caledonian et le Glasgow and South Western.

339. — Glasgow and South Western
(*Ecosse*).

DIRECTEURS :

Sir Lumsden, J., Président.
Ronaldson, A., Esq., Président-Délégué.

Clouston, P., Esq.
Rodger., J, Esq.
Playfair, P., Esq.
Nicholson, B., Esq.
Johnstone, D., Esq.
Galbraith, A., Esq.
Barclay, R., Esq.
Thompson, M. W., Esq.

ADMINISTRATION A GLASGOW, 14, BRIDGE STREET:

Morton, J., Secrétaire.
Wainwright, W. J., Directeur Général.
Galloway, A., Ingénieur.
Bruton, T., Solicitor.
Gilmour, W. S., Inspecteur Principal.
Dickie, D., Directeur du Trafic des Marchandises.
Stirling, J., Chef de Traction.
Thomson, J., Comptable et Caissier.
Brown, W., Inspecteur.
Mac. Leanand, W. & Mackenzie, W., Auditeurs.

	M. A.	
Greenock, *Albert Harbour*	—	Renfrew.
»	0.7	»
» *Lynedock Str.*	1.46	»
PortGlasgow, *Upper*.	5.23	»
Kilmalcolm.	8.3	»
Bridge of Weir.	11.57	»
Houston.	13.52	»
Cart *.	14.58	»
Johnstone.	15.27	»
Milliken Park.	16.56	»
Howood, *Siding*.	17.41	»
Lochwinnoch.	20.74	»
Beith.	23.4	Ayr.
Muirs, *Siding*.	23.58	»
Glengarnoch, *Iron Siding*.	24.45	»
Glengarnoch, *Coal Siding*.	24.65	»
Kilbirnie.	25.2	»
Davidshill, *Pit n° 1*.	25.44	»
Brownhill, *Pit n° 2*.	25.66	»
» *Coal Pit n°1*:	26.12	»
Carschead & Swinless.	26.76	»
Kersland, *Siding*.	27.2	»
Dalry.	27.56	»
Blair & C°, *Iron Siding*.	27.58	»
» *Coal Siding*.	27.77	»
Merksworth *.	28.19	»
Dalry *.	28.22	»
Blair & C°, *Siding*.	28.56	»
Jameston, *Siding*.	29.49	»
Redstone, *Siding*.	30.78	»
Fergushill, *Siding*.	32.10	»
Annick, *Siding*.	33.68	»
Cunninghamhead.	34.72	»
Crosshouse.	37.9	»

	M. A.	
Busby *.	37.18	Ayr.
Bonnington lye.	38.7	»
Woodhill, *Siding*.	38.14	»
Bonnieton & Hillhead, *Siding*.	38.40	»
Kilmarnock *.	38.57	»
» Goods.	38.67	»
» Pass.	38.71	»
Allan Cilmour & C°, *Siding*.	40.16	»
Portland, *Iron C° Siding (Outwards)*.	40.36	»
Galston, *Branch* *.	40.49	»
Portland, *Iron C° Siding (Inwards)*	40.53	»
Hurlford.	40.79	»
Barleith & Dollars *Branch* *.	41.17	»
Barleith, *Pit n° 1*.	41.37	»
» » n° 2.	41.61	»
Dykehead, *Pit Siding*.	»	»
Mauchline.	48.25	»
» *.	48.36	»
Kennedy's, *Siding*.	49.45	»
Sir J. Boswell's, *Siding*.	50.33	»
Auchinleck.	52.56	»
Muirkirk *.	52.66	»
Rodanhead, *Pit*.	54.26	»
Old Cumnock, *Pit*.	54.48	»
» »	54.65	»
Cumnock *.	55.15	»
Polquhap.	57.54	»
New Cumnock, *Iron C°, Branch* *.	59.29	»
Pathead, *Branch* *.	59.75	»
New Cumnock.	60.11	»
Mansfield, *Siding*.	64.42	»
Kirkconnel.	67.47	Dumfries.
Bankhead, *Siding*.	68.39	»
Gateside, *Siding*.	69.36	»
Sanquhar, *Tile Works*.	70.62	»
»	70.74	»
Mennock, *Siding*.	73.15	»
Carron Bridge.	79.42	»
Thornhill.	82.68	»
Closeburn.	85.46	»
Auldgirth.	89.40	»
Holywood.	93.51	»
Dumfries, *C. D. & D.* *.	96.56	»
» *.	96.70	»
» Pass.	97.4	»
» Goods.	97.22	»
Racks.	100.75	»
Ruthwell.	105.42	»
Cummertrees.	109.8	»
Annan.	112.40	»
» *.	112.65	»
Dornock.	116.	»

	M. A.	
Greetna Green.	120.44	Dumfries.
Gretna, *Caledonian* *.	121.30	»
» *Caledonian*.	121.42	»
Paisley, *Galllowhill* *.	—	Renfrew.
» *Abercorn*.	0.45	»
Renfrew, *Fulbar Street*	3.2	»
» *Wharf*.	3.37	»
Cart *.	—	Renfrew.
Elderslie *.	0.55	»
Linwood, *Branch* *.	1.76	»
Paisley, *Western Coal Depôt*.	2.22	»
Paisley, *Minerals*.	2.75	»
» Pass.	3.4	»
Elderslie *.	—	Renfrew.
* Vers Johnstone.	0.54	»
Carsehead & Swinless, *Branch* *.	—	Ayr.
Pitcon, *Pit n° 12*.	0.41	»
» » n° 5 et 6.	0.45	»
Merrys & C° *Siding*.	0.50	»
Borston Loading Bank.	0.61	»
Pitcon, *Pit n° 4*.	0.71	»
Longside, *Pit n° 4*.	1.26	»
Terminus.	1.51	»
Galston, *Branch* *.	—	Ayr.
Mayfield, *Branch* *.	0.78	»
Holmes, *Pits Branch*.	1.63	»
Ashyard, *Pit*.	2.7	»
Gauchalland, *Pit n° 2*.	2.54	»
» » 1.	3.1	»
Galston.	3.54	»
» *Pit Siding*.	3.62	»
Maxwood, » »	4.7	»
Stracth, » »	4.55	»
Stoneygate, » »	5.2	»
Windyhill, » »	5.15	»
Newmilns.	5.47	»
Mayfield, *Branch* *.	—	Ayr.
Baltic, *Pit*.	0.17	»
Defiance, »	0.41	»
Portland, »	0.51	»
Sherrington, *Pit n°* 15.	0.52	»
» » 12.	0.61	»
» » 14.	1.9	»
Burnbank and Bankhead, *Pits*.	1.34	»
Dalry *.	—	Ayr.
Ardrossan, *Branch* *.	2.70	»

	M. A.	
Kilwinning.	3.1	Ayr.
Eglinton, *Iron C⁰ Siding*.	3.25	»
Byrehill *.	3.64	»
Bartonholm, *Siding*.	4.40	»
Bogside, *Siding*.	5.13	»
Irvine.	6.20	»
» 1ʳᵉ *.	6.22	»
» 2ᵉ *.	6.25	»
Barrassie *.	9.75	»
Troon.	10.74	»
Monkton.	13.32	»
Prestwick.	14.26	»
Dalmellington, *Branch* *.	15.78	»
Newton *.	16.29	»
Hawkhill *.	16.58	»
Townhead.	17.35	»
Dalrymple *.	20.59	»
»	21.53	»
Cassillis.	23.57	»
Maybole and Girvan *.	25.52	»
» *Pass*.	26.32	»
Kilkerran.	30.63	»
Dalquharran, *Siding*.	32.38	»
Dailly.	33.40	»
Kilgrammie.	33.66	»
Killochan.	36.14	»
Girvan.	38.73	»

Ardrossan, *Branch* *.	—	Ayr.
Dubbs *.	0.77	»
Water Machine, *Pit*.	2.11	»
Stevenston.	2.37	»
Ardeer, *Iron C⁰* *.	2.49	»
Saltcoats.	3.66	»
Coal Depot, *Siding*.	4.2	»
Ardrossan.	5.12	»
» *Coal Depot*.	5.17	»
» *Harbour*.	5.53	»

Dubbs *.		
Byrehill *.	—	Ayr.
	0.30	»

Eglinton, *Iron C⁰ Siding*.	—	Ayr.
Eglinton, *Iron and Brick C⁰ Siding*.	0.46	»
Redburn and Dykehead, *Branch* *.	0.55	»
Eglinton, *Fire Brick Works Siding*.	0.76	»
Corschillhead, *Siding*.	1.27	»
Corschillmuir, *Branch* *.	1.52	»
Auchenharvie, *Pit*.	1.72	»
Fergushill, *Pit n⁰ 17*.	1.73	»
Moncur, *Pit n⁰ 12*.	1.75	»
Clonbeith, *Branch* *.	2.43	»
Fergushill, *Pit n⁰ 20*.	2.49	»
» *Pit n⁰ 19*.	2.60	»

	M. A.	
Doura, *Pit Siding*.	2.69	Ayr.
Armsheugh, *Branch* *.	3.3	»
Termini of Perceton, *Branches* *.	5.20	»

Irvine *.	—	Ayr.
» *Harbour*.	0.66	»

Irvine *.	—	Ayr.
Dreghorn, *Coal Siding*.	1.71	»
Broomlands, *Pit Siding*.	2.10	»
Dreghorn.	2.22	»
Perceton *Branch* *.	2.65	»
Bourtreehill, *Pit n⁰ 1, Siding*.	2.73	»
Bourtreehill, *Pit n⁰ 4, Siding*.	3.9	»
Springside, *Pit 3*.	3.38	»
» *Pit 2*.	3.45	»
West Thornton, *Pit Siding*.	3.50	»
Warwickhill, *Siding*.	3.78	»
Plan.	5.19	»
Crosshouse.	5.44	»

Perceton, *Branch* *.	—	Ayr.
» *Pit n⁰ 1*.	0.43	»
» *Terminus*.	0.61	»

Troon, *Harbour Terminus*.	—	Ayr.
Barassie *.	2.13	»
Gateside, *Siding*.	2.76	»
Parkthorn, *Siding*.	3.38	»
Drybridge.	5.14	»
Lathmili, *Siding*.	6.23	»
Gatehead.	7.21	»
Fairlie, *Branch* *.	7.36	»
Third, *Part Siding*.	7.57	»
Annandale *.	7.78	»
Moorfield, *Tile Works*.	8.19	»
Sᵗ-Marnocks.	8.69	»
Grange, *Siding*.	9.46	»
Kilmarnock *.	9.63	»

Fairlie *Branch* *.	—	Ayr.
Caprington *,	0.70	»
Fairlie, *Coliery*.	1.16	»
» *Terminus*.	1.35	»

Newton *.	—	Ayr.
Blackhouse *.	0.24	»
Auchincruive.	2.17	»
Annbank *.	4.10	»
»	4.15	»
Tarbolton.	6.34	»
Mauchline.	10.57	»

	M. A.	
Dalrymple *.	—	Ayr.
Hollybush.	2.75	»
Holehouse *.	4.41	»
Smithson *.	5.14	»
Patna.	6.41	»
Waterside.	8.34	»
Dalmellington, *Iron Siding.*	8.73	»
»	11.50	»

	M. A.	
Holehouse *.	—	Ayr.
Rankinston *.	3.25	»
Belston *.	6.9	»
Ochiltree.	7.78	»
Dumfries House, *Siding.*	9.20	»
» »	9.61	»
Cumnock.	11.73	»
Logan *.	13.7	»
Cronberry *.	14.79	»
Gasswater, *Branch* *.	15.8	»
Welltrees, *Pit n° 4.*	16.26	»
Welltrees, *Pit n° 3.*	16.33	»
Wellwood, *Branch,*	17.72	»
» *Pit n° 3.*	18.39	»
» » *n° 11.*	18.76	»
Upper Wellwood.	20.24	»
Muirkirk. *Iron C°, Branch* *.	21.14	»
Muirkirk, *G. and S. W.*	21.17	»
» *Iron Works.*	21.22	»
» *Auldhouse Lime Works.*	21.38	»
Muirkirk *.	21.43	»

Cumnock *.	—	Ayr.
Logan *.	0.27	»

Muirkirk, *Branch* *.	—	Ayr.
Common, » *.	2.3	»
Craigston. *Pits.*	2.4	»
Lugar *.	2.49	»
Brachead, *Pit 6, Siding.*	2.68	»
Cronberry, *Tile Works.*	3.15	»
Brachead, *pits 4 et 5, Siding.*	3.16	»
Mosshouse, 1 et 2 *Siding.*	3.50	»
Cronberry *.	3.54	»

St-Marnocks *.	—	Ayr.
» *Terminus.*	0.53	»

Lugar *.	—	Ayr.
Cronberry, *pit 1.*	0.17	»
» *pit 2.*	0.36	»

Annbank.	—	Ayr.
Belston *.	7.41	»

	M. A.	
Newton *.	—	Ayr.
Ayr, *Harbour.*	0.58	»

Dalmellington, *Branch* *.	—	Ayr.
Ayr, *Goods.*	0.70	»

Blackouse *.	—	Ayr.
Hawkhill *.	0.22	»

Dumfries, *C. D. D.* *.	—	Dumfries.
Maxwelltown.	1.40	Kirkcudbright.
Lochanhead.	5.52	»
Killywhan.	7.70	»
Kirkgunzeon.	10.4	»
Southwick.	12.14	»
Dalbeattie.	14.12	»
Mill of Buittle.	16.35	»
Castle Douglas.	19.33	»
Bridge of Dee.	22.15	»
Tarff.	26.16	»
Kirkcudbright.	29.53	»

Castle Douglas.	—	Kirkcudbright.
» *.	0.2	»

Glasgow, *South Side.*	—	Lanark.
» *Strathbungo* *.	0.73	»
Pollockshaws, *Goods.*	2.23	Renfrew.
» *Pass.*	2.34	»
Auldhousefield.	2.68	»
Busby *.	2.71	»
Kennishead.	3.52	»
Nitshill.	4.74	»
Barrhead, *Mins.*	6.29	»
» *G. and P.*	6.53	»
Neilston, *Pass.*	8.58	»
» *Goods.*	8.74	»
Caldwell.	11.64	»
Dixon's, *pit n° 2.*	12.24	Ayr.
Lugton, *Goods.*	13.19	»
» *Pass.*	13.38	»
*.	13.46	»
Dunlop.	15.60	»
Stewarton, *Pass.*	18.	»
» *Goods.*	18.12	»
Kilmaurs.	21.18	»
Kilmarnock *.	23.4	»
» *G. B. K. Goods.*	23.30	»

Kilmarnock *.	—	Ayr.
» *Grange* *.	0.20	»

Kennishead.	—	Renfrew.
Thornliebank.	0.50	»
Spiersbridge.	0.75	»

	M. A.	
Nitshill.	—	Renfrew.
Victoria, *pit.*	0.27	»

Lugton *.	—	Ayr.
Waterland, *Siding.*	0.47	»
Barrmill.	3.2	»
Beith, *G. B. and K.*	5.	»

Glasgow, *Sword Street* *.	—	Lanark.
» *Bellgrove Street.*	0.16	»
» *Sydney Street or College* *.	0.37	»
Glasgow, *St-John's Siding*	0.66	»
» *Gallowgate.*	0.70	»
» » *.	1.20	»
» *Main Street.*	1.49	»
» *West Bridge.*	2.11	»
» *Shields Road* *.	2.39	»
» *Pollok* *.	2.54	»

Glasgow, *Shields Road* *.	—	Lanark.
» *Scotland Street* *.	0.40	»

Glasgow, *Gallowgate* *.	—	Lanark.
» *Central or Dunlop.*	0.26	»

Glasgow, *Sydney Street or College* *.	—	Lanark.
Glasgow, *College.*	0.33	»

340. — Glasgow, Barrhead and Neilston Direct *(Ecosse).*

Exploité par le Caledonian et le Glasgow and South Western.

341. — Glasgow, Bothwell, Hamilton and Coatbridge *(Ecosse).*

En construction.

DIRECTEURS :

Addie, J., Esq.
Baird, J., Esq.
Beardmore, W., Esq.
Dixon, W. S., Esq.
Ewing, A. O., Esq.
Hendrie, J., Esq.

BUREAUX A GLASGOW, 64, WEST REGENT STREET :
Lamond, H., Secrétaire et Solicitor.
Simpson, A., Ingénieur.
Lamond. R., Solicitor.

342. — Glasgow, Garnkirk and Coatbridge *(Ecosse).*

Exploité par le Caledonian.

343. — Glencairn *(Ecosse).*

En construction.

DIRECTEURS :

Scot, T. G., Esq.
Smith, W., Esq.
M' Call, S., Esq.
Lindsay, J., Esq.
Colston, J., Esq.

344. — Gloucester and Dean Forest *(Angleterre).*

Exploité par le Great Western.

345. — Glückstadt-Elmshorn *(Allemagne* (V).

CONSEIL D'ADMINISTRATION :

Rathjen, Président.
Graba.
Eller.
Peters, J.
Schroder, E.
Bornhöft.
Kahlcke, M.
Piening, O.
Schmidt, H.
Cahen, S. F.
de Vos, C.

DIRECTION A GLUCKSTADT :

Fülscher, J., Président.
Lund, H., Directeur.
Peters, J., »
Glien, J., Ingénieur.
Memmert, J., Chef de Traction.
Rix, T., Contrôleur.

	Kil.	
Elmshorn.	—	Holstein.
Siethwende. H.	6.95	»
Herzhorn. H.	12.8	»
Glückstadt.	16.65	»
Crempe.	23.4	»
Cremperheide. H.	28.65	»
Itzehoe.	33.4	»

346. — Gorsedda Junction and Portmadoc *(Angleterre).*

Maudsley, H. C., Président.
Bates, H. S., Major.

Logar, L.
Stewart, J., Esq.

BUREAUX A LONDRES, E. C., St-CLEMENT'S HOUSE, CLEMENT'S LANE :

Gray, G. J., Secrétaire.
Brooks, E., et Lloyd Morgan, H., Auditeurs.

347. — Gossnitz-Gera (Allemagne).

Exploité par l'Etat Saxon.

CONSEIL D'ADMINISTRATION :

Reichardt.
Sieber.
Hase.
Sturm.

348. — Gothard (Suisse).

CONSEIL D'ADMINISTRATION A LUCERNE :

Feer-Herzog, Président.
Stehlin (C^l), Vice-Président.
Schweizer, F., Secrétaire.
Escher, A.
Zingg, J.
Sulger, A.
v. Hettlingen.
Arnold (C^l).
Franchini.
Weber, J.
Anderwert.
Stocker (C^l).
Karrer.
v. Hansemann.
Stoll.
Köchlin.
Rieter.
de Rothschild (Baron) C.
Mevissen.
v. Oppenheim (Baron).
Wendelstadt, V.
Servadio (Commandeur).
Bombrini (Commandeur).
Menabrea (Comte).
Mordini.

DIRECTION A ZURICH :

Escher, A., Président. (1er Département.)
Zingg, J., Vice-Président. (2e »)
Weber, J., Directeur. (3e »)
Köchlin. } Suppléants.
Stocker. }
Gerwig, R., Ingénieur en Chef.
Schweizer, Secrétaire du Président de la Direction et 1er Secrétaire de la Direction, à Zurich.
Kaltbrunner, D., Traducteur français du Président de la Direction, à Zurich.

Peyer, E., Secrétaire, à Lucerne.
Dula, F.,   »   »
Wanner, Archiviste,   »
Furrer, A., Chef-Comptable, à Zurich.
Sidler, E., Caissier principal, à Lucerne.
Zähringer, Chef du Bureau de révision des Comptes, à Lucerne.

	Kil.	
Brasca.	—	Tessin.
Osogna.	7	»
Claro.	12	»
Castione.	16	»
Bellinzona.	20	»
Giubiasco.	23	»
Cadenazzo.	28	»
Gordola.	35	»
Locarno.	41	»
Lugano.	—	Tessin.
Melide.	7	»
Maroggia.	11	»
Capolago.	15	»
Mendrisio.	19	»
Balerna.	24	»
Chiasso.	26	»

349. — Gottland (Suède).

En construction.

350. — Granada à Bobadilla (Espagne).

Exploité par le Cordoba-Malaga.

351. — Grand Central Belge (Belgique) (V).

EXPLOITATION
des chemins de fer de l'Est Belge, de Louvain à Hérenthals et d'Hérenthals à Tilbourg, de l'Entre-Sambre-et-Meuse, d'Anvers à Rotterdam et Breda, d'Anvers à Hasselt, de Landen à Hasselt et de Hasselt à Maastricht et Aix-la-Chapelle.

COMITÉ MIXTE GÉNÉRAL :

Stoclet, A., Président.
Baruchson, A., Esq.
Tesch, V.
Mackenzie-Shaw, Esq.
Quairier.
Sommer.
Urban, J.
et un des Présidents du Conseil d'Administration du chemin de fer Aix-Maastricht-Landen.

COMITÉ D'EXPLOITATION :

Stoclet, A., Président.
Baruchson, A., Esq.
Mackenzie-Shaw, Esq.

Urban, J.
Stoclet, V., Secrétaire.

ADMINISTRATION A BRUXELLES, 88, RUE BELLIARD :
Urban, J., Directeur Général.
Urban, M., Ingénieur en Chef, Directeur de la Traction.
Despret, E.,   »   »   »   des Voies et Travaux.
Despret, V.,   »   »   »   de l'Exploitation.
Spruyt, E., Chef du Service Central de l'Exploitation.
André, A., Chef du Contentieux.
Louis, E., Chef de Service du Cabinet.
Demunck, A., Chef du Service de la Comptabilité Générale.
Partoes, A.,   »   »   des Recettes.
Leclercq, J.,   »   »   Commercial.
Leroy, C., Chef du bureau des Dépenses.
Caspers, L., Caissier Général.
Ryez, J., Inspecteur Principal du Matériel, à Lodelinsart.
Bihet, O., Directeur de l'Atelier Central à Louvain.
Focquet, Ingénieur, chargé de la Construction des lignes nouvelles, à Stavelot.

Zurich, H., Agent International, à Bâle.
Guisez, C.,   »   Commercial, à Aix-la-Chapelle.
Ravelli, J.,   »   »   à Charleroi.
Groos, H.,   »   »   à Rotterdam.
Liévin, J.,   »   »   à Anvers.

1re SECTION A ANVERS ET AERSCHOT :
Lebon, G., Inspecteur Principal, Chef de Service de l'Exploitation, à Anvers.
Squilbin, C., Chef du Service des Voies et Travaux, à Anvers.
Chaussette, A., Chef du Service de la Traction, à Aerschot.

2e SECTION A LODELINSART :
Smits, C., Inspecteur Principal, Chef de Service de l'Exploitation.
Liebrechts, H., Chef du Service des Voies et Travaux.
Motfrie, E.,   »   »   de la Traction.

3e SECTION A WALCOURT :
Delpire, F., Inspecteur Principal, Chef de Service de l'Exploitation.
Lekeux, J., Chef du Service des Voies et Travaux.
Jeanjean, J.,   »   »   de la Traction.

4e SECTION A MAASTRICHT :
Wittemberg, J., Inspecteur Principal, Chef de Service de l'Exploitation.

Lebon, C., Chef du Service des Voies et Travaux.
Nagant, J.,   »   »   de la Traction.

	Kil.	
Moerdijck.	—	Brabant-Septentrional.
Zevenbergen.	7.347	»
Oudenbosch.	15.307	»
Roozendaal *.	23.367	»
Esschen.	31.477	Anvers.
Boterbergen. H.	»	»
Calmpthout.	39.437	»
Withoef. H.	»	»
Cappellen.	48.407	»
Eeckeren.	52.019	»
Anvers, Dam.	57.652	»
» Borgerhout.	63.717	»
Mortsel.	67.274	»
Bouchout.	72.051	»
Lierre.	77.911	»
Berlaer.	84.826	»
Heyst-op-den-Berg.	91.456	»
Boisschot.	97.476	»
Aerschot *.	105.307	Brabant.
Rotselaer.	113.725	»
Louvain, Etat.	120.565	»
» Bassin.	121.593	»
Héverlé.	124.757	»
Vieux-Héverlé. H.	»	»
Weert-St-Georges.	132.874	»
Florival. H.	»	»
Gastuche.	140.648	»
Wavre.	144.513	»
Limal.	148.013	»
Ottignies.	150.093	»
Court-St-Etienne.	153.153	»
La Roche.	157.775	»
Villers-la-Ville.	160.671	»
Tilly.	164.935	»
Marbais.	167.760	»
Ligny.	170.181	»
Fleurus.	173.844	Hainaut.
Ransart.	178.427	»
Lodelinsart *.	181.992	»
Charleroi. V. H. *.	183.992	»
Montigny s/Sambre.	186.615	»
Châtelineau.	189.842	»
Bouffioulx.	192.304	»
Acoz, Laminoirs.	196.067	»
» Village.	196.893	»
Gerpinnes.	199.677	»
Hanzinnes.	202.107	»
Oret.	207.327	Namur.
Morialmé.	211.607	»
Pavillons (Stave).	216.468	»
Florennes (E. B.).	219.108	»
Villers-le-Gambon.	225.298	»
Merlemont.	228.429	»
Romedenne.	233.538	»
Doische.	238.554	»
Givet.	244.754	France.

— 150 —

	Kil.	
Breda.	—	Brabant Septentrional.
Prinsenhage. H.	»	»
Liesbosch. H.	»	»
Etten-Leur.	8.8	»
Hoeven. H.	»	»
Seppe. H.	»	»
Roozendaal *.	14.2	»

	Kil.	
Tilburg.	—	Brabant Septentrional.
Riel.	5.83	»
Alphen.	12.90	»
Baarle-Nassau.	17.69	»
Weelde-Merxplas.	23.41	Anvers.
Turnhout.	31.13	»
Thielen.	40.567	»
Lichtaert.	43.046	»
Hérenthals.	48.814	»
Morckhoven.	55.408	»
Westmeerbeek.	62.668	»
Aerschot *.	71.054	Brabant.
Testelt.	80.704	»
Sichem.	83.612	»
Diest.	88.684	»
Zeelhem.	93.935	»
Schuelen.	98.608	Limbourg.
Kermpt.	105.318	»
Spalbeck. H.	»	»
Hasselt *.	109.224	»
Diepenbeeck.	115.684	»
Béverst.	119.654	»
Munster-Bilsen.	123.904	»
Eygenbilsen.	127.894	»
Lanaeken.	132.194	»
Maastricht.	138.284	Limbourg Hollandais.
Meerssen.	143.384	»
Fauquemont.	149.384	»
Wijlré.	155.984	»
Simpelveld.	162.184	»
Aachen, *Templerbend*.	172.384	Prusse.
» *Marchirthor*.	174.684	»

Hasselt *.	—	Limbourg.
Alken.	5.61	»
Cortenbosch.	11.30	»
St-Trond.	17.04	»
Velm.	20.59	»
Landen.	25.93	Liége.

Lodelinsart *.	—	Hainaut.
La Planche.	2.093	»
Charleroi, *V. B.*	3.309	»
Marcinelle *.	4.322	»
La Sambre *.	5.660	»
Zône. H.	6.626	»
Bomerée.	10.335	Namur.
Jamioulx.	12.345	»

	Kil.	
Ham s/Heure.	16.572	Namur.
Cour s/Heure. H.	21.592	»
Berzée *.	26.612	»
Walcourt*.	30.032	»
Silenrieux.	34.456	»
Cerfontaine.	41.572	»
Senzeilles. H.	44.137	»
Mariembourg *.	48.306	»
Nimes.	51.070	»
Olloy.	57.532	»
Vierves.	60.062	»
Treignes. H.	»	»
Vireux, *Viroin*.	66.879	»
» *Molhain*..	67.734	»

Marcinelle *.	—	Hainaut.
Charleroi (Etat).	1.171	»

La Sambre *.	—	Hainaut.
Marchiennes.	1.596	»

Lodelinsart *.	—	Hainaut.
Deschassis.	1.764	»
Jumet, *La Coupe*.	2.850	»

Walcourt *.	—	Namur.
Fairoul. H.	4.705	»
Fraire.	7.070	»
Morialmé.	11.844	»
» *Minières*.	13.670	»

Walcourt *.	—	Namur.
St-Lambert.	6.764	»
Froimont *.	8.149	»
Florennes s/M.	14.654	»

Mariembourg *.	—	Namur.
Frasnes. H.	3.025	»
Couvin.	5.466	»

Froimont *.	—	Namur.
Jamagne. H.	»	»
Philippeville.	4.546	»

Berzée *.	—	Namur.
Thy-le-Château.	1.425	»
Laneffe.	4.188	»

Charleroi, *V. H.* *	—	Hainaut.
Bifurcation.	»	»
Gilly, *Quatre Bras*.	2.251	»

Bifurcation.	—	Hainaut.
Gilly, *Centre-Réunion*.	0.598	»

		Kil.	
Anvers, *Stuyvenberg*.	—		Anvers.
» *Bassins* *	»		»

352. — Grand-Duché de Bade
(Allemagne). (**V**.)

DIRECTION GÉNÉRALE A CARLSRUHE :

Zimmer, Directeur Général.
Schupp, »   » -Adjoint.
Gerwig.
Sevauer.
Gmelin.
Klingel.
Stimm.
Zittel.
Helminger.
Helbling.
Boeckh.
Schneider.
Battlehner.
Fesenbeckh.

ADMINISTRATION CENTRALE A CARLSRUHE :

Fischer, Chef de. de la Caisse Générale.
Schnetzler, Chef du Contrôle Principal. (II).
Cass, »   »   » (III)(Matériel)
Müller, »   »   » (I).
Devrient, » des bateaux à vapeur et des magasins.
Larenz, Inspecteur, Chef du bureau technique de Construction.

DIRECTION GÉNÉRALE :

Tross, Inspecteur technique des Transports.
Würth, » de la Caisse.
Heinrich, » des Travaux d'art.
v. Teuffel, » de Construction.
Hartmann, » des Transports.
Stutz, » du Trafic.
Grossweyler,» de Construction.
Schell, » des Télégraphes.
v. Gagg, » de Traction.
Ziegler, » de Construction des ouvrages d'art.
Burg, » Principal.
v. Davans, » » de Construction à Constanz.
Sachs, Inspecteur »   » à Heidelberg.
Geiger, Inspecteur »   » à Bâle.
Möglich, Ingénieur en Chef.
Scheffelt, »   » à Freiburg.
Grabendorfer, » à Heidelberg.
Wolf, »   Constanz.
Scholl, »   Offenburg.
Kern, »   Waldshut.
Hilpert, »   Villingen.
Delisle, »   Inspecteur de Traction.
Behaghel, »   » » à Freiburg.

Kayser, Ingén' Inspect' de Traction à Constanz.
Kuttruff, »   »   » à Heidelberg.
Esser, Chef Principal de Traction et des Ateliers.
Gotha, » du Service des bateaux à vapeur, à Constanz.

	Kil.	
Mannheim a/Neckar *.	—	Mannheim.
Friedrichsfeld.	9	»
Heidelberg *.	19	»
Kirchheim. H.	23	»
St-Ilgen.	27	»
Wiesloch.	33	»
Roth-Malsch. H.	38	»
Langenbrücken.	43	Carlsruhe.
Ubstadt. H.	47	»
Bruchsal *.	52	»
Unter-Grombach.	58	»
Weingarten.	61	»
Durlach *.	69	»
Carlsruhe.	74	»
Mannheim a/Necker *.	—	Mannheim.
Neckarau.	4	»
Rheinau.	10	»
Schwetzingen.	14	»
Hockenheim.	22	»
Neulussheim.	25	»
Waghäusel.	31	Carlsruhe.
Wiesenthal. H.	33	»
Graben-Neudorf.	40	»
Linkenheim.	47	»
Leopoldshafen. H.	51	»
Eggenstein.	53	»
Carlsruhe, *Mühlburger Thor* *.	60	»
»	62	»
Ettlingen.	69	»
Malsch.	77	»
Muggensturm.	81	Baden.
Rastatt *.	86	»
Oos *.	95	»
Sinzheim. H.	98	»
Steinbach.	101	»
Bühl.	106	»
Ottersweier. H.	109	»
Achern.	114	»
Renchen.	121	»
Appenweier *.	126	Offenburg.
Windschlög. H.	130	»
Offenburg *.	134	»
Niederschopfheim.	143	»
Friesentheim.	147	»
Dinglingen *.	152	»
Kippenheim. H.	157	Freiburg.
Orschweier.	161	»
Ringsheim. H.	164	»
Herbolzheim.	167	»
Kensingen.	170	»

	Kil.			Kil.	
Riegel.	175	Freiburg.	Neckargemünd.	10	Heidelberg.
Köndringen. H.	178	»	Bammenthal.	15	»
Emmendingen.	182	»	Mauer. H.	18	»
Denzlingen *.	189	»	Meckesheim *.	20	»
Freiburg *.	197	»	Niedenstein.	27	»
St-Georges. H.	201	»	Waibstadt.	30	»
Schallstadt.	206	»	Helmstadt.	35	»
Krozingen.	212	»	Aglasterhausen.	39	»
Heitersheim.	218	»	Asbach. H.	43	Mosbach.
Buggingen. H.	221	Lorrach.	Neckaretz.	51	»
Mühlheim.	226	»	Mosbach.	54	»
Euggen. H.	229	»	Neckarburken. H.	57	»
Schliengen.	232	»	Dallau.	59	»
Bellingen.	236	»	Auerbach. H.	63	»
Rheinweiler.	239	»	Schefflenz.	68	»
Kleinkems. H.	241	»	Eicholzheim.	70	»
Istein. H.	245	»	Seckach.	74	»
Efringen.	247	»	Adelsheim.	79	»
Eimeldingen.	251	»	Osterburken.	82	»
Haltingen.	253	»	Rosenberg.	86	»
Leopoldshöhe.	256	»	Hirschlanden. H.	89	»
Basel *.	259	Basel-Stadt.	Eubigheim.	94	»
Grenzach.	263	Lorrach.	Boxbrg. Wölchingen.	105	»
Wyhlen.	267	»	Schweigern. H.	106	»
Bei Rheinfelde.	275	Waldshut.	Unterschüpf.	109	»
Beuggen. H.	278	»	Königshofen *.	114	»
Niederschworstadt.	283	»	Lauda *.	117	»
Brennet.	287	»	Gerlachsheim.	119	»
Säckingen.	292	»	Grünsfeld.	123	»
Murg.	297	»	Zimmern.	127	»
Laufenburg. Personen.	301	»	Wittighausen.	132	»
» Güter.	303	»	Kirchheim.	138	Bayern.
Albbruck.	309	»	Geroldshausen.	144	»
Dogern. H.	313	»	Reichenberg.	149	»
Waldshut.	317	»	Heidingsfeld.	154	»
Thiengen.	323	»	Würzburg.	160	»
Oberlauchringen *.	327	»			
Griessen.	333	»	Meckesheim *.	—	Heidelberg.
Erzingen.	337	»	Zuzenhausen.	3	»
Wilchingen. H.	340	Schaffhausen.	Hoffenheim.	7	»
Neunkirch.	343	»	Sinsheim.	10	»
Beringen.	349	»	Steinsfurth.	13	»
Neuhausen.	353	»	Grombach.	20	»
Schaffhausen.	356	»	Babstadt.	25	»
Herblingen. H.	360	»	Rappenau *.	28	»
Thayingen.	365	»	Wimpfen.	34	Hessen.
Gottmadingen.	370	Constanz.	Jagstfeld.	37	Württemberg.
Singen *.	376	»			
Rickelshausen. H.	382	»	Mergentheim.	—	Württemberg.
Radolfzell *.	386	»	Edelfingen.	4	»
Markelfingen. H.	389	»	Unterbalbach. H.	5	Mosbach.
Allensbach.	395	»	Königshofen *.	8	»
Reichenau. H.	400	»	Lauda *.	11	»
Constanz.	406	»	Distelhausen. H.	15	»
			Bischofsheim a/Tauber.	19	»
Heidelberg. *.	—	Heidelberg.	Hochhausen.	24	»
» Earlsth.	3	»	Gamburg.	30	»
Schlierbach. H.	6	»	Bronnbach.	35	»

— 153 —

	Kil.	
Reicholzheim. H.	38	Mosbach.
Wertheim.	43	»
Durlach *.	—	Carlsruhe.
Grötzingen.	3	»
Berghausen.	5	»
Söllingen.	8	»
Kleinsteinbach. H.	10	»
Wilferdingen.	12	»
Königsbach.	15	»
Ersingen. H.	20	»
Ispringen. H.	23	»
Pforzheim.	26	»
Eutingen.	30	»
Niefern.	32	»
Enzberg.	35	»
Mühlacker.	39	Württemberg.
Oos *.	—	Baden.
Baden.	4	»
Appenweier *.	—	Offenburg.
Legelshurst. H.	6	»
Kork.	9	»
Kehl.	14	»
Heidelberg *.	—	Heidelberg.
Eppelheim H.	6	»
Plankstadt. H.	8	»
Schwetzingen.	10	»
Speyer. Rhein.	»	Rhein-Preussen.
»	22	»
Offenburg *.	—	Offenburg.
Ortenberg.		
Gengenbach.	5	»
Schönberg. H.	10	»
Biberach-Zell.	16	»
Steinach. H.	18	»
Haslach.	23	»
Hausach.	27	»
Gutach.	34	»
Hornberg.	37	»
Tryberg.	43	»
Sommerau. H.	57	»
St-Georgen.	69	»
Peterzell-Königsfeld.	72	»
Stockwald.	76	»
Kirnach.	»	»
Villingen.	82	»
Marbach.	86	Villingen.
Klengen.	89	»
Grüningen. H.	92	»
Donaueschingen.	95	»
Pfohren.	100	»
Neudingen.	104	»
Gutmadingen. H.	107	»
	111	»

	Kil.	
Geisingen.	113	Villingen.
Hintschingen. H.	116	Constanz.
Immendingen.	120	»
Hattingen.	124	»
Thalmühle. H.	130	»
Engen.	135	»
Welschingen. H.	138	»
Mühlhausen.	141	»
Hohenkrähen.	144	»
Singen *.	150	»
Basel *.	—	Basel-Stadt.
Riehen. H.	6	»
Stetten. H.	8	Lorräch.
Lorräch.	9	»
Haagen.	12	»
Steinen.	17	»
Maulburg.	20	»
Schopfheim.	23	»
Fahrnau. H.	»	»
Hausen. H.	»	»
Zell im Wiesenthale.	31	»
Mengen.	—	Württemberg.
Zielfingen.	5	Hohenzollern.
Krauchenwies *.	9	»
Göggingen.	12	Constanz.
Menningen.	15	»
Messkirch.	19	»
Sauldorf.	25	»
Schwakenreuthe *.	29	»
Mühlingen.	32	»
Zizenhausen.	36	»
Stockach.	39	»
Nenzingen.	43	»
Wahlwies.	46	»
Stahringen.	49	»
Radolfzell *	57	»
Dinglingen *.	—	Offenburg.
Lahr.	4	»
Bruchsal *.	—	Carlsruhe.
Carlsdorf.	5	»
Graben.	10	»
Huttenheim.	14	»
Philippsburg.	19	»
Rheinsheim.	21	»
Germersheim.	25	»
Freiburg, Bade *.	—	Freiburg.
Hugstetten.	8	»
Gottenheim.	12	»
Wasenweiler.	15	»
Ihringen.	18	»
Alt-Breisach.	23	»

— 154 —

	Kil.	
Rastatt *.	—	Baden.
Kuppenheim.	4	»
Rothenfels.	9	»
Gaggenau.	10	»
Hördten.	13	»
Gernsbach.	15	»

Carlsruhe, *Mühlburger Thor* *.	—	Carlsruhe.
Mühlburg.	2	»
Knielingen. H.	5	»
Maxau.	8	»

Sigmaringen.	—	Hohenzollern.
Josephslust.	5	»
Krauchenwies *.	10	»

Schwackenreuthe *.	—	Constanz.
Sentenhart.	6	»
Aach-Linz.	12	»
Pfullendorf.	16	»

Denzlingen *.	—	Freiburg.
Buchholz. H.	4	»
Waldkirch.	8	»

Oberlauchringen *.	—	Ober-Rhein.
Horheim. H.	4	»
Ofteringen. H.	8	»
Unterreggingen. H.	10	»
Eberfingen. H.	14	»
Stühlingen.	18	»

Rappenau *.	—	Heidelberg.
Saline.	2	»

353. — Grand Duché d'Oldenbourg.
(Allemagne.) (**V.**)

DIRECTION A OLDENBOURG :

Buresch, Président.
Ramsauer.
Schmidt.
Behrens.
Siebold.
Scheffer, Inspecteur Principal,
Meyer, » de Construction, } Adjoints.
Niemeyer, » »

ADMINISTRATION A OLDENBOURG :

Schmidt, Inspecteur Principal d'Exploitation.
Behrmann, Inspecteur.
v. Finckh, »
Trouchon, Ingénieur.
Lauff, »
Wolff, Chef Principal de la Traction.
Tenne, Chef de Traction.

	Kil.	
Leer.	—	Hannover.
Nortmoor.	7.19	»
Stickhausen.	15.4	»
Augustfehn.	22.78	Oldenburg.
Apen.	25.59	»
Ocholt.	31.61	»
Zwischenahn.	39.66	»
Bloh.	48.9	»
Oldenburg *.	54.88	»
Wüsting.	63.05	»
Hude *.	71.54	»
Grüppenbühren.	76.77	»
Delmenhorst.	82.55	»
Huchtingen.	92.79	Bremen.
Bremen, *Neustadt.*	96.84	»
Bremen.	99.21	»

Jever.	—	Oldenburg.
Heidmühle.	4.65	»
Sander-Busch.	10.65	»
Sande *.	12.97	»
Ellenserdamm.	19.06	»
Varel.	27.24	»
Jaderberg.	34.54	»
Hahn.	40.37	»
Rastede.	45.75	»
Oldenburg *.	57.97	»
Sandkrug.	68.56	»
Huntlossen.	75.90	»
Grossenkneten.	81.28	»
Ahlhorn.	86.66	»
Höltinghausen.	92.99	»
Cloppenburg.	99.01	»
Hemmelte.	106.96	»
Essen.	114.46	»
Quakenbrück.	120.59	Hannover.

Sande *.	—	Oldenburg.
Wilhelmshafen.	7.37	Jadegebiet.

Hude *.	—	Oldenburg.
Neuenkoop.	4.5	»
Berne.	8.5	»
Elsfleth.	14.5	»
Oberhammelwarden.	20.5	»
Brake.	25.5	»
Golzwarden.	28.37	»
Rodenkirchen.	33.82	»
Kleinensiel.	38.74	»
Grossensiel.	41.73	»
Nordenhamm.	43.56	»

354. — Grande Ceinture autour de Paris
(France).

En construction.

— 155 —

SIÈGE SOCIAL A PARIS, 45, RUE DE CLICHY.
SYNDICAT :

de Rothschild (B^{on})Alp., Président.
Vuitry, Vice-Président.
Baude.
de Waru.
Berthier.
Dufeu.
Rey de Foresta.
de Saint-Pierre (B^{on}).

Chambolle, Secrétaire.
Arnaud, Directeur.
Kraff, Ingénieur.
Geoffroy. »

355. — Grande Société des Chemins de fer Russes *(Russie).* (U. R.)

CONSEIL D'ADMINISTRATION :

Polovtzoff, W., Président.
Tillo, E., Vice-Président.
Jouravsky, D.
Kolesoff, J.
Lipinn, N.
Stcherbatoff, A.
Kreutz (Cte) G.
Gern, O.
Kerbedz, S.
Stomff, A.
Kronenberg, L.
Dounine, J.
Djoutling, G.

DIRECTION GÉNÉRALE A SAINT-PÉTERSBOURG, RUE ITALIENSKAIA ;

König, J., Directeur de la ligne de Moscou.
Tesmine, A., »   »   de Varsovie.
Rörberg, J., »   »   de Nijni-Novgorod, à Moscou.

	Verstes.	
Varsovie.	—	Varsovie.
Volomine.	16	»
Tlouchth.	32	»
Lochow.	51	Sélénetz.
Sélénetz.	64	»
Malkine.	78	Lomja.
Tchijew.	101	»
Tchépetowskaïa.	116	»
Lapy.	141	Grodno.
Bélostok.	162	»
Tchernaya-Vess.	183	»
Sokolka.	201	»
Kouznitza.	216	»
Grodno.	241	»
Poretche.	270	»

	Verstes.	
Martsinkantzé.	295	Vilna.
Orany.	315	»
Olkéniki.	333	»
Roúdzichki.	352	»
Landwaroff *.	374	»
Vilna.	388	»
Vileiskaïa.	397	»
Bezdany.	412	»
Podbrodzé.	436	»
Swentsiany.	461	»
Ignalino.	482	»
Doukchty.	505	Kovna.
Novo-Alexandrofsk.	526	»
Kalkoubnen.	543	»
Dunabourg.	552	Vitebsk.
Vychki.	577	»
Rouchona.	590	»
Antonopol.	615	»
Régitza.	633	»
Ivanovskaïa.	658	»
Korsovka.	674	»
Pondéry.	692	Pskoff.
Jogovo.	719	»
Ostroff.	745	»
Tcherskaïa.	770	»
Pskoff.	794	»
Torochinskaïa.	813	»
Novocélié.	837	St-Pétersburg.
Bélaïa.	858	»
Ploussa.	879	»
Sérébrianka.	901	»
Louga.	922	»
Préobrajensk.	935	»
Mchinskaïa.	951	»
Divenskïa.	974	»
Siverskaïa.	987	»
Swida.	1000	»
Gatchina.	1008	»
Tsarskoé-Sélo.	1030	»
St-Pétersbourg *.	1050	»

Landwaroff *.	—	Kovna.
Ewié.	22	»
Josli.	38	»
Kochedary.	47	»
Prowenichki.	61	»
Kowna.	81	»
Maurucie.	98	»
Koslowa-Rouda.	115	»
Pilwichki.	133	»
Wilkowichki.	145	»
Wierzboloff.	161	»
Eydtkouhnen.	163	Gumbinnen.

St-Pétersbourg *.	—	St.Pétersbourg.
Préobrajenskaïa.	10	»
Kolpino.	24	»
Sablino.	38	»

	Verstes.	
Tosno.	50	St Petersbourg.
Ouchaki.	60	»
Luban.	78	Novgorod.
Poméranïé.	83	»
Babino.	94	»
Tchoudovo.	101	»
Volkhow.	108	»
Griady.	123	»
Malo-Vichera.	142	»
Bourga.	160	»
Vérébié.	195	»
Torbino.	207	»
Borovenka.	222	»
Okoulovka.	239	»
Ouglovka.	258	»
Valdaïka.	275	»
Bérézaïka.	291	»
Bologoé.	305	»
Zarétchïé.	319	Tver.
Vychni-Volotchok.	337	»
Ossétchenka.	351	»
Spirovo.	368	»
Kalachnikovo.	387	»
Ostachkovo.	408	»
Kouliki.	428	»
Tver.	448	»
Kousmino.	467	»
Zavidovo.	493	Moscou.
Riéchetnikovo.	506	»
Klin.	521	»
Podssolnétchnaïa.	544	»
Krukovo.	568	»
Khimki.	587	»
Moscou.	604	
Kouskovo.	611	»
Obiralovka.	624	»
Wassilievski.	636	»
Bogorodsk.	652	»
Pavlowo.	665	»
Dresna.	676	»
Oriékhovo.	686	Wladimir.
Pokrow.	704	»
Piétouchki.	719	»
Boldino.	736	»
Oundol.	752	»
Kolokcha.	765	»
Wladimir.	781	»
Bogolubovo.	791	»
Vtorovo.	807	»
Térekhovitzy.	817	»
Novki.	827	»
Kovrow.	841	»
Gostiochinsk.	849	»
Kréstnikovo.	863	»
Mstera.	878	»
Viazniki.	897	»
Denisovo.	911	»
Tchoulkovo.	922	»
Gorokhovets.	941	Wladimir.
Gorbatovka.	960	»
Seima.	967	Nijni-Novgorod.
Tchernaïa.	984	»
Orlovskaïa.	1001	»
Nijni-Novgorod.	1014	»

356. — Granollers à San Juan de las Abadesas (*Espagne*).

ADMINISTRATION A BARCELONA :

Maciá y Bonaplata, F., Concessionnaire.
Antiga, C., Membre.
Llusá, R., »
Masó, J., »
Carceveny, J., »
Broca, E., » et Ingénieur, Chef de l'Exploitation.
Vehil, E., Ingénieur, Chef des Voies et Travaux et du Mouvement.
Cabre, L., Chef du Trafic et de la Comptabilité.

	Kil.	
Granollers.	—	Barcelona.
La Garriga.	9	»
San Martin de Centallas.	19	»
Centallas.	24	»
Balenyá.	30	»
Vich.	40	»

357. — Graz-Köflach (*Autriche*) (V.)

CONSEIL D'ADMINISTRATION :

v. Schreiner, (Chev.) M., Président.
v. Westland, (Chev.) V. A. M., Vice-Président.
Goldstein, J.
Wokaun, I.
Polley, C.
Wachsmuth.

DIRECTION GÉNÉRALE A VIENNE :

Eisl, R., Directeur Général.
Kramer, G., Inspecteur en Chef.
Zander, A., » Chef du Service de la Traction, à Graz.
Wagner, J., Inspecteur, Chef de l'Exploitation, à Graz.
Weiss, C., Secrétaire, Chef du Service Intérieur, à Graz.
Norak, J., Ingénieur en Chef, à Graz.

	Kil.	
Graz.	—	Steiermark.
Strassgang.	7	»
Premstätten-Tobelbad.	11	»

— 157 —

	Kil.	
Lieboch *.	16	Steiermark.
Söding.	22	»
Krottendorf-Ligist.	28	»
Krems.	32	»
Voitsberg.	34	»
Oberdorf.	36	»
Rosenthal.	38	»
Köflach.	40	»

Lieboch *.	—	Steiermark.
Lannach.		
Oisnitz. H.	5	»
Preding-Wieselsdorf.	8	»
Gross-Florian.	15	»
Deutsch-Landsberg.	23	»
Schwanberg.	31	»
Welsberg. H.	39	»
Pölfing-Brunn.	44	»
Wies.	48	»
	51	»

358. — Great Eastern (*Angleterre*).

DIRECTEURS :

Parkes, C. H., Esq., Président.
Lord Hamilton, C. J., Président-Délégué.
Alderson, E. P., Esq.
Currie, J. W., Esq.
Denman, R.
Maitland, W. F., Esq.
Makins, W. T., Colonel.
Simpson, L., Esq.
Starkey, L. R., Esq.
Trotter, H. J., Esq.
Wilkinson, J., Lt-Colonel.

ADMINISTRATION A LONDRES, E., BISHOPSGATE STATION :

Hadfield, J., Secrétaire.
Swarbrick, S., Directeur Général.
Robertson, J., Inspecteur Principal.
Birt, W., Directeur des Marchandises.
Adams, W., Chef de Traction.
Langley, A. A., Ingénieur, à Stratford.
Morgan, C., et Hope, W., Auditeurs.

	M. A.	
London, *Bishopsgate, Hih Level.*	—	Middlesex.
London, *Brick Lane, Goods et Street.*	1/2	»
» *Bethnal Green* *		
London, *Bethnal Green* *.	3/4	»
» *Old Ford.*	2	»
» » *.	2 1/2	»
» *Stratford* *.	3 1/4	Essex.
» » *Lover.*	3 1/2	»
Maryland Point. *Pass.*	3 1/2	»
	4	»

	M. A.	
Forest Gate.	5	Essex.
» *.	5 1/2	»
Manor Park.	6 3/4	»
Ilford.	7 3/4	»
Chadwell Heath.	10 1/4	»
Romford.	12 3/4	»
Harold Wood.	15 1/2	»
Brentwood.	18 1/2	»
Ingatestone.	24	»
Chelmsford.	30	»
Witham *.	39	»
Kelvedon.	42 1/2	»
Marks Tey *.	47	»
Colchester *.	52	»
Ardleigh.	56 1/2	»
Manningtree *.	60	»
Bentley *.	63 1/2	Suffolk.
Ipswich *.	69 1/4	»
Westerfield.	72 1/2	»
Bealings.	76 1/4	»
Woodbridge.	79 1/2	»
Melton.	80 1/2	»
Wickham Market *.	84 3/4	»
Saxmundham *.	91 1/2	»
Darsham.	95 3/4	»
Halesworth.	101	»
Brampton.	104 3/4	»
Beccles *.	109 1/2	»
Aldeby.	112 3/4	Norfolk.
St-Olaves *.	115 1/2	Suffolk.
Belton.	118	»
Yarmouth, *South.*	122	»

Reedham *.	—	Norfolk.
Haddiscoe.	3 1/2	»
St-Olaves *.	4 1/2	Suffolk.
Somerleyton.	5 3/4	»
Mutford.	9 3/4	»
Lowestoft.	11 1/4	»
Carlton Colville.	13 1/2	»
Beccles *.	19 3/4	»
Geldestone.	27 3/4	»
Ellingham.	29 1/4	»
Ditchingham.	30 3/4	»
Bungay.	31 3/4	»
Earsham.	32 1/2	»
Homersfield.	35 3/4	»
Wortwell.	36 1/2	Norfolk.
Harleston.	38 1/2	»
Pulham, *St-Mary.*	41	»
» *Market.*	42	»
Tivetshall *.	44 1/2	»

Saxmundham *.	—	Suffolk.
Leiston.	4 1/4	»
Aldeburgh.	8 3/4	»

— 158 —

	M. A.	
Wickham Market *.	—	Suffolk.
Marlesford.	1 3/4	»
Parham.	3 1/4	»
Framlingham.	5 1/2	»
Bentley *.	—	Suffolk.
Capel.	2 1/4	»
Raydon.	5	»
Hadleigh.	7 1/4	»
Manningtree *.	—	Essex.
Mistley.	1 3/4	»
Bradfield.	3	»
Wrabness.	5 1/2	»
Dovercourt.	10 1/4	»
Harwich.	10 3/4	»
Colchester *.	—	Essex.
Hythe *.	3 3/4	»
Wivenhoe *.	6	»
Alresford.	7 1/2	»
Thorrington.	9 1/4	»
Bentley Green.	10 1/2	»
Weeley.	12 1/2	»
Thorpe.	14 1/2	»
Kirby Cross.	17 1/4	»
Walton-on-the-Naze.	19 3/4	»
Hythe *.	—	Essex.
St-Botolph's.	2 1/4	»
Wivenhoe *.	—	Essex.
Brightlingsea.	5 1/4	»
Marks Tey *.	—	Essex.
Chappel.	3 1/2	»
Bures.	7	»
Sudbury.	11 3/4	Suffolk.
Melford, Long *.	14 3/4	»
Lavenham.	20	»
Cockfield.	23 1/4	»
Welnetham.	26 1/4	»
Bury St-Edmunds, East gate.	30 3/4	»
Bury St-Edmunds *.	31 1/2	»
Maldon.	—	Essex.
Langford.	1 1/4	»
Wickham Bishops.	3 1/4	»
Witham *.	5 3/4	»
White Notley.	8 3/4	»
Bulford.	10	»
Braintree.	12	»
Rayne.	14 1/4	»
Felstead.	18 1/4	»
Dunmow.	20 1/2	»

	M. A.	
Takeley.	24 3/4	Essex.
Bishops-Stortford *.	29 3/4	Herts.
Ipswich *.	—	Suffolk.
Bramford.	2 1/2	»
Claydon.	4 3/4	»
Needham.	8 1/2	»
Stowmarket.	12	»
Haughley.	14 1/4	»
Finningham.	17 3/4	»
Mellis *.	22 3/4	»
Diss.	26 1/4	Norfolk.
Burston.	28 3/4	»
Tivetshall *.	31 3/4	»
Forncett.	35 1/4	»
Florden.	38	»
Swainsthorpe.	44	»
Norwich, Victoria.	48 1/4	»
Mellis *.	—	Suffolk.
Eye.	3	»
London, Liverpool Street.	—	Middlesex.
». Bischopsgate, Low Level.	1/2	»
London Bethnal Green *.	1 3/4	»
» Cambridge Heath	2 1/4	»
» London Fields.	2 3/4	»
» Hackney Downs.	3 1/4	»
» » *.	3 1/2	»
Rectory Road.	4 1/4	»
Stoke Newington.	4 3/4	»
Stamford Hill.	5 1/2	»
Seven Sisters.	6	»
Bruce Grove.	6 3/4	»
White Hart Lane.	7 1/2	»
Silver Street.	8 1/4	»
Edmonton.	9	»
Enfield.	11	»
London, Stratford, Pass.	—	Essex.
Chobham Farm *.	1/2	»
Woodford *.	3/4	»
Low Leyton.	1	»
Leytonstone.	2	»
Snaresbrook.	3 1/4	»
George Lane.	4	»
Woodford.	5	»
Buckhurst Hill.	6 1/2	»
Loughton.	7 1/2	»
Chigwell Lane.	9	»
Theydon Bois.	11	»
Epping.	12 1/2	»
North Weald.	15 1/4	»
Blake Hall.	16 3/4	»
Ongar.	18 1/2	»

— 159 —

	M. A.	
Woodford *.	—	Essex.
Temple Mills, *Siding*.	1/4	»
Lea Bridge.	1 3/4	»
» » *.	1 3/4	»
Copper Mills *.	2 1/2	»
Tottenham.	3 3/4	Middlesex.
Park.	4 3/4	»
Angel Road.	5 1/2	»
Ponder's End.	7 3/4	»
Ordnance Factory.	9 3/4	»
Waltham.	10 3/4	Hertford.
Cheshunt.	12	»
Broxbourne.	15	»
Roydon *.	18	»
Burnt Mill.	20 3/4	»
Harlow.	22 1/4	»
Sawbridgeworth.	24 1/2	»
Bishops Stortford *.	28 1/4	»
Stanstead.	31 1/4	Essex.
Elsenham.	33 1/2	»
Newport.	37 3/4	»
Audley End *.	39 1/2	»
Great Chesterford.	43 1/2	»
Whittlesford.	47	Cambridge.
Shelford.	50 1/4	»
Cambridge *.	53 1/2	»
Waterbeach.	58 3/4	»
Ely *.	68 1/4	»
Littleport.	74	»
Hilgay Fen.	79 1/2	Norfolk.
Downham.	84	»
Stow.	86 1/2	»
Magdalen Road *.	89	»
Lynn *.	95	»
North Wootton.	98	»
Wolferton.	101	»
Dersingham.	103	»
Snettisham.	104 3/4	»
Heacham *.	107 3/4	»
Hunstanton.	110	»

Heacham *.	—	Norfolk.
Sedgeford.	2 1/2	»
Docking.	6	»
Stanhoe.	8 1/4	»
Burnham	11 1/2	»
Holkham.	15 1/2	»
Wells.	18 1/4	»
Walsingham.	22 3/4	»
Fakenham	27 3/4	»
Ryburgh.	30 1/4	»
North Elmham.	35 1/2	»
Dereham *.	40	»
Yaxham.	41 3/4	»
Thuxton.	43 3/4	»
Hardingham.	45 3/4	»
Kimberley.	47 1/2	»
Wymondham *.	51 1/4	»

	M. A.	
Hethersett.	55 1/4	Norfolk.
Trowse.	60 1/2	»
Norwich, *Thorpe*.	61 1/2	»
Brundall.	67 1/4	»
Buckenham.	69 1/4	»
Cantley.	71 1/2	»
Reedham *.	73 3/4	»
Yarmouth, *Vauxhall*.	82	»
Roydon *.	—	Herts.
Rye House.	1 3/4	»
St-Margaret's *.	3	»
Mardock.	5 3/4	»
Widford.	6 3/4	»
Hadham.	8	»
Standon.	12	»
Braughing.	13 1/4	»
Westmill.	15 1/4	»
Buntingford.	16 1/2	»
St-Margaret's *.	—	Hertford.
Ware.	2	»
Hertford.	4	»
Audley End *.	—	Essex.
Saffron Walden.	2	»
Bartlow.	7 1/2	Cambridge.
St-Ives *.	—	Huntingdon.
Huntingdon.	4 1/2	»
Magdalen Road *.	—	Norfolk.
Middle Drove.	4 1/4	»
Smeeth Road.	5 3/4	»
Emneth.	7 1/4	»
Wisbeach.	10	Cambridge.
Pear Tree Hill.	14 1/2	»
March *.	17 3/4	»
Wimblington.	22	»
Chatteris.	26	»
Somersham.	31 1/4	Huntingdon.
St-Ives *.	36 1/2	»
Swavesey.	39 3/4	Cambridge.
Long Stanton.	42	»
Oakington.	44 1/2	»
Histon.	46 1/2	»
Cambridge *.	51 1/4	»
Fulbourn.	55 3/4	»
Six Mile Bottom.	58 3/4	»
Dullingham.	61 1/2	»
Newmarket.	65 3/4	»
Kennet.	69 3/4	»
Higham.	72 3/4	Suffolk.
Saxham.	76 1/4	»
Bury St-Edmunds *.	79 1/2	»
Thurston.	83 1/2	»
Elmswell.	88	»
Haughley.	91 1/2	»

— 160 —

	M. A.	
Melford, *Long* *.	—	Suffolk.
Glemsford.	2 3/4	»
Cavendish.	4	»
Clare.	6 1/2	»
Stoke.	8 3/4	»
Sturmer.	11 1/2	»
Haverhill.	13 1/2	»
Bartlow.	19 1/2	Cambridge.
Linton.	21 1/2	»
Pampisford.	24 1/4	»
Shelford *.	28	»
Harston.	31 1/2	»
Foxton.	33	»
Shepreth *.	34	»
Ely *.	—	Cambridge.
Stretham.	2 3/4	»
Wilburton.	4 3/4	»
Haddenham.	6	»
Sutton.	7 3/4	»
Wymondham *.	—	Norfolk.
Spooner Row.	2 1/2	»
Attleborough.	5 3/4	»
Eccles Road.	10 1/2	»
Harling Road.	13 1/2	»
Roudham *.	16 3/4	»
Thetford.	21 1/4	»
Brandon.	28 1/2	Suffolk.
Lakenheath.	32 1/4	»
Mildenhall.	37 1/2	»
Ely *.	44 1/2	Cambridge.
Chittisham.	48	»
Black Bank.	49 1/4	»
Manea.	54 1/4	»
Stonea.	56	»
March *.	60	»
Whittlesea.	69	»
Peterborough.	74 1/4	Huntingdon.
Lynn *.	—	Norfolk.
Middleton.	3	»
East Winch.	5	»
Narborough.	8 1/2	»
Swaffham.	14 1/2	»
Dunham.	18 1/2	»
Fransham.	19 3/4	»
Wendling.	22 3/4	»
Dereham *.	26 3/4	»
London, *Hackney Downs* *.	—	Middlesex.
Clapton.	1	»
» *.	1 1/2	»
Copper Mills *.	1 3/4	»
London, *Victoria Docks,*		
Tidal Basin.	—	Essex.

	M. A.	
London, *Victoria Docks,*		
Custom House.	1/2	Essex.
Silvertown.	1 1/4	»
North Woolwich.	2 1/4	»
Whitlingham.	—	Norfolk.
Salhouse.	4	»
Wroxham.	6 3/4	»
Worstead.	11 1/4	»
North Walsham.	14	»
London, *Fenchurch Street.*	—	Middlesex.
» *Minories Goods.*	0.18	»
» *Haydon Square**.	0.30	»
» *Leman Street* *.	0.41	»
» *Shadwell.*	1.9	»
» *Stepney* *.	1.53	»
» »	1.57	»
» *Limehouse.*	2.12	»
» *West India*		
Docks.	2.37	»
» *Millwall* *.	2.72	»
» »	2.74	»
» *Poplar, N. L.* *.	3.12	»
» *East India Docks.*	3.21	»
» *East India*		
Docks *.	3.24	»
» *Blackwall Pass.*	3.44	»
London, *East India Docks.*	—	Middlesex.
» *Docks.*	0.12	»
London, *Haydon Square* *.	—	Middlesex.
» *Mint Street Goods,*		
G. N.	0.10	»
London, *Leman Street* *.	—	Middlesex.
» *Docks.*	0.20	»
London, *Leman Street* *.	—	Middlesex.
» *Mint Street Goods,*		
Midland.	0.12	»
London, *Regent's Canal* *.	—	Middlesex.
» *Devonshire Street*		
Goods.	0.20	»
London, *Devonshire Street*		
Coal.	—	Middlesex.
» *vers Bethnal*		
Green *.	0.21	»
London, *Bethnal Green* *.	—	Middlesex.
» *Whitechapel*		
Dépôt.	0.42	»

	M. A.	
London, *Millwall* * —	Middlesex.
» *Harrow Lane* *. 0.14.	»
London, *Stepney*. —	Middlesex.
» *Burdett Road*. 0.45	»
» *Bow, G. E. and N. L.* *. 0.71	»
» *Bow, G. E. and L. T. and S.* *. 1.1	»
» *Olford* *. 1.54	»
London, *Canning Town* *. —	Middlesex.
» *Blackwall Goods*. 0.40	»
London, *Tidal Basin* *. —	Essex.
» *Victoria Docks*. 0.9	»
London, *Chobham Farm* *. —	Middlesex.
» *Stratford Lower* * 0.38	»
London, *Victoria Park* *. —	Middlesex.
» *Stratford Lower* * 0.45	»
» » *Level Crossing*. 0.53	»
» » *Lower Goods*. 0.63	»
London, *Stratford Lower* *. —	Middlesex.
» *Stratford Bridge* * 0.22	»
London, *Stratford* *. —	Middlesex.
» *Sheet Factory* *. 0.49	»
London, *Victoria Park* *. —	Middlesex.
» » » 0.5	»
» *Stratford Lower* 1.17	»
London, *Stratford Pass*. —	Essex.
» » *Lower* * 0.40	»
» *Stratford Lower Station*. 0.42	»
» *Sheet Factory* *. 0.49	»
» *Stratford Bridge* * 0.54	»
» » » 0.65	»
» *Bromley, L. T. and S.* *. 1.59	»
» *Canning Town*. 2.37	»
» *Thames Wharf*. 3.9	»
Clapton *.	
Old Hall *. —	Middlesex.
Lea Bridge *. 0.40	»
1.14	Essex.

	M. A.	
London. *Millwall* *. —	Middlesex.
» *South Dock*. 0.33	»
» » » *. 0.48	»
» *Millwall Dock*. 0.69	»
North Greenwich. 1.46	Kent.
Thames River. 1.49	»
London, *South Docks*. —	Middlesex.
» *Millwall Docks Goods*. 0.44	
London, *Gospel Oak Terminus*. —	Middlesex.
» *Gospel Oak*. 0.7	»
» *Hihgate Road* *. 0.25	»
» » » 0.27	»
» *Junction Road*. 0.62	»
» *Upper Holloway*. 1.19	»
» *Hornsey Road*. 1.50	»
» *Crough Hill*. 1.79	»
» *South Tottenham and Stamford Hill*. 4.5	»

359. — Great Marlow (Angleterre).

Exploité par le Great Western.

DIRECTEURS :

Borgnis, P., Esq., Président.
Bulkeley, Cap., Vice Président.
Wethered, O. P., Esq.
Wanklyn, E., Esq.
King, C., Esq.
Batting, J., Secrétaire à Great Marlow, High Street.

360. — Great Northern (Angleterre).

DIRECTEURS :

Duncombe, O., Colonel, Président.
Lord Colville, J. H., Esq., Président-Délégué.
Astell, S. C., Esq.
Allsopp, J.
Sir Brown, R. A.
Capel, C. B., Esq.
Denison, C. W., Esq.
Faber, W., Esq.
Firth, J., Esq.
Morgan, R., Esq.
Tennant, C., Esq.
Turner.
Waterhouse, S., Esq.

ADMINISTRATION A LONDRES, N., KINGS CROSS:

Oakley, H., Directeur Général.
Forbes, A., Secrétaire.
Fitch, A.,   »   Adjoint.

— 162 —

Grinling, W., Comptable.
Cockshott, F. P., Inspecteur Principal.
Pendleton, A. G., » » Adjoint.
Ashley, J., Directeur des Marchandises.
Twelvetrees, R. H., Directeur-adjoint des Marchandises.
Newton, W., Directeur des Mines.
Fowler, J., Ingénieur Consultant.
Johnson, R., »
Stirling, P., Ingénieur, Chef de Traction.
Nicholls, W. T. H., Econome.
Fitzmaurice, Cap., & Hill, J., Auditeurs.
Johnston, Farquhar & Leech, Solicitors.

	M. A.	
London, *Kings Cross Pass*. —		Middlesex.
» » »	0.12	»
» *Copenhagen* *.	0.64	»
» *Catile Siding*.	1.28	»
» *Holloway*.	1.50	»
» *Finsbury Park Central*.	2.42	»
London, *Hornsey*.	4.4	»
Wood Green, *Alexandra Park* *.	5.	»
Southgate & Colney Hatch.	6.30	»
Oakleigh Park.	8.33	»
Barnet.	9.17	Hertford.
Potter's Bar.	12.58	Middlesex.
Hatfield.	17.57	Hertford.
» *.	17.75	»
Welwyn, *Dunstable* *.	20.37	»
» *Hertford* *.	20.40	»
»	21.79	»
Stevenage.	28.46	»
Hitchin.	31.76	»
» , *Shepreth Branch* *.	32.12	»
Arlesey, *Siding*.	35.51	Bedford.
» & Shefford Road.	37.2	»
Biggleswade.	41.6	»
Sandy.	44.5	»
Tempsford.	47.37	»
S¹-Neots.	51.50	Huntingdon.
Offord.	55.71	»
Huntingdon, *Midl* *.	58.55	»
»	58.65	»
Holme *.	69.22	»
Peterborough.	76.20	Northampton.
Werrington *.	77.66	»
Tallington.	83.14	Lincoln.
Essendine, *Stamford* *.	86.71	Rutland.
» *Bourn* *.	86.72	»
»	86.78	»
Little Bytham.	90.45	Lincoln.
» *.	90.52	»
Corby.	95.34	»
Great Ponton.	100.30	»
Grantham.	103.60	»

	M. A.	
Grantham *.	104.35	Lincoln.
Barkstone.	108.	»
» *West* *.	108.2	»
» *East* *.	108.38	»
Hougham.	109.49	»
Claypole.	113.37	»
Newark.	118.19	Notts.
» *.	118.53	»
Carlton.	124.39	»
Tuxford.	129.	»
Retford, *Level Crossing*.	135.54	»
»	135.56	»
» *North* *.	135.62	»
Sutton.	138.65	»
Ranskill.	141.4	»
Scrooby.	142.73	»
Bawtry.	144.63	York.
Rossington.	148.32	»
Black Carr *.	150.20	»
Decoy *.	152.15	»
Doncaster, *South* * (S¹-James').	152.67	»
Doncaster.	153.3	»
» *North* * (*Marsh gate*.)	153.28	»
Adwick-le-Street and Carcroft.	157.2	»
Adwick *.	157.60	»
South Elmsall.	161.50	»
Hemsworth.	164.69	»
Nostell.	167.30	»
Sandal *.	171.1	»
»	171.13	»
Wakefield, *West Riding**.	172.38	»
» *Westgate Joint*.	172.66	»
» *Balne Lane* *.	173.10	»
» *Wrenthorpe* *.	173.33	»
Alverthorpe.	174.13	»
Flushdyke.	175.63	»
Ossett.	176.33	»
» *.	176.74	»
Batley, *South* *.	179.28	»
» *Lower*.	179.38	»
» *North* *.	179.43	»
Upper Batley.	180.48	»
Howden Clough.	181.32	»
Drighlington *.	182.55	»
» & Adwalton.	182.73	»
Birkhill, *Coliery*.	»	»
Birkenshaw & Tong.	184.4	»
Shetcliffe Mill, *Siding*.	»	»
Dudley Hill.	185.35	»
Laister Dyke, *South* *.	187.43	»
» *East* *.	187.48	»
»	187.53	»
» *West* *.	187.62	»
Bradford, *Hammerton Street* *.	188.37	»

	M. A.	
Bradford, *Goods*.	188.69	York.

	M. A.	
Woodgreen, *Alexandra Park* *.	—	Middlesex.
Palmer's Green.	1.53	»
Winchmore Hill.	2.66	»
Enfield.	4.15	»

	M. A.	
London, *Finsbury Park Central* *.	—	Middlesex.
London, *United* *.	0.29	»
» *Crouch End*.	1.19	»
» *Highgate* *.	2.11	»
East End.	2.71	»
Finchley *.	4.34	»
Mill Hill.	5.26	»
Edgware.	8.31	»

Finchley *.	—	Middlesex.
Torrington Park.	1.22	»
Totteridge.	2.17	Hertford.
High Barnet.	3.63	»

London, *Highgate* *.	—	Middlesex.
Muswell Hill.	4.36	»
Alexandra Palace.	1.77	»

Hatfield *.		
Springfield.	—	Hertford.
St-Albans.	2.45	»
» *.	5.32	»
	5.76	»

London, *Finsbury Park* *.	—	Middlesex.
» » *West*.	0.59	»
» » *Main*.	0.73	»

London, *Kings Cross* *.	—	Middlesex.
» *York Road*.	0.4	»
» *Metr* *.	0.8	»

London, *St-Pancras* *.	—	Middlesex.
» *Copenhague* *.	0.40	»
Cemetery.	0.57	»

London, *Copenhague* *.	—	Middlesex.
» *Kings Cross Goods*.	0.39	»

London, *Canonbury* *.	—	Middlesex.
» *Finsbury Park, South* *.		
» *Finsbury Park, East*.	0.57	»
» *United* *.	1.31	»
	1.62	»

	M. A.	
St-Albans, *Midl* *.	—	Hertford.
Park Street *.	1.21	»

Hertford *.	—	Hertford.
»	0.55	»
Hertingfordbury.	2.19	»
Cole Green.	3.70	»
Welwyn, *Hereford* *.	7.36	»
» *Dunstable* *.	7.39	»
Wheathampstead.	12.5	»
Harpenden.	14.25	»
New Mill End.	16.53	Bedford.
Luton.	19.48	»
Dunstable, *Church Street*.	23.74	»
» *.	24.77	»

Hitchin, *Shepreth Branch* *.	—	Hertford.
Baldock.	4.33	»
Ashwell.	8.66	»
Royston.	12.56	Cambridge.
Meldreth.	15.59	»
Shepreth.	17.50	»
» *.	17.62	»

Holme *.	—	Huntingdon.
St-Mary's.	3.63	»
Ramsey.	5.65	»

Werrington *.	—	Northampton.
Peakirk.	2.10	»
St-James Deeping.	3.78	Lincoln.
Littleworth.	8.20	»
Spalding, *Bourn Line* *.	13.20	»
» *March Line* *.	13.21	»
» *Holbeach Line* *.	13.24	»
»	13.40	»
Surfleet and Gosberton.	17.34	»
Algarkirk Sutterton.	21.16	»
Kirton.	23.78	»
Boston, *North* *.	27.63	»
Sibsey.	32.9	»
Leake.	33.63	»
East Ville.	36.78	»
Little Steeping.	40.21	»
Firsby, *Spilsby Line* *.	42.35	»
» *Wainfleet Line* *.	42.36	»
»	42.40	»
Burgh.	43.57	»
Willoughby.	47.19	»
Alford.	49.63	»
Claythorpe.	52.72	»
Authorpe.	54.19	»
Legbourne.	57.53	»
Louth.	60.17	»
Fotherby Gate House.	»	»
Ludborough.	65.42	»
North Thoresby.	67.14	»

— 164 —

	M. A.	
Holton-le-Clay.	69.2	Lincoln.
Waltham.	71.8	»
Grimsby, *South* *.	73.69	»
» » *.		
Garden Street.	74.8	»
Grimsby, *Town, Pass.*	74.17	»
Spalding, *March Line* *.	—	Lincoln.
Cowbit.	3.17	»
Postland.	6.73	»
French Drove.	10.24	Cambridge.
Murrow.	13.6	»
Guyhirne.	16.6	»
Twenty Foot River.	17.29	»
March, *Whitemore* *.	16.7	»
Wansford *.	—	Huntingdon.
» Road.	4.20	»
Ufford Bridge.	4.3	Northampton.
Barnack.	4.54	»
Stamford, *S. and E.* *.	7.74	Lincoln.
Ryhall.	10.4	Rutland.
Essendine, *Stamford* *.	11.36	»
» *Bourn* *.	11.37	»
Braceborough Spa.	13.63	Lincoln.
Thurlby.	15.75	»
Bourn.	17.75	»
» *.	18.1	»
» *Lynn* *.	18.4	»
Twenty.	21.53	»
Counter Drain.	23.19	»
North Drove.	25.3	»
Spalding, *Bourn Line* *.	27.33	»
» *March* » *.	27.34	»
» *Holbeach* » *.	27.37	»
Weston.	30.24	»
Moulton.	31.66	»
Whaplode.	32.73	»
Holbeach.	35.12	»
Fleet.	37.14	»
Gedney.	38.37	»
Long Sutton.	39.50	»
Sutton Bridge, *Midl* *.	42.78	»
» » *L.S.B.* *.	43.	»
» » *Pass.*	43.15	»
Walpole.	45.71	Norfolk.
Terrington.	47.71	»
Clenchwarton.	49.17	»
West Lynn.	51.52	»
Lynn, *L. and S. B.* *.	52.55	»
Stamford, *S. and E.*	—	Lincoln.
» » *.	0.15	»
Askern *.	—	York.
Shaftholme *.	0.12	»
Arksey.	2.23	»

	M. A.	
Doncaster, *North* *,		
Marsh Gate.	4.3	York.
Doncaster, *South* *,		
St James.	4.19	»
Decoy *.	4.71	»
Black Carr *.	6.66	»
Finningley.	11.21	Notts.
Haxey.	17.42	Lincoln.
Misterton.	19.37	Notts.
Walkeringham.	20.48	»
Beckingham.	22.27	»
Gainsborough, *North* *.	24.32	Lincoln.
» *South* *.	24.46	»
» »	25.13	»
Lea.	27.28	»
Stow Park.	30.7	»
Sykes *.	33.14	»
Saxilby.	34.49	»
Skellingthorpe.	35.29	»
Fortit's, *Siding.*	35.62	»
Lincoln, *Holmes Yard.*	»	»
»	40.56	»
» *Level Crossing.*	40.68	»
» *South* *.	40.71	»
Washingborough.	43.20	»
Five Mile House.	45.77	»
Bardney and Wragby.	49.69	»
Southrey.	52.32	»
Stixwould.	54.	»
Kirkstead.	56.11	»
» *Horncastle Line* *.	56.24	»
Tattershall.	59.56	»
Dogdyke.	60.52	»
Langrick.	66.60	»
Boston, *North* *.	71.11	»
» *Pass.*	71.47	»
» *South* *.	71.77	»
Hubbert's Bridge.	75.42	»
Swineshead.	78.61	»
Heckington.	83.29	»
Sleaford.	88.30	»
Ancaster.	94.32	»
Honington *.	97.16	»
Barkstone, { *West* *.	98.76	»
{ *East* *.	99.18	»
Allington *.	100.41	»
Sedgebrook.	101.51	»
Bottesford.	104.39	Leicester.
Elton.	107.6	Notts.
Aslockton.	108.73	»
Bingham.	111.11	»
Ratcliffe.	114.60	»
Nottingham, *Colwick*		
East *.	146.4	»
Nottingham, *Colwick,*		
West *.	146.61	»
Nottingham *.	149.26	»
»	149.44	»

	M. A.	
Nottingham, *Colwick, East* *.	—	Notts.
Nottingham, *Colwick, North* *.		»
Gedling.	0.77	»
	0.43	
Nottingham, *Colwick, West* *.	—	Notts.
Nottingham, *Colwick, North* *.	0.58	»
Nottingham *.	—	Notts.
» *Midl* *.	0.45	»
Honington *.		Lincoln.
Caythorpe.	—	»
Leadenham.	1.9	»
Navenby.	3.66	»
Harmston.	7.20	»
Waddington.	10.42	»
Lincoln, *South* *.	11.78	»
	15.66	»
Bourn, *Lynn* *.	—	Lincoln.
Morton.		»
Rippingdale.	2.52	»
Millthorpe. *Siding*.	5.36	»
Billingborough.	7.18	»
Aswarby for Scredington.	9.22	»
Sleaford *.	13.64	»
	17.20	»
Kirkstead, *Horncastle Line* *.	—	Lincoln.
Woodhall Spa.	4.21	»
Horncastle.	7.12	»
Spilsby.		
Halton Holgate.	—	Lincoln.
Firsby, *Spilsby Line* *.	2.38	»
» *Wainfleet Line* *.	5.19	»
Thorpe Culvert.	5.20	»
Wainfleet.	7.49	»
Croft Bank.	9.43	»
Cow Bank.	11.27	»
Skegness.	13.29	»
	14.45	»
Lincoln, *Level Crossing*.	—	Lincoln.
» *Durham Ox* *.	0.5	»
Little Bytham.		
Edenham.	—	Lincoln.
	4.12	»
Newark *.	—	
» *Midl* *.	—	Notts.
	»	»
Ossett *.		
Earlsheaton.	—	York.
	1.45	»

	M.A.	
Dewsbury *.	1.55	York.
» *Pass.*	1.72	»
Dewsbury *.	—	York.
» *Goods*.	0.22	»
Drighlington *.	—	York.
Newmarket, *Coliery*.	»	»
Gildersome, *Coliery*.	1.46	»
Morley.	2.60	»
Balacklava, *Coliery*.	»	»
Tingley.	3.73	»
Ardsley *.	5.34	»
»	5.36	»
Lofthouse *.	7.3	»
» *Alum Work Siding*.	»	»
Stanley.	8.74	»
Fox Holes, *Coliery*.	»	»
Calder, *Siding*.	»	»
Methley *.	11.61	»
» *Joint*.	11.64	»
» *L. and Y.* *.	12.9	»
Methley *.	—	York.
» *N. E.* *.	0.24	»
Batley *.	—	York.
» *Goods*.	0.9	»
Lofthouse *.	—	York.
»	0.23	»
Wakefield, *Wrenthorpe* *.	2.10	»
Great Grimsby, *North* * (*Pasture Street*).	—	Lincoln.
Great Grimsby, *Goods*.	0.6	»
» *.	0.23	»
Sandal *.	—	York.
Walton *.	0.56	»
Wakefield, W. R. *.	—	York.
» *Ings Road* *.	0.28	»
Adwick *.	—	York.
Barnby Dun.	4.76	»
Haggs Wood *.	6.65	»
Leeds, 3 *Signals Bridge**.	—	York.
» *Geldard* *.	0.48	»
» *Goods*.	0.50	»
Leeds, *Central*.	—	York.
» 3 *Signals Bridge* *.	0.25	»

	M. A.	
Leeds, *Holbeck*.	0.41	York.
» » *East* *.	0.78	»
» » *West* *.	1.21	»

Leeds, *Holbeck, East* *.	—	York.
» » *South* *.	0.21	»

Shipley, *Pass*.	—	York.
» *Goods*.	0.15	»
Iddle.	2.20	»
Eccleshill.	3.47	»
Laister Dyke, *South* *.	6.5	»

Bradford, *Mill Lane* *.	—	York.
» *Hommerton Street* *.	0.59	»

Decoy *.	—	York.
Balby *.	0.32	»

Bowling *.	—	York.
»	0.75	»
Plain Tree, *Siding*.	»	»
Laiser Dyke, *West* *.	1.64	»
»	1.70	»
» *East* *.	1.75	»
Quarry Gap.	»	»
Cliff's, *Siding*.	»	»
Varley's, *Siding*.	»	»
Stanningley.	4.24	»
Bramley.	5.36	»
Armley.	7.25	»
Leeds, *Holbeck, West* *.	8.6	»
» » *South* *.	8.29	»
Beeston.	9.76	»
Ardsley *.	12.64	»

Halifax, *North Bridge*.	—	York.
Ovenden.	2	»

Gedling and Carlton *.	—	Notts.
Bestwood and Arnold.	»	»
New Basford.	»	»

Louth.	—	Lincoln.
» *Lincoln* *.	0.31	»
Hallington.	3.4	»
Donnington.	7.56	»
South Willingham.	10.61	»
East Barkwith.	12.52	»
Wragby.	15.39	»
Kings Thorpe.	16.40	»
Bardney *.	20.30	»

361. — Great Northern and Western (*Irlande*).

Exploité par le Midland Great Western.

DIRECTEURS :

Lucan (Comte of) G^l., Président.
Lord Bingham.
Lambert, A. C., Esq.
Goff, T. W., Cap.
Parson, J., Esq.
Hankey, J. A., Esq.
Hardinge, (Vicomte).
Sir Cusack, R. S., ⎫
Bayley, R. P., Esq. ⎬ Représentants du Midland Great Western.
Maunsell, G. W., Esq. ⎭

BUREAUX A LONDRES, 79, CHEAPSIDE, E. C.

Room, B., Secrétaire.
Barry, F., Ingénieur.
Gildea, J., et Leeming, G., Auditeurs.

362. — Great North of England and Hartlepool Junction (*Angleterre*).

Exploité par le North Eastern.

363. — Great North of Scotland (*Ecosse*)

DIRECTEURS :

Leslie, W., Esq., Président.
Crombie, J., Esq., Vice-Président.
Adam, T., Esq.
Burnett, N., Esq.
Ferguson, W., Esq.
Kaye, R., Esq.
Longmore, W., Esq.
Ligertwood, J., Esq.
Martin, T., Esq.
Moir, J., Esq.
Badenach Nicolson, J., Esq.
Ramsay, J., C^l.

ADMINISTRATION A ABERDEEN, WATERLOO STATION

Milne, R., Directeur Général.
Stuart, J. S., Adjoint au Directeur Général.
Ferguson, W. B., Secrétaire.
Neilson, G., Secrétaire-Adjoint.
Walker, W., Directeur de l'Exploitation
Cowan, W., Chef de la Traction.
Barnett, P. M., Ingénieur.
Paterson, S., Comptable.
Morrison, F., Chef du Service des Voyageurs.
Morison, G., »   »   » à Elgin.
Fletcher, R. et Sinclair, J. A., Auditeurs.
Dyson & C°, Agents à Londres.

— 167 —

	M. A.	
Ballater.		
Dinnet.	—	Aberdeen.
Aboyne.	6.42	»
Dess.	11.2	»
Lumphanan.	13.62	»
Torphins.	16.42	»
Glassel.	19.44	»
Banchory.	22.2	»
Crathes.	26.42	Kincardine.
Park.	29.42	»
Drum.	32.52	Aberdeen.
Culter.	33.52	»
Milltimber.	35.62	»
Murtle.	36.72	»
Cults.	38.2	»
Ruthriestone.	39.60	»
Ferryhill *.	41.42	»
Aberdeen, Joint, Pass	42.62	»
» Denburn *.	43.17	»
» Caled. Goods.	43.33	»
Kittybrewster.	44.71	»
» *.	45.2	»
Woodside.	45.70	»
Buxburn.	47.53	»
Stoneywood.	»	»
Dyce *.	49.35	»
»	49.43	»
Pitmedden	»	»
Kinaldie.	53.66	»
Kintore *.	57.60	»
Port-Elphinstone.	59.72	»
Inverurie *.	60.39	»
»	60.51	»
Inveramsay *.	64.38	»
»	64.46	»
Pitcaple.	65.51	»
Oyne.	68.77	»
Insch.	71.70	»
Wardhouse.	75.32	»
Kennethmont.	77.16	»
Gartly.	80.8	»
Huntly.	85.14	Banff.
Rothiemay.	89.54	»
Grange.	93.26	»
Keith *.	97.39	»
»	97.51	»
Earlsmill.	98.46	»
Auchindachy.	101.6	»
Drummuir.	103.66	»
Dufftown.	108.26	»
Craigellachie.	112.11	»
Aberlour.	114.37	»
Carron.	117.61	Elgin.
Knockando.	»	»
Blacksboat.	122.39	»
Ballindalloch.	124.26	»
Advie.	127.32	Inverness.
Cromdale.	133.24	»

	M. A.	
Grantown.	136.14	Inverness.
Nethy Bridge.	140.63	Elgin.
Boat of Garten.	145.43	»
Dyce *.	—	Aberdeen.
Park Hill.	1.11	»
New Machar.	5.13	»
Udny.	8.15	»
Logierieve.	10.5	»
Esslemont.	11.45	»
Ellon.	13.12	»
Arnage.	16.70	»
Auchnagatt.	20.54	»
Maud *.	24.68	»
»	25.3	»
Brucklay.	26.73	»
Strichen.	30.71	»
Mormond.	33.24	»
Lonmay.	35.67	»
Rathen.	38.14	»
Philorth.	39.51	»
Fraserburgh.	41.8	»
Kittybrewster *.	—	Aberdeen.
Aberdeen, Waterloo Goods.	1.58	»
Maud *.	—	Aberdeen.
Mintlaw.	3.70	»
Longside.	7.20	»
Newseat.	9.40	»
Inverugie.	11.	»
Peterhead, General.	13.	»
» Harbour	»	»
Kintore *.	—	Aberdeen.
Kenmay.	4.40	»
Monymusk.	7.40	»
Tillyfournie.	10.46	»
Whitehouse.	13.	»
Alford.	16.	»
Inverurie *.	—	Aberdeen.
Lethenty.	2.70	»
Old Meldrum.	5.78	»
Inveramsay *.	—	Aberdeen.
Wartle.	3.49	»
Rothie Norman.	7.40	»
Fyvie.	10.46	»
Auchterless.	14.	»
Turriff.	17.66	»
Plaidy.	22.60	»
King Edward.	24.66	»
Banff Bridge *.	29.47	Banff.
Banff.	»	»
Lady's Bridge.	32.17	»
Ordens.	34.17	»

	M. A.	
Tillynaught.	35.57	Banff.
» * .	35.63	»
Cornhill.	37.77	».
Glenbarry.	44.7	»
Knock.	42.37	»
Grange.	45.77	»

	M. A.	
Banff *.	—	Banff.
Macduff.	0.37	»

	M. A.	
Tillynaught *.	—	Banff.
Portsoy.	3.10	»

	M. A.	
Craigellachie.	—	Banff.
Dandaleith.	0.54	Elgin.
Rothes *.	2.68	»
Birchfield.	»	»
Longmorn.	9.46	»
Elgin, G. N. of S.	12.45	»
Lossiemouth.	18.4	»

	M. A.	
Rothes *.	—	Elgin.
Sourden, Siding.	1.15	»

364. — Great Southern and Western.
(Irlande.)

DIRECTEURS :

Haugthon, W., Esq., Président.
Murland, J. W., Esq., Président-Délégué.
Cane, E., Esq.
Close, S. H., Esq.
Colvill, J. C.
Hutton, H., Esq.
Longfield, M.
M'Donnell, L. J., Esq.
Pim, G., Esq.
Shaw, J., Esq.
Thomson, G., Lieutenant-Colonel.
Vernon, J. E., Esq.

ADMINISTRATION A DUBLIN, KINGSBRIDGE TERMINUS :

Molloy, D., Secrétaire.
Ilbery, G. E., Inspecteur Principal du Trafic.
M'Donnel, A., Ingénieur de la Traction.
Browne, V., » Voie.
Scott, W., » » à Cork.
Vickers, H. T., et Hutton, L. O., Auditeurs.
Barrington and Cº, Solicitors.

	M. A.	
Dublin, King's Bridge.	—	Dublin.
Clondalkin.	4 1/2	»
Lucan.	7	»
Hazlehatch and Celbridge	10 1/4	Kildare.
Straffan.	13	»

	M. A.	
Sallins.	18 1/4	Kildare.
Newbridge.	25 3/4	»
Kildare.	30 1/4	»
Cherryville *.	»	»
Monasterevan.	36 3/4	»
Portarlington *.	41 3/4	Queen's.
Maryborough.	54	»
Mountrath and Castletown	59 1/2	»
Ballybrophy *.	66 3/4	»
Templemore.	79	Tipperary.
Thurles.	86 3/4	»
Goold's Cross and Cashel.	95 1/4	»
Dundrum.	99 1/2	»
Limerick *.	107 1/4	»
Knocklong.	117 1/4	Limerick.
Kilmallock.	124 1/4	»
Charleville *.	129 1/4	Cork.
Buttevant.	136 3/4	»
Mallow *.	144 1/2	»
Blarney.	159 3/4	»
Cork, Glanmire.	165 1/2	»
» Summerhill.	».	»
Tivoli	167 1/4	»
Dunkettle.	168 3/4	»
Little Island.	170 1/2.	»
Queenstown *.	172	»
Carrigtuohill.	174 3/4	»
Middleton.	178 1/4	»
Mogeely.	183 1/4	»
Killeagh.	186 1/4	»
Youghall.	192 1/4	»

	M. A.	
Cherryville *.	—	Kildare.
Athy.	12 1/2	»
Mageney.	18 3/4	»
Carlow.	23 1/2	Carlow.
Milford.	27 3/4	»
Bagnalstown.	33 3/4	»
Gowran.	41 3/4	Kilkenny.
Kilkenny.	48 1/2	»

	M. A.	
Portarlington *.	—	Queen's.
Geashill.	8 3/4	Kings.
Tullamore.	16 1/4	»
Clara.	23 1/4	»
Prospect.	26 3/4	»
Athlone.	39	Westmeath.

	M. A.	
Ballybrophy *.	—	Queen's.
Roscrea *.	10 1/2	Tipperary.
Cloughjordan.	20 1/4	»
Nenagh.	29 3/4	»
Birdhill.	42 1/2	»

	M. A.	
Roscrea *.	—	Tipperary.
Parsonstown.	11 3/4	Kings.
Portumna Bridge.	24	Tipperary.

	M. A.	
Charleville *.	—	Cork.
Bruree.	»	»
Croom.	5 1/2	Limerick.
Patrick's Well.	13	»
Limerick.	18 1/2	»
	25 1/4	»

Tralee.	—	Kerry.
Gortatlea.	7 3/4	»
Farranfore.	10 3/4	»
Killarney.	21 1/2	»
Headford.	29 1/4	»
Rathmore.	36	Cork.
Mill Street.	42 1/2	»
Kanturk.	50 3/4	»
Lombardstown.	56	»
Mallow *.	62 1/4	»
Castletown Roche.	69 1/4	»
Ballyhooley.	74	»
Fermoy.	79	»
Clondulane.	81 3/4	»
Ballyduff.	88	»
Tallow Road.	91 3/4	»
Lismore.	94 1/4	»

Queenstown *.	—	Cork.
Foaty.	»	»
Carrigaloe.	3 1/4	»
Rushbrook.	4 1/2	»
Queenstown.	5 3/4	»

365. — Great Western (Angleterre).

DIRECTEURS :

Sir Gooch, D., Président.
Sir Wood, A., Président-Délégué.
Bassett, R., Esq.
Bulkeley, Cap.
Dillwyn, L. L., Esq.
King, W. C., Esq.
Michell, R., Esq.
Micklethwait, F. N., Esq.
Miles, J. W., Esq.
Mott, C. G., Esq.
Ponsonby, F. G. B.
Robinson, W., Esq.
Talbot, C. R. M., Esq.
Wanklyn, E., Esq.
Sir Wynn, W. W.

ADMINISTRATION A LONDRES, PADDINGTON TERMINUS STATION :

Saunders, F. G., Secrétaire.
Grierson, J., Directeur Général.
Ward, T. M., Comptable.
Armstrong, J., Chef de la Traction, à Swindon.
Owen, G. W., Ingénieur en Chef.
Clutsom, F., Chef Comptable.

Tyrrell, G. N., Inspecteur Principal de la Voie.
Grant, J., Directeur des Marchandises.
Harper, E. et Bowen, J. W., Auditeurs.
Young, Maples, Teesdale & C°, Solicitors.

	M. A.	
London, Paddington.	—	Middlesex.
» Royal Oak.	1.16	»
» Westbourne Park.	1.64	»
Acton.	2.79	»
Ealing.	4.42	»
Castle Hill.	»	»
Hanwell.	»	»
Southall *.	9 1/4	»
Hayes.	»	»
West Drayton *.	13 1/4	»
Langley.		Bucks.
Slough *.	5 1/4	»
Taplow, New.	»	»
Maidenhead *.	4 1/4	»
Twyford *.	10 1/4	Berks.
Reading.	5	»
» East *.	0.7	»
» South *.	0.58	»
Southcot *.	1.2	»
Theale.	»	»
Aldermaston.	»	»
Midgham.	»	»
Thatcham.	»	»
Newbury.	»	»
Kintbury.	»	»
Hungerford.	»	»
Bedwyn.		Wilts.
Savernake *.	»	»
Pewsey.	»	»
Woodborough.	»	»
Devizes.	»	»
Seend.	»	»
Holt *.	»	»
Bradford *.	»	»
»	1.73	»
Freshford.	2.22	»
Limpley Stoke.	0.65	»
Bathampton *.	4.6	Somerset.
Bath.	1.23	»
Twerton.	1.37	»
Saltford.	2.78	»
Keynsham.	2.34	»
Bristol, Brislington *.	3.70	Gloucester.
» S. W. Union *.	0.33	»
» Mid. *.	0.1	»
» Harbour *.	0.13	»
» B. and E. *.	0.3	»
» Joint Pass.	0.15	»
Bristol, Harbour *.	—	Gloucester.
» » Goods Dépôt.	1.6	»

— 170 —

	M. A.			M. A.	
Bristol, *Mid.* *.	—	Gloucester.	Campden.	—	Gloucester.
» Goods.	0.34	»	Honeybourne *.	4.62	Worcester.
			Evesham.	4.76	»
			» *.	0.49	»
Reading, *East* *.	—	Berks.	Fladbury.	2.72	»
» *West* *.	0.65	»	Pershore.		»
Pangbourne.	5 1/2	»	Norton Wood *.	4.52	»
Goring.	8 3/4	Oxford.	» »	0.5	»
Moulsford *.	11 3/4	Berks.	Worcester, *Shrub Hill* *.	3.8	»
Didcot *.	17 1/4	»	» *Tunnel* *.	0.37	»
Steventon.		»			
Wantage Road.		»			
Challow.		»	Norton Wood *.	—	Worcester.
Uffington *.		»	Abbotswood *.	0.62	»
Shrivenham.		»			
Swindon *.		Wilts.	Chipping Norton.	—	Oxford.
Wootton Bassett.		»	» » *.	»	»
Dauntsey.		»	Stow-on-the-Wold.	»	Gloucester.
Chippenham *.		»	Bourton-on-the-Water.	6.60	»
Corsham.		»			
Box.		»			
Bathampton *.		Somerset.	Bourne End.		Bucks.
			Great Marlow.		»
West Drayton *.		Middlesex.	Shrewsbury, *end of line.*		Shropshire.
Uxbridge.		»	» *Crewe* *.	0.7	»
			» *Central.*	0.10	»
Moulsford *.		Berks.	» *S. and H.* *.	0.18	»
Wallingford.		»	» *Curve* *.	0.50	»
			» *Coleham Goods*	0.61	»
Maidenhead *.		Bucks.	» *Sutton Bridge*		
Cookham.		»	*S. V.* *.	0.69	»
Bourne End.		»	» *Welshpool* *.	0.74	»
Wooburn Green.		»	Condover.	4.30	»
Loudwater.		»	Dorrington.	6.42	»
High Wycombe.		»	Leebotwood.	9.32	»
West » *.		»	Church Stretton.	12.63	»
Princes' Risborough *.		»	Marsh Brook.	15.36	»
Bledlow.	1.54	»	» *.	16.64	»
Penn Farm.	1.60	»	Stretford Bridge *.	19.40	»
Thame.		»	Craven Arms.	19.76	»
Tiddington.		»	» *.	20.14	»
Wheatley.		Oxford.	Onibury.	22.70	»
Littlemore.		»	Bromfield.	25.23	»
Oxford, *Kennington* *.		»	Clee Hill *.	27.17	»
» Goods.	2.6	»	Ludlow.	27.39	»
» *Pass.*	0.23	»	Woofferton *.	32.12	»
» *Medium.*	0.22	»	Berrington and Eye.	35.24	Hereford.
Wolvercot *.	2.37	»	Leominster, *L. & K.* *.	38.	»
Yarnton *.	0.77	»	»	38.35	»
» *Witney* *.	0.16	»	Ford Bridge.	40.66	»
Handborough.		»	Dinmore.	43.37	»
Charlbury.		»	Moreton.	46.63	»
Ascott.		»	Hereford, *Shelwick* *.	49.19	»
Shipton.		»	» *Barton* *.	50.48	»
Chipping Norton *.		»	» *Widemarsh* *.	50.53	»
Addlestrop.		Gloucester.	Barton.	51.46	»
Moreton.		»	Red Hill *.	52.69	»
Blockley.		Worcester.	Tram Inn.	56.15	»

	M. A.	
St-Devereux.	58.46	Hereford.
Pontrilas.	62.2	»
Pandy.	67.4	Monmouth.
Llanfihangel.	69.36	»
Abergavenny, New *.	72.35	»
»	73.39	»
Penpergwym.	76.16	»
Nantyderry.	78.61	»
Littlemill *.	81.28	»
Pontypool Road.	83.9	»
» » North *.	83.17	»
» » West *.	83.33	»
» Town.	84.3	»
Cwm Glyn.	85.64	»
Blaendare.	86.53	»
Cefn Crib.	87.44	»
Crumlin *.	88.49	»
»	89.13	»
Tredegar.	91.73	»
» *.	92.8	»
» Sirhowy *.	92.49	»
Hengoed.	93.61	Glamorgan.
» Rhymney *.	93.66	»
Penallta, Siding.	95.21	»
» *.	95.50	»
Gellygaer, Coliery.	96.13	»
Llancaiach, Coliery.	96.26	»
Tophill, Coliery.	96.37	»
Llancaiach.	96.39	»
» *.	96.45	»
Quaker's Yard *.	98.28	»
» High Level.	98.68	»
Nixon's, East *.	101.25	»
Mountain Ash.	101.65	»
Nixon's, West *.	102.25	»
Widdle Duffryn.	103.38	»
Aberdare.	106.4	»
Gaddly's *.	106.17	»
Gelly Tarn *.	108.34	»
Hirwain *.	109.49	Brecon.
»	109.50	»
» Siding.	109.61	»
» Pond Siding.	110.47	»
Dinas, Siding.	112.79	»
Penrhiew, »	114.26	»
Glyn Neath.	116.3	Glamorgan.
Venalt, Siding.	116.61	»
Lyons, »	118.68	»
Resolven.	119.17	»
Melincourt, Siding.	119.63	»
Aberdylais.	123.25	»
Neath *.	124.41	»
» Cadoxton *.	124.69	»
» High Level.	124.78	»
Dynevor, Siding.	127.8	»
Llansamlet.	127.68	»
Swansea, Valley *.	129.78	»
Landore *.	131.3	»

	M. A.	
Landore.	131.9	Glamorgan.
Cockett.	133.17	»
Gower Road.	135.68	»
Loughor.	137.74	»
Llanelly *.	138.43	Carmarthen.
»	138.48	»
Pembrey.	142.43	»
Kidwelly *.	147.39	»
»	147.58	»
Ferry Side.	151.75	»
Carmarthen *.	158.22	»
» Myrtlehill *.	158.35	»
» Towy Bridge *.	158.53	»
St-Clears.	166.44	»
Whitland.	172.15	»
Clynderwen.	177.44	Pembroke.
Clarbeston Road.	184.7	»
Haverfordwest.	189.32	»
Johnston.	194.6	»
» *.	194.17	»
Milford.	198.7	»

	M. A.	
Johnstone *.	—	Pembroke.
New Milford.	4.30	»

	M. A.	
Saltney *.	—	Cheshire.
»	0.31	»
» Wharf *.	0.55	»
Balderton.	2.33	»
Pulford.	4.1	»
Rossett.	5.44	Denbigh.
Gresford.	7.14	»
Wrexham *.	8.72	»
» C. S.	9.44	»
»	10.25	»
» North *.	10.48	»
» South *.	10.71	»
Puleston Mill, Siding.	11.12	»
Bersham, Coliery.	12.14	»
Hafod-y-Broch, Coliery.	13.38	»
Kenyon, Siding.	13.77	»
Gardden Lodge.	14.73	»
Ruabon.	15.5	»
» *.	15.57	»
Cefn, Wharf.	16.37	»
»	16.69	»
Ffron, Branch *.	17.46	»
Llangollen Road.	18.4	»
Black Park *.	18.59	»
Chirk.	19.34	»
Preesgweene.	20.50	Shropshire.
Moreton.	20.75	»
Gobowen *.	22.34	»
Whittington.	24.22	»
Rednal *.	26.60	»
»	27.22	»
Baschurch.	32.74	»
Old Woods.	35.4	»

	M. A.	
Leaton.	36.30	Shropshire.
Shrewsbury, *Coton Hill*.	39.65	»
» End of line.	40.6	»
Saltney, *Wharf* *.	—	Cheshire.
» *Wharf*.	0.40	»
Shrewsbury, *S. V.* *.	—	Shropshire.
Berrington.	3.44	»
Cressage.	7.44	»
Buildwas.	11.30	»
» *.	11.53	»
Iron Bridge & Broseley.	12.65	»
Coalport.	13.8	»
Linley.	15.50	»
Bridgenorth.	19.78	»
Eardington, *Siding*.	22.17	»
Hampton Lode.	24.35	»
Highley.	26.45	»
Arley.	28.76	Staffordshire.
Bewdley.	32.38	Worcester.
Stourport.	35.13	»
Hartlebury *.	37.77	»
Droitwich *.	43.46	»
»	43.56	»
Fearnall Heath.	46.54	»
Worcester, *Tunnel* *.	48.73	»
» *.	49.24	»
» *Foregate Street*.	49.52	»
Henwick.	50.38	»
Bransford, Road *.	52.53	»
» »	53.3	»
Malvern Link.	56.37	»
Great Malvern.	57.46	»
Malvern *.	58.8	»
» Wells.	58.45	»
Colwall.	60.38	Hereford.
Ledbury.	64.59	»
Ashperton.	68.59	»
Stoke Edith.	70.62	»
Withington.	74.5	»
Hereford, *Shelwick* *	76.57	»
» *Barton* *.	77.56	»
» *Brecon, Curve* *.	78.8	»
» *Barr's Court*.	78.39	»
Holm Lacey.		»
Fawley.		»
Ross *.		»
Kerne Bridge.		»
Lydbrook, *S. & W.* *.		»
Symonds Yat.		»
Monmouth.		Monmouth.
Dingestow.		»
Raglan Footpath.		»
» Road.		»
Llandenny.		»
Usk.		»

	M. A.	
Pontypool Road.		Monmouth.
» Road, *North* *.	0.8	»
Panteg.	1.1	»
» *.	0.12	»
Pontrhydyrun, *Tin Works*.	0.31	»
Pontnewydd, *Tin Works*.	0.52	»
»	0.16	»
Wire Works *.	1.29	»
Ponthir, *Tin Works*.	1.54	»
Moggridge's, *Tin Works*.	0.65	»
Caerleon.	0.53	»
Newport, *North* *.	2.7	»
» *Maindee, West* *.	0.20	»
» *High Street*.	0.26	»
» *Western Valleys*	1.28	»
Marshfield.	3.77	»
Cardiff, *Tydal Street* *	5.42	Glamorgan.
» *Newtown*.	0.22	»
» *S. W.*	0.53	»
» *S. W.* *.	0.46	»
» *Canton Siding*.	0.72	»
Ely.	1.20	»
St-Fagans.	1.55	»
Peterston.	2.58	»
Llantrissant.	4.26	»
» *.	0.7	»
Llanharan.	»	»
Bryn-y-Gwynon, *Siding*.	3.57	»
Pencoed.	1.36	»
Bridgend.	3.68	»
» *.	0.23	»
Stormy.	3.64	»
Pyle.	1.45	»
Margam, *Siding*.	3.7	»
Port Talbot.	3.28	»
Britton Ferry.	3.26	»
» *Patent F. W.* *.	0.26	»
Neath, *Melincrythan* *.	1.37	»
» *Goods*.	0.36	»
» *S. W.* *.	0.7	»
» *High Level*.	0.23	»
Britton Ferry, *Patent F. W.* *.	—	Glamorgan.
» *Docks*.	0.40	»
» *Wharf*.	0.50	»
Newport, *Maindee, West* *.	—	Monmouth.
» » *East* *.	0.20	»
Lliswerry, *Siding*.	1.48	»
Llanwern.	3.28	»
Magor.	7.5	»
Portskewet.		»
Chepstow.		»
Woolaston		Gloucester.
Lydney.		»
Awre.		»
Newnham.		»
Grange Court *.		»

— 173 —

	M. A.	
Oakle Street.	2.9	Gloucester.
Gloucester, Over Siding.	3.40	»
» » *.	0.36	»
»	1.36	»
» Asylum Lane *.	0.31	»
» Barnwood *.	0.49	»
Churchdown.	2.33	»
Lansdown *.	2.77	»
Cheltenham.	0.79	»
Worcester, Shrub Hill.	—	Worcester.
» Foregate Street.	0.24	»
Clee Hill *.	—	Shropshire.
Middleton.	2.17	»
Bitterley.	4.22	»
End of Branch.	6.	»
Leominster *.	—	Hereford.
Kingslands.	4.45	»
Pembridge.	7.45	»
Marston Road.	9.32	»
Titley *.	11.37	»
»	11.38	»
Kington.	13.25	»
Titley *.	—	Hereford.
Lyons Hall.	1.41	»
Almeley.	4.58	»
Eardisley *.	6.73	»
Standish *.	—	Gloucester.
Stonehouse.	1.64	»
Stroud.	4.40	»
Brimscombe.		»
Tetbury Road.		»
Kemble *.		Wilts.
Minety.		»
Purton.		»
Swindon *.		»
Kemble *.	—	Wilts.
Cirencester.	4.20	Gloucester.
Ross *.	—	Hereford.
Mitcheldean Road.		»
Longhope.		Gloucester.
Grange Court *.		»
Calne.	—	Wilts.
Chippenhaam *.	5.40	»
Melksham.		»
Trowbridge *.		»
»		»
Westbury.	1.20	»
»	4.4	»
» *.	0.27	»

	M. A.	
Frome *.	5.2	Somerset.
»	0.40	»
Witham *.	5.17	»
Bruton.	5.26	»
Castle Carey.	3.36	»
Sparkford.		»
Marston.		»
Yeovil.		»
Yetminster		Dorset.
Evershot.		»
Mainden Newton *.		»
Grimstone & Frampton.		
Dorchester.		»
» *.	0.29	»
Upwey.	3.59	»
Weymouth *.	2.38	»
»	0.28	»
Weymouth *.	—	Dorset.
Rodwell.	»	»
Portland.	4.30	»
Weymouth *.	—	Dorset.
Castleton Stone.	4.52	»
Maiden Newton *.	—	Dorset.
Toller.	»	»
Powerstock.	»	»
Bridport.	9.25	»
Witham *.	—	Somerset.
Wanstrow.	2.26	»
Cranmore.	5.59	»
Doulting.	6.50	»
Shepton Mallet.	9.3	»
Wells.	13.71	»
» S. & D.	13.77	»
Polsham.	16.22	»
Bruton *.	18.16	»
Clifton Down.	—	Gloucester.
Montpelier.	1.6	»
Ashley Road *.	1.37	»
Bristol, North *.	1.69	»
» Stapleton Road.	2.21	»
» South *.	2.49	»
» Lawrence Hill.	2.77	»
» S. W. Union *.	3.51	»
» Brislington *.	4.4	»
Brislington.	5.32	Somerset.
Pensford.	10.	»
Clutton.	13.20	»
Hallatrow.	14.52	»
Old Mills, C. Siding.	16.59	»
Welton.	17.62	»
Radstock, New.	19.13	»
» B. & N. S. *.	19.20	»

	M. A.	
Radstock, *Old.*	19.26	Somerset.
Mells & Babington.	22.7	»
» » *	22.18	»
Frome *.	27.39	»
Didcot *.	—	Berks.
Culham	3	Oxford.
Radley *.	»	»
Oxford, *Kennington* *.	10 1/4	»
Wolvercot *.	—	Oxford.
Woodstock Road.	2.64	»
Kirtlington.	5.	»
Heyford.		»
Somerton.		»
Aynho.		Northampton.
King's Sutton.	3.48	»
Banbury.	2.22	»
Cropredy.	3.52	Oxford.
Fenny Compton *.	4.76	Warwick.
»	0.11	»
Greave's, *Siding.*	4.21	»
Southam Road Harbury.	0.65	»
Leamington.	6.2	»
» *.	0.6	»
Warwick.	1.70	»
Hatton *.	4.12	»
Kingswood.	4.15	»
Knowle.	2.49	»
Solihull.	3.31	»
Olton.	1.62	»
Acock's Green.	0.77	»
Small Heath.	2.1	Worcester.
Bordesley *.	0.51	Warwick.
»	0.32	»
Birmingham, *Snow Hill.*	1.19	»
Hockley.	0.68	»
Soho.	0.58	»
Handsworth.	1.	Stafford.
» *.	0.49	»
West Bromwich.	1.39	»
Swan Village *.	0.77	»
»	0.9	»
Wednesbury, *Pass.*	1.52	»
» *.	0.12	»
» *Goods.*	0.10	»
Bradley Moxley.	1.2	»
Bilston.	0.79	»
Priesfield.	1.6	»
» *.	0.7	»
Wolverhampton, *LowLevel*	1.39	»
» S. & B. *.	0.44	»
» *Stafford Road* *.	0.56	»
Oxley, *Siding.*	0.34	»
Bill Brook.	2.46	»
Codsall.	0.38	»
Albrighton.	2.77	Shropshire.

	M. A.	
Neachley.	1.69	Shropshire.
Ruckley.	1.34	»
Lawton, *Siding.*	1.2	»
Shiffnal.	0.42	»
Madeley *.	1.71	»
Hollinswood.	0.77	»
Priors Lee.	1.16	»
Oakengates.	0.40	»
Wellington, *Ketley* *.	1.62	»
» »	0.36	»
Lawley Bank.	1.33	»
Horsehay.	0.73	»
Dawley Parva.	1.15	»
Lightmoor *.	0.28	»
Coalbrookdale.	1.28	»
» *.	0.76	»
Buildwas.	0.23	»
Much Wenlock.	3.51	»
Presthope.	2.75	»
Longville.	3.54	»
Rushbury.	2.21	»
Harton.	2.36	»
Marsh Brook *.	2.51	»
Swan Village *.	—	Stafford
» »	0.9	»
Great Bridge.	1.25	»
Horsleyfield *.	1.44	»
Great Bridge *.	—	Stafford.
» *Basin.*	0.15	»
Madeley *.	—	Shropshire.
Kemberton.	»	»
Madeley.	2.68	»
Lightmoor *.	3.74	»
Wellington, *Ketley* *.	—	Shropshire.
» *.	0.58	»
Crudgington.	4.73	»
Peplow.	9.11	»
Hodnet.	11.16	»
Market Drayton.	16.65	»
» *.	17.1	»
Adderley.	20.26	»
Audlem.	22.19	Cheshire.
Nantwich *.	27.50	»
Wolverhampton *.	—	Stafford
» *Walsall Street Goods.*	0.49	»
Wolverhampton, *Stafford Road* *.	—	Stafford.
Wolverhampton, *Victoria Basin.*	0.68	»

— 175 —

	M. A.	
Wolverhampton, S.&B.*	—	Stafford.
Bushbury *.	0.75	»
Hatton *.	—	Warwick.
Claverdon.	1.53	»
Bearley.	4.77	»
Wilmcote.	6.40	»
Stratford-on-Avon *.	8.73	»
» » Pass.	9.27	»
» » *.	9.68	»
Milcote & Weston.	12.24	Gloucester.
Long Marston.	15.3	»
Honeybourne *.	18.24	Worcester.
Priestfield *.	—	Stafford.
Bilston, W. M.	0.70	»
Daisey Bank.	1.41	»
Prince's End.	2.28	»
Tipton *.	2.73	»
»	3.13	»
Dudley.	4.20	Worcester.
» *.	4.28	»
Netherton.	5.29	»
Round Oak.	6.77	Stafford.
Brierley Hill.	7.36	»
Brettell Lane *.	8.3	»
» »	8.18	»
Stourbridge *.	9.64	Worcester.
Hagley.	12.3	»
Churchill.	13.62	»
Kidderminster.	16.70	»
Hartlebury *.	20.41	»
Handsworth *.	—	Stafford.
Smethwick *.	0.65	»
»	0.71	»
Rood End.	1.44	»
Langley Green & Oldbury.	2.11	»
Rowley.	3.46	»
Old Hill.	4.52	»
Corngreave's, Siding.	5.72	»
Cradley.	6.17	»
Lye.	7.47	Worcester.
Stourbridge *.	8.37	»
Smethwick *.	—	Stafford.
» Galton *.	0.23	»
Brettell Lane *.	—	Stafford.
Bromley.	1.2	»
Kingswinford.	1.38	»
Shutend Furnace.	2.14	»
Woofferton *.	—	Shropshire.
Easton Court.	2.52	»
Tenbury *.	5.4	»
Newnham Bridge.	8.29	Worcester.

	M. A.	
Neen Sollers.	10.44	Shropshire.
Cleobury Mortimer.	14.13	Worcester.
Wyre Forest.	15.74	»
Bewdley.	20.36	»
Gloucester, Barnwood *.	—	Gloucester
» Mill Stream.	0.56	»
» Asylum Lane*	1.21	»
» Goods Shed	1.34	»
Bransford Road *.	—	Worcester.
Leigh.	0.70	»
Knightwick.	3.72	»
Yearsett.	6.5	»
Stratford-on-Avon, North *.	—	Warwick.
» » Goods.	0.25	»
Yarnton, Witney *.	—	Oxford.
Eynsham.	3.18	»
South Leigh.	5.18	»
Witney.	7 3/4	»
Bampton.		»
Alvescot.		»
Lechlade.		Gloucester.
Fairford.		»
Bristol, North *.	—	Gloucester.
Filton.		»
Patchway.		»
Pilning.		»
New Passage.		»
Southcot *.	—	Berks.
Mortimer.		»
Basingstoke.		Hants.
Radley *.	—	Berks.
Abingdon.	2.60	»
Uffington *.	—	Berks.
Farringdon.	3.40	»
Twyford *.	—	Berks.
Shiplake.	»	»
Henley-on-Thames.	4.40	»
Savernake *.	—	Wilts.
Marlborough.	5.40	»
Westbury *.	—	Wilts.
Warminster.		»
Heytesbury.		»
Codford.		»
Wiley.		»
Wishford.		»
Wilton.		»
Salisbury.		»

	M. A.	
Little Kimble.	—	Bucks.
Princes' Risborough *.	2.47	»
West Wycombe *.	8.45	»
Watlington.	—	Oxford.
Aston Rowant.	2 3/4	»
Chinnor.	5 1/4	»
Princes' Risborough *.	9	Bucks.
Aylesbury.	—	Bucks.
Quainton Road.	6.2	»
Grandborough Road.	9.56	»
Winslow Road.	10.75	»
Verney, * Station.	12.8	»
» *.	12.16	»
Ruabon *.	—	Denbigh.
Acrefair.	0.66	»
Trevor.	1.62	»
Llangollen.	5.39	»
Berwyn.	7.6	»
Glyndyfrdwy.	10.56	Merioneth.
Carrog.	12.69	»
Corwen.	15.54	»
Cynwyd.	17.53	»
Llandrillo.	20.28	»
Llanderfel.	23.8	»
Bala.	27.9	»
Llanwchllyn.		»
Drys-y-Nant.		»
Bontnewydd.		»
Dolgelly.		»
» *.		»
Southall *.	—	Middlesex.
Brentford.	3.	»
London, Westbourne Park.	—	Middlesex.
» Notting Hill.	0.39	»
» Latimer Road.	0.74	»
» » Road *.	0.76	»
» Shepherd's Bush.	1.56	»
» Hammersmith *.	2.4	»
» »	2.34	»
London, Latimer Road *.	—	Middlesex.
» West London *.	0.39	»
London, North Pole *.	—	Middlesex.
» Wormwood Scrubbs.	0.14	»
» Coal Yard *.	1.6	»
» Hammersmith *.	1.21	»
» Uxbridge Road.	1.26	»
» L. & S. W. *.	1.54	»
» Kensington Pass, Addison Road.	1.74	»

	M. A.	
London Kensington Coal Yard *.	2.10	Middlesex.
» Metr. *.	2.28	»
» Kensington, Lillie Bridge Goods.	2.57	»
» West Brompton, Pass.	2.75	»
» West Brompton *	3.3	»
» Chelsea.	3.40	»
» » Basin *.	3.54	»
» Battersea.	4.32	Surrey.
» Latchmere S. W. *.	4.48	»
» Ludgate *.	5.17	»
London, Kensington, Coal Yard *.	—	Middlesex.
» Kensington, Coal Yard.	0.10	»
London, Chelsea, Basin *.	—	Middlesex.
» »	0.15	»
London, Latchmere, S. W. *.	—	Surrey.
» Latchmere Main *.	0.7	»
» Clapham, Coal Yard *.	0.50	»
» Clapham *.	0.59	»
» Falcon *.	0.69	»
London, L. & S. W. *.	—	Surrey.
» Latchmere, Main *.	0.38	»
» Longhedge *.	1.30	»
Hirwain *.	—	Brecon.
Llwydcoed.	1.76	Glamorgan.
» Siding.	2.28	»
Fothergill's, Upper Siding.	2.61	»
Quborwen, Siding.	3.4	»
Abernant.	3.57	»
Werfa, Siding.	4.24	»
Fothergill's Tunnell, Siding.	4.39	»
Cyfarthfa, Siding.	6.37	»
Merthyr, Ryhdycar.	6.72	»
» V. of N.	7.35	»
Black Mill *.	—	Glamorgan.
Hendreforchan.	3.	»
Blaen Llynvi.	—	Glamorgan.
Coynant.	0.9	»
Tywith *.	0.43	»

— 177 —

	M. A	
Llynvi, *Iron C° Siding*.	»	Glamorgan.
» *Vale Iron C°*, *Siding*.	1.3	»
Macsteg.	1.48	»
Oakwood, *Coliery*.	2.18	»
Troedyrhiew Garth.	2.64	»
Cwmdû *.	3.10	»
Llangonoyd.	3.45	»
Jenkins', *Coliery*.	4.48	»
Bettws, *Coliery*.	5.43	»
Tondu *.	6.48	»
Brogden and Sons, *Siding*.	6.78	»
Aberkeneid.	7.26	»
Bridgend *.	9.42	»
» *L. and O.*	9.65	»

Llantrissant *.	—	Glamorgan.
Costella *.	1.54	»
Gellyrhaidd *.	4.22	»
»	5.46	»
Hendreforgan, *Siding* *.	6.33	»
Glyn Ogwr, *Siding*.	8.4	»
Black Mill *.	9.25	»
»	9.59	»
Brynmenin *.	11.66	»
Tondu *.	12.41	»
Park, *Coliery*.	13.41	»
Jenkins Foce, *Coliery*.	14.49	»
Bryant 's, *Coliery Siding*.	15.21	»
Cefn.	16.3	»
Bryndu, *Coal Works*.	16.46	»
Pyle.	18.20	»
Cornelly, *Siding*.	19.41	»
Porth Cawl.	21.46	»
» Docks.	21.76	»

Hendreforgan, *Siding* *.	—	Glamorgan.
Gilfach, *Coal Siding*.	1.8	»
Glamorgan, *Coal Siding*.	1.52	»
Terminus.	1.56	»

Dinas.	—	Glamorgan.
Tongrefail.	2.10	»
Gellyrhaidd *.	2.75	»

Nant-y-Moel.	—	Glamorgan.
Wyndham, *Pits*.	0.43	»
Davis' *Coliery* *.	0.52	»
Tynewydd, *Siding*.	1.5	»
Aber. *Coliery*.	1.16	»
Tynewydd.	1.33	»
Black Mill *.	1.41	»
	4.39	»

Blaen Garw.	—	Glamorgan.
Braich y Cymmer, *Siding* 3.	1.40	»
» *Siding* 2.	1.67	»
West Rhondda, *Coliery*.	2.19	»

	M. A	
Llest, *Coliery*.	2.24	Glamorgan.
Bettws Llantwit, *Siding*.	3.66	»
Bryngavn.	4.71	»
Weighbr. *Siding*.	5.33	»
Brynmenin *.	5.46	»

Costella *.	—	Glamorgan.
»	0.71	»

Llantrissant *.	—	Glamorgan.
Maesaraul *.	1.38	»
Bute Hematite, *Siding*.	2.8	»
Mwyndy, *Siding*.	2.28	»
» *.	2.56	»
Llwynsaer, *Siding*.	2.70	»
Dowlais, *Siding*.	3.12	»
Brofiskin, *Siding*.	3.28	»

Llandovery *.	—	Carmarthen.
»	0.2	»
Llanwrda.	3.62	»
Llangadock.	5.43	»
Glanrhyd.	7.10	»
Talley Road.	9.9	»
Llandilo, *V. T.* *.	11.8	»
»	11.14	»
» *.	11.55	»
Ffairfach.	12.8	»
Derwydd Road.	14.58	»
Llandebic.	16.7	»
Duffryn *.	17.72	»
Pontyclerc *.	18.52	»
Pantyffynnon *.	19.5	»
Pontardulais *.	23.64	Glamorgan.
»	23.69	»
Hendy, *Tin Works*.	24.20	»
Llangennech.	26.9	Carmarthen.
» *Tin Works Siding*.	26.39	»
Bynea *.	27.75	»
Genwen, *Coliery*.	28.33	»
Morfa *.	30.6	»
Llanelly, *Docks Pass*.	30.26	»
»	30.70	»

Morfa *.	—	Carmarthen.
Llanelly, *Docks Goods*.	0.16	»

Llanelly, *Dafen*.	—	Carmarthen.
» *Tin Works*.	0.10	»
» *St-David's* *.	1.74	»
» *Neville's Copper Works Siding*.	2.18	»

Pantyffynnon *.	—	Carmarthen.
Cross Inn.	1.	»
Pontamman, *Works Siding*.	1.70	»

	M. A.	
Cawdor, *Coliery*.	3.47	Carmarthen.
Cross Keys.	3.64	»
Gellyceidrim, *Coliery*.	4.6	»
Garnant *.	4.35	»
Amman, *Coliery*.	6.20	Glamorgan.
» Iron *Works*.	6.35	»

	M. A.	
Landore *.	—	Glamorgan.
Hafod.	0.29	»
Swansea, *High Street* *.	1.12	»
» *S. W. and V. of N.* *.	1.34	»
» *Wind Street* *.	1.62	»

	M. A.	
Littlemill *.	—	Monmouth.
Usk.	4.15	»

	M. A.	
Slough *.	—	Bucks.
Windsor.	2.60	»

	M. A.	
Garnant *.	—	Carmarthen.
Raven, *Coliery*.	0.13	»
Gors-y-Garnant.	0.44	»
Garnant, *Level*.	0.73	»
Cwmdrisen, *Coliery*.	1.3	»
Mountain, *Coliery*.	1.40	»
Gwaucaegurwen, *Coliery*.	2.6	»

	M. A.	
Duffryn *.	—	Carmarthen.
Foot of Incline.	1.27	»
Blaynea, *Coliery*.	1.52	»
Caerbryn.	2.17	»
Top of Incline.	2.47	»
California, *Coliery*.	3.12	»
Gors Goch.	3.52	»
Cross Hants.	4.1	»

	M. A.	
Bynea *.	—	Carmarthen.
Brick, *Works*.	0.11	»
Loughor Spitty Copper, *Works*.	0.63	»

	M. A.	
Welshpool.	—	Montgomery.
Buttington.	2 1/2	»
Middletown.	5 1/2	»
Westbury.	8 1/2	Shropshire.
Yockleton.	12 1/4	»
Hanwood *.	14 3/4	»
Shrewsbury, *Welshpool* *	19 3/4	»

	M. A.	
Hanwood *.	—	Shropshire.
Plealey Road.	2	»
Pontesbury.	3 1/2	»
Minsterley.	5 1/4	»

	M. A.	
Wrexham, *North* *.	—	Denbigh.
» *West* *.	0.19	»
Croesnewydd.	0.52	»
Broughton, *Coliery*.	2.33	»
Brymbo.	3.16	»
» *.	3.35	»
Pencoed, *Coliery*.	3.78	»
Caello, *Brick Works*.	4.16	»
Smelt, *Works*.	4.42	»
Pentre Season, *Wharf*.	5.8	»
Grosvenor, *Coliery Wharf*	5.67	»
Ruthin Road, *Wharf*.	5.76	»
Lester's, *Siding*.	6.38	»
Minera, *Lime Works*.	6.57	»

	M. A.	
Wrexham *.	—	Denbigh.
Wheatsheaf.	0.72	»
» *.	0.78	»
Gwersyllt, *G. W.* *.	1.30	»

	M. A.	
Wheatsheaf *.	—	Denbigh.
» Top *of Incline.*	0.31	»
Moss *.	0.46	»
Westminster, *Coliery*.	0.54	»
Ffrwd, *Coliery*.	1.33	»
» Iron *Works*.	2.1	»

	M. A.	
Moss *.	—	Denbigh.
Bryn Malley, *Coliery*.	0.53	»

	M. A.	
Gobowen *.	—	Shropshire.
Oswestry *.	2.5	»
» *G. W.*	2.25	»

	M. A.	
Rednal *.	—	Shropshire.
» *Wharf*.	0.24	»

	M. A.	
Brymbo *.	—	Denbigh.
Ffrith, *Coliery*.	1.13	»
Llanfynydd, *Siding*.	1.61	»
Tryddy, *Joint Line* *.	2.68	»

	M. A.	
Gelly Tarw *.	—	Glamorgan.
Mill Street.	1.14	»
Dare *.	2.38	»
Fforchamman.	5.	»
Cwn Aman, *Coliery*.	5.32	»

	M. A.	
Dare *.	—	Glamorgan.
Cwm Dare.	1.1	»
Merthyr Dare.	1.19	»
Nantmelyn *.	1.38	»
Bwllfa Dare.	1.76	»

	M. A.	
Neath, *Cadoxton* *.	—	Glamorgan.
» *New V. of N.*	0.9	»

— 179 —

	M. A.	
Neath, *Abbey*.	4.22	Glamorgan.
» *Copper Works*.	»	»
Britton Ferry Road.	3.70	»
Waggon Cº Siding.	5.45	»
Swansea, *Wind Street* *.	6.75	»
» »	7.34	»
» *L. and N. W.* *.	7.65	»
New Goods.	8.9	»
Crumlin *.		
Llanhilleth *	—	Monmouth.
	1.25	»
Quaker's Yard *.		
»	—	Glamorgan.
» *Low Level*.	0.40	»
» *.	0.50	»

366. — Greenock and Wemyss Bay.
(*Ecosse.*)

Exploité par le Caledonian.

DIRECTEURS :

Stewart, J., Esq., Président.
Buchanan, D. C. R. C., Cᵗ, Président-Délégué.
Christie, G. F., Esq.
Jamieson, M. J., Esq.
Dunn, D., Esq.

BUREAU A GLASGOW, 186, WEST GEORGE STREET :

Keyden, J., Secrétaire.
Evans, M., Ingénieur.
Keydens, Strang et Girvan, Solicitors.
Mackenzie, W. et Miller, G., Auditeurs.

367. — Greiz-Brunn. (*Allemagne.*)

Exploité par l'Etat Saxon.

CONSEIL D'ADMINISTRATION :

Kermann.
v. Gordern-Crispendorf.
Heller.

368. — Griazy-Tsaritsyn. (*Russie*). (U. R.)

Kolsjaninoff, M., Président du Conseil d'Administration à St-Pétersbourg.
Kulschinski, N., Directeur d'Exploitation à Borissoglebsk.

Griazy.	Verstes.	
Khovorostianka.	—	Tambow.
Dobrinka.	26	»
Mordovo.	49	»
Tokarevka.	72	»
	98	»

	Verstes.	
Rimarevo.	111	Tambow.
Bournak.	125	»
Ternovka.	143	»
Volkonskaïa.	163	»
Gribanovka.	180	»
Borissoglebsk.	196	»
Povarino.	224	Kalatch.
Aleksikova *.	246	»
Iarys-Jenskaïa.	265	»
Astakhovo.	282	»
Philanova.	300	»
Pamphilovo.	323	»
Koumylga.	345	»
Sebriakovka.	367	»
Rakovka.	388	»
Kleschnja.	402	»
Mikhaïlotchertkovo.	417	»
Lipka.	437	»
Log *.	454	»
Ilovlia.	476	»
Katchalinskaïa.	498	»
Kotlouban.	521	»
Gorodize.	543	Saratow.
Tsaritsyn.	564	»
Volga.	573	»

Aleksikova *.	—	Kalatch.
Ourupinskaïa.	33	»

Log *.	—	Kalatch.
Novo-Grigorievskaia.	»	»

369. — Guillaume de Luxembourg.
(*Grand-Duché du Luxembourg*).

Exploité par : Alsace-Lorraine.

SIÉGE SOCIAL A PARIS, 161, RUE DU FAUBOURG
Sᵗ-MARTIN ET A LUXEMBOURG.

CONSEIL D'ADMINISTRATION A PARIS :

d'Albon, (Marquis), Président.
Bischoffsheim, J. R., Vice-Président.
d'Albon (Comte).
Bamberger, L.
De Boissieu.
De Boigne, B.
Duchatel, (Vicomte).
Montefiore-Lévi.
Guilhou, N.
Schaefer.
de Sers, (Marquis).
de Villeneuve (Comte).
de Vougy, (Comte).

Vande Wynckèle, J., Directeur Gérant, à Paris.
De Groux, H., Sous-Directeur.
Letellier, Ingénieur en Chef, à Luxembourg.

370. — Guise à Saint-Quentin *(France)*.

V. Bauchart, Président du Conseil d'Administration, à Saint-Quentin.

	Kil.	
Saint-Quentin.	—	Aisne.
Itancourt.	6	»
Mézières s/Oise.	11	»
Séry-les-Mézières.	13	»
Ribémont.	17	»
Origny Ste-Benoite.	23	»
Macquigny.	30	»
Longchamps-Bohéries.	34	»
Lesquielles St-Germain.	37	»
Guise.	40	»

371. — Gwendraeth Valleys *(Angleterre)*.

Voir Burry Port and Gwendraeth Valleys.

372. — Haddenham, Willingham and Long Stanton *(Angleterre)*.

En construction.

DIRECTEURS :

Pell, A., Esq.
Pell, O. C., Esq.
Camps, F., Esq.
Camps, R., Esq.
Biddall, J., Esq.

373. — Hainichen-Rosswein *(Allemagne)*.

Exploité par l'État Saxon.

Knoop, Administrateur.

374. — Hakantorp-Lidköping *(Suède)*.

En construction.

375. — Halberstadt-Blankenburg
(Allemagne).

CONSEIL D'ADMINISTRATION A BRUNSWICK :

Rittmeyer, Président.
Horst, Vice-Président.
Becker.
Otto.
Eltzbacher.

Schneider, Directeur d'Exploitation, à Blankenburg.

	Kil.	
Halberstadt.	—	Magdeburg.
Spiegelsberge.	»	»
Langenstein.	9.75	»
Börnecke.	15.	Braunschweig
Blankenburg.	19.5	»

376. — Halesowen and Bromsgrove
(Angleterre).

Exploité par le Midland et le Great Western.

DIRECTEURS :

Taylor, G. C., Esq., Président.
Lynch-Staunton, M. S., Esq.
Godson, A. F., Esq.
Amphlett, R. H., Esq.

BUREAUX A LONDRES, S. W. 6, WESTMINSTER CHAMBERS, VICTORIA STREET :

Fraser, J., Secrétaire.
Tolmé, J. H., Ingénieur.
Wilkins, Blyth et Marsland, Solicitors.
Waddell, J. et Waddell, W., Auditeurs.

377. — Halifax and Ovenden *(Angleterre)*.

Exploité par le Great Northern et le Lancashire and Yorkshire.

DIRECTEURS :

Thompson, P., L^t C^l., ⎫
Appleyard, J., Esq.,   ⎬ Représentants du Lancashire and Yorkshire.
Fielden, S., Esq.,   ⎪
Wood, G., Esq.,   ⎭

Firth, W., Esq.,
Tennant, R., Esq.,   ⎱ Représentants du Great
Waterhouse, S.,   ⎰   Northern.
Walker, G., Esq.,

ADMINISTRATION :

Utley, S., Secrétaire, à Halifax.
Fraser, J., Ingénieur, à Leeds.
Wavell, Philbrick et Foster, Solicitors.

378. — Halle-Sorau-Guben *(Allemagne)*. (?)

CONSEIL D'ADMINISTRATION A BERLIN :

v. Bernuth, Président.
Solms-Sonnewalde, (Cte), Vice-Président.
Helfft, H.
Kuczynski, P.
Hohenlohe-Oehringen, (Prince), H.
Schrecker.
v. Langenn.
Goldschmidt, M.
Hardt, R.
Herrmann.
v. Eckardstein, (B^{on}).
Woelfel.

Kulisch.
Kade.

DIRECTION A BERLIN :

Hartnack, Président.
Reder.
Philippi.
Kessel.
Henckel.
Posseldt.

Franck, Ingénieur, Chef Principal de la Traction.
Brünecke, Ingénieur, Inspecteur d'Exploitation, à Cottbus.
Böhm, Ingénieur, Inspecteur d'Exploitation à Eilenburg.
Haage, Ingénieur, Inspecteur d'Exploitation à Cottbus.
Grötzebauch, Ingénieur, Inspecteur d'Exploitation à Sorau.
Skalweit, Ingénieur, Inspecteur d'Exploitation à Leipzig.
Seering, Chef du Bureau Central.
Gebrcke, Chef du Contrôle.
Mayerhauser, Contrôleur d'Exploitation à Cottbus.
Westphal, Contrôleur du Matériel.
Rattemer, Inspecteur des Télégraphes.

	Kil.	
Halle.	—	Merseburg.
Reussen. H.	11.93	»
Klitzschmar. H.	18.45	»
Delitzsch.	26.93	»
Crensitz.	35.70	»
Kämmerei-Forst. H.	41.63	»
Eilenburg *.	49.43	»
Mockrehna.	63.60	»
Torgau.	77.18	»
Zschakau. H.	82.43	»
Falkenberg.	95.18	»
Beutersitz.	103.13	»
Dobribugk-Kirchhain.	117.23	Frankfurt a/O.
Finsterwalde.	128.18	»
Gollmnitz.	142.28	»
Calau.	150.08	»
Eichow.	160.50	»
Cottbus *.	174.00	»
Peitz.	188.10	»
Guben.	211.65	»
Cottbus *.		
Forst.	—	Frankfurt a/O.
Teuplitz.	22.05	»
Linderode H.	37.95	»
Sorau.	50.18	»
	59.03	»
Eilenburg *.		
Jesewitz.	—	Merseburg.
Taucha.	8.03	»
Leipzig.	14.48	Leipzig.
	23.63	»

379. — Halsberg-Motala-Mjölby (*Suède*)

DIRECTION A MOTALA.

	M.	S.	
Halsberg.	—		Orebro.
Asbro.	1.		»
Hyttan.	1.8		»
Mariedam.	2.7		»
Godegard.	3.9		Ostergötland.
Degerön.	4.4		»
Karlsby.	5.1		»
Motala, *Verkstad*.	6.3		»
»	6.4		»
Sund (Fogelsta).	7.4		»
Skeninge.	8.1		»
Mjölby.	8.9		»

380. — Halmstad-Nassjö. (*Suède*).

ADMINISTRATION A HALMSTAD.

En construction.

381. — Hamar-Aamodt (*Norwége*).

Exploité par le Christiania-Eidsvold-Kongsvinger.

CONSEIL D'ADMINISTRATION A CHRISTIANIA :

Jeusen, C., Président.
Kund Graah.
Heiberg, A.
Engelstad, J., Secrétaire.

382. — Hammersmith and City Joint
(*Angleterre*).

Exploité par le Great Western et le Metropolitan.

383. — Hammersmith Extension
(*Angleterre*).

Voir Metropolitan District.

384. — Hannover-Altenbecken.
(*Allemagne*).

Exploité par le Magdeburg-Halberstadt.

CONSEIL D'ADMINISTRATION A HANNOVER :

Koch, Président.
Adickes, Vice-Président.
v. Bennigsen.
Frensdorff.
Hugenberg.
Jacques, F.
Lentz.
Miquèl.
Neuburg.

Grubitz.
Garcke.
Benfey.

385. — Harborne *(Angleterre)*.

Exploité par le London and North Western.

DIRECTEURS :

Foakes, T. E., Esq.
Hawkins, W. B., Esq.
Hendrey, J., Esq.
Batten, J. W., Esq.

BUREAUX A LONDRES, E. C. 10, St-SWITHIN's LANE :

Jennings, A. F., Secrétaire.
Tolmé, J. H., Ingénieur.
Wilkins et Blyth, Solicitors.
Waddell, J. et Waddell, W. Auditeurs.

386. — Harrow and Rickmansworth. *(Angleterre)*.

En construction.

DIRECTEURS :

Buckingham and Chandos, (Duc of), Président.
Lord Chesham.
Rummers, F, Esq.
Weall, J., Esq.
Hind, W. M., Esq.

387. — Hasselt à Maeseyck *(Belgique)*.

Weber,
Van Meerbeke, } Directeurs de la Banque des Travaux Publics, (10, Montagne de l'Oratoire à Bruxelles), Concessionnaires.

DIRECTION A MAESEYCK :

Noisier, L., Chef du Service Central.
Stainforth, C., Inspecteur.
Clermont, A., Ingénieur, à Liége.

	Kil.	
Hasselt.	—	Limbourg.
Genck.	15.482	»
Asch.	24.064	»
Eelen.	35.560	»
Maeseyck.	40.450	»

388. — Hatfield and St-Albans *(Angleterre)*.

Exploité par le Great Northern.

DIRECTEURS :

Lord Ebury, Président.
Cary, J., Esq., Président-Délégué.
Capel, R. A.
Dillon, J. H., Esq.
Duncombe, O., C^l. } Représentants du Great
Astell, J. H.,   }   Northern.
Forbes, A., Secrétaire à Londres, King's Cross.

389. — Haute Italie.

CONSEIL D'ADMINISTRATION A MILAN, 24, CORSO MAGENTA :

d'Adda, C., Président.
Bevilacqua, C., Vice-Président.
Bignami, E.
Brot, C.
Castagnola, S.
Fortis, G.
Giovanelli (Prince), G.
Landau, O.
Mari, A.
Peyron, A.
Porro (Cte), A.
Restelli, F.
Tasca, G. B.
Medin (Cte), S., Secrétaire.
Zuliani, G., Secrétaire-Adjoint.

CONSEIL D'ADMINISTRATION DE PARIS, 17, RUE LAFFITTE :

de Rothschild (B^{on}), Alp., Président.
Bartholony, F.
Blount, E.
de Galliéra (Duc).
de La Rosière, E.
de Rothschild (B^{on}), L.
de Rothschild (B^{on}), G.
Cornélis de Witt.

DIRECTION GÉNÉRALE A MILAN :

Amilhau, P., Commandeur, Ingénieur, Directeur Général.
Poggi, G., Secrétaire.
d'Adda (Cte), A., Sous-Secrétaire.
Lampugnani, L., » »
Rosso, D., Inspecteur.

CONTENTIEUX :

Brusa, E., Chef.
Fontana, C., Adjoint.
De Zanoni, A., Sous-Chef.

AGENCE DES RÉCLAMATIONS :

Cot, L., Chef.
Seren, C. B., Sous-Chef.

— 183 —

AGENCE DU MOUVEMENT :

Barbavara, A., Chef de Division.
Rossi, E., Inspecteur.
Vismara, P., »
Zoliani, G., »
Cereda, A., »
Medin (Cte), G. ff. »
Bonazzi, L., Chef de Bureau (Hors Cadre).

DIVISIONS DU TRAFIC :

Bachelet, A., Commandeur, Chef de la 1re Division, à Turin.
Ponzone, L., Chef de la 2e Division, à Milan.
Boselli, L., » 3e » à Florence.
Gelmi, L., » 4e » à Vérone.

DIVISION DES TÉLÉGRAPHES :

Maroni, M., Ingénieur, Chef de Division.
Mantelli, P., » Inspecteur.
Rossi, F., » »
Pardon, L., Chef du Bureau des Télégraphes.

DIVISION DE L'ECONOMAT :

Lavison, P. A., Chev. Chef de Division.
Zino, B., » Inspecteur Principal.

Nebbia, G., Ingénieur, Chef de Division.
Massa, M., Commandeur, Ingénieur en Chef de l'Entretien et des Travaux.
Kossuth, T., Ingénieur, Chef de la Traction.
Frescot, C., » » du Matériel.
Devaux, A., Commandeur, Chef du Contrôle général et de la Comptabilité Centrale.

	Kil.	
Cormons.	—	Udine.
San Giovanni di Manzano.	5.80	»
Buttrio in Piano.	12.46	»
Udine *.	21.11	»
Pasian Schiavonesco.	32.39	»
Codroipo.	43.86	»
Casarsa della Delizia.	54.61	»
Pordenone.	69.68	»
Sacile.	82.48	»
Pianzano.	91.97	»
Conegliano.	99.52	»
Piave.	107.31	Treviso.
Spresiano.	112.68	»
Lanceuigo.	120.09	»
Treviso.	126.38	»
Preganziol.	133.30	»
Mogliano-Veneto.	137.95	»
Mestre *.	147.17	Venezia.
Marano.	156.38	Ascoli Piceno.
Dolo.	160.22	Venezia.
Ponte di Brenta.	170.25	Padova.
Padova *.	175.75	»

	Kil.	
Mestrino.	183.15	Padova.
Pojana.	190.52	Vicenza.
Lerino.	198.09	»
Vicenza.	205.89	»
Tavernelle.	213.54	»
Montebello.	222.06	»
Lonigo.	227.70	»
San Bonifacio.	233.43	Verona.
Caldiero.	241.75	»
San Martino.	248.12	»
Verona, *Porta Vescovo* *.	254.15	»
» » *Nuovo* *.	257.06	»
Sommacampagna.	268.42	»
Castelnuovo.	275.32	»
Peschiera.	280.03	»
Desenzano.	294.16	Brescia.
Lonato.	298.51	»
Ponte San Marco.	304.95	»
Rezzato.	313.47	»
Brescia *.	322.03	»
Ospitaletto-Lodigiano.	333.23	»
Coccaglio.	341.14	»
Palazzolo.	349.18	»
Grumello.	353.55	Bergamo.
Gorlago.	359.57	»
Seriate.	366.61	»
Bergamo *.	370.77	»
Verdello.	381.48	»
Treviglio.	391.31	»
Cassano.	397.09	»
Melzo.	404.50	Milano.
Limito.	411.82	»
Milano, *Centrale* *.	422.65	»
» *Scalo M*.	423.59	»

	Kil.	
Milano, *Centrale* *.	—	Milano.
» *P. G.* *.	1.50	»
Musocco.	5.88	»
Rho *.	13.54	»
Vittuone.	21.91	»
Magenta.	27.69	»
Trecate.	39.65	Novara.
Novara *.	49.17	»
Ponzana.	59.17	»
Borgo Vercelli.	66.06	»
Vercelli *.	71.07	»
San Germano.	84.53	»
Santhia *.	90.18	»
Tronzano.	92.71	»
Bianzè.	98.32	»
Livorno Vercellese.	102.74	»
Saluggia.	109.72	»
Torrazza di Verol.	114.48	»
Chivasso *.	120.86	Torino.
Brandizzo.	125.23	»
Settimo.	132.35	»
Torino, *Succursale*.	141.96	»
» *Porta Susa*.	143.88	»

— 184 —

	Kil.	
Torino Porta Nuovo *.	149.20	Torino.
Sangone.	153.68	»
Nichellino.	155.97	»
Candiolo.	160.76	»
None.	166.14	»
Airasca.	169.36	»
Piscina.	175.40	»
Riva.	179.67	»
Pinerolo.	183.42	»
Torino, Porta Nuovo *.	—	Torino.
Moncalieri.	8.01	»
Trofarello *.	13.03	»
Cambiano.	16.44	»
Pessione	21.82	»
Villanova.	30.16	Alessandria.
Villafranca.	40.77	»
Baldichieri.	44.89	»
San Damiano d'Asti.	48.61	»
Asti.	55.78	»
Annone.	65.18	»
Cerro.	68.97	»
Felizzano.	75.55	»
Solero.	81.84	»
Alessandria *.	90.08	»
Spinetta.	97.73	»
San Giuliano.	103.85	»
Tortona *.	111.99	»
Pontecurone.	120.74	»
Voghera *.	128.19	Pavia.
Casteggio.	137.68	»
Santa Giuletta.	142.44	»
Broni.	149.57	»
Stradella.	153.37	»
Arena-Pò.	158.07	»
Castel San Giovanni.	164.72	Piacenza.
Sarmato.	169.08	»
Rottofreno.	173.68	»
San Nicolò.	178.20	»
Piacenza.	186.58	»
Pontenure.	195.41	»
Cadeo.	201.59	»
Fiorenzuola.	208.19	»
Alseno.	215.23	»
Borgo San Donnino.	221.74	Parma.
Castelguelfo.	231.24	Bologna.
Parma.	243.15	Parma.
Sant'Ilario.	254.52	Reggio Emilia.
Reggio.	271.97	»
Rubiera.	283.81	»
Modena *.	296.47	Modena.
Castelfranco.	308.39	»
Samoggia.	316.27	»
Anzola.	320.66	»
Lavino.	323.88	Porto Maurizio
Bologna.	333.40	Bologna.

	Kil.	
Padova *.	—	Padova.
Abano-Bagni.	9.58	»
Montegrotto.	13.81	»
Battaglia.	17.07	»
Monselice.	22.54	»
Este s. Helene.	28.41	»
Stanghella.	36.76	»
Rovigo.	43.49	Rovigo.
Arquà.	54.80	»
Polesella.	57.01	»
Paviole.	63.94	»
Santa Maria Maddalena.	69.02	»
Pontelagoscuro.	71.02	Ferrara.
Ferrara.	75.94	»
Poggio Renatico.	88.91	»
Galliera.	93.60	Bologna.
San Pietro in Casale.	98.91	»
San Giorgio, Bolognese.	105.02	»
Castelmaggiore.	113.00	»
Corticella.	115.79	»
Bologna *.	122.79	»
Borgo Panigale.	127.70	»
Casalecchio.	132.52	»
Sasso.	141.73	Caserta.
Marzabotto.	149.26	»
Vergato.	160.90	Bologna.
Riola.	169.30	»
Porretta.	180.96	»
Molino del Pallone.	188.62	»
Pracchia.	195.71	»
Piteccio.	209.20	Firenze.
Pistoja *.	220.78	»
San Piero.	228.59	»
Prato.	236.63	»
Calenzano.	242.01	»
Sesto.	246.69	»
Castello.	249.33	»
Rifredi.	251.64	»
Firenze.	254.19	»
Pistoja *.	—	Firenze.
Serravalle.	5.52	»
Pieve a Nievole.	11.84	»
Montecatini.	13.76	Lucca.
Borgo a Buggiano.	17.01	»
Pescia.	20.63	»
San Salvatore.	24.87	»
Altopascio.	29.85	»
Porcari.	34.59	»
Lucca.	43.71	»
Ripafratta.	51.92	»
Rigoli.	55.77	»
San Giuliano.	58.49	Pisa.
Pisa P. N. *.	64.52	»
» Centrale *.	66.76	»
Pisa, Centrale *.	—	Pisa.
» P. N. *.	2.30	»

	Kil.			Kil.	
Torre del Lago.	15.90	Pisa.	Alassio.	254.63	Genova.
Viareggio.	20.93	Lucca.	Laigueglia.	257.89	»
Pietra Santa.	31.53	»	Pigna d'Andora.	261.75	»
Querceta Serravezza.	34.98	»	Cervo.	266.10	Porto Maurizio.
Massa.	42.08	Massa e Carrara.	Diano-Marina.	269.27	»
Avenza *.	48.88	»	Oneglia.	274.45	»
Sarzana.	59.48	Genova.	Porto-Maurizio.	276.55	»
Arcola.	63.98	»	San Lorenzo.	282.12	»
Spezia.	74.08	»	Santo Stefano a/Mar.	288.53	»
Riomaggiore.	82.73	»	Taggia.	291.84	»
Manarola.	»	»	San Remo.	299.71	»
Corniglia.	85.21	»	Ospedaletti.	305.02	»
Vernazza.	88.81	»	Bordighera.	310.76	»
Monterosso.	91.81	»	Vintimiglia.	315.44	»
Levanto.	96.19	»			
Bonassola.	98.93	»	Milano, P. G.*.	—	Milano.
Framura.	101.83	»	Centrale *.	0.94	»
Deiva.	105.80	»	Rogoredo.	7.36	»
Moneglia.	109.18	»	Locate.	15.84	»
Sestri Levante.	119.33	»	Villamaggiore.	20.84	»
Lavagna.	124.53	»	Certosa.	28.52	Pavia.
Chiavari.	126.66	»	Pavia *.	36.24	»
Zoagli.	131.46	»	Cava Manara.	42.04	»
Rapallo.	135.06	»	Bressana.	48.68	Voghera.
Santa Margherita.	137.46	»	Calcababbio.	53.89	Pavia.
Camogli.	142.56	»	Voghera *.	61.49	»
Recco.	144.26	»	Pontecurone.	68.94	Alessandria.
Sori.	148.08	»	Tortona *.	77.69	»
Pieve di Sori.	149.76	»	Pozzuolo.	91.75	»
Bogliasco.	151.43	»	Novi *.	96.02	»
Nervi.	153.56	»	Serravalle.	103.15	»
Quinto.	155.26	»	Arquata.	108.24	»
Quarto.	157.26	»	Isola del Cantone.	117.41	Genova.
Sturla.	158.66	»	Roncò.	121.77	»
Genova, Piazza Brignole.			Busalla.	126.49	»
			Pontedecimo.	136.90	»
Genova, Porta P.	162.16		Bolzaneto.	140.96	»
San Pier d'Arena *.	164.46		Rivarolo.	143.74	»
Cornigliano.	167.53	»	San Pier d'Arena *.	146.43	»
Sestri Ponente.	169.04	»			
Pegli.	171.06	»	Mantova *.	—	Mantova.
Prà.	173.59	»	Sant' Antonio.	3.41	»
Voltri.	176.20	»	Roverbella.	10.71	»
Arenzano.	178.50	»	Mozzecane.	17.12	Verona.
Cogoleto.	185.40	»	Villafranca.	22.29	»
Varazze.	189.50	»	Dossobuono.	29.29	»
Celle.	196.20	»	Verona, Porta Nuovo *.	36.50	»
Albissola.	199.95	»			
Savona *.	203.20	»	Verona, Porta Nuovo *.	—	Verona.
Vado.	207.40	»	Parona.	8.72	»
Bergeggi.	212.54	»	Pescantina.	14.16	»
Spotorno.	245.55	»	Domegliara.	19.86	»
Noli.	219.21	»	Ceraino.	27.57	»
Finalmarina.	222.21	»	Peri.	37.33	»
Pietraligure.	230.44	»	Avio.	47.19	»
Loano.	236.23	»			
Ceriale.	239.47	»	Novi *.	—	Alessandria.
Albenga.	244.51	»	Frugarolo.	12.07	»
	248.33	»	Alessandria *.	21.60	»

		Kil.				Kil.	
Modane.	—	France.		Cavallermaggiore *.	—		Cuneo.
Replat.	5.36	»		Madonna del Pilone.	4.82	»
Bardonnecchia.	18.89	Torino.		Bra.	12.91	»
Beaulard.	24.20	»		Santa Vittoria.	19.67	»
Oulx.	30.06	»		Monticelli.	24.36	»
Salbertrand.	36.01	»		Mussotto.	28.14	»
Chiomonte.	45.70	»		Alba.	30.42	»
Meana.	52.31	»		Neive.	39.83	»
Bussoleno *.	59.67	»		Castagnole *.	43.86	»
Borgone.	67.28	»		Castigliole.	48.22	»
Sant' Antonino.	70.64	»		Santo Stefano Belbo.	54.02	»
Condove.	73.82	»		Canelli.	58.49	Alessandria.
Sant' Ambrogio.	77.50	»		Calamandrana.	62.92	»
Avigliana.	81.11	»		Nizza Monferrato.	67.39	»
Rosta.	85.98	»		Incisa Belbo.	71.28	»
Alpignano.	91.20	»		Castelnuovo Belbo.	74.34	»
Collegno.	95.42	»		Bruno.	75.86	»
Torino, *Porta Nuovo* *.	105.19	»		Bergamasco.	78.96	»
				Oviglio.	84.58	»
Alessandria *.	—	Alessandria.		Cantalupo *.	89.34	»
Valmadonna.	8.13	»				
Valenza *.	13.95	»		Milano, *Centrale* *.	—	Milano.
Torre Berretti *.	20.18	Pavia.		» P. G. *.	1.50	»
Sartirana.	26.01	»		» *Porta Ticinese.*	7.13	»
Valle.	30.50	»		Corsico.	12.65	»
Olevano.	37.63	»		Gaggiano.	19.15	»
Mortara *.	42.35	»		Abbiategrasso.	28.24	»
Borgo-Lavezzaro.	50.17	Novara.		Vigevano.	38.82	Pavia.
Vespolate.	54.55	»		Mortara *.	51.52	»
Novara *.	66.58	»				
Bellinzago.	79.67	»		Savigliano *.	—	Cuneo.
Oleggio.	83.17	»		Lagnasco.	8.47	»
Varallo-Pombia.	91.24	»		Saluzzo.	15.03	»
Borgo-Ticino.	94.09	»				
Arona *.	102.81	»		Ivrea.	—	Torino.
				Strambino.	9.08	»
Venezia.	—	Venezia.		Mercenasco.	12.31	»
Mestre.	8.46	»		Candia.	15.04	»
				Caluso.	18.54	»
Trofarello *.	—	Torino.		Rodallo.	21.87	»
Villastellone.	6.92	»		Mantanaro.	27.23	»
Carmagnola.	15.27	»		Chivasso *.	32.46	»
Racconigi.	24.35	Cuneo.				
Cavallermaggiore *.	31.40	»		Bussoleno *.	—	Torino.
Savigliano *.	38.15	»		Susa.	7.53	»
Fossano.	50.31	»				
Maddalena.	57.07	»		Biella.	—	Novara.
Centallo.	62.25	»		Candelo.	5.90	»
Cuneo.	74.15	»		Sandigliano.	9.53	»
				Vergnasco.	12.88	»
Acqui *.	—	Alessandria.		Salussola.	18.53	»
Strevi.	6.10	»		Santhià *.	29.69	»
Cassine.	12.87	»				
Sezzè.	18.63	»		Vercelli *.	—	Novara.
Gamalero.	20.84	»		Asigliano.	7.35	»
Borgoratto.	22.96	»		Pertengo.	11.05	»
Cantalupo *.	26.42	»				
Alessandria *.	33.90	»				

Balzola.	Kil.	
Casale.	16.42	Alessandria.
Borgo San Martino.	22.71	»
Giarole.	29.85	»
Valenza *.	34.55	»
	41.49	»

Brescia *.	—	Brescia.
San Zeno Folzano.	5.06	»
Bagnolo.	12.41	»
Manerbio.	21.36	»
Verolanuova.	26.64	»
Robecco Pontevico.	33.18	»
Olmeneta *.	38.72	Cremona.
Cremona *.	49.50	»
Cavatigozzi.	54.58	»
Acquanegra.	60.18	»
Pizzighettone.	69.09	»
Codogno *.	76.77	Milano.
Casalpusterlengo *.	81.63	»
Ospedaletto.	88.35	»
Chignolo.	94.78	»
Miradolo.	98.28	Pavia.
Corteolona.	104.13	»
Belgioioso.	108.78	»
Motta San Damiano.	116.51	»
Pavia *.	122.25	»
Cava Carbonara.	129.82	»
Zinasco.	135.99	»
Pieve Albignola.	139.31	»
Sannazzaro.	143.76	»
Ferrera.	147.30	»
Lomello.	152.66	»
Mede.	157.79	»
Castellaro.	161.46	»
Torre Berretti *.	165.37	»

Arona *.	—	Novara.
Sesto-Calende.	8.84	»
Vergiate.	14.56	Milano.
Somma.	18.48	»
Gallarate *.	25.85	»
Busto Arsizio.	33.03	»
Legnano.	38.45	»
Parabiago.	43.57	»
Rho *.	52.58	»
Mussocco.	60.24	»
Milano, P. G. *.	64.62	»
» Centrale *.	66.12	»
Rogoredo *.	72.54	»
Melegnano.	83.30	»
Tavazzano.	90.80	»
Lodi.	98.54	»
Secugnago.	110.45	»
Casalpusterlengo *.	117.40	»
Codogno *.	122.27	»
SantoStefano(Piacentino)	126.35	»
Piacenza.	134.41	»

Olmeneta *.	Kil.	Cremona.
Casalbuttano.	6.34	»
Soresina.	15.17	»
Castelleone.	22.69	»
Crema.	32.09	»
Casaletto Vaprio.	39.03	»
Caravaggio.	48.75	Bergamo.
Treviglio.	54.54	»

Novara *.	—	Novara.
Caltignaga.	8.06	»
Momo.	14.79	»
Borgomanero.	30.50	»
Gozzano.	35.59	»

Milano, P. G *.	—	Milano.
Centrale *.	0.94	»
Sesto San Giovanni.	7.77	»
Monza *.	13.90	»
Desio.	20.18	»
Seregno.	23.35	»
Cammago.	29.66	»
Cucciago.	39.10	Como.
Camerlata.	45.10	»

Mondovi.	—	Cuneo.
Bastia.	9	»
Carru *.	14	»

Lecco.	—	Como.
Calolzio *.	6.88	Bergamo.
Cisano.	14.96	»
Mapello.	21.34	»
Ponte San Pietro.	25.16	»
Bergamo *.	32.90	»

Varese.	—	Como.
Gazzada.	4.43	»
Albizzate.	10.94	Milano.
Gallarate *.	18.46	»

Carrara.	—	Massa Carrara.
Avenza *.	4.46	»

Castagnole *.	—	Alessandria.
Costigliole (Motta di).	7.97	»
Isola d'Asti.	11.27	»
San Marzanotto.	15.65	»
Asti.	20.16	»
Portacumaro.	28.39	»
Castel Alfero.	31.58	»
Tonco.	34.98	»
Moncalvo.	43.07	»
Serralunga.	49.79	»
Ozzano.	55.08	»
San Giorgio di Casale.	58.38	»

	Kil.	
Casale.	65.49	Pavia.
Terranova.	73.33	»
Candia Lomellina.	79.70	»
Castel d'Agogna.	89.60	»
Mortara *.	93.63	»

Modena *	—	Modena.
Soliera.	8.24	»
Carpi.	15.47	»
Rolo-Novi.	27.07	Reggio Emilia.
Reggiolo-Gonzaga.	34.40	»
Suzzara.	42.12	Mantova.
Borgoforte.	49.92	»
Mantova *.	61.13	»

Monza *.	—	Milano.
Arcore.	6.35	»
Usmate.	11.59	»
Cernusco Merate.	16.65	»
Olgiate Molgora.	20.71	»
Calolzio *.	30.21	Bergamo.

Udine *.	—	Udine.
Ribis Rizzolo.	10	»
Tricesimo.	16	»
Tarcento.	20	»
Magnano Artegna.	24	»
Gemona-Ospedaletto.	30	»

Mantova *.	—	Mantova.
Castellucchio.	11.08	»
Marcaria.	20.58	»
Bozzola.	25.94	»
Piadena.	34.44	Cremona.
Torre de' Picenardi.	41.14	»
Gazzo-Pieve San Giacomo.	48.76	»
Villetta-Malagnino.	54.89	»
Cremona *.	61.44	»

Trofarello *.	—	Torino.
Madonna della Scala.	4.87	»
Chieri.	8.57	»

Acqui *.	—	Alessandria.
Terzo.	3.83	»
Bistagno.	9.03	»
Ponti.	13.16	»
Montechiaro.	17.32	»
Mombaldone.	21.43	»
Spigno.	25.52	»
Merana.	28.70	»
Piana.	33.55	Genova.
Dego.	38.15	»
Rocchetta.	41.01	»
Cairo Montenotte.	45.32	»
San Giuseppe di Cairo *.	48.52	»
Santuario.	62.81	»
Savona *.	68.78	»

	Kil.	
Cavallermaggiore *.	—	Cuneo.
Madonna del Pilone *.	4.82	»
Bra.	12.94	»
Cherasco.	19.98	»
Narzole.	26.63	»
Monchiero.	31.23	»
Farigliano.	38.01	»
Carru *.	42.38	»
Niella.	52.22	»
Ceva.	62.94	»
Salle.	69.22	Alessandria.
Millesimo.	79.58	Genova.
San Guiseppe di Cairo *.	88.35	»

390. — Haute-Loire. (France.)

CONSEIL D'ADMINISTRATION :

Manier.
Guasco, l.
Bocher, C.
Desroses, Commissaire.
Casanova, Directeur d'Exploitation, à St-Bonnet-le-Château.

DIRECTION A LYON, 27, RUE GASPARIN :

	Kil.	
Bonson.	—	Loire.
St-Bonnet-le-Château.	27	»

391. — Hayling. (Angleterre).

Exploité par le London, Brighton and South Coast.

392. — Hedemora à Noret. (Suède).

En construction.

393. — Helsingborg-Hessleholm. (Suède).

DIRECTION A HELSINGBORG :

	M. S.	
Helsingborg.	—	
Ramlosa.	0.3	Malmöhus.
» Brunn.	0.4	»
Paarp.	0.8	»
Mörarp.	1.3	»
Bjuf *.	1.6	»
Gunnarstorp.	1.9	Kristianstad.
Astorp.	2.2	»
Qvidinge.	2.8	»
Klippan.	3.3	»
Hyllstofta.	4.2	»
Perstorp.	4.9	»
Tydinge.	6.1	»
Finja.	6.7	»
Hessleholm.	7.2	»

	Kil.	
Bjuf *.	—	Malmöhus.
Billesholm.	0.5	»

394. — Hemel, Hempsted and London and North Western. (*Angleterre*).

En construction.

Barrow, J. J., Esq., Président.
Deans, G., Esq.
Denton, C. L., Esq.
Poole, W. F., Esq.
Sherriff, A. C., Esq.
Davies, D., Esq.

BUREAUX A LONDRES, C. E., 2, MOORGATE STREET :

Mackay, R., Secrétaire.
Grover, J. W., Ingénieur.
Fraser, J., et Powell, A., Auditeurs.

395. — Henley-in-Arden and Great Western Junction. (*Angleterre*).

En construction.

DIRECTEURS A HENLEY-IN-ARDEN :

Agar, S. H., Esq.
Cooper, E., Esq.
Cooper, R. E., Esq.
Harvey, E., Esq.
Dixon, E., Esq.

396. — Hérault. (*France*).

CONSEIL D'ADMINISTRATION A PARIS, 80, RUE TAITBOUT :

Bazaine, Président.
Joret.
Mauguin.
Brum.
Brécheux.
Tainin, Commissaire.
Colin, Secrétaire.

SERVICE D'EXPLOITATION, 23, RUE MAGUELONNE A MONTPELLIER :

Brun, Ingénieur, Directeur.
Guibal, Inspecteur du Mouvement.
Paulus, » de Traction.
Dormoy, » de la Voie.
Briet, Chef de la Comptabilité.

SERVICE DE LA CONSTRUCTION, A MONTPELLIER :

Boucher-Léoménil, Ingénieur en Chef.
Cribier, »

Roger, Architecte.
Jérôme, Chef de la Comptabilité.
Marlaud, Chef de Section, à Béziers.
Munier, » à Mèze.
Richet, » à Montpellier.

	Kil.	
Mèze.	—	Hérault.
St-Martin. H.	8.749	»
Montagnac.	13.339	»
Pézénas.	19.4	»
Tourbes.	22.976	»
Valros.	26.104	»
Servian.	32.329	»
Bassan-les-Béziers.	35.9	»
Boujan.	40.333	»
Béziers.	44.255	»

Montpellier.	—	Hérault.
Lattes.	5.188	»
Palavas, *Rive Droite*. H.	11.452	»
»	11.572	»

397. — Hereford, Hay and Brecon. (*Angleterre*).

Exploité par le Midland.

DIRECTEURS :

Bolden, S. E., Esq., Président.
Fynney, F. A., Esq.
Banks, W. L., Esq.
Addison, G. A., Esq.
Braithwaite Lloyd, G., Esq.

BUREAUX, 7, BANKS BUILDINGS, LOTHBURY, E. C :

Fraser, J., Secrétaire.
Bolden, H., Ingénieur.
Blundell, J. W. et Thomas, G., Auditeurs.
Tilleard, Godden et Holme, Solicitors.

398. — Hesbaye et Condroz. (*Belgique*).

Exploité par l'Etat Belge.

CONSEIL D'ADMINISTRATION :

Tesch, V., Président.
Vander Straeten, J. L.
Stoclet, A.
Hallet-Degeneffe, P. O.
de Fontbaré (Bon), G.
de Lhoneux, G.
d'Andrimont, H., Administrateur-Délégué.
Quairier, J.
Orban, L. } Commissaires.
Bayens, F.
de Liedekerke, (Comte), E.

de Mercy d'Argenteau, (Comte), C.
De Diesi, J. B. } Commissaires.
Godin-Gillard, E.

Loser, Directeur d'Exploitation à Huy.

399. — Hesse Supérieure. (*Allemagne*) (V.)

Conseil d'Administration a Giessen :

v. Erlanger, (B^{on}) R., Président.
v. Sachsen-Weimar, (Prince), H., Vice-Président.
v. Ysenburg-Büdingen, (Prince), F.
v. Bethmann, (B^{on}), M.
v. Erlanger, (B^{on}), W.
Gail, F.
v. Nordeck zur Rabenau, (B^{on}) A.
Königswarter, J.

Direction a Giessen :

Wiesenbach, F., Secrétaire Général, à Homburg.
Mohn, C., Directeur.
Reuning, A., Chef du Service des Recettes.
Altvater, E., Directeur de l'Exploitation.
Nies, C., Inspecteur Principal du Trafic.
Daudt, H., Chef de Traction.
Querner, Ingénieur.
Stegmeyer, »
Schoberth, »

	Kil.	
Gelnhausen.	—	Preussen.
Lieblos.	3.43	»
Mittelgründau. H.	7.5	Ober Hessen.
Büdingen.	14.8	»
Büches-Düdelsheim. H.	»	»
Bleichenbach. H.	20.1	»
Stockheim.	23.4	»
Ranstadt. H.	29.11	»
Nidda.	34.68	»
Borsdorf. H.	38.29	»
Ober-Widdersheim. H.	41.17	»
Hungen.	47.92	»
Langsdorf. H.	51.55	»
Lich.	54.49	»
Garbenteich.	61.84	»
Giessen.	69.74	»
Grossenbuseck.	79.59	»
Reiskirchen. H.	83.54	»
Grünberg.	93.04	»
Mücke. H.	98.75	»
Niederohmen. H.	102.2	»
Burggemünden.	107.88	»
Ehringshausen. H.	112.32	»
Zell-Romrod.	122.4	»
Alsfeld.	130.04	»
Renzendorf.	136.77	»
Wallenrod. H.	142.03	Ober-Hessen.
Lauterbach.	149.02	»
Angersbach. H.	152.28	»
Bad-Salzschlirf.	155.79	Preussen.
Grossenlüder.	162.26	»
Fulda.	175.77	»

400. — Hessleholm-Kristianstad (*Suède*).

Voir Kristianstad Hessleholm.

401. — Hexham and Allendale (*Angleterre*).

Exploité par le North Eastern.

Directeurs :

Beaumont, W. B., Esq., Président.
Hunter, W. R., Esq., Président-Délégué.
Dinning, J., Esq.
Arnison, W. C., Esq.
Johnson, W. J., Esq.
Grey, C. G., Esq.

Bureaux a Haydon Bridge :

Bewick, T. J., Secrétaire.
Dewar, J. et Fothergill, J. M., Auditeurs.
Dees, R. R., Solicitor.

402. — Highland. (*Ecosse.*)

Directeurs :

Matheson, A., Esq., Président.
Bruce, T. C., Président-Délégué.
Seafield (Cte of).
Loch, G., Esq.
Mackintosh, E. W., Esq.
Tayler, W. J., Esq.
Robertson, A. 1., Esq.
Macpherson, E., Esq.
Fraser-Tytler, W., C^l.
Sutherland (Duc of).
Macduff (Vte).
Inglis, H., C^l.
Fraser, S.
Macloed, R. B., Esq.
Merry, J., Esq.
Murrey, K., Esq.
Lord Falshaw, J.

Administration a Inverness :

Dougall, A., Secrétaire et Directeur Général.
Mackay, T., Directeur des Marchandises.
Ellis, G. K., »   »
Roberts, W., Inspecteur Principal de la Voie.
Paterson, M., Ingénieur.
Jones, D., Chef de Traction.

— 191 —

Fenwick, W., Comptable.
Gowenlock, W., Secrétaire-Adjoint.
Mc. Hardy, C. S., Chef de la vérification des comptes.
Hay, A. P. et Grant, W. R., Auditeurs.
Inglis, A. H., Stewart, Rule and Burns et Martin and Leslie, Solicitors.

	M. A.	
Wick.	—	Caithness.
Bilbester.	5	»
Watten.	7 1/2	»
Bower.	11 1/4	»
Georgemas *.	14	»
Halkirk.	15 1/2	»
Scotscalder.	18 1/4	»
Altnabreac.	27 1/2	»
Forsinard.	35 3/4	Sutherland.
Kinbrace.	43 1/4	»
Kildonan.	50 1/2	»
Helmsdale.	60	»
Loth.	65 1/2	»
Brora.	71	»
Dunrobin.	75 1/4	»
Golspie.	77	»
The Mound.	80 1/2	»
Rogart.	84 1/2	»
Lairg.	94 1/2	»
Invershin.	100	»
Culrain.	100 1/2	»
Bonar Bridge.	103 1/2	Ross.
Edderton.	111 1/2	»
Tain.	117	»
Fearn.	120 1/2	»
Nigg.	122	»
Kildary.	124 1/2	»
Delny.	126 1/2	»
Invergordon.	129 3/4	»
Alness.	132 3/4	»
Novar.	136 1/4	»
Fowlis.	138 1/2	»
Dingwall *.	142 3/4	»
Conon.	145	»
Muir of Ord.	148 1/4	»
Beauly.	151 1/4	Inverness.
Clunes.	154	»
Lentram.	155 1/2	»
Bunchrew.	157 3/4	»
Clachnaharry.	159 1/2	»
Inverness.	161 1/4	»
Culloden.	164 1/2	»
Dalcross.	168	»
Fort George.	170 3/4	»
Nairn.	176 1/2	Nairn.
Brodie.	182 1/2	Elgin & Moray.
Forres *.	186	»
Dunphail.	194 1/2	»
Dava.	200 3/4	»
Grantown.	209 1/4	»

	M. A.	
Broomhill.	243	Elgin & Moray.
Boat of Garten.	216 3/4	»
Aviemore.	221 3/4	»
Kincraig.	227 3/4	Inverness.
Kingussie.	233 1/2	»
Newtonmore.	236 1/2	»
Dalwhinnie.	246 1/2	»
Dalnaspidal.	254 1/4	Perth.
Struan.	265 1/4	»
Blair Athole.	270	»
Killiecrankie.	273	»
Pitlochry.	276 3/4	»
Ballinluig *.	281 1/2	»
Guay.	283 3/4	»
Dalguise.	285	»
Dunkeld.	289 1/2	»
Murthly.	294 3/4	»
Stanley.	298	»
Strathord.	300	»
Luncarty.	301	»
Perth, Almond Valley *	303 1/2	»
» General	305 1/4	»
Dingwall *.	—	Ross.
Strathpeffer.	4 1/2	»
Garve.	11 3/4	»
Lochluichart.	17	»
Achanalt.	21 1/4	»
Achnasheen.	27 3/4	»
Glenncarron.	36	»
Achnashellach.	40 1/4	»
Strathcarron.	45 3/4	»
Stroome Ferry.	53	»
Georgemas *.	—	Caithness.
Hoy.	1	»
Thurso.	6 3/4	»
Ballinluig *.	—	Perth.
Grandtully.	4 1/2	»
Aberfeldy.	8 3/4	»
Forres *.	—	Elgin & Moray.
Kinloss.	3	»
Alves *.	7	»
Elgin.	12 1/4	»
Lhanbryde.	15 1/2	»
Fochabers.	18 1/2	»
Orton.	21 3/4	»
Mulben.	25 1/4	»
Keith.	30 1/4	Banff.
Alves.	—	Elgin & Moray.
Coltfield.	2 1/4	»
Burg Head.	5 1/2	»

403. — Hjo-Stenstorp. (Suède.)

CONSEIL D'ADMINISTRATION :

Possen, Cte, G., Président.
Sparre (Cte), G., Vice-Président.
v. Essen (B^{on}), F.
v. Essen (B^{on}), R.
Blomgren.
Larsson.
Sjöstetd.
Fogelin.
Strokirch.
Lilfversvärd.

ADMINISTRATION A HJO :

Sparre (Cte), G., Directeur-Dirigeant.
Frich, Ingénieur, Chef du Trafic.

	M. S.	
Hjo.	—	Skaraborg.
Mofalla.	0.7	»
Styrshult. H.	»	»
Korsberga.	1.3	»
Blixtorp. H.	»	»
Fridene.	1.8	»
Wreten.	2.4	»
Svensbro *.	2.7	»
Dala.	3.1	»
Stenstorp.	4.6	»

Svensbro *.	—	Skaraborg.
Kaflas.	0.4	»
Ofvertorp. H.	»	»
Ekedal.	0.8	»
Acklinga. H.	»	»
Tidaholm.	1.5	»

404. - Hohenstadt-Zoptau (Autriche.)

Exploité par : Frontière de Moravie.

405. — Hollandais. (Pays-Bas.) (V.)

CONSEIL D'ADMINISTRATION :

Cruijs, Président.
Van Loon, Secrétaire.
Vandervliet, Trésorier.
Messchert van Vollenhoven.
Westerwoudt.
Versfeld.

DIRECTION GÉNÉRALE A AMSTERDAM :

Bake, Administrateur.
Vanden Wall-Bake, Administrateur-Adjoint.

1re Division : *Surveillance et Entretien de la Voie* :

Mouthaan, Ingénieur.

2e Division : *Traction et Matériel* :
Bakker-Korff, Ingénieur-Mécanicien à Haarlem.

3e Division : *Mouvement* :

Beelenkamp, Inspecteur en Chef.
Guichart,   »   à La Haye.
Ronte,   »   au Helder.
Van Lockhorst,   »   à Amersfoort.

Frogner, Chef du Service des Tarifs.
Bakx, Agent Commercial.
Mirandolle, Contrôleur.

	Kil.	
Utrecht.	—	Utrecht.
Maartensdijk. H.	9	»
Hilversum *.	17	Noord Holland.
Naarden-Bussum.	23	»
Weesp.	32	»
Amsterdam.	45	»
Halfweg.	54	»
Haarlem *.	62	»
Vogelenzang.	70	»
Veenenburg.	75	»
Piet-Gijzenbrug.	81	»
Warmond.	88	»
Leiden.	90	»
Voorschoten.	96	Zuid Holland.
s' Gravenhage.	106	»
Rijswijk.	109	»
Delft.	114	»
Schiedam.	124	»
Rotterdam.	129	»

Le Helder.	—	Noord Holland.
Anna Paulowna.	12	»
Schagen.	21	»
Noord Scharwoude.	30	»
Hugowaard.	35	»
Alkmaar.	42	»
Castricum.	54	»
Uitgeest *.	58	»
Beverwijk.	65	»
Velsen.	67	»
Zandpoort.	71	»
Haarlem *.	76	»

Amersfoort.	—	Utrecht.
Baarn-Soestdijk.	10	»
Hilversum *.	17	Noord Holland.

Zaandam.	—	Noord Holland.
Koog-Zaandijk.	4	»
Wormerveer.	6	»
Krommenie-Assend.	8	»
Uitgest *.	14	»

406. — **Holme and Ramsey.** (*Angleterre*).

Exploité par le Great Northern.

407. — **Holstein.** (*Allemagne*).

Voir Altona-Kiel.

408. — **Holywell.** (*Angleterre*).

Exploité par le London and North Western.

DIRECTEURS :

Lockington, T. L., Esq.
Bunn, H. L., Esq.
Langhorne, J., Esq.

409. — **Homburg.** (*Allemagne*).

CONSEIL D'ADMINISTRATION A HOMBURG :

Siebold, C., Président.
Schaffner.
Hendel.
Caesar.
Schnackenberg.
Schlesinger-Trier.
Kann.

DIRECTION D'EXPLOITATION A HOMBURG :

Schmitz, O., Directeur d'Exploitation.
Bertalot, C., Caissier Principal.
Boye, H., Chef d'Atelier.

	Kil.	
Homburg.	—	Wiesbaden.
Oberursel.	3.892	»
Weiskirchen.	6.690	»
Roedelheim.	12.532	»
Frankfurt a/M.	18.060	»

410. — **Hörks à Silken.** (*Suède*).

En construction.

411. — **Horncastle.** (*Angleterre*).

Exploité par le Great Northern.

DIRECTEURS :

Stanhope, J. B., Esq., Président.
Livesey, T.
Rayson, W. A., Esq.
Elsey, J., Esq.
Hill, C., Esq.
Short, J. H., Esq.
Robinson, G., Esq.

BUREAUX A HORNCASTLE :

Tweed, F. W., Secrétaire et Solicitor.
Armstrong, R. C. et Nicholson, H., Auditeurs.

412. — **Hoylake and Birkenhead.** (*Angleterre*).

DIRECTEURS :

M' Andrew, W., Esq., Président.
Fearon, F. G. W., Esq.
Young, A., Esq.
Sir Heath, L. G.
Tyrrell, E., Esq.

BUREAUX A LIVERPOOL :

Goulding. J., Directeur Général.
Readdy, G., Secrétaire.
Davis, G., Solicitor.
Bishop, H. et Mc. Neil, T., Auditeurs.

	M. A.	
Birkenhead.	—	Cheshire.
Bidston.	0.60	»
Moreton.	2.20	»
Meols.	4.	»
Hoylake.	5.10	»

413. — **Hudiksvall-Forsa.** (*Suède*).

Schmidt, N. H. O., Directeur à Hudiksvall.

	Kil.	
Hudiksvall.	—	Gefleborg.
Forsa.	12	»

414. — **Hultsfred à Wimmerby.** (*Suède*).

En construction.

415. — **Hultsfred à Westervik, Gamleby et Linköping.** (*Suède*).

En construction.

416. — **Hunstanton and West Norfolk.** (*Angleterre*).

Exploité par le Great Eastern.

417. — **Hyde and Hayfield Joint.** (*Angleterre*).

Exploité par le Manchester, Sheffield and Lincolnshire.

418. — **Hylton, Southwick and Monkwearmouth.** (*Angleterre*).

En construction.

DIRECTEURS :

Stobart, W., Esq.
Briggs, R. S., Esq.
Oswald, T. R., Esq.
Stafford, H., Esq.
Pratt, W. D., Esq.
Wilkinson, R. T., Esq.
Thompson, R., Esq.

419. — Iasy-Pruth. (*Roumanie*).

En construction.

420. — Ilen Valley. (*Irlande*).

En construction.

DIRECTEURS :

Sir Beecher, H. W.
O' Donovan, H. W., Esq.
Payne, J. W., Esq.
Somerville, T., Esq.
Downing, D. M. C., Esq.

421. — Impératrice Elisabeth (*Autriche*). (V).

CONSEIL D'ADMINISTRATION A VIENNE :

v. Schey, (B^{on}), F., Président.
v. Boschan, (Chev.) W., Vice-Président.
v. Oppenheim, (B^{on}), S. »
Bolze, F.
v. Epstein, (Chev.), G.
v. Goldschmidt, (Chev.) J.
v. Hornbostel, (Chev.), T.
Kaulla, A.
Lenz, A.
v. Lindheim, A.
Neumann, J.
Schiff, P. T.
v. Sommaruga, (B^{on}), F.
v. Stein, (Chev.), L.

DIRECTION A VIENNE :

v. Keissler, (Chev.), C., Directeur Général.
Czedik, v. Bründelsberg, A., Adjoint au Directeur Général.
Zelniczek, J., Directeur Central.

SECRÉTARIAT :

Wieser, H., Secrétaire.
Dutzmann, J., Ingénieur Principal.

CONTENTIEUX :

v. Pflügl, V., Chef du Contentieux.
Turner, J., Commissaire.
Zajicek, J., Ingénieur en Chef.

SERVICE DES MARCHANDISES :

Lauda, A., Directeur.
Leitenberger, E., Inspecteur.
Rottmayer, J.,   »
Schönbach, J., Ingénieur Principal.
Riedl, C., Réviseur Principal.
Habermayer, L., Expéditeur Principal.
Spängler, L., Ingénieur Principal.

SERVICE DE LA TRACTION ET DES VOIES ET TRAVAUX :

Hornbostel, C., Directeur.
Wojtechowsky, W., Inspecteur Principal.
Greiner, J., Inspecteur.
Curant, L.,   »
Wottitz, I., Ingénieur Principal.
Fischer, F.,   »   »

SERVICE DU MATÉRIEL :

Zelniczek, J., Directeur Central.
Fikeys, A. T., Inspecteur.
Galewski, P.,   »
Murrmann, A.   »

SERVICE COMMERCIAL :

Künl, J., Directeur.
Freihammer, C., Inspecteur.

CONSTRUCTION ET ENTRETIEN DE LA VOIE :

Dolezal, G., Directeur.
Czástka, J., Inspecteur Principal.
Häufler, L.,   »
Patzelt, M.,   »
Orleth, A., Ingénieur Principal.
Swoboda, F.,   »   »
Bernard, L.,   »   »
Meissl, A.   »   »
Gerl, E.,   »   »
Podiauer, A.,   »   »

SERVICE DU CONTRÔLE :

Stradiot, C., Directeur.
Friba, F., Inspecteur.
Seyschab, A.,   »
Stanek, J., Réviseur Principal.
Meltzer, J., Ingénieur »
Mayer, A.,   »   »

SERVICE FINANCIER :

Kramer, C., Directeur.
Degetz, C., Caissier Principal.
Deitl, A., Liquidateur.
Steinhart, M., Contrôleur Principal de Comptabilité.

CHEFS DE SECTIONS SUR LA LIGNE :

Wessely, C., Inspecteur, à Vienne.
Leitkep, J., Ingénieur, à Neulengbach.

— 197 —

Bregha, J., Ingénieur Principal, St-Pölten.
Uhrig, A., » à Kemmelbach-Ybbs.
Fruwirth, E., Inspecteur, à Linz a/d. Donau.
Pilik, G., Ingénieur, à Wels.
Wagner, J., » à Gmunden.
Scollar, L., » Principal, Frankenmarkt.
Kriegler, F., Inspecteur, Salzburg.
Nock, J., Ingénieur, Passau.
Semsch, W., » Simbach.
Karel, J., » St-Valentin.
Frank, J., » Freistadt.
Urbanides, A., » Budweis.
Bergauer, F., Inspecteur, Linz a/d. Donau.

	Kil.	
Wien.	—	Osterreich u. Enns.
Penzing *.	2.563	»
Hütteldorf.	5.834	»
Weidlingau.	9.25	»
Purkersdorf.	11.856	»
Tulnerbach. H.	16.894	»
Presbaum.	20.005	»
Rekawinkel.	24.844	»
Neulengbach.	38.019	»
Kirchstetten.	43.567	»
Böheimkirchen.	49.085	»
Pottenbrun.	54.416	»
St-Pölten.	60.57	»
Prinzersdorf.	68.699	»
Loosdorf.	78.103	»
Melk.	84.64	»
Pöchlarn.	93.882	»
Krummnusbaum.	98.467	»
Kemmelbach-Ybbs.	107.07	»
Blindenmarkt.	116.944	»
Amstetten.	124.453	»
Aschbach.	135.515	»
St-Peter.	144.084	»
Haag.	150.463	»
St-Valentin *.	163.791	»
Enns.	170.75	Osterreich o. Enns.
Asten.	176.142	»
Kleinmünchen.	182.121	»
Linz a. d. Donau *.	188.498	»
Hörsching.	197.799	»
Marchtrenk.	205.937	»
Wels *.	212.62	»
Gunskirchen.	219.773	»
Neu-Lambach *.	225.84	»
Breitenschützing.	233.202	»
Schwanenstadt.	237.179	»
Attnang-Puchheim.	243.067	»
Vöcklabruck.	247.7	»
Timelkam.	258.911	»
Redl.	259.436	»
Vöcklamarkt.	263.746	»
Frankenmarkt.	268.476	»
Strasswalchen.	284.884	Salzburg.
Stiendorf.	287.094	»

	Kil.	
Kostendorf.	288.836	Salzburg.
Seekirchen.	299.086	»
Salzburg.	313.018	»
Aigen.	319.586	»
Puch.	327.538	»
Hallein.	330.837	»
Kuchl.	338.263	»
Golling.	342.808	»
Sulzau.	352.712	»
Werfen.	359.277	»
Bischofshofen *.	366.616	»
St-Johann im Pongau.	375.332	»
Schwarzach.	380.592	»
Lend.	389.067	»
Taxenbach.	398.394	»
Bruck.	407.816	»
Zell am See.	413.49	»
Saalfenden.	426.416	»
Leogang.	434.759	»
Hochfilzen.	444.229	Tirol.
Fieberbrunn.	453.443	»
St-Johann.	461.764	»
Kitzbüchel.	471.164	»
Kirchberg.	480.489	»
Brixenthal.	487.2	»
Hopfgarten.	497.563	Salzburg.
Wörgl.	506.494	»

	Kil.	
Budweis.	—	Böhmen.
Steinkirchen.	13.629	»
Weleschin-Krumau.	25.438	»
Kaplitz.	32.715	»
Umlowitz.	39.238	»
Zartlesdorf.	49.312	»
Böhmisch-Horschlag.	56.716	»
Summerau.	63.161	»
Freystad.	72.559	Osterreich o. Enns.
Käfermarkt.	82.24	»
Prägarten.	93.092	»
Gaisbach-Wartberg *.	98.815	»
Lungitz.	106.674	»
St-Georgen a. d. Gusen.	111.514	»
Steyregg.	119.289	»
Linz a. d. Donau *.	125.567	»

	Kil.	
St-Valentin *.	—	Osterreich u. Enns.
Mauthauzen.	7.272	Osterreich o. Enns.
Gaisbach-Wartberg *.	20.169	»

	Kil.	
Wels *.	—	Osterreich o. Enns.
Haiding.	7.292	»
Wallern.	12.286	»
Grieskirchen.	18.915	»
Neumarkt *.	29.622	»
Riedau-Ried.	42.122	»
Andorf.	51.158	»
Taufkirchen.	56.857	»

	Kil.	
Scheerding.	66.895	Oesterreich o. Enns.
Werstein.	71.643	»
Passau.	80.94	»
Neu-Lambach *.	—	Osterreich o. Enns.
Alt-Lambach.	3.678	»
Roitham.	12.066	»
Traunfall.	13.879	»
Eichberg-Steyrer-Mühle.	15.993	»
Laakirchen.	18.2	»
Oberweis.	21.444	»
Engelhof.	25.116	»
Gmunden.	27.242	»
Neumarkt *.	—	Osterreich o. Enns.
Pram-Haag.	9.641	»
Ried.	21.502	»
Gurten.	35.138	»
Obenberg-Altheim.	42.196	»
Minning.	48.649	»
Branau a/Inn *.	58.118	»
Simbach.	60.263	»
Bischofshofen *.	—	Salzburg.
Hüttau.	10.089	»
Eben.	17.1	»
Radstadt.	24.083	»
Mandling.	32.289	»
Schladming.	41.564	Steiermark.
Haus.	51.708	»
Gröbming.	59.854	»
Oblarn.	67.77	»
Steinach-Neuhaus.	79.649	»
Worschach. H.	86.498	»
Lietzen.	92.69	»
Selzthal.	98.698	»
Braunau a/Inn *.	6.893	Osterreich o. Enns.
St-Georgen.	10.608	»
Mauerkirchen.	14.059	»
Hellpfau-Uttendorf.	14.059	»
Mattighofen.	20.084	»
Munderfing.	24.589	»
Friedburg-Lengau.	34.09	»
Steindorf.	38.182	»
Penzing *.	—	Osterreich a. Enns.
Unter St-Veit.	1.834	»
Lainz.	3.322	»
Maxing *.	5.212	»
Inzersdorf.	10.915	»
Ober-Laa.	14.096	»
Schwechat.	18.389	»
Kaiser-Ebersdorf.	22.187	»
Maxing *.	—	Osterreich u. Enns.
Hetzendorf.	0.923	»

422. — Irish North Western. (Irlande)

DIRECTEURS :

Minnitt, R. A., Esq., Président.
Mayne, R., Esq., Président-Délégué.
Ellis, F., Major.
Macrory, A. J., Esq.
Jameson, J., Esq.
Robson, W., Esq.
Reade, G. H., Esq.
M' Carter
Wrench, F., Esq.
Erne (Cte of).
M' Archdall, H., Cap.
Haig, R.

ADMINISTRATION A DUNDALK, 80, PARK STREET.

Collins, E., Secrétaire.
Barton, J., Ingénieur.
Greenhill, W., Ingénieur de District.
Glenny, J. S.   »   » à Enniskillen
Clifford, C., Inspecteur Principal de Traction.
Plews, H., Directeur du Trafic, à Enniskillen.
Mc. Blain, T., Comptable.
Guinness, H., et Jackson, R., Auditeurs.
Boyd, A., Solicitor.

	M.	A.	
Dundalk.			Louth.
Inniskeen.	7		Monaghan.
Culloville.	12		»
Castleblaney.	17	3/4	»
Ballybay *.	24	1/2	»
Monaghan Road.	29	1/4	»
Newbliss.	34	3/4	»
Clones *.	39	1/4	»
Newtown Butler.	44	1/4	Fermanagh.
Lisnaskea.	51		»
Maguires Bridge.	55	3/4	»
Lisbellaw.	57	1/4	»
Enniskillen.	62		»
Ballina Mallard.	68		»
Bundoran *.	70	4/2	Tyrone.
Trillick.	72		»
Dromore Road.	76		»
Fintona *.	81	3/4	»
Fintona.	82	1/2	»
Omagh.	88		»
Mountjoy.	92	4/2	»
Newtown Stewart.	97	3/4	»
Victoria Bridge.	102	4/4	»
Sion Mills.	104		»
Strabane *.	107	1/4	»
Porthall.	110	1/4	Donegal.
St-Johnston.	114	1/2	»
Carrigans.	116	1/4	»
Londonderry.	122		Londonderry.

	M. A.	
Ballybay *	—	Monaghan.
Rockcorry.	5	»
Cootehill.	9	Cavan.
Clones *.	—	Monaghan.
Redhills	6	Cavan.
Belturbet *.	8 3/4	»
Cavan.	15 1/4	»
Bundoran.	—	Donegal.
Irvinstown.	3 1/2	Fermanagh.
Kesh.	9 3/4	»
Pettigo.	15	Donegal.
Castlecaldwell.	22 1/4	Fermanagh.
Belleek.	27 1/2	»
Ballyshannon.	31 1/2	Donegal.
Bundoran *.	35 1/2	Tyrone.
Strabane *.	—	Tyrone.
Clady.	4	Donegal.
Castlefinn.	6	»
Liscooley.	8	»
Killygordon.	10	»
Stranorlar.	14	»

423. — Isle of Man. (*Angleterre*).

DIRECTEURS :

Sutherland (Duc of), Président.
Pender, J., Esq., Président-Délégué.
Lord Skelmersdale.
Sheward, G., Esq.
Taubman, J. S. G., Major.
Penketh, R., Cap.
Clucas, J. T., Esq.

DIRECTION A DOUGLAS, St-GEORGE'S STREET :

Wood, G. H., Secrétaire.
Trevithick, F. H., Inspecteur Général.
Vignoles, Ingénieur.
Adams.
Tunquand, Youngs & Cº, Auditeurs.
Batten, J. B., Solicitor.

	M. A.	
Port Erin.	—	Isle of Man.
» St-Mary.	3/4	»
Colby	2 1/2	»
Castletown.	5 1/2	»
Ballasalla.	7	»
Santon.	9 3/4	»
Port Soderick.	12 1/4	»
Douglas.	15 1/2	»
Union Mills.	18	»
Crosby.	20 1/4	»
St-John's.	24	»
Peel.	27	»

424. — Isle of Wight. (*Angleterre*.)

DIRECTEURS :

Bravo, J., Esq., Président.
De Pass., A. D., Esq.
Norton, T., Esq.
Young, G., Esq.
Atherley, F. W., Esq.
Mc. Andrew, W., Esq.

ADMINISTRATION A LONDRES, 122, CANNON STREET :

Hicks, R., Secrétaire.
Bourne, J., Directeur Général et Ingénieur de Traction.
Fowler, J., Ingénieur.
Porter, G. T., Solicitor.
Christian, C. L. et Mann, J. A., Auditeurs.

	M. A.	
Ryde, *Pier Head*.	—	Hants.
» » *Toll Gate*.		»
» *St-Jonhn's Road*.		»
Brading.		»
Sandown.		»
Shanklin.		»
Wroxall.		»
Ventnor.		»

425. — Isle of Wight (Newport Junction). (*Angleterre*.)

DIRECTEURS :

Sheward, G., Esq., Président.
Batten, J. W., Esq.
Bolton, T. D., Esq.
Rixon, A. W., Esq.
Saunders, W. H., Esq.

BUREAUX A LONDRES, E.C., 22, GREAT WINCHESTER STREET :

Darke, J. T., Secrétaire.
Fox, C. D., Ingénieur.
Berry, D. S. et Snellgrove, A., Auditeurs.
Saunders et Hawksford, Solicitors.

Sandown.	—	Hants.
Horringford.	»	»
Newport, *Shide*.	»	»

426. — Istrie. (*Autriche*.)

En construction.

ADMINISTRATION A VIENNE.

427. Jougne-Eclépens. (*Suisse*.)

Voir : Suisse Occidentale.

428. — Jura-Berne-Lucerne. (*Suisse.*)

CONSEIL D'ADMINISTRATION A BIENNE :

Francillon, E., Président.
Klaye, A., Vice-Président.
Weber.
Jolissaint.
Hartmann,
Staempfli.
Bucher.
Guillaume.
Halter.
Martin.
Brosi.
Ste-Claire-Deville.
Joyant.
Marti, E.
Sessler, J.
Girard, A.
Lieugme, L.
Kaiser, N.
Gobat, A.
Fattet, A.
Paulet, H.
Frossard.
Hennemann.
Boivin, A.
Falkner, R.
Aebi, F. L.
Grandjean, J.
Schuster-Burckhardt.
Koechlin-Geigy.
Arn.

COMITÉ DE DIRECTION A BIENNE :

Marti, E., Président, Directeur du 1er Département. (Construction.)
Jolissaint, P., Vice-Président, Directeur du 2e Département. (Contentieux.)
Grandjean, J., Membre, Directeur du 3e Département. (Finances.)
Bridel, G., Ingénieur en Chef.
Ducommon, E., Secrétaire Général.
Girod, Chef de la Comptabilité.
Bracher, Caissier.

EXPLOITATION A BERNE. COMITÉ D'EXPLOITATION :

Marti, E. Président.
Grandjean, J.
Steiner.
Meyer.
Jolissaint, P.
Hartmann.
Joost.
Du Common, E., Secrétaire Général.

DIRECTION A BERNE :

Grandjean, J., Directeur-Délégué.

1re *division.* (*Bureau Central*).
Dattier, L., Secrétaire.

2e *Division* (*Exploitation.*)
Schoch, Directeur de l'Exploitation.
Leu, Chef du Service du Contrôle et de la Statistique.
Leuzinger, Inspecteur du Service du Contrôle et du Matériel roulant.
Zwiacher, Inspecteur-Adjoint, chargé des Réclamations.
Sandoz, Inspecteur à La Chaux de Fonds.
Stauffer, Inspecteur-Adjoint.
Oppikofer, chargé de la Comptabilité des gares et du télégraphe.

3e *Division.* (*Service Technique.*)
Bridel, G., Ingénieur en Chef.
Muller, Ingénieur des Voies et Travaux.
Grapinet,   »   »   »
Weyermann, Chef de Traction.
Ott, J. C., Chef de l'Economat.
Wagner, G., Sous-Chef de l'Economat.

	Kil.	
Neuveville, *Loco.*	—	Berne.
» *Transit.*	»	»
Twann (ou Douanne).	5	»
Biel (Bienne) *.	15	»
Brügg.	20	»
Busswyl.	25	»
Lyss.	27	»
Suberg.	29	»
Schüpfen.	34	»
Müchenbuchsee.	39	»
Zollikofen.	41	»
Bern.	54	»
Ostermundigen.	58	»
Gümligen.	61	»
Worb.	65	»
Tägertschi.	70	»
Konolfingen.	72	»
Zäziwyl.	77	»
Signau.	82	»
Emmenmatt.	87	»
Langnau *.	89	»
Chaux-de-Fonds *.	—	Neuchâtel.
Convers *.	5	Berne.
Renan.	12	»
Sonvillier.	17	»
St-Imier.	19	»
Villeret.	19	»
Courtelary.	24	»
Cortébert.	29	»
Corgémont.	31	»
Sonceboz *.	34	»
Reuchenette.	38	»
Bienne (Biel) *.	48	

	Kil.	
Neuchâtel.	—	Neuchâtel.
Corcelles.	5	»
Chambrelien.	11	»
Geneveys s/Coffrane.	17	»
Hauts-Geneveys.	20	»
Convers *.	26	Berne.
Chaux-de-Fonds *.	30	Neuchâtel.
Les Eplattures.	33	»
Le Locle.	38	»

Tavannes.	—	Berne.
Sonceboz *.	7	»

Bâle.	—	Bâle-Ville.
Mönchenstein.	5	Bâle-Campagne.
Dornach-Arlesheim.	8	»
Aesch.	11	»
Grellingen.	15	Berne.
Laufen.	23	»
Bärschwil a. d. Zelg.	26	»
Liesberg.	30	»
Soyhières.	36	»
Delémont.	39	»

Langnau *.	—	Berne.
Trubschachen.	6	»
Wiggen.	11	Luzern.
Escholzmatt.	15	»
Schüpfheim.	23	»
Entlebuch.	29	»
Wohlhausen.	37	»
Malters.	46	»
Littau.	52	»
Luzern.	57	»

429. — Jura-Industriel. (Suisse.)

Voir : Jura-Berne-Lucerne.

430. — Kahlenberg. (Autriche.)

CONSEIL D'ADMINISTRATION :

Weissel, J., Président.
de Mayer, H., Vice-Président.
Löwy, M.
Gentilli, A.
Klein, C.
Zschokke, O.
Herz, W.
Lutzenleithner, L.
Friedlin, E., Directeur d'Exploitation à Nussdorf.

	Kil.	
Nussdorf.	—	Oesterreich.
Krapfenwaldl.	2.1	»
Grinzing.	2.8	»
Kahlenberg.	4.8	»

431. — Kalmar-Emmaboda. (Suède).

CONSEIL D'ADMINISTRATION :

Mannerskrantz (Commandeur), C. A.
Paeme (Chev.), C. A.
Hasselquist (Chev.), C.
Töuneblach (Chev.), R.
Nilsson, L.
Jeanssen, J.
Roosval, F.

ADMINISTRATION A KALMAR :

Hasselquist, C., Directeur.
Brunskog, J. A., Ingénieur.

	M. S.	
Emmaboda.	—	Kalmar.
Orsjö.	1.5	»
Nybro.	2.5	»
Trekanten.	3.8	»
Smedby.	4.6	»
Kalmar.	5.3	»

432. — Karskoga à Björtorp. (Suède.)

En construction.

433. — Kaschau-Oderberg. (Autriche) (V).

CONSEIL D'ADMINISTRATION ET DIRECTION GÉNÉRALE
A BUDA-PEST, 7, SZECHENYIGASSE :

de Maistre, (Vicomte), A., Directeur Général.
v. Tipula, J., Secrétaire du Conseil d'Administration.
Dukavits, S., Inspecteur, Chef du bureau Central.
Falk, H., » Principal de Comptabilité.
Rindskopf, F., Inspecteur Principal du Service Commercial.
Scharff, A., Inspecteur Principal de Traction.
Grucker, E. L., Inspecteur, Chef du Matériel.
Jopst, A., Inspecteur, Chef du Trafic Technique.
v. Hagemeister, C., Inspecteur Principal, Chef de Construction.
Illich, F., Chef de l'Exploitation à Tetschen.
Koniakoosky, F., Ingénieur Principal de Traction, à Tetschen.
Brotbek, C., Ingénieur Principal des Ateliers, à Oderberg.

	M. O.	
Kaschau.	—	Ungarn.
Abos *.	2	»
Kis-Ladna.	3	»
Margiczan-Göllnitz.	5	»
Stefanshütte.	6	»
Krompach.	7	»
Szepes-Olaszi-Váralya.	8	»
Marksdorf.	9.5	»

	Kil.	
Igló-Leutschan.	11	Ungarn.
Kapsdorf.	12.5	»
Poprád-Felka.	14	»
Luksivna.	15	»
Hochwald. H.	17	»
Vazec.	18.5	»
Hradek.	20.5	»
Liptó St-Miklos.	22	»
Párisháza. H.	23	»
Kis-Olaszi. H.	23.5	»
Tepla.	24	»
Rosenberg.	25	»
Lubochna.	27	»
Kralowán.	27.5	»
Turány.	29	»
Szucsány. H.	29.5	»
Ruttka.	30	»
Varin.	31.5	»
Sillein.	32.5	»
Kisutza, *Neustadt*.	34	»
Csácza.	36.5	»
Jablunkau.	39	Schlesien.
Trzinietz.	41	»
Teschen.	42	»
Darkau. H.	43.5	»
Karwin.	44	»
Dombrau.	45	»
Oderberg.	46	»

Eperies.	—	Ungarn.
Kende. H.	1	»
Lemes. H.	2	»
Abos *.	2.5	»

434. — Keighley and Worth Valley.
(*Angleterre*).

Exploité par le Midland.

DIRECTEURS :

Holden, I., Esq., Président.
Craven, J. N., Esq., Président-Délégué.
Sugden, R. N., Esq.
Merrall, M., Esq.
Hattersley, E. G., Esq.
Illingworth, A., Esq.

BUREAUX A KEIGHLEY, SCOTT STREET :

Whitley, J., Secrétaire.
Crossley, J. S., Ingénieur, à Derby.
Mc. Landsborough, J., Ingénieur, à Bradford.
Heggerty, W., Solicitor.

435. — Kelvin Valley. (*Ecosse*).

En construction.

DIRECTEURS :

Bartholomew, H., Esq., Président.

Harvie, A., Esq.
Hendrie, J., Esq.
Whyte, W., Esq.
Young, R., Esq.

BUREAUX A GLASGOW, 64, WEST REGENT STREET :

Lamond, H., Secrétaire.
Forman, Ingénieur.
Mc. Call, »
Lamond, H., et Lamond, R., Solicitors.

436. — Kendale and Windermere.
(*Angleterre*).

Exploité par le London and North Western.

437. — Kervo à Borga. (*Russie*).

ADMINISTRATION A KERVO :

	Verstes.	
Kervo.	—	Nuland.
Nikkby.	12	»
Borga.	24 1/2	»

438. — Kettering, Thrapston and Huntingdon. (*Angleterre*).

Exploité par le Midland.

DIRECTEURS :

Waring, C., Esq., Président.
Waring, W., Esq., Président-Délégué.
Sherriff, A. C., Esq.
Read, R. A., Esq.
Waring, H., Esq.

BUREAUX A LONDRES, S. W., 2, WESTMINSTER CHAMBERS :

Lankester, H., Secrétaire.
Notman, H. W., Mardon, et Mosley, Auditeurs.

439. Kharkow-Nicolaïew (*Russie*) (U. R.).

CONSEIL D'ADMINISTRATION A St-PÉTERSBOURG, 88, PERSPECTIVE DE NEVSKY :

Horwitz, A., Président.
Oblomiewsky, S. D.
Doukhowky, E. M.
d'Essen, T.
Balachoff, Gérant.
Huber, K. K., Ingénieur, Sous-Directeur à Krementchoug.

	Verstes.	
Kharkow.	—	Kharkow.
Rjischow.	10	»
Liubotin.	25	»
Valki.	38	»

	Verstes.			Verstes.	
Koviagi.	53	Kharkow.	Olchanka.	209	Wolhynie.
Vodianaïa.	67	»	Petchanovka.	233	»
Kolomak.	82	»	Polonnoé.	256	»
Iskrovka.	88	Poltava.	Khrolin.	274	»
Kotchoubélévka.	103	»	Schépétovka.	286	»
Bochkow.	120	»	Slavouta.	304	»
Poltava.	138	»	Krivin.	318	»
Péréchtchepino.	161	»	Ojénin.	334	»
Biéliki.	184	»	Zdolbounovo *	354	»
Kobéliaki.	202	»	Rovno.	366	»
Gannovka.	217	»	Klevan.	387	»
Golechtchina.	230	»	Olyka.	406	»
Potoki.	241	»	Kivertsy.	426	»
Krementchoug.	257	»	Rogichtché.	442	»
Krukow.	271	»	Goloby.	467	»
Pavlych.	279	Kherson.	Kovel.	491	»
Borovskaïa.	297	»	Myzovo.	511	»
Protopopovka.	310	»	Krymno.	532	»
Pantaïevka.	329	»	Zabolotié.	545	»
Znamenka *.	346	»	Maloryto.	565	Grodno.
Mederovo.	366	»	Alexandria.	585	»
Scharovka.	378	»	Brest-Litovsk.	608	»
Koutsovka.	404	»			
Dolinskaïa.	423	»	Kazatin *.	—	Kiew.
Kazanka.	448	»	Golendry.	21	Podolie.
Novy-Boug.	473	»	Kalinovka.	38	»
Novo-Poltavka.	490	»	Vinnitsa.	59	»
Dobroé.	513	»	Gnivan.	83	»
Schtcherbina.	538	»	Imerinka.	103	»
Gorokhovka.	555	»			
Nicolaïew.	573	»	Zdolbounovo *.	—	Rovno.
			Ozériany.	19	»
Znamenka *.	—	Kherson.	Doubno.	40	»
Trepovka.	25	»	Roudnia.	55	»
Iélisavetgrad.	50	»	Radzivilow.	75	»

440.—Kiew à Brest-Litovsk (*Russie*). (**U.R.**)

CONSEIL D'ADMINISTRATION A St-PÉTERSBOURG, 58, RUE GRANDE MORSKAJA :

Bloch, J., Président.

DIRECTION D'EXPLOITATION A KIEW :

Alochin, E., Directeur.
Stojanow, »

Kiew.	Verstes.	
Boïarka.	—	Kiew.
Motovilovka.	21	»
Pastow.	43	»
Kojanka.	59	»
Popiélnia.	77	»
Brovki.	95	»
Tchernoroudka.	113	»
Kazatin *.	128	»
Berditchev.	147	»
Demtchin.	172	»
	189	Wolhynie.

441. — **Kilkenny Junction.** (*Irlande*).

Exploité par le Waterford and Central Ireland.

DIRECTEURS :

Power, M. J., Esq., Président.
Delahunty, J., Esq.
Kavanagh, A., Esq.
Grüning, H., Esq.
Margetson, P., Esq.
Oughterson, W., Esq.
Robinson, J., Esq.

DIRECTION A LONDRES, 131, CANNON STREET. E. C :

Hayter, C. J., Secrétaire.
Noyes, S. F., Solicitor.

442. — **Killorglin.** (*Irlande*.)

En construction.

DIRECTEURS :

Ventry (Baron).

Headley (Baron).
Godfrey, J. F., Esq.
Hussey, S. M., Esq.

443. — Kilmarnock and Troon. (*Ecosse.*)

Exploité par le Glasgow and South Western.

444. — Kilrush and Kilkee. (*Irlande.*)

En construction.

DIRECTEURS :

Malcomson, W., Esq.
Stevens, A., Esq.
Robinson, J., Esq.
Koch, J., Esq.
Vandeleur, C. M., C¹.

BUREAUX A KILRUSH :

Mc. Donnell, M., Secrétaire.
Hemans, Ingénieur.
Galway, »
Newton et Armstrong, Solicitors.

445. — Kingsbury and Harrow. (*Angleterre.*)

En construction.

446. — King's Lynn Dock. (*Angleterre.*)

En construction.

DIRECTEURS :

Jarvis, L. W., Esq., Président.
Burkitt, W., Esq.
Durrant, E. E., Esq.
Thompson, W., Esq.

BUREAUX à LONDRES, S.W., GREAT QUEEN STREET, WESTMINSTER :

Bond, T. P., Secrétaire.
Brunless, J., Ingénieur.

447. — Kington and Eardisley. (*Angleterre.*)

Exploité par le Great Western.

DIRECTEURS

Sir Price, R. G., Président.
Sir Levis, G. F.
Greenly, C. W., Esq.
Bodenham, F. L., Esq.
Robinson, S., Esq.
Lewis, H. E. F., Esq.

BUREAUX A KINGTON (HEREFORDSHIRE) :

Cheese, E. H., Secrétaire.
Owen, G. W., Ingénieur.

Trotter, E. et Stanton, T., Auditeurs.
Price, R. D. G., Solicitor.

448. — Kirchheim. (*Allemagne.*)

Exploité par l'Etat de Wurtemberg.

CONSEIL D'ADMINISTRATION A KIRCHHEIM.

449. — Konstantinovka. (*Russie.*) (U.R.)

CONSEIL D'ADMINISTRATION :

Gwyer, S. R., Président.
Guern, O., G¹.
Boutofaki, A., G¹.
Helhert, F.
Ritter F., Candidat.

DIRECTION A ST-PÉTERSBOURG, 73, Rue GALERNAÏA:

Iken, F., Ingénieur en Chef, Directeur Gérant.
Gretsel, T., Secrétaire.

	Verstes.	
Konstantinovka.	—	Ekaterinoslav.
Pétrovskaïa.	12	»
Jéleznoïé.	22	»
Skotovatoïé.	34	»
Iasinévataïa.	47	»
Zavodskaïa.	61	»
Mandrykino.	75	»
Iélénovka.	85	»

450. — Köping-Hult. (*Suède*).

Leijonhjelm, (Bᵒⁿ), Directeur à Svartá.

	M. S.	
Orebro.	—	Orebro.
Dylta, *Bruk*.	1.25	»
» *.	1.5	»
Frövi.	2.5	»
Ullersäter.	3.	»
Fellingsbro.	3.75	»
Jäder.	4.95	Westeras.
Arboga.	5.25	»
Walskog.	6.	»
Köping.	6.75	»
Munktorp.		»
Kohlbäck.		»
Dingtuna.		»
Westeras.		»
Tillberga.		»
Hedensberg.		»
Ransta.		»
Terna.		»
Sala.		»

— 205 —

	M. S.	
Dylta *.	—	Orebro.
Jerle.	2.2	»
Nora.	3.	»

451. — Köping-Uttersberg. (Suède).

Rentersvärd Baggá, P. O., Directeur à Uttersberg.

	M. S.	
Köping.	—	Westeras.
Asby.	0.7	»
Kolsva.	1.3	»
Gislarbo *.	1.7	»
Bernshammar.	2.2	»
Karmansbo.	2.5	»
Uttersberg.	3.2	»
Gislarbo *.		
Svansbo.	0.5	Westeras.

452. — Koursk-Kharkow-Azow. (Russie).
(U. R.)

Poliakoff, S., Président du Conseil d'administration à St-Petersbourg, 4, Quai Anglais.
Iwanow, W., Directeur d'Exploitation à Kharkow.

	Verstes.	
Koursk.	—	Koursk.
Polévaïa.	25	»
Nicolskaïa.	52	»
Mariino.	73	»
Prokhorovka.	97	»
Krutovo.	122	»
Biélomiestnaïa.	141	»
Biélgorod.	150	»
Vesclaïa-Lopan.	169	»
Kazatchia-Lopan.	191	»
Dergatchi.	249	Kharkow.
Kharkow.	227	»
Kalatchevka.	239	»
Merefa.	252	»
Borki.	270	»
Taranovka.	287	»
Alexeïevka.	312	»
Krasnopavlovka.	339	Iékaterinoslaw.
Lozovaïa, Azow.	361	»
» Sébastopol.	368	»
Nadejdino.	385	»
Gavrilovka.	406	»
Bervenkovo.	427	»
Slavrokovo.	445	»
Slaviansk.	466	»
Kramatorskaïa.	478	»
Drouchkovka.	490	Iékaterinoslaw.
Konstantinovka.	507	»
Tchertinovka.	519	»
Nikitovka.	535	»
Karsoun.	555	»

	Verstes.	
Khartsysk.	576	Rostow.
Ilovaïskaïa.	578	»
Nikolaïevka.	602	»
Amvrossievka.	617	»
Ouspenskoïé.	635	»
Alexandrovka	645	»
Matveïewkourgan.	657	»
Pokrovskoé.	675	»
Iékaterinino.	686	»
Taganrog.	698	»
Morskaïa.	717	»
Siniavka.	726	»
Donets.	748	»
Rostow s/Don.	764	»
» Voronèje.	767	»

453. — Koursk-Kiew (Russie). (U. R.)

v. Dervis, J., Président du Conseil d'Administration à Moscou, Porte Rouge.
Paskin, A., Ingénieur, Directeur d'Exploitation à Kiew.

	Verstes.	
Koursk.	—	Koursk.
Diakonovo.	24	»
Ivanino.	50	»
Ivanovskoé.	74	»
Lgow.	87	»
Kolontaïevka.	111	»
Korenevo.	130	»
Glouchkovo.	148	»
Novoselki.	148	»
Vorojba.	165	»
Krasnoé.	191	»
Glouzskoé.	211	»
Konotop.	235	»
Bakhmatch.	264	Tchernigow.
Pliski.	286	»
Krouty.	306	»
Niéjin.	324	»
Nossovka.	347	»
Bobrovitsy.	369	»
Bobrik.	395	»
Brovary.	415	»
Kiew.	442	Kiew.

454. — Kozlow-Voronèje-Rostow. (Russie).
(U. R.)

Poliakoff, S., Président du Conseil d'Administration à St-Petersbourg, 4, Quai Anglais.
Drury, J., Directeur d'Exploitation à Voronèje.

	Verstes.	
Kozlow.	—	Tambow.
Nikolskaïa.	13	»

	Verstes.	
Mouraviévo.	36	Tambow.
Griazy.	60	»
Driasgi.	85	»
Ousman.	108	»
Grafskaïa.	130	Voronèje.
Somovo.	155	»
Voronèje.	168	»
Razdiélnaïa.	175	»
Maslovka.	193	»
Oleni-Kolodcz.	216	»
Davydovka.	239	»
Liski s/Don.	259	»
Poukhovo.	276	»
Ievdakovo.	301	»
Sagouny.	322	»
Podgornoé.	343	»
Mikhaïlovskaïa.	367	»
Oltchinskaïa.	393	»
Jouravka.	419	»
Byk.	441	»
Nikolstaïa.	462	Kharkow.
Tchertkovo.	475	Kalatch.
Scheptoukhovka.	496	»
Maltchevskaïa.	516	»
Millerovo.	537	»
Tarassovka.	559	»
Gloubokaïa.	581	»
Kamenskaïa.	603	»
Likhaïa.	658	Rostow.
Svierevo.	680	»
Soulin.	698	»
Gornaïa.	713	»
Schakhtnaïa *.	725	»
Maksimovka *.	732	»
Novotcherkask.	762	»
Atsaïskaïa.	787	»
Nakhitchevan.	795	»
Rostow s/Don.	798	»
Gnilovskaïa.	801	»

Maksimovka *.	—	Rostow.
Atukta.	6	»

Schakhtnaïa *.	—	Rostow.
Grouchevka.	7	»

455. — Kristianstad-Hessleholm. (Suède).

Bergenstrahle, A., Administrateur Gérant et Intendant à Kristianstad.

	M. S.	
Kristianstad.	—	Kristianstad.
Karpalund. H.	0.4	»
Onnestad.	0.9	»
Fridhem. H.	1.3	»
Winslöf.	1.7	»
Ignaberga. H.	2	»
Attarp. H.	2.3	»

	Verstes.	
Röinge. H.	2.5	Kristianstad.
Hessleholm.	2.8	»

456. — Kristinehamn-Sjöandan. (Suède).

DIRECTION A KRISTINEHAMN.

	Kil.	
Kristinehamn.	—	Wermlands.
Sjöandan.	12.	»

457. — Krylbo-Norberg. (Suède).

DIRECTION A

	M. S.	
Krylbo *.	—	Kopparsberg.
Andersbenning.	0.9	»
Kärrgrufvan.	1.8	Westeras.
Norberg.	2.	»
Högfors.	2.6	»
Engelsberg.	3.3	»
Krylbo *.	—	Kopparsberg.
Avesta.	0.2	»

458.—Kungsgarten-Torphammar. (Suède)

En construction.

459.—Laaland et Falster. (Danemark.)

CONSEIL D'ADMINISTRATION A COPENHAGUE :

Tietgen, Président.
Frys-Juellinge, F. S.
Sensen, S.
Kostejor, V. (Cap^{ne}).
Rosendru-Lehn (B^{on}), O.

ADMINISTRATION A MARIBO (LAALAND) :

Larsen, C., Chef de l'Exploitation.
Féor, G., Chef du bureau des Comptes.
Drewes, C. F. J., Inspecteur du Trafic.
Lawrence, D., Machiniste en Chef.
David, R., Ingénieur.

	M. D.	Falster.
Orehoved.	—	»
Nörre-Alslev.	1.	»
Eskildstrup.	1.7	»
Tingsted.	2.2	»
Nykjöbing.	3.	»
Guldborgsund.	3.2	Laaland.
Grænge.	4.	»
Saxkjöbing.	5.2	»
Maribo *.	6.4	»
Ryde.	7.5	»
Söllested.	8.5	»
Nakskov.	9.7	»

	M. D.	
Banholm.	—	Laaland.
Maribo *.	1.	»
Bursö.	1.8	»
Holeby.	2.2	»
Rödby.	2.9	»

460. — Lancashire and Yorkshire.
(Angleterre.)

DIRECTEURS :

Dugdale, T., Esq., Président.
Barnes, T., Esq., Président-Délégué.
Appleyard, J., Esq.
Bulteel, S. W., Esq.
Fielden, S., Esq.
Hatton, J., Esq.
Hargreaves, J., Esq.
Hare, T. J., Esq.
Lord Houghton.
Hornby, W. H., Esq.
Pilkington, J., Esq.
Radcliffe, J., Esq.
Nicholson, B. C., Esq.
Wood, G., Esq.
Foster, W., Esq.
Thompson, P., Esq.

ADMINISTRATION A MANCHESTER, HUNT'S BANK :

Lawn, W. S., Secrétaire.
Thorley, W., Directeur du Trafic.
Benbow, W. J., Trésorier.
Meek, S., Ingénieur Principal.
Hall, W. B., Ingénieur-Adjoint.
Bailey, C. W., Comptable.
Hurst, W., Chef de Traction.
Yates, W., » »
Jaques, J., » » à Bury.
Roberts, G., » » »
Blackmore, H., Inspecteur Principal du Service des Voyageurs.
Collin, T., Directeur des Marchandises.
Grundy, T. A. et Groundy, J., Solicitors.

		M. A.	
Liverpool,	Exchange.	—	Lancashire.
»	Great Howard Street.	0.34	»
»	Sandhills *.	1.32	»
»	»	1.43	»
»	Bootle Lane *.	2.28	»
»	» »	2.31	»
»	Walton *.	3.41	»
»	Preston Road.	3.61	»
Fazakerley.		5.7	»
»	*.	5.59	»
Kirkby.		7.2	»
Rainford *.		12.10	»
»		12.11	»

	M. A.	
Rainford *.	12.13	Lancashire.
Pimbo Lane.	14.21	»
Orrell.	15.48	»
Pemberton.	17.18	»
» *.	17.30	»
Wigan *.	18.78	»
»	19.5	»
» Ince Hall.	19.35	»
Ince.	20.15	»
Hindley *.	21.34	»
»	21.60	»
Crow Nest *.	22.27	»
West Houghton.	24.8	»
Lostock.	25.66	»
» *.	25.75	»
Bolton, North *.	28.59	»
»	28.60	»
» South *.	29.4	»
Darcy Lever.	29.55	»
Bradley Fold.	31.30	»
Black Lane.	32.47	»
Bury *.	34.45	»
» Market Place (Low Level).	34.50	»
Broadfield.	37.40	»
Heywood.	38.30	»
» *.	39.26	»
Castleton *.	39.65	»
»	39.67	»
Rochdale.	41.61	»
» *.	42.10	»
Smithy Bridge.	43.72	»
Littleborough.	44.73	»
Walsden.	47.73	»
Todmorden.	49.22	»
» *.	49.39	»
» Hall Royd *.	49.61	»
Eastwood.	51.40	York.
Hebden Bridge.	53.61	»
Mytholmroyd.	54.79	»
Luddendenfoot.	56.50	»
Sowerby Bridge.	58.29	»
Milner Royd *.	59.30	»
North Dean.	61.3	»
Elland.	61.64	»
Brighouse.	64.47	»
Bradley Wood *.	65.66	»
Cooper Bridge.	66.51	»
Heaton Lodge *.	67.23	»
Mirfield.	68.40	»
» *.	68.54	»
Dewsbury *.	70.2	»
Thornhill *.	70.61	»
»	70.74	»
» *.	71.50	»
Horbury.	73.77	»
» *.	75.49	»
Wakefield, Ings Road *.	77.55	»

	M. A.	
Wakefiedl, *Kirkgate Joint*	77.71	York.
» » *	77.75	»
Oakenshaw *.	79.5	»
»	»	»
Crofton.	80.35	»
Sharlston.	82.	»
Snydale, *Victoria Coliery*	82.70	»
Featherstone.	83.75	»
Tanshelf.	85.65	»
Pontefract *.	86.44	»
»	86.47	»
Knottingley *.	88.24	»
»	88.41	»
» *	88.44	»
Whitley Bridge.	92.64	»
Hensall.	94.45	»
Snaith.	98.16	»
Rawcliffe.	111.	»
Goole, *West* *.	113.56	»
» *East Calder* *.	114.37	»
»	114.79	»
Knottingley *.	—	York.
Woomersley.	4.8	»
Norton.	6.50	»
Askern.	7.63	»
» *	10.22	»
Wakefield, *Kirkgate* *.	—	York.
St-John's, *Siding*.	2.25	»
Normanton, *Goose Hill* *.	2.46	»
Methley, *North* *.	—	York.
»	0.16	»
» *South* *.	0.50	»
» *Whitwood Siding*	1.15	»
Castleford.	1.69	»
Cutsyke, *Siding*.	2.29	»
Glasshoughton, *Siding*.	»	»
Pontefract *.	4.52	»
Methley, *South* *.	—	York.
» *Joint*.	0.25	»
Calder.	»	»
Fox Holes, *Siding*	»	»
Stanley.	3.12	»
Alun, *Works Siding*.	»	»
Lofthouse *.	5.3	»
Oakenshaw, *North* *.	—	York.
» *South* *.	0.44	»
Horbury *.	—	York.
Crigglestone.	1.67	»
Haigh.	3.70	»
Darton.	5.23	»
Willow Bank *.	6.23	»

	M. A.	
Barnsley.	8.64	York.
» *Manch Sh.* *.	8.69	»
Willow Bank *.	—	York.
Silkstone.	1.54	»
Hudderfield, *Springwood* *	—	York.
Lockwood.	0.59	»
Meltham, *Branch* *.	0.78	»
Berry Brow.	1.52	»
Honley.	2.68	»
Brockholes.	3.62	»
» *.	3.70	»
Stocksmoor.	5.65	»
Shepley.	6.55	»
Denby Dale.	8.66	»
Penistone, *Pass*.	14.74	»
» *.	15.	»
Brockholes *.	—	York.
Thongs Bridge.	0.78	»
Holmfirth.	1.66	»
Meltham, *Branch* *.	—	York.
Woodfield.	0.26	»
Netherton.	2.17	»
Healey House.	2.69	»
Meltham.	4.18	»
Milner Royd *.	—	York.
Copley.	1.5	»
Dryclough *.	2.14	»
Halifax.	3.	»
Hipperholme.	4.44	»
Lightcliffe.	5.29	»
Pickle Bridge.	6.36	»
Low Moor *.	8.15	»
Bowling *.	9.77	»
Bradford, *Mill Lane* *.	10.56	»
» *Exchange*.	11.5	»
Low Moor *.	—	York.
Cleckheaton.	2.44	»
Liversedge.	3.67	»
Heckmondwike.	4.66	»
» *.	4.75	»
Ravensthorpe.	6.53	»
Thornhill *.	7.26	»
Heckmondwike *.	—	York.
Mirfield *.	2.48	»
Thornhill *.	—	York.
Dewsbury.	1.15	»

	M. A.	
Thornhill *	—	York.
» Dewsbury *.	0.27	»
Dryclough *.	—	York.
North Dean.	1.2	»
West Vale.	»	»
Stainland.	»	»
Halifax, North Bridge.	—	York.
Holmefield.		»
Liverpool, North Docks.	—	Lancashire.
» Sandhills North *	0.59	»
» Bootle Lane *.	1.27	»
» »	1.30	»
» Walton *.	2.40	»
» » and Anfield	2.49	»
Aintree, North *.	3.66	»
»	3.70	»
Maghull.	6.32	»
Town Green.	9.41	»
Ormskirk.	11.16	»
» *.	11.19	»
Burscough.	13.62	»
» South *.	14.3	»
Rufford.	16.53	»
Croston.	19.20	»
Little Wood, Siding.	»	»
Midge Hall.	22.4	»
Lostock Hall.	24.74	»
» » *.	25.19	»
Bamber Bridge *.	25.65	»
» »	26.4	»
Gregson Lane, Siding.	»	»
Hoghton.		»
Pleasington.	28.77	»
Cherry Tree *.	31.13	»
» »	32.8	»
Mill Hill.	32.46	»
Blackburn, South *.	32.78	»
»	33.78	»
»	34.11	»
Rishton. North *.	34.54	»
Aspden, Coliery.	36.74	»
Metcalfe's, Siding.	»	»
Blythe's, »	»	»
Church.	»	»
Accrington, West *.	38.37	»
» North *.	39.20	»
Huncoat.	39.33	»
Hapton.	41.36	»
Rose Grove.	42.36	»
Habergham, Siding.	43.76	»
Burnley, Gannow *.	»	»
» Barracks.	44.40	»
Bank Hall, Bank Top.	44.73	»
» Coliery.	45.41	»

	M. A.	
Brierfield.	47.51	Lancashire.
Nelson.	48.69	»
Chaffer's, Siding.	»	»
Colne.	50.68	»
Liverpool, Sandhills.	—	Lancashire.
» Sandhills, North *.	0.7	»
» Bank Hall.	0.43	»
» Miller's Bridge	1.6	»
» Bootle Village.	1.29	»
» Marsh Lane.	1.61	»
Seaforth, North *.	2.54	»
»	2.59	»
Waterloo.	3.68	»
Blundell Sands and Crosby.	4.54	»
Crosby, New Siding.	»	»
Sniggery, Siding.	»	»
Hightown,	7.44	»
» Rifle.	7.75	»
Formby.	9.47	»
Freshfield.	11.15	»
Marshall's, Siding.	»	»
Ainsdale.	13.24	»
Lloyd's, Siding.	»	»
Birkdale.	15.6	»
Southport, South *.	15.72	»
» East *.	16.8	»
Blowick.	17.13	»
Bescar Lane.	19.63	»
New Lane.	21.71	»
Burscough Bridge.	23.5	»
» » North *.	23.6	»
Hoscar Moss.	24.54	»
Newburgh.	26.11	»
Barton, Siding.	»	»
Appley Bridge.	28.33	»
Gathurst.	30.16	»
Ackhurst Hall, Siding.	»	»
Norley, Siding.	»	»
Orrell, Coliery Siding	»	»
Douglas Bank, Siding.	»	»
Barley Brook, Siding.	»	»
Wigan *.	32.58	»
Liverpool, Bankfield.	—	Lancashire.
» » *.	0.5	»
» Mersey Dock.	1.4	»
» Seaforth, South *.	2.	»
Aintree, West *.	3.68	»
Fazakerley *.	5.48	»
Seaforth, South *.	—	Lancashire.
» North *.	0.26	»
Aintree, West *.	—	Lancashire.
» North *.	0.39	»

	M. A.	
Ormskirk *.	—	Lancashire.
Westhead, *Siding*.	»	»
Latham, *Siding*.	»	»
Skelmersdale.	3.56	»
Bickerstaffe, *New Siding*.	»	»
Tawd Vale, *Siding*.	»	»
White Moss, *Siding*.	»	»
Lord Skelmersdale's, *Siding*.	»	»
Bickerstaffe, *Moss Pit Siding*.	»	»
Rainford, *Bushey Lane* *.	5.78	»
» Station.	6.24	»

Burscough Bridge, *North**.	—	Lancashire.
» South *.	0.32	»

Preston, *Dock Street* *.	—	Lancashire.
» Joint Pass.	0.14	»
» South *.	0.28	»
Farrington.	2.47	»
» *Mill, Siding*.	»	»
Leyland.	4.17	»
Euxton *.	5.55	»
»	5.66	»
Chorley *.	8.59	»
»	8.67	»
Whittle's, *Coal Siding*.	»	»
Adlington *.	11.40	»
»	11.66	»
Grindford Bar, *Siding*.	»	»
Whittle's, *New Coal Siding*.	»	»
Horwich and Blackrod *.	13.69	»
Park Hall, *Siding*.	»	»
Red Moss *.	14.42	»
Lostock, *Lane*.	16.1	»
»	17.34	»

Red Moss *.	—	Lancashire.
Scott Lane, *Siding*.	»	»
Hilton House.	0.57	»
Dicconson's Lane.	1.37	»
Crow Nest *.	3.11	»

Horwich and Blackrod *.	—	Lancashire.
Horwich.	1.34	»

Preston, *South* *.	—	Lancashire.
» Joint Goods.	0.10	»

Preston, *Joint Pass*.	—	Lancashire.
» *L. and Y. Pass*.	0.2	»
» » *.	0.17	»
»	2.5	»
» South *.	2.9	»
Bambridge *.	2.59	»

	M. A.	
Preston, *South* *.	—	Lancashire.
Lostock Hall *.	0.38	»

Preston, *L. and Y.* *.	—	Lancashire.
» Goods.	0.8	»

Chatburn.	—	Lancashire.
Bankfield, *Siding*.	»	»
Coplow, *Siding*.	»	»
Horrocksford.	1.37	»
Clitheroe.	1.79	»
Primrose, *Siding*.	»	»
Whalley.	5.36	»
Thompson's, *Siding*.	»	»
Langho.	7.38	»
Wilpshire.	9.51	»
Cemetery Hill, *Siding*.	»	»
Daisey Field.	11.73	»
Blackburn, *North* *.	12.4	»
»	12.47	»
» South *.	12.60	»
Lower Darwen.	14.60	»
Darwen, *Iron C°. Siding*.	»	»
Hollins, *Siding*.	»	»
Over Darwen.	16.59	»
Springvale and Sough.	17.56	»
Bankwood, *Quarry Siding*.	»	»
Entwhistle.	20.39	»
Chapeltown.	22.9	»
King William.	22.63	»
Bromley Cross.	23.40	»
The Oaks.	24.16	»
Craddock Lane, *Siding*.	»	»
Bolton, *North* *.	26.32	»
»	26.33	»
» South *.	26.57	»
Moses Gate.	28.11	»
Farnworth.	28.69	»
Stoneclough.	29.39	»
Little Hey, *Siding*.	»	»
Knowle's and Statt's, *Siding*.	»	»
Unity Brook, *Siding*.	»	»
Dixon Fold.	31.6	»
Robin Hood, *Siding*.	»	»
Clifton.	32.40	»
» South *.	32.45	»
Agecroft, *Siding*.	»	»
Brindle Heath.	34.17	»
Pendleton.	34.67	»
Manchester, *Windsor Bridge*.	35.31	»
» *Hoope Street Sidings*.	»	»
» Salford.	36.43	»
» Victoria.	37.11	»
» *Oldham Road* *.	38.42	»

	M. A.	
Manchester, *Miles Platting.*	38.48	Lancashire.
Irlam's, *Siding.*	»	»
Newton Heath.	39.65	»
Moston.	41.21	»
Middleton, *South* *.	42.27	»
»	42.30	»
Oldham, *Werneth.*	44.22	»
» *Central.*	44.79	»
» *Mumps* *.	45.26	»
» »	45.32	»
» *Lower Moor.*	45.53	»
» *Hartford Works.*	45.70	»
Royton *.	46.22	»
»	46.27	»
Shaw.	47.78	»
Wild's, *Siding.*	»	»
Jubilee, *Siding.*	»	»
New Hey.	»	»
Milnrow.	49.59	»
Rochdale *.	50.52	»
Wardleworth Brow.	52.6	»
Shawclough & Healey.	52.70	»
Broadley.	54.33	»
Whitworth.	55.34	»
Facit.	56.22	»
	57.18	»
Accrington, *North* *.	—	Lancashire.
»	0.6	»
» *South* *.	0.12	»
Baxenden.	2.28	»
Haslingden.	3.53	»
Grane Road.	4.46	»
Helmshore.	5.46	»
Stubbins *.	7.61	»
Ramsbottom.	8.32	»
Brooksbottom, *Siding.*	»	»
Summerseat.	9.66	»
Park's, *Siding.*	»	»
Bury, *High Level.*	12.29	»
» *North* *.	12.39	»
» *Hag Side, Siding.*	»	»
Within's Lane, *Siding.*	»	»
Radcliffe, *New Warehouse.*	»	»
» *Bridge.*	15.3	»
Whitefield, *Siding.*	»	»
Outwood, *Siding.*	»	»
Ringley Road.	15.77	»
Molyneux Brow.	17.52	»
Clifton, *North* *.	18.	»
»	18.26	»
» *South* *.	18.31	»
Accrington, *South* *.	—	Lancashire.
» *West* *.	0.13	»
Bury, *North* *.	—	Lancashire.
» *East* *.	0.13	»

	M. A.	
Bacup.	—	Lancashire.
Stacksteads.	1.16	»
Brandwood, *Siding.*	»	»
Newchurch.	2.18	»
Union, *Siding.*	»	»
Hareholme, *Siding.*	»	»
Clough Fold.	3.26	»
Ashworth, *Siding.*	»	»
Hall Car, *Siding.*	»	»
Ilex, *Siding.*	»	»
Rawtenstall.	4.14	»
Townend Fold, *Siding.*	»	»
Horncliffe, *Siding.*	»	»
Ewood Bridge.	5.42	»
Irwell Vale, *Siding.*	»	»
Stubbins.	7.38	»
» *.	7.41	»
Burnley, *Gannow* *.	—	Lancashire.
» *Manchester Road*	0.63	»
» *Goods.*	»	»
Townley.	1.33	»
Cliviger, *Siding.*	»	»
Holme.	4.17	»
Copy, *Pitts Siding.*	»	»
Portsmouth.	6.18	»
Todmorden, *Whiteplatts* *.	9.10	»
» *.	9.27	»
Todmorden *Whiteplatts* *.	—	Lancashire.
» *Hall Royd* *.	0.19	»
Middleton.	—	Lancashire.
» *North* *.	0.7	»
» *Town.*	1.9	»
Middleton, *North* *.	—	Lancashire.
Castleton, *South* *.	2.78	»
Royton *.	—	Lancashire.
Higginshaw, *Siding.*	»	»
Royton.	1.15	»
Manchester, *Oldham Road Goods.*	—	Lancashire.
» *Oldham Road* *	1.1	»
» *Miles Platting.*	1.7	»
» *East* *.	1.42	»
Park.	1.79	»
Woods, *Siding.*	»	»
Clayton Bridge.	2.78	»
Droylesden.	4.30	»
Ashton-Uder-Lyne, *Charlestown.*	6.7	»
Staley Bridge *.	7.19	»
»	7.42	»

	M. A.	
Manchester, *East* *.	—	Lancashire.
» *Ardwick* *.	1.71	»
Manchester, *Ardwick* *.	—	Lancashire.
» *Beswick*.	1.49	»
Staley, *Bridge* *.	—	Lancashire.
» » *Manch.Shef.*.*.	0.10	»
Manchester, *Salford* *.	—	Lancashire.
» » *Goods*.	»	»
Preston, *Maudlands* *.	—	Lancashire.
» *Pass*.	0.10	»
» *Deepdale Road Pass*.	0.74	»
» *Deepdale Road* *.	1.24	»
Ribbleton.	2.8	»
Fulwood.	2.55	»
Grimsargh.	4.48	»
Longridge.	6.64	»
» *Stone Quarry*.	7.37	»
Preston, *Maudlands Pass*.	—	Lancashire.
» » *.	0.20	»
Preston, *Maudlands Goods*.	—	Lancashire.
» *Maudlands* *.	0.16	»
Lea Road.	2.42	»
Salwick.	4.53	»
Treals, *Siding*.	»	»
Kirkham.	7.39	»
» *.	7.74	»
Lytham *.	8.57	»
Singleton.	11.68	»
Poulton.	14.3	»
» *.	14.4	»
Cleveleys.	15.35	»
Fleetwood, *Pass*.	19.7	»
» *Goods*.	19.38	»
Preston, *Maulands* *.	—	Lancashire.
» » *P. W.* *.	0.12	»
Kirkham *.	—	Lancashire.
Wray Green.	1.17	»
Moss Side.	2.64	»
Lytham, *Goods Branch* *.	4.64	»
» *New Pass*.	5.23	»
Ansdell.	6.23	»
St-Anne's.	8.11	»
Stony Hill.	»	»
South Shore.	11.33	»
Blackpool, *Hounds Hill*.	12.63	»

	M. A.	
Blackpool, *Talbot Road*.	—	Lancashire.
Bispham.	1.30	»
Poulton *.	3.37	»
Lytham *.	—	Lancashire.
Wray Green.	0.76	»
Lytham, *Goods Branch* *.	—	Lancashire.
» *Goods*.	0.21	»

461. — Lancashire Union Joint.
(*Angleterre*).

Exploité par le London and North Western.

DIRECTEURS :

Hewlett, A., Esq., Président.
Bancroft, J., Esq.
Bland, J., Esq.
Moon, R., Esq.
Crosfield, G., Esq.
Sir Hardman-Earle.
Cawkwell, W.
Reay, S., Secrétaire à London, Euston Station N. W.

462. — Lancaster and Carlisle.
(*Angleterre*).

Exploité par le London and North Western.

DIRECTEURS :

Garnett, H., Esq., Président.
Hodgson, W. N., Esq., Président-Délégué.
Bolden, S. E., Esq.
Satterthwaite, E. H., Esq.
Head, G. H., Esq.
Birley, W., Esq.
Saunders, W. A. F., Esq.
Jackson, R., Esq.
Burrell, J. S., Esq.
Lonsdale (Comte of) H.
Hadwen, H., Esq.
Salkeld, J., Esq.
Lowther, W.,
Cropper, J., Esq., ⎫
Bancroft, J., Esq., ⎬ Représentants du London and North Western.
Bland, J., Esq. ⎪
Bruce, T. C., ⎭

BUREAUX A LANCASTER :

King, W., Secrétaire.
Crosfield, H., et Parker, W., Auditeurs.
Batten, J. B., Solicitor.

463. — Landskrona-Helsingborg. (*Suède*).

Franchell, F. F., Directeur à Landskrona.

Helsingborg.	M. S.	
Ramlösa.	—	Malmöhus.
Raus.	0.3	»
Gantofta.	0.6	»
Wallakra.	»	»
Tagarp.	1.4	»
Billeberga *.	2.	»
Teckomatorp.	2.6	»
Maricholm.	3.2	»
Trollenäs.	3.6	»
Eslöf.	4.1	»
	4.6	»

Billeberga *.	—	Malmöhus.
Asmundtorp.	0.3	»
Landskrona.	1.	»

464. — Landwarow-Romny (*Russie*). (**U. R.**)

CONSEIL D'ADMINISTRATION A MOSCOU, RUE
MIOSNITSKAJA, MAISON TOMMEKK :

V. Meck, Président.
Feldmann, Directeur Général.
Mirimanoff.
Jolschin.
Reichardt.
Leiste.
Lamauski, Secrétaire.

DIRECTION DE L'EXPLOITATION A MINSK :

Meinhard, Ingénieur, Directeur de l'Exploitation.
Daragane, » Chef du Mouvement.
Somoff, » en Chef de la Voie.
Zitowitch, » » du Matériel roulant.
Sauer, Chef du Service des Marchandises.

	Verstes.	
Viléika.		
Kiéna.	—	Vilna.
Slobodka.	19	»
Soly.	34	»
Smorgon.	48	»
Zalésié.	67	»
Molodetchna.	79	»
Oucha.	101	»
Alechnowitch. H.	116	»
Radochkovitchi.	129	Minsk.
Ratomka.	140	»
Minsk.	157	»
Mikhanovitchi.	173	»
Roudensk.	192	»
Marünagorka.	212	»
Talka.	232	»
Ossipovitchi.	251	»
Lassen.	273	»
Bobrouisk.	294	»
Beresina.	313	»
	317	»

	Verstes.	
Kovali.	336	Minsk.
Krasny-Bereg.	356	»
Ostermann-Ilobin.	374	Mohileff.
Saltanovka.	395	»
Boudakochelevskaïa.	413	»
Sémenovka.	433	»
Gomel.	454	»
Ziabrovka.	474	Tchernigoff.
Terekhovka.	491	»
Khorobitchi.	511	»
Gorodnia.	526	»
Snovskaïa.	548	»
Nizovka.	566	»
Miéna.	584	»
Makhochino. H.	595	»
Bondarevka.	602	»
Dotch.	616	»
Bakhmatch, *Rommy* *.	638	»
Grigorovka.	656	»
Dmitrovka.	667	»
Talabaïevka.	686	Poltava.
Romny.	711	»

| Bakhmatch, *Rommy* *. | — | Tchernigoff. |
| Bakhmatch, *Koursk-Kiew*. 1 1/2 | | » |

465. — Langreo des Asturies. (*Espagne.*)

CONSEIL D'ADMINISTRATION A MADRID, 29, CALLE
DE ALCALA :

Perez, L. D., Président.
Carriquiry, N., Vice-Président.
Magaz, J.
Avecilla, C.
Guilhou, E.
Guilhou, L.
Finat, J.
Vereterra, F.

Magaz, J., Administrateur-Gérant.
Rico, A., Secrétaire, Liquidateur.
Gomez, M., Représentant.
Suarez, R., Chef du Mouvement.
Gutierrez, J., Directeur.
Rico, J. M., Chef de la Comptabilité.
Letona, M., Chef de la Traction.
Casso, S., Chef de Bureau.
Palacios, L. M., Chef de la Voie.

	Kil.	
Sama de Langreo.	—	Oviedo.
Carbagin.	10	»
Norena.	17	»
San Pedro.	23	»
Florida.	24	»
Pinzales.	31	»
Gijon.	39	»

466. — Larne and Ballyclare. (*Irlande.*)

En construction.

DIRECTEURS :

Lord Trevor, A. E. H., Président.
Chaine, J., Esq.
Ancketill, W. R., Esq.
Eccles, W., Esq.
Glenny, W. B., Esq.

467. — La Teste à Cazaux. (*France.*)

En construction.

CONSEIL D'ADMINISTRATION :

de Bussières (Baron), Président.
Borie, V.
de Bussières, E.
Palotte, J.
Fourchault, G.
Locré, E.
Gros, Commissaire.

468. — Launceston and South Devon.
(*Angleterre.*)

Voir South Devon.

469. — Lausanne-Echallens. (*Suisse.*)

CONSEIL D'ADMINISTRATION A LAUSANNE :

Nicod, A., Président.
Hiat, H.
Michod.
Vauthey, F.
Gloor, C.

COMITÉ DE DIRECTION A LAUSANNE :

Buxy, S., Administrateur Délégué (Contentieux).
Laurent, F., » » (Exploitation, Traction et Voies et Travaux).
Dentan, F., Inspecteur-Gérant d'exploitation.

	Kil.	
Lausanne.	—	Vaud.
Prilly.	2.470	»
Jouxtens-Cery.	3.250	»
Romanel-la-Naz.	4.940	»
Cheseaux.	7.380	»
Etagnières.	9.420	»
Assens.	10.850	»
Echallens.	14.180	»

470. — Leeds, Castleford and Pontefract Junction. (*Angleterre*).

En Construction.

DIRECTEURS :

Bland, T. D., Esq.
Locke, W., Esq.
Bower, T., Esq.
Carter, T. M., Esq.
Warrington, J., Esq.
Lowther, J., Esq.
Breffitt, E., Esq.
Atkinson, J. W., Secrétaire à Leeds.
Fraser, J., Ingénieur à Leeds.

471. — Leeds, Roundhay Park and Osmondthorpe. (*Angleterre.*)

En Construction.

DIRECTEURS :

Barren, J., Esq.
Carter, R. M., Esq.
Kitson, F. W., Esq.
Sagar-Musgrave, J. M., Esq.
Tennant, R., Esq.

472. — Leipzig-Dresden. (*Allemagne.*) (V.)

CONSEIL D'ADMINISTRATION :

Seyfferth, W., Président.
Auerbach, A., Vice-Président.
Bassenge, P.
Kraft, E.
Oehme, O.
Gessler, C. A., Administrateur-Délégué.
Hoffmann, G.
Cichorius, J. C.
Sander, E.   } Membres Adjoints.
Schnoor, H.
Harck, J.

DIRECTION A LEIPZIG :

Gessler, C. A., Directeur d'Exploitation.
Schulze, Inspecteur Principal.
Peters, » » -Adjoint.
Krüger, Secrétaire Général.
Müller, » de la Direction.
Pagenstecher, Chef de Traction.
Ehrhardt, » »
Pöge, Directeur à Dresden.
Schneider, Caissier Principal.
Heyne, Contrôleur »
Hering, Chef Principal des Marchandises.
Pfeiffer, Comptable.
Rost, Inspecteur d'Exploitation.
Barth, Chef des Marchandises, à Dresden.
Körner, Chef »

	Kil.	
Leipzig.	—	Leipzig.
Borsdorf. H. *.	11.2	»
Posthausen. H.	16.	»

	Kil.	
Machern. H.	17.6	Leipzig.
Altenbach. H.	22.7	»
Wurzen.	25.5	»
Dornreichenbach. H.	35.6	»
Dahlen.	43.1	»
Oschatz.	52.6	»
Bornitz. H.	57.7	»
Riesa.	65.9	Dresden.
Röderau.	73.4	»
Langenberg. H.	72.	»
Pristewitz *.	84.4	»
Niederau. H.	95.4	»
Coswig *.	101.4	»
Kötzschenbroda.	105.5	»
Weintraube. H.	107.4	»
Radebeul. H.	109.2	»
Dresden.	115.	»

Borsdorf. H. *.	—	Leipzig.
Beucha. H.	3.6	»
Naunhof.	8.9	»
Grosssteinberg. H.	13.2	»
Grimma.	19.2	»
Grossbothen.	28.1	»
Tanndorf. H.	34.3	»
Leisnig.	41.3	»
Klosterbuch. H.	46.1	»
Döbeln.	54.3	»
Döbeln. H.	56.7	»
Niederstriegis. H.	61.1	»
Rosswein.	65.	»
Nossen *.	73.2	»
Deutschenbora.	77.4	Dresden.
Miltitz.	86.2	»
Meissen.	95.1	»
Neusörnewitz. H.	100.5	»
Coswig *.	103.7	»

Nossen *.	—	Leipzig.
Gross-Voigtberg.	10.2	Dresden.
Gross-Schirma. H.	13.7	»
Klein-Waltersdorf. H.	18.3	»
Freiberg.	23.9	»

Pristewitz *.	—	Dresden.
Grossenhain.	8.2	»

473. — Leipzig-Gaschwitz-Meuselwitz.
(Allemagne.)

Exploité par l'Etat Saxon.

Conseil d'Administration :

Wagner, F.
Meischke, R.

474. — Lemberg-Czernowitz-Iasy.
(Autriche.)(V.)

Conseil d'Administration a Vienne :

Jablonowski, (Prince) C., Président.
Stern, L., Vice-Président.
Borbowski, (Comte) W.
Catargi, L. C.
Sir Drake, W.
Ghyka, L.
v. Herz (Chev.) A.
Kogalniceano, M.
Krasicki, (Comte) J.
Pfeiffer, E.
Pietruski, (Chev.) O.
Rate, L. M., Esq.
Ritter, V.
Tohorznicki, C.
Ziffer, E. A.

Division Centrale a Vienne :

v. Klaudy, (Chev.) C., Inspecteur Général.
Kuhnels, A., Secrétaire Général.

Chefs des Départements :

Starczewski, T., Chef du Secrétariat et du Département Commercial.
Gintl, H., Inspecteur Central, Directeur de l'Exploitation et de la Construction.
Brüll, R., Inspecteur, Chef du Département des Finances.
Scheller, C., Ingénieur en Chef du Matériel.
Löw, G.,   »   » du Contrôle des Dépenses.

Direction d'Exploitation a Lemberg :

Schreiber, J., Directeur.
Buresch, H., Ingénieur en Chef du Trafic.
Schweigl, O., Expéditeur en Chef, Chef de la Division Commerciale.
Oesterreicher, C., Inspecteur, Chef de la Division de la Voie.
Sumerecker, F., Inspecteur, Chef de la Division de la Traction.
Mynarsky, S., Ingénieur, Chef de la Division du Matériel.
Wierrbicki, L., Ingénieur Principal, Chef de la Division des Comptes Techniques.
Mayer, C., Expéditeur, Chef de la Division des Comptes Commerciaux.

Inspection d'Exploitation a Iasy.
(Ligne Roumaine).

Stoninski, L., Ingénieur en Chef d'Exploitation.
Ingraf, S.,   »   » Technique.
Schlösser, A.,   »   » de la Traction.
Heinrich, A. Chef du Contrôle.

COMITÉ DIRIGEANT DE BUCAREST :

Czerny, v. Schwarzenberg, C., Inspecteur, Chef du Service Technique.
Lipp, F., Inspecteur, Chef du Service Commercial.

	Kil.	
Lemberg.	—	Galizien.
Siechów.	10.85	»
Staresiolo.	24.66	»
Bóbrka.	35.43	»
Wybranówka.	43.17	»
Borynicze.	50.33	»
Chodorów.	63.2	»
Bortniki.	70.18	»
Bukaczowce.	87.55	»
Bursztyn-Demianow.	99.54	»
Halicz.	110.77	»
Jezupol.	124.65	»
Stanislau.	139.44	»
Ottynia.	162.28	»
Korszów.	178.89	»
Kolomea.	194.52	»
Zablotów.	213.94	»
Sniatyn.	229.87	»
Nepolokoutz.	241.02	»
Luzan.	250.88	Bukovine.
Zuczka-Sadagóra.	263.1	»
Czernowitz.	264.61	»
» Volksgarten	270.38	»
Kuczurmare.	283.88	»
Hliboka.	298.67	»
Czerepkoutz-Sereth.	305.35	»
Ruda.	315.97	»
Hadikfalva-Radautz.	324.16	»
Istensegitz.	330.76	»
Milleschoutz-Slobodzia.	336.45	»
Hatna.	346.08	»
Itkani.	354.2	Rumanien.
Burdujani.	358.58	»
Veresci *.	372.17	»
Liteni.	385.1	»
Dolhaska.	396.8	»
Heciu-Lespédi.	407.19	»
Pascani *.	418.	»
Ruginóssa.	432.79	»
Frumos-Térgu.	448.8	»
Ilóie-Podul.	470.9	»
Cucutenii.	479.64	»
Iasi.	493.81	»
Pascani *.	—	Rumanien.
Halaucesci.	20.61	»
Mircesci.	24.97	»
Roman.	40.15	»
Veresci *.	—	Rumanien.
Bucecea.	18.96	»
Leorda.	28.77	»
Botosani.	44.23	»

475. — Leoben-Vordernberg *(Autriche).*

Exploité par : Sud de l'Autriche.

476. — Leominster and Bromyard.
(Angleterre).

En construction.

DIRECTEURS :

King, J. K., Esq., Président.
Newman, J., Esq., Président-Délégué.
Arkwright, J. H., Esq.
Clowes, J., Esq.
Robinson, S., Esq.
Stallard, T. B., Esq.

BUREAUX A LEOMINSTER :

Daggs, W., Secrétaire.
Clarke, W., Ingénieur.
Southall, J. T., et Williams, E. A., Auditeurs.
Green-Pryce, R. D., et Lloyd, E., Solicitors.

477. — Leominster and Kington.
(Angleterre).

Exploité par le Great Western.

DIRECTEURS :

Lord Bateman, Président.
King, J. K., Esq., Vice-Président.
Bedford, J., Esq.
Severn, J. P., Esq.
Sir Lewis, G. F.
Stallard, T. B., Esq.
Bodenham, B., Esq.
Newman, J., Esq.

BUREAUX A LEOMINSTER :

Daggs, W., Secrétaire.
Owen, W. G., Ingénieur.
Holmes, V. W., et Williams, E. A., Auditeurs.
Baxters & Cº, Solicitors.

478. — Lerida à Reus y Tarragona.
(Espagne.)

CONSEIL D'ADMINISTRATION A MADRID, 5, PUERTA CERRADA :

Lopez, J. M., Président.
Guilhou, L.
Lafora, J. B.
Avecilla, C.
Faure, Chef du Secrétariat de Paris, Rue Blanche, 1, Cité Gaillard.

	Kil.	
Tarragona.	—	Tarragona.
Vilaseca.	9	»

Reus.	Kil.	
La Selva.	16	Tarragona.
Alcover.	23	»
Plana.	29	»
La Riva.	34	»
Vilavert.	37	»
Montblanch.	39	»
Espluga de Francoli.	44	»
Vimbodi.	50	»
Vinaixa.	55	Lerida.
Floresta.	63	»
Borjas.	75	»
	80	»

479. — Lérouville à Sedan. (France).

SIÈGE SOCIAL A PARIS, 51, RUE DE LA CHAUSSÉE D'ANTIN.

Lérouville.	Kil.	
Sampigny.	—	Meuse.
Les Kœur.	3.8	»
St-Mihiel.	9.3	»
Bannoncourt.	16.8	»
Villiers s/Meuse.	25.5	»
Ancemont	35.	»
Dugny.	41.2	»
Verdun.	46.4	»
Charny.	54.3	»
Cumières.	60.	»
Regneville. H.	67.	»
Consenvoye.	72.	»
Vilosnes.	77.	»
Brieulles.	84.	»
Dun-Doulcon.	88.	»
Saulmory-Montigny.	94.	»
Stenay.	100.	»
	107.	»

480. — Lesmahagow. (Ecosse).

Exploité par le Caledonian.

481. — Letterkenny. (Irlande.)

En construction.

DIRECTEURS :

Stewart, A. J. R., Président.
Wood, J. G., Esq., Président-Délégué.
Stewart, J. V., Esq.
Patterson, Cap{ne}.
Macky, J. T., Esq.
Olphert, W., Esq.
Cooke, J., Esq.
Mc. Corkell, B., Esq.
Boyd, J. R., Esq.
Newton, R. W., Esq.
Storey, J., Secrétaire à Letterkenny.
Bower, J., Ingénieur à Dublin.
Boyd, A., Solicitor. »

482. — Leven and East of Fife. (Ecosse).

DIRECTEURS :

Haigh, J., Esq., Président.
Wood, J., Esq.
Anderson, J., Esq.
Luke, J., Esq.
Baird, W., Esq.
Wilkie, A., Secrétaire et Solicitor, à Leven.

	M. A.	
Anstruther.	—	Fife.
Pittenweem.	1.6	»
St-Monance.	2.49	»
Elie.	4.59	»
Kilconquhar.	6.13	»
Largo.	10.5	»
Lundin Links.	10.75	»
Leven.	12.75	»
Cameron Bridge.	14.77	»
Thornton.	18.57	»

483. — Libau. (Russie). (U. R.)

Bloch, J., Président du Conseil d'Administration à St-Petersbourg, 43, rue Grande Morskaïa.
Weiler, K., Ingénieur, Directeur d'Exploitation à Libau.

	Verstes.	
Libau.	—	Courlande.
Grobin.	17	»
Präkulen.	38	»
Wainoden.	54	Kowno.
Loucha.	66	»
Mojaïki.	88	»
Wekschenja.	98	»
Dobikino.	110	»
Popeljany.	119	»
Kourchany.	135	»
Schavli.	158	»
Radzivilichki *.	177	»
Beïssagola.	200	»
Datnow.	225	»
Kéidany.	237	»
Jéimy.	258	»
Ianov.	266	»
Gaïjouny.	273	Vilna.
Kochedary.	294	»
Kalkhunen.	—	Vitebsk.
Iélovka.	25	»
Abeli.	45	Kowno.
Ponemounek.	70	»
Slavianichki.	95	»
Soubotch.	113	»
Ponevieje.	136	»
Laba.	162	»
Schadow.	170	»
Radzivilichki *.	186	»

484. — Lidköping-Skara-Stenstorp.
(Suède.)

CONSEIL D'ADMINISTRATION :

Hamilton (Comte et Colonel), M. W., Président.
Trybom (Chev.), A. P., Administrateur-Gérant.
Cederlöf (Chev.), C. G., Vice-Président.
Wennérus (Chev.), C.
Tham, C., Capitaine.
Bergquist, C. J.
Jochinch, J. A., Suppléant.
Boström, N. J., »
Nyman, O., »
Harleman, C. P., Chef de l'Exploitation à Skara.

	M. S.	
Stenstorp.	—	Skaraborgs.
Espas.	0.6	»
Broddetorp.	1.	»
Axevalla.	1.9	»
Skara.	2.7	»
Winninga.	3.9	»
Lidköping.	4.7	»

485. — Liége à Maastricht. *(Belgique.)* (V.)

CONSEIL D'ADMINISTRATION :

de Rothschild (Baron), A., Président.
Brugmann, E., Vice-Président.
de Rothschild (Baron), E.
Say, L.
Suermondt, B.
Lambert, S.
Lamarche, R.
Bellefroid, V.
Terwagne, C.
Brugmann, G.
Bauer-Lambert.
Vautier, E.   } Commissaires.
Dallemagne, G.
Wauters, E.

DIRECTION A LIÉGE, 61, RUE BEECKMAN :

Clermont, A., Directeur-Gérant.
Griffé, Agent Comptable-Contrôleur.
Cappuyns, Conducteur, Chef de Service.
Rinquet, Surveillant de la Voie.
Haulet, Chef d'Atelier, à Visé.

	Kil.	
Liége, *Longdoz*.	—	Liége.
La Chartreuse.	1.800	»
Jupille.	4.395	»
Wandre.	7.545	»
Chératte.	9.624	»
Argenteau.	12.114	»
Visé.	15.933	»
Eysden.	19.734	»
Gronsveld.	24.059	Limbourg-Hollandais.
Maastricht.	29.082	»

486. — Liégeois-Limbourgeois. *(Belgique.)*

Exploité par l'Etat Néerlandais.

Van Heukelom, Inspecteur en Chef à Liége (Vivegnies).

487. — Liégeois-Namurois. *(Belgique.)*

Voir Hesbaye-Condroz.

488. — Lille à Béthune et à Bully-Grenay. *(France.)*

Exploité par le Nord Français.

CONSEIL D'ADMINISTRATION A PARIS, 3, RUE ROSSINI :

* Ruphy (Baron), Président.
* Boittelle, A., Vice-Président.
* de Grandval (Vicomte), Secrétaire.
Boittelle, père.
Hanon-Sénéchal,
Desurmont.
Duhayon, A., Ingénieur-Directeur.

Le Comité se compose des Membres désignés par *.

489. — Lille à Valenciennes et ses extensions. *(France.)*

Exploité par le Nord Français.

CONSEIL D'ADMINISTRATION A PARIS, 54, RUE DE LA CHAUSSÉE D'ANTIN :

de Laurencin (Comte).
Philippart, S.
Cucheval-Clarigny.
Schotsmans, A.
De Laveleye.
Fontaine.
André.
Vernhette.
Joris, G.
Philippe, A., Ingénieur, Chef d'Exploitation, à Lille.
Ducobu, A., Chef du Service Central, à Lille.

CONSTRUCTION :

Le Massan, Ingénieur-Conseil.
Weber, C., Commissaire.

490. — Limerick and Ennis. *(Irlande.)*

Exploité par le Waterford and Limerick.

DIRECTEURS :

Malcomson, W., Esq., Président.

Keane, M., Esq., Président-Délégué.
Lord Inchiquin.
Martin, J., Esq.
Stacpoole, R., Esq.
Usborne, T. M., Esq.
Bannatyne, A., Esq.
Robinson, J., Esq.
Pim, J. B., Esq.
Butler, A., Major.
Revington, T., Esq.
Spaight, W., Esq.

BUREAUX A LIMERICK :

Naan, T., Secrétaire.
Banks, I., Directeur du Trafic.
Long, J., Ingénieur.
Phayer, W. et Stephenson, R., Auditeurs.
Barrington & Jeffers, Solicitors.

491. — Limerick and Foynes. (*Irlande*.)

Exploité par le Waterford and Limerick.

492. — Limerick and Kerry. (*Irlande*.)

En construction.

DIRECTEURS :

Devon (Comte of), Président.
Sandes, G., Esq., Président-Délégué.
Listowel (Comte of).
Kerry (Chev. of).
Herbert, H. A., Esq.
Crosbie, J., Major.
Curling, E., Esq.
Hewson, G., Esq.
Sandes, F. C., Esq.

BUREAUX A LIMERICK, RAILWAY STATION :

Naan, T., Secrétaire.
Fowler, J., Ingénieur.
Barrington, W., Ingénieur.
Huggart, Denny, Leady & Son, Solicitors.

493. — Limerick, Castle-Connell and Killaloe. (*Irlande*.)

Exploité par le Waterford and Limerick.

DIRECTEURS :

Malcomson, W., Esq., Président.
Robinson, J., Esq.
Pim, S. B., Esq.
Martin, J., Esq.
Naan, T., Secrétaire.

494. — Lindberga-Rosersberg. (*Suède*.)

En construction.

495. — Linde-Walskog. (*Suède*).

En construction.

496. — Liskeard and Caradon (*Angleterre*).

ADMINISTRATION A LISKEARD.

	M. A.	
Liskeard.	—	Cornwall.
Caradon.	8 3/4	»

497. — Listeard and Loe Union (*Angleterre*).

Exploité par : Liskeard and Caradon.

498. — Livny. (*Russie*).

DIRECTION A VERKHOVIE :

v. Desen, R., Directeur de l'Exploitation à Orel.

	Verstes.
Verkhovié.	—
Bobrovka.	15
Rousski-Brod.	30
Zdorovets.	43
Livny.	55

499. — Llanelly. (*Angleterre*).

Exploité par le Great Western.

DIRECTEURS :

Biddulph, J., Esq., Président.
Kirkwood, J. T., Esq., Président-Délégué.
Watkins, R., Major.
Blount, W., Esq.
Bulkeley, T., Capitaine.
Sir Gooch. D.
Murdoch, C. T., Esq.
Walker, J. W., Esq.

BUREAUX A LLANELLY (CARMARTHENSHIRE) :

Glascodine, R., Secrétaire.
Markby et Tarry, Solicitors.
Morris, W., et Thomas, W., Auditeurs.

500. — Llanfyllin and Llangynog. (*Angleterre*).

En construction.

Lomax, T., Esq. } Directeurs.
Evans, E., Esq. }

501. — Llangollen and Corwen *Angleterre*).

Exploité par le Great Western.

DIRECTEURS :

Tottenham, C. J., Esq., Président.
Sir Wynn, W. W.
Wagstaff, W., Esq.
Robertson, H., Esq.
Robertson, J., Esq.
Taylor, J., Esq.

BUREAUX A LLANGOLLEN :

Richards, C., Secrétaire.
Robertson, H., Ingénieur.
Longueville, Jones, Williams et Richards, C., Solicitors.
Patchett, W., et Blundell, J. W., Auditeurs.

502. — Llantrissant and Taff Vale Junction. (*Angleterre*).

Exploité par le Taff Vale.

DIRECTEURS :

Bushell, W. D., Esq., Président.
Carne, J. W. N., Esq.
Nash, J. H., Esq.
Perry, J., Esq.

BUREAUX A CARDIFF, CROCKHERBTOWN :

Marwood, F., Secrétaire.
Fisher, G., Ingénieur.
Tribe, W., et Fulke, Auditeurs.

503. — Llynvi and Ogmore. (*Angleterre*).

Exploité par le Great Western.

DIRECTEURS :

Paull, A. F., Esq., Président.
Brogden, A., Esq., Président-Délégué.
Brogden, H., Esq.
Brogden, J., Esq.
Halcomb, J., Esq.
Legh, P. F., Esq.
Sir Rose, P.

BUREAUX A BRIDGEND (GLAMORGANSHIRE) :

Saunders, G. F., Secrétaire.
Brereton, R. P., Ingénieur.
Deloitte, W. W., et Fletcher, R., Auditeurs.
Baxters & Cº, et Tahourdin, Solicitors.

504. — Lodz (INDUSTRIEL) (*Russie*). (U. R.)

CONSEIL D'ADMINISTRATION A VARSOVIE :

Bloch, J., Président.
Nagorny, A., Vice-Président.
Kohen, B., Vice-Président.
Czetwertýnsky, (Prince) V.

Scheibler, C.
Goldstand, A.
Mamroth, M.

Kopytowsky, C., Chef de l'Administration.
Olex, F., Chef du Mouvement, à Lodz.
Stepinski, E., Contrôleur en Chef.
Nuoffer, F., Comptable et Caissier.

	Verstes.	
Koluchki.	—	Pétrokow.
Andréiew. H.	15	»
Lodz.	26	»

505. — Lombards. (*Italie*).

Exploité par : Haute-Italie.

506. — London and Aylesbury (*Angleterre*).

En construction.

DIRECTEURS :

Buckingham (Duc of), Président.
Lord Chesham.
Smith, P., Esq.
M' Connel, J. E., Esq.
Tubbs, R., Esq.

507. — London and Blackwall. (*Angleterre*).

Exploité par le Great Eastern.

DIRECTEURS :

Sir Wretham, C., Président.
Haigh, F. W., Esq.
Venables, J., Esq.

BUREAUX A LONDRES, E. C., FENCHURCH STREET TERMINUS :

Kennell, J. F., Secrétaire.
Le Cren, S., Comptable.
Smith, G., et Ratcliff, T. W., Auditeurs.
Hollingsworth, Tyerman & Son, Solicitors.

508.—London and Greenwich (*Angleterre*).

Exploité par le South Eastern.

DIRECTEURS :

Barker, T., Esq., Président.
Bristow, A. R., Esq., Président-Délégué.
Routh, E., Esq.
Pilcher, H. D., Esq.
Lewis, W. A., Esq.

BUREAUX A LONDRES, E. C., 173, GRESHAM HOUSE, OLD BROAD STREET :

Bristow, A. I., Secrétaire.

— 221 —

Forster, H., Secrétaire-Adjoint.
Norton, T. et Morice, D. S., Auditeurs.

509. — London and North Western.
(*Angleterre*).

DIRECTEURS :

Moon, R., Esq., Président.
Bancroft, J., Esq.
Bickersteth, J. P., Esq.
Bland, J., Esq.
Bourne, J., Colonel.
Brassey, T., Esq.
Bruce, T. C.
Cawkwell, W., Esq.
Crosfield, G., Esq.
Dean, R. B., Esq.
Sir Earle, H.
Greg, H. R., Esq.
Lord Grosvenor, R.
Hartley, J., Esq.
Hick, J., Esq.
Hirst, W. E., Esq.
Hodgson, W. N., Esq.
Lowther, W.
Mackenzie, W. D. Esq.
Lyon, M., Esq.
Melville, M. L., Esq.
M' Micking, G., Esq.
Lord Paget, A.
Sheward, G., Esq.
Stephen, O. L., Esq.
Sutherland, (duc of).
Tipping, W., Esq.
Ward, H., Esq.

ADMINISTRATION A LONDRES, EUSTON STATION :

Reay, S., Secrétaire.
Findlay, G., Directeur en Chef du Trafic.
Webb, F. W., Ingénieur-Mécanicien.
Dent, C. B. C., Capitaine, Inspecteur Principal du Service Maritime.
Baker, W., Ingénieur Civil.
Woodhouse, H., Ingénieur de District, à Stafford.
Footner, H., » » à Crewe.
Smith, W., » » à Bangor.
Bradford, H. M., » » à Swansea.
Worthington, S. B., Ingénieur de District à Manchester, (Victoria Station.)

DÉPARTEMENT DES MARCHANDISES :

Kay, T., Directeur.
Houghton, T., Directeur-Adjoint.
Stevenson, D., » de District, à Rugby.
Thurstan, J., » » à Wolverhampton.
Smith, M., » » à Stafford.
Braide, E., » » à Warrington.
Taylor, D., » » à Liverpool, (Waterloo Station).

Farr, E., Directeur de District, à Manchester, (London Road Station).
Mason, J. F., Directeur de District, à Chester.
Fitzsimons, J., » » à Lancaster, (Castle Station).
Greenish, G., Inspecteur, à Camden.
Nichols, W. J., » à Birmingham.
Guest, J., » à Northampton.

DÉPARTEMENT DES VOYAGEURS :

Neele, G. P., Inspecteur en Chef.
Vaughan, J. L., » de District.
Sutton, W., » » à Birmingham (New Street Station).
Shaw, J., Inspecteur de District, à Liverpool, (Lime Street Station).
Corns, H. B., Inspecteur de District, à Manchester, (London Road Station).
Binger, J. O., Inspecteur de District, à Chester.
Purssell, R., » » à Lancaster, Castle Station).

Salmon, F. W., Inspecteur Principal à Edgehill.
Wood, E., Inspecteur Principal du Trafic, à Shrewsbury.
Bishop, J., Inspecteur Principal du Trafic, à Abergavenny.
Phillipps, W. D., Inspecteur Principal du Trafic, à Swansea.
Skipworth, G. G., Directeur du Trafic, à Dublin.
Crosfield, H. et Waterhouse, E., Auditeurs.
Roberts, R. F., Solicitor.

	M. A.	
London, *Euston*.	—	Middlesex.
» *Camden* *.	1.24	»
» *Chalk Farm*.	0.8	»
» *Primrose Hill* *.	0.20	»
» *Kilburn*.	1.26	»
Willesden, *West London Branch* *.	2.24	»
» *N. & S. W.* *.	0.4	»
» *Low Level*.	0.8	»
» *City* *.	0.16	»
» *Third Line* *.	0.32	»
Sudbury.	2.10	»
Harrow.	3 1/2	»
Pinner.	2.	»
Bushey.	2 1/2	Herts.
Watford.	1 1/2	»
King's Langley.	3 1/2	»
Boxmoor.	3 1/4	»
Berkhamsted.	3 3/4	»
Tring.	3 3/4	»
Cheddington.	4 1/4	Bucks.
Leighton.	4 1/2	»
Bletchley, *South* *.	6 1/2	»
»	0.3	»
» *North* *.	0.4	»

	M.A.			M.A.	
Wolverton.	5.34	Bucks.	Minshull Vernon.	4.55	Cheshire.
Roade.	7.57	Northampton.	Winsford, *Pass.*	2.47	»
Blisworth, *South* *.	2.74	»	» *Goods.*	1.5	»
» *Goods..*	0.3	»	» *.	0.39	»
» *Pass.*	0.3	»	Hartford.	2.62	»
» *North* *.	0.1	»	» *.	0.71	»
Heyford, *Siding.*	4.41	»	Acton, Bridge.	1.65	»
Stowe, *Siding.*	0.20	»	Birdswood *.	3.4	»
Weedon.	1.72	»	Preston Brook.	1.6	»
Crick.	5.58	»	Moore.	2.54	»
Hillmorton, *Siding.*	»	Warwick.	Walton, *North* *.	1.76	»
Rugby, *North* *.	7.24	»	Warrington, *Low Level.*	0.73	Lancashire.
»	0.6	»	» *Goods.*	0.20	»
» *South* *	0.67	»	» *Jockey Lane Works.*	0.61	»
Brinklow.	4.44	»	» *Dallam Branch** 0.4		»
Shilton.	3.23	»	Winwick *.	2.31	»
Bulkington.	2.14	»	Golborne *.	2.29	»
Nuneaton, *Hinckley* *.	3.28	»	»	1.7	»
» *Coventry* *.	0.3	»	Springs, *Branch* *.	3.43	»
» *Pass.*	0.19	»	Wigan, *North Union* *.	0.4	»
» *Goods*	0.2	»	» *Goods.*	1.8	»
» *Trent Valley**	0.27	»	» *.	0.9	»
» » *Joint* *.	0.2	»	» *Pass.*	0.9	»
Hartshill, *Siding.*	2.8	»	Boar's Head *.	2.10	»
Atherstone, *Goods.*	2.52	»	Standish.	1.8	»
» *Pass.*	0.2	»	Bloomfield, *Coliery.*	»	»
Polesworth, *Goods.*	4.12	»	Bradley Hall, *Coliery.*	»	»
» *Pass.*	0.3	»	Worthington, *Siding.*	»	»
Tamworth, *South* *.	3.1	»	Coppull Hall, »	»	»
» *Pass.*	0.43	»	Blainscough, »	»	»
» *Goods.*	0.5	»	Coppull.	2.35	»
» *West* *.	0.3	»	Darlington's, *Siding.*	»	»
Lichfield, *Low Level.*	6.12	Stafford.	Euxton.	3.34	»
» » » *.	0.20	»	» *.	0.45	»
Armitage.	4.39	»	Leyland.	1.38	»
Rugeley *.	3.5	»	Farrington Mill, *Siding.*	»	»
» *Trent Valley.*	0.18	»	»	1.50	»
Colwich, *Goods.*	2.67	»	Preston, *Goods* *.	2.19	»
» *Pass.*	0.2	»	» *Joint Pass.*	0.14	»
» *.	0.4	»	» *Dock Street* *.	0.14	»
Stafford, *Trent Valley* *.	5.69	»	» *Maudlands P. & L.* *.	0.21	»
» *Goods.*	0.15	»			
» *Pass.*	0.24	»	» *Maudlands P. & W.* *.	0.4	»
» *S. & U.* *.	0.17	»			
Norton Bridge.	5.19	»	Oxheys.	0.66	»
» » *.	0.1	»	Barton and Broughton.	3.32	»
Badnall, *Wharf.*	»	»	Brock.	2.55	»
Standon Bridge.	4.28	»	Garstang and Catterall *.	1.79	»
Hatton, *Wharf.*	»	»	» »	0.3	»
Whitmore.	4.17	»	Scorton.	3.20	»
Madeley.	2.44	»	Bay Horse.	2.44	»
Crewe, *N. S.* *.	1.75	Cheshire.	Galgate.	1.33	»
» *Shrewsbury* *.	0.3	»	Lancaster, *Castle Goods.*	4.14	»
» *Goods.*	0.13	»	» » *Pass.*	0.8	»
» *Pass.*	0.10	»	» » *.	0.9	»
» *Chester* *.	0.11	»	Hest Bank *.	2.40	»
» *Manchester* *.	0.3	»	» »	0.42	»

	M. A.			M. A.	
Bolton-le-Sands.	1.22	Lancashire.	Singleton.	11.68	Lancashire.
Carnforth *.	1.40	»	Poulton.	14.3	»
»	0.30	»	» *.	14.4	»
Burton & Holme.	4.40	Westmoreland	Cleveleys.	15.35	»
Holme Mill, Siding.	»	»	Fleetwood, Pass.	19.7	»
Milnthorpe.	2.59	»	» Goods.	19.38	»
Oxenholme *.	5.47	»			
»	0.5	»	Preston, Maudlands *.	—	Lancashire.
Grayrigg.	6.79	»	» P. & W. *.	0.12	»
Low Gill.	1.59	»			
» *	0.8	»	Kirkham *.	—	Lancashire.
Tebay, Joint Pass.	4.44	»	Wray Green *.	1.17	»
» *.	0.1	»	Moss Side.	2.61	»
» Goods.	0.3	»	Lytham, Goods Branch*.	4.64	»
Shap.	7.47	»	» New Pass.	5.23	»
Clifton.	7.25	»	Ansdell.	6.23	»
» South *.	0.4	»	St-Anne's.	8.34	»
» North *.	0.72	»	Stony Hill.	»	»
Eamont Bridge *.	2.13	Cumberland.	South Shore.	11.53	»
Penrith *.	0.60	»	Blackpool, Hounds Hill.	13.3	»
» Joint Goods.	0.27	»			
» Pass.	0.2	»	Blackpool, Talbot Road.	—	Lancashire.
Plumpton.		»	Bispham.	»	»
Calthwaite.		»	Poulton *.	»	»
Southwaite.		»			
Wreay.		»	Lytham *.	—	Lancashire.
Carlisle, Upperby *.	4.	»	Wray Green *.	0.76	»
» Cattle*.	0.20	»			
» London Road *.	0.19	»	Lytham, Goods Branch *.	—	Lancashire.
			» » »	0.21	»
Carlisle, Upperby *.	—	Cumberland.			
» Joint *.	0.44	»	Whitehaven, Bransty Pass.	—	Cumberland.
» New Goods.	0.59	»	» Harbour *.	0.10	»
			» Bransty *.	0.14	»
Carlisle, Cattle *.	—	Cumberland.	Parton.	1.33	»
» »	0.16	»	Harrington.	4.49	»
			Workington, Goods.	6.64	»
Preston, Maudlands Pass.	—	Lancashire.	» Pass.	6.67	»
» » *.	0.20	»	» Merchant *.	7.10	»
» Pass.	0.30	»	» South *.	7.27	»
» Deepdale Road Pass.	1.14	»	» Iron Works.	7.39	»
» Deepdale Road *.	1.41	»	» Bridge.	8.14	»
Ribbleton.	2.28	»	Camerton.	10.16	»
Fulwood.	2.75	»	Marron, West *.	11.38	»
Grimsargh.	4.68	»	» East *.	11.58	»
Longridge.	7.1	»	Broughton, Cross.	12.66	»
» Stone Quarry.	7.57	»	Brigham.	13.42	»
			» *.	13.48	»
Preston, Maudlands Goods.	—	Lancashire.	Cockermouth *.	15.3	»
» » *.	0.16	»	» Keswick *.	15.27	»
Lea Road.	2.42	»			
Salwick.	4.53	»	Cockermouth *.	—	Cumberland.
Treals, Siding.	»	»	» Joint Goods.	0.31	»
Kirkham.	7.39	»			
» *.	7.74	»			
Lytham *.	8.57	»			

	M.A.	
Whitehaven, *Harbour* *.	—	Cumberland.
» » Branch	0.14	»

Workington, *Iron Works*.	—	Cumberland.
» » » *.	0.1	»
» N. of Eng. Iron Works *.	0.14	»
» N. of Eng. Iron Works.	0.15	»
» Lonsdale.	0.31	»

Workington, *Merchant* *.	—	Cumberland.
» » Quay.	0.25	»

Workington, *South* *.	—	Cumberland.
» *North* *.	0.12	»
Flimby.	3.20	»
Maryport, *Dock Branch* *.	4.24	»
» *Iron Works* *.	4.67	»
» » »	5.7	»
» *Docks*.	»	»

Workington, *North* *.	—	Cumberland.
» N. of Eng. Iron Works *.	0.11	»

Low Gill *.	—	Westmoreland
Sedbergh.	4.4	»
Middleton.	6.60	»
Barbon.	10.33	»
Kirkby Lonsdale.	13.43	Lancashire.
Ingleton.	18.32	York.
» *Midl.* *.	18.56	»

Oxenholme *.	—	Westmoreland.
Kendal, *Pass*.	2.4	»
» *.	2.25	»
Burneside.	3.76	»
Staveley.	6.44	»
Windermere.	10.17	»

Kendal *.	—	Westmoreland
» *Goods*.	0.16	»

Preston, * & *Station*.	—	Lancashire.
Parkside, *Goods*.	0.45	»

Hest Bank *.	—	Lancashire.
Bare Lane.	1.	»
Poulton Lane.	1.67	»
Morecambe *.	2.6	»

Cherry Tree *.	—	Lancashire.
Fennis Cowles.	1.6	»
Whitnell.	2.54	»
Abbey Mill, *Siding*.	»	»

	M.A.	
Brinscall.	3.67	Lancashire.
Wood's, *Siding*.	»	»
Heapey.	5.34	»
Chorley *.	7.50	»

Adlington *.	—	Lancashire.
White Bear.	0.28	»
Brink's, *Coliery Siding*.	»	»
Red Rock.	2.48	»
Haigh *.	2.79	»
Whelly Roudhouse *.	4.74	»
Platt Lane, *Siding*.	»	»
Rose Bridge *.	5.59	»
Trafford *.	6.34	»
Amberswood for Hindley.	6.65	»
Firtree House *.	8.30	»
Ince Moss *.	8.52	»
Park Lane *.	10.22	»
Brynn.	10.48	»
Garswood.	11.70	»
Gerards Bridge *.	15.4	»
St-Helens, *Pockett Nook* *	15.25	»
» *Peasley* *.	16.6	»
» » *Cross*.	16.26	»
» *Sutton Oak* *.	16.67	»
» » » *.	17.1	»
» *.	17.41	»

Liverpool, *Canada Docks*.	—	Lancashire.
» *Walton & Anfield*	1.56	»
» *Breck Road*.	2.65	»
» *Tue Brook*.	3.34	»
» *Stanley* *.	3.68	»
» » *Pass*.	4.11	»
» *Edge Lane*.	4.37	»
» » *Hill*.	5.19	»
» » » *.	5.20	»
» *Crown Street* *.	5.59	»
» *Park Lane Goods*.	6.28	»

Liverpool, *Edge Hill Goods*.	—	Lancashire.
» » » *.	0.26	»
» » » *Pass*	0.62	»
» *Lime Street*.	2.8	»

Liverpool, *Crown Street* *.	—	Lancashire.
» » » *Coal* *	0.29	»
» » » *Goods*	0.45	»

Liverpool, *Crown Street Coal* *.	—	Lancashire.
» *Crown Street Coal*.	0.4	»

Liverpool, *Stanley* *	—	Lancashire.
» » *Cattle*.	0.28	»

	M.A.	
Trafford *.	—	Lancashire.
Hindley *.	0.24	»

	M.A.	
Rose Bridge *.	—	Lancashire.
Kirkless *.	0.46	»

		M.A.	
Liverpool, Waterloo Goods	—	Lancashire.	
»	Edge Hill *.	2.62	»
»	» »	2.63	»
Broad Green.		4.47	»
Roby.		6.12	»
Huyton.		6.55	»
» *		7.8	»
» Quarry.		7.40	»
Top of Whiston.		»	»
Rainhill.		9.77	»
Sutton Héath, Coliery.		»	»
Lea Green.		11.7	»
St-Helens *.		12.62	Lancashire.
Collins Green.			»
Earlestown *.			»

	M.A.	
Earlestown *.	—	Lancashire.
Parkside, Newton *.	0.23	»
» » Bridge.	1.9	»
» Goods.	1.29	»
» Pass.	1.45	»
» *.	1.51	»
Kenyon *.	3.45	»
»	3.58	»
Bury Lane.	5.55	»
Astley.	7.42	»
Barton Moss.	9.30	»
Patricroft, Pass.	11.32	»
» Goods *.	11.34	»
Eccles *.	12.1	»
» .	12.31	»
Weaste.	13.40	»
Cross Lane.	14.43	»
Manchester, Ordsall Lane	15.25	»
» Liverpool Road *.	15.32	»
» Victoria.	16.33	»

	M.A.	
Patricroft, Goods *.	—	Lancashire.
Clifton Hall.	2.69	»
»	3.19	»
Molyneux *.	3.45	»

	M.A.	
Eccles *.	—	Lancashire.
Worsley.	1.40	»
» *.	2.20	»
Walkden.	3.20	»
Little Hulton, Goods.	4.5	»
» Pass.	4.24	»
Plodder Lane. Branch *.	5.2	»
	5.57	»

	M.A.	
Bolton *.	7.26	Lancashire.
» Pass.	7.56	»

	M.A.	
Little Hulton, Branch *.	—	Lancashire.
» Min.	1.11	»

	M.A.	
Bolton, Deansgate Goods.	—	Lancashire.
» Crook Street, Goods	0.34	»
» *.	0.50	»
Daubhill.	1.29	»
Hulton, Coliery.	»	»
Chequerbent.	3.54	»
Atherton.	5.7	»
» *.	5.50	»
Fletcher's, Siding.	»	»
Leigh, Coal Branch.	»	»
» »	7.50	»
Bradshaw Leach *.	8.44	»
» »	8.47	»
Kenyon.	9.76	»

	M.A.	
Atherton *.	—	Lancashire.
Chowbent *.	0.27	»

	M.A.	
Bradshaw Leach *.	—	Lancashire.
Bedford Leigh.	1.36	»
Jackson's, Siding.	»	»
Tyldesley *.	3.35	»

	M.A.	
Worsley *.	—	Lancashire.
Ellenbrook.	1.40	»
Hough Lane, Siding.	»	»
Ramsden Green's, Siding.	»	»
Tyldesley.	3.51	»
» *.	3.75	»
Chanter's, Siding.	»	»
Chowbent.	5.31	»
» *.	5.35	»
Gregory, Siding.	»	»
Swan Lane, Siding.	»	»
Hindley Green.	6.79	»
Diggle's, Siding.	»	»
Bickershaw, Siding.	»	»
Platt Bridge.	9.18	»
» » *.	9.46	»
Firtree House *.	9.72	»

	M.A.	
Platt Bridge *.	—	Lancashire.
Springs Branch *.	0.36	»
Kirless *.	2.27	»
» Hall, Coliery.	»	»
» Coliery.	»	»
Bark Hill, Coliery.	»	»
Haigh.	3.25	»

	M.A.	
Haigh *.	—	Lancashire.
Boar's Head.	0.41	»

	M. A.	
Boar's Head *.	0.47	Lancashire.
Wigan, *North Union* *.	—	Lancashire.
Ince Moss *.	0.37	»
Park Lane *.	—	Lancashire.
Holme House, *Coliery*.	»	»
Goose Green *.	2.2	»
Pemberton *.	2.31	»
Parkside, *Pass* *.	—	Lancashire.
» »	0.6	»
» *Preston* *.	0.43	»
Golborne *.	0.70	»
Winnick *.	—	Lancashire.
Vulcan, *Siding*.	»	»
Earlestown, *South* *.	1.28	»
» *.	1.47	»
Earlestown, *South* *.	—	Lancashire.
Parkside, *Newton* *.	0.15	»
Rainford.	—	Lancashire.
Randle *.	0.24	»
Rainford, *Village*.	1.2	»
Rookery.	1.55	»
Rainford, *Old Mill Lane Siding*.	2.19	»
Crank.	3.8	»
» *Coliery*.	»	»
Moss Bank.	3.64	»
Gerard's Bridge.	4.60	»
» » *.	4.67	»
Huyton *.	—	Lancashire.
Prescot.	1.58	»
Thatto Heath.	3.45	»
Pilkington's *Siding*.	»	»
Bromilow, *Coliery*.	»	»
St-Helens *.	5.13	»
»	5.24	»
» *Pocket Nook* *.	5.46	»
St-Helens, *Peasley* *.	—	Lancashire.
» *Ravenhead* *.	0.20	»
» *.	0.64	»
Randle *.	—	Lancashire.
Rainford, *L. & Y* *.	0.47	»
Widnes, *Dock*.	—	Lancashire.
» *North* *.	0.60	»
» *Foundry Siding*.	»	»
Appleton.	1.43	»

	M. A.	
Farnworth.	2.49	Lancashire.
Clock Face.	4.73	»
Sutton Bank *.	5.40	»
St-Helens, *Sutton Oak* *.	6.18	»
Parr, *Alkali Works*.	»	»
» *Coliery*.	»	»
Ashton Green *.	»	»
Sankey Brook, *Coliery*.	»	»
Haydock *.	»	»
Parr, *Works*.	»	»
Garswood Park, *Coliery*.	»	»
Haydock *.	—	Lancashire.
» *Old Fold*.	»	»
Ashton Green *.	—	Lancashire.
» *Coliery*.	»	»
Sutton Bank *.	—	Lancashire.
» *Extension*.	0.40	»
Timperley *.	—	Cheshire.
Broadheath *.	0.28	»
» *Pass*.	0.50	»
» *Goods*.	0.51	»
Dunham Massey.	3.9	»
Heatley and Warburton.	4.45	»
Lymm.	6.12	»
Thelwall.	7.46	»
Latchford.	9.39	»
Warrington, *Arpley*.	10.70	Lancashire.
» » *.	10.74	»
» *High Level*.	»	»
» *Bank Quay, Low Level*.	11.12	»
Sankey Bridges.	12.23	»
Fidler's Ferry and Penketh.	13.55	»
British Alkali, *Works*.	»	»
Mersey Chemical, *Works*.	»	»
Carter's House *.	16.21	»
Widnes, *East* *.	17.	»
» *West* *.	17.41	»
Ditton *.	18.45	»
»	18.47	»
Halebank for Hale.	19.62	»
Woodside.	20.40	»
Speke.	22.3	»
» *.	22.79	»
Allerton *.	23.51	»
»	23.56	»
Mossley Hill.	25.43	»
Liverpool, *Wavertree*.	26.65	»
» *Cattle* *.	27.9	»
» *Edge Hill* *.	27.43	»
Speke *.	—	Lancashire.
Garston *.	0.46	»

	M. A.	
Garston, Goods *.	0.57	Lancashire.
" Docks, Goods.	1.44	"
Widness, West *.	—	Lancashire.
"	0.34	"
" North *.	0.57	"
Carter's House *.	1.43	"
Allerton *.	—	Lancashire.
" Chester. *.	0.44	"
Garston, Pass.	—	Lancashire.
" Goods.	0.41	"
" " *.	0.41	"
Warrington, Arpley *.	—	Lancashire.
Walton, South *.	1.5	Cheshire.
Daresbury.	2.64	"
Norton.	4.67	"
Halton.	6.54	"
" *.	7.4	"
Frodsham.	8.20	"
Helsby *.	10.47	"
"	10.55	"
Dunham Hill.	12.69	"
Mickle Trafford *.	15.39	"
Chester, Boundary * (L. U.)	17.64	"
Chester, Boundary (L. U.)	17.65	"
Chester, General,	18.8	"
" Boundary. *.	18.25	"
" "	18.34	"
Saltney *.	19.55	"
" Wharf.	20.67	"
Mold *.	24.15	Flint.
Sandycroft, Siding.	"	"
Dundas, Siding.	"	"
Queen's Ferry.	24.68	"
Eleanor, Siding.	"	"
Dentish's, Siding.	"	"
Connah's Quay.	26.58	"
" West *.	26.71	"
Pentre, Siding.	"	"
Flint.	29.33	"
Muspratt, Siding.	29.68	"
Bagillt.	31.38	"
Bettisfield, Siding.	"	"
Dee Bank, Siding.	32.20	"
Holywell.	33.56	"
Llanerchymor.	35.26	"
Eyton's, Siding.	"	"
Mostyn,	37.6	"
Prestatyn, Steele's Siding.	"	"
"	43.19	"
Rhyl. *.	43.46	"
Foryd *.	46.71	"
	47.75	"

	M. A.	
Foryd *.	—	Flint.
Abergele & Pensarn.	3	Denbigh.
Llandulas.	6 3/4	"
Colwyn Bay.	9 1/4	"
Llandudno.	13 1/4	"
Conway.	14 3/4	Carnarvon.
Penmaenmawr.	18 3/4	"
Llanfairfechan.	21 1/2	"
Aber.	23 1/2	"
Bangor.	28 3/4	"
Menai Bridge.	30	"
Treborth *.	31	"
Llanfair.	32 1/4	Anglesea.
Gaerwen *.	35	"
Bodorgan.	41 1/2	"
Ty Croes.	44 1/4	"
Valley.	50	"
Holyhead.	53 1/2	"
Treborth *.	—	Carnarvon.
Port Dinorwic.	2	"
Griffith's Crossing.	4	"
Carnarvon.	6 1/2	"
Llanwnda.		"
Groeslon.		"
Pen-y-Groes.		"
Pant-Glas.		"
Brynkir.		"
Ynys.		"
Llangybi.		"
Chwilog.		"
Afon Wen *.	1.6	"
Gaerwen *.	—	Anglesea.
Holland Arms.	2.24	"
Llangefni.	4.40	"
Llangwillog.	7.10	"
Llanerchymedd.	11.	"
Rhosgoch.	14.45	"
Amlwch.	17.46	"
Llandilo, V. T. *.	—	Carmarthen.
Talley Road.	1.79	"
Glanrhyd.	3.78	"
Llangadock.	5.45	"
Llanwrda.	7.26	"
Llandovery.	11.6	"
" *.	11.8	"
Carnarvon *.	—	Carnarvon.
Pontrhythallt.	"	"
Cwm-y-Glo.	"	"
Llanberis.	"	"
Llandudno.	—	Denbigh.
Deganway.	"	"
Llandudno *.	3 1/4	"

	M. A.	
Glan Conway.	4 1/2	Denbigh.
Tal-y-Cafn.	8 3/4	»
Llanrwst.	14 1/2	»
Bettws-y-Coed.	18 1/4	Carnarvon.
Foryd *.	—	Flint.
»	0.28	»
Rhuddlan.	2.31	»
St-Asaph.	4.70	»
Trefnant.	7.30	Denbigh.
Denbigh *.	9.	»
»	10.8	»
Mold *.	—	Flint.
Broughton Hall.	4.32	»
Hope.	5.52	»
» *.	6.20	»
Frith *.	7.12	»
Padeswood.	7.25	»
Llong.	8.12	»
Mold.	9.72	»
» *.	9.77	»
Rhydymwyn.	12.74	»
Hendre, Siding.	14.4	»
Gregg's, Siding.	14.11	»
Nannerch.	16.16	»
Caerwys.	19.45	Denbigh.
Bodfari.	22.11	»
Denbigh *.	24.65	»
Brymbo *.	—	Denbigh.
Ffrith, Coliery.	1.13	»
Llanfynydd, Siding.	1.61	»
Tryddyn, Joint *.	2.68	»
Coed Talon.	3.40	»
» South *.	4.2	»
» North *.	4.26	»
Frith *.	6.31	»
Mold.	—	Denbigh.
Oaks, Pits Coliery.	»	»
Bromfield Hall, Coliery.	»	»
Nerquis, Coliery.	»	»
» Cannell, Pits.	»	»
Coed Talon, South *.	»	»
Prestatyn *.	—	Flint.
Meliden.	1.64	»
Dyserth.	2.67	»
Terminus.	2.74	»
Birkenhead, Docks Goods.	—	Cheshire.
» Shore Road Goods *.	0.8	»
» Tranmere *.	0.73	»
» » Branch *	1.2	»

	M. A.	
Rock Ferry.	1.74	Cheshire.
Bebington.	2.77	»
Storeton, Siding.	»	»
Spital.	4.18	»
Bromborough.	5.43	»
Hooton, Pass.	7.20	»
» Parkgate *.	7.32	»
» Chester *.	7.35	»
Ledsham.	8.41	Cheshire.
Capenhurst.	10.18	»
Mollington.	12.34	»
Chester, Boundary.	14.72	»
» General *.	15.28	»
» Boundary.	15.51	»
» » *.	15.52	»
Waverton.	19.7	»
Tattenhall Road *.	20.17	»
» »	22.4	»
Beeston Castle & Tarporley.	25.70	»
Calveley.	28.32	»
Worleston.	32.61	»
Crewe *.	36.26	»
» Manchester *.	36.29	»
Rookery Bridge.	39.64	»
Sandbach, South *.	40.55	»
»	40.63	»
» North *.	40.71	»
Holmes Chapel.	44.45	»
Chelford.	50.29	»
Alderley.	53.21	»
Wimslow.	54.78	»
Handforth.	56.40	»
Cheadle Hulme.	58.61	»
» *.	58.65	»
Stockport, Buxton *.	60.46	Lancashire.
» Northenden *.	60.49	»
» »	61.5	»
» Pass.	61.53	»
» Goods.	61.70	»
Heaton Norris *.	61.74	»
» Chapel.	62.60	»
Levenshulme.	64.14	»
Manchester, Longsight.	65.25	»
» Adwick, S. & L. *:	66.29	»
» Adwick, L. & Y. *.	66.33	»
» London Road *.	66.69	»
» »	67.8	»
Manchester, Liverpool Road *.	—	Lancashire.
» Liverpool Goods.	0.16	»
Cheadle Hulme.	—	Cheshire.
Bramhall.	1.43	»
Poynton.	3.56	»

— 229 —

	M. A.	
Adlington.	5.17	Cheshire.
Prestbury.	7.4	»
Macclesfield *.	9.35	»
Guide Bridge *.	—	Lancashire.
Denton, Pass.	1.35	»
» Goods.	1.37	»
Reddish.	3.24	»
Heaton Norris *.	4.70	»
Northenden *.	—	Cheshire.
Cheadle.	2.12	»
Stockport, Northenden *.	3.52	»
» Buxton *.	3.55	»
Davenport.	4.36	»
Hazel Grove.	6.2	»
Disley, Pass.	9.67	»
» Goods.	10.27	»
New Mills.	11.30	»
Furness Vale.	12.37	»
Whaley Bridge.	13.59	»
» *.	13.75	»
Chapel-en-le-Frith.	17.46	Derby.
Dove Holes.	19.68	»
Bibbington's, Siding.	20.41	»
Buxton *.	22.41	»
» Goods.	22.56	»
» Pass.	22.66	»
Nortwich *.	—	Cheshire.
Middlewich.		»
Sandbach, North *.	5.22	»
	8.66	»
Whaley Bridge *.	—	Cheshire.
» Canal *.	0.27	»
Fernilee, Williamson's Siding.		
	2.14	»
Ladmanlow.	6.75	Derby.
Parkgate.	—	Cheshire.
Neston.		
Hadlow Road.	1.3	»
Hooton, Parkgate *.	3.45	»
» Goods.	4.47	»
	4.60	»
Hooton, Chester *.	—	Cheshire.
Sutton.		
Ellesmere Port.	1.53	»
Ince.	3.49	»
Helsby *.	6.74	»
»	8.18	»
	8.66	»
Birkenhead Tranmere *.	—	Cheshire.
» Monks Ferry		
Pass.	0.45	»

	M. A.	
Warrington, Dallam Branch *.	—	Lancashire.
» Dallam Branch.	0.48	»
Warrington, Walton South *.	—	Lancashire.
» Walton North *.	0.8	»
Ditton *.	—	Lancashire.
Runcorn, North Side.	1.57	Cheshire.
» South »	1.71	»
»	2.29	»
» Dock *.	2.39	»
Frodsham *.	3.41	»
Sutton Weaver.	5.29	»
Birdswood *.	7.20	»
Frodsham *.	—	Cheshire.
Halton *.	1.55	»
Runcorn, Dock *.	—	Cheshire.
» Dock.	0.74	»
Tattenhall Road *.	—	Cheshire.
» »	2.26	»
Broxton.	4.77	»
Malpas.	8.44	»
Whitchurch, North *.	14.54	Shropshire.
» Goods *.	14.61	»
» Goods.	14.71	»
Crewe, Shrewsbury *.	—	Cheshire.
Willaston.	2.39	»
Nantwich, Goods.	4.12	»
» Pass.	4.16	»
» *.	4.48	»
Wrenbury.	8.54	»
Poole's, Siding.	»	»
Whitchurch, North *.	13.35	Shropshire.
» Goods *.	13.45	»
» Pass.	13.57	»
» South *.	13.64	»
Prees.	18.48	»
Wem.	21.62	»
Yorton.	25.26	»
Hadnall.	27.74	»
Shrewsbury, Crewe *.	32.36	»
» Central.	32.39	»
» S. & H. *.	32.47	»
» Curve *.	32.79	»
» Coleham Goods.	33.10	»
» Sutton Bridge S. V. *.	33.18	»
» Welshpool *.	33.23	»
Condover.	36.59	»
Dorrington.	38.74	»

	M. A.	
Leebotwood.	44.64	Shropshire.
Church Stretton.	45.12	»
Marsh Brook.	47.65	»
» *.	49.13	»
Stretford Bridge *.	51.39	»
Craven Arms.	52.25	»
» *.	52.43	»
Onibury.	55.19	»
Bromfield.	57.52	»
Clee Hill *.	59.46	»
Ludlow.	59.68	»
Woofferton *.	64.41	»
Berrington & Eye.	67.50	Hereford.
Leominster, L. & Y *.	70.29	»
»	70.64	»
Ford Bridge.	73.15	»
Dinmore.	75.66	»
Moreton.	79.12	»
Hereford, Shelwick *.	81.48	»
» Barton *.	82.47	»
» Brecon, Curve *.	82.79	»
» Barr's Court.	83.30	»
Shrewsbury, Wellington *.	—	Shropshire.
» Curve *.	0.26	»
» Abbey Foregate Wharf.	0.31	»
» N. W. *.	0.65	»
Upton Magna.	3.59	»
Walcot.	6.20	»
Allscott.	7.48	»
Admaston.	8.54	»
Wellington, West *.	9.63	»
» L. and N. W. *.	9.78	»
» G. W. Goods.	10.2	»
» Joint.	10.25	»
» East *.	10.57	»
Hadley.	11.50	»
» *.	11.73	»
Trench Crossing, Goods.	12.29	»
» Pass.	12.51	»
Donnington.	14.14	»
Newport.	17.61	»
Gnosall.	22.65	Stafford.
Haughton.	24.73	»
Stafford, North *.	28.65	»
Shrewsbury, end of line *.	—	Shropshire.
» Crewe *.	0.7	»
Woofferton *.	—	Shropshire.
Easton Court.	2.52	»
Tenbury *.	5.4	»
Stafford, South *.	—	Stafford.
Penkridge, Goods.	4.58	»
» Pass.	5.18	»
Spread Eagle.	7.35	»

	M. A.	
Four Ashes.	8.64	Stafford.
Bushbury *.	13.20	»
Wolverhampton, Pass.	14.66	»
» Goods.	14.78	»
» Crane Street *.	15.3	»
Monmore Green.	15.58	»
Ettingshall Road & Bilston	16.43	»
Deepfields.	17.63	»
Tipton *.	18.66	»
»	19.51	»
Dudley Port, High Level.	20.30	»
Albion.	21.47	»
Oldbury.	22.29	»
Spon Lane.	23.27	»
Smethwick, Galton *.	24.	»
»	24.25	»
Soho.	25.5	»
Monument Lane *.	26.34	Warwick.
» Pass.	26.56	»
» Goods.	26.65	»
Birmingham, New Street.	27.65	»
» Proof House *.	28.44	»
» Curzon Street *.	28.54	»
» Derry line extension *.	28.63	»
» Gloucester *.	29.1	»
Adderley Park.	29.50	»
Stechford.	31.44	»
Marston Green.	34.23	»
Hampton.	37.51	»
Berkswell.	41.13	»
Tile Hill.	43.13	»
Coventry, West *.	46.33	»
»	46.41	»
» East *.	46.63	»
Whitley, Coal Wharf.	»	»
Brandon, Ballast Siding.	»	»
»	51.40	»
Rugby, Nuneaton *.	57.15	»
» *.	57.35	»
Rugby, East *.	—	Warwick.
Clifton mill.	0.78	»
Lilbourne.	3.41	»
Yelvertoft.	5.25	Northampton.
Welford & Kilworth.	9.26	Leicester.
Theddingworth.	12.26	»
Lubenham.	14.59	»
Market Harborough, Northa. *.	17.14	»
» Goods.	17.47	»
» *.	17.49	»
» Pass.	17.50	»
» G. Bowden *.	18.35	Northampton.
Medbourne Bridge.	22.47	Rutland.
Rockingham.	27.42	»
Seaton & Uppingham.	31.42	»
Luffenham *.	35.22	»

		M.A.	
Wigston, Leicester line *.		—	Leicester.
" Market Harboro line *.		0.47	"
Blaby.		1.60	"
Narborough.		3.39	"
Elmesthorpe.		8.12	"
Hinckley.		11.24	"
" *.		12.36	"
Nuneaton, S. Leicester line *.		14.41	Warwick.
" East *.		14.45	"
" West *.		15.27	"
Chilvers Coton.		"	"
Charity Cross.		15.69	"
Bedworth.		18.12	"
" Coliery.		"	"
Hawkesbury, Siding.		"	"
" Lane.		19.51	"
Longford & Exhall.		20.30	"
Foleshill.		21.74	"
Cottons, Siding.		"	"
Counden Road.		23.39	"
Coventry, West *.		24.44	"
"		24.52	"
" East *.		24.73	"
Street's, Siding.		"	"
Kenilworth.		29.75	"
Milverton.		33.42	"
Leamington, Avenue *.		34.32	"
Marton.		41.9	"
Birdingbury.		42.33	"
Dunchurch.		44.62	"
Rugby, Lime Works Siding.		"	"
" *.		48.50	"
Birmingham, Curzon Street *.		—	Warwick.
Birmingham, Curzon Street Goods *.		0.10	"
Birmingham, Curzon Street		0.18	"
Birmingham, Aston *.		—	Warwick.
Gravelly Hill.		1.25	"
Erdington.		2.21	"
Chester Road.		2.74	"
Wylde Green.		3.50	"
Sutton Coldfield.		5.	"
Birmingham, Curzon Street Goods *.		—	Warwick.
" Lawley Street *.		0.11	"
" Coal Siding.		"	"
" Vauxhall.		0.61	"
" Aston.		1.62	"
" " *.		1.70	"
Perry Barr.		3.27	Stafford.

		M.A.	
Great Barr.		4.76	Stafford.
Newton Road.		7.1	"
Bescot.		8.54	"
" South *.		8.56	"
" East *.		9.23	"
" John's Siding		"	"
Walsall, Goods.		10.11	"
" Pass.		10.22	"
" Cozen Siding.		"	"
" Brewer's Siding.		"	"
" Ryecroft *.		10.75	"
Birchills.		11.75	"
Bloxwich.		12.75	"
Church Bridge, Coliery.		"	"
" " Siding.		"	"
" " Wyrley.		16.63	"
" " Jone's Siding.		"	"
Cannock.		18.3	"
Hednesford.		19.78	"
" Ballast Pit.		"	"
Fair Oak, Siding.		"	"
Rugeley, Town.		24.25	"
" *.		25.22	"
Bushbury *.		—	Stafford.
" G. W. *.		0.3	"
Wednesford Heath.		1.20	"
Portobello.		2.65	"
Willenhall Bridge.		3.42	"
Darlaston, Goods.		4.51	"
"		5.21	"
" James Bridge *.		5.31	"
Bescot, South *.		6.54	"
Bescot, West *.		—	Stafford.
" South *.		0.37	"
Darlaston, *.		—	Stafford.
" James Bridge.		0.10	"
" Pass.		1.2	"
Wednesbury, Goods.		2.33	"
" *.		2.47	"
Bescot, East *.		—	Stafford.
" West *.		0.30	"
Wednesbury *.		1.65	"
" Pass.		1.71	"
" " *.		1.75	"
Great Bridge, Goods.		3.6	"
" " Pass.		3.11	"
" " Horsley Fields *.		3.41	"
Dudley Port, Low Level.		3.77	"
" Sedgley *.		4.35	"
" Goods.		5.3	"
" Pass.		5.25	"
" *.		5.31	"

	M.A.	
Dudley Port, *Sedgley* *.	—	Stafford.
» » *High Level*.	0.41	»

	M.A.	
Wednesbury, *G. W.* *.	—	Stafford.
» *Pass* *.	0.13	»
Ocker Hill.	1.	»
Prince's End.	1.79	»
Bloomfield, *Wednesbury Branch* *.	3.1	»

	M.A.	
Wolverhampton, *Crane Street* *.	—	Stafford.
Heath Town *.	0.38	»
» »	0.53	»
Wednesfield.	1.52	»
Willenhall, *Market Place*.	2.67	»
Short Heath.	3.55	»
Bentley.	4.56	»
New Walsall.	5.71	»
Walsall, *Ryecroft* *.	6.35	»
Rushall.	7.61	»
Pelsall.	8.76	»
Ryders Hayes, *Siding*.	»	»
Norton, *Branch* *.	9.47	»
Brownhills.	10.77	»
Anglesea, *Coliery Siding*.	11.78	»
Hammerwich, *Pass*.	13.2	»
» *Goods*.	13.11	»
Stafford, *Water Works Siding*.	»	»
Lichfield, *City Goods*.	16.27	»
» » *Pass*.	16.29	»
» *High Level*.	17.35	»
» » *.	17.46	»
Alrewas, *Goods*.	21.36	»
» *Pass*.	21.39	»
Wichnor, *South* *.	22.53	»
» *Pass*.	22.79	»
» *Platform*.	23.1	»

Norton, *Branch* *.	—	Stafford.
»	.3	»

Wichnor, *South* *.	—	Stafford.
» *Goods* *.	0.44	»

Wichnor, *Pass*.	—	Stafford.
» » *North* *.	0.2	»

Lichfield, *High Level* *.	—	Stafford.
» *.	0.31	»

Hinckley *.	—	Leicester.
Stoke Golding *.	3.12	»

	M.A.	
Nuneaton, *T. V. Joint* *.	—	Warwick.
» *T. V.* *.	0.56	»

Wolverhampton, *Low Level, G. W.* *.	—	Stafford.
Heath *.	0.40	»

Monument Lane *.	—	Warwick.
Icknield Port Road.	0.26	»
Rotten Park Road.	0.70	»
Hagley Road.	1.36	»
Harborne.	2.36	Stafford.

Overseal & Moira, *West* *.	—	Leicester.
» »	0.6	»
» » *South* *.	0.34	»
Donnisthorpe *.	1.37	»
»	1.48	»
Measham.	3.36	»
Snarestone.	5.18	»
Shackerstone *.	8.17	»
»	8.23	»
Market Bosworth.	10.58	»
Shenton.	12.43	»
Stoke Golding.	14.48	»
» *.	14.52	»
Higham-on-the-Hill.	15.72	»
Nuneaton, *T. V.* *.	17.57	Warwick.
» *Abbey Joint Line* *.	18.37	»

Donnisthorpe *.	—	Leicester.
» *Checkland's Coliery*.	0.29	»

Overseal & Moira, *South* *.	—	Leicester.
» *East* *.	0.37	»

Coalville *.	—	Leicester.
Hugglescote.	1.19	»
Heather.	3.28	»
Helpouth Mill, *Siding*.	»	»
Shackerstone *.	6.10	»

Shrewsbury, *Welshpool* *.	—	Shropshire.
Hanwood *.	4.9	»
Yockleton.	6 1/2	»
Westbury.	10 1/4	»
Middletown.	13 3/4	Montgomery.
Buttington.	16 3/4	»
» *.	16 3/4	»

Hanwood *.	—	Shropshire.
Plealey Road.	2.	»
Pontesbury.	3 1/2	»
Minsterley.	5 1/4	»

— 233 —

	M. A.	
Hadley *.	—	Shropshire.
» Lodge, Siding.	»	»
Oakengates.	1.61	»
Priors Lee.	2.21	»
Malins Lee.	3.17	»
Old Park, Siding.	»	»
Stirchley.	4.43	»
Madeley Market.	6.40	»
» Wood, Siding.	»	»
Coalport.	7.63	»
Trench Cross, Goods *.	—	Shropshire.
Wombridge Furnaces.	0.68	»
Clee Hill *.	—	Shropshire.
Middleton.	2.17	»
Bitterley.	4.22	»
End of Branch.	6.	»
Banbury.	—	Northampton.
» *.	0.31	»
Farthinghoe.	3.38	»
Cockley Brake *.	1.50	»
Brackley.	4.9	»
Buckingham.	7 1/4	Bucks.
Verney *.	5.3	»
» * & Station.	0.8	»
Winslow.	2.13	»
Swanbourne.	2.	»
Bletchley, South *.	»	»
»	5.	»
» North *.	0.4	»
Fenny Stratford.	1.	»
Woobnrn Sands.	3.	»
Ridgmont.	2 3/4	Bedford.
Lidlington.	1 3/4	»
Ampthill.	1 1/2	»
Bedford, West *.	5.64	»
» East *.	0.12	»
» Pass.	0.2	»
Blunham.	6.10	»
Girtford, Siding.	0.69	»
Sandy.	1.43	»
» *.	0.10	»
Potton.	3.35	»
Gamlingay.	»	Cambridge.
Old North Road.	»	»
Lords Bridge.	12.42	»
Cambridge *.	4.62	»
» Goods.	0.19	»
Cambridge *.	—	Cambridge.
» G. E. *.	0.12	»
Bedford, Goods.	—	Bedford.
» Yard *.	0.6	»

	M. A.	
Bedford, North *.	0.12	Bedford.
» East *.	0.22	»
Bedford, North *.	—	Bedford.
» West *.	0.12	»
Bedford, Goods, Yard *.	—	Bedford.
» Midland *.	0.3	»
Oxford.	—	Oxford.
» Medium *.	1/4	»
« Road *.	3 1/4	»
Islip.	5 3/4	»
Bicester.	11 3/4	»
Launton.	14	»
Claydon.	20	Bucks.
Verney *.	21 3/4	»
Blisworth, North *.	—	Northampton.
Duston, Siding.	3.8	»
» *.	0.67	»
Northampton.	0.53	»
Hardingstone *.	0.52	»
Billing Road.	3.34	»
Castle Ashby & Earls Barton.		»
Wellingborough.		»
» *.	0.10	»
Ditchford.		»
Higham Ferrers.		»
Ringstead.		»
Thrapston.		»
Thorpe.		»
Barnewell.		»
Oundle.		»
Elton.		»
Wansford.	2.35	Huntingdon.
» *.	0.12	»
Castor.	1.12	»
Overton.	2.34	»
Peterborough, G. E. *.	2.45	»
Cheddington *.	—	Bucks.
Marston Gate.	3	»
Aylesbury.	7 1/4	»
Leighton *.	—	Bucks.
Stanbridge Ford.	4 1/4	»
Dunstable *.	6 3/4	»
» Goods.	7	»
Dunstable *.	—	Bucks.
» Pass.	0.10	»
Newport Pagnell.	—	Bucks.
Linford, Great.	»	»

— 234 —

	M. A.	
Bradwell.	»	Bucks.
Wolverton.	0.72	»
Duston *.	—	Northampton.
Northampton, *Castle*.	3/4	»
Brampton.	5 3/4	»
Spratton.	8 1/4	»
Brixworth.	9 1/4	»
Lamport.	11 1/2	»
Kelmarsh.	15	»
Clipstone & Oxenden.	16 1/2	»
Market Harborough.	19 1/2	Leicester.
Oxford Road *.	—	Oxford.
Woodstoke *.	0.45	»
Yarnton *.	1.39	»
Craven Arms	—	Shropshire.
Broome.	2.45	»
Hopton Heath.		»
Bucknell.		»
Knighton.		Radnor.
Knucklas.		»
Llangunllo.		»
Llanbister Road.		»
Dolau.		»
Pen-y-Bont.		»
Llandrindod.		»
Builth Road.	5.51	»
» or Lllechryd *.	0.17	»
Cilmery.	1.59	Brecon.
Garth.		»
Llangammarch.		»
Llanwrtyd.	3.31	»
Cynghordy.	6.55	Carmarthen.
Llandovery *.	4.52	»
Abergavenny, *New* *.	—	Monmouth.
Brecon Road.	1.24	»
Govilan.	3.66	»
Gilwern.	5.35	»
Clydach.	6.50	Brecon.
Brynmawr *.	9.52	»
Beaufort.	11.10	»
» *.	11.28	»
Trevil.	12.40	»
Nantybwch, *East* *.	13.66	»
» *Pass*.	13.70	»
» *Goods*.	13.76	»
» *West* *.	13.77	»
Rumney Bridge *.	15.23	»
»	15.32	»
Dowlais, *Top*.	16.71	Glamorgan.
» » *.	16.73	»
» *Ivor* *.	18.29	»

	M. A.	
Dowlais, *Top* *.	—	Glamorgan.
» » *B. M.* *.	0.15	»
Brynmawr *.	—	Monmouth.
Waen Avon.	2.2	»
Blaen Avon.	4.61	»
Beaufort *.	—	Brecon.
Ebbw Vale.	1.37	»
Rumney Bridge.	—	Brecon.
Rhymney *.	1.53	»
Pontardulais *.	—	Glamorgan.
»	0.5	»
Birchrock, *Coliery Siding*	0.61	»
Grovesend, » »	1.71	»
Gorseinon.	3.47	»
Gower Road.	5.1	»
» » *.	5.2	»
» » *Pass*.	5.6	»
Bishwell, *Coliery*.	»	»
Dunvant, *Goods*.	6.49	»
» *Pass*..	6.55	»
Killay, *Pass*.	7.55	»
» *Goods*.	7.62	»
Mumbles Road, *Pass*.	9.46	»
» » *Goods*.	9.61	»
Swansea *.	11.65	»
» *Docks*.	12.30	»
Gower Road *.	—	Glamorgan.
Penclawdd, *Goods*.	3.	»
» *Pass*.	3.2	»
Swansea *.	—	Glamorgan.
» *G. W.* *.	0.21	»
Swansea *.	—	Glamorgan.
» *Victoria*.	0.41	»
» *Oystermouth* *.	0.43	»
Leeds, 3 *Signal Bridge* *.	—	York.
» *Copley Hill* *.	0.46	»
Wortley *.	1.32	»
Farnley *.	1.73	»
Churwell.	2.59	»
Morley.	4.1	»
Batley, *Birstal* *	7.2	»
» »	7.20	»
Dewsbury.	8.45	»
» *.	10.14	»
Leeds, *Copley Hill* *.	—	York.
» *Whitehall* *.	0.41	»

	M.A.	
Farnley *.	—	York.
»	1.	»
Batley, Birstal *.	—	York.
Carlinghow.	0.74	»
Birstal.	1.70	»
Bradley, Wood *.	—	York.
»	1.47	»
Heaton Lodge *.	—	York.
Bradley *.	1.4	»
Deighton *.	1.60	»
Huddersfield.	3.56	»
» Springwood *	4.18	»
Longwood.	5.38	»
Golcar.	6.55	»
Slaithwaite.	8.25	»
Marsden.	10.59	»
Diggle.	14.39	»
Saddleworth.	15.50	»
» *.	16.41	»
Greenfield, Pass.	16.59	»
» Goods.	16.61	»
» *.	16.68	»
Grotton, Pass.	18.37	»
» Goods.	18.42	»
Clough, Siding.	»	»
Lees, Goods	19.5	Lancashire.
» Pass.	19.11	»
Sett, Siding.	»	»
Glodwick Road, Pass.	20.30	»
» Goods.	20.38	»
» O.A.&G.B.*	20.49	»
Huddersfield *.	—	York.
Deighton.	0.6	»
Kirkheaton.	1.45	»
Fenay Bridge.	2.64	»
Kirkburton.	4.29	»
Staley Bridge, M.S.&L. *.	—	Lancashire.
Mossley, Pass.	2.43	»
» Goods.	2.49	»
Greenfield *.	4.51	York.
» Pass.	4.58	»
» Goods.	4.60	»
Saddleworth *.	5.28	»
Delph.	7.1	»
Rickmansworth.	—	Herts.
Watford, High Street.		»
» *.		»
Bricket Wood.		»
Park Street.		»
» *.	0.2	»

	M.A.	
St-Albans *.	1.74	Herts.
»	0.12	»
Willesden, L,&N.W.*.	—	Middlesex.
Old Oak *.	0.37	»
Acton Wells *.	0.61	»
»	1.71	»
Hammersmith, Branch *.	2.34	»
Acton *.	2.53	»
Kew, Curve *.	3.25	»
» Old.	3.58	»
» or Brentford *.	3.69	»
Hammersmith, Branch *.	—	Middlesex.
»	1.29	»
Willesden, Harlesden *.	—	Middlesex.
» High Level *.	0.13	»
Mitre Bridge *.	0.63	»
London, North Poole *.	1.13	»
London, Kensal Green *.	—	Middlesex.
Willesden, High Level.	0.33	»
» City *.	0.39	»
London, Camden *.	—	Middlesex.
» » Goods.	0.25	»
London, Primrose Hill *.	—	Middlesex.
» N.L. Limit.	0.20	»
» Hampstead Road *	0.74	»
Willesden, High Level.	—	Middlesex.
» Old Oak *.	0.34	»
Willesden, West London Branch *.	—	Middlesex.
Mitre Bridge *.	0.31	»
London, Kentish Town *.	—	Middlesex.
» » »	0.35	»
» Gospel Oak.	1.6	»
» Hampstead Heath	1.55	»
» Finchley Road.	2.44	»
» Brondesbury, Edgware Road.	3.35	»
» Kensal Green.	4.37	»
» » » *.	5.11	»
Willesden, Harlesden *.	5.27	»
» Third Line *.	6.6	»
London, Maiden lane *.	—	Middlesex.
» » » Goods.	0.24	»

	M.A.	
London, *North Pole* *.	—	Middlesex.
» *Wormwood Scrubbs*	0.14	»
» *Hammersmith* *.	1.21	»
» *Uxbridge Road.*	1.26	»
» *L. & S. W.* *.	1.51	»
» *Kensington Pass*		
(*Addison Road*).	1.74	»
» *Kensington Coal* *.	2.10	»
» *West London Ext.* *	2.28	»
» *Kensington, Lillie*		
Bridge Goods.	2.57	»
» *West Brompton*		
Pass.	2.75	»
» *West Brompton* *.	3.3	»
» *Chelsea.*	3.40	»
» » *Basin* *.	3.54	»
» *Battersea.*	4.32	Surrey.
» *Latchmere, S. W.* *.	4.48	»
» » *Main* *.	4.55	»
» *L. S. & W.* *.	5.13	»

London, *Kensington Coal* *	—	Middlesex.
» » »		
Yard.	0.10	»

London, *Chelsea Basin* *.	—	Middlesex.
» » »	0.15	»

London, *Latchmere S. W.* *	—	Surrey.
» *Ludgate* *.	0.49	»

London, *Latchmere Main* *.	—	Surrey.
» *Clapham Coal Yard* *	0.43	»
» » *.*	0.52	»
» *Falcon* *.	0.62	»

London, *Latchmere Main* *.	—	Surrey
» *Longhedge* *.	0.72	»

510. — London and South Western.
(*Angleterre*).

DIRECTEURS :

Castleman, C., Esq., Président.
Bury, (Vte).
Campbell, H. W., Lt-Colonel.
Heneage Dutton, R.
Eyre, (Cte).
Serjeant Gaselee.
Hutchins, E. J., Esq.
Johnston, J. G., Capitaine.
Marsh, M. H., Esq.
Smith Mortimer, C., Esq.
Portol, W. S., Esq.
Snell, W. P., Esq.

ADMINISTRATION A LONDRES, S. E., WATERLOO BRIDGE STATION :

Clarke, F., Secrétaire.
Scott, A., Directeur Général.
Jacomb, W., Ingénieur en Chef.
Beattie, W. G., Chef de Traction et du Matériel.
Haddow, J. T., Directeur des Marchandises.
Morgan, A., Trésorier.
Ashmore, J., et Rooke, P. H. Auditeurs.
Bircham, F. T., Solicitor.

	M.A.	
London, *Waterloo.*	—	Surrey.
» *Vauxhall.*	1.29	»
» *Nine Elms*		
Goods *	2.3	»
» *West. London*		
Ext. *.	3.13	»
» *Clapham* *.	3.64	»
Wimbledon *.	6.69	»
»	7.6	»
Coombe & Malden.	9.23	»
Surbiton.	11.40	»
Hampton Court *.	12.65	»
Esher.	13.69	»
Walton.	16.45	»
Weybridge.	18.43	»
Woking.	23.65	»
Brookwood.	27.35	»
Farnborough.	32.53	Hants.
Fleet.	36.7	»
Winchfield.	38.22	»
Basingstoke.	46.79	»
Worting *.	50.11	»
Oakley.	51.46	»
Overton.	54.61	»
Whitchurch.	58.30	»
Andover *.	65.42	»
Grateley.	71.75	Wilts.
Porton.	77.44	»
Salisbury, *Tunnel* *.	81.65	»
» *Fisherton.*	82.65	»
Wilton.	85.30	»
Dinton.	91.10	»
Tisbury.	95.40	»
Semley.	100.33	»
Gillingham.	104.45	Dorset.
Templecombe.	111.25	Somerset.
Milborne Port.	113.56	»
Sherborne.	117.34	»
Yeovil *.	121.66	»
» * & *Station.*	121.79	»
Sutton Bingham.	123.3	»
Crewkerne.	130.45	»
Chard *.	138.44	Devon.
Axminster.	143.51	»
Seaton *.	146.70	»
Honiton.	153.63	»

	M. A.	
Sidmouth *.	158.31	Devon.
Whimpole.	162.8	»
Broad Clyst.	165.42	»
Exeter, Queen Street *.	168.73	»
» » »	170.6	»
» S! David.	170.46	»
» S. D. *.	170.56	»
» Cowley Bridge *.	172.	»
S! Cyres.	174.79	»
Crediton.	177.44	»
Yeoford.	181.24	»
Copplestone.	184.16	»
Morchard Road.	185.66	»
Lapford.	188.14	»
Eggesford.	192.4	»
South Molton Road.	195.79	»
Portsmouth Arms.	198.66	»
Umberleigh.	203.4	»
Barnstaple *.	209.59	»
Fremington.	212.30	»
Instow.	215.70	»
Bideford.	218.10	»
Torrington.		»

Yeoford *.	—	Devon.
Bow.	4.60	»
North Tawton.	7.73	»
Okehampton.	10.35	»
Bridestow.		»
Lifford.		»

Exeter, Queen Street *.	—	Devon.
Topsham.	4.25	»
Woodbury Road.	5.68	»
Lympstone.	7.28	»
Exmouth.	9.34	»

Seaton *.	—	Devon.
Colyton Town.	1.64	»
Colyford.	2.56	»
Seaton.	4.30	»

Chard *.	—	Somerset.
» Town *.	2.49	»
» »	2.58	»

Chard, Town *.	—	Somerset.
» Joint.	0.39	»

Yeovil *.	—	Somerset.
River *.		»
Yeovil, B. & E. *.	0.37	»
» Joint.	1.54	»
Hendford, Goods *.	1.57	»
» »	2.55	»
» »	2.69	»

	M. A.	
Broockwood.	—	Surrey.
North Camp.	4.8	Hants.
» » *.	5.8	»
Aldershot.	6.49	»
Farnham.	9.17	»
Bentley.	13.16	»
Alton.	18.	»
Medstead.	22.42	»
Ropley.	25.35	»
Alresford.	28.5	»
Itchen Abbas.	31.57	»
Winchester *.	34.65	»
»	36.37	»
Bishopstoke.	43.21	»
Portswood *.	46.72	»
Northam *.	48.4	»
Southampton, Tunnel *.	48.20	»
» West.	48.77	»
Milbrook.	50.1	»
Redbridge.	51.57	»
» *.	51.63	»
Totton.	52.32	»
Lyndhurst Road.	55.22	»
Brockenhurst.	62.47	»
Lymington *.	63.42	»
Holmsley.	67.44	»
Ringwood *.	73.36	»
West Moors *.	78.29	Dorset.
Wimborne.	82.75	»
» *.	83.20	»
Hamworthy *.	88.60	»
Wareham.	93.42	»
Wool.	98.44	»
Moreton.	102.78	»
Dorchester.	108.36	»
Weymouth.	115.28	»
Upwey.	»	»
Rodwell.	»	»
Portland.	122.18	»

Hamworthy *.	—	Dorset.
»	1.57	»
Parkstone.		»
Bournemouth, West.		Hants.

Ringwood *.	—	Hants.
Herne Bridge.	5.42	»
Christchurch.	8.42	»
Bournemouth, East.	12.11	»

Lymington *.	—	Hants.
Shirley Holmes.	»	»
Lymington.	4.	»

Portswood *.	—	Hants.
Bitterne.	0.57	»
Woolstone.	2.30	»

	M.A.	
Sholing.	3.5	Hants.
Netley.	4.48	»

Northam *.	—	Hants.
Southampton *.	0.18	»
» Terminus.	0.69	»
» Docks.	1.9	»

Southampton *.	—	Hants.
» West *.	0.18	»

Botley *.	—	Hants.
Bishop's Waltham.	3.70	»

Bodmin.	—	Cornwall.
Wadebridge.		»

Alderbury *.	—	Wilts.
Downton.	3.68	»
Braemore.	6.68	Hants.
Fordingbridge.	9.31	»
Verwood.	14.32	»
West Moors *.	18.32	»

Andover *.	—	Hants.
» Town.	0.64	»
Clatford.	2.68	»
Fullerton Bridge.	5.30	»
Stockbridge.	8.52	»
Horsebridge.	11.63	»
Mottisfont.	24.47	»
Kembridge *.	25.7	»
Romsey.	28.7	»
Chandlers Ford.	33.10	»
Bishopstoke *.	35.13	»
Botley *.	40.61	»
Fareham *.	46.15	»
Porchester.	49.26	»
Cosham.	51.75	»
» *.	52.40	»
Fardington *.	53.4	»
Havant.	56.8	»
» *.	56.18	»
Rowlands Castle.	59.15	»
Buriton, Siding.	65.15	»
Petersfield *.	67.45	»
Liss.	70.75	»
Liphook.	75.50	»
Haslemere.	79.35	Surrey.
Witley.	83.75	»
Milford.	86.10	»
Godalming, New.	87.75	Surrey.
» *.	88.50	»
Peasemarsh *.	90.47	»

	M.A.	
Shalford *	91.	Surrey.
Guildford *.	92.12	»
Woking *.	98.13	»

Guildford *.	—	Surrey.
Ash.	5.40	»
Tongham.	7.17	»
Farnham.	10.21	»

Richmond, New.	—	Surrey.
» » *.	0.20	»
Kew Gardens.	1.29	
Gunnersbury.	2.35	Middlesex.
Brentford Road *.	2.43	»
Turnham Green.	3.34	»
Shaftesbury Road.	4.22	»
London, Hammersmith,		
Grove Road.	4.60	»
» Hammersmith,		
Grove Road *.	4.67	»
» Shepherds Bush.	5.26	»
» West London *.	5.61	»

London, Hammersmith,		
Grove Road *	—	Middlesex.
» Hammersmith *.	0.15	»

Acton *.	—	Middlesex.
Brentford Road *.	0.41	»
Gunnersbury.	0.49	»
» West *.	0.64	»

Richmond, New *.	—	Surrey.
» *.	0.6	»

Petersfield *.	—	Hants.
Rogate.	4.20	Sussex.
Elstead.	6.20	»
Midhurst *.	9.19	»
»	9.22	»

Wimbledon *.	—	Surrey.
» L. & S. W.	0.21	»

London, Nine Elms Goods *	—	Surrey.
» » »	0.30	»

London, Lavender Hill *.	—	Surrey.
» Ludgate *.	0.49	»
» Clapham *.	0.51	»
Wandsworth.	1.41	»
Putney.	2.63	»
Barnes.	3.76	»
Mortlake.	5.4	»
Richmond *.	6.31	»
» Goods.		

— 239 —

	M. A.	
Richmond *.		Surrey.
" Pass.	0.49	"
Kew, Bridge.	—	Middlesex.
" Curve *.	0.26	"
Kensington, W. L. & Metr. district *.	—	Middlesex.
" Lillie Bridge Goods.	0.29	"
West Brompton, Lillie Bridge Pass.	0.47	"
West Brompton *.	0.55	"
Chelsea.	1.12	"
" Basin *.	1.26	"
Battersea.	2.4	Surrey.
Latchmere, S. W. *.	2.20	"
" Main *.	2.27	"
" West London Ext. *.	2.65	"
Latchmere, Main *.	—	Surrey.
London, Longhedge *.	0.72	"
Latchmere, main *.	—	Surrey.
Clapham, Coal Yard *.	0.43	"
Falcon *.	0.52	"
	0.62	"
Latchmere, S. W. *.	—	Surrey.
Ludgate *.	0.49	"
Chelsea, Basin *.	—	Middlesex.
" "	0.15	"
Farlington *.	—	Hants.
Portsmouth *.	0.40	"
"	4.12	"
Portsmouth *.		Hants.
Cosham *.	0.33	"
Fareham *.		Hants.
Brockhurst.	3.38	"
Gosport, North *.	4.35	"
" South *.	4.55	"
Stoke or Gosport Road.	4.74	"
Stokes Bay.	6.33	"
Gosporth, North *.	—	Hants.
" East *.	0.23	"
	0.43	"
Gosporth, East *.	—	Hants.
" South *.	0.49	"

	M. A.	
Romsey *.	—	Hants.
Redbridge *.	5.13	"
Kembridge *.	—	Wilts.
Dunbridge.	0.58	"
Dean.	4.48	"
Alderbury *.	8.45	"
Salisbury, Milford *.	11.28	"
" Tunnel *.	12.30	"
Salisbury, Milford *.	—	Wilts.
" Goods.	0.27	"
Worting *.	—	Hants.
Micheldever.	7.12	"
Winchester *.	13.71	"
Barnes.	—	Surrey.
Chiswick.	1.39	Middlesex.
Gunnersbury, West *.	2.27	"
Kew Bridge.	2.42	"
" or Brentford *.	2.67	"
Brentford.	3.41	"
Isleworth.	5.7	"
Hounslow.	6.31	"
Feltham *.	7.28	"
	8.61	"
Ashford.	11.33	"
Staines *.	12.76	"
Egham.	14.77	Surrey.
Virginia Water, North *.	16.76	"
" "	17.2	"
" " South *.	17.22	"
Sunningdale.	20.36	Berks.
Ascot.	22.48	"
Bracknell.	25.72	"
Wokingham *.	30.2	"
"	30.43	"
Earley.	34.6	"
Reading *.	36.67	"
"	36.76	"
Richmond *.	—	Surrey.
" Old.	0.20	"
Twickenham	1.69	Middlesex.
" *.	2.3	"
Feltham *.	3.70	"
Twickenham *.	—	Middlesex.
Thames Valley *.	0.58	"
Teddington.	1.66	"
Hampton Wick.	2.74	Surrey.
Kingston.	3.34	"
Norbiton.	4.16	"
Coombe, Goods *.	5.18	"

	M. A.	
Thames Valley *.	—	Middlesex.
Fulwell.	0.48	»
Hampton.	2.20	»
Sunbury.	4.36	»
Shepperton.	6.38	»
Weybridge *	—	Surrey.
Addlestone.	1.62	»
Chertsey.	3.18	»
Virginia Water, *East* *.	5.45	»
» *North* *.	5.67	»
Virginia Water, *East* *.	—	Surrey.
» *South* *.	0.18	»
Hampton Court *.	—	Surrey.
Thames Ditton.	0.54	»
Hampton Court.	1.50	»
Staines *.	—	Middlesex.
Wraysbury.	2.36	Bucks.
Datchet.	4.65	»
Windsor.	6.46	Berks.
Streatham *.	—	Surrey.
Tooting *.	1.1	»
»	1.6	»
Haydens Lane.	2.20	»
Wimbledon *.	2.69	»
»	3.5	»
Lower Merton *.	3.54	»
Morden.	4.17	»
Mitcham.	5.34	»
» *.	6.40	»
Beddington.	6.68	»
Croydon.	8.60	»
Lower Merton *.	—	Surrey.
» »	0.8	»
Merton Abbey.	0.75	»
Tooting.	1.68	»
Wimbledon.	—	Surrey.
Raynes Park *.	1.16	»
» »	1.25	»
Worcester Park.	3.27	»
Ewell.	5.45	»
Epsom *.	6.60	»
»	6.65	»
Ashtead.	8.68	»
Leatherhead *.	10.39	»
»	10.59	»
Godalming *.	—	Surrey.
» *Old*.	0.13	»

	M. A.	
Sidmouth *.	—	Devon.
» St-Mary.		»
Tipton.		»
Sidmouth.		»
Barnstaple *.		Devon.
Wrafton.		»
Braunton.		»
Morthoe & Lee.		»
Ilfracombe.		»

511. — London, Brighton and South Coast.
(Angleterre).

DIRECTEURS :

Laing, S., Esq., Président.
Lévy, J., Esq., Président-Délégué.
Cardew, C. B., Esq.
Fremantle, T. F., Esq.
Lord Lennox, A. G.
Lopes, R. L., Esq.
Otway, A. J., Esq.
Wythes, G. E., Esq.

ADMINISTRATION A LONDRES, BRIDGE S. E.
TERMINUS :

Sarle, A., Secrétaire.
Knight, J. P., Directeur Général.
Banister, F. D., Ingénieur.
Stroudley, W., Chef de Traction et du Matériel, à Brighton.
Light, J., Directeur des Marchandises.
Cripps, J., Architecte.
Cash, W., et Fitzmaurice, J. C., Auditeurs.
Norton, Rose, Norton et Brewer, Solicitors.

		M. A.	
London, *Victoria*.			Middlesex.
» Grosvenor Road & Battersea Pier.		0.69	»
» York Road & Battersea Park.		1.29	Surrey.
» Wandsworth Road		1.77	»
» Clapham & North Stockwell.		2.29	»
» Loughborough Park & Brixton.		3.41	»
» Denmark Hill.		4.27	»
» Peckham Rye.		5.17	»
» Queen's Road, Peckham.		5.72	»
» Old Kent Road and Hatcham.		6.15	»
» South Bermondsey.		7.7	»
» London Bridge. (*City*).		8.55	»

	M. A.	
London, *Battersea Pier.*	—	Surrey.
» *York Road* *.	0.33	»
» *Clapham* *.	1.66	»
Falcon *.	1.76	Middlesex.
New Wansworth.	2.15	Surrey.
Wansworth Common.	3.15	»
Balham.	3.55	»
» *.	3.78	»
Streatham Common.	5.60	»
Thornton Heath.	7.65	»
Selhurst.	8.48	»
Croydon.	9.53	»

London, *Bricklayers' Arms.*	—	Surrey.
» *Bricklayers' Arms* *.	1.11	»
» *New Cross.*	2.34	»
Brockley.	3.15	Kent.
Forest Hill.	5.1	»
Sydenham.	5.70	»
Penge.	6.42	Surrey.
Anerley.	6.78	»
Norwood *.	8.9	»
Croydon, *New.*	9.64	»
» *East.*	»	»
» *South.*	10.18	»
Caterham *.	13.23	»
Stoat's Nest, *Goods.*	14.35	»
Red Hill *.	20.58	»
» *Goods.*	21.26	»
Earlswood.	21.47	»
Horley.	25.44	»
Three Bridges.	29.20	Sussex.
Balcombe.	33.65	»
Hayward's Heath.	37.59	»
Burgess Hill.	41.36	»
Hassock's Gate.	43.42	»
Preston.	49.21	»
Brighton, *Tic Platform.*	»	»
»	50.49	»

Portsmouth.		
Portcreek *.	—	Hants.
Farlington *.	3.52	»
Havant.	4.12	»
Emsworth.	7.16	»
Bosham.	9.3	»
Chichester.	13.4	Sussex.
Drayton.	16.4	»
Barnham *.	18.1	»
Ford *.	22.16	»
Angmering.	24.79	»
Goring.	29.3	»
Worthing.	31.40	»
Lancing.	34.6	»
Shoreham *.	36.32	»
	38.57	»

	M. A.	
Kingston.	39.34	Sussex.
Southwick.	40.14	»
Portslade.	41.49	»
Cliftonville.	43.16	»
Hove.	43.57	»
Brighton.	44.49	»
Kemp Town *.	45.39	»
Falmer.	48.11	»
Lewes *.	52.47	»
Southerham *.	53.77	»
Glynde.	55.69	»
Berwick.	60.30	»
Polegate.	64.12	»
Willingdon *.	66.15	»
Stonecross *.	67.22	»
Pevensey.	67.61	»
Bexhill.	74.39	»
St-Leonard's.	77.32	»
» S. E. R.	78.37	»
Hastings.	79.14	»

Tunbridge Wells.	—	Kent.
Groombridge.	3.7	Sussex.
Withyham.	5.40	»
Hartfield.	6.58	»
Forest Row.	10.15	»
East Grinstead.	13.23	»
Grange Road.	16.25	»
Rowfant.	17.63	»
Three Bridges.	20.20	»
Crawley.	21.59	»
Fay Gate.	25.28	»
Horsham.	28.58	»
Stammerham *.	30.76	»
Itchingfield *.	31.50	»
Billingshurst.	35.73	»
Pulborough.	41.4	»
Hardham *.	41.66	»
Amberley.	45.60	»
Arundel.	49.23	»
Ford *.	51.25	»
Littlehampton.	53.22	»

Barnham *.	—	Sussex.
Bognor.	3.46	»

Groombridge.	—	Sussex.
Eridge.	1.76	»
Rotherfield.	5.33	»
Buxted.	10.11	»
Uckfield.	12.32	»
Isfield.	15.26	»
Barcombe.	17.23	»
Lewes *.	21.26	»

Norwood *.	—	Surrey.
Croydon, *West.*	1.65	»

	M. A.	
Waddon.	2.63	Surrey.
Wallington.	4.29	»
Sutton.	6.14	»
Cheam.	7.22	»
Ewell.	8.53	»
Epsom.	9.58	»
» *.	9.73	»
Ashtead.	12.1	»
Leatherhead.	13.66	»
Boxhill & Burford Bridge.	17.	»
Dorking.	17.64	»
Holmwood.	22.59	»
Ockley.	24.74	»
Warnham.	29.22	Sussex,
Horsham.	31.24	»
Stammerham *.	33.42	»
Itchingfield *.	34.16	»
Southwater.	35.69	»
Grinstead, *West*.	38.66	»
Partridge Green.	41.13	»
Henfield.	43.14	»
Steyning.	46.62	»
Bramber.	47.28	»
Shoreham *.	51.39	»

	M. A.	
Newhaven, *Town*.	—	Sussex.
» *Wharf*.	0.30	»

	M. A.	
Brighton.		Sussex.
Kemptown *.	0.72	»
Lewes Road.	1.48	»
Kemptown.	2.25	»

	M. A.	
St-Leonards.	—	Sussex.
Bopeep *.	0.15	»

	M. A.	
London, *Peckham Rye*.	—	Surrey.
» » » *.	0.12	»
Champion Hill.	0.67	»
North Dulwich.	1.30	»
Tulse Hill *.	2.48	»
» »	2.63	»
Streatham.	4.15	»
» *.	4.59	»
Tooting *.	5.60	»
»	5.65	»
Hayden's Lane.	6.79	»
Wimbledon.	7.64	»
Morden.	8.76	»
Mitcham.	10.10	»
» *.	10.70	»
Hackbridge.	12.2	»
Carlshalton.	13.73	»
Sutton.	15.14	»
Belmont.	16.31	»
Banstead.	17.64	»
Epsom Downs.	19.24	»

	M. A.	
Tooting *.	—	Surrey.
Merton Abbey.	0.73	»
Lower Merton.	1.68	»
Wimbledon.	2.37	»

	M. A.	
Stammerham *.	—	Sussex.
Slinford.	2.44	»
Rudgwick.	4.63	»
Baynards.	5.80	Surrey.
Cranleigh.	8.70	»
Bramley.	13.70	»
Pearsmarsh *.	15.42	»
Guildford.	17.7	»

	M. A.	
Pulborough.	—	Sussex.
Hardham *.	0.65	»
Petworth.	5.16	»
Selham.	7.53	»
Midhurst.	11.26	»

	M. A.	
London, *Battersea Wharf*.	—	Surrey.
» *Stewarts Lane* *.	0.50	»

	M. A.	
Hailsham.	—	Sussex.
Polegate.	2.75	»
Willingdon *.	4.78	»
Eastbourne.	7.29	»
Stornecross *.	10.68	»

	M. A.	
Havant.	—	Hants.
Langston.	1.41	»
Hayling, *North*.	2.67	»
» *South*.	4.68	»

	M. A.	
Hayward's Heath.	—	Sussex.
Keymer *.	3.17	»
Plumpton.	6.64	»
Cooksbridge.	9.51	»
Lewes *.	12.4	»
Southcrham *.	13.47	»
Newhaven Town.	18.64	»
Bishopstone.	19.78	»
Seaford.	21.39	»

	M. A.	
Tulse Hill.	—	Surrey.
Streatham Hill.	1.2	»
Balham *.	1.74	»

	M. A.	
Kensington, *West London* *.	—	Middlesex.
» *Lillie Bge Gds*.	0.29	»
West Bromton & » *Pass*.	0.47	»
» » *.	0.55	»
Chelsea.	1.12	»
» *.	1.26	Surrey.
Battersea.	2.4	»
Latchmere *S. W.* *.	2.20	

	M.A.	
Ludgate *.	2.69	Surrey.
London, *Clapham* *.	2.71	»
Chelsea *.	—	Middlesex.
» Basin.	0.45	»
Latchmere, *South W.* *.	—	Surrey.
» *Main* *.	0.7	»
» *Coal Yard* *.	0.50	»
Falcon or Clapham, *South* *	0.69	Middlesex.
Latchmere, *Main* *.	—	Surrey.
Longhedge *.	0.72	»
Latchmere, *Main* *.	—	Surrey.
West London Extension.	0.38	»
London, *New Cross E. L.*	—	Surrey.
» *Deptford Road.*	1.15	»
Rotherhithe.	1.58	»
Wapping.	2.5	»
London, *New Cross, L. B.*		
and S. C.	—	Surrey.
» *Depford Wharf.*	1.45	»
London, *New Cross, L. B.*		
and S. C.	—	Surrey.
» *Old Kent Road* *.	0.71	»
Portcreek *.	—	Hants.
Cosham.	1.1	»
Farlington *.	2.10	»
Croydon, *West.*	—	Surrey.
Beddington.	2.27	»
Mitcham *.	3.4	»

512. — London Central. *(Angleterre.)*

En Construction.

DIRECTEURS :

Barlow, A. P., Esq.
Le Breton, P. H., Esq.
Ryder, G. R., Esq.
Seymour, A., Esq.

BUREAUX A LONDRES, S.W., 9, VICTORIA CHAMBERS, VICTORIA STREET :

Steward, F. J., Secrétaire.
Sir Hawkshaw, J., Ingénieur.
Barry, J. W., »
Ryde, E., Surveyor.

Cope, Rose et Pearson, Markley, Tarry et Stewart, Solicitors.

513. — London, Chatham and Dover.
(Angleterre.)

DIRECTEURS :

Staats Forbes, J., Esq., Président.
Sir Waterlow, S. H., Président-Délégué.
Cunningham, A. F., Esq.
Hodgkinson, G., Esq.
Jelf-Sharp, H., Major.
Salt, T., Esq.
Cavendish-Taylor, C., Esq.
Warter, H. D., Esq.

ADMINISTRATION A LONDRES, VICTORIA STATION, PIMLICO :

Brooke, G. W., Secrétaire.
Harris, M., Directeur-Adjoint.
Godbold, A. B., Directeur Continental.
Morgan, Comptable.
Mills, W., Ingénieur Principal.
Kirtley, W., Chef Principal de Traction.
Chapman, C. H., Directeur des Marchandises.
Morgan, R. N., Capitaine, Inspecteur Principal du Service Maritime.
Bristow, S. B. et Fletcher, R., Auditeurs.

	M.A.	
London, *West Street* *.	—	Middlesex.
» *Snow Hill* *.	0.8	»
» » »	»	»
» *Ludgate Hill* *.	0.26	»
» » »	0.33	»
» *Earl Street* *.	0.39	»
» *Blackfriars Bridge.*	0.62	Surrey.
» *Borough Road.*	1.27	»
» *Elephant Castle.*	1.61	»
» *Walworth Road.*	2.34	»
» *Camberwell Road* *	3.17	»
» *Loughborough* *.	3.61	»
» *Hern Hill, North* *.	4.47	»
London, *Ludgate Hill* *.	—	Middlesex.
» *Holborn Viaduct.*	0.12	»
London, *Camberwell Road* *	—	Surrey.
» » »		
» *Goods.*	»	»
London, *Loughborough* *.	—	Surrey.
» *Canterbury Road* *	0.42	»
» *Brixton.*	0.52	»

		M. A.	
London,	*Canterbury Road* *	—	Surrey.
»	*Barrington Road* *	0.9	»

		M. A.	
London,	*Barrington Road* *	—	Surrey.
»	Clapham and North Stockwell.	1.9	»
»	*Wandsworth Road*	1.41	»
»	» *	1.49	»
»	*Factory Metro.* *.	1.55	»
»	*Longhedge* *.	2.8	»
»	*Lavender Hill* *.	2.49	»

		M. A.	
London,	*Loughborough Road* *	—	Surrey.
»	» *.	0.7	»
»	*Cambria Road* *.	0.21	»

		M. A.	
Herne Hill, *South* *.	—	Surrey.
Tulse Hill *.	0.69	»

		M. A.	
London, *Battersea Pier* *.	—	Surrey.
» *York Road.*	0.27	»
» *Factory Metro* *.	0.76	»

		M. A.	
London, *Stewarts Lane* *.	—	Surrey.
» » » *Goods*	0.28	»

		M. A.	
London, *Stewarts Lane* *.	—	Surrey.
» *Longhedge* *.	0.29	»

		M. A.	
London, *Cow Lane* *.	—	Surrey.
Nunhead *.	0.50	»
»	0.54	»
Honor Oak.	2.16	»
Lordship Lane.	2.73	»
Crystal Palace, *High Level*.	4.32	»

Nunhead.	—	Surrey.
Brockley Lane.	0.48	Kent.
Lewisham Road.	1.20	»
Blackheath Hill.	1.60	»

London, *Victoria.*	—	Middlesex.
» *Grosvenor Road.*	0.58	»
» *Battersea Pier* *.	0.70	Surrey.
» *Stewarts Lane* *.	1.32	»
» *Factory Metro* *.	1.61	»
» » *Victoria* *	1.67	»
» *Wandsworth Road*	1.74	»
» Clapham and North Stockwell.	2.26	»
» *Brixton* *.	3.9	»
» » .	3.12	»
Herne Hill, *North* *.	3.69	»
» »	3.76	»
» » *South* *.	4.6	»

	M. A.	
Dulwich.	4.78	Surrey.
Sydenham Hill.	5.56	»
Penge.	7.13	»
» *.	8.16	»
Beckenham *.	8.43	Kent.
»	8.52	»
Shortlands.		»
Bromley.		»
Bickley.		»
St Mary's Cray.		»
Swanley *.		»
Farningham Road.		»
Fawkham.		»
Meopham.		»
Sole Street.		»
Rochester Bridge.		»
» » *.		»
Chatham.		»
New Brompton.		»
Rainham.		»
Newington.		»
Sittingbourne *		»
Teynham.		»
Faversham.		»
Selling.		»
Canterbury.		»
Bekesbourne.		»
Adisham		»
Shepherd's Well.		»
Kearsney.		»
Dover, *Priory.*		»
» *Port.*		»

Faversham.	—	Kent.
Whitstable.	»	»
Herne Bay.	»	»
Birchington.	»	»
Westgate-on-Sea.	»	»
Margate.	»	»
East Margate.	»	»
Broadstairs.	»	»

Swanley *.	—	Kent.
Eynsford.	2.62	»
Shoreham.	5.2	»
Otford, *Siding.*	7.25	»
Seven-Oaks, *Bat Ball.*	8.5	»
» » *.	9.11	»

Sittingbourne *.	—	Kent.
Queensborough.	»	»
Sheerness.	6.22	»

Otford, *Siding.*	—	Kent.
Kemsing.	»	»
Wrotham, *Borough Green.*	»	»
Malling.	»	»
Barming.	»	»
Maidstone.	»	»

— 245 —

Rochester Bridge *.	M. A.	
Strood.	—	Kent.
	0.17	»

514. — Londonderry (Seaham to Sunderland). *(Angleterre.)*

(Chemin de fer privé.)

Sunderland (Hendon).	—	Durham.
Ryhope.		»
Seaham, *Coliery*.		»
»		»

515. — Londonderry and Enniskillen.
(Irlande.)

Exploité par le Irish North Western.

DIRECTEURS :

Laver, H., Esq., Président.
Hemming, F. H., Esq., Président-Délégué.
Barlow, P. W., Esq.
Hanbury, P., Esq.
Warren, D., Capitaine.

BUREAUX A LONDRES, E. C., 4, COLEMAN STREET, BUILDINGS :

Musgrave, G., Secrétaire et Comptable.
Barlow, P. W., Ingénieur en Chef.
Kearsey, F., et Collum, A., Solicitors.
Sir Whetham, C., et Allen, S. J., Auditeurs.

516. — Londonderry and Lough Swilly.
(Irlande.)

DIRECTEURS :

Macky, J. T., Esq., Président.
Cooke, J., Esq.
Gililand, S., Esq.
Porter, W. D., Esq.
Mc. Corkell, B., Esq.
Corscaden, J., Esq.
Colquhoun, T., Esq.
Colquhoun, D. M., Esq.

ADMINISTRATION A LONDONDERRY :

Stewart, A. H., Secrétaire.
Mitchell, G. H., et Waller, R., Auditeurs.
Knox, R., Solicitor.

	M. A.	
Londonderry.	—	Londonderry.
Bridgend.	3.57	»
Burnfoot.	5.14	Donegal.
Inch Road.	7.7	»
Fahan.	9.15	»
Buncrana.	12.2	»

517. — London, Tilbury and Southend.
(Angleterre).

DIRECTEURS :

Bischoff, C., Esq., Président.
Sir Whetham, C.
Haigh, F. W., Esq.
Venables, J., Esq.
Simpson, L., Esq.
Currie, G. W., Esq.
Browne, H. D., Esq.
Turner, J. T., Esq.
Parkes, C. F., Esq.

ADMINISTRATION A LONDRES, BLACKWALL RAILWAY, FENCHURCH STREET, E. C :

Kennell, J. F., Secrétaire.
Louth, J., Directeur.
Bidder, G. P., Ingénieur.
Fowler, J., »
Adams, T., et Gosset, J. J., Auditeurs.
Hollingsworth & C°, Solicitors.

	M. A.	
Bow, *L. T. & S.* *.	—	Middlesex.
Bromley, *N. L.* *.		»
»		»
Plaistow.		Essex.
East Ham.		»
Barking.		»
Rainham.		»
Purfleet.		»
Grays.		»
Tilbury *.		»
Low Street.		»
Stanford-le-Hope.		»
Pitsea.		»
Benfleet.		»
Leigh.		»
Southend.		»
Tilbury *.		Essex.
Gravesend, *Town Pier*.		Kent.
» *Rosherville Pier*.		»
Bromley, *G. E.* *.	—	Middlesex.
» *N. L.* *.	0.23	»

518. — Longton, Adderley Green and Bucknall *(Angleterre)*

Exploité par le North Staffordshire.

DIRECTEURS :

Hulse, J., Esq., Président.
Beattie, J., Esq.

Bishop, F., Esq.
Goddard, J. H., Esq.
Walker, J., Esq.

Blakiston, M. F., Secrétaire à Londres, 1, Broad Sanctuary, Westminster. S. W.
Homer, C. J., Ingénieur à Stoke-Upon-Trent.
Hand, Blakiston, et Everett, Solicitors.

519. — Lostwithiel and Fowey.
(Angleterre).

Exploité par le Cornwall.

DIRECTEURS :

Head, R. T., Esq., Président.
Lambert, E., Esq., Président-Délégué.
West, W., Esq.
Shilson, W., Esq.
Lowry, W., Esq.
Dingle, W. W., Esq.

Polkinghorne, W., Secrétaire à Tywardreath.
Jenkin, Tratham et Triscott, Ingénieurs.
Carlyon, E., Auditeur.
Burgin, J., et Head, R. W., Solicitors.

520. — Louis *(Allemagne).* (V.)

COMITÉ A NURNBERG :

Hammer.
Oehs.
Lotter.
Ley, E.
Berolzheimer.
Obermeyer.
Rittner.

DIRECTION A NURNBERG :

Ley, Président.
Zeltner.
Cnopf, B.
Barthel.
Cnopf, G.
v. Thon.
Engelmann.

Maier, Inspecteur d'Exploitation.

	Kil.	
Nürnberg.	—	Mittelfranken.
Müggenhof. H.	3.24	»
Fürth.	6.04	»

521. — Louis de Hesse *(Allemagne)* (V.)

CONSEIL D'ADMINISTRATION A MAYENCE :

Probst, F. A., Vice-Président.
Werner, F.
Dael v. Koth-Wanscheid (B^{on}).
Kempf, J.
Lauteren, C.
Scherbius, G.
Varrentrap, J. A.

COMMISSION D'EXPLOITATION :

Zobel.
Varrentrapp, J. A.
Scherbius, G.
Hedderich, C. F., Secrétaire du Conseil d'Administration.

ADMINISTRATION A MAYENCE :

Kramer, J., Ingénieur en Chef de Construction.
Thomas, G., » » de la Traction.
Bittong, F., Inspecteur Principal d'Exploitation.
Maschmann, J. P., » » du Trafic.
Koster, F., » » du Matériel.
Schröder, H., Chef du Bureau des Réclamations.
Abt, L., » » » Tarifs.

	M. P.	
Frankfurt a/Mein.	—	Hess. Aussnnisch.
Niederrad. H.	0.6	»
Schwanheim. H.	1.5	»
Kelsterbach.	1.9	Starkenburg.
Raunheim.	3.	»
Rüsselsheim.	3.4	»
Bischofsheim *.	4.	»
Gustavsburg. H.	»	»
Mainz *.	4.9	»
Gartenfeld *.	5.2	Hess. Rhénish.
Mombach.	5.6	»
Budenheim.	6.1	»
Heidesheim.	6.9	»
Ingelheim.	7.6	»
Gau-Algesheim.	8.	»
Gaulsheim.	8.5	»
Bingen *.	9.1	»
Kempten. H.	9.4	»
Büdesheim-Dromersheim.	10.	»
Gensingen-Horrweiler.	10.6	»
Welgesheim-Zotzenheim.	10.9	»
Sprendlingen.	11.3	»
Gau-Bickelheim.	11.8	»
Wallertheim.	12.1	»
Armsheim.	12.5	»
Albig.	13.2	»
Alzey *.	13.6	»
Kettenheim.	14.1	»
Eppelsheim.	14.6	»
Gundersheim.	14.9	»
Nieder-Flörsheim.	15.6	»
Monsheim *.	16.	»
Pfeddersheim.	16.7	»
Pfiffligheim. H.	17.2	»

— 247 —

	M. P.	
Worms *	17.6	Hess. Rhenisch.
» Hafen.	18.	»
Rosengarten.	18.	»
Hofheim *.	18.	Starkenburg.
Biblis.	18.5	»
Gross-Rohrheim.	19.1	»
Gernsheim.	19.5	»
Biebesheim.	20.2	»
Stockstadt a/Rhein.	20.6	»
Erfelden-Gottelau.	21.	»
Wolfskehlen.	21.4	»
Griesheim.	21.7	»
Darmstadt *.	22.2	»
Kramichstein. H.	23.6	»
Messel.	»	»
Dieburg.	24.9	»
Altheim. H.	25.9	»
Babenhausen *.	26.5	»
Stockstadt a/Main.	27.3	»
Aschaffenburg.	28.4	Aschaffenburg.
Klein-Ostheim.	29.4	»
Dettingen.	30.	»
Kahl.	30.7	»
Gross-Auheim.	31.3	»
Hanau, Ost.	32.	Hess. Nassauische.
» West.	32.3	»
Wilhelmsbad. H.	32.5	»
Hochstadt-Dörnigheim. H.	32.8	»
Mainkur.	33.3	»
Frankfurt a/Main.	34.	»
	34.7	»

	M. P.	
Erbach.		
Michelstadt.	—	Starkenburg.
Zell-Kirch-Brombach.	0.5	»
König.	1.1	»
Mümling-Grumbach.	1.4	»
Höchst.	1.9	»
Weibelsbach-Heubach.	2.2	»
Lengfeld.	3.	»
Reinheim.	3.5	»
Zeilhard. H.	4.1	»
Ober Ramstadt.	4.5	»
Nieder Ramstadt Traisa.	5.1	»
Rosenhöhe.	5.5	»
Darmstadt *.	6.3	»
Weiterstadt.	6.8	»
Klein-Gerau. H.	7.8	»
Gross-Gerau.	8.5	»
Nauheim.	8.8	»
Bischofsheim *.	9.2	»
	10.3	»

Gartenfeld *.		
Gonsenheim.	—	Hess. Rhenisch.
Marienborn.	0.7	»
Klein-Winternheim.	1.3	»
Nieder-Olm.	1.8	»
Nieder Saulheim.	2.4	»
Wörrstadt.	3.1	»
	3.7	»

	M. P.	
Armsheim.	4.5	Hess. Rhenisch.
Bornheim.	5.	»
Flonheim.	5.3	»

Mainz *.	—	Starkenburg.
Laubenheim. H.	0.7	Hess. Rhenisch.
Bodenheim.	1.2	»
Nackenheim.	1.7	»
Nierstein.	2.3	»
Oppenheim.	2.5	»
Guntersblum.	3.5	»
Alsheim.	3.9	»
Mettenheim.	4.3	»
Osthofen.	4.8	»
Worms *.	5.9	»

Hofheim *.	—	Starkenburg.
Bürstadt.	0.6	»
Lorsch.	1.7	»
Bensheim.	2.4	»

Babenhausen *.	—	Starkenburg.
Langstadt.	0.6	»
Klein-Umstadt.	1.	»
Gross-Umstadt.	1.5	»
Wiebelsbach-Heubach.	2.1	»

Alzey *.	—	Hess. Rhenisch.
Wahlheim.	0.65	»
Frontière.	1.20	»

Bingen *.	—	Hess. Rhenisch.
Frontière.	0.13	»

Frontière.	—	Hess. Rhenisch.
Wachenheim-Mölsheim.	0.12	»
Monsheim *.	0.52	»
Hohensülzen.	0.76	»
Frontière.	0.84	»

522. — Louth and East Coast. (*Angleterre*).

En construction.

DIRECTEURS :

Sir Brett, W., Président.
Emeris, W. R., Esq.
Heseltine, F. J., Esq.
Winn, R., Esq.
Parkinson, J. P., Esq.

BUREAUX A LONDRES, E. C., 4, LOTHBURY :

Layton, E. W., Secrétaire.
Shelford, Ingénieur.
Robinson, »
Wilson and Son, et Dickson, R., Solicitors.

523. — Louth and Lincoln. (*Angleterre*).

Exploité par le Great Northern.

DIRECTEURS :

Heneage, E., Esq., Président.
Kime, W. T., Esq.
Turnor, E., Esq.
Ridley, J. J., Esq.
Emeris, W. R., Esq.

BUREAUX A LOUTH :

Sharpley, F., Secrétaire et Solicitor.
Myers, T., Ingénieur.
Hurst, J., et Nesbitt, C. M., Auditeurs.

524. — Lowestoft. (*Angleterre*).

Exploité par le Great Eastern.

525. — Lozowaïa-Sébastopol (*Russie*)
(**U. R.**)

CONSEIL D'ADMINISTRATION A St-PÉTERSBOURG :

Struve, A., Président.
Gubonin.
Troitski.
Ratkoff-Rojnoff.
Lessing.
Meyen.

DIRECTION A SIMFÉROPOL :

Prohoroff, Ingénieur, Directeur.
Linda, Chef de l'Entretien de la Voie.
Brul, » du Mouvement
Garvoud, Chef de la Traction.
Kail, » du Télégraphe.
Kasi, Agent Commercial, à Sébastopol.

	Verstes.	
Lozowaïa.	—	Iékaterinoslaw.
Samoïlovka.	18	»
Varvarovka.	37	»
Pavlograd.	57	»
Zaïtsévo.	76	»
Sinelnikovo *.	92	»
Slavgorod.	114	»
Sofievka.	139	»
Alexandrovsk *.	163	»
Krasnokoutovka.	180	Tauride.
Vassiliévo.	201	»
Mikhaïlovskaïa.	227	»
Fedorovka.	246	»
Mélitopol.	269	»
Akimovka.	294	»
Novo-Grigorievsk.	318	»
Rykovo.	341	»
Novo-Alexeïevka.	354	»
Tchangar.	379	Tauride.
Toganach.	394	»
Djankoï.	412	»
Kourman-Kemeltchi.	435	»
Bïuk-Onlar.	460	»
Sarabouz.	480	»
Simféropol.	498	»
Alma.	516	»
Bakhtchisaraï.	529	»
Belbek.	546	»
Inkerman.	564	»
Sébastopol.	573	»
» Quai.	575	»
Sinelnikovo *.	—	Iékaterinoslaw.
Ivanovska.	21	»
Iékaterinoslaw.	42	»
Alexandrovsk *.	—	Iékaterinoslaw.
» Dniéper.	3 1/2	»

526. — Lübeck-Büchen et Lübeck-Hambourg. (*Allemagne*.) (**V.**)

COMITÉ A LUBECK :

Harms, G. H., Président.
Weber, G., Vice-Président.
Siemssen, A. F.
Franck, J. G. J.
Erasmi, C.
Siemssen, J. M. L.
Rodde, P. H.
Klügmann, C. P.
Brehmer, W.
Heycke, W. H.
Blohm, G.
Muller, C. H.
Fehling, W.
Mann, T. J. H.
Plessing, H. A.
Lindenberg, C. H., Secrétaire.

DIRECTION A LUBECK :

Benda, A. F., Président.
Klotz, H. O.
Kulenkamp, A. G.
Behn, C. A.
Behrens, H.

ADMINISTRATION A LÜBECK :

Blumenthal, G. C. O., Inspecteur d'Exploitation.
Reiche, E., Chef de Construction, Hambourg.
Hartmann, R. F., Ingénieur, Lübeck.
Meyer, A. H. C., Caissier Général, »
Becher, C. F., Chef de Bureau, »
Jesch, J. S. W., Chef du Trafic, »
Klopfer, H., Chef de Traction, »

Atmer, T. H. E., Chef Principal du Trafic des Marchandises, Hambourg.

Büchen.	Kil.	
Roseburg. H.	—	Lauenburg.
Mölln.	5.89	»
Ratzeburg.	18.39	»
Sarau. H.	27.63	Lübeck.
Blankensee. H.	34.93	»
Lübeck.	39.87	»
Niendorf. H.	47.56	»
Reinfeld.	55.08	»
Oldesloe.	63.36	Holstein.
Bargteheide.	71.38	»
Ahrensburg.	82.90	»
Alt-Rahlstedt. H.	89.91	»
Wandsbeck.	98.95	»
Hamburg.	105.64	»
	110.55	Hamburg.

526 bis. — Luchana à Orconeva. (*Espagne*.)

Concessionnaire : La Compagnie des Mines de Luchana à Orconeva.

Luchana.	Kil.	
Orconeva.	—	Bilbao.
	9.	»

527. — Luchana à Regato. (*Espagne*.)

Concessionnaire : La Compagnie des Mines de Luchana à Regato.

Luchana.	Kil.	
Regato.	—	Bilbao.
	10.6	»

528. — Luco à Utrillas. (*Espagne*.)

A construire.

529. — Ludlow and Clee Hill. (*Angleterre*.)

Exploité par le Great Western et le London and North Western.

DIRECTEURS :

Sir Boughton, C. H. R., Président.
Knight, A. J. R. B., Esq.
Carlisle, W. T., Esq.

BUREAUX A SHREWSBURY :

Patchett, W., Secrétaire.
Bell, M. et Sharthouse, A. P., Auditeurs.
Ordell, J., Solicitor.

530. — Lugo à Rivadeo. (*Espagne*).

A construire.

531. — Lundenburg-Nikolsburg-Grussbach. (*Autriche*.)

Exploité par : Nord-Ouest de l'Autriche.

532 — Lyme Regis. (*Angleterre*)

Exploité par le London and South Western.

DIRECTEURS :

Jackson, R. W., Esq., Président.
Hinton, F., Esq.
Sir Duckett, F.
Kember, H., Secrétaire.

533. — Lymington. (*Angleterre*.)

Exploité par le London & South Western.

DIRECTEURS :

Peacke, W., Esq., Président.
Daniell, H., Esq., Président-Délégué.
Inman, G., Esq.
Perry, S., Esq.
Mew, W, B., Esq.
Moore, E. H., Secrétaire et Solicitor.
Sharp, R. et Doman, H., Auditeurs.

534. — Macclesfield Committee. (*Angleterre*.)

Exploité par le Manchester, Sheffield and Lincolnshire et le North Staffordshire.

535. — Macclesfield, Knutsford and Warrington. (*Angleterre*.)

Fait partie du Manchester, Sheffield and Lincolnshire.

536 — Madrid à Zaragoza y Alicante. (*Espagne*.)

CONSEIL D'ADMINISTRATION :

de Salamanca (Marquis), Vice-Président.
de Guad-el-Jelu (Marquis).
Llorente, A.
Ulloa, A.
de Urquijo (Marquis).
Albareda, J. L.
Bauer, I.
de Weiswiller (Baron).

COMITÉ DE PARIS, 17, RUE LAFFITTE :

de Rothschild (Baron), G.
Delahante, G.
Blount, E.
Le Hon (Comte), L.
Say, L.
Teisserenc de Bort, E.
Lartigue, C.

ADMINISTRATION A MADRID, ESTACION DE ATOCHA :

Montesimo, C. S., Directeur.
Alvarez, A. L., Secrétaire Général du Comité.
Nicolas, F., Secrétaire Général du Conseil.
de Ojeda, M., Secrétaire de la Direction.
Ortega, J., Ingénieur, Chef de la Voie.
Lescuyer, A., Chef du Trafic.
Gignoux, E., Chef de la Comptabilité.
Riff, A., Ingénieur, Chef de la Traction.
Barquez, A., Chef du Mouvement.
Berzosa, M., Chef du Contentieux.
Gil, J., Ingénieur de Division.
Moulenat, P., Chef des Magasins.

	Kil.	
Zaragoza, *Campo del Sepulcro.*	—	Zaragoza.
Casetas.	14	»
Grisen.	27	»
Plasencia.	35	»
Rueda.	42	»
Epila.	46	»
Salillas.	50	»
Calatorao.	56	»
Ricla.	61	»
Morata.	69	»
Mores.	78	»
Paracuellos de la Rivera.	84	»
Calatayud.	97	»
Terrer.	103	»
Ateca.	110	»
Bribiesca.	118	»
Alhama.	123	»
Cetina.	128	»
Ariza.	136	»
Arcos.	159	Soria.
Medinaceli.	175	»
Alcuneza.	196	Guadalajara.
Sigüenza.	202	»
Moratilla.	206	»
Baides.	218	»
Matillas.	226	»
Jadraque.	237	»
Espinosa de Henares.	250	»
Humanes.	263	»
Yunquera.	273	»
Fontanar.	276	»
Guadalajara.	285	»
Azuqueca.	296	»
Meco.	300	»
Alcalá de Henares.	308	Madrid.
Torrejon.	318	»
San Fernando (Real Sitio).	323	»
Vicálvaro.	330	»
Vallecas.	334	»
Madrid, *A tocha.*	341	»
Santa Paula.		»
Getafe.	355	»

	Kil.	
Pinto.	362	Madrid.
Valdemoro.	368	»
Ciempozuelos.	375	»
Aranjuez.	390	»
Castillejo *.	405	»
Villasequilla.	414	Toledo.
Huerta.	425	»
Trembleque.	442	»
Villacanas.	461	»
Quero.	476	»
Alcázar de San Juan *.	489	Ciudad Real.
Argamasilla del Alba.	515	»
Manzanares *.	539	»
Valdepenas.	565	»
Santa Cruz de Mudela.	579	»
Almuradiel.	596	»
Venta de Cárdenas.	606	Jaen.
Santa Elena.	619	»
Vilches.	636	»
Linares.	646	»
Baeza.	655	»
Jabalquinto.	669	»
Menjibar.	676	»
Espeluy.	681	»
Villanueva de la Reina.	690	»
Andijar.	703	»
Arjonilla.	709	»
Marmolejo.	715	»
Villa del Rio.	728	Cordoba.
Montoro.	738	»
Pedro Abad.	747	»
El Carpio.	752	»
Villafranca de Cordoba.	756	»
Alcolea.	771	»
Cordoba.	781	»
Villarrubia.	794	»
Almodóvar del Rio.	804	»
Posadas.	813	»
Hornachuelos.	823	»
Palma del Rio.	834	»
Penaflor.	838	Sevilla.
Lora del Rio.	846	»
Carmona.	862	»
Tocina.	867	»
Brenes.	884	»
La Rinconada.	900	»
Sevilla, *Plaza de Armas.*	912	»

Castillejo *.	—	Toledo.
Algodor.	12	»
Toledo.	26.	»

Alcázar de San Juan *	—	Ciudad Real.
Criptana.	8	»
Záncara.	23	»
Socuéllamos.	37	»
Villarrobledo.	54	»

		Kil.	
Minaya.		76	Albacete.
La Rota.		93	»
Gineta.		111	»
Albacete.		129	»
Chinchilla *.		148	»
Villar.		166	»
Alpera.		188	»
Almansa.		208	»
La Encina.		227	»
Caudete.		233	»
Villena.		246	Alicante.
Sax.		255	»
Elda.		262	»
Monóvar.		267	»
Novelda.		273	»
San Vicente.		295	»
Alicante.		303	»
Manzanares *.		—	Ciudad Real.
Daimiel.		21	»
Almagro.		43	»
Miguelturra.		61	»
Ciudad Real.		65	»
Chinchilla *.		—	Albacete.
Pozo Canada.		12	»
Tobarra.		41	»
Hellin.		50	»
Agramon.		70	»
Minas.		81	Murcia.
Calasparra.		88	»
Cieza.		113	»
Blanca.		122	»
Archena.		136	»
Lorqui.		141	»
Alguazas.		145	»
Cotillas.		148	»
Alcantarilla.		155	»
Murcia.		163	»
Beniajan.		168	»
Orihuela (Ceneta).		172	»
Riquelme.		192	»
Balsicas.		202	»
Pacheco.		210	»
La Palma.		215	»
Cartagena.		227	»

537. — Magdeburg-Cöthen-Halle-Leipzig (*Allemagne*). (**V.**)

DIRECTION A MAGDEBURG :

Koch, Président.
Schmidt, Vice-Président.
Dihm.
Krancke.
Hempel.
Tötsche.

EXPLOITATION A MAGDEBURG :

Murray, Directeur.
Grosse, Chef de la Construction.
Hentsch, Directeur, à Nordhausen.
Richter, Chef de la Construction, à Nordhausen.
Bönisch,   »   »   à Leipzig.

BUREAU CENTRAL :

Matthée, Contrôleur Principal.
Friedrichs, Inspecteur   », Chef du Matériel, à Buckau.
Lange, Chef Principal de Traction, à Buckau.
Neuschäfer, Chef »   »   à Halle.

	Kil.	
Magdeburg.	—	Magdeburg.
Buckau. H.	3.	»
Westerhüsen.	7.6	»
Schönebeck *.	15.	»
Gnadau.	20.5	»
An Der Saale (Calbe).	27.5	»
Wulffen.	41.4	Anhalt.
Cöthen.	50.2	»
Gross Weissandt.	59.9	»
Stumsdorf.	66.3	Merseburg.
Niemberg.	74.1	»
Halle *.	86.	»
Teutschenthal.	104.2	»
Ober-Röblingen.	112.7	»
Eisleben.	123.7	»
Riestedt.	138.6	»
Sangerhausen.	145.2	»
Wallhausen.	151.9	»
Rossla.	161.6	»
Heringen.	175.4	»
Nordhausen.	183.1	Erfurt.
Wolkramshausen.	191.5	»
Bleicherode.	201.4	»
Sollstedt.	209.9	»
Gernrode.	218.8	»
Leinefelde.	225.4	»
Heiligenstadt.	241.1	»
Arenshausen.	253.	»
Witzenhausen.	264.7	Cassel.
Hedemünden.	271.	Hannover.
Münden.	279.5	»
Kragenhof.	292.7	»
Cassel.	303.6	»
Halle *.	—	Merseburg.
Gröbers.	10.8	»
Schkeuditz.	19.1	»
Leipzig.	33.1	Sachsen.
Schönebeck *.	—	Magdeburg.
Eggersdorf.	6.5	»
Eickendorf.	9.6	»
Förderstedt.	15.5	»

	Kil.	
Stassfurt.	22.	Magdeburg.
Lödderburg. H.	26.5	»

538. — Magdeburg-Halberstadt.
(Allemagne). (**V.**)

— CONSEIL D'ADMINISTRATION :

Krüger, Président.
Bruncken, Vice-Président.
Lohrmann.
Kuhne.
Kux.
Sussmann.
Salzmann.
Engelke.
Denecke.
Grubitz.
Sattler.
Dürre.
Löhr.
Klewitz.
Buttner.
v. Unger.
Plaut.
Lucanus.
Nathusius.
v. Nathusius.
v. Voss.
Hugenberg.
König.
Neubauer.
Soheele.

DIRECTION A MAGDEBURG :

Lent, Président.
Bode, 1er Vice-Président.
Heidman, 2e Vice-Président.
Meyer.
Fisoher.
Lüdicke.
Hemme.
Fungwirth.
Herrmann.
Schmidt.
Bornemann.
Bock.
Huntemuller.

ADMINISTRATION A MAGDEBURG :

Quedenfeldt, Chef du Bureau Technique de la Construction.
Fricke et Steffens, Adjoints au Chef du Bureau Technique de la Construction.
Bange, Conservateur des Plans.
Zillissen, Directeur d'Exploitation.
Kern, Inspecteur   »
Kummer, Ingénieur.

Stute, Directeur de la Construction et Inspecteur Principal d'Exploitation, à Hannover.
Maret, Chef de Service-Adjoint.
Schubert, Président de la Direction d'Exploitation à Hannover.
Harms, Inspecteur Principal du Trafic, à Hannover.
Goering,   »   »   d'Exploitation, »
Boesoh, Chef de Construction,
Illing, Directeur d'Exploitation, à Berlin.
Bauer, Inspecteur   »   »
Hesse, Ingénieur, à Berlin.
Wagner, Chef de Construction, à Halle.
Caesar,   »   -   »   à Halberstadt.
Crüger,   »   »   à Uelzen.
Richter et Scherenberg, Ingénieurs, à Stendal.
Sachse, Ingénieur, à Wittenberge.
Maassen, Chef de Construction, à Hildesheim.

	Kil.	
Berlin.	—	Potsdam.
Spandau.	13.1	»
Dallgow.	22.4	»
Wustermark.	30.6	»
Gross Behnitz.	43.7	»
Buschow.	52.6	»
Neenhausen.	60.6	»
Rathenow.	71.	»
Gross-Wudicke. H.	79.3	Magdeburg.
Schönhausen.	92.4	»
Hämerten.	97.2	»
Stendal *.	105.2	»
Klaeden.	120.	»
Bismark.	125.2	»
Messdorff. H.	131.	»
Brunau-Packebusch.	137.3	»
Kallehne.	145.8	»
Pretzier. H.	154.6	»
Salzwedel.	162.5	»
Bergen a/Dumme.	175.3	Lüneburg.
Billerbeck.	181.6	»
Wieren.	199.1	»
Uelzen.	212.8	»
Ebstorf.	224.6	»
Brockhöfe.	235.3	»
Münster.	246.4	»
Emmingen.	254.3	»
Soltau.	265.	»
Frielingen.	272.7	»
Visselhövede.	283.1	Hannover.
Bendingbostel.	291.9	»
Gross-Linteln.	301.2	»
Langwedel.	310.2	»

	Kil.	
Wittenberge.	—	Magdeburg.
Seehausen.	13.6	»
Osterburg.	24.8	»
Goldbeck.	38.1	»
Stendal *.	52.3	»
Demker.	61.7	»

	Kil.	
Tangerhütte.		
Mahlwinkel.	74.3	Magdeburg.
Rogätz.	76.1	»
Wolmirstedt.	86.9	»
Magdeburg *.	96.3	»
Buckau.	111.6	»
Dodendorf.	115.5	»
Langenweddingen.	121.8	»
Blumenberg.	127.4	»
Hadmersleben.	132.6	»
Oschersleben.	142.7	»
Crottorf.	149.9	»
Nienhagen.	157.3	»
Halberstadt *.	160.1	»
	170.2	»
Vienenburg *.	—	Hannover.
Wasserleben.	14.3	Magdeburg.
Heudeber-Dannstädt *.	22.4	»
Halberstädt *.	36.9	»
Wegeleben *.	44.1	»
Gatersleben.	54.5	»
Nachterstedt.	58.8	»
Frose *.	61.6	Ballenstedt.
Aschersleben *.	69.	Magdeburg.
Sandersleben.	80.4	Cöthen.
Belleben.	87.3	Merseburg.
Cönnern.	97.4	»
Nauendorf a/P.	108.1	»
Wallwitz.	112.1	»
Trotha.	119.8	»
Halle.	125.9	»
Stendal *.	—	Magdeburg.
Vinzelberg.	12.7	»
Jävenitz.	26.4	»
Gardelegen.	32.3	»
Mieste.	46.2	»
Oebisfelde *.	62.	»
Vorsfelde.	70.6	Braunschweig.
Fallersleben.	80.2	Lüneburg.
Gifhorn.	93.	»
Leiferde. H.	101.	»
Meinersen.	108.9	»
Dollbergen.	118.7	»
Lehrte.	134.1	»
Heudeber-Dannstädt *.	—	Magdeburg.
Minsleben.	4.5	»
Wernigerode.	9.1	»
Aschersleben *.	—	Magdeburg.
Giersleben.		
Güsten *.	7.6	Anhalt.
Bernburg.	11.8	Bernburg.
Biendorf *.	23.4	»
Cöthen.	33.1	Cöthen.
	43.8	»

	Kil.	
Biendorf *.	—	Cöthen.
Kormigk.	6.	»
Preusslitz.	»	»
Gerlebogk.	8.6	»
Wegeleben *.	—	Magdeburg.
Ditfurth.	4.6	»
Quedlinburg.	11.1	»
Neinstedt.	17.3	»
Thale.	21.	»
Güsten *.	—	Magdeburg.
Stassfurt.	6.9	»
Magdeburg *.	—	Magdeburg.
Neustadt.	1.5	»
Magdeburg *.	—	Magdeburg.
Barleben.	11.1	»
Meitzendorf.	15.1	»
Gross-Ammensleben.	19.2	»
Neu-Haldensleben.	29.2	»
Flechtingen.	41.8	»
Ratzlingen.	53.9	»
Oebisfelde *.	64.1	»
Fröse *.	—	Ballenstedt.
Reinstedt. H.	3.3	»
Ermsleben,	8.2	»
Ballenstedt.	13.8	»
Vienenburg *.	—	Hannover.
Grauhof.	10.7	»
Langelsheim.	17.7	»
Lauthenthal.	29.4	»
Hannover.	—	Hannover.
Linden, *Fischerhof*.	4.7	»
Ronnenberg.	10.6	»
Weetzen *.	13.8	»
Benningsen.	21.7	»
Eldagsen.	27.6	»
Springe.	32.1	»
Münder a. D.	40.	»
Hasperde.	43.9	»
Hameln *.	51.3	»
Emmerthal.	57.9	»
Pyrmont-Lügde.	69.8	Lippe.
Schieder.	80.9	»
Steinheim.	88.7	Westfalen.
Bergheim.	94.	»
Sandebeck.	99.1	»
Altenbecken.	108.8	»
Weetzen *.	—	Hannover.
Wennigsen-Kloster.	4.9	»
Egestorf.	9.1	»

		Kil.	
Barsinghausen.		13.4	Hannover.
Nenndorf.		21.2	Hessen.
Haste.		25.3	»

Linden, *Fischerhof.*	—	Hannover.
» *Signal.*	2.2	»
» *Kuchengarten.*	3.6	»

Hameln *.	—	Hannover.
Fischbeck. H.	»	»
Oldendorf.	13	Cassel.
Rinteln.	25	»
Eisbergen.	30	Minden.
Vlotho.	41	»
Oeynhausen.	47	»
Löhne.	53	»

539. — Magny à Chars. (*France.*)

Finet, Chef d'Exploitation à Magny.

	Kil.	
Magny.	—	Seine-et-Oise.
Nucourt.	4	»
Bouconvillers.	8	Oise.
Chars.	13	»

539 bis. — Maine-et-Loire et Nantes.
(*France.*)

Conseil d'Administration à Paris, 15, Rue Louis-le-Grand :

de Contades (Marquis), Président.
Sencier, L., Administrateur Délégué.
de Fitz-James (Duc).
de Conegliano (Marquis).
de Tredern (Vicomte).
de Bonnemains (Baron).
d'Osenbray (Vicomte), P.
Locré, E.
de Chasteigner (Vicomte), Secrétaire.

	Kil.	
Pont-Rousseau.	—	Loire-Inférieure.
Pornic.	55	»

Ste-Pazanne.	—	Loire-Inférieure.
Machecoul.	»	»

540. — Main-Neckar. (*Allemagne.*) (V.)
Direction a Darmstadt :

Lichthammer, Président.
Grosch.
Rödiger.

Administration a Darmstadt :

Gessner, Inspecteur d'Exploitation.
Becker, Ingénieur de la Traction.
Seibert, Chef du Contrôle.
Kemm, Caissier Général.
Nahm, Chef de la Construction.
Kappel, Chef du Trafic, à Frankfurt a/M.

	Kil.	
Frankfurt a/Main.	—	Starkenburg.
Isenburg.	6.6	»
Langen.	13.3	»
Egelsbach. H.	16.1	»
Arheilgen. H.	21.5	»
Darmstadt.	26.8	»
Eberstadt.	33.4	»
Bickenbach.	39.8	»
Zwingenberg.	43.6	»
Auerbach.	46.2	»
Bensheim.	48.5	»
Heppenheim.	53.1	»
Laudenbach. H.	56.5	Mannheim.
Hemsbach.	58.8	»
Weinheim.	63.1	»
Grossachsen.	68.5	»
Ladenburg.	73.2	»
Friedrichsfeld *.	77.2	»
Heidelberg.	87.5	Baden.

Friedrichsfeld *.	—	Mannheim.
Mannheim.	9.4	»

541. — Main-Wezer. (*Allemagne.*) (V.)

Direction Royale a Cassel :

Domeier, Président.
Schulz.
Uthemann.
Firnhaber, Adjoint.
Meyer, »
Ulrich, »

Administration a Cassel :

Bute, Chef Principal de la Traction.
Utermann, Chef Principal du Trafic.
Taeger, Inspecteur d'Exploitation et de Construction au Bureau Technique.
Böttcher, Inspecteur d'Exploitation et de Construction.
Heyl, Inspecteur d'Exploitation et de Construction à Frankfurt a/Main.

	Kil.	
Cassel.	—	Cassel.
Wilhelmshöhe.	3.650	»
Gunterhausen.	13.770	»
Gensungen.	27.395	»
Wabern.	33.898	»

	Kil.	
Borken.	42.909	Cassel.
Zimmersrode.	49.224	»
Treysa.	60.698	»
Neustadt.	71.050	Hessen.
Kirchhain.	89.138	Cassel.
Cölbe. H.	99.393	»
Marburg a. d. Lahn.	104.209	»
Fronhausen.	118.786	»
Lollar.	125.243	Hessen-Darmstadt.
Giessen.	133.886	»
Lang-Göns.	143.268	»
Butzbach.	151.761	»
Nauheim (Bad).	161.758	»
Friedberg.	165.344	»
Nieder-Wöllstadt.	172.816	»
Gross-Karben.	178.210	»
Dortelweil.	181.151	»
Vilbel.	184.627	»
Bonames.	189.085	Preussen.
Bockenheim.	196.186	»
Frankfurt a/Main.	198.788	»

542. — Malines-Terneuzen. *(Belgique).*

CONSEIL D'ADMINISTRATION A St-NICOLAS :

Van Berchem, H., Président
Janssens, 1er Vice-Président.
Wauters, 2e »
Seghers.
d'Hanens.
Braeckman-Vydt.
Seydlitz.
de Schouthecte de Tervarent, (Chev.)
Verest.
de Buisseret, (Cte).
Van Ertborn, (Bon).
Luytgarens.
Van Berchem, E.
Vanden Bogaert.
Vanden Broeck.

CONSEIL DES COMMISSAIRES :

Verdurmen, Président.
Verwilghen.
Boelpaep.
Moyerson.
De Wachter.

DIRECTION A St-NICOLAS :

Lamquet, Ingénieur, Directeur Gérant.
De Hoogh, Chef du Service des Recettes.
Van Cautfort, Chef du Service du Mouvement.

	Kil.	
Malines, *État.*	—	Anvers.
Hombeeck.		
Thisselt.	2.944	»
Willebroeck.	9.521	»
	12.574	»

	Kil.	
Puers.	18.097	Anvers.
Bornhem.	21.987	»
Tamise.	25.514	Flandre Orientale.
St-Nicolas.	33.514	»
St-Gilles, *Waes.*	39.564	»
La Clinge.	43.877	»
Hulst.	47.505	Zeeland.
Kykuit. H.	»	»
Axel.	57.285	»
Sluyskill.	62.755	»
Terneuzen.	67.265	»

543. — Mallorca. *(Espagne.)*

CONSEIL D'ADMINISTRATION A PALMA :

de Montenegro, (Cte) Président.
de la Bastida, (Marquis) Vice-Président.
de Los Herreros, F. M.
Sociaz, C.
de Caceres, J.
Pomar, R.
Felui y Ferra.
del Reguer, (Marquis).
de la Cenia.
Sora, P., Suppléant.
Sureda, A., »
Marques, A., »
Cerda, T., Secrétaire.

DIRECTION A PALMA :

Estada y Sureda, E., Ingénieur des Voies et Travaux.
Bofill y Soler, P., Ingénieur, Directeur Général de l'Exploitation.

	Kil.	
Palma.	—	Ile Mallorca.
Pont d'Inca.	4	»
Marratxi.	9	»
Santa Maria.	15	»
Alaró.	19	»
Benisalem.	22	»
Lloseta.	26	»
Inca.	29	»

544. — Malmesbury. *(Angleterre.)*

Exploité par le Great Western.

DIRECTEURS :

Hill, T. D., Esq., Président.
Luce, C. R., Esq., Président-Délégué.
Miles, C. W., Colonel.
Luce, W. H., Esq.
Smith, T. G., Esq.

BUREAUX A DEVIZES :

Hart, C. F., Secrétaire.
Walker, W., et Spicer, W. T., Auditeurs.

545. — Malmö-Ystad. (Suède.)

ADMINISTRATION A YSTAD.

	M. S.	
Malmö.	—	Malmöhus.
Hindby.	0.6	»
Oxie.	1.	»
Skabersjö.	1.5	»
Svedala.	2.	»
Börringe.	2.6	»
Näsbyholm.	3.2	»
Skurup.	3.6	»
Rydsgard.	4.2	»
Marsvinsholm.	4.8	»
Charlottenlund.	5.1	»
Ystad.	5.9	»

546. — Malpartida à Salamanca.
(Espagne).

A construire.

547. — Manchester and Milford.
(Angleterre).

DIRECTEURS :

Barrow, J. J., Esq.
Sherriff, A. C., Esq.
Deans, G., Esq.
Clark, F. L., Esq.
Davies, D., Esq.
Denton, G. L., Esq.

ADMINISTRATION A CARMARTHEN :

Poole, W. F., Secrétaire.
Hamer, E., Directeur du Trafic, à Aberystwyth.
Szlumper, J., Ingénieur.
Forster, G. E., Solicitor.
Mackay, R., et Fraser, J., Auditeurs.

	M. A.	
Aberystwyth.	—	Cardigan.
Llanrhystyd Road.	3	»
Llanilar.	6	»
Trawscoed.	9	»
Strada Florida.	14	»
Tregaron.	19 1/2	»
Pont-Llanio.	21 1/2	»
Llangybi.	25 1/4	»
Derry Ormond.	26 1/2	»
Lampeter.	28 3/4	»
Llanybyther.	33 3/4	Carmarthen.
Maesycrugiau.	37 1/2	»
New Quay Road.	39 1/4	»
Pencader *.	41	»

548. — Manchester, Sheffield and Lincolnshire. (Angleterre).

DIRECTEURS :

Sir Watkins, E. W., Président.
Fenton, W., Esq., Président-Délégué.
Lord Auckland.
Chapman, J., Esq.
Firth, M., Esq.
Laverton, A., Esq.
Maclure, J. W., Esq.
Shand, A., Esq.
Turner, C., Esq.
Sir Watts, J.
Lord Wharncliffe.
Withers, R., Esq.

ADMINISTRATION A MANCHESTER, London Road:

Underdown, R. G., Directeur Général.
Ross, E., Secrétaire.
Lawrence, J., Secrétaire-Adjoint.
Sacré, C., Ingénieur, Chef du Département de la Traction et du Matériel.
Bradley, W., Inspecteur Principal.
Scotter, C., Directeur des Marchandises.
Ormerod, A., » Mines.
Lingard, J. R., Lingard, R., Solicitors.
Pollitt, W., Comptable.
Robinson, S. P., et Mellor, R., Auditeurs.

	M. A.	
Manchester, L. & N. W. *.	—	Lancashire.
» Ardwick, Pass.	0.4	»
» » Goods *.	0.36	»
» Ashburys, West *.	0.56	»
» »	0.61	»
« » East *.	0.73	»
Gorton.	1.64	»
Fairfield.	2.54	»
Guide Bridge, Audenshaw or West *.	3.57	»
» East *.	4.10	»
» L. & N. W. *.	4.43	»
»	4.48	»
» Staley Bridge *.	4.23	»
Dunkinfield.	5.2	Cheshire.
Ashton, Park Parade.	5.36	Lancashire.
Staley Bridge, West *.	6.40	»
»	6.53	»
» L. & N. W. *.	6.57	»
Dinting, Pass.	—	Derby.
Glossop.	1.3	»
Guide Bridge, Staley Bridge *.	—	Lancashire.
» Dunkirk Coliery.	»	»
» Astley Coliery.	»	»

	M.A.	
Hyde *		
Newton Moor.	1.23	Lancashire.
Newton.	»	Cheshire.
Godley.	2.22	»
» *	3.17	»
Mottram.	3.22	»
Dinting, Goods.	4.56	»
» Pass.	6.16	Derby.
	6.64	»
Manchester, Ardwick Goods.	—	Lancashire.
» » » *.	0.37	»
Manchester, Ashburys, East *.	—	Lancashire.
Belle Vue.	0.74	»
Reddish.	2.14	»
» *	3.22	»
Bredbury.	4.72	»
Romiley *.	5.76	Cheshire.
Reddish *.	—	Lancashire.
Brinnington *.	1.22	»
Romiley *.	—	Cheshire.
Bredbury *	1.24	»
Macclesfield, Central.	—	Cheshire.
»	0.30	»
Bollington.	2.40	»
Poynton.	6.40	»
High Lane.	7.72	»
Marple, Rose Hill.	10.	»
» *	10.74	»
Hyde *	—	Cheshire.
»	1.3	»
Apethorne *.	2.19	»
Woodley.	2.46	»
» *	2.48	»
Romiley *.	3.61	»
Marple *.	3.63	»
»	4.69	»
Strines.	5.37	»
New Mills, Pass.	7.42	Derby.
» *.	8.76	»
Birchvale.	9.4	»
Hayfield.	10.70	»
	11.66	»
Dinting, Pass.	—	Derby.
Hadfield & Tintwhistle.	0.67	»
Crowden.	5.26	»
Woodhead.	7.21	Cheshire.
Dunford Bridge.	10.38	Yorkshire.
Hazlehead Bridge.	12.57	»
Bullhouse, Coliery.	»	»

	Kil.	
Penistone, Goods.	16.	Yorkshire.
» Joint.	16.38	»
» *.	16.44	»
» Barnsley *.	17.15	»
Oxspring.	17.70	»
Wortley *.	19.65	»
»	20.45	»
Deepcar.	21.37	»
Oughty Bridge.	24.43	»
Wadsley Bridge.	26.40	»
Neepsend, Siding.	28.49	»
Sheffield, Tunnel *.	28.78	»
» Bridge House Goods.	29.7	»
» Victoria	29.31	»
» Park *.	29.61	»
Woodburn *.	30.34	»
Darnal *.	31.9	»
»	34.30	»
Orgreave's, Coliery.	»	»
Woodhouse.	34.49	»
» Birley *.	34.51	»
» *.	34.55	»
North Staveley *.	35.67	»
Kiveton Park.	39.53	»
» *.	40.18	»
Shireoaks.	42.61	Notts.
Worksop.	44.65	»
Checker House.	48.65	»
Rushey, Siding.	51.78	»
Retford, Whiskerhill *.	55.41	»
» South *.	55.49	»
» Goods.	55.69	»
Clarborough *.	59.49	»
Sturton.	61.58	»
Gainsborough, North *.	64.29	Lincoln.
» South *.	64.43	»
»	65.60	»
Blyton.	70.30	»
Northorpe.	70.60	»
Kirton Lindsey.	73.31	»
» Lime Siding.	»	»
Scawby & Hibaldstow.	76.70	»
Brigg.	79.51	»
Wrawby *.	82.57	»
Barnetby *.	82.62	»
»	83.27	»
Melton Ross, Siding.	88.5	»
Brocklesby.	92.63	»
» *.	92.67	»
Ulceby *.	93.65	»
» .	93.68	»
Thornton Abbey.	96.31	»
Goxhill.	98.3	»
New Holland, South *.	99.68	»
» West *.	100.14	»
Barrow Haven.	101.34	»
Barton.	103.43	»

	M.A.	
Penistone, *Barnsley* *.	—	York.
Silkstone.	2.20	»
Hayne's, *Coliery*.	»	»
Silkstone Fall.	»	»
Dodworth.	3.69	»
Pogmoor, *Coliery*.	»	»
Summer Lane.	5.53	»
Barnsley, *Court House* *.	6.19	»
» Goods *.	6.30	»
» L. & Y. *.	6.46	»
» »	6.54	«
» Darfield, *East* *.	7.31	»
» » *West* *.	7.32	»
Old Oaks.	8.44	»
Stairfoot for Ardsley.	8.50	»
Pinder Oaks.	»	»
New Oaks.	»	»
Aldham *.	10.	»
Wombwell.	11.1	»
Elsecar or Old Moor *.	12.18	»
Newhill, *Siding*.	»	»
Wath.	13.53	»
Manvers, *Main Coliery*.	»	»
Adwick, *Siding*.	»	»
Mexborough *.	15.46	»
» Old.	15.50	»
» New.	15.71	»
Conisborough.	18.27	»
Sprotborough.	20.45	»
Doncaster, *Hexthorpe* *.	21.48	»
» Cherry Tree Lane.	22.54	»
» South *.	22.67	»
»	23.3	»
» North* (*Marsh Gate*).	23.28	»
» North *.	23.46	»
Barnby Dun.	27.50	»
Haggs Wood *.	29.38	»
Stainforth & Hatfield.	29.63	»
» *.	31.36	»
Thorne.	32.67	»
Mauds Bridge.	34.48	»
Medge Hall.	36.25	»
Godnow Bridge.	37.29	Lincoln.
Crowle.	38.61	York.
Keadby *.	41.34	Lincoln.
Althorpe.	42.35	»
Gunness & Burringham.	42.64	»
Gunhouse *.	43.61	»
Frodingham.	46.59	»
Trent, *Iron Works*.	»	»
North Lincoln, *Iron Works*	»	»
Santon, *Siding*.	»	»
Appleby.	50.11	»
Ancholme, *Siding*.	»	»
Worlaby, »	»	»
Elsham.	54.58	»

	M.A.	
Wrawby *.	56.63	Lincoln.
Barnetby *.	56.68	»
Bigby Road Bridge.	»	»
Howsham.	60.29	»
North Kelsey.	62.12	»
Moortown for Caistor.	63.49	»
Holton.	65.19	»
» Iron Ore Mines.	»	»
Usselby.	67.77	»
Market Rasen.	70.62	»
Wickenby.	74.60	»
Snelland.	76.26	»
Langworth.	79.35	»
Reepham.	80.72	»
Lincoln, *Durham Ox* *.	85.33	»
» *Midland*.	85.62	»
Sykes *.	—	Lincoln.
Torksey.	2.32	»
Cottam.	4.2	Notts.
Leverton.	6.28	»
Clarborough *.	8.13	»
Wortley *.	—	York.
Thurgoland.	1.70	»
Moor End.	—	York.
Old Sovereign.	»	»
New Sovereign.	»	»
Wentworth *.	»	»
Strafford.	»	»
Worsborough, *Iron Works*.	»	»
Glasshouse, *Siding*.	»	»
Edmunds, *Main Coliery*.	»	»
Worsborough.	4.13	»
Swathe, *Coliery*.	»	»
Aldham *.	6.5	»
Dovecliffe.	7.49	»
Blacker.	»	»
High Royd.	»	»
Birdwell.	10.21	»
Wharncliffe, *Coliery*.	»	»
Tankersley, »	»	»
Westwood.	11.45	»
Newbegin.	»	»
Chapeltown & Thorncliffe.	12.76	»
Ecclesfield.	»	»
Grange Lane *.	15.39	»
Meadow Hall.	16.60	»
» » *.	16.62	»
Tinsley *.	17.56	»
»	17.58	»
Sale's, *Siding*.	»	»
Cook's, *Siding*.	»	»
Broughton Lane.	18.63	»

	M. A.	
Sheffield, *Attercliffe*.	19.25	York.
» « *.	19.53	»
» *Woodburn* *.	20.1	»
Sheffield, *Darnal* *.	—	York.
» *Attercliffe* *.	0.49	»
Grange Lane *.	—	York.
Dropping Well.	1.72	»
Meadow Hall *.	—	York.
Blackburn Valley *.	0.42	»
Tinsley *.	—	York.
Holmes, *Coliery* *.	1.35	»
Rotherham.	2.34	»
Parkgate.	3.23	»
Aldwarke.	4.26	»
Kilnhurst.	6.20	»
Swinton.	7.40	»
Mexborough, *New*.	8.1	»
Mexborough *.	—	York.
Swinton *.	0.39	»
Holmes, *Coliery* *.	—	York.
» »	»	»
Elsecar, *or Old Moor* *.	—	York.
Elsecar.	2.50	»
Bieghton *.	—	York.
»	0.43	»
Woodhouse *.	1.33	»
»	1.39	»
Birley Top, *Coliery*.	4.26	»
Old Oaks.	—	York.
Rosa, *Coliery Siding*.	2.5	»
Smithe's Lane Crossing.	2.17	»
Applehaigh.	5.8	»
Kiveton *	—	York.
Canal, *Siding*.	0.43	»
Retford, *North* *.	—	Notts.
» *Whiskerhill* *.	0.36	»
Doncaster, *Hexthorpe* *.	—	York.
» *Balby* *.	1.13	»
Doncaster *.	—	York.
» *Marsk Gate, Goods*.	0.4	»

	M. A.	
Stainforth *.	—	York.
Thorne *.	1.18	»
Keadby *.	—	Lincoln.
» for Amcotts.	0.51	»
Gunhouse *.	—	Lincoln.
» *Wharf*.	0.77	»
Ulceby *.	—	Lincoln.
Habrough *.	0.78	»
»	1.53	»
Immingham Road, *Siding*.	»	»
Stallingborough.	5.33	»
Healing, *Siding*.	»	»
Great Coates.	7.58	»
Grimsby, *Town, Pass*.	9.57	»
» *South* * (*Garden Street*).	9.66	»
» *Pasture Street*.	10.10	»
» *Town, Goods*.	10.25	»
» *Dock*.	10.54	»
» » *	10.56	»
Cleethorpes *.	10.66	»
»	12.78	»
Cleethorpes *.	—	Lincoln.
Grimsby, *Dock Goods*.	0.34	»
Grimsby, *Dock* *.	—	Lincoln.
» *Pier*.	0.53	»
Grimsby, *Dock* *.	—	Lincoln.
» *Coal Dépôt or Old Dock*.	0.22	»
Brocklesby *.	—	Lincoln.
Habrough *.	1.2	»
New Holland *.	—	Lincoln.
» » *Docks*.	0.32	»
New Holland *.	—	Lincoln.
» »	0.31	»
» » *Pier*.	0.54	»
Doncaster, *North* * (*Marsh Gate*).	—	York.
Adwick le Street & Carcroft.	3.54	»
» » *.	4.28	»
South Elmsall.	8.18	»
Hemsworth.	11.37	»
Nostell.	13.78	»
Sandal *.	17.49	»
»	17.61	»
Wakefield, *West Riding**.	18.86	»

		M. A.	
Oldham, *Glodwick Road* *	—	Lancashire.
» *Clegg Street* *.	0.9	»
» » »	0.29	»
Park Bridge.	2.10	»
Limehurst, *Coliery.*	»	»
Lordsfield,	»	»
Ashton, *Oldham Road.*	3.73	»
» *Boulton Siding.*	4.2	»
» *.	4.6	»
» *Moss.*	4.59	»
Guide Bridge, *North* *	5.26	»
» » *East* *.	5.45	»

Guide Bridge, *North* *.	—	Lancashire.
» » *Audenshaw or West* *.	0.29	»

Oldham, *Clegg Street* *.	—	Lancashire.
» *Mumps* *.	0.4	»

Sandal *.	—	York.
Walton *.	0.56	»

Adwick.	—	York.
Barnby Dun.	4.76	»
Haggs Wood *.	6.69	»

549. — Manchester South District.
(Angleterre.)

En construction.

DIRECTEURS :

Egerton, W., Président.
Maclure, J. W., Esq.
Salomonson, B., Esq.
Callender, W. R., Esq.
Fox, G., Esq.
Maclure, H. M., Secrétaire, à Manchester.
Broome, J. et Ryder, J., Auditeurs, ».

550. — Manchester, South Junction and Altrincham. *(Angleterre.)*

DIRECTEURS :

Lyon, M., Esq.
Sir Watkin, E. W.
Turner, C., Esq.
Bancroft, J., Esq.
Withers, R., Esq.
Greg, H. R., Esq.

ADMINISTRATION A MANCHESTER, OXFORD ROAD STATION :

Brown, R. H., Secrétaire et Directeur.
Woodhouse, H., Ingénieur.

		M. A.	
Manchester, *London Road* *.	—	Lancashire.
» *Oxford Road* *	0.58	»
» *Knott Mill.*	1.7	»
» *Castlefield* *.	1.16	»
» *Old Trafford.*	2.53	»
Stretford.	4.12	»
Sale.	5.67	Cheshire.
Brooklands.	6.34	»
Timperley.	7.38	»
» *.	7.47	»
Altrincham, *North* *.	7.63	»
»	8.40	»
» *South* *.	8.50	»
» *Bowdon*.	8.70	»

Manchester, *Castlefield* *.	—	Lancashire.
» *Liverpool Road* *	0.34	»

551. — Marche de la Basse-Silésie.
(Allemagne.) **(V.)**

DIRECTION ROYALE A BERLIN :

Jonas, Président.
Schwabe.
Rock.
Wittich.
Kranold.
Hansman.
Koch.
Greinert.
Piesker.
Ehlert, Inspecteur de Construction et d'Exploitation.
Cramer, Chef de Construction.

ADMINISTRATION A BERLIN :

Schulze, Inspecteur de Construction et d'Exploitation, Chef du bureau technique.
Otto, Adjoint à l'Inspecteur de Construction et d'Exploitation.
Priess, Conseiller de Construction et Inspecteur d'Exploitation à Görlitz.
Ruchholtz, Inspecteur de Construction et d'Exploitation, à Guben.
Vieregge, Inspecteur de Construction et d'Exploitation, à Breslau.
Schilling, Inspecteur de Construction et d'Exploitation, à Frankfurt a/Oder.
Scotti, Inspecteur de Construction et Chef du bureau technique.
Wagemann, Inspecteur de Construction et d'Exploitation à Hirschberg.
v. Geldern, Inspecteur de Construction et d'Exploitation à Berlin.
Grossmann, Inspecteur de Construction et d'Exploitation, à Sagan.
Gust, Chef Principal de Traction.

Weiss et Werchan, Chefs de Traction.
Landgrebe,   »   à Breslau.
Urban,   »   à Frankfurt a/Oder.
Führ,   »   à Lauban.
Rinkler,   »   à Sorau.

	Kil.	
Berlin.		
Rummelsburg. H.	—	Potsdam.
Coepenik.	3.	»
Friedrichshagen.	11.7	»
Erkner.	14.74	»
Hangelsberg. H.	24.38	»
Fürstenwalde.	37.15	»
Berkenbrück. H.	47.3	Brandenburg.
Briesen.	54.56	»
Jacobsdorf. H.	62.55	»
Pilgram.	»	»
Rosengarten. H.	70.92	»
Frankfurt a/Oder.	75.07	»
Buschmühle. H.	81.3	»
Finkenheerd.	85.4	»
Ziltendorf. H.	91.71	»
Fürstenberg.	98.01	»
Neuzelle.	104.61	»
Wellmitz.	110.2	»
Koschen. H.	116.46	»
Guben.	»	»
Jessnitz.	129.68	»
Sommerfeld.	144.84	»
Gassen. H. *.	156.83	»
Liebsgen. H.	162.25	»
Sorau.	169.67	»
Hansdorf.	183.37	»
Halbau.	191.83	»
Rauscha.	199.11	Liegnitz.
Neuhammer.	210.45	»
Kohlfurt *.	215.6	»
Waldau. H.	224.22	»
Siegersdorf.	229.96	»
Bunzlau.	236.66	»
Kaiserswaldau.	249.68	»
Hainau.	265.17	»
Arnsdorf.	276.92	»
Liegnitz.	284.39	»
Spittelndorf.	294.99	»
Maltsch.	308.	»
Neumarkt.	317.51	Breslau.
Nimkau.	326.37	»
Lissa.	335.77	»
Neukirch. H.	346.61	»
Mochbern. H.	350.58	»
Breslau.	355.52	»
	358.01	»
Kohlfurt *		
Heide-Giersdorf.	—	Liegnitz.
Lauban *.	9.62	»
Langenöls.	21.75	»
Greiffenberg.	29.81	»
	36.13	»

	Kil.	
Rabishau.	47.68	Leignitz.
Alt-Kemnitz.	57.46	»
Reignitz.	63.19	»
Hirschberg.	73.7	»
Schildau.	78.77	»
Jannowitz.	85.93	»
Märzdorf.	94.36	»
Ruhbank *.	100.68	»
Wittgendorf. H.	106.49	»
Gottesberg.	114.	Breslau.
Dittersbach.	120.61	»
Waldenburg.	124.85	»
Altwasser.	129.61	»
Kohlfurt *	—	Liegnitz.
Penzig.	13.98	»
Hennersdorf. H.	22.30	»
Görlitz.	28.41	»
Mois.	30.19	»
Nicolausdorf. H.	39.93	»
Lichtenau.	47.74	»
Lauban *.	53.99	»
Ruhbank *.	—	Liegnitz.
Landeshut.	5.93	»
Blasdorf. H.	11.35	»
Liebau.	16.1	»
Moabit.	—	Potsdam.
Wedding, *Güter*.	2.1	»
» H.	2.52	»
Gesundbrunnen.	4.4	»
Weissensee.	7.58	»
Friedrichsberg. H.	11.77	»
Stralau.	13.64	»
Treptow.	14.25	»
Rixdorf.	17.67	»
Tempelhof.	22.55	»
Schoeneberg.	24.6	»
Berlin-Potsdam *.	28.28	»
Gassen. H. *.	—	Brandenburg.
Benau.	11.39	»
Wellersdorf.	19.9	Liegnitz.
Sagan.	27.52	»
Mallmitz.	38.85	»
Ober Leschen.	53.92	»
Armadebrunn.	61.02	»
Rückenwaldau.	66.64	»
Modlau.	71.1	»
Reisicht.	78.25	»
Göllschau.	85.37	»
Arnsdorf.	92.57	»

552. — Marche de Posen (*Allemagne*). (**V.**)

CONSEIL D'ADMINISTRATION A GUBEN :

Reinhard, Président.

Wilke, C., Vice-Président.
Annuss.
Fournier.
Goldschmidt, M.
Hardt, R.
Herrmann, M.
Kaskel, B.
Kauffmann, J.
Lorenz.
v. Tiedeman.
Scheller.
Lippe-Biesterfelde, J. (Cte).
Rhens, R.

DIRECTION A GUBEN :

Buttner, Président.
Kühnast, Vice-Président.
Ottmann.
Hansmann et Jacobi, Inspecteurs d'Exploitation.
Hagen, Chef Principal de Traction.

	Kil.	
Frankfurt a/Oder.	—	Frankfurt a/O.
Blankensee. H.	»	»
Reppen.	21.22	»
Sternberg.	38.62	»
Neu-Cunersdorf.	47.77	»
Wutschdorf.	61.5	»
Schwiebus.	74.7	»
Stentsch.	85.57	»
Bentschen *.	99.3	Posen.
Friedenhorst. H.	111.3	»
Neu-Tomysl.	116.55	»
Eichenhorst.	127.5	»
Opalenica.	135.3	»
Buk.	144.52	»
Otusz.	159.17	»
Dombrowka.	160.42	»
Posen.	172.8	»

Bentschen *.	—	Posen.
Bomst.	12.45	»
Züllichau.	29.32	Frankfurt a/O.
Rottenburg a/Oder.	46.65	Liegnitz.
Polnisch-Nettkow. H.	»	»
Crossen a/Oder.	69.22	Frankfurt a/O.
Merzwiese.	79.42	»
Guben.	98.77	»

553. — **Marcoing à Bapaume** (*France*).

A construire.

M. Arrachart, Concessionnaire.

554. — **Marienburg-Mlawa** (*Allemagne*).

En construction.

DIRECTION A DANZIG.

555. — **Mariestad-Moholm** (*Suède*).

CONSEIL D'ADMINISTRATION A MARIESTAD :

Sörenson, J. U., Président.
Leuhusen, C., Général.
Löfwenskiöld, L.
Swansthöm, P.
Crafoord, G.
Peterzens, V. A.

DIRECTION A MARIESTAD :

Sundin, A. T., Ingénieur-Directeur.
Borgenstierna, C., Chef de Service.

	M. S.	Skaraborgs.
Moholm.	—	»
Säckesta. H.	0.3	»
Jula.	0.9	»
Mariestad.	1.7	»

556. — **Marlborough** (*Angleterre*).

Exploité par le Great Western.

DIRECTEURS :

Lord Bruce, E., Président.
Price, R. E., Esq., Président-Délégué.
Tomkinson, H. R., Esq.
Thomas, J. S., Esq.
Smith, T. C., Esq.

BUREAUX A MARLBOROUGH, HIGH STREET :

Leader, J., Secrétaire.
Ward, R. J., Ingénieur.
Cope, Rose and Pearson, Merrimans and Gwillim, Solicitors.

557. — **Marma-Sandarne** (*Suède*).

Dickson & Ce, propriétaires à Goteborg.

Marma.	—	Upsala.
Sandarne.	10	Gefleborg.

558. — **Marseille à la Madraque de Podestat** (*France*).

En construction.

559. — **Maryport and Carlisle** (*Angleterre*).

DIRECTEURS :

Sir Lawson, S. W., Président.
Ostle, W., Esq., » -Délégué.
Ritson, R., Esq.
Hodgson, C., Esq.
Senhouse, J. P., Esq.

Hannah, J., Esq.
Ainsworth, D., Esq.

ADMINISTRATION A MARYPORT :

Addison, J., Secrétaire et Directeur Général.
Smellie, H., Inspecteur Principal de Traction.
Carr, H., Comptable.
Cowan, W., et Nicholson, J., Auditeurs.
Tyson et Hobson, Solicitors.

	M. A.	
Maryport.	—	Cumberland.
Dearham Bridge.	2 1/2	»
Bullgill *.	4 1/2	»
Aspatria *.	8	»
Brayton.	10	»
Leegate.	12 3/4	»
Wigton.	16 3/4	»
Curthwaite.	21 1/2	»
Dalston.	24	»
Carlisle, *Citadel*.	28 1/2	»

Bullgill *.	—	Cumberland.
Dearham.		
Papcastle.	2 1/4	»
Brigham.	5 3/4	»
Cockermouth.	6 1/4	»

Aspatria *.	—	Cumberland.
Baggrow.		
Mealsgate.	2	»
	4	»

560. — Mawddwy (*Angleterre*).

DIRECTEURS :

Sir Buckley, E., Président.
Shaw, E., Esq.

ADMINISTRATION A DINAS-MAWDDWY :

Williams, W., Secrétaire.
Thomas, G. F., Ingénieur à Cardiff.
Howell and Morgan, Solicitors.

	M. A.	
Dinas-Mawddwy.	—	Merioneth.
Aberangel.		
Cemmes.	2 3/4	»
Cemmes Road.	5 1/4	Montgomery.
	6 3/4	»

561. — Medina-del-Campo à Salamanca. (*Espagne*).

CONSEIL D'ADMINISTRATION A MADRID, 1, PRECIADOS :

de Vincut y Vives (marquis), Président.
Cabezas, R., Vice-Président.
de Villa-Alcázar (Marquis).

de Castellanos (Marquis).
de Manzanera (Vte).
Diaz Ajero, J.
Garrós (fils), G.
Avril, F.
de Luna, M.
Garrós, G.
Debuc, J.

	Kil.	
Medina del Campo.	—	Valladolid.
Campillo.	12	»
Carpio.	22	»
Cantalapiedra.	33	»

562. — Medina del Campo à Zamora y de Orense à Vigo (*Espagne*).

CONSEIL D'ADMINISTRATION :

Cánovas del Castillo, A., Président.
Martos, C., Vice-Président.
Elduayen, J.
Aranaz, R.
Ravena, R.
de Canga-Argüelles (Cte).
Bugallal, S. A.
Mosquera, T. M.
de Rodas (Chev.)

ADMINISTRATION A MADRID, 2, CALLE DE FELIPE V :

Cantero y Seirullo, A., Directeur-Gérant.
Cabello Septien, P., Délégué à Zamora.
Cantero, F., Chef de l'Exploitation.
Torronteras, E., Chef de la Comptabilité.
Arroyo, J. M. F., » de la Voie.

	Kil.	
Medina del Campo.	—	Valladolid.
Villaverde.	11	»
Nava del Rey.	17	»
Venta de Pollos.	28	»
Castro Nuno.	39	»
San Roman.	49	»
Toro.	58	Zamora.
Coreses.	79	»
Zamora.	90	»

563. — Médoc. (*France*).

CONSEIL D'ADMINISTRATION A PARIS, 78, RUE D'ANJOU St-HONORÉ :

Lahens, E. E., Président.
Hopwood-Hutchinson, Vice-Président.
Maclure, J. W.
d'Assas (Marquis).
Rossigneux.

Desroques.
Baudouin (aîné).
Couturié, C., Secrétaire Général.

DIRECTION DE L'EXPLOITATION A BORDEAUX.

	Kil.	
Bordeaux, S¹-*Louis*.	—	Gironde.
Bruges. H.	4	»
Blanquefort.	8	»
Ludon.	15	»
Macau.	18	»
Margaux.	25	»
Tayac-Soussans. H.	28	»
Moulis.	32	»
S¹-Laurent S¹-Julien.	41	»
Pauillac.	47	»
S¹-Estèphe.	52	»
Verteuil.	56	»
S¹-Germain d'Esteuil.	62	»
Lesparre.	67	»
Queyrac.	75	»
S¹-Vivien.	83	»
Talais.	87	»
Soulac-les-Bains.	93	»
Le Verdon.	101	»

564. — Mellis and Eye. (*Angleterre*).

Exploité par le Great Eastern.

DIRECTEURS :

Sir Kerrison, E., Président.
Chenery, E., Esq.
Chase, R., Esq.
Lord Henniker.
Peck, S., Esq.

Warnes, J. C., Secrétaire à Eye.
Costerton, C. F. et Bishop, H., Auditeurs.

565. — Mehltheuer-Weida. (*Allemagne*).

DIRECTION A PLAUEN.

En construction.

566. — Menjibar à Almeria. (*Espagne*).

A construire.

567. — Merida à Malpartida de Plasencia. (*Espagne*.)

A construire.

568. — Merida à Sevilla. (*Espagne*).

En construction.

Pastor y Llandero, M., Directeur à Sevilla.

569. — Méridionaux (*Italie*).

CONSEIL D'ADMINISTRATION A FLORENCE, 17, RUE RENAJ :

Bastogi, (Comte), P., Président.
Bombrini, (Commandeur), C., Vice-Président.
Ginori-Lisci, (Marquis), L., »
Allievi, (Commandeur), A.
Balduino, (Commandeur), D.
Bassi, (Chevalier), G.
Belinzaghi, (Commandeur), G.
Brambilla, P.
Cini, (Chevalier), B.
Denina, (Chevalier), V.
Cagnola, (Chevalier), C.
Guastalla, (Chevalier), I.
Lacaita, (Commandeur), G.
Leonino, (Baron), S.
Oneto, F.
Orsini, (Commandeur), T.
Papa, (Chevalier), G. A.
Pisa, L.
Rossi, (Chevalier), A.
Spinelli, (Chevalier), L.
Trezzi, (Chevalier), A.
Accola, F.
Genuardi, (Bᵒⁿ), I.   ⎫ Calabro-Sicilien.
Lancia di Brolo, (Marquis), C. ⎭

DIRECTION GÉNÉRALE A FLORENCE :

Bona, (Commandeur), B., Directeur Général.
Bianchi, C., (») Secrétaire du Conseil.

	Kil.	
Bologna.	—	Bologna.
San Lazzaro.	7	»
Mirandola.	11	Modena.
Quaderna.	17	Bologna.
Castel San Pietro.	24	»
Imola.	35	»
Castel Bolognese *.	42	Ravenna.
Faenza.	50	»
Forli.	64	Forli.
Forlimpopoli.	72	»
Cesena.	83	»
Gambettola.	90	»
Savignano di Romagna.	97	»
Sant' Arcangelo.	104	»
Rimini.	111	»
Riccione.	121	»
Cattolica.	130	»
Pesaro.	145	Pesaro e Urbino.
Fano.	157	»
Marotta.	169	»
Sinigaglia.	179	Ancona.
Case Bruciate.	191	»
Falconara.	196	»
Ancona.	204	»

	Kil.			Kil.	
Osimo.	220	Ancona,	San Cesario di Lecce.	803	Lecce.
Loreto.	228	»	San Donato.	807	»
Porto Recanati.	232	Macerata.	Galugnano.	810	»
Potenza Picena.	241	»	Sternatia.	815	»
Porto Civitanova.	247	»	Zollino.	817	»
San Elpidio a Mare.	254	Ascoli Piceno.	Corigliano d'Otranto.	822	»
Porto San Giorgio.	263	»	Maglie.	827	»
Pedaso.	273	»	Bagnolo.	832	»
Cupra Marittima.	281	»	Cannole.	834	»
Grottammare.	284	»	Giurdignano.	839	»
San Benedetto del Tronto.	289	»	Otranto.	845	»
Tortoreto.	303	Teramo.			
Giulianova.	343	»	Castel-Bolognese *.	—	Ravenna.
Mulignano.	331	»	Solarolo.	6	»
Silvi.	338	»	Lugo.	14	»
Montesilvano.	343	»	Bagnacavallo.	19	»
Pescara *.	350	Chieti.	Russi.	25	»
Francavilla a Mare.	360	»	Godo.	29	»
Ortona.	372	»	Ravenna.	42	»
San Vito Lanciano.	379	»			
Fossacesia.	387	»	Pescara *.	—	Chieti.
Torino di Sangro.	392	»	Chieti.	15	»
Casalbordino.	399	»	Manopello.	24	»
Vasto.	414	»	Alanno.	29	Teramo.
San Salvo.	420	»	San Valentino.	32	Chieti.
Termoli.	440	Campobasso.	Torre de Passerei.	39	Teramo.
Campomarino.	447	»	Bussi.	50	Aquila.
Chieti.	457	Chieti.	Popoli.	53	»
Ripalta.	468	Foggia.	Pentima.	58	»
Poggio Imperiale.	483	»	Pratola.	63	»
Apricena.	487	»	Salmona.	67	»
San Severo.	498	»	Raiano.	77	»
Motta.	512	»	Molina.	85	»
Foggia *.	526	»	Acciano.	90	Aquila.
Ortanuova.	546	»	Beffi.	95	»
Cerignola.	564	»	Fontecchio.	100	»
Trinitapoli.	578	»	Fagnano Alto.	105	»
Barletta.	594	Bari.	San Demetrio.	111	»
Trani.	607	»	Paganica.	119	»
Bisceglie.	615	»	Aquila.	127	»
Molfetta.	624	»			
Giovinazzo.	630	»	Foggia *.	—	Foggia.
Santo Spirito Bitonto.	637	»	Cervaro *.	9	Caserta.
Bari *.	649	»	Ordona.	19	Foggia.
Noicattaro.	660	»	Ascoli.	31	»
Mola di Bari.	668	»	Candela.	39	»
Polignano a Mare.	682	»			
Monopoli.	689	»	Cervaro *.	—	Caserta.
Fasano.	703	»	Giardinetto.	18	»
Ostuni.	723	Lecce.	Bovino.	25	Foggia.
Carovigno.	732	»	Orsara.	34	Avellino.
San Vito d'Otranto.	748	»	Montaguto.	38	»
Brindisi.	760	»	Savignano-Greci.	44	»
Tuturano.	769	»	Ariano.	54	»
San Pietro Vernotico.	777	»	Montecalvo.	65	»
Squinzano.	784	»	Buonalbergo.	71	Benevento.
Trepuzzi.	788	»	Apice.	79	»
Lecce.	798	»			

	Kil.			Kil.	
Ponte Valentino.	86	Benevento.	Scanzano Montalbano.	175	Pontenza.
Benevento.	93	»	Policoro.	180	»
Vitulano.	101	»	Nova-Siri.	190	»
Ponte di Bevenento.	108	»	Rocca Imperiale.	194	Cosenza.
San Lorenzo Maggiore.	113	»	Monte Giordano.	201	»
Salopaca.	120	»	Roseto.	209	»
Telese.	125	»	Amendolara.	214	»
Amorosi.	129	»	Trebisacce.	223	»
Dugenta.	136	»	Torre Cerchiara.	233	»
Valle di Maddaloni.	142	Caserta.	Buffaloria di Cassano.	238	»
Maddaloni.	147	»	Corigliano.	251	»
Caserta.	155	»	Rossano.	262	»
Marcianise.	161	»	Mirto Crosia.	274	»
Aversa.	170	»	San Giacomo Calopezzati.	279	»
Sant'Antimo.	174	Napoli.	Campana.	288	»
Fratta Grumo.	176	»	Cariati.	294	»
Casoria.	180	»	Crucoli.	303	Catanzaro.
Napoli.	189	»	Cirò.	317	»
Portici.	197	»	Torre Melissa.	324	»
Torre del Greco.	201	»	Strongoli.	332	»
Torre Annunziata *.	209	»	Cotrone.	349	»
Pompei.	213	»	Custro.	365	»
Scafati.	216	Salerno.	Isola Caporizzuto.	374	»
Angri.	220	»	Roccabernarda.	380	»
Pragani.	224	»	Cropani.	388	»
Nocera di Pagani.	226	»	Simmeri.	397	»
San Clemente.	229	Forli.	Catanzaro.	408	»
Cava dei Tirreni.	234	Salerno.	Squillace.	415	»
Vietri.	238	»	Montauro.	421	»
Salerno.	243	»	Soverato.	427	»
Pontecagnano.	254	»	San Sostene.	430	»
Bellizzi.	259	Avellino.	Sant'Andrea.	434	»
Battipaglia.	262	Salerno.	Badolato.	439	Caltanisetta.
Eboli.	269	»	Santa Caterina *.	444	»
Pontesele.	275	»	Monasterace.	455	Reggio Calabria.
Contursi.	287	»	Riace.	461	»
Sicignano.	294	»	Caulonia	469	»
Buccino.	301	»	Roccella.	474	»
Romagnano.	308	»	Gioiosa.	482	»
			Siderno.	486	»
Torre Annunziata *.	—	Napoli.	Gerace.	491	»
Castellammare.	7	»	Ardore.	499	»
			Bovalino.	503	»
Bari *.	—	Bari.	Bianconuovo.	510	»
Modugno.	11	»	Brancaleone.	525	»
Bitetto.	15	»	Capo Spartivento.	531	»
Grumo.	22	»	Palizzi.	538	»
Acquaviva.	41	»	Bova.	543	»
Gioia dal Colle.	54	»	Amandolea.	547	»
San Basilio.	67	Lecce.	Melito.	556	»
Castellaneta.	77	»	Saline.	564	»
Palagianello.	86	»	Lazzaro.	570	»
Palagiano.	93	»	Pellaro.	576	»
Massafra.	98	»	San Gregorio.	581	»
Taranto.	115	»	Reggio.	586	»
Ginosa.	150	»			
Torremare *.	159	Pontenza.	Torremare *.	—	Potenza.
San Basilio Pisticci.	167	»	Bernalda.	13	»

— 267 —

	Kil.	
Pisticci.		
Ferrandina.	25	Potenza.
	38	»
Palermo.	—	Palermo.
Ficarazzelli.	8	»
Ficarazzi.	10	»
Bagheria.	13	»
Santa Flavia.	16	»
Casteldaccia.	18	»
Altavilla.	21	»
Trabia.	31	»
Termini.	37	»
Cerda.	45	»
Sciara.	51	»
Montemaggiore.	61	»
Roccapalumba.	70	»
Lercara.	77	»
Castronuovo.	85	»
Cammarata.	89	»
Spina.	97	Girgenti.
Messina.	—	Messina.
Tremestieri.	6	»
Galati.	11	»
Giampilieri.	16	»
Scaletta.	18	»
Ali.	24	»
Nizza Sicilia.	27	»
Santa Teresa.	33	»
Sant'Alessio.	37	»
Letoianni.	42	»
Giardini Taormina.	48	»
Calatabiano.	52	Catania.
Piedimonte Fiumefreddo.	57	»
Mascali.	63	»
Giarre Riposto.	65	»
Mangano.	74	»
Acireale.	81	»
Acicastello.	89	»
Catania.	95	»
Bicocca *.	103	»
Passo Martino.	111	»
Valsavoia.	118	»
Lentini.	124	Siracusa.
Agnone.	133	»
Brucoli.	145	»
Augusta.	152	»
Priolo.	165	»
Siracusa.	182	»
Bicocca *.	—	Catania.
Motta Sant'Anastasia.	10	»
Gerbini.	20	»
Sferro.	26	»
Muglia.	33	»
Catenanuova Centuripe.	38	»
Agira.	48	»
Raddusa.	55	»

	Kil.	
Assaro Valguarnera.	64	Catania.
Leonforte.	70	»
Castrogiovanni.	82	Caltanisetta.
Villarosa.	92	»
Imera.	101	»
Santa Caterina *.	108	»
Porto Empedocle.	—	Girgenti.
Girgenti.	10	»
Caldare.	19	»
Comitini.	26	»
Passofonduto.	33	»

570. — Merionetshire. (*Angleterre.*)

En construction.

DIRECTEURS :

Holland, S., Esq., Président.
Casson, W., Esq.
Foulkes, J. H., Esq.
Owen, H., Esq.
Lloyd, M., Esq.
Robinson, A. A., Esq.

BUREAUX A LONDRES, S. W., 2, WESTMINSTER CHAMBERS, VICTORIA STREET :

Hutt, J., Secrétaire.
Grover, J. W. et Holland, C. M., Ingénieurs.
Bellamy, E. et Fraser, J., Auditeurs.
Breese, E., Solicitor.

571. — Merrybent and Darlington.
(*Angleterre.*)

Exploité par le North Eastern.

DIRECTEURS :

Spark, H. K., Esq., Président.
Wardell, R., Esq.
Johnson, J., Esq.
Quelch, W. B.

Richardson, S., Secrétaire.
Dunn, H., Solicitor.

572. — Mersey. (*Angleterre.*)

En construction.

DIRECTEURS :

Gladstone, R., Esq.
Lawrence, E., Esq.
Jones, E. S., Esq.
Littledale, H., Esq.
De Metz, A., Esq.

573. — Methley Joint. (*Angleterre*).

Exploité par le Great Northern, le Lancashire and Yorkshire et le North Eastern.

Grinling, W., Secrétaire à Londres, King's Cross Station.

574. — Metropolitan. (*Angleterre*).

DIRECTEURS :

Sir Watkin, E. W., Président.
Pochin, H. D., Esq., Président-Délégué.
Cassels, A., Esq.
Lingard, J. R., Esq.
Morphett, G., Esq.
Shuttleworth, J., Esq.
Whitworth, B., Esq.

ADMINISTRATION A LONDRES, 32, WESTBOURNE TERRACE, PADDINGTON, W :

Bell, J., Secrétaire.
Fenton, M., Directeur Général.
Wilson, E., Ingénieur.
Tomlinson, J., Ingénieur, Chef de Traction.
Lewis, H. F., Comptable.
Waterhouse, E., et Pavy, F., Auditeurs.
Burchells, Solicitors.

	M.	A.	
London, *Moorgate Street*.	—		Middlesex.
» *Aldergate Street* *.	0.36		»
» *Farringdon Street**	0.62		»
» *King's Cross* *.	1.61		»
» *Gower Street*.	2.39		»
» *Portland Road*.	2.70		»
» *Baker Street* *.	3.30		»
» *Edgware Road**.	3.76		»
» *Paddington (Praed Street)*.	5.19		»
» *Bayswater, Queen's Road*.	5.68		»
» *Notting Hill Gate*.	6.27		»
» *Kensington, High Street*.	6.74		»
» *Brompton, Gloucester Road*.	7.40		»
» *South Kensington*.	7.79		»

London, *Baker Street* *.	—	Middlesex.
»' »	0.6	»
» *St-John's Wood Road*.	0.62	»
» *Marlborough Road*.	1.29	»
» *Swiss Cottage*.	1.69	»

	M. A.	
London, *Westbourne Park*.	—	Middlesex.
» *Notting Hill (Ladbroke Grove)*.	0.39	»
» *Latimer Road*.	0.74	»
» » » *.	0.76	»
» *Shepherd's Bush*.	1.56	»
» *Hammersmith* *.	2.4	»
» »	2.34	

London, *Latimer Road* *.	—	Middlesex.
» *Hammersmith & W. London* *.	0.39	»

London, *Edgware Road* *.	—	Middlesex.
» *Bishop's Road*.	0.45	»

London, *Aldergate Street* *.	—	Middlesex.
» *Smithfield, G. W. Goods* *.	0.40	»
» *Snow Hill* *.	0.25	»

London, *Smithfield, G. W. Goods* *.	—	Middlesex.
» *Farringdon Street**.	0.16	»
» *King's Cross* *.	1.18	»
» *King's Cross, Upper* *.	1.44	»

London, *King's Cross G. N. Pass* *.	—	Middlesex.
» *King's Cross, Down* *.	0.10	»

London, *King's Cross, G. N. Pass* *.	—	Middlesex.
» *King's Cross, Midland* *.	0.14	»

London, *Farringdon Street* *.	—	Middlesex.
» *West Street* *.	0.10	»

575. — Metropolitan and St-John's Wood. (*Angleterre*).

Exploité par le Metropolitan.

DIRECTEURS :

Morphett, G.. Esq., Président.
Austin, W., Esq., Président-Délégué.
Fenton, M., Esq.
Lingard, J. R., Esq.
Sherriff, A. C., Esq.

Bureaux a Londres, W., 32, Westbourne Terrace, Paddington :

Bell, J., Secrétaire.
Wilson, E., Ingénieur en Chef.
Burchells, Solicitors.

576. — Metropolitan and South Western Junction. (*Angleterre*).

En construction.

Directeurs :

Maguay, C., Esq.
Chambers, C., Esq.
Goodson, J., Esq.

577. — Metropolitan District. (*Angleterre*)

Directeurs :

Forbes, J. S., Esq., Président.
Currie, G. W., Esq., Président-Délégué.
Gort, (Vicomte).
Isaacs, L. H., Esq.
Wyld, G., Esq.
Wagstaff, W., Esq.

Bureaux a Londres, S. W., 6, Westminster Chambers, Victoria Street :

Hopwood, G., Secrétaire.
Fowler, J., Ingénieur.
Speck, T. S., » Chef de Traction.
Powell, A., Comptable.
Denne, H. A., Inspecteur Principal.
Baxters and C°, Solicitor.
Hunt, H. A., et Ritchie, R., Auditeurs.

		M. A.	
London,	*Mansion House.*	—	Middlesex.
»	*Blackfriars Bridge.*	0.34	»
»	*The Temple.*	0.72	»
»	*Charing Cross.*	1.28	»
»	*Westminster Bridge.*	1.62	»
»	*St James Park.*	2.19	»
»	*Victoria (M. D.)*	2.56	»
»	*Sloane Square.*	3.27	»
»	*South Kensington.*	4.4	»
»	*Brompton, Gloucester Road.*	4.40	»
»	*West Brompton* *.	5.42	»
London,	*Kensington (High Street).*	—	Middlesex.
»	*Earl's Court.*	0.52	»
»	*North End* *.	1.40	»
» »		1.27	»
»	*Hammersmith (M. D.)*	2.17	»

		M. A.	
London,	*West London* *.	—	Middlesex.
»	*North End* *.	0.23	»
London,	*Kensington, High Street* *.	—	Middlesex.
»	*Vers Brompton, G. R.*	0.10	»
London,	*Earl's Court* *.	—	Middlesex.
»	*Vers Brompton G. R.*	0.4	»
London,	*Earl's Court* *.	—	Middlesex.
»	*Vers West Brompton.*	0.4	»

578. — Metropolitan Inner Circle. (*Angleterre*).

En construction.

Directeurs :

Sir Whetham, C.
Goodson, J., Esq.
Lee, C., Esq.
Bullivant, W. M., Esq.
Walshe, E. F. D., Esq.

579. — Mézidon à Dives. (*France*).

En construction.

580. — Mid Hants. (*Angleterre*).

Exploité par le London and South Western.

Directeurs :

Knight, E., Esq., Président.
Hall, H., Esq.
Margetson, P., Esq.
Power, M. J., Esq.
Taylor, J., Esq.

Hicks, R., Secrétaire.
Tolmé, J. H., Ingénieur.
Markby, Tarry and Stewart, Solicitor.
Lucas, R., et Colliss, C., Auditeurs.

581. — Midi. (*France*).

Conseil d'Administration :

d'Eichthal, Président.
Salvador, C., Vice-Président.
Bertin, S.
Bocher, E.
Cunin-Gridaine.

Damas, J.
de La Poeze (Vicomte).
de La Salle »
Leon, A.
Mallet, E.
Pereire, I.
de La Rochefoucauld (Comte), A.
Samazeuilh, G.
Surell, A.
Thurneyssen, G.
Pereire, H.

DIRECTION A PARIS, 54, BOULEVARD HAUSSMANN :

Huyot, Directeur.
Lancelin, Ingénieur en Chef, Adjoint.

SERVICES CENTRAUX A PARIS :

Mathieu, Ingénieur en Chef.
Lomel, Chef du Secrétariat.
Serrure, Contrôleur Principal.
de Billy, A., »   »   -Adjoint.
de Friol, Chef du Contrôle.
Lireux, Chef du Contentieux.
Pasteur, Chef du Portefeuille et du Service des Titres.
Leuzinger, Chef de la Comptabilité Générale.
d'Hénouville, Chef du Bureau Commercial.

EXPLOITATION A BORDEAUX :

Simon, Directeur.
Petit, Chef d'Exploitation.
Laurent, Ingénieur en Chef du Matériel et de la Traction.
Harlé, Ingénieur en Chef de la Voie.
Bellier, Chef de la Division Centrale.

	Kil.	
Irun.	—	Espagne.
Hendaye.	3	Basses-Pyrénées.
St-Jean de Luz.	15	»
Bidart-Guéthary.	23	»
Biarritz.	28	»
Bayonne *.	38	»
Le Boucau.	41	Landes.
Labenne.	51	»
St-Vincent.	63	»
St-Géours.	69	»
Saubusse.	73	»
Rivière.	78	»
Dax *.	88	»
Buglose.	95	»
Laluque.	102	»
Rion.	113	»
Morcenx *.	127	»
Solférino.	139	»
La Bouheyre.	147	»
Ychoux.	160	»

	Kil.	
Lugos.	173	Gironde.
Caudos.	184	»
Lamothe *.	193	»
Facture.	196	»
Canauley.	201	»
Biard.	204	»
Marcheprime.	207	»
Croix d'Hins.	211	»
Pierroton.	217	»
Gazinet.	222	»
Pessac.	229	»
Bordeaux, St-Jean.	236	»
Bègles.	242	»
Villenave d'Ornon.	243	»
Cadaujac.	245	»
St-Médard d'Eyrans.	250	»
Beautiran.	255	»
Portets.	257	»
Arbanats.	260	»
Podensac.	264	»
Cérons.	266	»
Barsac.	270	»
Preignac.	273	»
Langon *.	278	»
St-Macaire.	284	»
St-Pierre d'Aurillac.	284	»
Caudrot.	288	»
Gironde.	292	»
La Réole.	297	»
Lamothe-Landerron.	303	»
Ste-Bazeille.	308	Lot-et-Garonne.
Marmande.	315	»
Fauguerolles.	325	»
Tonneins.	332	»
Nicole.	340	»
Aiguillon.	344	»
Port Ste-Marie.	352	»
Fourtic.	358	»
St-Hilaire.	363	»
Colayrac.	366	»
Agen.	372	»
Bon-Encontre *.	377	»
Sauveterre-Ostende.	384	»
St-Nicolas de la Balerme.	386	Tarn-et-Garonne.
Lamagistère.	392	»
Valence d'Agen.	398	»
Malause.	405	»
Moissac.	414	»
Castel-Sarrasin.	423	»
Lavilledieu.	431	»
Montauban.	442	»
Montbartier.	454	»
Dieupentale.	461	»
Grisolles.	466	Haute-Garonne.
Castelnau d'Estretefonds.	471	»
St-Jory.	477	»
La Courtensourt.	486	»
Toulouse.	493	

	Kil.			Kil.	
Escalquens.	506	Haute-Garonne	Ozon-Lanespède. H.	185	Hautes-Pyrénées,
Montlaur.	512	»	Capvern.	195	»
Bazièges.	516	»	Lannemezan.	201	»
Villenouvelle.	520	»	Cantaous. H.	206	»
Villefranche de Lauragais.	526	»	St-Laurent St-Paul.	211	»
Avignonet.	533	»	Aventignan. H.	214	»
Segala.	538	Aude.	Montréjeau *.	218	Haute Garonne.
Mas Stes-Puelles.	543	»	Martres de Rivière.	224	»
Castelnaudary *.	548	»	St-Gaudens.	234	»
Pexiora.	556	»	La Barthe-Inard.	242	»
Bram.	564	»	St-Martory.	250	»
Alzonne.	569	»	Boussens *.	256	»
Pezens.	576	»	Martres-Tolosane.	260	»
Carcassonne.	584	»	Cazères s/Garonne.	266	»
Trèbes.	591	»	St-Julien.	273	»
Floure.	596	»	Carbonne.	280	»
Capendu.	601	»	Longages.	287	»
Moux.	609	»	Fauga.	293	»
Lezignan.	620	»	Muret.	304	»
Villedaigne.	628	»	Portet St-Simon *.	310	»
Marcorignan.	633	»	Toulouse *.	322	»
Narbonne *.	642	»			
Coursan.	649	»	Toulouse *.	—	Haute Garonne.
Nissan.	658	Hérault.	Portet St-Simon *.	12	»
Béziers *.	668	»	Pins Justaret.	18	»
Villeneuve-les-Béziers.	674	»	Vénerque-le-Vernet.	23	»
Vias *.	686	»	Miremont.	28	»
Agde.	689	»	Auterive.	34	»
Les Onglous.	695	»	Cintegabelle.	40	»
Cette, *Ville*.	712	»	Saverdun.	49	Ariége.
» *Transit*.	716	»	Vernet d'Ariège.	57	»
			Pamiers.	65	»
Bayonne *.	—	Basses-Pyrénées.	Varilhes.	74	»
Urt.	17	»	Foix.	83	»
Peyrehorade.	34	Landes.			
Labatut.	43	»	Lamothe *.	—	Gironde.
Puyôo *.	51	Basses-Pyrénées.	Le Teich.	5	»
Baigts.	58	»	Gujan-Mestras.	9	»
Orthez.	66	»	La Hume.	13	»
Argagnon.	74	»	La Teste.	15	»
Lacq.	80	»	Arcachon.	19	»
Artix.	86	»			
Denguin.	92	»	Narbonne *.	—	Aude.
Lescar.	99	»	La Nouvelle.	21	»
Pau.	106	»	Leucate.	32	»
Assat.	113	»	Fitou.	35	»
Coarraze-Nay.	123	»	Salces.	45	Pyrénées Orientales.
Montaut-Bétharram.	130	»	Rivesaltes.	55	»
St-Pé.	134	Hautes-Pyrénées.	Perpignan.	63	»
Lourdes *.	145	»	Elne.	76	»
Adé. H.	149	»	Palau del Vidre.	79	»
Ossun.	155	»	Argelès s/Mer.	85	»
Juillan.	160	»	Collioure.	87	»
Tarbes *.	165	»	Port-Vendres.	93	»
Marcadieu. H. *.	167	»	Banyuls s/Mer.	99	»
Lespouey-Laslades.	176	»			
Bordes-L'Hez. H.	181	»	Castres *.	—	Tarn.
Tournay.	183	»	Lautrec.	14	»

		Kil.	
La Boutarié.	27	Tarn.
Mousquette.	33	»
Albi, *Orléans*.	47	»
» *Midi*.	49	»
Carmaux.	63	»
Castelnaudary *.	—	Aude.
Soupetx.	11	»
St-Félix.	20	»
Revel.	26	Tarn.
Blan. H.	32	»
Lempaut.	38	»
Soual.	43	»
La Crémade.	48	»
Castres *.	55	»
La Bruguière.	62	»
Mazamet.	73	»
Langon *.	—	Gironde.
Nizan-Villandraut.	12	»
Bazas.	20	»
Bon-Encontre *.	—	Lot-et-Gar nne.
Layrac.	5	»
Astaffort.	13	»
Castex-Lectourois.	22	Gers.
Lectoure.	30	»
Fleurance.	40	»
Montestruc. H.	46	»
Ste-Christie.	51	»
Ramberg-Preignac. H.	56	»
Auch.	64	»
St-Jean-le-Comtal.	73	»
L'Isle de Noé.	85	»
Mirande.	92	»
Laas.	101	»
Miélan.	108	»
Villécomtal s/Arros.	117	»
Rabastens de Bigorre.	122	Hautes-Pyrénées.
Vic en Bigorre *.	129	»
Vias *.	—	Hérault.
Bessan.	6	»
Florensac.	10	»
St-Thibéry.	12	»
Pézenas.	19	»
Lezignan la Cèbe. H.	23	»
Paulhan *.	29	»
Campagnan.	33	»
Villeveyrac.	43	»
Montbazin-Gigean.	51	»
Cournonterral.	56	»
Fabrègues.	59	»
Montpellier.	71	»
Lodève.	—	Hérault.
Cartels. H.	6	»

		Kil.	
Rabieux s/F. H.	13	Hérault.
Clermont l'Hérault.	18	»
Aspiran. H.	25	»
Paulhan *.	29	»
Estréchoux.	—	Hérault.
Latour *.	6	»
Bédarieux.	9	»
Faugères.	18	»
Laurens.	26	»
Magalas.	33	»
Espondeilhan.	36	»
Lieuran-Ribaute.	44	»
Béziers *.	51	»
Morcenx *.	—	Landes.
Arjusanx.	5	»
Arengosse.	9	»
Ygos.	16	»
St-Martin d'Oney.	25	»
Mont de Marsan.	39	»
Grenade s/Adour.	53	»
Cazères s/Adour.	62	»
Aire s/Adour.	71	»
St-Germé. H.	80	Gers.
Riscle.	86	»
Castelnau-Rivière-Basse.	95	»
Caussade.	104	Hautes-Pyrénées.
Maubourguet.	111	»
Vic en Bigorre *.	120	»
Andrest.	127	»
Tarbes *.	137	»
Marcadieu H. *.	139	»
Bernac-Debat.	146	»
Montgaillard.	154	»
Bagnères de Bigorre.	159	»
Lourdes *.	—	Hautes-Pyrénées.
Lugagnan.	4	»
Bôo-Silhen.	10	»
Argelès-Vieuzac.	13	»
Pierrefitte-Nestalas.	19	»
Montréjeau *.	—	Hautes-Pyrénées.
Loures St-Bertrand de Com-		
minges.	7	»
Saléchan Ste-Marie.	14	»
Marignac St-Béat.	20	Haute-Garonne.
Bagnères de Luchon.	35	»
Boussens *.	—	Haute-Garonne.
Mazères s/Salat.	5	»
Salies du Salat.	9	Ariége.
His-Mane-Touille.	13	»
Prat et Bonrepaux.	21	»
Caumont. H.	26	»
St-Girons.	32	»

— 273 —

	Kil.	
Dax *.	—	Landes.
Mimbaste.	13	»
Misson-Habas.	21	»
Puyôo *.	30	Basses-Pyrénées.

Latour *.	—	Hérault.
Le Bousquet.	6	»
Lunas. H.	9	»
Les Cabrils.	13	»
Roqueronde.	18	»
Montpaon.	26	»
St-Jean et St-Paul.	36	Aveyron.
Tournemire *.	42	»
St-Rome de Cernon.	49	»
St-Georges de Luzençon.	56	»
Millau.	63	»

Tournemire *.	—	Aveyron.
Massergues.		»
St-Affrique.	5	»
	15	»

Paulhan *.	—	Hérault.
Nizas.	4	»
Caux.	10	»
Roujan-Neffiés.	14	»

582. — Mid Kent (Bromley to St-Mary-Cray.) *(Angleterre.)*

Exploité par le London, Chatham and Dover.

DIRECTEURS :

Dent, W., Esq., Président.
Hill, C., Esq.
Strode, N. W. J., Esq.
Tredwell, J., Esq.

BUREAUX A LONDRES, E. C., 1, KING'S ARMS YARD, MOORGATE STREET :

Aggas, W., Secrétaire.
Starling, W. D. et Latter, R., Auditeurs.

583. Midland. *(Angleterre.)*

DIRECTEURS :

Ellis, E. S., Esq., Président.
Thompson, M. W., Esq., Président-Délégué.
Braithwaite Lloyd, G. Esq.
Jones, C. H., Esq.
Kenrick, T., Esq.
Heygate, W. U., Esq.
Hodgson, H. T., Esq.
Hutchinson, W. E., Esq.
Wakefield, J., Esq.
Mercer, J., Esq.
Mason, H., Esq.

Paget, G. E., Esq.
Mappin, F. T., Esq.
Sir Morley, I.
Hodgkinson, G., Esq.

ADMINISTRATION A DERBY :

Allport, J., Directeur Général.
Noble, J., » » -Adjoint.
Williams, J., Secrétaire.
Moore, J., » -Adjoint.
Barlow, W. H., Ingénieur Consultant.
Crossley, J. S., »
Johnson, S. W., Inspecteur Principal de la Traction.
Clayton, T. G., Inspecteur Principal du Matériel.
Needham, C. M., » » du Trafic des Voyageurs.
Newcombe, W. L., Directeur des Marchandises.
Hodges, W. H., Comptable.
Heane, R. et Allott, A., Auditeurs.

	M.	A.
London, St-Pancrass Pass. —		Middlesex.
» » Viaduct*	0.51	»
» St-Paul's *.	0.31	»
» Camden Road.	0.14	»
» Kentish Town.	0.36	»
» » » *.	0.2	»
» Haverstock Hill.	0.52	»
» Finchley Road.	1.14	»
» West End for Kilburn.	0.37	»
» West End *.	»	»
Childs Hill & Cricklewood.*	1.17	»
Brent, South *.	0.57	»
Welsh Harp.	0.73	»
Hendon.	0.16	»
Mill Hill.	»	»
Elstree & Boreham Wood.	»	Herts.
Radlett.	»	»
St-Albans.	4.50	»
Harpenden.	4.67	Hertford.
Chiltern Green.	2.49	Herts.
Luton.	2.79	Bedford.
Leagrave.	2.38	»
Harlington.	4.42	»
Flitwick.	2.76	»
Ampthill.	1.43	»
Bedford, Pass.	8.2	»
» *.	0.12	»
» Turvey *.	1.34	»
Oakley.	»	»
Sharnbrook.	»	»
Irchester.	11.32	Northampton.
Wellingborough, Branch*	2.10	»
» `	0.19	»
Finedon.	»	»
Isham & Burton Latimer.	»	»

	M.A.			M.A.	
Kettering *.	5.24	Northampton.	Grimesthorpe *.	1.4	York.
»	1.54	»	Brightside.	0.65	»
Rushton.		»	Blacburn Valley *.	0.44	»
Desborough.		»	Wincobank.	0.8	»
Market Harborough *.	4.73	Leicester.	Harrison, *Wagon Siding*.	»	
» Pass.	0.1	»	Holmes.	1.47	»
» Great		»	» *.	0.2	»
Bowden *.	0.65	»	Masborough *.	0.30	»
Glen.	7.52	»	»	0.5	»
Wigston, *East*.	3.73	»	Carr House, *Coliery*.	»	
» *East* *.	0.2	»	Rawmarsh & Parkgate.	2.1	»
» *.	0.34	»	Aldwarke, *Main Coliery*.	»	
Leicester, *KnightonSouth* *	1.54	»	Thrybergh Hall, *Coliery*.	»	
» » North *	0.31	»	Kilnhurst.	1.62	»
» *Cattle*.	0.28	»	Swinton, *Iron Works* *.	0.36	»
»	0.62	»	»	0.60	»
» *L.&N.W.Goods*			» *.	0.49	»
Branch *.	0.45	»	Wath & Bolton.	1.70	»
Syston.	4.9	»	Darfield.	1.65	»
» *South* *.	0.11	»	Cudworth.	4.16	»
» *North* *.	0.25	»	» *East* *.	0.27	»
Cossington Gate.	1.23	»	» *North* *.	0.36	»
Sileby.	1.7	»	Royston & Notton.	2.43	»
Mount Sorrel *.	1.41	»	Sandal & Walton.	2.59	»
Barrow-on-Soar.	0.61	»	Oakenshaw, *Walton* *.	0.16	»
Loughborough.	2.51	»	» *.	0.44	»
Hathern.	2.68	Notts.	»	0.30	»
Kegworth.		»	Normanton, *Goosehill* *.	2.28	»
Trent *.		Derby.	»	0.44	»
» *South* *.	0.39	»	» *Altofts* *.	0.68	»
»	0.11	»	Pope & Pearson's, *Siding*.	0.16	»
» *South Erewash* *.	0.8	»	Altofts & Whitwood.	0.14	»
» *North* » *.	0.36	»	Methley, *Briggs and Son's*		
Sandiacre & Stapleford.		Notts.	*Coliery*.	0.55	»
Stanton Gate.		»	» *N.E.* *.	0.26	»
Ilkeston.		Derby.	» *L. and Y.* *.	0.6	»
Shipley Gate.		»	»	0.70	»
Langley Mill.		»	Woodlesford.	1.54	»
Codnor Park.		»	Rothwell Haigh.	1.75	»
Pye Bridge.		»	Leeds, *Aireside Iron Works*	»	
Alfreton.		»	» *Hunslet*.	1.74	»
Doe Hill.		»	» *.	0.47	»
Clay Cross.		»	» *Water Lane* *.	0.78	»
Wingerworth, *Iron Works*			» *Whitehall* *.	0.17	»
Siding.		»	» *Holbeck* *.	0.6	»
Chesterfield.	1.3	»	» »	0.7	»
» *.	1.4	»	» *New Wortley* *.	0.15	»
Sheepbridge.	0.61	»	» *G.N.* *.	0.20	»
Unston, *Mineral Branch**1.59		»	Armley.	0.39	»
»	0.35	»	Kirkstall.	1.37	»
Dronfield.	1.28	»	» *Forge*.	1.6	»
Dore & Totley.	2.57	»	Newlay.	0.42	»
Beauchieff.	0.55	»	Calverley Bridge.	1.10	»
Ecclesall & Mill Houses.	0.68	York.	Apperley, *Branch* *.	1.13	»
Heeley.	1.31	»	» *Bridge*.	0.51	»
Sheffield, *New Pass*.	1.27	»	Shipley, *East* *.	3.5	»
» » *.	0.32	»	» *West* *.	0.15	»
» *Attercliffe Road*.	0.43	»	Saltaire.	0.52	»

	M. A.	
Bingley.	2.30	York.
Keighley *.	3.40	»
»	0.5	»
Steeton & Silsden.	2.66	»
Kildwick & Cross Hills.	1.51	»
Cononley.	1.47	»
Skipton.	2.67	»
» *	0.64	»
Gargrave.	3.8	»
Bell Busk.	2.68	»
Hellifield.	3.	»
Long Preston.	1.51	»
Settle.	3.66	»
Clapham.	5.53	»
» *	0.4	»
Bentham, High Level.	4.16	»
» Low Level.	»	»
Wennington.	3.25	Lancashire.
» *	0.4	»
Hornby.	2.21	»
Caton.	4.7	»
Halton.	1.55	»
Lancaster, Wagon Works Siding.	»	»
» Green Ayre.	2.40	»
Morecambe *.	3.2	»
»	0.19	»
» Pier.	0.40	»

Wennington *.	—	Lancashire.
Melling.	1.40	»
Arkholme.	2.60	»
Borwick.	6.40	»
Carnforth *.	9.48	»

Clapham *.	—	York.
Ingleton.	4.11	»
» *	4.16	»

| Lancaster, Green Ayre. | — | Lancashire. |
| » Castle *. | 0.41 | » |

Skipton *.	—	York.
Elslack.	3.12	»
Thornton.	4.40	»
Earby.	5.63	»
» *	6.36	»
Foulridge.	8.36	Lancashire.
Colne.	10.46	»

| Earby *. | — | York. |
| Barnoldswick. | 1.66 | » |

Keighley *.	—	York.
Ingrow.	1.19	»
Daniems.	1.73	»
Oakworth.	2.60	»
Haworth.	3.47	»
Oxenhope.	3.65	»

	M. A.	
Apperley, Branch *.	—	York.
Guiseley.	3.6	»
Menston.	4.77	»
» *	5.	»
Burley *.	5.62	»

| Menston *. | — | York. |
| Milner Wood *. | 0.64 | » |

Shipley *	—	York.
»	0.12	»
» Bradford *.	0.16	»
Manningham.	1.63	»
Bradford, Market Street.	2.74	»

| Shipley, Skipton *. | — | York. |
| » | 0.40 | » |

Leeds, Wellington Pass.	—	York.
» Canal *.	0.29	»
» *	0.30	»
» Water lane *.	0.47	»

| Leeds, Canal *. | — | York. |
| » Whitehall *. | 0.17 | » |

| Leeds, Hunslet *. | — | York. |
| » » Lane Goods. | 0.37 | » |

Otley *.	—	York.
»	0.8	»
Milner Wood *.	1.68	»
Burley *.	2.63	»
»	2.74	»
Ben Rhydding.	5.14	»
Ilkley.	6.13	»

| Unston, Mineral Br. *. | — | Derby. |
| End of Branch. | 0.48 | » |

| Holmes *. | — | York. |
| Rotherham. | 0.71 | » |

Cudworth, North *.	—	York.
» West *.	0.35	»
Darfield, East *.	2.30	»
Mount Osborne, West *.	2.68	»
Barnsley, Court House.	3.46	»
» » » *.	3.74	»

| Cudworth, East *. | — | York. |
| » West *. | 0.32 | » |

	M.A.	
Masborough *.	—	York.
Woodhouse Mill.	4.43	»
Beighton *.	6.26	»
Skinner & C°, Siding.	»	»
Killamarsh, Branch *.	7.32	»
» Street Field Coliery.	»	»
Wells, Old Siding.	8.52	Derby.
Eckington.	9.41	»
Renishaw, Park Siding.	9.76	»
Staveley, East *.	12.9	»
»	12.15	»
» West *.	12.21	»
West Staveley, Siding.	13.11	»
Whittington.	13.54	»
Dunstan & Barlow's Siding.	14.36	»
Chesterfield *.	14.58	»
Swinton, Iron Works.	—	York.
» » » *	0.23	»
Beighton *.	—	York.
North Staveley *.	0.74	»
Killamarsh, Branch *.	—	York.
Norwood, Coliery.	1.28	»
Staveley, West *.	—	Derby.
Hopewell, Coliery.	»	»
Coke Ovens.	»	»
Springwell, Coliery.	1.24	»
Grimesthorpe *.	—	York.
Sheffield, Wicker Goods *.	1.16	»
» » Goods.	1.27	»
Sheffield, Wicker Goods *.	—	York.
» Brighouse *.	0.22	»
Staveley, East *.	—	Derby.
Hollingwood, Coliery *.	2.30	»
Seymour, Coliery.	3.54	»
Speedwell, Coliery.	—	Derby.
Hollingwood, Coliery *.	»	»
Doe Lea, Coliery.	1.28	»
Clay Cross *.		Derby.
Stretton.		»
Wingfield.		»
Ambergate, North *.		»
» Old Goods.		»
» New Pass *.		»
Belper.		»
Duffield.		»

	M.A.	
Derby, Little Chester *.	—	Derby.
» Nottingham Road.	0.47	»
» Cattle Siding *.	0.6	»
» North *.	0.5	»
» West *.	0.26	»
» Pass.	0.23	»
» Curve *.	0.12	»
Wellington *.		»
»	0.75	»
Burton-on-Trent, Wetmore *.	3.44	Stafford.
» Horninglow *.	0.22	»
» N. S. *.	0.3	»
»	0.58	»
» Mosely Street *.	0.22	»
» East *.	0.48	»
» West *.	0.77	»
Barton and Walton.	2.35	»
Wichnor, Pass, North *.	1.33	»
» Goods South *.	0.16	»
Croxhall.	0.64	»
Haselour & Elford.	2.32	»
Tamworth *.	3.56	Warwick.
» North *.	0.22	»
»	0.22	»
» Glascote North *.	0.31	»
» » South *.	0.18	»
Wilnecote, Coliery.	0.70	»
» & Fazeley.	0.29	»
Tame Valley, Coliery *.	0.56	»
Hockley Hall, Siding.	»	»
Wathely, Coliery Siding.	»	»
Cliff, Siding.	»	»
Kingsbury.	3.2	»
Whitacre, Goods.	1.62	»
» New Pass *.	0.65	»
Forge Mills.	1.20	»
Water Orton.	1.38	»
Castle Bromwich.	2.29	»
Birmingham, Saltley.	3.20	»
» » *.	0.24	»
» Aston Curve *	0.6	»
» St-Andrews *	0.53	»
» *.	0.33	»
» Camphill *.	0.53	»
» »	0.14	Worcester.
Moseley.	1.4	»
King's Heath.	0.58	»
Lifford, Siding.	1.66	»
King's Norton.	0.57	»
Northfield.	1.24	»
Barnt Green *.	3.49	»
Blackwell.	1.43	»
Bromsgrove.	2.10	»
Stoke Prior *.	2.11	»
» Stoke Works.	0.19	»
Droitwich Road.	2.35	»
Dunhampstead.	1.73	»

— 277 —

	M. A.	
Spetchley.	4.2	Worcester.
Abbotswood *.	2.42	»
Wadborough.	1.24	»
Pirton, Siding.	0.43	»
Defford.	2.76	»
Eckington.	1.4	»
Bredon.	2.59	»
Ashchurch.	2.16	Gloucester.
Cleeve.		»
Cheltenham, High Street.		»
»	0.70	»
» Lansdown *.	0.17	»
Churchdown.	2.77	»
Gloucester, Barnwood *.	2.33	»
» Asylum Lane *.	0.49	»
» Stroud Road *.	0.41	»
Haresfield.		»
Standish *.	1.64	»
Stonehouse *.	1.34	»
»	0.18	»
Frocester *.	1.18	»
Coaley.		»
Berkeley Road.		»
Charfield.		»
Wickwar.		»
Yate *.		»
Mangotsfield *.		»
Warmley.		»
Bitton.		»
Kelston.		»
Weston *.	3. .	Somerset.
Bath *.	0.29	»
»	0.40	»
Mangotsfield *.		Gloucester.
Fish Ponds.		»
Monk's, Siding.		»
Kingswood *.		»
Bristol, Hill, C° Siding.		»
» Clifton *.		»
» Wagon Coliery Siding.		»
» Lawrence Hill *.		»
» *.		»
» Goods.		»
» St-Philips.		»
Kingswood *.		
Bristol, Ashley Road *.	1.54	Gloucester.
		»
Bristol, South *.	—	Gloucester.
» Clifton *.	0.18	»
Bristol *.		Gloucester.
» Lower Yard Goods.	0.48	»
Bristol, Lawrence Hill *.	—	Gloucester.
» G. W. *.	0.54	»

	M. A.	
Yate *.		Gloucester.
Iron Acton.		»
Tytherington.		»
Thornbury.		»
Yate *.		Gloucester.
Frampton Cotterell.		»
Frocester *.		Gloucester.
Cam.		»
Dursley.		»
Stonehouse *.	—	Gloucester.
Ryeford.	1.25	»
Dudbridge.	2.48	»
Woodchester.		»
Nailsworth.		»
Barnt Green *.	—	Worcester.
Alvechurch.	1.69	»
Redditch.	5.9	»
Studley & Astwood Bank.	8.25	Warwick.
Coughton.	10.40	»
Alcester.	12.41	»
Wixford.	14.40	»
Salford Priors.	14.47	»
Harvington.	16.48	Worcester.
Evesham.	20.5	»
Bengeworth.	21.32	»
Hinton.	23.16	Gloucester.
Ashton-under Hill.	25.5	»
Beckford.	27.5	»
Ashchurch, East *.	30.54	»
»	30.64	»
» West *.	30.79	»
Tewkesbury *.	32.28	»
» Pass.	32.44	»
Ripple.	35.78	Worcester.
Upton.	38.1	»
Malvern Wells.	42.41	»
» *.	44.10	»
Great Malvern.	44.52	»
Malvern Link.	45.61	»
Tewkesbury *.	—	Gloucester.
» Goods.	0.51	»
» Quay.	0.68	»
Ashchurch, South *.	—	Gloucester.
»	0.5	»
Evesham.	—	Worcester.
» *.	0.14	»
» G. W. *.	0.20	»
Hereford, Moorfields.	—	Hereford.
Credenhill.	4.11	»
West Moor.	6.64	»

	M.A.	
Moorhampton.	8.33	Hereford.
Kinnersley.	11.58	»
Eardisley *.	13.33	»
»	13.37	»
Whitney.	16.46	»
Hay.	20.36	Brecon.
Glasbury.	24.40	»
Three Cocks, M. W. *.	25.48	»

Bryn Amman.	—	Glamorgan.
» *.	0.7	»
Brynhenllysg *.	3.51	»
Gwys *.	3.59	»
Gurnos *.	»	»
Ystalyfera.	5.63	»
Ynys-y-Geinon *.	7.9	»
Pontardawe.	10.25	»
Glais *.	12.36	»
»	12.50	»
Birchgrove.	13.67	»
Llansamlet.	14.79	»
» Six Pit *.	15.48	»
Upper Bank *.	16.61	»
»	16.64	»
Swansea *.	18.8	»
» St-Thomas.	18.52	»

Glais *.	—	Glamorgan.
Cwm Clydach.	1.2	»
Morriston.	3.16	»
Upper Bank *.	4.67	»

Gurnos *.	—	Glamorgan.
Yniscedwyn, Coliery.	»	»

Gwys *.	—	Glamorgan.
» Terminus.	0.69	»

Rugby, West *.	—	Warwick.
» Canal Basin *.	0.61	»
Ullesthorpe.	7.50	Leicester.
Broughton.	10.69	»
Countesthorpe.	14.16	»
Wigston.	16.22	»
» *.	16.61	»

Wigston *.	—	Leicester.
» M. Harb. *.	0.45	»

Rugby, Canal Basin.	—	Warwick.
» » » *.	0.21	»

Bourn *.	—	Lincoln.
Twenty.	3.49	»
Counter Drain.	5.15	»
North Drove.	6.79	»

	M.A.	
Spalding, Bourn *.	9.29	Lincoln.
» March *.	9.30	»
» Holbeach *.	9.33	»
Weston.	12.20	»
Moulton.	13.62	»
Whaplode.	14.69	»
Holbeach.	17.8	»
Fleet.	19.40	»
Gedney.	20.33	»
Long Sutton.	21.46	»
Sutton Bridge, Midl. *.	24.74	»
» L. & S. B. *.	24.76	»
» Pass.	25.14	»
Walpole.	27.67	Norfolk.
Terrington.	29.67	»
Clenchwarton.	31.13	»
West Lynn.	33.48	»
Lynn *.	34.51	»

Sutton Bridge, Goods.	—	Lincoln.
» L. & S.B. *.	0.15	»
» Mid. *.	0.17	»
Tydd St-Mary.	2.32	»
Ferry.	4.75	»
Wisbeach.	7.32	Cambridge.
» St-Mary.	9.63	»
Murrow.	13.3	»
Wryde.	16.62	»
Thorney.	18.76	»
Eye Green.	22.24	Northampton.
Peterborough, Main *.	26.57	»
» Crescent Wharf.	27.46	»
» G. E. *.	28.4	»

Peterborough, Main *.	—	Northampton.
Walton.	1.46	»
Helpstone.	4.60	»
Uffington & Barnack.	8.43	»
Stamford *.	10.71	»
»	11.31	»
Ketton.	14.58	Rutland.
Luffenham *.	17.25	»
»	17.31	»
Manton.	21.27	»
Oakham.	24.77	»
Ashwell.	28.5	»
Whisendine.	30.29	»
Saxby.	32.74	Leicester.
Melton Mowbray.	36.51	»
Asfordby.	39.17	»
Frisby.	40.37	»
Brooksby.	42.52	»
Rearsby.	43.52	»
Syston, East *.	46.35	»
» South *.	46.60	»
»	46.71	»

	M. A.	
Leicester, Westbridge.	—	Leicester.
» Soar Lane *.	0.31	»
Glenfield.	2.70	»
Ratby.	4.48	»
Desford *.	6.	»
»	6.56	»
Bagworth.	11.6	»
Ibstock, Branch *.	11.34	»
Cliff Hill, Siding.	»	»
Bardon Hill.	13.42	»
Coalville, Hugglescote *.	14.2	»
» Whitwick Coliery *.	14.34	»
»	14.53	»
» Snibston *, Pit n° 1.	14.68	»
Swannington *.	14.74	»
» *. Pit n° 3.	15.39	»
»	15.71	»
» Pit n° 2.	16.25	»
Ashby-de-la-Zouch.	19.38	»
» *.	19.53	»
Moira, Coliery *.	21.35	»
»	21.75	»
» East *.	22.19	»
» West *.	22.64	»
Woodville, Branch *.	23.11	Derby.
Gresley.	24.11	»
Swadlincote *.	26.11	»
Burton-on-Trent, South *	28.28	Stafford.
» East *.	28.68	»
» Mosely Street *.	29.6	»
» »	29.19	»
Burton-on-Trent, Wetmore *.	—	Stafford.
» Horninglow Siding.	1.29	»
Burton-on-Trent, Horninglow, Siding *.	—	Stafford.
» Guild Street Branch *.	0.4	»
» Hawkins Lane *.	0.14	»
» Horninglow, Siding.	0.77	»
Derby, Curve *.	—	Derby.
» Spondon *.	1.73	»
Borrowash.		»
Draycott.		»
Sawley *.		»
Trent.	1.4	»
» South *.	0.11	»
» Sheet Stores *.	0.29	»
» *.	0.1	»

	M. A.	
Castle Donnington.	3.48	Derby.
Weston-on-Trent *.		»
Chellaston & Swarkestone.	0.61	»
Derby, Melbourne *.	2.43	»
» *.	0.29	»
» L. & N. W. *.	0.76	»
» Pass.	0.12	»
Ashby-de-la-Zouch *.	—	Leicester.
» Gas Works *.	0.38	»
Loves Brick, Siding.	1.18	»
Ticknall.	1.70	»
Heath End, Siding.	2.74	»
Coleorton, Coliery.	3.67	»
Worthington *.	5.36	»
Tonge & Breedon.	7.31	»
Melbourne.	9.11	Derby.
Weston-on-Trent *.	11.31	»
Derby, Nottingham Road.	—	Derby.
Little Eaton.	3	»
Coxbench.	4 1/2	»
Kilburn.	6 1/2	»
Denbey.	7 1/4	»
Ripley.	9 1/4	»
Derby, Cattle Siding *.	—	Derby.
» »	0.17	»
» West *.	0.30	»
» South *.	0.50	»
Worthington *.	—	Leicester.
Breedon, Lime Works.	0.14	»
Ashby-de-la-Zouch, Gas Works *.	—	Leicester.
» »	0.8	»
Duffield *.	—	Derby.
Hazelwood.	2	»
Shottle.	3 1/2	»
Idridgehay.	5	»
Wirksworth.	8 1/2	»
Derby, North *.	—	Derby.
» South *.	0.23	»
Chaddesden, Siding.	0.71	»
Spondon *.	2.4	»
Manchester, Ashburys East *.	—	Lancashire.
Bellevue.	0.74	»
Redditch.	2.14	»
» *.	3.22	»
Bredbury.	4.72	Cheshire.
Romiley *.	5.76	»
Bredbury *.	7.20	»

		M. A.				M. A.	
Redditch *.		—	Lancashire.	Ambergate, West *.		—	Derby.
Brinnington *.		4.22	»	» North *.		0.24	»
Hyde *.		—	Cheshire.	Trent.		—	Derby.
» * & Station.		0.6	»	» South Erewash *.		0.8	»
»		1.3	»	» Long Eaton *.		0.42	»
Apethorne *.		2.19	»				
Woodley.		2.46	»	Trent, South *.		—	Derby.
» *.		2.48	»	» *.		0.39	»
Romiley *.		3.61	»	» Sheet Stores *.		0.77	»
»		3.63	»	Sawley.		1.44	»
Marple *.		4.69	»				
»		5.37	»	Swannington *.		—	Leicester.
Strines.		7.42	Derby.	Snibston *, Pit n° 3.		0.45	»
New Mills, Pass.		8.76	»	Terminus.		1.18	»
» *.		9.4	»				
Birchvale.		10.70	»	Birmingham, Lawley Street			
Hayfield.		11.66	»	Goods.		—	Warwick.
				» Saltley.		1.	»
Manchester, Ancoats.		—	Lancashire.				
» Ashburys,				Birmingham, Camp Hill			
West *.		1.9	»	Dépôt *.		—	Warwick.
» Asthon Road				» Camp Hill			
Cattle Dock.		»	»	Dépôt.		0.17	»
Ambergate, New Pass *.		—	Derby.	Leicester, Knighton, South *.		—	Leicester.
» West *.		0.30	»	» Saffron Lane *.		0.30	»
Whatstandwell Bridge.		2.3	»	Kirby Muxloe.		4.54	»
Cromford.		2 1/4	»	Desford *.		6.43	»
Matlock Bath.		1 1/4	»				
» Bridge.			»	Leicester, Knighton, North *.		—	Leicester.
Darley Dale.			»	» Saffron Lane *.		0.25	»
Rowsley.		2 1/4	»				
Bakewell.		3 1/2	»	Lincoln.		—	Lincoln.
Hassop.		1	»	Hykeham.		3.26	»
Longstone.		1	»	Thorpe.		2 1/2	»
Monsaldale.		1 1/2	»	Swinderby.		2 1/4	»
Miller's Dale.			»	Collingham.		2 3/4	Notts.
Blackwell Mills, South *.		1.26	»	Newark *.		5.	»
» » North *.		0.41	»	»		0.12	»
Peak Forest.		2.63	»	Rolleston.		0.12	»
Chapel-en-le-Frith.		3.54	»	Fiskerton.			»
Chinley.		1.68	»	Bleasby.			»
Bugsworth.		1.3	»	Thurgarton.			»
New Mills Goods.		2.26	»	Lowdham.			»
» *.		0.26	»	Burton-Joyce.			»
				Carlton & Gedling *.			»
Blackwell Mills, South *.		—	Derby.	Nottingham *.		2.41	»
» West *.		0.52	»	» Pass.		0.48	»
Buxton *.		3.46	»	» Goods.		0.12	»
»		3.36	»	» Engine *.		0.51	»
				» Mansfield *.		0.1	»
Buxton *.		—	Derby.	Beeston.			Nottingham.
» L. and N. W. *.		0.21	»	Attenborough Gate.			»
				Trent, Long Eaton *.		—	Derby.
Derby, Little Chester *.		—	Derby.	» North Erewash *.		0.27	»
» St. Mary's Bridge.		0.40	»				

	M.A.	
Nottingham, *Engine* *.	—	Nottingham.
» Shed.	0.21	»
Nottingham, *Mansfield* *.	—	Nottingham.
Lenton.	0.71	»
Radford.		»
Basford.		»
Bullwell.		»
Hucknall.		»
Linby.		»
Kirkby.		»
Sutton *.		»
Ambergate.		Derby.
Butterley, *Coliery*.		»
Pye Bridge *.		»
Pinxton & Selston.		»
Sutton *.		Nottingham.
Mansfield *.		Notts.
Rainworth.		»
Farnsfield.		»
Kirklington & Edingley.		»
Southwell.		»
Rolleston.		»
Mansfield *.	—	Notts.
» *Works*.	4 1/2	»
Shirebrook.	4 1/2	»
Langwith.	6.	»
Cresswell.	8 3/4	»
Whitwell.	10.	»
Shire Oaks.	14 1/4	»
Kettering *.	—	Northampton.
Cranford.	3.	»
Twywell.	5 1/2	»
Thrapston.	7 3/4	»
Raunds.	10 3/4	Huntingdon.
Kimbolton.	15 3/4	»
Graffham.	20 3/4	»
Buckden.	22 1/4	»
Huntingdon *.	24 3/4	»
» *G. E.* *.	25.	»
Huntingdon *.	—	Huntingdon.
» *G. N.* *.	0.2	»
Hitchin *.	—	Herts.
Henlow.		»
Shefford.	3.73	Bedford.
Southill.		»
Cardington.		»
Bedford, *L. & N. W.* *.	2.48	»
» *Coal*.	0.6	»
» *Goods*.	0.17	»
» *Pass*.	0.17	»

	M.A.	
Bedford, *.	0.12	Bedford.
» *Turvey* *.	1.34	»
Turvey.	4.27	»
Olney		Bucks.
Horton.		Northampton.
Northampton *.	5.39	»
» *Pass*.	0.50	»
Northampton, *Hardingston**	—	Northampton.
» *.	0.6	»
» *Goods*.	0.43	»
Hitchin *.	—	Herts.
» *Goods*.	0.20	»
Swadlincote.	—	Derby.
» *.	2.40	»
Bretby.	5.25	»
Woodville, *Branch* *.	—	Derby.
» *Granville Coliery*.	2.29	»
Overseal & Moira, *West**.	—	Leicester.
» »	0.6	»
» » *South* *.	0.34	»
Donisthorpe *.	1.37	»
»	1.48	»
Measham.	3.36	»
Snarestone.	5.18	»
Shackerstone *.	8.17	»
»	8.23	»
Market Bosworth.	10.58	»
Shenton.	12.43	»
Stoke Golding.	14.48	»
» *.	14.52	»
Higham-on-the Hill.	15.72	»
Nuneaton *.	17.87	Warwick.
» *Abbey* *.	18.37	»
» *Midl.* *.	18.42	»
» *Abbey**.	18.45	»
Stockingford.	19.70	»
Arley & Fillongley.	24.17	»
Shustoke.	26.46	»
Whitacre, *New Pass*. *.	28.22	»
Coleshill.	30.26	»
Hampton.	34.69	»
» *.	34.75	»
Nuneaton *.	—	Warwick.
» *T. V.* *.	0.56	»
» *Abbey* *.	1.9	»
» *Midl.* *.	1.14	»
» *South Leicester**	2.68	»
Stoke Golding *.	—	Leicester.
Hinckley *.	3.12	»

		M.A.	
Overseal & Moira, *South**.	—	Leicester.
» » *East **.	0.37	»
Shackerstone *.	—	Leicester.
Helpout Mill, *Siding*.		»
Heather.	2.62	»
Hugglescote.	4.71	»
Coalville *.	6.10	»

Donisthorpe *.	—	Leicester.
» *Checkland's*.	0.29	»

London, *Gospel Oak Terminus*.	—	Middlesex.
» *Gospel Oak*.	0.7	»
» *Highgate Road **.	0.25	»
» » »	0.27	»
» *Road **.	0.62	»
» *Upper Holloway*.	1.19	»
» *Hornsey Road*.	1.50	»
» *Crouch Hill*.	1.79	»
» *South Tottenham & Stamford Hill*.	4.5	»

Willesden, *L.& N. W.**.	—	Middlesex.
Old Oak *.	0.37	»
Acton Wells *.	0.61	»
»	1.71	»
» *Ham. Branch**.	2.34	»
Acton *.	2.53	»
Kew, *Curve **.	3.25	»
» *Old*.	3.58	»
» *or Brentford **.	3.69	»

Acton, *Ham. Branch **.	—	Middlesex.
Hammersmith.	1.29	»

Kentish Town *.	—	Middlesex.
Highgate Road *.	0.44	»

Kentish Town, *Cattle*.	—	Middlesex.
» » *L.& N.W.**.	»	»
» » *Coal*.	»	»

London, *West End **.	—	Middlesex.
» » *Siding*.	»	»

Brent, *South **.	—	Middlesex.
Dudding Hill *.	1.30	»
Acton Wells *.	3.61	»

Dudding Hill *.	—	Middlesex.
Childs Hill & Cricklewood *.	»	»

		M.A.	
London, *St-Pancras Goods*.	—	Middlesex.
» » » *	0.15	»
» *St-Paul's **.	0.31	»
» *St-Pancras Coal*.	1.32	»
» » *Viaduct **	»	»
» » *Goods **.	1.47	»

London, *St-Pancras Viaduct **.	—	Middlesex.
» *N. L. **.	0.23	»

584. — Midland and Eastern. *(Angleterre.)*

Exploité par le Midland et le Great Northern.

DIRECTEURS :

Jarvis, L. W., Esq., Président.
Waring, W., Esq.
Eckersley, W., Esq.
Read, R. A., Esq.
Bond, T. P., Esq.
Waring, H., Esq.

BUREAUX A LONDRES, S. W., WESTMINSTER CHAMBERS, WESTMINSTER :

Lankester, Secrétaire.
Brunlees, J. Ingénieur.
Mardon et Mosley, Auditeurs.

585. — Midland and South-Western Junction. *(Angleterre.)*

Voir : Midland.

586. — Midland Counties and Shannon Junction. *(Irlande.)*

Exploité par le Great Southern & Western.

DIRECTEURS :

Perry, T., Esq., Président.
King, J. G., Esq.
Baillie, W. J., Esq.
Reade, P., Esq.
Eyre, J., Esq.
Lauder, J. D., Esq.
Bell, J. A., Esq.

BUREAUX A WATERFORD :

Nicoll, J. F., Secrétaire.
Meldon & Son, J. D. et Edwards & C°, Solicitors.

587. — Midland Great Western. *(Irlande.)*

DIRECTEURS :

Sir Cusack, R. S., Président.

— 283 —

Bayley, R. P., Esq.
Morris, G., Esq.
Digges La Touche, J., Esq.
Maunsell, G. W., Esq.
Smyth, T. J., Esq.
Warren, R, Esq.
Armstrong, R. O., Esq.

ADMINISTRATION A DUBLIN, BROADSTONE :

Beausire, H., Secrétaire.
Price, J., Ingénieur.
Alock, M. Chef de Traction.
Ward, J. E., Inspecteur Principal du Trafic.
Bennett, T., Comptable.
Parker, A. et Foot. W., Auditeurs.
Kirwan, W. P., Solicitor.

	M. A.	
Dublin, Broadstone.	—	Dublin.
» Liffey *.	1.33	»
Blanchardstown.	4.43	»
Clonsilla.	7.8	»
» *.	7.32	»
Lucan.	8.72	»
Leixlip.	11.49	Kildare.
Maynooth.	14.72	»
Kilcock.	19.12	»
Ferns Lock.	20.75	»
Enfield.	26.40	Meath.
Moyvalley.	30.28	Kildare.
Hill of Down.	35.55	Meath.
Killucan.	41.60	Westmeath.
Mullingar *.	50.20	»
Castletown.	58.22	»
Streamstown *.	61.56	»
Moate.	68.33	»
Athlone.	78.5	Roscommon.
» *.	78.19	»
Ballinasloe.	94.53	Galway.
Woodlawn.	104.40	»
Athenry.	113.36	»
Oranmore.	121.26	»
Galway.	126.35	»

Mullingar *.	—	Westmeath.
Clonhugh.	6.8	»
Multyfarnham.	7.16	»
Cavan *.	10.49	»
Edgeworthstown.	17.22	Longford.
Longford.	26.2	»
Newtownforbes.	29.65	»
Dromod.	37.2	Leitrim.
Drumsna.	42.60	Roscommon.
Carrick-on-Shannon.	47.42	»
Boyle.	56.8	»
Kilfree *.	62.17	Sligo.
Ballymote.	69.66	»
Collooney.	77.36	»

	M. A.	
Ballysadare.	79.36	Sligo.
Sligo.	83.76	»

Athlone *.	—	Roscommon.
Knockcroghery.	11.60	»
Ballymurray.	14.50	»
Roscommon.	18.	»
Danamon.	23.50	»
Ballymoe.	29.30	»
Castlerea.	34.34	»
Ballyhaunis.	45.63	Mayo.
Claremorris.	56.48	»
Balla.	64.	»
Manulla *.	67.37	»
Castlebar.	71.55	»
Westport.	82.55	»
» Quay.	84.44	»

Clonsilla *.	—	Dublin.
Dunboyne.	3.	Meath.
Batterstown.	8.40	»
Drumree.	11.41	»
Kilmessan *.	16.68	»
Bective.	19.73	»
Navan.	23.20	»
Gibbstown.	27.3	»
Wilkinstown.	29.47	»
Nobber.	36.	»
Kilmainham Wood.	38.35	»
Kingscourt.	42.68	»

Cavan *.	—	Westmeath.
Float Castlepollard.	3.56	»
Ballywillan.	9.20	»
Crossdoney.	20.45	Cavan.
Cavan.	24.58	»

Manulla *.	—	Mayo.
Foxford.	11.25	»
Ballina.	20.37	»

Kilmessan *.	—	Meath.
Trim.	5.41	»
Athboy.	12.12	»

Streamstown *.	—	Westmeath.
Horseleap.	3.2	»
Clara.	7.33	Kings.
» *.	11.69	»

Kilfree *.	—	Sligo.
Edmondstown.	6.55	Roscommon.
Ballaghaderreen.	9.43	Mayo.

588. — **Mid Wales.** (*Angleterre*).

DIRECTEURS :

Sheppard, S. G., Esq., Président.

Borrodaile, J., Esq.
Chapman, A., Esq.
Lefeaux, W., Esq.
Hawkins, W. B., Esq.
Philips, F., Esq.

ADMINISTRATION, 73, ETHELBURGA HOUSE, BISHOPSGATE STREET, LONDRES, E. C :

Broughton, F., Directeur Général à Brecon.
Wade, J., Secrétaire.
Noyes, S. F., Solicitor.
Chandler et Wilding, Auditeurs.

	M.	A.	
Talyllyn, *Brecon* *.	—		Brecon.
» *Mid Wales*.	1/2		»
Trefeinon.	3		»
Talgarth.	5	1/4	»
Three Cocks, *Llanidloes* *.	7	1/2	»
» »	7	3/4	»
Boughrood.	10	1/2	Radnor.
Erwood.	14	1/2	Brecon.
Aberedw.	17	1/2	Radnor.
Builth Wells.	21	1/2	»
Llechryd.	23		»
Newbridge-on-Wye.	26	3/4	»
Doldowlod.	30	1/4	»
Rhayader.	33	1/4	»
St-Harmon's.	38	3/4	»
Pantydwr.	40	1/4	»
Tylwch.	44	1/4	Montgomery.
Llanidloes.	47	1/4	»

Three Cocks, *Llanidloes* *.	—	Brecon.
» » *Mid Wales* *.	1/2	»

589. — Milford. (*Angleterre*).

Exploité par le Great Western.

DIRECTEURS :

Bassett, R., Esq., Président.
Stokes, Amiral.
Saunders, F. G., Esq.
Sir Whetham, C.
Micklethwait, F. N., Esq.
Williamson, J. W., Esq.

BUREAUX A LONDRES, W. PADDINGTON STATION :

Currey, A., Secrétaire.
Owen, W. G., Ingénieur.
Barwis, W. R., et Marwood, R. G., Auditeurs.
Marriott, Jordan et Cooper, Solicitors.

590. — Milford Haven. (*Angleterre*).

Exploité par le Great Western.

DIRECTEURS.:

Sir Reed, C., Président.
Freeman, J., Esq., Vice-Président.
Beeston, A., Esq.
Hillier, G. A., Esq.
Constable, H., Esq.
Williamson, J. W., Esq.

BUREAUX A MILFORD (SOUTH WALES):

Flynn, J. R., Secrétaire.
Milnes, J., Directeur du Trafic.
Toler, J. M., Ingénieur.

591. — Minehead. (*Angleterre*).

Exploité par le Bristol Exeter.

DIRECTEURS :

Luttrell, G. F., Esq., Président.
Hole, J., Esq.
Patchett, J. Esq.

592. — Miramas à Port-de-Bouc. (*France*).

A construire.

Digeon et Delamarre, Concessionnaires.

593 — Mistley Thorpe and Walton. (*Angleterre*).

En construction.

594. — Mitau (*Russie*). (U. R.)

DIRECTION A RIGA :

Heimann, A., Président.
Pander, J., Ingénieur, Inspecteur d'Exploitation.

	Verstes.	
Riga, *Faubourg de Mitau*.	—	Livonie.
Thorensberg.	6	»
Olai.	20	»
Mitau.	40	»
Friedrichshof.	62	»
Benen.	83	»
Autz.	94	»
Ringen.	112	»
Mojaiki.	131	Kowno.

595. — Mitcheldean Road and Forest of Dean Junction. (*Angleterre*).

En construction.

Crawshay, E. et H.
Goold, A.
Smith, E.

— 285 —

596. — Mohács-Funfkirchen (Autriche) (V).

Concessionnaire : La Première Société de Bateaux à Vapeur du Danube, à Vienne.

v. Cassian (Chev.), M., Directeur.
Nowotny, L., Secrétaire.
v. Kriegs-Au (B^{on}), A., Secrétaire.

DIRECTION DE L'EXPLOITATION À FUNFKIRCHEN :

Zelsche, F., Secrétaire.
Bock, L., Chef d'Exploitation.
Schnaidt, C., et Randé, J., Inspecteurs-Adjoints.
Dietz, D., Ingénieur en Chef.
Platz, F., Caissier.
Hoffmann, G., Chef du Contrôle.

	Kil.	
Mohács.	—	Ungarn.
Deutsch-Bóly-Rács-Töttös.	14	»
Villány.	24	»
Trinitas. H.	34	»
Aia.	39	»
Uszög *.	55	»
Grube.	61	»

Uszög *.	—	Ungarn.
Szábolcs.	8	»

597. — Mold and Denbigh Junction.
(Angleterre).

Exploité par le London and North Western.

DIRECTEURS :

Pennant, P. P., Esq., Président.
Dixon, G. M., Esq.
Roberts, A. T., Esq.
Hamilton, F. A., Esq.

BUREAUX A LONDRES, E. C., 75, ETHELBURGA HOUSE, BISHOPSGATE STREET :

Wade, J., Secrétaire.
Noyes, S. F., Noyes, H., Kelly, Keene and Roper, Solicitors.

598. — Mollet à Caldas de Mombuy.
(Espagne).

Om y Rubau, A., concessionnaire à Barcelona.

Mollet.	Kil.	
Caldas de Mombuy.	—	Barcelona.
	13	»

599. — Monforte à Orense (Espagne).

A construire.

600. — Monmouthshire (Angleterre).

DIRECTEURS :

Lord Tredegar, Président.
Morgan, O., Esq.
Wyatt, O. A., Esq.
Gratrex, T., Esq.
Brown, T., Esq.
Cave, G., Esq.
Savage, C. W., Esq.
Philipps, E. J., Esq.
Tothill, F., Esq.
Evans, W., Esq.
Lawrence, J., Esq.
Miller, G., Esq.

Harrison, G., Secrétaire et Directeur Général.
Lane, W., Inspecteur Principal du Trafic.
Owen, W. L., Ingénieur.
Appleby, H., Chef de Traction.
Bailey, H., Comptable.
Tribe, W., Auditeur.
Gustard, H. S., Solicitor.

	M. A.	
Blaenavon.	—	Monmouth.
Cwm Avon.	2.1	»
Abersychan *.	3.51	»
Pontnewynydd.	4.64	»
Pontypool.	5.77	»
» Trosnant *.	6.20	»
» Coed y Gric *.	7.33	»
Pontrhydyrun.	8.28	»
Pontnewydd.	9.9	»
Cwmbran.	10.8	»
Llantarnam.	11.54	»
Newport, Mill Street.	14.32	»
» Dock Street.	15.17	»
» Waterloo *.	16.27	»
Bassaleg *.	18.25	»
»	18.29	»
Tydee.	19.40	»
Risca *.	21.61	»
Cross Keys.	23.25	»
Chapel Bridge.	24.39	»
Abercarn.	25.43	»
Newbridge.	26.59	»
Crumlin.	27.57	»
Llanhilleth *.	28.75	»
Aberbeeg *.	30.43	»
Abertillery *.	32.28	»
Blaina.	35.1	»
Nantyglo.	36.29	»
Brynmawr, Goods.	37.46	»

Newport, Waterloo *.	—	Monmouth.
Pillbank *.	»	»
River Usk.	0.49	»

	M. A.	
Newport, *Dock Street*.	—	Monmouth.
Pillbank *.	»	»

Abersychan *.	—	Monmouth.
Talywain.	1.16	»
Varteg, *Coliery*.	1.37	»

Pontnewynydd *.	—	Monmouth.
Plascoed, *Coliery*.	0.42	»
Gellydeg, »	1.65	»

Blaensychan.	—	Monmouth.
Pontnewynydd *.	2.2	»

Risca *.	—	Monmouth.
Nine Mile Point.	2.29	»

Abertillery *.	—	Monmouth.
South Wales, *Coliery*.	0.71	»

Aberbeeg *.	—	Monmouth.
Cwm.	2.66	»
Victoria.	4.9	»
Ebbw Vale, *M*.	6.16	»

601. — **Monthermé** (*France*).

Exploité par l'Est Français.

602. — **Montrose and Bervie** (*Ecosse*).

Exploité par le Caledonian.

Directeurs :

Scott, H., Esq., Président.
Farquhar, J., Esq.
Grant, F. G. F., Esq.
Mitchell, D., et W., Esq.
Barclay, D., Esq.

Bureaux a Montrose :

Crockatt, J., Secrétaire.
Marquis, G., et Meston, J., Auditeurs.

603. — **Monts Ourals** (*Russie*).

Siége Social a St-Pétersbourg, 3, Boulevard des Gardes a Cheval :

En construction de Ouralsk à Orenbourg.

604. — **Morayshire** *Ecosse*).

Exploité par le Great North of Scotland.

Directeurs :

Urquhart, A., Esq., Président.
Smith, J. G., Esq., » -Adjoint.
Caithness (Comte of).
Wainwright, W. J., Esq.
Hay, G., Esq.
Russel, A., Esq.
Topp, W., Esq.
Jameson, J., Esq.

Bureaux a Elgin :

Watt, Secrétaire.
Samuel, J. } Ingénieurs Consultants.
Mills, W. H. }
Macdonald, W., et Morrison, A., Auditeurs.
Grant & Jameson, Solicitors.
Muggeridge, R. M., Agent du Gouvernement.

605. — **Morchansk-Syzran** (*Russie*.)(U. R.)

Administration a St-Pétersbourg, 11, Wassily Ostrow, Ligne n° 16 :

Grimm, D., Président du Conseil d'Administration.
Lachtin, W., Directeur à Penza.

	Verstes.	
Morchansk.	—	Tambow.
Fitingovskaïa.	22	»
Vernadovka.	40	»
Sodiedka.	62	Penza.
Mikhaïlovka.	87	»
Kalinovka.	110	»
Titovo.	135	»
Adikaïevka.	149	»
Voeïkovskaïa.	163	»
Fedorovka.	182	»
Simonchtchina.	204	»
Ramsay.	221	»
Penza.	244	»
Leonidovka.	266	»
Kanaïevka.	289	»
Tchaadaïevka.	312	»
Suzum.	332	»
Kouznetsk.	356	Simbirsk.
Iévlachevo.	371	»
Mikoulino.	386	»
Praskovïno.	440	»
Rokotovo.	433	»
Repievka.	457	»
Sysran.	479	»

606. — **Moscou à Brest-Litovsk**. (*Russie*) (U R.)

Administration a St-Pétersbourg, 43, Rue Galernaja :

Winberg, G., Président du Conseil d'Administration.
Ismaïloff, M., Directeur d'Exploitation à Moscou.

607. — Moscou-Jaroslavl-Wologda.
(Russie.) (U. R.)

ADMINISTRATION A MOSCOU, GARE DE JAROSLAVL :

Ischischow, Président du Conseil d'Administration.
Schmidt, W., Directeur d'Exploitation.

	Verstes.	
Moscou.	—	Moscou.
Kounzevo.	—	Moscou.
Odintsovo.	11	»
Golitsynskaïa.	22	»
Koubinskaïa.	41	»
Mouchino.	59	»
Schelkovka.	73	»
Schikolovo.	81	»
Mojaïsk.	96	».
Borodino.	103	»
Ouvarovskaïa.	114	»
Sitschiki.	130	Smolensk.
Batiochkovo.	144	»
Gjatsk.	150	»
Sergié-Ivanovskoé.	169	»
Teploukha.	185	»
Mechtcherskaïa.	196	»
Viasma.	209	»
Sapiégino.	227	»
Kononovo.	248	»
Izdiechkovo.	259	»
Alexandrovskoé.	271	»
Mikhaïlovskoé.	296	»
Iartsevo.	317	»
Kamenka.	333	»
Doukhovskaïa.	360	»
Smolensk.	376	»
Katan.	393	»
Goussinskaïa.	413	»
Krasnaïa.	435	Mohileff.
Ossinovka.	456	»
Orcha.	479	»
Kokhanovka.	503	»
Tolotchin.	525	»
Slaviany.	544	»
Kroupiki.	566	»
Bahary.	590	»
Borissow.	605	Minsk.
Jodin.	627	»
Vitgenchtéinskaïa.	645	»
Kolodichtchi.	665	»
Minsk.	685	»
Tokarevkaïa.	702	»
Négorélaïa.	722	»
Stolbtsy.	747	»
Gorodeia.	772	»
Pogoreltsy.	794	»
Baranovitchi.	813	»
Liesnaïa.	835	»
Dominova.	850	»
Kossovo.	881	Grodno.
Bereza.	900	»
Lipovka.	931	»
Tevli.	956	»
Jabinka.	979	»
Brest-Litovsk.	999	»
	1023	»

	Verstes.	
Moscou.	—	Moscou.
Mytichkinskaïa.	17	»
Pouchkinskaïa.	28	»
Talitskaïa.	42	»
Khotkovskaïa.	56	»
Sergievski-Possad.	67	.Vladimir.
Arssaki.	90	»
Alexandrow *.	105	»
Balakirevo.	122	»
Berendeiévka.	136	»
Riazantsevo.	154	»
Itlar.	171	Jaroslavl.
Petrovsk.	187	»
Rostow.	209	»
Sénibratovkaïa.	223	»
Kozmodémiansk.	245	»
Jaroslavl.	261	»
» *Volga*.	»	»
Outkina.	282	»
Dmitrievskaïa.	303	»
Danilow.	323	»
Prétchinstoé.	352	»
Skalino.	369	»
Iégoriévskoé.	391	Wologda.
Griazovetz.	409	»
Bourdakova.	431	»
Wologda.	452	»

Alexandrow *.	—	Vladimir.
Karabanovka.	10	»

608. — Moscou-Koursk. *(Russie.)* (U. R.)

ADMINISTRATION A MOSCOU, RUE NIKOLSKAIA :

Tschischow, Président du Conseil d'Administration.
Klevetzky, P., Directeur d'Exploitation.

	Verstes.	
Moscou.	—	Moscou.
Loublino.	10	»
Tsaritsynskaïa.	17	»
Boutovo.	29	»
Podolsk.	39	»
Klimovka.	49	»
Molodi.	59	»
Lopasnia.	69	»
Scharapova-Okhota.	82	»

	Verstes.	
Serpoukhow.	92	Toula.
Oka.	98	»
Svinskaïa.	106	»
Ivanovo.	115	»
Pakhomovo.	130	»
Schoulgino.	137	»
Laptevo.	148	»
Baranovo.	161	»
Skobelevo.	170	»
Toula.	181	»
Kozlovskaïa-Zasiéka.	192	»
Iasenki.	203	»
Jitovo.	212	»
Lazarevo.	224	»
Soumarokovo.	227	»
Sergievskoé.	241	»
Samozvanovka.	252	»
Skouratovo.	266	»
Kresty.	277	»
Tchern.	288	»
Bastiévo.	301	Orel.
Mtsensk.	310	»
Doumtchino.	322	»
Otrada.	333	»
Optoukha.	342	»
Orel.	358	»
Mikhaïlovka.	370	»
Stanovoy-Kolodez.	378	»
Iéropkino.	387	»
Zméievka.	397	»
Kakouïevka.	408	»
Alexandrovka.	415	»
Maloarkhangelsk.	429	»
Ponyry.	438	Koursk.
Karassevka.	452	»
Solotoukhino.	465	»
Boudakovka.	479	»
Boukréievka.	491	»
Koursk.	502	»

609. — Moscou-Riasan. (*Russie*). (U. R.)

ADMINISTRATION A MOSCOU (GARE):

Pawloff, A., Président du Conseil d'Administration.
Iljin, N., Ingénieur, Directeur de l'Exploitation.

	Verstes.	
Moscou.	—	Moscou.
Sokolniki.		»
Peregrousnaïa.	10	»
Lioubertsy.	19	»
Bykovo.	31	»
Ramenskaïa.	42	»
Bronitsy.	53	»
Faustovo.	63	»

	Verstes.	
Konabéïévo.	73	Moscou.
Voskressenskaïa *.	84	»
Peski.	95	»
Kolomna, *Novo*.	107	»
»	109	
Tchturovo.	111	Riasan.
Loukhovitsy *.	128	»
Gork.	144	»
Divovo.	158	»
Rybnoïé.	»	»
Voskha.	169	»
Riasan.	185	

Loukhovitsy *.	—	Riasan.
Zaraïsk.	26	»

Voskressenskaïa *.	—	Moscou.
Kharlovo.	»	»
Iégorievsk.	24	»

610. — Mountsorrel. (*Angleterre*).

Ce railway est la propriété de Lord Lanesborough.

611. — Moutiers à Albertville (*France*).

A construire.

M. T. de Saint-Pierre, Concessionnaire.

612. — Much-Wenlock and Severn Junction. (*Angleterre*).

Exploité par le Great Western.

DIRECTEURS :

Brookes, A. G., Esq., Président.
Adney, G., »
Benson, R. A., »
Brookes, W. P., »

Blakeway, Secrétaire et Solicitor à Wenlock.
Fowler, J., Ingénieur.
Palin, R., et Cooper, C. J., Auditeurs.

613 — Muldenthal (*Allemagne*).

CONSEIL D'ADMINISTRATION A DRESDE:

v. Einsiedel-Wolkenburg, (Cte), Président.
Schrecker, Vice-Président.
v. Schoenburg-Waldenburg, O., (Prince).
Conrad, W.
Seylert.
Ebbinghaus, J.
Dietel.
Windhorn.

DIRECTION A DRESDE, 25, ALTMARKT :

Roemer, E., Directeur.
Meischner, Directeur-Adjoint, à Penig.

	Kil.	
Glauchau.	—	Sachsen.
Remse.	4.2	»
Waldenburg.	7.4	»
Wolkenburg.	13.2	»
Thierbach. H.	16.	»
Penig.	18.4	»

614. — Munster-Enschédé. *(Allemagne).*

Exploité par l'Etat de Westphalie.

615. — Murcia à Granada *(Espagne.)*

A construire.

616. — Muswell Hill *(Angleterre).*

Exploité par le Great Northern.

616bis. — Nançois-le-Petit à Gondrecourt.

Exploité par l'Est Français.

617. — Nancy à Château-Salins et à Vic.

Exploité par l'Est Français.

618. — Nancy à Vézelize. *(France.)*

Exploité par l'Est Français.

619. — Nantais. *(France.)*

(Voir Maine-et-Loire et Nantes.)

620. — Nantwich and Market-Drayton.
(Angleterre).

Exploité par le Great Western.

DIRECTEURS :

Corbet, H. R., Esq., Président.
Duckers, J., »
Harding, E. W., »
Rodenhurst, W., Esq.
Rodgers, G., »

BUREAUX A MARKET-DRAYTON :

Lightfoot, F. L., Secrétaire.
Jones, J. C., Comptable.
Gardner, J., Ingénieur.
Cobb, Southey, et Onions, J. H., Solicitors.
Roy, H. B., et Deloitte, W. W., Auditeurs.

621. — Nässjö-Oskarshamn. *(Suède).*

CONSEIL D'ADMINISTRATION :

af Britholtz, M. C. A., Président.
af Harmens, H., Vice-Président.
Sjogren, M. C. W.
Aschan, M. L. F.
af Hammarskjold, M. W. K.

DIRECTION A OSKARSHAMN

Goslett, G., Directeur du Trafic.

	M. S.	
Nässjö.	—	Jonköping.
Ormaryd.	1.1	»
Eksjö.	2.	»
Hult.	3.	»
Bruzaholm.	3.8	»
Hjeltevad.	4.2	»
Ingatorp.	4.6	»
Mariannelund.	5.7	»
Emarp.	6.	»
Lönberga.	6.8	Kalmar.
Hultsfred.	7.8	»
Malilla.	8.9	»
Mörlunda.	9.7	»
Ryningsnäs.	10.2	»
Ryningen.	10.7	»
Lillsjödal.	10.9	»
Berga.	11.3	»
Bohult.	12.	»
Mockelhult.	12.4	»
Forshult.	13.1	»
Oskarshamn.	13.9	»

621bis. — National *(Suisse).*

CONSEIL D'ADMINISTRATION :

Ziegler, T., Président.
Farner, J.
Zimmerli, J.

BUREAU CENTRAL A WINTERTHUR :

Rottensteiner, P., Ingénieur en Chef.
Knauschner, R., » » Adjoint.
Wassali, W., » »
Bär, C., Chef de la Construction.
De Boor, Chef de la Traction.
Siegfried, Chef de l'Exploitation.
Imhof, J., Secrétaire de la Direction.
Scherrer, J., Contrôleur d'Exploitation.
Sidler, A., Réviseur.
Stutz, H., Caissier.
Ramp, H., Chef du Matériel.
Boller, H., Archiviste.

— 290 —

	Kil.	
Winterthur.	—	Zürich.
Oberwinterthur.	4	»
Seuzach.	8	»
Dynhard.	10	»
Dorlikon-Altikon.	12	»
Ossingen.	20	»
Stammhein.	27	»
Etzweilen *.	32	Thurgau.
Stein a/Rhein.	35	»
Eschenz.	37	»
Mammern.	40	»
Steckborn.	46	»
Berlingen.	49	»
Mannenbach.	52	»
Ermatingen.	54	»
Tägerweilen.	58	»
Emmishofen-Egelsh.	61	»
Constanz.	62	Allem. (Baden).

Etzweilen *.	—	Thurgau.
Hemmishofen.	3	Schaffhausen.
Ramsen.	6	»
Rielasingen.	10	Allem. (Baden).
Singen.	14	»

622. — Navan and Kingscourt. (*Irlande*.)

Exploité par le Midland Great Western.

DIRECTEURS :

Mc. Birney, D., Esq., Président.
Whittington, J., »
Baillie, W. M., »
Gordon, W. F., »

BUREAUX A LONDRES, E. C., 8, UNION COURT, OLD BROAD STREET :

Theobald, J., W., Secrétaire.
Smith, G. F., Fitzgerald, D. et T., Solicitors.

623. — Neath and Brecon (*Angleterre*).

DIRECTEURS :

Young, A., Esq., Président.
Sandars, T. C., Esq., Président-Délégué.
Mc. Andrew, W., Esq.
Sir Dakin, T.
Salt, T., Esq.

BUREAUX A BRECON :

Griffith, J. E., Secrétaire.
Broughton, F., Directeur Général.
Cauldfield, H. St-G., Ingénieur.
Bristowe, S. B., et Ball, J., Auditeurs.
Dean et Taylor, Solicitors.

	M. A.	
Brecon *.	—	Brecon.
» Mount Street Goods.	0.5	»
Cradoc, Siding.	2.30	»
Aberbran.	4.40	»
Devynock.	8.35	»
Cray.	11.76	»
Penwyllt.	18.43	»
» Breconshire Siding.	18.70	»
Capel Colbren *.	21.57	»
Onllwyn *.	22.51	»
Seven Sisters.	24.20	Glamorgan.
Brynteg, Siding.	25.50	»
Crynant.	27.33	»
March Howell, Coliery.	30.40	»
Cilfrew, Siding.	30.70	»
Dynevor, Siding.	32.10	»
Neath, Cadoxton Goods.	32.64	»
» » *.	32.70	»

Onllwyn *.	—	Brecon.
Maesmarchog, Coliery.		»

Capel Colbren *.	—	Brecon.
Abercrave, Coliery.	1.79	»
Yniscedwyn.	4.60	»
Ynisci, Siding.	6.10	»
Ynys-y-Geinon *.	7.20	Glamorgan.

623bis. — Néerlandais-Westphalien.
(*Hollande*).

SIÈGE SOCIAL A WINSTERWIJK.

A construire.

624. — Nettlebridge Valley (*Angleterre*).

En construction.

DIRECTEURS :

Naish, W. B., Esq.
Wethered, H., Esq.
Sir Wood, C. A.
Bulkeley, T., Capitaine.
Miles, J. W., Esq.

625. — Newent (*Angleterre*).

En construction.

DIRECTEURS :

Biddulph, M., Esq.
Miles, J. W., Esq.
Webb, R. F., Esq.
Gull, J. W., Esq.
Fry, T., Esq.

626. — Newport (Ecosse.)

En construction.

DIRECTEURS :

Berry, J., Esq.
Heriot, W., Esq.
Dougal, M., Esq.
Walker, H., Esq.
Christie, P., Esq.
Thoms, J. H., Esq.

627. — Newport Pagnell (Angleterre).

Exploité par le London and North Western.

DIRECTEURS :

Borrodaile, J. Esq., Président.
Galbraith W., R., Esq.
Magnay, C., Esq.
Grüning, H., Esq.

ADMINISTRATION A LONDRES, 7, WESTMINSTER CHAMBERS, S. W :

Bellamy, E., Secrétaire.
Maultby, T., Directeur du Trafic à Newport Pagnell.
Tolmé, J. H., Ingénieur.
Hargrove, Fowler et Blunt, Solicitors.

628. — Newquay and Cornwall Junction (Angleterre).

Exploité par le Cornwall Minerals.

DIRECTEURS :

Williams, E. B., Esq., Président.
Head, R. T., Esq., Ajoint.
Lambert, E., Esq.
Carlyon, E., Esq.
Stocker, E., Esq.
West, W., Esq.

Polkinghorne, W., Secrétaire, à Tywardreath.
Jenkin, Trathan et Triscott, Ingénieurs.
Botterell, J. H., Auditeur.
Burgin, J., et Head, R. W., Solicitors.

629. — Newry and Armagh (Irlande).

DIRECTEURS :

Gruning, H., Esq.
Ashhurst, H. G., Esq.
Erskine, J. F., Esq.
Kirk, W. M., Esq.
Donaldson, T. O., Esq.
Power, M. J., Esq.
Dunn, J. B., Esq.

ADMINISTRATION A NEWRY, EDWARD STREET :

Fearnley, L., Secrétaire et Directeur.
Andrews, C. H., Secrétaire à Londres.
Meares, J. L. D., Ingénieur.
Spain, H., Auditeur.
Greer, Mullan & Trinder, H. W., Solicitors.

	M. A.	
Armagh *.	—	Armagh.
Hamilton's Bawn.	5	»
Market Hill.	9	»
Loughgilly.	12 1/2	»
Goragh Wood.	17	»
Newry, Dublin Bridge.		Down.
» Edward Street.	21	»

630. — Newry, Warrenpoint and Rostrevor (Irlande).

DIRECTEURS :

Fitzadam, J. T., Esq., Président.
Lupton, J., Esq., Président-Délégué.
Findlater, A. S., Esq.
Quin, P., Esq.
Kennedy, J., Esq.
Capper, J., Esq.

BUREAUX A LIVERPOOL, 71, TOWER BUILDINGS :

Cochran, R., Secrétaire.
Smith, T., Ingénieur en Chef.
Bryn, J., & Bennet, W., Auditeurs.

	M.A.	
Newry, Dublin Bridge.	—	Down.
Warrenpoint.	»	»
Rostrevor.	6	»

631. — Nizan à Saint-Symphorien (France).

ADMINISTRATION A BORDEAUX, 12, RUE LECOCQ :

Faugère, Administrateur Délégué. } Concession-
Bernard, » } naires.

	Kil.	
Nizan.	—	Gironde.
Uzeste.	3.565	»
Villandraut.	7.910	»
La Burthe. H.	11.870	»
St-Symphorien.	17.505	»

632. — Nora à Karlskoga (Suède).

ADMINISTRATION A BOFORS :

Langerhjelm, P., Directeur.
Murray, A., Ingénieur, Chef du Trafic, de la Traction et des Bâtiments, à Nora.

	M. S.	
Dylta.	—	Orebro.
Jerle.	0.7	»
Nora.	1.6	»
Gyttorp *.	2.1	»
Bengtstorp.	2.8	»
Wikersvik.	3.	»
Kortfors *.	4.3	»
Granbergsdal.	4.9	»
Bofors.	5.7	»
Högasen. H.	6.5	»
Karlskoga.	7.1	»

Gyttorp *.	—	Orebro.
Asboberg, *Mine*.	»	»
Striberg.	0.5	»

Gyttorp *.	—	Orebro.
Pershyttan.	0.2	»

Kortfors *.	—	Orebro.
Karlsdahl, *H. Fourneaux*.	0.3	»

633. — Norberg à Amanningen (*Suède*).

M. le Bon Akerhjelm of Blombacka, Directeur à Norberg.

	Kil.	
Norberg.	—	Westeras.
Amanningen.	17	»

634. — Nord-Belge.

ADMINISTRATION GÉNÉRALE A LIÉGE :

Ohnet, A., Inspecteur Général.
Timmerman, F., Inspecteur Principal Adjoint.

SERVICE CENTRAL :

L'Hoest, I., Chef du Service Central.
Moreau, C., Inspecteur du Petit Matériel.
Martin, L., Ingénieur, Inspecteur du Télégraphe.
Petit, J., Chef de Bureau du Secrétariat.
Dupont, J., Sous-Chef de la Comptabilité Générale.
Bertrand, J., Sous-Chef du Bureau des Réclamations.
Tréau, H., Caissier.

Mouvement (1re *Division*).

Le Bon, G., Inspecteur chargé du Mouvement.
Gérard, E., » du Mouvement.
Gaudez, J. B., Ingénieur, Inspecteur du Mouvement.
Porcher, Inspecteur du Mouvement à Namur.
Doux, N., » chargé du Mouvement à Charleroi.
Claessens, Chef du Mouvement à Mons.

Matériel et Traction (2e *Division*).

Geoffroy, Ingénieur de la Traction à St-Martin, (Marchiennes).
Piccard, Inspecteur à Liége.
Brard, » à Frameries.
Griefgens, Chef-Comptable à St-Martin, (Marchiennes).

Voies, Travaux et Surveillance (3e *Division*).

Bernard, Ingénieur de la Voie à Namur.
St-James, Inspecteur »
Nissen, E., Chef de Bureau. »
Lecornu, Chef de Section à Huy.
Joassart, » à Dinant.
Bertrand, » à Lobbes.

	Kil.	
Liége, *Guillemins*, R. G.	—	Liége.
Val-Benoit. H.	1.465	»
La Haye. H.	4.292	»
Sclessin.	4.650	»
Tilleur.	5.068	»
Jemeppe.	7.234	»
Bons Buveurs. H.	7.825	»
Flémalle-Grande.	9.064	»
Baldaz-Lalore. H.	10.809	»
Flémalle-Haute *.	11.142	»
Engis.	15.198	»
Hermalle s/s Huy.	18.779	»
Flône. H.	19.762	»
Amay.	22.444	»
Ampsin.	24.835	»
Corphalie. H.	26.923	»
Huy, *Nord Belge*.	29.637	»
» *Statte*.	30.798	»
Bas-Oha.	33.333	»
Java. H.	36.185	
Andenne.	40.793	Namur.
Sclaigneaux.	45.986	»
Namèche.	49.163	»
Hainiau. H.	51.142	»
Marche-les-Dames.	51.864	»
Namur, *Station*.	59.864	»
» *Meuse*.	61.193	»
Jambes.	62.443	»
Dave.	67.133	»
Lustin.	72.913	»
Godinne.	75.863	»
Yvoir.	79.833	»
Dinant.	87.361	»
Waulsort.	95.845	»
Hastières.	101.172	»
Heer-Agimont.	105.702	»
Frontière.	106.291	France (Ardennes).
Givet.	109.546	

Liége, *Longdoz*.	—	Liége.
Angleur.	2.700	»

	Kil.	
Ougrée.	6.297	Liége.
Seraing.	7.904	»
Espérance. H.	8.636	»
Vieille Marihaye. H.	9.821	»
Val St-Lambert.	10.053	»
Flémalle-Haute *.	12.494	»

Charleroi, *Etat*.	—	Hainaut.
Marchiennes, *Zône*.	3.518	»
Landelies.	7.971	»
Hourpes. H.	11.726	»
Thuin.	14.846	»
Lobbes.	16.882	»
La Buissière.	23.582	»
Solre s/Sambre.	25.588	»
Erquelinnes.	29.020	»

Mons, *Etat*.	—	Hainaut.
Cuesmes. H.	2.7	»
Frameries.	7.	»
Temple. H.	8.6	»
Quévy.	14.8	»
Frontière vers Hautmont.	16.	»

635. — Nord de Berlin. (*Allemagne*.)

En construction.

Fürst, Président du Conseil d'Administration, à Berlin.
Windmüller, Président de la Direction, à Berlin.

636. — Nord de Bohême. (*Autriche*). (**V.**)

CONSEIL D'ADMINISTRATION A PRAGUE :

Waldstein-Wartemberg (Cte), E., Président.
Kiler, F., Vice-Président.
Bachofen v. Echt, C.
Eyssert, A.
Fröhlich, C. G.
Gröbe, M.
Junek, C.
v. Kress (Chev.), J.
Mattausch, F.
Schmeykal, F.
Waydelin, L.
Zuulerer, F.

DIRECTION A PRAGUE :

Löw, G., Directeur Central.
Hasel, J., Inspecteur Principal.
Janovsky, F., Secrétaire.
Mayerhoffer, F., Chef du Mouvement.
Anhnel, F., Chef de la Comptabilité
Klütte, J., Gabriel, M., et Hüttel, F., Ingénieurs.

Ertl, A., Ingénieur Principal, Inspecteur d'Exploitation à Tetschen.
Kratky, F., Ingénieur des Ateliers à B. Leipa.
Schlüter, H., » Principal, Chef des Ateliers à B. Leipa.

	Kil.	
Tetschen *.	—	Böhmen.
Elbe.	1.59	»

Bakow.	—	Böhmen.
Weisswasser.	9.5	»
Bösig.	18.3	»
Woken.	23.1	»
Hirschberg.	28.9	»
Habichtstein.	34.7	»
Reichstadt-Niemes.	38.	»
Böhmisch-Leipa *.	45.5	»
Straussnitz-Neustadl.	51.7	»
Politz-Sandau.	55.4	»
Franzensthal.	62.	»
Benzen *.	65.	»
Tetschen *.	73.3	»
Bodenbach.	76.	»

Böhmisch-Leipa *.	—	Böhmen.
Langenau.	8.5	»
Haida.	12.2	»
Rohrsdorf-Zwickau.	17.3	»
Tannenberg *.	25.9	»
Falkenau.	34.5	»
Böhmisch-Kamnitz-Steinschönau.	41.5	»
Rabstein.	45.6	»
Ebersdorf-Markersdorf.	49.5	»
Bensen *.	54.9	»

Tannenberg *.	—	Böhmen.
Schönfeld.	5.6	»
Kreibitz-Neudörfel *.	9.2	»
Grund-Georgenthal.	14.5	»
Niedergrund.	17.8	»
Warnsdorf.	20.8	»

Kreibitz-Neudörfel *.	—	Böhmen.
Schönlinde.	—	»
Rumburg *.	11.2	»
Gersdorf-Aloisburg. H.	13.8	»
Georswalde-Ebersbach.	18.8	Sachsen.

Rumburg *.	—	Böhmen.
Schluckenau.	10.2	»

637. — Nord de la Hesse. (*Allemagne*.)

Fait partie du Berg-Marche.

638 — Nord (Espagne)

CONSEIL D'ADMINISTRATION :

de la Torre (Duc), Président.
Martinez, M. A., Vice- »
Pereire, I.,   »   »
Bernar, E.
del Pino, J.
de Santona (Duc).
de Ibarrola, T.
Leon y Llerena, E.
Luque, F.
Navarro, J. J.
Polack, E.
Shee y Saavedra, A.
Semprum, J. M.
Sierra y Cardenas, J.
de Pombo (Marquis).
Brunet, J. M.
Cortes, G., Administrateur Consultant.
Vigo, P. M., Secrétaire.

DIRECTION A MADRID, 9, PASEO DE RECOLETOS :

Pirel, E., Ingénieur, Directeur.
Polack, F., Chef de l'Exploitation.
Collet, C., Ingénieur, Chef du Service Central, à Paris.
Barat, J., Chef du Service Commercial.
Villaronga, F., Sous-Chef du Service Commercial.
Barthelemy, E., Chef du Mouvement.
Plainemaison, E., Ingénieur, Chef du Matériel et de la Traction.
Gassch, G., Ingénieur, Chef des Voies et Travaux.
Corona, F., Chef du Service des Réclamations et du Contentieux.
Miranda, A., et Commenge, E., Agents Commerciaux.

	Kil.	
Madrid, *Principe Pio* *.	—	Madrid.
Pozuelo.	9	»
La Remisa.	»	»
Las Rozas.	18	»
Torrelodones.	30	»
Villalba.	38	»
Las Zorreras.	»	»
El Escorial.	51	»
Zarzalejo.	»	»
Robledo.	66	»
Las Navas.	84	Avila.
Navalperal.	89	»
Herradon (la Canada).	99	»
Navalgrande.	103	»
Avila.	121	»
Mingorria.	135	»
Velayos.	145	»
San Chidrian.	152	»
Adanero.	161	»

	Kil.	
Arévalo.	172	Avila.
Ataquines.	188	Valladolid.
Gomez-Narro.	197	»
Medina del Campo.	207	»
Pozaldez.	216	»
Matapozuelos.	223	»
Valdestillas.	234	»
Viana.	236	»
Valladolid.	249	»
Cabezon.	262	»
Aguilarejo (Corcos).	266	»
Duenas.	280	Palencia.
Venta de Banos *.	286	»
Magaz.	295	»
Torquemada.	307	»
Santa Cecilia.	»	»
Quintana del Puente.	318	»
Villodrigo.	329	»
Los Balbases, *Apartadero*.	335	»
Villaquirán.	340	Burgos.
Estépar.	351	»
Quintanilleja	361	»
Burgos.	370	»
Quintanapalla.	387	»
Santa Olalla (Monasterio).	403	»
Briviesca.	418	»
Pancorbo.	440	»
Miranda de Ebro.	460	»
Manzanos.	469	Vitoria.
Nanclares.	480	»
Vitoria.	493	»
Alegria de Alava, *Apeadero*.	506	»
Salvatierra.	517	»
Araya.	524	Pamplona.
Olazagutia.	534	»
Alsásua.	536	»
Otzaurte.	544	»
Oazurza.	552	»
Zumárraga.	566	Tolosa.
Beasaïn.	580	»
Villafranca de Ordina.	»	»
Tolosa.	596	»
Andoain.	608	»
Hernani.	615	»
San-Sebastian.	621	»
Pasajes.	627	»
Renteria.	628	»
Irun.	638	»

		Palencia.
Venta de Banos *.	—	»
Palencia.	11	»
Husillos de Campos, *Apart*.	22	»
Monzon.	24	»
Amusco.	33	»
Pina.	38	»
Frómista.	45	»
Marcilla de Campos.	50	»
Cabanas.	56	»

	Kil.	
Osorno.	62	Palencia.
Espinosa de la Ribera.	72	»
Herrera.	85	»
Alar San Quirce.	94	»
Mave.	101	»
Aguilar.	110	»
Quintanilla de las Torres *.	115	Santander.
Mataporquera.	122	»
Pozazal.	131	»
Reinosa.	142	»
Santiurde.	152	»
Pesquera.	155	»
Montablitz.	163	»
Barcena.	175	»
Portolin.	178	»
Santa Cruz.	180	»
Las Fraguas.	183	»
Los Corrales.	191	»
Las Caldas.	196	»
Torrelavega.	202	»
Renedo.	210	»
Guarnizo.	219	»
Boó.	222	»
Santander.	230	»

Quintanilla de las Torres*.	—	Santander.
Cillamayor.	10	»
Porquera.	12	»
Barruelo.	14	»

Madrid,	Principe Pio *.	—	Madrid.
»	Las Pulgas.	3	»
»	Fabrica del Gas.	4	»
»	Atocha, Norte *.	7	»
»	Alicante *.	10	»

639. — **Nord de Moravie-Silésie.**

Voir : Empereur Ferdinand.

640. — **Nord-Est.** (France).

Exploité par le Nord Français.

Conseil d'Administration a Paris, 51, Rue de la Chaussée d'Antin :

de Melun (Comte), Président.
Vulfran-Mollet, Vice-Président.
Boulenger, P.
De Coussemaker.
Crapez, (Vicomte).
Cucheval-Clarigny.
Delaherche, A.
Gonnet, G.
Joris, G.
Masurel.

Philippart, S.
Quenon, A.
Hennequin de Villermont, (Vicomte).
Wallerand.
Wattine.
Tourneux, P., Directeur, 2, Rue Blanche.
Le Masson, Ingénieur en Chef.

641. — **Nord-Est** (Hongrie) (V).

Direction Générale a Pest :

v. Ivanka, E., Directeur Général.
v. Korányi, A., Secrétaire Général et Chef du Contentieux.
Bock, J., et Wiederspan, F., Inspecteur d'Exploitation.
Lintner, E., Contrôleur Général.
v. Eklér, E., Chef du Bureau Central.
Gesell, J., Chef Principal de la Comptabilité.
Toth, J., Caissier Principal.
Hofbauer, J., Chef du Contrôle.
Platzer, J., Chef du Bureau des Réclamations.
Ambrus, J., Contrôleur d'Exploitation.
Altmann, H., Chef du Matériel.
Spitz, J., Chef du Service Commercial.
Ponger, P., Chef du Trafic.
Szücs, E., Inspecteur des Télégraphes.
Stolle, J., Inspecteur Central de Traction et des Ateliers.
v. Gyory, L., Inspecteur de Traction.
v. Novelly, E.,   »   des Ateliers.
v. Polinszky, E.,   »   Central de la Voie.
Festetics, E., Meissner, A., v. Szacsvay, A., Benartz, J., et Janowitz, F., Ingénieurs en Chef.

	M.O.	
Kaschau.	—	Ungarn.
Mislye.	1.92	»
Nagy-Szalancz.	3.85	»
Kosma.	5.29	»
Legenye-Mihályi.	6.34	»
Sátor-Alja-Ujhely *.	8.44	»
Szomotor.	10.66	»
Perbenyik.	13.57	»
Bély. H.	14.17	»
Csap *.	15.68	»
Bátyu *.	17.76	»
Som.	19.13	»
Beregszász.	21.16	»
Tisza-Ujlak.	23.71	»
Nagy-Szöllös.	25.64	»
Királyháza *.	26.82	»
Huszth.	29.01	»
Bustyaháza.	31.49	»
Técsö.	32.49	»
Taraczköz.	33.72	»
Hosszumezö.	34.5	»
Máramaros-Szigeth.	36.07	»

		M. O.	
Debreczin.	—		Ungarn.
Halap. H.	1.94		»
Vámos-Pércs.	2.69		»
Abrány. H.	3.95		»
Ery-Mihályfalva.	5.08		»
Ery-Körtvéles. H.	5.9		»
Reszege-Szániszló.	7.27		»
Nagy-Károly.	9.18		»
Majthény.	11.01		»
Zsadány. H.	12.68		»
Szathmár.	13.93		»
Mikola.	15.63		»
Halmi.	16.9		»
Fekete-Ardó. H.	18.33		»
Királyháza. *.	19.75		»

Szerencs.	—	Ungarn.
Bodrog-Keresztur.	1.5	»
Liszka-Tolcsva.	3.5	»
Sáros-Patak.	4.71	»
Sátor-Alja-Ujhely *.	5.99	»

Bátyu *.	—	Ungarn.
Strabicso-Gorond.	1.91	»
Munhács.	3.58	»

Nyiregyháza.	—	Ungarn.
Sósto. H.	0.84	»
Kemecse.	2.11	»
Demecser.	3.54	»
Pátroha. H.	4.48	»
Kis-Várda.	5.57	»
Fenyes-Litke. H.	6.46	»
Tuyzsér.	7.62	»
Csap *.	9.29	»
Szürte.	10.59	»
Ungvár.	12.11	»
Canal.	12.39	»

642. — Nord-Est. (*Suisse*).

CONSEIL D'ADMINISTRATION A ZURICH :

Escher, A., Président.
Ruttimann, J., Vice-Président.
Riedermann-Frei.
Zellweger-Waffler.
Huni-Stettler.
Egloff.
Ulrich.
Hurlimann-Zürcher.
Peyer-Keller.
Blank-Arbenz.
Fierz.
Wild.
Hallauer.
Leumann-Schwank.
Plister-Spleiss, J. E.
Brentano.
Schulthess-Meiss.
Rieter.
Weiersmüller.
Haberstich.
Bertschinger-Amsler.
Stoll.
Jenny, C.
Ziegler, G.

DIRECTION A ZURICH :

de Peyer im Hof, Président et Chef du 1er Département (Construction des lignes nouvelles).
Escher, E., Vice-Président et Chef du 2e Département (Service Commercial et Finances).
Weiss, E., Membre et Chef du 3e Département (Exploitation).
Haberlin, E., Chargé des Expropriations.
Suter, Secrétaire Général.
Schweizer, J., Chef de la Comptabilité.
Müller, J., Caissier Principal.
Moser, R., Ingénieur en Chef de la Construction.
Weiss, T., » » l'Exploitation.
Macy, R., Chef de Traction.
Nogelin, H., Inspecteur en Chef de l'Exploitation.
Müller, H., Chef de l'Exploitation.
Zollingen, F., Chef du Contentieux.
Frolich, J., Chef du Bureau des Tarifs.
Ruesch, C., Chef du Contrôle.
Friedrich, Inspecteur des Télégraphes.

	Kil.	
Constanz.	—	Constanz.
Kreuzlingen.	1	Thurgau.
Münsterlingen.	5	»
Altnau.	8	»
Güttingen.	11	»
Kessweil.	13	»
Uttweil.	15	»
Romanshorn *.	19	»
Amrisweil.	25	»
Erlen.	31	»
Sulgen.	35	»
Bürglen.	38	»
Weinfelden.	44	»
Märstetten.	45	»
Müllheim.	49	»
Felben.	55	»
Frauenfeld.	59	»
Islikon.	63	»
Wiesendangen.	69	Zürich.
Winterthur *.	75	»
Kemptthal.	80	»
Effretikon.	84	»
Dietlikon.	89	»
Wallisellen.	92	»
Oerlikon *.	96	»

	Kil.	
Zürich *.	—	Zurich.
Altstetten *.	101	»
Schlieren.	105	»
Dietikon.	109	»
Killwangen.	112	»
Baden.	117	Argau.
Turgi *.	124	»
Siggenthal.	129	»
Klingnau.	132	»
Coblenz.	139	»
Waldshut.	143	»
	146	»

Altstetten *.	—	Zürich.
Urdorf, Ober.	4	»
Birmenstorf.	9	»
Bonstetten.	14	»
Hedingen.	18	»
Affoltern a/Albis.	21	»
Mettmenstetten.	25	»
Knonau.	28	»
Cham *.	35	Zug.
Rothkreuz.	40	»
Gislikon.	44	Luzern.
Ebikon.	49	»
Luzern.	57	»

Turgi *.	—	Argau.
Brugg *.	4	»
Schinznach, Bad.	9	»
Wildegg, Lenzburg.	13	»
Rupperswil.	16	»
Aarau.	22	»

Romanshorn *.	—	Thurgau.
Egnach.	5	»
Arbon.	10	»
Horn.	12	»
Rorschach, Port.	14	St-Gall.
»	»	»

Oerlikon *.	—	Zürich.
Glattbrücke.	2	»
Rümlang.	6	»
Oberglatt *.	8	»
Niederhasle.	10	»
Dielsdorf.	12	»

Oberglatt *.	—	Zürich.
Niederglatt.	2	»
Bülach.	7	»

Cham *.	—	Zug.
Zug.	4	»

| Schaffhausen. | — | Schaffhausen. |

	Kil.	
Dachsen.	5	Zürich.
Marthalen.	9	»
Andelfingen.	17	»
Henggart.	21	»
Hettlingen.	23	»
Winterthur *.	30	»

Basel.	—	Basel-Stadt.
Muttenz.	5	Basel-Land.
Pratteln.	8	»
Augst.	12	»
Rheinfelden.	17	Argau.
Möhlin.	20	»
Mumpf.	27	»
Stein.	30	»
Eiken.	33	»
Frick.	37	»
Hornussen.	42	»
Effingen.	46	»
Bözenegg.	49	»
Brugg *.	57	»

Zurich *.	—	Zürich.
Enge.	5	»
Wollishofen.	6	»
Bendlikon-Kilchberg.	9	»
Rüschlikon.	11	»
Thalweil.	13	»
Oberrieden.	15	»
Horgen.	18	»

Wädensweil.	—	Zürich.
Richtersweil.	4	»
Pfäffikon.	14	»
Lachen.	20	Schwyz.
Siebnen (Wangen).	24	»
Reichenburg.	30	»
Bilten.	35	Glarus.
Ziegelbrücke.	38	»
Nieder. u. Oberurnen.	39	»
Näfels.	42	»
Netstall.	46	»
Glarus.	49	»

Sulgen *.	—	Thurgau.
Kradolf.	»	»
Sitterthal.	»	»
Bischofszell.	22	»

643. — Nord. (France.)

CONSEIL D'ADMINISTRATION :

A. Comité.
{ de Rothschild (Baron), Alp., Président.
de St-Didier (Baron), Vice-Président.
Marc-Caillard.
de Champlouis (Baron).
de Rothschild (Baron), E
Griolet.

B. Administrateurs.
- Adam, A.
- de Germiny (Comte), A.
- Burton.
- Dehaynin.
- de Galliéra (Duc).
- Hottinguer, P.
- Kuhlmann.
- Morin (Général).
- de Mouchy (Duc).
- Picard, C.
- de Rothschild (Baron), G., Ant. et L.
- de St-Pierre (Vicomte).
- de Soubeyran.
- Vernes, F.
- Pillet-Will (Comte).

ADMINISTRATION CENTRALE A PARIS, 18, RUE DE DUNKERQUE :

Castel, Secrétaire.
De Ronseray, Chef du Contentieux et du Domaine.
Graffin, Chef de la Comptabilité Générale.
Comte, Chef du Service des Titres.
Binay, Caissier Central.

EXPLOITATION :

Mathias, F., Ingénieur en Chef.
Sartiaux,   »   Adjoint.
Thouin,   »   Chargé du Service Actif.
Aubertin, Agent Commercial.
Delebecque, G., Agent Général du Contrôle des Recettes.
Lagarde, Chef du Mouvement.
Cousin, Inspecteur Principal Délégué.
d'Arcangues, »
Bataille, Chef du Bureau des Réclamations.

MATÉRIEL ET TRACTION :

Delebecque, E., Ingénieur en Chef.
Loustau, Agent Administrateur du Matériel.
Chobrzynsky, Ingénieur, Inspecteur Principal de la Traction.
Bricogne,   »   »   »   du Matériel.
de Wissocq, Ingénieur de l'Atelier Central.
Bandérali,   »   Inspecteur du Service Central.

TRACTION ET SURVEILLANCE :

Mantion, Ingénieur en Chef.
Boucher,   »   Inspecteur des Travaux neufs, Chargé de l'Entretien.
Alquié, Ingénieur Principal du Matériel de la Voie.
Salle, Ingénieur Principal des Travaux neufs.
de la Frémoire, »   »   »
Morel, Chef du Service Central de la Voie.
Lejeune,   »   »   des Bâtiments.
Touron, Ingénieur de la Voie.

	Kil.	
Paris, *Nord* *.	—	Seine.
Le Bourget-Drancy.	10	»
Aulnay-lès-Bondy.	15	Seine-et-Oise.
Sevran-Livry.	18	»
Mitry-Claye.	27	Seine-et-Marne.
Dammartin.	35	»
Le Plessis-Belleville.	43	Oise.
Nanteuil-le-Haudoin.	49	»
Ormoy.	56	»
Crépy en Valois *.	61	»
Vaumoise.	69	»
Villers-Cotterets *.	78	Aisne.
Longpont.	90	»
Vierzy.	94	»
Berzy.	100	»
Soissons.	105	»
Crouy.	109	»
Margival.	115	»
Anizy-Pinon.	123	»
Chailvet-Urcel.	130	»
Laon *.	140	»
Barenton-Bugny. H.	148	»
Crécy-Mortiers.	155	»
Marle.	165	»
St-Gobert-Rougeries.	172	»
Vervins.	179	»
La Bouteille. H.	187	»
Origny-en-Thiérache.	192	»
Hirson.	197	»
Anor.	205	Nord.
Paris, *Nord* *.	—	Seine.
La Chapelle Nord-Ceinture.	2	»
St-Denis *.	7	»
Pierrefitte-Stains.	11	»
Villiers-le-Bel-Gonesse.	15	Seine-et-Oise.
Goussainville.	20	»
Louvres.	24	»
Luzarches-Survillers.	30	»
Orry-la-Ville.	36	Oise.
Chantilly *.	41	»
Creil *.	51	»
Pont-Ste-Maxence.	62	»
Verberie.	72	»
Compiègne.	84	»
Thourotte.	92	»
Ribécourt.	97	»
Ourscamps.	101	»
Noyon.	108	»
Appilly.	116	»
Chauny.	124	Aisne.
Tergnier *.	131	»
Montescourt.	141	»
St-Quentin.	154	»
Essigny-le-Petit.	163	»
Fresnoy-le-Grand.	171	»
Bohain.	175	»
Busigny *.	181	»

	Kil.			Kil.	
Le Câteau.	190	Nord.	Dunkerque.	—	Nord.
Landrecies.	202	»	Bergues.	8	»
Aulnoye.	216	»	Esquelbecq.	18	»
Hautmont *.	224	»	Arnèke.	24	»
Maubeuge *.	229	»	Cassel.	31	»
Jeumont.	238	»	Hazebrouck *.	41	»
Erquelinnes.	244	»	Steenbecque.	48	»
			Thiennes.	52	»
Creil *.	—	Oise.	Aire.	57	Pas-de-Calais.
Liancourt s/s Clermont.	7	»	Lillers.	63	»
Clermont.	15	»	Chocques.	70	»
St-Just.	29	»	Fouquereuil *.	73	»
Breteuil, Gare *.	44	»	Béthune *.	76	»
La Faloise.	54	Somme.	Noeux.	81	»
Ailly s/Noye.	61	»	Bully-Grenay *.	87	»
Boves.	71	»	Lens *.	94	»
Longueau *.	76	»	Farbus-Vimy.	103	»
Amiens *.	80	»	Arras *.	114	»
Ailly s/Somme.	89	»	Boileux.	122	»
Picquigny.	94	»	Achiet.	132	»
Hangest.	101	»	Miraumont.	137	Somme.
Longpré.	108	»	Albert.	150	»
Pont-Rémy.	116	»	Méricourt-Ribemont.	158	»
Abbeville.	125	»	Corbie.	166	»
Noyelles *.	138	»	Daours. H.	172	»
Rue.	148	»	Longueau *.	179	»
Montreuil-Verton.	165	Pas-de-Calais.	Amiens *.	183	»
Etaples *.	175	»	Saleux *.	191	»
Neufchâtel.	189	»	Bacouel.	195	»
Hesdiguel *.	194	»	Namps-Quevauvillers.	202	»
Pont-de-Briques.	198	»	Famechon.	209	»
Boulogne.	203	»	Poix.	213	»
Wimille.	210	»	Ste-Segrée. H.	»	»
Marquise-Rinxent.	220	»	Fouilloy.	227	»
Caffiers.	229	»	Romescamps. H.	231	Oise.
Prethun.	238	»	Abancourt-Moliens. *.	234	»
St-Pierre-lès-Calais *.	244	»	Formerie.	239	»
Calais.	248	»	Gaillefontaine.	248	Seine-Inférieure.
			Serqueux.	255	»
Calais.	—	Pas-de-Calais.	Sommery.	263	»
St-Pierre-lès-Calais *.	2	»	Montérolier-Buchy *.	272	»
Ardres.	11	»	Longuerue-Vieux Manoir.	279	»
Audruicq.	19	»	Morgny.	283	»
Watten-Eperlecques.	30	»	Darnetal.	296	»
St-Omer.	39	»	Rouen, Martainville.	300	»
Ebblingem.	50	Nord			
Hazebrouck *.	59	»	Montérolier-Buchy *.	—	Seine-Inférieure.
Strazeele.	65	»	Critot.	7	»
Bailleul.	73	»	Bosc-le-Hard.	12	»
Steinwerck.	78	»	Clères.	21	»
Armentières.	85	»			
Pérenchies.	92	»	St-Denis *.	—	Seine.
Lille, Fives.	»	»	Epinay.	3	»
» Nord.	104	»	Enghien-les-Bains.	5	Seine-et-Oise.
Ascq.	108	»	Ermont *.	8	»
Baisieux.	114	»	Franconville.	11	»
Vers Blandain.			Herblay.	14	»

	Kil.			Kil.	
Pontoise.	22	Seine-et-Oise.	Cambrai.	25	Nord.
St-Ouen l'Aumone.	26	»	Iwuy.	33	»
Auvers-Méry.	27	»	Bouchain.	39	»
Isle-Adam-Parmain.	33	»	Lourches.	43	»
Beaumon-Persant *.	40	»	Somain *.	49	»
Boran.	46	Oise.			
Précy.	51	»	Tergnier *.	—	Aisne.
St-Leu.	54	»	La Fère.	5	»
Creil *.	61	»	Crépy-Couvron.	17	»
Cramoisy.	66	»	Laon *.	27	»
Cirès-les-Mello.	70	»			
Mouy-Bury.	76	»			Flandre Occid. etale
Heilles-Mouchy.	81	»	Mouscron.	—	Nord.
Hermes-Berthecourt.	84	»	Tourcoing.	5	»
Rochy-Condé.	91	»	Roubaix.	8	»
Beauvais *.	98	»	Croix-Wasquehal.	10	»
St-Paul.	105	»	Lille, *Nord* *.	16	»
La Chapelle-aux-Pots.	114	»	» *Fives* *.	18	»
St-Germer.	120	»	Seclin.	27	»
Gournay.	127	»	Phalempin.	31	»
			Carvin *.	35	»
Paris, (*Ouest*).	—	Seine.	Leforest.	41	»
Asnières.	5	»	Pont-de-la-Deule.	45	»
Bois-de-Colombes.	6	»	Douai *.	48	»
Colombes.	7	»	Montigny.	53	»
Argenteuil.	10	Seine-et-Oise.	Somain *.	60	»
Sannois.	13	»	Wallers.	69	»
Ermont *.	14	»	Raismes.	75	»
			Valenciennes *.	80	»
Noyelles *.	—	Somme.	Onnaing.	87	»
St-Valery.	6	»	Blanc-Misseron *.	92	»
			Quiévrain.	94	»
Haumont *.	—	Nord.			
Feignies *.	4	»	Arras *.	—	Pas-de-Calais.
			Rœux.	9	»
Chantilly *.	—	Oise.	Vitry.	16	»
Vineuil. H.	5	»	Corbehem.	21	»
St-Firmin.	7	»	Douai *.	26	Nord.
Senlis.	13	»			
Barbery.	20	»	Lens *.	—	Pas-de-Calais.
Auger St-Vincent.	29	»	Billy-Montigny.	6	»
Crépy en Valois *.	36	»	Hénin-Liétard.	9	»
			Dourges.	12	»
Hirson *.	—	Aisne.	Carvin *.	19	»
Anor *.	8	Nord.			
Fourmies.	13	»	Tergnier *.	—	Aisne.
Sains.	22	»	Flavy-le-Martel.	12	»
Avesnes.	29	»	Ham.	21	Somme.
Dompierre.	34	»	Nesle.	33	»
Aulnoye.	41	»	Chaulnes.	42	»
Le Quesnoy.	50	»	Rosières.	49	»
Artres.	57	»	Guillaucourt.	55	»
Valenciennes *.	65	»	Marcelcave. H.	58	»
			Villers-Bretonneux.	63	»
Busigny *.	—	Aisne.	Amiens *.	80	»
Bertry.	6	Nord.	St-Roch.	»	»
Caudry.	10	»	Saleux *.	88	»
Cattenières.	16	»			

	Kil.	
Prouzel.	93	Somme.
Loeuilly.	98	»
Conty.	103	»
Croissy.	108	»
Fontaine-Bonnel	113	Oise.
Crèvecœur.	121	»
Oudeuil-Blicourt. H.	129	»
St-Omer-en-Chaussée *.	133	»

Maubeuge *.	—	Nord.
Feignies *.	2	»
Quévy.	6	»

Beaumont-Persan *.	—	Seine-et-Oise.
Chambly.	5	Oise.
Bornel-Fosseuse.	9	»
Esches. H.	13	»
Méru.	17	»
La Boissière-le-Del.	24	»
St-Sulpice.	31	»
Warluis. H.	»	»
Beauvais *.	42	»

Beauvais *.	—	Oise.
Pouquenies-Troissereux. H.	8	»
Milly.	13	»
St-Omer-en-Chaussée *.	16	»
Marseille-le-Petit.	21	»
Crez-Gaudechart. H.	28	»
Grandvilliers.	33	»
Fouquières.	41	»
Moliens. H.	43	»
Abancourt *.	46	»

Breteuil, Ville.	—	Oise.
Breteuil, Gare *.	7	»

Villers-Cotterets *.	—	Aisne.
Port-aux-Perches.	9	»

Étaples *.	—	Pas-de-Calais.
Beutin.	4	»
Montreuil.	19	»

Arras *.	—	Pas-de-Calais.
Marœuil.		»
Aubigny.	10	»
Savy-Berlette.	19	»
Tincques.	22	»
Liguy-St-Flochel.	26	»
St-Pol.	32	»
Brias.	38	»
Pernes-Camblain.	45	»
Calonne-Ricouart.	53	»
Lapugnoy.	54	»
Fouquereuil *.	59	»
	65	»

	Kil.	
Lille *.	—	Nord.
Lesquin.	6.318	»
Fretin.	10.287	»
Templeuve.	14.301	»
Nomain. H.	17.914	»
Orchies.	22.050	»
Landas. H.	25.183	»
Rosult.	29.590	»
St-Amand *.	34.817	»
Raismes.	41.350	»
Beuvrages. H.	43.837	»
Valenciennes *.	47.323	»

Lille, Fives *.	—	Nord.
» Porte d'Arras.	5.302	»
» Porte des Postes.	6.448	»
Loos.	8.621	»
Haubourdin.	10.656	»
Santes.	13.364	»
Wavrin.	15.966	»
Don (Sainghin).	19.049	»
Marquillies.	22.563	»
La Bassée.	26.618	»
Violaines *.	29.552	Pas-de-Calais.
Cuinchy.	32.122	»
Beuvry *.	36.222	»
Béthune, Nord *.	»	»
Béthune, Rivage.	39.474	»

Violaines *.	—	Pas-de-Calais.
Vermelles.	6.501	»
Bully-Grenay *.	9.910	»

St-Amand *.	—	Nord.
Fontaine-Bouillon. H.	5.348	»
Odomez.	9.413	»
Fresnes.	14.482	»
Vicq. H.	19.132	»
Blanc-Misseron *.	23.037	»

Gravelines.	—	Nord.
Bourbourg.	5.977	»
St-Pierrebrouck. H.	12.504	»
Watten.	20.676	Pas-de-Calais.

Boulogne *.	—	Pas-de-Calais.
Hesdiguel *.	9.103	»
Samer.	15.236	»
Desvres.	24.066	»
Lottinghen.	31.087	»
Nielles lez-Bléquin.	38.389	»
Lumbres.	45.176	»
Wizernes.	53.425	»
Arques.	59.454	»
St-Omer *.	64.317	»

— 302 —

	Kil.	
Aire-Berguette.	—	Pas-de-Calais.
St-Venant.	7.051	Nord.
Merville.	14.597	»
Lestren.	17.260	»
La Gorgue Estaires.	20.170	»
Laventie.	24.194	»
Sailly, H.	26.124	»
Bac-St-Maur.	28.116	»
Armentières *.	34.149	»

Somain *.	—	Nord.
Fenain.	3.301	»
Marchiennes.	7.756	»
Beuvry *.	12.275	»
Orchies *.	16.187	»

	Kil.	
Straussfurth *.	53.48	Erfurt.
Gebesee-Ringleben.	60.5	»
Walschleben.	64.52	»
Gispersleben.	70.62	»
Erfurt, N. E.	76.46	»
» Thuringe.	78.28	

Straussfurth *.	—	Erfurt.
Weissensee.	7.15	»
Sömmerda.	12.6	»
Cölleda.	21.29	Merseburg
Olbersleben.	28.63	Sachsen-Weimar.
Buttstädt.	35.1	»
Tromsdorf. H.	39.8	Merseburg
Eckartsberga.	45.09	»
Gross-Heringen.	52.77	Sachsen-Weimar.

644. — Nordhausen-Erfurt (*Allemagne*) **(V.)**

CONSEIL D'ADMINISTRATION A NORDHAUSEN :

Reinhardt, Président.
Riemann, Vice-Président.
v. Wolffersdorff.
v. der Brinken.
Laue.
Czarnikow.
v. Münchhausen (Baron).
v. Oldershausen.
Doerstling.
Schulze, M.
Schlitte.
Moritz.
Breslau.
Art.
Weber.
Nonnenprediger.
Keil, Drechsler et Lattermann, Réviseurs.

DIRECTION A NORDHAUSEN.

Salfeldt, Président.
Berndt, Syndict.
Boer.
Plaut, G.

DIRECTION DE L'EXPLOITATION :

Krohn, Ingénieur en Chef de la Construction et Directeur de l'Exploitation.
Wolff, Adjoint au Chef de la Construction et de l'Exploitation.

	Kil.	
Nordhausen.	—	Erfurt.
Wolkramshausen.	8.3	»
Klein-Furra.	11.75	»
Sondershausen.	20.33	Schwartzburg-Sondersh.
Hohenebra.	27.56	»
Wasserthalleben.	39.06	»
Greussen.	44.12	»

645. — Nord-Ouest (*Autriche*) **(V.)**

CONSEIL D'ADMINISTRATION A VIENNE :

Salm-Reifferscheid (Comte), F., Président.
v. Haber-Linsberg (Baron), L., Vice-Président.
v. Mallman (Chev.), J., »
Bauer, J.,
Chotek (Comte), R.
Fremy, L.
Giskra, C.
de Haber, S.
Mitscha v. Märheim (Chev.), J.
v. Liebig (Baron), J.
Redlhammer, E.
v. Schenk (Chev.), A.
v. Schöller (») P.
Schnapper, A. M.
Schwarz, F.
v. Siegmund, F.
Strache, E.
Thommen, A.
v. Tour und Taxis (Prince), H.
Wenke, J.
Widmann-Sedlnitzky (Comte), V.

DIRECTION GÉNÉRALE A VIENNE :

Gross, G. R., Directeur Général.
v. Rittershausen (Chev.), H., Directeur de l'Exploitation, Adjoint au Directeur Général.
Pohl, J. et Eger, A., Secrétaires.
Gräf, C., Chef du Contentieux.
Menzel, E., Chef de la Comptabilité.
Werner, C., Comptable-Adjoint.
Steinfelder, F., Caissier Principal.
Pfanl, H., Liquidateur.
Lalauschek, F., Inspecteur du Contrôle Général.

DIRECTION DE L'EXPLOITATION A VIENNE :

Reitler, M. A., Adjoint au Directeur de l'Exploitation.

— 303 —

Wilhelm, M. et Steingraber, S., Inspecteurs en Chef.
Hudelist, J., Inspecteur et Secrétaire.
Tedesco, G. et Martys, F., Inspecteurs.

DIRECTION DE LA TRACTION A VIENNE :
Langer, J., Directeur.
Richter, C., Elbel, J., et Felsenstein, W., Inspecteurs en Chef.

DIRECTION DES VOIES ET TRAVAUX A VIENNE :
Hellwag, W., Directeur.
Gerlich, E., et Hohenegge, W., Inspecteurs Principaux.
Lill, E., Inspecteur et Secrétaire.
Rybar, J., et Steutter, H., Inspecteurs.
Langgasser, J., Inspecteur Principal de la Construction des lignes du Raccordement du Nord et du Sud de l'Allemagne.

	M.O.	
Wien.	—	Nieder Oesterreich.
Jedlesee.	0.718	»
Lang-Enzersdorf.	1.484	»
Korneuburg.	2.062	»
Spillern. H.	2.965	»
Stockerau.	3.395	»
Sierndorf.	4.309	»
Göllersdorf.	5.408	»
Ober-Hollabrunn.	6.782	»
Guntersdorf.	8.188	»
Zellerndorf *.	9.698	»
Retz.	10.726	»
Schattau.	11.748	Mähren.
Znaim.	13.210	»
Wolframitzkirchen.	14.847	»
Schönwald-Frain.	15.748	»
Gröschelmauth.	16.762	»
Marisch-Budwitz.	18.256	»
Jarmeritz.	19.318	»
Kojetic. H.	20.378	»
Trebitsch.	21.231	»
Okrisko.	22.380	»
Branzaus.	23.500	»
Wieze.	24.685	»
Iglau.	26.198	»
Polna.	27.300	Böhmen.
Deutschbrod *.	29.530	»
Okrouhlic.	30.704	»
Swetla.	31.627	»
Leschtina.	33.258	»
Göltsch-Jenikau.	35.265	»
Czaslau.	36.730	»
Kuttenberg.	37.986	»
Kolin.	39.387	»
Gross-Wossek *.	40.533	»
Podebrad.	41.573	»
Nimburg *.	42.604	»
Kostomlat.	43.408	»

	M.O.	
Lysa *.	44.555	Böhmen.
Alt-Bunzlau.	45.984	»
Dris. H.	»	»
Vsetat.	47.545	»
Melnik.	49.021	»
Liboch.	50.103	»
Wegstädtl.	50.869	»
Gastorf.	51.724	»
Polep.	52.491	»
Leitmeritz.	53.644	»
Calosic-Czernosek.	54.403	»
Sebusein.	55.746	»
Aussig *.	56.867	»
Schwaden.	57.445	»
Gross-Priesen.	57.996	»
Tichlowitz.	58.806	»
Tetschen.	60.277	»
Neschwitz. H.	»	»
Mittelgrund.	60.672	»

Gross-Wossek *.	—	Böhmen.
Libnowes.	0.904	»
Zizelic.	2.394	»
Chlumec *.	3.008	»
Dobrenic.	4.981	»
Königgrätz.	6.708	»
Hokenbruck.	8.484	»
Tinist.	9.566	»
Adlerkostelec.	11.127	»
Pottenstein.	12.214	»
Senftenberg.	13.961	»
Geiersberg *.	14.883	»
Gabel.	16.093	»
Wichstadtl-Lichtenau *.	17.653	»
Mittelwalde.	18.778	»

Chlumec *.	—	Böhmen.
Neu-Bitschow.	1.400	»
Smidar.	2.190	»
Wostromer *.	3.446	»
Belohrad.	4.760	»
Neu-Paka.	6.176	»
Alt-Paka *.	6.780	»
Kruh, Rostok. H.	7.889	»
Starkenbach.	8.727	»
Pelsdorf *.	9.797	»
Arnau.	11.159	»
Kottwitz. H.	11.666	»
Pilnikau.	12.233	»
Trautenau *.	13.446	»
Parschnitz.	14.001	»

Deutschbrod *.	—	Böhmen.
Rosochatec. H.	1.417	»
Chotebor.	2.335	»
Zdirec.	3.632	»
Hlinsko.	5.256	»

	M.O.	
Skuc.	7.313	Böhmen.
Chrast.	9.082	»
Slatinan.	10.091	»
Chrudim.	10.664	»
Rossitz.	12.182	»
Pardubitz *.	12.552	»
Prag.	—	Böhmen.
Visocan.	0.706	»
Chwala-Pocernic.	1.852	»
Mstetic.	2.666	»
Celakovic.	3.439	»
Lysa *.	4.529	»
Nimburg *.	—	Böhmen.
Vlkawa.	1.526	»
Dobrawitz.	2.807	»
Jungbunzlau.	3.946	»
Zellerndorf*.	—	Nieder Oesterreich.
Pulkau.	1.5	»
Sigmundsherberg, Horn.	2.64	»
Pelsdorf*.	—	Böhmen.
Hohenelbe.	0.577	»
Trautenau *.	—	Böhmen.
Alstadt.	0.580	»
Freiheit.	1.286	»
Wostromer *.	—	Böhmen.
Tur.	1.234	»
Jicin.	2.278	»
Wildenschwert.	—	Böhmen.
Liebenthal.	1.362	»
Geiersberg *.	1.849	»
Aussig *.	—	Böhmen.
Aussig, Aussig Teplitz.	0.244	»
Wichstadtl-Lichtenau *.	—	Böhmen.
Grulich.	1	»
Pardubitz.	—	Böhmen.
Rosic.	0.37	»
Steblowa.	1.29	»
Opatowic.	2.20	»
Königgrätz.	3.	»
Presmeric.	3.60	»
Smiric.	4.40	»
Josefstadt *.	5.30	»
Kukus.	6.35	»
Königinhof.	7.27	»
Tremesna.	8.17	»
Mastig.	8.97	»

	M.O.	
Falgendorf.	10.27	Böhmen.
Alt-Paka *.	11.32	»
Liebstadtl.	12.52	»
Semil.	13.57	»
Eisenbrod *.	14.43	»
Kleinskal.	15.25	»
Turnau.	16.37	»
Sichrow.	17.44	»
Liebenau.	18.16	»
Reichenau.	19.11	»
Langenbruck.	19.79	»
Reichenberg.	21.24	»
Habendorf.	21.74	»
Einsiedl.	22.66	»
Raspenau.	24.01	»
Friedland.	24.71	»
Weigsdorf.	25.86	»
Tschernhausen.	26.43	»
Seidenberg.	26.69	Preussen.
Josefstadt *.	—	Böhmen.
Stralic.	1.60	»
Machod.	2.35	»
Roth-Kostelic.	3.69	»
Hertin.	4.35	»
Schwadowitz.	4.66	»
Parschnitz.	6.18	»
Bernsdorf.	7.49	»
Königshain.	7.95	»
Liebau.	8.53	Pr. Schlesien.
Eisenbrod *.	—	Böhmen.
Engenthal.	0.76	»
Nansarow.	»	»
Swarow.	1.84	»
Tannwald.	2.32	»
Grussbach.	—	Böhmen.
Neusiedl-Dürnfolz *.	1.17	»
Zellerndorf *.	—	Mähren.
Pirnersdorf-Pfoffendorf. H.	1.23	»
Haugsdorf.	1.74	»
Hadres-Markersdorf. H.	2.40	»
Kadolz-Mailberg.	3.03	»
Pernhofen-Wulzelshofen.	4.07	»
Laa.	5.02	»
Neusiedl-Dürnholz *.	7.12	»
Nikolsburg.	8.51	Oesterreich.
Feldsberg.	9.98	»
Lundenburg.	11.65	»

646. — Nord-Ouest (*Espagne*).

Conseil d'Administration :

San Roman, E. F., Président.
Valero y Soto, J., Vice- »

Garcia Ruiz, E.
Pinzon, L. H. (Général).
Diez Canseco, V.
Cortés, G.
Denis y Leon, J.
Bueso, M.
de Tolentino, J. T., Secrétaire.

ADMINISTRATION A MADRID, 3, CALLE DE LA SALUD:

Miranda, F., Directeur Général.
Hurtado, N., Sous-Directeur.
Saavedra, Ingénieur Consultant.
Morales, » , Chef d'Exploitation à Palencia.
Reymond, Agent à Paris, 5, Rue Lavoisier.

	Kil.	
Lugo.	—	Lugo.
Rabade.	15	»
Bahamonde.	28	»
Parga.	35	»
Guitiriz.	42	»
Teijeiro.	56	Coruna.
Curtis.	66	»
Cesuras.	78	»
Oza (San Pedro).	84	»
Betanzos.	93	»
Cambre.	106	»
El Burgo.	109	»
Coruna.	116	»

Palencia.	—	Palencia.
Grijota.	6	»
Villaumbrales.	11	»
Paredes.	21	»
Villaumbroso.	28	»
Cisneros.	35	»
Villada.	46	»
Grajal.	56	Leon.
Sahagun.	64	»
Calzada.	68	»
El Burgo.	80	»
Santas Martas.	96	»
Palanquinos.	105	»
Torneros.	114	»
Leon *.	123	»
Quintana de Ramos.	133	»
Villadangos.	143	»
Veguellina.	158	»
Posadilla.	165	»
Astorga.	175	»
Vega.	186	»
Brañuelas.	202	»

Leon *.	—	Leon.
Santibañez.	11	»
La Robla.	26	»
La Pola de Gordon.	34	»

	Kil.	
Villamanin.	46	Leon.
Busdongo.	54	»
Pola de Lena.	—	Oviedo.
Santullano.	18	»
Mieres.	26	»
Olloniego.	40	»
Las Segadas.	52	»
Oviedo.	66	»
Lugones.	78	»
Lugo.	88	»
Serin.	110	»
Verina.	124	»
Gijon.	154	»

647. — Normands (*France*).

SIÉGE SOCIAL A PARIS, 20, RUE DE LONDRES.

Cette Compagnie est concessionnaire d'une ligne partant de Caen vers Annay (à construire) et d'une autre, de Falaise à Berjou (exploitée par la Société d'Orléans-Rouen).

648.— Noret-Grangesberg-Bjorbo (*Suède*).

En construction.

649. —Norrköping à Gamleby (*Suède*).

En construction.

650. — Northampton and Banbury Junction (*Angleterre*).

DIRECTEURS :

Lord Bruce, E., Président.
Beattie, A., Esq., Vice- »
Heath, R. A., Esq.
Michael, W. A., Esq.
Mackintosh, L., Esq.
Sheldon, H. J., Esq.

ADMINISTRATION A LONDRES, E. C., 8, UNION COURT, OLD BROAD STREET:

Theobald, J. W., Secrétaire et Directeur Général.
Porter, G., Inspecteur Principal du Trafic, à Towcester.
Liddell, C., et Richards, E., Ingénieurs.
Bircham & Cº, Solicitors.

	M. A.	
Blisworth.	—	Northampton.
Towcester.	4 1/4	»
Wappenham.	8 1/4	»
Helmdon.	12	»
Cockley Brake *.	15 1/4	»

651. — North and South Western Junction (*Angleterre*).

Exploité par le London and North Western, le Midland et le North London.

DIRECTEURS :

Chubb, H., Esq., Président.
Bickersteth, J. P., Esq.
Hill, T., Esq.
Cooper, G., Esq.
Jack, C., Esq.
Kirshaw, J. W., Esq.
Mansel, R. S., Esq.

BUREAUX A LONDRES, EUSTON STATION :

Bolland Newton, Secrétaire.
Browne, H., et Tuckett, P. D., Auditeurs.

652. — North Bristih. (*Ecosse*).

DIRECTEURS :

Stirling, J., Esq., Président.
Beaumont, J., Esq., Président-Délégué.
Adam, W. P.
Cox, J., Esq.
Douglas, J. M., Esq.
Garnett, P., Esq.
Harrison, G., Esq.
Harvie, A., Esq.
Muir, W., Esq.
Sir Miller, W.
Robertson, G., Esq.
Young, R., Esq.
Trotter, H. J., Esq.
Grierson, H., Esq.

ADMINISTRATION A EDINBURGH; PRINCES STREET :

Wieland, G. B., Secrétaire.
Walker, J., Directeur.
Johnstone, A., Solicitor.
Drummond, D., Chef de Traction, à Cowlairs.
Mc. Dougall, D., Directeur Général des Marchandises, à Glasgow.
Simpson, G., Comptable.
Macdonald, J., Caissier.
Bell, J., Ingénieur en Chef.
Bell, (jun), J., Ingénieur de District à Portobello.
Bell, R.,   »   »   Burntisland.
Boyd, C.,   »   »   Carlisle.
Carswell, J.,   »   »   Glasgow.
Rutherford, A., Directeur de District des Marchandises.
Peat, W., Directeur de District des Marchandises, à Dundee.
Bruce, J., Directeur de District des Marchandises, à Coatbridge.
M' Laren, J., Inspecteur Principal du Département des Voyageurs.

Hay, J., Inspecteur de District du Département des Voyageurs, à Glasgow.
Symon, J., Inspecteur de District du Département des Voyageurs, à Burntisland.
Mackenzie, W., et Wyllie Guild, J., Auditeurs.

	M. A.	
Tayport.		Fife.
Macdonald & Young, Siding.	0.48	»
Blackie's, Siding.	1.2	»
Morton, Siding.	1.78	»
Leuchars.	4.76	»
» *.	5.53	»
Milton *.	5.58	»
Dairsie.	8.63	»
New Mills, Siding.	10.24	»
Cupar.	11.63	»
Brighton.	12.73	»
Springfield.	14.6	»
Ladybank.	17.20	»
» *.	17.34	»
Malt Barns, Siding.	17.57	»
Auchtermuchty.	21.79	»
Strathmiglo.	23.79	»
Gateside.	26.3	»
Mawcarse.	28.57	Kinross.
Milnathort.	31.21	»
Kinross.	32.34	»
Cleish Road.	34.34	»
Crook of Devon.	37.44	»
Rumbling Bridge.	38.76	Clackmannan.
Dollar Beg, Siding.	42.17	»
»	43.13	»
Tillicoultry.	45.77	»
Woodland's, Coal Pit Siding.	46.3	»
Devon.	46.23	»
Sauchie.	46.59	»
» Siding.	47.39	»
Alloa.	48.23	»
» *.	48.34	»
Cambus.	50.27	»
Causewayhead.	53.57	»
Stirling, Shore Road Goods.	54.62	Stirling.
» Cowpark Siding.	54.77	»
» Raploch Road Siding.	55.33	»
Murrayshall.	57.28	»
Gargunnock.	60.47	»
Kippen.	63.55	»
Fairfield, Siding.	65.46	»
Ladyland's, Siding.	65.72	Perth.
Port of Monteith.	67.44	Stirling.
Mye.	68.52	»
Buchlyvie.	70.13	»
Balwil.	71.42	»
Balfron.	74.26	»

	M. A.	
Drumquhart.	75.52	Stirling.
Gartness.	76.40	»
Drymen.	77.73	Dumbarton.
Finnery.	79.78	»
Kilmaronock.	81.4	»
Dalmonach, *Branch* *.	83.74	»
Jamestown.	83.79	»
Forth & Clyde *.	84.46	»
Croftengea.	85.16	»
Alexandria.	85.53	»
Millburn.	86.27	»
Renton.	86.65	»
Dalquhurn.	87.29	»
Dalreoch, *Quarry*.	88.13	»
»	88.36	»
Dumbarton.	88.70	»
Bowling.	92.2	»
» *Basin*.	92.25	»
Kilpatrick.	93.49	»
Dalmuir.	95.8	»
Kilbowie.	96.	»
Garscadden.	97.	»
Drumchapel.	97.66	»
Milngavie *.	98.47	»
Garscube.	99.47	Lanark.
» *Gas Works*.	100.3	»
Maryhill *.	100.24	»
»	100.28	»
Possil Park, *Siding*.	102.22	»
Glasgow, *Cowlairs* *.	103.	»
» *Neilson's Sid*.	103.40	»
» *Barnhill* *.	103.71	»
» *Sighthill*.	104.27	»
Milton *.	—	Fife.
Segie, *Paper Mill Siding*.	0.56	»
Guard Bridge	0.77	»
» *Brickwork Sid*.	»	»
Seafield or Meldrums.	2.40	»
St-Andrews.	4.40	»
Perth, *Hilton* *.	—	Perth.
Bridge of Earn.	1.64	»
Abernethy.	6.38	»
Newburgh.	9.32	Fife.
Glenburnie.	10.57	»
Collessie.	14.15	»
Saw Mill.	15.68	»
Ladybank.	16.60	»
» *.	16.74	»
Kingskettle.	17.53	»
Forthar, *Lime Siding*.	18.65	»
Falkland Road.	19.57	»
Markinch.	22.49	»
Thornton.	25.8	»
Randolph, *Siding*.	26.16	. »
Boreland.	27.14	»
Dysart.	27.70	»

	M. A.	
Sinclairtown.	28.54	Fife.
Dunnikier.	29.20	»
Kirkcaldy, *Harbour Br.* *.	29.44	»
»	29.78	»
Kinghorn.	33.10	»
» *.	33.60	»
Burntisland.	35.60	»
Leslie.	—	Fife.
Markinch *.	4.17	»
Auchmuty Mills.	5.64	»
Perth, *Caledonian*. *.	—	Perth.
» *Goods*.	0.22	»
Thornton.	—	Fife.
Orr's Bridge, *Siding*.	0.33	»
Redford, *Siding*.	4.68	»
Clunie, *Siding*.	3.35	»
» *Coliery*.	3.57	»
Cardenden, *Coliery*.	5.13	»
»	5.26	»
Dundonald, *Coliery*.	5.43	»
Lochgelly, *Coliery*.	7.1	»
»	7.48	»
Mary, *Pit*.	8.8	»
Lumphinnans *.	8.38	»
» *Coliery*.	8.53	»
Foulford, *Coliery*.	9.33	»
Oakley, *Coliery n° 3*.	9.52	»
Cowdenbeath.	9.65	»
Little Raith, *Coliery*.	10.13	»
Hill of Beath, *Coliery*.	10.17	»
Donibristle, *Coliery*.	10.33	»
Fordell, *Coliery*.	10.76	»
Crossgates	11.44	»
Cuttlehill.	12.8	»
Halbeath, *Coliery*.	»	»
»	13.3	»
Townhill *.	13.34	»
Dunfermline.	15.13	»
Morton's *Siding*.	16.10	»
Whitemyre *.	16.17	»
Charleston *.	16.22	»
Oakley, *Cos Siding*.	16.38	»
Summit, *Siding*.	16.59	»
Carnock.	18.	»
Oakley.	19.46	»
Carron, *Iron Co Siding*.	20.54	»
East Grange.	21.15	»
Overton, *Siding*.	21.27	Perth.
Bogside.	23.4	»
Saw Mill, *Siding*.	23.16	»
Brucefield, *Siding*.	24.15	»
Kincardine.	25.49	»
Clackmannan.	26.55	Clackmannan.

	M. A.	
Clackmannan *Coal Sid.*	27.6	Clackmannan.
Alloa.	28.68	»
» *.	28.76	»
» *Harbour.*	29.39	»
Cambus.	—	Clackmannan.
Menstrie.	1.73	»
Glenochil.	2.2	»
Cobble Crook Mill.	3.30	»
Alva.	3.45	Stirling.
Kirkcaldy, *Harbour Br.* *.	—	Fife.
» »	0.51	»
Kinghorn *.	—	Fife.
Pettycur.	0.30	»
Kinross.	—	Kinross.
Loch Leven.	0.62	»
Blairadam.	3.48	»
Blair Fordell.	4.74	Fife.
Lochore, *Siding.*	5.5	»
Kelty.	5.62	»
Lumphinnans *.	7.62	»
Kelty.	—	Fife.
Lindsay, *Pit Siding.*	0.48	»
Lassodie *.	2.25	»
Lochfitty.	2.42	»
Kingseat, *Pits*	3.32	»
Muircockhill, *Coliery* *.	4.32	»
Lillyhill *.	4.54	»
Wellwood.	6.7	»
Leadside, *Siding.*	6.64	»
Wellstood *.	7.21	»
Elgin *.	7.30	»
Whytemyre *.	8.7	»
Lassodie.	—	Fife.
» *Siding.*	1.4	»
Craigduckie.	1.20	»
Steelend.	—	Fife.
Linn.	0.40	»
Gask *.	1.79	»
Lochend.	2.38	»
Bowerhall.	3.25	»
Lillyhill, *Siding.*	3.75	»
» *.	4.4	»
Muircockhill, *Coliery* *.	—	Fife.
» »	0.49	»
Gask *.	—	Fife.
Lathalmond.	0.20	»

	M. A.	
Gask, *Siding.*	1.11	Fife.
» *Terminus.*	1.15	»
Elgin, *Siding* *.	—	Fife.
Tom, *Pit Siding.*	0.15	»
Union *Pit Siding.*	0.38	»
Balmule *.	0.65	»
Arthur *Pit.*	0.70	»
Balmule *.	—	Fife.
» *Pit.*	0.25	»
Townhill *.	—	Fife.
Elbowend *.	2.76	»
Brickwork, *Siding.*	4.37	»
Merryhill, *Siding.*	4.65	»
Charleston.	5.69	»
Elbowend *.	—	Fife.
Netherton.	1.15	»
Charleston *.	—	Fife.
Elgin, *Siding.*	0.20	»
Colton *.	0.27	»
» *Terminus.*	0.30	»
Colton *.	—	Fife.
Rumbling Well.	0.4	»
Stirling, *Shore Road Goods.*	—	Stirling.
»	0.10	»
» *.	0.22	»
Dalreoch *.	—	Dumbarton.
Cardross.	3.16	»
Helensburgh.	7.66	»
Forth & Clyde *.	—	Dumbarton.
Balloch.	0.15	»
» *Pier.*	0.55	»
Dalmonach, *Branch* *.	—	Dumbarton.
» *Works & Bonhill*	0.62	»
Milngavie *.	—	Dumbarton.
Bearsden.	1.3	»
Milngavie.	3.15	»
Maryhill *.	—	Renfrew.
Dawsholm, *Siding.*	0.23	»
Whiteinch *.	1.60	»
Partick.	2.40	»
Stobcross.	3.69	»

	M. A.	
Whiteinch *.	—	Renfrew.
»	1.19	»
Glasgow, *Queen Street*.	—	Lanark.
» *Cowlairs*.	1.42	»
» *.	1.68	»
Possil.	2.19	»
Huntershill.	2.68	»
Crowhill or Springfield.	2.77	»
Bishop Briggs.	3.19	»
Lenzie.	6.21	Dumbarton.
Campsie, *Branch* *.	6.25	»
Garngabber, *Siding*.	6.53	»
Wooditee.	7.27	»
Baird's, *Siding*.	9.39	»
Gartshore.	10.39	»
Croy.	11.39	»
Hirst.	14.42	»
Netherwood.	15.15	»
Castlecary.	15.42	»
Greenhill, *Upper* *.	17.20	Stirling.
Bonnybridge.	18.35	»
Bonnymuir, *Upper Siding*	18.42	»
Lime Road, *Siding*.	20.13	»
Falkirk.	21.63	»
Redding.	23.56	»
Polmont *.	24.60	»
»	24.77	»
Bo'ness, *Upper* *.	27.9	»
Manuel.	27.38	»
Linlithgow, *West Coal Siding*.	29.34	Linlithgow.
»	29.54	»
» *East Coal Sid*.	29.64	»
Pardovan.	32.1	»
Winchburgh.	35.24	»
Broxburn, *Branch* *.	36.37	»
» *Goods* *.	36.47	»
Bathgate, *Branch* *.	38.60	»
Ratho.	39.8	Edinburgh.
Queensferry, *Branch* *.	39.48	»
Gogar, *Pass*.	41.63	»
» *Goods*.	41.78	»
Corstorphine.	43.64	»
Edinburgh. *Haymarket*.	45.70	»
» *General*.	47.22	»
» *Abbeyhill* *.	48.7	»
» *Rose Lane*.	48.22	»
» *St-Marguerts*	48.62	»
» *Piersihll* *.	49.1	»
Portobello.	50.22	»
» *.	50.52	»
Joppa.	50.75	»
New Hailes.	51.76	»
Monktonhall *.	53.34	»
Inveresk.	53.62	»
Wallyford.	54.53	»
Prestongrange.	55.62	Haddington.

	M. A.	
Prestongrange, *New*.	56.7	Haddington.
Prestonpans.	56.64	»
Meadowmill.	57.21	»
Longniddry, *Manure*.	60.14	»
»	60.41	»
Ballincrieff.	63.21	»
Drem.	65.1	»
East Fortune.	68.21	»
» Linton.	70.61	»
Beltonford, *Siding*.	74.21	»
West Barnes.	74.61	»
Dunbar.	76.41	»
Innerwick.	81.1	»
Cockburnspath.	83.61	Berwick.
Pease Bridge.	85.13	»
Grant's House.	88.41	»
Reston.	93.41	»
Ayton.	97.41	»
Burnmouth.	99.21	»
Berwick.	104.62	»

	M. A.	
Glasgow, *Port Dundas*.	—	Lanark.
» *Pinkston*.	0.10	»
» *Cowlairs*.	0.55	»
Killearn.	—	Stirling.
Blanefield.	2.79	»
Strathblane.	3.75	»
Craigend.	5.70	»
Campsie Glen.	7.19	»
Lennoxtown, *B. V.*	8.14	»
Blane Valley *.	8.29	»
Campsie, *Alum Works*.	8.46	»
Lilyburn.	9.68	»
Glorat, *Lime Siding*.	9.74	»
Milton.	9.77	»
Kincaid.	10.17	Dumbarton.
Kirkintilloch.	11.55	»
» , *Foundry*.	11.67	»
Middlemuir or Monklands *.	12.34	»
Woodley *.	12.67	»
» Lye.	12.73	»
Garngabber *.	13.38	Lanark.
Muckcroft.	14.10	»
Bridgend.	14.72	»
Avenuehead.	16.3	»
Drumcavil.	16.12	»
Shankreymuir, *Brick W.*	16.25	»
Leckethill.	16.45	»
Shankreymuir, *Pit*.	16.53	»
Glenboig.	17.40	»
Gartverrie.	17.63	»
Garnqueen *.	18.78	»
Gartsherrie, *Heatherbell*.	19.37	»
» *.	19.50	»
» *Gartgill*.	19.58	»

	M. A.	
Gartsherrie, *Weighs*.	19.75	Lanark.
» *New Gunnie*.	20.7	»
» *Iron Works*		
Weighs Siding.	20.24	»
Sunnyside *.	20.48	»
Summerlee.	20.63	»
Coatbride, *Central*.	20.75	»
Dundyvan *.	21.14	»
Langloan *.	21.18	»
Dundyvan, *Basin*.	21.46	»
Whifflet.	21.51	»
Palace Craig, *Branch* *.	21.56	»
Binnie's, *Foundry*.	21.59	»
Legerwood's, »	21.66	»
Calder, *Iron Works*.	22.10	»
»	22.26	»
Cairnhill, n° 7.	22.46	»
Palace Craig.	22.58	»
Dundyvan *.	—	Lanark.
» *N. B. Iron W.*	0.7	»
Pottery Road.	0.32	»
Baird's, *Branch* *,	0.41	»
Clifton, *Foundry*.	0.44	»
Stewart's, *Tube Works*.	0.62	»
Shefford.	0.75	»
Rochsolloch, *Iron & Brick Works*.	1.13	»
Rochsolloch, *Coliery Sid*.	1.16	»
» *Terminus*.	1.19	»
Baird's, *Branch* *.	—	Lanark.
Coats.	0.3	»
Phœnix.	0.18	»
Clifton, *Iron Works*.	0.24	»
Globe, » »	0.34	»
Atlas, *Foundry*.	0.43	»
Glasgow, *Scotland Street*.	—	Lanark.
» *Shields Road*.	0.40	»
» *West Bridge*.	0.68	»
» *Main Street*.	1.30	»
» *Gallowgate* *.	1.59	»
» »	2.9	»
» *St-John's, Sid*.	2.43	»
» *Sydney Street or College* *.	2.72	»
» *Bellgrove Street*.	3.13	»
» *Sword Street* *.	3.29	»
Camlachie.	3.59	»
Parkhead.	3.75	»
Shettleston.	5.13	»
Glenduft Hill.	6.21	»
Barrachnie & Springhill.	6.45	»
Easterhouse.	7.29	»

	M. A.	
Cuilhill.	8.41	Lanark.
» *.	8 77	»
Drumpeller, *Pit*.	9.7	»
Baird's, *Sid. Espeside Pit*.	9.69	»
Summerlee, *Sid.*, *West* *.	10.16	»
» *Sid, East* *.	10.28	»
Sunnyside *.	10.38	»
» *Pass*.	10.43	»
» *Goods*.	10.55	»
Baird's, *Foundry*.	10.60	»
Greenside *.	10.66	»
Kipps.	11.8	»
Kipps Byre, n° 6.	11.17	»
Lea End.	11.39	»
Rochsoles, *Branch* *.	11.54	»
Common Head.	12.22	»
Rawyards.	12.69	»
Dykehead, *Branch* *.	13.40	»
Whitrigg *.	13.59	»
»	13.77	»
» *Lye*.	14.27	»
Arbuckle.	14.69	»
Arden.	15.33	»
Avonhead.	16.20	»
Greenvale.	16.32	»
Glasgow, *Steam Coal C*°.	16.34	»
Greendykeside.	16.40	»
Easter Glentore.	16.45	»
Moss Lye.	16.51	»
Longriggend.	16.75	»
Meadowfield.	17.24	»
Roughrigg, *Coliery*.	17.46	»
Longrigg, »	18.8	Stirling.
Limerigg & New Lodge.	18.30	»
Old Lodge.	18.74	»
Binnichill & Southfield.	19.27	»
Slamannan.	19.55	»
Balquhatson.	19.71	»
Drumclair.	20.19	»
Arnloss.	20.52	»
Strathavon, *Branch* *.	20.59	»
Boxton.	21.75	»
Avon Bridge.	23.10	»
Blackstone.	23.64	»
Redford.	25.16	»
Bowhouse.	26.3	»
Causewayend *.	27.5	»
»	27.16	»
Manuel.	28.11	»
Bo'ness, *Low* *.	28.30	»
Tod's Mill.	29.9	Linlithgow.
Kinniel, *Iron Works*.	31.41	»
Distillery Lye.	31.70	»
Woodyards.	32.13	»
Bo'ness.	32.31	»
» *Harbour*.	32.44	
Rochsoles, *Branch* *.	—	Lanark.

	M.A.	
Kipps Byre, n° 4.	0.10	Lanark.
» n° 3.	0.23	»
» n° 5.	0.42	»
Stoniebrae.	0.54	»
Thrushbush, n° 1.	0.68	»
Roughcraig, n° 1.	0.72	»
» Mine.	1.11	»
Jackson's Lye.	1.23	»
Dalmacouther.	1.31	»
End of Branch.	1.39	»
Common Head.	—	Lanark.
Chapelside, n° 2.	0.13	»
Burnbank.	0.15	»
Chapelside, nos 1 et 3.	0.27	»
Mill Lye.	0.28	»
Standard, Iron Works.	0.35	»
Halleraig.	0.40	»
Greenside *.	—	Lanark.
Raw, n° 3.	0.7	»
Airdrie House, Coliery.	1.43	»
»	1.53	»
Broomfield.	1.78	»
Springwell, n° 1.	2.33	»
Clarkston.	3.13	»
Springbank.	3.47	»
Brownieside.	4.7	»
Plains Weighs.	4.43	»
Stepends *.	5.6	»
Plains *.	5.15	»
Caldercruix.	6.7	»
Forrestfield.	8.23	»
West Craigs.	10.76	Linlithgow.
Woodend *.	11.74	»
Cowdenhead.	12.50	»
Northrigg.	12.71	»
Harthill, n° 1.	12.74	»
Capper's, n° 8.	12.92	»
» n° 5.	13.30	»
Armadale.	13.54	»
Capper's, n° 3.	13.72	»
Trees & Armadale *.	14.19	»
Torbanehill.	14.45	»
Boghead.	14.71	»
Polkemmet.	15.63	»
Bathgate, Upper.	16.11	»
» East *.	16.24	»
Boghall, Branch *.	17.10	»
» Old Siding.	17.60	»
» New Siding.	18.52	»
Livingston.	19.22	»
Dechmont.	20.33	»
Uphall.	22.5	»
Camps, Branch *.	22.13	»
Cawburn.	23.	»
Drumshoreland.	23.54	»

	M.A.	
Clifton.	25.43	Lanark.
Bathgate, Branch *.	26.34	»
Ratho.	26.59	»
Kirkliston.	28.29	»
Dalmeny.	30.34	»
New Halls.	31.31	»
Queensferry.	32.2	»
» Harbour.	32.72	»
Parkhead *.	—	Lanark.
» Forge.	»	»
Cuilhill *.	—	Lanark.
Heatheryknowe, Tile Work	0.44	»
Lockwood, Coliery.	0.79	»
Calderbank, Branch *.	—	Lanark.
Inkerman, Pit.	0.38	»
Springwell, n° 2.	0.67	»
End of C° Rails.	1.30	»
Whiterigg *.	—	Lanark.
Paterson's, Oil Work.	0.6	»
Stanrigg, South.	0.17	»
Airdriehill, nos 1 et 2.	0.20	»
Stanrigg, Oil Works.	0.25	»
» North.	0.32	»
Robertson's Lye.	0.53	»
End of Branch.	0.56	»
Rawyards.	—	Lanark.
» Coal Co. Siding.	0.17	»
Tod's, Siding.	0.29	»
Colliertree, Pit.	0.45	»
Calderbank, Branch *.	0.61	»
Colliertree, Quarry.	0.64	»
Brownieside *.	1.46	»
Dykehead, Branch *.	—	Lanark.
»	0.32	»
» n° 3 & Whiterigg Tile Works.	0.46	»
Rochsoles & Blackrigg.	0.68	»
Drumshangie.	1.5	»
Carron, Co Lye.	1.20	»
West Drumgray.	1.34	»
Darngavel, Coliery.	1.42	»
Drumgray, nos 4, 6 et 7.	1.77	»
Grayrigg.	2.5	»
Drumgray, n° 10.	2.22	»
» nos 9 et 14.	2.27	»
Raebog.	—	Lanark.
Struther's, Mine.	0.8	»
Jackson's, Pit.	0.23	»

	M.A.	
Rigend.	0.40	Lanark.
East Rochsoles.	0.57	»
Dykehead, *North* *.	0.62	»

Middlemuir or Monklands*.	—	Dumbarton.
Lenzie *.	0.76	»
Garngabber, *Siding*.	1.24	»
» *.	1.63	»

Woodley *.	—	Dumbarton.
Kirkintilloch Monkland.	0.72	»

Strathavon, *Branch* *.	—	Stirling.
Nappiefaulds.	1.19	»
Stanrigg.	1.22	»
Jawcraig.	1.26	»

Strathavon, *Branch* *.	—	Stirling.
» » *Terminus*.	0.64	»

Blackstone.	—	Stirling.
Westfield.	1.18	Linlithgow.
Couston.	3.10	»
Heatherfield.	3.18	»
Bathgate, *Lower*.	4.6	»
» *Foundry*.	4.21	»
Polkemmet.	4.65	»
Russel's, *Limestone Siding*.	5.17	»
Bathgate, *Chemical Works*.	5.35	»
Whitburn.	6.59	»
Addiewell, *Branch* *.	7.68	»
Bents.	8.78	»
Longridge.	10.17	»
Levenshead, *Branch* *.	11.4	»
Crofthead.	11.17	»
» *.	11.19	»
Knowe's, *Branch* *.	11.75	»
Wallhill, » *.	12.4	Lanark.
Badallan.	12.61	»
Headlesscross.	12.69	»
Blackhall.	14.67	»
Darngavil, *Siding*.	15.75	»
Daviesdykes.	16.78	»
Morningside, *Coliery*.	17.76	»
» *N. B.*	18.40	»

West Craigs.	—	Linlithgow.
Blairmuckhill.	1.27	Lanark.
Addies, *Pit* n° 3.	2.44	»
Muirhead, »	2.71	»
Brownhill, »	2.73	»
WestBenhar, *Branch* *.	2.77	»
Hartwoodhill *.	4.7	»
Calderhead, *Pit*.	4.72	»
Shotts, *Iron Works*.	5.35	»
» ;	5.57	»

	M.A.	
Springhill.	5.76	Lanark.
Ayr Road.	6.16	»
Blackhall.	6.77	»

Hartwoodhill *.	—	Lanark.
East Baton.	0.14	»
Shotts Co's Lye.	0.38	»
West Baton.	0.45	»
Graystonelee.	1.15	»
Simpson's, *Oil Works*.	1.20	»
Shots, n° 1.	1.45	»
» *Terminus*.	1.53	»

West Benhar, *Branch* *.	—	Lanark.
Addies, n° 2.	0.34	»
Benhar C°, n° 10.	0.46	»
Addies, n° 1.	0.49	»
Benhar C°, n° 6.	0.55	»
» *Terminus*.	0.60	»

Bathgate *.	—	Linlithgow.
» *Goods*.	0.12	»

Addiewell, *Branch* *.	—	Linlithgow.
Fouldshieds.	0.45	»
Cuthill.	0.76	»
Addiewell.	1.57	»

Woodend *.	—	Linlithgow.
End of C° Rails.	0.76	»

Trees and Armadale *.	—	Linlithgow.
Torbanehill, n° 7.	0.6	»
Capper's, n° 4.	0.13	»
Bathville.	0.26	»
Hopeton, n°s 7 et 9.	0.46	»
» n°s 10 et 8.	0.53	»
Barbauchley, n° 7.	0.59	»
» *Terminus*.	0.66	»

Causewayend *.	—	Stirling.
Almond, *Iron Works*.	0.12	»
Canal Lye.	0.33	»
Parkhall.	1.26	»
Maddiston.	1.65	»
Manuelrigg.	1.74	»
Craigend.	2.47	»
Blackbraes, *Brick Works*.	3.43	»
» n° 7.	3.63	»
» *Terminus*.	4.39	»

Larbert *.	—	Stirling.
Carron.	1.36	»
Camelon.	1.58	»
Grahamston.	2.13	»

— 313 —

	M.A.	
Grangemouth, *Branch* *.	2.37	Stirling.
Polmont *.	5.13	»
Bo'ness, *Low* *.	—	Stirling.
» *Upper* *.	0.33	»
Almond, *Iron Works*.	1.23	»
Crofthead *.	—	Linlithgow.
Thornton, *Pit n° 2.*	0.54	»
» » *n° 1.*	1.23	»
Coltness Cos *Fallahill Pit.*	1.35	»
» *Caled. Oil Works.*	1.37	»
Sid-To-Pit.	1.54	»
Weigh, *Siding*.	1.58	»
Sid-To-Pits, 6 *et* 14.	1.63	»
End of Branch.	2.9	»
Camps, *Branch* *.	—	Edinburgh.
Pumpherston.	1.13	»
East Calder.	2.40	»
Raw.	2.54	»
Camps *.	3.29	»
»	3.54	»
Camps *.	—	Edinburgh.
Raw *.	0.13	»
Kirkliston.	—	Linlithgow.
» *Distillery*.	0.20	»
Broxburn, *Goods* *.	—	Linlithgow.
Albion, *Works*.	0.60	»
Bell's *Shale, Mine.*	0.67	»
» *Load Bank North.*	0.76	»
» *Oil Works.*	1.22	»
» *Load Bank South.*	1.34	»
» *Terminus.*	1.53	»
Leith, *South*.	—	Edinburgh.
Hunter's, *Siding*.	2.17	»
Baileyfield.	2.36	»
Portobello.	2.66	»
» *.	3.16	»
Niddrie *.	4.19	»
Cairnie.	5.8	»
Lucknow.	5.55	»
Millerhill.	6.5	»
» *.	6.9	»
Glenesk *.	7.49	»
Eskbank.	7.66	»
Hardengreen *.	8.14	»
Dalhousie.	8.69	»
Newbattle.	9.27	»
Murderdean.	9.59	»

	M.A.	
West Bryans.	10.12	Edinburgh.
Arniston, *Siding*.	11.35	»
Gorebridge.	11.71	»
Vogrie.	12.3	»
Fushiebridge.	12.54	»
Tynehead.	15.71	»
Falahill.	17.66	»
Heriot.	18.79	»
Hangingshaw, *Quarry*.	19.29	»
Fountainhall.	22.35	»
Stow.	26.42	»
Bowshank.	28.38	»
Bowland Bridge.	29.52	Selkirk.
Kilnknowe *.	32.30	»
Sanderson & Murray's		
Siding.	32.60	Roxburgh.
Paterson's, *Siding*.	33.3	»
Galashiels.	33.33	»
» *.	34.31	»
Darnick.	36.9	»
Melrose.	37.7	»
Newstead.	38.29	»
Ravenswood *.	39.7	»
St-Boswells.	40.35	»
Kelso *.	40.59	»
Greenend.	43.39	»
Belses.	45.3	»
Standhill.	46.44	»
Hassendean.	48.33	»
Hawick *.	52.49	»
» *Pass*.	52.57	»
Stobs.	56.46	»
Shankend.	59.57	»
Limekilnedge.	63.45	»
Riccarton.	65.58	»
» *.	65.67	»
Saughtree.	68.24	»
Muirdykes.	70.73	»
Thorlies Hope, *Siding*.	71.30	»
Deadwater, *Siding*.	74.59	Northumberland.
Bells Burn.	73.5	»
Kielder.	73.76	»
Plashetts.	77.28	»
Bellingburn.	80.15	»
Falstone.	82.48	»
Thorneyburn, *Coal Sid*.	85.27	»
»	85.73	»
Tarset.	87.18	»
Charlton.	88.45	»
Bellingham.	90.64	»
Reedsmouth.	92.33	»
» *.	92.49	»
Wark.	96.34	»
Cunnerton, *Baker's Sid*.	98.58	»
Barrasford.	100.16	»
Chollerton.	101.32	»
Chollerford.	102.60	»
Wall.	104.45	»

— 314 —

	M. A.	
Howford, *Tile Works*.	105.69	Northumberland.
Acomb, *Coliery Branch*.	106.19	»
Hexham, *N. E.* *.	106.49	»

Reedsmouth.	—	Northumberland.
Broomhope, *Steele* *.	1.26	»
Woodburn.	3.64	»
Stiddle Hill, *Siding*.	4.79	»
Knowes Gate.	10.27	»
Rugley Walls.	12.45	»
Scots Gap *.	14.2	»
Middleton.	16.	»
Angerton.	17.40	»
Meldon.	19.62	»
Mitford.	24.	»
Morpeth.	25.17	»

Rothbury.	—	Northumberland.
Brinkburn.	2.16	»
Ewesley.	7.56	»
Rothley.	9.60	»
Scots Gap *.	13.4	»

Riccarton *.	—	Roxburgh.
Steele Road.	3.35	»
Hermitage Foot.	6.26	»
Newcastleton.	8.	»
Kershopefoot.	11.7	Cumberland.
Peter's Crook.	14.75	»
Penton.	15.49	»
Riddings.	18.15	»
Moat, *Quarry*.	19.27	»
Scotch Dyke.	20.30	»
Longtown.	22.52	»
Fauldmoor.	24.55	»
Lineside.	25.49	»
Harker.	27.67	»
Kingsmoor.	29.33	»
Port Carlisle *.	30.74	»
Carlisle.	31.22	»
» *N. E.* *	31.39	»

Riddings.	—	Cumberland.
Canobie, *Goods*.	1.25	Dumfries.
» *Pass*.	1.30	»
Gilnockie.	2.63	»
Langholm.	7.9	»

Longtown.	—	Cumberland.
Gretna *.	»	»
» *Caledonian* *.	3.3	»

Gretna *.	—	Cumberland.
»	0.15	»

	M. A.	
Port Carlisle *.	—	Cumberland.
Drumburgh.	2.63	»
Whitems.	4.30	»
Kirkbride.	6.3	»
Abbey *.	10.48	»
»	11.6	»
Silloth.	15.60	»

Drumburg.	—	Cumberland.
Burgh.	3.12	»
Kirkandrews.	5.18	»
Rattlingate.	5.63	»
Grinsdale.	6.15	»
Port Carlisle.	8.9	»

Kelso *.	—	Roxburgh.
Maxton.	2.57	»
Rutherford.	5.19	»
Roxburgh *.	8.24	»
Heiton.	8.66	»
Kelso.	11.22	»
Sprouston, *N. E.* *.	12.42	»

Roxburgh *.	—	Roxburgh.
Kirkbank.	1.52	»
Nisbet.	4.17	»
Jedfoot.	5.33	»
Jedburgh.	7.8	»

Ravenswood.	—	Roxburgh.
Earlston.	3.11	Berwick.
Fans Loanend, *Siding*.	5.11	»
West Gordon.	9.2	»
Greenlaw.	13.6	»
Lint Mill, *Siding*.	14.66	»
Marchmont.	16.66	»
Dunse.	20.46	»
Crimstone.	22.46	»
Edrom.	23.66	»
Chirnside Paper Mills.	25.9	»
»	25.29	»
Billiemains.	27.20	»
Auchencrow.	27.37	»
Shunting, *Siding*.	28.34	»
Reston.	29.26	»

Monktonhall *.	—	Edinburgh.
Carberry.	1.18	»
Smeaton *.	1.39	»
» *Coliery*.	2.19	»
Dalkeith, »	»	»
Cowdenfoot or Thornicbank	2.62	»
Dalkeith, *Siding*.	3.42	»
Mushet's, »	3.60	»
Hardengreen *.	4.31	»
Esk Valley *.	4.69	»

	M.A.	
Bonnyrigg.	5.44	Edinburgh.
Philipp's, *Siding*.	5.47	»
Polton, *Coliery Siding* n° 2	5.48	»
» » n° 1	5.73	»
Dalhousie, *Siding*.	6.26	»
Hawthornden & Rosewell *.	7.31	»
Whitehill.	7.71	»
Rosslynlee.	8.56	»
Asylum, *Siding*.	9.26	»
Pomathorn.	11.16	»
Leadburn.	13.51	Peebles.
Eddleston.	19.1	»
Peebles, *North* *,	22.75	»
» *New*.	23.19	»
» *South* *.	23.30	»
Cardrona.	26.40	»
Innerleithen.	29.45	»
Walkerburn.	31.35	»
Thornielee.	35.3	Selkirk.
Clovenfords.	38.34	»
Kilnknowe *.	40.54	»

Leadburn.	—	Peebles.
Lamancha.	2.52	»
Macbie Hill.	4.10	»
Broomlee.	6.29	»
Dolphinton *.	9.63	»
» *Pass*.	9.70	»
» *Goods*.	9.74	»

Dolphinton *.	—	Peebles.
» *Caledonian*. *.	0.3	»

Peebles, *North* *.	—	Peebles.
» *Old*.	0.16	»

Peebles, *South* *.	—	Peebles.
» *Caledonian* *.	0.44	»

Hawick *.	—	Roxburgh.
» *Goods*	0.12	»

Galashiels *.	—	Berwick.
» *Gas Works*.	1.11	»
Netherdale.	1.30	Selkirk.
Abbotsford Ferry or Bold-side.	1.53	»
Lindean.	3.18	Roxburgh.
Selkirk.	5.21	Selkirk.

Harwthorden & Rosewell *.	—	Edinburgh.
Gorton, *Coliery*.	0.23	»
Rosslyn Castle.	1.21	»
Dalmore Mill.	2.36	»
Auchendinny.	2.54	»

	M.A.	
Esk Bridge.	3.54	Edinburgh.
Esk Mill.	3.76	»
Valleyfield.	4.11	»
Pomathorn.	4.33	»

Glenesk *.	—	Edinburgh.
Dalkeith.	0.40	»

Esk Valley *.	—	Edinburgh.
Eldin, *Coliery*.	0.48	»
Broomicknowe.	0.52	»
Lasswade.	1.6	»
Kelvock Mill.	1.43	»
Annandale's, *Siding*.	1.67	»
Polton.	2.8	»

Millerhill *.	—	Edinburgh.
Gilmerton.	2.20	»
Edgefield, *Quarry*.	»	»
» *Siding*.	»	»
Ramsay, *Pit*.	3.75	»
Loanhead.	4.16	»
Burghlee.	4.50	»
Roslin.	5.69	»

New Hailes.	—	Edinburgh.
» *	0.46	»
Musselburgh.	1.26	»

New Hailes *.	—	Edinburgh.
Fisherrow.	0.60	»

Niddrie *.	—	Edinburgh.
Cairntows.	2.26	»
Edinburgh, *St-Leonards*.	3.46	»

	M.A.	
Smeaton *.	—	Edinburgh.
Cousland.	2.40	Haddington.
Billyford.	2.69	»
Ormiston.	4.20	»
Pencaitland.	4.71	»
Winton.	5.38	»
Penston.	6.6	»
Macmerry (Gladsmuir).	6.54	»

Prestonpans.	—	Haddington.
Bank Park.	0.60	»
Tranent.	1.21	»

Longniddry.	—	Haddington.
Coalyburn.	1.60	»
Laverocklaw.	2.20	»
Haddington.	4.60	»

	M. A.	
Drem.	—	Haddington.
Dirleton.	2.40	»
North Berwick.	4.60	»

Edinburgh, *Piers Hill* *.	—	Edinburgh.
Easter Road *.	0.77	»
Davidson's, *Siding*.	1.	»
Fergusson's, »	1.10	»
Wilson's, »	1.20	»
Leith Walk, *Pass*.	1.30	»
Bonnington, *South* *.	1.76	»
» *North* *.	2.21	»
Trinity *.	2.49	»
»	2.74	»
Granton *.	3.56	»
»	3.69	»
» *Caledonian* *.	4.2	»

Edinburgh, *Abbey Hill**.	—	Edinburgh.
» » »	0.13	»
Easter Road *.	0.44	»
Leith Walk, *Goods*.	0.67	»

Leith, *North*.	—	Edinburgh.
» *.	0.15	»
Bonnnington.	0.45	»
» *East* *.	0.54	»
» *North* *.	0.71	»

Trinity *.	—	Edinburgh.
Warriston *.	0.51	»
Edinburgh, *Scotland Street*	1.1	»

Bonnington, *South* *.	—	Edinburgh.
» *East*. *.	0.22	»
Warriston *.	0.66	»

Glasgow, *Shields Road*.	—	Lanark.
» *Pollok* *.	0.5	»

Glasgow, *Gallowgate*.	—	Lanark.
» *Central or Dunlop*	0.26	»

Glasgow, *College*.	—	Lanark.
» *Sydney Street or College* *.	0.33	»

653. — **North British, Arbroath and Montrose** (*Ecosse*.)

En construction.

DIRECTEURS :

Cox, J., Esq., Président.
Aberdein, F., Esq.
Macdonald, C¹.
Mitchell, W., Esq.
Robertson, G., Esq.
Scott, H., Esq.
Stirling, J., Esq.

BUREAUX A EDINBURGH, 4a, PRINCES STREET

Wieland, G. B., Secrétaire.
Bouch, F., Ingénieur.
Gordon, T. J., Solicitor.

654. — **North Eastern** (*Angleterre*)

DIRECTEURS :

Leeman, G., Esq., Président.
Lowthian-Bell, J., Esq.
Cleghorn, J., Esq.
Copperthwaite, W. C., Esq.
Dodsworth, G., Esq.
Elliot, J. F., Esq.
Fenwick, G., Esq.
Feversham (Cte of).
Hartley, J., Esq.
Rutherford-Hunter, W., Esq.
Sir Harcourt Johnstone.
Kitching, A., Esq.
Kitson, J., Esq.
Laycock, J., Esq.
Lumsden, J., Esq.
Sir Meysey-Thompson, H. M.
Oxley, H., Esq.
Pease, H., Esq.
Whitwell Pease, J., Esq.
Wilson, C. H., et Wilson, I., Esq.

ADMINISTRATION A YORK :

Tennant, H., Directeur Général.
Wilkinson, C. N., Secrétaire.
Harrison, M. E., Ingénieur en Chef à Newcastle.
Harrison, A. R. C., » »
Copperthwaite, H., » à York.
Christison, A., Inspecteur Général du Département des Voyageurs.
Stephenson, G., Inspecteur Principal à Darlington.
Pauling, R., Directeur des Marchandises.
Bailey, R. W., » du Trafic.
Smith, W., » » à Darlington.
Audus, T., et Urwin, R., » à Newcastle.
Tidswell, W., Comptable.
Smiles, H., Trésorier.
Bywater, J. R., et Fletcher, R., Auditeurs.
Richardson, Gutch & C°, et Newton, Robinson et Brown, Solicitors.

	M. A.	
Sprouston. *N. B.* *.	—	Roxburgh.

	M. A.	
Sprouston.	1.1	Roxburgh.
Carham.	3.25	»
Sunilaws.	5.46	Northumberland.
Coldstream.	8.51	»
Twizel.	»	»
Norham.	14.34	»
Velvet Hall.	16.77	»
Tweedmouth *.	21.7	»
Scremerston.	23.25	Durham.
Wind Mill Hill.	26.4	Northumberland.
Beal.	28.25	»
Smeafield.	31.72	»
Crag Mill.	34.18	»
Belford.	35.18	»
Lucker.	37.51	»
Newham.	39.64	»
Chathill.	40.70	»
Falloden.	43.21	»
Christon Bank.	43.67	»
Little Mill.	47.35	»
Longhoughton.	49.30	»
Bilton.	52.2	»
» *.	52.7	»
Warkworth.	54.76	»
Acklington.	58.28	»
Amble *.	60.21	»
Chevington.	61.19	»
Widdrington.	63.47	»
Longhirst.	66.53	»
Ashington *.	67.56	»
Morpeth.	70.20	»
» *.	70.23	»
Netherton.	72.73	»
Plessey.	75.26	»
Cramlington.	76.72	»
Dudley, Coliery.	78.54	»
Killingworth.	80.72	»
Forest Hall.	81.66	»
Benton, Quarry.	84.67	»
Heaton *.	85.5	»
Newcastle-on-Tyne, Trafalgar Manors *.	86.15	»
Newcastle-on-Tyne, Granary.	86.16	»
Newcastle-on-Tyne, Central *.	86.56	»
Gateshead, Pass.	90.5	Durham.
» South *.	90.20	»
Low Fell.	92.45	»
Lamesley.	94.1	»
Birtley.	95.53	»
Chester-le-Street.	98.38	»
Plawsworth.	100.28	»
Durham, Newton Hall *.	102.59	»
» Pass, North Road.	104.20	»
Relly Mill *.	105.14	»
Hoggersgate *.	111.25	»

	M. A.	
Ferry Hill *.	113.30	Durham.
Bradbury.	116.11	»
Heighington.	120.64	»
Darlington, S. & D. *.	125.36	»
» Bank Top.	126.16	»
» Croft Branch *.	126.66	»
Croft.	128.72	»
Dalton *.	131.33	York.
»	131.40	»
Cowton.	133.18	»
Castle Hills *.	139.55	»
Northallerton, High *.	140.30	»
»	140.35	»
Otterington.	143.69	»
Thirsk, Pass.	148.20	»
» *.	148.23	»
Sessay.	152.32	»
Pilmoor, North *.	154.18	»
»	154.25	»
» Husthwaite Gate *.	155.4	»
» South *.	155.44	»
Raskelf.	157.4	»
Alne.	159.38	»
Tollerton.	160.68	»
Shipton.	165.1	»
York, Popleton *.	168.75	»
» North *.	170.16	»
» Holgate *.	170.40	»
Naburn.	174.21	»
Escrick.	177.11	»
Riccall.	179.61	»
Selby, Barlby *.	183.21	»
»	183.71	»
Temple Hirst.	188.41	»
Heck.	191.1	»
Balne.	192.26	»
Moss.	195.24	»
Shaftholme *.	198.8	»

Carlisle, N. B. *.	—	Cumberland.
» M. & C. *.	0.70	»
» Joint Line *.	0.9	»
» London Road *.	0.17	»
» » »	0.4	»
Petterill *.	0.15	»
Scotby.	1.43	»
Wetheral.	2.	»
Heads Nook.	»	»
How Mill.	6.	»
Brampton.	3 1/2	»
Naworth.	»	»
Low Row.	3.	»
Gilsland.	3 3/4	»
Greenhead.	2 1/4	Northumberland.
Haltwhistle.	3.	»
Bardon Mill.	4 3/4	»
Haydon Bridge.	4 1/4	»

	M.A.	
Fourstones.	3 1/2	Northumberland.
Hexham *.	2.60	»
» N. B. *.	0.5	»
»	1.15	»
Dilston.	2.44	»
Corbridge.	0.45	»
Riding Mill.	2.22	»
Stocksfield.	2.24	»
Mickley.		»
Prudhoe.	2.41	»
Wylam.	2.22	»
Ryton.	2.9	Durham.
Stella, Lime Depot.	1.29	»
Blaydon.	0.60	»
» *.	0.34	»
Derwenthaugh.	0.59	»
» *.	0.17	»
Redheugh *.	2.25	»
Gateshead, East *.	0.68	»
» Goods.	0.14	»
» Wharf *.	»	»
Felling.	1.44	»
Pelaw.	1.24	»
» *.	0.6	»
Usworth.	3.26	»
Washington.	1.27	»
» Iron Works.	0.25	»
Pensher or Penshaw *.	0.77	»
»	0.23	»
Fence Houses.	2.9	Durham.
Leamside.	2.37	»
» *.	0.17	»
Belmont *.	0.64	»
Sherburn.	1.51	»
Shincliffe.	2.12	»
Hoggersgate *.	2.43	»
Ferry Hill, Thrislington *.	0.22	»
» » Spennymoor *.	0.63	»
» » *.	1.	»
Chilton *.	»	»
Sedgefield.	3.4	»
Stillington *.	3.18	»
» Weigh.	0.34	»
Carlton, Iron Works.	0.77	»
»	1.55	»
Norton *.	»	»
Stockton *.	3.28	»
» Pass.	0.38	»
Hartburn *.	1.7	»
Preston *.	1.76	»
Allen's *.	0.38	»
Yarm, Goods.	0.57	»
Picton *.	3.32	York.
Welbury.	4.12	»
Brompton.	3.42	»
Northallerton, Goods.	1.36	»
» *.	0.23	»
» Pass.	0.60	»

	M.A.	
Newby Wiske.	3.53	York
Sinderby.	4.77	»
Melmerby *.		»
Ripon.	2.76	»
Littlethorpe, Siding.	»	»
Worwald Green.	4.75	»
Nidd Bridge.	3.9	»
» » *.	0.37	»
Bilton Road *.	1.30	»
Starbeck, North *.	1.4	»
»	0.16	»
» South *.	0.3	»
Stonefall *.	»	»
Crimple Slip.	1.28	»
Pannal *.	1.37	»
»	0.43	»
Weeton.	3.20	»
Arthington, North *.	2.22	»
»	0.24	»
Moseley, Siding.	»	»
Horsforth.	3.39	»
Hawkesworth, Quarry Sid.	»	»
Headingley.	2.37	»
Leeds, Geldard *.	2.32	»
» Wellington, Goods.	0.32	»
Leeds, Central Pass.	—	York.
» 3 Signal Bridge *.	0.23	»
» Geldard *.	0.41	»
» Holbeck *.	0.55	»
Leeds, Canal *.	—	York.
» New Pass.	0.29	»
» Marsh Lane.	1.8	»
Waterloo, Siding.	»	»
Nevill Hill, Coliery.	»	»
Killingbeck, Coliery.	»	»
Cross Gates.	4.56	»
Garforth.	7.49	»
Micklefield.	10.5	»
» *.	10.9	»
Newthorpe.	»	»
Milford, South.	13.16	»
» Old.	14.54	»
Hambleton.	16.67	»
Thorpe Gates.	18.44	»
Selby.	21.1	»
» Barlby *.	21.51	»
» *.	22.6	»
Hemingbrough.	23.43	»
Wressle.	26.30	»
Howden.	29.15	»
Eastrington.	32.18	»
Staddlethorpe *.	34.34	»
Stockton, Hartburn *.	—	York.
» Bowesfield Lane *.	0.42	»

	M. A.	
Stockton, *South Pass*.	1.29	York.
Newport.	3.28	»
Middlesborough, *Old*		
Town *.	3.65	»
» *Pass.*	4.42	»
Ormesby.	7.43	»
Nunthorpe.	9.14	»
Ayton *.	10.26	»
Great Eaton.	12.70	»
Ingleby.	15.36	»
Kildale.	17.13	»
Castleton.	22.60	»
Danby.	24.15	»
Leatholme.	27.61	»
Glaisdale.	29.69	»
Egton.	31.37	»
Grosmont.	32.78	»
» *.	33.4	»
Beck Holes, *Siding*.	»	»
Goathland Mill.	36.29	»
Levisham.	44.69	»
Farwath, *Siding*.	»	»
Kingthorpe, *Siding*.	»	»
Pickering.	50.60	»
» *.	51.45	»
Marishes Road.	54.48	»
Rillington.	57.58	»
Knapton.	59.56	»
Heslerton.	61.47	»
Wykeham.	63.1	»
Ganton.	66.48	»
Seamer *.	70.75	»
Cayton.	73.19	»
Gristhorpe.	74.77	»
Filey.	77.5	»
Hunmanby.	79.64	»
Speeton.	83.79	»
Bempton.	86.71	»
Marton.	88.4	»
Bridlington.	90.38	»
Carnaby.	92.57	»
Burton Agnes.	95.57	»
Lowthorpe.	97.45	»
Nafferton.	99.64	»
Driffield.	101.71	»
Hutton Cranswick.	105.4	»
Kilnwick Gate.	107.19	»
Lockington.	108.25	»
Arram.	110.3	»
Beverley *.	112.42	»
»	112.78	»
Cottingham.	117.20	»
Hull, *Cottingham* *.	119.7	»
» *Hessle Road* *.	120.60	»
» *Hessle* *.	121.55	»
Hessle.	123.55	»
Ferriby.	126.26	»
Brough.	129.33	»

	M. A.	
Staddlethorpe.	135.68	York.
» *.	135.71	»
Saltmarshe.	139.39	»
Goole.	142.38	»
» *Potter's Grange* *.	142.78	»
» *Dutch River* *.	143.61	»
Thorne.	150.8	»
» *.	150.12	»

Withernsea.	—	York.
Hollym Gate.	1.56	»
Patrington.	3.67	»
Winestead.	4.29	»
Otteringham.	6.73	»
Keyingham.	8.32	»
Kelsey Hill.	8.77	»
Burstwick.	10.5	»
Hedon.	12.49	»
Marfleet.	15.54	»
Southcoates.	17.45	»
Wilmington *.	18.16	»
Sutton-on-Hull.	20.14	»
Swine.	22.47	»
Skirlaugh.	23.75	»
Burton Constable.	25.36	»
Whitedale.	26.36	»
Sigglesthorne.	27.67	»
Goxhill.	28.71	»
Hornsea Bridge.	30.48	»
»	31.16	»

Hull, *Hessle* *.	—	York.
» *Dairy Coates* *.	0.78	»
» *Goods*.	2.48	»

Hull, *Drypool, Victoria*		
Docks.	—	York.
South Coates.	0.41	»
Wilmington *.	1.16	»
Sculcoates.	1.44	»
Stepney.	2.6	»
Hull, *Cemetery*.	2.55	»
» » *Gates* *.	2.77	»
» *Anlaby Road* *.	3.22	»
» *Hessle Road* *.	4.26	»
» *Dairy Coates* *.	4.69	»

Hull, *Cottingham* *.	—	York.
» *West Parade* *.	1.54	»
» *Paragon Street*.	2.12	»

Hull, *Cemetery Gates* *.	—	York.
» *West Parade* *.	0.23	»
» *Anlaby Road* *.	0.53	»

— 320 —

	M. A.	
Seamer *.	—	York.
»	0.32	»
Scarborough.	1.22	»

Penrith, Red Hills *.	—	Cumberland.
» Eamond Bridge *.	1.7	»

Clifton, North *.	—	Westmoreland.
Weatheriggs *.	1.38	»
Cliburn.	1.68	»
Temple Sowerby.		»
Kirkby Thore.		»
Appleby.		»
Warcop.		»
Musgrave		»
Kirkby Stephen *.		»
Barras.		York.
»		»
Bowes.		»
Hulands, Quarry.		»
Boldron, Quarry.		»
Lartington, Quarry.	3.67	»
Barnard Castle, Middleton*	2.10	Durham.
» Pass.	0.20	»
» Evenwood*.	0.8	»
» Goods *.	0.4	»
Winston for Staindrop.	5.35	»
Gainford.	2.10	»
Forcett *.	»	»
Piercebridge and Carlbury.	2.58	»
Darlington, Merrybent *.	»	»
» Rise Carr, I. W	4.22	»
» Albert Hill *.	0.29	»
» Hopetown.	0.24	»
» Haughton Lane*	0.56	»
Fighting Cocks and Dinsdale	2.79	»
Middleton, Iron Works.	»	»
Perston *.	5.18	»

Darlington, Branch *.	—	Durham.
» Haughton Bridge*	0.31	»
» » Lane *.	0.51	»

Weatheriggs *.	—	Westmoreland.
Clifton, South *.	1.41	»

Tebay *.	—	Westmoreland.
Gaisgill.	2.42	»
Newbiggen.		»
Smardale.		»
Kirkby Stephen.		»

Middleton-in-Teesdale.	—	Durham.
Mickleton.	1.50	»
Romaldkirk.	3.34	»
Cotherstone.	6.20	»
Barnard Castle, Middleton*	8.41	»

	M. A.	
Barnard Castle, Goods.	—	Durham.
» » *.	0.35	»
Cockfield.	7.49	»
Evenwood.	10.2	»
Spring Gardens *.	11.12	»
St-Helen's (Auckland).	12.38	»
Filedon Bridge.	13.59	»
Bishop Auckland *.	15.29	»
Hunwick.	17.56	»
Willington.	19.37	»
Brancepeth.	22.10	»
Brandon.	23.25	»
Durham, Deerness Valley*	24.65	»
Witton Gilbert.	28.4	»
Lanchester.	31.68	»
Knitsley.	34.71	»
Benfieldside, Consett *.	36.65	»
»	37.71	»
Shotley Bridge.	39.41	»
Ebchester.	40.1	»
Lintz Green.	43.36	»
Rowlands Gill.	44.76	»
Swalwell.	48.1	»
» *.	48.72	Northumberland.
Scootswood.	52.51	»
Elsnick, Ordnance Works	54.11	»
Newcastle-on-Tyne, Forth Goods, Branch *.	55.1	»
Newcasle-on-Tyne, Cattle Dock.	55.2	»
Newcastle-on-Tyne-Central *.	55.51	»

Newcastle-on-Tyne, Trafalgar & Manors *.	—	Northumberland.
Newcastle-on-Tyne, Quay.	0.72	»

Newcastle-on-Tyne, Forth Goods Branch *.	—	Northumberland.
Newcastle-on-Tyne, Forth Goods.	0.40	»

Altofts *.	—	York.
West Riding, Coliery.	»	»
Whitwood, »	»	»
Methley, L. & Y. *.	1.44	»
Castleford.	2.48	»
Wheldale, Coliery.	»	»
Weldon Bridge.	4.41	»
Burton Salmon *.	6.54	»
» »	9.42	»
Milford *.	11.45	»
Sherburn *.	13.8	»
»	13.32	»
Church Fenton *.	15.34	»
»	15.44	»

— 321 —

	M.A.	
Ulleskelf.	17.35	York.
Bolton Percy.	18.50	»
Copmanthorpe.	22.38	»
York, *Holgate* *.	25.67	»
» *North* *.	26.11	»
Bootham *.	28.3	»
Haxby.	30.47	»
Strensall.	32.76	»
Flaxton.	35.49	»
Barton Hill.	37.65	»
Kirkham Abbey.	41.30	»
Castle Howard.	42.10	»
Hutton.	44.57	»
Malton.	47.37	»
» *West* *.	47.77	»
Rillington *.	51.70	»

Knottingley *.	—	York.
Burton Salmon *.	2.68	»

Malton, *West* *.	—	York.
» *East* *.	0.21	»

Driffield *.	—	York.
Garton.	3.	»
Wetwang.	6.36	»
Sledmere & Fimber.	8.28	»
Burdale.	10.31	»
Wharram.	12.74	»
North Grimston.	15.6	»
Settrington.	16.27	»
Malton, *East* *.	19.4	»
Amotherby.	22.45	»
Barton-le Street.	24.20	»
Slingsby.	25.73	»
Hovingham.	27.58	»
Gilling *.	31.25	»
Ampleforth.	33.66	»
Coxwold.	36.25	»
Husthwaite Gate.	37.64	»
Pilmoor *.	41.47	»
»	42.26	»
» *.	42.33	»
Brafferton.	44.64	»
Boroughbridge.	48.20	»
Copgrove & Staveley.		»
Knaresborough *.		»

Gilling *.	—	York.
Nunnington.		»
Helmsley.		»
Nawton.	3.52	»
Kirby Moorside.	2.52	»
Sinnington.	2.50	»
Pickering *.	3.2	»
	3.44	»

	M.A.	
Thirsk.	—	York.
» *.	0.49	»
Topcliffe.	2.32	»
Baldersby.	4.35	»
Melmerby.	6.2	»

Dalton *.	—	York.
Moulton.	2 1/2	»
Scorton.	4 1/2	»
Catterick Bridge.	6 1/2	»
Richmond.	10	»

Leyburn.	—	York.
Spennithorne.	1.33	»
Constable Burton.	3.	»
Finghall Lane.	4.23	»
Newton-le-Willows.	6.21	»
Crakehall.	7.66	»
Bedale.	10.1	»
Leeming Lane.	11.55	»
Scruton.	13.12	»
Ainderby.	14.50	»
Northallerton *.	17.17	»

Pateley Bridge.	—	York.
Dacre.	3.39	»
Darley.	5.4	»
Burstwith.	7.55	»
Hampsthwaite.	8.64	»
Ripley Valley.	10.24	»
Nidd Bridge *.	11.34	»
Bilton Road *.	12.64	»
Starbeck, *North* *.	13.68	»
»	14.4	»
» *South* *.	14.7	»
» *Belmont* *.	»	»
Knaresborough *.	15.56	»
Goldsborough.	18.43	»
Allerton.	20.8	»
Cattal.	22.6	»
Hammerton.	23.43	»
Marston.	26.16	»
Hessay.	27.12	»
Poppleton.	29.29	»
York, *Poppleton* *.	30.56	»
» *North* *.	31.77	»
» *Branch* *.	31.79	»
Bootham *.	33.69	»
Earswick.	34.51	»
Warthill.	38.20	»
Forest Mill, *Siding*.	»	»
Holtby.	40.12	»
Stamford Bridge.	41.27	»
Fangfoss.	43.78	»
Pocklington.	48.12	»
Nunburnholme.	50.47	»

	M. A.	
Landesborough.	52.51	York.
Market Weighton *.	54.29	»
» »	54.44	»
Kipling Cotes.	58.1	»
Cherry Burton.	62.16	»
Beverley *.	65.31	»

	M. A.	
Market Weighton *.	—	York.
Everingham.	3.21	»
Holme.	5.17	»
Foggathorpe.	8.6	»
High Field.	9.74	»
Bubwith.	10.66	»
Menthorpe Gate.	12.15	»
Duffield Gate.	13.15	»
Cliffe Common.	13.78	»
Selby *.	16.4	»
» Barlby *.	16.39	»

	M. A.	
Micklefield.	—	York.
» *.	0.4	»
Church Fenton *.	5.3	»
»	5.13	»
Towton.	—	»
Stutton.	8.70	»
Tadcaster.	9.71	»
Newton Kyme.	11.67	»
Thorp Arch.	13.23	»
Wetherby.	15.61	»
Spofforth.	18.53	»
Crimple *.	21.58	»
» Slip.	22.15	»

	M. A.	
Crimple *.	—	York.
Harrogate.	1.78	»
Dragon *.	2.57	»
Bilton Road *.	3.53	»

	M. A.	
Starbeck, North *.	—	York.
» Dragon *.	1.13	»

	M. A.	
Arthington.	—	York.
» West *.	0.21	»
Poole.	0.69	»
Otley *.	3.25	»
»	3.33	»
Milner Wood *.	5.13	»
Burley *.	6.8	»
»	6.19	»
Ben Rhydding.	8.39	»
Ilkley.	9.38	»

	M. A.	
Arthington, West *.	—	York.
» North *.	0.22	»

	M. A.	
Heaton *.	—	Northumberland.
Walker.	0.54	»
Wallsend.	1.63	»
Howdon-on-Tyne.	3.28	»
Percy Main *.	4.14	»
» »	4.15	»
North Shields.	5.34	»
Tynemouth, N. E.	6.33	»

	M. A.	
Morpeth, B. & T.	—	Northumberland.
» » *.	0.7	»
» N. B. *.	0.40	»
Hepscott.	1.32	»
Choppington.	3.43	»
Bedlington *.	4.68	»
Bedside.	5.65	»
Newsham *.	7.49	»
Hartley *.	9.34	»
Seaton Delaval.	10.53	»
Seghill.	11.48	»
Holywell.	13.15	»
Backworth *.	13.78	»
Benton.	16.31	»
Gosforth.	18.18	»
Moor Edge.	18.65	»
Jesmond.	19.78	»
Newcastle, New Bridge.	20.38	»

	M. A.	
Backworth *.	—	Northumberland.
Whitley *.	2.40	»
Cullercoats.	3.40	»
North Shields *.	4.60	»
Tynemouth, B. T.	5.	»

	M. A.	
Whitley *.	—	Northumberland.
Dairy House *.	2.10	»
Hartley *.	3.20	»

	M. A.	
Newsham *.	—	Northumberland.
Blyth.	1.53	»

	M. A.	
Bedlington *.	—	Northumberland.
North Seaton.	2.7	»
Hirst.	3.2	»
Woodhorn.	4.51	»
New Biggin.	5.44	»

	M. A.	
Bilton *.	—	Northumberland.
Alnwick.	3 1/4	»

	M. A.	
Hexham.	—	Northumberland.
» *.	1 1/4	»
Elrington.	6 1/4	»
Langley.	9	»
Staward.	10 3/4	»
Catton Road.	13	»

	M.A.	
Haltwhistle *.	—	No.thumberland.
Featherstone.	3	»
Shafthill.	4	»
Lambley.	4 1/2	»
Slaggyford.	8 1/2	»
Alston.	13	Cumberland.

Redheugh *.	—	Durham.
Tanfield.		»

Stanhope.	—	Durham.
Frosterley.	2.12	»
Wolsingham.	5.29	»
Harperley, *Depots*.	»	»
Witton-le-Wear.	11.55	»
Wear Valley *.	12.65	»
Etherley & Witton Park.	13.73	»
Bishop Auckland *.	16.5	»
» Tunnel *.	17.62	»
Shildon.	19.1	»
Simpasture *.	21.6	»
Heighington.	22.26	»
Darlington, *Albert Hill* *	26.3	»
» North Road*.	26.27	»

South Shields.	—	Durham.
High »	0.35	»
Tyne Dock, *Pass*.	0.36	»
» *.	0.40	»
Brockley Whins *.	1.71	»
Boldon.	3.33	»
Washington.	7.26	»
» *.	7.51	»
Durham, *Turnpike*.	10.55	»
Stella Gill.	12.3	»
Annfield Plain.	17.64	»
Carr House *.	21.14	»
Consett, *Hownesgill* *.	23.32	»
Rowley.	24.38	»
Waskerley.	27.25	»
Burn Hill *.	27.55	»
High Stoop.	31.33	»
Tow Law.	32.58	»
Crook *.	37.23	»
Beechburn.	38.41	»
Wear Valley *.	39.73	»

Ferry Hill, *Iron Works*.	1.13	Durham.
» *Thrislington* *.	1.64	»
» *.	2.56	»
»	2 58	»
» *Ferry Hill**.	2.73	»
Coxhoe Bridge.	4.10	»
Trimdon.	6.75	»
Wingate.	9.26	»
Castle Eden *.	10.21	»
»	10.52	»

	M.A.	
Castle Eden, *Coliery*.	11.64	Durham.
Hart.	14.50	»
Hartlepool, *East* *.	17.27	»
» *West Pass*.	19.23	»
Seaton Carew.	21.49	»
Greatham.	23.27	»
Billingham *.	26.64	»
»	26.78	»
Norton *Goods*.	27.72	»
» *Pass*.	27.79	»
» *.	»	»

Billingham *.	—	Durham.
Haverton Hill.	1.74	»
Port Clarence, *Pass*.	3.24	»
» *Iron Works*.	3.35	»

Castle Eden *.	—	Durham.
Thornley.	1.55	»
Haswell.	4.61	»
South Hetton.	5.65	»
Murton *.	7.9	»
Seaton (Murton).	8.46	»
Ryhope, *N. E*.	11.8	»
Sunderland, *Hendon*,	13.43	»
» » *.	13.48	»
» *Fawcett Street*.	14.36	»
Millfield.	15.25	»
Pallion.	16.3	»
Hylton.	17.41	»
Cox Green.	19.31	»
Pensher or Penshaw *.	20.14	»

Murton *.	—	Durham.
Hetton.	1.50	»
Pittington.	4.10	»
Sherburn House.	6.37	»
Shincliffe, *Town*.	7.57	»

Spennymoor.	—	Durham.
» *.	0.23	»
Ferry Hill, *Spennymoor* *.	2.59	»
Coxhoe.	4.58	»

Durham *.	—	Durham.
Frankland.	0.61	»
Leamside *.	2.33	»

Ayton *.	—	York.
Pinchingthorpe.	1.63	»
Guisborough, *Cleveland*.	3.7	»
Slapewath *.	5.55	»
Boosbeck.	6.74	»
Priestcrofts *.	7.36	»

	M. A.			M. A.	
Thorpe *.	9.8	York.	Thirsk *.	—	York.
Brotton *.	9.57	»	» Coal.	1.31	»
Middlesborough, Goods *.	1.2	York.	Lofthouse *.	—	York.
» Pass.	1.59	»	» Alum Works Sid.	»	»
Cargo Fleet.	3.9	»	Stanley.	1.71	»
Eston.	4.49	»	Fox Holes, Siding.	»	»
Lazenby.	»	»	Calder, »	»	»
Tod Point, Iron Works.	7.64	»	Methley.	4.58	»
Redcar.	9.47	»	» *.	5.2	»
Marske.	12.50	»			
Saltburn-by-the-Sea *.	13.79	»	Methley, L. & Y. *.	—	York.
North Skelton *.	16.19	»	» M. S. & L. *.	1.34	»
Brotton *.	17.35	»			
»	17.39	»	Goole, Dutch River *.	—	York.
Carlin How.	21.12	»	» East.	0.46	»
Loftus.	22.	»			
			Goole, Potter's Grange *.	—	York.
Grosmont *.	—	York.	» L. & Y. *.	0.63	»
Sleights.	3.20	»			
Ruswarp.	4.65	»	Tweedmouth *.	—	Northumberland.
Whitby.	6.17	»	Berwick.	1.12	Berwick.
Picton *.	—	York.	Preston *.	—	Durham.
Trenholme Bar.	2.	»	Stockton, Bowesfield Lane *.	2.12	»
Potto.	4.5	»	» S. & D. Goods.	2.52	»
Sexhow.	5.22	»	» Wharf.	2.68	»
Stokesley.	8.27	»			
Ingleby Greenhow.	11.25	»	Stockton *.	—	Durham.
» Picton *.	11.68	»	» North Shore Goods	0.24	»
» *.	12.3	»	» Iron Works.	1.2	»
Rosedale *.	21.73	»			
»	26.7	»	Scotswood.	—	Northumberland.
			Lemington.	1.6	Durham.
Tyne Dock *.	—	Durham.	Newburn.	1.34	»
Jarrow.	2.26	»			
Hebburn.	3.42	»	Saltburn-by-the-Sea *.	—	York.
Pelaw *.	5.18	»	» »	0.45	»
»	5.24	»			
Springwell.	6.11	»	North Skelton *.	—	York.
Brockley Whins *.	8.20	»	Priestcrofts *.	1.22	»
Cleadon Lane.	10.14	»			
Morkwearmouth *.	12.9	»	Guisborough, Cleveland *.	—	York.
»	13.20	»	»	1.	»
Milford *.	—	York.	Rosedale *.	—	York.
» Old *.	1.7	»	» East.	4.33	»
Sherburn *.	2.14	»			
			Monkwearmouth *.	—	Durham.
York, Branch *.	—	York.	» Dock.	1.5	»
»	0.35	»			
» Holgate *.	0.74	»			
Swalwell *.	—	Durham.			
Blaydon.	0.54	»			
» *.	1.28	»			

	M. A.	
Percy Main.	—	Northumberland.
" * .	0.15	»
Prospect Hill.	2.37	»
Holywell *.	2.71	»
Tyne Dock *.	—	Durham.
Cleadon Lane.	2.22	»
Burn Hill *.	—	Durham.
Parkhead.	4.66	»
Lane End, *Quarry*.	7.34	»
Waterhouses, *Coliery*.	—	Durham.
Durham, *Deerness Valley* *	5.5	»
Belmont *.	—	Durham.
Durham, *Goods Gilesgate*.	2.18	»

655. — Northern. (Irlande.)

ADMINISTRATION A DUBLIN :

Cowan, T., Directeur.
Leadbetter, J. A., Thompson, W., Comptables.
M'Cartan, W., Harty, M., Ingénieurs.
Armitage, T., Curry, W., Chefs de Traction.
Davis, S. et Kane, R. D., Solicitors.
Warren, R., Bewley, S. et Close, S. H., Auditeurs.

	M. A.	
Dublin, *Amiens Street*.	—	Dublin.
Raheny.	3 3/4	»
Junction.	4 3/4	»
Portmarnock.	6 3/4	»
Malahide.	9	»
Donabate.	11 1/4	»
Rush & Lusk.	14	»
Skerries.	17 3/4	»
Balbriggan.	21 3/4	»
Gormanstown.	24	Meath.
Laytown.	27	»
Drogheda †.	32	Louth.
Duleek.	36 1/2	»
Beauparc.	43 1/2	»
Navan.	48 1/2	»
Ballybeg.	54 3/4	»
Kells.	58 1/4	»
Virginia Road.	65	»
Oldcastle.	72	»
Junction.	—	Dublin.
Baldoyle & Sutton.	2	»
Howth.	3 1/2	»

	M. A.	
Drogheda *.	—	Louth.
Dunleer.	10	»
Castle Bellingham.	15 1/2	»
Dundalk.	22 1/2	»
Bessbrook & Newry.	37 1/2	Armagh.
Goragh Wood.	40 1/2	»
Poyntz Pass.	45 1/2	»
Scarva *.	48	Down.
Laurencetown.	52	»
Banbridge.	55	»
Scarva *.	—	Down.
Tanderage & Gilford.	2 1/2	Armagh.
Portadown *.	8	»

656. — Northern and Eastern. (Angleterre).

Exploité par le Great Eastern.

DIRECTEURS :

Mills, J. R., Esq., Président.
Denman, R., Vice-Président.
Lord Cecil, E.
Bagshaw, R. J., Esq.
Dent, W., Esq.
Flower, M., Esq.
Gibson, T. M.
Heywood, J. P., Esq.
Maitland, W. F., Esq.
Longueville, T. L., Esq.
Vigne, J., Esq.
Gurdon, W., Esq.

BUREAUX A LONDRES, E. C., BISHOPSGATE STATION :

Bourne, W., Secrétaire.
Markby, Tarry et Stuart, Solicitors.

657. — North London. (Angleterre.)

DIRECTEURS :

Bancroft, J., Esq., Président.
Chubb, H., Esq.
Dean, R. R., Esq.
Glyn, S. C.
Kemshead, H. M., Esq.
Lyon, M., Esq.
Melville, M. L., Esq.
Pownall, G., Esq.
Robertson, J. R., Esq.
Stephen, O. L., Esq.
Stewart, A., Esq.
Tipping, W., Esq.
Wigram, C. H., Esq.

ADMINISTRATION A LONDRES, EUSTON STATION N. W. :

Mansel, R. S., Directeur Général.

— 326 —

Newton, G. B., Secrétaire.
Hitch, J. L., Inspecteur Principal du Trafic.
Adams, J. A., » » des Marchandises.
Park, J. C., » » de Traction.
Matthews, T., Ingénieur.
Horncastle, C. F., Comptable.
Crosfield, H. et Greenaway, F. E., Auditeurs.
Paine, Layton et Cooper, Solicitors.

	M.A.	
London, *Broad Street*.	—	Middlesex.
» *Shoreditch*.	0.57	»
» *Haggerston*.	1.40	»
» *Dalston* *.	1.72	»
» »	2.	»
» » *Western**.	2.22	»
» *Canonbury*.	2.69	»
» » *.	3.12	»
» *Highbury & Islington*.	3.31	»
» *Barnsbury*.	3.69	»
» *St-Pancras* *.	4.47	»
» *Maiden Lane* *.	4.64	»
» *Camden Town*.	4.77	»
» *Kentish Town* *.	5.8	»
» *Hampstead Road* *.	5.23	»
» *Chalk Farm (N.L.)*.	5.51	»
» *North London Limit*.	5.55	»

London, *Dalston Western**.	—	Middlesex.
» » *Eastern* *.	0.33	»
» *Hackney*.	0.75	»
» *Homerton*.	1.46	»
» *Victoria Park, Hackney Wick**.	2.10	»
» *Victoria Park*.	2.15	»
» *Old Ford, N.L.*	2.63	»
» » *Goods*.	2.78	»
» *Bow* *.	3.17	»
» »	3.24	»
» *Devon's Road*.	3.54	»
» *Poplar, N.L.* *.	4.42	»
» *East India Docks*.	5.8	»

London, *Poplar, N.L.* *.	—	Middlesex.
» » *G. E.* *	0.25	»

London, *Poplar, N.L.* *.	—	Middlesex.
» » *N.W. Goods*.	0.31	»

London, *Poplar, N.L.* *.	—	Middlesex.
» » *G. N. Goods*.	0.42	»

London, *Poplar, N.L.* *.	—	Middlesex.
» » *Harrow Lane* *.	0.40	»

	M.A.	
London *Bow*.	—	Middlesex.
» » *G. E* *.	0.44	»

London, *Bow*.	—	Middlesex.
» *Bromley L. T. S. et N. L.* *.	0.44	»

London, *Dalston* *.	—	Middlesex.
» » *Eastern* *.	0.33	»

Willesden, *Low Level* *.	—	Middlesex.
Old Oak *.	0.37	»
Acton Wells *.	0.64	»
Acton.	1.71	»
Hammersmith, *Branch* *.	2.34	»
Acton *.	2.53	»
Kew, *Curve* *.	3.25	»
» *Old*.	3.58	»
» or Brentwood *.	3.69	»

Hammersmith, *Branch* *.	—	Middlesex.
» *N. & S. W.* *.	1.29	»

658. — North Monkland (*Ecosse*).

En construction.

DIRECTEURS A GLASGOW :

Buchanan, D. C. R. C., C¹.
Gerard, A., Esq.
Rankin, P., Esq.
Kirkwood, H., Esq.
Gray, W., Esq.

659. — North Staffordshire. (*Angleterre.*)

DIRECTEURS :

Campbell, C. M., Esq., Président.
Sir Child, S.
Bramley-Moore, J., Esq.
Lord Paget, A.
Broade, F. S., Esq.
Mills, A., Esq.
Salt, T., Esq.
Morley, S., Esq.
Gurney, C., Esq.

ADMINISTRATION A STOKE-UPON-TRENT :

Morris, P., Directeur Général.
Samuda, J., Secrétaire.
Pamphilon, E., Directeur des Marchandises.
Lockhart, C., Inspecteur Principal du Matériel.
Horn, T. W., Ingénieur.
Steele, R., Comptable.

Hopes, W., et Smith, G., Auditeurs.
Burchell, W., Solicitor.

	M. A.	
Macclesfield, L. & N. W.*	—	Cheshire.
» Central Pass.	1/4	»
North Rode *.	4 3/4	»
Bosley.	6 1/2	»
Rushton.	8 1/2	Stafford.
Rudyard or Horton.	11 3/4	»
Leek.	13 1/2	»
Cheddleton *.	14 3/4	»
»	16	»
Consall, Siding.	18 1/2	»
Froghall.	20 1/4	»
Oakamoor.	22 3/4	»
Alton Towers.	24 1/4	»
Alton.	»	»
Denstone Crossing.	26 3/4	»
Rocester.	27 1/2	»
Uttoxeter, Dove Bank.	31 1/2	»
»	32	»
Marchington.	33 1/4	»
Sudbury.	35	»
Tutbury.	38 1/2	Derby.
Marston *.	40	»
Eggington.	42 1/4	»
Willington *.	44 1/4	»
Derby.	49 1/2	»

North Rode.	—	Cheshire.
Biddulph *.	2.48	»
Congleton.	3.23	»
Astbury, Siding.	5.27	»
Mow Cop.	6.39	»
» Sidings.	6.78	»
Trubshaw, Siding.	8.35	»
Harecastle *.	8.51	Stafford.
»	8.72	»
Chatterley.	10.47	»
» Siding.	10.74	»
Bradwell Wood, Sidings.	11.31	»
Longport *.	11.76	»
Hyatt's, Siding.	12.14	»
Grange Coal *.	13.28	»
Etruria.	13.32	»
Cliff Vale.	13.64	»
Stoke-on-Trent, New-	14.24	»
castle *.	15.5	»
» »	15.45	»
» South *.	16.3	»
Fenton.	16.75	»
Longton, Goods.	17.56	»
» Pass.	17.75	»
» Upper.	18.23	»
Millfield, Sidings.	18.53	»
Blyth Bridge.	21.22	»

	M. A.	
Cresswell.	22.77	Stafford.
Leigh.	26.22	»
Bromshall *.	29	»
Uttoxeter, Bridge Street.	32	»
» *.	32 1/2	»

Biddulph *.	—	Cheshire.
Congleton, Lower *.	0.25	»

Grange Coal *.	—	Stafford.
Grange Coal.	1.21	»

Market Drayton *.	—	Shropshire.
Norton-in-Hales.	2.78	»
Pipe Gate.	5.45	Stafford.
Madeley Road.	8.24	»
Honeywall *.	10.71	»
Keele Road.	11.8	»
Silverdale.	12.26	»
» *.	12.44	»
Knutton *.	13.41	»
» Forge .	»	»
Brampton, Siding.	»	»
Newcastle-Under-Lyne.	15.8	»
Hartshill, Siding.	»	»
Cockshott, »	»	»
Stoke-on-Trent, North *.	16.48	»
»	17.8	»
» South*.	17.46	»
Trentham.	19.77	»
Barlaston.	21.56	»
Stone *.	24.15	»
Sandon.	28.57	»
Weston.	31.7	»
Shirleywich.	32.10	»
Hixon.	32.27	»
Colwich *.	35.57	»

Stone *.	—	Stafford.
Norton Bridge *.	3.56	»

Stoke-on-Trent, South *.	—	Stafford.
Pratt's, Siding.	0.20	»
Berryhill.	1.5	»
Botteslow *.	1.52	»
Bucknall & Northwood.	2.5	»
Hanley & Bucknall, Oil Co.	2.20	»
Heath House, Sidings.	2.36	»
Milton *.	3.48	»
»	4.5	»
Endon.	6.58	»
Wall Grange.	9.2	»
Cheddleton *.	10.32	»

Congleton, Brunswick Street	—	Cheshire.
» Lower*.	1.	»

	M.A.	
Gillow Heath.	3.69	Stafford.
Bradley Green.	4.37	»
Childerplay for Biddulph Heath's *.	5.23	»
Black Bull (Brownlees).	6.5	»
Chell, *Siding*.	6.65	»
Turnhurst *.	7.1	»
Ford Green.	8.60	»
Milton *.	9.66	»

Sandbach, *L. & N. W.* *.	—	Cheshire.
Ettiley Heath.	0.60	»
Wheelock, *Iron & Salt C*°.	1.18	»
» *Salt Works*.	1.63	»
» *Blackwells*.	2.30	»
Whitehall.	»	»
Hassell Green.	3.30	»
Lawton *.	6.44	»

Crewe, *L. & N. W.* *.	—	Cheshire.
Radway Green.	4.24	»
Alsager.	5.72	»
» *.	6.32	»
Lawton *.	6.72	»
Harecastle.	8.28	Stafford.

Alsager *.	—	Cheshire.
Jamage *.	2.25	Stafford.
Diglake*.	2.63	»
Raven's Lane.	3.12	»
St-Audley, *Coliery C*os *Sid.*	4.3	»
Halmer End.	4.45	»
Podmore *.	»	»
Hayeswood.	4.73	»
Rigsby, *n*° 1 *.	»	»
Lycett *.	6.9	»
Crewe, *Coal & Iron Works*.	6.27	»
Honeywall *.	7.29	»

Harecastle *.	—	Stafford.
Golden Hill.	1.69	»
Pitts Hill.	2.71	»
» *.	3.9	»
Chatterley.	3.34	»
» *.	3.45	»
Glass House.	4.31	»
Cobridge.	5.9	»
Hanley *Pass*.	6.5	»
» *.	6.20	»
Etruria.	7.20	»

Longport *.	—	Stafford.
Chatterley. *.	1.22	»

Hanley *.	—	Stafford.
» *Goods*.	0.17	»

	M.A.	
Chatterley, *Siding*.	—	Stafford.
High Carr.	0.72	»
Red Street.	1.45	»
Talk-o'-th'Hill.	2.50	»

Chatterley, *Siding*.	—	Stafford.
Hem Heath, *Mining C*° *Sid.*	1.49	»
Glasshouse.	1.50	»
Chesterton.	1.75	»

Pitts Hill *.	—	Stafford.
Newfields.	0.70	»

Pool Dam.	—	Stafford.
Knutton *.	1.	»
Whitebarn.	»	»
Gordon's, *Siding*.	»	»
Apedale.	1.50	»

Lycett *.	—	Stafford.
Silverdale *.	1.64	»

Diglake *.	—	Stafford.
Rigsby's, *n*° 2 *.	0.6	»
Diglake.	0.25	»

Froghall.	—	Stafford.
Caldon Low.	3.	»

Stretton *.	—	Stafford.
Burton-on-Trent, *Hawkins Lane* *.	1.3	»

Marston *,	—	Derby.
Stretton *.	2 1/2	Stafford.
Burton-on-Trent, *N.S.* *.	4	»

Ashbourne.	—	Derby.
Clifton.	1 1/4	»
Norbury.	4 1/2	»
Rocester.	7	Stafford.

660. — North Union (*Angleterre.*)

Exploité par le London and North Western et le Lancashire and Yorkshire.

DIRECTEURS :

Birley, W., Esq., Président.
Thompson, S. H., Esq.
Glover, J., Esq.
Reynolds.
Sir Earle, H.

Carr, T. H., Secrétaire, } à Fleetwood.
Axon, C., Ingénieur,

661. — North Wales (*Angleterre*.)

En construction.

DIRECTEURS :

Sir Turner, L., Président.
Sir Bulkeley, R. B. W.
Oliver, J. H., Esq.
Pearson, C., Esq.
Bolland, T., Esq.
Watts, H., Secrétaire,   } à Londres, E. C., 60,
Spooner, C. E., Ingénieur, } Threadneedle Street.

662. — North Western. (*Angleterre*.)

Exploité par le Midland.

663. — Norwich and Spalding. (*Angleterre*.)

Exploité par le Midland et le Great Northern.

DIRECTEURS :

Eckersley, W., Esq., Président.
Waring, W., Esq.
Waring, H., Esq.
Read, R. A., Esq.
Lankester, H., Secrétaire, à Londres, S. W., 2, Westminster Chambers.

664. — Nottingham and Grantham. (*Angleterre*.)

Exploité par le Great Northern.

DIRECTEURS :

Wilkinson, R. S., Esq., Président.
Burbidge, J. F., Esq., Vice-Président.
Durham, W., Esq.
Newham, S., Esq.
Oxenham, H., Esq.

ADMINISTRATION A NOTTINGHAM, LONDON ROAD STATION :

Lasalle, H., Secrétaire.
Staples, T. H., et Lawrence, E. H., Auditeurs.
Brewster, J. T., Solicitor.

665. — Novgorod. (*Russie*). (**U. R.**)

ADMINISTRATION A St-PÉTERSBOURG, 27, PERSPECTIVE DE NEWSKY :

Wargunin, Président du Conseil d'Administration.
Kobyljansky, Directeur d'Exploitation à Novgorod.

	Verstes.	
Tchoudovo.	—	Novgorod.
Kholopia-Polist.	»	»
Tregoubovo.	16.9	»
Spasskaïa-Polist.	23.5	»
Miasnoï-Bor.	35.5	»
Koptsy.	»	»
Podberezié.	48.7	»
Motorovo.	»	»
Novgorod.	68.2	»

666. — Nybro à Safsjöström (*Suède*).

En construction.

667. — Nykoping-Walskog. (*Suède*).

En construction.

668 — Oberlausitz et Cottbus-Grossenhain (*Allemagne*). (**V**).

A. — *Oberlausitz* :

CONSEIL D'ADMINISTRATION A COTTBUS :

v. Welck (B^on), Président.
Seyfferth, Vice-Président.
v. Furstenstein, (Cte).
v. Bredow.
Christoph, J. E.

B. — *Cottbus-Grossenhain* :

v. Welck (B^on), Président.
v. Kemnitz, Vice-Président.
Schneider.
Schulze.
Oehme.

DIRECTION A COTTBUS :

Wilde, Président.
Rosenberg, Vice-Président.
v. Lingenthal Z.,
Sander, E.
Sprenger, Inspecteur Principal d'Exploitation.
Rost, Chef Principal du Trafic.
Brettmann, Chef de Traction, à Hoyerswerda.
Berndt et Gette, Ingénieurs, à Hoyerswerda.
Schwabe,   »   Cottbus.

	Kil.	
Falkenberg.	—	Merseburg.
Liebenwerda.	13.4	»
Elsterwerda.	23.1	»
Mückenberg.	38.8	»
Ruhland *.	49.5	Liegnitz.
Hohenbocka (Hosena).	60.	»
Hoyerswerda.	75.1	»
Lohsa.	87.7	»
Uhyst.	95.8	»
Mücka.	111.	»

	Kil.	
Niesky.	120.	Liegnitz.
Horta, *Personen*..	124.9	»
» *Güter*.	126.6	»
Kohlfurt.	147.8	»

Cottbus.	—	Frankfurt a/Oder.
Diebkau.	13	»
Petershain.	20	»
Bahnsdorf. H.	»	»
Senftenberg.	34	»
Ruhland *.	47	Liegnitz.
Ortrand.	59	Merseburg.
Schönfeld.	68	Dresden.
Grossenhain.	80	»

Ruhland *.	—	Liegnitz.
Lauchhammer.	7.5	»

669. — Odessa (*Russie*.) (U. R.)

DIRECTION A St-PÉTERSBOURG, 43, PERSPECTIVE DE NEWSKY :

Gajewsky, Président du Conseil d'Administration.
Gortschakoff, Ingénieur à Odessa.
Tschihatscheff, Directeur à Odessa.

	Verstes	
Koulikovo.	—	Kherson.
Odessa, *Ville* *.	3	»
Gniliakovo.	22	»
Vygoda.	33	»
Karpovo.	42	»
Kolontaïevka.	48	»
Razdielnaïa *.	68	»
Migaïevo.	83	»
Vesseli-Kout.	97	»
Ivanovka.	106	»
Tarassovo.	115	»
Zatichié.	124	»
Perekrestovo.	136	»
Mordarovka.	148	»
Pétrovka.	157	»
Tchoubovka.	165	»
Birzoula *.	176	»
Borchtchi.	189	»
Slobodka.	»	Podolie.
Kroutyïa.	212	»
Kadyma.	228	»
Popelukha.	245	»
Roudnitsky.	»	»
Kryjopol.	265	»
Samlorotka.	»	»
Vapniarka.	286	»
Jouravlevka.	»	»
Iourkovka.	309	»
Rakhny.	323	»
Krasnovka.	»	»

	Verstes	
Iarochinki.	343	Podolie.
Imerinka.	362	»
Serbinovtsy.	380	»
Volkovintsy.	400	»
Dérajna.	421	»
Bogdanovtsy.	444	»
Proskourow.	454	»
Tcherny-Ostrow.	475	»
Vaitovitsy.	495	»
Volotchysk.	513	»
Odessa, *Ville* *.	—	Kherson.
» *Port*.	9	»
Salzliman.	17	»
Birzoula *.	—	Kherson.
Balta.	20	»
Jérebkovo.	39	»
Zaplavy.	50	»
Lubachevskaïa.	61	»
Vradievka.	85	»
Katérinovka.	100	»
Olviopol.	120	»
Podgorodnyia.	»	»
Bandourka.	145	»
Glinianaïa.	163	»
Pomochtchnaïa.	179	»
Novo-Oukraïnka.	195	»
Pleteny-Tachlik.	216	»
Schestakovka.	236	»
Iélisavetgrad.	258	»
Razdielnaïa *.	—	Kherson.
Koutchourgan.	13	»
Novo-Savitskaïa.	24	»
Tiraspol.	44	»
Bendery.	55	Bessarabie.
Boldaki.	74	»
Maréla.	92	»
Kichinew.	110	»
Stracheni.	134	»
Kalarach.	157	»
Kornechti.	181	»
Kyrlitsa.	196	»
Ounguéni.	210	»

670. — Oels-Gnesen. (*Allemagne*.) V.

CONSEIL D'ADMINISTRATION :

v. Maltzan (Comte), Président.
v. Poninski, (»)
Czekonski, L.
Buttel.
v. Hoff.
Schy-Schlesinger.
v. d. Recke-Vollmerstein (Comte).
Seifert.
v. Mitschke-Collande.

— 331 —

DIRECTION A BRESLAU :

Grapow, Président.
Stappenbeck, Membre.
Westphal, Ingénieur en Chef des Voies et Travaux.
Witt, Inspecteur Principal de l'Exploitation.
Neumann, Chef du Trafic.
Latowski, Chef de Traction.
Schroeder, Inspecteur du Télégraphe.

Oels.	Kil.	
	—	Breslau.
Juliusburg. H.	9.	»
Gross-Graben. H.	17.5	»
Kraschnitz. H.	33.	»
Militsch.	42.	»
Zduny. H.	56.5	»
Krotoschin.	64.	Posen.
Kozmin. H.	78.5	»
Jaroschin. H.	94.15	»
Zerkow. H.	106.15	»
Miloslaw. H.	121.65	»
Wreschen.	136.15	»
Czerniejewo. H.	147.15	»
Gnesen.	160.15	Bromberg.

671. — Oiry à Romilly *(France.)*

Exploité par l'Est Français.

671ᵇ.—Olaveaga à Yturrigorri. *(Espagne.)*

Concessionnaire : La Compagnie des Mines d'Olaveaga à Yturrigorri.

Olaveaga.	Kil.	
Yturrigorri.	—	Bilbao.
	2	»

672. — Oldham, Ashton and Guide-Bridge. *(Angleterre.)*

Exploité par le London and North Western et le Manchester, Sheffield and Lincolnshire.

DIRECTEURS :

Bancroft, J., Esq.
Chapman, J., Esq.
Fenton, W., Esq.
Hirst, W. E., Esq.
Sir Watkin, E. W.
Russell Greg, H., Esq.

ADMINISTRATION A MANCHESTER, LONDON ROAD :

Morgan, H., Directeur.
Ross, E., Secrétaire.
Sacré, C., Ingénieur.
Underdown, R. D. et Hughes, F., Auditeurs.
Stevenson, J., Solicitor.

673. — Olmestad au lac de Bolmen.
(Suède.)

En construction.

674.—Orel-Iélets-Griazy. *(Russie.)* **(U.R.)**

DIRECTION A Sᵗ-PÉTERSBOURG, 4, RUE GALERNAÏA :

Poliakoff, S., Président du Conseil d'Adminᵒⁿ.
v. Desen, R., Directeur d'Exploitation à Orel.

	Verstes.	
Orel.	—	Orel.
Znamenskaïa.	14	»
Zolotarévo.	23	»
Mochovaja.	34	»
Arkhangelsk.	47	Toula.
Zalegochtch.	58	»
Tourovka.	75	»
Verkhovié.	86	»
Khomoutovka.	100	»
Rossochnoé.	120	Orel.
Ismaïlkovo.	142	»
Kazaki	164	»
Iéletz.	182	»
Don.	207	»
Patriarch.	213	»
Tchirikov.	231	»
Lipetsk.	252	Tambow.
Kazinka.	269	»
Griazy.	285	»
» Voronèje.	287	»

675. — Orel à Vitebsk. *(Russie.)* **(U.R.)**

DIRECTION A Sᵗ-PÉTERSBOURG, 4, QUAI ANGLAIS :

Gerngross, N., Président du Conseil d'Adminᵒⁿ.
Chludenew, N., Directeur d'Exploitation à Orel.

	Verstes.	
Orel.	—	Orel.
Sakhanskaïa.	14	»
Narychkino.	29	»
Schakhovo.	42	»
Khotinets.	57	»
Déviat-Doubow.	71	»
Karatchew.	84	»
Mylinka.	95	»
Belijé Béréga.	106	»
Briansk.	125	»
Biéjetskaïa.	133	»
Gorodets.	148	»
Rjanitsa.	161	»
Joukovka.	177	»
Doubovets.	186	»
Doubrovka.	201	»
Siéchtchinskaïa.	213	Smolensk.
Ivanovskoé.	227	»

		Verstes.	
Lipovo.		240	Smolensk.
Roslavl.		249	»
Krapivenskaïa.		266	»
Stodolichtché.		278	»
Vaskovo.		288	»
Potchinki.		304	»
Peresna.		316	»
Riabtsovo.		331	»
Tytchinino.		340	»
Dresninskaïa.		351	»
Smolensk.		360	»
Olchanskaïa.		372	»
Kouprina.		381	»
Lelekvinskaïa.		393	»
Golynki.		402	»
Ploskaïa.		411	»
Roudnia.		423	Mohilew.
Znamenskaïa.		433	»
Schebekino.		442	»
Bobrovka.		456	»
Krynki.		466	»
Zabalotinka.		478	Vitebsk.
Vitebsk.		490	»

676. — Orenbourg (*Russie*).

En construction.

Siége Social a St-Pétersbourg, 28, Quai Anglais.

677. — Orense à Vigo. (*Espagne*).

Voir : Medina-del-Campo à Zamora.

678. — Orléans à Châlons. (*France.*)

Conseil d'Administration :

* Boitelle, Président.
* de Lagrange (Cte), F., Vice-Président.
Poisson, H.
de Bussière (Bon), G.
* Gautier, J.
Lachambre.
Tenré, L.
* Tourangin, Administrateur-Délégué.
de Villiers (Vte).
de Matharel, Commissaire-Censeur.
de Magnieu (Vte), E., Secrétaire.
Haüer, Secrétaire du Comité.

Les Membres du Comité sont désignés par *.

Administration a Paris, 60, Avenue de l'Opéra :

Boutillier, Ingénieur en Chef.
Vignes, Ingénieur-Adjoint.
Cotelle, Chef du Contentieux.
Wiart, Chef du Contrôle Général.
Rémy, Chef de la Comptabilité Générale.

Construction :

Fragues et Pertué, Ingénieurs.
Haussmann, Chef du Service du Matériel fixe.
Cholet, Ingénieur du Matériel fixe.
Jarry, Chef du Domaine.

Exploitation et Mouvement :

Du Lin, Directeur.
Polack, Chef de l'Exploitation à Troyes
Fousset, Ingénieur, Chef des Services d'Exploitation.
Jullin, Ingénieur, Chef des Services Techniques.
Chaillou, Agent Principal.
Escallier, Agent Commercial.

	Kil.	
Châlons s/Marne.	—	Marne.
» Coolus.	6	»
Ecury. H.	7	»
Nuisement.	10	»
Bussy-Lettrée-Vatry.	19	»
Sommesous.	29	»
Mailly.	36	Aube.
Herbisse.	45	»
Allibaudière.	50	»
Arcis s/Aube.	56	»
St-Etienne-Nozay.	61	»
Voué. H.	67	»
Montsuzain.	68	»
Charmont.	74	»
Assencières. H.	79	»
Crenay. H.	86	»
Lavau. H.	89	»
Troyes, *Preize* *.	92	»
Torvilliers-Montgueux. H.	98	»
Messon. H.	106	»
Fontvannes.	107	»
Estissac.	113	»
Aix-en-Othe-Villemaur.	120	»
St-Benoit s/Vanne. H.	125	»
Vulaines-Rigny-le-Ferron.	128	»
Bagneaux. H.	130	»
Villeneuve-l'Archevêque.	134	Yonne.
Foissy. H.	138	»
Chigy-Siéges.	142	»
Pont s/Vanne. H.	145	»
Theil-Cerisiers.	147	»
Malay-le-Roi. H.	150	»
Malay-le-Vicomte.	152	»
St-Savignin. H.	156	»
Sens, *Ville*.	158	»
» *Lyon*.	160	»
Subligny.	167	»
Egriselle-Villeneuve-Dondagre.	173	»
Vernoy.	178	»
Savigny.	181	»
Courtenay.	187	Loiret.

		Kil.	
Chuelles-Douchy.		195	Loiret.
Triguères.		200	»
Châteaurenard.		204	»
St-Germain-des-Prés.		212	»
Amilly.		218	»
Montargis.		222	»
Paucs.		228	»
St-Maurice s/Fessard.		233	»
Ladon.		239	»
Bellegarde.		247	»
Montliard. H.		251	»
Boiscommun-Nibelle.		254	»
Combreux. H.		262	»
Vitry-aux-Loges.		265	»
Fay-aux-Loges.		275	»
Donnery. H.		277	»
Vennecy.		283	»
Orléans,	Les Aubrais.	294	»
»	Transit.	295	»
Troyes,	Preize *.	—	Aube.
»	Est.	6	»
Mamers.		—	Sarthe.
St-Remy-des-Monts. H.		5	»
Moncé-en-Saosnois.		10	»
Marolles-les-Braults.		16	»
St-Aignan.		20	»
Bonnétable.		28	»
Prévelles. H.		35	»
Tuffé.		39	»
Connerré,	Ouest.	45	»
»	Ville.	47	»
Thorigné.		51	»
St-Michel-de-Chavaignes.		54	»
Bouloire.		58	»
Coudrecieux.		64	»
Montaillé.		73	»
St-Calais.		77	»

679. — Orléans à Rouen. (France).

CONSEIL D'ADMINISTRATION :

Philippart, S., Président.
Vulfran-Mollet, Vice-Président.
Hennequin de Villermont (Cte), L., Administrateur-Délégué.
Cocheval-Clarigny.
Meunier, A.
Fresson, T.
de Laurencin (Cte).
André.
Ramos, Secrétaire.

ADMINISTRATION A PARIS, 54, RUE DE LA CHAUSSÉE D'ANTIN :

Cambier, E., Ingénieur en Chef des Etudes et de la Construction.

Nosé-Da, Ingénieur en Chef de l'Exploitation.

	Kil.	
Orléans.		Loiret.
Villeneuve d'Ingré.	6.831	»
Bricy. H.	14.815	»
Patay.	23.547	»
Gommiers. H.	28.069	Eure-et-Loir.
Orgères.	34.493	»
Fains-la-Folie.	43.756	»
Voves.	50.237	»
Theuville.	57.383	»
Berchères.	64.133	»
Beaulieu. H.	70.125	»
Chartres *.	75.315	»
Bailleau-l'Evêque.	83.504	»
Clevilliers.	89.881	»
Theuvy-Achères.	93.441	»
St-Sauveur-Châteauneuf.	99.011	»
Morvillette.	103.360	»
Aunay-Tréon.	110.003	»
Dreux.	118.178	»
St-Georges s/Eure.	126.630	»
Marcilly s/Eure.	131.340	Eure.
Croth-Sorel.	134.880	»
Ezy-Anet.	139.099	»
Ivry-la-Bataille.	143.285	»
Bueil.	147.963	»
Breuilpont.	152.163	»
Hécourt. H.	154.036	»
Pacy s/Eure *.	159.087	»
Ménilles.	161.674	»
Jouy-Cocherel.	165.662	»
Chambray.	168.584	»
Autheuil-Authouillet.	171.249	»
La Croix St-Leufroy.	174.460	»
Heudreville.	179.429	»
Acquigny *.	183.125	»
Louviers, St-Jean.	188.350	»
St-Germain. H.	189.795	»
La Haye-Malherbe-Montaure.	198.295	»
St-Pierre-lès-Elbeuf.	204.437	Seine-Inférieure.
Caudebec-lès-Elbeuf.	205.892	»
Elbeuf.	207.257	»
Acquigny *.	—	Eure.
Amfréville. H.	2.998	»
Hondouville.	4.580	»
Hom-la-Vacherie. H.	7.200	»
Brosville.	9.781	»
St-Germain des Angles. H.	12.724	»
Caër. H.	17.051	»
Gravigny. H.	18.418	»
Evreux.	20.835	»
Pacy s/Eure *.	—	Eure.
Douains-Blaru.	6.572	»

— 334 —

	Kil.	
Normandie. H.	10.575	Eure.
Vernon.	19.267	»
Vernonnet.	21.419	»
Giverny. H.	26.326	»
Ste-Geneviève. H.	29.727	»
Gasny.	31.224	»
Fourges.	35.800	»
Bray-Ecos.	37.928	»
Aveny-Montreuil. H.	41.169	»
Berthenonville. H.	43.399	»
Bordeaux St-Clair.	46.218	»
Guerny. H.	47.779	»
Dangu.	50.871	»
Inval. H.	55.797	»
Gisors, *Ville* *.	59.017	»
Bézu-St-Eloi.	65.046	»
Bernouville. H.	66.066	»
Etrépagny.	72.984	»
Le Thil. H.	77.363	»
Saussay-les-Andelys.	80.685	»
Lisors.	85.458	»
Menesqueville-Lyons.	88.922	»
Charleval.	92.595	»
Fleury s/Andelle.	94.838	»
Radepont.	97.078	»
Pont-St-Pierre.	100.670	»
Romilly s/Andelle.	103.455	»
Pitres. H.	104.806	»
Pont de l'Arche.	110.295	»

Chartres *.	—	Eure-et-Loir.
Nogent-le-Phaye	12	»
Houville.	16	»
Beville-le-Comte.	21	»
Auneau, *Ville*.	27	»

Gisors, *Ouest*.	—	Eure.
» *Ville* *.	1.733	»
Trye-Château.	5.184	Oise.
Boutencourt. H.	10.555	»
Le Vaumain. H.	13.153	»
La Bosse.	17.571	»
Auneuil.	23.971	»
St-Léger-en-Bray. H.	27.402	»
Rainvilliers. H.	28.679	»
Beauvais.	35.913	»

Glos-Monfort.	—	Eure.
Montfort-St-Philibert.	3.000	»
Appeville. H.	5.280	»
Condé.	6.986	»
Corneville-St-Paul.	10.208	»
Pont-Audemer.	15.691	»

Falaise.	—	Calvados.
St-Martin de Mieux. H.	5.667	»

	Kil.	
Martigny.	9.224	Calvados.
Mesnil-Vin.	14.781	»
Mesnil-Villement-Pont des Vers.	20.740	»
Mesnil-Hubert, Pont d'Ouilly.	23.695	»
Cahan. H.	26.167	»
Berjou, *Pont d'Ouilly*.	29.021	»

680. — Orne. (*France.*)

Conseil d'Administration à Paris, 60, Avenue de l'Opéra.
Direction de l'Exploitation à Alençon.

	Kil.	
Alençon.	—	Orne.
Semallé.	7	»
Hauterive.	10	»
Neuilly-le-Bisson.	14	»
Le Mesle s/Sarthe.	23	»
La Mesnière.	28	»
Les Carreaux.	33	»
Mortagne.	38	»
Mauves-Corbon.	45	»
Boissy-Maugis.	53	»
Regmalard.	58	»
Condé s/Huisne.	67	»

681. — Ostrau-Friedland. (*Autriche.*)

Exploité par : Empereur Ferdinand.

682. — Otley and Ilkley Joint. (*Angleterre.*)

Exploité par le Middland et le North Eastern.

683. — Ouchy-Lausanne. (*Suisse.*)

En construction.

684. — Ouest de Bohême (*Autriche.*) (V.)

CONSEIL D'ADMINISTRATION :

de Gomberz (Chev.), M., Président.
de Schimke (Chev.), J., Vice-Président.
Haber de Linsberg (Baron), L.
Klein de Wiesenberg (Baron), A.
de Königswarter (Baron), M.
Landauer, A.
de Rothschild (Baron), S. A.
Schnapper, M.
de Stummer, A.
de Todesco (Baron), A.
Weis de Weissenhall (Chev.), C.
Weissel, J.

DIRECTION CENTRALE A VIENNE :

de Kuh (Chev.), A., Secrétaire Général et Directeur
de Parsch (Chev), H., Inspecteur Général et Directeur d'Exploitation.
Machatsch, I., Comptable.
de Wertheimstein, G., Secrétaire de la Direction.
Hawlitschok, C., Inspecteur d'Exploitation.
Wisgrill, H., » »

	Kil.	
Prag, Smichow.	—	Böhmen.
Kuchelbad. H.	3.79	»
Radotin.	11.38	»
Dobrichowitz.	18.96	»
Rewnitz.	22.76	»
Karlstein.	30.34	»
Berdun.	37.93	»
Zditz.	49.31	»
Horowitz.	56.89	»
Zbirow.	72.07	»
Holoubkau.	79.65	»
Rokitzan *.	87.24	»
Chrast *.	98.02	»
Pilsen *.	110.	»
Nürschan *.	125.17	»
Staab *.	136.55	»
Stankau.	151.72	»
Blisowa. H.	159.3	»
Taus.	170.68	»
Furth a/Walde.	193.44	Bayern.

Chrast *.		
Radnitz.	11.38	Böhmen. »

LIGNES POUR LE TRANSPORT DES CHARBONS

	Kil.	
Rokitzan *.	—	Böhmen.
Miroschau.	8.34	»

Staab *.	—	Böhmen.
Mantau.	3.79	»

Nürschan *.	—	Böhmen.
» Hütte.	0.75	»
Stein-Anzezd.	1.51	»
Blatnitz.	3.03	»
Albrechtschacht.	3.79	»
Rudolfschacht.	»	»
Barbaraschacht.	8.34	»
Hermanshütte.	9.86	»

Nürschan *.		
Lazarusschacht.	2.72	Böhmen. »

Nürschan *.	Kil.	
Max-Karl.	1.51	Böhmen. »

Nürschan *.	—	Böhmen.
Littitz.	6.07	»

Nürschan *.	—	Böhmen.
Sulkov.	0.75	»

Nürschan *.	—	Böhmen.
Humbold.	1.51	»

685. — Ouest. (France.)

Siége Social à Paris, 110, Rue St-Lazare.

CONSEIL D'ADMINISTRATION :

Le Roux, A., Président.
Benoist-d'Azy (Vte), P.
Blount, E.
de Bourgoing, A.
de Chabaud-la-Tour (Baron).
Chaplin, W. A.
Dailly, A.
Delessert, E.
Duchatel (Vte), N.
de Germiny (Cte), A.
Gervais, A.
Laffitte, C.
Laurent, A.
de Noailles (Duc).
Rodrigues, E.
de La Roncière-le Noury (Baron).
Welles de La Vallette (Cte).

Coindart, C., Secrétaire Général.

DIRECTION :

Piérart, C., Directeur.
Delaitre, Sous-Directeur.
Foulon, Chef du Secrétariat.

ADMINISTRATION CENTRALE :

Thorel, L., Chef du Contentieux.
Bertheaume, Chef de la Comptabilité Centrale.
Mongeal, Caissier Central.

EXPLOITATION :

Marin, Ingénieur, Chef de l'Exploitation.
Protais, Chef du Service Central.
Pingrez, » » Commercial.
Bisson, Chef du Mouvement Général.
de Thomassin, Chef du Contrôle et de la Statistique.
Regnault, Agent Divisionnaire, (Banlieue).

Banès, Agent Divisionnaire, (1re Division).
Piquet, » » (2e »).
Marcillet, » » (3e »).
Direz, » » (4e »).
Talleau, » » (5e »).
de Gombert, » » (6e »).

Entretien et Surveillance de la Voie :

Clerc, E., Ingénieur en Chef.
Buissou, Ingénieur du Matériel de la Voie.
Vignier, Ingénieur de la Voie.
Lecorbeiller, » »
Gaildry, » »

Matériel et Traction :

Mayer, E., Ingénieur en Chef.
Maréchal, Ingénieur, Sous-Chef de Service.
Baumal, Ingénieur de la Traction (1re Section).
Ribail, Ingénieur de la Traction (2e Section).
Benoit-Duportail, Ingénieur des Ateliers.

Construction :

Delaitre, Ingénieur en Chef.
Pagès, » » de Circonscription, au Mans.
Moïse, Ingénieur de la ligne Caen-Laval, à Flers.
Le Comte, Ingénieur.

Inspecteurs de la Direction :

Coutin, J., Inspecteur Général du Service Commercial.
Guérineau, Inspecteur Général, Chef du Service en Régie.
Guichard, Inspecteur Principal du Mouvement.
Buffeteau, » » »
Dommange, » » du Contrôle.

	Kil.	
Paris, St-Lazare.	—	Seine.
» Batignolles.	6	»
Clichy-Levallois.	6	»
Asnières *.	6	»
Courbevoie.	8	»
Puteaux.	10	»
Suresnes.	12	»
St-Cloud.	15	Seine-et-Oise.
Sèvres-Ville-d'Avray.	17	»
Chaville, Rive Droite.	19	»
Viroflay, Rive Droite.	21	»
Versailles, Rive Droite.	23	»
Paris, Montparnasse.	—	Seine.
» Vaugirard.	2	»
Clamart.	6	»
Meudon.	8	Seine-et-Oise.
Bellevue.	9	»
Sèvres.	10	»
Chaville, Rive Gauche.	13	»
Viroflay, Rive Gauche.	14	Seine-et-Oise.
Versailles, Rive Gauche.	18	»
St-Cyr *.	22	»
Trappes.	28	»
Laverrière.	33	»
Le Perray.	42	»
Rambouillet.	48	»
Epernon.	61	Eure-et-Loir.
Maintenon.	69	»
Jouy.	78	»
Chartres.	88	»
St-Aubin St-Luperce.	99	»
Courville.	105	»
Pontgouin.	114	»
La Loupe.	124	»
Bretoncelles.	135	Orne.
Condé.	141	»
Nogent-le-Rotrou.	149	Eure-et-Loir.
La Theil.	159	Orne.
La Ferté Bernard.	170	Sarthe.
Sceaux.	179	»
Connerré, Ouest.	187	»
Pont-de-Gennes.	193	»
St-Mars-la-Brière.	198	»
Yvré l'Evêque.	203	»
Le Mans *.	211	»
La Milesse.	223	»
Domfront.	232	»
Conlie.	235	»
Sillé le Guillaume.	247	»
Rouessé-Vassé.	253	»
Voutré.	261	Mayenne.
Evron.	270	»
Neau.	276	»
Montsurs.	282	»
La Chapelle-Anthenaise.	289	»
Louverné.	295	»
Laval.	304	»
Le Genest.	310	»
Port-Brillet.	318	»
St-Pierre-la-Cour.	322	»
Vitré.	336	Ille-et-Vilaine.
Châteaubourg.	353	»
Servon.	358	»
Noyal.	363	»
Rennes *.	374	»
L'Hermitage-Mordelles.	386	»
Montfort s/Meu.	396	»
Montauban de Bretagne.	406	»
Caulnes-Dinan.	420	Côtes du Nord.
Broons.	428	»
Plénée-Jugon.	439	»
Lamballe.	455	»
Yffiniac.	465	»
St-Brieuc *.	475	»
Châtelaudren.	492	»
Guingamp.	505	»
Belle-Isle-Bégard.	520	»

— 337 —

	Kil.	
Plouaret-Lannion.	531	Côtes du Nord.
Plounérin.	540	»
Plouigneau.	554	»
Morlaix.	563	Finistère
Pleyber Christ.	572	»
St-Thégonnec.	578	»
Landivisiau.	590	»
Landernau.	604	»
Kerhuon.	615	»
Brest.	623	»

	Kil.	
Paris St-*Lazare* *.	—	Seine.
» *Batignolles* *.	3	»
Colombes *.	9	»
Houilles.	13	Seine-et-Oise.
Maisons.	17	»
Conflans.	22	»
Poissy.	27	»
Triel.	35	»
Meulan les Mureaux.	41	»
Epône.	49	»
Mantes.	58	»
» *.	»	»
Bréval.	71	»
Bueil.	81	Eure.
Boisset-Pacy.	92	»
Evreux.	108	»
La Bonneville.	117	»
Conches *.	126	»
Romilly la Puthenaye.	133	»
Beaumont le Roger.	144	»
Serquigny *.	149	»
Bernay.	159	»
St-Mards-Orbec.	173	»
Lisieux *.	191	Calvados.
Mesnil-Mauger.	209	»
Mézidon *.	216	»
Moult-Argences.	225	»
Caen *.	239	»
Bretteville-Norrey.	253	»
Audrieu.	259	»
Bayeux.	269	»
Le Molay-Littry.	283	»
Lison *.	296	»
Isigny.	305	»
Carentan.	314	Manche.
Chef du Pont Ste-Mère.	326	»
Montebourg.	335	»
Valognes.	343	»
Sottevast.	353	»
Couville.	360	»
Martinvast.	365	»
Cherbourg.	371	»

St-Cyr *.		
Villepreux-les-Clayes.	—	Seine-et-Oise.
Plaisir-Grignon.	7	»
	11	»

	Kil.	
Villiers-Neauphle.	18	Seine-et-Oise.
Montfort l'Amaury.	23	»
Garancières-la-Queue.	27	»
Tacoignères.	35	»
Houdan.	44	»
Marchezais.	48	Eure-et-Loir.
Dreux.	69	»
St-Germain St-Rémy.	70	Eure.
Nonancourt.	75	»
Tillières.	87	»
Verneuil.	96	»
Bourth.	106	»
Laigle *.	120	Orne.
Rai-Aube.	126	»
St-Hilaire-Beaufai.	131	»
Ste-Gauburge.	136	»
Le Merlerault.	147	»
Nonant-le-Pin.	152	»
Surdon *.	161	»
Almenêches.	165	»
Argentan *.	175	»
Ecouché.	185	»
Les Yveteaux-Fromental.	196	»
Briouze.	204	»
Meissei. H. *.	246	»
Flers *.	221	»
Monsecret-Tinchebrai.	232	»
Viessoix.	240	Calvados.
Vire.	250	»
Mesnil-Clinchamps.	258	»
St-Sever.	263	»
St-Aubin des Bois.	269	»
Villedieu-les-Poëles.	277	Manche.
Folligny-la-Haye Pesnel.	292	»
St-Planchers.	299	»
Granville.	307	»

Mantes *.	—	Seine-et-Oise.
Rosny.	6	»
Bonnières.	12	»
Vernon.	23	Eure.
Gaillon.	36	»
St-Pierre du Vauvray *.	50	»
Pont de l'Arche.	62	»
Oissel.	69	Seine-Inférieure.
Rouen, *Rive Gauche.*	} 78	»
» *Rive Droite.*		»
Maromme.	88	»
Malaunay *.	92	»
Monville.	98	»
Clères.	104	»
» *.	108	»
St-Victor.	114	»
Auffay.	118	»
Longueville.	128	»
St-Aubin s/Scie.	137	»
Dieppe *.	144	»

	Kil.			Kil.	
Pontoise.	—	Seine-et-Oise.	La Meauffe.	8	Manche.
Boissy l'Aillerie.	6	»	Pont-Hébert.	11	»
Ws-Marines.	11	»	St-Lô.	19	»
Chars.	19	»			
Liancourt St-Pierre.	26	Oise.	Lisieux *.	—	Calvados.
Chaumont en Vexin.	32	»	Lebreuil-Blangy.	12	»
Trye-Château. H.	37	»	Pont l'Evêque *.	19	»
Gisors.	40	»	Touques.	29	»
Eragny. H.	43	»	Trouville-Deauville.	31	»
Sérifontaine.	48	»			
Amécourt-Talmontier. H.	52	Eure.	Pont l'Evêque *.	—	Calvados.
Neufmarché.	57	Seine-Inférieure.	Quetteville.	12	»
Gournay-Ferrières.	65	»	Honfleur.	24	»
Gancourt St-Etienne.	72	»			
Saumont-la-Poterie.	80	»	St-Pierre du Vauvray *.	—	Eure.
Forges-les-Eaux.	87	»	Le Vaudreuil.	3	»
Serqueux.	90	»	Louviers.	8	»
Nesle St-Saire.	99	»			
Neufchâtel en Bray.	105	»	Conches *.	—	Eure.
Mesnières.	110	»	Le Fidelaire.	11	»
Bures.	114	»	Lyre.	17	»
St-Vaast d'Equiqueville.	121	»	Rugles-Bois-Arnau.	28	»
Dampierre. H.	128	»	Laigle *.	33	»
Arques.	133	»			
Dieppe *.	139	»	Mézidon *.	—	Calvados.
			St-Pierre s/Dives.	7	»
Malaunay *.	—	Seine-Inférieure.	Vendœuvres-Jort.	13	»
Barentin.	8	»	Coulibœuf.	19	»
Pavilly.	10	»	Fresné-la-Mère.	23	»
Motteville.	21	»	Montabart.	33	Orne.
Yvetot.	29	»	Argentan *.	44	»
Alvimare.	40	»	Almenèches.	54	»
Bolbec-Nointot.	48	»	Surdon *.	58	»
Beuzeville-Breauté *.	54	»	Sées.	66	»
St-Romain.	62	»	Vingt-Hanaps.	76	»
Harfleur.	73	»	Alençon.	87	»
Le Havre.	80	»	Bourg-le-Roi.	96	Sarthe.
			La Hutte.	102	»
Beuzeville-Breauté *.	—	Seine-Inférieure.	Fresnay-s/Sarthe.	107	»
Grainville-Goderville *.	7	»	Vivoin-Beaumont.	113	»
Les Ifs-Etretat.	12	»	Maresché.	118	»
Fécamp.	20	»	Montbizot.	123	»
			La Guierche.	127	»
Tourville.	—	Seine-Inférieure.	Neuville.	133	»
Elbeuf.	7	»	Le Mans *.	143	»
La Londe.	16	»	Voivres.	157	»
Bourgtheroulde-Thuit-Hébert.	23	Eure.	La Suze.	163	»
St-Leger-Boissey.	31	»	Noyen.	173	»
Glos-Montfort.	38	»	Avoise.	181	»
Pont-Authou.	41	»	Juigné.	187	»
Brionne.	46	»	Sablé.	192	»
La Rivière-Thibouville.	54	»	Pincé-Précigné.	201	Maine-et-Loire
Serquigny *.	57	»	Morannes.	202	»
			Etriché-Châteauneuf.	217	»
Lison *.	—	Manche.	Tiercé.	224	»
Airel.	3	»	St-Sylvain-Briollay.	230	»
			Ecouflant.	235	»

	Kil.	
La Maître-Ecole.	240	Maine-et-Loire.
Angers.	244	»

Coulibœuf *.	—	Calvados.
Falaise.	9	»

St-Malo-St-Servan.	—	Ille-et-Vilaine.
Lagousnière-Cancale.	9	»
La Fresnais.	14	»
Dol.	23	»
Bonnemain.	32	»
Combourg.	40	»
Montreuil s/Ille.	53	»
St-Germain s/Ille.	61	»
Betton.	69	»
Rennes *.	82	»
Bruz.	93	»
Guichen-Bourg des Comptes	104	»
Bain-Lohéac.	112	»
Messac.	120	»
Fougeray-Langon.	131	»
Beslé.	135	Loire-Inférieure.
Avessac.	146	»
Redon.	154	Ille-et-Vilaine.

St-Brieuc *.	—	Côtes du Nord.
St-Julien. H.	9	»
Plaintel.	11	»
Quintin.	19	»
Le Pas. H.	23	»
Ploeuc d'Hermitage.	29	»
Uzel.	36	»
La Mothe. H.	44	»
Loudéac.	50	»
St-Gérand.	63	Morbihan.
Pontivy.	73	»

Asnières *.	—	Seine.
Nanterre.	7	»
Rueil.	9	Seine-et-Oise.
Chatou.	10	»
Le Vésinet.	12	»
Le Pecq.	14	»
St-Germain.	16	»

Paris, St-Lazare *.	—	Seine.
Batignolles, Vogageurs.	2	»
Courcelles-Levallois.	3	»
Neuilly, Porte Maillot.	5	»
Avenue du Bois de Boulogne.	6	»
Passy.	7	»
Auteuil.	9	»
Point-du-Jour.	10	»
Grenelle.	11	»
Vaugirard-Issy.	12	»
Ouest-Ceinture.	13	»

	Kil.	
Montrouge.	15	Seine.
La Glacière-Gentilly.	16	»
Maison-Blanche.	17	»
Orléans-Ceinture.	19	»

Paris, St-Lazare *.	—	Seine.
Bois de Colombes.	6	»
Colombes *.	8	»
Argenteuil.	10	Seine-et-Oise.
Pontoise.	19	»

Caen *.	—	Calvados.
Feuguerolles St-André.	9	»
Mutrécy-Clinchamps.	14	»
Grimbosq. H.	22	»
Croisilles-Harcourt.	28	»
St-Remy.	34	»
Clécy.	42	»
Berjou-Cahan.	46	Orne.
Condé s/Noireau.	53	Calvados.
Flers *.	66	Orne.
Messei. H. *.	71	»
Le Chatellier. H.	76	»
St-Bomer.	80	»
Domfront.	89	»
Torchamp.	96	»
Ceaucé.	101	»
Ambrières.	112	Mayenne.
St-Loup du Gast. H.	115	»
St-Fraimbault-de-Prières.	120	»
Mayenne.	126	»
Commer.	133	»
Martigné.	139	»

686. — **Ouest Hongrois.** (*Autriche*). **V.**)

CONSEIL D'ADMINISTRATION :

Zichy (Cte), E., Président.
Fiáth (B^{on}), F., Vice-Président.
Altmann, L.
Attems, (Cte), A.
Fuchs, G.
Goróve, A.
Kautz, J.
Mauthner, S.
Schlesinger-Trier, C.
Strachwitz (Cte), H.
Todesco (B^{on}), H.
D'Urményi, P.
Brandeis-Weikersheim, S.

ADMINISTRATION A PEST, 10, MONDGASSE :

Fackh (Chev.), C., Directeur Général.
Fuchs, M., Directeur et Chef du Service Financier.
Nyiri, E., Avocat, Conseil.
Veidinger, V., Secrétaire.

— 340 —

Zeiner, C., Chef du Mouvement.
Schoon-Corbitzthal, A., Chef du Service Commercial.
Burger, P., Chef du Service d'Entretien de la Voie.
Bexheft, M., Chef du Service de la Traction.

Raab.	M.O.	Ungarn.
Ménfö. H.	1.5	»
Szemere.	2.3	»
Gyömöre.	3.5	»
Vaszar.	5.1	»
Pápa.	6.1	»
Mezölak.	7.1	»
Vinár. H.	8.	»
Kis-Czell *.	9.5	»
Asszonyfa.	11.1	»
Sárvár.	12.2	»
Wettendorf.	14.3	»
Steinamanger.	15.4	»
Kis-Unyom.	16.6	»
Körmend.	18.9	»
Csákány.	20.	»
Rába St-Mihály. H.	20.8	»
St-Gothárdt.	22.5	»
Gaynafalva-Jennersdorf.	23.7	»
Fehring.	25.	Steiermark.
Feldbach.	26.3	»
Studenzen.	27.6	»
Tackern. H.	28.6	»
Gleisdorf.	29.3	»
Lassnitz.	30.7	»
Messendorf.	32.2	»
Graz, West.	32.7	»
» Sud.	33.3	»

Stuhlweissenburg, Alba.	—	Ungarn.
Kis-Keszi.	1.2	»
Vár-Palota.	3.	»
Pét. H.	3.5	»
Hajmáskér.	4.9	»
Veszprém.	6.	»
Herend.	7.8	»
St-Gál.	8.5	»
Város-Löd.	9.9	»
Ajka.	10.7	»
Devecser.	12.3	»
Somló-Vásárhely. H.	12.9	»
Tüskevár.	13.3	»
Boba-Jánosháza.	15.	»
Kis-Czell *.	16.3	»

687. — Oxelöxund-Flen-Walskog.
(Suède).

En construction.

688. — Oystermouth. (Angleterre).

Steele, H., Directeur à Swansea.

Swansea *.	M. A. —	Glamorgan.
» Rutland Street.	0.12	»
St-Helen 's Road.	1.12	»
Water Works Road.	»	»
Sketty Road.	2.32	»
Black Pill Road.	3.2	»
Bishopston Road.	3.20	»
Lilliput Road.	»	»
West Cross Road.	4.	»
Norton Road.	4.30	»
Mumbles.	4.60	»

689. — Palsboda-Finspong (Suède).

DIRECTION A PALSBODA.

Palsboda.	M. S. —	Orebro.
Svennevad.	0.6	»
Hjortqvarn.	1.9	»
Ormon.	2.8	»
Skönnarbo.	3.1	Ostergötlands.
Prestköp.	3.7	»
Hellestad.	4.2	»
Sonstorp.	4.5	»
Finspong.	5.4	»

690. — Paris à Orléans. (France).

SIÈGE SOCIAL, DIRECTION, SECRÉTARIAT GÉNÉRAL, CONTENTIEUX, COMPTABILITÉ GÉNÉRALE, EXPLOITATION ET CONSTRUCTION A PARIS, 1, BOULEVARD DE L'HÔPITAL.

SERVICE CENTRAL, SECRÉTARIAT DU CONSEIL ET PAIEMENT DES DIVIDENDES, A PARIS, 8, RUE DE LONDRES.

CONSEIL D'ADMINISTRATION :

Bartholony, F., Président.
de Waru, A., Vice-Président.
Benoist d'Azy (Cte), Vice-Président.
de Talhouet-Roy (Marquis) Vice-Président.
Cornudet, L., Administrateur-Délégué.
Denion du Pin, » »
Dufeu, G., » »
Lacroix-St-Pierre, » »
de la Panouse (Cte), » »
de Fourtou.
d'Armaillé (Cte).
Thoinnet de la Turmelière.
Durand, A.
Magne, L. A.
de Peyronnet (Cte).

Reille (B^on) R.
Revenaz, A.
de St-Agnan (Cte).
Gemähling, Chef du Service Central.
Courras, Ingénieur attaché à la Direction.

DIRECTION :

Didion, Délégué général du Conseil.
Solacroup, Directeur.
Lauras, Secrétaire Général.
Lemercier, Chef de l'Exploitation.
Beurteau, Ingénieur, attaché à l'Exploitation.
Sévène, Directeur de la Construction.
Porquenot, Ingénieur en Chef du Matériel et de la Traction.
Rongier, Ingénieur en Chef de la Voie.
de Vaugrigneuse, Chef de la Comptabilité Générale et des Finances.
Coince, Directeur des Mines et Usines d'Aubin.
Roger, Chef du Contentieux.

	Kil.	
Paris, *Orléans*.	—	Seine.
» Gare d'Ivry.	1.260	»
Orléans Ceinture.	2.116	»
Chevaleret (*Aiguilles*).	4.909	»
Vitry.	5.409	»
Choisy-Baches.	7.937	»
Choisy-le-Roi.	9.420	»
Ablon.	14.234	Seine-et-Oise.
Athis-Mons.	16.073	»
Juvisy.	19.038	»
Savigny s/Orge.	21.842	»
Epinay-s/Orge.	23.544	»
St-Michel.	28.047	»
Brétigny *.	31.295	»
» *Vendôme* *.	32.187	»
Marolles.	36.107	»
Bouray.	38.705	»
Lardy.	42.782	»
Chamarande.	45.896	»
Etréchy.	48.690	»
Etampes.	55.863	»
Aiguilles de *Guillerval*.	65.834	»
Monnerville.	69.793	»
Angerville.	74.416	»
Boisseaux.	80.930	Eure-et-Loir.
Toury.	88.228	»
Château-Gaillard.	90.477	»
Artenay.	101.531	Loiret.
Chevilly.	107.595	»
Cercottes.	112.084	»
Orléans, *Malesherbes* *.	117.465	»
» les *Aubrais* *.	119.086	»
» *.	120.639	»
» *.	120.996	»
» *Vierzon* *.	121.353	»
	122.268	»

	Kil.	
Orléans, *Gien* *.	122.605	Loiret.
St-Cyr en Val.	133.134	»
La Ferté St-Aubin.	144.111	»
Lamotte-Beuvron.	159.930	Loir-et-Cher.
Nouan-le-Fuzelier.	166.587	»
Salbris.	178.665	»
Theillay.	191.008	»
Vierzou, *Tours* *.	200.167	Cher.
»	201.148	»
» *Forges* *.	204.741	»
Chéry.	216.128	»
Reuilly.	220.306	Indre.
Ste-Lizaigne.	230.095	»
Issoudun.	237.034	»
Neuvy-Pailloux.	249.200	»
Châteauroux.	264.054	»
Luant.	276.281	»
Lothiers.	284.224	»
Chabenet.	290.160	»
Argenton.	295.055	»
Célon.	305.399	»
Eguzon.	316.400	»
St-Sébastien.	322.967	Creuse.
Forgevieille.	330.294	»
La Souterraine.	342.067	»
Fromental.	354.562	Haute-Vienne.
Bersac.	362.234	»
St-Sulpice Laurière.	368.435	»
» » *Guéret* *.	368.457	»
La Jonchère.	375.583	»
Ambazac.	383.294	»
St-Priest-Taurion.	389.242	»
Puy-Imbert.	399.106	»
Limoges.	401.324	»
Beynac.	411.780	»
Néxon *.	421.277	»
Lafarge.	429.518	»
Bussière-Galand.	438.736	Dordogne.
La Coquille.	448.759	»
Thiviers.	463.570	»
Négrondes.	473.319	»
Agonac.	484.592	»
Château-l'Evêque.	494.331	»
Périgueux, Chancelade *.	494.531	»
Périgueux, *Coutras* *.	499.429	»
	500.246	»
Niversac.	511.148	»
» *Agen* *.	511.323	»
St-Pierre de Chignac.	515.413	»
Milhac.	520.335	»
Thénon.	533.663	»
La Bachellerie.	544.265	»
Condat.	547.303	»
Terrasson.	553.230	Corrèze.
La Rivière de Mansac.	558.799	»
Larche.	562.892	»
Brive.	572.297	»

	Kil.	
Brive *Tulle* *.	572.720	Corrèze.
Turenne.	587.900	»
Quatre-Routes.	593.754	Lot.
St-Denis-près-Martel.	600.138	»
Montvalent.	607.560	»
Rocamadour.	619.057	»
Gramat.	626.749	»
Assier.	643.618	»
Pournel.	650.088	»
Figeac.	662.406	»
» *Aurillac* *.	662.549	»
Capdenac.	668.075	Aveyron.
Naussac.	676.554	»
Salles-Courbatiers.	681.907	»
Villeneuve.	687.503	»
Villefranche-de-Rouergue.	697.926	»
Monteils.	707.875	»
Najac.	714.376	»
Laguépie.	724.673	»
Lexos.	733.256	»
» *Montauban* *.	733.383	»
Vindrac.	744.328	Tarn.
Donnazac.	752.348	»
Cahuzac.	756.776	»
Tessonnières, *Albi* *.	763.240	»
	763.673	»
Gaillac.	767.873	»
L'Isle d'Albi.	776.850	»
Babastens.	784.316	»
St-Sulpice.	790.885	»
Montastruc.	804.407	Haute-Garonne
Gragnague.	805.582	»
Montrabé.	813.644	»
Toulouse, *Midi* *.	821.029	»
»	821.566	»

Orléans, *Les Aubrais* *.	—	Loiret.
» *Vierzon* *.	1.177	»

Brétigny *.	—	Seine-et-Oise.
» *Vendôme* *.	0.892	»
Arpajon.	5.542	»
Breuillet.	9.392	»
St-Chéron.	15.182	»
Dourdan.	24.247	»
Ste-Mesme.	29.235	»
Ablis-Paray.	38.636	»
Auneau.	45.208	Eure-et-Loir.
Santeuil.	52.228	»
Allonnes-Boisville.	61.158	»
Voves.	67.708	»
Gault St-Denis.	78.191	»
Bonneval.	88.253	8
Châteaudun.	101.953	»
Cloyes.	114.518	»
Morée St-Hilaire.	123.638	Loir-et-Cher.

	Kil.	
Fréteval.	127.933	Loir-et-Cher.
Pezou.	134.211	»
Vendôme.	144.777	»
St-Amand de Vendôme.	159.292	»
Château-Renault.	172.791	Indre-et-Loire.
Monnaie.	186.500	»
Notre-Dame d'Oé.	194.675	»
Fondettes-St-Cyr.	204.914	»
Tours, *Le Mans* *.	207.934	»
» *Nantes* *.	209.846	»
» *.	211.268	»
»	211.946	»
» *Bordeaux* *.	212.094	»
Monts.	223.694	»
Villeperdue.	232.714	»
Ste-Maure.	224.184	»
Port-de-Piles.	255.804	»
Les Ormes.	260.024	Vienne.
Dangé.	363.764	»
Ingrandes s/Vienne.	374.764	»
Châtellerault.	378.024	»
Les Barres.	386.248	»
La Tricherie.	391.897	»
Dissaix s/Vienne.	395.194	»
Clan.	399.209	»
Chasseneuil.	402.677	»
Poitiers, *Grant Pont* *.	408.428	»
Poitiers.	411.078	»
St-Benoît, *Niort* *.	415.305	»
»	415.441	»
» *Limoges* *.	415.670	»
Ligugé.	418.371	»
Iteuil.	424.524	»
Vivonne.	430.508	»
Anché-Voulon.	439.698	»
Couhé-Vérac.	444.582	»
Epanvilliers.	453.498	»
Civray.	462.550	Charente.
Ruffec.	476.626	»
Moussac.	486.452	»
Luxé.	494.848	»
St-Amand de Boixe.	505.158	»
Vars.	510.344	»
Angoulême.	523.895	»
Bif. des Alliers.	526.800	»
La Couronne.	534.506	»
Mouthiers.	538.048	»
Charmant.	548.462	»
Montmoreau.	558.063	»
Chalais.	574.484	»
La Roche-Chalais-St-Aigulin.	588.439	Charente-inférieure.
Les Eglisottes.	596.457	Gironde.
Coutras.	605.562	»
» *Saintes* *.	607.983	»
St-Denis-de-Piles.	613.904	»
Libourne, *Bergerac* *.	621.144	

	Kil.	
Libourne.	621.700	Gironde.
Arveyres.	627.700	»
Vayres.	630.690	»
St-Sulpice d'Igon.	636.197	»
St-Loubès.	639.661	»
La Grave d'Ambarès.	643.361	»
Lormont.	652.101	»
Bordeaux, Racc¹ direct.	654.020	»
» » circulaire	655.586	»
» Bastide.	656.886	»
» St-Jean.	660.598	»

	Kil.	
St-Nazaire.	—	Loire-Inférieure.
Montoir.		
Donges.	6.140	»
Savenay, Landerneau *.	13.558	»
»	24.748	»
Cordemais.	25.079	»
St-Etienne-de-Montluc.	35.446	»
Couëron.	41.065	»
Basse-Indre.	48.897	»
Chantenay.	54.265	»
Les Salorges.	59.433	»
La Bourse (Nantes).	61.481	»
Nantes.	62.647	»
» La Roche s/Yon*.	64.131	»
Ste-Luce.	65.173	»
Thouaré.	70.920	»
Mauves.	73.672	»
Clermont s/Loire.	78.696	»
Oudon.	84.548	»
Ancenis.	88.106	»
Anetz.	97.317	»
Varades.	103.461	»
Ingrandes s/Loire.	109.393	»
Champtocé.	117.692	»
St-Georges.	123.200	Maine-et-Loire.
La Possonnière *.	131.052	»
Les Forges.	136.114	»
La Pointe.	140.066	»
Angers.	144.256	»
» Ouest *.	151.606	»
La Paperie.	153.022	»
Trélazé.	155.104	»
La Bohalle.	158.352	»
St-Mathurin.	164.007	»
La Ménitré.	170.721	»
Les Rosiers.	174.411	»
St-Martin s/Loire.	180.139	»
Saumur.	187.649	»
Varennes s/Loire.	195.537	»
Port-Boulet.	204.854	»
La Chapelle s/Loire.	213.334	Indre-et-Loire.
St-Patrice.	217.708	»
Langeais.	225.211	»
Cinq-Mars.	234.324	»
Savonnières.	238.745	»
	245.696	»

	Kil.	
Tours, Le Mans *.	254.876	Indre-et-Loire.
» Nantes *.	256.778	»
» Orléans *.	258.394	»
St-Pierre-des-Corps.	259.491	»
bif. Vierzon.	264.048	»
Véretz.	267.668	»
St-Martin-le-Beau.	274.479	»
Bléré-Lacroix.	281.072	»
Chenonceaux.	288.259	»
Montrichard.	295.338	Loir-et-Cher.
Bourré.	299.814	»
Thésée.	306.574	»
St-Aignan-Noyers.	313.295	»
Selles s/Cher.	326.780	»
Chabris-Gièvres.	336.124	»
Villefranche s/Cher *.	344.028	»
Mennetou s/Cher.	352.835	»
Thénioux.	357.882	Cher.
Vierzon, Tours *.	367.663	»
»	368.667	»
bif. Vierzon-Forges.	372.260	»
Foécy.	378.556	»
Mehun s/Yèvre.	383.862	»
Marmagne.	391.465	»
bif. Marmagne.	393.547	»
Pont-Vert.	394.147	»
Bourges *.	394.183	»
»	400.303	»
Moulins s/Yèvre.	410.271	»
Savigny-en-Septaine.	416.525	»
Avor.	422.165	»
Bengy.	430.593	»
Nérondes.	436.410	»
La Guerche.	448.889	»
Le Guétin.	457.863	»
Saincaize.	459.371	Nièvre.

	Kil.	
Le Mans.	—	Sarthe.
» Ouest *.	0.414	»
Arnage.	7.916	»
Laigne St-Gervais.	14.373	»
Ecommoy.	21.448	»
Mayet.	28.808	»
Aubigné.	37.803	»
» La Flèche *.	38.853	»
Vaas.	41.999	»
Château du Loir.	49.813	»
Dissay s/s Courcillon.	54.930	»
St-Paterne.	61.699	Indre-et-Loire.
Neuillé-Pont-Pierre.	70.297	»
St-Antoine-du-Rocher.	77.934	»
Mettray.	85.424	»
bif. Paris.	86.826	»
Fondettes St-Cyr.	90.980	»
Tours, Le Mans *.	94.010	»
» Nantes *.	95.912	»
» Orléans *.	97.525	»

— 344 —

	Kil.	
St-Pierre-des-Corps.	98.625	Indre-et-Loire.
bif. Vierzon.	103.084	»
Montlouis.	106.046	»
Vouvray.	106.809	»
Vernou.	109.654	»
Noizay.	112.704	»
Amboise.	119.304	»
Limeray.	125.379	»
Veuves.	131.646	Loir-et-Cher.
Onzain.	136.659	»
Chousy.	142.408	»
Blois.	151.812	»
Ménars.	161.020	»
Suèvres.	166.406	»
Mer.	171.176	»
Beaugency.	183.244	Loiret.
Meung s/Loire.	191.819	»
St-Ay.	197.501	»
La Chapelle St-Mesmin.	204.437	»
Orléans, Rouen *.	209.578	»
» Tours *.	210.152	»
» Les Aubrais*	211.403	»
» Malesherbes*	212.924	»
Marigny.	221.731	»
Loury-Rébréchien.	227.281	»
Neuville-aux-Bois.	235.499	»
Chilleurs-Montigny.	241.472	»
Escrennes.	248.177	»
Pithiviers.	254.489	»
Manchecourt.	264.602	»
Malesherbes, Lyon *.	270.524	Seine-et-Marne.
»	273.118	»

Orléans, Les Aubrais *.	—	Loiret.
» Vierzon *.	1.177	»
» Gien *.	1.314	»
Chécy-Mardié.	10.689	»
St-Denis-Jargeau.	17.892	»
Châteauneuf s/Loire.	25.624	»
St-Benoît St-Aignan.	33.462	»
Sully-les-Bordes.	40.310	»
Ouzouer-Dampierre.	49.748	»
Gien, Lyon *.	62.265	»
»	63.794	»

bif. Marmagne.	—	Cher.
» Montluçon.	0.660	»
La Chapelle St-Urcin.	5.266	»
St-Florent.	13.211	»
Embrt. Rosières.	17.371	»
Lunery.	20.059	»
Châteauneuf s/Cher.	29.749	»
Bigny.	38.039	»
La Celle-Bruère.	44.097	»
St-Amand-Montrond.	51.925	»
Ainay-le-Vieil.	61.647	»
Urçay.	67.500	»

	Kil.	
Vallon.	78.552	Allier.
Magnette.	86.872	»
Les Trillers.	92.716	»
Montluçon, Gared'Eau.	99.261	»
» St-Sulpice-Laurière*.	100.851	»
» Ville.	101.589	»
» Ferrières*.	110.990	»
» Le Marais*	111.819	»
Commentry.	114.849	»
bif. Gannat.	115.500	»
Hids.	121.330	»
Lapeyrouse.	132.787	Puy-de-Dôme.
» St-Eloi *.	133.443	»
Louroux de Bouble.	141.000	Allier.
Bellenave.	149.534	»
St-Bonnet-Ebreuil.	159.475	»
Gannat, Lyon *.	168.115	»
»	168.862	»

Lapeyrouse, St-Eloi *.	—	Puy-de-Dôme.
St-Eloi.	8.249	»

Villefranche s/Cher *.	—	Loir-et-Cher.
Romorantin.	7.710	»

La Possonnière *.	—	Maine-et-Loire.
Chalonnes.	5.618	»
embr. de Contades.	7.168	»
La Jumellière.	13.798	»
Chemillé.	20.398	»
Trémentines.	31.932	»
Cholet.	42.474	»
Maulevrier.	53.761	Deux-Sèvres.
Chatillon St-Aubin.	63.482	»
Nueil-les-Aubiers.	73.697	»
Voultegon.	79.477	»
Bressuire.	89.797	»
» La Roche/Yon *	91.113	»
Courlay.	99.714	»
Moncoutant.	105.431	»
Breuil-Barret.	117.941	»
Faymoreau-Puy-de-Serre.	128.198	»
Embr. Bally.	130.229	»
St-Laurs.	133.448	»
Coulonges.	140.498	»
St-Pompain.	145.988	»
Benet.	152.498	»
Coulon.	157.078	»
Niort.	166.696	»
La Crèche.	180.543	»
St-Maixent.	190.138	»
Lamothe St-Héraye.	197.771	»
Pamproux.	204.685	Vienne.
Rouillé.	212.296	»

	Kil.	
Lusignan.	218.399	Vienne.
Coulombiers.	225.759	»
St-Benoît.	240.124	»
» Limoges *.	240.376	»
Nieuil l'Espoir.	252.151	»
Fleuré.	257.668	»
L'Hommaizé.	265.387	»
Embr. Décle-Vazelle.	266.740	»
Lussac-les-Châteaux.	276.329	»
Montmorillon.	289.122	»
Embr. Les Forges.	291.166	»
Lathus.	300.634	»
Thiat-Oradour.	308.021	Haute-Vienne.
Le Dorat.	318.453	»
Droux.	325.416	»
Château-Ponsac.	337.959	»
Bessines.	346.417	»
Bersac, Poitiers *.	351.190	»
»	354.976	»
St-Sulpice Laurière.	360.880	»
» » Guéret*.	361.202	»
Marsac.	373.535	Creuse.
Vieilleville.	381.355	»
Montaigut.	388.984	»
La Brionne.	397.233	»
Guéret.	405.202	»
Ste-Feyre.	410.975	»
Busseau d'Ahun *.	420.066	»
Cressat.	428.609	»
Parsac.	437.744	»
Chanon.	448.039	»
Lavaud-Franche.	454.232	»
» Montebras *.	455.830	»
Treignat.	460.387	»
Huriel.	472.216	Allier.
Domérat.	478.558	»
Montluçon, St-Sulpice Laurière *.	482.951	»
» Ville.	483.689	»
Embr. Ferrières.	493.090	»
» Le Marais.	493.919	»
Commentry.	496.919	»
» Gannat *.	497.600	»
Doyet-la-Presle *.	506.277	»
Villefranche.	513.477	»
Chavenon.	521.534	»
Tronget.	534.257	»
Noyant.	542.345	»
Souvigny.	550.546	»
Embr. Coulandon.	557.101	»
Moulins s/Allier, Lyon *.	564.351	»
»	564.567	»
Doyet-la-Presle *.	—	Allier.
Bézenet.	5.155	»
Busseau d'Ahun *.	—	Creuse.

	Kil.	
Lavaveix-les-Mines.	7.821	Creuse.
Embr. de Courbariaux.	11.753	»
Fournaux.	15.518	»
Aubusson.	24.241	»
Aubigné.	—	Sarthe.
» la Flèche *.	1.050	»
La Chapelle-aux-Choux.	8.097	»
Le Lude.	14.183	»
Luché-Pringé.	23.052	»
La Flèche.	34.555	»
Landerneau.	—	Finistère.
» Ouest *.	0.736	»
Dirinon.	10.966	»
Daoulas.	18.446	»
Hanvec.	28.768	»
Quimerc'h.	30.439	»
Châteaulin.	43.847	»
Quéménéven.	56.480	»
Quimper.	74.275	»
Rosporden.	94.443	»
Bannalec.	105.060	»
Quimperlé.	119.354	»
Gestel.	130.738	Morbihan.
Lorient.	139.666	»
Hennebont.	147.788	»
Landevant.	160.832	»
Auray, Pontivy *.	170.064	»
»	174.101	»
Ste-Anne.	177.052	»
Vannes.	193.292	»
Elven.	204.678	»
Questembert.	218.722	»
Malansac.	230.476	»
St-Jacut.	239.104	»
Redon.	247.695	»
» Rennes *.	248.030	Loire-Inférieure.
Sévérac.	260.420	»
Embr. de la Forêt.	262.978	»
St-Gildas-des-Bois.	264.838	»
Drefféac.	268.988	»
Pont-Château.	275.467	»
Savenay, Landernau*.	289.189	»
Auray, Pontivy *.	—	Morbihan.
Pluvignier.	7.534	»
Baud.	21.329	»
St-Nicolas.	35.934	»
Pontivy.	50.920	»
Nantes, La Roche/Yon *.	—	Loire-Inférieure.
Vertou.	5.878	»
La Haye-Fouassière.	13.197	»
Le Pallet.	17.219	»
Clisson.	25.254	»

		Kil.				Kil.	
Montaigu-Vendée.		37.797	Vendée.	Penne, *Villeneuve s/Lot* *.		—	Lot-et-Garonne.
L'Herbergement.		47.437	»	Villeneuve s/Lot.		8.899	»
Belleville-Vendée.		62.008	»				
La Roche s/Yon, *Bres-*				Monsempron-Libos,			
	suire *.	74.201	»	*Cahors* *.		—	Lot-et-Garonne.
»		74.988	»	Fumel.		2.002	Lot.
				Soturac-Touzac.		9.304	»
Niort.		—	Deux-Sèvres.	Duravel.		13.956	»
Frontenay-Rohan.		9.382	»	Puy-l'Evêque.		18.497	»
Epanes.		13.321	»	Castelfranc.		25.242	»
Mauzé.		21.911	»	Luzech.		32.369	»
Surgères.		34.064	Charente-Inférieure	Parnac.		36.041	»
Chambon.		40.267	»	Mercuès.		42.078	»
Aigrefeuille *.		49.192	»	Cahors.		50.902	»
Ciré.		54.101	»				
Rochefort, *Echange* *.		65.498	»	Libourne, *Bergerac* *.		—	Gironde.
»		66.377	»	St-Emilion.		8.189	»
				St-Laurent des Combes.		10.463	»
Aigrefeuille *.		»	Charente-Inférieure.	St-Etienne de Lisse.		13.092	»
La Jarrie.		6.336	»	Castillon s/Dordogne.		17.989	»
La Rochelle.		17.509	»	La Mothe-Montravel.		23.084	Dordogne.
				Montcaret.		26.341	»
Coutras.		—	Gironde.	Vélines.		29.606	»
St-Médard.		7.515	»	St-Antoine Port Ste-Foix.		35.527	»
Soubie.		16.647	Dordogne.	Ste-Foix-la-Grande.		»	»
Montpont.		23.932	»	Gardonne.		47.	»
Beaupouyet.		33.356	»	Lamonzie St-Martin.		51.	»
Mussidan.		39.719	»	Prigonrieux.		54.	»
Neuvic.		50.646	»	Bergerac.		60.	»
St-Astier.		58.183	»				
Razac.		65.215	»	Brive, *Tulle* *.		—	Corrèze.
Périgueux, *Coutras* *.		74.623	»	Aubazine.		10.135	»
»		75.440	»	Cornil.		17.512	»
Niversac.		86.342	»	Tulle.		25.439	»
» *Agen* *.		86.517	»				
Versannes.		93.627	»	Arvant.		—	Haute-Loire.
La Gélie.		100.042	»	» *Lyon* *.		0.650	»
Miremont.		109.222	»	Lempdes.		4.589	»
Les Eyzies.		115.934	»	Blesle.		16.889	»
Le Bugue.		123.852	»	Massiac.		23.480	Cantal.
Le Buisson.		132.840	»	Molompise.		30.104	»
Siorac.		139.739	»	Ferrière St-Mary.		38.683	»
Belvès.		145.372	»	Neussargues.		48.769	»
Le Got.		156.724	»	Murat.		58.009	»
Villefranche de Belvès.		163.831	»	Le Lioran.		68.998	»
Sauveterre.		169.293	Lot-et-Garonne.	St-Jacques.		75.332	»
Cuzorn.		178.132	»	Thiézac.		81.715	»
Monsempron-Libos, *Ca-*				Vic s/Cère.		86.307	»
	hors *.	183.869	»	Polminhac.		94.235	»
»		184.120	»	Arpajon.		101.768	»
Trentels-Ladignac.		190.851	»	Aurillac.		105.926	»
Penne, *Villeneuve*				Ytrac.		113.456	»
	s/Lot *.	200.540	»	La Chapelle-Vicscamp.		122.109	»
»		200.811	»	Le Rouget.		130.561	»
La Roque.		212.789	»	Boisset.		139.344	»
Pont du Casse.		221.800	»	Maurs.		150.988	»
Agen, *Midi* *.		226.930	»				
»		227.796	»				

	Kil.	
Bagnac.	156.967	Lot.
Figeac.	170.742	»
» Aurillac *.	170.885	»
Capdenac.	176.411	»
St-Martin de Bouillac.	184.245	»
Panchot.	188.421	Aveyron.
Viviez *.	191.800	»
Aubin.	195.519	»
Cransac.	198.268	»
embr. Rulhe.	200.620	»
» Auzitz.	201.814	»
Auzits-Aussibals.	204.782	»
St-Christophe.	212.273	»
Marcillac.	219.208	»
Nuces.	223.686	»
Salles la Source.	232.783	»
Rodez.	241.554	»

Viviez *.	—	Aveyron.
Decazeville.	3.152	»

Tessonnières, Albi *.	—	Tarn.
Marsac.	7.210	»
Albi, Orléans.	16.225	»

Lexos, Montauban *.	—	Aveyron.
Feneyrols.	5.473	Tarn-et-Garonne.
St-Antonin.	12.880	»
Cazals.	20.280	»
Penne.	25.993	Tarn.
Bruniquel.	33.064	»
Montricoux.	38.892	Tarn-et-Garonne.
Nègrepelisse.	46.230	»
St-Etienne de Tulmont.	51.742	»
Montauban, Villenouvelle	60.486	»
» Midi *.	63.999	»
» Villebourbon.	66.082	»

Paris, Place d'Enfer.	—	Seine.
Sceaux-Ceinture.	6	»
Arcueil-Cachan.	»	»
Bourg-la-Reine *.	7	»
Berny H.	»	»
Antony.	11	»
Massy.	14	»
Palaiseau.	17	Seine-et-Oise.
Lozère. H.	»	»
Orsay.	23	»
Gif.	26	»
St-Rémy-les-Chevreuse.	31	»
Boullay-les-Troux.	36	»
Limours.	40	»

Bourg-la-Reine *.	—	Seine.
Fontenay-aux-Roses.	2	»
Sceaux.	4	»

	Kil.	
Nexon *.	—	Haute-Vienne.
La Meyze.	9	»
Champsiaux.	14	»
St-Yrieix.	22	»
Coussac-Bonneval.	31	»
St-Julien.	36	»
Lubersac.	41	»
Pompadour.	48	Corrèze.
Vignols St-Solve.	58	»
Objat.	64	»
Le Burg.	70	»
Varetz.	73	»
Brive *.	82	»

691. — Paris à Lyon et à la Méditerranée.
(*France.*)

Siége Social et Administration à Paris, 88, Rue St-Lazare.
Services de l'Exploitation à Paris, 20, Boulevard Mazas et Rue de Lyon.

CONSEIL D'ADMINISTRATION :

Vuitry, Président.
Mallet, C., Vice-Président.
Blount, » »
André, A.
Bartholony.
Benoist d'Azy (Cte).
Chaperon.
Cornudet.
de Galliéra (Duc).
Galline, O.
Girod de l'Ain.
Hottinguer (Baron).
Le Roux, A.
Demachy.
Nouette Delorme, F.
Pastré, J. B.
de Rainneville (Vte).
Revenaz.
Rey de Foresta.
de Rothschild (Baron), G.
Teisserenc de Bort.
Trubert.
de Vaulchier (Marquis).
West, G.
de Salvandry (Cte).

DIRECTION GÉNÉRALE :

Talabot, Directeur Général.
Ruinet du Tailly, Ingénieur-Adjoint.

EXPLOITATION :

Bargmann, Directeur.
de Boulongne, Ingénieur en Chef, Adjoint à la Direction de l'Exploitation.

Noblemaire, Ingénieur Adjoint à la Direction de l'Exploitation.
Bidermann, Ingénieur Chef de l'Exploitation.
Pfeiffer, Sous-Chef de l'Exploitation.
Coffinet, » »
Suquet, » »
Picard, Inspecteur Général de l'Exploitation.
Marié, Ingénieur en Chef du Matériel et de la Traction.
Deloy, Ingénieur, Inspecteur du Matériel et de la Traction.
Delerue, Sous-Directeur, Ingénieur en Chef de la Voie.
Garet, Ingénieur en Chef Adjoint de la Voie.
Morel, Chef du Contentieux.
Ostrowski, Chef du Contrôle, Grande Vitesse.
Valon, » » Petite Vitesse.
Joffre, Chef de la Comptabilité Centrale.

CONSTRUCTION :

Ruelle, Directeur de la Construction.

SECRÉTARIAT GÉNÉRAL ET SERVICE DES TITRES :

Baudin, Secrétaire Général.
Barbet, Chef du Service des Finances et Comptabilité.

	Kil.	
Paris, *Bercy* *.	—	Seine.
Bercy-Ceinture.	»	»
Charenton.	6	»
Maisons-Alfort.	7	»
Villeneuve St-Georges *.	15	Seine-et-Oise.
Montgeron.	18	»
Brunoy.	22	»
Combs-la-Ville.	26	Seine-et-Marne.
Lieusaint.	31	»
Cesson.	38	»
Melun.	45	»
Bois-le-Roi.	51	»
Fontainebleau *.	59	»
Thomery.	64	»
Moret *.	67	»
St-Mammès.	69	»
Montereau *.	79	»
Villeneuve-la-Guyard.	90	Yonne.
Champigny.	95	»
Pont s/Yonne.	102	»
Sens.	113	»
Villeneuve s/Yonne.	127	»
St-Julien-du-Sault.	135	»
Cézy.	141	»
Joigny.	146	»
La Roche *.	155	»
Brienon.	164	»
St-Florentin.	173	»
Flogny.	184	»
Tonnerre *.	197	»

	Kil.	
Tanlay.	205	Yonne.
Lézinnes.	211	»
Ancy-le-Franc.	219	»
Nuits s/s Ravières *.	225	»
Aisy.	233	»
Montbard.	243	Côte d'Or.
Les Laumes.	257	»
Darcey.	265	»
Verrey.	279	»
Blaisy-Bas.	288	»
Malain.	296	»
Velars.	306	»
Plombières.	310	»
Dijon, *Ville* *.	315	»
Gevrey.	326	»
Vougeot.	332	»
Nuits s/s Beaune.	337	»
Corgoloin.	343	»
Beaune.	352	»
Meursault.	359	»
Chagny *.	367	Saône-et-Loire.
Fontaines.	373	»
Chalon s/Saône, *Ville* *.	382	»
» *St-Côme*.	383	»
Varennes-le-Grand.	391	»
Sennecy-le-Grand.	399	»
Tournus *.	409	»
Uchizy.	418	»
Pont-de-Vaux-Fleurville.	423	»
Senozan.	430	»
Mâcon *.	441	»
Crèches.	448	»
Pontanevaux.	452	»
Romanèche.	456	Rhône.
Belleville.	464	»
St-Georges.	469	»
Villefranche.	478	»
Anse.	482	»
Trévoux.	487	»
St-Germain-au-Mont d'Or *.	492	»
Neuville.	495	»
Couzon.	497	»
Collonges-Fontaines.	500	»
L'Ile-Barbe.	504	»
Lyon, *Vaise*.	507	»
» *Perrache* *.	512	»
» *la Guillotière* *.	513	Isère.
St-Fons.	517	»
Feysin.	522	»
Sérézin.	527	»
Chasse *.	533	»
Entressin.	541	»
Vienne *.	543	»
Vaugris.	548	»
Les Roches de Condrieu.	555	»
Le Péage de Roussillon.	564	»
Salaise.	568	Drôme.
St-Rambert-d'Albon *.	573	

— 349 —

	Kil.			Kil.	
Andancette.	579	Rhône.	St-Etienne *.	82	Loire.
St-Vallier.	585	»	Pont de l'Ane.	83	»
Serves.	592	»	Terrenoire.	88	»
Tain.	600	»	St-Chamond.	94	»
La Roche de Glun.	609	»	Grand-Croix.	99	»
Valence *.	618	»	Lorette.	101	»
Portes.	623	»	Rive de Gier *.	103	»
Etoile.	627	»	Couzon.	104	»
Livron *.	635	»	Trèves-Burel.	108	Rhône.
Loriol.	638	»	St-Romain en Gier.	112	»
Saulce.	645	»	Givors *.	117	»
Lachamp-Condillac.	651	»	Grigny.	122	»
Montélimar *.	662	»	La Tour de Millery	123	»
Châteauneuf.	671	»	Vernaison.	125	»
Donzère.	676	»	Irigny.	129	»
Pierrelatte.	683	»	Oullins.	134	»
La Palud.	692	Vaucluse.	Lyon, *Perrache* *.	139	»
La Croisière.	695	»			
Mondragon.	699	»	St-Just *.	—	Loire.
Mornas.	704	»	Andrézieux, *Gare Nouvelle*.	»	»
Piolenc.	707	»	» *Gare Ancienne*.	3	»
Orange.	714	»	Bonson.	6	»
Courthézon.	722	»	Sury-le-Comtal.	9	»
Bédarrides.	728	»	St-Romain-le-Puy.	14	»
Sorgues *.	732	»	Montbrison.	21	»
Le Pontet.	736	»	Champdieu.	26	»
Avignon *.	742	»	Marcilly-le-Pavé.	32	»
Barbentanne.	748	Bouches-du-Rhône.	Boën.	38	»
Graveson.	754	»			
Tarascon *.	764	»	Villeneuve St-Georges *.	—	Seine-et-Oise.
Ségonnaux.	769	»	Draveil.	3	»
Arles *.	777	»	Juvisy *.	8	»
Raphèle.	786	»	Ris-Orangis.	11	»
St-Martin de Crau.	793	»	Evry.	15	»
Entressen.	805	»	Corbeil-Essonne.	18	»
Miramas *.	810	»	Moulin-Galant.	21	»
St-Chamas.	815	»	Mennecy.	26	»
Calissanne.	804	»	Ballancourt.	32	»
Berre.	829	»	La Ferté-Alais.	38	»
Rognac *.	836	»	Boutigny.	45	»
Vitrolles.	840	»	Maisse.	50	»
Pas des Lanciers.	845	»	Boigneville.	56	Seine-et-Marne.
L'Estaque *.	852	»	Malesherbes.	62	»
Marseille *.	863	»	La Brosse.	68	Loiret.
			Puiseaux.	74	»
Roanne *.	—	Loire.	Beaumont.	81	Seine-et-Marne.
Le Coteau.	»	»	Beaune-la-Rolande.	87	Loiret.
St-Cyr de Favières.	11	»	Lorcy.	93	»
Vendranges St-Priest.	17	»	Mignères.	100	»
St-Jodard.	22	»	Montargis *.	103	»
Balbigny.	32	»	Sollerres.	115	»
Feurs.	41	»	Nogent s/Vernisson.	121	»
Montrond.	53	»	Gien.	140	»
St-Galmier.	62	»	Briare.	149	»
La Renardière.	68	»	Châtillon s/Loire.	155	»
St-Just *.	69	»	Bonny.	162	»
La Fouillouse.	73	»	Neuvy s/Loire.	168	Nièvre.
Villars.	77	»			

— 350 —

	Kil.	
Myennes.	176	Nièvre.
Cosne.	184	»
Sancerre.	190	»
Pouilly s/Loire.	199	»
Mèves.	205	»
La Charité.	212	»
Pougues-les-Eaux.	226	»
Fourchambault.	232	»
Nevers *.	239	»
Saincaize *.	248	»
Mars.	259	»
St-Pierre le Moûtier.	266	»
St-Imbert.	275	»
Villeneuve s/Allier.	285	Allier.
Moulins s/Allier *.	298	»
Bessay.	312	»
Hauterive.	318	»
Varennes s/Allier.	327	»
Créchy.	333	»
St-Germain-des-Fossés *.	340	»
St-Gérand le Puy.	346	»
La Palisse.	357	»
Arfeuilles.	364	»
St-Martin d'Estreaux.	374	Loire.
La Pacaudière.	383	»
St-Germain l'Espinasse.	393	»
Roanne *.	406	»
Le Coteau.	408	»
L'hôpital.	415	»
Régny St-Symphorien.	422	»
St-Victor-Thizy.	428	»
Amplepuis.	434	Rhône.
Tarare.	448	»
Pontcharra St-Forgeux.	453	»
St-Romain de Popey.	457	»
L'Arbresle.	464	»
Lozanne.	470	»
Chazay-Marcilly.	475	»
Les Chères-Chassel.	477	»
St-Germain au Mont d'Or *.		
Moret *.	—	Seine-et-Marne.
Montigny.	8	»
Bourron.	12	»
Nemours.	20	»
Souppes.	30	»
Ferrières.	41	Loiret.
Montargis *.	54	»
Nevers *.	—	Nièvre.
Imphy.	13	»
Béard.	22	»
Decize.	35	»
Verneuil.	45	»
Cercy-la-Tour.	50	»
Fours.	57	»
Rémilly.	65	»

	Kil.	
Luzy.	80	Nièvre.
St-Didier.	96	»
Etang *.	102	Saône-et-Loire.
Mesvres.	107	»
Broye.	111	»
Marmagne.	117	»
Le Creusot.	123	»
Montchanin *.	131	»
St-Julien s/d'Heune.	135	»
St-Bérain.	142	»
St-Léger s/d'Heune.	146	»
Cheilly.	152	»
Santenay *.	155	»
Chagny *.	159	»
Givors *.	—	Rhône.
Chasse *.	6	Isère.
Santenay *.	—	Saône-et-Loire.
Paris-l'Hôpital.	5	»
Nolay.	9	»
Epinac.	22	»
St-Léger-Sully.	27	»
Dracy St-Loup.	35	»
Autun.	42	»
Brion.	51	»
Etang *.	57	»
Saincaize *.	—	Nièvre.
Gimouille.	2	»
Moulins s/Allier *.	—	Allier.
Montbeugny.	14	»
Thiel.	24	»
Dompierre-Septfons.	28	»
Diou.	35	Saône-et-Loire.
Gilly.	37	»
St-Agnan.	47	»
Digoin.	56	»
Paray-le-Monial.	67	»
La Gravoine.	79	»
Palinges.	84	»
Genelard.	88	»
Ciry-le-Noble.	94	»
Montceau-les-Mines.	103	»
Blanzy.	108	»
Montchanin *.	118	»
St-Germain des Fossés *.	—	Allier.
Vichy.	10	»
St-Germain des Fossés *.	—	Allier.
St-Remy.	5	»
Monteignet.	17	»
Gannat.	24	»

— 351 —

	Kil.	
Aigueperse.		
Pontmort.	34	Puy-de-Dôme.
Riom.	44	»
Gerzat.	51	»
Clermont-Ferrand *.	57	»
Sarliève.	64	»
Le Cendre.	72	»
Les Martres de Veyre.	75	»
Vic-le-Comte.	79	»
Coudes.	82	»
Issoire.	89	»
Le Breuil.	99	»
Le Saut-du-Loup.	108	»
Brassac.	112	»
Arvant *.	118	»
Brioude *.	124	Haute-Loire.
Frugières-le-Pin.	134	»
Paulhaguet.	146	»
St-Georges d'Aurac *.	152	»
Langeac.	158	»
Chanteuges.	166	»
St-Julien des Chazes.	171	»
Monistrol d'Allier.	179	»
Alleyras.	190	»
Chapeauroux.	199	»
Jonchères.	213	»
Langogne.	220	Ardèche.
Luc.	232	»
La Bastide.	244	»
Prévenchères.	252	»
Villefort.	261	Lozère.
Concoules.	272	»
Genolhac.	278	Gard.
Chamborigaud.	285	»
Ste-Cécile d'Andorge.	292	»
La Levade.	298	»
Trescol.	303	»
Le Gouffre.	303	»
La Pise.	304	»
Tamaris.	306	»
Alais *.	317	»
St-Hilaire.	319	»
Vézenobres.	326	»
Ners.	333	»
Boucoiran.	335	»
Nozières.	339	»
St-Geniès.	341	»
Fons.	344	»
Mas-de-Ponge.	349	»
Nimes *.	359	»
	368	»
Clermont-Ferrand *.		— Puy-de-Dôme.
Aulnat.	2	»
Pont-du-Château.	10	»
Vertaizon.	12	»
Lezoux.	21	»
Pont de Dore.	31	»
Thiers.	43	»

	Kil.	
St-Etienne *.	—	Loire.
Le Clapier *.	2	»
Bellevue.	5	»
La Ricamarie.	8	»
Le Chambon-Feugerolles.	12	»
Firminy.	14	Haute-Loire.
Le Pertuiset.	19	»
Aurec.	24	»
Bas-Monistrol.	35	»
Pont de Lignon.	40	»
Retournac.	53	»
Chamalières.	57	»
Vorey.	65	»
St-Vincent.	70	»
La Voûte s/Loire.	74	»
Le Puy.	84	»
Borne.	98	»
Darsac.	106	»
Fix St-Geneys.	»	»
La Chaud.	118	»
Rougeac.	130	»
St-George d'Aurac *.	137	»
Le Clapier *.	—	Loire.
La Béraudière.	3	»
La Roche *.	—	Yonne.
Bonnard.	5	»
Chemilly.	8	»
Monéteau.	14	»
Auxerre *.	20	»
Champs.	27	»
Vincelles.	32	»
Cravant *.	37	»
Mailly-la-Ville.	46	»
Châtel-Censoir.	56	»
Coulanges s/Yonne.	64	»
Clamecy.	72	Nièvre.
Cravant *.	—	Yonne.
Vermenton.	6	»
Arcy s/Cure.	13	»
Sermizelles-Vezelay.	23	»
Vassy.	33	»
Avallon.	37	»
Nimes *.	—	Gard.
Marguerittes.	»	»
Manduel-Redessan.	7	»
Bellegarde.	»	»
Beaucaire.	21	»
Tarascon *.	23	»
Nuits s/s Ravières *.	—	Yonne.
Sennevoy.	12	»
Laignes.	19	Côte-d'Or.
Poinçon.	26	»

	Kil.			Kil.	
Ste-Colombe.	33	Côte-d'Or.	Dôle *.	—	Jura.
Châtillon s/Seine.	35	»	Grand Contour.	10	»
			Montbarrey.	14	»
Dijon, *Ville* *.	—	Côte-d'Or.	Châtelay.	20	»
» *Porte Neuve*.	8	»	Arc-Senans *.	25	»
Ruffey.	13	»	Mouchard *.	32	»
St-Julien-Clénay.	19	»	Mesnay-Arbois.	»	»
Gémeaux.	27	»	Pont d'Héry.	51	»
Is s/Tille.	32	»	Andelot *.	56	»
Selongey.	41	»	La Joux.	63	»
Occey.	»	Haute-Marne.	Boujeailles.	69	»
Vaux s/s Aubigny.	53	»	Frasne.	77	Doubs.
			La Rivière.	84	»
			Pontarlier.	93	»
Dijon, *Ville* *.	—	Côte-d'Or.	Les Verrières.	104	»
Magny.	13	»			
Genlis.	18	»	Mouchard *.	—	Jura.
Collonges les Pr.	22	»	Salins.	7	»
Auxonne *.	32	»			
Champvans lès Dôle.	42	»	Besançon *.	—	Doubs.
Dôle *.	46	Jura.	Miserey.	7	»
Rochefort.	54	»	Devecey.	13	»
Moulin-Rouge.	57	»	Mérey.	»	»
Orchamps.	61	»	Moncey.	22	»
Labarre *.	64	»	Rigney.	29	»
Ranchot.	66	»	Loulans les Forges.	35	»
St-Vit.	73	Doubs.	Montbozon.	40	Haute-Saône.
Dannemarie.	79	»	Dampierre.	45	»
Frasnois *.	»	»	Vallerois-le-Bois.	51	»
Besançon *.	91	»	Villers-le-Sec.	»	»
Roche.	100	»	Vesoul *.	64	»
Laissey.	111	»			
Baume-les-Dames.	123	»	Lyon, *La Guillotière* *.	—	Rhône.
Clerval.	141	»	» *Brotteaux*	»	»
L'Isle s/le Doubs.	151	»	» *St-Clair*.	8	»
Colombier-Fontaine.	160	»	Miribel.	16	Ain.
Voujaucourt.	167	»	Beynost.	20	»
Montbéliard *.	172	»	Montluel.	24	»
Héricourt.	179	Haute-Saône.	La Valbonne.	»	»
Belfort *.	189	Belfort.	Meximieux.	38	»
			Leyment.	46	»
Andelot *.	—	Jura.	Ambérieu *.	51	»
Vers en Montagne.	6	»	Ambronay.	58	»
Champagnole.	14	»	Pont d'Ain.	63	»
			La Vavrette-Tossiat *.	72	»
Auxonne *.	—	Côte-d'Or.	Bourg *.	82	»
Lamarche.	4	»	St-Etienne-du-Bois.	94	»
Pontailler s/Saône.	9	»	Moulin-des-Ponts.	99	»
Talmay.	14	»	Coligny.	106	»
Mantoche.	24	Haute-Saône.	St-Amour.	112	»
Gray *.	29	»	Cuiseaux.	121	Jura.
Champvans les Gray.	35	»	Cousance.	124	Saône-et-Loire
Valay.	43	»	Beaufort.	131	»
Montagney.	49	»	Ste-Agnès.	135	Jura.
Ougney.	56	Jura.	Gevingey.	140	»
Gendrey.	61	»	Lons-le-Saulnier *.	146	»
Labarre.	64	»	Montain-Lavigny.	153	»

— 353 —

	Kil.	
Domblans.	159	Jura.
Passenans.	164	»
St-Lothain.	168	»
Poligny.	174	»
Grozon.	180	»
Arbois.	186	»
Mouchard *.	195	»
Arc-Senans *.	202	»
Liesle.	207	Doubs.
Byans.	214	»
Torpes.	220	»
Montferrand.	223	»
Franois.	»	»
Besançon *.	236	»
Monbéliard *.	—	Doubs.
Audincourt.	5	»
Beaucourt.	11	»
Fesches-le-Châtel.	15	Belfort.
Morvillars.	19	»
Grandvillars.	22	»
Delle *.	27	»
Courtemaîche.	34	Suisse.
Porrentruy.	39	»
Châlon s/Saône, *Ville* *.	—	Saône-et-Loire
Gergy.	15	»
Verdun s/le Doubs.	24	»
St-Bonnet-en-Bresse.	29	»
Pierre.	37	»
Neublans.	46	Jura.
Chaussin.	56	»
Tavaux.	64	»
Foucherans.	69	»
Dôle *.	70	»
Mâcon *		
Pont de Veyle.	—	Saône-et-Loire
Vonnas.	8	Ain.
Mézériat.	17	»
Polliat.	22	»
Bourg *.	28	»
La Vavrette-Tossiat *.	38	»
Pont d'Ain.	47	»
Ambronay.	57	»
Ambérieu *.	62	»
St-Rambert en Bugey.	69	»
Tenay.	80	»
Rossillon.	87	»
Virieu le Grand.	104	»
Artemare.	107	»
Culoz *.	111	»
Seyssel.	119	»
Pyrimont.	134	»
Bellegarde *	140	»
Collonges.	152	»
Chancy-Pougny.	162	»
	165	»

	Kil.	
La Plaine.	170	Ain.
Satigny.	176	»
Vernier-Meyrin.	180	»
Genève *.	185	Suisse.
Lyon, *Guillotière* *.	—	Rhône.
Venissieux.	7	»
St-Priest.	11	Isère.
Chandieu-Toussieux.	17	»
Heyrieux.	21	»
St-Quentin.	25	»
La Verpillière.	30	»
Vaulx-Milieu.	33	»
La Grive.	37	»
Bourgoin.	41	»
Cessieu.	50	»
La Tour du Pin.	56	»
St-André le Gaz.	63	»
Virieu s/Bourbre.	71	»
Châlons.	79	»
Grand Lemps.	84	»
Rives *.	94	»
Voiron.	104	»
Moirans *.	111	»
Voreppe.	117	»
St-Egrève-St-Robert.	123	»
Grenoble.	130	»
Gières-Uriage.	137	»
Domène.	144	»
Lancey.	146	»
Brignoud.	150	»
Tencin.	156	»
Goncelin.	161	»
Le Cheylas.	»	»
Pontcharra s/Bréda.	171	»
Ste-Hélène du Lac.	177	Savoie.
Montmélian *.	179	»
Francin, *Transit*.	180	»
Les Marches.	183	»
Chambéry *.	193	»
Viviers.	203	»
Aix-les-Bains *.	207	»
Châtillon.	222	»
Culoz.	228	Ain.
Rives *.	—	Isère.
Iseaux.	1	»
St-Etienne de St-Geoirs.	7	»
La Côte St-André.	9	»
Marcilloles.	15	»
Beaurepaire.	25	»
Epinouze.	36	Drôme.
St-Rambert d'Albon *.	39	»
Peyraud.	44	Ardèche.
Midon.	53	»
Annonay.	59	»

Privas, *Ville*.	Kil. —	Ardèche.	La Freyssinouse.	Kil. 195	Hautes-Alpes.
» *St-Priest*.	1	»	Gap.	205	»
Chomérac.	9	»			
St-Lager-Bressac.	14	»	Nîmes *.	—	Gard.
Le Pouzin.	21	»	St-Césaire *.	5	»
La Voulte s/Rhône.	26	»	Milhaud.	»	»
Livron *.	31	Drôme.	Bernis.	»	»
Pont de Livron.	37	»	Uchaud.	12	»
Allex.	40	»	Vergèze.	17	»
Crest.	48	»	Aigues-Vives-Beaucaire.	20	»
			Gallargues *.	21	Hérault.
Sorgues *.	—	Vaucluse.	Lunel *.	27	»
Entraigues.	4	»	» *Vieil*.	»	»
Althen-les-Paluds.	7	»	Valergues.	33	»
Monteux.	11	»	St-Brès.	»	»
Carpentras.	16	»	Baillargues.	38	»
			St-Aunès.	»	»
Avignon *.	—	Vaucluse.	Les Mazes.	»	»
Montfavet.	5	»	Montpellier.	51	»
Morières.	9	»	Villeneuve.	58	»
St-Saturnin d'Avignon.	12	»	Vic-Mireval.	64	»
Gadagne.	15	»	Frontignan.	71	»
Le Thor.	19	»	Cette, *Transit* *.	75	»
L'Isle-s/Sorgues.	23	»	» *Ville*.	78	»
Cavaillon *.	33	»			
Cheval Blanc.	36	»	St-Césaire *.	—	Gard.
Orgon.	38	Bouches-du-Rhône.	Générac.	9	»
Senas.	44	»	Beauvoisin.	11	»
Lamanon.	49	»	Vauvert.	17	»
Salon.	56	»	Le Cailar *.	20	»
Grans.	60	»	Aimargues *.	22	»
Miramas *.	68	»	St-Laurent d'Aigouze.	27	»
			Aigues-Mortes.	35	»
Cavaillon *.	—	Vaucluse.			
Mérindol.	16	»	Gallargues *.	—	Hérault.
Lauris.	26	»	Aubais.	5	»
Cadenet.	32	»	Junas.	7	Gard.
Villelaure.	37	»	Sommières.	10	»
Pertuis *.	44	»	Fontanès.	17	»
Mirabeau.	59	»	Vic le Fesq.	22	»
Corbières.	»	Basses-Alpes.	Orthoux.	26	»
Ste-Tulle.	74	»	Quissac.	31	»
Manosque.	79	»	Sauve.	36	»
Volx.	86	»	St-Hippolyte.	47	»
La Brillanne.	94	»	La Cadière.	52	Hérault.
Lurs.	99	»	Ganges.	60	Gard.
Peyruis.	107	»	Sumène.	64	»
Château-Arnoux.	117	»	Pont d'Hérault.	69	»
Peipin.	122	»	Le Vigan.	75	»
Sisteron.	128	»			
Mison.	140	»	Les Arcs *.	—	Var.
Laragne.	147	Hautes-Alpes.	Trans.	8	»
Eyguians.	152	»	Draguignan.	12	»
Serres.	162	»			Alpes-Maritimes.
Chabestan.	171	»	Cannes *.	—	»
Veynes.	178	»	Mouans-Sartoux.	12	»
Montmaur.	185	»	Grasse.	19	»

— 355 —

	Kil.	
Arles.	—	Bouches-du-Rhône.
La Camargue.	12	»
St-Gilles.	18	»
Gallician.	29	Gard.
Le Cailar *.	35	»
Aimargues *.	37	»
Marsillargues.	40	»
Lunel *.	43	»

Roguac *.	—	Bouches-du-Rhône.
Velaux.		
Roquefavour.	7	»
Les Milles.	12	»
Aix.	19	»
La Calade.	26	»
Puy-Ricard.	33	»
Venelles.	36	»
Réclavier.	40	»
Meyrargues.	48	»
Pertuis *.	52	»
	85	Vaucluse.

Marseille *.	—	Bouches-du-Rhône.
La Blancarde.	6	»
La Pomme.	7	»
St-Marcel.	9	»
St-Menet.	12	»
La Penne.	13	»
Camp-Major.	15	»
Aubagne *.	17	»
Cassis.	27	»
La Ciotat.	37	»
St-Cyr.	44	Var.
Bandol.	51	»
Ollioules St-Nazaire.	58	»
La Seyne.	62	»
Toulon *.	67	»
La Garde.	75	»
La Pauline.	78	»
La Farlède la Crau.	81	»
Solliès-Pont.	84	»
Cuers.	90	»
Pujet, Ville.	98	»
Carnoules.	102	»
Pignans.	105	»
Gonfaron.	110	»
Le Luc et le Cannet	121	»
Vidauban.	130	»
Les Arcs *.	136	»
Le Muy.	144	»
Roquebrune.	150	»
Le Pujet de Fréjus.	154	»
Fréjus.	158	»
St-Raphaël.	162	»
Agay.	170	»
Le Trayas.	180	»
Cannes *.	194	Alpes-Maritimes.
Golfe-Jouan.	200	»

	Kil.	
Antibes.	205	Alpes-Maritimes.
Vence-Cagnes.	213	»
Var.	219	»
Nice *.	225	»
Villefranche s/Mer.	229	»
Beaulieu.	231	»
Eza.	234	»
Monaco.	240	»
Monte-Carlo.	242	»
Cabbe-Roquebrune.	245	»
Menton.	249	»
Frontière Italienne.		

Aubagne *.	—	Bouches-du-Rhône.
Pont de l'Etoile.	5	»
Roquevaire.	7	»
Auriol.	10	»
La Bouilladisse.	14	»
Valdonne.	17	»

Bessèges.	—	Gard.
Robiac *.	3	»
Molières.	7	»
St-Ambroix.	12	»
St-Julien.	17	»
Salindres.	23	»
Alais *.	34	»

Robiac *.	—	Gard.
La Valette.	6	»

Montmélian *.	—	Savoie.
St-Pierre-d'Albigny.	10	»
Chamousset.	14	»
Aiguebelle.	22	»
Epierre.	32	»
La Chambre.	45	»
St-Jean de Maurienne.	55	»
St-Michel.	67	»
La Praz.	77	»
Modane.	82	»
Vers le Mont-Cenis.		

Marseille *.	—	Bouches-du-Rhône.
St-Barthélemy.	3	»
Le Canet.	5	»
St-Joseph.	6	»
St-Louis les Aygalades.	7	»
Séon St-André.	8	»
Séon St-Henry.	9	»
L'Estaque *.	11	»

Marseille, *St-Charles*.	—	Bouches-du-Rhône.
La Blancarde *.	6	»
Marseille, *Prado*.	7	»

— 356 —

	Kil.	
Valence *.	—	Drôme.
St-Marcel lès-Valence.	5	»
Alixan.	9	»
Romans.	17	»
St-Paul-lès-Romans.	24	»
St-Lattier.	29	»
St-Hilaire du Rosier.	»	Isère.
La Sône.	40	»
St-Marcellin.	43	»
Vinay.	53	»
L'Albenc.	56	»
Poliénas.	61	»
Tullins.	66	»
Moirans *.	74	»

Aix-les-Bains *.	—	Savoie.
Grésy s/Aix.	3	»
Albens.	11	»
Bloye.	»	Haute-Savoie.
Rumilly.	20	»
Marcellaz.	26	»
Lovagny.	32	»
Annecy.	39	»

Pontarlier *.	—	Doubs.
Frambourg.	»	»
Jougne, (Hôpitaux).	»	»

Toulon *.	—	Var.
La Garde.	5	»
La Pauline.	»	»
La Crau.	»	»
Hyères.	»	»

692. — Parsonstown and Portumna Bridge. *(Irlande).*

Exploité par le Great Southern and Western.

DIRECTEURS :

Clanricarde (Marquis of), Président.
Sir Burke, T. J., }
Stoney, T. B., Esq. } Parsonstown C°.
Meara, W., Esq., }
Cane, E., Esq., }
Mullins, M. B., Esq., } Great Southern
O' Brien O' Connor, V., Esq., } and Western C°.

BUREAUX A DUBLIN, KINGSBRIDGE :

Molloy, D., Secrétaire.
Nixon, Ingénieur.
Denis, »
Barrington and Jeffers, Solicitors.

693. — Peebles. *(Ecosse).*

Exploité par le North Bristish.

DIRECTEURS :

Chambers, W., Esq., Président.
Lord Elibank.
Muir, G. W., Esq.
Tod, A., Esq.
Ainslie, D., Esq.
Anderson, W., Esq.
Ramsay, R. B. W., Esq.
Duncan, W., Esq.
Buchan, A., Esq.

BUREAUX A PEEBLES :

Bathgate, J. D., Secrétaire.
Bouch, T., Ingénieur, à Edinburgh.
Stuart, W., et Thornburn, R., Auditeurs.

694. — Pembroke and Tenby. *(Angleterre)*

DIRECTEURS :

Barrow, J. J., Esq., Président.
Sherriff, A. C. »
Davies, D. »
Clark, F. L., »
Deans, G., »
Denton, C. L. »

ADMINISTRATION :

Clark, F. L., Directeur Gérant à Pembroke.
Poole, W. F., Secrétaire, à Carmarthen.
Szlumper, J. W., Ingénieur, à Aberystwyth.
Forster, G. E., Solicitor.
Smedley, I., Directeur du Trafic, à Pembroke.
Mackey, R., et Fraser, J., Auditeurs.

	M. A.	
Whitland.	—	Carmarthen.
Narberth.	5.17	Pembroke.
Templeton.	8.24	»
Kilgetty.	10.69	»
Saundersfoot.	12.43	»
Tenby.	15.63	»
Penally.	16.79	»
Manorbier.	20.16	»
Lamphey.	33.58	»
Pembroke.	25.	»
» *.	27.17	»
» Dock.	27.34	»
Pembroke *.	—	Pembroke.
» Hobbs Point.	0.54	»

695. — Penarth. *(Angleterre).*

Exploité par le Taff Vale.

DIRECTEURS :

Cartwright, W. S., Esq., Président.

Hunt, D., Lt Cl.
Evans, H. J., Esq.
Davis, L., Esq.
Powell, W., Esq.
Worthington, G. S., Esq.
Griffiths Thomas, G. W., Esq.
Windsor-Clive, G. H. W., Lt Cl.

BUREAUX A CARDIFF :

Bacon, B., Secrétaire.
Batchelor, J. S., et Stephenson, W. P., Auditeurs.
Hawkshaw, J., Ingénieur.
Matthews, B., Solicitor.

696. — **Penarth Harbour.** (*Angleterre*).

Exploité par le Taff Vale.

697. — **Penicuik.** (*Ecosse*).

Exploité par le North British.

DIRECTEURS :

Ramsay, R. B. W., Esq., Président.
Cowan, C., Esq.
Sommerville, H., Esq.
N'Dougal, T., Esq.
Hood, A., Esq.
Borrell, J., Esq.

Weir, T. F., Secrétaire à Edinburgh, 8, Frederick Street.
Bouch, T., Ingénieur, à Edinburgh.

698. — **Perpignan-Prades.** (*France*).

SIÈGE SOCIAL A PARIS, 55, RUE TAITBOUT :

Haussmann (Bon), Président du Conseil d'Administration.
Job, Directeur.
Maurion, Secrétaire, à Perpignan.

	Kil.	
Perpignan.	—	Pyrénées-Orientales
Le Soler.	8	»
St-Féliu d'Availl.	13	»
Millas.	17	»
Ille.	23	»
Bouleternère.	27	»

699. — **Peterborough, Wisbeach and Sutton.** (*Angleterre*).

Exploité par le Midland.

DIRECTEURS :

Waring, W., Esq., Président.
Sherriff, A. C., Esq.
Waring, C., Esq.
Read, R. A., Esq.
Waring, H., Esq.
Fitz-Wygram, L. A., Esq.

ADMINISTRATION A LONDRES, S. W., 2, WESTMINSTER CHAMBERS:

Lankester, H., Secrétaire.
Burchells, Solicitors.
Cleffins, C. R., et Marr, J., Auditeurs.

700. — **Picardie et Flandres.** (*France*.)

CONSEIL D'ADMINISTRATION :

de St-Paul, Président.
Berlencourt.
Bertin, H.
Bourgeois.
Cazeneuve, A.
Débrousse, Fils, J. H.
Prévôt.
Lagache, C.
Mauger.

DIRECTION A PARIS, 30, BOULEVARD MAGENTA :

Jouve, E., Secrétaire Général.

	Kil.	
St-Just.	—	Oise.
Maignelay-Montigny.	9	»
Dompierre-Ferrière.	14	»
Domfront. H.	16	»
Montdidier.	22	Somme.
Laboissière.	30	»
Dancourt. H.	34	»
Roye.	40	»
Hattencourt.	48	»
Chaulnes.	53	»
Marchélepot.	59	»
Pont-les-Brie.	65	»
Péronne, *La Chapelette*.	72	»
Cartigny.	77	»
Roisel.	85	»
Epehy.	93	»

701. — **Pilsen-Priesen.** (*Autriche*.) (**V.**)

CONSEIL D'ADMINISTRATION :

v. Starck (Baron), Président.
Schmeykall, F.
Becker, E.
Czernin v. Chudenic (Cte), J.
Jerusalem, R.

— 358 —

Jessler, C.
Hassmann, T.
Kornfeld, S.
List, J.
Pollak, H.
v. Poschinger, B.
Redlhammer, A.
Schlesinger, S.
Waldert, A.

DIRECTION A PRAGUE :

Hladik, C., Directeur.
Stané, A., Inspecteur de la Construction et de l'Entretien de la Voie.
Titze, F., Ingénieur en Chef du Trafic.
Pichler, A., Inspecteur du Service Commercial.
Mathesius, E., Chef du Matériel.
Czelechowsky, E., Caissier.
Bartelmüs, O., Comptable.
Schmeykal, H., Ingénieur en Chef du Contrôle Technique.
Reichert, J., » » de l'Exploitation à Pilsen.

	Kil.	
Pilsen.	—	Böhmen.
Tremosna.	9.876	»
Ober-Briz. H.	17.038	»
Kaznau.	25.754	»
Plass.	34.997	»
Mlatz. H.	40.084	»
Scheles.	49.748	»
Pladen.	58.988	»
Petersburg-Jechnitz.	65.163	»
Kriegern.	69.616	»
Rudig.	74.592	»
Podersam.	82.648	»
Kaschitz-Schönhof.	88.717	»
Neusattel-Schabogrück*	98.655	»
Sobiesak. H.	102.440	»
Priesen.	110.079	»

Dux, *Aussig-Teplitz*.	—	Böhmen.
» *Ladowitz*.	4.560	»
Bilin.	5.352	»
Sauerbrunn. H.	7.552	»
Obernitz *.	15.479	»
Seidowitz. H.	21.624	»
Potscherad.	27.010	»
Postelberg.	33.458	»
Lischan.	36.947	»
Saaz, *Personen*.	44.533	»
» *Güter*.	45.823	»
Neusattel-Schabogrück*.	51.884	»

Obernitz *.	—	Böhmen.
Brüx, *Güter*.	5.765	»
» *Personen*.	6.675	»

702. — Plymouth and Dartmoor. *(Angleterre.)*

En construction.

DIRECTEURS :

Bovill, W., Esq., Président.
Batten, J. B., Esq., Président-Délégué.
Harrison, C., Esq.
Johnson, C. J., Esq.
Batten, J. W., Esq.
Fairhurst, J., Secrétaire à Londres, S. W., Great George Street.

703. — Poitiers à Saumur. *(France.)*

Exploité par la Compagnie de la Vendée.

CONSEIL D'ADMINISTRATION A POITIERS :

d'Ayguesvives (Cte), Président.
Cordier-Dupanneau, Vice-Président.
Le Blanc-Turquand, Administrateur-Délégué.
Gouin, S.
Guérinet.
Jenty.
Beguin-Desveaux.
Décle-Vazelle.
Lecoy.
Guillet.
Petit-Bergonz, Conseil.
De La Porte, Secrétaire.
Charrière, Secrétaire du Comité.

704. — Pont-Maugis à Raucourt. *(France.)*

Exploité par l'Est Français.

705. — Pontypool, Caerleon and Newport. *(Angleterre.)*

Exploité par le Great Western.

DIRECTEURS :

Sir Gooch, D., Président.
Sir Wood, C. A.
Bassett, R., Esq.
Bulkeley, Cap.
King, W. C., Esq.
Wanklyn, E., Esq.

ADMINISTRATION A LONDRES, W., PADDINGTON STATION :

Currey, A., Secrétaire.
Wilson, E., Ingénieur.
Burchells, Solicitors.

706. — Poole and Bournemouth. *(Angleterre.)*

Exploité par le London and South Western.

DIRECTEURS :

Waring, C., Esq., Président.
Sir Drummond-Wolff, H., Président-Délégué.
Waring, W., Esq.
Bowles, T. G. »
Read, R. A., Esq.

BUREAUX A LONDRES, S. W., 10, VICTORIA CHAMBERS, WESTMINSTER :

Stubbs, A., Secrétaire.
Tolmé, J. H., Ingénieur.
Toogood, W., Solicitor.

707. — Portadown, Dungannon and Omagh. (Irlande.)

Exploité par le Ulster.

DIRECTEURS :

Knox, S., C^t, Président.
Courtenay-Newton, Esq., Président-Délégué.
Caulfield, C^l.
Richardson, J. G., Esq.
Mackenzie Lyle, A., Esq.
Mackay, W., Secrétaire à Belfast.
Longfield, Davidson and Kelly, Solicitors.

708. — Port-Carlisle. (Ecosse.)

Exploité par le North British.

DIRECTEURS :

Bousfield Page, W., Esq., Président.
Hersham, J.
Forster, W., Esq.
James, W. E., Esq.

BUREAUX A CARLISLE :

Hanson, J., Secrétaire et Solicitor.
Mollet, J. J. et Saul, S., Auditeurs.

708 bis. — Porto à Povoa de Varzim. (Portugal.)

Martins, O., Directeur à Porto.

	Kil.	
Porto.	—	Douro-Minho.
Senhora da Hora.	4	»
Custoias.	6	»
Crestins.	9	»
Pedras Rubras.	11	»
Villar do Pinheiro.	14	»
Modivas.	16	»
Mindello.	20	»
Azurrara.	23	»
Villa do Conde.	25	»
Povoa de Varzim.	28	»

709. — Portpatrick. (Ecosse.)

Exploité par le Caledonian.

DIRECTEURS :

Stair (Cte of), Président.
Sir Dunbar, W., Président-Délégué.
Sir Agnew, A.
Galloway, (Cte of).
Guthrie, D., Esq.
Stewart, M. J., Esq.
Hamilton, W. C. J., Esq.
Stopford-Blair, E. J., Esq.
Hay, J. C. D., Vice-Amiral.
Salkeld, L^t C^l.
Bruce, T. C.
Hodgson, W. N., Esq.
Galbraith, A., Esq.
Ancketill, W. R., Esq.

BUREAUX A STRANRAER :

Ingram, A., Secrétaire.
Main, G. A., et Graham, J., Auditeurs.

710. — Compagnie Royale des Chemins de fer Portugais.

CONSEIL D'ADMINISTRATION A LISBONNE.

1° COMITÉ DE PARIS, 56, RUE DE LA VICTOIRE :

de la Gandara, J., Administrateur-Délégué.
Blount, E.
de la Bouillerie, J.
Delahante, G.
Dalloz, E.
Daugny, C.
de Cuadra, L.
Dormet, Secrétaire.

2° CONSEIL DE LISBONNE :

de Salamanca (Marquis).
Llorente, A.
Mendoza, M.
Coghen, J. A.
Sampaio, O. J, Administrateur-Délégué.
d'Oliveira Chamico, F.
Chamico, F.
Pinto de Soveral, E.
Pereira de Carvalho, A.
Terreira dos Santos E Silva, C.
Cabral, M. O.

ADMINISTRATION :

Espregueira, M., Directeur.
Vauvillier, L., Secrétaire de la Direction.
de Lemos, A. G., Chef de la Comptabilité Générale.
Vandevelde, P., Chef du Contrôle et de la Statistique.

Maegherman, A., Ingénieur, Chef des Voies et Travaux et des Magasins.
Queriol, M., Chef du Service du Trafic.
Carneiro, P. R., » » du Mouvement.
Paul, E., Ingénieur, Chef du Matériel et de la Traction.

	Kil.	
Lisboa.	—	Lisboa.
Poco do Bispo.	4	»
Olivaes.	7	»
Sacavem.	10	»
Povoa.	18	»
Alverca.	22	»
Alhandra.	26	»
Villa-Franca.	31	»
Carregado.	37	»
Azambuja.	47	»
Reguengo.	55	»
Sant' Anna.	64	»
Santarem.	75	»
Valle de Figueira.	84	»
Matto de Miranda.	94	»
Torres Novas.	103	»
Entrocamento *.	107	»
Payalvo.	121	»
Chão de Maças.	130	»
Cacharias.	140	»
Albergaria.	150	»
Vermoil.	162	»
Pombal.	170	»
Soure.	186	»
Formoselha.	202	»
Taveiro.	212	»
Coimbra.	218	Coimbra.
Souzellas.	225	»
Mealhada.	237	»
Mogofores.	245	»
Oliveira do Bairro.	253	»
Aveiro.	273	»
Estarreja.	288	»
Ovar.	304	»
Esmoriz.	312	»
Espinho.	318	»
Granja.	324	»
Valladares.	328	»
Villa Nova de Gaia.	333	Braga.
Porto.	337	»

Entrocamento *.	—	Lisboa.
Barquinha.	4	»
Praia.	12	»
Tramagal.	24	»
Abrantes.	29	»
Bemposta.	41	»
Ponte de Sor.	57	»
Chança.	78	Evora.
Crato.	94	»

	Kil.	
Partalegre.	111	Evora.
Assumar.	121	»
Santa Eulalia.	140	»
Elvaz.	159	»
Frontière Espagnole.	170	»

711. — Posen-Creuzburg. *(Allemagne).* (V.

CONSEIL D'ADMINISTRATION :

Honigmann.
Orgler.
Abel.
Berger.
Burchard.
v. Dabrowski.
Frensdorff.
v. Kardorff.
Kennemann.
Krapp.
Landau.
Neumann.
Schweitzer.
Semper.
Weber.
Wulssheim.

DIRECTION A POSEN :

v. Wallenrodt, Président.
Kohne, Directeur Technique.
Freyer, Ingénieur, Inspecteur d'Exploitation.
Goebel, » » »
Müller, Chef Principal du Trafic.
Eichholtz, Chef Principal de la Traction.
v. Heydebrand, Chef du Contrôle d'Exploitation.
Wicher, Chef de la Caisse Principale.
Schneege, Administrateur du Matériel d'Exploitation.
Genschow, Chef du Bureau Central.
Clauditz, Chef des Télégraphes.

	Kil.	Posen.
Posen.	—	»
Gondek.	15.7	»
Schroda.	34.3	»
Sulencin-Hauland.	43.5	»
Chocieza.	51.8	»
Jarocin.	67.6	»
Kotlin.	80.3	»
Pleschen.	86.5	»
Biniew.	104.1	»
Ostrowo.	114.3	»
Prygodzice.	123.4	Oppeln.
Antonin.	130.1	»
Schildberg.	142.4	»
Domanin.	153.5	»
Kempen.	159.7	»
Leka.	170.4	»

— 361 —

Pitschen.	Kil.	
	184.7	Oppeln.
Creuzburg.	200.8	»

712. — Poti à Tiflis. (Russie). (U. R.).

CONSEIL D'ADMINISTRATION A ST-PÉTERSBOURG,
38, RUE GRANDE MORSKAÏA :

Novosselski, N., Président.
Civyer.
Hunoff.
Annenkoff.
Kovalewsky.
Lomachewsky.

Klimenko, N., Ingénieur, Directeur d'Exploitation à Tiflis.

Poti.	Verstes.	
Tchégodidy.	—	Koutaïs.
Novo-Sénaki.	14	»
Samtrédi.	35	»
Koutaïs.	61	»
Kviril.	98	»
Dscrulli.	118	»
Biélogory.	130	»
Legvany.	139	»
Béjatoubani.	146	»
Poni.	158	»
Souram.	167	Tiflis.
Mikhaïlovo (Kaskhouri).	173	»
Kareli.	177	»
Gori.	201	»
Grakali.	218	»
Kaspi.	232	»
Ksanka.	244	»
Moukhet.	258	»
Avtchaly.	265	»
Tiflis.	279	»
	289	»

713. — Potteries, Shrewsbury and North Wales. (Angleterre).

DIRECTEURS :

Burn, H. P., G⁺ Major, Président.
Bravo, J., Esq.
Borrodaile, J., Esq.
Moore, J. A., Esq.
Hamilton, F. A., Esq.
Broughton, F., Esq.

ADMINISTRATION A SHREWSBURY :

Judd, A., Directeur Général.
Chandler, C., Secrétaire.
Wade, J., Secrétaire-Adjoint.
Tolmé, J. H., Ingénieur.

Billson, H., et Newton, J., Auditeurs.
Noyes, S. F., et H., Solicitors.

	M. A.	
Shrewsbury, Abbey.	—	Shropshire.
» » *.	1/2	»
Redhill.	3	»
Hanwood Road.	4	»
Cross Gates & Ford.	7 1/4	»
Schrawardine.	9 1/2	»
Nesscliff.	11 1/4	»
Kinnerley *.	13 1/2	»
Maesbrook.	16	»
Llanymynch.	18	»
Llanyblodwell.	20 1/2	Montgomery.

Kinnerley *.	—	Shropshire.
Melverley.		»
Crewe Green.		Montgomery
Llandrinio.		»
Criggion.		»

Shrewsbury, Abbey *.	—	Shropshire.
» North Wales *.	0.65	»

713bis. — Povena à Orton. (Espagne).

Concessionnaire : la Cⁱᵉ des Mines de Povena à Orton.

	Kil.	
Povena.	—	Bilbao.
Orton.	3	»

714. — Prag-Dux. (Autriche.) (V.)

CONSEIL D'ADMINISTRATION A PRAGUE :

v. Thun-Hohenstein, (Cᵗᵉ), F., Président.
v. Komers (Bᵒⁿ), A.E., Vice-Président.
Arnhold, M.
Chotek (Cᵗᵉ), R.
v. Dreifuss, (Bᵒⁿ).
Klaudy, K. L.
v. Erlanger (Bᵒⁿ), V.
Kohl v. Kohlenegg, E.
Prisborsky, J.
Schwarz, F.
Simon, E.
Weissel, L.

DIRECTION A PRAGUE :

Mráz, F., Directeur Général.
Prisborsky, H., Inspecteur du Trafic et Adjoint au Directeur Général.
Mastny, J., Secrétaire.
Korms, L., Inspecteur, Chef de la Construction et de l'Entretien des Voies.

Patzák, J., Chef expéditeur au Service Commercial.
Vessely, J., Chef du Bureau B au Service Commercial.
Lampa, J., Ingénieur en Chef de la Traction et des Ateliers.
Klepecka, G., Ingénieur de la Division de Révision.
Kopka, W., Administrateur du Matériel.
v. Schmid, F., Caissier.
Lindner, A., Comptable.
Pata, A., Ingénieur de Construction.

Vay (Bon), A.
Weiss, J.
Weiss, J. N.
Leder, F., Commissaire du Gouvernement.

DIRECTION A VIENNE :

Pichler, M., Directeur d'Exploitation.
Haas, I., Chef du Secrétariat et du Contentieux.
Petrossi, A., Ingénieur en Chef.
Westermayer, M., Chef des Services des Recettes et Commercial.
Nubel, H., Chef de la Comptabilité, des Dépenses et de la Caisse.
Bach, P., Inspecteur.

INSPECTION D'EXPLOITATION A PRZEMYSL :

v. Blasowski, L., Inspecteur, Chef d'Exploitation.
Kostka, J. L., » » des Voies et Travaux.
Cometter, B., » » »
Travaux à Nagy-Mihaly.

	Kil.	
Prag, Smichow.	—	Böhmen.
Hlubocép	4	»
Dusnik.	16	»
Litovic.	21	»
Herrndorf.	27	»
Nautonic.	32	»
Kolec.	41	»
Schlan. H.	52	»
Schlan.	55	»
Zlonic.	65	»
Klobuk. H.	71	»
Peruc.	78	»
Vrbno.	83	»
Chlumcan.	93	»
Laun.	96	»
Lenesic.	100	»
Hochpetsch.	112	»
Obernitz *.	119	»
Sauerbrunn. H,	127	»
Bilin.	129	»
Dux, Ladovic.	132	»
» Aussig-Téplitz.	133	»

Obernitz *.	—	Böhmen.
Brüx, Güter.	5	»
» Personen.	6	»

715. — Premier Chemin de fer de Hongrie-Galicie. (Autriche). (V.)

CONSEIL D'ADMINISTRATION :

Waldstein v. Wartemberg (Cte) J., Président.
Krainski (Chev.), M., Vice-Président.
Andrassy-Aladar (Cte).
Bächer, B.
Flesch, H.
v. Glaser, W., Délégué de la Direction.
v. Harkanyi, C.
v. Hauslab (Chev.), F.
Hoffmann, F., Délégué de la Direction.
v. Kozlowski (Chev.), S., »
Steiger, V.
v. Szirmay, E.
Sztáray (Cte), A.

	Kil.	
Przemysl.	—	Galizien.
Hermanowice. H.	9.103	»
Nizankowice.	12.896	»
Dobromil.	26.172	»
Chyrow.	33.987	»
Starzawa. H.	43.697	»
Kroscienko.	53.408	»
Ustrzyki.	64.526	»
Olszanica.	77.764	»
Lukawica-Lisko.	89.444	»
Zaluz.	93.465	»
Zagórz.	97.638	»
Mokre. H.	114.328	»
Szczawne.	121.079	»
Komancza.	131.701	»
Lupków.	145.432	»
Vidrány. H.	157.495	Ungarn.
Mezö-Laborcz.	161.594	»
Radvány.	176.840	»
Koskócz.	186.855	»
Udva. H.	196.641	»
Homonna.	202.483	»
Ormezö.	212.117	»
Natafalva. H.	217.884	»
Nagy-Mihály.	226.456	»
Bánócz.	235.934	»
Terebes-Gálszécs.	246.480	»
Veletje. H.	261.501	»
Legenye-Mihályi.	266.887	»

716. — Premier Chemin de fer de Transylvanie. (Autriche.) (V.)

CONSEIL D'ADMINISTRATION :

Chotek (Cte), O., Président.

Haber v. Linsberg (Baron), L., Vice-Président.
Bachrach, W.
Eötvös (Baron), L.
Gögl, J.
v. Keudefy, A.
v. Latzko, A.
Lónyay (Cte), B.
v. Nopcsa (Baron), F.
Reichenstein (Baron), F.
v. Somogyi, A.
v. Várady, G.
v. Wodianer (Baron), B.
Weiss v. Weissenhall, C.

DIRECTION GÉNÉRALE A BUDA-PEST :

Freund v. Ferenczy, C., Directeur Général.
v. Kanovich, A., Inspecteur Principal de l'Administration Centrale.
Schubert, A., Inspecteur Principal du Trafic et de l'Exploitation.
Eder, G., Inspecteur Principal de la Traction et des Ateliers.
Szahlender, C., Inspecteur de la Voie.
Grim, F., Chef de la Comptabilité, des Dépenses et des Finances.

Arad.	Kil.	
Gyorok.	—	Arad
Paulis. H.	21	»
Radna-Lippa.	27	»
Konop. H.	34	»
Berzova.	50	»
Soborsin.	60	»
Zám.	84	»
Guraszada. H.	101	Siebenbürgen.
Illye.	»	»
Branyiska. H.	123	Hunyader.
Déva.	133	»
Piski *.	146	»
Broos.	156	»
Sibóth.	172	Brooser.
Alvincz.	184	U-Weisenburg
Karlsburg.	199	»
	208	»

Piski *		
Zeykfalva-Kalán. H.	—	Hunyad.
Russ.	14	»
Várally-Hátszeg.	17	»
Puj.	29	»
Krivadia.	43	»
Banicza.	56	»
Petrozsény.	67	»
	78	»

717. — Presburg-Tyrnau. (Autriche.)

Voir : Waagthal.

718. — Preston and Longridge Joint.
(Angleterre).

Exploité par le Lancashire and Yorkshire et le London and North Western.

719. — Preston and Wyre Joint.
(Angleterre).

Exploité par le Lancashire and Yorkshire et le London and North Western.

720. — Prince Henri. (Grand Duché de Luxembourg.)

* Philippart, S., Président.
* Gendebien, F., Vice-Président.
* Majérus, F., Administrateur-Délégué.
* Joris, G.
Tournay-Stevens.
Emerique.
Namur.
Vulfran-Mollet.
Wilmart, L., Secrétaire.
(* Membres du Comité de Direction.)
de Senzeilles (Baron), G., Commissaire.
Vandevin, A.   »
Pécher, E.   »
Vanderspiet, L.   »
de Muyser, Z.   »

ADMINISTRATION A LUXEMBOURG :

Lebrun, A., Ingénieur en Chef de la Construction.
Suttor, E.,   »   Chef du Service Technique.
Quelin, Chef de Service.
Lambinon, Chef de la Comptabilité.
Hauffeld, A., Chef du Bureau Technique.
Barblé, E., Chef de Service, à Bettembourg.

EXPLOITATION :

Wuine, F., Chef de Comptabilité.
Leotard, F., Inspecteur.
Descamps, E., Agent Commercial.
Biston, V., Vérificateur de Comptabilité.
Oakes, R., Ingénieur, Chef de Traction à Pétange.
Clavel, A.,   »   » de la Voie   »
Glodt, M., Inspecteur, Chef du Mouvement à Pétange.
Dupont, J., Ingénieur, Chef de Service à Echternach.

	Kil.	
Esch s/Alzette.	—	G. D. Luxembourg.
Belvaux.	6.43	»
Differdange.	11.46	»
Pétange *.	15.54	»
Clémency *.	23.96	»
Bettingen.	32.26	»
Steinfort.	35.22	»

	Kil.	
Diekirch.	—	G. D. Luxembourg.
Bettendorff.	4.79	»
Reisdorff.	9.34	»
Bollendorff.	20.85	»
Weilerbach.	23.67	»
Echternach.	27.16	»
Rosport.	35.48	»
Born.	41.91	»
Wasserbillig.	49.26	»

Pétange *.	—	G. D. Luxembourg.
Rodange.	2.52	»
Athus.	5.44	Luxembourg-Belge.

Clémency *.	—	G. D. Luxembourg.
Autel-Bas.	7.65	Luxembourg-Belge.

721. — Prince Impérial Rodolphe.
(*Autriche*). (**V**.)

CONSEIL D'ADMINISTRATION A VIENNE :

Lodron-Laterano (Cte) C., Président.
v. Aichinger (Chev.), G., Vice-Président.
Gleispach (Cte), C.
Hass, O.
Hochhauser, J.
v. Ralchberg (Baron), F.
Prokesch-Osten (Cte), A.
Schindler, A. J.
v. Stahl (Chev.), A.
Wickhoff, F.
Bayer, J., Adjoint.
Dobler (Chev.), M., Commissaire du Gouvernement.

DIRECTION GÉNÉRALE A VIENNE :

Morawitz, M., Directeur Central.
Nunnemacher v. Röllfeld, L. (Chev.), Secrétaire du Conseil d'Administration et de la Direction Générale.

1re *Division* :

Messerklinger, J., Attaché au Bureau du Contentieux.
Mertens, (Chev.), » » »
Schmidt, C. J. » » »
Kutz, F. G., Chef du Bureau du Personnel.
Willner, C., Chef de l'Economat.

2e *Division* :

Held, v., Comptable.
Schwarz, A., Liquidateur.
Kainz, F., Caissier Principal.

3e *Division* :

Packeny, C., Chef du Service Commercial.

4e *Division* :

Kargl, M., Ingénieur de l'Exploitation et de la Traction.

5e *Division* :
(Construction et Entretien.)

Paupe, A., Inspecteur.
Fritz, G., Ingénieur en Chef.
Scharinger, A. »
Schlagenhaufer, F., Ingénieur.

6e *Division* :

Hofeneder, C., Chef du Matériel.

DIRECTION DE L'EXPLOITATION A STEYER :

Kuhn, E., Inspecteur en Chef de la Direction.
Mahr, S., Ingénieur Principal du Trafic.
Schaffer, D., Chef des Transports.
Rettich, C., Ingénieur Principal, Chef de l'Entretien de la Voie.
Ulilfers, J., Ingénieur Principal Chef de Traction.
Schneider, J., Chef de la Comptabilité.

	Kil.	
St-Valentin.	—	Oesterreich.
Ernsthofen.	7.29	»
Rammingdorf. H.	15.92	»
Steyer, *Stadt*.	20.35	»
Garsten. H.	23.35	»
Ternberg.	33.63	»
Losenstein.	42.09	»
Reichramming.	48.24	»
Grossramming.	54.9	»
Kastenreith. H. *.	64.	»
Klein-Reifling.	67.44	Steiermark.
Weissenbach-St-Gallen.	81.95	»
Gross-Reifling.	92.67	»
Landl. H.	96.46	»
Hieflau *.	102.76	»
Gstatterboden.	111.84	»
Admont.	125.66	»
Selzthal-Liezen.	139.69	»
Rottenmann.	147.38	»
Trieben.	156.95	»
Wald.	171.44	»
Kalwang.	179.03	»
Mautern.	186.61	»
Seiz-Kammern. H.	194.96	»
St-Michael *.	202.54	»
Kaisersberg. H.	207.09	»
St-Lorenzen.	209.47	»
Knittenfeld.	224.54	»
Zeltweg *.	232.13	»
Judenburg.	239.71	»
Thalheim.	246.53	»
St-Georgen.	253.35	»
Unzmarkt.	258.66	»
Scheifling.	265.48	»
Schauerfeld.	273.82	»

	Kil.	
Neumarkt.	279.13	Steiermark.
Einöd. H.	287.47	»
Friesach.	295.09	Kärnthen.
Hirt.	301.	»
Treibach-Althofen.	306.46	»
Launsdorf *.	320.	»
Glandorf *.	326.94	»
St-Veit.	328.45	»
Feistritz-Pulst.H.	335.27	»
Glanegg.	342.	»
Feldkirchen.	354.96	»
Ossiach.	364.09	»
Villach, *Transit*.	»	»
» *Sud*.	377.85	»
» *Rudolf*. H.	379.37	»
» *Bad*. H.	381.64	»
Pirnitz.	386.95	»
Arnoldstein.	395.29	»
Tholl-Maglern.	400.6	»
Tarvis.	405.91	»
Ratschach-Weissenfels.	413.5	Krain.
Kronau.	421.84	»
Lengenfeld.	433.97	»
Assling.	443.77	»
Jauerburg.	446.81	»
Radmannsdorf-Lees.	456.66	»
Podnart.	458.81	»
Krainburg.	479.41	»
Laak.	488.5	»
Zwischenwässern.	496.1	»
Vismarje.	502.2	»
Laibach, *Rudolf*. H.	507.5	»
» *Sud*.	508.25	»

Amstetten.		
Ulmerfeld.	—	Oesterreich.
Hilm-Kematen. H.	7.59	»
Rosenau.	15.17	»
Waidhofen.	17.44	»
Oberland.	23.51	»
Gaflenz.	32.62	»
Weyer-Kupfern.	34.14	»
Kastenreith. H. *.	40.96	»
	44.	»

Launsdorf *.		Kärnthen.
Brückel.	6.6	»
Eberstein.	13.51	»
Mösel.	24.44	»
Hüttenberg.	29.37	»

Glandorf *.		Kärnthen.
Zollfeld. H.	6.81	»
Maria-Saal.	9.68	»
Klagenfurt.	18.41	»

| St Michael *. | — | Steiermark. |

	Kil.	
Leoben, *Rudolf*.	9.98	Steiermark.
» *Sud*.	11.83	»

Zeltweg *.	—	Steiermark.
Fohnsdorf. H.	5.87	»
Antonyschacht. H.	7.84	»

Hieflau *.	—	Steiermark.
Radner.	3.03	»
Munichthal.	13.	»
Eisenerz.	14.48	»

722. — Putilow. (*Russie*.)

M. Putilow, Directeur à St-Pétersbourg.

	Verstes.	
St-Pétersbourg.	—	St-Pétersbourg.
Putilow, *Fabrique*.	18	»

723. — Quintanilla de Las Torres à Orbo. (*Espagne*.)

Voir : Nord de l'Espagne, ligne de Barruelo.

724. — Raab-Oedenburg-Ebenfurt. (*Hongrie*) (**V**).

	Kil.	
Raab.	—	Ungarn.
Csorna	»	»
Kapuvar.	»	»
Pinnye.	84.25	»

M. le Baron v. Erlanger, à Buda-Pest, Concessionnaire.

725. — Raccordement du Nord et du Sud de l'Allemagne. (*Autriche*.)

Exploité par le Nord-Ouest de l'Autriche.

CONSEIL D'ADMINISTRATION A VIENNE :

v. Goldschmidt, (Chev.), H.
Lehmann, M.
v. Liebieg, (Chev.), J.
v. Oppenheim, (Chev.), L.
Redlhammer, E.
Richter, 1.
Schenk, (Chev.), A.
v. Scholler, P.
v. Siegmund, F.

726. — Rakonic-Pribram-Protiwin. (*Autriche*.)

Exploité par le Dux-Bodenbach.

728. — Ramsey. *(Angleterre)*

Exploité par le Great Northern.

Fellowes, E., Esq., Président.
Serjeant, F. R., Secrétaire, à Ramsey.
Serjeant and Son, Solicitors, »

728. — Rathkeale and Newcastle Junction. *(Irlande.)*

Exploité par le Waterford and Limerick.

Directeurs :

Devon (Cte of), Président.
Malcomson, W., Esq.
Curling, E., Esq.
Holland, J. W., Esq.
Williams, J. W. H., Esq.
Mitson, W. J., Secrétaire.
Leahy, M., Solicitor.

729. — Ravenglass and Eskdale. *(Angleterre.)*

Directeurs :

Devon (Cte of), Président.
Copland, H., Esq., Vice-Président.
Dyer, C. H., Esq.
Jennings, J., Esq.
Trewhella, H., E., Esq.
Hall, T. B., Esq.

Marshall, J. W., Secrétaire.
Derry, D. S., et Leslie, H. M., Auditeurs.

730. — Redditch. *(Angleterre.)*

Exploité par le Midland.

Directeurs :

Boulton, W., Esq., Président.
Clift, J. E., Esq.
Warren, J., Esq.

Moore, J., Secrétaire à Derby.
Miles, C. et Heming, W. T., Auditeurs.

731. — Redondela à Murcia.

A construire.

732. — Rhénan-Néerlandais *(Hollande).***(V.)**

Administration a Utrecht :

Ameshoff, Président-Directeur.
Staats Forbes, J., Vice-Président à Londres.
s'Jacob, J. C., Directeur-Econome.
Zillesen, F. C., » à Amsterdam.

Uytwerf-Sterling, J. J., Secrétaire.
van Hoogstraten, S. P. J. A., » Adjoint.
d'Hamecourt, A. L., Administrateur des Possessions.
Buis, A. M., Contrôleur.
Werker, W. M. J., Comptable.
Verloop, J., Ingénieur en Chef du Mouvement et du Matériel.
Verloop, C., W. » » de la Traction.
Wright, R., » de la Voie.
Bingham, D. G., Chef du Service Commercial.

	Kil.	
Amsterdam.	—	Noord-Holland.
Abcoude.	13	Utrecht.
Loonen-Vreeland.	18	»
Nieuwersluis.	19	Zuid-Holland.
Breukelen *.	25	Utrecht.
Maarssen.	30	»
Utrecht *.	37	»
Harmelen *.	49	»
Woerden.	53	Zuid-Holland.
Oudewater.	58	»
Gouda *.	69	»
Moordrecht.	74	»
Nieuwerkerk.	78	»
Capelle.	82	»
Rotterdam.	90	»
Utrecht *.	—	Utrecht.
Zeist-Driebergen.	11	»
Maarn.	»	»
Maarsbergen.	24	»
Veenendaal.	33	»
Ede.	40	Gelderland.
Wolfhezen.	49	»
Arnhem.	58	»
Westervoort.	64	»
Duiven.	65	»
Zevenaar.	71	»
Elten.	79	Preussen.
Emmerich.	88	»
's Gravenhage.	—	Zuid-Holland.
Voorburg.	3.500	»
Soetermeer-Zegwaard.	13.100	»
Zevenhuyzen-Moercapelle.	19.400	»
Gouda *.	29.	»
Harmelen *.	—	Utrecht.
Breukelen.	9	»

733. — Rhénan *(Allemagne)*. **(V.)**

Conseil d'Administration :

Burgers, I. J., Président.
Claessen, M., Vice- »

Leiden, C.
Rautenstrauch, E.
Rennen, J.
van Gülpen, E.
Dahmen, C.
Schoeller, L.
Heimendahl, A.
Mallinckrodt, G.
Claessen.
v. Oppenheim (Bon), E.
Scheibler, L.
Dubusc.
v. Kaven.
v. Nesselrode-Ehreshoven (Cte).
v. Sybel, H.
Stein, H., Jun.
Peill, R.
Kesselkaul, L.
Startz, A.
v. Dechen, H.
Broicher.
v. Goerschen, R.
Heuser, R.
v. Coels (Bon), F.
Hoesch, L.
Joest, J.
v. Nellessen (Bon), C.
v. Spankeren.
v. Rath, E.
Waldthausen, E.
Startz, C.

}   Suppléants.

DIRECTION A COLOGNE:

Mevissen (G.), Président.
v. Geyr (Bon), T., Vice-Président.
Koenigs, F. W.
Cassalette.
v. Oppenheim (Bon), A.
Küchen.
Nellessen, T.
Wendelstadt, V.
Compes.
Wagner, E.
Leiden, F.
v. Pranghe.

}   Suppléants.

MEMBRES EXÉCUTIFS:

Rennen, Directeur Spécial.
Thielen,   »   »   adjoint.
Förster,   »   »   »
Mathaus,   »   »   »
Biecker,   »   »   »
Hocter,   »   »   »
Strebel,   »   d'Exploitation, Adjoint au Directeur Spécial.

FONCTIONNAIRES SUPÉRIEURS:

Menne, Ingénieur en Chef.
Rocholl,   »   »

Rumschöttel, Ingénieur en Chef, Inspecteur de la Construction.
Paul, Chef de Construction, Adjoint.
Gehlen,   »   »   »
Landschütz, Chef du Bureau des Domaines.
Sternberg, Inspecteur Principal d'Exploitation.
Schaefer,   »   d'Exploitation.
Grünhagen,   »   » et de Construction à Mülheim a/Ruhr.
Rensch, Inspecteur   »   » à Cleve.
Rücker,   »   » Aix-la-Chapelle.
Hagen, Inspecteur   »   à Euskirchen.
Richter, Inspecteur   »   à Neuwied.
Wachenfeld,   »   »   à Coblence.
Nohl, Chef Principal de la Traction (section des machines), à Nippes.
Leonhardi, Chef Principal de la Traction (section des wagons), à Nippes.
Schellens, Inspecteur des Télégraphes.

	Kil.	
Nijmegen.	—	Holl. Gelderland.
Groesbeck.	10.45	»
Frontière Prussienne.	13.85	Dusseldorf.
Cranenburg.	15.64	»
Cleve *.	26.57	»
Pfalzdorf. H.	35.45	»
Goch.	39.41	»
Weeze.	46.38	»
Kevelaer.	52.48	»
Geldern.	61.36	»
Nieukerk.	68.66	»
Aldekerk.	72.28	»
Kempen *.	80.	»
Crefeld.	91.37	»
Osterath *.	99.30	»
Neuss *.	108.07	»
Norff.	114.41	»
Dormagen.	123.50	»
Worringen.	129.46	Cöln.
Longerich.	136.20	»
Nippes, *Central Werk*.	141.87	»
Cöln, *Centrale* *.	144.	»

Cleve *.	—	Dusseldorf.
Spyck.	5.25	»
Welle.	6.77	»
Elten.	10.62	»
Frontière Hollandaise.	13.70	»
Zevenaar.	18.75	Holl. Gelderland.

Neuss *.	—	Düsseldorf.
Capellen-Wevelinghoven.	10.81	»
Grevenbroich.	15.97	»
Harf.	24.05	Cöln.
Bedburg.	28.74	»
Elsdorf.	35.23	»
Düren *.	48.95	Aachen.
Langerwehe.	58.65	»

	Kil.			Kil.	
Eschweiler.	66.62	Aachen.	Andernach.	74.20	Coblenz.
Stolberg *.	69.96	»	Neuwied, *Rive Gauche*.	77.88	»
Rothe Erde. H.	77.52	»	Urmitz.	82.13	»
Aachen, *Marschirthor*.	79.96	»	Coblenz *.	91.20	»
Ronheide.	82.70	»	Capellen.	97.55	»
Astenet.	90.53	»	Boppard.	111.73	»
Herbesthal.	95.44	»	St-Goar.	126.29	»
Eupen.	100.95	»	Oberwesel.	133.06	»
			Bacharach.	139.45	»
Düren *.	—	Aachen.	Bingerbrück.	152.96	»
Vettweis.	13.06	»			
Zülpich.	19.57	Cöln.	Ehrang *.	—	Trier.
Euskirchen.	30.17	»	Quint.	2.58	»
Satzvey.	38.31	»			
Mechernich.	44.99	»	Horchheim *.	—	Coblenz.
Call.	54.17	Aachen.	Pfaffendorf *.	»	»
Soetenich. H.	55.72	»	Coblenz *.	4.67	»
Urft. H.	58.30	»			
Nettersheim. H.	63.65	»			
Blankenheim.	70.20	»	Hörde.	—	Arnsberg.
Schmidtheim.	74.69	»	Dortmund.	3.38	»
Jünquerath-Stadtkyll.	83.80	Trier.	Dorstfeld.	8.39	»
Hillesheim.	92.05	»	Langendreer.	10.42	»
Gerolstein.	101.85	»	Bochum.	17.54	»
Birresborn.	109.08	»	Wattenscheid.	25.40	»
Mürlenbach.	113.31	»	Kray. H. *.	28.88	Düsseldorf.
Densborn.	116.20	»	Essen.	34.23	»
Kyllburg.	126.15	»	Altendorf. H.	37.22	»
Erdorf-Bitburg.	132.13	»	Heissen *.	40.27	»
Philippsheim.	139.94	»	Mülheim a/Ruhr.	44.99	»
Speicher.	143.08	»	Speldorf-Broich *.	47.26	»
Auw.	146.43	»	Lintorf.	60.24	»
Cordel.	158.27	»	Ratingen.	64.24	»
Ehrang *.	164.21	»	Rath *.	68.34	»
Trier.	172.24	»	Eller.	75.64	»
			Hilden.	81.94	»
Cöln *.	—	Cöln.	Immigrath.	88.24	»
Ehrenfeld.	3.34	»	Opladen.	95.08	»
Loevenich. H.	9.30	»	Schlebusch. H.	99.33	»
Königsdorf.	13.43	»	Mülheim a/Rhein.	107.92	»
Horrem.	18.50	»	Kalk.	109.95	»
Buir.	29.82	»	Urbach.	118.01	»
Düren *.	38.90	Aachen.	Troisdorf.	128.07	Cöln.
			Friedrich-Wilhelms-hütte *.	129.73	»
Cöln *.	—	Cöln.	Beuel.	137.30	»
Kalscheuren.	10.37	»	Obercassel *.	140.84	»
Brühl.	15.56	»	Nieder-Dollendorf. H.	143.56	»
Sechtem.	20.50	»	Königswinter.	145.55	»
Roisdorf.	26.70	»	Honnef.	150.37	»
Bonn *.	33.07	»	Unkel.	154.54	Coblenz.
Godesberg.	39.94	»	Linz.	160.27	»
Mehlem.	42.34	»	Hönningen.	167.02	»
Rolandseck.	46.91	»	Leutesdorf.	176.43	»
Remagen.	53.70	»	Neuwied, *Rive droite*.	182.77	»
Sinzig.	57.70	»	Engers.	188.14	»
Niederbreisig. H.	63.51	»	Bendorf.	190.80	»
Brohl.	66.73	»	Vallendar.	193.62	»

	Kil.	
Ehrenbreitstein.	198.17	Coblenz.
Pfaffendorf *.	»	»
Horchheim *.	201.64	»
Niederlahnstein.	203.53	»
Oberlahnstein.	204.66	»

Obercassel *.	—	Cöln.
Bonn *.	5.7	»

Kempen *.	—	Düsseldorf.
Grefrath.	7.20	»
Lobberich.	12.68	»
Kaldenkirchen.	18.10	»
Frontière Hollandaise.	19.81	»
Venlo.	22.87	Limbourg Hollandais.

Stolberg *.	—	Aachen.
Hoengen. H.	9.64	»
Alsdorf.	12.63	»

Osterath *.	—	Düsseldorf.
Linn.	8.02	»
Uerdingen.	10.43	»
Rheinhausen. H.	18.48	»
Hochfeld *.	19.94	»
Speldorf-Broich *.	27.11	»

Hochfeld *.	—	Düsseldorf.
Duisburg, *Stadt*.	3.29	»

Siegburg.	—	Cöln.
Friedrich-Wilhelmshütte *.	3.6	»

Langenbrahm.		Arnsberg.
Rüttenscheid.		»
Heissen *.		»
Printrop.		»

Kray. H.	—	Düsseldorf.
Gelsenkirchen.	4.08	»

Altendorf. H. *.	—	Düsseldorf.
Altenessen. H.	4.26	»

Rath *.	—	Düsseldorf.
Düsseldorf.	4.3	»

734. — Rhondda Valley and Hirwain Junction. (*Angleterre*.)

Exploité par le Taff Vale.

DIRECTEURS :

Marychurch, J., Esq., Président.
Dixon, J., Esq.
Lewis, E., Esq.
Lockett, G.
Harris, F. W., Esq.
Jones, R., Esq.

BUREAUX A CARDIFF :

Williams, J., Secrétaire.
Jones, J. et Marychurch, W., Auditeurs.

735. — Rhône. (*France*.)

CONSEIL D'ADMINISTRATION A PARIS, 15, PLACE VENDÔME :

Delahante, G.
Delamarre (Comte).
de Jolly.
Dubois, A., Commissaire.

Aynard, Ingénieur Conseil.
Cambier, E., Ingénieur chargé des Etudes et de la Construction.
Baron, Chef d'Exploitation à Lyon (Croix-Rousse).
Clouzet, » de la Comptabilité » »

	Kil.	
Lyon, *Croix Rousse*.	—	Rhône.
Sathonay.	»	»

736. — Rhône au Mont-Cenis (*France*.)

Exploité par le Paris-Lyon-Méditerranée.

737. — Rhymney. *Angleterre*.)

DIRECTEURS :

Boyle, J., Esq., Président.
Austin, W., Esq.
Sir Dakin, T.
James, C. H., Esq.
Smith, J. H., Esq.
Tyler, C. H., L^t C^l.

BUREAUX A CARDIFF :

Shand, J. B., Secrétaire.
Lundie, C., Ingénieur, Directeur du Trafic.
Stephenson, W. P. et Ford, A., Auditeurs.
Bompas, G. C., Solicitor.

	M.A.	
Nantywch *.	—	Brecon.
Rumney Bridge *.	1.26	»
»	1.35	»
Rhymney.	2.79	Glamorgan
» *Iron Siding*.	3.48	»

— 370 —

	M.A.	
Pontlottyn.	3.77	Glamorgan.
Troedyrhiew Ewch, *Coliery*	5.37	»
Craig Rumney, »	5.61	»
New Brithdir, »	5.74	»
New Tredegar *.	6.7	»
Tir Phil, *Level*.	6.14	»
» *Station*.	6.23	»
» *Pit*.	6.39	»
George Inn.	7.39	»
Cefn Brithdir, *Coliery*	7.54	»
Bargoed, *North* *.	8.54	»
»	8.58	»
» *South* *.	8.74	»
Gilfach, *Coliery*.	9.59	»
» *Quarry*.	9.64	»
Pengam.	10.35	»
Gwladis, *Coliery*.	10.65	»
Hengoed, »	11.36	»
» *Branch* *.	11.68	»
»	12.11	»
Ystrad.	13.1	»
» *.	13.22	»
Darran-y-Mwrthwl, *Quar*.	14.60	»
Pwll-y-Pant, *Quarry*.	16.34	»
»	16.54	»
» *Energlyn Coliery*.	16.70	»
Aber Branch *.	17.47	»
» *Caerphilly**	17.50	»
Caerphilly, *West Branc**	18.26	»
»	18.39	»
» *East Branch* *	18.46	»
» *Coliery*.	19.16	»
Llanishen.	22.2	»
Cardiff, *Cemetery*.	24.21	»
» *Pass*.	25.36	»
» *Caerphilly**.	25.47	»
» *Adam's Street*.	25.50	»
» *Newtown*.	26.2	»
» *Docks*.	26.62	»

Bargoed, *Deri* *.	—	Glamorgan.
Darran.	0.28	»
» *Pit*.	0.53	»
Wingfield, *Coliery*.	1.22	»
Bargoed, *North* *.	2.28	»

New Tredegar *.	—	Glamorgan.
» *Coliery*.	0.60	»

Bargoed, *Dery* *.	—	Glamorgan.
» » *Coliery*.	0.12	»

Hengoed, *Branch* *.	—	Glamorgan.
» *Rhymney* *.	0.30	»

	M.A.	
Penallta, *Branch* *.	—	Glamorgan.
» *.	1.40	»
Aber Branch *.	—	Glamorgan.
Hendredenny, *Coliery*.	0.48	»
Aber Branch *.	—	Glamorgan.
Tyr Cibbon, *Coliery*.	0.42	»
Caerphilly, *East Branch**	—	Glamorgan.
» *.	0.31	»
Caerphilly *.	—	Glamorgan.
» *Branch* *.	1.0	»
Craig-Yr-Allt, *Coliery*.	2.21	»
Walnut Tree.	3.40	»
» *.	3.47	»

738. — Riajsk-Morchansk. *(Russie.)* (U. R.)

CONSEIL D'ADMINISTRATION A St-PÉTERSBOURG, 11 RUE ZAHARIEWSKAÏA :

Safonow, E., Colonel, Président.
Ignatieff, A., Général, Directeur.
Daragann, J., »
Safonow, B., Secrétaire.
Markoff, N. Ingénieur à Morchansk.

	Verstes.	
Riajsk.	—	Riasan.
Iégoldaëwo. H.	11.60	»
Kenzino.	22.82	»
Soukharéwo. H.	33.07	»
Borki.	42.57	»
Ozerki. H.	51.57	»
Wiorda.	59.73	»
Rémizowo. H.	71.73	»
Alekseïewskaïa.	86.02	»
Kouliki.	104.30	Tambow.
Morchansk.	121.38	»

739. — Riajsk-Viasma *(Russie)*. (U. R.)

CONSEIL D'ADMINISTRATION A St-PÉTERSBOURG, 43, RUE GALERNAÏA :

Winberg, G., Président.
Ussow, P., Directeur d'Exploitation à Kalouga.

	Verstes.	
Riajsk.	—	Riasan.
Jéltoukhino.	22	»
Skopin-Tkhoulkovsky.	36	»
Skopin.	44	»
Paveletz.	70	»
Klekotka.	93	»

	Vesrtes.	
Mikhaïlovka.	117	Toula.
Bobrik-Donskoï.	133	»
Khrouchtcheva *.	142	»
Kourakiro.	»	»
Obelenskoé.	158	»
Prisady.	174	»
Toula.	178	»
Protopopovo.	185	»
Obidino.	195	»
Soukhodol.	217	»
Danilovka.	229	»
Alexin.	238	Kalouga.
Fersikovo.	263	»
Pokrovskaïa.	281	»
Kalouga.	301	»
Piatovskaïa.	324	»
Troitskaïa.	330	»
Miatlevo.	350	»
Iznoski.	375	»
Voreïkovo.	396	Smolensk.
Isakova.	421	»
Viasma.	445	»

	Vesrtes.	
Khrouchtcheva *.	—	Toula.
Bogorodsk.	24	»
Tovarkovo.	36	»
Malevka.	46	»
Karasi.	68	»
Tourdey.	»	»
Kolodezi.	86	»
léfrémow.	108	»
Babarykina.	132	»
Stanovaïa.	156	Orel.
Iélets.	180	»

740. — Riasan-Kozlow (*Russie*) (**U. R.**)

CONSEIL D'ADMINISTRATION A MOSCOU,
PORTE ROUGE :

Adaduroff, J., Président.
Frisch, W., Directeur d'Exploitation à Kozlow.

	Verstes.	
Riasan.	—	Riasan.
Pouchtchino.	12	»
Sergiévo.	21	»
Schtchevtsovo.	34	»
Starojilovskaïa.	44	»
Khrouchtchevo.	57	»
Nikitino.	65	»
Filatovo.	74	»
Korablino.	82	»
Podvislovo.	94	»
Riajsk.	107	»
Schrémétievskaïa.	122	»
Rannenbourg.	133	»
Zimarovo.	144	»

	Verstes.	
Bogoïavlenskaïa.	157	Tambow.
Khobotovo.	177	»
Kozlow.	198	»

741. — Richmond and Reeth (*Angleterre*).

En construction.

DIRECTEURS :

Jacques, R. M., Esq.
Sir Denys, G. W.
Brown, G. G., Esq.
Charlesworth, J. C. D., Esq.
Roper, G., Esq
Cooke, J., Esq.
Knowles, J., Esq.

742. — Riga-Bolderaa (*Russie*). (**U. R.**)

DIRECTION A RIGA :

Robinson, H., Président.
Kroéger, Directeur.
Grimm, A., »
Nipp, »
Liebrecht, Ingénieur, Chef de Service.
Lehmann, » adjoint.

	Verstes.	
Riga.	—	Livonie.
Thorensberg.	2 1/4	»
Altona. H.	»	»
Sassenhof.	5 3/4	»
Alexander. H.	»	»
Nordeckshof.	7 1/2	»
Bolderaa.	15 1/2	»
Dünamünde. H.	»	»
Hafendamm.	17 1/2	»

743. — Riga-Dunabourg (*Russie*). (**U. R.**)

DIRECTION A RIGA :

v. Cube, J., Président.
Falkin, A., Vice- »
Hollander, A. H., Directeur.
Robinson, H., »
v. Stein, H., »
Mertens, E., Directeur du Secrétariat.
Becker, Ingénieur en Chef, Directeur d'Exploitation.
Hennings, » de Division.
Kindermann, » »
Hentschel, Chef Principal de la Traction.

	Verstes.	
Mühlgraben.	—	Livonie.
Alexandershöhe. H.	6	»
Kriegshospital. H.	8	»
Riga.	11	»

	Verstes.	
Kurtenhof.	28	Livonie.
Uexküll.	38	»
Oger.	44	»
Ringmundshof.	60	»
Römershof.	79	»
Kokenhusen.	100	»
Stockmannshof.	117	»
Kreutzburg.	133	Vitebsk.
Treppenhof.	148	»
Lievenhof.	159	»
Tsargrad.	170	»
Nitshall.	186	»
Lixna.	202	»
Dunabourg.	215	»

744. — Righi *(Suisse.)*

(Ouvert pendant la saison d'été seulement.)

Conseil d'Administration :

Weber, J., Président.
Kaufmann, R., Vice-Président.
Stachelin-Buckner, Secrétaire.
Handschin, Directeur d'Exploitation à Vitznau.
Covaggioni, » des Finances à Lucerne.
Riggenbach, N.,» du Matériel roulant à Aarau.
Näff, Directeur de la Voie et des Bâtiments, à St-Gall.
Zschokke, » » » à Aarau.

	Kil.	
Vitznau.	—	Luzern.
Freibergen.	2.7	»
Romiti.	3.4	»
Rigi, *Kaltbad* *.	4.5	»
» *Staffelhöhe*.	5.1	Schwyz.
» *Staffel*.	6.1	»
» *Kulm*.	7.1	»

Rigi, *Kaltbad* *.		Luzern.
» *First*.		»
» *Scheideck*.		Schwyz.

745. — Ringwood, Christchurch and Bournemouth *(Angleterre)*.

(Voir London and South Western*).*

746. — Rive droite de l'Oder *(Allemagne)*. (V.)

Direction a Breslau :

zu Hohenlohe v. Ujest (Prince), Président d'honneur.
Grapow, H., Président.
Schröter, vice- »

v. Russer.
Ertel, K.
Giehne, H.
Fromberg.
Winterstein, K.
Schottländer, J.
Ledermann, W.
Schwerin, A.

Conseil d'Administration :

Friedenthal, P. G., Président.
Beck, O., Vice- »
v. Ratibor (Duc).
Frey.
Salice-Contessa.
Ludecke.
Görlitz, T.
Scherbening.
John, L.
Solomonsohn.
Sachs, S.
Friedmann, G.
Stetter.
Schöller, L., Jun., Adjoint.
Pringsheim, F., »
Oliven, J., »
Poser, Syndic.

Administration :

Beyer, Chef Principal du Trafic.
Seydler, Inspecteur de la Commission d'Exploitation.
Kuppisch, Chef Principal de la Traction.

	M.E.	
Breslau, *Stadt*.	—	Breslau.
» *Oderthorn* *.	0.64	»
Hundsfeld.	1.54	»
Sibyllenort.	2.36	»
Bohrau.	3.15	»
Oels.	4.22	»
Gross-Zöllnig.	5.43	»
Bernstadt.	6.05	»
Namslau.	7.84	»
Noldau.	9.47	
Kronstadt.	11.08	Oppeln.
Kreuzburg.	12.70	»
Klein-Lassowitz.	13.67	»
Sausenberg.	14.49	»
Zembowitz.	14.98	»
Mischline.	16.81	»
Vossowska *.	17.64	»
Kolonowska. H.	18.	»
Zawadzki.	18.99	»
Zandowitz.	19.60	»
Keltsch.	20.08	»
Tworog.	21.64	»
Friedrichshütte.	22.75	»
Tarnowitz *.	23.60	

Naklo.	M. E.	
Radzionkau. H.	24.08	Oppeln.
Scharley.	24.49	»
Beuthen.	25.07	»
Chorzow *.	25.51	»
Laurahütte.	26.16	»
Georggrube. H. *.	26.99	»
Schoppinitz-Rosdzin.	27.51	»
Agathegrube. H.	27.81	»
Suzanna u. Jacobs-	28.44	»
grube. H.		
Emanuelssegen.	28.76	»
Tichau *.	29.37	»
Kobier.	30.67	»
Pless.	31.81	»
Bad-Goezalkowitz. H.	33.20	»
Dzieditz.	33.85	»
	34.29	Oesterreich.
Tichau *.	—	Oppeln.
Mittel-Lazisk.	0.96	»
Trautscholdsegengrube.	1.20	»
Popelwitz.	—	Oppeln.
Breslau, *Oderthorn* *.	0.42	»
Mockbern.	0.98	»
Schoppinitz-Rosdzin *.	—	Oppeln.
Wildensteinsegengrube. H.	0.10	»
Vossowska *,	—	Oppeln.
Malapane.	1.43	»
Chronstau. H.	2.78	»
Oppeln.	4.23	»
Chorzow *.	—	Oppeln.
Krugschachtweiche.	0.13	»
Carolinengrube. H.	—	Oppeln.
Georggrube. H. *.	0.41	»
Abendsterngrube.	0.62	»
Morgensterngrube.	—	Oppeln.
Georggrube. H. *.	0.08	»
Gutezufluchtgrube.	0.37	»
Tarnowitz *.	—	Oppeln.
Tarnowitzhutte. H.	0.4	»

747. — Romains. (Italie).

CONSEIL D'ADMINISTRATION :

Mangini (Commandeur), T., Président.
Sonnino (B^{on}), I., Vice-Président.
Garzoni (Marquis), J., Secrétaire.
de Gori (Comte), A.

Sacerdoti (Chev.), J.
d'Amico (Commandeur), E.
Nobili (Commandeur), N.
Maurogordato (Chev.), G.
Monti (Commandeur), C.
Biglia (Commandeur), F.
Celesia (Commandeur), T.
Cappa (Commandeur), I.
Chernoviz, P.
Le François, S.
Lattis (Chev.) A.
Segré (Commandeur), E.
Gamba (Commandeur), I.
Blavet (Chev.) P. A.
Wallut, C.
Fenzi (Commandeur), C.
Campi.
Tommasini.
Spada.
Berardi.
Bacci, Commissaire.
Servadio, »
Ceccherini, »
Pesaro, Suppléant.
Miretti, »

DIRECTION GÉNÉRALE A FLORENCE :

de Martino (Commandeur), Directeur Général.
Bertina, C.,(»), Directeur de l'Exploitation.
Valenziani (Chev.), Chef du Contentieux à Rome.
Mari (Chev.) Chef du Mouvement et du Trafic.
Rombaux (Chev.), Chef de Service.
Pesci (Chev), Chef de la Comptabilité Générale.
Agarzi, ff. de Chef de la Traction et du Matériel.
Becherucci (Chev.), Chef des Télégraphes.
Casini, Conservateur des Archives.
Cappellini (Commandeur), Caissier.
Tarducci (Chev.) Ingénieur Chargé des Constructions.
Laureau, N. J., Chef du Secrétariat du Comité de Paris, 36, Rue de la Victoire.

		Kil.	
Firenze, *Centrale*.	—	Firenze.
San Donnino.	11	»
Signa.	15	»
Montelupo-Fiorentino.	26	»
Empoli *..	33	»
San Miniato.	42	»
San Romano.	48	Massa E Carrara.
La Rotta.	56	Pisa.
Pontedera.	59	»
Cascina.	67	»
Navacchio.	72	»
Pisa, *Porta Fiorentino*.	78	»
» *Centrale* *.	79	»
Livorno.	98	»
Colle Salvetti.	114	»

	Kil.			Kil.	
Fauglia.	120	Pisa.	Caserta.	663	Caserta.
Orciano-Pisano.	127	»	Maddaloni.	669	»
Rosignano.	137	»	Cancello ed Arnone *.	675	»
Cecina *.	150	»	Acerra.	682	»
Castagneto.	167	»	Casalnuovo.	685	»
San Vincenzo.	174	»	Napoli.	696	Napoli.
La Cornia (Campiglia Marittima).	185	»			
Follonica.	202	Grosseto.	Firenze, *Centrale* *.	—	Firenze.
Govarrano.	217	»	» *Porta Alla Croce*.	4	»
Monte Pescali *.	232	»	Compiobbi.	12	»
Grosseto.	244	»	Pontassieve.	20	»
Talamone.	267	»	Rignano sull'Arno.	28	»
Albegna.	275	»	Incisa.	35	»
Orbetello.	282	»	Figline.	40	»
Chiarone.	303	»	San Giovanni.	48	Arezzo.
Montalto-di-Castro.	318	Roma.	Montevarchi.	54	»
Corneto-Tarquinia.	333	»	Bucine.	62	»
Civitavecchia.	353	»	Laterina.	67	»
San Marinella.	363	»	Ponticino.	72	»
Rio Fiume.	368	»	Arezzo.	88	»
Santa Severa.	372	»	Frassineto.	100	»
Furbara.	377	»	Castiglion Fiorentino.	106	»
Palo.	386	»	Cortona.	116	»
Palidoro.	393	»	Terontola *.	126	Perugia.
Maccarese.	401	»	Passignano.	135	»
Ponte Galera.	413	»	Magione.	144	»
Magliana.	420	»	Ellera.	155	»
Ponte San Paolo.	427	»	Perugia.	165	»
Roma *.	435	»	Ponte San Giovanni.	176	»
Ciampino *.	449	»	Bastia.	185	»
Marino.	453	»	Assisi.	189	»
Albano.	464	»	Spello.	200	»
Civita Lavinia.	468	»	Foligno *.	205	»
Velletri.	476	»	Trevi.	214	»
Valmontone.	492	»	Spoleto.	231	»
Segni.	500	»	Galleria dei Balduini.	244	»
Anagni.	509	»	Terni.	260	»
Sgurgola.	514	»	Narni.	273	»
Ferentino.	524	»	Orte *.	289	Roma.
Frosinone.	532	»	Gallese.	297	»
Ceccano.	538	»	Borghetto.	301	»
Pofi Castro.	547	»	Stimigliano.	314	Perugia.
Ceprano.	557	»	Montorso.	322	»
Isoletta.	559	»	Passo di Corese.	333	»
Roccasecca.	567	Caserta.	Monte Rotondo.	345	Roma.
Aquino.	572	»	Roma *.	371	»
San Germano (Cassino).	585	»			
Rocca d'Evandro.	595	»	Cancello ed Arnone *.	—	Caserta.
Mignano.	602	»	Nola.	12	»
Presenzano.	609	»	Palma-Campania.	19	»
Caianello Vairano.	617	»	Sarno.	27	Salerno.
Riardo.	623	»	Codola.	35	»
Teano.	629	»	San Giorgio.	38	»
Sparanise.	636	»	San Severino.	43	»
Pignataro.	642	»	Laura.	49	»
Capua.	652	»			
Santa Maria.	657	»	Empoli *.	—	Firenze.

		Kil.				Kil.	
Osteria Bianca.		5	Firenze.	Pisa, *Centrale* *.		—	Pisa.
Castel Fiorentino.		17	»	Colle Salvetti.		15	»
Certaldo.		25	»				
Poggibonsi.		38	Siena.	Terontola *.		—	Perugia.
Montereggioni.		52	»	Castiglione del Lago.		10	»
Siena.		64	»	Panicale.		17	»
Arbia.		77	»	Chiusi *.		29	Siena.
Asciano *.		97	»				
Rapolano.		103	»	**747bis. — Rorschach à Heiden.** *(Suisse.)*			
Lucignano.		116	»				
Sinalunga.		122	»	Rorschach.			St-Gall.
Torrita.		128	»	» *Berg*.			»
Montepulciano.		134	»	Wienachten.			»
Chianciano-Salcini.		144	»	Schwendi.			»
Chiusi *.		154	»	Heiden.			»
Ficulle.		171	Perugia.				
Orvieto.		194	»	**748. — Ross and Ledbury.** *(Angleterre.)*			
Castiglione.		207	»				
Alviano.		214	»	En construction.			
Attigliano.		223	»	DIRECTEURS :			
Bassano in Teverina.		228	Roma.	Clive, G., Esq.			
Orte *.		236	»	Partridge, W., Esq.			
				Barry, A., Esq.			
Asciano *.		—	Siena.	Biddulph, M., Esq.			
San Giovanni d'Asso.		13	»	Miles, J. W., Esq.			
Torrenieri.		22	»				
Monte Amiata.		35	»	**749. — Ross and Monmouth.** *(Angleterre.)*			
Sant'Angelo E Cinigiano.		46	»				
Monte Antico.		52	»	Exploité par le Great Western.			
Paganico.		60	Grosseto.	DIRECTEURS :			
Rocca-Strada.		68	»	Vaughan, J. F., C¹, Président.			
Sticciano.		77	»	Henley Eden, R.			
Monte Pescali *.		85	»	Lückes, H. R., Esq.			
				Partridge, J., Esq.			
Foligno *.		—	Perugia.	Partridge, W., Esq.			
Nocera-Umbra.		19	»				
Gualdo Tadino.		36	»	BUREAUX A ROSS :			
Fossato di Vico.		42	»	Stower Hewett, J. E., Secrétaire.			
Fabriano.		58	Ancona.	Liddell, C. et Richards, E., Ingénieurs.			
Albaccina.		67	»	Minett, H., Powles, J. E. et Vizard, A., Solicitors.			
Serra San Quirico.		80	»	Blake, T., Auditeur.			
Castelplanio.		87	»				
Iesi.		102	»	**750. — Rostow-Vladikavkas.** *(Russie.)*			
Chiaravalle.		113	»	(**U. R.**)			
Falconara Marittima.		120	»				
Ancona.		129	»	DIRECTION A ST-PÉTERSBOURG, 14, RUE GALERNAIA :			
				Falewitsch, A., Président.			
Ciampino *.		—	Roma.	Steingl, (Baron) R. W., Chargé de la Construction.			
Frascati.		6	»				
						Verstes.	
Cecina *.		—	Pisa.	Rostow s/Don.		—	Rostow.
San Martino.		9	»	Bataïskaïa.		10	»
Casino di Terra.		17	»	Samarskaïa.		33	»
Ponte Ginori.		24	»				
Saline.		30	Foggia.				

— 376 —

	Verstes.	
Stepnaïa.	57	Couban.
Kouchtchevka.	80	»
Kislakovka.	98	»
Iékaterinovskaïa.	118	»
Pavlovskaïa.	135	»
Léouchkovskaïa.	150	»
Tikhoretskaïa.	171	»
Arkhangelskaïa.	193	»
Mirskaïa.	210	»
Kavkaskaïa.	229	»
Hénichbekskaïa.	250	»
Novo-Mikhaïlovka.	»	»
Koubanskaïa.	274	»
Armovir.	»	»
Progno-Okonskaïa.	292	»
Ouspenskaïa.	315	»
Nikolaïevskaïa.	337	»
Olginskaïa.	»	»
Nevinnomyskaïa.	355	Stavropol.
Barsouki.	375	»
Koursavka.	401	»
Nagoutskaïa.	425	»
Souvorovskaïa.	»	»
Koumskaïa *.	449	»
Soultanskaïa.	»	Terek.
Géorgievsk.	484	»
Novo-Pavlovskaïa.	504	»
Soldatskaïa.	»	»
Iékaterinogradskaïa.	»	»
Prokhladnaïa.	»	»
Kotliarevskaïa.	»	»
Barakovo.	»	»
Iélkhotovo.	»	»
Dartch-Kokh.	»	»
Beslan.	»	»
Vladikavkas.	»	»

| Koumskaïa *. | Stavropol. |
| Piatigorsk. | » |

750bis. — Rotterdam-Münster. *(Pays-Bas.)*

Siége social à La Haye.

A construire.

751. — Rouen au Petit-Quévilly. *(France.)*

ADMINISTRATION A ROUEN.

	Kil.	
Rouen.	—	Seine-Inférieure.
Petit-Quévilly.	3	»

752. — Roumains. *(Roumanie.)*

Exploité par l'Etat Autrichien.

CONSEIL D'ADMINISTRATION A BUCAREST :

Démètre-Ghica (Prince), Président.
Stirbey (Prince), A.
Epureanu, E. C.
Gràdisteanu, C.
Plagino, A.

ADMINISTRATION CENTRALE A BUCAREST :

Guilloux, L., Directeur Général.
Hermann, P., Contrôleur Financier.
Bonnemère, J., Secrétaire Général.
Gerber, E., Directeur Central du Mouvement, de la Traction et des Ateliers.
Manega, R., Directeur Central de l'Entretien de la Voie.
Scherzer, G., Chef de la Comptabilité Générale.
Ichon, J., Chef du Service Administratif des Magasins et de l'Economat.

753. — Rowrah and Kelton Fell mineral.
(Angleterre.)

En Construction.

DIRECTEURS :

Robinson, R. A., Esq.
Brogden, A., Esq.
Baird, J., Esq.
Whitelaw, A., Esq.
Wallace, D., Esq.
Boundy, M., Esq.

754. — Royston and Hitchin. *(Angleterre.)*

Exploité par le Great Northern.

DIRECTEURS :

Chevallier Cobbold, J., Esq., Président.
Astell, J. H., Esq.
Sir Carden, R. W.
Lord Colville.
Faber, C. W., Esq.
Fordham, H., Esq.
Fordham, F. J., Esq.
Peckover, A., Esq.
Seebohm, F., Esq.

BUREAUX A LONDRES, N., KING'S CROSS STATION :

Forbes, A., Secrétaire.
Fitzmaurice, Auditeur.
Bircham, Dalrymple and Drake, Solicitors.

755. — Rybinsk-Bologoé *(Russie.)* (U. R.)

DIRECTION D'EXPLOITATION A ST-PÉTERSBOURG,
1, RUE DEMIHOFF.

Warschavsky, A., Président.
Brunner, N., Directeur d'Exploitation à Rybinsk.

	Verstes.	
Rybinsk.	—	Jaroslavl.
Tichmenevo.	14	»
Volga.	26	»
Schestichino.	36	»
Kharino.	46	»
Maslovo.	59	»
Rodinovskaïa.	72	»
Pichtskhalkino.	86	Tver.
Savelino.	99	»
Gorki.	114	»
Biéjetsk.	126	»
Konstantinovo.	139	»
Vérétchié.	148	»
Sidorkovo.	161	»
Maksatikha.	175	»
Malischevo.	189	»
Broussovo.	200	»
Evanovo.	209	»
Troïtskaïa.	223	»
Griblianka.	237	»
Mstinskaïa.	251	»
Kafino.	264	Novgorod.
Médviédevo.	276	»
Bologoé.	280	»

756. — Ryde and Newport. (Angleterre.)

DIRECTEURS :

Young, G., Esq., Président.
Lyons, C¹.
Pinnock, H., Esq.

BUREAUX A LONDRES, E. C., 21, GREAT WINCHESTER STREET :

Lincoln, E., Secrétaire.
Stileman, F. C., Ingénieur.
Martin, H. D. et Young, Cap., Auditeurs.
Porter, G. T., Solicitor.

	M. A.	
Ryde.	—	Isle of Wight.
» St-John's Road.	»	»
Ashey.	»	»
Haven Street.	»	»
Wootton.	»	»
Whippingham.	»	»
Newport.	»	»
Mill Hill.	»	»
Cowes.	»	»

757. — Rye and Dungeness (Angleterre.)

DIRECTEURS :

Whyte, W. P., Esq.
Jeune, F. H., Esq.
Balfour, A., Esq.

758. — Saal. (Allemagne.) (V.)

CONSEIL D'ADMINISTRATION :

Mentz, Président.
Sellier, Vice-Président.
Koch.
v. Rothkirch-Schwarzenzels (Baron).
Meyer.
Neberich.
Black.

DIRECTION A JENA :

Zerbst, Président.
Hildebrand, Vice-Président.
Schnaubert, Membre.
Spielhagen, Ingénieur en Chef, Directeur d'Exploitation.
Wild, Secrétaire Général.
Bläser, Chef Principal du Trafic.
Eibach, Chef de la Traction.

	Kil.	
Gross-Heringen.	—	Weimar.
Camburg.	8.15	S-Meiningen.
Dornburg.	15.24	Weimar.
Jena.	25.42	»
Rothenstein.	35.74	»
Kahla.	40.76	Altenburg.
Orlamünde.	47.35	»
Uhlstädt.	55.22	»
Rudolstadt.	64.54	Rudolstadt.
Schwarza.	63.75	»
Saalfeld.	74.76	S-Meiningen.

759. — Saal-Unstrut. (Allemagne.)

Exploité par le Nordhausen-Erfurt.

CONSEIL D'ADMINISTRATION A NORDHAUSEN :

Traeger, Président.
Gottloeber, Vice-Président.
Boerner.
Stoebe.
Born.
Hotzel.
Doerstling.
Schweineberg.
Brandt.
Kronbiegel-Collenbusch.
Koch.
Kildemann.
Keil, Rothardt et Horschelmann, Réviseurs.

760. — Saarbrück (Allemagne). (V.)

DIRECTION ROYALE A SAARBRÜCK :

Jecklin, Président.
Früh.

Bormann.
Hochheimer.
Thomé.
v. Mühlenfels, \
Frye, |
v. Rabenau, | Adjoints.
Giersberg, |
Heine, |
Schnebel,   /

ADMINISTRATION :

Mittmann, Chef Principal du Trafic.
Finckbein,   »   »   de Traction.
Zeh,   »   de la Construction à Creuznach.
Bayer, Inspecteur de Construction et d'Exploitation à Trèves.
de Nerée, Inspecteur de Construction et   »
Schmidt, Inspecteur de Construction et   »

	Kil.	
Bingerbrück.	—	Coblenz.
Langenlonsheim.	8.36	»
Creuznach, *Stadt*.	15.07	»
» Bad. H.	17.33	»
Münster a/Stein.	20.57	»
Waldbökelheim.	31.56	»
Staudernheim.	35.63	»
Sobernheim.	38.79	»
Monzingen.	43.09	»
Martinstein.	48.16	»
Kirn.	53.33	»
Fischbach.	60.74	Birkenfeld.
Oberstein.	68.24	»
Kronweiler.	75.63	»
Heimbach.	81.12	Trier.
Birkenfeld.	85.95	Birkenfeld.
Türkismühle.	92.12	»
St-Wendel.	106.66	Trier.
Niederlinsweiler.	111.60	»
Ottweiler.	115.17	»
Neunkirchen *.	121.50	»
Reden.	125.91	»
Friedrichsthal.	130.50	»
Sulzbach.	134.07	»
Dudweiler.	137.32	»
Saarbrück *.	142.74	»
Burbach.	145.16	»
Louisenthal.	149.22	»
Völklingen.	153.48	»
Bous.	158.84	»
Ensdorf.	162.37	»
Saarlouis.	165.69	»
Dillingen.	169.72	»
Beckingen.	174.64	»
Merzig.	181.90	»
Niettlach.	189.44	»
Thaben. H.	198.90	»
Serrig. H.	203.95	»
Beurig-Saarburg.	207.53	»

	Kil.	
Wiltingen.	214.97	Trier.
Conz *.	221.95	»
Trier.	230.18	»
Frontière Luxembg-	228.60	»

Neunkirchen *.	—	Trier.
Frontière Bavaroise.	4.87	»

Forbach.	—	Trier.
Styring.	2.78	»
Saarbrück *.	10.16	»
Brebach.	14.60	»
Kleinblittersdorf.	21.38	»
Hanweiler Bad Ritchingen.	26.20	»
Saargemünd.	28.09	»

Saarbrück *.	—	Trier.
Mallstadt.	1.72	»

Conz *.	—	Trier.
Wasserbillig.	7.25	»

761. — Sabero à El Burgo. (*Espagne*.)

A construire.

762. — Saffron Walden. (*Angleterre*.)

Exploité par le Great Eastern.

DIRECTEURS :

Gibson, G. S., Esq., Président.
Robson, J. S., Esq.
Shirley, T., Esq.
Cave, T., Esq.
Young, A.
Freeland, W. B.; Secrétaire et Solicitor.
Pierce, J. S., Ingénieur.

763. — St-Andrews. (*Ecosse*.)

Exploité par le North British.

DIRECTEURS :

Aikman, A., Esq., Président.
Orphat, J., Esq.
Jamieson, J., Esq.
Dougall, W. H. M., Esq.
Meldrum, D., Esq.
Purvis, J., Esq.

BUREAUX A ST-ANDREWS :

Spence, A. O., Secrétaire.
Bell, J., Ingénieur.
Lindesay, A. K., et Kidston, W., Auditeurs.

764. — St-Austell and Pentewan.
(Angleterre.)

En construction.

DIRECTEURS :

Bayman, R., Esq.
Carlyon, T. T. S., Esq.
Lash, T., Esq.
Martyn, R., Esq.
Pitts, J. A., Esq.
Stocker, E., Esq.
Trethewy, W., Esq.

765. — St-Brieuc à la Mer. *(France.)*

A construire.

Ouest, Administrateur Judiciaire, à Paris, 90, Boulevard Beaumarchais.

765 bis. — St-Ghislain à Erbisœul
(Belgique).
(*Ouvert au Trafic des Marchandises*).

St-Ghislain.	—	Hainaut.
Baudour.	»	»
Erbisœul.	»	»

766. — St-Nazaire au Croisic. *(France.)*

En construction.

767. — St-Pétersbourg. Tsarskoé-Sélo.
(Russie.) **(U. R.)**

ADMINISTRATION A ST-PÉTERSBOURG :

Jefremoff, W., Président.
Peters, N., Directeur d'Exploitation.

St-Pétersbourg.		—St-Pétersbourg.
Tsarskoé-Sélo.		»
Pavlovsk.	25	»

768. — Sala à Tillberga. *(Suède).*

Voir : Köping-Hult.

769. — Salamanca à Ciudad-Rodrigo.
(Espagne.)

Concédé le 20 août 1873 à M. John Dosmel.

A construire.

770. — Salisbury and Dorset Junction.
(Angleterre).

Exploité par le London and South Western.

DIRECTEURS :
Marsh, M. H., Esq., Président.
Ommanney, O., Esq.
Squarey, E. P., Esq.
Batten, J. W., Esq.
Fulton, H. H., Esq.
Houseman, H., Esq.

BUREAUX A LONDRES, S. W., 3, PRINCES STREET,
WESTMINSTER :

Beare, W. T., Secrétaire.
Price, S., et Lankester. H., Auditeurs.
Batten, J. B., Solicitor.

771. — Salisbury and Market House.
(Angleterre.)

Exploité par le London and South Western.

772. — Salisbury and Yeovil. *(Angleterre).*

Loué par le London and South Western.

DIRECTEURS :

Chapman, J., Esq., Président.
Seymour, H. D., Esq.
Gaselee, S., Esq.
Dutton, R. H.
Pain, T., Esq.
Wagstaff, W., Esq.

BUREAUX A LONDRES, E.C., 2, LEADENHALL STREET :

Notman, H. W., Secrétaire.
Fraser, J. G., Ingénieur.
Lee and Houseman, Solicitors.
Butt, L., et Bell, J. W., Auditeurs.

773. — Salzburg-Hallein *(Autriche.)*

Exploité par : Impératrice Elisabeth.

774. — Salzkammergut. *(Autriche.)*

En construction.

775. — Sandbach and Winsford.
(Angleterre).

En construction.

DIRECTEURS :

Sir Mainwaring, H.
Latham, G. W., Esq.
Egerton, P. L. B., Esq.
Chapman, J., Esq.
Shand, A., Esq.
Maclure, J. W., Esq.

775bis. — San Saturnino de Noya à Ygualada. (*Espagne.*)

A construire.

776. — Santiago à Carril. (*Espagne*).

Conseil d'Administration :

Montero-Rios, E., Président.
de San Juan (Cte).
Garagarva, F.
Buhigas, S.
Wilson.
Santa Marina, N. P.
Beadon, C.
Villamarin, J. S.

Direction a Santiago :

Vilardebó, I., Directeur Gérant.
de Aranceta, P. A., Ingénieur en Chef.

	Kil.	
Santiago (Cornes).	—	La Coruna.
Casal.	5.280	»
Osebe.	10.046	»
Esclavitud.	16.288	»
Padron.	21.272	»
Cesures.	23.046	Pontevedra.
Catoira.	32.611	»
Carril.	41.090	»

777. — Sardes. (*Italie*.)

L'Exploitation de cette Compagnie est confiée à M. G. Semenza, de Londres.

Conseil d'Administration a Rome :

Ross (Commandeur), H. J., Président.
Lotteringo Della Stufa (Marquis), Vice-Président.
Segré (Commandeur), E., Conseiller-Délégué.
Astengo (Commandeur), J.
de Renzis (Baron), F.
Guarducci, A.
de Villahermosa (Marquis), E.
Gaja, J. B., Secrétaire Général.

Administration a Cagliari :

Calvi, F., Représentant.
Baufi, C., Chef du Mouvement.
Barberini, P., Ingénieur, Chef de Traction.
Polese, L., » Principal des Lignes méridionales.
Minghelli, F., Ingénieur Principal des Lignes septentrionales, à Sassari.

	Kil.	
Cagliari.	—	Cagliari.
Elmas.	8	»
Assemini.	13	Cagliari.
Decimomannu *.	17	»
Villasor.	26	»
Serramanna.	31	»
Samassi.	38	»
Sanluri.	45	»
San Gavino.	50	»
Pabillonis.	58	»
Uras.	69	»
Marrubiu.	77	»
Oristano.	94	»
Decimomannu *.	—	Cagliari.
Uta.	3	»
Siliqua.	13	»
Musei.	27	»
Iglesias.	37	»
Porto Torres.	—	Sassari.
San Giovanni.	13	»
San Giorgio.	15	»
Sant'Orsola.	16	»
Sassari.	20	»
Canega.	24	»
Tissi Usini.	30	»
Scala di Gioca.	36	»
Campo di Mela.	41	»
Ploaghe.	50	»
Ardara.	59	»
Ozieri.	69	»

777bis. — Sarria à Barcelona. (*Espagne.*)

Simon y Peray, L., Concessionnaire à Barcelona.

	Kil.	
Barcelona.	—	Barcelona.
Sarriá.	4.6	»

778. — Saundersfoot. (*Angleterre.*)

Ce chemin de fer industriel, long de 7 milles anglais est la propriété de *la Bonvilles Court Coal and Iron C°*.

779. — Saxe-Bohême. (*Allemagne.*)

Exploité par : Etat Saxon.

780. — Saxe-Thüringe (*Allemagne.*) (**V.**)

Conseil d'Administration :

v. Schönburg-Waldenburg (Prince), Président.
Lohse, G.
Benndorf, P.
Simon.
Levien, A.
Oelsner.

Wolff.
Bobler, L.
Staberow, R.

DIRECTION A GREIZ :

v. Geldern-Crispendorf.
Henning, O.
Staberow, R.
Weiss, Chef de la Voie et de la Construction.
Henrich, » » »
Worm, Inspecteur Principal d'Exploitation.
Hahn, » d'Exploitation.
Glasser, » du Trafic.
Stober, Chef de Bureau.

	Kil.	
Wolfsgefährt.	—	Sachsen-Weimar.
Dünschendorf. H.	4.36	»
Berga.	13.18	»
Neumühle. H.	19.01	Reuss.
Greiz.	25.60	»
Elsterberg.	30.80	Zwickau.
Rentschmühle. H.	»	»
Plauen.	47.57	»
Weischlitz.	55.05	»

781. — Scarborough and Whitby.
(*Angleterre.*)

En construction.

DIRECTEURS :

Cave, T., Esq., Président.
Rooke, W. F., Esq., Président-Délégué.
Porster.
Warrington, J., Esq.
Hammond, W. H., Esq.

BUREAUX A LONDRES, E. C., 84, LOMBARD STREET :

Cleather, G. G., Secrétaire.
Birch, E., Ingénieur.
Retch, J. et Cockerill, H. M., Auditeurs.
Moody, Turnbull et Graham, Solicitors.

782. — Schleswig (*Allemagne.*)

Voir : Altona-Kiel.

783. — Schmalkalden-Wernshausen.
(*Allemagne*)

Exploité par : Thuringe et Werra.

784. — Schouïa-Ivanovo-Kinechma.
(*Russie.*) (**U. R.**)

DIRECTION A MOSCOU, 47, RUE MOSNITSNOIÉ :

Koudratjew, D., Président du Conseil.
Balkaschin, P., Directeur d'Exploitation à Schouïa.

	Verstes.	
Novki.	—	Wladimir.
Iégorievskaïa.	27	»
Ladiginskaïa.	43	»
Schouïa.	56	»
Kokhma.	73	»
Ivanovo-Voznessensk.	84	»
Iermolino.	103	Kostroma.
Gorkino.	124	»
Vitchouga.	144	»
Kinechma.	171	»

785. — Scotswood, Newburn and Wylam.
(*Angleterre.*)

Exploité par le North Eastern.

DIRECTEURS :

Spencer, J., Esq., Président.
Benson, W.
Stephenson, W. H., Esq.
Spencer, T., Esq.
Adamson, Esq.

786. — Seaton and Beer. (*Angleterre.*)

Exploité par London and South Western.

DIRECTEURS :

Sir Trevelyan, W. C., Président.
Evans, G., Esq., Président-Délégué.
Dommett, W., Esq.
Babbage, J. Esq.
Scarbrough, J. L., Esq.

BUREAUX A STOGUMBER (SOMERSET) :

Rowcliffe, C. E., Secrétaire.
Galbraith, W. R., Ingénieur.
Radcliffe, Davies et Cator, Solicitors.
Mitchell, G. W. et White, J., Auditeurs.

787. — Séelande. (*Danemark.*)

CONSEIL D'ADMINISTRATION :

Brock, G.
Fischer.
Jacobsen, J. C.
Bille, C. S.
Skibsted, C. F.
Ehlers, E. D.
Wilde, A.
Hellmann, F. J.
Thune, C. E.

DIRECTION A COPENHAGUE :

Rothe, V., Directeur Général.
Wenck, H. T.
Poulsen, V., Inspecteur.

Busse, O. F. A., Chef du Matériel et de la Traction.
Elben, H., Chef de la Voie et de la Surveillance.
Dorph, F., Inspecteur Général d'Exploitation.

	M.D.	
Helsingör.	—	Séelande.
Qvistgaard.	1 1/4	»
Fredensborg.	2	»
Hilleröd.	3 1/4	»
Lilleröd.	4 1/4	»
Birkeröd.	5	»
Holte.	5 1/2	»
Lyngby.	6 1/4	»
Gjentofte.	6 1/2	»
Hellerup *.	7	»
Kjöbenhavn.	8	»
Frederiksberg.	8 1/4	»
Glostrup.	9 1/2	»
Taastrup.	10 1/4	»
Hedehusene.	11 1/4	»
Roskilde *.	12 1/4	»
Viby.	13 3/4	»
Borup.	14 3/4	»
Ringsted.	16 1/2	»
Sorö.	18 1/2	»
Slagelse.	20 1/4	»
Korsör.	22 3/4	»

Roskilde *.	—	Séelande.
Havdrup.	1 1/2	»
Kjöge.	3	»
Thureby.	4 1/2	»
Haslev.	5 3/4	»
Olstrup.	7	»
Nestved.	8	»
Lundby.	10 1/4	»
Vordingborg.	11 3/4	»
Masnedsund	12	»

Hellerup *.	—	Séelande.
Charlottenlund.	1 1/2	»
Kampenborg.	1 3/4	»

Roskilde *.	—	Séelande.
Leire.	1.3	»
Hvalsöe.	2.3	»
Töllöse.	3.1	»
Holbœk.	4.8	»
Regstrup.	6.1	»
Mörköv.	6.8	»
Jyderup.	7.7	»
Svebölle.	8.8	»
Vœrslöv.	9.5	»
Kallundborg.	10.5	»

788. — Segovia à Calatayud. (*Espagne*)

En construction.

789. — Seine-et-Marne. (*France*)

ADMINISTRATION A PARIS, 15, RUE DE MAUBEUGE.

	Kil.	Seine-et-Marne.
Lagny-Thorigny.	—	»
Lagny-St-Denis.	»	»
Montevrain.	4	»
Bois de Chigny.	»	»
Chanteloup. H.	»	»
Serris-Jossigny.	7	»
Villeneuve-le-Comte.	12	»

790. — Selgua à Barbastro. (*Espagne.*)

M. Franco y Garona, J. C., Concessionnaire.

	Kil.	Lerida.
Selgua.	—	»
Barbastro.	19	»

791. — Serin à Avilés. (*Espagne*).

A construire.

792. — Settimo à Rivarolo. (*Italie.*)

(*A traction de chevaux.*)

DIRECTION A TURIN, 12, VIA CAVOUR.

	Kil.	Torino.
Settimo.	—	»
Volpiano.	7	»
San Benigno.	9	»
Bosconero.	15	»
Feletto.	20	»
Rivarolo.	23	»

793. — Seudre. (*France.*)

CONSEIL D'ADMINISTRATION A PARIS, 45, RUE ST-LAZARE :

Firino, Président.
St-Gouin.
Chabrol, W.
Fongarnière.
Maire.
Knight.
Garnier, F.
Dufaure, G.
Desgrange, H.

SERVICE DES TRAVAUX :

Richard, Ingénieur en Chef, Conseil de la Compagnie, à Paris.
Chopin, Ingénieur à Bordeaux.

Richard, Desgranges et Courtin, Entrepreneurs de l'Exploitation à Royan.
Dufaure, G., Directeur d'Exploitation à Royan.

	Kil.	
Pons.	—	Charente-Inférieure.
Jazennes-Tanzac. H.	7.203	»
Gemozac.	11.611	»
St-André de Lidou. H.	18.425	»
Cozes.	25.474	»
La Traverserie. H.	30.532	»
Saujon.	36.677	»
Médis. H.	42.031	»
Royan.	46.671	»

794. — Seven-Oaks, Maidstone and Tunbridge (*Angleterre.*)

Exploité par le London, Chatham and Dover.

DIRECTEURS :

Dickson, Major, Président.
Aylmer, J. E. F., Cap.
Mullins, J. A., Esq.
Crampton, T. R., Esq.
Blackmore, W., Esq.

BUREAUX A LONDRES, E. C., 6, GREAT WINCHESTER STREET :

Jonhson, G., Secrétaire.
Turner, F. T., Ingénieur.
Newman, Dale et Sutton, Solicitors.

795. — Severn and Wye. (*Angleterre.*)

DIRECTEURS :

Clarke, J. G., Esq., Président.
Jarrett, C. B., Cap^{ne}, Président-Délégué.
Powell, T. S., Esq.
Mogg, J. J., Esq.
Allaway, T., Esq.
Hooper, A. W., Esq.
Longman, J., Esq.
Hewitt, J., Esq.
Clarke, L. G., Esq.

ADMINISTRATION A LYDNEY (GLOUCESTERSHIRE) :

Keeling, G. B., Secrétaire et Directeur Général.
Keeling, G. W., Ingénieur.
Powell, T. S., Trésorier.
Maule et Wintle, Solicitors.

	M.A.	
Lydney, Basin *.	—	Gloucester.
» Tine Works.	0.27	»
» Foundry Siding.	0.69	»
» Street.	0.77	»
Middle Forge Bridge, Iron Works.	1.27	»
New Mills and Norchard, Sidings.	1.55	»

	M.A.	
Upper Forge, Iron Works.	2.21	Gloucester.
Tufts, Level Siding.	2.37	»
» *.	2.55	»
Whitecroft Road.	3.21	»
Parkend Marsh, Sidings.	4.19	»
» Road.	4.28	»
» Tin Works Sid.	4.44	»
» Upper Road, Iron Works.	4.51	»
Coleford *.	4.69	»
Oaken, Level, Coliery.	5.5	»
Bicslade *.	5.60	»
White Lea, Coliery.	6.14	»
Howlerslade *.	6.52	»
Speech House Road.	6.68	»
Wimblow *.	7.10	»
White Gates *.	7.60	»
Speculation, Siding.	8.13	»
Miery Stock *.	8.48	»
North End of Tunnel.	9.4	»
Vicarage Bridge, Siding.	9.44	Hereford.
Deep Level, Coliery.	9.72	»
Lydbrook, Upper.	10.11	»
» Lower.	10.75	»
» R. M.	12.	»

Tufts *.	—	Gloucester.
Pillowell Level, Coliery.	0.38	»
Bailey Level, Coliery.	1.35	»
New Engine, Coliery.	2.37	»
New Fancy, Coliery.	2.60	»
Forest Central Bridge.	3.57	»
Lightmoor, Coliery.	4.55	»
Cinderford Road Bridge.	5.15	»
Crab Tree Hill, Coliery.	5.45	»
Crump Meadow, Coliery.	6.25	»
Drybrook Road *.	6.55	»

White Gates *.	—	Gloucester.
Serridge *.	0.50	»
Trafalgar, Sidings.	1.13	»
Drybrook Road *.	1.45	»
Bilson, G. W. *.	2.31	»

Serridge *.	—	Gloucester.
Speculation, Siding.	0.38	»

Tufts *.	—	Gloucester.
Morgans, Chemical Works.	0.5	»
Parkhill, Coliery Siding.	0.26	»
Whitecroft, Level Coliery.	0.46	»
Park Gutter, Coliery.	0.63	»
Nockley Gate *.	1.30	»
Flour Mill, Coliery.	1.45	»
Oakwood, Chemical Works.	1.54	»
Bromley Hill Furnace.	1.75	»
Oakwood, Foundry.	2.13	»
» Land Level.	2.21	»

— 384 —

	M. A.	
Ebbw Vale, *Mine*.	2.38	Gloucester.
China, *Iron Mine*.	2.52	»
Beechen Grove, *Iron Works*	2.65	»

Coleford *.	—	Gloucester.
» G. W. *Coliery*.	1.1	»
Nags Head *.	1.46	»
Hopewell, *Coliery*.	1.64	»
Opposite, *Brick Works*.	1.79	»
T. P. Road Bridge.	2.23	»
Steel Works.	2.49	»
Milkwall *.	2.76	»
Coleford, *G. W.*	3.29	»

Milkwall *.	—	Gloucester.
Easter Pit n° 3, *Iron W.*	0.10	»
» » n° 2, »	0.26	»
Sling-Dun British, *Iron W.*	0.49	»

Bicslade *.	—	Gloucester.
Mine, Quarry.	0.40	»
T. T. and C°, *Quarry*.	1.5	»

Howlerslade *.	—	Gloucester.
Cannop, *Chemical Works*.	0.24	»
New Road, *Coliery*.	0.47	»
Foundry.	0.60	»
Stone Quarry.	1.6	»

Wimblow *.	—	Gloucester.
Hopewell, *Siding*.	0.54	»
Loxleys (Mrs) *Coliery*.	0.74	»
Bowl, *Pit*.	1.4	»
Terminus.	1.20	»

Miery Stock *.	—	Gloucester.
Strip and At It, *Coliery*.	0.77	»
Nelson, *Coliery*.	1.27	»
Terminus.	1.62	»

796. — Severn Bridge. (*Angleterre*.)

En construction.

DIRECTEURS :

Lucy, W. C., Esq., Président.
Clegram, W. B., Esq., Président-Délégué.
Marling, S. S., Esq.
Crawshay, E., Esq.
Foster, T. N., Esq.
Freeman, H. W., Esq.
James, H. M., Esq.
Lückes, H. R., Esq.

Hodgson, H. T., Esq., } Midland Railway.
Lloyd, G. B., Esq.,
Nicks, W., Esq., } Sharpness Navigation
Walker, C., Esq., } C°.
Clarke, J. A. G., Esq., Severn and Wye C°.

BUREAUX A GLOUCESTER, COMMERCIAL ROAD :

Richard, G. R., Secrétaire.
Harrison, T. E., Ingénieur Principal.
Keeling, G. W., Ludney et Owen, G. W., Ingénieurs.
Kendall, E. N. et Tripp, B. N., Auditeurs.
Wiltons et Riddiford, Solicitors.

797. — Severn Bridge and Forest of Dean Central. (*Angleterre*.)

En construction.

DIRECTEURS :

Barrett, O., Esq.
Powell, T., Esq.
Jones, H. F., Esq.

798. — Severn Tunnel. (*Angleterre*).

En construction.

DIRECTEURS :

Miles, J. W., Esq.
Smith, E., Esq.
Bassett, R., Esq.

799. — Sevilla à Alcala, Carmona y Montilla. (*Espagne*).

Exploité par : Sevilla à Jerez.

ADMINISTRATION A SEVILLA :

Lopez, J. M., Administrateur.
Caso, J., »
Lopez, F., »

800. — Sevilla à Huelva y a las Minas de Riotinto.

(Ouvert au trafic des mines seulement.)

ADMINISTRATION A SEVILLA :

de Gaviria (Marquis), Président.
Laffitte y Castro, R.
de Ruiz de Apodaca, F. G.
de la Calzada y Rodriguez, T.
Soto y Lavaggi, R.
Deligny, E.
del Camino y Camino, B.
Infante y Zuazo (Chev.), F.
Pickman, R.

— 385 —

de Mora y Garcia, A.
Lamiable y Watrin, C.
Poncelet, N.

801. — Sevilla à Jerez. (*Espagne*).

Conseil d'Administration a Madrid, 11, Calle de Pizarro et à Paris, 72, Rue Blanche :

Sagasta, P. M., Président.
Pinzon, Général.
Guilhou, N.
Guilhou, L., Administrateur-Délégué.
Avecilla, C., »
Baux.
Bravo, N.
Lopez, J. M.
Nunez de Velasco, V.
Balmont.
del Busto, F.
Page, E.
Campoamor, L. G., Secrétaire.

	Kil.	
Empalme (San Gerónimo).	—	Sevilla.
Sevilla *.	6	»
dos Hermanas.	20	»
Utrera *.	37	»
Alcantarillas.	49	»
Las Cabezas.	64	»
Lebrija.	78	»
El Cuervo.	90	Cadiz.
Jerez.	110	»
Puerto de Santa Maria.	125	»
Puerto Real.	134	»
Trocadero.	138	»
San Fernando.	144	»
San A. Puntales.	157	»
Cadiz.	159	»
Utrera *.	—	Sevilla.
Empalme *.	15	»
Coronil.	20	»
Moron.	36	»
Empalme *.	—	Sevilla.
Arahal.	13	»
Paradas.	19	»
Marchena.	26	»
Los Ojuelos.		»
Osuna.		»
Sevilla *.	—	Sevilla.
Cerraja.	10	»
Alcala de Guadoura.	14	»
Marchenilla.	18	»
Gandul.	21	»

802. — Shrewsbury and Hereford.
(*Angleterre*.)

Exploité par le London and North Western et le Great Western.

Ward, T. M., Chef de la Comptabilité à Londres, E., Paddington Station.

803. — Shrewsbury and Wellington
(*Angleterre*).

Exploité par le London and North Western et le Great Western.

804. — Shrewsbury and Welshpool
(*Angleterre*).

Exploité par le London and North Western et le Great Western.

805. — Shropshire Union (*Angleterre*).

Exploité par le London and North Western.

Directeurs :

Powis (Comte of), Président.
Moon, R., Esq.
Clegg Hill, R.
Brown-Westhead, J, P., Esq.
Bourne, C¹.
Stanton, G., Esq.
Bland, J., Esq.
Sutherland (Duc of).
Lord Grosvenor, R.

Bureaux a Chester, Tower Wharf :

Hope, J. G., Secrétaire.
Jones, W., Directeur Général du Trafic.
Jebb, G. R., Ingénieur.
Townshend, C., et Jebb, R. G., Auditeurs.
Haswell and Son, G., Comptables.
Potts et Roberts, Solicitors.

806. — Sidnouth (*Angleterre*).

Exploité par le London and South Western.

Directeurs :

Sir Kennaway, J. H.
Dunlop, J. M., Esq.
Vicary, J. F., Esq.
Bannatyne, N., Esq.
Heugh, J., Esq.
Sutherland, J., Secrétaire à Londres, E. C., 103, Cannon Street.

807. — Silésie Supérieure (*Allemagne*). (**V.**)

Direction Royale a Breslau :

Lentze, Président.
Simon.
Grotefend.
Rampoldt.
v. Caprivi.

Grimmer.
Fleck.
Erler.
Hoppe.
Firnhaber.
Schubart.

COMMISSIONS ROYALES :

Oberbeck, Président à Ratibor.
Urban, » à Kattowitz.
Rasch, » à Glogau.
Förster, » à Posen.
Gleim, » à Breslau.

Haerche, Inspecteur Principal, Chef du Matériel d'Exploitation.

	Kil.	
Stargard.	—	Stettin.
Dölitz.	20	»
Arnswalde.	35	Frankfurt a/O.
Augustwalde.	53	»
Marienwalde. H.	58	»
Woldenberg.	67	»
Kreuz.	89	Bromberg.
Dratzig. H.	95	Posen.
Miala.	102	»
Wronke.	122	»
Samter.	140	»
Rokietnice.	155	»
Posen *.	173	»
Moschin.	191	»
Czempin.	204	»
Kosten.	214	»
Alt-Boyen.	224	»
Leipe. H.	233	Liegnitz.
Polnisch-Lissa *.	241	Posen.
Reisen.	251	»
Bojanowo.	264	»
Rawicz.	274	»
Trachenberg.	290	Breslau.
Gellendorf.	300	»
Obernigk.	311	»
Schebitz.	321	»
Oswitz. H.	»	»
Breslau.	337	»
Kattern, H.	347	«
Leisewitz. H.	356	»
Ohlau.	363	»
Brieg *.	378	»
Lossen. H.	387	»
Löwen.	393	Oppeln.
Dambrau.	406	»
Sczepanowitz. H.	417	»
Oppeln.	419	»
Guradze. H.	435	»
Ottmuth. H.	437	»
Gogolin.	439	»
Roswadze. H.	449	»

	Kil.	
Leschnitz.	450	Oppeln.
Kosel *.	460	»
Slawentzitz.	468	»
Rudzinitz.	475	»
Laband. H.	492	»
Gleiwitz *.	498	»
Zabrze *.	506	»
Ruda.	511	»
Morgenroth *.	513	»
Schwientochlowitz *.	517	»
Kattowitz *.	525	»
Myslowitz *.	534	»
Brzezinka.	539	»
Imielin. H.	545	»
Neuberun.	552	»
Oswieçim.	557	»

Polnisch-Lissa *.	—	Posen.
Lasswitz. H.	8	»
Fraustadt.	20	»
Driebitz. H.	29	»
Glogau.	45	Liegnitz.
Klopschen.	60	»
Quaritz.	65	»
Waltersdorf.	77	»
Sprottau.	89	»
Buchwald.	96	»
Sagan *.	105	»
Hansdorf.	116	»

Sagan *.	—	Liegnitz.
Sorau.	12	Frankfurt a/O.

Posen *.	—	Posen.
Kobelnitz. H.	14	»
Pudewitz.	28	»
Weissenburg. H.	38	Bromberg.
Guesen.	51	»
Tremessen.	67	»
Mogilno.	81	»
Amsee. H.	96	»
Inowraclaw *.	107	»
Güldenhof.	120	Marienwerder.
Hopfengarten.	136	»
Bromberg.	152	»

Inowraclaw *.	—	Bromberg.
Gniewkowo.	14	»
Thorn.	31	Marienwerder.

Neisse.	—	Oppeln.
Boesdorf. H.	8	»
Falkenau. H.	17	»
Altgrottkau. H.	20	»
Grottkau.	26	»

	Kil.	
Böhmischdorf. H.	35	Breslau.
Alzenau. H.	38	»
Brieg *.	47	»
Jägerndorf.	—	Oppeln.
Leobschütz.	18	»
Wernersdorf. H.	24	»
Bauerwitz.	31	»
Solzmütz. H.	38	»
Peterwitz.	43	»
Woinowitz.	47	»
Ratibor *.	56	»
Nendza *.	65	»
Charlottengrube.	81	»
Czernitz.	83	»
Leogrube.	83	»
Hoymgrube.	86	»
Rybnik.	93	»
Paruschowitz.	95	»
Czerwionka. H.	108	»
Friedrichsgrube. H. *.	113	»
Orzesche.	116	»
Bujakowgrube.	118	»
Bradegrube. H.	119	»
Burghardtgrube.	121	»
Napoleongrube.	122	»
Mokrau-Kalthöfen.	123	»
Mokraugrube.	123	»
Nicolai *.	126	»
Kattowitz *.	140	»
Emanuelssegen.	141	»
Kosel *.	—	Oppeln.
Birawa. H.	7	»
Hammer.	18	»
Nendza *.	23	»
Ratibor *.	32	»
Tworkau. H.	41	»
Kreuzenort.	45	»
Annaberg.	53	»
Oderberg.	58	Schlesien.
Morgenroth *.	—	Oppeln.
Beuthen *.	3	»
Karf.	6	»
Tarnowitz.	17	»
Gleiwitz *.	—	Oppeln.
Ludwigsglück. H.	9	»
Borsigwerk.	12	»
Bobrek. H.	15	»
Beuthen *.	18	»
Krugschacht.	24	»
Königshütte.	26	»
Schwientochlowitz *.	29	»

	Kil.	
Frontière Russe.	—	Oppeln.
Schoppinitz.	2	»
Louisenglückgrube.	»	»
Kattowitz *.	7	»
Karolinengrube.	11	»
Mathildegrube.	—	Oppeln.
Morgenroth *.	2	»
Gute Hoffnung.	4	»
Karl Emanuel.	5	»
Myslowitz *.	—	Oppeln.
Frontière Autrichienne.	2	»
Friedrichsgrube. H. *.	—	Oppeln.
Lazisk.	10	»
Martha Valesca.	12	»
Nicolai *.	—	Oppeln.
Idaweiche. H.	9	»
Kattowitz *.	—	Oppeln.
Ochojetzweiche.	4	»
Frankenstein.	—	Breslau.
Camens *.	10	»
Patschkau.	21	»
Ottmachau.	31	»
Giessmannsdorf.	39	»
Gleiwitz *.	—	Oppeln.
Gleiwitzerhütte.	1	»
Zabrze *.	—	Oppeln.
Koks-Anstalt.	3	»
Breslau *.	—	Breslau.
Rothsürben.	14	»
Wäldchen.	26	»
Strehlen.	37	»
Steinkirchen.	44	»
Heinrichau.	51	»
Münsterberg.	58	»
Camenz *.	72	»
Wartha.	83	»
Glatz.	94	»
Habelschwerdt.	»	»
Langenau.	»	»
Mittelwalde.	»	»
Lichtenau.	135	»
Neisse.	—	Oppeln.
Deutsch-Wette.	»	»
Ziegenhals.	19	»

808. — Simplon. (Suisse.)

Exploité par : Suisse Occidentale.

CONSEIL D'ADMINISTRATION A LAUSANNE :

Barman, J., Président.
Genton, F.
Grenier, C.
Koch, J.
Mercier, A.
Renevier, A.
Du Bochet, V.
Roget, L.
Cahen, L.
Colladon, D.
de Weck-Reynold, L.

DIRECTION A LAUSANNE :

Cérésole, P., Directeur.
Clo, J., Ingénieur en Chef.
Vioget, E., Chef de la Comptabilité.

809. — Sirhowy. (Angleterre.)

DIRECTEURS :

Browne, Major, Président.
Hardy, G., Esq., Président-Délégué.
Browne, C. A., Esq.
Roscoe, H., Esq.

ADMINISTRATION A TREDEGAR :

Bevan, T., Secrétaire et Comptable.
Bond, R., Directeur Général du Trafic.
Widdowson, C. et Watkins, E. W., Auditeurs.

	Kil.	
Nantybwch *.	—	Brecon.
»	0.3	»
Sirhowy, Goods.	1.19	Monmouth.
» Pass.	1.23	»
Tredegar, Minerals.	2.11	»
» Pass.	2.14	»
» Goods.	2.20	»
Ty Trist, Coliery.	2.49	»
Bedwelty, Minerals.	3.51	Glamorgan.
» New Pits.	3.63	»
Pontygwaith, Minerals.	5.3	Monmouth.
»	5.21	»
Pontymoile Holly Bush.	5.32	»
Argoed.	8.3	»
Rhoswen.	8.43	»
Argoed, Rock Siding.	9.16	»
Cwm Gelly.	9.47	»
Blackwood.	9.63	»
Lebanus, Siding.	10.51	»
Brynn.	11.7	»
Tredegar.	11.14	»
» *.	11.55	»
Ynysddu.	13.23	»
» Minerals.	13.35	»
Nine Mile Point.	15.43	»
Sirhowy *.	—	M. A. Monmouth.
Tredegar *.	0.20	»

810. — Sittingbourne and Sherness. (Angleterre.)

DIRECTEURS :

Simpson, L., Esq., Président.
Hartridge, W., Esq., » -Délégué.
Comyn, R., Esq.
Leese, F., Esq.
Dumergne, Cap.
Beisley, S., Esq.

BUREAUX A LONDRES, E. C., 39, LOMBARD STREET.

Stokes, F., Secrétaire.
Evans, L. H., Comptable.
Head, W. G. et West, W., Auditeurs.
Lawson, A. S., Solicitor.

811. — Skebo-Hollsta. (Suède.)

	Kil.
Skebo.	—
Hollsta.	12

812. — Sligo & Ballaghaderreen. (Irlande.)

Exploité par le Midland Great Western.

DIRECTEURS :

Dale, D., Esq., Président.
Bainbridge, E. M., Esq.
Fletcher, R., Esq.
Henderson, J., Esq.
Morton, H. T., Esq.
Mounsey, J. C., Esq.
Macquay, R., Secrétaire à Londres, 2, Moorgate Street.
Hemans, G. W., Ingénieur.
Wood, G. W. et Powell, A., Auditeurs.
Kernaghan, B., Solicitor.

813. — Smedjebacken à Engelsberg. (Suède.)

En construction.

814. — Snailbeach District. (Angleterre.)

En construction.

DIRECTEURS :

Lovett, T. H., Esq.
Warter, J., Esq.
Lovett, J. H., Esq.
Jones, J., Esq.
Williams, J. V. H., Esq.
plus un Membre de la Snailbeach Mine C°.

815. — **Société allemande de Construction.**
(*Allemagne*.)

M. Plessner, F., Directeur à Berlin.

En construction.

816. — **Söderhamn-Bergvik.** (*Suède*.)

Brolin, J. G., Directeur à Söderhamn.

	M.S.	
Söderhamn.	—	Gefleborgs.
Berga.	0.67	»
Kinsta.	0.83	»
Marma.	1.11	»
Bergvik.	1.5	»

817. — **Sölvesborg-Kristianstad.** (*Suède*.)

ADMINISTRATION A SOLVESBORG :

Frykman, G., Chef du Trafic à Kristianstad.

	M.S.	
Kristianstad.	—	Kristianstad.
Nosaby.	0.5	»
Pjelkinge.	0.9	»
Beckaskog.	1.2	»
Gualöf.	1.6	»
Bromölla.	2.1	»
Sölvesborg.	2.9	Blekinge.

818. — **Solway Junction** (*Ecosse*.)

Exploité par le Caledonian.

DIRECTEURS :

Brogden, A., Esq., Président.
Dees, J., Esq., » -Délégué.
Eckersley, W.,
Salkeld, Lt Cl.
Thompson, A. G., Major.

819. — **Somerset and Dorset.** (*Angleterre*.)

DIRECTEURS :

Waring, C., Esq., Président.
Read, R. A.
Barry, G., Esq.
Bousell-Pleydell, J. C., Esq.
Bowles, T. G., Esq.
Clark, J., Esq.
Waring, W., Esq.
King Meade King, R. K., Esq.

BUREAUX A GLASTONBURY :

Mifford, A., Secrétaire.
Messor, F. G., Ingénieur.
Lees, R. J., Chef-Comptable.

Fisher, B. S., Chef de la Traction.
Toogood, W. et Swayne, W. T., Solicitors.
Gill, J. et Mullet, E., Auditeurs.

	M.A.	
Burnham.	—	Somerset.
Highbridge.	1.43	»
Bason Bridge.	1.60	»
Edington Road.	5.19	»
Shapwick.	7.30	»
Ashcoat and Meare.	9.20	»
Glastonbury *.	11.75	»
West Pennard.	17.17	»
Pylle.	20.47	»
Evercheech *.	22.26	»
» *Village*.	23.46	»
Cole.	25.29	»
Wincanton.	29.49	»
Templecombe.	33.6	»
» *.	33.24	»
Henstridge.	35.1	»
Stalbridge.	36.41	Dorset.
Sturminster Newton.	40.34	»
Shillingstone.	43.37	»
Blandford.	48.74	»
Spettisbury.	52.19	»
Bailey Gate.	55.3	Somerset.
Wimborne *.	59.69	Dorset.
» *L. & S.W.*	60.14	»

Glastonbury *.	—	Somerset.
Polsham.	3.1	»
Wells.	5.26	»

Evercreech*.	—	Somerset.
» *New*.	25.71	»
Shepton Mallett.	21.22	»
Masbury.	18.8	»
Binegar.	16.44	»
Chilcompton.	13.75	»
Midsomer Norton.	11.77	»
Radstock.	10.10	»
Wellow.	6.20	»
Midford.	3.69	»
Bath, *Queen's Quay*.	—	»

820. — **Sonstorp à Norsholm et prolongements** (*Suède*.)

En construction.

821. — **Sopuerta à Castro-Urdiales.**
(*Espagne*.)

A construire.

M. R. Pérez del Molino, Concessionnaire.

822. — Soria à Castejon. (*Espagne.*)
A construire.

823. — South Devon. (*Angleterre.*)
DIRECTEURS :

Hubbard, A., Esq., Président.
Sir Lopes, M.,   »   -Délégué.
Brown, H., Esq.
Woolcombe, T., Esq.
Pridham, G., Esq.
Bassett, R., Esq.
Michell, R., Esq.
Fry, F., Esq.
Castle, M., Esq.
Bruce, W. A., Esq.
Ellis, E. S., Esq.

ADMINISTRATION A PLYMOUTH :

Jenkins, A. L., Secrétaire.
Fowler, F. S., Secrétaire-Adjoint.
Avery, W. H., Directeur des Marchandises.
Compton, C. E., Inspecteur Principal.
Margary, P. J., Ingénieur.
Whright, J., Chef de Traction.
Prowse, A. P., Comptable.
Henderson, G. et Hickx, F. A., Auditeurs.
Whiteford et Bennett, Solicitors.

	M.A.	
Exeter, *St-David.*	—	Devon.
» *St-Thomas.*	1	»
Exminster.	4 3/4	»
Starcross.	8 1/2	»
Dawlish.	12 1/4	»
Teignmouth.	15	»
Newton.	20 1/4	»
Totnes *.	29	»
Brent.	35 3/4	»
Kingsbridge Road.	38 1/4	»
Ivy Bridge.	41 1/2	»
Cornwood Road.	44	»
Plympton.	48 1/2	»
Mutley *.	»	»
Plymouth.	53 1/4	»

Moreton Hampstead.	—	Devon.
Lustleigh.	3 1/2	»
Bovey.	6 1/4	»
Chudleigh Road.	8 1/2	»
Teigngrace.	10	»
Newton.	12 1/4	»
Kingskerswell.	14 1/4	»
Torre.	17 1/4	»
Torquay.	18	»
Paignton.	20 1/4	»
Churston *.	23	»

	M.A.	
Kingswear. Dartmouth.	26 3/4	Devon. »
Churston *.	—	Devon.
Brixham.	2	»
Mutley *.	—	Devon.
Marsh Mills.	4	»
Bickleigh.	7 1/2	»
Horrabridge.	12 3/4	»
Tavistock.	16 1/4	»
Mary Tavy.	19 1/2	»
Lidford.	23	»
Coryton.	27 1/2	»
Lifton.	30 3/4	»
Launceston.	35 1/4	»
Totnes *.	—	Devon.
Staverton.	3 1/2	»
Buckfastleigh.	7	»
Ashburton.	9 1/2	»

824. — South Eastern. (*Angleterre*).

DIRECTEURS :

Forbes, J. S., Esq., Président.
Sir Waterlow, S. H., Président-Délégué.
Cuningham, A. F., Esq.
Grosvenor-Hodgkinson, Esq.
Jelf-Sharp, H., Major.
Salt, T., Esq.
Cavendish Taylor, G., Esq.
Warter, H. D., Esq.

ADMINISTRATION A LONDRES, VICTORIA STATION,
PIMLICO, S. W :

Harris, M., Directeur-Assistant.
Godbold, A. B., Directeur-Continental.
Brooke, G. W., Secrétaire.
Morgan, J., Comptable.
Mills, W., Ingénieur Principal.
Kirtley, W., Inspecteur de la Traction.
Chapman, C. H., Directeur des Marchandises.
Morgan, R. N., Capitaine, Inspecteur de Marine.
Bristowe, S. B. et Fletcher, R., Auditeurs.

	M.A.	
London, *Charing Cross.*	—	Middlesex.
» *Waterloo *.*	0.55	Surrey.
» » * *et Station.*	0.60	»
» *Cannon Street West.*	1.34	Middlesex.
» *Borough Market *.*	1.49	Surrey.
» *London Bridge, High Level.*	1.68	»
» *Spa Road and Bermondsey *.*	2.63	»

	M. A.	
London Deptford *.	4.22	Surrey.
» New Cross *.	4.72	Kent.
St-John's.	5.45	»
Grove Park.		Surrey.
Chislehurst *.		Kent.
Orpington.		»
Chelsfield.		»
Dunton Green.		»
Seven Oaks *.		»
» » Tubse Hill.		»
Nizell's, Siding.		»
Hildenborough.		»
Tunbridge *.		»

London, Deptford *.	—	Surrey.
» Greenwich.	0.54	»
	1.17	Kent.

London, Waterloo *.	—	Surrey.
» » L. & S. W.	0.5	»

London, Cannon Street.	—	Middlesex.
» Stoney Street *.	»	»
» Cannon Street West *.	0.38	»

London, Stoney Street *.	—	Middlesex.
» Borough Market *.	»	»

London, London Bridge Low Level.	—	Surrey.
» Spa Road and Bermondsey *.	0.75	»
» New Cross *.	3.	Kent.
Brockley.	3.64	»
Forest Hill.	5.47	»
Sydenham.	6.36	»
Penge.	7.8	»

Tunbridge *.		Kent.
» Wells.		»
» » Grove *.		»
Frant.		Sussex.
Wadhurst.		»
Ticehurst Road.		»
Etchingham.		»
Robertsbridge.		»
Battle.		»
St-Leonards, Bopeep *.		»
Hastings.		»
Winchelsea.		»
Rye.		»
Appledore.		»
Ham Street.		Kent.

Ashford *.		Kent.
Wye.		»
Chilham.		»
Chartham.		»
Canterbury *.		»
Sturry.		»
Grove Ferry.		»
Minster *.		»
St-Lawrence.		»
Ramsgate.		»
Margate.		»

Dover, Admiralty Pier.		Kent.
» Town.		»
Folkestone, Harbour.		»
» *.		»
Shorncliffe.		»
Hythe.		»
Smeeth.		»
Ashford *.		»
Pluckley.		»
Headcorn.		»
Staplehurst.		»
Marden.		»
Paddock Wood *.		»
Tunbridge *.		»
Penshurst.		»
Eden Bridge.		»
Godstone		Surrey.
Red Hill, Goods.		»
» Pass *.		»
Reigate.		»
Betchworth.		»
Box Hill *.		»
»		»
Dorking.		»
Gomshall.		»
Chilworth.		»
Shalford *.		»
»		»

Ash *.		Surrey.
»		»
Aldershot Camp.		»
Farnborough.		»
Blackwater.		»
Wellington College.		Berks.
Wokingham *.		»
»		»
Earley.		»
Reading, Pass.		»

	M. A.	
London, Bricklayers Arms Goods.	—	Surrey.
» » *.	1.11	»
» Deptford *.	1.79	»
» New Cross *.	2.49	Kent.

	M. A.	Kent.
St-John's.	3.22	»
Lewisham.	3.56	»
Blackheath.	4.55	»
Charlton *.	6.50	»
Woolwich, *Dockyrd.*		»
» *Arsenal.*		»
Plumstead.		»
Abbeywood.		»
Belvedere.		»
Erith.		»
Dartford *.		»
Greenhithe.		»
Northfleet.		»
Gravesend.		»
Higham.		»
Strood.		»
Cuxton.		»
Snodland.		»
Aylesford.		»
Maidstone.		»
East Farleigh.		»
Wateringbury.		»
Yalding.		»
Paddock Wood *.		»

Caterham *.		Surrey.
Kenley.		»
Warlingham.		»
Caterham.	4.50	»

St-John's.	—	Kent.
Park Bridge *.	0.44	»
Ladywell *.	1.	»
Catford Bridge.	1.65	»
Lower Sydenham.	3.9	»
New Beckenham *.	3.74	»
» »	4.30	»
Elmers End.	5.29	Surrey.
Woodside.	5.32	»
Croydon, *AddiscombeRoad.*	6.21	»

Beckenham *.	—	Kent.
New »	0.26	»

Beckenham *.		Kent.
Shortlands.		»
Bromley.		»
Bickley Park.		»
Chislehurst *.		»

Dartford *.		Kent.
Crayford.		»
Bexley.		»
Sidcup.		»
Eltham.		»
Lee *.		»
Ladywell *.		»
Lewisham.		»

	M.A.	
Lee *.	—	Kent.
Hither Green *.	0.60	»
Park Bridge *.	1.51	»

Angerston, *Wharf.*	—	Kent.
Charlton *.	1.7	»
Greenwich, *Maze Hill.*	2.27	»

Caterham *.	—	Surrey.
Stoats Nest, *Goods.*	1.12	»
Merstham.	»	»
Red Hill *.	7.45	»

Canterbury *.		Kent.
Whitstable.		»

Minster *.		Kent.
Sandwich.		»
Deal.		»

825. — Southern. (*Irlande*).

En construction.

DIRECTEURS :

Brownrigg, G¹.
Forbes, W., Esq.
Mc. Ewen, D. P., Esq.
Riall, J., Esq.
Guiry, J. J., Esq.

BUREAUX A LONDRES, E. C., 70, BISHOPSGATE STREET :

Mulvany, R. F., Secrétaire.
Betagh, M., Ingénieur en Chef.
Fox and Sons, C., Ingénieurs Consultants.
Kernaghan, B., Solicitor.

826. — South Kensington. (*Angleterre.*)

En construction.

DIRECTEURS :

Lord Lennox, H. C. G. G.
Otway, A. J., Esq.
Bristow, A. R., Esq.

827. — South Wales Mineral. (*Angleterre.*)

Exploité par la Glencorrwg Coliery C° (Limited).

DIRECTEURS :

Barlow, A. T. P., Esq., Président.
Baxter, R. D., Esq., Président-Délégué.
Baillie, W. M., Esq.

Foster, E. J., Esq.
Johnson, R. W., Esq.
Pym, W. F., Esq.
Woods, T. J., Secrétaire.
Smith, R., Comptable.
Theobald, J. W. et Harrison, B. W., Auditeurs.
Davies, Campbell et Reeves, Solicitors.

	M. A.	
Britton Ferry *.	—	Glamorgan.
Level Crossing.	5	»
Cymmer *.	9	»
Glencorwg.	11	»
» Coliery.	12	»

Avon Vale, Coliery.	—	Glamorgan.
Main line *..	»	»

Fforch Dwn, Coliery.	—	Glamorgan.
Main line *.	»	»

Ton Mawr, Coliery.	—	Glamorgan.
Main line *.	»	»

New Forest, Coliery.	—	Glamorgan.
Level Crossing.	»	»

828. — South Yorkshire. (Angleterre).

Exploité par le Manchester, Sheffield and Lincolnshire.

829. — Spilsby and Firsby. (Angleterre).

Exploité par le Great Northern.

DIRECTEURS :

Amcotts, W. C., L^t C^l, Président.
Grantham, H. V., »
Mackinder, H., Esq. »
Preston, J. W., Esq. »
Rawnsley, E. »
Walker, G. et Thimbleby, T., Secrétaires.

830. — Stafford and Uttoxeter (Angleterre).

DIRECTEURS :

Power, M. J., Esq., Président.
Buxton, W., »
Wynne, T., »
Taylor, J., »
Eyton, T. C., »
Margetson, P., »

ADMINISTRATION A WELLINGTON (Shropshire):

Newill, R D., Secrétaire et Solicitor.

Cooper, J. B., Directeur Général.
Tolmé, J. H., Ingénieur.

	M. A.	
Stafford *.	—	Stafford.
» Common.	1	»
Salt.	4 1/4	»
Ingestre.	5 3/4	»
Chartley.	7 1/2	»
Grindley.	10	»
Bromshall *.	15	»

831. — Staines and West Drayton.
(Angleterre.)

En construction.

DIRECTEURS :

Myers de Longueville, C., L^t C^l, Président.
Grimwade, Esq.
Robinson, J. F., Esq.

832. — Staines Wokingham and Woking
(Angleterre.)

Exploité par le London and South Western.

DIRECTEURS :

Oxenham, H., Esq., Président.
Blanshard, R., »
Davis, R., »
Govett, A. F., »
Wilkin, H., »
Garrard, R., Capitaine.

BUREAUX A LONDRES, 1, BROAD SANTUARY, WESTMINSTER, S. W :

Walford, W., Secrétaire.
George, J. et Prideaux, W., Auditeurs.
Noyes, S. F., Solicitor.

833. — Stamford and Essendine (Angleterre.)

Exploité par le Great Northern.

DIRECTEURS :

Exeter (Marquis of), Président.
Eaton, C. O., Esq.
Brydone, W., »

BUREAUX A STAMFORD :

Ford, J., Secrétaire.
Hurst, W., Ingénieur.
Thompson, W., Auditeur.
Walford, Thompsons, Philippe et Evans, Solicitors.

834. — Stockbridge. (*Angleterre*).
En construction.

DIRECTEURS :

Fox, S., Esq.
Unwin, H., Esq.
Halliday, J., Esq.

835 — Stockholm-Koping-Engelsberg.
(*Suède*).
En construction.

836. — Stockholm-Nynas. (*Suède*).
En construction.

837. — Stokes Bay (*Angleterre*).

Exploité par London and South Western.

DIRECTEURS :

Wagstaff, W., Esq., Président.
Woods, E., Esq.
Sheward, G., Esq.
Sheridan, H. B., Esq.
Batten, J. W., Esq.
Sutherland, W. P., Esq.

BUREAUX A LONDRES, 4, GREAT GEORGE STREET,
WESTMINSTER, S. W :

Darke, J. T., Secrétaire.
Fulton, H. H., Ingénieur.
Batten, J. B., Solicitor.

838. — Stonehouse and Nailsworth
(*Angleterre*).

Exploité par le Midland.

DIRECTEURS :

Playne, W., Esq., Président.
Playne, C., Esq.
Leonard, A. S., Esq.
Andrewes, C. J., Esq.
Grüning, H., Esq.
Ashhurst, H. G., Esq.

BUREAUX A NAILSWORTH (GLOUCESTERSHIRE) :

Smith, G. C., Secrétaire et Solicitor.
Kimbe, E., et Spain, H., Auditeurs.

839. — Stony Strafford (*Angleterre*).
En construction.

DIRECTEURS :

Boyes, W., Esq.
Wilkinson, G. B., Esq.

Reeve, J., Esq.
Sharp, W., Esq.
Freshwater, T., Esq.

840. — Stora à Guldsmedshyttan (*Suède*).

DIRECTION A STORA.

	M. S.	
Stora.	—	Orebro.
Guldsmedshytlan.	0.5	»

841. — Storen à Aamodt (*Norwége*).
En construction.

842. — Stratford-on-Avon (*Angleterre*).

Exploité par le Great Western.

DIRECTEURS :

Bevington-Lowe, W., Esq., Président.
Avery, T., Esq., Président-Délégué.
Walker, R., Esq.
Adkins, H., Esq.
Dun, F., Esq.
Kirshaw, J. W., Esq.
Flower, C., Esq.

BUREAUX A WARWICK.

Bull, J. C., Secrétaire.
Gibbs, W. et Cox, Jun., J., Auditeurs.

843. — Striberg-Jernboas (*Suède*).
En construction.

844. — Sucéva-Iasy (*Roumanie*).

Exploité par : Lemberg-Czernowitz-Iasy.

845. — Sud de l'Autriche (**V.**)

CONSEIL D'ADMINISTRATION :

v. Hopfen (B^{on}), F., Président.
v. Burg (B^{on}), A.
Forsboom-Brentans, J. A.
v. Gagern (B^{on}), M.
v. Goedel-Lannoy (B^{on}), O.
v. Goldschmid (Chev.), M.
Jaques, H.
Meysenbug (B^{on}), O.
v. Morpurgo (B^{on}), E.
v. Rothschid (B^{on}), A.
v. Finti (B^{on}).
v. Wiener (Chev.), E.
Festetics (Comte), B

COMITÉ DE PARIS, 17, RUE LAFFITTE :

de Rothschild (B^on), A., Président.
Bartholony.
Blount, E.
de Galliera (Duc).
de La Rosière, E.
de Rothschild (B^on), L.
de Rothschild (B^on), G.
De Wit, C.

CONSEIL DE TURIN :

d'Adda (Marquis), Président.
de Bevilacqua (Marquis), Vice-Président.
Bignami, E.
Brot, C.
Castagnola.
Fortis.
Giovanelli (Prince).
Landau, H.
Mari.
Peyron.
Porro (Comte), A.
Restilli, F.
Tasca.
Talabot, P., Conseil Général.
Amilhau, Directeur Général à Turin.

DIRECTION GÉNÉRALE A VIENNE :

Bontoux, Directeur Général.
v. Schreiner (Chev.), A., Secrétaire Général.
Boehm, J., Directeur.
Cavallier, L., » des Finances.
Schüler, J. F., » du Trafic et du Service Commercial.
Gottschalk, A., Directeur de la Traction.
Prenninger, C., » de la Voie.
Plattich, W., « des ouvrages d'art.
v. Savageri, J., Chef du Contrôle de l'Exploitation.
Hassberg, J., Caissier en Chef.
Domenego, F., Inspecteur Principal du Bureau des Réclamations.

	M. O.	
Wien, Hauptzollamt. H.	—	N.Oesterreich.
» Sud.	»	»
» Matzleinsdorf. H.	»	»
Meidling H. *.	0.5	»
Hetzendorf.	1.	»
Atzgersdorf.	1.	»
Leising.	1.5	»
Perchtoldsdorf. H.	1.5	»
Brunn.	2.	»
Nodling *.	2.	»
Guntramsdorf.	2.5	»
Gumpoldskirchen	3.	»
Pfaffstätten.	3.5	»
Baden.	3.5	»
Voslau.	4.	N. Oesterreich.
Kottingbrunn. H.	4.5	»
Leobersdorf.	4.5	»
Solenau. H.	5.	»
Felixdorf.	5.5	»
Theresienfeld.	5.5	»
Wiener-Neustadt *.	6.5	»
St-Egyden.	7.5	»
Neunkirchen.	8.5	»
Ternitz.	9.	»
Pottschach.	9.5	»
Gloggnitz.	10.	»
Payerbach.	11.5	»
Klamm.	13.	»
Breitenstein.	14.	»
Simmering.	15.	»
Spital.	16.5	Steiermark.
Mürzzuschlag.	17.5	»
Langenwang.	18.5	»
Krieglach.	19.	»
Mitterndorf.	19.5	»
Kindberg.	20.5	»
Marein.	21.5	»
Kapfenberg.	22.5	»
Bruck a. d. Mur *.	23.	»
Pernegg.	24.5	»
Mixnitz.	25.	»
Frohnleiten.	26.5	»
Peggau.	27.5	»
Stübing.	28.	»
Gratwein.	28.5	»
Judendorf.	29.	»
Graz.	30.	»
Puntigam.	30.5	»
Kalsdorf.	31.5	»
Wildon.	33.	»
Lebring.	33.5	»
Leibnitz.	34.5	»
Ehrenhausen.	35.5	»
Spielfeld.	36.	»
Egydi-Tunnel. H.	37.	»
Possnitz.	37.5	»
Marburg a. d. Drau *.	38.5	»
» Kärnthner.	»	»
Feistritz.	39.5	»
Maria-Rast.	40.5	»
Faal.	41.5	»
St-Lorenzen.	42.	»
Reifnigg-Fresen.	43.5	»
Wuchern-Mahrenberg.	44.5	»
Saldenhofen.	45.5	»
Unter-Drauburg.	47.	Kärnthen.
Prevali.	48.5	»
Bleiburg.	50.5	»
Künsdorf.	52.	»
Grafenstein.	54.	»
Klagenfurt.	55.5	»
Krumpendorf.	56.5	»

— 396 —

	M. O.			M. O.	
Maria-Worth.	57.5	Kärnten.	Nyék.	6.	Ungarn.
Velden.	58.5	»	Gárdony. H.	7.5	»
Föderlach.	59.5	»	Dyniés.	»	»
Villach.	60.5	»	Stuhlweissenburg (Alba) *.	9.	»
Gummern.	61.5	»	Szabad-Batthyan.	10.	»
Paternion-Feistritz.	63.5	»	Lepsény.	12.5	»
Rothenthurn.	64.5	»	Sió-Fok.	15.	»
Spittal a. d. Drau.	65.5	»	Szántod.	17.	»
Lendorf. H.	65.5	»	Ausweiche-Szemes.	18.5	»
Sachsenburg.	66.5	»	Boglár.	20.	»
Kleblach-Lind.	68.	»	Ausweiche-Fonyod.	22.	»
Greifenburg.	69.5	»	Keszthely.	24.	»
Dellach.	70.5	»	Komárváros.	26.5	»
Ober-Drauburg.	72.	»	Récse.	28.	»
Nicolsdorf.	72.5	Tirol.	Kanizsa *.	29.	»
Dölsach.	73.5	»	Mura-Keresztur *.	30.5	»
Lienz.	74.5	»	Kottori.	31.5	»
Thal.	75.5	»	Kraljevec.	33.	»
Ausweiche-Mittewald.	»	»	Csákaturn-Warasdin.	35.5	»
Abfalsterbach.	77.5	»	Polstrau.	37.	Steiermark.
Sillian.	78.5	»	Friedau.	38.5	»
Innichen.	80.	»	Gross-Sonntag. H.	39.	»
Toblach.	80.5	»	Moschganzen.	40.	»
Niederdorf.	81.	»	Pettau.	41.	»
Welsberg.	81.5	»	Ausweiche-Sternthal.	42.	»
Olang.	82.5	»	Pragerhof.	44.	»
Bruneck.	84.5	»	Windisch-Feistritz.	45.	»
Ehrenburg.	85.5	»	Pötschach.	46.	»
Vintl.	86.5	»	Ponigl.	48.	»
Mühlbach.	87.5	»	St-Georgen.	49.	»
Franzensfeste *.	88.5	»	Storé.	50.	»
Brixen.	90.	»	Cilli.	50.5	»
Klausen.	91.5	»	Markt-Tüffer.	52.	»
Waidbruck.	92.	»	Römerbad.	53.	»
Atzwang.	93.5	»	Steinbrück *.	54.	»
Blumau.	94.	»	Hrastnigg.	55.	»
Bozen.	95.	»	Trifail.	55.5	Krain.
Branzoll.	96.5	»	Sagor.	56.	»
Auer.	97.	»	Sava.	57.	»
Neumarkt.	98.	»	Littai.	58.	»
Salurn.	99.	»	Kressnitz.	59.	»
St-Michele.	100.	»	Laase.	60.	»
Lavis.	101.	»	Salloch.	61.	»
Trient.	102.5	»	Laibach.	62.	»
Mattarello. H.	103.5	»	Franzdorf.	65.	»
Calliano.	104.5	»	Loitsch.	67.	»
Roveredo.	105.5	»	Rakek.	68.5	»
Mori.	106.	»	Adelsberg.	70.5	»
Serravalle. H.	107.	»	Prestranek.	71.5	»
Ala.	108.	»	St-Peter *.	72.	»
Avio.	»	»	Ober-Lesece.	73.5	Küstenland.
Frontière Italienne.	108.5	»	Divacca.	75.5	»
			Sessana.	76.5	»
Ofen.	—	Ungarn.	Prosecco.	78.	»
Promontor.	1.	»	Nabresina *.	79.	»
Tétény.	2.	»	Bivio-Duino. H.	79.5	»
Tárnok.	3.	»	Monfalcone.	81.	»
Mártonvásár.	4.5	»	Ronchi. H.	82.	

	M.O.	
Sagrado.	82.5	Kustenland.
Rubbia-Savogna. H.	83.	»
Görz.	84.	»
Cormons.	86.	»

	M.O.	
Wiener-Neustadt *.	—	N-Oesterreich.
Neudörfl.	1.	Ungarn.
Sauerbrunn.	1.5	»
Wiesen-Sigless.	2.	»
Mattersdorf.	2.5	»
Marz-Rohrbach.	2.5	»
Loipersbach-Schadendorf.	3.5	»
Agendorf.	4.	»
Oedenburg.	4.5	»
Zinkendorf.	6.5	»
Giessing. H.	»	»
Schützen.	8.	»
Bükk.	10.	»
Acsad.	11.5	»
Steinamanger.	13.	»
Dömötöri. H.	»	»
Molnari.	15.5	»
Ausweische-Oszko.	16.	»
Györvár. H.	17.5	»
St-Ivan-Zala-Egerszeg.	19.5	»
St-Laszlo. H.	21.	»
St-Mihaly-Pacsa.	22.5	»
Gelse.	24.	»
Kanizsa *.	26.5	»
Mura-Keresztur*.	28.5	»
Légrád.	29.5	»
Zákány.	30.5	»
Gola.	31.5	»
Berzencze.	32.5	»
Vizvár.	34.5	»
Babócza.	36.	»
Barcs.	37.5	»

Wiener-Neustadt *.	—	N-Oesterreich.
Ober-Eggendorf.	1.	»
Unter-Eggendorf. H.	2.	»
Ebenfurt *.	2.	»
Pottendorf-Landegg *.	2.	»
Unter-Waltersdorf.	3.	»
Mitterndorf-Moosbrunn.	4.	»
Grammat-Neusiedl.	4.5	»

Kufstein.		
Kirchbichl. H.	—	Tirol.
Worgl.	1.5	»
Kundl.	2.	»
Brixlegg.	3.	»
Jenbach.	4.	»
Schwaz.	5.	»
Terfens. H.	6.	»
Fritzens.H.	8.	»
Hall.	8.	»
	8.5	»

	M.O.	
Inssbruck.	10.	Tirol.
Patsch. H.	11.	»
Matrei.	12.5	»
Steinach.	13.	»
Gries. H.	14.	»
Brenner. H.	15.	»
Schelleberg. H.	16.	»
Gossensass.	17.	»
Sterzing.	18.	»
Frienfeld.	18.5	»
Grasstein.	19.5	»
Franzensfeste *.	20.	»

Steinbruck *.	—	Steiermark.
Lichtenwald.	2.	»
Reichenberg.	4.	»
Videm-Gurkfeld.	5.	»
Rann.	6.	»
Zapresic.	8.5	Croatien.
Podsused. H.	9.	»
Agram *.	10.	»
Zdencina. H.	13.	»
Jaska.	14.5	»
Carlstadt.	17.	»

Agram *.	—	Croatien.
Gorica.	2.	»
Lekenik.	4.5	»
Sissek.	7.	»

Stuhlweissenburg (Alba) *.	—	Ungarn.
Moha.	1.5	»
Bodaik.	3.	»
Moór.	4.	»
Kis-Bér.	6.5	»
Nagy-Igmánd.	8.5	»
Uj-Szöny.	11.	»

Bruck a.d. Mur*.	—	Steiermark.
Niklasdorf. H.	1.5	»
Leoben.	2.5	»
Donawitz.	3.	»
St-Peter-Freienstein. H.	3.5	»
Gmeingrub. H.	4.	»
Trofayach.	4.5	»
Aufgelassen.	5.	»
Friedauwerk. H.	5.5	»
Vordernberg.	6.	»

Modling *.	—	N-Oesterreich.
Laxenburg.	0.5	»

Ebenfurt *.	—	N-Oesterreich.
Dampfmühle. H.	»	»
Neufeld.	0.5	Ungarn.

	Kil.	
Meidling. H. *.	—	N-Oesterreich.
Inzersdorf.	1.	»
Hennersdorf.	1.5	»
Achau.	2.	»
Münchendorf.	3.	»
Ebrichsdorf.	4.	»
Wampersdorf. H.	4.	»
Pottendorf-Landegg *.	4.5	»

Marburg a. d. Drau *.	—	Steiermark.
Kranichsfeld.	1.5	»
Pragerhof *.	2.5	»

Nabresina *.	—	Küstenland.
Grignano.	1.	»
Triest.	2.5	»

St-Peter *.	—	Krain.
Kullenberg.	1.	»
Dornegg-Feistritz.	2.	»
Sapiane.	4.	Küstenland.
Jurdani.	5.5	»
Mattuglie.	6.	»
Fiume.	7.5	Croatien.

846. — Sud-Est. (Portugal.)

DIRECTION A LISBONNE :

de Brito Taborda, N. A., Ingénieur, Directeur.
Frigueiros, J. P. T., Ingénieur, Chef de l'Exploitation.
Coirea Paes, M. C.,   »   » de la Traction.
Gomes, A. M., Chef de la Comptabilité Générale et du Contrôle.
Mackenna, P., Chef du Matériel.
Lopo da Silva, J. M., Chef des Dépôts.
Lebrenier, N. M., Ingénieur, Chef de la Construction.
de Magathaes, J. F.,   »   »   »
d'Assençao Manezes, C.,»   »   »

		Kil.	
Lisboa,	} voie fluviale.	—	Lisboa.
Barreiro,		7.	»
Lavradio.		9	»
Alhos Vedros.		12	»
Moita.		15	»
Pinhal Novo.		23	»
Poceirao.		38	»
Pegoes.		50	»
Vendas Novas.		65	»
Montemor.		84	»
Casa Branca *.		100	Evora.
Alcacovas.		112	»
Vianna.		120	»

	Kil.	
Villanova.	127	Evora.
Alvito.	136	»
Cuba.	149	»
Beja *.	166	»
Outeiro.	183	»
Figueirinha.	191	»
Carregueiro.	205	»
Casevel.	214	»

Pinhal Novo *.	—	Lisboa.
Palmella.	8	»
Setubal.	14	»

Casa Branca *.	—	Evora.
Evora.	26	»
Azaruja.	46	»
Venta de Pereiro.	51	»
Venda do Duque.	60	»
Evora Monte.	69	»
Extremoz.	84	»

Beja *.	—	Evora.
Baleizao.	13	»
Quintos.	21	»

847. — Sud-Est Prussien. (Allemagne.)(V)

CONSEIL D'ADMINISTRATION :

v. Lehndorff (Comte), Président.
Strousberg, Vice-Président.
Andersch.
Boehm.
v. Huellessem (Baron).
v. Walckstein.
v. Mirbach (Baron).
v. Romberg,   »
Henzel.
v. Schwerin.
Simon.
v. Simpson.
Bray, F.
Rosenthal, L.
v. d. Goltz (Baron).
v. Gossler.
Siemsen.

DIRECTION A KÖNIGSBERG :

Wendland, Kratz et Krueger, Membres.
Koeppen, Chef Principal de la Traction.
Frommert,   »   » du Trafic.
Behmer, Ingénieur Principal.
Moldehnke, Contrôleur d'Exploitation.

	Kil.	
Pillau.	—	Königsberg.
Neuhauser.	6	»
Fischausen.	13	»

	Kil.	
Powayen.	25	Königsberg.
Lindenau.	30	»
Melgethen.	37	»
Juditten.	42	»
Königsberg, *Lizent*.	46	»
» *Sud*.	47	»
Wickbold.	58	»
Tharau.	62	»
Schrombehnen.	71	»
Preussisch-Eylau.	85	»
Glommen.	95	»
Bartenstein	105	»
Wöterkeim.	114	»
Wormen.	121	»
Korschen.	128	»
Tolksdorf.	137	»
Neumühl.	146	»
Rastenburg.	150	»
Gross-Stürlack.	165	Gumbinnen.
Lötzen.	179	»
Widminnen.	198	»
Neu-Jucha.	208	»
Lyck.	227	»
Protsken-Saltz.	242	»
Graïevo.	247	Russland.

848. — Suisse Occidentale (*Suisse*).

Conseil d'Administration à Lausanne :

de Weck-Reynold, L., Président.
Bory-Hollard, Vice-Président.
Baud, C.
Chaney, F.
Chauvet, M.
Cornaz, A.
Delarageaz, L. H.
Du Bochet, V.
Girod, A.
Girod de l'Ain.
Goeldlin, F.
Jeanrenaud, M.
Mercier, F. F.
de Muralt, A.
Nocker, F.
Perroud, T.
Repond, J.
Richard, A.
Ruelle, A.
Tripet, E.
Cuony, A., Secrétaire Général.

Comité de Direction à Lausanne :

Philippin, J., Président.
Vessaz, A., Membre.
v. der Weid, A., Membre.
Löchet, C., »

Administration à Lausanne :

Wittwer, H., Chef de la Comptabilité Générale.
Gameter, L., Chef du Service Commercial.
Meyer, J., Ingénieur en Chef de la Construction.
Junod, J., Chef de l'Economat.
Gowthorpe, C., Chef du Trafic et du Mouvement.
Vallotton, A., Chef du Service des Réclamations.
de Ribaupierre, M. F., Chef du Contrôle.
Gilliéron, E., Ingénieur en Chef de la Voie.
Rodieux, A., Ingénieur en Chef de la Traction.

	Kil.	
Berne.	—	Berne.
» *Aiguille*.	0.1	»
» *Marchandises*.	0.5	»
Bümpliz.	4.5	»
Thörishaus.	9.3	»
Flamatt (Laupen).	13.5	Fribourg.
Schmitten.	19.7	»
Guin-Balliswyl.	25.6	»
Fribourg.	31.5	»
Matran.	37.2	»
Neyruz.	42.1	»
Cottens.	45.1	»
Chénens.	47.9	»
Villaz-St-Pierre.	52.5	»
Romont *.	57.3	»
Siviriez.	62.3	»
Vauderens.	67.0	»
Oron-la-Ville.	73.1	Vaud.
Palézieux.	77.0	»
Chexbres.	84.4	»
Grandvaux.	89.2	»
La Conversion.	93.5	»
Lausanne *.	97.5	»
Renens *.	101.9	»
Morges.	110.	»
St-Prex.	114.4	»
Allaman (Aubonne).	119.0	»
Rolle.	124.1	»
Gilly-Bursinel.	127.2	»
Gland.	131.3	»
Nyon.	136.0	»
Céligny.	139.0	Genève.
Coppet.	142.5	Vaud.
Versoix.	147.4	Genève.
Genthod-Bellevue.	150.2	»
Chambésy.	152.1	»
Genève.	155.7	»
Lausanne *.	—	Vaud.
Lutry.	5.0	»
Cully.	8.5	»
Rivaz-St-Saphorin.	13.5	»
Vevey.	18.3	»
Tour de Peilz.	19.8	»
Burier.	21.4	»
Clarens.	23.0	»

	Kil.	
Vernex-Montreux.	24.4	Vaud.
Veytaux-Chillon.	27.0	»
Villeneuve.	29.3	»
Roche.	33.7	»
Aigle (Les Ormonts).	39.2	»
Ollon-St-Triphon.	43.5	»
Bex.	47.5	»
St-Maurice *.	51.5	Valais.

Renens *.	—	Vaud.
Bussigny.	2.5	»
Cossonay.	10.1	»
Eclépens.	17.0	»
Chavornay-Orbe.	23.0	»
Ependes.	28.3	»
Yverdon.	33.6	»
Grandson.	37.1	»
Onnens-Bonvillars.	41.9	»
Concise.	45.2	»
Vaumarcus.	49.2	Neuchâtel.
Gorgier St-Aubin.	52.3	»
Bevaix.	56.4	»
Boudry.	60.4	»
Colombier.	61.8	»
Auvernier *.	64.5	»
Neuchâtel.	69.5	»
St-Blaise.	73.5	»
Cornaux.	77.7	»
Cressier.	79.7	»
Landeron.	81.9	»
Neuveville.	84.2	Berne.
Twann ou Douanne.	90.1	»
Biel (Bienne).	98.6	»

Auvernier *.	—	Neuchâtel.
Combe aux Epines.	6.4	»
Noiraigue.	13.2	»
Travers.	17.5	»
Couvet.	21.1	»
Boveresse.	24.5	»
Les Verrières.	34.4	»
Frontière Française.	36.3	»

Romont *.	—	Fribourg.
Vuisternens.	6.5	»
Sales.	10.3	»
Vaulruz.	12.8	»
Bulle.	18.1	»

Bouveret.	—	Valais.
Vouvry.	6.7	»
Monthey.	16.9	»
St-Maurice *.	22.9	»
Evionnaz.	29.2	»
Vernayaz.	32.9	»
Martigny.	38.0	»
Saxon-les-Bains.	46.6	»

	Kil.	
Riddes.	50.9	Valais.
Ardon.	56.6	»
Sion.	63.7	»
St-Léonard.	69.3	»
Granges.	72.8	»
Sierre	79.3	»

Cossonay *.	—	Vaud.
La Sarraz.	7.8	»
Arnex.	12.9	»
Croy et Romainmôtier.	18.8	»
Vallorbes.	31.4	»
Jougne (Hôpitaux).	40.5	»

849. — Sundsvall-Torphammar. (*Suède*)

	M. S.	
Sundsvall.	—	Wester-Norrlands.
Wattjom *.	1.7	»
Nedansjö.	2.5	»
Kärfsta.	3.8	Jemtlands.
Wiskan.	4.8	»
Torphammar.	5.3	»

Wattjom *.	—	Wester-Norrlands.
Matfors.	0.3	»

850. — Sutherland (*Ecosse*).

Exploité par : Highland.

Sutherland (Duc of), Président.
Loch, G., Esq.
Bruce, T. C.
Murray, K., Esq.
Matheson, A., Esq.

BUREAUX A INVERNESS :

Dougall, A., Secrétaire.
Stewart, Rule et Burns, Solicitors.
Hay, A. P., et Peacock, J., Auditeurs.

851. — Sutherland and Caithness (*Ecosse*).

Exploité par : Highland.

Sutherland (Duc of), Président.
Sir Sinclair, J. G. T., » -Délégué,
Henderson, J., Esq.
Seton Guthrie, C., C¹.
Loch, G,, Esq.
Murray, L.
Bruce, T. C.
Matheson, A., Esq.

BUREAUX A INVERNESS :

Dougall, A., Secrétaire.
Paterson, M., Ingénieur.
Hay, A. P., et Peacock, J., Auditeurs.

— 401 —

852. — Swansea Vale (*Angleterre*).

Exploité par le Midland.

DIRECTEURS :

Benson, S., Esq., Président.
Grenfell, P. S. L., Esq.
Smith, C. H., Esq.
Strick, G. B., Esq.
Maskelyne, A. M. S., Esq.
Bath, H. J., Esq.
Braithwaite Lloyd, G., Esq.

BUREAUX A SWANSEA :

Harris, W. et Young, F. G., Auditeurs.
Strick et Bellingham, Solicitors.

853. — Swindon, Marlborough and Andover (*Angleterre*).

En construction.

DIRECTEURS :

Lord Bruce, E., Président.
Goddard, A. L., Esq., Président-Délégué.
Best, T., Esq.
Browne, W. E. N., Esq.
Crawshay, E., Esq.
Gale, J. H., Esq.
Marsh, M. H., Esq.
Maurice, J. B., Esq.
Thomas, J. S., Esq.

BUREAUX A SWINDON :

Brooke, L., Secrétaire.
Bidder, G. P., Ingénieur.
Townsend, J. C., Footner and Son et Merrimans and Gwillim, J., Solicitors.
Morgan, J., et Edmonds, R. S., Auditeurs.

853bis. — Taff Bargoed Joint (*Angleterre*).

Exploité par le Great Western et le Rhymney.

854. — Taff Vale (*Angleterre*).

DIRECTEURS :

Carne, J. W. N., Esq., Président.
Bushell, W. D., Esq., » -Délégué.
Brittan, H., Esq.
Burroughs, B. J., Esq.
Gould, H. C., Esq.
Jones, S., Esq.
Perry, J., Esq.
Saville, H. B. O., Esq.
Williams, C. H., Esq.
Nash, J. H., Esq.
Homfray, J. R., Esq.

ADMINISTRATION A CARDIFF :

Marwood, F., Secrétaire.
Bushell, W. D., Directeur.
Fisher, G., Ingénieur, Inspecteur Principal.
Hurman, J., Inspecteur Principal du Trafic.
Robertson, G., Comptable.
Matthews, B., Solicitor.
Thomas, G., et Tribe, W., Auditeurs.

	M. A.	
Merthyr, *T. V.*	—	Glamorgan.
» *.	0.24	»
Plymouth, *Furnace Dowlais* *.	0.30	»
» *.	0.36	»
Abercanaid, *Siding.*	1.15	»
Plymouth, »	2.16	»
Troedyrhiew.	2.41	»
Merthyr, *Vale Coliery.*	4.24	»
Quaker's Yard *.	6.29	»
» » *Low Level.*	6.39	»
Aberdare.	8.3	»
» *Branch* *.	8.11	»
Park Newydd, *Coliery.*	8.28	»
Darran Ddu, »	10.44	»
Pontypridd *.	11.10	»
»	11.36	»
Fothergill's, *Treforest Sid.*	11.56	»
Treforest.	12.35	»
Llantrissant, *Branch* *.	13.38	»
» *.	13.44	»
Rhydbelig, *Coliery.*	15.18	»
Booker's, *Taffs Well Sid.*	16.17	»
Walnut Tree.	17.7	»
» *.	17.10	»
Pentyrch, *Siding.*	17.76	»
Penarth, *Branch* *.	19.2	»
Llandaff.	20.2	»
» *Girder W. Sid.*	20.29	»
Patent Fuel, *Works Sid.*	21.17	»
Cathay's, *Siding.*	22.8	»
Cardiff, *Crockherbtown* *.	23.2	»
» *Town T. V.*	23.12	»
» *East Branch* *.	23.34	»
» *S. Wales* *.	23.36	»
» *Docks.*	24.25	»
Aberdare.	—	Glamorgan.
Navigation, *Coliery.*	3.49	»
Mountain Ash.	3.64	»
» *Deep Duffryn Col*	3.69	»
» *Lower Duffryn Coliery.*	3.70	»
Abercwmboy, *Coliery.*	4.70	»
Middle Duffryn, »	5.4	»
Cwmbach *.	5.53	»
Treaman.	6.35	»

	M.A.	
Abergwawr, *Coliery*	6.47	Glamorgan.
Blaengwawr, »	7.4	»
Aberdare.	7.40	»
Dare Valley *.	7.56	»
Nantmelyn, *Coliery*.	9.58	»
Bwllfa Dare, »	10.2	»
Dare Valley *.	—	Glamorgan.
Gadlys, *Col. Siding*.	0.4	»
Hirwain, *Coal*.	0.19	»
Ysouborwen, *Coliery*.	0.34	»
Cwmbach *.	—	Glamorgan.
Llettyshenkin, *Coliery*.	0.2	»
Old Duffryn, »	0.18	»
Abernauty Groes. »	0.30	»
Aberdare, *Coal*.	0.37	»
High Duffryn, *Coliery*.	0.38	»
Werfa, *Coliery*.	0.42	»
Rhondda, *Branch* *.	—	Glamorgan.
Coke Ovens, *Siding*.	0.45	»
Tymawr, *Foundry*.	0.62	»
» *Coliery*.	0.74	»
Gyfeillon, »	0.75	»
Aerw Branch *.	2.11	»
Hafod.	2.12	»
Llwyngelyn, *Coliery*.	2.44	»
Rhondda Fach, *Branch* *.	3.12	»
Porth, *Siding*.	3.21	»
New Cymmer, *Coliery*.	3.25	»
Tyneywdd, »	3.31	»
Dinas, »	3.74	»
Pandy.	4.28	»
Adare, *Coliery*.	5.	»
Tealaw, *Goods*.	5.13	»
» *Branch* *.	5.26	»
Brithwennydd.	5.28	»
Llwynpia, *Coliery*.	5.62	»
»	6.2	»
Bodringallt, *Coliery*.	6.76	»
Gelly, *Coliery*.	7.9	»
Bwllfa, »	7.18	»
Church, »	7.35	»
Maindy, »	7.55	»
Ystrad.	7.72	»
Pentre, *Coliery*.	8.9	»
Cwmparc, »	8.54	»
Treorky.	9.31	»
Abergorky, *Coliery*.	9.33	»
Tylecoch, »	9.35	»
Yniesfield, »	10.7	»
Treherbert.	10.51	»
Rhondda Merthyr, *Coliery*.	10.63	»
Buthe Merthyr, *Coliery*.	10.75	»
Dunragen *.	11.23	»
» *Coliery*.	11.32	»
Blaenrhondda, *Coliery*.	11.38	»

	M.A.	
Trealaw, *Branch* *.	—	Glamorgan.
Cwm Clydach, *Coliery*.	0.59	»
Blaen Clydach, »	0.60	»
Rhondda Fach, *Branch* *.	—	Glamorgan.
Ynishir, *Coliery*.	0.63	»
Ferndale, »	4.25	»
» *Goods*.	4.39	»
Aerw, *Branch* *.	—	Glamorgan.
Coed Cae, *Coliery*.	0.45	»
Glynfach, »	0.53	»
Bedw, »	0.64	»
Old Cymmer, »	0.73	»
Pontypridd *.	—	Glamorgan.
Coke Ovens, *Siding*.	0.38	»
Llantrissant *.	—	Glamorgan.
Treforest, *Tin Works*.	»	»
Llantrissant, *Branch* *.	—	Glamorgan.
Llantwit.	2.43	»
» *Coliery*.	2.58	»
» *Wallsend Coliery*	3.14	»
» *Main* »	3.74	»
Llantrissant, *Common Br.* *.	4.7	»
Cross Inn.	4.50	»
Llantrissant, *Maesaraul* *.	5.19	»
Llantrissant, *Common Br.* *.	—	Glamorgan.
West Llantwit, *Coliery*.	0.38	»
Gellynog, »	0.44	»
Llancaiach, *Main Line* *.	—	Glamorgan.
» *Goods T.V.*	»	»
Cardiff, *East Branch* *.	—	Glamorgan.
» *Docks*.	0.54	»
Penarth, *Branch* *.	—	Glamorgan.
Ely Paper Mill, *Siding*.	2.62	»
Penarth Curve *.	3.73	»
» »	4.19	»
Grangetown *.	4.45	»
» *Iron Works Sid*.	5.13	»
Penarth Tidal, *Harbour*.	6.12	»
Grangetown *.	—	Glamorgan.
» *Gas Works Sid*.	0.21	»
Llandough, *Siding*.	1.22	»
Penarth, *Docks, Goods*.	1.35	»

	M.A.	
Cowbrige.	—	Glamorgan.
Ystrad Owen.	2.15	»
Llanharry, *Coliery*.	»	»
»	4.35	»
Llantrissant *.	4.65	»
»	4.72	»

855. — Tajo. (*Espagne*.)

En construction.

CONSEIL D'ADMINISTRATION :

Godinez de Paz, C., Président.
Morales Diaz, V., Vice-Président.
Escriva de Romani, L.
de Las Pozas y Coterón, G.
Arrieta y Porrata, A.
de Los Rios, A. F.
de Moya, R. R.
Calleja, E. M.
Leal, R. R.
Villanueva y Martinez, M.
Argüelles y Ortiz de Zárate, J.
Danette, C. C.
Ruiz de Quevedo, J., Secrétaire.

ADMINISTRATION A MADRID, 4, CALLE DE FERNANDEZ DE LOS RIOS :

Echegaray, J., Ingénieur.
Tamarit de Plaza, R., Secrétaire.

856. — Tallylyn. (*Angleterre*.)

DIRECTEURS :

Gladstone, M., Esq., Président.
Mc. Connell, W., Esq.
Jackson, H. B., Esq.
Swanwick, T., Esq.
Mc. Connell, J., Esq.
Norris, S. H., Esq.

BUREAUX A TOWYN :

Stevens, J., Secrétaire.
Roberts, J., Directeur.
Howell et Morgan, Solicitors.

	M.A.	
Towyn, *Pendre*.	—	Merioneth.
Rhydyronen.	»	»
Brynglas.	»	»
Dolgoch.	»	»
Abergynolwyn.	6 3/4	»

857. — Tambow-Kozlow. (*Russie*.) (**U. R.**)

DIRECTION A ST-PÉTERSBOURG, 7, RUE PETITE MORSKAÏA :

Schewanoff, N., Président du Conseil.

Benislawski, K., Directeur d'Exploitation à Tambow.

	Verstes.	
Tambow.	—	Tambow.
Seleznevskaïa.	20	»
Pokroyskaïa.	»	»
Dmitrievskaïa.	48	»
Kozlow.	64	»
» Riazan-Kozlow.	67	»

858. — Tambow-Saratow (*Russie*) (**U. R.**)

DIRECTION A ST-PÉTERSBOURG, RUE PETITE MORSKAÏA :

Kowalewsky, P., Président du Conseil.
Bunge, A., Directeur d'Exploitation à Saratow.

	Verstes.	
Tambow.	—	Tambow.
Raskazovo.	24	»
Lomoviss.	48	»
Krassnoslobodsk.	66	»
Kirssanow.	94	»
Oumet.	110	»
Tamala.	129	Saratow.
Sosnovka *.	153	»
Rtichthevo.	178	»
Saltykovo.	202	»
Iékaterinovka.	224	»
Joukovka.	246	»
Atkarsk.	271	»
Kologrivovka.	296	»
Marinovka.	319	»
Kourdum.	331	»
Saratow.	353	»

Sosnovka *.	—	Saratow.
Bekovo.	13	»

859. — Tarascon à St-Remy (*France*.)

Voir Bouches-du-Rhône.

859bis — Tarragona à Barcelona y Francia (*Espagne*.)

CONSEIL D'ADMINISTRATION :

Marcet Vidal, F., Président.
Planás, C., Directeur Gérant.
Castells, N.
Munner, V.
Baltá, J.
Carvallo, M.
Aldavó, M.
Parellada, M.
Torres y Venecia, M.

Fabra, C.
Prats y Rodes, J.
Rober y Suris, R.
Amer, M. V.

DIRECTION A BARCELONA :

de Aramburu y Pelayo, M., Ingénieur, Chef de l'Exploitation.
Carreras y Gonzalez, M.; Chef du Service Commercial.
Botey, M., Chef de la Comptabilité Générale.
Pera, J., Chef du Mouvement.
Pablo Sans, Ingénieur, Chef du Matériel et de la Traction.

	Kil.	
Tarragona.	—	Tarragona.
Altafulla.	11	»
Torredenbarra.	14	»
Vendrell.	29	»
Arbós.	37	»
Monjos.	44	Barcelona.
Vilafranca.	49	»
La Granada.	52	»
San Sadurni.	60	»
Gelidá.	68	»
Martorell *.	74	»
Papiól.	82	»
Molins de Rey.	86	»
San Feliu de Llobregat.	89	»
Cornellá.	93	»
Hospitalet de Llobregat.	96	»
Bordeta.	98	»
Sans.	99	»
Barcelona *.	102	»
Badalona.	111	»
Mongat.	114	»
Masnou.	117	»
Ocata.	118	»
Premiá.	121	»
Vilasar.	125	»
Mataró.	131	»
Caldetas.	138	»
Arenys de Mar.	140	»
Canet.	143	»
San Pol.	147	»
Calella.	151	»
Pineda.	154	»
Malgrat.	158	»
Blanes.	162	»
Tordera.	168	»
Martorell *.	176	»
Empalme *.	178	Gerona.
Sils.	185	»
Caldes, ó Caldas de Malabella	191	»
Riudellots.	197	»
Formells.	201	»
Gerona.	208	»

	Kil.	
Barcelona *.	—	Barcelona.
Clot.	4	»
Horta.	6	»
San Andrés.	7	»
Santa Coloma.	8	»
Moncada.	12	»
Mollet.	18	»
Montmeló.	22	»
Granollers.	30	»
Cardedeu.	37	»
Llinas.	41	»
Palau.	47	»
San Celoni.	51	»
Gualba.	56	Gerona.
Breda.	59	»
Hostalrich.	64	»
Empalme *.	70	»

860. — **Tarragona à Martorell y Barcelona** (*Espagne*).

Voir Tarragona à Barcelona y Francia.

861. — **Taunus**. (*Allemagne*).

Exploité par l'Etat de Nassau.

862. — **Tees Valley**. (*Angleterre*)

Exploité par le North Eastern.

DIRECTEURS :

Witham, T., Président.
Pease, H., Esq.
Scarth, W. T., Esq.
Richardson, T., Esq.
Thompson, R., Esq.
Pease, H. F., Esq.
Hunter, W. R., Esq.
Copperthwaite, W. C., Esq.
Richardson, R. T., Secrétaire et Solicitor à Barnard Castle.

863. — **Teign Valley**. (*Angleterre*.)

En construction.

DIRECTEURS :

Sir Palk, L., Président.
Sir Bowyer, G.
Gulson, E., Esq.
Kitson, W., Esq.
Rogers, T. E., Esq.
Toogood, I. B., Esq.
Myers, F., Ingénieur.
Toogood, W., Solicitor.

864. — **Temple Mineral**. (*Angleterre*.)

En construction.

— 405 —

Rowan, F. J., Esq., Directeur.
Hard, W. J., » »
Lankester, J. » »

865. — Tenbury Joint. (*Angleterre.*)

Exploité par le Great Western et le London and North Western.

866. — Tendring Hundred. (*Angleterre.*)

Exploité par le Great Eastern.

Directeurs à Colchester, Trinity Street :

Wool, B., Esq., Président.
Barnes, J. S., Esq., Président-Délégué.
Parkes, C. H., »
Currie, G. W., »
Josselyn, G., »
Rawkins, S. M., Cl.
Ogilvie, A., Esq.
Daniell, W. W., Esq.
Cobbold, N. F., »

867. — Teruel à Gargallo (*Espagne*).

A construire.

868. — Teruel à Sagunto. (*Espagne*).

A construire.

869. — Tewkesbury and Malvern. (*Angleterre*).

Exploité par le Midland.

Directeurs :

Baillie, W. M., Esq.
Bravo, J., »
Kenrick, T., »

Bureaux à Londres, S. W., Broad Sanctuary, Westminster :

Billson, H., Secrétaire.
Noyes, S. F., Solicitor.

870. — Tharsis à Beja. (*Espagne*).

A construire.

871. — Tharsis à Odiel. (*Espagne*).

Propriété de la Cie des Mines de charbon de Tharsis. (Siége social à Londres.)

	Kil.	
Tharsis.	—	Huelva.
Medio-Millar,	»	»
San Bartolomé.	»	»
Fuente-Salada.	»	Huelva.
Corrales.	47	»

872. — Theiss. (*Hongrie*) (**V.**)

Conseil d'Administration :

Szápáry (Cte), A., Président.
Lichnowsky (Cte), O., 1r Vice-Président.
Jaques, H., 2e »
Esztérháry (Duc), P.
Freund v. Ferenczy, C.
Haber v. Linsberg (Bon), L.
Kautz, J.
Kiss v. Nemeskér, N.
v. Madarassy, P.
Nemes (Cte), V.
v. Nordling, W.
Orczy (Bon), A.
v. Schey (Vte), H.
v. Schöller (Chev.), A.
Waldstein (Cte), J.
Wodianer (Vte), M.
Zichy (Cte), H.
v. Zsedényi, E.

Direction Générale a Buda-Pest :

Pfeiffer, R., Secrétaire Général.
Kruntorad, E., Directeur de la Traction et de la Voie.
Ronspeyer, B., Directeur de l'Exploitation et du Trafic.
Singer, H., Inspecteur Principal.
Pfeifer, J., Chef de la Comptabilité Générale.
Merwarth, V., Caissier Général.
Rindskopf, M., Inspecteur de l'entretien de la Voie.
Pecher, A., Bundsmann, C., et Karafiath, H., Ingénieurs Principaux de l'entretien de la Voie.
Komarnicky, S., et Liermberger, F., Ingénieurs Principaux des Gares et Ateliers.
Ziegler, F., Réviseur Principal du Service des Gares et Ateliers.
Hauschka, J., Réviseur Principal du Matériel.
Gelinck, F., Inspecteur, Secrétaire de l'Exploitation.
Golz, F., Inspecteur Principal des Marchandises.
Persek, J., Schölnaszt, L., et Kraus, J., Ingénieurs Principaux de l'Exploitation.
Kiss, J., Inspecteur du Service Commercial.
Benedikt, F., Inspecteur du Contrôle des Recettes.
Hüfner, H., Réviseur Principal du Contrôle des Dépenses.
Muhr, W., Ingénieur Principal de la Voie à Szolnok.
Kaluschke, A., Ingénieur Principal de la Voie à Debreczin.
Killias, W., Weiss, C., et Lendecke, O., Ingénieurs Principaux des Gares et Ateliers à Szolnok.

Kois, A., Inspecteur des Gares et Ateliers à Miskolcz.
Soumar, C., Chef du Service des Marchandises à Czegléd.
Riedl, E., Chef du Service des Marchandises à Debreczin.

	Kil.	
Kaschau.	—	Ungarn.
Csány.	13.80	»
Hidas-Némethi.	26.25	»
Garadna. H.	38.69	»
Forró-Encs.	48.40	»
Csobád. H.	56.90	»
Szikszó.	67.60	»
Miskolcz.	87.70	»
Zsolcza. H.	92.56	»
Hernád-Némethi. H.	»	»
Tisza-Lucz.	107.58	»
Harkány. H.	116.00	»
Szerencs.	125.79	»
Tarczal. H.	137.24	»
Tokaj.	143.46	»
Rakamaz. H.	149.38	»
Királytelek.	159.78	»
Nyiregyháza.	165.10	»
Uj-Fehértó.	180.05	»
Hadház.	194.54	»
Debreczin.	214.11	»
Szoboszló.	233.46	»
Kaba.	246.50	»
Püspök-Ladány *.	257.43	»
Karczag.	272.43	»
Kis-Uj-Szállás.	289.82	»
Fegyvernek.	304.84	»
Török St-Miklós.	316.22	»
Szajol*.	324.87	»
Puszta-Pó.	339.59	»
Mező-Túr.	354.84	»
Gyoma.	373.43	»
Mező-Berény.	392.85	»
Csaba.	410.00	»
Kétegyháza.	426.61	»
Puszta-Lökösháza. H.	428.98	»
Kurtics.	440.05	»
Arad.	457.19	»
Neu-Arad.	464.77	»
Segenthau. H.	476.15	»
Vinga.	483.74	»
Orczidorf.	487.53	»
Merczidorf.	495.12	»
St-András.	502.70	»
Temesvar.	517.88	»

Czegled.	—	Ungarn.
Abony.	16.04	»
Szolnok.	28.52	»
Szajol *.	39.22	»

	Kil.	
Grosswardein.	—	Ungarn.
Bors.	9.48	»
Mező-Keresztes.	18.21	»
Mező-Peterd. H.	26.25	»
Berettyó-Ujfalu.	34.97	»
Saáp.	49.01	»
Báránd. H.	59.78	»
Püspök-Ladány *.	68.28	»

873. — Thetford and Watton. (Angleterre).

DIRECTEURS :

Birch, W., Esq., Président.
Barton, T., »
Cronshey, J., Esq.
Perkins, G., »

ADMINISTRATION A LONDRES, W. C., 68, LINCOLN'S INN FIELDS :

Line, T. C., Secrétaire et Comptable.
Valentine, J. S., Ingénieur.
Grigson, E. R. et Fisher, J., Auditeurs.
Birch, Ingram & C°, Solicitors.

	M. A.	
Swaffham *.	—	Norfolk.
Holm Hale.	3.76	»
Watton *.	9.26	»
Stow Bedon.	12.16	»
Wretham.	15.67	»
Roudham *.	18.19	»

Thetford, East *.	—	Norfolk.
Thetford Bridge.	0.76	»
» » *.	1.6	»
Barnham.	3.53	»
Ingham.	9.9	»
Bury St-Edmunds.	12.63	»

874. — Thuringe. (Allemagne) (V.

CONSEIL D'ADMINISTRATION :

Eggert, Président.
Schambach.
v. Wangenheim (B°ⁿ).
Röder.
Moritz.
Breslau.
v. Egloffston (B°ⁿ).
Sterzing.
Naundorf.
Stürcke.
Steckner.
Panse.
Hünersdorf,
Engelhardt, } Représentants du Chemin de fer de Gotha-Leinefeld.
Cramer,

— 407 —

DIRECTION A ERFURT:

Eggert, Président.
Schambach.
v. Wangenhein (B^{on}).
Bail.
Salza.
Matthies.
Umpfenbach.
Micks.
Bering.
Scholtz.

ADMINISTRATION A ERFURT :

Brack, Ingénieur, Chef du Bureau Technique.
Lochner » » Principal de la Traction.
Geisel, Meyer et Bork, Chefs de Traction.
Müller, Chef du Secrétariat.
Sondhaus, Chef de la Comptabilité.
Wohle, Chef du Bureau de Révision.
Liebich, Caissier Principal.
Ziemann, Chef du Contrôle des Recettes.
Friedheim, Chef du Bureau de la Statistique.
Bothfeld, Contrôleur d'Exploitation (*Voyageurs, Bagages et Télégraphes*).
Heyse, Contrôleur d'Exploitation (*Trafic des Marchandises*).
Trautmann, Chef du Contrôle des Wagons.
Mau, » » Central ».
Herrmann, Chef du Bureau » des Décomptes.
Hoffmann, Adm^r Principal des Marchandises et Chef du Bureau des Réclamations.

	Kil.	
Halle.	—	Merseburg.
Ammendorf. H.	»	»
Merseburg.	13.5	»
Corbetha *.	23.4	»
Weissenfels a. d. Saale *.	32.	»
Naumburg.	45.6	»
Kösen.	52.6	»
Gross-Heringen.	58.4	Weimar.
Sulza.	60.6	»
Apolda.	71.7	»
Weimar.	87.	»
Vieselbach.	100.8	»
Erfurt *.	108.5	Erfurt.
Neudietenhof *.	120.9	Gotha.
Gotha *.	136.3	»
Fröttstedt.	146.9	Eisenach.
Wutha. H.	»	»
Eisenach. *.	165.2	»
Marksuhl.	178.8	»
Salzungen.	192.4	Meiningen.
Immelborn.	196.9	»
Wernshausen *.	206.8	»
Wasungen.	214.3	»
Walldorf.	220.6	»
Meiningen.	226.4	»

	Kil.	
Grimmenthal.	233.5	Meiningen.
Themar.	247.	»
Hildburghausen.	259.3	»
Eisfeld.	274.	»
Coburg *.	295.8	Coburg.
Nieder-Füllbach. H.	301.4	»
Ebersdorf.	306.9	»
Lichtenfels.	317.2	Bayern.
Corbetha *.	—	Merseburg.
Dürrenberg.	5.6	»
Kotschau.	9.2	»
Markraustädt.	16.4	Sachsen.
Leipzig.	31.	»
Barneck.	37.2	»
Plagwitz-Lindenau.	41.3	»
Knauthayn.	46.7	»
Eythra.	51.7	»
Pegau.	60.	»
Reuden.	67.3	Merseburg.
Zeitz.	74.3	»
Wetterzeube. H.	»	»
Crossen.	90.6	»
Köstritz.	96.	»
Gera.	102.5	Reuss.
Wolfsgefährt.	109.6	Oppurg.
Weida.	114.8	»
Niederpöllnitz.	123.4	»
Triptis.	130.3	»
Neustadt a. d. Orla.	138.7	»
Oppurg.	147.2	»
Pössneck.	152.5	Meiningen.
Könitz.	160.5	Sch. Rudolstadt.
Unterwellenbarn.	164.3	Meiningen.
Saalfeld.	169.8	»
Eichicht.	179.6	Sch. Rudolstadt.
Eisenach *.	—	Eisenach.
Herleshausen.	13.1	Cassel.
Gerstungen.	24.3	Eisenach.
Coburg *.	—	Coburg.
Oeslau.	6.4	»
Mönchröden. H.	9.0	»
Neustadt.	15.2	»
Sonneberg.	19.7	Meiningen.
Erfurt *.	—	Erfurt.
Ilversgehofen.	4.6	»
Weissenfels a. d. Saale *.	—	Merseburg.
Prittitz. H.	»	»
Teuchern.	15.7	»
Deuben. H.	»	»
Thiessen. H.	»	»
Zeitz.	31.3	»

— 408 —

	Kil.	
Arnstadt.	—	Sch. Rudolstadt.
Haarhausen. H.	»	Gotha.
Neudietenhof.*	10.1	»

Gotha *.	—	Gotha.
Ballstädt.	12.1	»
Langensalza.	21.4	Preussen.
Grossen-Gottern.	29.3	»
Mühlhausen.	40.0	»
Dachrieden.	48.5	»
Silberhausen-Dingelstädt.	57.8	»
Leinefelde.	67.1	»

Schmalkalden.	—	Meiningen.
Auhütte. H.	1.1	»
Wernshausen *.	6.9	»

875 — Tilsit-Insterburg. *(Allemagne).* **(V).**

CONSEIL D'ADMINISTRATION :

v. Simpson, W., Président.
Kleffel, Vice- »
Korn.
Simon.
Bray, J.
Herzfeld.
Humphray Davy.
Jabs, Membre-Adjoint.
Wachter.
Simon, G.
Logan, W.

DIRECTION D'EXPLOITATION A TILSIT :

Talke, Ingénieur en Chef, Directeur-Spécial.
Holzt, Chef de la Traction.
Hartmann, Contrôleur d'Exploitation.

	Kil.	
Tilsit.	—	Gumbinnen.
Argeningken.	12.58	»
Szillen.	20.49	»
Grünheide.	32.09	»
Auxkallnehlen.	42.48	»
Insterburg.	53.93	»

876. — Tirgovesci-Perisu *(Roumanie).*

En construction.

877. — Tivy Side *(Angleterre).*

En construction.

DIRECTEURS :

Howell, J. R., Esq.
Jones, J. M., Esq.
Davies, S., Esq.
Tyler, G., Esq.
Thomas, J., Esq.

878. — Toggenburg *(Suisse).*

Exploité par : Union Suisse.

879 — Torbay and Brixham *(Angleterre).*

DIRECTEURS :

Ellis, H. S., Esq., Président.
Wolston, A. H., Esq., » Délégué.
Wolston, W. T. P., Esq.
Spark, W. P., Esq.
Campion, R. T., Esq.
BUREAUX A EXETER, 8, BEDFORD CIRCUS.
Wolston, R. W., Secrétaire.
Ashford, C., Secrétaire-Adjoint et Auditeur.
Morgan, W., Auditeur.

	Kil.	
Brixham Road.	—	Devon.
» Town.	2 1/4	»

880. — Torjok *(Russie)* **(U. R.)**

DIRECTION A ST-PÉTERSBOURG, 20, RUE GALERNAÏA :

Trubetskoi (Prince), Président du Conseil.
Mitzkewitsch, K., Directeur d'Exploitation.

	Verstes.	
Ostachkovo.	—	Tver.
Terechkino.	16	»
Torjok.	33	»
Iliino.	48	»
Vyssokoïé.	71	»
Staritsa.	89	»
Panino.	107	»
Rjew.	129	»

881. — Torino-Cirié *(Italie).*

ADMINISTRATION A TURIN.

	Kil.	
Torino, P. P.	—	Torino.
Venaria Reale.	7	»
Borgaro.	10	»
Caselle.	13	»
San Maurizio.	18	»
Cirié.	21	

882. — Torino-Rivoli *(Italie).*

DIRECTION A TURIN :

Colli (Chev.), J., Concessionnaire.

— 409 —

Raimondo, L., Ingénieur, Directeur.
Raimondo, F., Sous-Directeur.

Torino.	Kil.	Torino.
Pozzo di Strada. H.	4	»
Baraccone.	8	»
Rivoli.	12	»

883. — Torralba à Soria (*Espagne*).

A construire.

884. — Töss-Thal. (*Suisse*).

COMITÉ ADMINISTRATIF :

Sulger, J., Président.
Würmli, J. R., Vice-Président.
Winkler, J. C.
Schoch, A.
Reiman, R.

ADMINISTRATION A WINTERTHUR :

Hasler, E., Secrétaire Général.
Lauli, T., Ingénieur en Chef.
Permpin, E., Chef de l'Exploitation.

Winterthur.	Kil.	Zürich.
Grüze.	—	»
Seen.	2.43	»
Sennhof-Kyburg.	4.34	»
Kollbrunn.	7.11	»
Rykon.	8.55	»
Zell.	11.26	»
Turbenthal.	13.42	»
Wyla.	15.78	»
Saland.	18.00	»
Bauma.	21.14	»
	25.04	»

885. — Tottenham and Hampstead.
(*Angleterre*).

Exploité par le Midland et le Great Eastern.

DIRECTEURS :

Sir Arrow, F., Cap^{ne}, Président.
Allport, J. J., Esq.
Kenrick, T., Esq.
Simpson, L., Esq.
Swarbrick, S., Esq.
Shipley Ellis, E., Esq.
Parkes, C. H., Esq.

BUREAUX A LONDRES, S. W., 2, WESTMINSTER CHAMBERS, VICTORIA STREET :

Lankester, H., Secrétaire.

Beale, J. S. et Shaw, W. H., Solicitors.
Hodges, W. W. et Waddy, F., Auditeurs.

886. — Trelleborg-Lund. (*Suède*).

	M. S.	
Trelleborg.	—	Malmöhus.
Fjerdingslöf.	0.6	»
Ahlsta.	1.	»
Marieberg.	1.2	»
Svedala.	1.7	»
Holmeja.	2.3	»
Klagerup.	2.8	»
Staffanstorp.	3.3	»
Lund.	4.	»

887. — Trent, Ancholme and Grimsby.
(*Angleterre*).

Exploité par : Manchester, Sheffield and Lincolnshire.

DIRECTEURS :

Lord Auckland, Président.
Winn, R., Esq.
Dawes, G., Esq.
Fenton, W., Esq.
Hutton, W., Esq.
Lister, G. S., Esq.

BUREAUX A MANCHESTER, LONDON ROAD :

Ross, E., Secrétaire.
Sacré, C., Ingénieur.
Baxters & C°, Solicitors.
Stanyforth, S. H., Auditeur.

888. — Tréport. (*France*).

CONSEIL D'ADMINISTRATION :

Gautray, Président.
de Joly.
Mauguin.
de Lestaubière.
Abt, E.

ADMINISTRATION A PARIS, 13, RUE ST-GEORGES :

Desgrange, H., Ingénieur, Conseil.

	Kil.	
Tréport.	—	Seine-Inférieure.
Eu.	4	»
Ponts et Marais. H.	5	»
Incheville.	11	»
Longroy-Gamaches *.	16	»
Gamaches. H.	»	»
Maisnières.	24	Somme.
Martainneville.	31	»
Oisemont.	36	»
Wiry.	42	»

		Kil.	
Allery.		46	Somme.
Airaines.		49	»
Longpré.		56	»
Flixecourt.		61	»
St-Ouen, *Arrêt*.		»	»
St-Léger-lès-Domart.		67	»
Pernois. H.		»	»
Canaples.		74	»
Montrelet. H.		»	»
Fienvillers-Candas.		80	»
Gézaincourt.		85	»
Doullens.		90	»
Bouquemaison.		99	»

Longroy-Gamaches *.		—	Seine-Inférieure.
Monchaux-Soreng. H.		4	»
Blangy.		8	»
Nesle-Normandeuse.		12	»
Hodeng-Senarpont.		17	»
Vieux-Rouen.		22	»
Aumale.		30	»
Gourchelles.		35	Oise.
Abancourt.		41	»

889. — Triano à la Ria de Bilbao
(*Espagne*.)

M. F. Alberti, Concessionnaire.

	Kil.	
Triano.	—	Bilbao.
Ria de Bilbao.	7.298	»

890. — Trondhjem vers la Suède (*Norwége*).
En construction.

891. — Trondhjem-Storen. (*Norwége*).

CONSEIL D'ADMINISTRATION :

Motzfeldt, C., Président.
Lossins, M., Lt. Cl.
Hartmann, G.
Hielm, C. Directeur, à Trondhjem.

	M. N.	
Trondhjem.	—	Sondre-Trondhjem.
Sluppen.	0.3	»
Hejmdal.	0.8	»
Stokke.	1.2	»
Melhus.	1.6	»
Söberg.	1.9	»
Kvaal.	2.2	»
Ler.	2.7	»
Lundemo.	3.2	»
Hovind.	3.8	»
Storen.	4.3	»

	Kil.	
Rognæs.	5.3	Sondre-Trondhjem.
Bjorgen.	6.4	»
Singsaas.	7.	»

892. — Truro and Perran Mineral.
(*Angleterre*.)

En construction.

DIRECTEURS :

Peto, H., Esq., Président.
Hard, W. J., Esq.
Harrison, C. A., Esq.
Fraser, W., Secrétaire à Londres, S. W., 26, Great Winchester Street.

893. — Tudela à Bilbao. (*Espagne*).

CONSEIL D'ADMINISTRATION :

de Echevarria y la Llana, J., Président.
de Aburto, M.
de Urigüen, L.
del Rio, F.
de Basterra, J.
de Zabala, M.
de Echevarria, S. et L.
de Arriaga, E.
Ibarra, J. A.
de Barrocta, L.
de Olaechea, I.
de Oxangoiti, C. A.
Mac-Mahon, M.
Gorbena, B., ⎫
Vitoria, J. F., ⎬ Suppléants.
de Recacoechea, J., ⎪
de Mendiguren, J. A., ⎭
Retortillo, A., Ingénieur, Directeur à Bilbao.

	Kil.	
Castejon.	—	Logrono.
Alfaro.	5	»
Rincon del Soto.	15	»
Calahorra.	28	»
Lodosa.	41	»
Alcanadre.	48	»
Recajo.	67	»
Logrono.	77	»
Fuen-Major.	91	»
Cenicero.	101	»
Briones.	118	»
Haro.	127	»
Miranda.	145	Burgos.
Pobes.	160	Vitoria.
Izarra.	180	»
Inoso.	183	»
Lezama.	194	»
Orduna.	209	»
Amurrio.	216	»

Llodio.	Kil. 227	Vitoria.
Areta.	229	»
Miravalles.	235	Bilbao.
Arrigorriaga.	239	»
Bilbao.	249	»

894. — Tunbridge Wells and Eastbourne.
(Angleterre.)

En construction.

DIRECTEURS :

Lord Hamilton, Président.
Sir Blunt, C. W.
Huth, L., Esq.
Sir Prescott, G. R.
Boucher, J. S., Esq.

895. — Tunnel de la Manche *(France et Angleterre.)*

En construction.

Chevalier, M., Président du Groupe Français.
Lord Grosvenor, M. R., Président du Groupe Anglais.

896. — Turin à Marseille. *(Italie.)*

En projet.

897. — Turnhout. *(Belgique.)*

CONSEIL D'ADMINISTRATION :

Stoclet, A., Président.
Matthieu, J.
Schull, J.
Leysen, T., Commissaire.
Bischoffsheim, J. R., »
Drugman, L., »
Mackenzie-Shaw, »

ADMINISTRATION A BRUXELLES, 88, RUE BELLIARD :

Ullens, Ingénieur, Chef de Traction.
Focquet, P., Directeur.
Dessert, Chef du Mouvement et des Voies et Travaux à Anvers.
Criquillion, Inspecteur, Chef du Contrôle des Recettes à Lierre.
Descamps, A., Inspecteur, Chef de la Comptabilité.

	Kil.	
Lierre.	—	Anvers.
Nylen.	7.945	»
Bouwel.	13.502	»
Hérenthals.	19.537	»
Lichtaert.	25.308	»

	Kil.	
Thielen.	27.784	Anvers.
Turnhout.	37.224	»

898. — Turquie d'Europe.

ADMINISTRATION A PARIS, 82, BOULEVARD HAUSSMANN.

Direction de l'Exploitation à Constantinople.

	Kil.
Constantinople, *Gold Horn.*	—
» *Koum Kapou.*	3.8
» *Jedikoulé.*	7.3
Makri-Keui.	12.7
San Stephano.	17.7
Kutschuk-Tchekmedjé.	21.9
Omarly-Hadem-Keui.	51.4
Tschataldjé.	71.0
Kabatche.	85.8
Sinekli.	108.3
Therkes-Keui-Jeni-Keui.	129.5
Tschorlu.	154.0
Muratli-Keupekli.	179.9
Sidler-Tchiflik.	195.2
Lulé-Bourgas.	213.1
Eski-Baba-Alpoulo.	229.6
Paolo-Keui.	254.1
Ouzum-Keuprü.	271.9
Kulleli-Bourgas *.	282.4
Ourli.	293.4
Andrinople.	318.4
Mustafa.	354.3
Hermanly.	382.6
Ternova-Seymenli.	397.8
Kajadjick-Haskeui.	420.8
Jeni-Mahale.	453.2
Papasly.	468.7
Katunizza-Stanimak.	485.4
Philippopoli.	498.4
Tatar-Bazardjick.	534.9
Demirchillère-Sarambey.	554.1
Sarambey-Bellova.	564.1

Banjanluka.	—
Ivanska.	24.6
Omarska.	38.4
Priedor.	55.9
Novi.	87.5
Doberlin.	102.0

Salonik, *Port.*	—
» *Ville*	»
Topsin.	22.8
Amatova.	43.3
Karasuli.	56.6
Gjevgeli.	78.9

	Kil.
Mirovec.	101.2
Demir-Kapu.	123.9
Krivolak.	145.3
Veniciani.	167.0
Köprülü.	194.3
Zelenico.	220.8
Uskub.	243.1
Eles Han.	267.4
Kaçanik.	278.9
Verisowitz.	297.4
Liplan.	316.9
Pristina.	336.2
Mitrovica.	362.8

Dedeagatsch, *Port.*	—
» *Ville.*	»
Ferré.	28.5
Bidigli.	50.3
Soufli.	69.3
Demotica.	98.2
Kulleli-Bourgas *.	113.0

Echelle, *Port.*	—
Varna.	1
Gubedjie.	21
Pravadi.	54
Schumla Road.	85
Cheytanjik.	111
Ichiklar.	132
Rasgrad.	155
Vétova.	187
Tchervenavoda.	202
Rustschuk.	220

899. — Tyrnau-Kralup-Prag. *(Autriche* (V.)

CONSEIL D'ADMINISTRATION

Waldstein-Wartemberg (Comte), E., Président.
Bachofen, v. Echt, C., Vice-Président.
Waydelin, L.
Schmeykal, F.
Klier, J.
Waldert, A.
Bergrath v. Kress (Chev.)
v. Kress (Chev.).
Wachsmulh.
Leilenberger (Baron), F.
v. Lanna (Chev.), A.
Korb v. Weidenheim (Baron), C.

DIRECTION A PRAGUE :

Low, G., Directeur.
Lat, F., Inspecteur, adjoint au Directeur.
Sanna, T., Chef-Expéditeur.
Ballabene, N., Secrétaire.
Manias, C., Caissier Général.

Schramek, M., Chef de la Comptabilité.
Biedermann, J., Ingénieur en Chef.
Messany, R., Chef du Matériel.

	Kil.	
Tyrnau.	—	Tyrnau.
Swijan-Podol.	7.6	»
Münchengratz.	15.0	Münchengratz
Bakov.	22.1	»
Josefsthal-Kosmanos.	26.5	Jungbunzlau.
Jungbunzlau.	31.7	»
Stranow-Krusko.	35.9	»
Kuttenthal.	43.5	Benatik.
Vrutic.	53.2	»
Liblic-Bisic.	61.2	Melnik.
Vsetat-Privor.	64.4	Brandeis.
Neratowic *.	70.0	»
Kojetic-Grossdorf. H.	73.6	»
Mesic.	77.7	»
Cakovic.	84.8	Carolinenthal.
Satalic.	90.2	»
Vysocan.	97.7	»
Prag, *Franz-Josefs.*	103.9	»

Neratowic *.	—	Brandeis.
Klomin. H.	3.3	Melnik.
Auzic.	10.6	Wellwarn.
Kralup.	17.0	»

900. — Uddevalla-Wenersborg-Herrljunga. *(Suède.)*

Faube, G. A., Directeur à Uddevalla.

	M. S.	
Herrljunga.	—	Elfsborgs.
Wedum.	1.0	Skaraborgs.
Wara.	2.0	»
Hakantorp.	2.5	»
Ulfstorp.	3.0	»
Grästorp.	3.8	»
Salstad.	4.3	»
Lilleskog.	5.1	Elfsborgs.
Rannum.	5.5	»
Wenersborg.	6.1	»
Grunnebo.	6.8	»
Ryr.	7.3	Göteborgs.
Engebacken.	7.8	»
Uddevalla.	8.7	»

901. — Uetliberg. *(Suisse).*

CONSEIL D'ADMINISTRATION :

Tuggener, S., Président.
Voegeli-Bodmer, A., Vice-Président.
Buckhardt, W.
Werdmüller, H.
Gujer, E.

Kolliker, W.
Pestalozzi, H.
Zuppinger-Zollingen, H.
Wild-Wirth, H.

COMITÉ DE DIRECTION A ZURICH, 17, SELNAU-STRASSE :

Werdmüller, H.
Zuppinger-Zollingen, H.
Tobler, S., Ingénieur, Directeur.

	Kil.	
Zurich, *Selnau*.	—	Zurich.
Uetliberg.	9.160	»

902. — Ulricehamn-Wartofta. *(Suède).*

CONSEIL D'ADMINISTRATION :

Ekenman, V., Président.
Rylander, O. P., Vice-Président et Adm^r. Gérant.
Lundberg, C. M.
Molander, N. A.
Petersson, A.
Anderson, L.

ADMINISTRATION A ULRICEHAMN :

Jagerström, J. E., Chef de l'Exploitation et Ingénieur de la Voie.
Lundblad, K., Ingénieur.
Agren, H., Contrôleur.

	M. S.	
Wartofta.	—	Skaraborgs.
Asarp.	0.7	»
Tradet.	1.2	»
Blidsberg.	1.9	Elfsborgs.
Dalum.	2.3	»
Lena.	2.8	»
Ulricehamn.	3.5	»

903. — Ulster. *(Irlande.)*

DIRECTEURS :

Coates, W., Esq., Président.
Gray, J., Esq., Vice-Président.
Brady, J., Esq.
Greer, J. W., Esq.
Mackenzie-Lyle, A., Esq.
Murland, S., Esq.
Pim, G., Esq.
Stewart, C. A. W., Esq.
Thompson, W., et E. H., Esq.
Watson, F., Esq.
Winder, J. G., Esq.

ADMINISTRATION A BELFAST :

Coates, F., Secrétaire.

Shaw, T., Directeur.
Atkinson, C. R., Ingénieur.
Eaton, J., Chef de Traction.
Dawson, J., Comptable.
Bell, J. G. et Raphael, J., Auditeurs.

	M. A.	
Belfast, *Great Victoria Street*.	—	Antrim.
Balmoral.	2 1/4	»
Dunmurry.	4 1/4	»
Lisburn *.	7 3/4	»
Moira.	14 1/2	»
Lurgan.	20	Armagh.
Portadown *.	25 1/2	»
Rich Hill.	31 1/4	»
Armagh.	35 3/4	»
Killylea.	40 1/4	»
Tynan and Caledon.	42 3/4	»
Glasslough.	46 3/4	Monaghan.
Monaghan.	52	»
Smithborough.	58 1/4	»
Clones.	64 1/2	»

Banbridge.	—	Down.
Mullafarnaghan.	3 1/2	»
Dromore.	7	»
Hillsborough.	12 1/2	»
Lisburn *.	17 3/4	Antrim.
Brookmount.	21 1/4	»
Ballinderry.	24 3/4	»
Glenavey.	28	»
Crumlin.	30 1/2	»
Aldergrove.	32 3/4	»
Antrim.	38	»

Portadown *.	—	Armagh.
Annaghmore.	6 1/4	»
Verners Bridge.	9	»
Trew and Moy.	10 1/4	»
Dungannon.	14 1/2	Tyrone.
Donaghmore.	17 1/4	»
Pomeroy.	23 1/2	»
Carrickmore.	28 1/4	»
Six Mile Cross.	32 1/4	»
Beragh.	33 3/4	»
Omagh.	41 1/4	»

904. — Union du Palatinat. *(Allemagne)* (**V.**)

CONSEIL D'ADMINISTRATION :

Mahla, F. N., Président et Délégué du Conseil.
Weber.
v. Bettinger, F. W., Délégué du Conseil.
Hofreiter, L.
Kolb, G. F., Délégué du Conseil.

Levi, S.
v. Manz, A.
Maucher, F.
Neumayer, J.
Rommich, L.
Schleip, L.
Schwinn, A.
Engelhorn, F.
Jordan, A.
Kraemer, G.
Wolf, C. H.
Boecking, F., Délégué du Conseil.
Meuth, F. F.
v. Rothschild (B^{on}), C.
Roechling, E.
Andreae, A.
Benzino, J.
Eckhard, L.
Ladenburg, C.
v. Meyer, F., Commissaire Royal.

DIRECTION A LUDWIGSHAFEN :

v. Jaeger, A., Directeur, Délégué du Conseil.
Mündler, E., Chef Principal de la Traction, Adjoint au Directeur.
Neubert, F., Caissier Principal.
Schlink, P., Inspecteur Principal du Trafic.
Basler, C., Ingénieur »
Ducar, V., Heller, J., Lavale, J., Hessert, G., Inspecteurs Principaux d'Exploitation.
Westhofen, F., Chef Principal de Traction.
Becker, C., Secrétaire.
Hamm, J., Ingénieur Adjoint.
Diehl, G., »   du Bureau Technique.
Bühn, H., Chef du Bureau des Plans et Études.
Sturm, V., Chef Principal des Ateliers de Traction.
Steyer, F., Caissier.
Weikard, R., Chef du Bureau du Contrôle.
Faust, E., » » »
Arzberger, H., Chef du Secrétariat.
Speck, C., Chef du Bureau des Réclamations.
Bruch, M., »   » du Matériel.
Bürker, S., Chef des Télégraphes.
Dürr, J., Chef de Traction à Kaiserlautern.
Braun, C., Chef des Ateliers à Neustadt.

	Kil.	
Neunkirchen.	—	Rh. Pfälzische.
Bexbach.	6	»
Homburg *.	13	»
Bruchmühlbach.	24	»
Hauptstuhl. H.	28	»
Landstuhl *.	33	»
Kindsbach.	37	»
Einsiedlerhof. H.	42	»
Kaiserlautern.	49	»
Hochspeyer *.	59	»
Frankenstein.	64	»

	Kil.	
Weidenthal.	68	Rh. Pfälzische.
Lambrecht.	76	»
Neustadt.	82	»
Hassloch.	94	»
Böhl-Iggelheim.	95	»
Schifferstadt *.	99	»
Mutterstadt.	103	»
Rheingonheim-Mundenheim.	106	»
Ludwigshafen.	111	»
Oggersheim.	116	»
Frankenthal.	122	»
Bobenheim.	128	»
Frontière	138	»

Schifferstadt *.	—	Rh. Pfälzische.
Speyer, *Stadt* *.	9	»
Berghausen.	13	»
Heiligenstein. H.	14	»
Lingenfeld.	20	»
Germersheim.	23	»
Westheim.	27	»
Lustadt.	31	»
Zeiskam.	34	»
Hochstadt.	37	»
Dreihof.	39	»
Landau, *West* *.	44	»
Rohrbach.	52	»
Winden *.	57	»
Schaidt.	63	»
Kapsweyer.	67	»
Weissenburg.	73	Elsass-Niederrhein.

Bergzabern.	—	Rh. Pfälzische.
Kapellen. H.	2	»
Barbelroth-Oberhausen.	5	»
Winden *.	10	»
Langenkandel.	17	»
Wörth. H.	23	»
Maximiliansau.	26	»

Einod * H.	—	Rh. Pfälzische.
Zweibrücken.	3	»
Tschifflick-Niederauerbach.	6	»
Contwig.	10	»
Dellfeld.	14	»
Rieschweiler.	18	»
Thaleischweiler-Fröschen.	24	»
Biebermühle *.	26	»
Rodalben.	30	»
Münchweiler.	36	»
Hinterweidenthal (Kaltenbach).	44	»
Hauenstein.	47	»
Wilgartswiesen.	51	»
Rinnthal-Sarnstall.	56	»
Annweiler.	60	»

— 415 —

	Kil.	
Albersweiler St-Johann.	64	Rh. Pfälzische.
Siebeldingen-Birkweiler.	66	»
Godramstein.	69	»
Landau, *Haupt*.	71	»
» *West* *.	75	»
Knöringen.	79	»
Edesheim.	82	»
Edenkoben.	85	»
Maikammer-Kirrweiler.	87	»
Neustadt.	93	»
Mussbach.	95	»
Königsbach.	97	»
Deidesheim-Ruppertsberg.	101	»
Wachenheim.	105	»
Dürkheim.	108	»
Erpolzheim-Ungstein.	113	»
Freinsheim-Herxheim.	114	»
Kirchheim a. d. Eck.	119	»
Grünstadt.	123	»
Albsheim a/Eis.	125	»
Bockenheim-Kindenheim.	128	»
Frontière.	130	»

Biebermühle *.	—	Rh. Pfälzische.
Pirmasens.	7.13	»

Frontière.	—	Rh. Pfälzische.
Harxheim-Zell.	1	»
Albisheim.	5	»
Marnheim *.	10	»
Gollheim-Dreysen.	13	»
Börrstadt.	18	»
Langmeil-Münchweiler *.	24	»

Münster a /Stein.	—	Rh. Pfälzische.
Ebernburg.	1	»
Altenbamberg. H.	3	»
Höchstätten.	6	»
Alsenz.	11	»
Mannweiler.	14	»
Bayerfeld-Cölln.	16	»
Bielkirchen.	19	»
Bockenhausen.	23	»
Imsweiler.	27	»
Winnweiler.	32	»
Langmeil-Münchweiler *.	35	»
Sembach-Neubemsbach.	39	»
Enkenbach.	43	»
Hochspeyer *.	49	»

Kusel.		
Rammelsbach. H.	—	Rh. Pfälzische.
Altenglan.	3	»
Theisbergstegen.	5	»
Eisenbach.	8	»
Rehweiler. H.	11	»
	13	»

	Kil.	
Glan-Münchweiler.	15	Rh. Pfälzische.
Niedermohr.	18	»
Steinwenden.	22	»
Ramstein.	24	»
Landstuhl *.	29	»

Homburg *.	—	Rh. Pfälzische.
Schwarzenacker.	6	»
Einöd. H. *.	8	»
Bierbach. H.	9	»
Blieskastel-Lautzkirchen.	12	»
Würzbach.	17	»
Hassel.	20	»
St-Ingbert.	24	»

Speyer, *Stadt* *.	—	Rh. Pfälzische.
» *Rhein*.	3	»

Marnheim *.	—	Rh. Pfälzische.
Kircheimbolanden.	5	»
Morschheim.	10	»

905. — Union Suisse.

CONSEIL D'ADMINISTRATION :

Wirth, Directeur Général, Président.
Höfliger, Vice-Président.
Züblin, Membre-Délégué.
Siman.
Aepli.
Wild-Sulzberger.
Wetter-Müller.
Kirchhofer-Gruber.
de Planta, A. R. et P. C.
Bavier, S.
Latour, A.
Boller, H.
Hannegger, C.
Schellenberg, J.
Volkart, S.
Ueber.
Hefty-Trumpy.

DIRECTION GÉNÉRALE A ST-GALL :

Wirth, Directeur Général.
Fornaro, Chef d'Exploitation.
Farter, G., Chef de la Comptabilité Générale.
Hiaber, H., Chef du Mouvement.
Wirth, T., Chef du Bureau Central d'Exploitation.
Klose, Chef de la Traction à Rorschach.
Burgi, Ingénieur en Chef.
Weber, H., Chef du Bureau des Tarifs.

	Kil.	
Winterthur.	—	Zurich.
Räterschen.	4	»
Elgg.	12	»

— 416 —

	Kil.	
Aadorf.	14	Thurgovie.
Eschlikon.	19	»
Sirnach.	24	»
Wyl *.	26	St-Gall.
Schwarzenbach.	30	»
Uzwyl.	36	»
Flawyl.	40	»
Gossau.	48	»
Winkeln-Herisau.	50	»
Bruggen.	52	»
St-Gall.	57	»
St-Fiden.	60	»
Mörschwyl.	64	»
Rorschach.	74	»
Staad.	79	»
Rheineck.	84	»
St-Margrethen.	85	»
Au.	88	»
Heerbrugg.	91	»
Rebstein.	96	»
Altstädten.	100	»
Oberriet.	105	»
Rüthi.	110	»
Saletz.	117	»
Haag.	120	»
Buchs.	124	»
Sevelen.	129	»
Trübbach.	136	»
Sargans *.	141	»
Ragatz.	146	»
Maienfeld.	148	Grisons.
Landquart.	153	»
Zizers.	158	»
Chur.	168	»

Zurich.	—	Zurich.
Oerlikon.	4	»
Wallisellen.	7	»
Dübendorf.	12	»
Schwerzenbach.	16	»
Nänikon.	19	»
Uster.	22	»
Aathal.	27	»
Wetzikon.	29	»
Bubikon.	34	»
Rüti.	39	»
Rapperzwyl.	46	St-Gall.
Schmerikon.	55	»
Uznach.	60	»
Kaltbrunn.	63	»
Schänis.	70	»
Ziegelbrücke.	72	Glarus.
Weesen *.	75	»
Mühlehorn.	82	»
Murg.	84	St-Gall.
Unterterzen.	87	»
Wallenstadt.	91	»
Flums-Dorf.	96	»

	Kil.	
Mels.	103	St-Gall.
Sargans.	106	»
Weesen *.	—	Glarus.
Näfels-Mollis.	5	»
Netstall.	10	»
Glarus.	12	»
Ebnat-Kappel.	—	St-Gall.
Wattwyl.	5	»
Lichtensteig.	8	»
Dietfurt.	10	»
Bütschwyl.	12	»
Lütisburg.	15	»
Bazenheid.	18	»
Wyl *.	25	»

906. — Unstrut. *(Allemagne.)*

En construction.

M. Breslau, Président de la Direction à Naumburg.

907. — Upsala-Lenna. *(Suède.)*

En construction.

908. — Upsala-Gefle. *(Suède.)*

DIRECTION A UPSALA.

	M.S.	Upsala.
Upsala.	—	»
Upsala (Gamla).	0,4	»
Wreta (Stora).	1.2	»
Watholma.	1.9	»
Wendel.	3.6	»
Orbyhus *.	4.	»
Tobo.	4.5	»
Tierp.	5.7	»
Orrskog *.	6.5	»
Marma.	7.6	»
Elfkarleö.	8.3	»
Harnäs.	9.3	»
Gefle.	10.6	Gefleborgs.

Orbyhus *.	—	Upsala.
Dannemora.	0.8	»

Orrskog *.	—	Upsala.
Söderfors.	0.8	»

909. — Upwell, Outwell and Wisbeach.
(Angleterre.)

En construction.

— 417 —

DIRECTEURS :

Walker, I. D., Esq.
Crowe, W. M., Esq.
Ollard, J. F., Esq.

910. — Usk and Towy. (*Angleterre.*)

En construction.

DIRECTEURS :

De Winton, W., Esq.
Evans, D., Esq.
Jones, E., Esq.
Rees, W.

911. — Utrera à Moron y Osuna.
(*Espagne.*)

Exploité par : Sevilla à Jerez.

912. — Uxbridge and Rickmansworth.
(*Angleterre.*)

Exploité par : Great Western.

DIRECTEURS :

Grosvenor, R. W., Cap., Président.
Capel, R.
Cary, J., Esq.
Elsey, W., Cl.

BUREAUX A LONDRES, S. W., 3, VICTORIA PLACE :
Forbes, A., Secrétaire.
Peirce, J. S., Ingénieur.
Hargrove, Fowler and C°, Solicitors.

913. — Valdezafan à Reus. (*Espagne.*)

A construire.

914. — Vale of Llangollen.(*Angleterre.*)

Exploité par : Great Western.

DIRECTEURS :

Tottenham, Colonel, Président.
Darby, W. H., Esq.
Robertson, H., et J., Esq.
Wagstaff, W., Esq.

BUREAUX A LLANGOLLEN, BANK BUILDINGS :
Richards, C., Secrétaire.
Robertson, H., Ingénieur.
Patchett, W. et Wagstaff Blundell, J., Auditeurs.

915. — Vale of Towy. (*Angleterre.*)

Exploité par : London and North Western.

DIRECTEURS :

Moon, R., Esq., Président.
Campbell-Davys, W, D. H., Esq., Vice-Président.
Maitland, W. F., Esq.
Stephen, O. L., Esq.
Lowther, W.
Bickersteth, J. P., Esq.
Bishop, C., Secrétaire à Llandovery.
Crosfield, H. et Lyon, M., Auditeurs.

916. — Valladolid à Calatayud. (*Espagne.*)

A construire.

917. — Van (*Angleterre*),

DIRECTEURS :

Londonderry (Marquis of), Président.
Knight, A. J. R. B., Esq., Vice-Président.
Crewe-Read.
Oldrey, R., Esq.
Batters, G., Esq.
Woosnam, J. B., G^l-Major.
Page, W., Esq.
Davies, D., Esq.

ADMINISTRATION A CAERSWS :

Lavington, W. J., Secrétaire à Londres.
Hughes, J. C., Directeur.
Powell et Swettenham, Ingénieurs.
Whaley, H. J., et Powell, E., Auditeurs.
Howell et Morgan, Solicitors.

	M. A.	
Caersws.	—	Montgomery.
Trefeglwys.	4	»
Cerist.	5	»
Garth or van Road.	6 1/4	»

918. — Varna (*Turquie*).

Exploité par : Turquie d'Europe.

DIRECTEURS :

Walden (Vte), Président.
Blake, H. W., Esq.
Earle, R., Esq.
Grosvenor, R. W., Cap^{ne}.
Lord Lennox, H. G.
Morawitz, C., Esq.
Sharps, H. P., Esq.

BUREAUX A LONDRES, 8, GREAT WINCHESTER STREET :

Walsh, J. F., Secrétaire.
Bidder, G. P., Ingénieur-Consultant.
Turquand, Youngs and C°, Auditeurs.

919. — Vassy à St-Dizier (*France*).

Exploité par l'Est Français.

920. — Vendée. (*France*).

Conseil d'Administration :

de Laguéronnière (Vte), Président,
de Laurencin (Cte), Vice-Président, } Membres du Comité d'Administration.
Vernhette,
Dromery,
Josié,
Appy,
Petiteau,
de Jouvenel (B^{on}),
Delamarre (Cte),
Gallicher,
David,
Jenty, Directeur de la Compagnie.

Administration a Paris, 17, Rue de Chateaudun :

Duval, Ingénieur en Chef.
Marindaz, Secrétaire Général.
Parent, Chef du Matériel.
Tyndall, Ingénieur à Tours.
Petit, Chef d'Exploitation à Napoléon-Vendée.

	Kil.	
Poitiers.	—	Vienne.
Grand-Pont. H.	5.917	»
Migné, les Lourdines.	9.899	»
Avanton.	12.926	»
Neuville.	17.179	»
Ville-Mal-Nommée.	21.640	»
Noiron.	26.076	»
Mirebeau.	31.990	»
St-Jean de Sauves.	40.745	»
Frontenay. H.	44.449	»
Moncontour.	50.765	»
Martaizé.	55.886	»
Arçay *.	62.533	»
Loudun *.	70.398	»
Les Trois Moutiers.	78.121	»
St-Léger de Monbrillais, Morton.	82.927	»
La Motte Bourbon. H.	87.014	Maine-et-Loire.
Montreuil-Bellay.	92.579	»
St-Cyr en Bourg-Brézé.	102.860	»
Chacé-Varrains.	106.657	»
Saumur.	109.484	»

Les Sables d'Olonne.	—	Vendée.
Olonne.	6.094	»
La Mothe-Achard.	16.860	»
Les Clouzeaux.	27.198	»
La Roche s/Yon.	36.053	»
La Chaize-le-Vicomte.	49.073	»
Bournezeau.	57.645	»

	Kil.	
Chantonnay.	70.184	Vendée.
Chavagnes-les-Redoux.	83.616	»
Pouzauges.	93.097	»
St-Mesmin.	101.710	»
Cerizay.	107.931	Deux-Sèvres.
Bressuire.	122.574	»
Noirterre.	131.966	»
Coulonges-Thouarsais.	141.943	»
Thouars.	152.354	»
Pas-de-Jeu.	164.553	»
Arçay *.	169.822	Vienne.
Loudun *.	177.687	»
Beuxes.	189.591	»
Chinon.	200.785	Indre-et-Loire.
Huismes.	206.644	»
St-Benoît.	211.914	»
Rivarennes.	217.325	»
Azay-le-Rideau.	224.448	»
Druye.	233.347	»
Ballan.	240.528	»
Joué-lès-Tours.	245.017	»
Tours.	250.020	»

921. — Vertaizon à Billom (*France*).

	Kil.	Puy-de-Dôme.
Vertaizon.	—	
Vassel. H.	4	»
Espirat. H.	6	»
Billom.	9	»

922. — Vickern-Mockheln (*Suède*).

Direction a Vickern.

	M.S.	Orebro.
Degersfors.	—	
Walasen.	1.3	»
Immetorp.	1.5	»
Snöbergshyttan.	2.5	»
Rösimmen.	2.7	»
Vestraberget.	3.4	»
Dalkarlsberget.	3.6	»
Skrikarberget.	3.8	»
Wikersvik.	4.	»
Rödberget.	4.7	»
Humlaberget.	4.8	»
Striberg.	5.1	»

923. — Victor-Emmanuel (*France.*)

Exploité par : Paris-Lyon-Méditerranée.

924. — Villabona à San Juan de Nieva
(*Espagne*).

A construire.

925. — **Villalba à Ségovia** (*Espagne.*)
A construire.
Concessionnaire : M. V. Schoemberg, 11, Postigo de San Martin à Madrid.

926. — **Villaseca à Alcoy.** (*Espagne.*)
A construire.

927. — **Virton.** (*Belgique.*)

Conseil d'Administration :

Parent-Pécher, Président.
Parez, Vice-Président.
Leschevin.
Parent, A.
Pécher, E.
Martha.
Landerspiet.
Fontaine de Laveleye. } Conseil de surveillance.

Administration a Virton :

Huriau, E., Chef d'Exploitation.
Clavel, L., Ingénieur de la Traction et des Voies et Travaux.

	Kil.	
Marbehan.	—	Luxembourg.
St-Marie (Poncelle).	6.544	»
La Croix-Rouge.	11.893	»
Ethe (La Claireau).	19.990	»
Virton.	24.457	»

928 — **Vistule.** (*Russie.*)

En construction.

Siége Social à St-Pétersbourg.

929. — **Vitré à Fougères et prolongements.**
(*France.*)

Conseil d'Administration :

de Dalmas, Président.
de Bojano, T., Vice-Président.
de la Plesse.
Ponsignon, A.
Bonnet.
Veneau.
Gide, C.

Direction a Paris, 16, Rue de la Tour-des-Dames :

Augier, Secrétaire.
Dornès, Ingénieur, Chef de l'Exploitation à Fougères.
Hui, Chef du Service des Gares à Fougères.

	Kil.	
Vitré.	—	Ille-et-Vilaine.
Gérard	7	»
La Roche.	12	»
Châtillon.	19	»
Parcé. H.	21	»
Dompierre.	25	»
La Brebitière. H.	28	»
La Selle. H.	31	»
Fougères.	37	»
St-Germain.	46	»
La Touche. H.	48	»
St-Etienne.	51	»
St-Brice.	55	»
Tremblay.	62	»
Antrain.	68	»
Pontorson.	78	Manche.
Moindrey-Mont-St-Michel.	81	»

930. — **Volga-Don.** (*Russie.*) (**U. R.**)

Conseil d'Administration :

de Gerstfeld, N., Président.
de Goureau, A., Vice-Président.
Warschaftky, A.
Winberg, C.
de Zwereff, C.
de Peters, N.
de Bikoff, W.
Wolkhonsky (Prince), V.
de Moftenanowitek, F.
de Chitrowo.

Direction a St-Pétersbourg, 12, Pont de Kasan :

de Seumé, R., Président.
Knoop, A.
de Plemiannikoff, A.
de Koroviakoff, D., Secrétaire.
d'Alekhin, N., Ingénieur en Chef, Directeur à Tsaritsyn.

	Verstes.	
Tsaritsyn, *Volga*.	—	Saratow.
Sadovaïa.	6	»
Kroutaïa.	12 1/4	»
Karpovka.	32 1/4	Cosaques du Don.
Krivomouzginskaïa.	52 3/4	»
Kalatch, *Don*.	73	»

931. — **Vorarlberg.** (*Autriche.*)(**V.**)

Conseil d'Administration :

v. Froschauer, S., Président.
Fetz, A., Vice-Président.
Wagner v. Wagensburg (Chev.), J. F.
Ganahl, C.
Gögl, J.
Jussel, A.

v. Millesi (Chev.), A.
Rebhann, G.
v. Stummer, C. A.
v. Tschavoll (Chev.), J. A.
Weiss v. Weisenhall (Chev.) C.

BUREAU CENTRAL A VIENNE :

Zehetner, F., Secrétaire Général.
Ludwig, H., Comptable.

DIRECTION D'EXPLOITATION A FELDKIRCH :

Clement, R., Directeur.
Wagner, A., Ingénieur en Chef de la Traction et des Ateliers.
Putz, J., Ingénieur en Chef, Directeur du Matériel.
Kaltenbach, T., Chef du Service Commercial et du Contrôle.
Eysank v. Marienfels, E., Ingénieur, Chef de la Voie.

	Kil.	
Bludenz.	—	Vorarlberg.
Strassenhaus.	5.006	»
Nenzing.	10.619	»
Frastanz.	17.142	»
Feldkirch *.	21.314	»
Rankweil.	25.789	»
Götzis.	33.528	»
Hohenems.	38.307	»
Dornbirn.	46.044	»
Schwarzach.	49.609	»
Lautrach *.	53.933	»
Bregenz.	58.184	»
Lochau.	62.125	»
Lindau.	68.342	»

Lautrach *.	—	Vorarlberg.
Hardt-Fussach.	3.110	»
Lustenau.	»	»
St-Margarethen.	9.709	Suisse.

Feldkirch *.	—	Vorarlberg.
Nendeln.	11.484	Liechtenstein.
Schaan-Vaduz.	15.853	»
Buchs.	18.811	Suisse.

932. — Vosges (France.)

CONSEIL D'ADMINISTRATION :

Géliot, H., Président.
Fournier, E., Vice-Président.
de Péronne, Administrateur-Délégué.
Simette, T.
Velin.

DIRECTION A EPINAL, 8, RUE DE LA GARE :

Fournier, E., Ingénieur, Directeur.

Mathieu, Chef de l'Exploitation.
Simon, Chef de l'Entretien à Bruyères.

	Kil.	Vosges.
Arches.	—	»
Jarménil.	3.639	»
Docelles.	7.864	»
Deycimont. H.	11.906	»
Lépanges.	13.798	»
Bruyères.	19.350	»
Laveline *.	23.273	»
Aumontzey.	26.199	»
Granges.	28.639	»

Laveline *.	—	Vosges.
La Chapelle.	2.300	»

933. — Vrigne Meuse à Vrigne-aux-Bois.

Exploité par l'Est Français.

934. — Waagthal. (Autriche.) (V.)

CONSEIL D'ADMINISTRATION :

Breunner (Cte), A., Président.
Zichy (Aîné), J., 1er Vice-Président.
Friedenthal, P. G., 2e   »
Erdödy (Comte), F.
Mednyanszky (Baron), D.
Michanek, M.
Ernst, H.
Berger, L.
Friedlander, G.
v. Szalay, E.
v. Goldschmidt, H.
Géza v. Szüllö.
Luft, A.
Karo, L., Secrétaire.

DIRECTION A PRESSBURG :

v. Szalay, E., Président.
Sollykich, Membre pour le Département de l'Exploitation.
Ernst, G., » » » de la Construction.
Brausewetter, V., Inspecteur de la Construction à Tyrnau.
Lóskay, Ingénieur Principal.
Koller, A., Inspecteur de Traction et des Ateliers.
Kuh, S., Chef de l'Exploitation.

	Kil.	Ungarn.
Pressburg.	—	»
Ratzersdorf *.	5.99	»
St-Georgen.	12.54	»
Bösing.	17.97	»
Modern-Schenkwitz. H.	24.58	»
Cziffer.	36.18	»
Tyrnau.	45.06	»

— 421 —

Ratzersdorf.	Kil.	
Weinern.	—	Ungarn.
	4.79	»

935. — Wadenschwyl-Eindsiedln. (*Suisse.*)
En construction.

936. — Wadstena-Fogelsta. (*Suède.*)

Wadstena.	M.S.	
Fogelsta.	—	Ostergötlands.
	0.9	»

937. — Wainfleet and Firsby. (*Angleterre.*)
Exploité par le Great Northern.

DIRECTEURS :

Martin, J., Esq.
Seels, H. J., Esq.
Mason, B., Esq.
Crow, E., Esq.
Cunson, I., Esq.

938. — Walkeasaari-Systerback. (*Russie.*)

Walkeasaari.	Verstes.	
Systerback.	—	St-Pétersbourg.
	8	»

939. — Warschau-Terespol. (*Russie.*)(**U.R.**)

DIRECTION A VARSOVIE.

	Verstes.	
Warschau, *Praga* *.		
Milosno.	—	Warschau.
Debe-Wielkie.	17	»
Minsk.	25	»
Mrozy.	35	»
Kotoun.	52	»
Siedletz.	70	»
Loukow *.	84	Grodno.
Khanlava.	110	»
Mendsirjets.	120	»
Biela.	136	»
Khotilow.	159	»
Terespol.	174	»
Brest-Litovsk.	193	»
	200	»

Warschau, *Praga* *.		
Novoguéorjievsk.	—	Warschau.
	»	»

Loukow *.		
Ivangorod.	—	Grodno.
	15	»

940. — Warschau-Wien-Warschau-Bromberg. (*Allemagne et Russie.*) (**UR.**) (**V.**)

CONSEIL D'ADMINISTRATION :

A. — *Warschau-Wien:*

v. Kremse, Président.
v. Kronenberg, L., Vice-Président.
v. Feichtner, Lt Gl, »
Gudowski.
Czernicki, Lt Gl.
Zaborowski.
Freigang.
Müller, G.
Hansemann, A.

B. — *Warschau-Bromberg :*

v. Kremse, Président.
v. Kronenberg, L., Vice-Président.
v. Feichter, Lt Gl, »
Zielinski, D.
Gruszecki.
Epstein, J.
Kreisler.
Palicyn.
Ceumern.
Plewinski, Secrétaire Général.

DIRECTION A WARSCHAU :

Findeisen, Directeur.
Sulikowski, Ingénieur en Chef.
Wolff, Syndic.
Stolyhwo, Chef du Secrétariat.
Kózniewski, Chef du Bureau Technique.
Prauss, Chef Principal de la Traction.
Helczynski, Inspecteur Principal de l'Exploitation.
Kunze, Chef Principal du Trafic.
Wasowicz, Chef de la Comptabilité.
Plewinski, Chef de la Statistique.
Lucy, Chef du Contrôle I.
Wachulski, Chef du Contrôle II.
Hoffman, Chef du Matériel Roulant.
Maszadro, Inspecteur des Télégraphes.
Schoene, Ingénieur.
Regulski, »   d'Exploitation à Skierniewice.
Lewicki, »   »   Czenstochowa.
Zakrzewski, »   »   Wloclaweck.

	Kil.	
Warschau.	—	Warschau.
Pruszków.	16	»
Brwinów. H.	23	»
Grodzisk.	30	»
Ruda Guzowska.	43	»
Radziwiłłów.	56	»
Skierniewice *.	66	»
Krezce. H.	73	»
Plycwia.	84	»
Rogów.	96	Petrikau.

— 422 —

	Kil.	
Koluszki.	106	Pétrikau.
Rokiciny.	115	»
Baby.	130	»
Moszczenice. H.	137	»
Petrikau.	145	»
Rozprza. H.	157	»
Gorzkowice.	167	»
Kaminsk. H.	178	»
Radomsk.	190	»
Widzow H.	201	»
Klomnice.	209	»
Rudniki. H.	218	»
Czenstochau.	230	»
Poraj.	247	»
Zarki. H.	258	»
Mysków.	262	»
Zawiercie.	275	»
Lazy.	281	»
Zombkowice *.	294	»
Strzemieszyce. H.	301	»
Granica.	307	»

Skierniewice *.	—	Warschau.
Lowicz.	22	»
Jackowice. H.	35	»
Pniewo.	49	»
Kutno.	67	»
Ostrowy.	81	»
Kowal.	106	»
Wloclawek.	122	»
Nieszawa.	145	»
Alexandrowo.	159	»
Ciechocinek.	166	»

Zombkowice *.	—	Warschau.
Dombrowa.	7	»
Sosnowce.	16	»

941. — Waterford and Central Ireland.
(*Irlande.*)

DIRECTEURS :

Delahunty, J., Esq., Président.
Power, E., Esq., Vice-Président.
Cahill, M., Esq.
Venning, W. C., Esq.
Thomas, C. E., Esq.
Dobbyn, R., Esq.
Sir Whetham, C., Esq.

BUREAUX A WATERFORD :

Williams, W., Secrétaire.
Mc. Dowell, D., Chef de Traction
Galwey, C. R., Ingénieur.
Lee, H., et Robinson, C. H., Auditeurs.
Dobbyn et Tandy, Solicitors.

	M. A.	
Waterford.	—	Waterford.
Kilmacow.	4 3/4	Kilkenny.
Mullinavat.	8	»
Ballyhale.	16	»
Thomastown.	20	»
Bennet's Bridge.	25	»
Kilkenny.	31	»
Ballyragget.	42	»
Attanagh.	45	Queen's.
Abbeyleix.	50	»
Maryborough.	59 1/2	»

942. — Waterford and Limerick.
(*Angleterre.*)

DIRECTEURS :

Stephens, A., Esq., Président.
Atkinson, G., »
Burke, S., »
Lombard, J. F., »
Greene, T., »
Robinson, W., »
Sir Wood, C. A. »
Pim, S. B., »
Malcomson, »
Martin, R., »
O'Shaughnessy, R., Esq.
Synnott, T., »

BUREAUX A WATERFORD :

Nicoll, J. F., Secrétaire.
Banks, I., Inspecteur Principal du Trafic.
O'Malley, T., » » à Limerick.
Tighe, J., Ingénieur.
Andrews, R., Inspecteur Principal de la Traction à Limerick.
Nevins, H. N., et Gibbons, G., Auditeurs.
Ambrose, J., Solicitor.

	M. A.	
Waterford.	—	Waterford.
Grange.	7 1/4	Kilkenny.
Fiddown.	10	»
Carrick-on-Suir.	14 1/4	Tipperary.
Kilsheelan.	22	»
Clonmel.	28	»
Cahir.	39	»
Bansha.	47 3/4	»
Tipperary	52 1/2	»
Limerick Junction.	55 1/2	Limerick.
Oola.	59	»
Pallas.	63 1/2	»
Dromkeen.	66	»
Boher	69 1/4	Clare.
Limerick *.	77 1/4	»
Long Pavement.	83 1/4	

	M.A.	
Cratloe.	87	Clare.
Six Mile Bridge.	90 1/4	»
Ballycar and Newmarkt.	93 1/2	»
Ardsollus and Quin.	97	»
Clare Castle.	100 1/4	»
Ennis.	102	»
Crusheen.	109 3/4	»
Tubber.	105	»
Gort	111	Galway.
Ardrahan.	118	»
Craughwel & Loughrea.	124	»
Athenry.	129	»
Ballyglunin.	138	»
Tuam.	145	»

Limerick *.	—	Limerick.
Patrick's Well.	7 1/4	»
Adare.	11	»
Ballingrane *.	17 1/4	»
Askeaton.	20 3/4	»
Foynes.	26 1/4	»

Nenagh Road.	—	Limerick.
Castle Connell.	1 3/4	»
Birdhill.	6 1/4	Tipperary.
Killaloe.	9 1/4	»

Ballingrane *.	—	Limerick.
Rathkeale.	2	»
Ardagh.	7 1/4	»
Newcastle.	10	»

943. — Waterford and Tramore. (*Irlande*).

DIRECTEURS :

Malcomson, J., Esq., Président.
Denny, A., »
Blood, J. L., »
Power, E., »

BUREAUX A WATERFORD :

Baker, G. N., Secrétaire et Directeur du Trafic.
Rea, W., Directeur-Adjoint.
Tarrant, C., Ingénieur.
Prossor, T. B. et Sparrow, J., Auditeurs.

	M.A.	
Waterford.	—	Waterford.
Tramore.	7.20	»

944. — Waterford and Wexford (*Irlande*).

En construction.

DIRECTEURS A LONDRES S. W., 8, WESTMINSTER CHAMBERS, VICTORIA STREET :

Le Hunte, G., Esq., Président.

Granard, (Comte of).
Sir Esmonde, J.
Alcock, Lᵗ Cᴸ.
Hall Dare, R. W., Esq.
Solly Flood, E., »
Maher, M. A., »
Wynne, H., Secrétaire à Wexford.

945. — Waterford, Dungarvan and Lismore (*Irlande*).

En construction.

DIRECTEURS :

Denny, A., Esq., Président.
Sir Keane, J. H., Président-Délégué.
Wood, A., Esq.
Ramsden, J., Esq.
Currey, F. E., Esq.
Power, E., Esq.
White, H., Esq.
Stephens, A., Esq.
Galwey, J., Esq.
Richardson, J. J., Esq.
Malcomson, F. Esq.
Goff, W. G. D., Esq.

BUREAUX A WATERFORD, CATHEDRAL SQUARE :

Willis, G., Secrétaire.
Purdon, W., et Tarrant, C., Ingénieurs.
Power, E., Solicitor.
Nevins, H. N., et Galwey, W., Auditeurs.

946. — Waterford New Ross and Wexford. (*Irlande.*)

DIRECTEURS :

Kavanagh, A., Esq., Président.
Grogan, C. J.
Wilton, H., Lᵗ Cᴸ.
Motte, S., Esq.

BUREAUX A DUBLIN, 4, COLLEGE GREEN :

Young, J. M., Secrétaire.
Knowles, T. T., Directeur du Trafic.

	M.A.	
Bagnalstown.	—	Carlow.
Goresbridge.	5	»
Borris.	8	»
Glynn.	8 3/4	»
Ballywilliam *.	20	Wexford.
Palace, *East*.	»	»
Chapel.	24	»
Sparrowsland.	28 3/4	»
Mackmine *.	31 3/4	»

Ballywilliam *.	—	Wexford.
New Ross.	»	»

947. — Watford and Rickmansworth.
(Angleterre.)

Exploité par : London and North Western.

DIRECTEURS :

Grosvenor, R. W., Cap., Président.
Cary, J., Esq., Président-Délégué.
Capel, R.
Dillon, J. H., Esq.
Lord Ebury.

BUREAUX A LONDRES, S. W., 3, VICTORIA STREET, WESTMINSTER :

Forbes, A., Secrétaire.
Peirce, J. S., Ingénieur.
Hargrove, Fowler and C°, Solicitors.

948. — Watlington and Princes Risborough. *(Angleterre.)*

Exploité par : Great Western.

DIRECTEURS :

Taylor, T., Esq., Président.
Browne, A. H. C., Esq.
Peel, J. H. W., Esq.
Allnutt, T. A., Esq.
Macclesfield (Comte of).

BUREAUX A WATLINGTON :

Peel, J. F., Directeur.
Spyer, W. G. et Wiggins, W. J., Auditeurs.

949. — Watton and Swaffham.
(Angleterre.)

Exploité par : Thetford and Watton.

DIRECTEURS :

Jarvis, L. W., Esq., Président.
Hamond, T. A. H., Esq.
Ingram, J., Esq.
Birch, W., Esq.
Downes, C., Esq.

BUREAUX A LONDRES, W. C., 68, LINCOLN'S INN FIELDS :

Line, T. C., Secrétaire.
Valentine, J. S., Ingénieur.
Bond, T. P. et Fisher, J., Auditeurs.
Harrison, C., Solicitor.

950. — Weedon and Daventry. *(Angleterre.)*

En construction.

DIRECTEURS A LONDRES, S. W., 10A, GREAT QUEEN STREET, WESTMINSTER :

Johnstone, J., Esq., Président.
Anderson, F., Esq.
Wright, H. L., Esq.

951. — Weimar-Gera. *(Allemagne.)*

En construction.

DIRECTION A WEIMAR.

952. — Wellington and Drayton.
(Angleterre.)

Exploité par : Great Northern.

953. — Wellington and Severen Junction.
(Angleterre.)

Exploité par le Great Western.

DIRECTEURS :

Dickinson, H., Esq., Président.
Slaney, J., Esq.
Robinson, J., Esq.
Darby, W. H., Esq.

BUREAUX A WELLINGTON :

Newill, R. D., Secrétaire et Solicitor.
Robertson, H., Ingénieur.
Slaney, J. H. et Barber, J., Auditeurs.

954. — Wenlock. *(Angleterre).*

Exploité par : Great Western.

DIRECTEURS :

Brookes, W. P., Esq., Président.
Butcher, R., Esq.
Brassey, T., Esq.
Wagstaff, W., Esq.
Benson, R. A., Esq.
Blakeway, R. C., Secrétaire à Much-Wenlock.

954bis. — Werra. *(Allemagne.)*

Exploité par : Thuringe.

CONSEIL D'ADMINISTRATION :

Heim.
Trausmann.
Gebhardt.
Thon.
Krell.
Röse.
Hoffmann.

Trinks.
Rückert.
Muther.
Geith.
Grebe.

INGÉNIEURS :

Büchner, Directeur d'Exploitation à Meiningen.
Kirn, » Adjoint »
Fuchs, Ingénieur de Division »
Menning, » » à Coburg.
Horn, Chef de la Traction à Meiningen.
Gress, Caissier Principal à Erfurt.
Kohl, Contrôleur »
Volk, Chef de la Comptabilité »
Polack, Chef Principal des Marchandises à Meiningen.

955. — Wessman-Barken. (Suède).

Rydman, A. R., Directeur d'Exploitation à Smedjebacken.

	M. S.	
Smedjebacken.	—	Kopparbergs.
Munkbo.	0.3	»
Sandsta.	0.8	»
Marnäs.	1.65	»

956. — West Cork. (Irlande.)

DIRECTEURS :

Sir Arnott, J., Président.
Corry, E., Esq.
Gray, W., Esq.
Ilow, R., Esq.
Mahony, T., Esq.
Massey, W. H., Esq.

BUREAUX A LONDRES, 6, WESTMINSTER CHAMBERS, VICTORIA STREET :

Mitson, W. J., Secrétaire.
Purcell, G., Directeur Général à Cork.

	M. A.	
Bandon.	—	Cork.
Castle-Bernard.	1.45	»
Desert.	7.69	»
Eniskeane.	9.17	»
Ballineen.	10.26	»
Manch Platform.	14.	»
Dunmanway.	17.48	»

957. — West Cornwall. (Angleterre.).

DIRECTEURS :

Bolitho, W., Esq., Président.
Ching, J., Esq.
Daubuz, J. C., Esq.
Thomas, C. E., Esq.
Nix, A. P., Esq.
Harrison, O. B. C., Esq.
Jose, S. P., Esq.
Bolitho, T. R., Esq.

BUREAUX A PENZANCE :

Roach, A., Secrétaire.
Pike, R. H. et Thomas, G., Auditeurs.
Radcliffe and Davies et Rodd and Cornish, Solicitors.

	M. A.	
Truro.	—	Cornwall.
Chacewater.	5 1/4	»
Scorrier Gate.	7 1/4	»
Redruth.	9 1/2	»
Pool.	11 1/4	»
Camborne.	12 3/4	»
Gwinear Road.	15 1/4	»
Hayle.	18 1/4	»
St-Ives Road.	20 1/4	»
Marazion Road.	24	»
Penzance.	26	»

958. — West Lancashire. (Angleterre.)

En construction.

DIRECTEURS :

Lilford (Baron).
de Trafford, J. R., Esq.
Spencer, L. C., Esq.
Smith, W., Esq.
Boothroyd, S., Esq.

959. — West London. (Angleterre.)

Exploité par le London and North Western et le Great Western.

DIRECTEURS :

Sir Gooch, D.,   ⎫
Sir Wood, C. A.,   ⎬ Représentants
Ponsonby, F. G. B.,   ⎬ du
Bulkeley, Cap.,   ⎬ Great Western.
Mott, C. G., Esq.   ⎭
Moon, R., Esq.,   ⎫
Cawkwell, W., Esq.,   ⎬ Représentants
Bancroft, J., Esq.,   ⎬ du London and North
Stephen, O. L., Esq.,   ⎬ Western.
Bickersteth, J. P., Esq., ⎭
Wait, J., Secrétaire à Birkenhead.
Turner, G., Inspecteur Principal à Kensington.

960. — West London Extension.
(Angleterre)

Exploité par le Great Western, le London and

North Western, le London and South Western et le London, Brighton and South Coast.

DIRECTEURS :

Dean, R. R., Esq.,
Sheward, G., Esq., } London and North Western.
Bickersteth, J.P., Esq.,
Snell, W. P., Esq., } London and South Western.
Johnston, J. G., Cap.,
Bassett, R., Esq.,
Michell, R., Esq., } Great Western.
Wanklyn, E., Esq.,
Bulkeley, T., Cap.,
Fremantle, T. F., } London, Brighton and South Coast.
Lopes, R. L., Esq.,
Bellamy, E., Secrétaire.

961. — West Norfolk Junction.
(*Angleterre.*)

Exploité par le Great Eastern.

962. — West Riding and Grimsby.
(*Angleterre.*)

Exploité par le Manchester, Sheffield and Lincolnshire et le Great Northern.

DIRECTEURS :

Waterhouse, S., Esq.,
Firth, W., Esq., } Great Northern.
Denison, C. B., Esq.,
Lord Wharncliffe,
Lord Auckland, } Manchester, Sheffield and Lincolnshire.
Withers, R., Esq.,
Grinling, W., Secrétaire à Londres, N., King's Cross.

963. — West Somerset (*Angleterre*)

Exploité par : Bristol-Exeter.

DIRECTEURS :

Sir Acland Hood, A., Président.
Walker, A., Esq., Président-Délégué.
Halliday, J., Esq.
Herniman, R., Esq.
Turle, H., Esq.
Stoate, W., Esq.
Theobald, J. W., Secrétaire à Londres, 8, Union Court, Old Broad Street, E. C.

964. — West Somerset Mineral.
(*Angleterre.*)

Exploité par : Ebbw Vale Steel, Iron and Coal Cº.

DIRECTEURS :

Darby, A., Esq., Président.

Robinson, J., Esq., Président-Délégué
Rowcliffe, C., Esq.
Towthill, F., Esq.
Philips, F., Esq.

BUREAUX A WATCHET :

Rowcliffe, C. E., Secrétaire et Solicitor.
Horne, A. V., Ingénieur.
Sim, W. F. et Grove, E., Auditeurs.

	M.A.	
Combe Row.	—	Somerset.
Roadwater.	2	»
Washford.	4	»
Watchet.	6	»

965. — Wexiö-Alfvesta. (*Suède.*)

CONSEIL D'ADMINISTRATION :

Holmberg, C. A., Président.
Soahn, J., Vice-Président.
Wettermarll, A.
Ekerot, B. F.
Johansson, J.
Sellden, S. N.
Hederstjerna.

ADMINISTRATION A WEXIÖ :

Svenson, C. E., Ingénieur, Directeur et Chef du Trafic.
Svenson, A. L., Chef de Service.

	M.S.	
Alfvesta.	—	Kronobergs.
Gemla.	0,7	»
Räppe.	1.3	»
Wexiö.	1.7	»

966. — Weymouth and Portland.
(*Angleterre.*)

Exploité par le London and South Western et le Great Western.

DIRECTEURS :

Mills, J. R., Esq., Président.
Barlow, A. T. R., Esq., Président-Délégué.
Stewart, J., Esq.

BUREAUX A LONDRES, S. W., 26, GEORGE STREET, WESTMINSTER :

Fraser, W., Secrétaire.
Fowler, J., et Ward, R. J., Ingénieurs.
Weldon, J. W., et Fletcher, R., Auditeurs.
Cope, Rose and Pearson, Solicitors.

967. — Wermlands Oriental. (Suède).

DIRECTION A KRISTINEHAMN.

	M. S.	
Kristinehamn.	—	Wermlands.
Nassundet.	1.6	»
Storfors.	2.7	»
Nykroppa.	3.8	»
Herrhult.	»	»
Gammelkroppa.	4.5	»

Persberg.	—	Wermlands.
Filipstad.	»	»

968. — Whitby, Redcar and Middlesborough Union. (Angleterre).

Exploité par le North Eastern.

DIRECTEURS :

Sir Johnstone, H., Président.
Lord Montagu-Hay, W., Président-Délégué.
Corner, E., Esq.
Leeman, C., Esq.
Mc Ewen, A., Esq.
Shaw, J., Esq.
Fraser, J., Secrétaire.
Tolmé, J. H., Ingénieur.
Wagstaff Blundell, J. et Rait, G. T., Auditeurs.

969. — Whitehaven, Cleator and Egremont. (Angleterre).

DIRECTEURS :

Jefferson, H., Esq., Président.
Fisher, C., » Président-Délégué.
Steward, A. B., Esq.
Head Head, G., »
Clarke, W. B., »
Rees, J., »
Lindow, J., »
Burns-Lindow, J. L., Esq.
Norman, J., Esq.
Hartley, T., »
Dixon, T. C., »
Lumb, J., »

ADMINISTRATION A WHITEHAVEN, COWTHER STREET :

Dodgson, T. S., Secrétaire et Directeur Général.
Harrison, W., Directeur du Trafic.
Nicholson, J. et Crosthwaite, J. F., Auditeurs.
Boyd, G., Ingénieur.
Musgrave, J., Solicitor.

	M. A.	
Marron.	—	Cumberland.
Bridgefoot.	0.49	»
Branthwaite.	3.40	»
Ullock.	4.71	»
Wright Green.	6.28	»
Rowrah,	8.35	»
Winder,	9.25	»
Yeathouse.	10.14	»
Frizington.	11.47	»
Cleator Moor.	12.62	»
Moor Row *.	13.55	»
Woodend.	14.75	»
Egremont.	16.6	»
Beckermet.	19.15	»
Sellafield.	21.22	»

Moor Row *.		—	Cumberland.
Whitehaven, *Mire House* *.	»	»	
»	Corkicle.	3.11	»

970. — Whitland and Taff Vale (Angleterre).

DIRECTEURS :

Owen, Jun, J., Esq., Président.
Evans, B., »
Owen, W., »
Yelverton, W. H.
Lewis, S., Esq.
Gower, E., »

BUREAUX A CARMARTHEN, 123, LAMMAS STREET :

Davies, H., Secrétaire et Directeur Général.
Szlumper, J. W., Ingénieur.
Barker, J. H., Solicitor.

	M. A.	
Crymmych Arms.	—	Carmarthen.
Glogue.	»	»
Llanfyrnach.	»	»
Rhydowen.	»	»
Llanglydwen.	»	»
Login.	»	»
Llanfalteg.	»	»
Whitland *.	»	»
»	»	»

971. — Widness. (Angleterre).

Voir : Manchester, Sheffield and Lincolnshire.

972. — Wien-Pottendorf-Neustadt-Grammat-Neusiedl. (Autriche).

Exploité par le Sud de l'Autriche.

CONSEIL D'ADMINISTRATION A VIENNE :

Gourcy (Comte), F., Président.

v. Mitscha (Chev.), J.
v. Tinti (Bᵒⁿ), C.

973. — Wigan Junction. *(Angleterre)*.

En construction.

DIRECTEURS :

Eckersley, N., Esq., Président.
Burrows, J., »
Stone, J., »
Johnson, J. H., »
Thompson, S., »

BUREAUX A WIGAN :

Darlington, J. S., Secrétaire.
Norris, R. S., Ingénieur.
Darlington and Sons, Solicitors.

974. — Wigtownshire. *(Ecosse)*.

DIRECTEURS :

Galloway (Comte of), Président.
Vans Agnew, R., Esq.
Stewart, R. H. J., »
Palmer, J. P., »
Mc. Lean, J. »
Drew, J., »
Ingram, A., »
Mc. Clure, W., Secrétaire à Wigtown.

	M. A.	
Newton Stewart.	—	Wigtown.
Wigtown.	7.	»
Kirkinner.	9.20	»
Waup Hill.	10.70	»
Sorbie.	13.24	»
Garliestown.	15.22	»

975. — Winterthur-Singen-Kreuzling.

Voir : National Suisse.

976. — Wislanda-Ljungby.

En construction.

977. — Witney. *(Angleterre)*.

Exploité par : Great Western.

DIRECTEURS A LONDRES, E. C., 80, COLEMAN STREET :

Thornhill, C. E., Esq., Président.
Webb, L., Esq., Président-Délégué.
Druce, J., »
Early, C., »
Akers, H., »

Broom, G., Secrétaire.
Marriott, Jordan et Cooper, Solicitors.
Clinch, J., et Hawkins, C. T., Auditeurs.
Fox, C. D., Ingénieur.

978. — Wivenhoe and Brightlingsea. *(Angleterre)*.

Exploité par : Great Eastern.

DIRECTEURS :

Moxon, R., Esq., Président.
Westwood, E., »
Parkes, C. H., »
Starkey, L. R., »
Bradley, G., »
Nicholson, G., »

BUREAUX A PONTEFRACT :

Rowbotham, H., Secrétaire.
Bradley. G., Solicitor.
Shirtcliff, W., et Nicholson, R. D., Auditeurs.

979. — Wolverhampton and Walsall. *(Angleterre.)*

Exploité par : London and North Western.

DIRECTEURS :

Lichfield (Comte of), Président.
Dixon, E., Esq., Président-Délégué.
Barker, T., »
Loveridge, S., Esq.
Perry, F. C., »
Sheward, G., »
Underhill, G. L., »
Lyon, M., »
Stephen, O. L., »

BUREAUX A WOLVERHAMPTON :

Underhill, H. et Fowler, H. H., Secrétaires.
Addison, J., Ingénieur.

980. — Worcester and Aberysthwyth Junction. *(Angleterre)*.

En construction.

DIRECTEURS :

Sladen, J. R., Esq.
Williams, I. C. E., et E., Esq.

981. — Worcester, Bromyard and Leominster. *(Angleterre)*.

Exploité par le Great Western.

DIRECTEURS :

Evans, E. B., Esq., Président.
Rowley Hill, T., »
Stallard, J., et T. B., Esq.
Bodenham, F. L., Esq.
Hastings, G. W., »
Sutherland, F., Cap^{ne}.
Sherriff, A. C., Esq.
King, W. C., »

BUREAUX A WORCESTER, 40, FOREGATE STREET :

Baylis, W., Secrétaire.
Blatchley, C. G., Ingénieur en Chef.
Lewis, W. B. et Wilson, E., Ingénieurs.
Pitcock and Son, Solicitors.
Hall, J. et West, R., Auditeurs.

982. — Wrexham, Mold and Connah's Quay. (Angleterre).

DIRECTEURS :

Barnes, T., Esq., Président.
Bowring, C. T., Esq., Président-Délégué.
Hughes, C., »
Rawlins, R. C., »
Barnes, J. R., »
Arnold, C. T., »

BUREAUX A WREXHAM (GARE) :

Broughton, J., Secrétaire et Directeur Général.
Allmand, J. et Fraser, J., Auditeurs.

	M. A.	
Wrexham.	—	Denbigh.
» Coal C^o Works *.	1.18	»
Gwersyllt, South *.	1.36	»
»	1.60	»
» North *.	»	»
Ffrwd, East *.	2.52	»
Cefn-y-Bedd.	3.50	»
Hope, South *.	3.75	Flint.
Bridge End.	4.30	»
Caergwrle.	4.75	»
Hope.	6.67	»
» Exchange.	7.23	»
Pentrobin, Coliery.	8.72	»
Buckley.	9.32	»
» *.	9.72	»
Ewloe Hall, Coliery.	10.7	»
South Buckley, Coliery *.	10.41	»
Ewloe Barn Brickworks *.	10.64	»
Castle Brickworks.	11.2	»
Dublin, Coliery.	11.74	»
Connah's Quay, West *.	13.68	»
» » Head of Quay	14.	»

	M. A.	
Wrexham, Coal C^o Works *.	—	Denbigh.
» Stansty Forge Sid.	0.11	»
Brick and Tile C^o, Works.	—	Flint.
South Bulckley, Coliery *.	0.5	»
Ewloe Barn, Brickworks *.	—	Flint.
» » *.	0.5	»
Castle Brickworks.	—	Flint.
Buckley, Coliery.	0.23	»
Castle, Brickworks.	—	Flint.
Parry's »	0.13	»
Connah's Quay, West *.	—	Flint.
» » L. and N. W *.	0.16	»
Connah's Quay, Head of Quay	—	Flint.
» » Chemical Works.	0.10	»
Dublin, Coliery.	—	Flint.
Northop Hall, Coliery.	»	»
Ffrwd, East *.	—	Denbigh.
» North *.	0.67	»
» South *.	1.	»
Pendwllyn, Coliery.	1.40	»
Ffrwd, North *.	—	Denbigh.
» Iron Works *.	0.15	»
Ffrwd, South *.	—	Denbigh.
»	0.17	»
Bryn Malley, Coliery *.	0.60	»
Hope, South *.	—	Flint.
» Coliery.	0.12	»
Bridge End,	—	Flint.
Lassell's, Siding.	0.17	»
Hope.	—	Flint.
» North *.	0.36	»
Pentrobin, Coliery.	—	Flint.
Little Mountain, Coliery.	0.13	»
Buckley *.	—	Flint.
Ashton's, Brickworks.	0.41	»

983. — Wye Valley. (*Angleterre*.)

Exploité par : Great Western.

DIRECTEURS :

Hawes, W., Esq., Président.
Lord Lennox, A. G.
Home, I. W., Esq.
Goodson, J., Esq.
Dalrymple, H., Esq.

BUREAUX A LONDRES, E. C., 19, Sᵗ-SWITHIN'S LANE :

Mardon, F. E., Secrétaire.
Sutton and Ommaney, Solicitors.

984. — Yarmouth and Ventnor
(*Angleterre*)

En construction.

DIRECTEURS :

Hamilton, W., Esq., Président.
Crawford, C., Esq.
de Ruvignes, C. H. J. B., Lᵗ Cˡ.
Cumming, J. B., Esq.
Walpole, F.

BUREAUX A LONDRES, S. W., 19, GREAT GEORGE STREET :

Hedley, T. A., Secrétaire.
Barlow, W. H., Ingénieur Conseil.
Holland, C. M.,   »
Kemp, Ford and Cᵒ, Auditeurs.
Ashurst, Morris and Cᵒ, Solicitors.
Saunders, Hawksford and Bennett, Solicitors.
Burnett, J. J., Agent à Southampton.

985. — Ystad-Eslöf. (*Suède*.)

Waldenstrom, C. W., Directeur à Ystad.

	M. S.	
Eslöf.	—	Malmöhus.
Kristineberg.	0.4	»
Hurfva.	1.0	»
Löberöd.	1.5	»
Askeröd.	2.0	»
Bjersjölagard.	2.7	»
Wollsjö.	3.3	»
Löfvestad.	4.1	»
Esperöd.	4.6	»
Tömelilla.	5.3	»
Svenstorp.	6.1	»
Ystaf.	7.1	»

986. — Zafra à Huelva. (*Espagne*.)

A construire.

987. — Zamora à Astorga. (*Espagne*.)

A construire.

987ᵇⁱˢ. — Zamora al Morro (*Espagne*.)

Propriété de la Cⁱᵉ des Mines de Bilbao.

	Kil.	
Zamora.	—	Bilbao.
Morro.	5	»

988. — Zaragoza à Pamplona y Barcelona. (*Espagne*).

CONSEIL D'ADMINISTRATION A MADRID, 20, CALLE DE ATOCHA :

de Salamanca (Marquis), Président.
Llorente, A., Vice-Président.
Carriquiri, N.,   »   »
Acebo, J. G., Administrateur Délégué.
de Guad-al-Jelu (Marquis).
de Mendigorria (»   )
Sepulveda, F.
Muro, L.
Rivero, N. M.
Alzugaray, R.
Topete, J. B.
Saavedra, F.

COMITÉ DE BARCELONE :

López y López, A.
Girona, M.
Robert, A.
de Bacardi, B.
Clot, J.
Catalan, F.
López de Vega, A.
Giiell y Bacigalupi, E.
Ferrer y Vidal, J.
Muntadas, J. A.

COMITÉ DE PARIS, 56, RUE DE LA VICTOIRE :

Delahante, G.
Daugny, C.
Baudeau, L.
Moïse, M., Secrétaire.

ADMINISTRATION A MADRID :

de Madrid Dávila, M., Directeur Général.
Martinez, W., Secrétaire du Conseil.
Anchóriz, G.,   »   de la Direction et du Comité de Barcelone.
Rouvière, L., Ingénieur, Chef du Matériel et de la Traction.
Matallana, M., et Gomez, J. M., » des Voies et Travaux.

— 431 —

Ferreras, J. A., Chef du Mouvement.
Ferrer, S., » de la Comptabilité Générale.
Reynals, P., » du Service Commercial.
Navas, L., » de Service.
Parera, F., Moubiela, J., Subivan, E., et Armendariz, P., Agents Commerciaux.

	Kil.	
Barceloua.	—	Barcelona.
San Andrés.	5	»
Moncada.	11	»
Sardanola.	14	»
Sabadell.	22	»
Tarrasa.	32	»
Villadecaballs.	37	»
Olesa.	41	»
Monistrol.	51	»
San Vicente del Castellet.	56	»
Manresa.	64	»
Rajadell.	76	»
Segués.	89	»
Calaf.	99	Lerida.
San Guim.	111	»
Cervera.	125	»
Tárrega.	139	Lerida.
Bellpuig.	150	»
Mollerusa.	159	»
Bell-Lloch.	169	»
Lerida.	182	»
Raymat.	200	»
Almacellas.	206	»
Binéfar.	227	»
Monzon.	238	Huesca.
Selgua.	243	»
Ferreu.	256	»
Formillo-Lastanosa.	262	»
Sarinena.	275	»
Polinino.	287	»
Grañen.	296	»
Tardienta *.	313	»
Almudévar.	322	»
Zuera.	340	Zaragoza.
Villanueva de Gállego.	353	»
San Juan.	358	»
Zaragoza (Arrabal).	366	»
Las Casetas.	382	»
La Joyosa.	387	Zaragoza.
Alagon.	391	»
Pedrola.	400	»
Luceni.	404	»
Gallur.	412	»
Córtes.	422	»
Rivaforada.	434	»
Tudela.	444	Pamplona.
Castejon.	460	»
Milagro.	469	»
Villafranca de Navarra.	473	»
Marcilla.	480	»
Caparroso.	488	»

	Kil.	
Pitillas.	493	Pamplona.
Olite.	500	»
Tafalla.	505	»
Garinoain.	514	»
Biurrun-Campanas.	526	»
Noain.	535	»
Pamplona.	548	»
Zuasti.	557	»
Irurzun.	569	»
Villanueva de Araquil.	574	»
Huarte-Araquil.	581	»
Echarri-Aranaz.	590	»
Bacaicoa.	593	»
Alsásua.	599	»
Tardienta *.	—	Huesca.
Vicien.	13	»
Huesca.	22	»

989. — Zaragoza à Escatron y Val de Zafan. (*Espagne*).

Bruil, J., Administrateur Judiciaire, à Madrid, 3, Calle del Duque de Alba.

	Kil.	
Zaragoza.	—	Zaragoza.
El Burgo.	»	»
Fuentes de Ebro.	13	»

990. — Zerere. (*Espagne*).
A construire.

991. — Zittau-Reichenberg. (*Allemagne*).

Exploité par : Etat Saxon.

CONSEIL D'ADMINISTRATION :

Opitz et Hellft.

991 bis. — Zorroza à la Mina Primitiva.

Propriété de la Cie des Mines de Bilbao.

	Kil.	
Zorroza.	—	Bilbao.
Primitiva, *Mina*.	3.5	»

992. — Zwickau-Lengenfeld-Falkenstein.
(*Allemagne*.) (**V**).

DIRECTION A ZWICKAU.

	Kil.	
Zwickau.	—	Zwickau.
Stenn. H.	7	»
Voigtsgrün. H.	13	»
Lengenfeld.	22	»
Rodewisch. H.	28	»
Auerbach.	30	»
Falkenstein.	35	»

Tableau des différentes mesures itinéraires rapportées au mètre.

VALEUR.	MILLE NORVÉGIEN.	MILLE ANGLAIS.	MILLE PRUSSIEN. — MILLE DANOIS.	MILLE SUÉDOIS.	MILLE AUTRICHIEN.	MILLE de l'Empire D'ALLEMAGNE.	VERSTES.
	Mètres.	Mètres.	Mètres.	Mètres.	Mètres.	Mètres.	Mètres.
1/4	2.812	0.402	1.883	2.672	1.896	1.875	0.266
1/2	5.625	0.804	3.766	5.344	3.793	3.750	0.533
3/4	8.440	1.206	5.649	8.016	5.689	5.625	0.800
1	11.250	1.609	7.532	10.688	7.586	7.500	1.067
2	22.500	3.219	15.065	21.376	15.173	15.000	2.134
3	33.750	4.828	22.597	32.064	22.759	22.500	3.200
4	45.000	6.437	30.130	42.752	30.446	30.000	4.267
5	56.250	8.047	37.663	53.440	37.932	37.500	5.334
6	67.500	9.656	45.195	64.128	45.519	45.000	6.401
7	78.750	11.265	52.727	74.816	53.105	52.500	7.467
8	90.000	12.875	60.260	85.504	60.692	60.000	8.534
9	101.250	14.484	67.792	96.192	68.278	67.500	9.601
10	112.500	16.093	75.325	106.880	75.865	75.000	10.668

ERRATA DE LA DEUXIÈME PARTIE

C. — Nomenclature des gares d'échange.

Ajouter :

Bouquemaison,	643, 888	
Comines,	60, 643	

Ajouter :

Doullens,	643, 888
Frévent,	643, 888
Friedland (Hannover),	288, 321

Ajouter :

Ghislain (St),	285, 765 bis
Zevenbergen,	293, 351

Ajouter à : Dortmund, le n° 290

D. — Liste alphabétique des gares, etc.

Ajouter :

Adderley Green,	
Alexandrowka (Orel),	5 bis
» (Rostow),	608
Allendorf,	452
Apeldoorn,	321
Asarp,	405
Assel,	902
Aubignas,	405
Baix,	691
Balazuc,	691
Barneveld,	691
Baudour,	405
Beaulieu-Berrias,	765 bis
Brakel,	691
Brou,	290
Buzenol,	679
Camberg,	927

Cruas,	521
Dargen,	79
Doos,	284
Eichenberg,	321
Erbisœul,	765 bis
Frévent,	643
Gagnières,	691
Ghislain St),	765
Gombaszög,	292
Grospierres,	691
Harkorten,	72
Haufe,	72
Illiers,	679
Jean-le-Centenier (St),	691
Korsovka,	355
Kückelhausen,	72
Kutschuk-Tchekmedje,	898
La Madeleine,	643

La Planche,	351
Lenningsen,	290
Le Teil,	691
Meissen,	472
Mondicourt-Pas,	643
Muirhead,	652
Niederhaspe,	72
Radzivilow,	440
Sæterstoen,	176
Stourport,	365
Tente-Verte,	60
Wermelskirchen,	72

Ajouter à :

Dortmund, le n°	290
Friedland (Hannover) le n°	321
Niederselters, le n°	521
Zutphen, le n°	405

DEUXIÈME PARTIE.

A. — Nomenclature des gares d'échange.

Aachen,	72, 351, 733	Arles,	97, 691	Belmez,	179, 191
Aarau,	161, 642	Armagh,	629, 903	Benoît (St),	690, 920
Abancourt,	643, 888	Armentières,	60, 643	Ben Rhydding,	583, 654
Abbey Holme,	139, 652	Armley,	360, 583	Bensheim,	521, 540
Abbotswood,	365, 583	Arnhem,	293, 732	Beraun,	252, 684
Aberdare,	365, 854	Arvant,	690, 691	Berlin, 74, 75, 76, 77, 78, 79, 282	
Aberdeen,	139, 363	Aschaffenburg,	284, 521		538, 551
Abergavenny,	365, 509	Ash, .	510, 824	Berne,	161, 428, 848
Abergwilly,	152, 162	Asthead,	510, 511	Berrington and Eye,	365, 509
Aberystwith,	143, 547	Ashton,	460, 548	Berwick,	652, 654
Achiet,	5, 643	Askern,	360, 460	Berzée,	285, 351
Acton,	365, 509, 657	Asnières,	643, 685	Bettingen,	18, 720
Acton Wells,	583, 657	Astorp,	269, 393	Bettisfield,	143, 509
Adelsheim,	291, 352	Athenry,	587, 942	Beuthen,	746, 807
Adorf,	168, 294	Athus,	285, 720	Beverst,	293, 351
Afon Wen,	143, 509	Auerbach,	294, 992	Béziers,	396, 581
Agen,	581, 690	Auldhousefield,	139, 339	Biel,	428, 848
Albans (St),	360, 509, 583	Aulnay-lès-Bondy,	94, 643	Biélostock,	108, 355
Albi,	581, 690	Auneau,	679, 690	Bilin,	41, 701, 714
Alcazar de San Juan,	11, 536	Aussig,	41, 283, 645	Bingerbrück,	733, 760
Alençon,	680, 685	Autel-Bas,	285, 720	Birch Vale,	548, 583
Alexandrowo,	282, 940	Auteuil,	156, 685	Birkenhead,	412, 509
Alfvesta,	295, 965	Avricourt,	18, 280	Birmingham,	365, 509, 583
Allerton,	171, 509	Aylesbury,	365, 509	Bispham,	460, 509
Almansa,	17, 536	Bagnalstown,	364, 946	Bitterley,	365, 509
Alsasua,	638, 988	Bakhmatch,	453, 464	Blackburn Valley,	548, 583
Altenessen,	189, 733	Banbridge,	655, 903	Blackpool,	460, 509
Altrincham,	171, 550	Banbury,	365, 509	Blaen Avon,	509, 600
Altwasser,	105, 551	Bandon,	197, 956	Blaydon,	652, 654
Ambérieu,	228, 691	Banréve,	53, 292	Bleyberg,	72, 285
Amersfoort,	159, 405	Barcelona,	56, 859b, 988	Blisworth,	509, 650
Ampthill,	509, 583	Bargoed,	104, 737	Boat of garten,	363, 402
Amsterdam,	405, 732	Barnby Dun,	360, 548	Bochum,	72, 733
Amstetten,	421, 721	Barnsley,	460, 548, 583	Bodenbach,	252, 283, 294, 636
Ancona,	569, 747	Barton,	365, 583	Bois de Colombes,	643, 685
Andrés, San,	859bis, 988	Basel,	18, 161, 352, 642	Bologna,	389, 569
Angers,	685, 690	Basingstoke,	365, 510	Bologoé,	355, 755
Angleur,	285, 634	Bassaleg,	104, 600	Bolton,	460, 509
Angoulême,	163, 690	Bath,	365, 583, 819	Bonson,	390, 691
Annan,	139, 339	Batignolles,	156, 685	Bordeaux,	690, 581, 563, 163
Anne's (St),	460, 509	Batley,	360, 509	Bourg,	228, 691
Anor,	174, 643	Battersea,	510, 511	Bowling,	360, 460
Ans,	285, 293	Beauvais,	643, 679	Boxtel,	100, 293
Ansdell,	460, 509	Bebra,	72, 321	Bradford,	360, 460, 583
Anseghem,	60, 285	Beckenham,	513, 824	Brayton,	139, 559
Antrim,	67, 903	Beckermet,	329, 969	Brecon,	104, 653
Anvers,	26, 285, 351	Beddington,	510, 511	Breda,	293, 351
Apethorne,	171, 548	Bedford,	509, 583	Bredbury,	171, 548, 583
Arad,	716, 872	Beighton,	548, 583	Bremen,	189, 288, 353
Arches,	280, 932	Belfast,	66, 67, 903	Brentford,	365, 510
Arenshausen,	288, 537	Belfort,	280, 691	Breslau,	105, 551, 746, 807
Argenteuil,	643, 685	Belleville,	70, 691	Bressuire,	690, 920

— 2 a. —

Brest-Litovsk, 108, 440, 606, 939	Cheltenham, 365, 583	Deynze, 60, 285
Brigham, 509, 559	Chemnitz, 168, 294	Diekirch, 18, 720
Brinnington, 171, 548, 583	Cherry Tree, 460, 509	Diepenbeek, 293, 351
Briouze, 111, 685	Chester, 171, 509	Dinmore, 365, 509
Bristol, 112, 365, 583	Chinnor, 365, 948	Döbeln, 294, 472
Briton Ferry, 365, 827	Christiania, 176, 235	Doische, 171, 351
Brixham, 823, 879	Churchdown, 365, 583	Dolphinton, 139, 652
Bromberg, 282, 807	Church Stretton, 365, 509	Doncaster, 360, 460, 548, 583, 654
Bromfield, 365, 509	Chyrów, 227, 715	Donisthorpe, 509, 583
Broughton, 329, 509	Ciudad-Real, 179, 536	Dorchester, 365, 510
Bruai, 28, 643	Clara, 304, 587	Dorking, 511, 824
Bruchsal, 352, 291	Clee Hill, 365, 509	Dorrington, 365, 509
Bruges, 60, 285, 332	Clenchwarton, 360, 583	Dortmund, 72, 189, 229, 733
Brünn, 267, 283	Clères, 643, 685	Douanne (twann), 428, 848
Brüx, 41, 701, 714	Cleveleys, 460, 509	Dover, 513, 824
Brymbo, 365, 509	Clifton, 509, 054	Dowlais, 104, 365, 509, 853bis, 854
Bryn Malley, 365, 982	Clones, 422, 903	Dresden, 75, 294, 472
Büchen, 77, 526	Coalport, 365, 509	Dreux, 679, 685
Buchholz, 77, 189	Coalville, 509, 583	Dublin, 243, 364, 587, 665
Buchs, 905, 931	Cockermouth, 183, 509, 559	Dudley, 365, 509
Buckau, 537, 538	Cockley Brake, 509, 650	Duffws, 310, 311
Bucuresci, 283, 337	Colne, 460, 583	Duisburg, 72, 189, 733
Budweis, 268, 421	Colombes, 643, 685	Dülmen, 189, 229
Bueil, 679, 685	Colombe (Ste), 280, 691	Dumfries, 139, 339
Burgdorf, 161, 266	Coltness, 139, 652	Dunabourg, 247, 355, 743
Burley, 583, 654	Colwich, 509, 659	Dundalk, 248, 422, 655
Burngullow, 199, 200	Condover, 365, 509	Dundyvan, 139, 652
Burton-on-trent, 583, 659	Connah's Quay, 509, 982	Dunkerque, 60, 643
Bushbury, 365, 509	Constanz, 352, 621bis, 642	Dunstable, 360, 509
Buttington, 143, 509	Cordoba, 191, 192, 536	Düren, 72, 733
Buxton, 509, 583	Cork, 194, 196, 197, 364	Düsseldorf, 72, 189, 733
Bwllfa dare, 365, 854	Cormons, 389, 845	Dux, 41, 252, 701, 714
Caen, 235, 685	Corwen, 221, 365	Dykehead, 139, 652
Caerphilly, 104, 737	Cosham, 510, 511	Dylta, 450, 623
Caersws, 143, 917	Cöthen, 74, 537, 538	Dynevor, 365, 746
Calau, 76, 378	Cottbus, 76, 378, 668	Dzieditz, 267, 283
Calder (Lanark), 139, 652	Counter Drain, 360, 583	Eardisley. 365, 824
Calder (York), 360, 460, 654	Courtrai, 60, 285	Earley, 510, 509
Cambridge, 358, 509	Court-St-Etienne, 285, 351	Easton Court, 365, 509
Canterbury, 513, 824	Coutras, 163, 690	Ebbw Vale, 509, 600, 809
Cardiff, 365, 737, 854	Crailsheim, 284, 291	Edinburgh, 139, 652
Carlisle, 139, 509, 559, 652, 654	Craven Arms, 86, 365, 509	Eecloo, 60, 332
Carmarthen, 152, 162, 365	Crefeld, 72, 207, 733	Eger, 133, 268, 284, 294
Carnforth, 329, 509, 583	Cresswell, 548, 583	Egremont, 329, 969
Caserta, 569, 747	Crewe, 509, 659	Elbeuf, 679, 685
Cassel, 72, 288, 537, 541	Croydon, 510, 511	Elgin, 363, 402
Castle Douglas, 139, 339	Crumlin, 365, 600	Ellesmere, 143, 509
Castleford, 460, 654	Crystal Palace. 511, 513	Elmshorn, 20, 345
Caterham, 511, 824	Csaba. 14, 872	Elsterwerda, 75, 668
Cavan, 422, 587	Cuilhill, 139, 652	Elten, 732, 733
Cemmes Road, 143, 560	Cüstrin, 105, 282	Emanuelssegen, 740, 807
Cette, 581, 691	Cwm Clydach, 583, 854	Emmaboda, 151, 431
Châlons s/Marne, 280, 678	Czegled, 283, 872	Emmerich, 189, 733
Chapel-en-le-frith, 509, 583	Danzig, 79, 282	Enfield, 358, 360
Chappel, 188, 358	Darligen, 121, 161	Enghien-les-Bains, 270, 643
Chard, 112, 510	Darmstadt, 521, 540	Eperies, 292, 433
Charleroi (État), 285, 351, 643	Darran, 104, 737	Epinac, 275, 691
Chars, 539, 685	Debreczin, 641, 872	Epsom, 510, 511
Chartres, 679, 685	Degerfors, 295, 922	Erfurt, 644, 874
Châteauneuf, 97, 163	Delitzsch, 74, 378	Erquelinnes, 285, 634, 643
Châtelineau, 285, 351	Denbigh, 221, 509	Esch-s/Alzette, 18, 720
Châtillon s/Seine, 280, 691	Derby, 583, 659	Eschweiler, 72, 733
Chaulnes, 643, 700	Derendingen, 161, 266	Eslöf, 295, 403, 985
Chauny, 167, 643	Desierto, 221a, 221b, 221c	Essen, 72, 189, 733
Chealde, 171, 509	Deutz, 72, 189	Eutin, 20, 296
Chelsea, 510, 511	Dewsbury, 360, 460, 509	Euxton, 460, 509

— 3 a. —

Evesham,		Goch,	100, 733	Heidelberg,	352, 540
Evreux,	365, 583	Godley,	171, 548	Heidingsfeld,	284, 352
Ewell,	679, 685	Goole,	460, 654	Helmstedt,	78, 123
Exeter,	510, 511	Goragh Wood,	629, 655	Helpout Mill,	509, 583
Eydtkhounen,	112, 510, 823	Görlitz,	76, 294, 551	Helsby,	171, 365, 509
Falaise,	283, 638	Gortatlea,	155, 364	Helsingborg,	393, 463
Falkenberg,	679, 685	Gower Road,	305, 509	Hemsworth,	360, 548
Falkenstein,	74, 378, 668	Graïevo,	108, 847	Herbesthal,	285, 733
Falun,	294, 992	Grammat-Neusiedl,	283, 845	Hereford,	365, 509, 583
Farnborough,	302, 334	Grangemouth,	139, 652	Hérenthals,	351, 897
Farnworth,	510, 824	Granica,	267, 940	Herne,	72, 189
Farrington,	171, 460, 509	Granollers,	356, 859bis	Herrljunga,	95, 295, 900
Fenny Compton,	460, 509	Granton,	139, 652	Hertford,	358, 360
Ferryhill,	253, 365	Grantown,	363, 402	Hessleholm,	295, 393, 455
Firenze,	139, 364	Gravesend,	517, 824	Hetzendorf,	421, 845
Fiume,	389, 747	Gray,	280, 691	Hexham,	652, 654
Fleet,	292, 845	Graz,	357, 686, 845	Higham-on-the-Hill,	509, 583
Fleetwood,	360, 583	Great Bridge,	365, 509	Highbridge,	112, 819
Flémalle-Grande et Hte,	460, 509	Great Malvern,	305, 583	Hinckley,	509, 583
Fleurus,	293, 634	Greenock,	139, 339	Hindley,	460, 509
Forbach,	285, 351	Grefrath,	207, 733	Hirson,	280, 643
Ford Bridge,	18, 760	Greiz,	294, 780	Hirwain,	365, 859
Fothergill's,	365, 509	Grenelle,	156, 685	Hitchin,	360, 583
Fox Holes,	365, 854	Gretna,	139, 339, 652	Hof,	284, 294
Frambourg,	360, 460, 654	Griazy,	368, 454, 674	Hohenstadt,	283, 327
Frameries,	691, 848	Grimsby,	360, 548	Holbeach,	360, 583
Frankenstein,	285, 634	Gronau,	229, 290	Holmefield,	360, 460
Frankfurt a/Main,	105, 807	Grossbothen,	472, 613	Holzminden,	123, 290
	289, 321, 409,	Grossenhain,	75, 472, 668	Hope,	509, 982
Frankfurt a/Oder,	521, 540, 541	Gross-Heringen,	758, 874	Horka,	76, 668
Franzensbad,	282, 551, 552	Grosswardein,	14, 872	Houston,	139, 339
Freiberg,	133, 284, 294	Grulich,	327, 645	Huddersfield,	460, 509
Fresnes,	294, 472	Guben,	378, 551, 552	Hull,	548, 654
Friedrichsfeld,	28, 643	Guide Bridge,	509, 548	Hugglescote,	509, 583
Frövi,	352, 540	Guildford,	510, 511, 824	Huntingdon,	358, 360, 583
Fulda,	160, 450	Gümligen,	161, 428	Huy,	285, 634
Fulwood,	321, 399	Gwersyllt,	365, 982	Hyde,	171, 548, 583
Furth a/Walde,	460, 509	Hagenow,	77, 324	Iéletz,	674, 739
Gad,	284, 684	Haggs Wood,	360, 548	Iélisavetgrad,	439, 669
Gaud,	26, 60, 285, 332	Haigh,	460, 509	Ilkley,	583, 654
Gandul,	799, 801	Halifax,	360, 460, 509	Imerinka,	440, 669
Gannat,	690, 691	Hallcraig,	139, 652	Immendingen,	291, 352
Garnqueen,	139, 652	Halle,	74, 378, 537, 538	Ince,	365, 509
Garston,	171, 509	Halsberg,	295, 379	Ingleton,	509, 583
Gartsherrie,	139, 652	Halton,	365, 509	Insterburg,	282, 875
Gatchino,	49, 355	Hamburg,	77, 189, 526	Irun,	581, 638
Gedney,	360, 583	Hamm,	72, 189, 290	Jagstfeld,	291, 352
Gefle,	334, 908	Hammersmith,	365, 509, 510, 574	Jemeppe-s/Sambre,	285, 634
Geldern,	189, 733		577, 583, 657	Jerle,	450, 632
Gelnhausen,	321, 399	Hampton,	509, 583	Jungbunzlau,	645, 809
Gemünden,	284, 321	Hanau,	321, 521	Just (St),	643, 700
Genève,	691, 848	Hannover,	288, 538	Juvisy,	690, 691
Germesheim,	294, 874	Hansdorf,	551, 807	Kaldenkirchen,	72, 733
Gerstungen,	352, 904	Hanwood,	365, 509	Kalkouhnen,	355, 483
Gien,	72, 874	Harburg a. d. Elbe,	189, 288	Kamenz,	76, 294
Giessen,	690, 691	Harpendeen,	360, 583	Karlskoga,	295, 632
Gijon,	189, 399, 541	Hasselt,	293, 351, 387	Kaschau,	433, 641, 872
Gilfach,	465, 646	Hastières-Lavaux,	174, 634	Kehl,	18, 352
Gilly,	365, 737	Hastings,	511, 824	Keith,	363, 402
Gisors,	285, 351	Havant,	510, 511	Kempen (Posen),	106, 711
Glarus,	685, 679	Haverhill,	188, 358	Kempen (Düsseldorf),	207, 733
Glasgow,	642, 905	Hayfield,	548, 583	Kensington,	365, 509, 510, 511,
Glauchau,	139, 178, 339, 652	Hazebrouck,	60, 643		574, 577
Glos-Montfort,	294, 613	Heather,	509, 583	Kervo,	287, 437
Gloucester,	679, 685	Heaton Lodge,	460, 509	Kew Bridge,	509, 510, 583, 657
Gnesen,	365, 583	Heer-Agimont,	174, 634	Kharkow,	439, 453
	670, 807				

— 4 a. —

Kidwelly,	131, 365	Lichtenau (Mähren),	327, 807	Malvern Wells,		365, 583
Kiew,	440, 453	Lichtenfels,	284, 874	Manchester,	171, 365, 460, 509,	
Kil,	295, 302	Lichterfelde,	74, 78		548, 550, 583	
Kilkenny,	364, 941	Liebau,	551, 645	Marbehan,		285, 927
Kilmarnock,	139, 339	Liége,	285, 293, 485, 634	Marchegg,		267, 283
Kilnhurst,	548, 583	Liegnitz,	105, 551	Marchenilla,		799, 801
Kirkbride,	139, 652	Lierre,	285, 897	Marchiennes,		285, 351
Kirkby,	329, 460	Limal,	285, 351	Marcinelle,		285, 351, 824
Kirkham (Lancashire),	460, 509	Limerick,	364, 942	Margate,		513, 351
Kirkham (York),	509, 654	Lincoln,	360, 548, 583	Mariembourg,		174, 283
Klagenfurt,	721, 845	Lindau,	284, 931	Market Bosworth,		509, 659
Knottingley,	360, 460, 654	Lisboa,	710, 846	Market Drayton,		365, 583
Kohlfurt,	551, 668	Lisieux,	142, 685	Market Harborough,		509, 583
Kolin,	283, 645	Liskeard,	199, 496	Marple,		548, 583
Komotau,	41, 133, 252	Liverpool,	171, 365, 460, 509	Marron,		509, 969
Königsberg,	282, 847	Llandilo,	365, 509	Marsh Brook,		365, 189
Konstantinovka,	449, 453	Llandovery,	365, 509	Marten,		72, 189
Korschen,	282, 847	Llanfynydd,	365, 509	Maryborough,		364, 941
Kouliki,	355, 758	Llangadock,	365, 509	Maryport,		509, 583
Koursk,	452, 453, 608	Llanhilleth,	365, 600	Measham,		509, 648
Kozlow,	454, 740, 857	Llansamlet,	365, 583	Medina-del-Campo,	561, 562, 189	
Kragenhof,	288, 537	Llantrissant,	365, 854	Meiderich,		72, 874
Kralup,	133, 283, 899	Llanwrda,	509, 365	Meiningen,		284, 874
Kreuz,	282, 807	Lofthouse,	360, 460, 654	Mengen,		291, 352
Kristianstad,	455, 817	Löhne,	288, 538	Mergentheim,		201, 352
Kristinehamn,	295, 456, 967	Lokeren,	26, 60, 285	Merthyr,	104, 365, 854	
Krylbo,	295, 457	London,	358, 360, 365, 510, 511,	Merton Abbey,		510, 511
Kufstein,	284, 845		513, 574, 577, 583, 657, 824	Methley,	360, 460, 583, 654	
Laa,	283, 645	Londonderry,	67, 422	Mickle Trafford,	171, 365, 509	
La Encina (Venta),	17, 536	Longpré,	643, 888	Middleton,		365, 509
La Glacière-Gentilly,	156, 685	Longridge,	460, 509	Midhurst,		510, 511
Lagny-Thorigny,	280, 789	Long Sutton,	360, 583	Mill Hill,		360, 583
Laibach,	721, 845	Lons-le-Saulnier,	228, 691	Minden,		189, 288
Lancaster,	509, 583	Louvain,	285, 351	Minsk,		464, 606
Landen,	285, 351	Louviers,	679, 685	Minsterley,		365, 509
Landerneau,	685, 690	Lower Merton,	510, 511	Miranda,		638, 893
Langendreer,	72, 733	Lozowaïa,	452, 525	Miskolcz,		292, 872
Långloan,	139, 652	Lübeck,	296, 526	Mitcham,		510, 511
Langwedel,	288, 538	Lucan,	364, 587	Mittelgrund,		294, 645
Laon,	280, 643	Ludgate,	510, 511	Mittelwalde,	327, 645, 807	
Larbert,	139, 652	Ludlow,	365, 509	Mjölby,		295, 379
L'Arbresle,	228, 691	Luffenham,	509, 583	Modane,		389, 691
La Rochelle,	163, 690	Lund (Malmöhus),	295, 886	Moholm,		295, 555
La Roche s/Yon,	163, 690, 920	Lundenburg,	267, 645	Mojaïki,		483, 304
Latchmere,	510, 511	Lüneburg,	77, 288	Mollet,		598, 859 bis, 988
Lausanne,	469, 848	Luton,	360, 583	Moncada,		285, 834
Leamington,	365, 509	Luzern,	161, 428, 642	Mons,		678, 691
Lea Road,	460, 509	Lydbrook,	365, 795	Montargis,		581, 690
Leatherhead,	510, 511	Lydney,	365, 795	Montauban,		228, 691
Leebotwood,	365, 509	Lynn,	358, 360, 583	Montbrison,		280, 691
Leeds, 360, 365, 460, 509, 548,		Lyon,	228, 691, 735	Montereau,		581, 691
	583, 654	Lytham,	460, 509	Montpellier,	396, 228, 691	
Leer,	290, 353	Maastricht,	293, 351, 845	Montrond,		156, 685
Legenye-Mihályi,	641, 715	Macclesfield,	509, 548, 659	Montrouge,		605, 739
Lehrte,	288, 538	Mâcon,	228, 691	Montchansk,		510, 511
Leinefelde,	537, 874	Maddaloni,	569, 747	Morden,		509, 583
Leipzig, 74, 294, 378, 472, 537,		Madrid,	536, 638	Morecambe,		365, 509
	874	Magdeburg,	78, 537, 538	Moreton (Hereford),		360, 652
Leith,	139, 652	Magny,	539, 685	Morley,		139, 652
Le Mans,	685, 690	Maidstone,	513, 824	Morningside,		652, 654
Lemberg,	33, 164, 474	Maison-Blanche,	156, 685	Morpeth,		608, 609
Lengenfeld (Sachsen),	294, 992	Malesherbes,	690, 691	Moscou,	355, 606, 607, 690, 691	
Leoben,	721, 845	Malines,	285, 542	Moulins s/Allier,		583, 654
Leominster,	365, 509	Malmö,	295, 545	Moulton (Lincolns),		365, 854
Lérouville,	280, 479	Malvern,	365, 583	Mountain Ash,		285, 643
Leyland,	460, 509	Malvern Link,	365, 583	Mouscron,		

— 5 a. —

Mühlacker,	291, 905	Orebro,	295, 450	Portmadoc,	143, 310
Muirkirk,	139, 339	Orel,	608, 674, 675	Porto,	230, 710
Mülheim a/Rhein,	72, 189, 733	Orléans,	678, 679, 690	Portsmouth (Hants)	510, 511
Mülheim a/Ruhr,	72, 733	Orléans-Ceinture,	156, 685, 690	Posen,	552, 711, 807
Münden,	288, 537	Oschersleben,	123, 538	Poulton,	460, 509
Monster a/Stein,	760, 904	Osnabrück,	189, 288	Poynton,	509, 548
Munsterbilsen,	293, 351	Ostachkovo,	355, 880	Prag, 133, 268, 283, 645, 684, 714, 899
Murrow,	360, 583	Ostende,	60, 285		
Muttenz,	161, 642	Osterburken,	291, 352	Pratteln,	161, 642
Mynffford,	143, 310	Oswestry,	143, 365	Pressburg,	283, 934
Naehod,	283, 645	Oswięcim,	267, 807	Preston (Lancashire),	460, 509
Namur,	285, 634	Otley,	583, 654	Priesen,	133, 701
Nantes,	539bis, 690	Ottignies,	285, 351	Princes End,	365, 509
Nantmelyn,	365, 854	Overseal and Moira,	509, 583	Princes' Risborough,	365, 948
Nantwich,	365, 509	Pagny s/Moselle.	18, 280	Priors Lee,	365, 509
Nantybwch,	509, 737, 807	Paisley,	139, 339	Przemysl,	164, 715
Napoli,	569, 747	Palencia,	638, 646	Quaker's Yard,	365, 854
Nassjö,	295, 621	Paray-le-Monial,	228, 691	Quentin (St), (Aisne),	370, 643
Navan,	587, 655	Pardubitz,	283, 645	Quiévrain,	285, 643
Neath,	365, 623	Paris, 156, 280, 643, 685, 690, 691	Raab,	283, 686, 724
Netstall,	642, 905	Park Gate (Cheshire	365, 509	Rainford,	460, 509
Neuchatel,	428, 848	Park Street,	360, 509, 583	Ramlösa,	393, 463
Neunkirchen,	760, 904	Pas-des-Lanciers,	107, 691	Ramsgate,	513, 824
Neuss,	72, 733	Passau,	284, 421	Rath,	72, 733
Newark,	360, 583	Passy,	156, 685	Ratingen,	72, 733
New Mills (Derby)	548, 583	Patrick's Well,	364, 942	Reading,	365, 510, 824
Newport (Monmouth),	365, 600	Peasemarsh,	510, 511	Reddish,	509, 548
Newry,	629, 630	Peebles,	139, 652	Redhill (Surrey),	511, 824
Newton Stewart,	139, 974	Pemberton,	460, 509	Red Hill (Hereford),	365, 509
Nicolas (St), (Belgique),	26, 542	Pembrey,	131, 365	Redon,	685, 690
Nine Mile Point,	600, 809	Penallta,	365, 737	Reichenberg (Böhmen),	352, 645
Nitshill,	139, 339	Pencader,	152, 547	Reppen,	105, 552
Nora,	450, 632	Penge,	511, 513	Retford,	360, 548
Norberg,	457, 633	Penig,	294, 613	Rheine,	288, 290
Nord-Ceinture,	156, 581	Penistone,	460, 548	Rhymney (Glamorgam),	365, 509, 737
Nordhausen,	288, 537, 644	Penrith,	183, 509, 654		
Nördlingen,	284, 291	Perpignan,	581, 698	Riajsk,	738, 739
Normanton,	460, 583, 654	Perth,	139, 402, 652	Riasan,	609, 739
Northampton,	509, 583	Pest,	283, 292, 845	Riesa,	294, 472
North Drove,	360, 583	Peterborough, 358, 360, 509, 583	Riga,	594, 742, 743
Northenden,	171, 509	Petersbourg (St, 49, 287, 355, 722, 767	Rivarolo,	389, 792
North Staveley,	548, 583			Rochefort s/Mer,	163, 690
Northwich,	171, 509	Pézénas,	396, 581	Röderau,	74, 472
Norton Bridge,	509, 659	Pforzheim,	291, 352	Rodwell,	365, 510
Nostell,	360, 548	Pilsen,	268, 684, 701	Roman,	283, 474
Nottingham,	360, 583	Pisa,	389, 747	Romiley,	548, 583
Novéant,	18, 280	Plauen,	294, 780	Roozendaal,	293, 351
Novki,	355, 784	Plealey Road,	365, 509	Rorschach,	642, 747bis, 905
Nuneaton,	509, 583	Plymouth,	199, 823	Rosswein,	294, 472
Nürnberg,	284, 520	Poitiers,	690, 920	Rostow s/Don,	453, 454, 750
Nussdorf,	268, 430	Polkemmet,	139, 652	Rothenburg a/Oder,	105, 552
Oakengates,	365, 509	Polsham,	365, 819	Rotherham,	548, 583
Obenshaw,	460, 583	Pons,	163, 793	Rotterdam,	405, 732
Oberhausen,	72, 189	Pontarlier,	691, 848	Roudham,	358, 873
Oberlahnstein,	289, 733	Pont-de-l'Arche,	679, 685	Rouen,	643, 685, 751
Obernitz,	701, 714	Pontesbury,	365, 509	Rugby,	509, 583
Oderberg,	267, 433, 807	Pontivy,	685, 690	Ruhrort,	72, 189
Oels,	106, 670, 746	Pontnewydd,	365, 600	Rumney Bridge,	509, 737
Oerlikon,	642, 905	Pontoise,	643, 685	Ruppersweil,	161, 642
Oldesloe,	20, 526	Pontrhydyrum,	365, 600	Ruttka,	292, 433
Oldham,	460, 509, 548	Pontypool,	365, 600	Ryhope,	514, 654
Olmütz,	157, 267, 283	Porta,	189, 288	Saalfeld,	758, 874
Omagh,	422, 903	Portadown,	238, 903	Saargemünd,	18, 760
Onibury,	365, 509	Port-Carlisle,	139, 652	Saaz,	133, 701
Opladen,	72, 733	Port-Glasgow,	139, 339	Sagan,	551, 807
Oppeln,	746, 807	Portland (Dorset),	365, 510	Saincaize,	690, 691

Sala,	295, 450	Stassfurt,	537, 538	Tredegar,	112, 365, 809
Salisbury,	365, 510	Steinamanger,	686, 845	Triano,	221e, 889
Salwick,	460, 509	Stenstorp,	295, 403, 484	Trier,	733, 760
Salzbergen,	290, 293	Sternberg (Mähren),	267, 327	Troisdorf,	189, 733
Salzburg,	284, 421	Stirling,	139, 652	Troppau,	157, 207
Sandal,	360, 548	Stockport,	171, 509	Troyes,	280, 678
Sandbach,	509, 659	Stoke Golding,	509, 583	Truro,	199, 057
Sandown,	424, 425	Stolberg,	7, 72, 733	Trye-Château,	679, 685
Sandy,	360, 509	Stonehouse (Gloucester),	365, 583	Tsaritzyn,	368, 930
Sathonay,	228, 735	Stony Hill,	460, 509	Tsarskoé-Sélo,	355, 707
Sauerbrunn (Böhmen),	701, 714	Stora,	160, 840	Tulse Hill,	511, 513
Saumur,	690, 920	Storvik,	295, 334	Tunbridge Wells,	511, 824
Schlebusch,	72, 733	Stratford-on-Avon,	253, 365	Turnhout,	351, 583
Schönfeld (Böhmen),	41, 636	Strathord,	139, 402	Twenty,	360, 854
Schöningen,	78, 123	Streatham,	510, 511	Tynewydd,	365, 854
Seidenberg,	76, 645	Stretford Bridge,	365, 509	Tyrnau,	645, 809, 934
Selgua,	790, 988	Striberg,	632, 922	Uelzen,	288, 538
Sellafield,	329, 969	Strines,	548, 583	Uerdingen,	72, 733
Senftenberg (Frankfurt a/O.),	76, 668	Strood,	513, 824	Ulm,	284, 301
Sens,	678, 691	Stryj,	33, 227	Upsala,	295, 908
Serqueux,	643, 685	Stuhlweissenburg,	686, 845	Upwey,	365, 510
Settimo,	389, 792	Summerlee,	139, 652	Uszóg,	328, 596
Seven Oaks,	513, 824	Sutton (Cheshire),	358, 509	Utrecht,	159, 293, 405, 732
Sevilla,	536, 799, 801	Sutton (Notts),	360, 583	Uttoxeter,	659, 830
Shackerstone,	509, 583	Sutton Bridge,	360, 583	Valenciennes,	28, 643
Shaftholme,	360, 654	Svedala,	545, 886	Valentin (St),	421, 731
Shalford,	510, 824	Swaffham,	358, 873	Varsovie,	355, 989
Sheffield,	548, 583	Swansea,	365, 509, 583, 688	Vaugirard-Issy,	150, 685
Shenton,	509, 583	Swinton,	548, 583	Venlo,	72, 189, 203, 733
Shepreth,	358, 360	Sydenham (Kent),	511, 824	Verdun,	280, 479
Shepton Mallet,	365, 819	Sykes,	360, 548	Verkhovié,	498, 674
Shipley,	360, 583	Szegedin,	14, 283	Verney,	365, 685
Shire Oaks,	548, 583	Szerencs,	641, 872	Vernon,	679, 021
Shotts,	139, 652	Szolnok,	292, 872	Vertaizon,	691, 691
Schrewsbury,	365, 509, 713	Talley Road,	365, 509	Vesoul,	280, 667
Siegburg,	189, 733	Talyllin,	104, 588	Viasma,	606, 739
Siegen,	72, 189	Tambow,	857, 858	Vienenburg,	123, 307
Sigmaringen,	291, 352	Tamworth,	509, 583	Viersen,	72, 207
Sigmundsherberg-Horn,	268, 645	Tarascon,	97, 691	Villach,	721, 845
Silkstone,	460, 548	Tarnowitz,	746, 807	Villány,	14, 352
Simbach,	284, 421	Tarragona,	17, 478, 859bis	Villingen,	291, 280
Singen,	352, 621bis	Tchoudovo,	355, 665	Vireux-Molhain,	351, 675
Singleton,	460, 509	Tebay,	509, 654	Vitebsk,	247, 675
Sluyskill,	60, 542	Temesvár,	283, 872	Vitré,	685, 899
Smethwick,	365, 509	Templecombe,	510, 819	Voves,	679, 899
Smolensk,	606, 675	Tenbury,	365, 509	Waereghem,	60, 285
Snarestone,	509, 583	Teplitz,	41, 252	Wakefield,	360, 460, 548, 509
Soest,	72, 290	Terneuzen,	60, 542	Waldenburg (Schlesien),	105, 551
Soissons,	280, 643	Terrington,	360, 583	Waldshut,	352, 042
Solothurn,	161, 266	Tetschen,	294, 636, 645	Walkeasaari,	287, 938
Somain,	28, 643	Thorensberg,	594, 742	Wallisellen,	642, 905
Sorau,	378, 551, 807	Thorn,	282, 807	Walnut Tree,	737, 854
South Elmsall,	360, 548	Thorne (York),	548, 654	Walpole,	360, 583
South Shore,	460, 509	Thorton (Fife),	482, 652	Wansford,	360, 509
Spalding,	360, 583	Three Cocks,	583, 588	Warburg,	72, 290
Spandau,	77, 538	Tilburg,	293, 351	Warnsdorf,	294, 666
Sprouston,	652, 654	Tilsit,	282, 875	Warrington,	171, 509
Stafford,	509, 830	Timperley,	171, 509, 550	Wartofta,	295, 760
Staley Bridge,	460, 509, 548	Tipton (Stafford),	365, 509	Wasserbillig,	18, 720, 760
Stamford,	360, 583	Tooting,	510, 511	Watchet,	112, 964
Standish,	365, 583	Torino,	389, 881, 882	Waterford,	941, 942, 945
Stanislau,	33, 474	Tosno,	49, 355	Waterloo (Lancashire),	460, 509
Stanley (Perth),	139, 402	Toula,	608, 739	Watlington,	365, 648
Stanley (York),	360, 460, 654	Toulouse,	581, 690	Wattencheid,	72, 733
Stargard,	79, 807	Tours,	690, 920	Wavre,	285, 351
		Treals,	460, 509	Wednesbury,	365, 509

Weinern, 283, 934	Wien, 267, 268, 283, 421, 645, 845	Wortley, 509, 548
Weipert, 133, 294	Wigan, 460, 509	Wray Green, 460, 509
Weischlitz, 294, 780	Wigston, 509, 583	Wrexham, 365, 982
Wellingborough, 509, 583	Wikersvik, 632, 922	Würzburg, 284, 352
Wellington (Shropshire), 365, 509	Wildenschwert, 283, 645	Yarnton, 365, 509
Wells (Somerset), 112, 365, 819	Wilhelmshöhe, 72, 541	Yeovil, 112, 365, 510
Werfa, 365, 854	Willesden, 509, 583, 657	Yniscedwyn (Glamorgan), 583, 854
West Brompton, 510, 511	Willington (Derby) 583, 659	
Westbury Shropshire), 365, 509	Wimbledon, 510, 511	Ynys-y-Geinon, 583, 623
West Llyn, 360, 583	Wimborne, 510, 819	Yockleton, 365, 509
Weston (Somerset), 112, 583	Windsor, 365, 510	Ystad, 545, 985
Weston (Lincoln), 360, 583	Winterthur, 521bis, 642, 905	Ystrad, 737, 854
Wetzlar, 189, 289	Wisbeach, 358, 583	Zákány, 61, 292, 845
Wexio, 151, 965	Wislanda, 150, 295	Zamora, 562, 987bis
Weymouth, 365, 510	Wittenberge, 77, 538	Zaragoza, 536, 988, 989
Whaplode, 360, 583	Wokingham, 510, 824	Zeitz, 294, 874
Whifflet, 139, 652	Wolfsgefährt, 780, 874	Zerbst, 74, 78
Whitchurch (Shropshire), 143, 509	Wolkramshausen, 537, 644	Zevenaar, 732, 733
	Wolverhampton, 365, 509	Ziegelbrücke, 642, 905
Whitehaven, 329, 509, 969	Wondelgem, 60, 332	Zittau, 76, 294
Whitland, 365, 694, 970	Woodend (Stirling), 139, 652	Znaim, 283, 645
Whitstable, 513, 824	Woodley Cheshire, 171, 548, 583	Zollikofen, 161, 428
Whittington (Shropshire), 143, 365	Woofferton, 365, 509	Zurich, 642, 901, 905
	Wörgl, 421, 845	Zwickau, 294, 992
Wichnor, 509, 583	Worms, 521, 904	Zwolle, 159, 293

VOCABULAIRE.

FRANÇAIS.	ALLEMAND.	ANGLAIS.	ESPAGNOL.	ITALIEN.
Aix-la-Chapelle.	Aachen.	»	»	Aquisgrana.
Albanie.	Albanien.	Albania.	»	Albania.
Alexandrie.	Alexandrien.	Alexandria.	Alejandria.	Alessandria.
Allemagne.	Deutschland.	Germany.	Alemania.	Alemagna.
Alpes.	Alpen.	Alps.	»	Alpi.
Alsace.	Elsass.	»	Alsacia.	Alsazia.
Ancone.	Ankona.	Ancona.	Ancona.	Ancona.
Andrinople.	Adrianopel.	»	Adrianopolis.	Adrianopoli.
Angleterre.	England.	England.	Inglaterra.	Inghilterra.
Anvers.	Antwerpen.	Antwerp.	Amberes.	Anversa.
Ardennes.	Ardennen.	»	»	Ardenne.
Athènes.	Athen.	Athens.	Atenas.	Atene.
Augsbourg.	Augsburg.	Augsburg.	Augsburgo.	Augusta.
Autriche.	Oesterreich.	Austria.	Austria.	Austria.
Avignon.	»	»	Avinon.	Avignone.
Bade.	Baden.	Bade.	»	»
Bâle.	Basel.	Basil.	»	Basilea.
Bamberg.	Bamberg.	»	»	Bamberga.
Barcelone.	Barcelona.	Barcelona.	Barcelona.	Barcelona.
Bardonnêche.	»	»	Bardonechia.	Bardonnecchia.
Bavière.	Baycrn.	Baviera.	Baviera.	Baviera.
Bayonne.	»	»	Bayona.	Baiona.
Belgique.	Belgien.	Belgium.	Belgica.	Belgio.
Belgrade.	Belgrad.	»	Belgrado.	Belgrado.
Bellinzone.	Bellenz.	»	Bellinzona.	Bellinzona.
Bellune.	Belluno.	»	Belluno.	Belluno.
Bergame.	Bergamo.	»	Bergamo.	Bergamo.
Berg-op-Zom.	Bergen-op-Zoom.	Bergen-op-Zoom.	»	»
Berlin.	Berlin.	Berlin.	Berlino.	Berlino.
Berne.	Bern.	Bern.	Berna.	Berna.
Besançon.	Bisanz.	»	»	Besanzone.
Bohême.	Böhmen.	Bohemia.	Bohemia.	Boemia.
Bologne.	Bologna.	Bologna.	Bolonia.	Bologna.
Bordeaux.	»	Bordeaux.	Burdeos.	Bordo.
Boulogne.	Bologna.	Bologna.	Bolona.	Bologna.
Bragance.	»	Braganza.	Braganza.	Braganza.
Brandebourg.	Brandenburg.	Brandenburgh.	Brandeburgo.	Brandenburgo.
Brême.	Bremen.	Bremen.	Brema.	Brema.

— 9 a —

Breslau.	Breslau.	Breslau.	Breslavia.	Breslavia.
Briançon.	Brienz.	Briançone.	Briançone.	Briançone.
Brindes.		Brindisi.		Brindisi.
Brisgau.	Breisgau.	Brisgau.	Brisgovia.	Brisgovia.
Brixen.	Brixen.	Brixen.	»	»
Brunswick.	Braunschweig.	Brunswick.	»	Bressanone.
Bruxelles.	Brüssel.	Brussels.	Bruselas.	Brusselle.
Bucharest.	Bucarest.	Bucharest.	Bucarest.	Bukarest.
Bude.	Buda.	Buda.	Buda.	Buda.
Cadix.	Cadiz.	Cadiz.	Cadiz.	Cadice.
Calabre.	Calabrien.	Calabria.	Calabria.	Calabria.
Cannes.	Cannes.	Cannes.	Cannes.	Cannes.
Capoue.	Capua.	Capua.	Capua.	Capua.
Carcassone.	»	»	Carcassona.	Carcassona.
Carignan.		Carinthia.	Carignano.	Carignano.
Carinthie.	Kärnthern.	Corniola.	Carniola.	Carinzia.
Carniole.	Krain.	Carrara.	Carrara.	Carniola.
Carrare.	Carrara.	Caserta.	Caserta.	Carrara.
Caserte.	Caserta.	Castile.	Castilla.	Caserta.
Castille.	Castilien.	Catalonia.	Cataluna.	Castiglia.
Catalogne.	Catalonien.	Catania.	Catania.	Catalogna.
Catane.	Catania.	Caucasus.	Caucaso.	Catania.
Caucase.	Kaukasus.			Caucaso.
Chiavenne.	Elesen.	»	»	Chiavenna.
Chambéry.	Chambéry.	»	»	Sciambéry.
Cherbourg.	Cherburg.	Cherburgh.	Cherburgo.	Cherburgo.
Clervaux.	Clerf.	Clerf.		
Clèves.	Cleve.	Cleves.	»	»
Coblence,	Coblenz.	Coblentz.	»	Coblenza.
Coire.	Chur.	Coire.	Coira.	Coira.
Cologne.	Cöln ou Köln.	Cologne.	Colonia.	Colonia.
Côme.	Como.	Como.	Como.	Como.
Coni.	»,			Cuneo.
Constance.	Constanz.	Constanz.		Costanza.
Constantinople.	Constantinopel.	Constantinople.	Constantinopla.	Costantinopoli.
Copenhague.	Kopenhagen.	Copenhagen.	Copenagen.	Copenaghen.
Cordoue.	»	Cordoua.	Cordoba.	Cordova.
Cornouailles.		Cornwall.	»	»
Corogne.	Cornwallis.	Corunna.	Coruna.	Coruna.
Courlande.	Corunna.	Courland.	Curlanda.	Courlanda.
Cracovie.	Kurland.	Cracow.	Cracovia.	Cracovia.
Crême.	Krakau.	Crema.	Crema.	Crema.
Crémone.	Crema.	Cremona.	Cremona.	Cremona.
Croatie.	Cremone.	Croatia.	Croatia.	Croazia.
Dalmatie.	Croatien.	Dalmatia.	Dalmatia.	Dalmazia.
Danemark.	Dalmatien.	Denmark.	Dinamarca.	Danimarca.
	Danemark.			

— 10 a. —

Dantzick.	Danzig.	Danzick.	Danzica.
Danube.	Donau.	»	Danubio.
Doesbourg.	Duisburg.	Duisburgh.	Duisburgo.
Douvres.	Dover.	Dover.	Dover.
Drave.	Drau.	Drau.	Drava.
Dresde.	Dresden.	Dresden.	Dresda.
Dublin.	Dublin.	Dublin.	Dublino.
Dunkerque.	Dunkirchen.	Dunkirk.	»
Ecosse.	Schottland.	Scotland.	Scozia.
Edimbourg.	Edinburg.	Edinburgh.	Edimburgo.
Elsenenr.	Helsingör.	Elsinore.	»
Esclavonie.	Sclavonien.	Sclavonia.	Schiavonia.
Espagne.	Spanien.	Spain.	Spagna.
Estramadoure.	»	Estramadura.	Estramadura.
Fauquemont.	Valkenburg.	Valkenburgh.	»
Fenestrange.	Finstringen.	Finstringen.	»
Ferrare.	»	Ferrara.	Ferrara.
Finlande.	Finland.	Finland.	Finlandia.
Fionie.	Fünesch.	Fionia.	Fionia.
Flandres.	Flandern.	Flanders.	Flandes.
Flessingue.	Fliessingen.	Flissingen.	Flessinga.
Florence.	Florenz.	Florens.	Florencia.
Forêt-Noire.	Schwarzwald.	»	Firenze.
France.	Frankreich.	France.	Francia.
Francfort.	Frankfurt.	Frankfort.	Francoforte.
Fribourg.	Freiburg.	Friburg.	Friburgo.
Frioul.	Friaul.	Friuly.	»
Frise.	Friesland.	Friesland.	Frisa.
Furstemberg.	Fürstenburg.	Furstenburgh.	Furstemburgo.
Galicie.	Galizien.	Galicia.	Galizia.
Galles.	Wallis.	Wales.	Galles.
Gand.	Gent.	Ghent.	»
Gênes.	Genua.	Genoa.	Genova.
Genève.	Genf.	Geneva.	Ginevra.
Gérone.	Gerona.	Gerona.	Gerona.
Glaris.	Glarus.	»	»
Glasgow.	Glasgau.	Glasgow.	Glascovia.
Gnesne.	Gnesen.	Gnesna.	»
Grêce.	Griechenland.	Greece.	Grecia.
Grenade.	Granada.	Granada.	Grenata.
Grisons.	Grauben.	Grison.	Grigioni.
Groningue.	Groningen.	Groningen.	»
Gueldre.	Gueldern.	Guelderland.	»
Hainaut.	Hennegau.	Hainault.	»
Hambourg.	Hamburg.	Hamburg.	Amburgo.
Hanovre.	Hannover.	Hannover.	Annover.

— 11 a. —

Heidelberg.	Heidelberg.	Heidelberg.	Heidelberg.
Hendaye.	Hendaye.	Hendaya.	Hendaia.
Hesse.	Hessen.	»	Assia.
Hollande.	Holland.	Holland.	Olanda.
Hongrie.	Ungarn.	Hungary.	»
Illyrie.	Illyrien.	Illiria.	Illiria.
Irlande.	Hibernien.	Ireland.	Irlanda.
Istrie.	Istrien.	Istria.	Istria.
Italie.	Italien.	Italy.	Italia.
Ivrée.	Ivrea.	Ivrea.	Ivrea.
Kieff.	Kiew.	Kiow.	»
Koenigsberg.	Königsberg.	Koningsberg.	»
Laaland.	Lolland.	»	»
La Haye.		Hague.	Aia.
Laibach.	Laibach.	Laibach.	Lubiana.
Lausanne.	Lausanne.	Lozanne.	Losanua.
Le Havre.	Havre.	Havre.	El Havre.	Le Havre.
Leide.	Leyden.	Leyden.	Leida.	Leida.
Leipzick.	Leipzig.	Leipzig.	Leipsia.	Lipsia.
Léon.	Leon.	Leo..	Leon.	Leone.
Liège.	Lüttich.	»	Lieja.	Liegi.
Ligurie.	Ligurien.	Liguria.	Liguria.	Liguria.
Lille.	Ryssel.	Lisle.	Lila.	Lilla.
Limbourg.	Limburg.	Limburgh.	Limburgo.	Limburgo.
Lisbonne.	Lissabon.	Lisboa.	Lisboa.	Lisbona.
Livourne.	Livorno.	Leghorn.	Liorna.	Livorno.
Londres.	London.	London.	Londres.	Londra.
Lorraine.	Lothringen.	Lorrain.		Lorena.
Lubeck.	Lübeck.	Lubeck.		Lubecca.
Lucerne.	Luzern.	Luzern.	Lucerna.	Lucerna.
Lusace.	Lausitz.	Lusatia.	Lusacia.	Lusazia.
Luxembourg.	Luxemburg.	Luxemburgh.	Luxemburgo.	Lussemburgo.
Lyon.	Lyon.	Lyons.	Leon.	Lione.
Magdebourg.	Magdeburg.	Magdeburgh.	Magdeburgo.	Magdeburgo.
Malines.	Mechelen.	Mechlin.	»	»
Mantoue.	Mantua.	Mantua.	Mantua.	Mantova.
Marseille.	Marseille.	Marseilles.	Marsella.	Marsiglia.
Mayence.	Mainz.	Mentz.	»	Magonza.
Mecklembourg.	Mecklemburg.	Mecklemburgh.	»	Mecklemburgo.
Messine.	Messina.	Messina.		Messina.
Middelbourg.	Middelburg.	Middelburgh.	Middelburgo.	Middelburgo.
Milan.	Mailand.	Milan.	Milan.	Milano.
Modène.	Modena.	Modena.	Modena.	Modena.
Moldavie.	Moldau.	Moldavia.	Moldavia.	Moldavia.
Moravie.	Mahren.	Moravia.	»	Moravia.
Moscou.	Moscau.	Moscou.	»	Mosca.

— 12 a. —

Mulhouse.	Mülhausen.	Mulhouse.	»	»
Munich.	München.	Munich.		
Murcie.	Murcia.	Murcia.	Murcia.	Monaco.
Nantes.	Nantes.	Nants.	Nantua.	Murcia.
Naples.	Neapel.	Naples.	Nápoles.	Nantua.
Narbonne.	Narbonne.		Narbona.	Napoli.
Navarre.	Navarra.	Navarra.	Navarra.	Narbona.
Néerlande.	Niederlande.	Netherlands.	Olanda.	Navarra.
Neubourg.	Neuburg.	Neuburg.	»	Olanda.
Nice.	Nizza.	Niza.	Nizza.	Neuburgo.
Nimègue.	Nimwegen.	Nimeguen.		Nizza.
Norvège.	Norwegen.	Norway.	Noruega.	
Novare.	Novara.	Novara.	Novara.	Norvegia.
Nuremberg.	Nürnberg.	Nuremberg.	Nuremburgo.	Novara.
Oldenbourg.	Oldenburg.	Oldenburgh.	Oldenburgo.	Norimberga.
Onéille.	Oneglia.	Oneglia.	Oneglia.	Oldenburgo.
Orviète.	Orvieto.	Orvieto.	Orvieto.	Oneglia.
Ostende.	Ostend.	Ostend.	Ostenda.	Orvieto.
Ostie.	Ostia.	Ostia.	Ostia.	Ostenda.
Otrante.	Otranto.	Otranto.	Otranto.	Ostia.
Padoue.	Padua.	Padua.	Padua.	Otranto.
Palatinat.	Pfalz.	Palatinate.	Palatinato.	Padova.
Palerme.	Palermo.	Palermo.	Palermo.	Palatinato.
Pampelune.	Pampelona.	Pampeluna.	Pamplona.	Palermo.
Paris.	Paris.	Paris.	Pariz.	Pamplona.
Parme.	Parma.	Parma.	Parma.	Parigi.
Passau.	Passow.	Passow.	»	Parma.
Pavie.	Pavia.	Pavia.	Pavia.	Passavia.
Pays-Bas.	Niederlande.	Low Counties of Netherlands.	Olanda.	Pavia.
				Paesi Bassi.
Pérouse.	Perugia.	Perugia.	Perugia.	Perugia.
Perpignan.	»		Perpinan.	Perpignano.
Pétersbourg (St).	Petersburg, (St).	Peterborough (St).	Peterburgo (San).	Pietroburgo (San).
Pétervardein.	Peterwardein.	Peterwardein.	Petervardino.	Petervardino.
Phalsbourg.	Pfalsburg.	Phalsburgh.	Falsburgo.	Falsburgo.
Philippeville.	Philippstadt.	Philiptown.	»	»
Philipsbourg.	Philippsburg.	Philippsburgh.	Felipeburgo.	Filippoburgo.
Picardie.	»	Picardy.	Picardia.	Picardia.
Piguerol.	Pinerolo.	Pinerolo.	Pinerolo.	Pinerolo.
Pise.	Pisa.	Pisa.	Pisa.	Pisa.
Pistoie.	Pistoja.	Pistoja.	Pistoja.	Pistoja.
Plaisance.	Piacensa.	Piacenza.	Plasencia.	Piacenza.
Podolie.	Podolien.	Podolia.	Podolia.	Podolia.
Pologne.	Poln.	Poland.	Polonia.	Polonia.
Poméranie.	Pommern.	Pomerania.	Pomerania.	Pomerania.
Portugal.	Portugal.	Portugal.	Portugallo.	Portogallo.

— 13 a. —

Posnanie.	Posen.	Apulia.	Posnia.	Posnia.
Pouille.	Apulien.	Pozzoles.	Puglia.	Puglia.
Pouzzoles.	Pozzuolo.	Pozzuolo.	Pozzuolo.	Pozzuolo.
Prague.	Prag.	Prague.	Praga.	Praga.
Presbourg.	Pressburg.	Presburgh.	Presburgo.	Presburgo.
Prusse.	Preussen.	Prussia.	Prussia.	Prussia.
Pyrénées.	Pyreneen.	»	Pirenei.	Pirenei.
Raguse.	Ragusa.	Ragusa.	Ragusa.	Ragusa.
Ratisbonne.	Regensburg.	Ratisbon.	Ratisbona.	Ratisbona.
Ravenne.	Ravenna.	Ravenna.	Ravenna.	Ravenna.
Rhin.	Rhein.	Rhine.	»	Reno
Rhône.	»	Rhone.	Rodano.	Rodano.
Romagne.	»	Romagna.	Romagna.	Romagna.
Rome.	Rome.	Roma.	Roma.	Roma.
Rouen.	Rouen.	Roan.	Ruano.	Rouen.
Roumanie.	Rumänien.	Romania.	Romania.	Romania.
Russie.	Russland.	Russia.	Rusia.	Russia.
Sabine.	Sabina.	Sabina.	Sabina.	Sabina.
Salamanque.	Salamanca.	Salamanca.	Salamanca.	Salamanca.
Salerne.	Salerno.	Salerno.	Salerno.	Salerno.
Saluce.	Saluzzo.	Saluzzo.	Saluzzo.	Saluzzo.
Salzbourg.	Salzburg.	Saltzburgh.	Salzburgo.	Salisburgo.
Santillane.	Santillana.	Santillana.	Santillana.	Santillana.
Saragosse.	Saragossa.	Saragossa.	Zaragoza.	Sarragozza.
Sardaigne.	»	Sardinia.	Cerdena.	Sardegna.
Sarrebourg.	Saarburg.	Sarburgh.	Sarburgo.	Sarburgo.
Savern.	Zabern.	Severn.	Saverna.	»
Savoie.	»	Savoy.	Savoya.	Savoia.
Savone.	Savona.	Savona.	Savona.	Savona.
Saxe.	Sachsen.	Saxony.	Sajonia.	Sassonia.
Schaffouse.	Schaffhausen.			Sciaffusa.
Sébastopol.	Sevastopol.			Sebastopoli.
Ségovie.		Segovia.	Segovia.	Segovia.
Séville.	Sevilla.	Sevilla.	Sevilla.	Seviglia.
Sicile.	»	Sicily.	Sicilia.	Sicilia.
Sienne.	Siena.	Siena.	Siena.	Siena.
Silésie.	Schlesien.	Silesia.	Silesia.	Slesia.
Souabe.	Schwaben.	Suabia.		Svevia.
Steinkerque.	Steinkirch.	Steenkirk.		
Stettin.	Stettin.	Stettin.	Stettino.	Stettino.
Stockholm.	Stockholm.	Stockholm.		Stocolma.
Stralsund.	Stralsund.	Stralsunda.	Stralsunda.	Stralsunda.
Strasbourg.	Strassburg.	Strasburgh.	Estrasburgo.	Strasburgo.
Stuttgart.	Stuttgart.		»	Stoccarda.
Suède.	Schweden.	Sweden.	Suecia.	Svezia.
Suisse.	Schweiz.	Switzerland.	Suiza.	Svizzera.

Suse.	Susa.	Susa.	Susa.
Tarente.	Tarento.	Tarentum.	Tarento.
Tarragone.	Tarragona.	Tarragona.	Tarragona.
Tessin.	Tessino.	»	»
Thuringe.	Thurgau.	Thurgovia.	Turgovia.
Thuringe.	Thüringen.	Thuringia.	Turingia.
Tilbourg.	Tilburg.	Tilburgh.	Tilburgo.
Tolède.	Toledo.	Toledo.	Toledo.
Tortone.	Tortona.	Tortona.	Tortona.
Tortose.	Tortosa.	Tortosa.	Tortosa.
Toulon.	Toulon.	Toulon.	Tolone.
Toulouse.	»	»	Tolosa.
Transylvanie.	Siebenburg.	Transylvania.	Transilvania.
Trente.	Trient.	Trent.	Trento.
Trèves.	Trier.	Triers.	Treveri.
Trévise.	Treviso.	Treviso.	Treviglio.
Turin.	Torino.	Torino.	Torino.
Turquie.	Turkei.	Turkey.	Turchia.
Tyrol.	Tirol.	»	Tirolo.
Udine.	Udine.	Udine.	Udine.
Ukraine.	Ukran.	»	Ucrania.
Ulm.	Ulm.	Ulm.	Ulm.
Valachie.	Wallachei.	Wallachia.	Valachia.
Valais.	Wallis.	»	Valese.
Valence.	Valencia.	Valencia.	Valenza.
Varadin.	Warazdin.	»	Varadino.
Varsovie.	Warschau.	Warsaw.	Varsavia.
Venise.	Venedig.	Venice.	Venezia.
Verceil.	Vercelli.	Vercelli.	Vercelli.
Vérone.	Verona.	Verona.	Verona.
Viborg.	Wiborg.	Wiburgh.	Viburgo.
Vicence.	Vicensa.	Vicensa.	Vincenza.
Vienne.	Wien.	Vienna.	Vienna.
Villefranche.	»	»	Villafranca.
Villeneuve.	Neustadt.	»	Villanova.
Vintimille.	Vintimiglia.	Vintimille.	Vintimiglia.
Viterbe.	Viterbo.	Viterbo.	Viterbo.
Volhinie.	Volhynien.	»	»
Westphalie.	Westfalen.	Westphalia.	»
Wurtemberg.	Wurtemberg.	Wurtemburgh.	Wurzburgo.
Wurzbourg.	Wurzburg.	Wurtzburgh.	Jerez.
Xérès.	Jerez.	»	Yona.
Yonne.	Yonne.	Yonne.	Zamora.
Zamora.	Zamora.	Zamora.	Zelanda.
Zélande.	Zeelande.	Zeland.	Celandia.
Zurich.	Zurich.	Zurich.	Zurigo.

— 15 a. —

2. — Liste alphabétique des stations, haltes, raccordements, bifurcations, croisements, charbonnages, puits, mines, etc., des Chemins de fer de l'Europe.

Aabogen,	176	Abergwilly,	152, 162	Adanero,	628
Aachen,	72, 351, 733	Abergynolwyn,	856	Adare (Glamorgan)	85
Aach-Linz,	352	Aberkeneid,	365	Adare (Limerick),	942
Aadorf,	905	Aberlour,	363	Adderley,	365
Aalborg,	286	Abermule.	143	Adderley Park,	509
Aalen,	291	Abernant,	365	Addiewell (Edinburgh),	139
Aalst-Waalré,	293	Abernanty Groes,	854	Addiewel (Linlithgow),	652
Aamot,	235	Abernethy,	652	Addies,	652
Aarau,	161, 642	Abersychan,	600	Addlestone,	510
Aarburg,	161	Abertillery,	600	Addlestrop,	365
Aarhus,	286	Aberystwith,	143, 547	Adé,	581
Aarnæs,	176	Abfalsterbach,	845	Adegem,	332
Aarup,	286	Abingdon,	365	Adelsberg,	845
Aasta,	176	Abington,	139, 358	Adelschlag,	284
Aathal,	905	Ablis-Paray,	690	Adelsheim,	352, 291
Abancourt,	643, 888	Ablon,	690	Adendorf,	288
Abancourt-Moliens,	643	Abony,	872	Adikaïevka,	605
Abano-Bagni,	389	Abos,	433	Adinkerke,	60
Abbach,	284	Aboyne,	363	Adisham,	513
Abbaye,	94	Abrantes,	710	Adler-Kostelec,	645
Abbeville,	643	Abrány,	641	Adlington (Cheshire),	509
Abbey,	139, 652	Abronhill,	139	Adlington (Lancashire),	460
Abbexleix,	941	Abscon,	28	Admaston,	509
Abbey Mill,	509	Absdorf-Hippersdorf,	268	Admont,	721
Abbeywood,	824	Abtsdorf,	283	Adorf,	168, 294
Abbiategrasso,	389	Aby,	295	Advie,	363
Abbotswood,	583, 365	Acciano,	569	Adwick,	548, 360
Abbotsfordferry or Bolside	652	Accrington,	460	Adwick-le-Street,	548
Abcoude,	732	Acerra,	747	Adwick-le-Street and Carcroft,	360, 548
Abeele,	60	Achanalt,	402	Aeflingen,	266
Abeli,	483	Achau,	845	Aeltre,	285
Abensberg,	284	Achel,	293		
Abensberngrube,	746	Achern,	352	Aerschot,	351
Aber (Carnarvon),	509	Achiet,	5, 643	Aerw,	854
Aber (Glamorgan),	509, 737	Achim,	288	Aerzeele,	60
Aberangel,	560	Achnasheen,	402	Aesch,	428
Aber Bargoed,	104	Acicastello,	569	Affoltern s/Albis,	642
Aberbeeg,	600	Acireale,	569	Affrique (St),	581
Aberbran,	623	Ackhurst Hall,	460	Afon Wen,	143, 509
Aber Branch,	737	Acklinga,	403	Agathe-Grube	746
Abercairney,	139	Acklington,	654	Agay,	691
Abercanaid,	854	Acock's Green,	365	Agde,	581
Abercarn,	600	Acomb,	652	Agecroft,	460
Abercawmboy,	854	Acoz,	351	Agen,	581, 690
Abercrave,	623	Acquanegra,	389	Agendorf,	845
Aberdare,	365, 854	Acquaviva,	569	Agira,	589
Aberdeen,	363, 139	Acqui,	389	Aglasterhausen,	352
Aberdovey,	143	Acquigny,	679	Agnan, (St)	691
Aberdylais,	365	Acrefair,	365	Agnès (Ste),	691
Aberedw,	588	Acs,	283	Agnone,	569
Aberfeldy,	402	Acsad,	845	Agonac,	690
Abergavenny,	365, 509	Acton,	583, 509, 657, 365	Agostonfalva,	281
Abergele & Pensarn,	509	Acton Bridge,	509	Agram,	845
Abergorky,	854	Acton Wells,	657, 509	Agramon,	536
Abergwawr,	854	Adamsthal,	283	Aguadillo,	192

Aguilar de Campoo,	638	Albano,	747	Alexeïevka,	452
Aguilar de la Frontera,	192	Albans (St),	360, 509, 583	Alexin,	739
Aguilarejo (Corcos),	638	Albbruch,	352	Alfafar,	17
Aguirre,	192	Albegna,	747	Alfaro,	893
Ahaus,	229	Albenga,	389	Alfeld,	288
Ahlen,	189	Albens,	691	Alford (Aberdeen),	303
Ahlhorn,	353	Albergaria,	710	Alford (Lincoln),	360
Ahlsta,	886	Albersweiler St-Johann,	904	Alfreton,	583
Ahraschwang,	284	Albert,	643	Alfvesta,	295, 965
Ahrensburg,	526	Alberti-Irsa,	283	Algarkirk & Sutterton,	360
Aï,	280	Albescii,	283	Algemesi,	17
Aibling,	284	Albi,	690, 581	Algermissen,	288
Aichach,	284	Albig,	521	Algodor,	536
Aigeltshofen,	291	Albion,	509, 652	Alguazas,	536
Aigen,	421	Albisheim,	904	Algyö,	14
Aigle (les Ormonts),	848	Albissola,	389	Alhama,	536
Aignan (St),	678	Albizzate,	389	Alhandra,	710
Aignan-Noyers (St),	690	Albrechtschacht,	684	Alhondiguilla,	191
Aigrefeuille,	690	Albrighton,	365	Alhos Vedros,	846
Aiguebelle,	691	Albhausen,	289	Ali,	569
Aigueperse,	691	Albsheim a/Eis,	904	Alicante,	536
Aigues-Mortes,	691	Albuixech,	17	Alingsas,	295
Aigues-Vives-Beaucaire,	691	Alcacovas,	846	Alixan,	691
Aiguillon,	581	Alcalá,	799	Alken (Belgique),	351
Aillevillers-Plombières,	289	Alcalá,	17	Alken (Danemark),	286
Ailly s/Noye,	643	Alcalá de Guadoura,	801	Alkmaar,	405
Ailly s/Somme,	643	Alcalá de Henares,	536	Allach,	284
Aimargues,	691	Alcanadre,	893	Allaman (Aubonne),	848
Ainay-le-Vieil,	690	Alcantarilla,	536	Allan Cilmour & Cº,	339
Ainderby,	654	Alcantarillas,	801	Alland'huy,	380
Ainsdale,	460	Alcázar de San Juan,	536, 11	Allanton,	139
Aintree,	460	Alcester,	583	Allen's,	654
Airaines,	888	Alcira,	17	Allensbach,	352
Airasca,	389	Alcolea,	536	Allenstein,	283
Airdrie,	652	Alcover,	478	A.lery,	888
Airdrie Hill,	652	Alcudia,	17	Allerton (Lancashire),	509, 171
Airdrie House,	652	Alcuneza,	536	Allerton (Yorkshire),	654
Aire,	643	Aldborough,	358	Allex,	691
Aire s/Adour,	581	Aldeby,	358	Alleyras,	691
Aire-Berguette,	643	Aldekerk,	733	Allibaudière,	678
Airel,	685	Alderbury,	510	Alling,	284
Airth Road,	139	Aldergrove,	903	Allington,	360
Aisy,	691	Alderley,	509	Allmendingen,	291
Aitrang,	284	Aldermaston,	365	Allner,	117
Aix (Bouches du Rhône),	691	Aldershot,	510	Alloa (Clackmannam),	652
Aix-en-Othe-Villemaur,	678	Aldershot Camp,	824	Alloa (Stirling),	139
Aix-les-Bains,	691	Aldham,	548	Allonnes-Boisville,	690
Ajiud,	283	Aldingen,	291	Allscott,	509
Ajka,	686	Aldwarke,	548, 583	Alma,	525
Akarp,	295	Alechnowitch,	464	Almacellas,	988
Aker,	176	Alegria de Alava,	638	Almaden,	179
Akimovka,	525	Alekseïewskaia,	738	Almadenejos,	179
Akkrum,	293	Aleksikova,	368	Almagro,	536
Aksaïskaia,	454	Alençon,	680, 685	Almansa,	17, 536
Ala,	845	Alessandria,	389	Almeley,	305
Alagon,	988	Alessio (Sant'),	569	Almelo,	293
Alais,	691	Alexander,	742	Almenara,	17
Aland,	295	Alexandershöhe,	743	Almenèches,	685
Alanno,	569	Alexandra Palace,	360	Almódóvar del Rio,	536
Alaro,	543	Alexandria (Ecosse),	652	Almond,	652
Alar San Quirce,	638	Alexandria (Russie),	440	Almond Bank,	139
Alassio,	389	Alexandrovka,	608, 452	Almond Valley,	139
Alaunsee,	41	Alexandrovsk,	525	Almorchon,	179
Alba,	389	Alexandrovskoé,	606	Almudévar,	988
Albaccina,	747	Alexandrow,	607	Almuradiel,	536
Albacete,	536	Alexandrowo,	282, 940	Alne,	654

— 17 a. —

Alness,	402	Alton (Hants),	510	Amot,	295
Alnwick,	654	Alton (Stafford),	659	Amotherby,	654
Alora,	192	Alton Heights,	139	Amougies,	285
Alost,	285	Alton Towers,	659	Amour (St),	691
Alpera,	536	Altona (Russie),	742	Ampfing,	284
Alphen,	351	Altona (Schleswig),	20	Ampherlaw,	139
Alpignano,	389	Altopascio,	389	Ampleforth,	654
Alresford (Essex),	358	Alt-Paka,	645	Amplepuis,	691
Alresford (Hants),	510	Alt-Peterhof,	49	Ampolla,	17
Alrewas,	509	Alt-Rahlstedt,	526	Amposta,	17
Alsager,	659	Altrincham,	171, 550	Ampsin,	634
Alsásua,	988, 638	Altshausen,	291	Ampthill,	509, 583
Alsdorf,	733	Altstädten,	905	Amrisweil,	642
Alseno,	389	Altwasser,	105, 551	Amsee,	807
Alsenz,	904	Alva,	652	Amselfing,	284
Alsfeld,	399	Alvechurch,	583	Amsterdam,	405, 732
Alsheim,	521	Alverca,	710	Amstetten (Oesterreich),	421
Alshult,	150	Alverthorpe,	360	Amstetten (Württemberg),	291
Alsó-Rákos,	281	Alves,	402	Amurrio,	893
Alsó-Sajó,	292	Alvescot,	365	Amusco,	638
Alstadt,	645	Alviano,	747	Amvrossievka,	452
Alstetten,	642	Alvimare,	685	Anagni,	747
Alston,	654	Alvincz,	716	Ancaster,	360
Altafulla,	859bis	Alvito,	846	Ancemont,	479
Altavilla,	569	Alyth,	139	Ancenis,	690
Altbach,	291	Alzenau,	807	Ancerville-Gué,	280
Alt-Boyen,	807	Alzey,	521	Anché-Voulon,	690
Alt-Breisach,	352	Alzonne,	581	Ancholme,	548
Alt-Bunzlau,	645	Amagne,	280	Anclam,	79
Alt-Carbe,	282	Amand (St),	643	Ancona,	569, 747
Altena,	72	Amand de Boixe (St),	690	Ancy-le-Franc,	691
Altenbach,	472	Amand de Vendôme (St),	690	Andancette,	691
Altenbamberg,	904	Amandolea,	569	Andelfingen,	642
Altenbecken,	538	Amänningen,	633	Andelot (Haute-Marne),	280
Altenbeken,	290	Amant de Graves (St),	163	Andelot (Jura),	691
Altenberge,	290	Amant-Montrond (St),	690	Andenne,	634
Altenburg,	294	Amanvillers,	18	Anderlues,	285
Altendorf,	733	Amarin (St),	18	Andernach,	733
Altenessen,	189, 733	Amatova,	898	An Der Saale (Calbe),	537
Altfelde,	282	Amay,	634	Andersbenning,	457
Altenglan,	904	Ambazac,	690	Andilly St.-Ouen,	163
Altenhundem,	72	Amberg,	284	Andoain,	638
Altenmuhr,	284	Ambergate,	583	Andorf,	421
Altenschwand,	284	Ambérieu,	691, 228	Andover,	510
Altenstadt,	284	Amberley,	511	András (St),	872
Alt-Gersdorf,	294	Amberswood for Hindley,	509	Andrä-Wörden (St),	268
Alt-Grottkau,	807	Amble,	654	Andrea (Sant'),	569
Althegnenberg,	284	Amboise,	690	André de Corcy (St),	228
Altheim,	521	Ambrières,	685	André de Lidon (St),	793
Alt-Hengstett,	291	Ambrogio (Sant'),	389	Andréiéw,	504
Althen-les-Paluds,	691	Ambroix (St),	691	André le Gaz (St),	691
Althorpe,	548	Ambronay,	691	Andrés San',	859bis, 988
Althütter,	252	Amécourt-Talmontier,	685	Andrest,	581
Alt-Kemnitz,	551	Ameln,	72	Andrews (St),	652
Altkirch,	18	Amendolara,	569	Andrézieux,	691
Alt-Kolin,	283	Amersfoort,	159, 405	Andrinople,	898
Alt-Lambach,	421	Amfréville,	679	Andújar,	536
Altmannshof,	284	Amiens,	643	Aneby,	295
Altmorschen,	72	Amifontaine,	280	Anerley,	511
Altmittweida,	294	Amilly,	678	Anetz,	690
Alt-Münsterol,	18	Amisfield,	139	Angecourt,	280
Altnabreac,	402	Amistosa,	221A	Angelo e Cinigiano (Sant'),	747
Altnau,	642	Amlwch,	509	Angel Road,	358
Alt-Neu-Döbern,	76	Amman,	365	Angermüde,	79
Altofts,	654	Ammendorf,	874	Angern,	267
Altofts and Whitwood,	583	Amorosi,	569	Angers,	690, 685

— 18 a. —

Angersbach,	399	Apice,	569	Arezzo,	747
Angerston,	824	Aplerbeck,	72	Arfeuilles,	691
Angerton,	652	Apolda,	874	Argagnon,	581
Angerville,	690	Appelhülsen,	189	Argamasilla,	179
Anglesea,	569	Appenweier,	352	Argamasilla del Alba,	536
Angleur,	285, 634	Apperley,	583	Argelès-Vieuzac,	581
Anglure,	280	Apperley Bridge,	583	Argelès s/Mer,	581
Angmering.	511	Appeville,	679	Argeningken,	875
Angoulême,	163, 690	Appilly,	643	Argentan,	685
Angoulins,	163	Appleby (Lincoln),	548	Argenteau,	485
Angri,	569	Appleby (Westmoreland),	654	Argenteuil,	643, 685
Anina-Stierdorf,	283	Appledore,	824	Argenton,	690
Anizy-Pinon,	643	Applehaigh,	548	Argoed,	809
Annaberg (Sachsen),	294	Appleton,	509	Arheilgen,	540
Annaberg (Schlesien),	807	Appley Bridge,	466	Ariano,	569
Annaburg,	74	Aprath,	72	Ariza,	536
Annaghmore,	903	Apricena,	569	Arjonilla,	536
Annan,	139, 339	Aquila,	569	Arjusanx,	581
Annandale,	339	Aquino,	747	Arkhangels,	674
Annandale's,	652	Arad,	716, 872	Arkhangelskaïa,	750
Anna Paulowna,	405	Arahal,	801	Arkholme,	583
Annbank,	339	Aranjuez,	536	Arklow,	243
Anne (Ste),	690	Araya,	628	Arksey,	360
Annecy,	691	Arbanats,	581	Arles,	97, 691
Annen,	72	Arbia,	747	Arlesey,	360
Anne's (St),	460, 509	Arboga,	450	Arlesey and Shefford Road,	360
Annfield Plain,	654	Arbois,	691	Arley,	365
Annick,	339	Arbon,	642	Arley and Fillongley,	583
Annonay,	691	Arbós,	859bis	Arlo,	53
Annone (Castello d'),	389	Arbroath,	139	Arlöf,	295
Annweiler,	904	Arbuckle,	652	Arlon,	285
Anor,	174, 643	Arcachon,	581	Armadale,	652
Anrath,	72	Arcangelo (Sant'),	569	Armadebrunn,	551
Ans,	285, 293	Arçay,	920	Armagh,	629, 003
Ansbach,	284	Archena,	536	Armentières,	60, 643
Ansdell,	460, 509	Arches,	280, 932	Armley,	360, 583
Anse,	691	Archidona,	192	Armitage,	509
Anseghem,	60, 285	Arcis s/Aube,	678	Armovir,	750
Anstruther,	482	Arcola,	389	Armsheim,	521
Antequera,	192	Arcore,	389	Armsheugh,	339
Anthieule,	643	Arcos,	536	Arnage (Ecosse),	203
Antibes,	691	Arc-Senans,	691	Arnage (France),	690
Antimo (Sant'),	569	Arcueil-Cachan,	690	Arnau,	645
Antoine-Port-Ste-Foix (St),	690	Arcy s/Cure,	691	Arnéke,	643
Antoine du Rocher (St),	690	Ardagh,	942	Arnemuiden,	203
Antoing,	285	Ardara,	777	Arnex,	848
Antonin,	711	Arddleen,	143	Arnhem,	293, 732
Antonin (St),	690	Ardeer,	339	Arniston,	652
Antonino (Sant'),	389	Arden (Danemark),	286	Arnloss,	652
Antonio (Sant'),	389	Arden (Ecosse),	652	Arnoldstein,	721
Antonopol,	355	Ardleigh,	358	Arnsdorf (Dresden),	204
Antony,	690	Ardler,	139	Arnsdorf (Liegnitz),	551
Antonyschacht,	721	Ardon,	848	Arnside,	339
Antrain,	929	Ardore,	569	Arnstadt,	874
Antrim,	67, 903	Ardrahan,	942	Arnswalde,	807
Anvaing,	285	Ardres,	643	Arona,	389
Anvers,	26, 285, 351	Ardrossan,	339	Arpajon (Cantal),	690
Anzin,	28	Ardsley,	360	» (Seine-et-Oise),	690
Anzola,	389	Ardsollus & Quin,	942	Arquà,	389
Apácza,	281	Arena-Pó.	389	Arquata,	389
Apahida,	281	Arengosse,	581	Arques (Pas-de-Calais),	643
Apcz-Szántó,	292	Arenshausen,	288, 537	Arques (Seine-inférieure),	685
Apedale,	659	Arenys de Mar,	859bis	Arram,	654
Apen,	353	Arenzano,	389	Arras,	643
Apenrade,	20	Areta,	893	Arrigorriaga,	893
Apethorne,	548, 583	Arévalo,	638	Ars a. d. Mosel,	18

Arsonval-Jaucourt,	280	Askern,	360, 460	Atvidaberg,	40
Arssaki,	607	Askeröd,	985	Atzgersdorf,	845
Artemare,	691	Aslockton,	360	Atzwang,	845
Artenay,	690	Asmundtorp,	463	Au (Cöln),	189
Arth,	33bis	Asnières,	643, 685	Au (Suisse),	905
Arthington,	654	Aspach,	18	Au (Zwickau),	168
Arthog,	143	Aspatria,	559	Aubagne,	691
Arthur,	652	Aspden,	460	Aubais,	691
Artix,	581	Asperg,	291	Aubazine,	690
Artres,	643	Aspiran,	581	Aubenton-Any,	280
Arundel,	511	Assaro-Valguarnera,	509	Aubigné,	690
Arvant,	690, 691	Assat,	581	Aubigny,	643
Arveyres,	690	Assemini,	777	Aubin,	690
Arvika,	295	Assen,	293	Aubin des Bois St),	685
Aryd,	151	Assencières,	678	Aubin St Luperce (St),	685
Asaph (St),	509	Assenede,	60	Aubin s/Scie St),	685
Asarp,	902	Assens,	469	Aubing,	284
Asarum,	150	Assesse,	285	Aublain,	174
Asbach,	352	Assier,	690	Aubréville,	280
Asboberg,	632	Assisi,	747	Aubusson,	690
Asbro,	379	Assling (Bayern),	284	Auch,	581
Asby,	451	Assling (Oesterreich),	721	Auchencrow,	652
Asch (Bayern),	284	Assmannshausen,	289	Auchendinny,	652
Asch (Belgique),	387	Assumar,	710	Auchengray,	139
Aschaffenburg,	284, 521	Asszonyfa,	686	Auchenharvie,	339
Aschbach,	421	Astaffort,	581	Auchenheath,	139
Ascheberg,	20	Astakhovo,	368	Auchenlee,	139
Aschendorf,	290	Astbury,	659	Auchenraith,	139
Aschersleben,	538	Asten,	421	Auchincruive,	339
Asciano,	747	Astenet,	733	Auchindachy,	363
Ascoli,	509	Asti,	389	Auchinleck,	339
Ascot,	510	Astier (St),	690	Auchlochan,	139
Ascott,	365	Astley,	509	Auchmuty Mills,	652
Ascq,	643	Aston Rowant,	365, 948	Auchnagatt,	363
Asfordby,	583	Astorga,	646	Auchnashellach,	492
Ash,	510, 824	Astorp,	393, 269	Auchren,	139
Ashbourne,	659	Asylum,	652	Auchrie,	139
Ashburton,	823	Aszód,	292	Auchterarder,	139
Ashby de la Zouch,	583	Ata,	596	Auchterhouse,	139
Ashchurch,	583	Ataquines,	638	Auchterless,	363
Ashcoat & Meare,	819	Atarfe,	192	Auchtermuchty,	652
Ashey,	756	Ateca,	536	Audegem,	285
Ashfield,	139	Ath,	285	Audenaerde,	285
Ashford (Kent),	824	Athboy,	587	Audincourt,	691
Ashford (Middlesex),	510	Athelney,	112	Audlem,	365
Ashgillhead,	139	Athènes,	37	Audley (St),	659
Ashieburn,	139	Athenry,	587, 942	Audley End,	358
Ashington,	654	Atherstone,	509	Audrieu,	685
Ashley,	171	Atherton,	509	Audruicq,	643
Ashley Road,	365	Athis-Mons,	690	Audun le Roman,	280
Ashperton,	365	Athlone (Roscommon),	587	Aue,	294
Ashtead,	510, 511	Athlone (Westmeath),	364	Auer,	845
Ashton,	548	Athus,	285, 720	Auerbach (Baden),	352
Ashton's	548, 982	Athy,	364	Auerbach (Hessen),	540
Ashton Green,	509	Atkarsk,	858	Auerbach (Sachsen),	992, 294
Ashton-Under-Hill,	583	Atlas,	652	Auffay,	685
Ashton-Under-Lynn,	460	Atmella,	17	Aufgelassen,	845
Ashwell (Herts),	360	Attanagh,	941	Aufhausen,	284
Ashwell (Rutland),	583	Attarp,	455	Auger St-Vincent,	643
Asworth,	460	Attenborough Gate,	583	Auggen,	352
Ashyard,	339	Attendorn,	72	Aughrim,	243
Asigliano,	389	Attigliano,	747	Augsburg,	284
Ask,	235	Attigny,	280	Augst,	642
Askam,	329	Attleborough,	358	Augusta,	509
Askeaton,	942	Attnang-Puchheim,	421	Augustfehn,	353
Asker,	235	Atukta,	454	Augustwalde,	807

Auhütte,	874	Aversa,	569	Badalona,	859 bis
Aujezd,	327	Avesnes,	643	Baden-Baden,	352
Auldbar Road,	139	Avessàc,	685	Baden (Oesterreich),	845
Auldgirth,	339	Avesta,	457	Baden (Suisse),	643
Auldhouseburn,	139	Aviemore,	402	Bad-Goezalkowitz,	746
Auldhousefield,	139, 339	Avigliana,	389	Badnall,	509
Auldton,	139	Avignon,	691	Bad-Oeynhausen,	189
Aulendorf,	291	Avignonet,	581	Badolato,	569
Aulnat,	691	Avila,	638	Bad-Salzschlirf,	399
Aulnay les Bondy,	94, 643	Avio,	845	Baeleghem,	285
Aulnoye,	643	Avize,	280	Baesrode,	285
Aumale,	888	Avoise,	685	Baeza,	536
Aumenau,	289	Avold (St),	18	Bagenz,	76
Aumontzey,	932	Avolsheim,	18	Baggrow,	559
Aunay-Tréon,	679	Avon Bridge,	652	Bagheria,	569
Auneau,	679, 690	Avon Vale,	827	Bagillt,	509
Aunès (St),	691	Avonhead,	652	Bagnac,	690
Auneuil,	679	Avonmouth,	116	Bagnacavallo,	569
Auperschin,	41	Avor,	690	Bagnalstown,	364, 946
Auray,	690	Avricourt,	18, 280	Bagneaux,	678
Aurec,	691	Avtchali,	712	Bagnères de Bigorre,	581
Aurillac,	690	Awre,	365	Bagnères de Luchon,	581
Auriol,	691	Axbridge,	112	Bagnolo (Brescia),	389
Ausitz-Aussibals,	690	Axel,	542	Bagnolo (Otranto),	569
Aussig,	41, 283, 645	Axevalla,	484	Baguley (Skelton),	171
Austell (St),	199	Axminster,	510	Bagworth,	583
Austerlitz-Krenowitz,	267	Ay (St),	690	Bahamonde,	646
Ausweiche-Fonyod,	845	Aycliffe,	654	Bahrenfeld,	18
Ausweiche-Mittewald,	845	Aye,	285	Bahrmühle,	294
Ausweiche-Oszko,	845	Aylesbury,	365, 509	Baïari,	666
Ausweiche-Sternthal,	845	Aylesford,	824	Baides,	536
Ausweiche-Szemes,	845	Aynho,	365	Baiersdorf,	284
Autel-Bas,	285, 720	Ayr,	339	Baigts,	581
Auterive,	581	Ayr Road (Siding),	652	Bailey,	795
Autet,	280	Ayr Road (Station),	139	Bailey Field,	652
Auteuil,	156, 685	Ayton (Berwick),	652	Bailey Gate,	819
Autheuil-Authouillet,	679	Ayton (York),	654	Baillargues,	691
Authorpe,	360	Azambuja,	710	Bailleau-le-Pin,	679
Autun,	691	Azaruja,	846	Bailleau l'Evêque,	679
Autz,	594	Azay-le-Rideau,	920	Bailleul,	643
Auvelais,	285	Azerailles,	280	Bain-Lohéac,	685
Auvernier,	848	Azoudange,	18	Bains,	280
Auvers-Méry,	643	Azuqueca,	536	Bainville s/Madon,	280
Auvillers-Rumigny,	280	Azurara,	708 bis	Baird's,	652
Auw,	733	Baal,	72	Baisieux,	643
Auwal,	283	Baar,	18	Bajanowo,	807
Auxerre,	691	Baarle-Nassau,	351	Bajmok,	14
Auxkallnehlen,	875	Baarn-Soestdijk,	405	Bakewell,	583
Auxonne,	691	Babarykina,	738	Bakhmatch,	464, 453
Auzic,	899	Babenhausen,	521	Bakhtchisaraï,	525
Avallon,	691	Baberton,	139	Bakov,	800
Avanton,	920	Babino,	355	Bakow,	626
Ave-Cappelle,	60	Babócza,	845	Bala,	365
Aveiro,	710	Babstadt,	352	Balaclava,	360
Avelghem,	285	Baby,	940	Balakirevo,	607
Avennes,	285	Bacaicoa,	988	Balázsfalva,	281
Avenay,	280	Bacáu,	283	Balbigny,	691
Aventignan,	581	Baccarat,	280	Balbinovo,	247
Avenue de Clichy,	156	Bacharach,	733	Balbriggan,	655
Avenue de Vincennes,	156	Back,	334	Balby,	360
Avenue du Bois de Boulogne,	685	Backworth,	654	Balcombe,	511
Avenue du Général Ulrich,	156	Bacouel,	643	Baldaz-Lalore,	634
Avenuehead,	652	Bac St-Maur,	643	Baldersby,	654
Avenue St-Ouen,	156	Bacup,	460	Balderton,	305
Aveny-Montreuil,	679	Badajoz,	179	Baldichieri,	389
Avenza,	389	Badallan,	652	Baldock,	360

— 21 a. —

Baldovan,	139	Balmoral,	903	Barbon,	509
Baldoyle & Sutton,	655	Balmule,	652	Barbonne-Fayel,	280
Baldragon,	139	Balne,	654	Barbosi,	283
Balduinstein,	289	Balogfalva,	292	Barcelona, 859bis, 56,	988
Bâle,	428	Balquhatson,	652	Barcena,	638
Baleicourt,	280	Balsicas,	536	Barcombe,	511
Baleizao,	846	Balsu,	283	Barcs,	328
Balenyá,	356	Balta,	669	Bardney,	360
Balerna,	348	Baltic,	339	Bardon Hill,	583
Balerno,	139	Baltino,	247	Bardon Mill,	654
Balfron,	652	Baltischport,	49	Bardonnechia,	389
Balgerhoeke,	332	Balwill,	652	Bardowiek,	288
Balgowan,	139	Balzola,	389	Barendrecht,	293
Balingen,	291	Bamber Bridge,	460	Bare Lane,	509
Balingslöf,	295	Bamberg,	284	Barenstein,	294
Balla,	587	Bammenthal,	352	Barentin,	685
Ballaghaderreen,	587	Bampton,	365	Barenton,	643
Ballam,	511	Banbridge (Angleterre),	460	Bares,	845
Ballan,	920	Banbridge (Irlande),	655, 903	Bargoed,	104, 737
Ballancourt,	691	Banbury,	509, 365	Bargteheide,	526
Ballasalla,	423	Banchory,	363	Bari,	569
Ballater,	363	Bandol,	691	Barisis,	167
Ballathie,	139	Bandon,	197, 956	Barlaston,	659
Ballenstedt,	538	Bandourka,	669	Barleben,	538
Ballieston,	139	Banésa,	337	Bar-le-Duc,	280
Ballina,	587	Banff,	363	Barleith,	339
Ballina Mallard,	422	Banffy-Hunyad,	281	Barleith & Dollars,	339
Ballinasloe,	587	Bangbro,	160	Barletta,	569
Ballincollig,	196	Bangor (Carnarvon),	509	Barley Brook,	460
Ballincrieff,	652	Bangor (Down),	66	Bark Hill,	509
Ballindalloch,	363	Banholm,	459	Barking,	517
Ballingdarg,	139	Banicza,	716	Barkovitchi,	247
Ballinderry,	903	Banjaluka,	898	Barkstone,	360
Ballineen,	956	Bankeberg,	295	Barmen,	72
Ballingrane,	942	Bankend,	139	Barmen-Rittershausen,	72
Ballinhassig,	197	Bankfield,	460	Barming,	513
Ballinluig,	402	Bank Hall,	460	Barmouth,	143
Balloch,	652	Bankhead (Ayr),	339	Barnack,	360
Ballstädt,	874	Bankhead (Dumfries),	339	Barn-Andersdorf,	157
Ballybay,	422	Bankhead (Lanark),	139	Barnard Castle,	654
Ballybeg,	655	Bank Park,	652	Barnby Dun, 360,	548
Ballybrack,	243	Bankwood,	460	Barneck,	874
Ballybrophy,	364	Bannalec,	690	Barnes,	510
Ballycar & Newmarket,	942	Bannockburn,	139	Barnet,	360
Ballycarry,	67	Bannoncourt,	479	Barnetby,	548
Ballyclare & Doagh,	67	Bannstein,	18	Barnewell,	509
Ballyduff,	364	Bánócz,	715	Barnham,	511
Bally Glunin,	942	Banréve,	53, 292	Barnhill,	139
Ballygowan,	66	Bansha,	942	Barnoldswick,	583
Ballyhale,	941	Banstead,	511	Barnsley, 548, 583,	460
Ballyhaunis,	587	Banteln,	288	Barnsley Darfield,	548
Ballyhooley,	364	Banyuls s/Mer,	581	Barnstaple,	510
Ballykelly,	67	Bapaume,	5	Barnstorf,	189
Ballymartle,	197	Baraccone,	882	Barnten,	288
Ballymena,	67	Bàrànd,	872	Barnt Green,	583
Ballymoe,	587	Baranovitchi,	606	Barop,	72
Ballymoney,	67	Baranovo,	608	Barquinha,	710
Ballymote,	587	Baranyavar-Monostor,	14	Barrachnie & Springhill,	652
Ballymurray,	587	Babaraschacht,	689	Barras,	654
Ballynahinch,	66	Barbastro,	790	Barrasford,	652
Ballynure Road,	67	Barbauchley,	652	Barrasie,	339
Ballyragget,	941	Barbelroth-Oberhausen,	904	Barreiro,	846
Ballysodare,	587	Barbentanne,	691	Barrhead,	139, 339
Ballyshannon,	422	Barberey,	280	Barrmill,	139, 339
Ballywillan,	587	Barbery,	643	Barrow,	329
Ballywilliam,	946	Barbezieux,	163	Barrow Haven,	548

— 22 a. —

Barrow-on-Soar,	583	Báttaszék,	61	Beauvoisin,	691
Barruelo,	638	Battersea,	510, 511	Bebington,	509
Barry,	139	Batterstown,	587	Bebra,	72, 321
Barsac,	581	Battice,	285	Beccles,	358
Barschwil a. d. Zelg,	428	Battipaglia,	569	Bechowic,	283
Barse,	285	Battle,	824	Beckaskog,	817
Barsinghausen,	538	Batuchkovo,	606	Beckenham,	513, 824
Barsouki,	750	Bátyn,	641	Beckermet,	329, 969
Bar s/Aube,	280	Baud,	690	Beckford,	583
Bar s/Seine,	280	Baudach,	105	Beck Holes,	654
Barszczowice,	164	Bauerwitz,	807	Beckingen,	760
Bartenheim,	18	Baulers,	285	Beckinghan,	360
Bartenstein,	847	Bauma,	874	Beckun,	189
Barthélemy (St),	691	Baume,	285	Bective,	587
Bartlow,	358	Baume les Dames,	691	Bedale,	654
Bartolomé (San),	871	Baumenheim,	284	Bédarieux,	581
Barton (Hereford),	365, 583	Bautersem,	285	Bédarrides,	691
Barton (Lancashire),	460	Bautzen,	294	Bedburg,	733
Barton (Lincoln),	548	Bawtry,	360	Beddington,	510, 511
Barton & Brougton,	509	Baxenden,	460	Bedford,	654, 583, 509
Barton & Walton,	583	Bayel,	280	Bedford Leigh,	509
Barton Hill,	654	Bayerfeld-Cölln,	904	Bedihost,	267
Bartonholm,	339	Bayeux,	685	Bedlington,	654
Barton-le-Street,	654	Bay Horse,	509	Bedlinog,	365, 737
Barton Moss,	509	Baynards,	511	Bedminster,	112
Bartos-Lehotka,	292	Bayon,	280	Bednarow,	33
Baruth,	75	Bayonne,	581	Bedside,	654
Barvaux,	285	Bayreuth,	284	Bedwas,	104
Bary-Maulde,	285	Bazancourt,	280	Bedw,	854
Baschka,	267	Bazas,	581	Bedwellty,	809
Baschurch,	365	Bazeille (Ste),	581	Bedworth,	509
Bascoup-Chapelle,	285	Bazeilles,	280	Bedwyn,	365
Basècles,	285	Bazenheid,	905	Beechburn,	654
Basel, 428, 161, 18, 642, 352		Bazias,	283	Beechen Grove,	795
Bas-Evette,	280	Baziège,	581	Beek-Elsloo,	293
Basford,	509, 583	Beal,	654	Bees (St),	329
Basilio (San),	569	Bealings,	358	Beeston (York),	360
Basilio Pisticci (San),	569	Béard,	691	Beeston (Nottingham),	583
Basingstoke,	510, 365	Bearley,	365	Beeston Castle & Tarporley,	509
Bas-Monistrol,	691	Bearsden,	652	Beffi,	569
Bas-Oha,	634	Beasain,	638	Bègles,	581
Bason-Bridge,	819	Beattock,	139	Begona,	330 bis
Bassaleg,	600, 104	Beaucaire,	691	Beighton,	548, 583
Bassan-les-Béziers,	396	Beauchieff,	583	Beilen,	293
Bassano in Teverina,	747	Beaucourt,	691	Beillant,	103
Basse-Indre,	690	Beaufort (Angleterre),	509	Beimerstetten,	291
Bassenthwaite Lake,	183	Beaufort (France),	691	Bei Rheinfelde,	352
Bassevelde,	60	Beaugencey,	690	Beirvelde,	26
Bas-Silly,	285	Beaujeu,	70	Beiseförth,	72
Basslitz,	75	Beaulard,	389	Beissagola,	483
Bassum,	189	Beaulieu (Alpes Maritimes),	691	Beith,	139, 339
Bastia (Ancona),	747	Beaulieu (Eure et Loire),	679	Beja,	846
Bastia (Cuneo),	389	Beaulme-la-Roche,	691	Béjatoubani,	712
Bastievo,	608	Beauly,	402	Bekesbourne,	513
Bastogne,	285	Beaume la Rolande,	691	Bekovo,	858
Bataïskaïa,	750	Beaumetz,	643	Bel (St),	228
Baté,	61	Beaumont (Belgique),	285	Béla-Banya,	292
Bath,	819, 365, 583	Beaumont (France),	691	Bélaia,	355
Bathampton,	365	Beaumont-le-Roger,	685	Bel Air,	156
Bathgate,	652	Beaumont-Persan,	643	Belalcázar,	179
Bathville,	652	Beaune,	691	Belbek,	525
Batignolles,	156, 685	Beauparc,	655	Beleg,	61
Batilly,	280	Beaupouyet,	690	Belfast,	67, 66, 903
Batley,	509, 360	Beaurepaire,	691	Belfort,	280, 691
Bátony,	292	Beautiran,	581	Belgard,	79
Battaglia,	389	Beauvais,	643, 679	Belgioioso,	389

— 23 a. —

Belijé-Béréga,	675	Benfieldside,	669	Bergen-op-Zoom,		293
Bellaghy,	67	Benfleet,	517	Bergenthal,		282
Bellarena,	67	Bengeworth,	583	Bergerac,		690
Bell Busk,	583	Bengtstorp,	632	Bergfriede,		282
Belleden,	538	Bengy,	690	Berghausen (Carlsruhe),		352
Belleek,	422	Benhar (Lanark),	139	» (Rheinpfalz),		904
Bellegarde (Gard),	691	» Linlithgow),	652	Bergheim,		538
» (Loiret),	678	Beniajan,	536	Bergisch-Gladbach.		72
» (Ain),	691	Benicarló,	17	Bergrheinfeld,		284
» St-Galmier,	228	Benicasim,	17	Bergsbogrufva,		40
Belle-Isle-Begard,	685	Benifayó, •	17	Bergsbrunna,		295
Bellem,	285	Benigno (San),	792	Bergtheim,		284
Bellenave,	690	Benisalem,	543	Bergues,		643
Bellenberg,	284	Bennet's Bridge,	941	Bergvik,		816
Belleville,	70, 691	Bennigsen,	538	Bergwitz,		74
» Vendée,	690	Benningen,	18	Bergzabern,		904
» Villette,	156	Benninghausen,	290	Berheciu,		383
Belle Vue,	548	Bennroth,	117	Beringen,		352
Bellevue (Angleterre),	583	Bennweier,	18	Berjou-Cahan,		685
» (Loire),	691	Benoît (St) (Aube),	678	» Pont d'Ouilly,		679
» (Scine-et-Oise),	685	» St (Vienne),	690, 920	Berkeley Road,		583
Bellingburn,	652	» St-Aigle (St),	690	Berkenbrück,		551
Bellingen,	352	Benrath,	189	Berkenroth,		117
Bellingham,	652	Benried,	284	Berkhamsted,		509
Bellinzago,	389	Ben Rhydding,	654, 583	Berkowic-Melnik,		283
Bellinzona,	348	Bensberg,	72	Berkswell,		509
Bellizzi,	569	Bensen,	636	Berlad,		283
Bell-Lloch,	988	Bensheim,	540, 521	Berlaer,		351
Bellpuig,	988	Bentham,	583	Berlin, 74, 75, 76, 77, 78, 79,		282
Bell's,	652	Bentheim,	293		538,	551
» Burn,	652	Bentley (Hants),	510	Berlingen,		621 B
Bellside for Omoa,	139	» (Stafford),	509	Bernac-Debat,		581
Bell's Load Bank,	652	» (Suffolk),	358	Bernalda,		569
» Shale,	652	» Green,	358	Bernau (Bayern),		284
Bellurgan,	248	Benton,	654	» (Preussen),		79
Belmez,	179, 191	Bents,	652	Bernay,		685
Belmont,	654	Bentschen,	552	Bernburg,		538
Belohrad,	645	Bérain (St),	691	Berne (Oldenburg),		353
Bélostok,	355	Beragh,	903	» (Suisse), 161, 428,		848
Belper,	583	Beratzhausen,	284	Bernhardsthal,		267
Belses,	652	Beraun,	252, 684	Bernimont,		285
Belside,	139	Berbesdorf,	294	Bernis,		691
Belston,	339	Berchem,	285	Bernouville,		679
Belton,	358	» Ste-Agathe,	285	Bernsdorf,		645
Beltonford,	652	Berchères,	679	Bernshammar,		451
Belturbet,	422	Bercy-Ceinture,	691	Bernstadt,		746
Belval-Sury,	280	Berditchev,	440	Berny,		690
Belvaux,	720	Beregszás,	641	Berolzheim,		284
Belvedere,	824	Beregszó,	283	Berre,		691
Belvès,	690	Berendeiévka,	607	Berrington,		365
Bély,	641	Beresina,	464	» & Eye,	365,	509
Bempflingen,	291	Berettyo-Ujfalu,	872	Berry Brow,		460
Bemposta,	710	Bereza,	666	Berryhill,		659
Bempton,	654	Bérézaïka,	355	Bersac,		690
Benau,	551	Berg,	176	Bersham,		365
Bendery,	669	Berga (Allemagne),	780	Berthelmingen,		18
Bendingbostel,	538	» (Gefleborgs),	816	Berthenonville,		679
Bendlikon-Kilchberg,	642	» (Kalmar),	621	Bertrée-Avernas,		285
Bendorf,	733	Bergamasco,	389	Bertrichamps,		280
Benedetto del Tronto, (San),	569	Bergamo,	389	Bertry,		643
Benen,	594	Berge-Borbeck,	189	Bervenkovo,		453
Beneschau,	207	Bergedorf,	77	Bervie,		139
Benet,	690	Bergeggi,	389	Berwick (Berwick),	652,	654
Benevento,	569	Bergen (Bayern),	284	» (Suisse),		511
Benfeld,	18	» (Sachsen),	294	Berwyn,		365
Benfield,	139	» a/Dumme,	538	Berzée,	285,	351

Berzencze,	845	Bézu St-Éloi,	679	Billerbeck,		538
Berzova,	716	Biadoliwy,	164	Billiemains,		652
Berzy,	643	Bianconuovo,	569	Billingborough,		360
Besançon,	691	Bianzé,	389	Billingham,		654
Bescar Lane,	460	Biard,	581	Billing Road,		509
Bescot,	509	Biarritz,	581	Billingshurst,		511
Besigheim,	291	Biasca,	348	Billom,		921
Beslé,	685	Bibbington's,	509	Billyford,		652
Bessan,	581	Biberach,	291	Billy-Montigny,		643
Bessay,	691	» Zell,	352	Bilsen,		293
Bessbrook & Newry,	655	Biborist,	266	Bilson,		795
Bessèges,	691	Biblis,	521	Bilston,		365
Bessenay,	228	Bicester,	509	Bilten,		642
Bessines,	690	Bickenbach,	540	Bilton,		654
Best,	293	Bickershaw,	509	» Road,		654
Bestahow,	268	Bickerstaffe,	460	Binche,		285
Bestwig-Nuttlar,	72	Bickleigh,	823	Bindlach,		284
Besztercze-Bánya,	292	Bickley,	513	Binéfar,		988
Betanzos,	646	» Park,	824	Binegar,		819
Betchworth,	824	Bicocca,	569	Bingen,		521
Béthéniville,	280	Bicslade,	795	Bingerbrück,	760,	733
Béthune,	643	Bidart-Guéthary,	581	Bingley,		583
Bettemburg,	18	Biddulph,	659	Biniew,		711
Bettendorf,	720	Bideford,	510	Binniehill & South Field,		652
Bettingen,	720, 18	Bidighi,	898	Binnie's,		652
Bettisfield,	509, 143	Bidston,	412	Birawa,		807
Betton,	685	Biebermühle,	904	Birchfield,		363
Bettws,	365	Biebesheim,	521	Birchgrove,		583
» Llantwit,	365	Biebrich,	289	Birchills,		509
» -y-Coed,	509	Biederitz,	78	Birchington,		513
Betzdorf,	189	Biefvillers,	5	Birchrock,		509
Betzigau,	284	Biéjetsk,	755	Birchvale,	548,	583
Betzingen,	291	Biéjetskaïa,	675	Birdbrook,		188
Beucha,	472	Biel (Bienne),	428, 848	Birdhill,		942
Beuel,	733	Biéla,	939	Birdingbury,		509
Beuggen,	352	Bielefeld,	189	Birdwell,		548
Beurig-Saarburg,	760	Biélgorod,	453	Birdswood,		509
Beutersitz,	378	Biéliki,	439	Birkdale,		460
Beuthen a/Oder,	105	Bielitz-Biala,	267	Birkenfeld (Birkenfeld),		760
» (Schlesien),	807, 746	Biella,	389	» (Schwarzwald),		291
Beutin,	643	Biélogory,	712	Birkenhead,	412,	509
Beutnitz,	105	Biélomiestnaïa,	453	Birkenshaw & Tong,		360
Beuvrages,	643	Biélostock,	108, 355	Birkerod,		787
Beuvry,	643	Bielsk,	108	Birkhill,		360
Beuvry-lez-Orchies,	643	Biendorf,	538	Birkley,		513
Beuxes,	920	Bienenbüttel,	288	Birley,		548
Beuzeville-Bréauté,	685	Bierbach,	904	Birmensdorf,		642
Bevaix,	848	Bieringen,	291	Birmingham,	365, 509,	583
Bevensen,	288	Bierset-Awans,	285	Birresborn,		733
Beveren,	60	Bierzanow,	168	Birstal,		509
» (Waes),	26	Biesellen,	282	Birtley,		654
Beverley,	654	Biesenthal,	79	Bisceglie,		569
Beverst,	351, 293	Biessenhofen,	284	Bischdorf,		282
Beverwijk,	405	Bietigheim,	291	Bischheim,		294
Beville-le-Comte,	679	Biezelinge,	293	Bischofsheim a/Tauber,		352
Bewdley,	365	Biggar,	139	» (Molsheim)		18
Bex,	848	Biggleswade,	360	» (Starkenburg)		521
Bexbach,	904	Bigby Road Bridge,	548	Bischofshofen,		421
Bexhill,	511	Bigny,	690	Bischofswerder,		282
Bexley,	824	Bihucourt,	5	Bischofszell,		642
Beynac,	690	Bilbao,	893	Bischopstone,		511
Beyne,	285	Bilbester,	402	Bischopswerda,		294
Beynost,	691	Bilcze-Wolica,	33	Bischweiler,		18
Bezdany,	355	Bilin,	41, 714, 701	Bisenz-Pisek,		267
Bézenet,	690	Bill Brook,	365	Bishop Auckland,		654
Béziers,	396, 581	Billeberga,	463	» Briggs,		652

— 25 a. —

Bishop's Castle,	86	Blaengwawr,	854	Bliesbrucken,	18
» Lydeard,	112	Blaen Llynvi,	365	Blieskastel-Lautzkirchen,	904
Bishops Stortford,	358	Blaenrhondda,	854	Bligny,	275
Bishopstoke,	510	Blaensychan,	600	Blindenmarkt,	421
Bishop's Waltham,	510	Blagny,	280	Blisowa,	684
Bishopton,	139	Blaichach,	284	Blisworth,	650, 509
Bishopton Road,	688	Blaina,	600	Blixtorp,	403
Bishwell,	509	Blainscough,	509	Blockley,	365
Bisingen,	291	Blainville la Grande.	280	Bloemendaele,	285
Bismark (Düsseldorf),	72	Blairadam,	652	Bloh,	353
Bismark (Magdeburg),	538	Blair Athole,	402	Blois (Chambord),	690
Bispham,	509, 460	» Fordell,	652	Blönsdorf,	74
Bistagno,	389	Blairgowrie,	139	Bloomfield,	509
Bistric,	268	Blairmuckhill,	652	Blowick,	460, 268
Bitetto,	569	Blaise (St),	848	Bloxwich,	509
Bitsch,	18	Blaisy-Bas,	691	Bloye,	691
Bitschweiler-Thann,	18	Blake Hall,	358	Bludenz,	931
Bitterfeld,	74	Blakesley,	290	Blue Anchor,	112
Bitterley,	509, 365	Blakjer,	176	» Pits,	460
Bitterne,	510	Blamont,	280	Blumau,	845
Bitton,	583	Blan.	581	Blumenau (Oesterreich),	283
Biuk-Onlar,	525	Blanca,	536	» (Zwickau),	169
Biurrum-Campanas.	988	Blanchardstown,	587	Blumenberg,	538
Bivio-Duino,	845	Blanc-Misseron,	643	Blumenhagen,	79
Bjerringbro,	286	Blandain,	285	Blundell Sands & Crosby,	460
Bjersjölagard,	085	Blandford,	819	Blunham,	509
Bjorgen,	891	Blanefield,	652	Blyth,	654
Björneborg,	295	Blanes,	859bis	» Bridge.	659
Björnhyttan,	160	Blane Valley.	652	Blythe's,	460
Björnlunda,	295	Blangy,	888	Blyton,	548
Bjuf,	393	Blankenberg,	324	Boar's Head,	509
Blaby,	509	Blankenberghe,	60	Boat of Garten,	402, 363
Black Bank,	358	Blankenburg.	375	Bobadilla,	192
Blackbull,	659	Blankenese,	20	Boba-Janoshaza,	686
Blackburn,	460	Blankenheim,	733	Bobenheim,	904
» Valley,	583, 548	Blankensee,	526, 552	Bobingen,	284
Blacker,	360	Blankenstein,	72	Bobitz,	324
Blackford,	548	Blanquefort,	563	Bobreck,	807
Blackhall (Lanark),	139	Blansko,	283	Bobrik,	453
» (Kincardine).	652	Blantyre,	139	» -Donskoi,	739
Blackheath,	139	Blanzy,	691	Bóbrka,	474
» Hill,	824	Blarney,	364	Bobrouisk,	464
Blackhouse,	513	Blasdorf,	551	Bohrovitsy,	453
Black Lane,	339	Blatnitz,	684	Bobrovka,	498, 675
» Mill,	460	Blaton,	285	Bochkow,	439
Blacknell,	365	Blaubeuren,	291	Bochnia,	164
Black Park,	510	Blauda,	327	Bochum,	733, 72
» Pill Road.	365	Blaufelden.	291	» Gusstahlfabrik.	72
Blackpool,	088	Blaydon,	654, 365	Bockau,	168
Blackraes,	509, 460	Blaye,	163	Bockelholm,	20
Blackrock,	652	Blaynea,	365	Bockenheim,	541
Blacksboat,	197	Bleadon & Uphill.	112	» -Kindenheim,	904
Blacksie's,	363	Bleasby,	583	Bockhorst,	20
Blackstone (Renfrew),	652	Bledlow,	365	Boda,	295
» (Stirling),	139	Bleiburg,	845	Bodaik,	845
Blackwater,	652	Bleichenbach,	399	Bodeghem St Martin,	285
Blackwell,	824	Bleicherode,	537	Bodelshausen,	291
Blackwood Mills,	583	Bleistadt,	133	Bodenbach,	252, 636, 283, 294
» Lanark),	583	Blencow,	183	Bodenheim,	521
» (Monmouth),	139	Bléré-Lacroix,	690	Bodenwöhr.	
BlaenAvon (Monmouth),	809	Blerick,	291	Bodfari,	284
» (Glamorgan).	600, 509	Blesle,	690	Bodisch,	509
Blaen Clydach,	827	Blesme-Houssignemont,	280	Bodmin,	283
Blaendare,	854	Bletchley,	509	» Road,	510
Blaen Garw,	365	Bleyberg,	72, 285	Bodorgan,	199, 200
	365	Blidsberg,	902	Bodringallt,	509
					854

Bodrog-Keresztur,	641	Bolechow,	33	Borchtchi,		669
Boën,	691	Bolehost,	283	Bordeaux,	163, 563, 581,	600
Boerssum,	123	Bollendorff,	720	» -St-Clair,		679
Boesdorf,	807	Bollersleben,	20	Border,		139
Boesinghe,	60	Bollington,	548	Bordesholm,		20
Bofors,	632	Bollweiler,	18	Bordesley,		365
Bogdanovtsy,	669	Bologna,	389, 569	Bodes-l'Hez,		581
Bogdanowka (Kamionka),	164	Bologne,	280	Bordeta,		859
Boghall,	652	Bologoé,	355, 755	Bordighera,		389
Boghead,	652	Bolton,	460, 509	Bords,		163
Boglár,	845	» le Sands,	509	Boreland,		652
Bogliasco,	389	» Percy,	654	Borga,		437
Bognor,	511	Bolzaneto,	389	Borghetto,		747
Bogoïavlenskaïa,	740	Bomal,	285	Borghorst,		200
Bogolubovo,	355	Bomerée,	351	Borgo a Buggiano,		389
Bogorodsk (Moscou),	355	Bomer (St),	685	Borgoforte,		389
» (Toula),	739	Bommern,	72	Borgo-Lavezzaro,		389
Bogs,	139	Bomst,	581	Borgomanero,		389
Bogside (Ayr),	339	Bonames,	541	Borgonaro,		881
» (Perth),	652	Bonar Bridge,	402	Borgone,		389
Bogumilowice,	164	Bonassola,	389	Borgo Panigale,		389
Bohain,	643	Bondarevka,	464	Borgoratto,		389
Böheimkirchen,	421	Bondy,	280	Borgo San Donnino,		389
Boher,	942	Bonenburg,	290	» San Martino,		389
Böhlen,	294	Bönen,	72	» Ticino,		389
Böhl-Iggelheim,	904	Bon-Encontre,	581	» Vercelli,		95
Böhmisch-Brod,	283	Bo'ness,	652	Borgstena,		600
Böhmischdorf,	807	Bonifacio, (San),	389	Borissow,		478
Böhmisch-Eisenberg,	327	Bönigen,	121	Borjas,		229
» Horschlag,	421	Boniowitz,	267	Bork,		541
» Kramnitz-Steins-		Boniton,	139	Borken,		79
chönau,	636	Bonn,	733	Borkenfriede,		452
» Leipa,	636	Bonnard,	691	Borki (Kharkow),		738
» Trübau,	283	Bonne-Espérance,	285	» (Riasan),		164
Bohnite,	189	Bonnemain,	685	» Wielkie,		286
Bohnslavic,	283	Bonnétable,	678	Borkop,		802
Bohrau,	746	Bonnet-Beaubery (St),	228	Borlänge,		72
Bohrigen,	294	» Ebreuil (St),	690	Born (Allemagne),		720
Bohult,	621	» en-Bresse (St),	691	» (G. D. Luxembourg),		334
Boïarka,	440	» le-Château (St),	390	» (Suède),		294
Boigneville,	691	Bonneval,	690	Borna,		691
Boileux,	643	Bonnières,	685	Borne (France),		293
Boiscommun-Nibelle,	678	Bonnieton & Hillhead,	339	» (Hollande),		275
Bois de Chigny,	789	Bonnington Lye,	339	Bornecke,		408
» de Colombes,	643, 685	Bonny,	691	Bornel-Fosseuse,		521
» des Vallées,	285	Bonnybride,	652	Bornheim,		542
» du Luc,	285	Bonnymuir,	652	Bornhem,		472
Boisheim,	72	Bonnyrigg,	652	Bornitz,		323
Bois-le-Roi,	691	Bons Buveurs,	634	Bornum,		600
Boisschot,	351	Bonson,	390, 691	Borodino,		283
Boisseaux,	690	Bonstetten,	642	Borohradeck,		654
Boisset,	690	Bontnewydd,	365	Boroughbridge,		355
» le-Cerizet,	228	Boó,	638	Borovenka,		247
Boissy l'Aillerie,	685	Booker's Taffs Well,	854	Borovoukha,		439
» Maugis,	680	Boom,	285	Borovskaïa,		545
» St-Léger,	280	Bôo-Silhen,	581	Börringe,		946
Boitsfort,	285	Boortmeerbeek,	285	Borris,		368
Boitzenburg,	77	Boosbeek,	654	Borrissoglebsk,		583
Bokellen,	282	Boot,	729	Borrowash,		904
Bolbec-Nointot,	685	Bootham,	654	Börrstadt,		872
Bolchen,	18	Bootle,	329	Bors,		399
Boldaki,	669	Bopeep,	511	Borsdorf (Hessen),		472
Bolderaa,	742	Bopfingen,	291	» (Leipzig),		807
Boldino,	355	Boppard,	733	Borsigwerk,		339
Boldon,	654	Boran,	463	Borston Loading Bank,		143
Boldron,	654	Boras,	95	Borth,		

Bortniki,	474	Bournezeau,	920	Bradley Fold,	460
Borup,	787	Bourré,	690	» Green,	659
Borwick,	583	Bourron,	691	» Hall,	509
Borynicze,	474	Bourth,	685	» & Moxley,	365
Boryslaw,	227	Bourton,	112	» Wood,	509
Bosc-le Hard,	643	» on-the-Water,	365	Bradshaw Leach,	509
Bosconero.	792	Bourtreehill,	339	Bradwell,	509
Bosham,	511	Bous,	760	» Wood, 460,	659
Bosig,	636	Boussens,	581	Braehead (Ayr),	339
Bosing,	934	Boussu,	285	» (Lanark).	139
Bosley,	659	Boussut-en-Fagne,	174	Braemore,	510
Bostedt,	20	Bousval,	285	Brafferton,	654
Boston,	360	Boutencourt,	679	Braga,	230
Boswells (St),	652	Boutigny,	691	Brageroen,	235
Boterbergen,	351	Boutovo,	608	Brages.	285
Botfalu.	281	Bouveret,	848	Brahlsdorf,	77
Bothwell Park,	139	Bouwel,	897	Brahnau,	282
Botley,	510	Bova,	569	Braich & Cymmer,	365
Botolph's (St),	358	Bovalino,	569	Braidhurst,	139
Botosani,	474	Bovenden,	288	Braidwood,	139
Bottesford,	360	Boveresse,	848	Braila,	283
Botteslow,	659	Boves,	643	Braine-l'Alleud,	285
Bottislow,	5 bis	Bovey,	823	» le-Comte,	285
Bottrop,	189	Bovigny,	285	Braintree,	358
Bouaye,	539 bis	Bovino,	569	Braisne,	280
Bouchain,	463	Bow (Devon),	510	Braithwaite,	183
Bouchaute,	60	» (Middlesex),	517	Braives-Latinne,	285
Bouchout,	351	Bowdon Peel Causeway,	171	Brake,	353
Boucle-St-Denis Neder-zwalm,		Bower,	402	Brakel,	290
Boucoiran,	285	Bowerhall,	652	Bralin,	106
Bouconvillers,	691	Bowes,	654	Bram,	581
Bouda-Kochelevskaïa,	539	Bowhouse,	652	Brambach,	294
Boudakovka,	464	Bowhouse Boc or Mossboc,	139	Bramber.	511
Boudry,	608	Bowl,	795	Bramford,	358
Bouffioulx,	848	Bowland Bridge,	652	Bramhall,	509
Boughrood,	351	Bowling (Dumbarton),	652	Bramley (Surrey),	511
Bouguenais,	588	» (York), 360, 583,	460	» (York),	360
Bouïjan,	539 bis	Bowness,	139	Bramminge,	286
Boujeailles,	396	Bowshank,	652	Brampton (Cumberland)	654
Boukreievka,	691	Bow Street,	143	» (Northampton),	509
Bouleternère,	608	Box,	365	» (Stafford),	659
Boulevard Ornano,	698	Boxberg-Wölchingen,	352	» (Suffolk),	358
Boutiac,	156	Box Hill,	824	Brancaleone,	569
Boulay les Troux,	163	» & Burford Bridge,	511	Brancepeth,	654
Boulogne,	690	Boxholm,	295	Brand,	76
Bouloire,	463	Boxmoor,	509	Brandeis,	283
Boulzicourt,	678	Boxtel, 100,	293	Brandeisl,	133
Bouquemaison,	280	Boxton,	652	Brandenburg,	78
Bouray, 643,	888	Boyle,	587	Brandizzo,	389
Bourbourg,	690	Bozen.	845	Brandon (Durham),	654
Bourdakovka,	463	Bozenegg,	642	» (Suffolk),	358
Bourg,	607	Bozjakovina,	292	» (Warwick),	509
» la-Reine, 228,	691	Bozzola,	389	Brandwood,	460
» le-Roi,	690	Bra,	389	Branges,	228
Bourga,	685	Brabrand,	286	Brannenburg,	284
Bourges,	355	Braceborough Spa,	360	Branowitz,	267
Bourgneuf,	690	Brachbach,	189	Bransdorf,	157
Bourgoin,	539 bis	Brackley,	509	Bransford Road,	365
Bourgtheroulde Thuit-Hébert,	691	Brackwede,	189	Branthwaite,	969
		Bracquegnies,	285	Branton,	509
Bourmont St-Blin,	685	Bradbury,	654	Brañuelas,	646
Bourn,	280	Bradegrube,	807	Branyicska,	716
Bourniak.	583, 360	Bradfield,	358	Branzaus,	645
Bourne End, Marlow Road,	368	Bradford (Wilts),	365	Branzoll,	845
Bournemourth,	365	» (York), 460, 360, 583,		Brara,	402
	510	Brading,	424	Brassac,	691

Brassey's,	139	Breukelen,	732	Brithdir,		104
Brasso,	281	Bréval,	685	Brithwennydd,		854
Brátka,	281	Breyell,	72	Britton Ferry,	365,	857
Braubach,	289	Breznic,	252	Brive,		690
Braughing,	358	Briansk,	675	Brives-Chérac,		108
Braunau (Böhmen),	283	Briare,	691	Briviesca,		698
» (Oesterreich),	421	Brias,	643	Brixen,		845
Braunfels,	289	Bribiesca,	536	Brixenthal,	823,	421
Braunsberg,	282	Brice (St),	929	Brixham,		879
Braunschweig,	123	Brick,	365	» Road,		879
Braunsdorf,	294	Bricket Wood,	509	Brixlegg,		845
Braunton,	510	Bricklayer's Arms,	511	Brixworth,		509
Braux-Levrezy,	280	Brickwork,	652	Broad Clyst,		510
Bray,	243	Bricon,	280	Broadfield,		460
» -Ecos,	679	Bricy,	679	Broad Green,		509
Braystones,	329	Bridestow,	510	Broadheath,		509
Brayton,	139, 559	Brigend (Edinburgh),	652	Broadley,		460
Breakwater,	139	» (Glamorgan),	365	Broadstairs,		513
Brebach,	760	Bridge End,	982	Brock,		509
Brechelshof,	105	Bridgefoot,	969	Brockenhurst,		510
Brechin,	139	Bridgenorth,	365	Brockhöfe,		536
Brecon,	104, 652	Bridge of Allan,	139	Brockholes,		460
» Road,	509	» of Dee,	339	Brockhurst,		510
Bred,	286	» of Dun,	139	Brocklesby,	511,	548
Breda (Espagne),	859bis	» of Earn,	652	Brockley,		824
» (Hollande),	293, 351	» of Weir,	339	» Lane,		513
Bredbury,	583, 548, 171	Bridges,	200	» Whins,		654
Bredelar,	72	Bridgeton,	139	Brockstedt,		20
Bredon,	583	Bridlington,	654	Broddbo,		295
Breedon,	583	Bridport,	365	Broddetorp,		484
Bregenz,	931	Brieg,	807	Brodek,		267
Brehna,	74	Brienon,	691	Brodle,		402
Breich,	139	Brierfield,	460	Brody,		164
Breitenborn,	294	Brierley Hill,	365	Brofiskin,		365
Breitengüssbach,	284	Briesen (Mark),	551	Brohl,		733
Breitenschützing,	421	» (Preussen),	282	Broich,		72
Breitenstein,	845	Brieuc (St),	685	Bröl,	282,	117
Breitingen,	294	Brieulles,	479	Bromberg,		807
Bremen,	288, 189, 353	Brigde End,	516	Bromborough,	139, 365,	509
Brenes,	536	Brigewater,	112	Bromfield,		509
Brenitz (Sonnenwalde),	75	Brigg,	548	» Hall,		509
Brenner,	845	Brigham,	509, 559	Bromilow,		513
Brennet,	352	Brighouse,	460	Bromley (Kent),		517
Brent (Devon),	823	Brignoud,	691	» (Middlesex),		365
» (Middlesex),	583	Brightlingsea,	358	» (Stafford),		460
Brentford,	510, 365	Brighton (Fife),	652	» Cross,		795
» Road,	510	» (Sussex),	511	» Hill Furnace,		817
Brentwood,	358	Brightside,	583	Bromölla,		654
Brès (St),	691	Brilon-Corbach,	72	Brompton,		585
Brescia,	389	Brimscombe,	365	Bromsgrove,		659
Breslau,	105, 551, 746, 807	Brin,	288	Bromshall,		288
Bressana,	389	Brindisi,	569	Bronderslev,		389
Bressuire,	690, 920	Brindle Heath,	460	Broni,		690
Brest,	685	Brinkburn,	652	Bronitsy,		353
Litovsk,	108, 440, 606, 939	Brinklow,	509	Bronnbach,		152
Bretby,	583	Brink's,	509	Bronwydd Arms,		510
Breteuil,	643	Brinnington,	548, 171, 583	Broockwood,		550
Brétigny,	690	Brinscall,	509	Brooklands,		603
Bretoncelles,	685	Brion,	691	Brookmount,		460
Bretteln Lane,	365	» s/Ource,	280	Brooksbottom,		583
Bretten,	291	Briones,	893	Brooksby,		509
Bretteville-Norrey,	685	Brionne,	685	Broome,		139
Bretzfeld,	291	Brioude,	691	Broomfield (Forfar),		652
Breuil-Barret,	690	Briouze,	111, 685	» (Lanark),		139
Breuillet,	690	Brislington,	365	» Road,		402
Breuilpont,	679	Bristol,	583, 112, 365	Broomhill,		

— 29 a. —

Broomhope,	652	Brunsberg,	295	Büdingen,	399
Broomieknowe,	652	Bruree,	364	Budweis,	421, 268
Broomlands,	339	Brusau-Brünnlitz,	283	Bueil,	685, 679
Broomlee,	652	Bruton,	365	Buffaloria di Cassano,	569
Broons,	685	Brüx,	41, 701, 714	Buftea,	283
Brorup,	716	Bruxelles,	285	Buggenhout,	285
Brosville,	286	Bruyères,	932	Buggingen,	352
Brotton,	679	Bruz,	685	Bugle,	200
Brotzingen,	654	Bruzaholm,	621	Buglose,	581
Brough,	291	Brwinów,	940	Bugsworth,	583
Broughton (Denbigh),	654	Bryants,	305	Bühl,	352
» (Lancashire),	365	Brymbo,	509, 365	Buildwas,	365
» (Lancashire),	329, 509	Bryn,	176	Builth Road,	509
» (Peebles),	139	» Amman,	583	» Wells,	588
» (Leicester),	583	Bryndu,	365	Buir,	733
» Hall,	509	Bryn Eglwys,	221	Buitenpost,	293
Broughty, Lane,	548	Bryngavn,	365	Bujakowgrube,	807
» Ferry,	139	Brynglas,	856	Bujendorf,	20
Brovallen,	139	Bryngyn,	104	Buk,	552
Brovary,	295	Brynhenllysg,	583	Bukaczowce,	474
Brovki,	453	Brynkir,	509	Buke,	290
Brownhill (Ayr),	440	Bryn Malley,	365, 982	Bükk,	845
» (Lanark),	339	Brynmawr (Brecon),	600	Bukowsko-Dinin,	267
Brownhills,	652	» (Monmouth),	509	Bülach,	642
Brownieside,	509	Brynmenin,	365	Bulderup-Bau,	20
Broxbourne,	652	Brynn,	509	Bulford,	358
Broxburn,	358	Brynteg,	652	Bullgill,	559
Broxton,	652	Bryn-y-Gwynon,	365	Bulkington,	509
Broye,	509	Brzezinka,	807	Bulle,	848
Brual,	691	Bubenc,	283	Bullhouse,	548
Brucefield,	28, 643	Bubikon,	905	Bully-Grenay,	643
Bruce Grove,	652	Bubna,	283	Bulwell,	583
Bruch,	358	Bubwith,	654	Bümplitz,	848
Bruchmühlbach,	252	Bucarri (St),	292	Bunchrew,	402
Bruchsal,	904	Buccino,	569	Buncrana,	516
Bruck a. d. Leitha,	352, 291	Bucecca,	474	Bunde,	293
» (Bayern),	283	Buch,	284	Bünde,	288
» a. Mur,	284	Büchelberg,	284	Bundoran,	422
» (Salzburg),	845	Büchen,	77, 526	Bungay,	358
Bruckberg,	421	Büches-Dudelsheim,	399	Buntingford,	358
Bruckdorf,	284	Buchholz (Freiburg),	352	Bunzlau,	551
Brückel,	284	» (Hannover),	77, 189	Buonalbergo,	569
Brucklay,	721	» (Marienwerder),	282	Burbach (Coblenz),	189
Bruckmühl,	363	» (Zwickau),	294	» (Trier),	760
Bruckmühlen,	284	Buchloë,	284	Burdale,	654
Brucoli,	288	Buchlyvie,	652	Burdujani,	474
Brugelette,	569	Buchs,	931, 905	Bures (Angleterre),	358
Bruges (France),	285	Buchwald,	807	» (France),	685
» (Belgique),	563	Bucine,	747	Burg,	78
Brugg,	332, 285, 60	Buckau,	537, 538	Burgau,	284
Brugge,	428	Buckden,	583	Burgbernheim,	284
Brügge,	642	Buckeburg,	288	Burgdorf (Hannover),	288
Bruggen,	72	Buckenham,	358	» (Suisse),	161, 266
Bruhl,	905	Buckfastleigh,	823	Burgess Hill,	511
Brumath,	733	Buckhurst Hill,	358	Burgfarrnbach,	284
Brummen,	18	Buckingham,	509	Burggemünden,	399
Brunau-Packebusch,	293	Buckley,	982	Burgh (Cumberland),	652
Brundalf,	538	Bucknall and Northwood,	659	» (Lincoln),	360
Bruneck,	358	Bucknell,	509	Burghardtgrube,	807
Bruniquel,	845	Bucsa,	281	Burg Head,	402
Brünn,	690	Bucuresci,	337, 283	Burgheim,	284
Brunn (Oesterreich),	267, 283	Buddenhagen,	79	Burglee,	652
» (Zwickau),	845	Büddenstedt,	123	Burgkemnitz,	74
Brunno,	294	Budenheim,	521	Burakundstadt,	284
Brunoy,	389	Büdesheim-Dromersheim,	521	Bürglen,	642
	691	Budigsdorf,	283	Burg-Lesum,	288

Burgstädt,	294	Busto-Arsizio,	389	Calahorra,	893
Burgsteinfurt,	290	Bustyaháza,	641	Calais,	641
Burgweiler,	291	Bute Hematite,	365	» (St),	679
Burier,	848	» Merthyr,	854	Calamandrano,	389
Buriton,	510	Butoiescii de Jos,	283	Calasparra,	652
Burkhandtsdorf,	168	Butschwyl,	905	Calatabiano,	389
Burlescombe,	112	Butterley,	583	Calatayud,	389
Burley,	583, 654	Buttevant,	339	Calatorao,	389
Burnbank,	652	Büttgen,	72	Calau,	76, 376
» & Bankhead,	339	Buttington,	143, 509, 365	Calcababbio,	389
Burnbrae,	139	Buttrio in Piano,	389	Calcum,	509
Burneside,	509	Buttstädt,	644	Caldare,	389
Burnfoot,	516	Butzbach,	541	Caldas de Mombuy.	
Burngullow,	199, 200	Bützberg,	161	Calder (Lanark),	139, 652
Burnham (Norfolk),	358	Bützow,	324	» (York),	360, 460, 139
» (Somerset),	819	Buxburn,	363	» Bank,	652
Burnhaupt,	18	Buxted,	511	Calderbank,	652
Burn Hill,	654	Buxton,	-509, 583	Caldercruix,	652
Burnhouse,	139	Buysingen,	285	Calderhead,	
Burnley,	460, 583	Buzeu,	283	Caldes, ó Caldas de Mala-	
Burnmouth,	652	Buzy,	280	bella,	859
Burnt Broom,	139	Bwllfa,	854	Caldetas,	389
Burntisland,	652	Bwllfa Dare,	365, 854	Caldiero,	659
Burnt Mill,	358	Byans,	691	Caldon Low,	139, 839
Burriana,	17	Byfield,	253	Caldwell,	859
Burscough,	460	Byk,	454	Calella,	389
Burslem,	659	Bykovo,	609	Calenzano,	285
Burso,	459	Bynea,	365	Calevoet,	365
Burst,	285	Byrehill,	339	California (Carmarthen),	511
Bürstadt,	521	Byvalla,	295	» (Surrey),	691
Burston,	358	Cabañas,	638	Calissanne,	723
Burstwick,	654	Cabbe-Roquebrune,	691	Call,	139
Burstwith,	654	Cabeza del Buey,	179	Callander,	691
Bursztyn-Demianow,	474	» de Vaca,	191	Callargues,	285
Burthécourt,	280	Cabezon,	638	Callenelle,	845
Burton-Agnes,	654	Cacharias,	710	Calliano,	254
» and Holme,	509	Cadaujac,	581	Callington,	291
» Constable,	654	Cadenazzo,	348	Calmbach,	351
» Joyce,	583	Cadenet,	691	Calmpthout,	365
» on-Trent,	583, 659	Cadeo,	389	Calne,	643
» Salmon,	654	Cadishead,	171	Calolzio,	643
Burud,	235	Cadiz,	801	Calonne-Ricouart,	645
Burxdorf,	74	Caello Brick,	365	Calosic-Czernosek,	254
Bury,	460	Caen,	235, 685	Calstock,	509
» Hag Side,	460	Caer,	679	Calthwaite,	389
» Lane,	509	Caerbryn,	365	Caltignaga,	389
» St Edmunds,	358	Caergwrle,	982	Caluso,	509
Busalla,	389	Caerleon,	365	Calveley,	583
Busby (Ayr),	339	Caerphilly,	104, 737	Calverley Bridge,	291
» (Renfrew),	139	Caestre,	60	Calw,	640
Buschmühle,	551	Caersws,	143, 917	Calzada,	583
Buschow,	538	Caerwys.	509	Cam,	317
Buschtehrad,	133	Caffiers,	643	Camana,	235
Busdongo,	646	Cagliari.	777	Cambes,	389
Bush,	248	Cahan,	679	Cambiano,	957
Bushbury,	509, 305	Cahide,	230	Camborne,	643
Bushey,	509	Cahir.	942	Cambrai,	646
Busigny,	643	Cahors,	690	Cambre,	358, 509
Bussac,	163	Cahuzac,	690	Cambridge,	17
Busseau d'Ahun,	690	Cainsdorf,	294	Cambriels,	758
Bussi,	569	Cairnhill,	652	Camburg,	653
Bussière-Galant,	690	Cairnie,	652	Cambus.	139
Bussigny,	848	Cairntows,	652	Cambuslang,	652
Bussoleno,	389	Cairo Montenotte,	389	Cambusmore,	389
Busswyl,	428	Cakowic,	899	Camelon,	
Bussy-Lettrée-Vatry,	678	Calaf,	988	Camen,	

— 31 a. —

Camenz,		807	Capo Spartivento,	569	Carolinenhorst,	79
Cameral-Moravice,	292	Cappellen,	351	Carovigno,	569
Camerlata,		389	Capper's,	652	Carpella,	200
Cameron Bridge,	482	Caprington,	339	Carpentras,	691
Camerton,		509	Caprycke,	60	Carpi,	389
Camlachie,		652	Capua,	747	Carpio,	561
Cammago,		389	Capvern,	581	Carrara,	389
Cammarata,	569	Caracollera,	179	Carregado,	710
Camogli,		389	Caracuel,	179	Carregueiro,	846
Camolin,		243	Caradon,	496	Carr House (Durham),	654
Camp,		289	Caravaggio,	389	» » (York),	583
Campagnan,	581	Carbagin,	465	Carrickfergus,	67
Campana,	569	Carberry,	652	Carrickhugh,	67
Campanario,	179	Carbonne,	581	Carrickmines,	243
Campanillas,	192	Carcagente,	17	Carrickmore,	903
Campden,	365	Carcassonne,	581	Carrick on Suir,	942
Camperdown,	139	Cardedeu,	859 bis	Carrick on Shannon,	587
Campillo,	561	Cardenden,	652	Carrigaloe,	364
Camp-Major,	691	Cardiff, 365, 737, 854	Carrigans,	422
Campo di Mela,	777	Cardington,	583	Carrigtuohill,	364
Campomarino,	569	Cardowan,	139	Carril,	776
Camps (Eindburgh),	652	Cardrona,	652	Carriongill,	139
» (Lanark),	139	Cardross,	652	Carrog,	365
» Raw,	139	Carentan,	685	Carron (Elgin),	363
Campsie,	652	Carfin,	139	» (Stirling),	652
» Glen,	652	Cargill,	139	» Bridge,	339
Canada y Caracuel,	179	Cargo Fleet,	654	Carru,	389
Canal (Angleterre),	548	Carham,	654	Carsehead & Swinless,	339
» (Hongrie),	641	Cariati,	569	Carshalton,	511
» Lye,	652	Carignan,	280	Cars St-Paul,	163
Canaples,	888	Cark. & Cartmell,	329	Carstairs,	139
Canauley,	581	Carlingen,	18	Cart,	389
Cancello ed Arnone,	747	Carlinghow,	509	Cartagena,	536
Candela,	569	Carlin How,	654	Cartama,	192
Candelo,	389	Carlisle, 139, 509, 559, 652, 654	Cartels,	581
Candia,			Carlow,	364	Carter's House,	509
» Lomellina,	389	Carlsbad,	133	Cartigny,	700
Candiolo,	389	Carlsberg,	382	Cartsdyke,	139
Canega,	777	Carlsdorf,	352	Carvin,	643
Canelli,	389	Carlshafen,	72	Carway,	131
Canet,	859 bis	Carlshamn,	150	Carwitz,	79
Canfes,	691	Carlshütte,	267	Casa-Branca,	846
Canning Town,	358	Carlskrona,	151	Casal,	776
Cannock,	509	Carlsruhe,	352	Casale,	389
Cannole,	569	Carlstadt,	845	Casalbordino,	569
Cannop,	795	Carlton (Durham),	654	Casalbuttano,	389
Canobie,	652	» (Notts),	360	Casalecchio,	389
Canstadt,	291	» Colville,	358	Casaletto Vaprio,	389
Cantalapiedra,	561	» & Gedling,	583	Casalnuovo,	747
Cantalupo,	389	Carluke,	139	Casalpusterlengo,	389
Cantaous,	581	Carmagnola,	389	Casariche,	192
Canterbury, 513, 824	Carmarthen, 152, 162, 365	Casarsa Della Delizia,	389
Canth,	105	Carmaux,	581	Cascina,	747
Cantley,	358	Carmona,	536	Case bruciate,	569
Caparroso,	988	Carmyle,	139	Casekow,	79
Capdenac,	690	Carmyllie,	139	Caselle,	881
Capel,	358	Carnaby,	654	Caserta, 563, 569, 747
» Colbren,	652	Carnavon,	509	Casetas,	548
Capelle,	732	Carnforth, 329, 509, 583	Casevel,	846
» au-Bois,	285	Carnières-Nord,	285	Casino di Terra,	747
Capellen G.-D. Luxemb,	18	Carno,	143	Casoria,	569
» (Allemagne),	733	Carnock,	652	Cassano,	389
Capendu,	733	Carnoules,	691	Cassel France,	643
» (Wevelinghoven),	581	Carnoustie,	139	» (Allemagne), 72, 288, 537, 541
Capenhurst,	509	Carnwath,	139	
Capolago,	348	Carolinengrube,	536	Cassillis,	339

Cassine,	389	Castleton Stone,	365	Cefn Coed Cymmer,	104
Cassis,	691	Castletown (Isle of Man),	423	» Crib,	365
Castagneto,	747	» (Queen's),	364	» y-Bedd,	982
Castagnole,	389	» (Westmeath),	587	Ceintrey,	280
Casteggio,	389	» Roche,	364	Cejtik,	268
Castejon,	893	Castor,	509	Celibia,	283
Castel,	289	Castres,	581	Céligny,	848
» Alfero,	389	Castricum,	405	Celle (Hannover),	288
» Bolognese,	563	Castriogiovanni,	569	» (Italie),	389
Casteldaccia,	569	Castro Nuño,	562	Célon,	690
Castel d'Agnona,	389	Castronuovo,	569	Celoni (San),	859 bis
» Fiorentino,	747	Castrop,	189	Cemetery Hill,	460
Castelfranc,	690	Castuera,	179	Cemmes,	560
Castelfranco,	389	Catania,	569	» Road,	560, 143
Castelguelfo,	389	Catanzaro,	569	Cengio,	389
Castellammare,	569	Catarroja,	17	Cenicero,	893
Castellaneta,	569	Catenanuova Centuripe,	569	Centallas,	350
Castellaro,	389	Caternberg,	72	Centallo,	389
Castelleone,	389	Caterham,	511, 824	Ceprano,	747
Castello,	389	Caterina (Santa),	569	Ceraino,	389
Castellon,	17	Catford Bridge,	824	Cercan-Pisely,	268
Castellucchio,	389	Cathay's,	854	Cercie,	70
Castel Maggiore,	389	Catlenburg,	288	Cercottes,	690
Castelnaudary,	581	Catoira,	776	Cercy la Tour,	691
Castelnau d'Estretefonds,	581	Caton,	583	Cerda,	569
» -Rivière-Basse,	581	Cattal,	654	Cerfontaine,	351
Castelnuovo,	389	Cattenières,	643	Ceriale,	389
» Belbo,	389	Catterick,	654	Cerignola,	569
Castelplanio,	747	Cattolica,	569	Cerist,	917
Castel San Giovanni,	389	Catton Road,	654	Cerizay,	920
» San Pietro,	569	Caub,	288	Cernusco Merate,	389
» Sarrasin,	581	Caudebec-lez-Elbeuf,	679	Cérons,	581
Castex-Lectourois,	581	Caudete,	536	Cerraja,	801, 799
Castigliole,	389	Caudos,	581	Cerro,	389
Castiglione,	747	Caudrot,	581	Certaldo,	747
Castiglion Fiorentino,	747	Caudry,	643	Certosa,	389
Castillejo,	548	Caulnes-Dinan,	685	Cervaro,	569
Castillon,	690	Caulonia,	569	Cervera,	988
Castione,	348	Caumont.	581	Cervo,	389
Castle Ashby & Earls Barton,	509	Causewayend,	652	Césaire (St),	691
Castlebar,	587	Causewayhead,	652	Cesaro di Lecce (San),	569
Castle-Bellingham,	655	Caussade,	581	Cesena,	569
» Bernard,	956	Caux,	581	Cessieu,	691
Castleblaney,	422	Cava Carbonara,	380	Cesson,	601
Castle Brickworks,	982	» dei Tirreni,	569	Cesuras,	646
» Bromwich,	583	Cavaillon,	691	Cesnres,	776
Castlecaldwell,	422	Cavallermagiore,	389	Cetina,	536
Castlecarey,	365	Cava Manara,	389	Cette (France),	581, 691
Castlecary,	652	Cavan,	422, 587	» (Portugal),	230
Castleconnell,	942	Cavatigozzi,	389	Ceva,	389
Castledawson,	67	Cavendish,	358	Cézy,	691
Castle Donnington,	583	Cavignac,	163	Chabenet,	600
» Douglas,	139, 339	Cawburn,	652	Chabesian,	691
» Eden,	654	Cawdor,	305	Châbons,	690
Castlefinn,	422	Caythorpe,	360	Chabris-Gièvres,	690
Castleford,	460, 654	Cayton,	654	Chacé-Varrains,	920
Castlehill,	139	Cazals,	690	Chacewater,	957
Castle Hill,	365	Cazères s/Adour,	581	Chaddesden,	583
» Hills,	654	» s/Garonne,	581	Chadeuil,	163
» Howard,	654	Ceaucé,	685	Chadwell Heath,	358
Castleisland,	155	Ceccana,	747	Chaffer's,	460
Castle Kennedy,	139	Cécile d'Andorge, (Ste),	691	Chagny,	691
Castlemilk,	139	» la Valouze (Ste),	228	Chailvet-Urcel,	643
Castlerea,	587	Cecina,	747	Chalais,	690
Castlerock,	67	Cefn,	365	Challow,	365
Castleton,	654	» Brithdir,	737	Chalmaison,	280

— 33 a. —

Chalonnnes,	690	Charleroi,	634, 285, 351	Chaumont en Vexin,	685
Châlon St-Côme,	228	Charleston,	652	Chauny,	167, 643
» s/Saône,	691	Charleval,	679	Chaussin,	691
Châlons s/Marne,	280, 678	Charleville,	364	Chauvency,	280
Cham (Bayern),	284	Charlottenberg,	295	Chaud-de-Fonds,	428
» (Suisse),	642	Charlottengrube,	807	Chavagnes les Redoux,	920
Chamalières,	691	Charlottenhof,	49	Chavenon,	690
Chamarande,	690	Charlottenlund (Danemark),	787	Chaville,	685
Chamas (St),	691	» (Suède),	545	Chavornay-Orbe,	848
Chambéry,	691	Charlton (Kent),	824	Chazay-Marcilly,	691
Chambésy,	848	» (Northumberland),	652	Chealde,	171, 509
Chambly,	643	Charmant,	690	» Hulme,	509
Chambon,	690	Charmes,	280	Cheam,	511
Chamborigaud,	691	Charmont,	678	Checker House,	548
Chambray,	679	Charmoy-Fayl-Billot,	280	Chécy-Mardié,	690
Chambrelien,	428	Charnay-Condemine,	228	Cheddar,	112
Chambrey,	280	Charny,	479	Chaddington,	509
Chamond (St),	691	Charolles,	228	Cheddleton,	659
Chamousset,	691	Charonne,	156	Chef du Pont Ste-Mère,	685
Champagney,	280	Chars,	539, 685	Cheilly,	691
Champagnole,	691	Chartham,	824	Chelford,	509
Champdieu,	691	Chartley,	830	Chell,	659
Champigneulles,	280	Chartres,	652, 679, 685	Chellaston & Swarkestone,	583
Champigny (Seine),	280	Chasse,	691	Chelles,	280
» (Yonne),	691	Chasseneuil,	690	Chelmek,	267
Champion Hill,	514	Chastre-Villeroux,	285	Chelsford,	358
Champlitte,	280	Chatburn,	640	Chelsea,	510, 511
Champs,	691	Château-Arnoux,	691	Chelsfield,	824
Champ St-Père,	163	Châteaubourg,	685	Cheltenham,	365, 583
Champsiaux,	690	Château du Loir,	690	Chemillé,	690
Champtocé,	690	Châteaudun,	690	Chemilly,	691
Champvans les Dôle,	691	Château-Gaillard,	690	Chemnitz,	168, 294
» les Gray,	691	» l'Evêque,	690	Chênée,	285
Chança,	710	Châteaulin,	690	Chénens,	848
Chancy-Pougny,	691	Châteauneuf (Charente),	97, 163	Chenonceaux,	690
Chandieu-Toussieux,	691	» (Drôme),	691	Chepstow,	365
Chandlers Ford,	510	» s/Cher,	690	Chequerbent,	509
Changis,	280	» s/Loire,	690	Cherasco,	389
Chaniers,	163	Château-Ponsac,	690	Cheratte,	485
Chanon,	690	Châteaurenard,	678	Cherbourg,	685
Chanteloup,	789	Château-Renault,	690	Chéron (St),	690
Chantenay,	690	Châteauroux,	690	Cherry Burton,	654
Chapter's,	509	Château-Salins,	280	» Tree,	460, 509
Chanteuges,	691	» -Thierry,	280	Cherryville,	364
Chantilly,	643	» -Villain,	280	Chertsey,	519
Chantonnay,	920	Chatel-Aillon,	163	Chéry,	690
Chantraines,	280	Chatelaudren,	685	Cheseaux,	469
Chao de Maças,	710	Chatel-Censoir,	691	Cheshunt,	358
Chapeauroux,	691	Chateley,	691	Chester,	171, 509
Chapel (Ecosse),	139	Chatelineau,	285, 351	Chesterfield,	583
» (Irlande),	946	Châtellerault,	690	Chesterford,	358
» Bridge,	600	Châtel-Nomexy,	280	Chester le Street,	654
» en-le-Frith,	509, 583	Châtenay,	280	» Road,	509
Chapelle de la Délivrande,	235	Chatham,	513	Chesterton,	659
» -Yvon,	142	Chathill,	654	Cheval-Blanc,	691
Chapelside,	652	Châtillon (Ille et Vilaine),	929	Chevillon,	280
Chapeltown,	460	» (Savoie),	691	Chevilly,	690
» & Torncliffe,	548	» St-Aubin,	690	Chevington,	654
Charbonnières,	228	» s/Loire,	691	Chèvremont,	280
Chard,	112, 510	» s/Seine,	280, 691	Chexbres,	848
» Town,	510	Chatou,	685	Cheytanjik,	898
Charente,	163	Chatteris,	358	Chianciano-Salcini,	747
Charenton,	691	Chatterley,	659	Chiaravalle,	747
Charfield,	583	Chaudfontaine,	285	Chiarone,	747
Charity,	509	Chaulnes,	643, 700	Chiasso,	348
Charlburg,	365	Chaumont,	280	Chiavari,	389

Chic-Chac,	385	Christoly-St-Gérons (St),	163	Clapton,		378
Chichester,	511	Christon Bank,	654	Clara,	364,	587
Chidrian (San),	638	Christophe (St),	690	Clarbeston Road,		365
Chieri,	389	Chronstau,	746	Clarborough,		548
Chieti,	569	Chropin,	267	Clare,		358
Chièvres-Attres,	285	Chrudim,	645	» Castle,		042
Chignolo,	389	Chrzanów,	267	Claremorris,		587
Chigwell Lane,	358	Chudleigh Road,	823	Clarens,		848
Chigy-Siéges,	678	Chuelles-Douchy,	678	Clarkston,		652
Chilches,	17	Chur,	905	Clarkstone,		139
Chilcompton,	819	Church (Glamorgan),	854	Claro,		348
Childerplay for Biddulph		» (Lancashire),	460	Clasdorf,		75
Heath's,	659	» Bridge,	509	Clatford,		510
Child's Hill & Cricklewood,	583	Churchdown,	365, 583	Claverdon,		365
Chileurs-Montigny,	690	Church Fenton,	654	Clay Cross,		583
Chilham,	824	Churchill,	365	Claydon (Oxford),		500
Chilly-le-Vignoble,	228	Church Road,	104	» (Suffolk),		758
Chiltern Green,	583	» Stretton,	365, 509	Claypole,		360
Chilton,	654	Churston,	823	Claythorpe,		460
Chilvers Coton,	509	Churwell,	509	Clayton Bridge,		654
Chilworth,	824	Chwilog,	509	Cleadon Lane,		365
Chimay,	174	Chybi,	267	Clears (St),		969
China,	795	Chyrów,	227, 715	Cleator Moor,		460
Chinchilla,	536	Ciampino,	747	Cleckheaton,		685
Chinley,	583	Cibulka,	133	Clécy,		
Chinnor,	365, 948	Ciechocinek,	940	Clee Hill,	365,	509
Chinon,	920	Ciempozuelos,	536	Cleethorpes,		548
Chiomonte,	389	Cieszkowice,	267	Cleeve,		583
Chippenham,	365	Cieza,	536	Cleghorn,		139
Chipping Norton,	365	Cilfrew,	652	Cleish Road,		652
Chirk,	365	Cillamayor,	638	Cleland,		139
Chirlitz-Turas,	267	Cilli,	845	Clémency,		720
Chirnside,	652	Cilmery,	509	Clément (St),		280
Chislehurst,	824	Cimelic,	252	Clemente (San),		569
Chiswick,	510	Cinderford Road Bridge,	795	Clenchwarton,	360,	583
Chitila,	283	Ciney,	285	Cleobury Mortimer,		365
Chittisham,	358	Cinq-Mars,	690	Clères,	643,	685
Chiusi,	747	Cintegabelle,	581	Clérey,		280
Chivasso,	389	Ciocanesti,	283	» -Omelmont,		280
Chlumcan,	714	Ciré,	690	Clerf,		18
Chlumec,	645	Cirencester,	365	Clermain,		228
Chobham Farm,	358	Cirès-les-Mello,	643	Clermont,		643
Chocieza,	711	Cirey,	280	» -en-Argone,		280
Chocques,	643	Cirié,	881	» -Ferrand,		691
Chodau,	133	Cirò,	569	» l'Hérault,		581
Chodorów,	474	Ciry-le-Noble,	691	» s/Loire,		690
Choisy-Baches,	690	» -Sermoise,	280	Clerval,		691
» -le-Roi,	690	Cisano,	389	Cleugh,		139
Cholet,	690	Cisneros,	646	Cleve,		733
Chollerford,	652	Citon-Cenac,	163	Clevedon,	460,	509
Chollerton,	652	Ciudad Real,	179, 536	Cleveleys,		679
Chomérac,	691	Civitavecchia,	747	Clevilliers,		654
Choppington,	654	Civita-Lavinia,	747	Cliburn,		685
Chorin,	79	Civray,	690	Clichy-Levallois,		583
Chorley (Cheshire),	509	Cizová,	252	Cliff,		654
» (Lancashire),	460	Clachnaharry,	402	Cliffecommon,		583
Chorzow,	746	Clackmannan,	652	Cliff Hill,		360
Chotebor,	645	Clady,	472	Cliff's,		659
Chotzen,	283	Clairvaux,	280	Cliff Vale,		659
Chouzy,	690	Clamart,	685	Clifton (Derby),		110
Chowbent,	509	Clamecy,	691	» (Gloucester),		652
Chrast (près Pilsen),	684	Clan,	690	» (Lanark),		460
» près Pardubitz,	645	Clandeboye,	69	» (Lancashire),		509
Christchurch,	510	Capham Surrey,	510	» (Westmoreland),	654,	112
Christiania,	176, 235	» (York),	583	» Bridge,		
Christie (Ste),	581	» & North Stockwell,	511	» Down,		365

— 35 a. —

Clifton Hall,	509	Cogoleto,	389	Commentry.		690
» Mill,	509	Coimbra,	710	Commer,		685
Cliftonville,	511	Coke Ovens,	583, 854	Commercy,		280
Climpy,	139	Colayrac,	581	Common Head,		652
Clipstone & Oxenden,	509	Colbe,	541	Compiègne,		643
Clisson,	690	Colberg,	79	Compiobbi,		747
Clitheroe,	460	Colbitzow,	79	Conches,		685
Cliviger,	460	Colbren,	652	Concise,		848
Clock Face,	509	Colby,	423	Concoules,		691
Clocksbriggs,	139	Colchester,	358	Condat,		690
Clonbeith,	339	Colditz,	613	Condé (Nord,		28
Clondalkin,	364	Coldstream,	654	» (Orne),		685
Clondulane,	364	Cole,	819	» -Northen,		18
Clones,	422, 903	Coleford.	795	» s/Huisne,		680
Clonhugh,	587	Cole Green,	360	» s/Noireau.		685
Clonmel,	942	Coleorton,	583	» s/Risle,		679
Clonsilla,	587	Coleraine,	67	Condove,		389
Cloppenburg.	353	Coleshill,	583	Condover,	365,	509
Closeburn,	339	Colfin,	139	Conegliano,		389
Clot,	859bis	Coligny,	691	Conflans,		685
Cloud (St),	685	Colinton,	139	» -Jarny,		280
Clough,	509	Colleda,	644	» -Varigney,		280
Clough Fold.	460	Colegno,	389	Congleton,		659
Cloughjordan,	364	Colle-Salvesti,	747	Congresbury,		112
Clovenfords,	652	Collessie,	652	Conisborough,		548
Cloyes,	690	Colliertree,	652	Coniston,		329
Clunes,	402	Colligny,	280	Conlie,		685
Clunie,	652	Collingham,	583	Connah's Quay,	509,	982
Cluny,	228	Collins Green,	509	Connantre,		280
Clutton,	365	Collioure,	581	Connern,		538
Clydach,	509	Colliston,	139	Connerré,		685
Clyde,	139	Collonges (Ain),	691	Conon,		402
Coalbrookdale,	365	» (Côte d'Or),	691	Cononley,		583
Coaley,	583	» -Fontaine,	691	Consall,		659
Coalport,	509, 365	Collooney,	587	Consenvoye,		479
Coalville,	509, 583	Colmar,	18	Consett,		654
Coalyburn.	652	» -Berg,	18	Cons-la-Granville,		280
Coarraze-Nay,	581	Colmenares,	192	Constable Burton,		654
Coatbridge,	652, 139	Cöln,	733	Constantinople,		898
Coats,	652	Colne (Essex),	188	Constanz,	352, 621bis,	642
Cobbinshaw,	139	» (Lancashire,	460, 583	Contich,		285
Cobble Crook Mill,	652	Coloma (Santa),	859bis	Contursi,		569
Coblenz (Allemagne),	733	Colombe (Ste),	280, 691	Contwig,		904
» (Suisse),	642	Colombes,	643, 685	Conty,		643
Cobridge,	659	Colombier (France),	280	Convers,		428
Coburg,	874	» (Suisse),	848	Conway,		509
Coccaglio,	389	» -Fontaine,	691	Conwil,		152
Cockburnspath,	652	Coltbridge,	139	Conz,		760
Cockermouth,	183, 509, 559	Coltfield,	402	Cookham,		365
Cockett,	365	Coltness,	139, 652	Cook's,		548
Cockfield (Durham),	654	Colton,	652	» Bridge,		511
» (Suffolk),	358	Colwall,	365	Cookstown,		67
Cockley Brake,	650, 509	Colwich,	509, 659	Coombe,		510
Cockshott,	659	Colwyn,	509	» & Malden,		510
Codford,	365	Colyford,	510	Cooper Bridge,		460
Codnor Park,	583	Colyton Town,	510	Cootehill,		422
Codogno,	389	Combe-aux-Epines,	848	Copgrove & Staveley,		654
Codola,	747	Comber,	66	Copley,		460
Codroipo,	389	Combe Row,	964	Coplow,		460
Codsall,	365	Comblain-au-Pont,	285	Copmanthorpe,		654
Coed Cae,	854	» -la-Tour,	285	Copper Mills,		358
» Talon,	509	Combourg,	685	Coppet,		848
Copenik,	551	Combreux,	678	Copplestone,		510
Coesfeld,	229	Combs-la-Ville,	691	Coppull,		509
Cognac,	163	Comines,	643, 60	» Hall,		509
Cognelée,	285	Comitini,	569	Copy,		460

Corbeek-Loo,	285	Costigliole (Motta di),	389	Couzon,	691
Corbehem,	643	Coswig (Anhalt),	74	Cove,	139
Corbeil-Essonne,	691	» (Sachsen),	472	Coventry,	509
Corbetha,	874	Cöthen,	537; 74, 538	Cow Bank,	360
Corbie,	643	Cotherstone,	654	Cowbit,	360
Corbières,	691	Cotillas,	536	Cowbridge,	205
Corbridge,	654	Cotofenii,	283	Cowdenbeath,	652
Corbul de Sus,	283	Cotrone,	569	Cowdenfoot or Thorniebank,	652
Corby,	360	Cots Castle,	139	Cowdenhead,	652
Corcelles,	428	Cottam,	548	Cowes,	756, 206
Cordel,	733	Cottbus,	76, 378, 668	Cowton,	654
Cordemais,	690	Cottens,	848	Coxbench,	583
Cordoba,	191, 192, 536	Cottingham,	654	Cox Green,	654
Coreses,	562	Cotton's,	509	Coxhoe,	654
Corgémont,	428	Coucy-les-Eppes,	280	» Bridge,	654
Corgolain,	691	Coudes,	690	Coxwold,	365
Corigliano,	569	Coudrecieux,	678	Coynant,	793
» d'Otranto,	569	Couëron,	690	Cozes,	795
Cörlin,	79	Coughton,	583	Crab Tree Hill,	460
Cork,	194, 196, 197, 364	Couhé-Vérac,	690	Craddock Lane,	365
Cormons,	389; 845	Couillet,	285	Cradley,	623
Cornaux,	848	Coulanges s/Yonne,	691	Cradoc,	654
Cornberg,	321	Coulibœuf,	685	Crag Mill,	66
Cornbroe,	139	Coulombiers,	690	Craigavad,	652
Cornellá,	859bis	Coulommiers,	280	Craigduckie,	303
Cornelly,	365	Coulon,	690	Craigellachie,	652
Corneto-Tarquinia,	747	Coulonges,	690	Craigent,	139
Corneville St-Paul,	679	» -Thouarsais,	920	Craigenhill,	139
Corngreave's,	365	Coulter,	139	Craigleith,	139
Cornhill,	363	Counden Road,	509	Craignetan,	139
Corniglia,	389	Counter Drain,	360, 583	Craigo,	737
Cornigliano,	389	Countesthorpe,	583	Craig Rumney,	339
Cornil,	690	Coupar-Angus,	139	Craigston,	139
Cornsilloch,	139	Cour s/Heure,	351	Craigton,	737
Cornton,	139	Courban,	280	Craig-Yr-Allt,	291
Cornwood Road,	823	Courbevoie,	685	Crailsheim,	284, 283
Coroñil,	801	Courcelles (Belgique),	285	Craiova,	654
Corphalie,	634	» (France),	685	Crakehall,	654
Corrales,	871	» a. d. Nied,	18	Cramlington,	643
Corschenbroich,	72	» -Ceinture,	156	Cramoisy,	733
Corsehill,	139	» -Chaussy,	18	Cranenburg,	583
Corsehillhead,	339	» -Levallois,	156	Cranford,	509
Corsehillmuir,	339	» -Nord,	285	Crank,	511
Corsham,	365	Courl,	189	Cranleigh,	365
Corsico,	389	Courlaoux,	228	Cranmore,	690
Corstorphine,	652	Courlay,	690	Cransac,	294
Cortébert,	428	Cournonterral,	581	Cranzahl,	303
Cortemark,	60	Coursan,	581	Crathes,	942
Cortenbergh,	285	Courtelary,	428	Cratloe,	710
Cortenbosch,	351	Courtemaîche,	691	Crato,	942
Corteolona,	389	Courtenay,	678	Craughwell & Loughrea,	691
Córtes,	988	Courtenot-Lenclos,	280	Cravant,	509
Corticella,	389	Courthézon,	691	Craven Arms,	86, 365, 139
Cortona,	747	Courtrai,	60, 285	Crawford,	511
Coruña,	646	Court-St-Etienne,	351, 285	Crawley,	623
Corwen,	221, 365	Courville,	685	Cray,	824
Coryton,	823	Courzieux la Giraudière,	228	Crayford,	691
Cosham,	510, 511	Cousance,	691	Crèches,	691
Coslin,	79	Cousland,	652	Créchy,	643
Cosne,	691	Coussac-Bonneval,	690	Crécy-Mortiers,	583
Cossebaude,	75	Coussey,	280	Credenhill,	510
Cossen,	294	Coustron,	652	Crediton,	139
Cossington Gate,	583	Coutras,	163, 690	Creetown,	733
Cossonay,	848	Couvet,	848	Crefeld,	72, 207, 643
Costella,	365	Couville,	685	Creil,	389
Costesçi,	283	Couvin,	351	Crema,	

— 37 a. —

Cremona,	389	Crossgates (York),	654	Culmore,		67
Crempe,	345	Cross Gates & Ford,	713	Culoz,		691
Cremperheide,	345	» Hants,	365	Culrain,		402
Crenay,	678	Crosshouse,	339	Culter,		363
Crensitz,	378	Cross Inn (Carmarthen),	365	Cultra,		66
Créon,	163	» » (Glamorgan),	854	Cults,		363
Crépy-Couvron,	643	» Keys (Carmarthen),	365	Cumbernauld,		139
» -en-Valois,	643	» (Monmouth),	600	Cumières,		479
Cressage,	365	» Lane,	509	Cummertrees,		339
Cressat,	690	» Michael,	139	Cumnock,		339
Cressier,	848	Croston,	460	Cuneo,		389
Cressington Park,	171	Croth-Sorel,	779	Cunnerton Barker's,		652
Cresswell, (Notts),	548, 583	Crottorf,	538	Cunninghamhead,		339
» (Stafford),	659	Crouy,	643	Cupar,		652
Crest,	691	Crowcombe Heathfield,	112	Cuperly,		280
Crestin,	708bis	Crowden,	548	Cupra Marittima,		509
Creuzburg,	711	Crowhill or Springfield,	652	Cureghem,		285
Creuznach,	760	Crowle,	548	Curel,		280
Creuzthal,	72	Crow Nest,	460	Curling Club,		139
Crevecœur,	643	Croxall,	583	Currie,		139
Crevenay-Saulx,	280	Croy,	652	» Hill,		139
Crew,	139	» -Romainmôtier,	848	Curthwaite,		559
Crewe,	509, 659	Croydon,	824, 510, 511	Curtis,		646
» Green,	713	Crucoli,	569	Cussy,		275
Crewkerne,	510	Crudgington,	365	Custoias,		708bis
Crianlarich,	139	Crumlin (Antrim),	903	Cüstrin,	105, 282
Criccieth,	143	» (Monmouth),	365, 600	Custro,		509
Crick,	509	Crump Meadow,	795	Cuthill,		652
Crieff,	139	Crusheen,	942	Cuthlie,		139
Criggion,	713	Cruz (Santa),	638	Cutsyke,		460
Crigglestone,	460	» de Mudela (Santa)	536	Cuttlehill,		652
Crimmitzschau,	294	Crymmych-Arms,	970	Cuxton,		824
Crimple Slip,	654	Crynant,	623	Cuzorn,		690
Crimstone,	652	Crystal Palace,	511, 513	Cwm,		600
Criptana,	536	Csaba,	14, 872	» Aman,		365
Critot,	643	» -Keresztur,	292	Cwmavon,		600
Crivina,	283	Csácza,	433	Cwmbach,		854
Croesnewydd,	365	Csákány,	686	Cwm Bargoed,	365, 737
Croft,	654	Csákathurn-Warasdin,	845	Cwmbran,		600
» Bank,	360	Csány,	872	Cwm Capel,		131
Croftengea,	652	Csap,	641	» Clydach,	854, 583
Crofthead,	652	Csapó-Radnóth,	281	» Dare,		365
Crofton,	460	Cséffa,	14	Cwmdrisen,		365
Croisilles-Harcourt,	685	Csoma,	61	Cwmdû,		365
Croissy,	643	Csorna,	724	Cwm Gelly,		809
Croix-d'Hins,	581	Csorvás,	14	Cwmglo,		104
» -Wasquehal,	643	Csucsa,	281	Cwm Glyn,		365
Cromdale,	363	Csurgó,	61	Cwmparc,		854
Cromford,	583	Cuba,	846	Cwm-y-Glo,		509
Cronberg,	210	Cucciago,	389	Cyfarthfa,		365
Cronberry,	339	Cucutenii,	474	Cymmer,		827
Cronfestu,	285	Cuddington,	171	Cynghordy,		509
Cropani,	569	Cudworth,	583	Cynwyd,		365
Cropredy,	365	Cuers,	691	Cyr (St), (Seine et Oise),		685
Crook,	654	Cuesmes-Trieu,	285	» (Var),		691
» of Devon,	652	Cuilhill,	139, 652	» de Favières (St),		691
Crooksland,	320	Cuinchy,	643	» en Bourg-Brézée (St),	920
Crookstown Road,	196	Cuiseaux,	691	» en Val (St),		690
Croom,	364	Culham,	365	Cyres (St),		510
Crosby,	423	Cullercoats,	654	Cyrus (St),		139
» New,	460	Culleybackey,	67	Czakowitz,		890
Crossdoney,	587	Culloden,	402	Czarna,		164
Crossen,	874	Culloville,	422	Czaslau,		645
» a/Oder,	552	Cully,	848	Czegléd,	283, 872
Crossgar,	66	Culmbach,	284	Czempin,		807
Crossgates (Fife),	652	Culmont-Chalindrey,	280	Czenstochau,		940

Czenter,	53	Damiano d'Asti (San),	389	Davenport,	509
Czerepkoutz-Sereth,	474	Damm,	79	Davidshill,	339
Czerniejewo,	670	Dammartin,	643	Davidson's,	652
Czernitz,	807	Dammerkirch,	18	Davidstad,	287
Czernowitz,	474	Dampfmuhle,	845	Davidsthal,	133
Czersk,	282	Dampierre-lez-Montbozon,	691	Daviesdykes,	652
Czerwinsk,	282	» (Seine Inférieure)	845	Davydovka,	454
Czerwionka,	807	Danby,	654	Dawley Parva,	365
Cziffer,	934	Dancourt,	700	Dawlish,	823
Czirpitz,	282	Dandaleith,	363	Dawsholm,	652
Dabrowa,	267	Dangé,	690	Dax,	581
Dachau,	284	Dangu,	679	Deadwater,	652
Dachrieden,	874	Danikon,	161	Deal,	824
Dachsen,	642	Danilovka,	739	Dean,	510
Dachstein,	18	Danilow,	607	Dearham,	559
Dacknam,	60	Dannemarie,	691	» Bridge,	559
Dacre,	654	Dannemora,	908	Debe-Wielkie,	939
Dagmersellen,	161	Dannenberg,	77	de Bil,	159
Dahl (Allemagne),	72	Dános,	281	Debreczin,	872, 641
» (Suède),	176	Danzig,	79, 282	Decazeville,	690
Dahlen,	472	Daoulas,	690	Dechmont,	652
Dahlenburg,	77	Daours,	643	Decimomannu,	777
Dahlerbrücke,	72	Darány,	328	Decize.	691
Dahlhausen,	72	Darbo,	235	Dedeagatsch,	898
Dahmsdorf-Müncheberg,	282	Darcey,	691	Dedemsvaart,	293
Dailly,	339	Darching,	284	Dee Bank,	509
Daimiel,	536	Darcy Lever,	460	Decoy,	360
Dairsie,	652	Darda,	14	Deepcar,	548
Dairy House,	654	Dare,	365	Deepfields,	509
Daisey Bank,	365	Daresbury,	509	Deep Level,	795
Daisy Field,	460	Dare Valley,	854	Deerlyck,	285
Dala,	403	Darfield,	583	Defford,	583
Dalbeattie,	339	Darkau,	433	Defiance,	339
Dalcross,	402	Darlaston,	509	Deganway,	509
Dalfsen,	293	Darley,	654	Degerfors,	922, 295
Dalguise,	402	» Dale,	583	Degerön,	379
Dalhousie,	652	Darligen,	161, 121	Deggendorf,	284
Dalkarlsberget,	922	Darlington,	654	Dego,	389
Dalkeith,	652	Darlington's,	509	Degow,	79
Dalkey,	243	Darmstadt,	521, 540	Deidesheim-Ruppertsberg,	904
Dallau,	352	Darnal,	548	Deighton,	509
Dallgow,	538	Darnetal,	643	Deining,	284
Dalmacouther,	652	Darngavel,	652	Deinum,	293
Dalmellington,	339	Darngavil,	652	Deisenhofen,	284
Dalmeny,	652	Darnick,	652	Deisslingen,	291
Dalmonach,	652	Darran (Glamorgan),	104, 737	Deiva,	389
Dalmore Mill,	652	» (Monmouth),	600	Deje,	302
Dalmuir,	652	» Ddu,	854	Delamere,	171
Dalnaspidal,	402	» -y-Mwrthwl,	737	Delden,	293
Dalquharran,	339	Darsac,	691	Délémont,	428
Dalquhurn,	652	Darsham,	358	Delft,	405
Dalreoch,	652	Dartford,	824	Delgany & Greystones,	243
Dalry (Ayr),	339	Dartmouth,	823	Delitzsch,	378, 74
» (Edinburgh),	139	Darton,	460	Dellach,	845
Dalrymple,	339	Darwen,	460	Dellbrück,	72
Dalserf,	139	Dasic,	283	Delle,	691
Dalston,	559	Dasing,	284	Dellfeld,	904
Dalton (Lancashire),	329	Dassnitz,	133	Delmenhorst,	353
» (Yorkshire),	654	Datchet,	510	Delnice,	292
Dálum,	902	Datnow,	483	Delny,	402
Dalwhinnie,	402	Daubhill,	509	Delph,	509
Dálya,	14	Dauenhof,	20	Delstern,	72
Dalziel,	139	Daugaard,	286	Demange-aux-Eaux,	280
Dambrau,	807	Dauntsey,	365	Dembica,	164
Damens,	583	Dava,	402	Demecser,	641
Damery-Boursault,	280	Dave,	634	Demetrio (San),	569

Demirchillère-Sarambey,	898	Deutschenbora,	472	Dinas,		365
Demir-Kapu,	898	Deutsch-Eylau,	282	» Mawddwy,		500
Demitz,	294	» -Landsberg,	357	Dingestow,		365
Denker,	538	» -Liebau,	327	Dinglingen,		352
Demotica,	898	» -Wette,	807	Dingtuna,		450
Demtchin,	440	Deutz,	189, 72	Dingwall,		402
Denain,	28	(» -Feld,	189	Dinkelscherben,		284
Denbey,	583	Deux-Acren,	285	Dinmore,	365,	509
Denbigh,	221, 509	Déva,	716	Dinnet,		363
Denby Dale,	460	Devant-les-Ponts,	18	Dinozé,		280
Denderleeuw,	285	Devecey,	691	Dinslaken,		189
Denguin,	581	Devecser,	686	Dinting,		548
Denhead,	139	Deventer,	293	Dinton,		516
Denis (St),	643	Devereux (St),	365	Dinwoodie,		139
» Bovesse St,	285	Déviat-Doubow,	675	Diósgyőr,		292
» de Piles (St),	690	Deville,	280	Diószeg,		283
» -Jargeau (St),	690	Devizes,	365	Diou,		691
Denisovo,	355	Devon,	652	Dirleton,		652
Denis près Martel (St),	690	Devonport,	199	Dirschau,		282
» -Westrem (St),	285	Devynock,	623	Disley,		509
Denmark Hill,	511	Dewsbury,	360, 460, 509	Diss,		358
Denny,	139	Deycimont,	932	Dissais s/s Courcillon,		690
Densborn,	733	Deynze,	60, 285	» s/Vienne,		690
Dentish's,	509	Diakonovo,	453	Distelhausen,		352
Denton,	509	Diano-Marina,	389	Distillery Lye,		652
Denzlingen,	352	Dicconson's Lane,	460	Ditchford,		509
Deptford Road,	511	Dickursby,	287	Ditchingham,		358
de Punt,	293	Didcot,	365	Ditfurth,		538
Dérajina,	669	Didier (St,	691	Dittersbach,		551
Derby,	583, 659	Die (St),	280	Dittersdorf (Mähren),		157
Dereham,	358	Dieburg,	521	» (Zwickau),		168
Derendingen,	161, 266	Diedenhofen,	18	Ditton,		509
Dergatchi,	453	Diedorf,	284	Ditzingen,		291
Derinon,	696	Die Emmenbrücke,	161	Divacca,		845
Derne,	229	Dieghem,	285	Divenskaïa,		355
Derry Ormond,	547	Diehlau,	267	Divovo,		609
Dersingham,	358	Diekirch,	720, 18	Dixmude,		60
Derwen,	221	Dielkirchen,	904	Dixon Fold,		460
Derwenlas Crossing,	143	Dielsdorf,	642	Dixon's,	139,	339
Derwenthaugh,	654	Diemendorf,	284	Dizier (St),		280
Derwydd Road,	365	Diepenbeek,	351, 293	Djankoï,		525
Desborough,	583	Diepenveen,	293	Dmitrievskaïa (Jaroslavl,		607
Deschassis,	351	Diepholz,	189	» (Tambow),		857
Desford,	583	Dieppe,	685	Dmitrovka,		464
Desenzano,	389	Dieren,	293	Döbeln,	294,	472
Desert,	956	Diest,	351	Doberlin,		898
Desierto,	221c, 221n, 221b	Dietfurt,	905	Dobikino,		483
Desio,	389	Dietikon,	642	Dobrawitz,		645
Dess,	363	Dietlikon,	642	Dobrenic,		645
Dessau,	74	Dietmannsried,	284	Dobrichowitz,		684
Desselghem,	285	Dieulouard,	280	Dobrilugk-Kirchhain,		378
de Steeg,	293	Dieupentale,	581	Dobrinka,		368
Desvres,	643	Dieuze,	18	Dobroé,		439
Detta,	283	Diez-Best,	289	Dobromil,		715
Dettelback,	284	Differdange,	720	Dobrowlany,		227
Dettingen Donau),	291	Diggle,	509	Docelles,		932
» (Unterfranken,	521	Diggle's,	509	Docking,		358
Dettum,	122	Diglake,	659	Dodendorf,		538
Dettweiler,	18	Digoin,	691	Dodworth,		548
Deuben (Dresden),	294	Dijon,	691	Doe Hill,		583
» (Merseburg),	874	Dilbeck,	285	» Lea,		583
Deurle,	285	Dillenburg,	189	Dogdkye,		360
Deurne,	293	Dillingen,	760	Dogern,		352
Deutsch-Bogsán,	283	Dilston,	654	Doische,	351,	174
» -Bóly-Rács-Töttös,	596	Dinant,	634	Dol,		685
Deutschbrod,	645	Dinas (Coliery',	854	Dolau,		509

Doldowlod,	588	Donnery,	678	Downhill,	67	
Dôle,	691	Donnington (Lincoln),	360	Downpatrick,	66	
Dolgelley,	143	» (Shropshire),	509	Downton,	510	
Dolgelly,	365	Donnino (San),	747	Doyet-la-Presle,	690	
Dolgoch,	856	Donzere,	691	Dracy-St-Loup,	691	
Dolhain,	285	Dooniskey,	196	Draguignan,	691	
Delhasca,	474	Dorchester,	365, 510	Drahna,	75	
Dolina,	33	Dordrecht,	293	Drahnsdorf,	75	
Dolingskaïa,	439	Dore & Totley,	583	Drammen,	235	
Dolitz,	807	Dorf-Chemnitz,	168	Dransfeld,	288	
Dollar,	652	Dorfen,	284	Dratzig,	807	
» Beg,	652	Dorfgütingen,	284	Draveil,	691	
Dollbergen,	538	Dorking,	511, 824	Draycott (Derby),	583	
Döllensradung,	282	Dorlikon-Altikon,	621 bis	» (Somerset),	112	
Dollnstein,	284	Dorlisheim,	18	Drayton,	511	
Dolo,	389	Dormagen,	733	Drebber,	189	
Dolphinton,	652, 139	Dormans,	280	Drebkau,	668	
Dolsach,	845	Dornach,	18	Drefféac,	690	
Dolwen,	143	» -Arlesheim,	428	Dreghorn,	339	
Dolygaer,	104	Dornap,	72	Dreihof,	904	
Dombasle,	280	Dornbirn,	931	Dreileken-Drakenstedt,	78	
Domanin,	711	Dornburg (Magdeburg),	78	Drem,	652	
Domblans,	691	» (Weimar),	758	Drensteinfurt,	290	
Dombovár,	61	Dornegg-Feistritz,	845	Dresden,	75, 472, 294	
Dombrau,	433	Dornock,	339	Dresna,	355	
Dombrowa,	940	Dornreichenbach,	472	Dresninskaïa,	675	
Dombrowka,	552	Doroszma,	283	Dreux,	685, 079	
Dombühl,	284	Dorrington,	365, 509	Driasgi,	454	
Domegliara,	389	Dorsten,	189	Driburg,	290	
Domène,	691	Dortelweil,	541	Driebitz,	807	
Domérat,	690	Dortmund,	72, 733, 229, 189	Driesen,	282	
Domfront (Sarthe),	685	Dortstfeld,	733	Driffield,	654	
» (Orne),	685	Dörverden,	288	Drigg,	329	
» (Somme),	700	Dos Hermanas,	801	Drighlington,	360	
Domina-Schönlind,	133	Dossobuono,	389	Drighlington & Adwalton,	360	
Dominova,	606	Dotch,	464	Drinnick Mill,	200	
Dömitz,	77	Dottikan et Dintikon,	161	Dris,	645	
Dömmeldingen,	18	Douai,	643	Drissa,	247	
Domotori,	845	Douains-Blaru,	679	Drogheda,	655	
Dompierre (Charente,	163	Douanne (Twann),	848, 428	Drohobycz,	227	
» (Ille et Vilaine),	929	Doublebois,	199	Droitwich,	365	
» (Nord),	643	Doubno,	440	» Road,	583	
» -Ferrière,	700	Doubovets,	675	Dromkeen,	942	
» -Septfonds,	691	Doubrovka,	675	Dromod,	587	
Domremy-Maxey s/Meuse,	280	Douglas (Isle of Man),	423	Dromore (Down),	903	
Domstadl,	157	» (Lanark),	139	» (Kirkcudbright),	139	
Don (Sainghin),	674, 643	» Bank,	460	» Road,	422	
Donabate,	655	Doukchty,	355	Dronfield,	583	
Donaghadee,	66	Doukhovskaïa,	606	Dronley,	139	
Donaghmore,	963	Doullens,	643, 888	Dronrijp,	293	
Don Alvaro,	179	Doulting,	365	Dropping Well,	548	
Donamon,	587	Doumtchino,	608	Drösing,	207	
Donato (San),	569	Doune,	139	Drouchkovka,	452	
Donaueschingen,	352	Dour,	285	Drouschili,	355	
Donauwörth,	284	Doura,	339	Droux,	690	
Donawitz,	845	Dourdan,	690	Droylesden,	460	
Don Benito,	179	Dourges,	643	Druje,	292	
Doncaster,	548, 360	Douvres la Délivrande,	135	Drum,	363	
Donchéry,	280	Doux-Noux,	280	Drumbowie,	139	
Donets,	452	Douzy,	280	Drumburgh,	652	
Donges,	690	Dovecliffe,	548	Drumcavil,	652	
Dönhofstädt,	282	Dove Holes,	509	Drumchapel,	652	
Donibristle,	652	Dover,	824, 513	Drumclair,	652	
Donisthorpe,	509, 583	Dovercourt,	358	Drumgley,	139	
Donjeux,	280	Dowlais,	737, 365, 509, 104	Drumgray,	652	
Donnazac,	690	Downham,	358	Drumkilbo,	139	

— 41 a. —

Drumlithie,	139	Dundonald (Down),	66	Dyffryn,		143
Drummuir,	363	» (Fife),	652	Dyhernfurth,		105
Drumoyne,	139	Dun-Doulcon,	479	Dykehead (Ayr),		339
Drumpeller,	652	Dundrum (Down),	66	» (Lanark),	139,	652
Drumquharn,	652	» (Dublin),	243	Dylta,	450,	632
Drumree,	587	» (Tipperary),	364	Dynevor,	623,	365
Drumshangie,	652	Dundyvan,	139, 652	Dynhard,		621 bis
Drumshoreland,	652	Dunfermline,	652	Dyniés,		845
Drumsna,	587	Dunford Bridge,	548	Dysart,		652
Druye,	920	Dungannon,	903	Dyserth,		509
Drybridge,	339	Dunham,	358	Dzieditz,	267,	746
Drybrook Road,	795	» Hill,	509	Eaglesham Road,		139
Dryclough,	460	» Massey,	509	Ealing,		365
Drymen,	652	Dunhampstead,	583	Eamont Bridge,		509
Drysllwyn,	162	Dunkeld,	402	Earby,		583
Dserulli,	365	Dunkerque,	60, 643	Eardington,		365
Dubbs,	712	Dunkettle,	364	Eardisley,	365,	583
Dubendorf,	339	Dunkinfield,	548	Earlestown,		509
Dublany-Kransberg,	905	Dunleer,	655	Earley,	510,	824
Dublin (Angleterre),	227	Dunlop,	139, 339	Earlsheaton,		360
» (Irlande), 243, 364, 587,	982	Dunmanway,	956	Earlsmill,		363
Dubton,	655	Dunmore,	139	Earlston,		652
Duby,	139	Dunmow,	358	Earlswood,		511
Ducherow,	133	Dunmurry,	903	Earsham,		358
Duchy Peru,	79	Dunnerholme,	329	Earswick,		654
Dudbridge,	200	Dunnikier,	652	Eassie,		139
Dudley (Northumberland),	583	Dunning,	139	East Barkwith,		360
» (Worcester),	654	Dunphail,	402	» Barnes or Oxwell Mains,		652
» Hill,	365, 509	Dunragen,	854	» Baton,		652
» Port,	360	Dunragit,	139	Eastbourne,		511
Dudweiler,	509	Dunrobin,	402	East Calder,		652
Dudzeele,	760	Dunrod,	139	» End,		360
Dueñas,	60	Dunschendorf,	780	Easter,		795
Duffel,	638	Dunse,	652	» Glentore,		652
Duffield,	285	Dunstable,	360, 509	» Road,		652
» Gate,	583	Dunstan & Barlow's,	583	Easterhouse,		652
Duffryn,	654	Dunster,	112	East Farleigh,		824
Dufftown,	365	Dunsyre,	139	» Fortune,		652
Duffws,	363	Duntilland,	139	» Grange,		652
Dugaresa,	310, 311	Dunton Green,	824	» Grinstead,		511
Dugenta,	292	Dunvant,	509	» Ham,		517
Dugny,	569	Düppigheim,	18	» Haven,		139
Dugoselo,	479	Duravel,	690	» Kilbride,		139
Duisburg,	292	Düren,	733, 72	» Linton,		652
Duiven,	189, 733, 72	Durette-Quincie,	70	» Margate,		513
Duleek,	732	Durham,	654	Easton Court,	365,	509
Dullingham,	655	» Turnpike,	654	Eastrington,		654
Dulken,	358	Duringshof,	282	East Rochsoles,		652
Dulmen,	72	Durkheim,	904	» Ville,		360
Dulwich,	229, 189	Durlach,	352	» Wheal Rose,		200
Dumbarton,	513	Durlesbach,	291	» Winch,		358
Dumfries,	652	Dürnkrut,	267	Eastwood,		460
Dunabourg,	339, 139	Dürrenberg,	874	Eaton,		86
Dunadry,	743, 355, 247	Dürrenzimmern,	284	Ebblinghem,		643
Dunakesz,	67	Dürrhennersdorf,	294	Ebbw Vale,	509, 600,	795
Dünamünde,	283	Dürröhrsdorf,	294	Ebchester,		654
Dunball,	732	Dursley,	583	Ebelsbach,		284
Dunbar,	112	Durston,	112	Eben,		421
Dunblane,	652	Dusnik,	714	Ebenfurt,		845
Dunboyne,	139	Düsseldorf,	733, 72, 189	Ebenhausen,		284
Dunbridge,	587	Dusslingen,	291	Ebensfeld,		284
Dunchurch,	510	Duston,	509	Eberfingen,		352
Dundalk,	509	Düttlenheim,	18	Ebernburg,		904
Dundas,	422, 248, 655	Dützenteich,	284	Ebersbach (Bautzen),		294
Dundee,	509	Dux,	41, 252, 701, 714	» (Donau),		291
	139	Dyce,	363	Ebersdorf,		874

— 42 a. —

Ebersdorf-Markersdorf.	636	Eger (Böhmen), 133, 268, 284, 294		Eisfeld,		874
Ebersheim,	18	Egeres,	281	Eisleben.		78, 537
Eberstadt,	540	Egestorf,	538	Eislingen,		201
Eberstein,	721	Eggebeck,	20	Eistrup,		288
Ebikon,	642	Eggenburg,	268	Eitorf,		189
Ebnat-Kappel	905	Eggenstein,	352	Eix-Abaucourt,		280
Eboli,	569	Eggersdorf,	537	Ekedal,		403
Ebrichsdorf,	845	Eggesford,	510	Ekenäs,		287
Ebringshausen,	189	Eggington,	659	Eksjö,		621
Ebstorf,	538	Eggmühl,	284	Eksund,		295
Ecaussines d'Enghien,	285	Eggolsheim,	284	Elbe,		636
Ecclefechan,	139	Egham,	510	Elberfeld,		72
Eccles,	509	Eghezée,	285	Elberteinitz,		584
» Road,	358	Egidien St,	294	Elbeuf,	679,	685
Ecclesall and Mill Houses,	583	Egisheim,	18	Elbing,		282
Ecclesfield,	548	Eglinton (Ayr),	339	Elbogen-Neusattel,		133
Eccleshill,	360	» (Londonderry,	67	Elbowend,		652
Echallens,	469	Egnach,	642	Elburg Epe,		159
Echarrí-Aranaz,	988	Egremont,	329, 969	El Burgo (Coruña),		646
Echelle,	898	Egrève-St-Robert St)	691	» » (Leon),		980
Echem,	288	Egriselle-Villeneuve-Don-		» » (Zaragosa),		536
Echt,	293	dagre,	678	El Carpio,		192
Echten,	293	Egton,	654	El Contador,		801
Echternach,	720	Eguzon,	690	El Cuervo,		336
Eckartsberga,	644	Egyden (St),	845	Elda,		538
Eckartshausen-Ihshofen,	291	Egydi-Tunnel,	845	Eldagsen,		339
Eckington,	583	Ehingen,	291	Elderslie,		652
Eclaron,	280	Ehlershausen,	288	Eldin,		509
Eclépens,	848	Ehrang,	733	Eleanor,		536
Ecommoy,	690	Ehrenbreitstein,	733	Elena (Santa),		628
Ecouché,	685	Ehrenburg,	845	El Escorial,		281
Ecouflant,	685	Ehrenfeld,	733	Elesd,		898
Ecully,	228	Ehrenhausen,	845	Eles Han,		908
Ecury,	678	Ehringshausen,	399	Elfkárleö,		583
Eczel,	281	Eibau,	294	Elford & Hasselour,		295
Edane,	295	Eibenstock,	168	Elgaras,		995
Edderton,	402	Eiby,	286	Elgg,		402
Eddleston,	652	Eichberg-Steyrer-Mühle,	421	Elgin (Elgin & Moray),	363,	652
Ede,	732	Eichenhosrt,	552	» (Fife),		482
Edelfingen,	352	Eichhofen,	284	Elie,		281
Eden Bridge,	824	Einchicht,	874	Elisabethstadt,		460
Edenham,	360	Eicholzheim,	352	Elland,		290
Edenkoben,	904	Eichow,	378	Ellbergen,		509
Edesheim,	904	Eichstadt,	284	Ellenbrook,		353
Edgefield,	652	Eickendorf,	537	Ellenserdamm,		733
Edgeworthstown,	587	Eidelstedt,	20	Eller,		747
Edgware,	360	Eidsskog,	176	Ellera,	509,	143
Edinburgh,	139, 652	Eidsvold,	176	Ellesmere,		284
Edington Road,	819	Eiken,	642	Ellingen,		358
Edle Krone,	294	Eilenburg,	378	Ellingham,		139
Edmondstown,	587	Eindhoven,	298	Elliot,		139
Edmonton,	358	Einöd (Reinpfalz),	904	Ellismuir,		286
Edmunds,	548	» (Steiermark),	721	Ellitshöi,		361
Edrom,	652	Einsal,	72	Ellon,		288
Eecke-Nazareth,	285	Einsiedel,	168	Ellrich,		284
Eeckeren,	351	Einsiedl,	645	Ellrichshausen,		291
Eecloo,	60, 332	Einsiedlerhof,	904	Ellwangen,		321
Eelen,	387	Einsingen,	291	Elm,		777
Eenaeme,	285	Einvaux,	280	Elmas,		824
Eerneghem,	60	Eimeldingen,	352	Elmers End,		509
Eessen,	60	Eisbergen,	538	Elmesthoepe,		295
Effingen,	642	Eisenach,	874	Elmhult,	20,	345
Effretikon,	642	Eisenbach,	904	Elmshorn,		358
Efringen,	352	Eisenberg,	252	Elmswell,		581
Egelsbach,	540	Eisenbrod,	645	Elne,		690
Eger (Erlau),	292	Eisenerz,	721	Eloi (St),		

— 43 a. —

Elouges,	285	Engelholm,	269	Erkelenz,	72
Eloyes,	280	Engelsberg,	457	Erkner,	551
Elpidio a Mare (San),	569	Engen,	352	Erkrath,	72
Elrington,	654	Engenthal,	645	Erlangen,	284
Elsdorf,	733	Engers,	733	Erlau,	294
Elsecar,	548	Enghien,	285	Erlen,	642
Elsenham,	358	» -les-Bains,	270, 643	Ermatingen,	621 bis
Elsfleth,	353	Engis,	634	Erme St),	280
Elsham,	548	Engstatt,	291	Ermelinghof,	290
Elslack,	583	Eniskeane,	956	Ermetzhofen,	284
Elsnick Ordnance,	654	Enns,	421	Ermezinde,	230
Elsnigk,	74	Ennis,	942	Ermont,	643
Elstead,	510	Enniscorthy,	243	Ermsleben,	538
Elster (Merseburg),	74	Enniskillen,	422	Ernecourt-Loxéville,	280
» (Sachsen),	204	Enschedé,	293	Ernsthofen,	721
Elsterberg,	780	Ensdorf,	760	Erpel,	282
Elsterwerda,	75, 668	Ensival,	285	Erpolzheim-Ungstein,	904
Elstree & Boreham Wood,	583	Entlebuch,	428	Erquelinnes,	285, 634, 643
Eltang,	286	Entraigues,	691	Errol,	139
Elten,		Entressen,	691	Ersingen,	352
Eltersdorf,	732, 733	Entressin,	691	Erstein,	18
Eltham,	284	Entwhistle,	460	Ertingen,	291
El Tocon,	824	Enzberg,	352	Ertvelde,	60
Elton (Northampton),	192	Enzheim,	18	Erwetegem,	285
» (Notts),	509	Epanes,	690	Erwood,	588
Eltville,	360	Epanvilliers,	690	Ery-Körtvéles,	641
Elvanfoot,	289	Epe,	229	Ery-Mihályfalva,	641
Elvas,	139	Epéhy,	700	Erzingen,	352
Elven,	710	Ependes,	848	Esbjerg,	286
Elverum,	690	Eperies,	292, 433	Esbly,	280
Ely (Cambridge),	176	Epernay,	280	Escalquens,	581
» (Glamorgan	358	Epernon,	685	Escatron,	989
» Paper Mill,	365	Epervans,	228	Escaudain,	28
Elz,	854	Epfendorf,	291	Esch s/Alzette,	18, 720
Elze,	289	Epfenhausen,	284	Eschborn,	210
Emanuelssegen,	288	Epierre,	691	Eschedé,	288
Emarp,	746, 807	Epila,	536	Eschenau,	291
Embermenil,	621	Epinac,	275, 691	Eschene-Lombecke,	285
Embleton,	280	Epinal,	286	Eschenrode,	49
Emden,	183	Epinay,	643	Eschenz,	621 bis
Emérainville Pontault,	290	» s/Orge,	690	Esches,	643
Emilion (St),	280	Epinouze,	691	Eschhofen,	289
Emmaboda,	690	Epône,	685	Eschlikon,	905
Emmendingen,	151, 431	Eppeghem,	285	Escholzmatt,	428
Emmenmatt,	352	Eppelheim,	352	Eschwege,	321
Emmerich,	428	Eppelsheim,	521	Eschweiler,	72, 733
Emmerthal,	189, 732	Epping,	358	» -Aue,	72
Emmingen Magdeburg),	538	Epsom,	510, 511	Esclavitud,	776
» (Schwarzwald),	538	Eragny,	685	Escrennes,	690
Emmishofen-Egels,	391	Erbach im Odenwald,	521	Escrick,	654
Emneth,	621 bis	» (Preussen),	289	Esemael,	285
Empel,	358	» (Württemberg),	291	Esher,	510
Empoli,	189	Erbesdorf,	157	Eskbank,	652
Ems Best,	747	Erding,	284	Esk Bridge,	652
Emsdetten,	289	Erdington,	509	» Mill,	652
Emskirchen,	290	Erdmannsdorf,	294	Esk Valley,	652
Emsworth,	284	Erdöd,	14	Eski Baba-Alpoulo,	898
Enchenberg,	511	Erdörf-Bitburg,	733	Eskildstrup,	459
Endersbach,	18	Erdweis,	267	Eskmeals,	329
Endon,	291	Erembodeghem,	285	Eslöf,	295, 463, 985
Endorf,	659	Erfelden-Gottelau,	521	Esmoriz,	710
Enfield (Meath),	284	Erfurt,	644, 874	Esneux,	285
» (Middlesex),	587	Ergoldsbach,	284	Espas,	484
Enge,	358, 360	Eridge,	511	Espeluy,	536
Engebacken,	642	Erith,	824	Espérance,	634
Engelhof,	900	Erked,	281	Espiel,	191
	421				

— 44 a. —

Espinho,	710	Eulau,	252
Espinosa de Henares,	536	Eulien (St),	280
» de la Ribera,	638	Eulmont-Agincourt,	280
Espirat,	921	Eupen,	733
Espluga de Francoli,	478	Eurville,	280
Espondeilhan,	581	Eutin,	20, 296
Esquelbecq,	643	Eutingen,	352
Esschen,	351	Euxton,	460, 509
Essegg,	14	Evanovo,	755
Essen (Arnsberg),	72, 189, 733	Evan's,	131
» (Oldenburg),	353	Evenwood,	654
Essendine,	360	Evercreech,	819
Essendorf,	291	Evergem,	332
Essigny-le-Petit,	643	Everingham,	654
Essingen,	291	Eversberg,	72
Essleben,	284	Evershot,	365
Esslemont,	363	Evesham,	365, 583
Esslingen,	291	Evionnaz,	848
Estarreja,	710	Evora,	846
Estépar,	638	» -Monte,	846
Estèphe (St),	563	Evreux,	679, 685
Este S.-Helene,	389	Evron,	685
Estinnes-Haulchin,	285	Evry,	691
Estissac,	678	Ewell,	510, 511
Eston,	654	Ewesley,	652
Estréchoux,	581	Ewié,	355
Etagnières,	469	Ewloe Barn,	982
Etain,	280	» Hall,	982
Etampes,	690	Ewood Bridge,	460
Etang,	691	Exaerde,	60
Etaples,	643	Exel,	293
Etchingham,	824	Exeter,	112, 510, 823
Eteljouny,	355	Exminster,	823
Etherley & Witton Park,	654	Exmouth,	510
Etichove,	285	Extremoz,	846
Etienne (St) (Bouches du Rhône),	97	Eyach,	291
		Eyarth,	221
Etienne (St) (Ile et Vilaine),	929	Eydtkouhnen,	282, 355
» (St) (Loire),	691	Eye (Nortampton),	583
» de Lisse (St),	690	» (Suffolk),	358
» de Montluc (St),	690	Eygenbilsen,	351
» de St-Geoirs (St),	691	Eyguians,	691
» de Tulmont (St),	690	Eyne,	285
» du Bois, (St),	691	Eynsford,	513
» en Bresse (St),	228	Eynsham,	365
» -Nozay (St),	678	Eysden,	485
Etival-Clairefontaine,	280	Eythra,	874
Ethe (La Claireau),	927	Eyton's,	509
Etherley,	654	Eywanowitz,	267
Etoile,	691	Eza,	691
Etréchy,	690	Ezy-Anet,	679
Etrépagny,	679	Faal,	845
Etriché-Châteauneuf,	685	Faarup,	286
Etruria,	650	Fabrègues,	581
Ettelbrück,	18	Fabriano,	747
Etten-Leur,	351	Fachingen,	289
Etterzhausen,	284	Facit,	460
Ettiley Heath,	659	Facture,	581
Ettingshall Road & Bilston,	509	Faenza,	569
Ettington,	290	Fagans (St),	365
Ettlingen,	352	Fageras,	295
Etzelwang,	284	Fagnano Alto,	569
Etzweilen,	621 bis	Fahan,	510
Eu,	888	Fahrbrücke,	294
Eubigheim,	352	Fahrenkrug,	20
Eulalia (Santa),	710	Fahrnau,	352

Fains-la-Folie,	679
Fairfield (Angleterre),	548
» (Ecosse),	652
Fairford,	365
Fairholm,	139
Fairlie,	339
Fair Oak,	509
Fairoul,	351
Fakenham,	358
Falahill,	652
Falaise,	679, 685
Falcon,	511
Falconara,	747
» -Marittima,	747
Falgendorf,	645
Falkenau (Böhmen),	630
» (Sachsen),	294
» (Schlesien),	807
» a. Eger,	133
Falkenberg (Bolchen),	18
» (Mark),	79
» (Merseburg),	74, 378
	668
Falkenstein,	992, 294
Falkirk,	652
Falkland Road,	652
Falköping,	295
Fallais,	275
Fallersleben,	538
Falloden,	654
Falls-Gefrees,	284
Fallside,	139
Falmer,	511
Falmouth,	199
Falstone,	652
Falun,	302, 334
Famalicao,	230
Famechon,	643
Familleureux,	285
Fangfoss,	654
Fano,	509
Fans Loanend,	652
Farbus-Vimy,	643
Farciennes,	285
Fardington,	510
Fareham,	510
Faremoutiers-Pommeuse,	280
Farigliano,	389
Farkas-Fal a,	202
Farlington,	511
Farnborough,	510, 824
Farnell Road,	139
Farnham,	510
Farningham Road,	513
Farnley,	509
Farnsfield,	583
Farnworth,	171, 460, 509
	364
Farranfore,	194
Farrangalway,	365
Farringdon,	460, 509
Farrington,	509
» Mill,	18
Farschweiler,	509
Farthinghoe,	654
Farwath,	453
Fastow,	

— 45 a. —

Fauga,	681	Fenn's Bank,	143	Filiésu,	747
Faugères,	681	Fenny Compton, 290,	365	Filipstad,	967
Fauglia,	747	» Stratford,	509	Filton,	365
Fauguerolles,	681	Ferdinandshof,	79	Finalmarina,	389
Faulbrück,	105	Fère-Champenoise,	280	Finchley,	360
Fauldhouse,	139	Ferentino,	747	Finedon,	583
Fauldmoor,	652	Fergushill,	339	Finghall Lane,	654
Fauquemont,	351	Fergusson's,	652	Finja,	393
Faurei,	283	Fermerswalde,	74	Finkenheerd,	551
Faustovo,	609	Fermoy,	364	Finkenwalde,	79
Faverney,	280	Fernando de Leon (San).	801	Finnentrop,	72
Faversham,	513	» (San), (Real Sitio),	536	Finnerödja,	295
Fawkham,	513	Fernan-Nunez,	192	Finnery,	652
Fawley,	365	Ferndale,	854	Finningham,	358
Fay-aux-Loges,	678	Ferniegair,	139	Finningley,	360
Fay Gate,	511	Fernilee Williamson's,	509	Finspong,	689
Faymoreau-Puy-de-Serre,	390	Ferns,	243	Finsterwalde,	378
Fazakerley,	460	» Lock,	587	Finstingen,	18
Fearn,	402	Ferrandina,	569	Fintona,	422
Fearnall Heath,	365	Ferrara,	389	Fiorenzuola,	389
Featherstone (Northumberland),		Ferré,	898	Firchau,	282
	654	Ferrera,	389	Firenze,	389, 747
Featherstone (York),	460	Ferreu,	988	Firmin (St)	643
Fedorovka (Penza),	605	Ferriby,	654	Firminy,	691
» (Tauride),	525	Ferrières,	691	Firnitz,	721
Fécamp,	685	Ferrière, St-Mary,	390	Firsby,	360
Fegersheim,	18	Ferry,	583	First,	744
Fegyvernek,	872	Ferryhill,	364	Firtree House,	509
Fehring,	686	Ferry Hill,	654	Fischbach (Bayern),	284
Feignies,	643	» Side,	365	» (Birkenfeld),	760
Feistritz,	845	Fersikovo,	739	» (Sachsen),	294
» -Pulst,	721	Fesches-le-Châtel,	691	Fischbeck,	538
Fekete-Ardó,	641	Festiniog,	311	Fischhausen,	847
Felben,	642	Fetsund,	176	Fisherrow,	652
Feldafing,	284	Feucht,	284	Fish Ponds,	583
Feldbach,	686	Feuchtwangen,	284	Fiskeby,	295
Felderhofer Brücke,	117	Feuerbach,	291	Fiskerton,	583
Feldkirch,	931	Feuguerolles St-André,	280	Fismes,	280
Feldkirchen,	284	Feuquières,	643	Fitingovskaïa,	605
» -Pulst.	721	Feurs,	691	Fitou,	581
Feldmoching,	284	Fexe-le-Haut-Clocher,	285	Fiume,	292, 845
Feldsberg,	645	Feyre, (Ste),	690	Five Mile House,	360
Feled,	292	Feysin,	691	Fix-St-Geneys,	691
Félegyháza,	283	Ffairfach,	365	Fjelkinge,	817
Feletto,	792	Fforchamman,	365	Fjerdingslöf,	886
Féliu d'Availl (St),	698	Fforch Dwn,	827	Flacht,	289
Félix de Llobregat (San), 859 bis		Ffrith,	365	Fladbury,	365
Félix (St),	581	Ffron,	365	Flamatt (Laupen),	848
Felixdorf,	845	Ffrwd,	365, 969	Flamboin-Gouaix,	280
Fellizzano,	389	Ficarazzelli,	569	Flatow,	282
Felstead,	358	Ficarazzi,	569	Flavia (San),	569
Feltham,	510	Ficulle,	747	Flavy-le-Martel,	646
Féluy-Arquennes,	285	Fiddler's Gill,	139	Flawinne,	285
Felvincz,	281	Fiddown,	942	Flawyl,	905
Fellbach,	291	Fiden (St),	905	Flaxton,	654
Fellheim,	284	Fidler's Ferry & Penketh,	509	Flechtingen,	538
Felling,	654	Fieberbrunn,	421	Fleet,	360, 583
Fellingsbro,	450	Fienvillers-Candas,	888	Fleetpond,	510
Fenay Bridge,	509	Figeac,	690	Fleetwood,	460, 509
Fence Houses,	654	Fighting Cocks & Dinsdale,	654	Flémalle-Grande,	293, 634
Féneyrols,	690	Figline,	747	» Haute,	293, 634
Fenin,	643	Figueirinha,	846	Flemington,	139
Fentingen,	18	Filatovo,	740	Flen,	295
Fenton,	659	Flledon Bridge,	654	Flensburg,	20
Fenyes-Litke,	641	Fijehne,	282	Flénu,	285
Fennis Cowles,	509	Filey,	654	Fléron,	285

— 46 a. —

Flers,	685	Fontaine-Bouillon,	463	Fossato di Vico,		747
Fletcher's,	509	» -l'Evêque,	285	Fortherby Gate House,		960
Fleurance,	643	» -Ozillac,	163	Forthergill's,	365,	854
Fleuré,	690	Fontaines,	691	Foucherans,		691
Fleurieux-Lozanne,	228	Fontanar,	536	Fouchères-Vaux,		280
Fleurus,	285, 351	Fontanès,	691	Fouches,		285
Fleury s/Andelle,	679	Fontecchio,	569	Foug,		280
Flieden,	321	Fontenay-aux-Roses,	690	Fougeray-Langon,		685
Flimby,	509	» s/sBois,	280	Fougères,		929
Flint,	509	Fontenoy s/Moselle,	280	Fouilloy,		643
Flisby,	295	Fontoy,	18	Foulain,		280
Flitwick,	583	Fontvannes,	49	Foulcrey,		280
Flixecourt,	888	Fontvieille,	97	Fouldshields,		652
Flixton,	171	Forbach,	18, 766	Foulford,		652
Float,	139	Forbes,	268	Foulridge,		583
» Castlepollard,	587	Forcett,	654	Fountainhall,		652
Floda,	295	Forchheim,	284	Fouquenies-Troisserey,		643
Flogny,	691	Forchies-la-Marche,	285	Fouquereuil,		643
Floha,	169	Ford,	511	Four Ashes,		509
Flöha,	294	» Bridge,	365, 509	» Crosses,		143
Flône,	634	Fordell,	652	Fourchambault,		691
Flonheim,	521	Forden,	143	Fourges,		679
Florden,	358	Forderstedt,	537	Fourmies,		643
Floreffe,	285	Ford Green,	659	Fournaux,		690
Florennes,	351	Fordingbridge,	510	Fours,		691
Florensac,	581	Fordoun,	139	Fourstones,		654
Florent (St),	690	Forest,	285	Fourtic,		581
Florentin (St),	691	» Central Bridge,	795	Fowey,		200
Floresta,	478	» Gate,	358	Fowlis,		402
Florida,	465	» Hall,	654	Fox Holes,	654, 460,	360
Floridsdorf,	267	» Hill,	511	Foxfield,		329
Floriston,	139	» Mill,	654	Foxford,		587
Florival,	351	» Row,	511	Foxrock,		343
Flörsheim,	289	» Stalle,	285	Foynes,		942
Flottbeck,	20	Forfar,	139	Fraimbault de Prières (St),		685
Floure,	581	Forgandenny.	139	Fraire,		351
Flour Mil,	795	Forge Mills,	583	Fraisans,		691
Flums-Dorf,	905	Forges-les-Eaux,	685	Frambourg,	691,	848
Flushdyke,	360	Forgevieille,	690	Frameries,	285,	634
Foaty,	364	Forli,	569	Framlingham,		358
Fochabers,	402	Forlimpopoli,	569	Framton Cotterell,		583
Fochriw,	104	Formby,	460	Framura,		389
Fodemes,	283	Formerie,	643	Francavilla a/Mare,		569
Föderlach,	845	Formillo-Lastanosa,	988	Fancisco (San),		192
Foécy,	690	Formoselha,	710	Franconville,		643
Fogelsta,	936	Forncett,	358	Francorchamps,		285
» -Sund,	379bis	Fornells,	859bis	Franeker,		293
Foggathorpe,	654	Forres,	402	Frankenberg,		294
Foggia,	747	Forrestfield,	652	Frankenfelde,		282
Foglavik,	295	Fortières,	285	Frankenmarkt,		421
Fohnsdorf,	721	Forrö-Encs,	872	Frankenstein (Pfalz),		904
Foissy,	678	Fors,	295	» (Sachsen),	105,	807
Foix,	581	Forserum,	295	» (Schlesien),		904
» la-Grande (Ste),	690	Forshult,	621	Frankenthal,		409
» l'Argentière (St"),	228	Forsa,	413	Frankfurt a/Main, 289, 321, 521, 549,		541 552
Foldvár,	281	Forsinard,	402	» a/Oder,	282, 551,	654
Foleshill,	509	Forst,	378	Frankland,		327
Foligno,	747	Forteviot,	139	Frankstadt,		143
Folkestone,	824	Fort George,	402	Frankton,		285
Folligny-la-Haye-Pesnel,	685	Forth & Clyde,	652	Franière,		691
Follonica,	747	Forthar,	652	Franois,		358
Fondettes St-Cyr,	690	Fortit's,	360	Fransham,		824
Fons,	691	Foryd,	509	Frant,		845
» (St),	691	Fosano,	569	Franzdorf,		
Fontainebleau,	691	Fossacesia,	569	Franzensbad,	133, 284,	294
Fontaine-Bonnel,	643	Fossano,	389			

— 47 a. —

Franzensfeste,	845	Friedland (Hannover),	288	Fuentes de Ebro,	989
Franzensthal,	636	» (Mähren),	267	Fugyi-Vásárhely,	281
Frascati,	747	Friedrichsberg,	551	Fulbourn,	358
Fraserburgh,	363	Friedrichsdorf,	49	Fulda,	321, 399
Frasne,	691	Friedrichsfeld,	352, 540	Fülex,	292
Frasnes,	351	Friedrichsgrube,	807	Fullarton,	139
» -lez-Buissenal,	285	Friedrichshafen,	291	Fullerton Bridge,	510
Frassineto,	747	Friedrichshagen,	551	Fulwell,	510
Frastanz,	931	Friedrichshütte,	746	Fulwood,	460, 509
Fratesci,	337	Friedrichshof.	594	Fumal,	285
Fratta Grumo,	569	Friedrichstadt,	20	Fumay,	280
Frättingsdorf,	283	Friedrichsthal,	760	Fumel,	690
Frauenberg,	268	Friedrichsruh,	77	Fünfkirchen (Pecs),	328
Frauenfeld,	642	Friedrichswalde,	324	Furbara,	747
Frauenhayen,	75	Friedrich-Wilhemshütte,	733	Furfurt,	289
Franstadt,	807	» Wilhems Garten,	78	Furnes,	60
Freden,	288	Frielingen,	538	» Abbey,	329
Fredensborg.	787	Frienfeld,	845	» Vale,	509
Fredericia,	286	Frienwalde a/Oder,	79	Fürstenberg,	551
Frederiksberg,	787	Friesack (Kärnthen),	721	Fürstenwalde,	551
Frederikshavn.	286	» (Potsdam),	77	Fürth,	284
Fredersdorf,	282	Friesenhofen,	291	» (près Nürnberg),	520
Freiberg,	294, 472	Friesentheim,	352	Furth a/Walde,	284, 684
Freibergen,	744	Frinnaryd,	295	Fürther-Kreuzung,	284
Freiburg (Baden),	352	Frintorp,	733	Fushiebridge,	652
» (Schlesien),	105	Friockheim,	139	Füzes-Abony,	292
Freiheit,	645	Frisby,	583	Fuzine,	292
Freiheitau,	267	Frischau,	283	Fyvie,	363
Freihöls,	284	Fristad,	95	Gabel,	645
Freihung,	284	Frith,	509	Gabelbachgereuth,	284
Freilassing,	284	Fritzens,	845	Gadagne,	691
Freinsheim-Herscheim,	904	Fritzow,	79	Gadheim,	284
Freising,	284	Frizington,	969	Gadly,	365
Fréjus,	691	Fröbel,	105	Gadlys,	854
Frellstedt,	123	Frocester,	583	Gaerwen,	509
Fremington,	510	Frodingham,	548	Gáesci,	283
Frémonville,	280	Frodsham,	509	Gaflenz,	721
French Drove,	360	Froghall,	659	Gaggenau,	352
Freshfield,	460	Frogner,	176	Gaggiano,	389
Freshford,	365	Frohburg,	294	Gagie,	139
Fresnay s/Sarthe,	685	Frohnleiten,	845	Gagny-Montfermeil,	280
Fresné-la-Mère,	685	Froidmont,	351	Gaijouny,	483
Fresnes,	28, 643	Frome,	365	Gailenkirchen,	291
» -St-Mamès,	280	Fromental,	690	Gaillac,	690
Fresnoy-le-Grand,	643	Frómista,	638	Gaillefontaine,	643
Fréteval,	690	Froncles,	280	Gaillon,	280
Frethun,	643	Frönderberg,	72	Gaimersheim.	284
Frétin,	643	Fronhausen,	541	Gainford,	654
Freudenthal,	157	Frontenay,	920	Gainsborough,	360
Freystadt,	421	» -Rohan,	690	Gaisbach-Wartberg,	421
Friarton.	139	Frontenhausen,	284	Gaisgill,	654
Fribourg,	848	Frontignan,	691	Gaje-Wyzne,	227
Frick,	642	Frose,	538	Gál (St),	686
Fridau,	845	Frosinone,	747	Galantha,	285
Fridene,	403	Frosterley,	654	Galashiels,	652
Fridhem,	455	Fröttstedt,	874	Galati Italie,	569
Friedauwerk,	845	Frouard,	280	» (Roumanie),	283
Friedberg Hesse Darmstadt,	541	Frövi,	160, 450	Galbeni,	283
» (Oberbayern),	284	Frugarolo,	389	Galdames,	330
Friedburg-Lengau,	421	Frugières-le Pin,	691	Galgate,	509
Friedeberg.	282	Frumos-Tergu,	460	Galindo,	330bis
Friedek-Mistek,	267	Fryksta,	295	Galitzino,	287
Friedenau,	78	Fuen-Major,	893	Gall (St),	905
Friedenhorst,	552	Fuente-la-Higuera,	17	Gallarate,	389
Friedheim,	282	» -Piedra,	192	Gallargues,	691
Friedland (Böhmen),	645	» -Salada,	871	Galleria dei Balduini,	747

— 48 a. —

Gallese,	747	Garve,	402	Gembloux,		285
Gallician,	691	Gaschwitz,	294	Gémeaux,		691
Galliera,	389	Gask,	652	Gemla,		965
Gallur,	988	Gasny,	679	Gemona-Ospedaletto,		289
Galmier (St),	691	Gassen,	551	Gemoza,		793
Galston,	339	Gasswater,	339	Gemünden,	284,	221
Galugnano,	569	Gastorf,	645	Genappe,		385
Galway,	587	Gastuche,	351	Genck,		387
Gamaches,	888	Gatchino,	49, 355	Gendrey,		691
Gamalero,	389	Gatehead,	339	Genelard,		691
Gambettola,	569	Gatersleben,	538	Générac,		292
Gamburg,	352	Gateshead,	654	Generalskistol,		848
Gamlingay,	509	Gateside (Dumfries),	339	Genève,	691,	428
Gammelkroppa,	967	» (Fife),	652	Geneveys s/Coffrane,		679
Gammerages,	285	Gathurst,	460	Geneviève (Ste),		389
Gancourt-St-Etienne,	685	Gattaja,	283	Genova,		380
Gand, 26, 60, 332, 285		Gau-Algesheim,	521	Genevreuille,		352
Gandersheim,	123	Gau-Bickelheim,	521	Gengenbach,		691
Gandul,	801, 799	Gauburge (Ste),	685	Geniès (St),		691
Gane,	139	Gauchalland,	339	Genlis,		100
Ganges,	691	Gaudens (St),	581	Gennep-Waas,		691
Ganghofen,	284	Gaulsheim,	521	Genolhac,		163
Gannat,	690, 691	Gault-St-Denis,	690	Gensac-la-Pallue,		521
Gannovka,	439	Gauting,	284	Gensungen-Horrweiler,		541
Gänserndorf,	267	Gavere-Asper,	285	Gensungen,		78
Gantofta,	463	Gavino (San),	777	Genthin,		848
Ganton,	654	Gavrilovka,	453	Genthod-Bellevue,		139
Gap,	691	Gazinet,	581	Gentle's,		282
Garadna,	872	Gazzada,	389	Gentomie,		365
Garam-Berzencze,	292	Gazzo pieve San-Giacomo,	389	Genwen,		737
Garancières-la-Queue,	685	Geashill,	364	George Inn,		358
Garbenteich,	399	Gebesee-Ringleben,	644	» Lane,		402
Gardden Lodge,	365	Gebrazhofen,	291	Georgemas,		845
Gardelegen,	538	Gebweiler,	18	Georgen (St) (Bei Cilli),		421
Gardonne,	690	Gedersdorf,	265	» a. d. Gusen (St),		352
Gárdony,	845	Gedling,	360	» (St) (Freiburg),		421
Garforth,	654	Gedney,	360, 583	» (St) (Salzburg),		721
Gargrave,	583	Geestemünde,	288	» (St) Steiermark),		934
Gargunnock,	652	Gefle,	334, 908	» (St) (Ungarn),		352
Garinoain,	988	Gehrden,	78	» (St) (Villingen),		284
Garliestown,	974	Geiersberg,	645	Georgensgmünd,		691
Garnant,	365	Geilenkirchen,	72	Georges d'Aurac (St),		581
Garngabber,	652	Geiselhöring,	284	» de Luzençon (St),		691
Garngethin,	104	Geisenheim,	289	» (St) (Rhône,		679
Garnkirk,	139	Geisingen,	352	» s/Eure (St),		690
Garnqueen,	139, 652	Geislingen,	291	» s/Loire (St),		746
Garrovilla,	192	Geispolsheim,	18	Georggrube,		750
Gars,	284	Geisweid,	72	Georgievsk,		247
Garscadden,	652	Geithain,	294	Georginovo,		335
Garscube,	652	Geldermalsen,	293	Georgsmarienhütte,		026
Garstang & Catterall,	509	Geldern,	189, 733	Georgswalde-Ebersbach,		581
Garsten,	721	Geldestone,	358	Géours (St),		874
Garston,	171, 509	Geleen,	293	Gera,	294,	509
Garswood,	509	Gelidá,	859 bis	Gerace,		685
» Park,	509	Gellendorf,	807	Gérand (St),		691
Gartcosh,	139	Gelly,	854	» le Puy (St),		929
Gartenfeld,	521	» Tarn,	365	Gérard,		509
Garth (Brecon),	509	Gellyceidrim,	365	» 's Bridge,		283
» (Glamorgan),	365	Gellydeg,	600	Gerasdorf,		509
» (or Van Road),	917	Gellygaer,	365	Gerbini,		282
Gartly,	363	Gellynog,	854	Gerdauen,		14
Gartness,	652	Gellyrhaidd,	365	Gerendás,		691
Garton,	654	Gelnhausen,	321, 399	Gergy,		352
Gartsherrie,	139, 652	Gelobtland,	169	Gerlachsheim,		266
Gartshore,	652	Gelse,	845	Gerlafingen,		538
Gartverrie,	139, 652	Gelsenkirchen,	189	Gerlebogk,		

— 49 a. —

Germain-en-Laye (St),	685	Giersleben,	538	Giverny,		679
» (St) (Eure),	679	Giessen,	189, 399, 541	Givet,	280, 351,	634
» (St) (Ille-et-Vilaine),	929	Giessing,	845	Givors,		691
» (St) (Meuse),	280	Giessmannsdorf,	807	Gjatsk,		606
» au Mont d'Or (St),	691	Gif,	690	Gjelsted,		286
» des Angles (St),	679	Giffhorn,	538	Gjentofte,		787
» des Fossés (St),	691	Giffnock,	139	Gjethus,		235
» des Prés (St),	678	Gignac,	97	Gjevgeli,		898
» d'Esteuil (St),	563	Gijon,	465, 646	Gjording,		286
» du Plain (St)	228	Gilava,	337	Glais,		583
» l'Espinasse (St),	691	Gildas-des-Bois (St),	690	Glaisdale,		654
» St. Remy (St),	280	Gildehaus,	293	Glamis,		139
» s/Ille (St),	685	Gildersome,	360	Glamorgan,		365
Germaine,	280	Gilfach (Glamorgan),	365, 737	Glan Conway,		509
Germano (San),	389	» (Monmouth),	104	» Dovey,		143
» (Cassino) (San),	747	Gilles (St), (France),	691	» -Münchweiler,		904
Germans (St),	199	» (St), (Waes),	60, 542	Gland,		848
Germé (St),	581	Gilling,	654	Glandorf,		721
Germer (St),	874	Gillingham,	510	Glanegg,		721
Germersheim,	352, 904	Gilly (Belgique),	285, 351	Glanerbeek,		293
Gernrode,	537	» (France),	691	Glanrhyd,	365,	509
Gernsbach,	352	» -Bursinel,	848	Glarryford,		67
Gernsheim,	521	Gillow Heath,	659	Glarus,	642,	905
Geroldshausen,	352	Gilmerton,	652	Glasbury,		583
Gerolstein,	733	Gilnockie,	652	Glasgow,	139, 178, 339,	652
Gerona,	859 bis	Gilsland,	654	Glassel,		363
Geronino (San),	801	Gilwern,	509	Glassford,		139
Gerpinnes,	351	Gilze-Rijen,	293	Glasshoughton,		400
Gerresheim,	72	Gimmel,	106	Glass House,		659
Gersdorf,	294	Gimouille,	691	Glasshouse,		548
» -Aloïsburg,	636	Gineta,	536	Glasslough,		903
Gersthofen,	284	Gingelom,	285	Glasterlaw,		139
Gerstungen,	72, 874	Gingen,	291	Glastonbury,		819
Gertenyes,	283	Ginosa,	569	Glattbrucke,		642
Gertweiler,	18	Gioia dal Colle,	569	Glatz,		807
Gerwisch,	78	Gioiosa,	569	Glauchau,	294,	613
Gerzat,	691	Giorgio (San) (Italie),	747	Glazebrook,		171
Gesecke,	290	» (San) (Sardaigne),	777	Gleboka-Fulsztyn,		227
Geselkirchen,	733	» (Bolognese) (San),	389	Gleidingen,		123
Gessertshausen,	284	» di Casale (San),	389	Gleisdorf,		686
Gestel,	690	Giovanni (San) (Italie),	747	Gleiwitz,		807
Gesundbrunnen,	551	» (San) (Sardaigne),	777	Gleiwitzerhütte,		807
Getafe,	536	» d'Asso (San),	747	Glemsford,		358
Gevelsberg,	72	» di Manzano (San),	389	Glen (Ecosse),		139
Gevingey,	691	Giovinazzo,	569	» (Angleterre),		583
Gevrey,	691	Gipsy Hill,	511	Glenageary,		243
Gewenheim,	18	Girgenti,	569	Glenavey,		903
Gézaincourt,	888	Gironde,	581	Glenbarry,		363
Ghergani,	283	Girons (St),	581	Glenboig,		652
Ghidigeni,	283	Girtford,	509	» & Bridgend,		139
Ghislain (St),	765 bis, 285	Girvan,	339	Glenbuck,		139
Ghislenghien,	285	Gislarbo,	450	Glenburnie,		652
Ghistelles,	60	Gislikon,	642	Glencarron,		402
Ghlin,	285	Gisors,	685, 679	Glencarse,		139
Ghyvelde,	60	Gispersleben,	644	Glencorwg,		827
Giacomo-Calopezzati (San),	569	Gisselfingen,	18	Glenduff Hill,		652
Giampilieri,	569	Gistad,	295	Glenealy,		243
Giardinetto,	569	Gits,	60	Glenesk,		652
Giardini-Toarmina,	569	Gittelde,	123	Glenfield,		583
Giarole,	389	Giubiasco,	348	Glengarnock,		339
Giarre-Risposto,	569	Giulietta (Santa),	389	Glenloaning,		139
Gibbstown,	587	Giuliano (San),	389	Glenluce,		139
Gielde,	123	Giulianova,	569	Glenochil,		652
Gien,	690, 691	Giurdignano,	569	Gleschendorf,		296
Giengen a. d. Brenz,	291	Giurgiu,	337	Glinianaïa,		669
Gières-Uriage,	691	Giuseppe di Cairo (San),	389	Glinna-Nawarya,		33

— 50 a. —

Globe,	652	Gohrde,	77	Gorlago,	389
Glodwick,	509	Gola,	845	Görlitz,	76, 294, 551
Glogau,	807	Golborne,	509	Gormanstown,	655
Gloggnitz,	845	Golcar,	509	Gornaïa,	454
Glogue,	970	Goldbeck,	538	Gorodeïa,	606
Glommen,	847	Golden Grove,	162	Gorodets,	675
Glons,	293	» Hill,	659	Gorodize,	368
Glorat,	652	Goldsborough,	654	Gorodnia,	464
Glos,	142	Goldshöfe,	291	Gorokhovets,	355
» -Montfort,	685, 679	Golechtchina,	439	Gorokhovka,	439
Glossop,	548	Golendry,	440	Gorseinon,	509
Glostrup,	787	Golesci,	283	Gorsel,	293
Gloubokaïa,	454	Golfe-Jouan,	691	Gors Goch,	365
Gloucester,	365, 583	Golitsynskaïa,	606	» -Y-Garnant,	365
Glouchkovo,	453	Gollesdorf,	645	Gort,	942
Glouzskoé,	453	Göllheim-Dreysen,	904	Gortatlea,	155, 204
Glöwen,	77	Golling,	421	Gorton (Lancashire),	548
Glückstadt,	345	Gollmitz,	378	» (Edinburgh),	652
Glynde,	511	Göllschau,	551	Görz,	845
Glyndyfrdwy,	365	Goloby,	440	Gorzkowice,	940
Glynfach,	854	Golspie,	402	Gosforth,	654
Glyn Neath,	365	Golssen,	75	Gosport,	510
» Ogwr,	365	Goltsch-Jenikau,	645	Gossau,	905
Glynn (Antrim),	67	Golynki,	675	Gosselies-Courcelles,	285
» (Carlow),	946	Gołzow,	282	Gossensass,	845
Gmeingrub,	845	Golzwarden,	353	Gossmannsdorf,	284
Gmünd (Jagst),	291	Gombos-Bogojeva,	14	Gossnitz,	294
» (N. Oesterreich),	268	Gomel,	464	Gostiochinsk,	355
Gmunden,	421	Gomez-Narro,	638	Göteborg,	295
Gnadau,	537	Gomirje,	292	Gotha,	874
Gnadenfrei,	105	Gommern,	78	Gothárdt (St),	680
Gnesen,	670, 807	Gommiers,	679	Gottenheim,	352
Gnesta,	295	Gömör-Panyit,	292	Gottesberg,	551
Gniewkowo,	807	Gomshall,	824	Göttingen,	288
Gniliakovo,	669	Gonás,	160	Gottmadingen,	352
Gnilovskaïa,	454	Goncelin,	691	Götzendorf,	283
Gnivan,	440	Gondek,	711	Götzis,	931
Gnosall,	509	Gondelsheim,	291	Gouda,	733
Goar (St),	733	Gondrecourt,	280	Gourchelles,	888
Goarshausen (St),	289	Gonfarron,	691	Gourdon,	139
Goathland Mill,	654	Gonions,	108	Gournay,	643
Gobain (St),	167	Gonsenheim,	521	» -Ferrières,	685
Gobantes,	192	Goold's Cross & Cashel,	364	Goussainville,	643
Gobert-Rougeries (St),	643	Goole,	654, 460	Goussinskaïa,	606
Gobesmühle,	18	Goor,	293	Gouvy,	285
Gobowen,	365	Goose Green,	509	Gouy-Bailleulval,	643
Goch,	100, 733	Göpfritz Gross-Siegharts,	268	Gouy-lez-Piéton,	285
Gód,	283	Göppingen,	291	Govan,	139
Godalming,	510	Goragh Wood,	629, 655	Govarrano,	747
Godarville,	285	Gorbakovka,	355	Govilan,	509
Godegard,	379	Gordola,	348	Gower Road,	365, 509
Godelheim,	290	Gordon's.	659	Gowran,	364
Godesberg,	733	Gorebridge,	652	Goxhill (Lincoln),	548
Godewaersvelde,	60	Goresbridge,	946	» (York),	654
Göding,	267	Gorey,	243	Goxweiler,	18
Godinne,	634	Gorgier St-Aubin,	848	Gozlar,	123
Godley,	171, 548	Gori,	712	Gozzano,	389
Godnow,	548	Goriany,	247	Graben,	352
Godo,	569	Gorica,	845	» -Neudorf,	352
Gödöllő,	292	Goring (Oxford),	365	Grabow,	77
Godstone,	824	» (Sussex),	511	Gradec,	292
Goes,	293	Goritz,	105	Graenge,	459
Gogar,	652	Gork,	609	Grafenberg,	72
Goggingen,	352	Görkau,	252	Gräfenhainchen,	74
Gogney,	280	Gorki,	755	Grafenstaden,	18
Gogolin,	807	Gorkino,	784	Grafenstein,	845

— 51 a. —

Graftham,	583	Grateley,	510	Grenzach,		352
Grafing,	284	Gratwein,	845	Gresford,		365
Grafrath,	284	Gratzen,	268	Greskine,		139
Grafskaïa,	454	Grauhof,	538	Gresley,		583
Grafversfors,	295	Gravelines,	643	Grésy s/Aix,		691
Gragnague,	690	Gravelly Hill,	509	Gretna,	139,	652
Grahamston,	652	Gravesend,	517, 824	» Green,		339
Grafevo,	108, 847	Graveson,	691	Gretz-Armainvillers,		280
Grainville-Goderville,	685	Gravigny,	679	Greussen,		644
Grajal,	646	Gray,	280, 691	Greven,		290
Grakali,	712	Grayrigg (Lanark),	652	Grevenberg,		7
Gramat,	690	» (Westmoreland),	509	Grevenbroich,		733
Grambow,	79	Grays,	517	Grevenbrück,		72
Grammat-Neusiedl,	283, 845	Graystonelee,	552	Grevesmühlen,		324
Grammene,	60	Graz,	686, 357, 845	Grez-Gaudechart,		643
Grammont,	285	Great Ayton,	654	Grézieux-le-Fromental,		228
Grampound Road,	199	» Bridge,	365, 509	Griady,		355
Gramschütz,	105	» Coates,	548	Griazy,	368, 454,	674
Granada,	192	» Grimsby,	360	Griazovetz,		607
Granbergsdal,	632	» Malvern,	365, 583	Gribanovka,		368
Grandborough Road,	365	» Marlow,	365	Griblianka,		755
Grand-Contour,	691	» Ponton,	360	Gries,		845
» -Croix,	691	Greatham,	654	Griesheim (Starkenburg),		521
» -Halleux,	285	Greave's,	365	» (Wiesbaden),		289
» -Lemps,	691	Grebenstein,	72	Grieskirchen,		421
» -Pont,	920	Gredsted,	286	Griesbach,		284
» -Puits,	280	Greenbank,	139	Griessen,		352
Grandreng,	285	Greencastle,	67	Griffith's,		509
Grandson,	848	Greendykeside,	652	Grignano,		845
Grandtully,	402	Greenend,	652	Grigny,		691
Grandvaux,	848	Greenfield (Lanark),	139	Grigorovitsy,		108
Grandvillars,	691	» (York),	509	Grigorovka,		464
Grandvilliers,	643	Greenhead,	654	Grijota,		646
Grane-Road,	460	Greenhill,	652, 139	Grimbosq,		685
Granen,	988	Greenlaw,	652	Grimesthorpe,		583
Grange (Ayr),	339	Greenloaning,	139	Grimma,		472
» (Banff),	363	Greenhithe,	824	Grimmenthal,		874
» (Kilkenny),	942	Greenock,	139, 339	Grimsargh,		509
» (Perth),	139	Greenodd,	329	Grimsby,	360,	548
» Coal,	659	Greenore,	248	Grimslof,		150
» Court,	365	Green Road,	329	Grimstone and Frampton,		365
» Lane,	548	» 's Norton,	290	Grimstorp,		295
» Road,	511	» Yards,	139	Grindford Bar,		460
Grangemouth,	139, 652	Greenside,	652	Grindley,		830
Grange Over Sands,	329	Greenvale,	652	Grinsargh,		460
Granges (France),	932	Greenwich,	824	Grinsdale,		652
» (Suisse),	848	Grefrath,	183, 733	Grinstead,		511
Grangesberg,	160	Gregg's,	509	Grinzing,		430
Grangetown,	854	Gregorio (San),	569	Gripenberg,		295
Granica,	267, 940	Gregory,	509	Grisen,		536
Granja,	710	Gregson Lane,	460	Grisolles,		581
Gran-Nána,	283	Greifenburg,	845	Gristhorpe,		654
Granollers,	859bis, 356	Greifendorf,	283	Gröbers,		537
Grans,	691	Greifenstein,	268	Grobin,		483
Grantham,	360	Greiffenberg (Schlesien),	551	Gröbming,		421
Granton,	139, 652	» (Uckermark),	79	Grodek,		164
Grantown,	363, 402	Greifswald,	79	Grodno,		355
Grant's House,	652	Greiz,	294, 780	Grodzsisk,		940
Granville,	685	Grellingen,	428	Groenendael,		285
Grao,	17	Grembergen,	285	Groesteck,		733
Gräsberg,	302	» -Moerzeke,	285	Groesffordd,		104
Grassano,	569	Gremsmühlen,	20	Groeslon,		509
Grasse,	691	Grenade s/l'Adour,	581	Grohn-Vegesack,		288
Grasslitz,	133	Grenchen,	161	Groitzsch,		294
Grasstein,	845	Grenelle,	156, 685	Grombach,		352
Grastorp,	900	Grenoble,	691	Gronau,	229,	290

— 52 a. —

Grönenbach,	284	Gross-Wudicke,	538	Guise,	370
Grönhard,	284	» -Zöllnig,	746	Guiseley,	583
Groningen,	293	Grosvenor,	365	Guitiriz,	646
Gronsveld,	485	» Road & Battersea		Guitres,	103
Groombridge,	511	Pier,	511	Gujan-Mestras,	581
Gromsport Road,	66	Grottammare,	569	Guldager,	286
Grorud,	176	Grottau,	294	Guldborgsund,	459
Gröschelmauth,	645	Grottkau,	807	Güldenboden,	282
Grosmont,	654	Grotton,	509	Güldenhof,	807
Grossachsen,	540	Grötzingen,	352	Guldsmedshyttan,	840
Grossachsenheim,	291	Grouchevka,	454	Gulskogen,	235
Grosaitingen,	284	Grouw,	293	Gumbinnen,	282
Grossalbershof,	284	Grove Ferry,	824	Gümligen,	161, 428
Gross-Altdorf,	291	» Park,	824	Gummern,	845
Gross-Ammensleben,	538	Grovesend,	509	Gumpoldskirchen,	845
Gross-Auheim,	521	Grozon,	691	Gundelsdorf,	284
Grossbauchlitz,	294	Grube,	596	Gundelshausen,	284
Grossbeeren,	74	Grulich,	327, 645	Gundersheim,	521
Gross-Behnitz,	538	Grumberg-Mohrau,	327	Gundringen,	291
» -Boschpol,	79	Grumello,	389	Gunhouse,	548
Grossbothen,	472, 613	Grumo,	569	Gunnastorp,	393
Grosscarolinenfeld,	284	Grüna (Potsdam),	74	Gunnersbury,	510
Grosschönau,	294	» (Sachsen),	294	Gunness & Burringham,	548
Grossenbaum,	189	Grunau (Preussen),	282	Günsbach,	19
Grossenbuseck,	399	» (Sachsen),	294	Gunskirchen,	421
Grossen-Gottern,	874	Grünau,	76	Gunsleben,	123
Grossenhain,	75, 472, 668	Grunbach (Geradstetten),	291	Gunterhausen,	541
Grossenkneten,	353	Grünberg (Hessen),	399	Guntersau,	289
Grossenlüder,	399	» (Schlesien),	105	Guntersblum,	521
Grossenseil,	353	Grund-Georgenthal,	636	Guntersdorf,	645
Gross-Enzersdorf,	283	Grundset,	176	Guntershausen,	72
Grosseto,	747	Grünshaynichen,	169	Guntershofen,	18
Gross-Florian,	357	Grünheyde,	875	Guntramsdorf,	845
» -Gandern,	105	Grüningen,	352	Günzach,	284
» -Gerau,	521	Grunnebo,	900	Gunzburg,	284
» -Glogau,	105	Grünsfeld,	352	Gunzenhausen,	807
» -Graben,	670	Grünstadt,	904	Guradze,	710
» -Heringen,	758, 874	Grupont,	285	Guraszada,	282
Grosshesselohe,	284	Grüppenbühren,	353	Gurkow,	583
Gross-Hettingen,	18	Grussbach,	645	Gurnos,	421
» -Karben,	541	» -Schonau,	283	Gurten,	78
» -Kikinda,	283	Grüze,	874	Güsen,	139
» -Kreutz,	78	Grijpskerk,	293	Gushetfaulds,	282
» -Linteln,	538	Gstatterboden,	721	Gusow,	160
» -Maros,	283	Guadalajara,	536	Gusselby,	521
» -Preisen,	645	Gualba,	859 bis	Gustavsburg,	538
» -Rambin,	79	Gualdo-Tadino,	747	Güsten,	324
Grossramming,	721	Gualöf,	817	Güstrow,	352
Gross-Raschen,	76	Guard Bridge,	652	Gutach,	807
» -Reifling,	721	Guareña,	179	Gute Hoffnung,	282
» -Rohrheim,	521	Guarnizo,	638	Gutenfeld,	294
Grossröhrsdorf,	294	Guay,	402	Gutenfürst,	283
Gross-Rosen,	105	Gubedjić,	898	Gutenhof-Velm,	189
» -Schirma,	472	Guben,	378, 551, 552	Gutersloh,	746
» -Sonntag,	845	Guérard,	280	Gutezufluchtgrube,	139
» -Stürlack,	847	Guéret,	690	Guthrie,	352
Grosssteinberg,	472	Guerny,	679	Gutmadingen,	642
Gross-Umstadt,	521	Guichen-Bourg des Comptes,	685	Guttingen,	72
» -Voigtsberg,	472	Guide-Bridge,	509, 548, 583	Guxhagen,	360
Grosswarden,	281	Guignicourt,	280	Guyhirne,	365
Grosswardein,	14, 872	Guildford,	510, 511	Gwaucaegurwen,	365, 982
Gross-Wasser,	157	Guillaucourt,	643	Gwersyllt,	957
» -Weikersdorf,	268	Guim (San),	988	Gwinear Road,	737
» -Weissandt,	537	Guin-Balliswyl,	848	Gwladis,	221
» -Wisternitz,	157	Guingamp,	685	Gwyddelwern,	139
» -Wossek,	645	Guisborough,	654	Gwynd,	

Gwys,	583	Hahn,	353	Hamilton's Bawn,		629
Gyanafalva-Jennersdorf,	686	Hahnstätten,	389	Hamm,	72, 189,	290
Gyéres,	281	Haida,	626	Hamme,		285
Gyertyámos,	283	Haidhausen,	284	Hammelef,		20
Gyé s/Seine,	280	Haidhof,	284	Hammer,		807
Gyfeillon,	854	Heiding,	421	Hammerau,		284
Gyoma,	872	Haiger,	189	Hammerbrück,		168
Gyömöre,	686	Haigh,	460, 509	Hammersmith, 509, 574, 583,	657
Gyöngyös,	292	Hailsham,	511	Hammerton,		654
Gyorok,	716	Hainau,	551	Hammerwich,		509
Györvár,	845	Haine-St-Paul,	285	Hamoir,		285
Gyseghem,	285	» -St-Pierre,	285	Hampstead Road,		657
Gyttorp,	632	Hainewalde,	294	Hampsthwaite,		654
Gyula,	14	Hainiau,	634	Hampton (Middlesex),		510
» -Fehérvár,	281	Hainichen,	294	» (Warwick),	509,	583
Haag (Oesterreich),	421	Hainsberg,	294	» Court,		510
» (Suisse),	905	Hairmyres,	139	» Loade,		365
Haagen,	352	Hajmáskér,	686	» Wick,		510
Haan,	72	Hakantorp,	900	Hamstead Road,		657
Haar,	284	Hal,	285	Ham Street,		824
Haardt,	72	Halap,	641	» s/Heure,		351
Haarhausen,	874	Halaucesci,	474	Hamworthy,		510
Haarlem,	405	Halbau,	551	Hanau,	321,	521
Habay-la-Neuve,	285	Halbe,	76	Handborough,		365
Habelschwerdt,	807	Halbeath,	652	Handforth,		509
Habendorf,	645	Halberstadt,	375	Handsworth,		365
Habergham,	460	Halberstadt,	538	Handzaeme,		60
Habichtstein,	636	Halbstadt,	283	Hangelsberg,		551
Habo,	295	Halebank for Hale,	509	Hangest,		643
Habrough,	548	Halesworth,	358	Hangingshaw,		652
Habsheim,	18	Halewood,	171	Hangö,		287
Hackbridge,	511	Halfweg,	405	Hanley,		659
Hadamar,	289	Halkirk,	402	Hannover,	288,	538
Haddenham,	358	Halicz,	474	Hannsdorf,		327
Haddington,	652	Halifax,	460	Hannut,		285
Haddiscoe,	358	Halifax North Bridge,	360	Hansbeke,		285
Hadersdorf-Elsdorf,	268	Hall (Tirol),	845	Hansdorf,	551,	807
Hadersleben,	20	» (Württemberg),	291	Hanu-Conachi,		283
Hadfield & Tintwhistle,	548	» Car,	460	Hanvec,		690
Hadham,	358	Hallatrow,	365	Hanweiler,		760
Hadikfalva-Radautz,	474	Hallcraig,	139, 652	Hanwell,		365
Hadleigh,	358	Halle,	74, 378, 537, 538	Hanwood,	365,	509
Hadley,	509	Halleni,	421	» Road,		713
» Bridge,	509	Hallington,	360	Haps,		100
Hadlow Road,	509	Halloon,	200	Hapton,		460
Hadmersleben,	538	Halmer End,	659	Haraucourt,		280
Hadnall,	509	Halmi,	641	Harbatzhofen,		284
Hadres-Markersdorf,	645	Halsberg,	295, 379	Harbleck,		20
Hadsteen,	286	Halstad,	235	Harborne,		509
Hafendamm,	742	Halstead,	188	Harburg a. d. Elbe,	189,	288
Hafod,	365	Haltern,	189	» (Bayern),		284
» -y-Broch,	365	Haltingen,	352	Harburn,		139
Haford,	854	Halton (Cheshire),	365, 509	Hardegarijp,		293
Haecht,	285	» (Lancashire),	583	Hardengreen,		652
Haeltert,	285	» Holgate,	360	Harderwijk,		150
Haga,	176	Haltwhistle,	654	Hardham,		511
Hagelstadt,	284	Ham,	643	Hardingham,		358
Hagen (Hannover),	288	Hamar,	176	Hardingstone,		509
» (Westfalen),	72	Hambach,	18	Hardt-Fussach,		931
Hagenau,	18	Hambleton,	654	Harecastle,		659
Hagenbüchach,	284	Hamborn,	189	Hareholme,		460
Hagendingen,	18	Hamburg,	77, 189, 526	Haren (Belgique),		285
Hagenow,	77, 324	Hämelerwald,	288	» (Hollande),		293
Haggs Wood,	360, 548	Hameln,	538	Haresfield,		583
Hagley,	365	Hamerten,	538	Hareshaw,		139
» Road,	509	Hamilton,	139	Harf,		733

— 54 a. —

Harfleur,	685	Hassfurt,	284	Haybes,	280
Harkány,	872	Hasslau,	284	Hayden's Lane,	511
Harker,	652	Hassloch,	904	Haydens Lane,	510
Harlebeke,	285	Hassock's Gate,	511	Haydock,	509
Harlech,	143	Hassop,	583	Haydon Bridge,	654
Harleston,	358	Hastbo,	295	Hayes,	265
Harlingen,	293	Haste,	538	Hayeswood,	659
Harling Road,	358	» -Nenndorf,	288	Hayfield,	548, 583
Harlington,	583	Hastières-Lavaux,	634, 174	Hayingen,	18
Harlow,	358	Hastings,	511, 824	Hayle,	957
Harmelen,	732	Hastveda,	295	Hayling,	511
Harmignies,	285	Haswell,	654	Hayne's,	548
Harmon 's (St),	588	Hatch,	112	Hayward's Heath,	511
Harmston,	360	Hatfield,	360	Haywood,	139
Harnäs (Blekinge),	150	Hathern,	583	Hazebrouck,	60, 643
» (Gefleborg),	908	Hatna,	474	Hazel Grove,	509
Haro,	893	Hattem,	159	Hazelwood,	583
Harold Wood,	358	Hattencourt,	700	Hazlehatfch & Celbridge,	364
Harpenden,	360, 583	Hattenheim,	289	Hazlehead Bridge,	548
Harperley,	654	Hattersheim,	289	Heacham,	358
Harrington,	509	Hattingen (Arnsberg),	72	Headcorn,	824
Harrison,	583	» (Constanz),	352	Headford,	364
Harrogate,	654	Hatton (Stafford),	509	Headingley,	654
Harrow,	509	» (Warwick),	365	Headlesscross,	652
Harsdorf,	284	Hattorf,	288	Heads Nook,	654
Harston,	358	Hatvan,	292	Heagard,	269
Harsum,	288	Hatzfeld,	283	Healey House,	460
Harswell Gate,	654	Haubourdin,	643	Healing,	548
Hart,	654	Hauenstein,	904	Heapey,	509
Hartburn,	654	» -Warta,	133	Heath,	509
Hartenberg,	133	Haughley,	358	» End,	583
Hartershofen,	284	Haughton,	509	Heather,	509, 583
Hartfield,	511	Haugsdorf,	645	Heatherfield,	652
Hartford,	509	Hauptstuhl,	904	Heatheryknowe,	652
» & Greenbach,	171	Haus,	421	Heiton,	281
Harthau,	294	Hausach,	352	Héjasfalva,	891
Harthill,	652, 139	Hausen,	352	Hejmdal,	293
Hartlebury,	365	Hausham,	284	Helchteren,	132
Hartlepool,	654	Hausing,	284	Hele & Bradninch,	293
Hartley,	654	Hauterive (Allier),	691	Helenaveen,	691
Hartmannsdorf,	294	» (Orne),	680	Hélène-du-Lac (Ste),	654
Hartmannshof,	284	Hautmont,	643	Helens (Auckland) (St),	652
Harton,	365	Haut-Pré,	285	Helensburgh,	688
Hartshill,	509	Hauts-Geneveys,	428	Helen 's Road (St),	509
Hartwoodhill,	652	Havant,	510, 511	Helens (St),	787
Harvington,	583	Havdrup,	787	Hellerup,	689
Harwich,	358	Haven Street,	756	Hellestad,	583
Harxheim-Zell,	904	Haverfordwest,	365	Hellifield,	536
Harzburg,	123	Haverhill,	188, 358	Hellin,	284
Harzweiler,	18	Haversin,	285	Hellmitzheim,	421
Hasbergen,	335	Haverthwaite,	329	Hellpfau-Uttendorf,	72
Haselour & Elford,	583	Haverton Hill,	654	Helmarshausen,	293
Haslach,	352	Havinnes,	285	Helmdon,	650
Haslemere,	510	Havré-Ville,	285	Helmond,	402
Haslev,	787	Hawcoat,	329	Helmsdale,	460
Haslingden,	460	Hawkesbury,	509	Helmshore,	654
Haspe,	72	Hawkesbury Lane,	509	Helmsley,	352
Haspelmoor,	284	Hawkesworth,	654	Helmstadt,	78, 123
Hasperde,	538	Hawkhill,	339	Helmstedt,	509, 583
Hassbergen,	189	Hawkwoodburn,	139	Helpout Mill,	583
Hassel,	904	Hawick,	652	Helpstone,	171, 509
Hasselager,	286	Haworth,	583	Helsby,	171
Hasselfors,	295	Hawthornden,	652	» & Alvanley,	463
Hassell Green,	659	Haxby,	654	Helsingborg,	393, 287
Hasselt,	293, 351, 387	Haxey,	360	Helsingfors,	787
Hassendean,	652	Hay,	583	Helsingor,	

Hemelingen,	189	Heer-Agimont,	174, 634	Herlasgrün,		294
Hem Heath,	659	Heerbrugg,	905	Herleshausen,		874
Hemingbrough,	654	Heerdt,	72	Herlisheim,		18
Hemmelte,	353	Heerenveen,	293	Hermalle s/s Huy,		634
Hemmerde,	72	Heerlingen,	291	Hermand,		139
Hemmingen,	18	Heggedal,	235	Hermanly,		898
Hemmishofen,	621 bis	Heideburg,	74	Hermanowice,		715
Hemsbach,	540	Heide-Gersdorf,	551	Hermanshütte,		684
Hemsworth,	360, 548	Heidekrug,	282	Hermaringen,		291
Hendaye,	581	Heidelberg,	352, 540	Hermé,		280
Hendford,	510	Heidelsheim,	291	Herme-Berthecourt,		643
Hendon (Durham),	654	Heiden,	747 bis	Hermitage Foot,		652
» (Middlesex),	583	Heidenau,	294	Hermsdorf,		282
Hendre,	509	Heidenheim,	291	» -Oehlberg,		283
Hendredenny,	737	Heidesheim,	521	Hernád-Némethi,		872
Hendreforchan,	365	Heidingsfeld,	284, 352	Hernani,		638
Hendreforgan,	365	Heidmühle,	353	Herne,	72,	189
Hendschiken,	161	Heigenbrücken,	284	» Bay,		513
Hendy,	365	Heighington,	654	» Bridge,		510
Henfenfeld,	284	Heilbronn,	291	» Hill,		513
Henfield,	511	Heilendorf,	327	Herny,		18
Hengelo,	293	Heiligenbeil,	282	Herradon (la Cañada),		638
Henggart,	642	Heiligenstadt,	537	Herrala,		287
Hengoed,	737	Heiligenstein,	904	Herrera,		638
Hengstei,	72	Heilles-Mouchy,	643	Herrhult,		967
Hénichbekskaïa,	750	Heilsbronn,	284	Herrljunga,	95, 295,	900
Hénin-Liétard,	643	Heimbach,	760	Herrnbergtheim,		284
Henley-on-Thames,	365	Heimertingen,	284	Herrndorf,		714
Henlow,	583	Heinebach,	72	Herrnhut,		294
Hennebont,	690	Heinrichau,	807	Herrnprotsch,		105
Hennef,	189	Heinrichsgrünn,	133	Herrnstein,		117
Hennersdorf (Liegnitz),	551	Heinrichshütte,	72	Hersbruck,		284
» (N. Oesterreich),	845	Heirweg,	60	Hersfeld,		321
» (O. Schlesien),	157	Heisingen,	72	Herstal,		293
» (Zwickau),	294	Heissen,	733	Hertford,	358,	360
Hennuyères,	285	Heitersheim,	352	Hertin,		645
Henri-Chapelle,	285	Hensall,	460	Hertine,		41
Heathfield,	139	Hensinnes,	351	Hertingfordbury,		360
Heath House,	659	Henstridge,	819	Herve,		285
» Town,	509	Henwick,	365	Herzberg,		74
Heatley & Warburton,	509	Heppenheim,	540	» (Amharz)		288
Heaton,	654	Hepscott,	654	Herzele,		285
» Chapel,	509	Herbede,	72	Herzhorn,		345
» Lodge,	460, 509	Herbertingen,	291	Herzogenbuchsee,		161
» Norris,	509	Herbesthal,	733, 285	Herzogenrath,		72
Hebburn,	654	Herbisse,	678	Hesdigneul,		643
Hebden Bridge,	460	Herblay,	643	Heslerton,		654
Hebron-Damnitz,	79	Herblingen,	352	Hessay,		654
Heby,	295	Herbolzheim,	352	Hessenthal,		291
Hechingen,	291	Herborn,	189	Hesskirch-Königsegg,		291
Heciu-Lespedi,	474	Herbrechtingen,	291	Hessle,		654
Heck,	654	Herchen,	189	Hessleholm,	295, 393	455
Heckington,	360	Herdecke,	72	Hest Bank,		509
Heckmondwike,	460	Herdorf,	189	Hethárs,		292
Hécourt,	679	Hereford,	365, 509, 583	Hetherset,		358
Hedehusene,	787	Herend,	686	Hettlingen,		642
Hedel,	293	Herent,	285	Hetton,		654
Hedemünden,	537	Hérenthals,	351, 897	Hetzendorf,	421,	845
Hedensberg,	450	Herford,	189	Heudeber-Dannstädt,		538
Hedeper,	123	Hergatz,	284	Heudreville,		679
Hedingen,	642	Héricourt,	691	Heufeld,		284
Hednesford,	509	Herin,	28	Heule,		60
Hedon,	654	Heringen,	537	Heurtrégiville,		280
Hedwigsburg,	123	Hérinnes,	285	Heustreu,		284
Heeley,	583	Heriot,	652	Héverlé,		351
Heen,	235	Herisau,	29	Heyford (Northampton),		509

Heyford (Oxford),	365	Hintschingen,	352	Höfen,	291
Heyrieux,	691	Hipperholme,	460	Hoffen,	18
Heyst-op-den-Berg,	351	Hippolyte (St),	691	Hoffenheim,	352
» s/Mer,	60	Hirsau,	291	Hofgeismar,	72
Heytesbury,	365	Hirschaid,	284	Hofheim,	521
Heywood,	460	Hirschberg (Böhmen)	636	Hofmansbygd,	150
Hexham,	652, 654	» (Schlesien),	551	Hofmantorp,	151
Hidas-Bonyhád,	61	Hirschlanden,	352	Högasen,	632
Hidas-Némethi,	872	Hirson,	280, 643	Högfors,	457
Hids,	690	Hirst (Dumbarton),	652	Hoggersgate,	654
Hieflau,	721	» (Northumberland),	654	Hoghton,	460
Higginshaw,	460	Hirt,	721	Hohenau,	267
Higham (Kent),	824	Hirwain (Brecon),	365	Hohenbocka,	70
» (Suffolk),	358	» (Glamorgan),	365, 859	» (Hosena),	608
» Ferrers,	509	Hischfelde,	76	Hohenbruck,	645
» on-the-Hill,	509, 583	His-Mane-Touille,	581	Hohenebra,	644
High Barnet,	360	Histon,	358	Hoheneiche,	321
» Blantyre,	139	Hitchin,	360, 583	Hohenelbe,	645
Highbridge,	112, 819	Hither Green,	824	Hohenems,	931
High Carr,	659	Hittfeld,	189	Hohenfichte,	169
» Duftryn,	859	Hitzacker,	77	Hohenkrähen,	352
» Field,	654	Hixon,	659	Hohenleipisch,	75
Highgate Road,	583	Hjellum,	176	Hohenrein,	289
Highlandman,	139	Hjeltevad,	621	Hohenstadt,	383, 327
High Lane,	548	Hjerm,	286	Hohenstein (Böhmen),	252
Highley,	365	Hjo,	403	» (Preussen),	282
Higd Royd,	548	Hjörring,	286	» Ernstthal,	294
» Shields,	654	Hjortqvarn,	689	Hohensülzen,	521
» Stoop,	654	Hliboka,	474	Hohenthurm,	74
» Street,	200	Hlinsko,	645	Hohnstorf,	288
Hightown,	460	Hlubocep,	714	Hoislev,	286
High Wycombe,	365	Hluboczeck-Wielki,	164	Holbeach,	360, 583
Hikie,	287	Hoboek,	787	Holeby,	459
Hilaire-au-Temple (St),	280	Hobro,	286	Holkam,	358
» -Beaufai (St),	685	Hochberg,	291	Holland Arms,	509
» de Chadéons (St),	539bis	Hochdahl,	72	Hollingwood,	583
» -du-Rosier (St)	691	Hochdorf,	291	Hollins,	460
» (St) (Gard),	691	Hochfeld,	733	Hollinswood,	365
» (St) (Lot-et-Garonne),	581	Hochfelden,	18	Hollowstones for Eskdale,	729
Hildburghausen,	874	Hochfilzen,	421	Hollsta,	811
Hilden,	733	Hochhausen,	352	Hollybush,	339
Hildenborough,	824	Hochheim,	289	Hollym Gate,	654
Hildesheim,	288	Hoch-Neukirchen,	72	Holme (Huntingdon),	360
Hilgay Fen,	358	Hochpetsch,	714	» Lancashire),	460
Hill,	139	Hochpeyer,	904	» (Westmoreland),	509
Hillerod,	787	Höchst (Nassau),	289	» (York)	654
Hillesheim,	733	» (Odenwald),	521	Holmefield,	360, 460
Hillmorton,	509	Hochstadt (Oberfranken),	284	Holme House,	509
Hill of Beath,	652	» (Pfalz),	904	Holmeja,	886
Hill of Down,	587	» -Dörnigheim,	521	Holme Lacey,	365
Hillsborough,	903	Hochstätten,	904	» Mill,	509
Hilm-Kematen,	721	Hoch-Stublau,	282	Holmes (Ayr),	339
Hilton,	139	Hochwald,	433	» (York),	583
» House,	460	Hochzoll,	284	» Chapel,	509
Hiltrup,	290	Hockai,	285	Holmfirth,	460
Hilversum,	405	Hockenheim,	352	Holm Hale,	873
Himberg,	283	Hockley,	365	» Lacey,	365
Hinckley,	509, 583	» Hall,	583	Holmsjö,	151
Hindby,	545	Hodeng-Senarport,	888	Holmsley,	510
Hindelbanck,	161	Hodnet,	365	Holmstrup,	286
Hindley,	460, 509	Hödnitz,	283	Holmwood,	511
» Green,	509	Hoerde,	72	Holoubkau,	684
Hindpool,	329	Hoesselt,	293	Holsheim,	18
Hinnerup,	286	Hoe Street,	358	Holstebro,	286
Hinterweidenthal,	904	Hoeven,	351	Holsted,	286
Hinton,	583	Hof,	284, 294	Holt,	365

— 57 a. —

Holtby,	654	Horley,	511	Hove,	511
Holte,	787	Hörlkofen,	284	Hovedgaard,	286
Holtinghausen,	353	Horloz-Jemeppe,	293	Hövik,	235
Holton,	548	Horn,	642	Hovina,	891
» le Clay,	360	Hornachuelos,	536	Hovingham,	654
Holtschitz-Seestadt,	41	Hornberg,	352	Howden,	654
Holtwick,	229	Hornby,	583	»· Clough,	360
Holyhead,	509	Horncastle,	360	Howdon,	654
Holytown,	139	Horncliffe,	460	Howford,	652
Holywell (Flint),	509	Horndal,	295	Howlerslade,	795
» (Northumberland),	654	Horning,	286	How Mill,	654
Holywood (Down),	66	Hornsea,	654	Howood,	339
» (Dumfries),	339	Hornussen,	642	Howsham,	548
Holzdorf,	74	Horosnika,	164	Howth,	655
Holzhausen,	335	Horowitz,	684	Höxter,	290
Holzkirchen,	284	Horrabridge,	823	Hoy,	402
Holzminden,	123, 290	Horrem,	733	Hoyerswerda,	668
Holwickede,	72	Horringford,	425	Hoylake,	412
Hombeck,	285, 542	Horrocksford,	460	Hoymgrube,	807
Homberg,	72	Hörsching,	421	Hrabowka,	268
Hombock,	157	Horsebridge,	510	Hradek,	433
Homburg (Forbach),	18	Horsehay,	365	Hrastnigg,	845
» (Pfalz),	904	Horseleap,	587	Hrobec,	283
» v. d. Höhe,	409	Horsens,	286	Hronov,	283
Home Farm,	139	Horsforth,	654	Hruschau,	267
Homersfield,	358	Horsham,	511	Huarte-Araquil,	988
Hom-la-Vacherie,	679	Horsleyfield,	365	Hubbert's Bridge,	360
Homonna,	715	Horst (Holstein),	20	Hubert (St) (Düsseldorf),	207
Homorod-Hohalom,	281	» (Westfalen),	189	» » (Oesterreich),	283
Hondouville,	679	Hörstel,	288	Huccorgne,	285
Honebach,	72	Horst-Sevenum,	293	Huchtingen,	353
Honefos,	235	Hort,	292	Huckeswagen,	72
Honeybourne,	365	Horta,	859bis, 668	Hucknall,	583
Honeywall,	659	Hortes,	280	Huddersfield,	460, 509
Honfleur,	685	Horton,	583	Huddinge,	295
Höngen,	7	Horvitzy,	49	Hude,	353
Honington,	360	Horwich,	460	Hudiksvall,	413
Honiton,	510	Horzand,	176	Huerta,	536
Honley,	460	Hoscar Moss,	460	Huesca,	988
Honnef,	733	Hösel,	72	Huetor,	192
Hönningen,	733	Hospitalet,	17	Hugglescote,	509, 583
Honor Oak,	513	» de Llobregat,	859bis	Hugowaard,	405
Hoogeveen,	293	Hosszu-Aszo,	281	Hugstetten,	352
Hoogezand,	293	Hosszumezö,	641	Huismes,	920
Hoor,	295	Hostalrich,	859bis	Hulands,	654
Hooton,	509	Hostivar,	268	Hull,	654
Hope,	509, 982	Hostiwic,	133	Hullein,	267
Hopeton,	652	Hotehouse,	339	Huls,	183
Hopewell,	583	Hotzelsdorf,	268	Hulshorst,	159
Hopfengarten,	807	Houdan,	685	Hulst,	542
Hopgarten,	421	Houdelaincourt,	280	Hult,	621
Hopton Heath,	509	Houdemont,	280	Hulton,	509
Horatitz,	133	Houdeng-Goegnies,	285	Hultsfred,	621
Horazdowic,	268	Hougaerde,	285	Humanes,	536
Horb,	291	Hougham,	360	Humbécourt,	280
Horbury,	460	Hough Green,	171	Humbold,	684
Horchheim,	733	Hough Lane,	509	Humlaberget,	922
Hörde,	733	Hougsund,	235	Hümme,	72
Horderley,	86	Houilles,	685	Huncoat,	460
Hördt,	18	Hounslow,	510	Hundlingen,	18
Hördten,	352	Houplines,	60	Hundsfeld,	746
Horgen,	642	Hourpes,	634	Hundspach,	18
Horgos,	14	Houssu,	285	Hünfeld,	321
Horheim,	352	Houston,	139, 339	Hungen,	399
Horka,	76	Houten,	293	Hungerford,	305
Hörken,	160	Houville,	679	Hunmanby,	654

Hunstanton,	358	Iékaterinovskaïa,	750	Incisa,		
Hunter's,	652	Iélénovka,	449	» -Belbo,		
Huntershill,	652	Iélets,	674, 739	Inden,		
Huntingdon,	358, 360, 583	Iélisavetgrad,	439, 699	Ingatestone,		
Huntingtower,	139	Iélisavetinskaïa,	49	Ingatorp,		
Huntlossen,	353	Iélovka,	483	Ingbert (St),		
Huntly,	363	Iermolino,	784	Ingelheim,		
Hunts Cross,	171	Iéropkino,	608	Ingelmunster,		
Hunwick,	654	Iesi,	747	Ingersauelermühle,		
Huppaye,	285	Ievdakovo,	605	Ingestre,		
Hurfva,	985	Iévić,		Ingleby,		
Huriel,	690	Iévlachevo,	454	» Greenhow,		
Hurlford,	339	Iewe,	49	Ingleston,		
Husillos,	638	Igersheim,	291	Ingleton,	509,	
Husthwaite Gate,	654	Iglau,	645	Ingolstadt,		
Husum,	20	Iglesias,	777	Ingramsdorf,		
Huszth,	641	Igling,	284	Ingrandes s/Loire,		
Hüttau,	421	Igló-Leutschan,	433	» s/Vienne,		
Hütteldorf,	421	Ignaberga,	455	Ingrow,		
Hüttenberg,	721	Ignalino,	355	Inkerman (Russie),		
Huttenheim,	352	Ihrhove,	290	» (Ecosse),		
Hutton,	654	Ihringen,	352	Inkwyl,		
» Cranswick,	654	Ijsselmonde,	293	Innerleithen,		
Huy,	285, 634	Ilario (Sant'),	389	Innerpeffray,		
Huyton,	509	Ildehausen,	123	Innerwick,		
Hvalsöe,	787	Ilex,	460	Innichen,		
Hyatt's,	659	Ilford,	358	Inningen,		
Hyde,	548, 583	Ilfracombe,	510	Inniskeen,		
Hyères,	691	Ilgen (St),	352	Innoshannon,		
Hykeham,	583	Ilino,	880	Inoso,		
Hyllstofta,	393	Ilkeston,	583	Inowraclaw,		
Hylton,	654	Ilkley,	583, 654	Insch,		
Hyon-Ciply,	285	Ilminster,	112	Inssbruck,	282, 875	
Hythe (Essex),	358	Ille,	698	Insterburg,		
» (Kent),	824	Illertissen,	284	Instow,		
Hyttan,	379	Illfurt,	18	Interlaken,		
Hyvinge,	287	Illingen,	291	Inval,		
Iambourg,	49	Illye,	716	Inveramsey,		
Ianca,	283	Iloie-Podul,	474	Inveresk,		
Ianovo,	483	Ilovaïskaïa,	453	Invergordon,		
Iarochinki,	669	Ilsede,	288	Invergowrie,		
Iartsevo,	606	Ilseng,	176	Inverkip,		
Iaryjenskaïa,	368	Ilversgehofen,	874	Inverness,		
Iasenki,	608	Imbert (St),	691	Invershin,		
Iasi,	474	Imera,	569	Inverugie,		
Iasinévataïa,	449	Imerinka,	440, 669	Inverurie,		
Iassen,	464	Imielin,	807	Inzersdorf (N. Oesterr.),		
Ibbenbüren,	288	Imier (St),	428	» (Oesterr. a. Enns),		
Ibrox,	139	Immelborn,	874	Iossifovo,		
Ibstock,	583	Immendingen,	291, 352	Iourkovka,		
Ichiular,	898	Immenstadt,	284	Iphoven,		
Ichteghem,	60	Immetorp,	922	Ipswich,		
Icknield Pord Road,	509	Immigrath,	733	Irchester,		
Idaard-Roordahuizum,	159	Immingham Road,	548	Ireleth,		
Idaweiche,	807	Imola,	569	Irigny,		
Iddle,	360	Imply,	691	Irlam,		
Ideghem,	285	Imsweiler,	904	Irlam's,		
Idridgehay,	583	Inca,	543	Irrenlohe,	581, 628	
Iéfrémow,	739	Ince (Cheshire,	365, 509	Irun,		
Iégoldaëwo,	738	» (Lancashire,	460	Irurzum,		
Iégorievsk,	609	» Moss,	509	Irvine,		
Iégerievskoé,	607	Inchcoonans,	139	Irvinstown,		
Iégorijevskaïa,	784	Inches,	139	Irwell Vale,		
Iékaterinino,	453	Incheville,	888	Isakova,		
Iékaterinoslaw,	525	Inch Road,	516	Isalnita,		
Iékaterinovka,	858	Inchture,	139	Isaszegh,		

— 59 a. —

Iseghem,	60	Jackson's Lye,	652	Jemelle,	285
Isenburg,	540	Jacobsdorf (Breslau),	105	Jemeppe-s/Sambre,	634, 285
Isenhof,	49	» (Frankfurt a/O.),	551	Jemmapes,	285
Iserlohn.	72	Jacobsthal,	74	Jena,	758
Isfield,	511	Jacques (St),	690	Jenbach,	845
Isham & Burton Latimer,	583	Jacut (St),	690	Jeric,	133
Isières-Lanquesaint.	285	Jader,	450	Jeni-Mahale,	808
Isigny,	685	Jaderberg,	353	Jenkins,	365
Isle-Adam-Parmain,	643	Jadran,	334	Jensowic,	283
Isles s/Suippes,	280	Jadraque,	536	Jérebkovo,	669
Isleworth,	510	Jagerndorf,	807	Jerez,	801
Islikon,	642	Jagerndorf,	157	Jerfva,	295
Islip,	509	Jägersgrün,	168	Jerle,	450, 632
Iskrovka,	439	Jagstfeld,	291, 352	Jerna,	295
Isola Caporizzuto,	569	Jagstheim,	291	Jerviston,	139
» d'Asti,	389	Jagstzell,	291	Jerxheim,	123
» del Cantone,	389	Jakó,	61	Jesewitz,	378
Isoletta,	747	Jalons-les-Vignes,	280	Jesmond,	654
Ispringen,	352	Jam,	283	Jessains,	280
Issoire,	691	Jamage,	659	Jessen,	74
Issoudun,	690	Jamagne,	351	Jessnitz (Anhalt),	74
Is s/Tille,	691	Jambes,	634	» (Frankfurt a/O).,	551
Issum,	189	James Bridge,	509	Jettenbach,	284
Istein,	352	» Deeping (St),	360	Jette-St-Pierre,	285
Istensegitz,	474	Jameston,	339	Jettingen,	284
Itancourt,	370	Jamestown,	652	Jeumont,	643
Itchen Abbas,	510	Jamioulx,	351	Jever,	353
Itchingfield,	511	Jannowitz,	551	Jezierna,	164
Iteuil,	690	János (St),	283	Jezupol,	474
Itkani,	474	Jánoshegy,	292	Jicin,	645
Itlar,	607	Janosi,	292	Jinec,	252
Itzehoe,	345	Jarmeritz,	645	Jinonic,	133
Ivanino,	453	Jarnac (Segonzac),	163	Jitovo,	608
Ivanovka,	669	Jarocin,	711	Jocketa,	294
Ivanovo,	608	Jaroschin,	670	Jodard (St),	691
» -Vosnessensk,	784	Jaroslavl,	164, 607	Jodin,	606
Ivanovska,	525	Jarrow,	654	Jodoigne-Souveraine,	285
Ivanovskaïa,	355	Järvela,	287	Jogovo,	355
» (Koursk),	453	Jarville-la-Malgrange,	280	Johann in Pongau (St),	421
» (Smolensk),	675	Jaska,	845	» (St),	421
Ivan (St),	283	Jassenova,	283	Johnshaven,	139
» -Zala-Egerszeg (St),	845	Jaszberény,	292	John's (St) (Isle of Man),	423
Ivanska,	898	Játiva,	17	» » (Kent),	824
Ivergowrie,	139	Jatznick,	79	» » (York),	460
Ives (St),	358	Jauche,	285	Johnston,	365
» Road (St),	957	Jauer,	105	» (St),	422
Ivresci,	283	Jauerburg,	721	Johnstone,	339
Ivor,	104	Java,	634	Joigny,	691
Ivrea,	389	Javenitz,	538	Joinville,	280
Ivry,	275	Jawcraig,	652	» -le-Pont,	280
» -la-Bataille,	678	Jawiszowice,	267	Joketa,	287
Ivy Bridge,	823	Jazennes-Tanzac,	793	Jonchères,	691
Ivuy,	643	Jean de Luz (St),	581	Jonchéry,	280
Izarra,	893	» de Maurienne (St),	691	Jönköping,	295
Iziéchkovo,	606	» de Sauves (St),	920	Jonsered,	295
Izeaux,	691	» et St-Paul (St),	581	Jonzac,	163
Izmalikovo,	674	» le Comtal (St),	581	Joppa,	652
Iznoski,	739	Jeandelize,	280	Joppécourt,	280
Jabalquinto,	536	Jedburgh,	652	Jordanstone,	139
Jabbeke,	285	Jedfoot,	652	Jordanstown,	67
Jabinka,	606	Jedlersee,	267	Jordkirch,	20
Jablonowo,	282	Jedlesee,	645	Jory (St),	581
Jablunkau,	433	Jeimy,	483	Josefstadt,	645
Jackowice,	940	Jeising-Hostrup,	20	Josefsthal-Kosmanos,	899
Jackson's (Lanark),	652	Jéleznoïé,	449	Josephihütte,	268
» (Lancashire),	509	Jéltoukhino,	739	Joseph (St),	691

— 60 a. —

Josephslust,	352	Kaftino,	755	Karlsdahl,		632
Josli,	355	Kahl,	521	Karlskoga,	295,	632
Jossa,	321	Kåhla,	758	Karlstad,		295
Joué-lès-Tours,	920	Kahlenberg,	430	Karlstadt,		284
Jougne,	691	Kahlenbergerdorf,	268	Karlstein,		684
» (Hôpitaux),	848	Kaipias,	287	Karmansbo,		451
Joukovka (Orel),	675	Kaiser-Ebersdorf,	421	Karolinengrube,		807
» (Saratow),	858	Kaiserlautern,	904	Karolyváros (Karlstadt),		292
Jouravka,	454	Kaisersberg,	721	Karpalund,		455
Jouravlevka,	669	Kaiserswaldau,	551	Karpovka,		930
Jouxtens-Cery,	469	Kajadjick-Haskeui,	898	Karpovo,		669
Jouy,	685	Kalachnikovo,	355	Karrgrufvan,		457
» -Cocherel,	679	Kalarach,	669	Karstädt,		684
Juan (San),	988	Kalatch (Don),	930	Karsoum,		453
» del Puerto (San),	128	Kalatchevka,	453	Karwin,		433
Jübeck,	20	Kaldenkirchen,	72; 733	Kaschau,	433, 641,	872
Jubilec,	460	Kalinovka (Penza),	605	Kaschitz-Schönhof,		701
Judenburg,	721	» (Podolie),	440	Kaspi,		712
Judendorf,	845	Kalk,	733	Kastenreith,		721
Juditten,	847	Kalkounen,	355, 483	Katan,		606
Judschen,	282	Kallehne,	538	Katchalinskaïa,		368
Jugnaten,	282	Kallundborg,	787	Katérinovka,		669
Juigné,	685	Kallviken,	334	Katherinen,		49
Juillan,	581	Kalmar,	431	Katouïevka,		608
Jula,	555	Kalouga,	739	Katrineholm,		295
Jularbo,	295	Kalscheuren,	733	Kattenfenne,		189
Jülich,	72	Kalsdorf,	845	Kattern,		807
Julien (St) (Aube),	280	Kaltbrunn,	905	Kattowic,		268
» » (Corrèze),	690	Kaltenstein,	283	Kattowitz,		807
» » (Côte d'Or),	691	Kalusz,	33	Katunizza-Stanimak,		808
» » (Côtes du Nord),	685	Kalwang,	721	Kaufbeuren,		284
» » (Gard),	691	Kamenka,	606	Kaufering,		284
» » (Haute-Garonne),	581	Kamenskaïa,	454	Kaulsdorf,		282
» -Clénay (St),	691	Kamenz,	76, 294	Kausala,		287
» -des-Chazes (St),	691	Kamienebrod,	164	Kautenbach,		18
» du Sault (St),	691	Kaminsk,	940	Kavkaskaïa,		750
» s/d'Heune (St),	691	Kampen,	159	Kayl,		78
Juliusburg,	670	Kanaïevka,	605	Kazaki,		674
Jumet,	354	Kanitz-Eibenschitz,	283	Kazanka,		439
Junas,	691	Kanizsa,	845	Kazatchia-Lopan,		453
Jungbunzlau,	645, 899	Kanturk,	364	Kazatin,		440
Juniper Green,	139	Kapellen,	904	Kazinka,		674
Jünkerath-Stadtkyll,	733	Kapfenberg,	845	Kaznau,		701
Jupille,	485	Kaplitz,	421	Keadby,		548
Jurbise,	285	Kaposvár,	61	Kearsney,		513
Jurdani,	845	Kappel,	49	Kecskemét,		283
Juslenville,	285	Kaproncza,	292	Kecze,		281
Jussey,	280	Kapsdorf,	433	Kedder,		49
Just (St), (Loire),	691	Kapsweyer,	904	Keele Road,		659
» » (Marne),	280	Kapuvar,	724	Kegel,		49
» » (Oise),	643, 700	Karabanovka,	607	Kegworth,	18,	583
Jüterbog,	74	Karácsonfalva,	281	Kehl,		352
Jütrichau,	74	Karacsopd,	292	Kéidany,		483
Juvisy,	690, 691	Karasi,	739	Keighley,	363,	583
Jyderup,	787	Karassewka,	608	Keith,		402
Kaaden-Brunnersdorf,	133	Karasuli,	898	Kelheim,		284
Kaál-Kapolna,	292	Karatchew,	675	Kellerberg,		290
Kaba,	872	Karbitz,	41	Kellmünz,		284
Kabatche,	898	Karczag,	872	Kells,		655
Kabel,	72	Kareli,	712	Kelly,		139
Kaçanik,	898	Karf,	807	» Bleachfield,		139
Kacza,	281	Karfsta,	849	Kelmarsh,		509
Kadolz-Mailberg,	645	Karis,	287	Kelsey Hill,		654
Kadyma,	669	Karl-Emanuel,	807	Kelso,		652
Käfermarkt,	421	Karlburg,	716	Kelsterbach,		521
Kaflås,	403	Karlsby,	379	Kelston,		583

— 61 a. —

Keltsch,	746	Kharlovo,	609	Kilmalcolm,	339
Kelty,	652	Khartsysk,	453	Kilmallock,	334
Kelvedon,	358	Khimki,	355	Kilmarnock,	139, 339
Kelvock Mill,	652	Khobotovo,	740	Kilmaronock,	652
Kemberton,	365	Kholopia-Polist,	665	Kilmaurs,	139, 339
Kemble,	365	Khomoutovka,	674	Kilmessan,	587
Kembridge,	510	Khoróbitchi,	464	Kilnhurst,	548, 583
Kemecse,	641	Khotkovskaïa,	607	Kilnknowe,	652
Kemmelbach-Ybbs,	421	Khotilow,	939	Kilnwick Gate,	654
Kemnath,	284	Khotinets,	675	Kilpatrick,	652
Kemnay,	363	Khrolin,	440	Kilroot,	67
Kempen (Düsseldorf),	733	Khrouchtcheva,	739	Kilsheelan,	942
" (Posen),	106, 711	Khrouchtchevo,	740	Kilsmo,	295
Kempten (Rhein-Hessen),	521	Khvorostianka,	368	Kilumney,	196
" (Schwaben),	284	Kibworth,	583	Kilwinning,	339
Kemp Town,	511	Kichinew,	669	Kimberley,	358
Kemptthal,	642	Kidderminster,	365	Kimbolton,	583
Kemseke,	60	Kidwelly,	131, 365	Kinaldie,	363
Kemsing,	513	Kiefersfelden,	284	Kinbrace,	402
Kendal,	509	Kiel,	20	Kinbuck,	139
Kende,	433	Kielder,	652	Kincaid,	652
Kenilworth,	509	Kiéna,	464	Kincardine,	652
Kenley,	824	Kieritzsch,	294	Kincraig (Forfar),	139
Kenmure Hill,	139	Kiesen,	161	" (Inverness),	402
Kennedy's,	339	Kiew,	440, 453	Kindberg,	845
Kennet,	358	Kikerino,	49	Kindsbach,	904
Kennethmont,	363	Kil,	302, 295	Kinechma,	784
Kennishead,	139, 339	Kilbirnie,	339	Kineton,	253
Kensington,	510, 511	Kilbowie,	652	Kinfauns,	139
Kentish Town,	583	Kilburn,	583	Kingbuddo,	139
Kent's Bank,	329	Kilchberg,	291	King Edward,	363
Kenyon (Denbigh),	365	Kilcock,	587	Kingennie,	139
" (Lancashire),	509	Kilconquhar,	482	Kinghorn,	652
Kenzingen,	352	Kilcool,	243	Kingmoor,	652
Kenzino,	738	Kilcrea,	196	Kingoodie,	139
Keresztes-Nyarád,	292	Kildale,	654	Kingsbridge Road,	823
Kerhuon,	685	Kildare,	364	Kingsbury,	583
Kermpt,	351	Kildary,	402	Kingscourt,	587
Kerne Bridge,	365	Kildowan,	402	Kingseat,	652
Kerry,	143	Kildwick & Cross Hils,	583	King's Heath,	583
Kershopefoot,	652	Kilfree,	587	Kingshouse,	139
Kersland,	339	Kilgetty,	694	Kingskerswell,	823
Kerterbach,	289	Kilgrammie,	339	Kingskettle,	652
Kervo,	287, 437	Kilkenny,	364, 941	Kingsknowe,	139
Kerzell,	321	Kilkerran,	339	Kingsland,	365
Kesh,	422	Killaloe,	942	King's Langley,	509
Keskastel,	18	Killamarsh,	583	Kingsley,	360
Kessweil,	642	Killarney,	364	Kingsmuir,	139
Kestenholz,	18	Killay,	509	King's Norton,	583
Kestert,	289	Killeagh,	364	" Sutton,	365
Keswick,	183	Killearn,	652	Kings Thorpe,	360
Keszthely,	845	Killeberg,	295	Kingston,	510
Kétegyháza,	872	Killiecrankie,	402	" -on-Sea,	511
Ketley,	365	Killin,	139	Kingstown,	243
Kettenheim,	521	Killiney,	243	Kingswear,	823
Kettering,	583	Killingbeck,	654	Kingswinford,	365
Ketton,	583	Killingworth,	654	Kingswood (Gloucester),	583
Kettwig,	72	Killochan,	339	" (Warwick),	365
Kevelaer,	733	Killucan,	587	Kingthorpe,	654
Kew,	509, 510, 583, 657	Killurin,	243	Kington,	365
Keyingham,	654	Killwangen,	642	Kingussie,	402
Keymer,	511	Killygordon,	422	Kingwilliam,	460
Keynsham,	365	Killylea,	903	Kinloss,	402
Khaniava,		Killywhan,	339	Kinnerley,	713
Kharkow,	439, 453	Kilmacow,	941	Kinnersley,	583
Kharino,	755	Kilmainham Wood,	587	Kinniel,	652

— 62 a. —

Kinross,	652	Kirnach,	352	Klein-Waltersdorf,	472
Kinsale,	194	Kirriemuir,	139	» -Witernheim,	521
Kinsta,	816	Kirssanow.	858	» -Wittemberge,	74
Kintbury,	365	Kirtlebridge,	139	Kleitzschmar,	378
Kintore,	363	Kirtlington,	365	Klekotka,	739
Kipling Cotes,	654	Kirton,	360	Klengen,	352
Kippen,	652	» Lindsey,	548	Kleschnja,	368
Kippenheim,	352	Kis-Bér,	845	Klevan,	440
Kipps,	652	» -Czell,	686	Kliecken,	74
Királyháza,	641	» -Kapus,	281	Klimovká,	668
Királytelek,	872	» -Keszi,	686	Klin,	355
Kirby Cross,	358	» -Korpad,	61	Klingenberg,	294
» Lonsdale,	509	» -Ladna,	433	Klingenthal,	168
» Muxloe,	583	Kislakovka,	750	Klingnau,	642
Kirchberg (Oesterreich),	268	Kislegg,	291	Klippan,	393
» (Suisse),	266	Kis-Olaszi,	433	Klobuk,	714
» (Tirol),	421	Kissingen,	284	Klöften,	170
Kirchbichl,	845	Kis-Szeben.	292	Klomin,	890
Kirchen,	189	Kistelek,	283	Klomnice,	040
Kirchenlaibach,	284	Kis-Terenne,	292	Klopschen,	807
Kirchentellinsfurth,	291	» -Uj-Szállás,	872	Klosterbuch,	472
Kirchhain,	541	» -Unyom,	686	Klosterle,	133
» -Dobrilugk,	75	Kisutza-Neustadt,	433	Klosterneuburg,	268
Kirchheim a. d. Eck,	904	Kis-Várdo,	641	Kluse-Dorpen,	290
» a. Neckar,	291	Kittybrewster,	363	Knapton,	654
» (Heidelberg),	352	Kitzbüchel,	421	Knaresborough,	654
» (Molsheim),	18	Kitzingen,	284	Knauthayn,	874
» (Mosbach),	352	Kivertsy,	440	Kniajitsa,	247
» U/Teck,	291	Kiveton,	548	Kniaze,	164
Kirchheimbolanden,	904	» Park,	548	Knielingen,	352
Kirchhorsten,	288	Kjobenhavn,	787	Knifsta,	295
Kirchlengern,	288	Kjöge,	787	Knighton,	509
Kirchseeon,	284	Kladno,	133	Knightwick,	365
Kirchstetten,	421	Kladrub,	283	Knitsley,	654
Kirchweghe,	189	Klaeden,	538	Knittenfeld,	721
Kirkandrews,	652	Klagenfurt,	721, 845	Knock,	363
Kirkbank,	652	Klagerup,	886	» & Belmont,	66
Kirbride,	139, 652	Klamm,	845	Knockando,	363
Kirkbridge,	139	Klampenborg,	787	Knockcroghery,	587
Kirkbuddo,	139	Klardorf,	284	Knocklong,	354
Kirkburton,	509	Klausen,	845	Knonau,	642
Kirkby (Lancashire),	329, 460	Klay,	164	Knoringen,	904
» (Notts),	583	Kleblach-Lind,	845	Knottingley,	460, 654
» Lonsdale,	509	Klechtchel.	108	Knott Mill,	171
» Moorside,	654	Klein-Blittersdorf,	760	Knowe's,	652
» Stephen,	654	Klein-Bresa,	105	Knowes Gate,	652
» Thore,	654	Kleinen,	324	Knowle,	365
Kirkcaldy,	652	Kleinenbroich,	72	» 's & Shotts,	460
Kirckconnel,	339	Kleinensiel,	353	Knucklas,	509
Kirkcowan,	139	Klein-Furra,	644	Knutsford,	171
Kirkcudbright,	339	» -Gerau,	521	Knutton,	659
Kirkgunzeon,	339	» -Gnie,	282	Knychine,	108
Kirkham (Lancashire),	460, 509	» -Hermanic-Sedlec,	268	Kobánya,	292
» (York),	509, 654	» -Kahn,	252	Kobbelbude,	282
Kirkheaton,	509	» -Katz,	79	Kobéliaki,	439
Kirkinner,	974	Kleinkems,	352	Kobelnitz,	807
Kirkintilloch,	652	Klein-Lassowitz,	746	Kobier,	746
Kirkless,	509	Kleinmünchen,	421	Kobolkut,	284
Kiklington & Edingley,	583	Klein-Ostheim,	521	Kochedary (Kowna),	355
Kirkliston,	652	» -Rederchingen,	18	» (Vilna),	483
Kirkpatrick,	139	» -Reifling,	721	Kochendorf,	2
Kirkstall,	583	Kleinschirma,	294	Kocheren,	18
Kirkstead,	360	Kleinskal,	645	Kocsárd,	281
Kirkton,	139	Kleinsteinbach,	352	Kodersdorf,	76
Kirless Hall,	509	Klein-Steinheim,	321	Koekange,	293
Kirn,	760	» -Umstadt,	521	Koekelberg,	285

— 63 a. —

Koenigslutter,	123	Könitz,	874	Koumylga,	368
Köfering,	284	Konitz,	282	Kounsevo,	606
Koflach,	357	Konolfingen,	428	Kouprina,	675
Kogenheim,	18	Kononovo,	606	Kourakiro,	739
Kohlbach,	450	Konop,	716	Kourchany,	483
Kohlfurt,	551, 668	Konotop,	453	Kourdum,	858
Kohlow,	105	Konstadt,	746	Kourman-Kemeltchi,	525
Kohlscheid,	72	Konstantinovka,	449, 453	Koursavka,	750
Kojanka,	440	Konstantinovo,	755	Koursk,	453, 608
Kojetein,	267	Koog-Zaandijk,	405	Kouskovo,	355
Kojetic,	654	Köping,	451	Kousmino,	355
» -Grossdorf,	890	Koppang,	176	Koutaïs,	712
Kokenhusen,	743	Kopparberg,	160	Koutchourgan,	669
Kokhanovka,	606	Koprülü,	898	Koutsovka,	439
Kokhma,	784	Koptsy,	665	Kouznetsk,	605
Koks-Anstalt,	807	Korablino,	740	Kouznitza,	355
Kolbermoor,	284	Korenevo,	453	Kovali,	464
Kolding,	286	Korff,	49	Kövecses,	292
Kolec,	714	Kork,	352	Kovel,	440
Kolin,	283, 645	Körmend,	686	Köviagi,	439
Kolibrunn,	884	Körmigk,	538	Kovna,	355
Kolodezi,	739	Körmöcz-Bánya,	283	Kovrow,	355
Kolodichtchi,	606	Kornechti,	669	Kowal,	940
Kologrivovka,	858	Korneuburg,	645	Kozlovskaïa-Zasiéka,	608
Kolokcha,	355	Kornthal,	291	Kozlow,	454, 740, 857
Kolomak,	439	Kornwestheim,	291	Kozma,	641
Kolomea,	474	Körös,	292	Kozmin,	670
Kolomna,	609	Korpi,	287	Kozmodémiansk,	607
Kolonowska,	746	Korsberga,	403	Krabbendijke,	293
Kolontaïevka (Kherson),	669	Korschen,	282, 847	Kradolf,	642
» (Koursk),	453	Korsnäs,	334	Kragenhof,	288, 537
Kolos-Kara,	281	Korsör,	7	Kraiburg,	284
Kolozsvár (Klausenburg),	281	Korszóu,	474	Krainburg,	721
Kolpino,	355	Kortfors,	632	Kraljevec,	845
Kolsva,	451	Korunka-Jeleni,	283	Kralowán,	433
Koluchki,	504	Koschen,	551	Kralup,	133, 283, 899
Koluszki,	940	Kosel,	807	Krakau,	164
Komancza,	715	Kösen,	874	Kramatorskaïva,	453
Komárváros,	854	Koskócz,	715	Kranichsleld,	845
Komorau,	267	Koslitz,	105	Kranichstein,	521
Komotau,	41, 133, 252	Koslowa-Rouda,	355	Krapfenwaldl,	439
Konabéïevo,	609	Kossovo,	606	Krapivenskaïa,	675
Kondringen,	352	Kostel,	267	Kraschnitz,	670
Kongsberg,	235	Kosten (Böhmen),	252	Krasnaïa,	606
Kongsvinger,	176	» (Posen),	807	Krasne,	164
König,	521	Köstendorf,	421	Krasnoé,	453
Königgrätz,	645	Kostomlat,	645	» -Sélo,	49
Königinhof,	645	Köstritz,	874	Krasnokoutovka,	525
Königsbach (Carlsruhe),	352	Kötchoubéïevka,	439	Krasnopavlovka,	453
» (Rheinpfalz),	904	Kotlouban,	368	Krasnovka,	669
Königsberg,	282, 847	Kothmaissling,	284	Krasny-Bereg,	464
» -Maria-Kulm,	133	Kotlin,	711	Krassnoslobodsk,	858
Königsborn,	78	Kotomierz,	282	Krassowa-Gerlistje,	283
Königsbronn,	291	Kotoun,	939	Kratcau,	267
Königsdorf,	733	Kötschau,	874	Kratzau,	294
Königshain,	645	Kottari,	845	Krauchenwies,	352
Königshofen (Mosbach),	352	Kottingbrunn,	845	Krauthausen,	72
» (Strassburg),	18	Kottwitz,	645	Kray,	733
Königshütte,	807	Kottwitzsch,	294	Krechowice,	33
Königstein,	294	Kötzschenbroda,	472	Kreibitz-Neudörfel,	636
Königswald,	252	Koubanskaïa,	750	Kreiensen,	123
Königswalde,	294	Koubinskaïa,	606	Krekling,	235
Königswart,	268	Kouchtchevka,	750	Krementchoug,	439
Königswinter,	733	Kouliki,	355, 738	Krems (Steiermark),	357
Königs-Wusterhausen,	76	Koulikovo,	669	» a/Donau,	268
Königszelt,	105	Koumskaïa,	750	Kreslavka,	247

— 64 a. —

Kressnitz,	845	Kukoreiten,	282	La Brillanne,	691
Kréstnikovo,	355	Kukus,	645	La Brionne,	690
Kresty,	608	Kulleli-Bourgas,	898	La Brosse,	691
Kreutzburg,	743	Kullenberg,	845	La Bruguière,	581
Kreuz,	282, 807	Kulm,	252	La Buissière,	634
Kreuzburg,	746	Kumla,	295	La Burthe,	631
Kreuzenort,	807	Kundf,	845	La Cadière,	691
Keuzlingen,	642	Kungsgard,	334	La Calade,	691
Krezce,	940	Künsdorf,	845	La Camargue,	690
Kriegern,	701	Kunzendorf,	267	La Celle-Bruère,	920
Krieglach,	845	Kupfer,	291	La Chaize-le-Vicomte,	691
Kriensen,	288	Kupferberg,	133	La Chambre,	691
Kriegsdorf,	157	Kupferdreh,	72	Lachamp-Condillac,	932
Kriegshospital,	743	Kuppenheim,	352	La Chapelle,	685
Krima-Neudorf,	133	Kuppersteg,	189	» -Anthenaise,	280
Krippen,	294	Küps,	284	» aux Bois,	690
Kristianstad,	455, 817	Kurtenhof,	743	» aux Choux,	643
Kristineberg,	985	Kurth,	283	» aux Pots,	228
Kristinehamn,	295, 450, 967	Kurtics,	872	» -Meulin,	643
Kritzendorf,	268	Kusel,	904	» -Nord-Ceinture,	150
Krivadia,	716	Kustendjié,	216	» St Denis,	690
Krivány,	292	Kutno,	940	» St Mesmin,	690
Krivin,	440	Kuttenberg,	645	» St Ursin,	690
Krivolak,	898	Kuttenthal,	899	» s/Loire,	690
Krivomouzginskaïa,	930	Kvaal,	891	» Viescamp,	691
Kroderen,	235	Kviril,	712	La Charité,	485
Krojante,	282	Kvissel,	286	La Chartreuse,	691
Kromau,	283	Kykuit,	542	La Chaud,	642
Krommenie-Assend,	405	Kyllburg,	733	Lachen,	691
Krompach,	433	Kymmene,	287	La Ciotat,	542
Kronach,	284	Kyrlitsa,	669	La Clinge,	848
Kronau,	721	Laa,	283, 645	La Conversion,	690
Kronheim,	284	Laaber,	284	La Coquille,	
Kronweiler,	760	Laak,	721	La Cornia (Campigliola Marittima),	747
Kropswolde,	293	Laakirchen,	421		691
Krotoschin,	670	Laakt,	49	La Côte St André,	690
Krottendorf-Ligist,	357	Laas,	581	La Couronne,	581
Kroupiki,	606	Laase,	845	La Courtensourt,	581
Kroutaïa,	930	Laba,	483	Lacq,	691
Krouty,	453	La Bachellerie,	690	La Crau,	690
Kroutyïa,	669	La Barthe-Inard,	581	La Crèche,	581
Krozingen,	352	Labarre,	691	La Crémade,	691
Kruchten,	18	La Bassée,	643	La Croisière,	228
Krugschacht,	807	La Bastide,	691	La Croix-Blanche,	927
Krugschachtweiche,	746	Labatut,	581	» -Rouge,	679
Kruh (Rostok),	645	Labaud,	807	» St Leufroy,	285
Krumingen,	293	La Benne,	581	La Croyère,	281
Krukovo,	453	La Béraudière,	691	Ladámos,	740
Krukow,	439	La Bercadilla,	191	Ladenburg,	283
Krummnusbaum,	421	La Bernerie,	539bis	Ladendorf,	784
Krumpendorf,	845	Laberweinting,	284	Ladiginskaïa,	509
Krupa,	133	Labes,	79	Ladmanlow,	678
Krutovo,	355	La Blancarde,	691	Ladon,	652
Kryjopol,	669	La Bohalle,	690	Ladybank,	652
Krylbo,	295, 457	La Boissière,	700	Ladyland 's,	363
Krymno,	440	» -le-Del,	643	Lady's Bridge,	824
Krynki,	675	La Bonneville,	685	Ladywell,	285
Krzeszowice,	267	La Bosse,	679	Laeken,	17, 530
Ksanka,	712	La Boucheyre,	581	La Encina,	72
Ksionsken,	282	La Bouilladisse,	691	Laer,	643
Kubschütz,	294	La Bourse,	690	La Faloise,	690
Kuchelbad,	684	La Boutarié,	581	Lafarge,	691
Kuchl,	421	La Bouteille,	643	La Farlède-la-Crau,	643
Kuczurmarc,	474	La Bouzule,	280	La Fère,	691
Kufstein,	845, 284	La Brébitière,	929	La Ferté-Alais,	685
Kuilenburg,	293	La Bretonnière,	163	» -Bernard,	

— 65 a. —

La Ferté-Bourbonne,	280	Lamarche,	691	Landwarof,	355
» -Macé,	111	Lambach,	421	Lane End,	054
» -St-Aubin,	690	Lamballe,	685	Laneffe,	351
» -sous-Jouarre,	280	Lambert (St),	351	Laneuville-St-Joire,	280
La Flèche,	690	Lambley,	654	Langaa,	286
La Fouillouse,	691	Lambrecht,	904	Langbanck,	139
La Fresnais,	685	Lambusart,	285	Langbyres,	139
La Freyssinouse,	691	La Meauffe,	685	Langeac,	691
La Garde,	691	La Mède,	97	Longeais,	690
La Garriga,	356	La Ménitré,	690	Langebrück,	294
La Gélie,	690	Lamesley,	654	Langelsheim,	538
Lager-Bressac, (St),	691	La Mesnière,	680	Langelstein,	375
Laggenbeck,	288	La Meyze,	690	Langen,	540
La Glacière-Gentilly,	156, 685	Lamhult,	295	Langenau (Böhmen),	636
Lagmansholm,	295	La Milesse,	685	» (Donau),	291
Lagnasco,	389	Lamington,	139	Langenbach,	284
Lagnieu,	228	Lamonzie-St-Martin,	690	Langenberg (Düsseldorf),	72
Lagny-St-Denis,	789	Lamothe,	581	» (Sachsen),	472
» -Thorigny,	280, 789	La Mothe,	685	Langenbrahm,	733
La Gorgue-Estaires,	643	» -Landerron,	581	Langenbruck (Böhmen),	284
La Gouesnière Cancale,	685	» -Montravel,	690	» (Oberpfalz),	645
La Granada,	859 bis	» -Ste-Héraye,	690	Langenbrücken,	352
La Grave d'Ambarès,	690	La Motte-Achard,	920	Langendreer,	72, 733
La Gravoine,	691	» -Bourbon,	920	Langenfeld (Düsseldorf),	189
La Grive,	691	» -Beuvron,	690	» (Mittelfranken),	284
La Guépie,	690	Lamouilly,	280	Langen-Isarhofen,	284
La Guerche,	690	Lampeter,	547	Langenkandel,	994
La Guierche,	685	Lamphey,	094	Langenlebarn,	268
La Haye (Belgique),	634	Lampils,	139	Langenleuba,	294
» (Hollande),	405, 732	Lamport,	509	Langenlonsheim,	760
» -Fouassière,	690	Lamsoul,	285	Langenöls,	551
» -Malherbe-Mon-		Lana,	133	Langensalza,	874
taure,	679	Lanaeken,	351	Langenschemmern,	291
Lahr,	352	Lanark,	139	Langenselbold,	321
Lahtis,	287	Lancaster,	509, 583	Langenthal,	161
La Hulpe,	285	Lancenigo,	389	Langenwang,	845
La Hume,	581	Lancey,	691	Langenweddingen,	538
La Hutte,	685	Lanchester,	654	Langenzenn,	284
Laibach,	721, 845	Lancing,	511	Lang-Enzersdorf,	645
Laifour,	280	Lancut,	164	Langerbrugge,	60
Laigle,	685	Landas,	280	Langerwehe,	733
Laignes,	691	Landau a/Isar,	284	Langeshov,	286
Laigné St-Gervais,	690	» (Pfalz),	904	Langeweg,	293
Laigueglia,	389	Landeghem,	285	Langford,	358
Lainz,	421	Landelies,	634	Langfuhr,	79
Lairg,	402	Landen,	285, 351	Lang-Göns,	541
Laissey,	691	Landerneau,	685, 690	Langhemarcq,	60
Laister Dyke,	360	Landeron,	848	Langho,	460
Laître-sous-Amance,	280	Landesborough,	654	Langholm,	652
La Jarrie,	690	Landeshut,	551	Langlau,	284
La Jonchère,	690	Landévant,	690	Langley (Bucks),	365
La Joux,	691	Landivisiau,	685	» (Durham),	654
La Joyosa,	988	Landl,	721	» (Northumberland),	654
La Jumellière,	690	Landonvillers,	18	» Green & Oldbury,	365
Lakenheath,	358	Landore,	365	» Mill,	583
L'Albenc,	691	Landquart,	905	Langloan,	139, 652
Lalendorf,	324	Landrecies,	643	Langmeil-Münchweiler,	904
La Levade,	691	Landsberg a/Lech,	284	Langnau,	428
La Londe,	685	» a/Warthe,	282	Langogne,	691
La Loupe,	685	» (Merseburg)	74	Langon,	581
La Louvière,	285	Landscauter,	285	Langport,	112
Laluque,	581	Landshut,	284	Langres,	280
La Magistère,	581	Landskron,	283	Langrick,	360
La Maître-Ecole,	655	Landskrona,	463	Langschede,	72
Lamancha,	652	Landstuhl,	904	Langsdorf,	399
Lamanon,	691	Landvorovo,	355	Langsjön,	334

— 66 a. —

Langstadt,	521	La Roche-sur-Yon, 163, 690, 920		Laufach,	284
Langwaid,	284	La Roda,	192	Laufen,	428
Langwedel,	288, 538	La Rodde,	97	Laufenburg,	352
Langwirth,	548	La Roque,	690	Laufelfingen,	161
Langwith,	583	La Rota,	536	Lauffen,	291
Langworth,	548	La Rotta,	747	Laun,	714
Lannach,	357	Lartington,	654	Launceston,	823
Lannemezan,	581	La Sambre,	351	Launois,	280
La Nouvelle,	581	La Sarraz,	848	Launsdorf,	721
Lanridge,	139	La Sauve,	163	Launton,	509
Lanschütz,	283	Las Cabezas,	801	Laupheim,	291
Lansdown,	365	Las Caldas,	638	Laura,	747
Lanskaja,	287	Las Casetas,	988	Laurahütte,	746
Lanz,	77	La Selle,	929	Laurberg,	286
Lanzendorf-Pellendorf,	283	La Selva,	478	Laurenburg,	289
Laon,	280, 643	La Seyne,	691	Laurencekirk,	139
La Pacaudière,	691	Las Fraguas,	638	Laurencetown, =	655
La Paix,	285	Laskafalva,	14	Laurens,	581
La Palisse,	691	Laskowitz,	282	Laurent d'Aigouze (S^t),	691
La Palma,	536	Las Navas,	638	» des Combes (S^t),	690
La Palud,	691	La Sône,	691	» -Fouras (S^t),	163
La Paperie,	690	La Sonys,	163	» St Julien (S^t),	563
La Pauline,	691	La Souterraine,	690	» St Paul (S^t),	581
La Peña,	192	Las Rozas,	638	Lauris,	691
La Penne,	691	Las Segadas,	646	Lauriston,	139
La Peyrouse,	690	Lassell's,	982	Laurs (S^t),	690
Lapford,	510	Lassig,	105	Lausanne,	469, 848
La Pinte,	285	Lassnitz,	686	Lausen,	161
La Pise,	691	Lassodie,	652	Lautenthal,	538
La Plaine,	691	Lasswade,	652	Lauter (Oberbayern),	284
La Pointe,	690	Lasswitz,	807	» (Zwickau),	294
La Pola de Gordon,	638	Lastau,	613	Lauterbach,	399
La Pomme,	691	Las Valles,	17	Lautrach,	631
La Possonnière,	690	La Suze,	685	Lautrec,	581
Lappila,	287	Laszlo (S^t),	845	Lauwe,	285
Lappvic,	287	Las Zorreras,	638	Lavagna,	389
La Praz,	691	Latchford,	509	Laval,	685
Laptevo,	608	Latchmere,	510, 511	La Valbonne,	691
Lapugnoy,	643	Laterina,	747	La Valette,	691
Lapy,	355	La Teste,	581	La Varenne (S$_t$ Maur),	280
Laragne,	691	Lathalmond,	652	Lavau,	678
La Rapée-Bercy,	156	Latham,	460	Lavaud-Franche,	690
Larbert,	139, 652	Lathen,	290	Lavaux-Ste-Anne,	285
L'Arbresle,	228, 691	Lathmill,	339	La Vaveix les Mines,	690
Larche,	690	Lathus,	690	La Vavrette-Tossiat,	691
Lardy,	690	La Touche,	929	Laveline,	932
La Reid,	285	La Tour,	581	Laven,	286
La Remisa,	638	» de Millery,	691	Lavenham,	358
Laren,	293	» de Salvagny,	228	Laventie,	643
La Renardière,	691	» du Pin,	691	Laverocklaw,	652
La Réole,	581	La Traverserie,	793	La Verpillière,	691
Largo,	482	Latrecey,	280	La Verrerie,	285
Larkhall,	139	La Tresne,	163	La Verrière,	685
La Ricamarie,	691	La Tricherie,	690	La Veuve,	280
La Rinconada,	536	Lattes,	396	Lavilledieu,	581
La Riva,	478	Lattier (S^t),	691	Lavino,	389
La Rivière,	691	Lauban,	551	Lavis,	845
» -de-Mansac,	690	Laubenheim,	521	La Voulte s/Rhône,	691
» -Thibouville,	685	Lauchhammer,	668	La Voûte s/Loire,	846
Larne,	67	Lauchheim,	291	Lavradio,	139
La Robla,	646	Lauda,	352	Law,	139
La Roche,	351	Laudenbach (Jagst),	291	Lawhead,	365
» (Ille-et-Vilaine),	929	» (Mannheim),	540	Lawley Bank,	5 bis
» (Yonne),	929	Lauenbrück,	189	Lawn,	824
La Rochelle,	163, 690	Lauenburg,	77	Lawrence (S^t),	659
» -Chalais,St Aigulin,	690	Lauf,	284	Lawton (Cheshire),	

Lawton (Shropshire),	365	Le Dorat,	690	Lelekvinskaïa,	675
Laxa,	295	Ledsham,	509	Le Lioran,	690
Laxenburg,	845	Lee,	824	Le Locle,	428
Layrac,	581	Leebotwood,	365, 509	Le Luc et le Cannet,	691
Lay-St-Christophe,	280	Leeds,	360, 509, 583, 654	Le Lude,	690
Laytown,	655	Leegate,	559	Lem,	286
Lazarevo,	608	Leek,	659	Le Mans,	685, 690
Lazarusschacht,	684	Leeming Lane,	654	Lembecq,	285
La Zarga,	179	Leer,	290, 353	Lembeke,	60
Lazenby,	654	Leersund,	176	Lemberg (Galizien),	33, 164, 474
Lazisk,	807	Lees,	509	» (Lemberg),	18
Lazy,	940	Leeuwarden,	293	Le Merlerault,	685
Lazzaro,	569	Le Fidelaire,	685	Lemes,	433
» (San),	569	Le Forest,	643	Le Mesle s/Sarthe,	680
Lea,	360	Legbourne,	360	Lemforde,	189
» Bridge,	358	Legden,	229	Lemington,	654
Leadburn,	652	Legelshurst,	352	Le Molay-Littry,	685
Leadenham,	360	Le Genest,	685	Le Moulin des Ponts,	691
Leadside,	652	Legenye-Mihályi,	641, 691	Lempaut,	581
Lea End,	652	Léger-Boisset (St),	685	Lempdes,	690
Leagrave,	583	» de Monbrillais-Morton		Le Muy,	691
Lea Green,	509	(St),	920	Lena,	902
Leake,	360	» en Braye (St),	679	Lend,	421
Lealholme,	654	» lès Domart (St),	888	Lendelede,	60
Leamington,	365	» Sully (St),	691	Lendorf,	845
» Avenue,	509	» s/d'Heune (St),	691	Lenesic,	714
Leamside,	654	Legerwood's,	652	Lengenfeld (Krain),	721
Lea Road,	460, 509	Legnano,	389	» (Sachsen),	992, 294
Leatherhead,	510, 511	Le Got,	690	Lengerich,	189
Leaton,	365	Le Gouffre,	691	Lengfeld,	521
Lebanus,	809	Légrád,	845	Lennep,	72
Leberau,	18	Le Guétin,	690	Lennoxtown,	652
Le Boucau,	581	Legvany,	712	Lens (Belgique),	285
Le Bourget-Drancy,	643	Le Havre,	685	» (France),	643
Le Bousquet,	581	Le Helder,	405	Lentilly,	228
Le Breuil,	691	Lehrberg,	284	Lentini,	569
» -Blangy,	685	Lehrte,	288, 538	Lenton,	583
Lebrija,	801	Leibnitz,	845	Lentram,	402
Lebring,	845	Leicester,	583	Lenzburg,	161
Le Bugue,	690	Leichlingen,	72	Lenzen,	77
Le Buisson,	690	Leiden,	405	Lenzie,	652
Le Burg,	690	Leiferde (Braunschweig),	123	Leoben,	721, 845
Lebus,	282	» (Hannover),	538	Leobersdorf,	845
Le Cailar,	691	Leigh (Essex),	517	Leobschütz,	807
Le Campinaire,	285	» (Lancashire),	509	Leoch,	139
Le Canet,	691	» (Stafford),	659	Leoerda,	474
Le Câteau,	643	» Court,	365	Leogang,	421
Lecce,	569	Leighton,	509	Leogrube,	807
Lecco,	389	Leinefelde,	537, 874	Leominster,	365, 509
Le Cendre,	691	Leipe,	807	Leon,	646
Le Chambon–Feugerolles,	691	Leipheim,	284	Léonard (St) (Angleterre),	511
Le Châtelet,	280	Leipnik,	267	» » (Suisse),	848
Le Chatellier,	685	Leipzig,	74, 294, 378, 472, 537,	Leonards »	824
Le Cheylas,	691		874	Leonberg,	291
Lechlade,	365	Leire,	787	Leonforte,	569
Lechts,	49	Leisewitz,	807	Leonhard (St),	123
Leckethill,	652	Leising,	845	Leonidovka,	605
Le Clapier,	691	Leisnig,	472	Leopoldsberg,	268
Le Clion,	539bis	Leiston,	358	Leopoldshafen,	352
Le Coteau,	691	Leith,	139, 652	Leopoldshöhe,	352
Le Creusot,	691	» Walk,	652	Leouchkovskaïa,	750
Lectoure,	581	Leitmeritz,	645	Le Pallet,	690
Le Curier,	275	Leixlip,	587	Lépanges,	932
Ledbury,	365	Leka,	711	Le Pas,	685
Lede,	285	Lekenik,	845	Lepavina,	292
Ledeberg,	285	Le Langon-Mouzeuil,	163	Le Péage de Roussillon,	691

— 68 a. —

Le Pecq,	685	Lestrem,	643	Liancourt-St-Pierre,		685
Le Pérat,	163	Les Trillers,	690	» -sous-Clermont,		581
Le Perray,	685	Les Trois Moutiers,	920	Liatorp,		295
Le Pertuiset,	691	Les Verrières (France),	691	Libac,		133
Le Plessis-Belleville,	643	» (Suisse),	848	Libau,		485
Le Pirée,	37	Les Yveteaux-Fromental,	685	Libiace,		267
Le Pontet,	691	Le Teich,	581	Libin,		285
Le Pouzin,	691	Letham Mill,	139	Liblic-Bisic,		899
Lepsény,	845	Le Theil,	685	Libnowes,		645
Le Pujet de Fréjus,	691	Lethenty,	363	Liboch,		645
Le Puy,	691	Le Thil,	679	Libourne,		690
Le Quesnoy,	643	Le Thor,	691	Libramont,		285
Ler,	891	Letmathe,	72	Libsic,		283
Lerberg,	286	Letoianni,	569	Lic,		292
Lercara,	569	Letowitz,	283	Lich,		399
Lërida,	988	Le Touquet,	60	Lichfield,		509
Lerino,	389	Le Trayas,	691	Lichstensteig,		605
Le Rouget,	690	Le Tremblois,	281	Lichtaert,		897
Lérouville,	280, 479	Lette,	229	Lichtenau (Liegnitz),		551
Lerum,	295	Leubsdorf,	169	» (Mähren),	807,	327
Les Arcs,	691	Leucate,	581	Lichtenfels,	284,	874
Le Sault,	228	Leuchars,	652	Lichtenwald,		845
» du Loup,	691	Leupeghem,	285	Lichterfelde,	78,	79
Les Barres,	690	Leurdeni,	283	Lichtervelde,		60
Les Cabrils,	581	Leu (St),	643	Lidford,		823
Lescar,	581	Leutersdorf,	294	Lidköping,		484
Les Carreaux,	680	Leutershausen,	284	Lidlington,		509
Leschede,	290	Leutesdorf,	733	Liebau,	551,	645
Les Chères-Chassel,	691	Leutkirck,	291	Liebenau (Böhmen),		72
Leschnitz,	807	Leuze,	285	» (Hessen),		645
Leschtina,	645	» -Longchamps,	285	Liebenthal,		668
Les Clouzeaux,	920	Leval,	285	Liebenwerda,		291
Les Echets,	228	Levanto,	389	Liebenzell,		399
Les Eglisottes,	690	Levaschovo,	287	Lieblos,		357
Les Eplattures,	428	Le Vaudreuil,	685	Lieboch,		551
Les Eyzies,	690	Le Vaumain,	679	Liebsgen,		645
Les Forges,	690	Leven,	482	Liebstadl,		634
Les Ifs-Etretat,	685	Levenseat,	139	Liége,	285, 293, 485,	551
Les Islettes,	280	Levenshead Branch,	652	Liegnitz,	405,	845
Les Kœur,	479	Levenshulme,	509	Lienz,		235
Les Laumes,	691	Le Verdon,	563	Lier,		285
Leslie,	652	Leverton,	548	Lierde-Ste-Marie,		897
Lesmahagow,	139	Le Vésinet,	685	Lierre,	285, 351,	293
Les Marches,	691	Le Vigan,	691	Liers,		428
Les Martres de Veyre,	691	Levisham,	654	Liesberg,		351
Les Mazes,	691	Levitskaja,	108	Liesboch,		691
Les Milles,	691	Lewes,	511	Liesle,		606
Les Moutiers,	539bis	» Road,	511	Liésnaïa,		41
Le Soler,	698	Lewisham,	824	Liessnitz,		101
Les Onglous,	581	» Road,	513	Liestal,		421
Les Ormes (Seine-et-Marne),	280	Lexos,	690	Lietzen,		581
» (Vienne),	690	Leyburn,	654	Lieuran-Ribaute,		691
Lesparre,	563	Leyland,	460, 509	Lieusaint,		743
Lespouey-Laslades,	581	Leyment,	691	Lievenhof,		139
Lesquielles-St Germain,	370	Leysmill,	139	Liff,		280
Lesquin,	643	Leytonstone,	358	Liffol-le-Grand,		510
Les Roches de Condrieux,	691	Lezama,	893	Lifford (Devon),		583
Les Rosiers,	690	Lézignan (Aude),	581	» (Worcester),		823
Less,	14	» -la-Cèbe,	581	Lifton,		460
Les Sables d'Olonne,	920	Lézinnes,	691	Lightcliffe,		365
Les Salorges,	690	Lezoux,	691	Lightmoor,		163
Lessebo,	151	Lgow,	453	Lignan,		285
Lessines,	285	L'Herbergement,	690	Ligne,		351
L'Estaque,	691	L'Hermitage-Mordelles,	685	Ligny (Belgique),		280
Les Terreaux-Verosvres,	228	L'Hommaizé,	690	» (France),		643
Lester's,	365	L'Hôpital,	691	» St-Flochel,		

— 69 a. —

Ligny-Tongrinne,	285	Linn (Ecosse),	652	Littlethorpe,		654
Ligovo,	49	» (Preussen),	733	Little Wood,		460
Ligugé,	690	Linsburg,	288	Littleworth,		360
Likhaïa,	454	Lintgen,	18	Liubotin,		439
Lilbourne,	509	Linthes-Linthelles-Pleurs,	280	Liverdun,		280
L'Ile-Barbe,	691	Lint Mill,	652	Liverpool,	171, 460,	509
» -d'Elle,	163	Linton,	358	Liversedge,		460
Liljeholmen,	295	Lintorf,	733	Livingston,		652
Lille,	643	Lintz Green,	654	Livny,		498
Lillerod,	787	Linwood,	339	Livorno,		747
Lillers,	643	Linz,	733	» -Vercellese,		389
Lilleskog,	900	» a. d. Donau,	421	Livron,		691
Lillestrom,	176	Lioubertsy,	609	Lixna,		743
Lilliput Road,	688	Lipetsk,	674	Lizaigne (Ste),		690
Lillois,	285	Liphook,	510	Ljung,		95
Lillsjödal,	621	Lipka,	368	Llanarthney,		162
Lillyhill,	652	Liplan,	898	Llanberis,		509
Lilyburn,	652	Lipovka,	606	Llanbister Road,		509
Limal,	285, 351	Lipovo,	675	Llanbrynmair,		143
Limbach,	294	Lippstadt,	290	Llandbryde,		402
Limberg-Maissau,	268	Liptó St-Miklos,	433	Llancaiach,	737,	365
Limburg (Arnsberg),	72	Lisbellaw,	422	Llancaich,		854
» (Nassau),	289	Lisboa,	846, 710	Llandaff,		855
Limefield,	139	Lisburn,	903	Llandebie,		365
Limehurst,	548	Lischan,	701	Llandenny,		365
Limekilnedge,	652	Liscooley,	422	Llanderfel,		365
Limeray,	690	Lisieux,	142, 685	Llandilo,	162, 365,	509
Limerick,	364, 942	Lisino,	49	Llandilo Bridge,		162
Limerigg & New Lodge,	652	Liskeard,	199, 496	Llandinam,		143
Lime Road,	652	Liski s/Don,	454	Llandloes,		588
Limersheim,	18	L'Isle d'Albi,	690	Llandough,		854
Limito,	389	» de Noé,	581	Llandovery,	365,	509
Limmritz,	294	» s/le Doubs,	691	Llandrillo,		365
Limoges,	690	» s/Sorgues,	691	Llandrindod,		509
Limours,	690	Lismore,	364	Llandrinio,		713
Limpley-Stoke,	365	Lisnaskea,	422	Llandudno,		509
Linares,	536	Lison,	685	Llandulas,		509
Linby,	583	Lisors,	679	Llandyssil,		152
Lincent,	285	Liss,	510	Llanelly,		365
Lincoln,	360, 548, 583	Lissa,	551	Llanerchymor,		509
Linda,	79	Lissawa,	283	Llanerchynedd,		509
Lindal,	329	Lisseweghe,	60	Llanfair,		509
Lindau,	284, 931	Listernohl,	72	Llanfairfechan,		509
Linde (Preussen),	282	Liszka-Tolcsva,	641	Llanfechain,		143
» (Suède),	160	Liteni,	474	Llanfihangel (Cardigan),		143
Lindean,	652	Litóvic,	714	» Monmouth),		365
Lindenau,	282	Littai,	845	Llanfolteg,		970
Lindenau,	847	Littau (Oesterreich).	283	Llanfyllin,		143
Lindenbach,	289	» (Suisse),	428	Llanfynydd,	365,	509
Linden-Fischerhof,	538	Littitz,	684	Llanfyrnach,		970
» -Kuchengarten,	538	Littleborough,	460	Llangadock,	365,	509
» -Signal,	538	Little Bytham,	360	Llangammarch,		509
Lindern,	72	» Eaton,	583	Llangefni,		509
Linderode,	378	Littlegill,	139	Langennech,		365
Lindhorst,	288	Littlehampton,	511	Langlydwen,		970
Lindsay,	652	Little Hey,	460	Langollen,		365
Lineside,	652	» Hulton,	509	» Road,		365
Linford,	509	» Island,	364	Llangonoyd,		365
Lingen,	290	» Kimble,	365	Llangunllo,		509
Lingenfeld,	904	Littlemill,	365	Llangwillog,		509
Linghem,	295	» Mill,	654	Llangybi (Cardigan),		547
Lingolsheim,	18	Littlemore,	365	» (Carnarvon),		509
Linkenheim,	352	Little Mountain,	982	Llanharan,		365
Linköping,	295	Littleport,	358	Lianharry,		205
Linley,	365	Little Raith,	652	Llanhilleth,	365,	600
Linlithgow,	652	» Steeping,	360	Llanidloes,		143

Llanilar,	547	Lockington,	654	Long Marston,		365
Llanishen,	737	Löcknitz,	79	Longmorn,		363
Llanpumpsaint,	152	Lockwood (Lanark),	652	Longniddry,		652
Llanrhaiadr,	221	» (York),	460	Long Pavement,		942
Llanrhystyd Road,	547	Lödderburg,	537	Longpont,		643
Llanrwst,	509	Lodelinsart,	351	Longport,		659
Llansaintffraid,	143	Lodensee,	49	Longpré,	643,	888
Llansamlet,	365, 583	Lodère,	581	Long Preston,		583
Llantarnam,	600	Lodge Hill,	112	Longridge (Lancashire),	460,	509
Llantrissant,	205, 365, 854	Lodi,	389	» (Linlithgow),		652
Llantwit,	854	Lodosa,	893	Longrigg,		652
Llanwchllyn,	365	Lodz,	504	Longriggend,		652
Llanwern,	365	Loeuilly,	643	Longroy-Gamaches,		888
Llanwnda,	509	Loevenich,	733	Longside,		363
Llanwrda,	365, 509	Lofthouse,	360, 460, 654	» (Pit),		339
Llanwrtyd,	509	Loftus,	654	Long Stanton,		358
Llanyblodwell,	713	Löfvestad,	985	Longstone,		583
Llanybyther,	547	Log,	368	Long Sutton,	360,	583
Llanymynch,	713	Logan,	339	Longton,		659
Lanymynech,	143	Loganlee,	139	Longtown,		652
Llechryd,	588	Logelbach,	18	Longueau,		643
Llest,	365	Logierieve,	363	Longuerue-Vieux-Manoir,		643
Llettyshenkin,	854	Login,	970	Longueville (Seine et Marne),		280
Llinás,	859 bis	Logroño,	893	» (Seine inférieure),		685
Lliswerry,	365	Lohhof,	284	Longuyon,		280
Llodio,	893	Lohmen,	294	Longville,		365
Llong,	509	Lohne,	189	Longwood,		509
Lloseta,	543	Löhne,	288, 538	Longwy,		280
Lloyd's,	460	Lohnberg,	289	Lonigo,		389
Llwydcoed,	365	Lohr,	284	Lonlay,		111
Llwyngelyn,	854	Lohsa,	668	Lonmay,		363
Llwyngwril,	143	Loipersbach-Schadendorf,	845	Lönneberga,		621
Llwynpia,	854	Loisy,	280	Lonny-Renwez,		280
Llwynsaer,	365	Loitsch,	845	Lonsee,		291
Llynclys,	143	Loivre,	280	Lons-le-Saulnier,	228,	691
Llynvi,	365	Loja,	192	Lónya-Bánya,		292
Lô (St),	685	Lojo,	287	Loochristy,		26
Loanhead,	652	Loken,	176	Loosdorf,		421
Loano,	389	Lokeren,	26, 60, 285	Loonen-Vreeland,		732
Löbau,	294	Lokve,	292	Loos,		643
Lobberich,	733	Lollar,	541	Lopasnia,		608
Lobbes,	634	Lombardstown,	364	Lophem,		60
Löberöd,	985	Lomello,	389	Lora del Rio,		536
Lobosic,	283	Lomnic,	268	Lorch (Nassau),		289
Lobstädt,	294	Lomoviss,	858	» (Württemberg),		291
Locarno,	348	Lompret,	174	Lorcy,		691
Locate,	389	Lonato,	389	Lord's Bridge,		509
Lochau,	931	Londerzeel,	285	Lordsfield,		548
Lochanhead,	339	London, 358, 360, 365, 510, 511		Lordship,		513
Locharbriggs,	139	513, 574, 577, 583, 657		Lord Skelmersdale's,		460
Lochearnhead,	139			Lorentzweiler,		18
Lochee,	139	» Bridge,	511	Lorenzen (St),		824
Lochem,	293	Londonderry,	67, 422, 510	» (Wuste) (St),		721
Lochend,	652	Longages,	581	Lorenzo (San),		845
Lochfitty,	652	Longchamps-Bohéries,	370	» -Maggiore,		389
Lochgelly,	652	Longerich,	733	Loreto,		569
Lochhausen,	284	Longeville,	280	Lorette,		569
Loch Leven,	652	Longford,	587	Lorient,		691
Lochluichart,	402	» & Exhall,	509	Lörincz (St),		690
Lochmaben,	139	Longforgan,	139	Lörinz,		328
Lochore,	652	Longhedge,	511	Loriol,		283
Lochovic,	252	Longhirst,	654	Lormont,		691
Lochow,	355	Longhope,	365	Lorqui,		690
Loch Sterrow,	139	Longhougton,	654	Lörrach,		536
Lochwinnoch,	339	Longlee,	139	Lorsch,		352
Lockerbie,	139	Longlier,	285	Los Balbases,		521
						638

— 71 a. —

Los Corrales,	638	Löwenhagen,	282	Lugau,		294
Losenstein,	721	Lower Darwen,	460	Lugo (Lugo),		646
Los Guelos,	801	» Haywood,	139	» (Italie),		569
Losning,	286	» Merton,	510, 511	» (Oviedo),		646
Los Ojuelos,	801	» Norwood,	511	Lugones,		646
Losoncz,	292	» Sydenham,	824	Lugos,		581
Los Remedios,	192	Lowestoft,	358	Lugton,	139,	339
Lossen,	807	Low Fell,	654	Luhe,		284
Lossiemouth,	353	» Gill,	509	Luib,		139
Lössnitz,	168	Lowicz,	940	Lukaitz,		76
Lostock,	460	Low Leyton,	358	Lukawec,		283
» Gralam,	171	Low Moor,	460	Lukawica-Lisko,		715
» Hall,	460	» Row,	654	Luksivna,		433
» Lane,	460	» Street,	517	Lulé-Bourgas,		898
Lostwithiel,	199	Lowthorpe,	654	Lultsch,		267
Loth (Belgique),	285	Loxstedt,	288	Lumay,		285
» (Ecosse),	402	Lozanne,	691	Lumbres,		643
Lothain (St),	691	Lozère,	690	Lumphanan,		363
Lothier,	690	Lozowaïa,	452, 525	Lumphinnans,		652
Lottinghen,	643	L. Schwalbach,	289	Lunas,		581
Lottbo,	334	Luant,	690	Luncarty,		139
Lottengrün,	294	Lubachevskaïa,	669	Lund (Gefleborg),		334
Lötzen,	847	Luban,	355	» (Malmöhus),	295,	886
Loubès (St),	690	Lübben,	76	Lundby,		787
Loublino,	608	Lübbenow,	76	Lundemo,		891
Loucha,	483	Lübeck,	296, 526	Lundenburg,	267,	645
Loudéac,	685	Lüben,	105	Lunderskov,		286
Loudun,	920	Lubenham,	509	Lundin Links,		482
Loudwater,	365	Lubersac,	690	Lüneburg,	77,	288
Louga,	355	Lubochna,	433	Lunel,		691
Loughborough,	583	Luc,	691	» -Vieil,		691
» Park & Brixton,	511	» s/Mer,	135	Lünen,		229
Loughgilly,	629	Lucan,	364, 587	Lunery,		690
Loughor,	365	Lucca,	389	Lunéville,		280
» & Spitty,	365	Luceni,	988	Lüngitz,		421
Loughton,	358	Luce (Ste),	690	Lupków,		715
Louhans,	228	Luchana,	526	Lure,		280
Loulans-les-Forges,	691	Luché-Pringé,	690	Lurgan,		903
Louis (St),	285	Lucignano,	747	Lurs,		691
» les Aygalades (St),	691	Lucka,	294	Luschitz,		267
Louisa,	321	Luckenwalde,	74	Lusignan,		690
Louisenhof,	106	Lucker,	654	Lusigny,		280
Louisenglückgrube,	807	Lucknow,	652	Lussac-les-Châteaux,		690
Louisenthal,	760	Luçon,	163	Lustadt,		904
Loukhovitsy,	609	Ludas,	292	Lustenau,		931
Loukow,	939	Ludborough,	360	Lustin,		634
Loup du Gast, (St),	685	Luddenden Foot,	460	Lustleigh,		823
» -Luxeuil (St),	280	Lüdenscheid,	72	Lütisburg,		905
Lourches,	643	Lüdersdorf,	324	Luton,	360,	583
Lourdes,	581	Ludgate,	510, 511	Lutry,		848
Loures-St-Bertrand de Comminges,		Ludinghausen,	229	Lutter a Bbge.		123
	581	Ludlow,	365, 509	Lutterbach,		18
Louroux de Bouble,	690	Ludon,	563	Luttre,		285
Loury-Rébréchien,	690	Ludres,	280	Lüttringhausen,		72
Louth,	360	Ludvika (Falun)	160	Lützelburg,		18
Louvain,	285, 351	» (Kopparsberg),	302	Luxé,		690
Louvemont,	280	Ludwig (St),	18	Luxemburg,		18
Louverné,	685	Ludwigsburg,	291	Luzan,		474
Louviers,	679, 685	Ludwigsfelde,	74	Luzarches-Survillers,		643
Louvres,	643	Ludwigsglück,	807	Luzech,		690
Lovagny,	691	Ludwigslust,	77	Luzern,	161, 428,	642
Lovcha,	247	Ludwigsort,	282	Luzna-Lischan,		133
Loves Brick,	583	Luffenham,	509, 583	Luzy.		691
Lowdham,	583	Lugagnan,	581	Lycett,		659
Löwen,	807	Lugano,	348	Lychitsy,		108
		Lugar,	339	Lyck,		847

Lydbrook,	365, 795	Maffles,	285	Maksimovka,		454
Lydham Heath,	86	Magacela,	179	Málaga,		192
Lydney,	365, 795	Magalas,	581	Malahide,		655
Lye,	365	Magaz,	638	Malain,		691
Lymington,	510	Magdeburg,	78, 537, 538	Malansac,		690
Lymm,	509	Mageney,	364	Malapane,		746
Lympstone,	510	Magenta,	389	Malaunay,		685
Lyndhurst,	510	Magherafelt,	67	Malause,		581
Lyne,	139	Magheramorne,	67	Malaville,		163
Lyngby,	787	Maghull,	460	Malay-le-Roi,		678
Lynn,	360, 583	Magilligan,	67	» -le-Vicomte,		678
Lyon,	228, 691, 735	Magione,	747	Malchin,		324
Lyons,	365	Magliana,	747	Maldegem,		332
» Hall,	365	Maglie,	569	Malderen,		285
Lyre,	685	Magnano Artegna,	389	Maldon,		358
Lysa,	645	Magnette,	690	Malesherbes,	690, 691
Lysaker,	235	Magnor,	176	Malevka,		739
Lyss,	428	Magnus (St),	288	Malgrat,		859 bis
Lyssach,	161	Magny,	539, 685	Malilla,		621
Lytham,	460, 509	Magocs,	61	Malines,	285, 542
Maarn,	732	Magor,	365	Malinovka,		247
Maarsbergen,	732	Maguires Bridge,	422	Malins Lee,		509
Maarssen,	732	Magyar-Boly,	14	Malischevo,		755
Maartensdyk,	495	» -Gorbo,	281	Malkine,		355
Maasbracht-Linne,	293	» -Nádas,	281	Mallegat (Fijenoord),		293
Maastricht,	293, 351, 485	Mahlow,	75	Malling,		513
Mâatz,	280	Mahlwinkel,	538	Mallmitz,		551
Macaire (St),	581	Mährisch-Budwitz,	645	Mallow,		304
Macau,	563	» -Neudorf,	267	Malmö,	295, 545
Macbie Hill,	652	» -Neustadt,	327	Maloarkhangelsk,		608
Maccarese,	747	» -Ostrau,	267	Maloryto,		440
Macclesfield,	509, 548, 659	» -Schönberg,	327	Malo-St-Servan (St),		685
Macdonald & Young,	652	Maidan,	283	» -Vichera,		355
Macduff,	363	Maiden Lane,	657	Malpas,		509
Machecoul,	619	» Newton,	365	Malsch,		352
Machelen,	285	Maidhenhead,	365	Malstatt,		760
Machen,	104	Maidstone,	513, 824	Malt Barns,		652
Machendorf,	294	Maienfeld,	905	Maltchevskaïa,		454
Machern,	472	Maignelay-Montigny,	700	Malters,		428
Machynlleth,	143	Maikammer-Kirrweiler,	904	Malton,		654
Mackmine,	946	Mailly,	846	Maltsch,		551
Macmerry,	652	» -la-Ville,	691	Malvern,	365, 583
Macmine,	243	Mainbernheim,	284	» Link,	365, 583
Mâcon,	228, 691	Maindy,	854	» Wells,	365, 583
Macquigny,	370	Mainkur,	521	Mamer,		18
Macroom,	196	Mainleus,	284	Mamers,		678
Maddalena,	389	Mainroth,	284	Mammern,		621 bis
Maddaloni,	569, 747	Maintenon,	685	Mammès (St),		691
Madderty,	139	Mainz,	521	Mamming,		284
Maddiston,	652	Maisach,	284	Manage,		285
Madeley (Shropshire),	509	Maisnières,	888	Manarola,		389
» (Stafford),	365	Maison-Blanche,	156, 685	Manchecourt,		690
» Market,	509	» -Rouge,	280	Manchester,	171, 460, 509, 548, 550, 583
» Road,	659	Maisons,	685	Manching,		284
» Wood,	509	» -Alfort,	691	Manch Platform,		956
Madgescroft,	139	» -Blanches-Verrières,	280	Mandé (St),		280
Madonna della Scala,	389	Maisse,	691	Mandling,		421
» del Pilone,	389	Maizières,	18	Mandrykino,		449
Madrid,	536, 638	» la Grande Paroisse,	280	Manduel-Redessan,		691
Maesaraul,	365	Maixent (St),	690	Manla,		358
Maesbrook,	713	Majdam-Pawetcze,	33	Manerbio,		389
Maeseyck,	387	Majthény,	641	Mangano,		569
Maesmarchog,	623	Makhochino,	464	Mangolding,		284
Maesteg,	365	Máklar,	292	Mangotsfield,		583
Maesycrugiau,	547	Makry-Keui,	898	Manley,		171
Maesycwmmer,	114	Maksaticha,	755			

— 73 a. —

Manneshall,	139	March Howell,	623	Marijnovka,	858
Mannenbach,	621 bis	Marchiennes, 285, 351,	643	Marinella (San),	747
Mannheim,	540	» (Zône),	634	Marino,	157, 747
» a/Neckar,	352	Marchington,	659	Marishes Road,	654
Manningham,	583	Marchmont,	652	Marke,	74
Manningtree,	358	Marchtrenk,	421	Markelfingen,	352
Mannweiler,	904	Marcianise,	569	Markelo,	293
Manois,	280	Marcilla,	988	Markelsheim,	291
Manopello,	569	» de Campos,	638	Market-Bosworth, 509,	583
Manorbier,	694	Marcillac,	690	» - Drayton, 365,	659
Manor Park,	358	Marcilloles,	691	» -Harborough, 509,	583
Manosque,	691	Marcinelle, 285,	351	» -Hill,	659
Manresa,	988	Marcilly-le-Pavé,	691	» -Rasen,	548
Mansfield (Ayr),	339	» sur Eure,	679	» -Weighton,	654
» (Notts),	583	Marcorignan,	581	Markinch,	652
Mantanaro,	389	Marden,	824	Markirch,	18
Mantau,	684	Mardock,	358	Markneukirchen,	168
Mantes,	685	Mards-Orbec (St),	685	Markranstädt,	874
Mantoche,	691	Marein,	845	Marksdorf,	433
Manton,	583	Marélá,	669	Marks Tey,	358
Mantorp,	295	Maresché,	685	Marksuhl,	874
Mantova,	389	Marfleet,	654	Marktbibart,	284
Manuel (Ecosse),	652	Margam,	365	Marktbreit,	284
» (Espagne),	17	Margarethen (St),	931	Markt-Einersheim,	284
Manuell's,	139	Margaret's (St),	358	Marktl,	284
Manuelrigg,	652	Margate, 513,	824	Markt-Schorgast,	284
Manulla,	587	Margaux,	563	» -Tüffer,	845
Manvers,	548	Margherita (Santa),	389	Marlborough,	365
Manzanares,	536	Margiczan-Göllnitz,	433	Marle,	643
Manzanos,	628	Margival,	643	Marledge,	139
Mapello,	389	Margretehill,	334	Marlenheim,	18
Marainvilliers,	280	Margrethen (St),	905	Marlesford,	358
Maramaros-Szigeth,	641	Marguerittes,	691	Marles-la-Houssaye,	280
Marano,	389	Margut,	280	Marlieux,	228
Marans,	163	Maria-Maddalena (Santa),	389	Marloie,	285
Maransin,	163	Maria-Rast,	845	Marma, 557, 816,	908
Maranville,	280	» -Saal,	741	Marmagne (Cher),	690
Marasesci,	283	» -Santa (Ile Mallorca),	543	» (Saône-et-Loire),	691
Marazion Road,	957	» -Santa (Italie),	747	Marmande,	581
Marbach (See),	291	» -Thérésiopel,	14	Marmolejo,	536
» (Villingen),	352	» -Worth,	845	Marnäs,	955
Marbache,	280	Mariannelund,	621	Marnheim,	904
Marbais,	351	Mariaschein,	41	Marnocks (St),	339
Marbehan,	285, 927	Maribo,	459	Marœuil,	643
Marburg,	845	Marieberg,	886	Maroggia,	348
» a. d. Drau,	845	Mariedam,	379	Marolles,	690
» a. d. Lahn,	541	Marieholm,	463	» les Braults,	678
Marcadieu,	581	Mariembourg, 174,	351	Maronne,	685
Marcaria,	389	Mariemont,	285	Marotta,	569
Marcelcave,	643	Marienbad,	268	Maros-Bógat,	281
Marcellaz,	691	Marienberg,	169	» -Budas,	281
Marcel-lès-Valence (St),	691	Marienborn Magdeburg),	78	» -Ujvár,	281
» (St) (Bouches du Rhône),	691	» (Rheinhessen),	521	» -Vásárhely,	281
» (Saône-et-Loire),	228	Marienburg,	282	Marple, 548,	583
Marcellin (St),	691	Marienfelde,	75	Marquillies,	643
Marcenais,	163	Mariens (St),	163	Marquise-Rinxent,	643
March,	358	Marienthal (Hagenau),	18	Marratxi,	543
»	360	» (Mähren),	157	Marron, 509,	969
Marchegg,	267, 283	Marienwalde,	807	Marrubiu,	777
Marchélepot,	700	Marie (Poncelle (Ste),	927	Mars,	691
Marche-les-Dames,	634	Mariestadt,	555	Marsac (Creuse),	690
» -les-Ecaussines,	285	Marignac-St-Béat,	581	» (Tarn),	690
Marchena,	801	Marignane,	97	Marsberg,	72
Marchenilla,	801, 799	Marigny,	690	Marsden,	509
Marcheprime,	581	Mariina-Gorka,	464	Marseille,	691
Marchezais,	685	Mariino,	453	» -le-Petit,	643

— 74 a. —

Marshall's,	460	Masborough,	583	Mauves-Corbon,	680
Marsh Brook,	365, 509	Masbury,	819	Mauzé,	690
Marshfield,	365	Mascali,	569	Mave,	638
Marsh Mills,	823	Mas-de-Ponge,	691	Mawcarse,	652
Marsillargues,	691	Maslovka,	454	Maxau,	352
Marske,	654	Maslovo,	755	Maxey s/Vaise,	380
Mars-la-Brière (St),	685	Masmes (St),	280	Max-Karl,	684
Marslev,	286	Masnedsund,	787	Maximilianowo,	282
Marson,	659	Masnou,	859bis	Maximiliansau,	904
Marsta,	295	Masnuy-St-Pierre,	285	Maxing,	421
Marstetten,	642	Massa,	389	Maxton,	652
Marston (Somerset),	365	Massafra,	569	Maxwelltown,	339
» (York),	654	Mas-Stes-Puelles,	581	Maxwood,	339
» Gate,	509	Massergues,	581	Maxymowka,	164
» Green,	509	Massiac,	690	Maybole,	339
» Road,	365	Massy,	690	» & Girvan,	339
Marsvinsholm,	545	Mastenbroek,	159	Mayenne,	685
Martainvast,	685	Mastig,	645	Mayet,	690
Martainneville,	888	Matagne-la-Grande,	174	Mayfield,	339
Martaizé	920	» -la-Petite,	174	Maynooth,	587
Marten,	72, 189	Mataporquera,	638	Mazamet,	581
Marthalen,	642	Matapozuelos,	638	Mazères s/Salat,	581
Martha-Valesca,	807	Mataró,	859bis	Mchinskaïa,	355
Martigné,	685	Matfors,	849	Meadowfield,	652
Martigny (France),	679	Matha-Mohren,	283	Meadow Hall,	548
» (Suisse),	848	Mathieu,	135	Meadowmill,	652
Martigues,	97	Mathildegrube,	807	Mealhada,	710
Martin (St),	396	Mathurin (St),	690	Mealsgate,	559
Martin de Bienfaite (St),	142	Matillas,	536	Meana,	389
» de Bouillac (St),	690	Matlock Bath,	583	Measham,	509, 583
» de Centallas (San),	356	» Bridge,	583	Meaux,	280
» de Cran (St),	691	Matran,	848	Mechernich,	733
» de Mailloc (St),	142	Matrei,	845	Mechtcherskaïa,	606
» de Mieux (St),	679	Mattarello,	845	Mechtersen,	77
» d'Estréaux (St),	691	Mattersdorf,	845	Meckenbeuren-Tettnang,	291
» d'Oney (St),	581	Mattierzoll,	123	Meckesheim,	352
» le Beau (St),	690	Mattighofen,	421	Mecklar,	321
» sur Loire, (St),	690	Matto de Miranda,	710	Meco,	536
Martino (San) (Pisa),	747	Mattuglie,	845	Médard (St),	606
» » (Verona),	389	Matvejew-Kourgan,	453	» d'Eyrans,	581
Martinstein,	760	Matzenheim,	18	Medbourne Bridge,	509
Martock,	112	Maubert-Fontaine,	280	Mede,	389
Marton (Warwick),	509	Maubeuge,	643	Medellin,	179
» (York),	654	Maubourguet,	581	Mederovo,	439
Mártonvásár,	845	Mauchline,	339	Medge Hall,	548
Martorell,	859bis	Maud,	363	Mediasch,	281
Martory (St),	581	Mauds Bridge,	548	Medinaceli,	536
Martres de Rivière,	581	Mauer,	352	Medina del Campo,	561, 562, 698
» -Tolosane,	581	Mauerkirchen,	421	Medio-Millar,	871
Martsinkantsé,	355	Maulach,	291	Médis,	792
Marxen,	77	Maulbronn,	291	Medjidié,	216
Maryborough,	364, 941	Maulburg,	352	Medstead,	510
Maryhill,	652	Mauldslie,	139	Medviédevo,	755
Marykirk,	139	Maulevrier,	690	Medyka,	164
Maryland Point,	358	Maulusmühle,	18	Meerane,	294
Mary Pit,	652	Maure (Ste),	690	Meerholz,	321
Maryport,	509, 559	Maurice (St),	848	Meerssen,	351
Mary's Cray (St),	513	» s/Fessard (St),	678	Mehburg,	281
» (St),	360	Maurizio (San),	881	Mehlem,	733
Mary Tavy,	823	Maur-les-Fossés (St),	280	Mehltheuer,	204
Maryville,	139	Maurs,	690	Mehrhoog,	189
Marzabotto,	389	Maurucie,	355	Mehun s/Yèvre,	72, 189
Marzanotto (San),	389	Mausheim,	284	Meiderich,	845
Marzdorf (Liegnitz),	551	Mautern,	721	Meidling,	139
» (Mähren),	327	Mauthausen,	421	Meigle,	139
Marz-Rohrbach,	845	Mauves,	690	Meikle Earnock,	

Meiningen,	284, 874	Mennock,	339	Messinghausen,	72
Meinersen,	538	Menston,	583	Messkirch,	352
Meirelbeke,	285	Menstrie,	652	Messon,	678
Meissein,	280	Menthorpe Gate,	654	Mestre,	389
Meitingen,	284	Mento,	691	Mestrino,	389
Meitzendorf,	538	Menzelen,	189	Mesum,	290
Meja,	292	Meols,	412	Mesyres,	691
Melangoose Mill,	200	Meopham,	513	Metcalfe's,	460
Melbourne,	583	Meppel,	293	Metelen,	290
Meldon,	652	Meppen,	290	Metgethen,	847
Meldreth,	360	Mer,	690	Methley,	360, 460, 583, 654
Melegnano,	389	Merana,	389	Methven,	139
Melford, Long,	358	Mercenasco,	389	Mettenheim,	521
Melhus,	891	Mercy,	691	Mettkau,	105
Melide,	348	Mercuès,	690	Mettlach,	760
Meliden,	509	Merczidorf,	872	Mettmenstetten,	642
Melincourt,	365	Merefa,	453	Mettray,	690
Melito,	569	Mergelstetten,	291	Metz,	18
Mélitopol,	525	Mergentheim,	291, 352	Metzingen,	291
Melk,	421	Méricourt-Rib,	643	Meudon,	685
Melksham,	365	Mérida,	179	Meulan les Mureaux,	685
Melle (Belgique),	285	Mérindol,	691	Meulebeke,	60
» (Hannover),	288	Mering,	284	Meung s/Loire,	690
Mellerichstadt,	284	Merksworth,	339	Meursault,	691
Melling,	583	Merlemont,	351	Meuselwitz,	294
Mellis,	358	Merryhill,	652	Mêves,	691
Mells & Babington,	365	Merryton,	139	Mexborough,	548
Melmerby,	654	Mersch,	18	Meximieux,	691
Melnick,	645	Merseburg,	874	Meyrargues,	691
Melreux-Hotton,	285	Mersey,	509	Meys,	228
Melrose,	652	» Road,	171	Mèze,	396
Mels,	905	Merstham,	824	Mézériat,	691
Melsungen,	72	Mersuay,	280	Mézidon,	685
Meltham,	460	Mertet,	18	Mézières-Charleville,	280
Melton,	358	Mertingen,	284	» s/Oise,	379
» Mombray,	583	Merton Abbey,	510, 511	Mezö-Béreny,	872
» Ross,	548	Merthyr,	104, 365, 854	» -Keresztes,	872
Melun,	691	Merthyr Dare,	365	» -Kövesd,	292
Meverley,	713	Meru,	643	» -Laborcz,	715
Melz,	280	Merville,	643	Mezölak,	686
Melzo,	389	Merxheim,	18	Mezö-Peterd,	872
Memel,	282	Merzig,	760	» -Telegd,	281
Même (St),	163	Merzweiler,	18	» -Tûr,	872
Memmingen,	284	Merzwiese,	552	Mézy,	280
Menai,	509	Meschede,	72	Miala,	807
Menars,	690	Mesgrigny,	280	Miasnoï-Bor,	665
Menaucourt,	280	Mesme (Ste),	690	Miatlevo,	739
Menden,	72	Mesmin (St) (Aube),	280	Michael (St),	721
Mendrisio,	348	» (St) (Vendée),	920	» 's (St),	171
Mendsirjets,	939	Mesnay-Arbois,	691	Michailovo (Kaschouri),	712
Menehoult (Ste),	280	Mesnières,	685	Michelau (Ettelbrück),	18
Menesqueville-Lyons,	679	Mesnil-Clinchamps,	685	» (Oberfrauken),	284
Menet (St),	691	» -Guillaume,	142	Micheldever,	510
Menfo,	686	» -Hubert Pont d'Ouilly,	679	Michel de Chavaignes,	678
Mengede,	189	» -Mauger,	685	» (St), (Savoie),	691
Mengen,	291, 352	» -Villement Pont des vers,	679	» » (Vosges),	280
Menheniot,	199			» -Sougland (St),	280
Ménil-Flin,	280	Mesnil-Vin,	679	» Sous-Charentes (St),	163
» -Oger,	280	Messac,	685	» s/Orge (St),	690
Ménilles,	679	Messancy,	285	Michele (San),	845
Ménilmontant,	156	Messdorf,	538	Michelstadt,	521
Menin,	60	Messei,	685	Micheroux,	285
Menjibar,	536	Messel,	521	Micholob,	133
Mennecy,	691	Messempré,	280	Micklefield,	654
Mennetou s/Cher,	690	Messendorf,	686	Mickleton,	654
Menningen,	352	Messina,	569	Mickle Trafford,	171, 509

— 76 a. —

Mickley,	654	Milkwall,	795	Minsterley,	365, 509 bis
Midcalder,	139	Mill,	100	Mintlaw,	363
Middelburg,	293	Millas,	698	Mionnay,	228
Middelfart,	286	Millau,	581	Mirabeau,	691
Middle Drove,	358	Millburn,	139, 652	Miradolo,	389
» Duffryn,	854	Mille Pommes,	26	Miramas,	691
» Forge Bridge,	795	Millerhill,	652	Miranda de Ebro,	638, 803
Middlemuir or Monkland,	652	Millerovo,	454	Mirande,	581
Middlesborough,	654	Miller's Dale,	583	Mirandola,	569
Middleton, (Cork),	364	Milleschoutz-Slobodzia,	474	Miraumont,	643
» in Teesdale,	654	Millfield (Durham),	654	Miravalles,	893
» (Norfolk),	358	» (Stafford),	5 bis, 659	Mircesci,	474
» (Northumberland)	652	Mill Hill (Isle of Wight),	756	Mirebeau,	690
» (Shropshire),	365, 509	» (Middlesex),	360, 583	Miremont (Dordogne),	600
» (Westmoreland),	509	» (Lancashire),	460	» (Haute Garonne),	581
Middlewich,	509	Milliken Park,	339	Mirfield,	460
Midford,	819	Mill Lye,	652	Miribel,	691
Midge Hall,	460	Mill of Buittle,	339	Miroschau,	684
Midhill,	139	Millom,	329	Mirovce,	898
Midhurst,	510, 511	Mill Street (Cork),	364	Mirovic,	252
Midon,	691	» (Glamorgan),	365	Mirskaïa,	750
Midsomer Norten,	819	» (Stafford),	365	Mirskofen,	284
Miélan,	581	Millthorpe,	360	Mirto-Crosia,	569
Miéna,	464	Milltimber,	363	Misburg,	288
Mières,	645	Milltown,	243	Mischline,	746
Miery Stock,	795	Millwood,	329	Miserey,	691
Miesbach,	284	Milly,	643	Misic,	899
Mies-Kladrau,	268	Milmorte,	293	Miskolcz,	292, 872
Mieste,	538	Milnathort,	652	Mislitz,	283
Miétesheim,	18	Milner,	583	Mislye,	641
Migaïevo,	669	» Royd,	460	Mison,	691
Mignano,	283	» Wood,	654	Misson-Habas,	581
Mignault,	285	Milngavie,	652	Mistelbach-Poysdorf,	283
Migné les Lourdines,	920	Milnrow,	460	Misterton,	360
Mignères,	691	Milnthorpe,	509	Mistley,	358
Miguelturra,	536	Milnwood,	139	Mitau,	594
Mihaly-Pacsa (St),	845	Miloslaw,	670	Mitcham,	510, 511
Mihiel (St),	479	Milosno,	389	Mitchaïlovka,	508
Mikészasza,	281	Milostin-Kounowa,	133	Mitcheldean,	365
Mikhaïlo-Tchertkovo,	368	Milspe,	72	Mitford,	652
Mikhaïlovka (Penza),	605	Miltitz,	472	Mitre Bridge,	509
» (Toula),	739	Milton (Fife),	652	Mitrovica,	898
Mikhaïlovskaïa (Tauride),	525	» (Stafford),	659	Mitry-Claye,	643
» (Voronèje),	454	» Lockhart,	139	Mittelalling,	284
Mikhaïlovskoé,	606	Miltzow,	79	Mittelgrund,	294, 645
Mikhanovitchi,	464	Milverton (Somerset),	112	Mittelgründau,	399
Miklós (Lebeny) (St),	283	» (Warwick),	509	Mittel-Lazisk,	746
Mikola,	641	Mimbaste,	581	Mitteloderwitz,	294
Mikolajow-Drohowyze,	33	Minas,	536	Mittelsinn,	321
Mikoulino,	605	Minaya,	536	Mittelwalde,	807, 327, 645
Milagro,	988	Mindelheim,	284	Mitterdorf,	845
Milano,	389	Mindello,	708 bis	Mitterndorf-Moosbrunn,	845
Milorneb Port,	510	Minden,	189, 288	Mittersendling,	284
Milbrook,	510	Mine,	795	Mitterteich,	284
Milcote & Weston,	365	Minea Lime,	365	Mittweida,	294
Mildenhall,	358	Minehead,	112	Mixnitz,	845
Milewo,	282	Minety,	365	Mizilu,	283
Milford (Carlow),	364	Mingorria,	638	Mjölby,	295, 979
» (Pembroke),	365	Miniato (San),	747	Mjondalen,	235
» (Surrey),	510	Minning,	421	Mlatz,	701
» (York),	654	Minous,	285	Mnichowic-Stransic,	268
Milhac,	690	Minshull Vernon,	509	Moabit,	551
Milhaud,	691	Minsk (Minsk),	464, 606	Moate,	587
Milin,	509	» (Polen),	939	Moate,	652
Militics,	14	Minsleben,	538	Moat Lane,	143
Militsch,	670	Minster,	824	Mobberley,	171

— 77 a. —

Mochbern,	551	Mölln (Mecklemburg),	324	Moncelice,		389
Mochenwangen,	291	Molnari,	845	Monsempron-Libos,		690
Mochovaja,	674	Mölnbo,	295	Monsheim,		521
Mockbern,	746	Molodetchna,	464	Monsville,		285
Mockelhult,	621	Molodi,	608	Montabart,		685
Mockmühl,	291	Molompise,	690	Montablitz,		638
Mockrehna,	378	Moloskovitsy,	49	Montagnac,		396
Modane,	389, 691	Mols¦torf,	294	Montagney,		691
Modave,	285	Molsheim,	18	Montaguto,		569
Modena,	389	Molyneux,	509	Montaigut,		690
Modern-Schenkwitz,	934	» Brow,	460	Montaigu-Vendée,		690
Modishofen,	284	Mombach,	521	Montaillé,		678
Modlau,	551	Mombaldone,	389	Montain-Lavigny,		691
Modling,	845	Momignies,	174	Montalieu-Vercieu,		228
Mödritz,	267	Mommenheim,	18	Montalto di Castro,		747
Modugno,	569	Momo,	389	Montargis,	678,	691
Moen-Heestert,	285	Monaco,	691	Montastruc,		690
Moerbeke,	60	Monaghan,	903	Montauban,	581,	690
Moerdijk,	351	» Road,	422	» de Bretague,		685
Moere,	60	Monance (St),	482	Montauro,		569
Mofalla,	403	Monasterace,	569	Montant-Bétharram,		581
Mogeely,	364	Monasterevan,	364	Montbarrey,		691
Mögeldorf,	284	Moncada,	859 bis, 988	Montbart,		691
Mogente,	17	Moncalieri,	389	Montbartier,		581
Mögglingen,	291	Moncalvo,	389	Montbazin-Gigean,		581
Moggridge's,	365	Moncaret,	690	Montbéliard,		691
Mogilno,	807	Monceau s/Sambre,	285	Montbeugney,		691
Mogliano,	389	Moncé-en-Saosnois,	678	Montbizot,		685
Mogofores,	710	Moncel,	280	Montblanch,		478
Mogyorós,	281	Moncey,	691	Montbozon,		691
Moha (Belgique),	285	Monchaux-Soreng,	888	Montbrison,	228,	691
» (Oesterreich),	845	Mönchehof,	72	Montceau,		275
Mohács,	596	Mönchenstein,	428	» -les-Mines,		691
Moheda,	295	Monchiero-Dogliani,	389	Montchanin,		691
Möhlin,	642	Mönchröden,	874	Mont-de-Marsan,		581
Moholm,	295, 555	Moncontour,	920	Montdidier,		700
Mohon,	280	Moncoutant,	690	Monte Amiata,		747
Möhringen,	291	Moncur,	339	» Antico,		747
Moindrey Mont St Michel,	929	Mondovi,	389	Montebello,		389
Moira (Antrim)	903	Mondragon,	691	Montebourg,		685
» (Leicester),	583	Moneglia,	389	Montecalvo,		569
Moirans,	691	Monéteau.	691	Monte-Carlo,		691
Mois,	551	Moneymore,	67	Montecatini,		389
Moissac,	581	Monfalcone,	845	Montechiaro,		389
Moita,	846	Mongat,	859 bis	Monte Giordano,		569
Mojaïki,	483, 594	Monifieth,	139	Montegrotto,		389
Mojaïsk,	606	Monikie,	139	Monteignet,		691
Mokraugrube,	807	Monistrol,	988	Monteils,		690
» -Kalhöfen,	807	» d'Allier,	691	Montélimar,		691
Mokre,	715	Mojos,	859 bis	Montelupo-Fiorentino,		747
Mokrin,	283	Monki,	108	Monte Maggiore,		569
Mola di Barri,	569	Monkland,	652	Montemor,		846
Mold,	509	Monk's,	583	Montendre,		163
Molfetta,	569	Monkton,	339	Monteoru,		283
Moliens,	643	Monkwearmouth,	654	Monte Pescali,		747
Molières,	691	Monmore Green,	509	Montepulciano,		747
Molina,	569	Monmouth,	365	Montereau,	280,	691
Molino del Pallone,	389	Monnaie,	690	Montereggioni,		747
Molinot,	275	Monnerville,	690	Montérolier-Buchy,		643
Molins de Rey,	859 bis	Monopoli,	569	Montérosso,		389
Molkom,	302	Monor,	283	Monte Rotondo,		747
Mollaryd,	95	Monostor,	292	Montesa,		17
Molerusa,	988	Monóvar,	536	Montescourt,		643
Mollet,	859 bis, 598	Mons,	285, 634	Montesilvano,		569
Mollington,	509	Monsaldale,	583	Montestruc,		581
Mölln (Lauenburg),	526	Monsecret-Tinchebrai,	685	Monteux,		691

— 78 a. —

Montevarchi,	747	Monville,	685	Mornimont,	285
Montevrain,	789	Monymusk,	363	Morningside,	139, 652
Montfavet,	691	Monza,	389	Moron,	801
Montferrand,	691	Monzingen,	760	Morpeth,	652, 654
Montfort l'Amaury,	685	Monzon de Campos,	638	Morriston,	583
» St-Philibert,	679	»	988	Morro,	987 bis
» s/Meu,	685	Moór,	845	Morsbach,	7
Montgaillard,	581	Moordrecht,	732	Morschheim,	904
Montgomery,	143	Moore,	509	Mörschwyl,	905
Monthermé,	280	Moor Edge,	654	Morshyttan,	295
Monthey,	848	» End,	548	Morskaïa,	453
Monthureux-lès-Baulay,	280	Moorsatlar,	216	Morszyn,	33
Montgeron,	691	Moorfield,	339	Mortagne,	680
Monticelli,	389	Moorhampton,	583	Mortara,	389
Montiéramey,	280	Moorpark,	139	Mortcerf,	280
Montigny (Lothringen),	18	Moor Row,	969	Morthoe & Lee,	510
» (Nord),	643	Moorslede-Passchendaele,	60	Mortimer,	365
» (Seine-et-Marne),	691	Moortown for Caistor,	548	Mortlake,	510
» le Tilleul,	351	Moortzeele,	285	Morton (Fife),	652
» s/Sambre,	285, 351	Moosburg,	284	» (Lincoln),	360
Montilla,	192	Moosham,	284	» Pinkney,	290
Montils,	163	Mórágy,	61	» 's,	652
Montijo,	179	Morains-Aulnay,	280	Mortsel,	351
Montlaur,	581	Morannes,	685	Morvillars,	691
Mont-le-Vernois,	280	Mörarp,	393	Morvillette,	679
Montliard,	678	Morata,	536	Mosas,	295
Montlouis,	690	Moratilla,	536	Mosbach,	352
Montluçon,	690	Morawan,	283	Moschganzen,	845
Montluel,	691	Morcenx,	581	Moschin,	807
Mont-Major,	97	Morchansk,	605, 739	Mosciska,	164
Montmaur,	691	Morchard Road,	510	Moscou,	355, 606, 607, 608, 669
Montmédy,	280	Morckhoven,	351	Mosel,	294
Montmélian,	691	Mordarovka,	669	Mösel,	721
Montmélo,	859 bis	Morden,	510, 511	Mosely (Worcester),	583
Montmoreau,	690	Mordovo,	368	» (York),	654
Montmorency,	270	Morecambe,	509, 583	Möser,	78
Montmorillon,	690	Morée-St-Hilaire,	690	Moses Gate,	460
Montoir,	690	Mores,	536	Mosigkau,	74
Montoro,	536	Moret,	691	Mosnac-St-Genis,	163
Montorso,	747	Moreton (Cheshire),	412	Moss (Denbigh),	365
Montpaon,	581	» (Dorset),	510	» (Lancashire),	509
Montpelier,	365	« (Gloucester),	365	» (York),	654
Montpellier,	396, 581, 691	» (Hereford),	365, 509	Mossband,	139
Montpont,	690	» (Shropshire),	365	Mossbank,	509
Montrabé,	690	Moreton-Hampstead,	823	Mossfield,	5 bis
Montréjeau,	581	Morfa,	365	Mosshouse,	339
Montrelet,	888	Morgans,	795	Mössingen,	291
Montret,	228	Morgenroth,	807	Mossley,	509
Montreuil,	643	Morgensterngrube,	746	» Hill,	509
» -Bellay,	920	Morges,	848	» Lye,	652
» s/Ille,	685	Morgny,	643	» Road,	139
» -Vertou,	643	Morgongafva,	295	» Side,	460
Montreux-Vieux,	280	Morhet,	285	Mostau-Nebanitz,	133
Montrichard,	690	Mori,	845	Moston,	460
Montricoux,	690	Morialmé,	351	Mostyn,	509
Montrond,	228, 691	Morières,	691	Moszczenice,	940
Montrose,	139	Moritzfeld,	283	Motala,	379
Montrouge,	156, 685	Moriville,	280	Motherwell,	139
Monts,	690	Mörköv,	787	Motorovo,	665
Mont-St-Guibert,	285	Morlaix,	685	Motovilovka,	440
» -St-Martin,	280	Morlanwelz,	285	Motta,	509
Montsurs,	685	Morley,	360, 509	» San Damiano,	389
Montsuzain,	678	Morlunda,	621	» Sant' Anastasia,	569
Montvalent,	690	Mormant,	280	Motteville,	685
Montzen-Moresnet,	285	Mormond,	363	Mottingen,	284
Monument Lane,	509	Mornas,	691	Mottisfont,	510

— 79 a. —

Mottram,	548	Mühlen,	291	Muratli-Keupekli,	898
Mouans-Sartoux,	691	Mühlehorn,	905	Murcia,	536
Mouchard,	691	Mühlfraun,	283	Murdendean,	652
Mouchino,	606	Mühlgraben,	743	Muret,	581
Moukhet,	712	Mühlhausen (Böhmen),	283	Murg (Baden),	352
Mouldron,	139	» (Constanz),	352	» (Suisse),	905
Mouldsworth,	171	» (Königsberg),	282	Murgenthal,	161
Moulin des Ponts,	691	» (Preussen),	874	Mürlenbach,	733
» -Galant,	691	Mühlheim,	321	Murrayshall,	652
» -Rouge,	691	Mühlingen,	905	Murrow,	360, 583
Moulins,	18	Mühlthal,	284	Murthly,	402
» s/Allier,	690, 691	Muircockhill,	652	Murtle,	363
» s/Yèvre,	690	Muirdykes,	652	Murton,	654
Moulis,	563	Muirhouse,	139	Murzzuschlag,	845
Moulsford,	365	Muirkirk,	139, 339	Musei,	777
Moulton (Lincoln),	583, 654	Muir of Ord,	402	Musgrave,	654
» (York),	360	Muirs,	339	Mushet's,	652
Moult-Argences,	685	Muizon,	280	Muskau,	76
Mountain,	365	Mulben,	402	Musocco,	389
» Ash,	365, 854	Muldenhütten,	294	Muspratt,	509
Mountcow,	139	Mülhausen,	18	Mussbach,	904
Mountjoy,	422	Mülheim a/Rhein,	189, 72, 733	Musselburg,	652
Mount Osborne,	583	» a/Ruhr,	72, 733	Mussey,	280
Mountrath & Castletown,	364	» -Eppinghofen,	72	Mussidan,	690
Mount Sorrel,	583	Mullafarnaghan,	403	Mussotto,	389
» Vernon,	139	Müllfort,	72	Mussy,	280
Mouraviévo,	454	Müllheim (Lorrach),	352	Mustafa-Pascha,	898
Mourmelon-le-Petit,	280	» (Suisse),	642	Muswell Hill,	360
Mouroux,	280	Mullinavat,	941	Mutford,	358
Mouscron,	285, 643	Mullingar,	387	Muthill,	139
Mousquette,	581	Mullsjö,	295	Mutignano,	569
Moussac,	690	Multyfarnham,	387	Mutley,	823
Moussey,	18	Mumbles,	688	Mutrécy-Clinchamps,	685
Moustier,	285	» Road,	509	Muttenz,	161, 642
Mouthiers,	690	Mümling-Grumbach,	521	Mutterstadt,	904
Moux,	581	Mumpfy,	642	Mutzig,	18
Mouy-Bury,	643	Münchberg,	284	Muysen,	285
Movidas,	708bis	Münchehof,	123	Mwyndy,	365
Mow Cop,	659	München,	284	Mye,	652
Moyemont,	280	» -Gladbach,	72	Myennes,	691
Moylend,	67	Münchenbuchsee,	428	Mylinka,	675
Moyvalley,	587	Münchendorf,	845	Mylnefield,	691
Mozzecane,	389	Münchengratz,	899	Mynfford,	143, 310
Mrakau,	133	Münchsmünster,	284	Mynydellyganey,	131
Mrozy,	939	Mundelstrup,	286	Myslowice,	267
Mstera,	355	Münchweiler,	904	Myslowitz,	807
Mstetic,	645	Münden,	288, 537	Myszków,	940
Mstinskaïa,	755	Munder a/D,	538	Mytholmroyd,	460
Mszana,	164	Munderfing,	421	Mytichtchinskaïa,	607
Mtsensk,	608	Munderkingen,	291	Myzovo,	440
Muchalls,	139	Mundolsheim,	18	Naabburg,	284
Much Wenlock,	365	Munhács,	641	Naarden-Bussum,	405
Mucka,	668	Munichthal,	721	Nabord (St),	280
Mücke,	399	Munkbo,	955	Nabresina,	845
Mückenberg,	668	Munktorp,	450	Naburn,	654
Muckroft,	652	Munnerstadt,	284	Nachod,	283, 645
Muftiu,	283	Münster (Elsass),	18	Nachterstedt,	538
Mügeln,	294	» (Wesfalen),	189, 290	Nackenheim,	521
Muggenhof,	520	» (Magdeburg),	538	Nadasd,	53
Muggensturm,	352	» a/Stein,	760, 904	Nadejdino,	453
Muglia,	569	Münsterberg,	807	Nadyby-Wojutycze,	227
Möglitz,	283	Munsterbilsen,	293, 351	Naensen,	123
Mühlacker,	291, 905	Münsingen,	161	Näfels,	642
Mühlbach,	845	Münsterlingen,	642	» -Mollis,	905
Mühlburg,	905	Mura-Keresztur,	845	Nafferton,	654
Mühldorf,	284	Murat,	690	Nagi-Berki,	61

Nagold,	291	Nåsbyholm,	545	Nepomuk,	268
Nagoutskaïa,	750	Nassau,	289	Neratowic,	899
Nags Head,	795	Nässjö,	295, 621	Nérondes,	690
Nagy-Atád-Szobb,	61	Nassow,	79	Nerquis,	509
» -Enyed,	281	Nassundet,	967	Ners,	691
» -Igmánd,	845	Natafalva,	715	Nersac,	163
» -Károly,	641	Nauen,	77	Nersingen,	284
» -Körös,	283	Nauendorf I/p.,	538	Nervi,	289
» -Mihály,	715	Nauheim,	521	Neschwitz,	645
» -St-Miklós,	283	» (Bad),	541	Nesle,	643
Nagysáros,	292	Naumburg,	874	» -Normandeuse,	888
Nagy-Selyk,	281	Naunhof,	472	» -St-Saire,	685
» -Surany,	283	Naussac,	690	Nesmy,	103
» -Szalancz,	641	Nautonic,	714	Nesscliff,	713
» -Szeben,	281	Navacchio,	747	Nessonvaux,	285
» -Szöllös,	641	Nava del Rey,	562	Neston,	509
Nailsea,	112	Navalperal,	638	Nestrzic-Pommerle,	283
Nailsworth,	583	Navan,	587, 655	Nestved,	787
Nairn,	402	Navenby,	360	Netherburn,	139
Najac,	690	Naworth,	654	Nethercleuch,	139
Nakel,	282	Nawton,	654	Netherdale,	652
Nakhitchevan,	454	Nazaire (St),	690	Netherton (Fife),	652
Nakkerud,	235	Neachley,	365	» (Lanark),	139
Naklo,	746	Neath,	365, 623	» (Northumberland),	654
Nakskov,	459	Neau,	685	» (Worcester,	365
Nalliers,	163	Nebikon,	161	» (York),	460
Namèche,	634	Néchin,	285	Nethertown,	329
Namps-Quevauvillers,	643	Nechlin,	79	Netherwood,	652
Namslau,	746	Neckarau,	352	Nethy Bridge,	393
Namur,	285, 634	Neckarburken,	352	Netley,	510
Nanclares,	638	Neckarelz,	352	Netolic-Makri,	268
Nançois-le-Petit,	280	Neckargemünd,	352	Netstall,	642, 905
Nancy,	280	Neckarhausen,	291	Nettersheim,	733
Nangis,	280	Neckarsulm,	291	Netzschkau,	294
Nanhofen,	284	Neckarthailfingen,	291	Netzthal,	282
Nánikon,	905	Neckerspool,	285	Neu-Aigen-Stetteldorf,	268
Naninne,	285	Nedansjö,	849	» -Arad,	872
Nannerch,	509	Nederheim,	293	» -Babelsberg,	78
Nansarow,	645	Needham,	358	» -Bakov,	636
Nant-Clwyd,	221	Neenhausen,	538	Neubau,	284
Nanterre,	685	Neen Sollers,	365	Neubau-Kreuztätten,	283
Nantes,	539bis, 619, 690	Neepsend,	548	Neuberun,	807
Nanteuil-le-Haudouin,	643	Neermoor,	290	Neu-Bitschow,	645
» -Saâcy,	280	Neerpelt,	293	Neublans,	691
Nantgaredig,	162	Neerwinden,	285	Neubrandenburg,	324
Nantmelyn,	365, 854	Négorélaïa,	606	Neuburg a/Donau,	284
Nantwen,	365, 737	Négrepelisse,	690	Neuchâtel,	848, 428
Nantwich,	365, 509	Négrondes,	690	Neu-Cunerdorf,	552
Nantybwch,	509, 737, 809	Neheim-Hüsten,	72	Neucunnersdorf,	294
Nantyderry,	365	Neilston,	139, 339	Neudau,	133
Nantyfyn,	365, 737	Neinstedt,	538	Neudenau,	291
Nantyglo,	600	Neisse,	807	Neudietenhof,	874
Nant-y-Moel,	365	Neive,	389	Neudingen,	352
Nappiefaulds,	652	Nelson (Glamorgan),	365	Neudorf,	283
Napoleongrube,	807	» (Lancashire),	460	Neudörfl,	845
Napoli,	569, 747	Nemme,	49	Neuekrug,	123
Narberth,	694	Nemours,	691	Neuenbürg,	291
» Road,	365	Nenagh,	364	Neuendorf,	78
Narbonne,	581	» Road,	942	Neuenhagen,	282
Narborough (Leicester),	509	Nendeln,	931	Neuenkoop,	353
» (Norfolk),	358	Nendza,	807	Neuenmarkt,	284
Narni,	747	Nenndorf,	538	Neuenstein,	291
Narsdorf,	294	Nenzing,	931	Neufahrn (Niederbayern),	284
Narva,	49	Nenzingen,	352	» (Oberbayern),	284
Narychkino,	675	Neots (St),	360	Neufahrwasser,	282
Narzole,	389	Nepolokoutz,	474	Neufchâtel,	643

— 81 a. —

Neufchâtel-en-Bray,	685	Neustadt a/Saale,	284	Newlands,		139
Neufchâteau,	280	» a/Wald-Naab,	284	New Lane,		460
Neufelde,	845	» (Bei Coburg),	874	Newlay,		583
Neufmarché,	685	» Eberswalde,	79	New Machar,		363
Neufra,	291	Neustraschitz,	133	Newmains,		139
Neufvilles,	285	Neu-Szöny,	283	Newmarket (Cambridge),		358
Neu-Gersdorf,	294	» -Tomysl,	552	» (York),		360
» -Haldensleben,	538	» -Ulm,	284	New Milford,		365
Neuhammer,	551	Neuves-Maisons,	280	Newmill,		139
Neuhausel,	283	Neuveville,	848	New Mill End,		360
Neuhausen (Schaffhausen),	352	Neuveville (transit),	428	» Mills (Cheshire),		509
» (Württemberg),	291	Neuvic,	690	» (Derby),	548,	583
Neuhaüser,	847	Neuville s/Sarthe,	685	» (Fife),		652
Neuhof (Böhmen),	268	» (Rhône),	691	» & Norchard,		795
» (Cassel),	321	» (Vienne),	920	» Milns,		339
» (Liegnitz),	105	» -aux-Bois,	690	Newnham,		365
Neuillé-Pont-Pierre,	690	Neuvy-Pailloux,	690	New Oaks,		548
Neuhütten,	252	Neuvy s/Loire,	691	New Park,		139
Neuil-les-Aubiers,	690	Neuwied,	733	New Passage,		365
Neuilly-le-Bisson,	680	Neuzelle,	551	Newport (Essex),		358
» (Porte Maillot), 156,	685	Nevers,	691	» (Hauts),	206,	756
Neu-Jucha,	847	Neviges,	72	» (Monmouth),	365,	600
Neukirch,	551	Nevinnomyskaïa,	759	» (Shropshire),		509
Neukirchen (Cassel),	321	Newark,	360, 583	» (York),		654
» (Oberpfalz),	284	Newarthill,	139	» -Pagnell,		509
Neu-Lambach,	421	Newbattle,	652	» (Shide),		425
Neulengbach,	421	New Beckenham,	824	New Road,		795
Neulussheim,	352	Newbegin,	548	Newry,	629,	630
Neumark,	294	Newbiggen,	654	Newsham,		654
Neumarkt (Oberpfalz),	284	Newbiggin,	654	New Seat,		363
» (Ober-Oesterrich),	421	Newbigging,	139	» Sovereign,		548
» (Schlesien),	551	Newbliss,	422	Newstead,		652
» (Steiermark),	845	Newbridge (Kildare),	364	Newthorpe,		654
» (Tirol),	721	» (Monmouth),	600	Newton (Ayr),		339
» a/Rott,	284	» -on-Wye,	588	» (Cheshire),		548
Neumühl,	847	New Brithdir,	737	» (Devon),		823
Neumühle,	780	» Brompton,	513	» (Lanark),		139
Neumünster,	20	Newburgh (Fife),	652	» Hamilton,		139
Neundorf,	294	» (Lancashire),	460	» Heath,		460
Neunkirch,	352	Newburn,	654	Newtonhill,		139
Neunkirchen (Oesterreich),	845	Newbury,	365	Newton Kyme,		654
» (Rheinprovinz)	760, 904	Newby Wiske,	654	» le Willows,		654
» (Westfalen),	189	Newcastle (Down),	66	» Moor,		548
Neunmünster,	20	» (Limerick),	942	Newtonmore,		402
Neuötting,	284	» -on-Tyne,	654	Newton Road,		509
Neu-Paka,	645	» -Under-Lyne,	659	» Stewart,	139,	974
» -Peterhof,	49	Newcastleton,	652	Newtown,		143
Neurode,	105	Newchurch,	460	Newtownards,		66
Neusalz a. d. Oder,	105	New Cross,	511	Newtown Butler,		422
Neusalza-Spremberg,	294	» Cumnock,	339	Newtownforbes,		587
Neusattel-Schaboglück,	701	» Cymmer,	854	Newtown Limavady,		67
Neuscheuern,	18	» Engine,	795	» Mount Kennedy,		243
Neusiedl-Dürnholz,	645	» Fancy,	795	» Stewart,		422
Neusörnewitz,	472	Newfields,	659	Newtyle,		139
Neuss,	72, 733	New Forest,	827	New Tredegar (Glamorgan),		737
Neussargues,	690	» Galloway,	139	» (Monmouth),		104
Neustadt (Hessen),	541	» Hailes,	652	New Walsall,		509
» (Magdeburg),	538	» Halls,	652	» Wanswoth,		511
» (Schleswig),	20	Newham,	654	Nexon,		690
» (Westpreussen),	79	Newhaven,	139	Neyruz,		848
» a/Aisch,	284	» (Town),	511	Nezamislitz,		267
» a. d. Mettau,	283	New Hey,	460	Nice,		691
» a/Donau,	284	Newhill,	548	Nichellino,		389
» a/Dosse,	77	New Holland,	548	Nicolai,		807
» a. d. Orhla,	874	Newill Hill,	654	Nicolaïew,		439
» a. Rudenberg,	288	Newington,	513	Nicolas de la Balerme (St),		581

Nicolas (St) (Belgique),	26, 542	Niemberg,	537	Nogent-le-Rotrou,		685
» » (France),	690	Nienburg,	288	» s/Marne,		280
Nicolausdorf,	551	Niendorf,	526	» s/Seine,		280
Nicole,	581	Nienhagen,	538	» s/Vernisson,		691
Nocoló (San),	389	Niepolomice,	164	Noicattaro,		569
Nicolsdorf,	845	Nierenhof,	72	Noidans-le-Ferroux,		280
Nicolskaïa,	452	Nierstein,	521	Noiraigue,		848
Nidda,	399	Niesky,	668	Noirhat,		285
Nidd Bridge,	654	Nieszawa,	940	Noiron,		920
Niddrie,	652	Nieukerk,	733	Noirterre,		920
Niedenstein,	352	Nieukerke,	26	Noisy-le-Sec,		280
Niederarnbach,	284	Nieuport,	60	Noizay,		690
Niederau,	472	Nieuil-l'Espoir,	690	Nola,		747
Niederauerbach,	904	Nieuwerkerk,	732	Nolay,		691
Niederbiegen,	291	Nieuwersluis,	732	Noldau,		746
Niederbobritzsch,	294	Nieuweschans,	293	Noli,	=	389
Niederbrechen,	289	Nigg,	402	Nomain,		643
Niederbreisig,	733	Nijenveen,	293	Nonancourt,		685
Niederbronn,	18	Nijkerk,	159	Nonant-le-Pin,		685
Nieder Dollendorf,	733	Nijmegen,	733	None,		389
Niederdorf,	845	Nijni-Novgorod,	355	Noord-Scharwoude,		405
Niederfinow,	79	Nikelsdorf,	283	Nora,	450,	632
Nieder-Flörsheim,	521	Nikitito,	740	Norberg,	457,	633
» -Füllbach,	874	Nikitovka,	453	Norbiton,		510
Niederglatt,	642	Nikkby,	437	Norbury,		659
Niedergrund a. d. Elbe,	294	Niklasdorf,	845	Nord-Ceinture,	156,	581
» (Böhmen),	636	Nikolaïevka,	453	Nordeckshof,		742
Niederhasle,	642	Nikolaïevskaïa,	750	Nordendorf,		284
Niederhöchstadt,	210	Nikolsburg,	645	Nordenhamm,		353
Niederhone,	321	Nikolskaïa,	454	Norderwyck-Morckhoven,		351
Niederhövells,	189	Nikrisch,	76	Nordhausen,	288, 537,	644
Niederlahnstein,	733	Nimburg,	845	Nordheim,		291
Niederlauer,	284	Nîmes,	691	Nördlingen,	284,	291
Niederlindhard,	284	Nimkau,	351	Nordstemmen,		288
Niederlinxweiler,	760	Nimy,	285	Nordwalde,		290
Niedermohr,	904	Nine,	239	Norena,		405
Niédernau,	291	» Mile Point,	600, 809	Norff,		733
Niederndodeleben,	78	Ninove,	285	Norham,		654
Niederohmen,	339	Niort,	690	Norkitten,		282
Nieder-Olm,	521	Nippes,	733	Norley,		460
Niederpöllnitz,	874	Nisbet,	652	Normandie,		679
Niederrad,	521	Nismes,	351	Normanton,	460, 583,	654
Nieder-Ramstadt-Traisa,	521	Nissan,	581	Nørre-Aaby,		386
Niederrodenbach,	321	Nitshall,	743	» -Alslev,		459
Niedersachswerfen,	288	Nitshill,	139, 339	» -Sundby,		386
Nieder-Saulheim,	521	Nittritz,	105	Norrköping,		295
Niederschelden,	189	Nivelles,	285	Norsesund,		295
Niederschlema,	294	Niversac,	690	Norsholm,		295
Nieder-Schönthal,	161	Nixon's,	365	Nörten.		288
Niederschopfheim,	352	Nizan,	621	Northallerton,		654
Niederschworstadt,	352	» -Villandraut,	581	Northam,		510
Niedersedlitz,	294	Nizankówice,	715	Northampton,	509,	583
Niederselters,	289	Nizas,	581	North Berwick,		652
Niederstetten,	291	Nizell's,	824	» Camp,		510
Niederstinzel,	18	Nizovka,	464	» Dean,	360,	460
Niederstotzingen,	291	Nizza-Monferrato,	389	» Drove,		583
Niederstriegis,	472	» -Sicilia,	569	» Dulwich,		511
Nieder-u-Oberurnen,	642	Noain,	988	Northeim,		288
Nieder-Walluf,	289	Nobber,	587	North Elmham,		358
Niederwiesa,	294	Nöbdenitz,	294	Northenden,	171,	509
Nieder-Wöllstadt,	541	Nocera di Pagani,	569	North End of Tunnel,		795
Niederwyl,	161	» -Umbra,	747	Northfield,		583
Niefern,	352	Nockley Gate,	795	Northfleet,		824
Niéjin,	453	Nœux,	643	North Greenwich,		358
Niella,	389	Nogent-l'Artaud,	280	» Grimston,		654
Nielles-lez-Bléquin,	643	» -le-Phaye,	679	» Kelsey,		548

— 83 a. —

North Leith,	652	Novy-Boug,	439	Ober-Briz,		701
» Lincoln,	548	Noyal,	685	Obercassel (Cöln),		733
Northop Hall,	982	Noyant,	690	» (Düsseldorf),		72
Northorpe,	548	Noyelles,	643	Ober-Cunnersdorf,		294
North Rode,	659	Noyen,	685	Oberdachstetten,		284
Northrigg,	652	Noyon,	643	Oberdorf (Schwaben),		284
North Seaton,	654	Nozières,	691	» (Steiermark),		357
» Shields,	654	Nuces,	690	Ober-Drauburg,		845
» Skelton,	654	Nucourt,	539	» -Eggendorf,		845
» Staveley,	548, 583	Nueil-les-Aubiers,	690	Oberchnheim,		18
» Tawton,	510	Nuenen-Tongelré,	293	Obereitnau,		284
» Thoresby,	360	Nuisement,	678	Obergeorgenthal,		252
» Walsham,	358	Nuits-sous-Beaune,	691	Ober-Gerspitz,		267
» Water Bridge,	139	» -sous-Ravières,	691	Oberglatt,		642
» Weald,	358	Nules,	17	Obergriesbach,		284
Northwich,	171	Nummela,	287	Obergrund,		294
North Woolwich,	358	Nunburnholme,	654	Oberhagen,		72
» Wootton,	358	Nuneaton,	509, 583	Oberhammelwarden,		353
Nortmoor,	353	Nunhead,	513	Oberhaun,		321
Norton (Cheshire),	81	Nunnington,	654	Oberhausen,	72,	189
» (Durham),	654	Nunspeet,	189	Oberhollabrunn,		645
» (Strafford),	509	Nunthorpe,	654	Ober-Jersdal,		20
» (York),	460	Nurmis,	287	Oberkochen,		291
» Bridge,	509, 659	Nurnberg,	284, 520	Oberkotzau,		284
» Fitzwarren,	112	Nürschan,	684	Ober-Laa,		421
» -in-Hales,	659	Nürschanhütte,	684	Oberlahnstein,	289,	733
» Road,	688	Nürtingen,	291	Oberland,		721
» Wood,	365	Nussdorf,	268, 430	Oberlangenstadt,		284
Nortorf,	20	Nyáradtö,	281	Oberlauchringen,		352
Nortwich,	171, 509	Nyborg,	286	Oberleitensdorf,		252
Norwich,	358	Nybro,	431	Ober-Leschen,		551
Norwood (Derby),	583	Nyby,	287	» -Lesece,		845
» (Surrey),	511	Nyék,	845	Oberlichtenau,		294
Nörzingen,	18	» -Ládháza,	292	Obernberg-Altheim,		421
Nosaby,	817	Nyiregyhása,	641, 872	Oberndorf,		291
Noslong,	280	Nykirka,	287	» -Schweinfurt,		284
Nossen,	472	Nykjöbing,	459	Oberneisen,		289
Nossovka,	453	Nykroppa,	967	Ober-Neuland,		189
Nostell,	360, 548	Nylen,	897	Obernhof,		289
Notre-Dame-d'Oé,	690	Nyon,	848	Obernigk,		807
Nottingham,	360, 583	Nyustya,	292	Obernitz,	701,	714
Nottwyl,	161	Oakamoor,	659	Oberjesa,		288
Nouan-le-Fuzelier,	690	Oakbank,	139	Oberrad,		321
Nouvion s/Meuse,	280	Oakengates,	365, 509	Ober-Ramstadt,		521
Nouzon,	280	Oaken Level,	795	Oberreitnau,		284
Novar,	402	Oakenshaw,	460, 583	Oberreiden,		642
Novara,	389	Oakham,	583	Oberriet,		905
Nova-Siri,	569	Oakington,	358	Ober-Röblingen,		537
Novéant,	18, 280	Oakleigh Park,	360	Oberscheden,		288
Novelda,	536	Oakle Street,	365	Oberschlema,		294
Novgorod,	665	Oakley (Bedford),	583	Oberstein,		760
Novi (Italie),	389	» (Fife),	652	Ober-Streit,		105
» (Turquie),	898	» (Hants),	510	Obersulz,		18
Novki,	355, 784	Oaks Pits,	509	Obertheres,		284
Novo-Alexandrofsk,	355	Oakwood,	365	Obertraubling,		284
» -Alexeïevka,	525	Oakworth,	583	Obertürkheim,		291
Novocélié,	355	Oazurza,	638	Oberursel,		409
Novo-Grigorievska,	525	Obaix-Buzet,	285	Obervogelgesang,		294
» -Mikhaïlovka,	750	Obejo,	191	Ober-Warngau,		284
» -Oukraïnka,	669	Obelenskoé,	739	Oberweiden,		267
» -Pavlovskaïa,	750	O Bessenyó,	283	Oberweis,		421
» -Poltavka,	439	Oberaid,	284	Oberwern,		284
» -Savitskaïa,	669	Oberarth,	33 bis	Oberwesel,		733
Novoselkaï,	453	Oberauderwitz,	294	Oberwezel,		773
Novo-Sénaki,	712	Oberaudorf,	284	Ober-Widdersheim,		339
Novotcherkask,	454	Oberbrechen,	289	» -Winterthur,		621 bis

Obidino,	739	Okegem,	285	Olmütz,	157, 267,	283
Obiralovka,	355	Okehampton,	510	Olney,		583
Objat,	690	Oker,	123	Olonne,		920
Oblarn,	421	Okna,	295	Olpe,		72
Obol,	247	Okoulovka,	355	Olsberg,		72
Obourg,	285	Okrisko,	645	Olsene,		285
Ocata,	859 bis	Okrouhlic,	645	Olst,		293
Occey,	691	Oksna,	176	Olstrup,		787
Ochenbruck,	284	Olai,	594	Olszanika,		715
Ochiltree,	339	Olalla,	638	Oltchinskaïa,		454
Ochojetzweiche,	807	Olang,	845	Olten,		161
Ocholt,	353	Olaveaga,	671 bis	Olton,		365
Ochsenfurt,	284	Olaves (St),	358	Olviopol,		669
Ochtmersleben,	78	Olazagutia,	638	Olyka,		440
Ochtrup,	290	Olbernhau,	169	Omagh,	442,	903
Ocker Hill,	509	Olbersdorf,	157	Omarly—Hadem-Keui, =		898
Ockley,	511	Olbersleben,	644	Omarska,		898
Odenkirchen,	72	Olchanka,	440	» (St),		643
Odense,	286	Olchanskaïa,	675	Omer-en-Chaussée (St),		643
Oderberg,	267, 433, 807	Olching,	284	Omoa,		139
Odessa,	669	Oldam,	548	Oneglia,		389
Odintsovo,	606	Oldbury,	509	Ongard,		358
Odomez,	643	» & Langley Green,	365	Onibury,	365,	509
Oebisfelde,	538	Oldcastle,	238	Onllwyn,		623
Oedenburg,	845	Old Cumnock,	339	Onnaing,		643
Oederan,	294	» Cymmer,	854	Onnens-Bonvillars,		848
Oedt,	183	» Duffryn,	854	Onnestad,		455
Oeffelt,	100	Oldenburg,	353	Onsild,		286
Oehna,	74	Oldenbüttel,	288	Onzain,		690
Oehringen,	291	Oldendorf,	538	Oola,		942
Oelde,	189	Oldenzaal,	293	Oos,		352
Oels,	106, 670, 746	Oldersum,	290	Oostcamp,		285
Oelsnitz,	294	Oldesloe,	20, 526	Oostkerke,		60
Oerlikon,	642, 905	Oldford,	358	Oostroosebeke,		60
Oertzenhof,		Old Hall,	358	Opalenica,		552
Oeslau,	324	Oldham,	460, 509, 548	Opatowic,		645
Oestrich-Winkel,	874	Old Hill,	365	Ophuss,		170
Oethlingen,	289	» Kent Road,	511	Opladen,	72,	733
Oetringen,	291	» Leake,	360	Opocno,		283
Oettingen,	18	» Lodge,	652	Oppahof,		267
Oeventrop,	18	» Meldrum,	363	Oppeln,	746,	807
Oeynhausen,	72	» Mills,	365	Oppenheim,		521
Ofen,	538	» North Road,	509	Opposite,		795
Offenbach,	845	» Oak,	509, 583, 657	Oppurg,		874
Offenburg,	321	» Oaks,	548	Optoukha,		608
Offingen,	352	» Park,	509	Orange,		139
Offleben,	284	» Sovereign,	548	Oranienbaum,		49
Offord,	78	» Woods,	365	Oranmore,		587
Ofteringen,	360	Oleggio,	389	Orany,		355
Ofvertorp,	352	Oleni-Kolodes,	454	Oravicza,		283
Oger,	403	Olesa,	988	Orbec,		142
Oggersheim,	743	Olevano,	389	Orbetello,		747
Ogulin,	904	Olgiate Molgora,	389	Orbiquet,		142
Ohlau,	292	Olginskaïa,	750	Orbiston,		139
Ohligs-Wald,	807	Olgod,	286	Orbyhus,		908
Ohotnitskhaïa,	72	Olite,	988	Orcha,		606
Ohrstedt,	49	Oliva,	79	Orchamps,		139
Oignies,	20	Olivaes,	710	Orchies,		643
Oiry-Mareuil,	285	Oliveira Do Bairro,	719	Orciano-Pisano,		747
Ois,	280	Olkéniki,	355	Orconeva,		526 bis
Oisemont,	287	Ollioules-St-Nazaire,	691	Orczidorf,		872
Oisnitz,	888	Olloniego,	646	Ordens,		303
Oissel,	357	Ollon-St-Triphon,	848	Ordnance Factory,		358
Oisterwijk,	685	Olloy,	351	Ordona,		509
Ojénin,	293	Olme,	295	Orduna,	295,	893
Oka,	440	Olmeneta,	389	Orebro,		450
	608					

— 85 a. —

Orehoved,	459	Ospitaletto-Lodigiano,	389	Otzaurte,	638
Orel,	608, 674, 675	Ossegg,	252	Otzenrath,	72
Oret,	351	Ossétchenka,	355	Otzing,	284
Orezidorf,	872	Ossett,	360	Oucha,	464
Orgères,	679	Ossiach,	721	Ouchaki,	355
Orgon,	139	Ossingen,	621bis	Oudenbosch,	351
Orgreave's,	548	Ossinovka,	606	Oude-Schoot,	**293**
Oriekhovo,	355	Ossipovitchi,	464	Oudeuil-Blicourt,	643
Origny-en-Thiérace,	643	Ossun,	581	Oudewater,	732
» -Ste.-Benoite,	370	Ostachkovo,	355, 880	Oudon,	690
Orihuela (Ceneta),	536	Ostende,	60, 285	Ouen (St),	888
Oristano,	777	Osterath,	733	» -l'Aumône (St),	581
Orlamünde,	758	Osterburg,	538	Ouest-Ceinture,	156, 685
Orléans,	678, 679, 690	Osterburken,	291, 352	Oughty Bridge,	548
» -Ceinture,	156, 685, 690	Osterfeld,	189	Ouglovka,	355
Orló,	292	Osterhagen,	288	Ougney,	691
Orlovskaïa,	355	Osterhofen,	284	Ougrée,	634
Ormaryd,	621	Osterholz,	288	Oujezd,	283
Ormesby,	654	» -Scharmbeck,	288	Oullins,	691
Ormezö,	715	Osteria-Bianca,	18	Oulx,	389
Ormiston,	652	Ostermann-Ilobin,	464	Oumet,	858
Ormon,	689	Ostermünchen,	284	Oundle,	509
Ormoy,	643	Ostermundigen,	428	Oundol,	355
Ormskirk,	460	Ostermundingen,	161	Ounguéni,	669
Ornäs,	302	Osterode,	282	Ourli,	898
Oron-la-Ville,	848	» am Harz,	288	Ouroux-St-Christophe,	228
Orosháza,	14	Osterspai,	289	Ourscamps,	581
Oroszlamos,	283	Ostheim,	18	Ourupinskaïa,	368
Orpington,	824	Osthofen,	571	Ousby,	295
Orp-le-Grand,	285	Ostrach,	291	Ousman,	454
Orrell,	460	Ostrau,	294	Ouspenskaïa,	750
Orroir,	285	» (Wilkowitz),	267	Ouspenskoié,	453
Orr's Bridge,	652	Ostritz,	76	Outeiro,	846
Orrskog,	908	Ostroff,	355	Outkina,	607
Orry-la-Ville,	643	Ostrowitt,	282	Outwood,	460
Orsara,	569	Ostrowo,	711	Ouvarovskaïa,	606
Orsay,	690	Ostrowy,	940	Ouzouer-Dampierre,	690
Orschweier,	352	Ostuni,	569	Ouzum-Keuprii,	898
Orsjö,	431	Osuna,	801	Ovar,	710
Orsola (Sant'),	777	Oswestry,	148, 365	Ovenden,	360
Ortanuova,	569	Oswiecim,	267, 807	Over Darwen,	460
Orte,	747	Oswitz,	807	Overton (Hants),	510
Ortenberg,	352	Otford,	513	» (Huntingdon),	509
Orthez,	581	Otley,	583, 654	» (Perth),	652
Orthoux,	691	Otloczyn,	282	Overtown,	139
Ortofta,	295	Otrada,	608	Overseal & Moira,	509, 583
Orton (Ecosse),	402	Otranto,	569	Oviedo,	646
» (Espagne),	712bis	Ottebol,	295	Oviglio,	389
Ortona,	569	Ottendorf,	296	Ovoca,	243
Ortoncourt,	280	Ottenhofen,	284	Owschlag,	20
Ortrand,	668	Ottensoos,	284	Oxenholme,	509
Ortuella,	221bis	Otterington,	654	Oxenhope,	583
Orvieto,	747	Ottersberg,	189	Oxford (Berks),	365
Orzesche,	807	Otter's Pool,	163	» (Oxtord),	509
Oschatz,	472	Ottersweier,	352	Oxheys,	509
Oschersleben,	123, 538	Ottery Road,	510	Oxie,	545
Osebe,	776	» -St-Mary,	510	Oxley,	365
Osimo,	569	Ottignies,	285, 351	Oxspring,	548
Oskarshamn,	621	Ottingen,	284	Oxwell Mains,	652
Oslebshausen,	288	Ottmachau,	807	Oyenhausen,	288
Osnabruck,	288, 189	Ottmuth,	807	Oyne,	363
Osnes-Pure,	280	Ottmuth,	807	Oyrières,	280
Osogna,	348	Ottringham,	654	Oza (San Pedro),	646
Osorno,	628	Ottweiler,	760	Ozd,	53
Ospedaletto,	389	Ottynia,	474	Ozériany,	440
Ospidaletti,	389	Otusz,	552	Ozerki,	738

— 86 a. —

Ozieri,	777	Panino,	880	Parndorf,	646
O-Zólyom,	292	Panmure,	139	Parona	389
Ozon-Lanespède,	581	Pannal,	654	Parres-les-Vaudes (St),	280
Ozouer-la-Ferrière,	280	Pannenhuis,	285	Parry's,	982
» -le-Voulgis,	280	Pannes,	679	Parsac,	600
Ozydow,	164	Pansdorf,	296	Parsberg,	284
Ozzano,	389	Pant,	104	Parschnitz,	645
Paarp,	393	Panteg,	355	Parsonstown,	364
Pabillonis,	777	Pant-Glas,	509	Partenstein,	284
Pacheco,	536	Pantydwr,	588	Partick,	652
Pacy s/Eure,	679	Pantyffynnon,	365	Partilled,	295
Paddock Wood,	824	Pantywaen,	104	Partington,	163
Paderborn,	290	Paolo-Keui,	898	Parton (Cumberland),	509
Padeswood,	509	Pápa,	686	» (Kirkcudbright),	139
Padgate,	163	Papasly,	898	Partridge Green,	511
Paditz,	294	Papcastle,	559	Paruschowilz,	807
Padova,	389	Papenburg,	290	Pasajes,	638
Padron,	776	Papignies,	285	Pascani,	474
Pagani,	569	Papiol,	859 bis	Pas-de-jeu,	920
Paganica,	569	Pappenheim,	284	» -des-Lanciers,	197, 691
Paganico,	747	Par,	199	Pasewalk,	79
Pagny s/Meuse,	280	Parabiago,	389	Pasian-Schiavonesco,	389
» s/Moselle,	18, 280	Paracuellos de la Rivera,	536	Pasing,	284
Paignton,	823	Paradas,	801	Paskau,	267
Paisley,	139, 339	Paray-le-Monial,	228, 691	Passage,	197
Pakhomovo,	608	Parc de St-Maur,	280	Passau,	284, 421
Palace,	946	Parcé,	929	Passenans,	569
» Craig,	652	Pardovan,	652	Passignano,	691
Palagianello,	569	Pardubitz,	283, 645	Passo-di-Corese,	747
Palagiano,	569	Paredes (Espagne),	646	» -Martino,	747
Palaiseau,	690	» (Portugal),	230	Passofonduto,	569
Palanquinos,	646	Paredillas,	192	Passow,	79
Palau,	859 bis	Parga,	646	Passy,	156, 685
» del Vidre,	581	Pargala,	287	Paszthó,	292
Palavas,	396	Pargny,	280	Patay,	679
Palazzolo,	389	Parham,	358	Patchway,	365
Palenberg,	72	Paris, 156, 280, 643, 685, 690,		Pateley Bridge,	054
Palencia,	638, 646		691	Patent Fuel,	854
Palermo,	569	Párisháza,	433	Paterne,	690
Palézieux,	848	Paris-l'Hôpital,	691	Paternion-Feistritz,	845
Pálfalva,	292	Park (Aberdeen),	363	Paterson's,	652
Palics,	14	» (Glamorgan),	365	Pather,	139
Palidoro,	747	» (Lancashire),	-329, 460	Patthead,	339
Palinges,	691	» (Middlesex),	358	Patna,	339
Palizzi,	569	» Bridge (Kent),	824	Patriarch,	074
Pallas,	942	» Bridge (Lancashire),	548	Patrice (St),	690
Pallion,	654	» Gate (Cheshire),	365, 509	Patricroft,	509
Palma,	543	» Gate (York),	548	Patrick's Well,	364, 942
Palma-Campania,	747	» Gutter,	795	Patrington,	654
» del Rio,	536	» Hall,	460	Pátroha,	641
Palmella,	846	Parkend,	795	Patsch,	845
Palmer's Green,	360	Parkhall,	652	Patschkau,	807
Palnure,	139	Parkhead,	509, 652	Pattburg,	20
Palo,	747	» & Windmill Hill,	139	Paturages,	285
Palota,	283	Park Hill,	363	Pau,	581
Palsboda,	295	Parkhill,	795	Pauillac,	563
Pamiers,	581	Park Lane,	509	Paula (Santa),	536
Pamphilovo,	368	» Newydd,	854	Paul (St),	581
Pamplona,	988	» s',	460	» -de-Varax (St),	228
Pamproux,	690	Parkside,	509	» -le-Jeune (St),	671
Pandridge,	139	Parkstein-Hütten,	284	» -lès-Romans (St),	691
Panchot,	690	Parkstone,	510	Paulhaguet,	691
Pancorbo,	638	Park Street,	360, 509	Paulhan,	581
Pandy,	854	Parkthorn,	339	Paulinenaue,	77
Pangbourne,	365	Parma,	389	Paulis,	716
Pange,	18	Parnac,	690	Pavelets,	739

Pavia,	389	Penge,	51, 513, 824	Pertengo,	389
Pavillons-Stave,	351	Penicuik,	652	Perth,	139, 402, 652
Pavilly,	685	Penig,	294, 613	Pertuis,	691
Paviole,	389	Penistone,	460, 548	Peruc,	714
Pavlograd,	525	Penkridge,	509	Perugia,	747
Pavlovsk,	767	Penmaenmawr,	509	Peruwelz,	285
Pavlovskaïa,	750	Penmaen Pool,	143	Pervyse,	60
Pavlowo,	355	Penn Farm,	365	Perwez,	285
Pavlych,	439	Penne,	690	Pesaro,	569
Payalvo,	710	» (Tarn),	690	Pescantina,	389
Payerbach,	845	Penpergwyn,	365	Pescara,	569
Payns,	280	Penrhiew,	365	Peschiera,	389
Pazanne (Ste),	619	Penrhyn,	310	Pescia,	389
Pé (St),	581	» -Deudraeth,	143	Peski,	609
Peak Forest,	583	Penrith,	183, 509, 654	Pesquera,	638
Peakirk,	360	Penruddock,	183	Pessac,	681
Pear Tree Hill,	358	Penryn,	199	Pessione,	389
Pease Bridge,	652	Pensarn,	143	Pest,	283, 292
Peasemarsh,	510, 511	Pensford,	365	Pét,	686
Pecek,	283	Pensher or Penshaw,	654	Pétange,	720
Peckham Rye,	511	Penshurst,	824	Petchanovka,	440
Péczel,	292	Penston,	652	Peteghem,	285
Pedaso,	569	Pentima,	569	Peterborough,	358, 509, 583
Peddenberg,	189	Penton,	652	Peter-Freiensteim (St),	845
Pedras-Rubras,	708bis	Pentre (Flint),	509	Peterhead,	363
Pedro (San),	465	» (Glamorgan),	854	Peter (St) (Oesterreich),	421
» -Abad,	536	» Season,	365	» (Steiermark),	845
Pedrola,	988	Pentrobin,	982	Pétersbourg (St),	49, 287, 355,
Peebles,	139, 652	Pentyrch,	854		722, 767
Peel,	423	Penwyllt,	623	Petersburg-Jechnitz,	701
» Causeway,	163	Pen-y-Bont,	509	Peter 's Crook,	652
Pegau,	874	» -y-Groes,	509	Petersdorf,	327
Pegli,	845	Penza,	605	Petersfield,	510
Pegoes,	389	Penzance,	957	Petershain,	668
Peine,	846	Penzig,	551	Petershausen,	284
Peipin,	288	Penzing,	421	Peterston,	365
Peissant,	691	Peperga,	293	Peterwytz,	807
Peitz,	285	Pepinster,	285	Peterzell-Königsfeld,	352
Pelaw,	378	Peplow,	365	Petit-Croix,	280
Pelesti,	654	Perach,	284	» -Houvin,	643
Pelkinie,	283	Perbenyik,	641	» -Quévilly,	751
Pellaro,	164	Perbete,	283	» -Sinay,	60
Pelplin,	569	Perceton,	339	Petkum,	290
Pelsall,	282	Perchtoldsdorf,	845	Pétra,	283
Pelsdorf,	509	Percy Main,	654	Petrikau,	940
Pelsöcz,	645	Péréchtchepino,	439	Pétrovka,	669
Peltre,	292	Peregrousnaïa,	609	Petrovsk,	607
Pemberton,	18	Pérenchies,	643	Pétrovskaïa,	449
Pembrey,	460, 509	Peresna,	675	Pétrowitz,	267
Pembridge,	131, 365	Peri,	389	Petrozsény,	716
Pembroke,	365	Perigueux,	690	Pettau,	845
Penafiel,	694	Perisu,	283	Petterill,	654
Peñaflor,	230	Perjámos,	283	Pettigo,	422
Penallta,	536	Pernegg,	845	Pettycur,	652
Penally,	365, 737	Pernes-Camblain,	643	Petworth,	511
Penarroya,	694	Pernhofen-Wulzelshofen,	645	Peutzberg,	284
Penarth,	179	Pernois,	888	Pevensey,	511
Pencader,	854	Péronne (La Chapelle),	700	Pewsey,	365
Pencaitland,	152, 547	Perovo,	609	Pexiora,	581
Penclawdd,	652	Perpignan,	581, 698	Peyraud,	691
Pencoed,	509	Perranwell,	199	Peyrehorade,	581
Pendleton,	365	Perry Barr,	509	Peyruis,	691
Pendwllyn,	460	Persberg,	967	Pézénas,	396, 581
Pengam (Monmouth),	982	Pershore,	365	Pezens,	581
» (Glamorgan),	104	Pershyttan,	632	Pezou,	690
	737	Perstorp,	393	Pfaffendorf,	733

Pfaffenhofen,	284	Piéton,		285	Pitillas,	988
Pfäffikon,	642	Piétouchki,		355	Pitlochry,	302
Pfaffstatten,	845	Pietraligure,		389	Pitmedden,	363
Pfalzdorf,	733	Pietra Santa,		389	Pitnappie,	139
Pfeddersheim,	521	Pietro in Casale (San),		389	Pitres,	679
Pfiffligheim,	521	» -Vernotico (San),		569	Pitschen,	711
Pflaumloch,	291	Pieve Albignola,		389	Pitsea,	517
Pfohren,	352	» a Nievole,		389	Pittenweem,	482
Pforzen,	284	» di Sori,		389	Pittington,	654
Pforzheim,	291, 352	Pigna d'Andora,		389	Pitts Hill,	659
Pfreimt,	284	Pignans,		691	Pizarra,	102
Pfullendorf (Constanz),	352	Pignataro,		747	Pizzighettone,	389
» (See),	291	Pilgram,		551	Pladen,	701
Phalempin,	643	Pilis,		283	Plagwitz-Lindenau,	874
Phalère,	37	Pilkington's,		509	Plaidy,	363
Philippeville,	351	Pill,		112	Plaines,	280
Philippine,	60	Pillau,		847	Plains,	652
Philippoli,	898	Pillbank,		600	Plaintel,	685
Philippsburg (Carlsruhe),	352	Pilling,		284	Plaintree,	360
» (Sargemünd),	18	Pillowell Level,		795	Plaisir-Grignon,	685
Philippsheim,	733	Pilmoor,		654	Plaistow,	517
Philipp's,	652	Pilnikau,		645	Plan,	339
Philonova,	368	Pilning,		365	Plana,	428
Philorth,	363	Pilsen,	268, 684,	701	Plána,	268
Phœnix,	652	Pilsting,		284	Planchers, (St),	685
Piacenza,	389	Pilt (St),		18	Planegg,	284
Piadena,	389	Pilton,		139	Plankstadt,	352
Piana,	389	Pilwischki,		355	Plan-Tachau,	268
Pianorottolo,	569	Pimbo Lane,		460	Plascoed,	600
Pianzano,	389	Pina,		628	Plase,	292
Piatovskaïa,	739	Pincé-Précigné,		685	Plasencia,	536
Piave,	389	Pinchingthorpe,		654	Plashetts,	652
Pichiy-Falu,	292	Pinder Oaks,		548	Plass,	701
Pichtskhalkino,	755	Pineda,		859bis	Plasschendaele,	285
Pickering,	654	Pinerolo,		389	Platt Bridge,	509
Pickle Bridge,	460	Pinhal Novo,		846	» Lane,	509
Picpus (Bel Air),	280	Pinie,		133	Plättling,	284
Picquigny,	643	Pinneberg,		20	Plauen,	780
Picton,	654	Pinner,		509	Plawsworth,	294, 654
Piding,	284	Pinnow,		79	Plealey Road,	365, 509
Piedimonte-Fiumefreddo,	569	Pinnye,		724	Plean,	139
Piercebridge & Carlbury,	654	Pinos-Puente,		192	Pleasington,	460
Pier d'Arena (San),	389	Pins-Justaret,		581	Pleinfeld,	284
Piero (San),	389	Pinton,		536	Pleinting,	284
Pierre,	691	Pinxton & Selston,		583	Pleisshammer,	105
Pierrebrouck,	643	Pinzales,		465	Plénée-Jugon,	685
Pierre d'Albigny (St),	691	Piolenc,		691	Pleschen,	711
» d'Aurillac (St),	581	Pipe Gate,		659	Pless,	746
» de Chignac (St),	690	Pirk,		294	Plessey,	654
» de Mailloc (St),	142	Pirliza,		669	Pleteny-Tachlik,	669
» des Corps (St),	690	Pirmasens,		904	Plettenberg,	73
» du Vauvray (St),	685	Pirna,		294	Pleyber-Christ,	685
Pierrefitte-Nestalas,	581	Pirnesdorf-Pfaffendorf,		645	Pliski,	453
» -Stains,	643	Pirton,		583	Ploaghe,	77
Pierre-la-Cour (St),	685	Pisa,	389,	747	Plochingen,	291
Pierrelatte,	691	Piscina,		389	Plodder Lane,	509
Pierre-le-Moûtier (St),	691	Pisek,		252	Plœuc-d'Hermitage,	685
» lès Calais (St),	643	Piski,		716	Ploiesci,	283
» lès Elbeuf (St),	679	Pisticci,		569	Plombières,	691
Pierrepont,	280	Pistoja,		389	Plôn,	20
Pierre s/Dives (St),	685	Pistorf,		18	Ploskaïa,	675
Pierreville,	280	Pitcaple,		363	Plouaret-Lannion,	685
Pierroton,	581	Pitcon,		339	Plouigneau,	685
Piesberg,	288	Piteccio,		389	Plounérin,	355
Pieterlen,	161	Pitesci,		283	Ploussa,	80
Piet-Gijzenbrug,	405	Pithiviers,		690	Plowden,	

Pluchow,	164	Polesella,	389	Pont de Flandre,	156	
Pluckley,	824	Polesworth,	509	» de Gennes,	685	
Plüderhausen,	291	Polévaïa,	453	» de la Deule,	643	
Plumbley,	171	Pölfing-Brunn,	357	» de l'Ane,	691	
Plumpton (Cumberland),	509	Policoro,	569	» de l'Arche,	679, 685	
» (Lancashire),	329	Poliénas,	691	» de l'Etoile,	691	
» (Sussex),	511	Polignano a Mare,	569	» de Lignon,	691	
Plumstead,	824	Poligny,	691	» de Livron,	691	
Pluvignier,	690	Polinino,	988	» de Sor,	710	
Plycwia,	940	Polisot,	280	» de Vaux Fleurville,	691	
Plymouth,	199, 823	Politz,	283	» de Veyle,	691	
» Furnace,	854	» -Sandau,	636	» d'Hérault,	691	
Plympton,	823	Polkemmet,	139, 652	» d'Héry,	691	
Pizenec,	268	Polliat,	691	» d'Inca,	543	
Pniewo,	940	Pollokshaws,	339, 139	Pondolgoch,	143	
Pobes,	893	Polminhac,	690	Pont d'Ouche,	275	
Poceirao,	846	Polmont,	652	» du Casse,	690	
Pöchlarn,	421	Polna,	645	» du Château,	691	
Pockau-Lengefeld,	169	Polnisch-Lissa,	807	» du Strop,	285	
Pocklington,	654	» -Nettkow,	552	Pontecagnano,	569	
Poco do Bispo,	710	» -Wartenberg,	106	Pontecurone,	389	
Podbaba,	283	Polonnoé,	440	Pontedecimo,	389	
Podberezié,	665	Polotsk,	247	Pontedera,	747	
Podbrodzé,	355	Polquhap,	339	Ponte di Benevento,	569	
Podebrad,	645	Polsham,	365, 819	» di Brenta,	389	
Podelsig,	282	Polstrau,	845	Pontefract,	460	
Podensac,	581	Poltava,	439	Ponte Galera,	747	
Podersam,	701	Polten (St),	421	» Ginori,	747	
Podgornoé,	454	Polton,	652	Pontelagoscuro,	389	
Podgorodnyia,	669	Pomathorn,	652	Ponte San Giovanni,	747	
Podleze,	164	Pombal,	710	» San Marco,	389	
Podmore,	659	Poméranié,	355	» San Paolo,	747	
Podnart,	721	Pomeroy,	903	» San Pietro,	389	
Podolsk,	608	Pommelsbrunn,	284	Pontesbury,	365, 509	
Podssolnétchnaïa,	355	Pommritz,	294	Pontesele,	569	
Podsused,	845	Pomochtchnaïa,	669	Ponte Valentino,	569	
Podvislovo,	740	Pompadour,	690	Pontfaverger,	280	
Podwoloczyska,	164	Pompain (St),	690	Pontgouin,	685	
Poelcapelle,	60	Pompei,	569	Pont-Hebert,	685	
Pofi-Castro,	747	Pompey,	280	Ponthir,	365	
Pogegen,	282	Ponder's End,	358	Ponti,	389	
Poggibonsi,	747	Pondéry,	355	Ponticino,	747	
Poggio-Imperiale,	569	Ponemounek,	483	Pontivy,	685, 690	
» -Renatico,	389	Ponéviéje,	483	Pont-les-Brie,	700	
Pogmoor,	548	Ponfeigh,	139	» l'Evêque,	685	
Pogoreltsy,	606	Ponholz,	284	» -Llanio,	547	
Pohl,	267	Poni,	712	Pontlottyn,	7	
Poinçon,	691	Ponigl,	845	Pont-Maugis,	280	
Poing,	284	Pons,	163, 793	Pontmort,	691	
Point-du-Jour,	156, 685	Pont-à-Celles,	285	Pontnewydd,	365, 600	
Poissy,	685	Pontailler s/Saône,	691	Pontnewynydd,	600	
Poitiers,	690, 920	Pontamman,	365	Pontoise,	643, 685	
Poix (Belgique),	285	Pont-à-Mousson,	280	Pontorson,	929	
» (France),	643	Pontanevaux,	691	Pont-Rémy,	643	
» -Terron,	280	Pontardawe,	583	Pontrhydyrum,	365, 600	
Pojana,	389	Pontardulais,	365	Pontrhythallt,	509	
Pokretony,	355	Pontarlier,	691, 848	Pontrilas,	365	
Pokrovskaïa (Kalouga),	857	Pontassieve,	747	Pont-Rouge-le-Fay,	228	
» (Tambow),	739	Pont-Audemer,	679	» -Rousseau,	619	
Pokrovskoé,	453	» -Authou,	685	» -Ste-Maxence,	643	
Pokrow,	355	Pontcharra s/Bréda,	691	» -St-Pierre,	679	
Pol (St),	643	Pontcharra St Porgeux,	691	» -St-Vincent,	280	
» (San),	859bis	Pont-Château,	690	Pontsarn,	104	
Pola de Lena,	646	» d'Ain,	691	Ponts-et-Marais,	888	
Polegate,	511	» de Briques,	643	Pontsticill,	104	
Polep,	645	» de Dore,	691	Pont s/Seine,	280	

— 90 a. —

Pont s/Vanne,	678	Porthall,	422	Pottenstein,		645
» s/Yonne,	691	Porth Waen,	143	Potter's Bar,		360
» -Tranchefêtu,	679	Portici,	569	Pottery Road,		652
» -Varin,	280	Portieux,	280	Potto,		654
» --Vert,	690	Portishead,	112	Potton,		509
Pontyberem,	131	Portland (Ayr),	339	Pottschach,		845
Pontyclerc,	365	» (Dorset),	365, 510	Pötzscha,		294
Pontyeats,	131	Portlethen,	139	Pouchkinskaïa,		607
Pontygwaith,	809	Portmadoc,	143, 310	Pouchtchino,		740
Pontymoile Holly Bush,	809	Portmarnock,	238	Pougues-les-Eaux,		691
Pontypool,	365, 600	Porto,	230, 710	Pouilly s/Loire,		691
Pontypridd,	854	Portobello (Edinburgh),	652	Poukhovo,		454
Ponyry,	608	» (Stafford),	509	Poulseur,		285
Ponzana,	389	Porto-Civitanova,	569	Poulton,	460,	509
Pool,	143, 957	» -Empedocle,	569	» Lane,		509
» Dam,	659	Port of Monteith,	652	Pournel,		690
Poole (Dorset),	510	Portolin,	638	Pourru-Brévilly,		280
» (York),	654	Porto-Maurizio,	389	Pouxeux,		280
» 's,	509	Porton,	510	Pouzauges,		920
Pope & Pearson 's,	583	Porto-Recanati,	569	Povarino,		368
Popeljany,	483	» -San-Giorgio.	569	Povena,		712bis
Popelukha,	669	» -Torres,	777	Povoa,		710
Popelwitz,	746	Port-Patrick,	139	» de Varzim,		708bis
Poperinghe,	60	Portpatrick Harbour,	139	Powayen,		847
Popiélnia,	440	Portrush,	67	Powerstock,		305
Pópoli,	569	Port-Ste-Marie,	581	Poynton,	509,	548
Poppenhausen,	284	» St-Mary,	423	Poyntz,		238
Poppenreuth,	284	» -St-Père,	539bis	Pozaldez,		638
Poppleton,	654	Portskewet,	365	Pozazal,		638
Poprád-Felka,	433	Portslade,	511	Pozo Canada,		536
Poraj,	940	Portsmouth (Hants),	510, 511	Pozuelo,		882
Porcari,	389	» (Lancashire),	460	Pozzo di Strada,		389
Porchester,	510	Port Soderick,	423	Pozzuolo,		389
Pordenone,	389	Portsoy,	363	Pra,		389
Poretché,	355	Portstewart,	67	Pracchia,		684
Porican,	283	Port s/Saône,	280	Prag,	133, 268, 283, 645,	899
Pornic,	619	Portswood,	510		714,	421
Porquera,	638	Port Talbot,	365	Prägarten,		845
Porrentruy,	691	Portumna Bridge,	364	Pragerhof,		710
Porretta,	389	Port-Vendres,	581	Praia,		483
Porta,	189, 288	Posadas,	536	Prākulen,		421
Port-à-Binson-Châtillon, -	280	Posadilla,	645	Pram-Haag,		283
Portacùmaro,	389	Posen,	711, 552, 807	Praskovic-Kartitz,		605
Portadown,	238, 903	Pösing,	284	Praskoviino,		581
Portalegre,	710	Possenhofen,	284	Prat-et-Bonrepaux,		389
Portarlington,	364	Possil,	652	Prato,		569
Port-aux-Perches,	643	Possitz-Joslowitz,	283	Protola,		642
» -Boulet,	690	Pösneck,	874	Prätteln,	161,	659
» -Brillet,	685	Possnitz,	845	Pratt 's,		282
Portbury,	112	Postbauer,	284	Praust,		898
Port Carlisle,	139, 652	Postelberg,	701	Pravadi,		643
» Cawl,	365	Posthausen,	472	Précy,		357
» Clarence,	654	Postland,	360	Preding-Wieselsdorf,		645
Portcreek,	511	Potchinki,	675	Predmeric,		509
Port d'Atelier,	280	Potcóva,	283	Prees,		365
» -de-Piles,	690	Potenza-Picena,	569	Preesgweene,		20
» -de-Poses,	679	Pothières,	280	Preetz,		389
» Dinorwic,	509	Poti,	712	Preganziol,		581
» Elphinstone,	363	Potoki,	439	Preignac,		283
» Erin,	423	Potschach,	845	Prelouc,		859bis
Porterockney,	139	Potschappel,	294	Premiá,		357
Portes,	691	Potscherad,	701	Premstätten-Tobelbad,		79
Portets,	581	Potsdam,	78	Prenzlau,		355
Portet-St-Simon,	581	Pottangow,	79	Préobrajensk,		355
Port-Glascow,	139, 339	Pottenbrunn,	421	Préobrajenskaïa,		267
Porth,	854	Pottendorf-Landegg,	845	Prerau,		

— 91 a. —

Preschen-Bilin,	41	Prossnitz,	267	Puy-Ricard,		691
Prescot,	509	Protivin,	252	Puzol,		17
Presenzano,	747	Protiwin,	268	Pwllheli,		143
Pressath,	284	Protopopovka,	439	Pwll-y-Pant,		737
Pressbaum,	421	Protopopovo,	739	Pwllyrhebog,		854
Pressburg,	283, 934	Protsken-Saltz,	847	Pye Bridge,		583
Pressnitz-Reischdorf,	133	Prouzel,	643	Pyle,		365
Prestatyn,	509	Provins,	280	Pylle,		819
Prestbury,	509	Pruchna,	267	Pyrimont,		691
Presthope,	365	Prudhoé,	654	Pyrmont-Lügde,		538
Prestköp,	689	Prüfening,	284	Quaderna,		509
Preston (Durham),	654	Prunisori,	283	Quainton Road,		365
» (Lancashire),	460, 509	Prust,	282	Quakenbrück,		353
» (Sussex),	511	Pruszków,	940	Quaker's Yard,	365,	854
» Brook,	509	Prygodzice,	711	Quaregnon,		285
Prestongrange,	652	Przemysl,	164, 715	Quaritz,		807
Prestonpans,	652	Przeworst,	164	Quarry Gap,		360
Prestranek,	845	Pskoff,	355	Quarter,		139
Prestwick,	339	Puch,	421	» Road,		139
Prétchistoé,	607	Pudewitz,	807	Quarto,		389
Pretzier,	538	Pudgeston,	139	Quassitz-Tlumetschau,		267
Preussen-Stargard,	282	Puebla Larga,	17	Quatrecht,		285
Preussisch-Eylau,	847	Puente-Genil,	192	Quatre-Routes,		690
Preusslitz,	538	Puerto de Santa Maria,	801	Quborwen,		365
Prevali,	845	Puerto-Réal,	801	Quedlinburg,		538
Prevelles,	678	Puertollano,	179	Queensborough,		513
Prévenchères,	691	Puers,	542	Queensferry,		652
Prex (St),	848	Pufesti,	283	Qoeen's Ferry,		509
Prez-s/s-la-Fouche,	280	Puget,	691	Queen's Road, Peckham,		511
Pribram,	252	Puig,	17	Queenstown,		364
Priedor,	898	Puiseaux,	691	Quéménéven,		690
Prien,	284	Puj,	716	Quentin (St) (Aisne),	370,	643
Priesen,	133, 701	Pulborough,	511	» (Isère),		691
Priestcrofts,	654	Puleston Mill,	365	» -le-Verger (St),		280
Priestfield,	365	Pulford,	365	Querceta-Serravezza,		389
Priest (St),	691	Pulham-Market,	358	Quero,		536
» -Taurion (St),	690	» -St-Mary,	358	Quesnoy s/Deule,		643
Priglevitza-St-Ivan,	14	Pulkau,	645	Questembert,		690
Prigonrieux,	690	Pulligny-Autrey,	280	Quetteville,		685
Prilly,	469	Pulsa,	287	Quévy,	643,	624
Primitiva,	991 bis	Pulsnitz,	294	Queyrac,		563
Primrose,	460	Pumpherston,	652	Quiévrain,	285,	643
Prince's End,	365, 509	Puntales (San A),	801	Quimerc'h,		690
Princes Risborough,	365, 948	Puntigam,	845	Quimper,		690
Prinsenhage,	351	Pürbach-Schrems,	268	Quimperlé,		690
Print,	139	Purfleet,	517	Quint,		733
Prinzersdorf,	421	Pürglitz,	252	Quintana del Puente,		638
Priolo,	569	Purkersdorf,	421	» de Ramos,		646
Priors Lee,	365, 509	Pürstein,	133	Quintanapalla,		638
Prisady,	739	Purton,	365	Quintanar de la Orden,		11
Prissé,	228	Puschdorf,	282	Quintanilla,		628
Pristina,	898	Püspök-Ladány,	872	Quintanilleja,		628
Pristewitz,	472	Püsselbüren,	288	Quintin,		685
Prittitz,	874	Puszta-Lököshaza,	872	Quinto,		389
Pritzier,	77	Pusztamzó,	292	Quintos,		846
Privas,	691	Puszta-Páka,	283	Quissac,		691
Proekuls,	282	» -Péteri,	283	Qurinoves,		268
Proěnichky,	355	» -Pó,	872	Qvidinge,		393
Progno-Okonskaïa,	750	Puteaux,	685	Qvissel,		286
Prohn,	41	Putilow,	722	Qvistgaard,		787
Prokhorovka,	453	Putim,	252	Raab,	283, 686,	724
Promontor,	845	Putney,	510	Rabade,		646
Prosecco,	845	Putnok,	292	Raba-St-Mihály,		686
Proskourow,	669	Putten,	159	Rabastens,		690
Prospect,	36	Puy-l'Evêque,	690	» -de-Bigorre,		581
» Hill,	654	Puyôo,	581	Rabieux s/Fessard,		581

Rabishau,	551	Rakek,	845	Rathdrum,	243
Rabstein,	636	Rahkny,	669	Rathen (Ecosse),	363
Racari,	283	Rakonic,	252	» (Sachsen),	294
Racaciune,	283	Rakonitz,	133	Rathenow,	538
Racconigi,	389	Rákó-Pribócz,	292	Rathkeale,	942
Racks,	339	Rákos,	292	Rathmore,	304
Rackwitz,	74	Rakovka,	368	Rathnew,	243
Rácz-St-Péter,	283	Rállsa,	160	Ratho,	652
Radcliffe Bridge,	460	Ramberg-Preignac,	581	Ratibor,	807
Raddusa,	569	Rambert-d'Albon (St),	691	Ratingen,	72, 733
Radeberg,	294	» -en-Bugey (St),	691	Ratomka,	464
Radebeul,	472	Rambervilliers,	280	Ratschach-Weissenfels,	721
Radepont,	679	Rambouillet,	685	Ratschitz-Oberleutensdorf,	41
Rädersdorf,	284	Rämen,	302	Ratte,	228
Radford,	583	Ramenskaïa,	609	Rattlingate,	652
Radjivilow,	440	Ramillies,	285	Ratzeburg,	526
Radldorf,	284	Ramingen,	291	Rätzersdorf,	934
Radlett,	583	Ramlösa,	393, 463	Ratzlingen,	538
Radley,	365	Rammelsbach,	904	Raubling,	284
Radmansdorf-Lees,	721	Rammingdorf,	721	Raucourt,	380
Radmer,	721	Rammingen,	291	Raudnic,	283
Radna-Lippa,	716	Ramsay,	652, 605	Raudnitz,	282
Radnitz,	684	Ramsbottom,	460	Raudten,	105
Rádnitz,	115	Ramscapelle,	60	Rauenstein,	169
Radochkovitchi,	464	Ramsden Green's,	509	Raunds,	583
Radolfzell,	352	Ramsen,	621 bis	Raunheim,	521
Radomsk,	940	Ramsey,	360	Raus,	463
Radotin,	684	Ramsgate,	513, 824	Rauscha,	551
Radstadt,	421	Ramstein,	904	Raussnitz,	267
Radstock (Angleterre), 365,	819	Ranchot,	691	Rautenkranz,	168
» (Ungarn),	715	Randalstown,	67	Ravelrig,	139
Radvany,	715	Randers,	286	Raven,	365
Radway Green,	659	Randle,	509	Ravenglass,	329, 729
Radymno,	164	Randolph,	652	Ravenna,	569
Radzionkau,	746	Randsfjord,	235	Ravensburg,	291
Radzivilichki,	483	Rangsdorf,	75	Ravenscraig,	139
Radziwillow,	940	Rankinston,	339	Raven's Lane,	659
Raebog,	652	Rankweil,	931	Ravensthorpe,	460
Raeburn's,	139	Rann,	845	Ravenswood,	652
Raesgill,	139	Rannenbourg,	740	Raw,	652
Ragatz,	905	Rannum,	900	Rawcliffe,	460
Raglan Footpath,	365	Rans,	691	Rawicz,	807
» Road,	365	Ransart,	351	Rawmarsh & Parkgate,	583
Raguhn,	74	Ranskill,	360	Rawtenstall,	460
Raheny,	238	Ransta,	450	Rawyards,	652
Raiano,	569	Ranstadt,	399	Raydon,	358
Rai-Aube,	685	Raon l'Etape la Neuveville,	280	Raymat,	988
Raigern,	267	Rapallo,	389	Rayne,	358
Rain,	284	Raphaël (St),	691	Raynes Park,	510
Raincy-Pavillons,	94	Raphèle,	691	Razac,	690
» -Villemomble-Livry,	280	Rapolano,	747	Razdiélnaïa (Kherson),	669
Raindorf,	284	Rappe,	965	» (Voronèje),	454
Rainford,	460, 509	Rappenau,	352	Razice-Pisek,	268
Rainhaim (Essex),	517	Rapperzwyl,	905	Razik,	49
» (Kent),	513	Rappoltzweiler,	18	Reading,	365, 510, 824
Rainhill,	509	Rasgrad,	898	Rearsby,	583
Rainvilliers,	679	Raskazovo,	858	Rebaix,	285
Rainworth,	583	Raskelf,	654	Rebecq-Rognon,	285
Raisdorf,	20	Raspenau,	645	Rebstein,	905
Raismes,	643	Rastatt,	352	Recajo,	893
Raitersaich,	284	Rastede,	353	Recarei,	230
Raitz,	283	Rastenburg,	847	Recco,	389
Raivola,	287	Ratby,	583	Rechterstein,	291
Rajadell,	988	Ratcliffe,	360	Recklinghausen,	189
Rakamaz,	872	Räterschen,	905	Réclavier,	691
Rakasdia,	283	Rath,	72, 733	Récse,	845

Rectory Road,	358	Reifland,	169	Reuil,	685
Redbridge,	510	Reifnigg–Fresen,	845	Reuilly,	690
Redburn & Dykehead,	339	Reigate,	824	Reus,	478
Redcar,	654	Reigersbeuren,	284	Reussen,	378
Redding,	652	Reims,	280	Reuth,	294
Reddish,	509, 548	Reinbeck,	77	» -Erbendorf,	284
Redditch,	583	Reinfeld,	526	Reutlingen,	291
Reden,	760	Reinheim,	521	Reuver,	293
Redford (Fife),	652	Reinosa,	638	Rév,	281
» (Forfar),	139	Reinstedt,	538	Réval,	49
» (Stirling),	652	Reisdorff,	720	Revel,	581
Redheugh,	654	Reisen,	807	Révigny-aux-Vaches,	280
Redhill (Shropshire),	713	Reisicht,	551	Revin,	280
» (Surrey),	511, 824	Reiskirchen,	399	Rewnitz,	684
Redhills,	422	Reitzenhain,	169	Rezzato,	389
Redl,	421	Reizenhain,	133	Rhayader,	588
Red Moss,	460	Rekawinkel,	421	Rheda (Westfalen),	189
Rednal,	365	Relly Mill,	654	» (Westpreussen),	79
Redon,	685, 690	Remagen,	733	Rheinau,	352
Red Rock,	509	Remicourt,	285	Rheine,	288, 290
Redruth,	957	Remilly (Ardennes),	280	Rheineck,	905
Redstone,	339	» (Metz),	18	Rheinfelden,	642
Red Street,	659	» (Nièvre),	691	Rheingönheim-Mündenheim,	904
Redwitz,	284	Remirement,	280	Rheinhausen,	733
Reedham,	358	Rémizowo,	738	Rheinsheim,	352
Reedsmouth,	652	Remo (San),	389	Rheinweiler,	352
Reepham,	548	Remscheid,	72	Rhewl,	221
Reeth,	285	Remse,	613	Rheydt,	72
Regato,	527	Remy-des-Monts (St),	678	» -Geneiken,	72
Regensburg,	284	Rémy-lès-Chevreuse (St),	690	Rhisne,	285
Regenstauf,	284	» (St) (Allier),	691	Rhiwderyn,	104
Reggio (Calabria),	569	» (St) (Bouches du Rhône),	97	Rho,	389
» (Emilia),	389	» (St) (Calvados),	685	Rhode-Ste-Genèse,	285
Reggiolo-Gonzaga,	389	Rena,	176	Rhondda,	854
Régissa,	285	Renaix,	285	Rhosgoch,	509
Régitza,	355	Renan,	428	Rhos-Llantwit,	104
Regmalard,	680	Renc,	133	Rhoswen,	809
Regneville,	479	Renchen,	352	Rhuddlan,	509
Regny-St-Symphorien,	691	Rendsburg,	20	Rhydhelig,	854
Regstrup,	787	Renedo,	638	Rhydowen,	970
Reguengo,	710	Renens,	848	Rhydymwyn,	509
Rehaincourt,	280	Renfrew,	339	Rhydyronen,	856
Rehau,	284	Renishaw Park,	583	Rhyl,	509
Rehfelde,	282	Rennes,	685	Rhymney (Glamorgan),	365, 509,
Rehmsdorf,	294	Renningen,	291		737
Rehweiler,	904	Renteria,	638	» (Monmouth),	104
Reibnitz,	551	Renton,	652	Riabtsovo,	675
Reicheldorf,	284	Rentschmühle,	780	Riace,	569
Reichenau (Böhmen),	645	Rentwertshausen,	638	Riajsk,	738, 739
» (Constanz),	352	Renzendorf,	399	Riardo,	747
Reichenbach (Oberlausitz),	294	Repievka,	605	Riasan,	609, 739
» (Schlesien),	105	Replat,	389	Riazantsevo,	607
» (Württemberg),	291	Reppen,	105, 552	Ribbeton,	509
» (Zwickau),	294	Repy,	133	Ribbleton,	460
Reichenberg (Bayern),	294	Resolven,	365	Ribe,	286
» (Böhmen),	352, 645	Ressaix,	285	Ribécourt,	643
Reichenburg (Oesterreich),	845	Reston,	652	Ribémont,	370
» (Suisse),	642	Reszege-Szánisló,	641	Ribis-Rizzolo,	389
Reichenhall,	284	Retford,	360, 548	Riccall,	654
Reichertshausen,	284	Réthel,	280	Riccarton,	652
Reichertshofen,	284	Rethen,	288	Riccione,	569
Reicholzheim,	352	Retournac,	691	Rich-Hill,	903
Reichramming,	721	Retz,	645	Richmond (Surrey),	510
Reichshofen,	18	Retzbach,	284	» (York),	654
Reichstadt-Niemes,	636	Reuchenette,	428	Richterich,	72
Reiden,	161	Reuden,	874	Richtersweil,	642

Rickelshausen,	352	Rinteln,	538	Roche (Cornwall),	200
Ricklingen,	20	Rio Fiume,	747	» (France),	691
Rickmansworth,	509	Riola,	389	» (Suisse),	848
Ricla,	536	Riom,	691	» de Glun,	691
Riddes,	848	Riomaggiore,	389	Rochefort (Jura),	691
Riddings,	652	Rion,	581	» s/Mer,	163, 690
Ridgmont,	509	Rio Tinto,	230	Rochemaure,	691
Riding Mill,	654	Ripafratta,	389	Rochester Bridge,	513
Riean,	268	Ripalta,	569	Rochestown,	197
Riéchetnikovo,	355	Ripley (Derby),	583	Rochlitz,	294, 613
Ried,	421	» (York),	654	Roch (St),	643
Riedau-Ried,	421	Ripon,	654	Rochsoles,	652
Riedlingen,	291	Rippingdale,	360	» & Blackrigg,	652
Riedselz,	18	Ripple,	583	Rochsolloch,	652
Riedtwyl,	161	Riquelme,	536	Rochy-Condé,	643
Riegel,	352	Risca,	600	Rockcliffe,	139
Riehen,	352	Riscle,	581	Rock Corry,	422
Riel,	351	Rishton,	460	Rockenhausen,	904
Rielasingen,	621bis	Risles,	285	Rock Ferry,	509
Riem,	284	Ris-Orangis,	691	Rockingham,	294
Riemke,	72	Risstissen,	291	Rocour,	293
Rieneck,	321	Rittel,	282	Rodalben,	904
Riesa,	294, 472	Ritterhude,	288	Rodallo,	389
Rieschweiler,	904	Riudellots,	859bis	Rodange,	720
Riestedt,	537	Riva,	389	Rodanheat,	339
Rietheim,	291	Rivaforada,	988	Rodatycze,	104
Rietschen,	76	Rivage,	285	Rødberget,	922
Rifredi,	389	Rivarennes,	920	Rødby,	459
Riga,	594, 742, 743	Rivarolo,	389, 792	Rodeby,	151
Rigend,	652	Rivaz St-Saphorin,	848	Rödelheim,	210
Rigi-Kaltbad,	744	Rive-de-Gier,	691	Rodenkirchen,	353
» -Kulm,	744	Rives,	691	Roderau,	74, 472
» -Scheideck,	744	River,	510	Rodez,	690
» -Staffel,	744	Rivesaltes,	581	Rodewisch,	904
» -Staffelhöhe,	744	Rivière,	581	Roding,	284
Rignano Sull' Arno,	747	Rivoli,	882	Rodionovskaïa,	755
Rigney,	691	Rixdorf,	551	Rödkjaersbro,	286
Rigoli,	389	Rixensart,	285	Rodwell,	365, 510
Rigsby's,	659	Rixheim,	18	Roedelheim,	409
Riihimäki,	287	Rixingen,	18	Roermond,	293
Rijswijk,	405	Rjanitsa,	675	Roeux,	643
Rilland,	293	Rjew,	880	Rogart,	402
Rillington,	654	Rjischow,	439	Rogate,	510
Rilly-la-Montagne,	280	Roade,	509	Rogatz,	538
» -Semuy-St-Irénée,	280	Roadwater,	964	Roggwyl,	161
Rima-Bánya,	292	Roanne,	691	Rognac,	691
Rimabrezó,	133	Robecco Pontevico,	389	Rognaes,	891
Rimarevo,	368	Robertsbridge,	824	Rogoredo,	389
Rimaszècs,	292	Robertsholm,	334	Rogów,	940
Rima-Szombath,	292	Robertson's Lye,	652	Rogozno,	164
Rimaucourt,	280	Robiac,	691	Rohrbach (Bayern),	284
Rimini,	569	Robin Hoad,	460	» (Mähren),	267
Rimogne,	280	Robledo,	638	» (Pfalz),	904
Rincon de Soto,	893	Robroyston,	139	» (Saargemünd),	18
Rindsholm,	286	Roby,	509	Rohrenfeld,	284
Ringelheim,	123	Rocamadour,	690	Rohrmoos,	630
Ringen,	594	Roccabernarda,	569	Röhrsdorf-Zwickau,	288
Ringkjobing,	286	Rocca d'Evandro,	747	Rohrsen,	291
Ringley Road,	460	» Imperiale,	569	Roigheim,	455
Ringmundshof,	743	» Strada,	747	Roinge,	733
Ringstead,	509	Roccapalumba,	569	Roisdorf,	569
Ringsted,	787	Roccasecca,	747	Roisel,	700
Ringsheim,	352	Roccella,	569	Roitham,	421
Ringwood,	510	Rocchetta,	389	Roitzsch,	74
Rinnthal-Sarnstall,	904	Rocester,	659	Rojichtché,	440
Rinkerode,	290	Rochdale,	460	Röken,	235

— 95 a. —

Rokiciny,	940	Rosachatec,	645
Rokietnice,	807	Roscommon,	587
Rokitzan,	684	Roscrea,	364
Rokotovo,	605	Rose Bridge,	509
Rolampot,	280	Roseburg,	526
Rolandeck,	733	Roseburn,	139
Rolle,	848	Rosedale,	954
Rolleston,	583	Rose Grove,	460
Rolo-Novi,	389	Rosemill,	139
Roma,	747	Rosemunt,	139
Romagnano,	569	Rosenau,	721
Romain (St),	685	Rosenbach,	284
» -de-Popey (St),	691	Rosenberg (Mosbach),	352
» -en-Gier (St),	691	» (Oberpfalz),	284
» -le-Puy (St),	691	» (Ungarn),	433
Romaldkirk,	654	Rosengarten (Frankfurt a/O),	551
Roman,	283, 474	» (Starkenburg),	521
Romanèche,	691	Rosenheim,	
Romanel-la-Naz,	469	Rosenhöhe,	521
Romano (San),	747	Rosenthal,	252, 357
Romans,	691	Rosersberg,	295
Roman (San),	562	Roseto,	569
Romanshorn,	642	Rosheim,	18
Romao (San),	230	Rosic,	645
Rom-Bogsán,	280	Rosières,	643
Rome-de-Cermon(St),	581	» -aux-Salines,	280
Romedenne,	174	Rosignano,	747
» -Surice,	351	Rosimmen,	922
Romerbad,	845	Rositz,	294
Romerée,	174	Roskilde,	787
Römershof,	743	Roslavl,	675
Romescamps,	843	Roslin,	652
Romford,	358	Rosny,	685
Romiley,	548, 583	» -s/s-Bois,	280
Romilly-la-Puthenaye,	685	Rosoux-Goyer,	285
» s/Andelle,	679	Rosporden,	690
» s/Seine,	280	Rosport,	720
Romiti,	744	Ross,	365
Romny,	464	» & Haughead,	139
Romont (France),	280	Rossano,	569
» (Suisse),	848	Rossberg,	291
Romorantin,	690	Rössel,	133
Romsey,	510	Rossett,	365
Ronchamp,	280	Rosshyttan,	295
Ronchi,	845	Rossillon,	691
Ronco,	389	Rossington,	360
Rond-d'Orléans,	167	Rossitz,	645
Ronheide,	733	» -Pendorf,	283
Ronneburg,	294	Rossla,	537
Ronnenberg,	538	Rosslau,	74
Ronsdorf,	72	Rosslyn Castle,	652
Rooborst,	285	» Lee,	652
Rood End,	365	Rossochnoé,	674
Roodt,	18	Rosstall,	284
Rookery,	509	Rosswein,	294, 472
Roose,	329	Rosta,	389
Roosendael,	60	Rostemple,	364
Roozendaal,	293, 351	Rostock,	324
Ropczyce,	164	Rostow s/Don,	453, 454, 607, 750
Ropley,	510	Rostrevor,	630
Roquebrune,	691	Rosult,	643
Roquefavour,	691	Roswadze,	807
Roqueronde,	581	Rotebro,	295
Roquevaire,	691	Rotenburg (Hannover),	189
Rorschach,	642, 747bis, 905	» (Hessen),	72
Rosa,	548	Roth,	284

Roth am See,	291
Rothbury,	652
Röthe Erde,	733
Rothenbach (Oberpfalz),	284
» (Schwarzwald),	291
Röthenbach,	284
Rothenburg a/Oder,	105, 552
» (Bayern),	284
» (Suisse),	161
Rothenfels,	352
Rothenkrug,	20
Rothenstadt,	284
Rothenstein,	758
Rothenthurn,	845
Rotherfield,	511
Rotherham,	548, 583
Rotherhithe,	511
Rothermühle,	72
Rothes,	363
Rothfliess,	282
Rothfloss,	327
Rothiemay,	363
Rothie Norman,	363
Roth-Kostelec,	645
Rothkreuz,	642
Rothley,	652
Roth-Malsch,	352
Rothsürben,	807
Rothwell,	583
Rotselaer,	351
Rott,	284
Rottenacker,	291
Rottenburg,	291
Rottendorf,	284
Rottenmann,	721
Rotten Park,	509
Rotterdam,	405, 732
Rottershausen,	284
Rottofreno,	389
Rottweil,	291
Roubaix,	643
Rouchona,	355
Roudensk,	464
Roudham,	358, 873
Roudma (Mohileff),	675
» (Rowno),	440
Roudnitsy,	669
Roudzichki,	355
Rouen,	643, 685, 751
Rouessé-Vassé,	685
Rougeac,	691
Roughcraig,	652
Roughrigg,	652
Rouillé,	690
Rouilly-St-Loup,	280
Roujan-Neffiés,	581
Roulers,	60
Round Oak,	365
Rousski-Brod,	498
Roux,	285
Roverbella,	389
Roveredo,	845
Rovigo,	389
Rovno,	440
Röwersdorf,	157
Rowfant,	511

— 96 a. —

Rowland's Castle,	510	Ruppelsweil,	161, 642	Saar-Union,		18
Rowlands Gill,	654	Ruppichteroth,	117	Saarwerden,		18
Rowley (Durham),	654	Rüschlikon,	642	Saaz,	133,	701
» (Stafford,	365	Rushall,	509	Sabadell,		088
Rowrah,	969	Rush & Lusk,	238	Sablé,		685
Rowsley,	583	Rushbrook,	364	Sablino,		355
Roxburgh,	652	Rushbury,	365	Sacavem,		710
Royan,	793	Rushey,	548	Sachsen,		284
Roydon,	358	Rushton (Northampton),	583	Sachsenburg,		845
Roye,	700	» (Stafford),	659	Sachy,		280
Royston,	360	Rusin,	133	Sacile,		389
» & Notton,	583	Russ,	716	Sackesta,		555
Royton,	460	Russel's,	652	Säckingen,		352
Rozprza,	940	Rüsselsheim,	521	Saddleworth,		509
Rozsnyó,	292	Russen,	294	Sadirac,		161
Roztok,	283	Russi,	569	Sadovaia,		930
Rtichtchevo,	858	Rustschuk,	898	Sadowa-Wisznia,		164
Ruabon,	365	Ruswarp,	654	Sadurni (San),		859 bis
Rubbia-Savogna,	845	Rutherford,	652	Saffron Walden,		358
Rubiera,	389	Rutherglen,	139	Safsjö,		295
Rubigen,	161	Rüthi,	905	Sagan,	551,	807
Rübleinshof,	284	Ruthin,	221	Sagerhorn,		189
Rückenwaldau,	551	» Road,	365	Sagor,		845
Ruckley,	365	Ruthriestone,	363	Sagouny,		454
Ruda (Bukowina),	474	Ruthven Road,	139	Sagrado,		845
» (Oppeln),	807	Ruthwell,	339	Sargunto (Murviedro),		17
» -Guzowska,	940	Rüti,	905	Sahagun,		646
Rudelsdorf,	283	Rüttenschied,	733	Sailly,		643
Ruderatshofen,	284	Ruttka,	292, 433	Saincaize,	690,	691
Rudersdorf,	282	Ruysbroeck,	285	Sainio,		287
Rüdesheim,	289	Ry,	286	Sains,		643
Rudgwick,	511	Rybinsk,	755	Saintes (Belgique),		285
Rudig,	701	Rybnik,	807	» (France),		163
Rudna-Wielka,	164	Rybnoïe,	755	Saintfield,		66
Rudniki,	940	Ryburgh,	358	Saitz,		267
Rudolfschacht,	684	Ryd,	150	Sajó-St-Péter,		292
Rudolstadt,	758	Ryde (Danemark),	459	Sakhanskaïa,		675
Rudyard or Horton,	659	» (Isle of Wight),	424, 756	Sala,	295,	450
Rudzinitz,	807	Ryders Hayes,	509	Salaise,		601
Rue,	643	Rydsgard,	545	Saland,		884
Rueda,	536	Rye,	824	Salandra Grot,		569
Rufach,	18	Rye House,	358	Salbertrand,		389
Ruffec,	690	Ryeford,	583	Salbris,		690
Ruffey,	691	Ryggen,	334	Salces,		581
Rufford,	460	Ryhall,	360	Saldenhofen,		845
Rugby,	509, 583	Ryhope,	514, 654	Sale,		389
Rugeley,	509	Rykon,	884	Saléchan-Ste-Marie,		581
Ruginossa,	474	Rykovo,	525	Sale Moor,		550
Rugles-Bois-Arnau,	685	Ryningen,	621	Salerno,		569
Rugley Walls,	652	Ryningsnäs,	621	Sales,		848
Ruhbank,	551	Ryr,	900	Sale's,		548
Ruhland,	668	Ryton,	654	Saletz,		905
Ruhrort,	72, 189	Ryttila,	287	Saleux,		643
Rumbeke,	60	Rzeszow,	164	Salford Priors,		583
Rumbling Bridge,	652	Sáágh,	283	Salgó-Tarján,		292
» Well,	652	Saal,	284	Salhouse,		358
Rumburg,	636	Saalfeld,	758, 874	Salies-du-Salat,		581
Rumilly,	691	Saalfelden,	421	Sallilas,		536
Rümlang,	642	Saáp,	872	Salinas,		192
Rummelsburg,	551	Saaralben,	18	Salindres,		691
Rummenohl,	72	Saarau,	105	Saline (Calabria),		509
Rumney Bridge,	509, 737	Saarbrück,	760	» (Heidelberg),		352
Runcorn,	509	Saarburg,	18	» (Pisa),		747
Runkel,	289	Saargemünd,	18, 760	Salins,	365,	691
Ruoms,	671	Saarlouis,	760	Salisbury,		510
Rupbach,	289	Saarn,	72	Salkney,		509

Salles-Courbatiers,	690	Sandigliano,	389	Satalic,		899
" -la-Source,	690	Sandilands,	139	Sathonay,	228,	735
Sallins,	364	Sandkrug,		Satigny,		691
Salloch,	845	Sandon,	659	Satkau-Teschnitz,		133
Salmünster,	321	Sandown,	424, 425	Sátor-Alja-Ujhely,		641
Salon,	691	Sandsjö,	295	Satteldorf,		291
Salonik,	898	Sandsta,	955	Saturnin d'Avignon (St),		691
Salonnes,	280	Sandvien,	235	Satzvey,		733
Salou,	17	Sandviken,	334	Saubusse,		581
Salstad,	900	Sandy,	360, 509	Sauchie,		652
Salt,	820	Sandwick,	824	Sauerbrunn (Böhmen),	701,	714
Saltaire,	583	Sandycove,	243	» (Ungarn),		845
Saltanovka,	464	Sandycroft,	509	Sauerlach,		284
Saltash,	199	Sangerhausen,	537	Saughtree,		652
Saltburn-by-the-Sea,	654	Sangone,	389	Saujon,		793
Saltcoats,	339	Sankey,	171	Saulce,		691
Saltford,	365	» Bridges,	509	Saulces-Monclin,		280
Saltmarshe,	654	» Brook,	509	Sauldorf,		352
Saltney,	365	Sanluri,	777	Saulgau,		291
Saltykovo,	858	Sannazzaro,	389	Saulmory-Montigny,		479
Saluggia,	389	Sannoix,	643	Saulty-Larbret,		643
Salurn,	845	Sanquhar,	339	Saumont-la-Poterie,		685
Salussola,	389	Sans,	859bis	Saumur,	690,	920
Saluzzo,	389	Santa Bárbara,	17	Saundersfoot,		694
Salvatierra,	638	Santander,	638	Saurenbacher-Thale,		117
Salvatore (San),	389	Santarem,	710	Sausenberg,		746
Salvo (San),	569	Santas Martas,	646	Saussay-les-Andelys,		679
Salwick,	460, 509	Santbergen,	285	Sauveterre,		690
Salzbergen,	290, 293	Santenay,	691	» -Ostende,		581
Salzburg,	284, 421	Santeuil,	690	Sauveur-Châteauneuf (St),		679
Salzderhelden-Eindbeck,	288	Santes,	643	Sauvigny,		280
Salzgitter,	123	Santhia,	389	Sava,		845
Salzkotten-Salz,	290	Santiago (Cornes),	389	Savelino,		755
Salzliman,	669	Santibañez,	646	Savenay,		690
Salzungen,	874	Santiurde,	638	Saventhem,		285
Salzwedel,	538	Santon (Isle of Man),	423	Saverdun,		581
Sama,	465	» (Lincoln),	548	Savernake,		365
Samarskaïa,	750	Santuario,	389	Savières,		280
Samassi,	777	Santullano,	646	Savigliano,		389
Sambor,	227	Sapiane,	845	Savignano di Romagna,		569
Samer,	643	Sapiégino,	606	» -Greci,		569
Samlorotka,	669	Sarabouz,	525	Savigny,		678
Samoggia,	389	Saraï,	739	» -Beaurepaire,		228
Samoïlovka,	525	Sarambey-Bellova,	898	» -en-Septaine,		690
Samortrzel,	282	Saratow,	858	» s/Orge,		690
Samozvanovka,	608	Sarau,	526	Savin-de-Blaye (St),		163
Sampagny,	479	Sardanola,	988	Savinien (St) (Charente-Infé-		
Samson,	14	Sargans,	905	rieure),		163
Samter,	807	Sarinena,	988	Savinien (St) (Yonne),		678
Samtrédi,	712	Sarkad,	14	Savona,		389
Sancerre,	691	Sarlièvre,	691	Savonnières,		690
Sandal,	360, 548	Sarmato,	389	Savy-Berlette,		643
» & Walton,	583	Sarno,	747	Sawbridgeworth,		358
Sandarne,	557	Sáros-Patak,	641	Sawley,		583
Sandau (près Eger),	268	Sarria,	56	Saw Mill,		652
Sandbach (Bayern),	284	Sars-Longchamps,	285	Sax,		536
» (Cheshire),	509, 659	Sarstedt,	288	Saxby,		583
Sande,	353	Sartirana,	389	Saxham,		358
Sandebeck,	538	Sárvár,	686	Saxilby,		360
Sander,	176	Sarzana,	389	Saxkjöbing,		459
» -Busch,	353	Sascut,	283	Saxmundham,		358
Sandersleben,	538	Sas-de-Gand,	60	Saxon-les-Bains,		848
Sanderson & Murray's,	652	Sassari,	777	Scafati,		569
Sandford & Banwell,	112	Sassendorf-Salz,	290	Scafell Cutting,		143
Sandhem,	295	Sassenhof,	742	Scala di Gioca,		777
Sandiacre & Stapleford,	583	Sasso,	389	Scaletta,		569

Scanzano-Montalbano,	569	Schildau,	551	Schönlinde,	636
Scarborough,	654	Schildberg,	711	Schönsee,	282
Scarva,	238	Schiltigheim,	18	Schonungen,	284
Scawby & Hibaldstow,	548	Schinznach,	642	Schönwald-Frain,	645
Sceaux (Sarthe),	685	Schivelbein,	79	Schoonaerde,	285
» (Seine),	690	Schkeuditz,	537	Schöppenstedt,	123
» -Ceinture,	690	Schlachtensee,	78	Schopperten,	18
Schaafhaus,	20	Schlachters,	284	Schoppinitz,	807
Schaan-Vaduz,	931	Schlackenwerth,	133	» -Rosdzin,	746
Schadow,	483	Schladen,	123	Schorndorf,	291
Schaerbeck,	285	Schladern,	189	Schouïa,	784
Schaffhausen,	642, 352	Schladming,	421	Schoulgino,	608
Schafstall,	289	Schlalke	189	Schrobenhausen,	284
Schaftlach,	284	Schlan,	714	Schroda,	711
Schagen,	405	Schlangenbad,	289	Schrombehnen,	847
Schaidt,	904	Schlappenz,	645	Schrozberg,	291
Schakhovo,	675	Schlawe,	79	Schtcherbina,	439
Schakhtnaïa,	454	Schlebusch,	72, 733	Schtchevtsovo,	740
Schalding,	284	Schleinbach,	283	Schübben-Zanow,	79
Schalke,	72	Schleissheim,	284	Schuelen,	351
Schalksmühlen,	72	Schleswig,	20	Schulitz,	282
Schalkwijk,	293	Schletstadt,	18	Schumla Road,	898
Schallstadt,	352	Schliengen,	352	Schüpfen,	428
Schandelah,	123	Schlierbach,	352	Schüpfheim,	428
Schänis,	905	Schlieren,	642	Schussenried,	291
Scharapova-Okhota,	608	Schliersee,	284	Schüttorf,	293
Scharfenstein,	294	Schlobitten,	282	Schützen,	845
Scharley,	746	Schlüchtern,	321	Schuvalovo,	287
Scharovka,	439	Schluckenau,	636	Schwaan,	324
Scharrachbergheim,	18	Schlumec-Pilar,	268	Schwabach,	284
Scharzfeld-Lauterberg,	288	Schmalkalden,	874	Schwaben,	284
Schattau,	645	Schmerikon,	905	Schwabhausen,	284
Schauerfeld,	721	Schmidtheim,	733	Schwabmunchen,	284
Schavli,	483	Schmiedeberg,	133	Schwabsberg,	291
Schebekind,	675	Schmiedefeld,	105	Schwaden,	645
Schebitz,	807	Schmiedgraben,	268	Schwadowitz,	645
Schecken,	284	Schmitten,	848	Schwakenreuthe,	352
Scheemda,	293	Schmölln,	294	Schwanberg,	357
Scheer,	291	Schmolz,	105	Schwandorf,	284
Scheerding,	421	Schnaitheim,	291	Schwanenstadt,	421
Scheessel,	189	Schneeberg–Neustädtel,	294	Schwanheim,	521
Schefflenz,	352	Schneidemühl,	282	Schwartau,	296
Scheibe,	294	Schnelldorf,	284	Schwarza,	758
Scheifling,	721	Schoeneberg,	551	Schwarzach (Salzburg),	421
Scheles,	701	Schoffheim,	352	» (Vorarlberg),	931
Scheldewindeke,	285	Schöna,	294	Schwarzenbach a/Walde,	284
Schelklingen,	291	Schönberg (Mecklemburg),	324	» a/S,	384
Schelkovka,	606	» (Offenburg),	352	» (Suisse),	908
Schellebelle,	285	» (Zwickau),	294	Schwarzenacker,	904
Schelleberg,	845	Schönbrunn,	267	Schwarzenau-Zwettl,	268
Schemmerberg,	291	Schönbühl,	161	Schwarzenbeck,	77
Schendelbeke,	285	Schönebeck,	537	Schwarzenberg,	294
Schépétovka,	440	Schöneberg,	78	Schwarzenfeld,	284
Scheptoukhovka,	454	Schöneck,	168	Schwarzwasser,	282
Scheremétiévskaïa,	740	Schönenberg,	117	Schwatz-Kuttowitz,	41
Scherfede,	72	Schönenwerth,	161	Schwaz,	845
Schermbeck,	189	Schönfeld (Böhmen),	41, 636	Schwechat,	421
Scherzlingen,	161	» (Bromberg),	282	» -Kledering,	283
Schestakovka,	669	» (Dresden),	668	Schwedt,	79
Schestichino,	755	» (Zwickau),	294	Schweidnitz,	105
Schiedam,	405	» -Lassee,	283	Schweigern,	352
Schieder,	538	Schönhausen,	538	Schweighausen,	18
Schierstein,	289	Schönheiderhammer,	168	Schweikershain,	294
Schifferstadt,	904	Schöningen,	78, 123	Schweinau,	284
Schijndel,	100	Schönlanke,	282	Schweinfurt,	284
Schikolovo,	606	Schonlind,	284	Schweinhausen,	291

— 99 a. —

Schweissing-Tschernoschin,	268	Seerhausen,	294	Sentenhart,	352
Schwelm,	72	Sees,	685	Sentheim,	18
Schwendi,	747bis	Seesen,	123	Senzeilles,	351
Schwenningen,	291	Seeshaupt,	284	Séon-St-André,	691
Schwerin,	324	Segala,	581	» -St-Henry,	691
Schwerte,	72	Segeberg,	20	Seppe,	351
Schwerzenbach,	905	Segen Gottes,	283	Sept-Saulx,	280
Schwetzingen,	352	Segenthau,	872	Seraing,	634
Schwiebus,	552	Segesvár,	281	Serbesci,	283
Schwientochlowitz,	807	Seghill,	654	Serbinovtsy,	669
Schwindegg,	284	Segie Paper Mill,	652	Sérébrianka,	355
Sciara,	569	Segni,	747	Seregno,	389
Sclaigneaux,	634	Ségonnaux,	691	Sérezin,	691
Sclessin,	634	Segrée (Ste),	643	Sergiévo,	740
Scootswood,	654	Segués,	988	Sergiévski-Possad,	607
Scorrier Gate,	957	Sehnde,	288	Sergievskoé,	608
Scorton (Lancashire),	509	Seibersdorf,	267	Sergié-Wanovskoé,	606
» (York),	654	Seidenberg,	76, 645	Sergy,	49
Scotby,	654	Seidowitz,	701	Seriate,	389
Scotch Dyke,	652	Seifhennersdorf,	294	Sérifontaine,	685
Scotscalder,	402	Seima,	355	Serin,	646
Scots Gap,	652	Seitschen,	294	Sermaize,	280
Scotswood,	654	Seiz-Kammern,	721	Sermizelles,	691
Scott Lane,	460	Selb,	284	Serpoukhow,	608
Scrabo,	66	Selby,	654	Serqueux,	643, 685
Scredington,	360	Sélénetz,	355	Serquigny,	685
Scremerston,	654	Seleznevskaïa,	857	Serralunga,	389
Scrooby,	360	Selgua,	790, 988	Serramanna,	777
Scruton,	654	Selham,	511	Serra San Quirico,	747
Sculcoates,	654	Selhurst,	511	Serravalle (Alessandria),	389
Sczepanowitz,	807	Seligenstadt,	284	» (Firenze),	389
Seafield or Meldrums,	652	Selkirk,	652	» (Oesterreich),	845
Seaford,	511	Sellafield,	329, 969	Serres,	691
Seaforth,	460	Selles s/Cher,	690	Serridge,	795
Seaham,	514	Selling,	513	Serrig,	760
Seamer,	654	Sellye,	283	Serris-Jossigny,	789
Sea Mills,	116	Selm,	229	Servaes,	228
Seascale,	329	Selmecz-Bánya,	292	Serves,	691
Seaton,	510	Selongey,	691	Servian,	396
» & Uppingham,	509	Selzach,	161	Servon,	685
» Delaval,	654	Selzaete,	60	Séry-les-Mézières,	370
» Carew,	654	Selzthal,	421	Sessana,	845
Sebaldsbrück,	288	Selzthal-Liezen,	721	Sessay,	654
Sebastiansberg,	133	Semallé,	680	Sestao,	330
Sébastien (St),	690	Sembach-Neuhemsbach,	904	Sesto,	389
Sébastopol,	525	Sémenovka,	464	» Calende,	389
Sebriakovka,	368	Sémibratovkaïa,	607	» San Giovanni,	389
Sebuscin,	645	Semil,	645	Sestri Levante,	389
Sechtem,	733	Semley,	510	» Ponente,	389
Seclin,	643	Semló-Vásárhely,	686	Sesvete,	292
Seckach,	352	Sempach,	161	Sett,	509
Secugnago,	389	Senas,	691	Settenz,	41
Sedan,	280	Senden,	284	Settimo,	389, 792
Sedbergh,	509	Seneffe,	285	Settle,	583
Sedgebrook,	360	Senftenberg (Böhmen),	645	Settrington,	654
Sedgefield,	654	» (Frankfurt		Setubal,	846
Sedgeford,	358	a/Oder),	76, 668	Seubersdorf,	284
Sedziszow,	164	Senhora da Hora,	708bis	Seulbitz,	284
Seegefeld,	77	Senlis,	643	Seuzach,	621 bis
Seehausen (Altmark),	538	Sennecy-le-Grand,	691	Sevelen,	905
» (Uckermark),	79	Sennevoy,	691	Seven-Oaks,	513, 824
Seekirchen,	421	Senhfeld,	291	Seven Sisters (Glamorgan),	623
Seelze,	288	Sennheim,	18	» (Middlesex),	358
Seen,	884	Sennhof-Kyburg,	884	Sévérac,	690
Seend,	365	Sénozan,	691	Severa (Sta),	747
Seepothen,	282	Sens,	678, 691	Severino (San),	747

— 100 a. —

Severinu (Turnu),	283	Shipton (York),	654	Siliqua,	777
Severo (San),	569	Shirebrook,	548, 583	Silkeborg,	280
Sever (S*t*),	685	Shirehampton,	116	Silkstone,	460, 548
Sevetin,	268	Shire Oaks,	548, 583	» Fall,	548
Seveux,	280	Shirley Holmes,	510	Silla,	17
Sevilla,	536, 799, 801	Shirleywich,	659	Sillein,	433
Sevran-Livry,	643	Sholing,	510	Sillé-le-Guillaume,	685
Sèvres,	685	Shoreham (Kent),	513	Sillery,	280
Sexhow,	654	» (Sussex),	511	Sillian,	845
Seybothenreuth,	284	Shorncliffe,	824	Silloth,	652
Seymour,	583	Short Heath,	509	Silly-Hellebecq,	285
Seyssel,	691	Shortlands,	513	Sils,	859 bis
Sézanne,	280	Shotley Bridge,	654	Siluwka (Neslowitz),	283
Sezzé,	389	Shottle,	583	Silverdale (Lancashire),	329
Sferro,	569	Shotts,	139, 652	» (Strafford),	659
's Gravenhage,	405	» Road Salisburgh,	139	Silver Street,	358
Sgurgola,	747	Shrawardine,	713	Silverton,	112
Shackerstone,	509, 583	Shrewsbury,	365, 509, 713	Silvertown,	358
Shaftesbury Road,	510	Shrivenham,	365	Silvi,	569
Shafthill,	654	Shunting,	652	Simbach,	284, 421
Shaftholme,	360, 654	Shustoke,	583	Simféropol,	525
Shalford,	510, 824	Shutend Furnace,	365	Simmeri,	569
Shankend,	652	Sible & Castle Hedingham,	188	Simmering,	283, 845
Shankill,	243	Sibóth,	716	Simola,	287
Shanklin,	424	Sibret,	285	Simonchtchina,	605
Shankreymuir,	652	Sibsey,	365	Simonsdorf,	282
Shap,	509	Sibyllenort,	746	Simonstorp,	295
Shapwick,	819	Sichem,	351	Simpasture,	654
Sharlston,	460	Sicignano,	569	Simpelveld,	351
Sharnbrook,	583	Sichrow,	645	Simpson's,	652
Shaw,	460	Sidcup,	824	Sinalunga,	747
Shawclough & Healey,	460	Siderno,	569	Sinceny,	167
Shawfield,	139	Sidler-Tchiflik,	898	Sinclairtown,	652
Shawsburn,	139	Sidmouth,	510	Sindal,	286
Sheepbridge,	583	Sidorkovo,	755	Sinderby,	654
's Heer Arendskerke,	293	Siebeldingen-Birkweiler,	904	Sinekli,	898
Sheffield,	548, 583	Siebenbrunn-Leopoldsdorf,	283	Sinelnikovo,	525
Shefford,	583, 652	Siebnen (Wangen),	642	Singen,	352, 621 bis
Shelford,	358	Siechów,	474	Singleton,	460, 509
Shenton,	509, 583	Siechtchinskaïa,	675	Singsaas,	891
Shepherd's Well,	513	Siedletz,	939	Siniavka,	453
Shepley,	460	Siegburg,	189, 733	Sinigaglia,	569
Shepperton,	510	Siegelsdorf,	284	Sinn,	389
Shepreth,	358, 360	Siegen,	72, 189	Sinnington,	654
Shepton Mallet,	365, 819	Siegersdorf,	551	Sinsheim,	352
Sherborne,	510	Siegmar,	294	Sinzheim,	352
Sherburn,	654	Siena,	747	Sinzig,	733
» House,	654	Sierenz,	18	Sinzing,	284
Sherness,	513	Sierndorf,	645	Sio-Fok,	845
Sherrington,	339	Sierra Elvira,	192	Sion,	848
's Hertogenbosch,	293	Sierre,	848	» Mills,	422
Shetcliffe Mill,	360	Siethwende,	345	Siorac,	690
Shettleston,	652	Siggenthal,	642	Siracusa,	569
Shieldhill,	139	Sigglesthorne,	654	Sireuil,	163
Shields,	139	Siglingen,	291	Sirhowy,	809
» High,	654	Sigmaringen,	291, 352	Sirnach,	905
Shieldsmuir,	139	Sigmaringendorf,	291	Sirotino,	247
Shiffnal,	365	Sigmundsherberg-Hörn,	268, 645	Sissach,	161
Shildon,	654	Signa,	747	Sissek,	845
Shillelagh,	243	Signau,	428	Sisteron,	691
Shillingstone,	819	Signy-le-Petit,	280	Sitschiki,	606
Shilton,	509	Sigüenza,	536	Sittard,	293
Shincliffe,	654	Silberhausen-Dingelstadt,	874	Sitterthal,	642
Shipley,	360, 583	Sileby,	583	Sittingbourne,	513
» Gate,	583	Silecroft,	329	Siverskaja,	355
Shipton (Oxford),	365	Silenrieux,	351	Siviriez,	848

— 101 a. —

Six Mile Bottom,	358	Sling-Dun–British,	795	Sokolnitz,		267
Six Mile Bridge,	942	Slingsby,	654	Solarolo,		569
Six Mile Cross,	903	Slobodka (Podolie,	669	Solberga,		295
Sjöandan,	456	» (Vilna),	464	Soldatskaïa,		750
Skäbersjö,	545	Slotwina,	164	Soleilmont,		285
Skalbjerg,	286	Slough,	365	Solenau,		845
Skalic,	645	Sluppen,	891	Solero,		389
Skalic-Roskowic,	283	Sluyskill,	60, 542	Sole Street,		513
Skalino,	607	Small Heath,	365	Solférino,		581
Skandau,	282	Smardale,	654	Soliera,		389
Skanderborg,	286	Smeafield,	654	Solihull,		365
Skara,	484	Smeaton,	652	Solingen,		72
Skare,	295	Smedby,	431	Sollbrück,		20
Skarnaes,	176	Smedjebacken,	955	Sollested,		459
Skattkärr,	295	Smeeth,	824	Solliès-Pont,		691
Skebo,	811	Smelt,	365	Söllingen (Carlsruhe),		352
Skegness,	360	Smethwick,	365, 509	» (Helmstedt),		123
Skellingthorpe,	360	Smichow,	268	Sollstedt,		537
Skellyton,	139	Smidar,	645	Solmona,		569
Skelmersdale,	460	Smiric,	645	Solnhofen,		284
Skeninge,	379	Smithborough,	903	Solopaca,		569
Skerries,	238	Smithe 's Lane,	548	Solothurn,	161,	266
Sketty Road,	688	Smithson,	339	Solotoukhino,		608
Skierniewice,	940	Smithy Bridge,	460	Soltau,		538
Skikszo,	872	Smolensk,	606, 675	Solterres,		691
Skinner & Co,	583	Smorgon,	464	Sölvesborg,		817
Skirlaugh,	654	Snaeskerke,	60	Soly,		464
Skipton,	583	Snaith,	460	Som,		641
Skirlaugh,	654	Snaresbrook,	358	Somain,	28,	643
Skive,	286	Snarestone,	509, 583	Sombreffe,		285
Skjaerdaelen,	235	Snarum,	235	Somerleyton,		358
Skjern,	286	Snelland,	548	Somersham,		358
Skjörping,	286	Snettisham,	358	Somerton,		365
Skobelevo,	608	Sniatyn,	474	Somma,		389
Sköfde,	295	Snibston,	583	» -Campagna,		389
Skollenborg,	235	Sniggery,	460	Somme-Brionne,		280
Skönnarbo,	689	Snobergshyttan,	922	Sommen,		295
Skopin,	739	Snodland,	824	Sommerau (Offenburg),		352
Skotovatolé,	449	Snovskaïa,	464	» (Suisse),		161
Skouratovo,	608	Snydale Victoria,	460	Sömmerda,		644
Skräcka,	302	Söberg,	891	Sommerfeld,		551
Skrad,	292	Sobernheim,	760	Sommerstedt,		20
Skrikarberget,	922	Sobeslau,	268	Sommery,		643
Skruf,	151	Sobiesak,	701	Sommesous,		678
Skuc,	645	Soborsin,	716	Somme-Tourbe,		280
Skurup,	545	Socuéllanos,	536	Sommières,		691
Slaebende,	235	Soden,	289	Somos-Ujfalu,		292
Slagelse,	787	Söderfors,	908	Somovo,		454
Slaggyford,	654	Söderhamn,	816	Sonceboz,		428
Slaithwaite,	509	Södertelje,	295	Sondelfingen,		291
Slamannan,	652	Söding,	357	Sondershausen,		644
Slapewath,	654	Soest,	72, 189, 290	Sonneberg,		874
Slateford,	139	Soetenich,	733	Sonnenberg,		133
Slatina,	283	Soetermeer-Zegwaardt,	732	Sonstorp,		689
Slatinan,	645	Soeterstoen,	176	Sontheim,		284
Slavgorod,	525	Söflingen,	291	» a. d. Brenz,		291
Slavianichki,	483	Sofievka,	525	Sonthofen,		284
Slaviansk,	440	Sohland,	294	Sontra,		321
Slaviany,	606	Soho (Stafford),	509	Sonvillier,		428
Slawentzitz,	807	» (Warwick),	365	Sorau,	378, 551,	807
Sleaford,	360	Soignies,	285	Sorbie,		974
Sledmere & Fimber,	654	Soissons,	280, 643	Sörby,		295
Sleights,	654	Soisy,	270	Sorcy,		280
Sleydinge,	332	Sojen,	284	Soresina,		389
Sligo,	587	Sokolka,	355	Sorgues,		691
Slinfold,	511	Sokolniki,	607	Sori,		389

Sorlin (St),	228	Spalbeck,	351	Springvale & Sough,		460
Sorlin-Milly (St),	228	Spalding,	360, 583	Springwell (Derby),		583
Sörnäs,	287	Spalt,	284	» (Durham),		654
Soro,	787	Spandau,	77, 538	» (Lanark),		652
Sösdala,	295	Spannarp,	269	Sprotborough,		548
Sosiedka,	605	Sparanise,	747	Sprottau,		807
Sosnovka,	858	Sparkford,	365	Sprouston,	652,	654
Sosnowce,	940	Sparkjer,	286	Spyck,		733
Sostene (San),	569	Sparreholm,	295	Squillan,		509
Sostó,	641	Sparrowsland,	946	Squinzano,		569
Sottegem,	285	Sparsör,	95	Staab,		684
Sottevast,	685	Spasskaïa-Polist,	605	Staad,		905
Sottrum,	189	Speculation,	795	Staatz,		283
Soturac-Touzac,	690	Speech House Road,	795	Stacksteads,		460
Soual,	581	Speedwell,	583	Staddlethorpe,		654
Soubie,	690	Speeton,	654	Staden,		60
Soubotch,	483	Speicher,	733	Stadlau,		283
Soufli,	898	Speke,	509	Stadthagen,		288
Soukharéwo,	738	Speldorf-Broich,	733	Stadtl,		252
Soukhodol,	739	Spello,	747	Stadtoldendorf,		123
Soulac-les-Bains,	503	Spelter,	104	Staffanstorp,		886
Soulin,	454	Spennithorne,	654	Staffel,		28
Soultanskaïa,	750	Spennymoor,	654	Stäffelbach,		284
Soumarokovo,	608	Spetchley,	583	Staffelstein,		284
Soupetx,	581	Spettisbury,	819	Stafford,	509,	830
Souppes,	691	Speyer,	904	Stahringen,		352
Souram,	712	» (Rhein),	352	Stai,		176
Sourden,	363	Spezia,	389	Stailberg,		160
Soure,	710	Spiegelsberge,	375	Staines,		510
Southall,	365	Spielfeld,	845	Stainforth,		548
Southampton,	510	Spiersbridge,	139, 339	» & Hatfield,		548
Southam Road & Harbury,	365	Spigno,	389	Stainland,		460
South Barr,	139	Spillern,	845	Stairfoot for Ardsley,		548
» Bermondsey,	511	Spilsby,	360	Stalbridge,		819
» Buckley,	982	Spina,	569	Staley Bridge,	460, 509,	548
» Coates,	654	Spindleside,	139	Stalldalen,		166
Southcot,	365	Spinetta,	389	Stallingborough,		548
South Elmsall,	360, 548	Spirito Bitonto (San),	569	Stallupönen,		282
Southend,	517	Spirovo,	355	Staltach,		284
Southerham,	511	Spital (Cheshire),	509	Stambach,		284
Southfield,	139	» (Steiermark),	845	Stamford,	360,	583
South Gate & Colney Hatch,	360	» (York),	654	Stamford Bridge,		654
South Hetton,	654	Spittal a/Drau,	845	» Hill,		358
Southill,	583	Spittelndorf,	551	Stammerham,		511
South Leigh,	365	Spjutsbygd,	151	Stammheim,		621 bis
» Molton Road,	510	Spofforth,	654	Stanbridge Ford,		509
Southport,	460	Spoleto,	747	Standard,		652
Southrey,	360	Spondon,	583	Standhill,		652
South Shields,	654	Sponholz,	324	Standish (Gloucester),	365,	583
» Shore,	460, 509	Sponlane,	509	» (Lancashire),		509
Southwaite,	509	Spooner Row,	358	Standon,		358
South Wales,	600	Spotorno,	389	» Bridge,		509
Southwater,	511	Spratton,	509	Stanford-le-Hope,		517
Southwell,	583	Spread Eagle,	509	Stanghella,		389
Southwick (Kirkcudbright),	339	Spremberg,	76	Stanhoe,		358
» (Sussex),	511	Sprendlingen,	521	Stanhope,		654
South Willingham,	360	Spresiano,	389	Stanislau,	33,	474
Souvigny,	690	Springbank (Lanark),	652	Stankau,		684
Souvorovskaïa,	750	» (Perth),	139	Stanley (Perth),	139,	402
Souzellas,	710	Springe,	538	» (Durham),		654
Soverato,	569	Springfield (Fife),	652	» (York),	360, 460,	654
Sowerby Bridge,	460	» (Herts),	360	» (Lancashire),		365
Soyhières,	428	Spring Gardens,	654	Stanningley,		360
Spa,	285	Springhill,	652	Stanovaïa,		730
Spaichingen,	291	Springside,	339	Stanovoy-Kolodez,		608
		Springs Branch,	509	Stanowitz,		105

— 103 a. —

Stanrigg,	652	Steinenbach,	291	Stobo,		139
Stanstead,	358	Steinfort,	720	Stobs,		652
Stanton Gate,	583	Steinheim,	538	Stockach,		352
Staplehurst,	824	Steinkirchen (Böhmen),	421	Stockaryd,		295
Stapleton Road,	365	» (Breslau),	807	Stockau,		284
Staphorst,	293	Steinmühle,	284	Stockbridge,		510
Starbeck,	654	Steinrain,	284	Stockerau,		645
Starcross,	823	Steinsfurth,	352	Stockhausen,		289
Staresiolo,	474	Steinwenden,	904	Stockheim (Oberfranken),		284
Stargard,	79, 807	Stekene,	60	» (Oberhessen),		807
Starkenbach,	645	Stella,	654	Stockholm,		295
Staritsa,	880	» Gill,	654	Stockingford,		583
Starnberg,	284	Stelle,	288	Stockmannshof,		743
Staroié-Sélo,	247	Stendal,	538	Stockport,	171,	509
Starojilovskaïa,	739	Stenay,	479	Stocksfield,		654
Staroseltsy,	108	Stenhousemuir,	139	Stocksmoor,		460
Starryshaw,	139	Stenhousemuir or Muirhall,	139	Stockstadt a/Rhein,		521
Starzawe,	715	Stenn,	992	» s/Main,		521
Stassfurt,	337, 538	Stenstorp,	295, 403, 484	Stockton,		654
Stauchitz,	294	Stentsch,	552	Stockwald,		352
Staudernheim,	760	Stenvigen,	176	Stodolichtché,		675
Stauding,	267	Stepends,	652	Stogumber,		112
Staufen,	284	Stephano (San),	898	Stoholm,		286
Staveley (Derby),	583	Stephanskirchen,	284	Stoke,		358
» (Westmoreland),	509	Stephansposching,	284	» Cannon,		112
Stavelot,	285	Stepnaïa,	750	» Edith,		365
Stavenhagen,	324	Stepney,	654	» Golding,	509,	583
Staverton,	823	Stepps Road,	139	» Newington,		358
Stavrokovo,	453	Sterbfritz,	321	» -on-Trent,		659
Staward,	654	Sterkrade,	189	» or Gosport Road,		510
Steblowa,	645	Sternatia,	569	» Prior,		583
Stechford,	509	Sternberg (Frankfurt a/Oder),	552	Stokes Bay,		510
Steckborn,	621 bis	» (Mähren),	267, 327	Stokesley,		654
Steele,	72	Sterpenich,	285	Stokke,		891
» Road,	652	Sterzing,	845	Stolberg,	7, 72,	733
Steelend,	652	Stetten,	352	Stolnici-Isbasesci,		283
Steenbecque,	643	Stettin,	79	Stolp,		79
Steenbrugge,	332	Stevenage,	360	Stolzmütz,		807
Steenwerck,	643	Stevenson (Ayr),	339	Stone,		659
Steenwijk,	293	» (Lanark)	139	Stonea,		358
Steeton & Silsden,	583	Steventon,	365	Stoneclough,		460
Stefanau,	283	Stewarton,	139, 339	Stonecross,		511
Stefano a/Mare (Santo),	389	Stewart's,	652	Stonefall,		654
» -Belbo (Santo),	389	Stewarts Lane,	511	Stonehaven,		139
» -Piacentino (Santo),	389	Steyer,	721	Stonehouse (Gloucester);	365,	583
Stefanshütte,	433	Steyning,	511	» (Lanark),		139
Steglitz,	78	Steyregg,	421	Stoneyburn,		139
Stehag,	295	Stiahlau,	268	Stoney-Gate,		339
Stein (Bayern),	284	Sticciano,	747	Stoneywood (Aberdeen),		363
» (Suisse),	642	Stickhausen,	353	» (Stirling),		139
» (Zwickau),	-294	Stiddle Hill,	652	Stoniebrae,		652
» a/Rhein,	621 bis	Stiendorf,	421	Stonischken,		282
Steina,	294	Stierhof,	284	Stony Hill,	466,	509
Steinach (Mittelfranken),	284	Stieringen,	18	Stora,	160,	840
» (Offenburg),	352	Stillington,	654	Store,		845
» (Tirol),	845	Stillorgan,	243	Stören,		891
» -Neuhaus,	421	Stimigliano,	747	Storeton,		509
Steinamanger,	686, 845	Stimpfach,	291	Storfors,		967
Steinau (Breslau),	105	Stirchley,	509	Stormy,		365
» (Cassel),	321	Stirling,	139, 652	Storvik,	295,	334
Stein-Aujezd,	684	Stixwould,	360	Stötselven,		235
Steinbach,	352	Stjernhof,	295	Stötten,		284
Steinbruch,	283	Stoats Nest,	824	Stourbridge,		365
Steinbrück,	845	Stoat's Nest,	511	Stövring,		286
Steinburg,	18	Stobbtsy,	606	Stow (Edinburgh),		652
Steinen,	352	Stobcross,	652	» (Norfolk),		358

— 104 a. —

Stowe,	509	Striberg,	632, 922	Sulzau,		421
» Bedon,	112	Strichen,	363	Sulzbach (Amberg),		284
Stowmarket,	358	Striegau,	105	» (Trier),		760
Stow-on-the-Wold,	365	Strielna,	49	Sulz-Bad,		18
» Park,	360	Striib,	286	Sulzdorf,		291
Strabane,	422	Strines,	548, 583	Sulz Unterm Wald,		18
Strabicso-Gorond,	641	Strip & At It,	795	Sumène,		691
Stracheni,	669	Strochowitz-Braunsdorf,	157	Summerau,		421
Straconic,	268	Ströme Ferry,	402	Summer Lane,		548
Stradam,	106	Strommen,	176	Summerlee,	139,	652
Stradella,	389	Strongoli,	569	Summerseat,		460
Straelen,	189	Strood,	513, 824	Summit (Fife),		652
Straeth,	339	Stroud,	365	» (Lanark),		139
Straſſan,	364	Struan,	402	Sunbury,		510
Strafford,	548	Struer,	286	Sunching,		284
Stralau,	551	Struther's,	652	Sunderland,		654
Stralsnäs,	295	Stryj,	33, 227	» (Hendon),		514
Stralsund,	79	Strzelewo,	282	Sund (Fogelsta),		379
Strambino,	389	Strzemieszyce,	940	Sundsvall,		849
Strängsjö,	295	Stubben,	288	Sunilaws,		654
Stranorlar,	422	Stubbins,	460	Sunningdale,		510
Stranow-Krusko,	899	Stübing,	845	Sunnyside,		652
Stranraer,	139	Stubnya-Teplitz,	292	Surbiton,		510
Strasburg (Elsass),	18	Studenzen,	686	Surdon,		685
» (Uckermark),	79	Studley & Astwood Bank,	583	Suresnes,		685
Strassen-Bertringen,	18	Stühlingen,	352	Surfleet & Gosberton,		360
Strassenhaus,	931	Stuhlweissenburg,	686, 845	Surgères,		690
Strassgang,	357	Stumsdorf,	537	Sursee,		161
Strassgräbchen,	76	Stupcic,	268	Sury-le-Comtal,		691
Strasskirchen,	284	Sturla,	389	Susa,		389
Strassnitz-Rohatetz,	267	Stürmer,	358	Süssen,		201
Strass-Sommerein,	283	Sturminster Newton,	819	Süssenbrunn,		267
Strasswalchen,	421	Sturry,	824	Susteren,		293
Strata-Florida,	547	Sturton,	548	Sutton (Cambridge),		358
Stratford-on-Avon,	253, 365	Stuttgart,	291	» (Cheshire),	358,	509
Strathaven,	139	Stutton,	654	» (Notts),	360,	583
Strathavon,	652	Styring,	760	» (Surrey),		511
Strathblane,	652	Styrshult,	403	» (York),		358
Strathbungo,	139	Suberg,	428	» Bank,		509
Strathcarron,	402	Subingen,	161	» Bingham,		510
Strathire,	139	Subkau,	282	» Bridge,	360,	583
Strathmiglo,	652	Subligny,	678	» Coldfield,		509
Strathord,	139, 402	Suchentaal,	268	» Heath,		509
Strathpeffer,	402	Süchteln,	807	» Oak,		509
Straubling,	284	» -Vorstadt,	807	» -on-Hull,		654
Straussberg,	282	Sucy-en-Brie,	280	» Weaver,		509
Straussfurth,	644	Sudbury (Middlesex),	509	Suzanna-u-Jacobsgrube,		746
Straussnitz-Neustadl,	636	» (Strafford),	659	Suzun,		605
Strazeele,	643	» (Suffolk),	358	Suzzara,		389
Strazow,	164	Suderburg,	288	Svangsta,		150
Streamstown,	587	Südommeric,	268	Svansbo,		451
Streatham,	510, 511	Suedende-Marienfelde,	75	Svarta (Finlande),		287
» Common,	511	Suèvres,	690	» (Suède),		295
» Hill,	511	Suippes,	280	Svebölle,		787
Strée,	285	Sulencin-Hauland,	711	Svedala,	545,	286
Street's,	509	Sulgen,	642	Svendstrup,		286
Strehaie,	283	Sulkov,	684	Svennevad,		689
Strehlen,	807	Sully-les-Bordes,	690	Svensbro,		403
Strélitz,	283	Sulpice,	643	Svenstorp,		985
Strensall,	654	» -d'Igon (St),	690	Sviérèvo,		454
Stretford,	550	» -d'Izon (St),	690	Svirbaek,		280
» Bridge,	365, 509	» -Laurière (St),	690	Svinskaia,		608
Stretham,	358	Sulsted,	286	Svolna,		247
Stretton (Derby),	583	Sulz (Bayern),	284	Swadlincote,	358,	583
» (Strafford),	659	» a/Neckar,	291	Swaffham,		873
Strevi,	389	Sulza,	874	Swainsthorpe,		358

— 105 a. —

Swalmen,	293	Szőreg,	283	Taplow,	365
Swalwell,	654	Sztamora-Moravicza,	283	Taps,	49
Swanbourne,	509	Sztána,	281	Taraczköz,	641
Swan Lane,	509	Szucsány,	433	Taranto,	569
Swanley,	513	Szürte,	641	Tarare,	691
Swannington,	583	Szusdok-Püspöki,	292	Tarascon,	97, 691
Swansea,	365, 509, 583, 688	Taastrup,	787	Tarassovka,	454
Swan Village,	365	Tabor,	268	Tarassovo,	669
Swaroschin,	282	Tackern,	686	Tarbes,	581
Swarow,	845	Tacoignères,	685	Tarbolton,	339
Swathe,	548	Tadcaster,	654	Tarbrax,	139
Swavesey,	358	Tadin,	230	Tarcento,	389
Swentsiany,	355	Tafalla,	988	Tarczal,	872
Swetla,	645	Taganrog,	453	Tardienta,	988
Sweveghem,	285	Tagarp,	463	Tardosked,	283
Swida;	355	Tägertschi,	428	Tarff,	339
Swijan-Podol,	899	Tägerweilen,	621 bis	Tarm,	286
Swinderby,	583	Taggia,	389	Tárnok,	845
Swindon,	365	Tagnon,	280	Tarnopol,	164
Swine,	654	Taillebourg,	163	Tarnow,	164
Swinehill,	139	Taimering,	284	Tarnowitz,	746, 807
Swinemünde,	79	Tain (Ecosse),	402	» -Hütte,	746
Swineshead,	360	» (France),	691	Tarp,	20
Swinton,	548, 583	Taitz,	49	Tarragona,	17, 478, 859 bis
Sydenham (Down),	66	Takeley,	358	Tarrasa,	988
» (Kent),	511, 824	Talais,	563	Tárrega,	988
Syde's Hill,	513	Talalaïevka,	464	Tarset,	652
Syke,	139	Talamone,	747	Tarvin,	171
Sykes,	189	Talavera,	170	Tarvis,	721
Sylvain-Briollay (St),	360, 548	Talgarth,	588	Tashieburn.	139
Symington,	685	Talitskaïa,	607	Tassin,	228
Symonds Yat,	139	Talka,	464	Tatar-Bazardjick,	898
Symphorien (St),	365	Talke,	659	Tattenhall,	509
Synghem,	631	Talley Road,	365, 509	Tattershall,	360
Syseele,	285	Tallington,	360	Taubenheim,	294
Systerback,	332	Tallow Road,	364	Tauberfeld,	284
Syston,	938	Talmay,	691	Tauer,	282
Syzram,	583	Talsarnau,	143	Taufkirchen,	421
Szabad-Batthyan,	605	Talybont,	104	Taulov,	286
Szábolcs,	845	Tal-y-Cafn,	509	Taunton,	112
Szajol,	596	Talyllin,	104, 588	Taus,	686
Szakálháza,	872	Talywain,	600	Tavankut-Ausweiche,	14
Szalonta,	283	Tamala,	858	Tavannes,	428
Szaravola,	14	Tamaris,	691	Tavasthus,	287
Szarvas,	283	Tambow,	857, 858	Tavaux,	691
Szásvár-Máza,	14	Tame Valley,	583	Tavazzano,	389
Szathmár,	61	Tamines,	285	Taveiro,	710
Szatymáy,	641	Tamise,	542	Tavernelle,	389
Szczakowa,	283	Tamsel,	282	Taviers s/Méhaigne,	285
Szczawne,	267	Tamworth,	509, 583	Tavistock,	823
Szczerzec,	715	Tancha,	378	Tawd Vale,	460
Szegedin,	33	Tanderage & Gilford,	655	Taxenbach,	421
Szemere,	14, 283	Tanfield,	654	Tayac-Saussans,	563
Szepes-Olaszi-Várallya,	686	Tangerhütte,	538	Taymouth,	139
Szerencs,	433	Tankersley,	548	Tayport,	652
Szigetvár,	641, 872	Tanlay,	691	Tchaadaïevka,	605
Szihalom,	328	Tanndorf,	472	Tchangar,	525
Szillen,	292	Tannenberg,	636	Tchégodidy,	712
Szliacs,	389	Tannwald,	645	Tchépctowskaïa,	355
Szobb,	292	Tanshelf,	460	Tchern,	608
Szoboszló,	283	Tantonville,	280	Tchernaïa,	355
Szolnok,	872	Tantow,	79	Tchernavoda,	216
Szomajom,	292, 872	Tan-y-Bwlch,	310	Tchernaya-Vess,	355
Szomotor,	61	» -y-Grisiau,	310	Tchernoroudka,	440
Szonta,	641	» -y-Manod,	311	Tcherny-Ostrow,	669
	14	Tapiau,	282	Tchertinovka,	453

Tchertkovo,	454	Ternovka,	368	Therkes-Keui-Jeni-Keui,		898
Tchervenavoda,	898	Terranova,	389	Thésée,		690
Tchijew,	355	Terrasson,	690	Thetford,		358
Tchirikov,	674	Terrenoire,	691	» Bridge,		873
Tchoubovka,	669	Terrer,	536	Theuville,		679
Tchoudovo,	355, 665	Terrington,	360, 583	Theuvy-Achères,		679
Tchoulkovo,	355	Terzo,	389	Theux,		285
Tchturovo,	609	Teschen,	433	Théveray,		280
Teano,	747	Tessonnières,	690	Theydon Bois,		358
Tebay,	509, 654	Testelt,	351	Thiat-Oradour,		600
Teckomatorp,	463	Tetbury Road,	365	Thibéry (S^t),		581
Técső,	641	Tétény,	845	Thiel,		691
Tecuciu,	283	Teterow,	324	Thielen,		897
Teddington,	510	Tetschen,	294, 636, 645	Thielt,		60
Tegelen,	293	Tetschitz,	283	Thiengen,		352
Teigngrace,	823	Tettenborn,	288	Thiennes,		643
Teignmouth,	823	Teuchern,	874	Thierbach,		613
Teijeiro,	646	Teuplitz,	378	Thiergarten,		133
Teinach,	291	Teutonia,	290	Thiers,		691
Teisendorf,	284	Teutschenthal,	537	Thiézac,		690
Telese,	747	Tevli,	606	Thinford,		654
Temesvár,	283, 872	Tewkesbury,	583	Third Part,		339
Tempelhof,	551	Teynham,	513	Thirsk,		654
Temple,	634	Thaben,	760	Thisselt,		543
Templecombe,	510, 819	Thal,	845	Thiviers,		606
Temple Hirst,	654	Thaldorf,	284	Tholl-Maglern,		721
» Mills,	358	Thale,	538	Thomastown,		041
Templemore,	364	Thaleischweiler-Froschen,	904	Thomery,		691
Templepatrick,	67	Thalfingen,	291	Thompson's,		460
Temple Sowerby,	654	Thalham,	284	Thongs Bridge,		460
Templeton,	694	Thalhausen,	291	Thorensberg,	594,	742
Templeuve (Belgique),	285	Thalheim (Steiermark),	721	Thorigné,		678
» (France),	643	» (Zwickau),	168	Thorishaus,		848
Tempsford,	360	Thalkirchdorf,	284	Thorlies Hope,		652
Tenant's,	139	Thalkirchen,	284	Thorn,	282,	807
Tenay,	691	Thalmühle,	352	Thornbury,		583
Tenby,	694	Thalweil,	642	Thorne (Somerset),		112
Tenbury,	365, 509	Thame,	365	» (York),	548,	654
Tencin,	691	Thames Ditton,	510	Thorney,		583
Tenhult,	295	» River,	358	Thorneyburn,		652
Tennockside,	139	» Valley,	510	Thornhill (Dumfries),		339
Tepla,	433	Thankerton,	139	» (York),		460
Teplitz,	41, 252	Thann,	18	Thornielee,		652
Teploukha,	606	Thaon,	280	Thornley,		654
Terdonck-Cluysen,	60	Tharandt,	294	Thornliebank,	139,	339
Terebes-Gálszécs,	715	Tharau,	847	Thornton (Fife),	482,	652
Terechkino,	880	Tharsis,	871	» (Lanark),		139
Térékhovitsy,	355	Thatcham,	365	» (York),		583
Terekovka,	464	Thatto Heath,	509	» Abbey,		548
Teresa (Santa),	569	Thayingen,	352	» Heath,		511
Terespol (Marienwerder),	282	Theale,	365	Thorpe (Essex),		258
» (Russie),	939	Theddingworth,	509	»' (Lincoln),		583
Tersens,	845	Thégonnec,	685	» (Northampton),		509
Térgnée,	285	Theil-Cérisiers,	678	» (York),		654
Tergnier,	643	Theillay,	690	» Culvert,		360
Terijoki,	287	Theisbergstegen,	904	» Gates,		654
Termini,	569	Theissen,	874	Thorrington,		358
Termoli,	569	Thelwall,	509	Thouaré,		690
Termonde,	285	Themar,	874	Thouars,		920
Terna,	450	The Mound,	402	Thourotte,		643
Ternath,	285	Thénioux,	690	Thourout,		60
Ternberg,	721	Thénon,	690	Thrapston,		509
Terneuzen,	60, 542	Thénon,	690	Thrapstone,		583
Terni,	569	The Oaks,	460	Three Bridges,		511
Ternitz,	845	Theresienfeld,	845	» Cocks,	583,	588
Ternova-Seymenli,	898	Theresienstadt,	283	Threlkeld,		183

— 107 a. —

Thrislington,	654	Tissi-Usini,	777	Tordera,		859bis
Thrushbush,	652	Tistrup,	286	Töreboda,		295
Thrybergh Hall,	583	Tisza-Lucz,	872	Torgau,		378
Thuillies,	285	» -Ujlak,	641	Torino,	389, 881,	882
Thuisy,	280	Tiszolcz,	292	Torjok,		880
Thulin,	285	Titley,	365	Torksey,		548
Thun,	161	Titovo,	605	Tornalya,		292
Thünghersheim,	284	Titu,	283	Tornau,		74
Thunow,	79	Tiverton,	112	Torne,		150
Thureby,	787	Tivetshall,	358	Torneros,		646
Thurgarton,	583	Tivoli,	364	Tornesch,		20
Thurgoland,	548	Tjereborg,	286	Tornócz,		283
Thurlby,	360	Tjörnarp,	295	Toro,		562
Thurles,	364	Tkhorny-Brod,	355	Torochinskaïa,		355
Thurso,	402	Tlouchtch,	355	Török-St-Miklós,		872
Thurston,	358	Tobarra,	536	Torpantau,		363
Thuxton,	358	Toblach,	845	Torp Arch,		654
Thy-le-Château,	351	Tobo,	908	Torpes,		691
Tibbermuir or Powbridge,	139	Tochovic,	252	Torphammar,		849
Ticehurst Road,	824	Tocina,	536	Torphins,		363
Tichau,	746	Todd's Mill,	652	Torquay,		823
Tichlowitz,	645	Todmorden,	460	Torquemada,		638
Tichmenevo,	755	Tod Point,	654	Torrazza di Verol,		389
Ticknall,	583	Tod's,	652	Torre,		823
Tidaholm,	403	Toganach,	525	» -Berretti,		389
Tidan,	295	Tokaj,	872	Torreblanca,		17
Tiddington,	365	Tokarevka,	368	Torre-Cerchiara,		569
Tiedmannsdorf,	282	Tokarevkaïa,	606	» del Lago,		389
Tiercé,	685	Tolcarn,	200	Torredenbarra,		859bis
Tierp,	908	Toledo,	536	Torre de Picenardi,		389
Tiesenhausen,	49	Tolksdorf,	847	Torrejon,		536
Tietjerk,	293	Toller,	365	Torrelavega,		638
Tiflis,	712	Tollerton,	654	Torrelodones,		638
Tikhoretskaïa,	750	Töllöse,	787	Torremare,		569
Tilburg,	293, 351	Tolme,	286	Torre Melissa,		569
Tilbury,	517	Tolosa,	638	Torrenieri,		747
Tile Hill,	509	Tolotchin,	606	Torres Cabrera,		192
Tilff,	285	Tölz,	284	» Novas,		710
Tillberga,	450	Tomelilla,	985	Torrington,		510
Tilleur,	634	Tommerup,	286	» Park,		360
Tillicoultry,	652	Tom,	652	Torrita,		747
Tillières,	685	Tonco,	389	Torsaker,		295
Tilly,	351	Tondern,	20	Tortona,		389
Tillyfournie,	363	Tondu,	365	Tortosa,		17
Tillynaught,	363	Tonge & Breedon,	583	Tover,		329
Tillysburn,	66	Tongham,	510	Torvilliers-Montg,		679
Tilsit,	282, 875	Tongrefail,	365	Tosno,	49,	355
Tim,	286	Tongres,	293	Tostedt,		189
Timelkam,	421	Tönis (St),	183	Tót-Megyer,		283
Timnea,	283	Ton Mawr,	827	Totnes,		823
Timperley,	171, 509, 550	Tonneins,	581	Tottenham,		358
Tinahely,	243	Tonnerre,	691	Totteridge,		360
Tincques,	643	Tönning,	20	Totton,		510
Tingleff,	20	Toome,	67	Touin,		292
Tingley,	360	Tooting,	510, 511	Toul,		280
Tingsted,	459	Topcliffe,	654	Toula,	608,	739
Tinist,	645	Tophill,	365	Toulon,		691
Tinsley,	548	Topkowitz (Kartitz),	283	Toulouse,	581,	690
Tipperary,	942	Top of Whiston,	509	Touques,		685
Tipton (Devon),	510	Topper,	552	Tourbes,		296
» (Stafford),	365, 509	Topsham,	510	Tourcoing,		643
Tiraspol,	669	Topsin,	898	Tour-de-Peilz,		848
Tirlemont,	285	Torbanehill,	652	Tourdey,		739
Tirschenreuth,	284	Torbino,	355	Tournan,		280
Tirschnitz,	133	Torchamp,	685	Tournai,		285
Tisbury,	510	Torda,	281	Tournay,		581

Tournemire,	581	Freignat,	690	Troedyrhiew Garth,		365
Tournes,	280	Treignes,	351	Trofa,		230
Tournus,	691	Trekanten,	431	Trofarello,		389
Tourovka,	674	Trélazé,	690	Trofayach,		845
Tours,	690, 920	Trelleborg,	886	Trögstad,		170
Tourville,	685	Trembach,	284	Troisdorf,	189,	733
Toury,	690	Tremblay,	929	Trois-Ponts,		285
Tovarkovo,	739	Trembleque,	536	Troïtskaïa (Tver),		755
Tövis,	281	Trémentines,	690	» (Kalouga),		739
Towcester,	650	Tremesna,	645	Trollenås,		403
Tow Law,	654	Tremessen,	807	Trompet,		72
Townend Fold,	460	Tremestieri,	569	Tromsdorf,		644
Town Green,	460	Tremosna,	701	Tronchiennes,		285
» Head,	339	Trench Crossing,	509	Trondhjem,		891
Townhill (Fife),	652	Trendelburg,	72	Trond (St),		351
» (Lanark),	139	Trendelbusch,	123	Tronget,		690
Townley,	460	Trenholme Bar,	654	Tronzano,		389
Towton,	654	Trent (Derby),	583	Troon,		339
Towyn,	143	» (Lincoln),	548	Trooper's Lane,		67
» (Pendre),	856	Trentels-Ladignac,	690	Trooz,		285
Trabia,	569	Trentham,	659	Troppau,	157,	267
Trabitz,	284	Treorky,	854	Trossingen,		291
Trachenberg,	807	Treppenhof,	743	Trotha,		538
Trådet,	902	Tréport,	888	Trouville-Deauville,		685
Trafalgar,	795	Trepovka,	439	Trowbridge,		365
Trafford,	509	Treptow,	551	Trowse,		358
Trakehnen,	282	Trescol,	691	Troyes,	678,	280
Tralee,	364	Treublitz,	327	Trubbach,		905
Tramagal,	710	Treuen,	294	Trubschachen,		428
Tram Inn,	365	Treutchlingen,	284	Trubshaw,		659
Tramore,	943	Trèves-Burel,	691	Trudering,		284
Trampke,	79	Trevi,	747	Truro,	199,	957
Tranas,	295	Treviglio,	389	Tryberg,		352
Tranent,	652	Trevil,	509	Tryddy,		365
Trans,	691	Treviso,	389	Tryddyn,		509
Trappes,	685	Trevor,	365	Trye-Château,	679,	685
Träskända,	287	Trévoux,	691	Trzciana,		164
Traunfall,	421	Trew & Moy,	903	Trzebinia,		267
Traunstein,	284	Treysa,	541	Trzinietz,		433
Trautenau,	645	Triano,	221°, 889	Tsargrad,		743
Trautmansdorf,	283	Tricesimo,	389	Tsaritsyn,	368,	930
Trautscholdsegengrube,	746	Trieben,	721	Tsaritsynskaïa,		608
Travers,	848	Triebitz,	283	Tsarskoé-Sélo,	355,	767
Trawscoed,	547	Triel,	695	Tschansch,		41
Trazegnies,	285	Trient,	845	Tschataldjé,		898
Treals,	460, 509	Trier,	733, 760	Tschernhausen,		645
Treaman,	854	Triesdorf,	284	Tschernowitz,		133
Treamble,	200	Triest,	845	Tschifflick,		904
Trebbin,	74	Trifail,	845	Tschirnau,		105
Trèbes,	581	Trigueres,	678	Tschochau,		41
Trebgast,	284	Trigueros,	128	Tschorlu,		808
Trebisacce,	569	Trillick,	422	Tuam,		942
Trebitsch,	645	Trilport,	280	Tubber,		942
Trebnitz,	282	Trim,	587	Tübingen,		291
Treborth,	509	Trimdon,	654	Tubize,		285
Trecate,	389	Trimsaran,	131	Tudela,		988
Tredegar,	365, 809	Tring	509	Tuffé,		678
Trees & Armandale,	652	Trinitás,	596	Tufts,		795
Trefeglwys,	917	Trinity,	652	Tugéras-Chartuzac,		163
Trefeinon,	588	Triptis,	874	Tullamore,		364
Trefnant,	509	Trivy-Dompierre,	228	Tulle,		690
Treforest,	854	Trnowan,	133	» (Ste),		691
Tregaron,	547	Trocadero,	801	Tullibardine,		139
Tregoubovo,	665	Trochtelfingen,	291	Tullins,		691
Treherbert,	854	Troedyrhiew,	854	Tulln,		268
Treibach-Althofen,	721	» Ewch,	737	Tullymurry,		66

— 109 a. —

Tulnerbach,	421	Tyrnau,	899, 934	Ulverston,	329
Tulse Hill,	511, 513	Tyskestranden,	235	Umberleigh,	510
Tumba,	295	Tytchinino,	675	Umlowitz,	421
Tunbridge,	824	Tytherington,	583	Ummendorf,	291
» Wells,	511, 824	Ty Trist,	809	Underhill,	329
Tunstall,	659	Tywith,	365	Ungarisch-Hradisch,	267
Tuoro,	747	Ubberley,	5 bis	Ungerhausen,	284
Tur,	645	Ubstadt,	352	Ungvár,	641
Tura,	292	Uccle,	285	Unhoscht,	133
Turány,	433	Uchaud,	691	Union,	460
Turbenthal,	874	Uchizy,	691	» Mills,	423
Turcsek,	292	Uckfield,	511	Unity Brook,	460
Turengi,	287	Uckro (Luckau),	75	Unkel,	733
Turenne,	690	Uddevalla,	900	Unlingen,	291
Turgi,	642	Uddingstone,	139	Unna-Königsborn,	290
Turkenfeld,	284	Udelnaja,	287	» -Salz,	72
Türkheim (Colmar),	18	Uden,	100	Unsleben,	284
» (Schwaben),	284	Udine,	389	Unston,	583
Türkismühle,	760	Udny,	363	Unterbalbach,	352
Türmitz,	41	Udston,	139	Unterblauenthal,	168
Turnau,	645	Udva,	715	Unterböbingen,	291
Turnham Green,	510	Udvard,	283	Unterboihingen,	291
Turnhout,	351, 897	Udwitz-Görkau,	41	Unter-Drauburg,	845
Turnhurst,	659	Ueberruhr,	72	» -Eggendorf,	845
Turócz-St-Márton,	292	Uebersee,	284	Untereggingen,	352
Turriff,	363	Ueckingen,	18	Unterelchingen,	291
Turvey,	583	Uelzen,	288, 538	Untergriesheim,	291
Tuschkau-Kosolup,	268	Uerdingen,	72, 733	Unter-Grombach,	352
Tuschmitz,	133	Uetlibrg,	901	Unterhausen,	284
Tüskevár,	686	Uexküll,	743	Unterkochen,	291
Tutbury,	659	Uffenheim,	284	Unterlüss,	288
Tutova,	283	Uffington and Barnack		Untermarchthal,	291
Tuttlingen,	291	(Berks)	365	Untermarxgrün,	294
Tutzing,	284	Uffington and Barnack		Unterpeissenberg,	284
Tuxford,	360	(Northampton),	583	Unterreichenbach,	291
Tuzsér,	641	Ufflingen,	18	Unter-St-Veit,	421
Tver,	355	Ufford Bridge,	360	Unterschüpf,	352
Tvingstrup,	286	Uhersko,	283	Untersteinach,	284
Tweedmouth,	654	» -Dobrzany,	33	Unterterzen,	905
Twenty,	360, 583	Uhingen,	291	Untertürkheim,	291
» Foot River,	360	Uhlstädt,	758	Unter-Waltersdorf,	845
Twerton,	365	Uhsmannsdorf,	76	Unterwellenbarn,	874
Twickenham,	510	Uhyst,	668	Unzmarkt,	721
Twizel,	654	Uitgeest,	405	Uphall,	652
Tworkau,	807	Uj-Fehértó,	872	Upper Bank,	583
Tworog,	746	Ujszász,	292	» Batley,	360
Twyford,	365	Uj-Szöny,	845	» Forge,	795
Twywell,	583	Ulceby,	548	» Wellwood,	339
Ty-Croes,	509	Ulfborg,	286	Upsala,	295, 908
Tydd (St Mary),	583	Ulfo,	150	Upton,	583
Tyddyn Gwyn,	311	Ulfstorp,	900	» & Brinny,	194
Tydee,	600	Ulldecona,	17	» Magna,	509
Tydinge,	393	Ullersäter,	450	Upwey,	365, 510
Tyldesley,	509	Ullersdorf,	41	Urach,	291
Tylecoch,	854	Ullerslev,	286	Uras,	777
Tylerybont,	104	Ulleskelf,	654	Urbach (Düsseldorf),	733
Tylwch,	588	Ullesthorpe,	583	» (Jagst),	291
Tymawr,	854	Ullitz-Pleschnitz,	268	Urçay,	690
Tynan & Caledon,	903	Ulló,	283	Urdorf,	642
Tyndrum,	139	Ullock,	969	Urft,	733
Tyne Dock,	654	Ullora,	192	Urmitz,	733
Tynehead,	652	Ulm,	284, 291	Urmston,	171
Tynemouth,	654	Ulmeni,	283	Urnäsch,	29
Tynewydd,	365, 854	Ulmerfeld,	721	Urt,	581
Tynist,	283	Ulricehamn,	902	Usedom,	79
Tyr Cibbon,	737	Ulstrup,	286	Usk,	365

— 110 a. —

Uskub,	898	Valognes,	685	Veghel,	100
Usmate,	389	Valros,	396	Vèghles-Szalathna,	292
Usselby,	548	Val-St-Lambert,	634	Veguellina,	646
Uster,	905	Valsavoia,	569	Veien,	286
Ustrzyki,	715	Valsequillo,	179	Veile,	286
Usworth,	654	Valverde,	128	Veit (St),	721
Uszög,	328, 596	Vamdrup,	286	Veitshöchheim,	284
Uta,	777	Vamos-Györk,	292	Velars,	691
Utrecht,	159, 293, 405, 732	» -Percs,	641	Velaux,	691
Utrera,	801	Vannes,	690	Velayos,	638
Uttersberg,	451	Vapniarka,	669	Velden,	845
Uttigen,	161	Var,	691	Veletje,	715
Uttis,	287	Varades,	690	Velim,	283
Uttoxeter,	659, 830	Varello Pombia,	389	Vèlines,	690
Uttweil,	642	Varangeville-St-Nicolas,	280	Velletri,	747
Utzenstorf,	266	Varallya-Hátszeg,	716	Vellexon,	280
Uxbridge,	365	Varazze,	389	Velluire,	163
Uzel,	685	Varde,	286	Velm,	351
Uzeste,	685	Varel,	353	Velosnes-Torgny,	280
Uznach,	905	Varennes-Jaulgonne,	280	Velp,	293
Uzwyl,	905	» le Grand,	691	Velpe,	288
Vaas,	690	» s/Allier,	691	Velsen,	405
Vaast (St),	28	» s/Loire,	690	Velthem,	285
» -d'Equiqueville (St),	685	Varese,	389	Velvet Hall,	654
Vacar,	191	Varetz,	690	Vemb,	286
Vadna,	292	Varilhes,	581	Venalt,	365
Vado,	389	Varin,	433	Venant (St),	643
Vaihingen (Sersheim),	291	Varley's,	360	Venaria Reale,	881
Vaivre,	280	Varna,	898	Vence-Cagnes,	691
Valay,	691	Varos-Löd,	686	Venda do Duque,	846
Val Benoît,	634	Var-Palota,	686	Vendas Novas,	846
Valdaïka,	355	Vars,	690	Vendenesse s/Semence,	228
Valdemoro,	536	Varsovie,	939, 355	Vendenheim,	18
Valdepenas,	536	Varteg,	600	Vendeuvre,	280
Valdestillas,	638	Varvarovka,	525	Vendeuvres-Jort,	685
Valdonne,	691	Vásárhely (Hod-Mezö),	14	Vendranges-St-Priest,	691
Valea-Calugaresá,	283	Vaskovo,	675	Vendôme,	690
» -Seca,	283	Vassel,	921	Vendrell,	859bis
Valence,	691	Vassiliévo,	525	Venelles,	691
» d'Agen,	581	Vassilievski,	355	Venezia,	389
Valencia,	17	Vassy (Haute-Marne),	280	Veniciani,	898
Valenciennes,	28, 643	» (Yonne),	691	Venissieux,	691
Valentin (St),	421, 721	Vastorf,	77	Venlo,	72, 189, 293, 733
Valenza,	389	Vaszar,	686	Vennecy,	678
Valergues,	691	Vaucouleurs,	280	Venta de Banos,	638
Valery (St),	643	Vauderens,	848	» de Cardenas,	536
Valkány,	283	Vaugirard-Issy,	156, 685	» de Eligio,	128
Valkenswaard,	293	Vaugris,	691	» de Pereiro,	846
Valki,	439	Vaulruz,	848	» de Pollos,	562
Vallada,	17	Vault Glen,	139	Ventnor,	424
Valladares,	710	Vaulx,	285	Ventschow,	324
Valladolid,	638	» -Milieu,	691	Verberie,	643
Valle,	389	Vaumarcus,	848	Vercelli,	389
Vallecas,	536	Vaumoise,	643	Vercierova,	283
Valle de Figueira,	710	Vauvert,	691	Verdello,	389
Vallendar,	733	Vaux,	228	Verden,	288
Vallerois-le-Bois,	691	» s/s Aubigny,	691	Verdun,	280, 479
Valley,	509	Vayres,	690	» s/Doubs,	691
Valleyfield,	652	Vazec,	433	Vérébié,	355
Vallier (St),	691	Vechelde,	123	Veredas,	179
Vallon,	690	Vecsés,	283	Veresci,	474
Vallongo,	230	Vedrin,	285	Vérétchié,	755
Vallorbes,	848	Veenenburg,	405	Véretz,	690
Valmadonna,	389	Veenendaal,	732	Vereux-Beaujeu,	280
Valmontone,	747	Veenwoude,	293	Vergato,	389
Valmy,	280	Vega,	646	Vergèze,	691

— 111 a. —

Vergiate,	389	Viasma,	606, 739	Villach,	845, 721
Vergnasco,	389	Viazniki,	355	Villada,	638
Verina,	646	Viborg,	286	Villadangos,	638
Verisowitz,	898	Viby,	787	Villadecaballs,	988
Verkhovié,	498, 674	Vic,	280	Villafranca (Asti),	389
Vermelles,	643	Vicálvaro,	536	» (Verona),	389
Vermenton,	691	Vicarage Bridge,	795	» de Cordoba,	536
Vermoil,	710	Vic-en-Bigorre,	581	» de Navarra,	988
Vernadovka,	605	Vicente (San),	536	» de Ordina,	638
Vernaison,	691	» del Castellet,	988	Villagonzalo,	179
Vernayaz,	848	Vicenza,	389	Villalba,	638
Vernazza,	389	Vich,	356	Villamaggiore,	389
Vernerque-le-Vernet,	581	Viches,	536	Villamanin,	638
Verners Bridge,	903	Vichte,	285	Villandraut,	621
Vernet d'Ariège,	581	Vichy,	691	Villanovo,	846, 389
Verneuil (Eure),	685	Vicien,	988	Villanovo de Gaia,	710
» (Nièvre),	691	Vic-le-Comte,	691	Villanueva de Araquil,	988
» -Chaumes,	280	» -le-Fesq,	691	» de Gállego,	988
Vernex-Montreux,	848	» -Mireval,	691	» de la Reina,	536
Verney,	365, 509	» s/Cère,	690	Villanuevo de la Serena,	179
Vernier-Meyrin,	691	Vicq,	643	Villány,	596, 14
Vernon,	679, 685	Victoria (Cornwall),	200	Villaquirán,	638
Vernonnet,	679	» (Monmouth),	600	Villar,	536
Vernou,	690	» (Renfrew),	339	» do Pinheiro,	708bis
Vernoy,	678	» Bridge,	422	Villareal,	17
Verocze,	283	» Pitt,	139	Vilharosa,	569
Verolanuova,	389	Victor (St),	685	Villarrobledo,	536
Verona,	389	» -Thizy St),	691	Villarrubia,	536
Verrey,	691	Vidauban,	691	Villars,	691
Versailles,	685	Videm-Gurkfeld,	845	» -les-Dombes,	228
Versannes,	690	Vidra,	337	Villasequilla,	536
Verschetz,	283	Vidrany,	715	Villasor,	777
Vers-en-Montagne,	691	Vieille-Marihaye,	634	Villastellone,	389
Versoix,	848	Vieilleville,	690	Villaumbrales,	638
Vertaizon,	691, 921	Veilsalm,	285	Villaumbroso,	638
Verteuil,	563	Vienenburg,	538, 123	Villaverde,	562
Verthe,	189	Vienne,	691	Villaz-St-Pierre,	848
Vertou,	690	Viersen,	207, 72	Villebois,	228
Vertryck,	285	Vierverlaten,	293	Villecomtal s/Arros,	581
Vertus,	280	Vierves,	351	Villedaigne,	581
Verviers,	285	Vierzon,	690	Villedieu-les-Poêles,	685
Vervins,	643	Vierzy,	643	Villefort,	691
Verwood,	510	Vieselbach,	874	Villefranche (Allier),	690
Veseli-Kout,	669	Viessoix,	685	» de Belvès,	690
Vesoul,	280, 691	Vietz,	282	» de Lauragais,	581
Vespolate,	389	Vieux-Condé,	28	» de Rouergue,	690
Vesselaïa-Lopan,	453	» -Dieu,	285	» s/Cher,	690
Vestfossen,	235	» -Héverlé,	351	» s/Mer,	691
Vestraberget,	922	» -Rouen,	888	» s/Sâone,	691
Veszprém,	686	Vieuvicq,	679	» (Suisse),	848
Vétova,	898	Viewfield,	139	Villelaure,	691
Vetschau,	76	Vigevano,	389	Ville-Mal-Nommée,	920
Vettweiss,	733	Vignols-St-Solve,	690	Villena,	536
Veuves,	690	Vignory,	280	Villenave-d'Ornon,	581
Veuxaulles,	280	Vikersund,	235	Villeneuve (Aveyron),	690
Vevey,	848	Vilafranca,	859bis	» (Hérault),	691
Veynes,	691	Vilasar,	859bis	» -de-Berg,	671
Veytaux-Chillon,	848	Vilaseca,	478	» d'Ingré,	679
Vézelise,	280	Vilavert,	478	» la Guyard,	691
Vézenobres,	691	Vilbel,	541	» l'Archevêque,	681
Vezin,	280	Vileiska,	464	» le Comte,	789
Viana,	638	Vileiskaïa,	355	» lez-Béziers,	581
Viane-Moerbeke,	285	Villa del Rio,	536	» St-Georges,	691
Vianna,	846	» do Conde,	708bis	» s/Allier,	691
Viareggio,	389	» Franca,	710	» s/Lot,	690
Vias,	581	Villacanas,	536	» s/Yonne,	691

— 112 a. —

Villenouvelle,	581	Vitchouga,	784	Volx,	691
Villepatour-Coubert,	280	Vitebsk,	675, 247	Voncq,	280
Villeperdue,	690	Vitgenchtéinskaïa,	606	Vonnas,	691
Ville-Pommerœul,	285	Vito d'Otranto (San),	569	Voorburg,	732
Villepreux-les-Clayes,	685	» Lancenigo (San),	569	Voorde,	20
Villeret,	428	Vitis,	268	Voorschoten,	405
Villers-Benoîte-Vaux,	479	Vitoria,	638	Voorst,	405
» -Bretonneux,	643	Vitré,	929, 685	Vordernberg,	845
» -Cotterets,	643	Vitrey,	280	Vordingborg,	787
» -la-Tour,	174	Vitrolles,	691	Voreppe,	691
» -la-Ville,	351	Vitry (Pas-de-Calais)	643	Vorey,	691
» -le-Gambon,	351	» s/Seine,	690	Vorojba,	453
» -le-Sec,	691	» -la-Ville,	280	Voronèje,	454
» s/Meuse,	643	» -le-Français,	280	Vorsfelde,	538
Villetta-Malagnino,	389	Vittoria (Santa),	389	Vorwohle,	123
Villeveyrac,	581	Vittuone,	389	Voskha,	609
Villiers,	280	Vitznau,	744	Voskresenskaïa,	609
» -le bel-Gonesse,	643	Vivien (St),	563	Voslau,	845
» -le-Sec,	280	Viviers,	691	Vossowska,	740
» -Neauphle,	685	Viviez,	690	Voué,	678
Villingen,	352, 291	Viville,	163	Vougeot,	691
Villmar,	289	Vivoin-Beaumont,	685	Voujaucourt,	600
Villmergen-Wohlen,	161	Vivonne,	690	Voultegon,	685
Villodrigo,	638	Vix,	163	Voutré,	690
Vilna,	355	Vizakna,	281	Vouvray,	848
Vilosnes,	479	Vizvár,	845	Vouvry,	280
Vilsek,	284	Vlake,	293	Vouziers,	
Vilshofen,	284	Vlamertinghe,	60	Voves,	690, 672
Vilvorde,	285	Vlissingen,	293	Vraa,	286
Vimbodi,	478	Vlkawa,	645	Vradievka,	669
Vimpelles,	280	Vlotho,	538	Vráz,	252
Vinaixa,	478	Vochriw,	104	Vrbno,	714
Vinár,	686	Vöcklabruck,	421	Vrbovecz,	292
Vinaroz,	17	Vöcklamarkt,	421	Vrbovsko,	292
Vinay,	691	Vodianáïa,	433	Vrigne-aux-Bois,	280
Vincelles,	691	Voeïkovskaïa,	605	» -Meuse,	280
Vincennes,	280	Vœrslöw,	787	Vrizy-Vandy,	49
Vincent (St. (Haute-Loire),	691	Vogelenzang,	405	Vrouda,	899
» (Landes),	581	Vogelsang,	72	Vrutic,	645
Vincenzo (San),	747	Voghera,	389	Vsetat,	899
Vinderup,	286	Vogrie,	652	» -Privor,	335
Vindrac,	690	Vogue,	671	Vtorovo,	293
Vineuil,	643	Vohburg,	284	Vught,	848
Vinga,	872	Vöhringen,	284	Vuisternens,	678
Vingt-Hanaps,	685	Vohwinkel,	72	Vulaines-Rigny-le-Ferron,	509
Vinnitsa,	440	Voïeïkovo,	739	Vulcan,	355
Vintimiglia,	389	Voigtgrün,	992	Vychni-Volotchok,	669
Vintl,	845	Voiron,	691	Vygada,	268
Vinzelberg,	538	Voitersreuth,	294	Vyschrad,	899
Violaines,	643	Voitsberg,	357	Vysocan,	108
Virágosvölgy,	281	Voivres,	685	Vysoko-Litovskaïa,	883
Vire,	685	Vojtek,	283	Vyssokoïé,	293
Vireux-Molhain,	351, 280	Volga (Saratow),	368	Waardenburg,	541
» -Viroin,	351	» (Jaroslavl),	755	Wabern,	904
Virginia Road,	655	Volkhow,	355	Wachenheim,	60
» Water,	510	Völklingen,	760	Wachtebeke,	321
Viricelles-Chazelles,	228	Volkonskaïa,	368	Wachtersbach,	321
Virieu-le-Grand,	691	Volkovintsy,	669	Wackenheim-Mölsheim,	583
» s/Bourbre,	691	Vollmerz,	321	Wadborough,	360
Viroflay,	685	Volmarstein,	72	Waddington,	511
Virton,	927	Volomine,	355	Waddon,	510
Visé,	485	Volossovo,	49	Wadebridge,	642
Vismarje,	721	Volotchysk,	669	Wadensweil,	824
Visócan,	645	Volpiano,	792	Wadhurst,	548
Visselhövede,	538	Völpke,	78	Wadsley Bridge,	936
Vit (St),	691	Voltri,	389	Wadstena,	

— 113 a. —

Waen Avon,	509	Wallington,	511	Warnham,	511
Waereghem,	285, 60	Wallisellen,	905, 642	Warnow,	324
Waerschoot,	332	Wallsend,	654	Warnsdorf,	636, 294
Waggateshaw,	139	Wallwitz,	538	Warquignies,	285
Waghäusel,	352	Wallwitzhafen,	74	Warrenpoint,	630
Wagram (N. Oesterreich),	268	Wallyford,	652	Warrington,	509, 171
» (Oesterreich),	267	Walnut Tree,	854, 737	Warriston,	652
Wahlheim,	521	Walpertskirchen,	284	Warschau,	940
Wahlwies,	352	Walpole,	583, 360	Wartberg,	285
Wahn,	189	Walsall,	509	Wartha,	807
Waiblingen,	291	Walschleben,	644	Warthausen,	291
Waibstadt,	352	Walsden,	460	Warthill,	654
Waidbruck,	845	Walsingham,	358	Wartle,	363
Waidhofen,	721	Walskog,	450	Wartofta,	902, 295
Wainfleet,	360	Waltenhofen,	284	Warwick,	365
Wainoden,	483	Waltersford,	807	Warwickhill,	339
Waitovitsy,	669	Waltershausen,	874	Wasby,	295
Waitzen,	283	Waltham (Hertford),	358	Wase,	295
Waiwara,	49	» (Lincoln),	360	Wasenweiler,	352
Wakefield,	548, 460, 360	Walton,	509	Washford,	964
Wakendorf,	20	» (Cheshire),	509	Washington,	654
Walasen,	922	» (Lancashire),	548	Washwall,	139
Walbach,	18	» (Northampton),	583	Waskerley,	654
Walburg,	18	» (Stafford),	583	Wasmes,	285
Walcot,	509	» -on-The-Naze,	358	Wasselhyttan,	160
Walcourt,	351	Wambrechies,	643	Wasselnheim,	18
Wald,	721	Wampersdorf,	845	Wasseralfingen,	291
Waldau,	551	Wamphray,	139	Wasserbillig,	760, 720, 18
Waldböckelheim,	760	Wandre,	485	Wasserburg,	284
Waldbröl,	117	Wandsbeck,	526	Wasserleben,	538
Waldchen,	807	Wandsworth Common,	511	Wasserthalleben,	644
Waldenburg (Sachsen),	613	» Road,	511	Wassertrudingen,	284
» (Schlesien),	551, 105	Wange,	295	Wassingborough,	360
» (Württemberg),	291	Wangen,	18	Wasungen,	874
Waldhausen,	291	Wangerin,	79	Watchet,	964, 112
Waldheim,	294	Wankendorf,	20	Watenstedt,	123
Waldkirch,	352	Wanne,	189	Waterbeach,	358
Waldkirchen,	294	Wannensee,	78	Waterfall,	194
Waldsassen,	284	Wansford,	509, 560	Waterford,	943, 942, 941
Waldsee,	291	» Road,	360	Waterhouses,	654
Waldshut,	642, 352	Wanstrow,	365	Wateringbury,	824
Waldstadt,	29	Wantage Road,	365	Waterland,	339, 139
Walferdingen,	18	Wanzell,	18	Waterloo (Belgique),	285
Walkden,	509	Wappenham,	650	» (Lancashire),	460, 509
Walkeasaari,	938, 287	Wapping,	511	» (York),	654
Walkenried,	288	Wappoltenreith,	268	Watermael-Berg,	285
Walker,	654	Wara,	900	Water Orton,	583
Walkerburn,	652	Warburg,	290, 72	» Works Road,	638
Walkeringham,	360	Warcop,	654	Waterside,	339
Walki,	164	Wardhouse,	363	Watford,	509
Wall,	652	Wardleworth Brow,	460	Wath,	548
» Grange,	659	Ware,	358	» and Bolton,	583
Walla,	295	Wareham,	510	Watheley,	583
Wallakra,	463	Waremme,	285	Wathford,	112
Walldorf,	874	Wargarda,	295	Watlington,	948, 365, 358
Wallenrod,	399	Waring,	295	Watston,	139
Wallenstadt,	905	Wark,	652	Watten (Ecosse),	402
Wallern,	421	Warkworth,	654	» (France),	643
Wallers,	643	Warlingham,	824	» -Eperlecques,	643
Wallersdorf,	284	Warlubien,	282	Wattenscheid,	733, 72
Wallertheim,	521	Warluis,	643	Wattholma,	908
Wallhallstrasse,	284	Warmériville,	280	Wattjom,	849
Wallhausen (Merseburg),	537	Warminster,	365	Watton (Norfolk),	873
» (Württemberg),	291	Warmley,	583	» (Surrey),	510
Wallhill,	652	Warmond,	405	Wattwyl,	905
Wallingford,	365	Warneton,	60	Waulkmill,	139

Waultsort,	634	Weischlitz,	780, 294	Wengern,		72
Wauphill,	974	Weiskirchen,		409	Wennemen,	72
Wauwyl,	161	Weissenbach St-Gallen,		721	Wenningsen-Kloster,	538
Waverton,	509	Weissenburg (Chwalkowo),	807	Wennington,	583
Wavre,	351, 285	» (Mittelfranken),	284	Wentworth,	548
» -Ste-Catherine,	285	» (Weissenburg),	18,	Wenzelsberg,	283
Wavrian,	643		904	Werberg,	284
Wear Valley,	654	Weissenfels,	874	Werdau,	294
Weaste,	509	Weissenhöhe,	282	Werden,	72
Weatheriggs,	654	Weissensee (Erfurt),	644	Werder,	78
Weckelsdorf,	283	» (Potsdam),	551	Werdohl,	72
Wecker,	18	Weissenstein,	291	Werfa,	854, 365
Weddel,	123	Weiskirchen (Banat),	283	Werfen,	421
Wedding,	551	» (Mähren),	267	Werl,	72
Wedevag,	160	» (Sachsen),	294	Wernersdorf,	807
Wednesbury,	509, 365	Weiswasser (Böhmen),	636	Wernfeld,	284
Wednesfield,	509	» (Liegnitz),	76	Wernigerode,	538
Wednesford Heath,	509	Weisweiler,	72	Wernshausen,	874
Wedum,	900	Weiterstadt,	521	Wernstein,	421
Weedon,	509	Weitmar,	72	Werrington,	360
Weelde-Merxplas,	351	Wejhybka,	133	Wertheim,	352
Weeley,	358	Wekschenja,	483	Werwicq,	60
Weerde,	285	Welbury,	654	Wesel,	189
Weert-St-Georges,	351	Welchau-Wikwitz,	133	Wesenberg,	49
Weeton,	654	Weldale,	654	Wesijärvi,	287
Weetzen,	538	Weldon Bridge,	654	Wespelaer,	285
Weesen,	905	Weleschin-Krumau,	421	Wessely,	268
Weesp,	405	Weleslawin,	133	Wesserling,	18
Weeze,	733	Welford and Kilworth,	509	West Barnes,	652
Wefensleben,	78	Welgesheim-Zotzenheim,	521	» Baton,	652
Wegeleben,	538	Welkenraedt,	285	» Benhar,	652
Wegersleben,	123	Wellbank,	139	Westbevern,	189
Wegstädtl,	645	Welle,	733	West Brompton,	511, 510
» - Henevic,	283	Wellersdorf,	551	» Bromwich,	365
Wehlau,	282	Wellingborough,	583, 509	» Bryans,	652
Weichering,	284	Wellington (Shropshire),	365, 509	Westbury (Shropshire),	365, 509
Weida,	874	» (Somerset),	112	» (Wilts),	365
Weiden,	284	» (College),	824	West Calder,	139
Weidenbach,	284	Wellmitz,	551	» Craigs,	652
Weidenthal,	904	Wellow,	819	» Cross Road,	688
Weidlingau,	421	Wells (Norfolk),	358	» Drayton,	365
Weier im Thal,	18	» (Somerset),	365, 112	» Drumgray,	652
Weiflensdorf,	283	Wellstood,	652	Westeras,	450
Weigh,	652	Welltrees,	339	Westererringen,	284
Weighbr,	365	Wellwood (Ayr),	339	Westerfield,	358
Weigolshausen,	284	» (Fife),	652	Westerham,	284
Weigsdorf,	645	Welnetham,	358	Westerhüsen,	537
Weiherhammer,	284	Wels,	421	Westervoort,	732
Weikersdorf,	327	Welsberg (Steiermark),	357	West Ferry,	139
Weikersheim,	291	» (Tirol),	845	Westfield,	652
Weilburg,	289	Welschenennest,	72	Westgate-on-Sea,	513
Weilderstadt,	291	Welschingen,	352	West Gordon,	652
Weiler,	18	Welshampton,	143	Westhausen,	291
Weilerbach,	720	Welsh Harp,	583	Westhead,	460
Weitherthal,	18	Welshpool,	365	Westheim (Pfalz),	904
Weilheim,	284	Welton,	365	» (Schwaben),	284
Weimar,	874	Weltrus,	283	» (Westfalen),	72
Weimarn,	49	Welver,	290	Westhofen,	72
Weinböhla,	75	Welwyn,	360	Westhoughton,	460
Weinern,	934, 283	Wem,	509	West Llantwit,	854
Weinfelden,	642	Wemyss Bay,	139	» Llyn,	583, 360
Weingarten,	352	Wendel,	908	» London,	511
Weinheim,	540	» (St),	760	Westmeerbeek,	351
Weinsberg,	291	Wendisch-Warnow,	77	Westmill,	358
Weintraube,	472	Wendling,	358	Westminster,	365
Weipert,	294, 133	Wenersborg,	900	West Moor,	583

West Moors,	510	Whitehead,	67	Wiesbaden,	289
Weston (Lincoln),	360, 583	Whitehill,	652	Wiese,	645
» (Somerset),	583, 112	Whitehouse (Aberdeen),	363	Wieselburg,	283
» (Strafford),	659	» (Antrim),	67	Wiesenbad,	294
» -on-Trent,	583	Whiteinch,	652	Wiesenburg,	294
» -Super-Mare,	112	White Lea,	795	Wiesendangen,	642
West Pennard,	819	» Mill,	162	Wiesen-Sigless,	845
Westport,	587	» Moss,	460	Wiesenthal,	352
West Rhondda,	365	Whitems,	652	Wiesloch,	352
» Riding,	654	Whitemyre,	652	Wigan,	509, 460
Westroosebeke,	60	White Notley,	358	Wiggen,	428
West Staveley,	583	Whiterigg,	652	Wigston,	583, 509
» Thornton,	339	White Rose,	104	Wigton,	559
» Timperley,	171	Whitland,	970, 694, 365	Wigtown,	974
» Vale,	460	Whitley (Northumberland),	654	Wijchmael,	293
Westwood,	548	» (Warwick),	509	Wygmael,	285
West Wycombe,	365	» Bridge,	460	Wijhe,	293
Wetheral,	654	Whitlesea,	358	Wijlré,	351
Wetherby,	654	Whitlingham,	358	Wikersvick,	922, 032
Wettelsheim,	284	Whitmore,	509	Wilburton,	358
Wettendorf,	686	Whitnell,	509	Wilchingen,	352
Wetter,	72	Whitney,	583	Wildbad,	291
Wetteren,	285	Whitrigg,	139	Wildberg,	291
Wetterzeube,	874	Whitstable,	824, 513	Wildegg (Lenzburg),	642
Wetwang,	654	Whittington (Derby),	583	Wildenschwert,	645, 283
Wetzikon,	905	» (Shropshire),	365	Wildensteinsegengrube,	746
Wetzlar,	289, 189		143	Wildon,	845
Wevelghem,	60	Whittle,	460	Wildpark,	78
Wexford,	243	Whittlesford,	358	Wildpoldsried,	284
Wexiö,	965, 151	Whitwell,	583	Wild 's,	460
Weybridge,	510	Whitwood,	654	Wiley,	365
Weyer-Kupfern,	721	Whitworth,	460	Wilferdingen,	352
Weymouth,	510, 365	Wiborg,	287	Wilhelmsbad,	521
Wezep,	159	Wichelen,	285	Wilhelmsbrück,	106
Whaley Bridge,	509	Wichnor,	583, 509	Wilhelmshafen,	353
Whalley,	460	Wichstadtl-Lichtenau,	645	Wilhelmshöhe,	541, 72
Whaplode,	583, 360	Wichtrach,	161	Wilischthal,	294
Wharncliffe,	548	Wick,	402	Wilkau,	294
Wharram,	654	Wickbold,	847	Wilkinstown,	587
Whatstandwell Bridge,	583	Wickede,	72	Willaston,	509
Wheathamptead,	360	» -Asseln,	290	Willebadessen,	290
Wheatley,	365	Wickenby,	548	Willemsdorf,	293
Wheatsheaf,	365	Wickham-Bishops,	358	Willenhall Bridge,	509
Wheelock,	659	» -Market,	358	Willerwald,	18
Whelley Roundhouse,	509	Wicklesgreuth,	284	Willesden,	657, 583, 509
Wifflet,	652, 139	Wicklow,	243	Willingdon,	511
Whimpole,	510	Wickrath,	72	Willington (Derby),	583, 659
Whippingham,	756	Wickwar,	583	» (Durham),	654
Whisendine,	583	Widdle Duffryn,	365	Williton,	112
Whitacre,	583	Widdrington,	654	Willoughby,	360
Whitburn,	652	Wideumont-Bercheux,	285	Willow Bank,	460
Whitby,	654	Widford,	358	Willsbach,	291
Whitchurch (Hants),	510	Widminnen,	847	Wilmcote,	365
» (Shropshire),	509, 143	Widnes,	509	Wilmersdorf,	79
Whiteabbey,	67	Widzow,	940	Wilmington,	654
Whitebarn,	659	Wiebelsbach-Heubach,	521	Wilnecote,	583
White Bear,	509	Wiedergeltingen,	284	» and Fazeley,	583
Whitecroft,	795	Wiednitz,	76	Wilpshire,	460
» Road,	795	Wieliczka,	164	Wilsnack,	77
Whitedale,	654	Wielsbeke,	60	Wilson 's,	652
Whitefield,	460	Wien,	845, 645, 421, 283, 268	Wilsonstown,	139
Whitegate,	171		267	Wiltingen,	760
White Gates,	795	Wienachten,	747bis	Wilton,	510
» Hall,	659	Wieren,	538	Wilwerwiltz,	18
» Hart Lane,	358	Wies,	357	Wilshofen,	284
Whitehaven,	969, 509, 329	Wiesau,	284	Wilzschhaus,	168

— 116 a. —

Wimbledon,	511, 510	Wissen,	189	Wolmirstedt,	538
Wimblington,	358	Wissingen,	288	Wolnzach,	284
Wimblow,	795	Witham (Essex),	358	Wologda,	607
Wimborne,	819, 510	» (Somerset),	365	Wolsan,	268
Wimille,	643	Withernsea,	654	Wolsingham,	654
Wimpfen,	352	Withington,	365	Wolvega,	293
Wimslow,	509	Within's Lane,	460	Wolvercot,	365
Wincanton,	819	Withoef,	351	Wolverhampton,	509, 365
Winchburgh,	652	Withyham,	511	Wolverton,	509
Winchelsea,	824	Witley,	510	Wombridge and Furnaces,	509
Winchester,	510	Witney,	365	Wombwell,	548
Winchfield,	510	Witry-les-Reims,	280	Womersley,	460
Winchmore Hill,	360	Wittelsheim,	18	Wondelgem,	332, 60
Wincobank,	583	Witten,	72	Woodborough,	365
Winden,	904	Wittenberg,	74	Woodbridge,	358
Winder,	969	Wittenberge,	538, 77	Woodburn (Northumberland),	652
Windermere,	329, 509	Wittgendorf,	551		
Windesheim,	293	Wittgensdorf,	294	Woodburn (York),	548
Windisch-Eschenbach,	284	Wittighausen,	352	Woodbury Road,	510
» -Feistritz,	845	Wittingau,	268	Woodchester,	583
Windmill Hill,	654	Wittinge,	295	Woodenbridge and Shillelagh,	243
» Road,	248	Witton,	654		
Windschlag,	352	» Gilbert,	654	Woodend (Cumberland),	969
Windsfeld,	284	» le Wear,	654	» (Stirling),	652, 139
Windsor,	510, 365	Witzenhausen,	537	Woodfield,	460
Windyedge,	139	Witzchdorf,	294	Woodford,	358
Windyhill,	339	Wiveliscombe,	112	Wood Green (Alexandra Park),	360
Winestead,	654	Wivenhoe,	358	Woodhall Spa,	360
Wingaker,	295	Wixford,	583	Woodhead,	548
Wingate,	654	Wizernes,	643	Woodhorn,	654
Wingerworth,	583	Wladimir,	355	Woodhouse,	548
Wingfield (Derby),	583	Wloclawek,	940	Woodhouse Mill,	583
» (Glamorgan),	737	Woburn Green,	365	Woodiley,	652
Winkeln,	29	» Sands,	509	Woodland (Clackmannan),	652
» -Herisau,	905	Wodnian,	268	» (Lancashire),	329
Winninga,	484	Woensdrecht,	293	Woodlawn,	587
Winnweiler,	904	Woerden,	732	Woodlesford,	583
Winschoten,	293	Wohlau,	105	Woodley (Cheshire),	171, 548, 583
Winscombe,	112	Wohlen-Villmergen,	161	» (Dumbarton),	652
Winsen,	288	Wohlhausen,	428	Woodmuir,	139
Winsford,	509	Wohontsch,	41	Wood's,	509
» and Over,	171	Woinowitz,	807	Woods,	460
Winsloſ,	455	Wojennaïa,	49	Woodside (Aberdeen),	363
Winslow,	509	Woken,	626	» (Lancashire),	509
» Road,	365	Woking,	510	» (Perth),	139
Winston for Staindrop,	654	Wokingham,	824, 510	» (Surrey),	824
Winterbach,	291	Wola-Rzedzinska,	164	Woodstock Road,	365
Winterhausen,	284	Woldenberg,	807	Woodstoke,	509
Winterschneidbach,	284	Wolfegg,	291	Woodville,	583
Winterthur,	905, 874, 642, 621 bis	Wolfenbüttel,	123	Woodwille,	339
Winton,	652	Wolferton,	358	Woodyards,	652
Winwick,	509	Wolfhezen,	732	Woofferton,	509, 365
Wiorda,	738	Wolframitz,	283	Wookey,	112
Wipperfürt,	72	Walframitzkirchen,	645	Wool,	510
Wirdum,	293	Wolfsgefährt,	874, 780	Woolaston,	365
Wire,	365	Wolfsgrün,	168	Woolfords,	139
Wirksworth,	583	Wolfskehlen,	521	Woolhampton,	365
Wiry,	888	Wolfskirchen,	18	Woolstone,	510
Wisbeach,	583, 358	Wolgart,	79	Woolwich,	824
Wischau,	267	Woliknik,	282	Wootton,	756
Wishaw,	139	Wolkenburg,	613	» Bassett,	365
Wishford,	365	Wolkenstein,	294	Worb,	428
Wiskan,	849	Wolkersdorf,	283	Worcester,	365
Wislanda,	295, 150	Wolkramohausen,	644, 537	» Park,	510
Wismar,	324	Wollishofen,	642	Wörgl,	845, 421
Wisselyerda,	151	Wollsjö,	985	Workington,	509

— 117 a. —

Worksop,	548	Wusterwitz,	78	Yvré-l'Evêque,	68₅
Worlaby,	548	Wüsting,	353	Zaandam,	405
Worle,	112	Wutha,	874	Zabern,	18
Worleston,	509	Wutschdorf,	552	Zabierzow,	267
Wormen,	847	Wutzlhofen,	284	Zablotce,	164
Wormerveer,	405	Wybránowka,	474	Zablotów,	474
Worms,	904, 521	Wye,	824	Zabolotić.	440
Wormwald Green,	654	Wyhlen,	352	Zobolotinka,	675
Wörrstadt,	521	Wykeham,	654	Zabrze,	807
Worsborough,	548	Wyl,	905	Zachum,	324
Worschach,	421	Wyla,	874	Zadworze,	164
Worsley,	509	Wylam,	654	Zagórz,	71₅
Worstead,	358	Wylde Green,	509	Zágráb,	292
Wörth,	904	Wylen,	29	Zahna,	74
Worthing,	511	Wymondham,	358	Zaïtsévo,	52₅
Worthington (Lancashire),	509	Wyndham,	365	Zákány,	61, 292, 84₅
» (Leicester),	583	Wynendaele,	60	Zakolan,	133
Worting,	510	Wynigen,	161	Zakrzewo,	282
Wortley,	548, 509	Wyre Forest,	365	Zalegochtch,	674
Wortwell,	358	Xertigny,	280	Zalésié,	464
Wostromer,	645	Yalding,	824	Zalesl,	283
Wöterkeim,	847	Yarmouth,	358	Zalt-Bommel,	293
Wottic,	267	Yarm,	654	Zaluz,	71₅
Wotwowitz,	133	Yarnton,	509, 365	Zám.	716
Wouw,	293	Yate,	583	Zamora,	987ᵇⁱˢ, 562
Woyens,	20	Yatton,	112	Zámost,	268
Wrabness,	358	Yaxham,	358	Zamrsk-Hohenmauth,	283
Wrafton,	510	Ychoux,	581	Záncara,	536
Wragby,	360	Yearsett,	365	Zandowitz,	746
Wrangham,	139	Yeathouse,	969	Zandpoort,	405
Wrawby,	548	Yeldham,	188	Zantoch,	282
Wray Green,	509, 460	Yelvertoft,	509	Zapfendorf,	284
Wraysbury,	510	Yeoford,	510	Zaplavy,	669
Wrbatek,	267	Yeovil,	365, 510, 112	Zapresic,	845
Wreay,	509	Yetminster,	365	Zaragoza,	989, 988, 536
Wrenbury,	509	Yffiniac,	685	Zarétchie,	355
Wreschen,	670	Ygos,	581	Zarki,	940
Wressle,	654	Yniscedwyn (Brecon),	623	Zarren,	60
Wreta (Stora),	908	» (Glamorgan),	583, 854	Zarroza,	991ᵇⁱˢ
Wreten,	403	Ynisci,	623	Zartlesdorf,	421
Wretham,	873	Ynisfield,	854	Zarzalejo,	638
Wretstorp,	295	Ynishir,	854	Zatichié,	669
Wrexham,	982, 365	Ynys,	509	Zauchtl-Neutitschein,	267
Wriesen a/Oder,	79	Ynysddu,	809	Zavidovo,	355
Wright Green,	969	Ynys-Las,	143	Zavodskaïa,	449
Wrist,	20	» -y-Geinon,	623, 583	Zawadzki,	746
Wronke,	807	Yockleton,	509, 365	Zawiercie,	940
Wrotham,	513	York,	654	Zaziwyl,	428
Wroxall,	424	» Road,	511	Zbecno,	252
Wroxham,	358	» » & Battersea Park,	511	Zbeschau,	283
Wryde,	583	Yorton,	509	Zbirow,	684
Ws-Marines,	685	Youghal,	364	Zborow,	164
Wuchern-Mahrenberg,	845	Youg's,	139	Zdar-Zdirec,	268
Wuehensdorf,	75	Ypres,	60	Zdencina,	845
Wulffen,	537	Yrieix (St),	690	Zdic,	252
Wülfel,	288	Ysouborwen,	854	Zdirec,	645
Wulfsen,	77	Ystad,	545, 985	Zditz,	684
Wunstorf,	288	Ystalyfera,	583	Zdolbounovo,	440
Würmlingen,	291	Ystrad,	737, 854	Zdorovets,	498
Würselen,	7	» Owen,	205	Zduny,	670
Würzbach,	904	Ytrac,	690	Zedelghem,	60
Würzburg,	352, 284	Yturrigorri,	671ᵇⁱˢ	Zeelhem,	351
Wurzen,	472	Yunquera,	536	Zehlendorf,	78
Wurzmes,	41	Yverdon,	848	Zeil,	284
Wustenbrand,	294	Yvetot,	685	Zeilhard,	521
Wustermark,	538	Yvoir,	634	Zeiskam,	904

— 118 a. —

Zeist-Driebergen,	732	Zizenhausen,	352	Zuasti,	988
Zeitz,	874, 294	Zizers,	905	Zuchering,	284
Zèle,	285	Zméievka,	608	Zuczka-Sadagóra,	474
Zélénets,	355	Znaim,	645, 283	Zuera,	988
Zellnico,	898	Znamenka,	439	Zuffenhausen,	291
Zell,	884	Znamenskaïa (Mohileff),	675	Zug,	642
» am See,	421	» (Orel),	674	Zuidbroek,	293
» im Wiesenthale,	352	Znyo-Varalja,	292	Zuidhorn,	293
Zellerndorf,	645	Zoagli,	389	Zuidlaren,	293
Zell-Kirch-Brombach,	521	Zoblitz,	294	Zujar,	179
» -Romrod,	807	Zöblitz,	169	Züllichau,	552
Zeltweg,	721	Zofingen,	161	Zülpich,	733
Zembowitz,	746	Zollern,	291	Zumárraga,	628
Zeno-Folzano (San),	389	Zollfeld,	721	Zumhaus,	284
Zerbst,	78, 74	Zollhaus (Nassau),	289	Zurawica,	164
Zerkow,	670	» (Suisse),	121	Zürchersmühle,	29
Zernitz,	77	Zollikofen,	161, 428	Zürich,	905, 642, 901
Zevenaar,	733, 732	Zolotarévo,	674	Zurndorf,	283
Zevenbergen,	293, 351	Zombkowice,	940	Züssow,	79
Zevenhuizen-Moercapelle,	732	Zombor,	14	Zutphen,	405, 293
Zeykfalva-Kalán,	716	Zône,	351	Züttlingen,	291
Ziabrovka,	464	Zonhoven,	293	Zuzenhausen,	352
Zieditz,	133	Zonnebeke,	60	Zwaluwe (Moerdijk),	293
Ziegelbrücke,	642, 905	Zoppot,	79	Zweibrücken,	904
Ziegenhals,	807	Zöptau,	327	Zwenkau,	294
Zielfingen,	352	Zorneding,	284	Zwickau,	992, 294
Ziersdorf,	268	Zossen,	75	Zwiefaltendorf,	291
Zillisheim,	18	Zsadány,	641	Zwijndrecht,	293
Ziltendorf,	551	Zsaraïsk,	609	Zwingenberg,	540
Zimaravo,	740	Zschaitz,	294	Zwischenahn,	353
Zimmern,	352	Zschakau,	379	Zwischenwässern,	721
Zimmersrode,	541	Zschopau,	294	Zwittau,	294
Zinasco,	389	Zschortau,	79	Zwolle,	293, 159
Zinkendorf,	845	Zsebely,	283	Zwönitz,	168
Zittau,	294, 76	Zsidovin,	283	Zwota,	168
Zitzewitz,	79	Zsolcza,	872	Zwijndrecht,	26
Zizelic,	645				

D. — **Table alphabétique des Membres des Conseils d'Administration et des Fonctionnaires des Compagnies de Chemins de fer de l'Europe.**

Abel,	711	Aikman,	763	Amsinck,	77
» A.,	79	Aylesbury of),	73	Anchóriz,	988
» F.,	61, 20	Ainslie,	140, 139, 693	Ancketill, C. W.,	234
» G.,	106	Ainsworth,	559	» W. R., 709, 466, 66, 47
» V.,	291	Airlie (of),	21	Andersch,	847
Abendroth,	77	Akerblom,	95	Anderson, C. A.,	95
Aberdein,	653, 218	Akerhjelm of Blombacka,	633	» J.,	140, 482, 950
Abesser,	324	Akerlund,	95	» L.,	902
Abt, E.,	888	Akers,	977	» W.,	132, 693
» L.,	521	Albareda,	536	Anderwert,	348
Aburto (de),	893	Alberti,	889	Andrassy-Aladar,	715
Accola,	569	Albo,	285	André,	679, 107, 489
Acebo, F. G.,	10	Albon (d'),	369	» A.,	691, 351
» J. G.,	988, 10	Albright,	244	» L.,	60
Ackermann,	169	Alcázar,	179	Andreæ,	904
Acland Hood,	963	Alcock,	944	Andrews, C. H.,	629
Acland Lawford,	257	Aldávo,	859bis	» R.,	942
Acton Tindal,	43	Alderson,	358	Andrimont (d'),	398
Adaduroff,	740	Alekhin (d'),	930	Anglesey (of),	144, 145
Adair Bruce,	112	Alexander, A.,	139	Annenkoff,	712
Adam,	161	» J.,	69, 168, 169	Annuss,	551
» A.,	643	Allaway,	795	Anschütz,	105
» T.,	363	Allen,	515	Anstruther,	136
» W. P.,	320, 224, 652	Allievi,	569	Antiga,	356
Adams, A.,	136	Allmand,	982	Appelberg,	287
» A. W.,	424	Allmenröder,	289	Appleby,	600
» J. A.,	657	Allnutt,	948	Appleyard,	377, 460
» T.,	517	Allott,	583	Appy,	920
» W.,	358	Allport, J.,	583	Aramburnu y Pelayo (de)	859bis
Adamson,	785	» J. J.,	885	Aranaz,	562
Adda (comte d'),	389	Allsopp,	360	Aranceta (de),	776
Adda (marquis d'),	845	Almgren,	295	Arcangues (d'),	643
Adda (d'), C.,	389	Alms,	91	Aarchdall,	422
Addie,	341	Alochin,	440	Arcy (d'),	272
Addison, G. A.,	84, 397	Alonso,	191	Ardant,	988
» J.,	979, 559	Alquié,	643	Argüelles y Ortiz de Zarate,	855
Adelsward,	40	Altham,	183	Arkwrigth,	476
Adickes,	384	Altmann, H.,	641	Arlet,	164
Adney,	612	» L.,	686	Armaillé (d'),	690
Aebi,	428	Altorfer,	161	Armendariz,	988
Aepli,	905	Altvater,	339	Armitage,	655
Aernaut,	332	Alvin,	285	Armstrong,	444, 197
Agar,	395	Alzugaray,	988	» J.,	360
Agarzi,	747	Amber Cole,	68	» R. C.,	411
Aggas,	582	Ambrose,	942	» R. O.,	587
Aglot,	97	Ambrus,	641	Arn,	428
Agnew, A.	709	Amcotts,	829	Arnaud,	354
» J.,	154	Amer,	859bis	Arndt,	79
Agren,	902	Ameshoff,	732	Arnhold,	714
Ahlblad,	95	Amico d'),	747	Arnison,	401
Aichinger (v.),	721	Amilhau,	389, 845	Arnold,	348
Aigburth,	248	Amphlett,	376	» C. T.,	982

— 120 a. —

Arnott,	956, 196	Baer,	169	Barclay, D.,		602
Aronheim,	123	Bagnall,	83	» J. W.,		320
Arrachart,	5, 553	Bagshaw,	656	» R.,	339,	178
Arriaga (de),	893	Bahr,	294	Barff,		223
Arrieta y Porrata,	855	Bail,	874	Bargmann,	156,	691
Arrow,	885	Bailey, C.,	2	Barker, J.,		257
Arroyo,	562	» C. W.,	460	» J. H.,		970
Art,	644	» H.,	600	» J. R. R.,		255
Arx (v.),	266	» R. P.,	240	» T.,	979,	508
Arzberger,	904	Bailey, R. W.,	654	Barkley,	254,	216
Aschan,	620	» T.,	272	Barlin,		291
Ascroft, B.,	57	» W. G.,	188	Barlow, A. P.,	512,	251
» V.,	57	Bailleux de Marisy,	283, 193	» A. T. P.,	827,	318
Ashbury,	221	Baillie, W. J.,	586	Barlow, A. T. R.,		966
Ashford,	879	» W. M.,	869, 827, 622,	» C. E.,		187
Ashhurst,	104, 629		240	» J.,		237
Ashhurst, Morris and Cº,	68, 253,	Bainbridge, E. M.,	812	» P. W.,		515
	82, 984	» W.	195	» W. H.,	484, 583,	82
Ashley,	360	Baird, J.,	753, 341	Barman,		808
Ashmore,	510	» W.,	482	Barnard,		217
Ashworth,	254	Bake,	405	Barnes, J. R.,	982,	127
Assas (d'),	563	» T. C.,	293	» J. S.,		866
Assençao Manezes (d'),	846	Baker, G. N.,	943	» T.,	982,	460
Astell,	360	» W.,	509, 248	» Jun, W.,		213
Atherley,	424	Bakker-Korff,	405	» W.,		112
Atkinson, C. R.,	903	Bakx,	405	Barnett,	363, 218,	3
» G.,	942	Balachoff,	439	Barns,		125
» J. W.,	470	Balaguer,	193	Baron,		735
Atock,	587	Balduino,	509	Barquez,		536
Atmer,	526	Baldwin,	85	Barrau,		801
Attems,	686	Balfour,	757	Barré,		283
Atzinger,	268	Balkaschin,	784	Barre (de la),		79
Aubert,	848	Ball,	623	Barren,		471
Aubertin,	643	Ballabene,	899	Barrett, O.,	797,	318
Auckland,	962, 887, 568	Ballas (de),	283	» W. T.,		197
Audeoud,	275	Ballenberger,	294	Barrington,		692
Audus,	654	Ballieu,	285	» C.,		490
Auerbach,	472	Balling,	252	» W.,	728, 492,	271
Augier,	929	Balmont,	801	Barrington and Cº,		364
Austin,	737, 575, 273	Balta,	859 bis	Barrington and Jeffers,	490,	308,
Ayecilla,	801, 478, 465	Bamberger,	369, 133			194
Averay Jones,	116	Bancroft,	672, 657, 550, 509,	Barroeta (de),		893
Avery, W. A.,	199		462, 461, 209, 81	Barrow,	694, 547,	394
» W. H.,	823	Bandérali,	643	Barry, A.,		748
Avril,	561	Banès,	685	» D.,		194
Axon,	660	Bange,	538	» F.,		361
Aygues-Vives (d'),	703, 163	Bangert,	286	» J. W.,		512
Aylmer,	794	Banister,	511	Bartelmûs,		701
Aynard,	735	Banks, C.,	271, 253	Bartelous,		60
Azofra,	191, 192	» J.,	942, 493, 490	Bartels,		79
Baasel,	189	» W. L.,	397, 221	Barth,		472
Babbage,	786	Bannatyne, A.,	490	Barthel,		520
Babington,	195, 104	» N.,	806	Barthelemy,		638
Bacardi (de),	988	Banneville (de),	97 bis	Bartholomew,		435
Bacci,	747	Bansen,	79	Bartholony,	691,	845
Bach,	715	Bar,	621 bis	» Fer,		690
Bachelet,	389	Bara,	111	» Fr.,	389,	690
Bachem,	189	Barante (de),	280	Bartlett,		43
Bacher,	715	Barat,	638	Barton, F.,		209
Bachmann,	290	Barbavara,,	389	» J.,		422
Bachofen v. Echt,	133, 636, 899	Barber,	953, 197	» T.,		873
Bachrach,	716	Barberini,	777	Baruchson,		273
Bachunek,	292	Barbet,	691	Barwis,		589
Bacon,	695	Barblé,	720	Basler,		904
Badecker,	282	Barbour, G. B.,	261	Bassenge,		472
Badenach Nicolson,	363	» J. D.,	236	Bassett, A.,		205

— 121 a. —

Bassett, R., 199, 263, 265, 360, 365, 589, 705, 798, 823, 960
Bassi, 569
Basterra (de), 893
Bastida (de la), 543
Bastogi, 509
Bataille, 643
Batchelor, 695
Bateman, 477
Bates, H. S., 346
» R. D., 68
Bath, 852
Bathgate, 693
Batten, J. B., 125, 222, 462, 702, 770, 423, 272, 273
» J. W., 385, 125, 222, 425, 702, 770
Batters, 917
Batting, 359
Battlehner, 352
Bauchart, 370
Baud, 848
Baude, 156, 280, 354
Baudeau, 988
Baudin, 691
Baudouin, 563
Bauer, 538, 321, 536, 725
Bauer (v.), S., 33
Bauer-Lambert, 485
Baufi, 777
Baum, 189
Baumal, 695
Baumann, 284, 168
Baumer, 268
Baumgart, 168
Baur, 20
Baux, 801
Bavier, 905
Baxter and Co, 73, 188, 476, 503, 577, 887
Baxter, R. D., 827
Bayens, 398
Bayer, 733
» C. G., 286
» G., 267
» J., 721, 268
Bayley, 587, 361
Baylis, 981
Bayman, 764
Bazaine, 396, 163
Bazley, 255
Beadean, 988
Beadle, 216
Beadon, 776
Beale, 885
Beardmore, 341
Beare, 770
Beattie, A., 650
» J., 518
» W. G., 510
Beaumont, J., 652
» W. B., 401
Beausire, 587
Becher, E., 268
» G. F., 526

Becherucci, 747
Beck, 746
Becker, 75, 992, 743, 540, 375, 105
» C., 904
» E., 701
» L., 267
Beckershaus, 18
Beckh, 168
Beckmann, 288
Bedford, 477
Beecher, 420
Beelenkamp, 405
Beemelmans, 18
Beeston, 590
Beguin-Desveaux, 703
Behaghel, 352
Behmer, 847
Behn, 526
Behrend, 321
Behrens, 526, 353
Behrmann, 353
Bein, 168
Beisley, 810
Bekkers, 293
Belinzaghi, 569
Belitz, 229
Bell, J., 574, 575, 652, 763
» J. A., 586
» (Jun), J. et R., 652
» J. G., 903
» J. W., 772
» M., 529
» and Son, A., 192
Bellamy, 570, 627, 960
Bellasyde, 109
Bellefroid, 174, 485
Bellier, 581
Bellingham, 852
Belpaire, 285
Benbow, 490
Benda, 526
Benedikt, 872
Benedito, 17
Benfey, 384
Benislawski, 857
Benndorf, 780
Bennert, 587
Bennett, 823
» A., 206
» W., 630
Bennigsen (v.), 384
Benoist d'Azy, D., 691, 690
» » P., 685
Benoit-Duportail, 685
Bensemann, 77
Benson, R. A., 954, 612
» S., 852
» W., 785
Benthin, 288
Benyon, 73
Benzino, 904
Berardi, 747
Beraun, 267
Beretvás, 292
Bergenstrahle, 455

Berg, 159
» C. G., 150
Bergauer, 421
Berger, 711
» L., 934
Bergk, 294
Bergquist, 484
Bergrath v. Kress, 899
Bering, 874
Berkefeld, 77
Berlingin, 174
Bermuth (v.), 378
Bernaert, 285
Bernar, 10, 638
Bernard, 60, 631, 634
» L., 421
Berndes, 77
Berner, 286
Berndt, 668, 644
Bérolzheimer, 520
Berridge, 331
Berry, D. S., 425
» J., 626
Bertalot, 409
Bertheaume, 685
Berthier, 156, 280, 384
Berthold, 195
Bertin, 581
Bertina, 747
Bertrand, 634
Bertschinger-Amsler, 642
Berzosa, 536
Beschorner, 267
Beseczny, 267
Bessert-Nettelbeck, 78
Best, 73
Betagh, 825
Bethlenfalvay, 292
Bethmann (v.), 378
Bettinger (v.), 904
Bevan, 809
Bevilacqua (de), 845, 389
Bewick, 401
Bewley, 655
Bexheit, 686
Beyer, 78, 746
Bianchi, 569
Bickersteth, 960, 959, 915, 651, 599, 248, 81
Bickham, 221
Biddall, 372
Bidder, 517, 918
Biddulph, 499
» M., 625, 748
Bidermann, 156, 691
Bié, 280
Biecker, 733
Biedermann, G et G. W., 294
» J., 899
Biglia, 747
Bignami, 389, 845
Bihet, 351
Bikoff (de), 930
Bill, 787
Billson, 743, 869
Billy (de), 581

— 122 a. —

Binay,	643	» J. C.,	95	» T. P.,	446, 264, 584, 949
Binfield,	206	Blood,	943	Bone,	44
Binger,	509	Bloomfield,	272	Bonhomme,	9
Bingham,	361	Blount, E.,	156, 389, 536, 685,	Böninger,	189
» D. G.,	732		691, 710, 845	Bönisch,	537
Binning,	313	» W.,	499	Bonnemains (de),	539bis
Birch, E.,	781	Bluhme,	189	Bonnemère,	753
» W.,	949, 873	Blumberg,	72	Bonnet,	929
Birch, Ingram and Co,	873	Blumenthal,	526	» A.,	163
Bircham,	299	Blundell,	397, 501	Bontoux,	845
Bircham, F. T.,	510	Blunt,	804	Boothman,	57
Bircham and Co,	58, 650	Blyth,	140, 376, 385	Boothroyd,	958
Bircham, Dalrymple and Drake,	754	» E. L. I,	336	Borgenstierna,	555
		Bocher, C.,	390	Borgnis,	359
Birley,	462, 660	» E.,	581	Bork,	874
Birrell,	697	Bock,	538	Borkowski,	164, 474
Birt,	358	» J,	641	Bormann,	733
Bischoff,	678	» L.,	328, 596	» G. J. H,	20
» C.,	517	Böcker,	287	Born,	759
Bischoffsheim, H. L.,	160	Bockmann (v.),	268	Born (v.), C. et G.,	229
» J. R.,	369, 897	Böckmann,	77	Bornemann,	538
Bishop, C.,	915	Bodart,	285	Bornhöft,	345
» F.,	518	Bode,	538	Borrel,	280
» H.,	564, 412	Bodenham, B.,	477	Borrell (de),	191
» J.,	509	» F. L.,	447, 981	Borrodaile,	713, 627, 588, 162
Bissett,	329	Bodkin,	39	Borrow,	199
Bisson,	685	Boeckaert,	26	Borknik,	33
Biston,	720	Boeckh,	352	Bory-Hollard,	848
Bitterlich,	14	Boecking,	904	Boscham (v.),	421
Bittong,	521	Boehm,	847	Boselli,	389
Biver,	167	» J.,	845	Bosscha,	293
Björnwall,	95	Boelpaep,	542	Boström,	484
Black,	758	Boer,	644	Botey,	859bis
Blacker,	51	Boerner,	759	Bothe,	105
Blackmore, H.,	460	Boesoh,	538	Bothfeld,	874
» W.,	794	Boeye,	26	Böttcher,	78, 541
Blair, J. F.,	178	Bofill y Soler,	543	» E.,	79
» J.,	286	Bogaerd,	332	Botterell,	628
Blake, H. W.,	918	Bogie,	224	Böttlik (v.),	281
» T.,	749	Bohatsch,	14	Bouch,	693, 697, 653
Blakeway,	612	Bohler,	780	Boucher,	643
» R. C.,	954	Böhm (v.),	291	» J. S.,	894
Blakiston,	518	Böhm, J. W. H.,	133	Boucher-Léoménil,	390
Blanchet,	275	Boisacq,	179	Boughton,	529, 1
Bland, J.,	462, 461, 509, 805	Boitelle,	679	Bouillerie (de la),	710
» T. D.,	470	» A. (et père),	488	Bouissou,	685
Blank-Arbenz,	642	Boivin,	428	Boulenger,	640
Blanquaert,	285	Bojano (de),	929	Boulongne (de),	156, 691
Blanshard,	832	Bokman,	95	Boulton,	730
Blaschek,	268	Bolckhow,	317	Boundy,	753
Blascovics (v.),	61	Bolden, H.,	397, 59	Bourgoing (de),	685
Blaser,	758	» S. E.,	397, 59, 143, 462	Bourne,	805
Blasowitz (v.),	283, 30	Bolitho, W. et T. R.,	957	» J,	424, 509
Blasowski,	715	Bölke,	78	» R.,	125
Blatchley,	981	Bolland,	661	» W.,	650
Blauel,	105	Bolland Newton,	651, 657	Bousfield Page,	708
Blavet, P.,	97	Boller,	905, 621bis	Boutillier,	679
» P. A.,	747	Bolte,	18	Boutofaki,	449
Blenkinsop,	123	Bolton, J. C,	132, 139, 140	Boutron,	107
Bleymuller,	275	» T. D.,	425	Bovill,	702
Blin,	179	Bolze,	421	Bowen,	360
Blobel,	75	Bombrini,	348, 569	Bower, J.	481, 236
Bloch,	483, 440, 504	Bompas,	737	» T.,	471
Bloemaerts,	100	Bona,	569	» W.,	318
Blohm,	526	Bonazzi,	289	Bowerman,	213
Blomgren,	403	Bond, R.,	809	Bowles,	819, 700

Bowring,	982, 127	Bricoux,	285	Bruce, T. C.,	462,402,709,226,509
Bowron,	317	Bridel,	428	» W. A.,	112, 823, 199
Bowyer,	863	Brière,	97bis	Bruch,	904
Boyce,	243	Briet,	396	Bruff, P.,	130
Boyd, A.,	481, 422	Briggs,	418	» W. F.,	166
» C.,	652	Brinken (v. d.),	644	Brugmann, E. et G.,	485
» G.,	969	Brisgen,	229	» E. H.,	293
» J. R.,	481	Bristol (of),	130	Brügmann,	9
Boye,	409	Bristow, A. I.,	508	Bruhn,	296
Boyes,	839	» A R.,	508, 826	Bruil,	989
Boyle,	737	Bristowe,	623, 513	Brul,	525
Bracewell,	57	Britholtz (af!,	621	Brüll,	474
Bracher,	428	Brito Taborda (de),	846	Brum,	396
Brack,	874	Brittain,	139	Brumm,	79
Bradford,	509	Brittan,	854	Brun,	396
Bradley, G.,	978	Broad,	199	Brüncken,	538
» W.,	548	Broade,	659	Brünecke,	378
Brady, A.,	199	Broca,	356	Brunet,	638
» J,	903	Broch,	235	Brunlees,	584, 446
Braeckman Veydt,	542	Brockmann,	291	Brunnemann,	78
Braide,	509	Broek,	787	Brunner,	755
Braithwaite Lloyd,	852, 583,	Brogden, A., 147, 753, 503, 818		Brunskog,	431
Brambilla,	397	» C. et J.,	503	Brusa,	389
Bramer,	509	» H.	147, 503	Bruton,	339
Bramley-Moore,	290	Broglie (de),	167	Brydone,	833
Brandeis-Weikersheim,	659	Brognet,	174	Bryn,	630
Brandhoff,	686	Broicher,	733	Buccleuch (of),	329
Brandt,	72, 123	Brolin,	816	Buchan,	693
Brandt (de',	77, 759	Bronberger (v.),	277	Buchanan, A.,	139
Brard,	108	Brooke,	513	» D. C. R. C.,	366, 658
Brassey,	634	Brookes, A G.,	612	Bucher,	428
Braun,	954, 509	» W. P.,	954, 612	» A,	266
Braun, C.,	18	Brooks,	346	» G.,	327
Braun, F. J.,	904	Broom,	977, 255	Buchheister,	286
Brausewetter,	285	Broome,	549	Buchler,	123
Bravo, J.,	934	Brosi,	266, 428	Büchner,	954bis
» N.,	713, 869, 424	Brosius,	288	Buchtemann,	78
Bray, F,	801	Brostrup,	286	» W.,	123
» J.,	847	Brot,	389, 845	Buckhardt,	901
Brazier-Mitchell,	875	Brotbek,	433	Bucking,	321
Breadalbane (of),	25	Broughton, F.,	588, 713	Buckingham (of),	126, 506
Brécheux,	140	» J.	127, 982	Buckingham and Chandos, 43, 386	
Breda,	396	» M. F.	623	Buckley, E.,	560
Breder,	283	Browe, J. et S.,	176	» M.,	69
Bredow (v.),	235	Brown, A. H. C.,	948	Budde,	18
Breese,	668	» C. W. S.,	83	Buddicon,	127
Breffitt,	570	» D.,	44	Bueso,	646
Bregha,	470	» G. G.,	741	Buffeteau,	685
Brehme,	421	» H., 823, 140, 139, 132		Bugallal,	562
Brehmer,	19	» H. D.,	517	Buhigas,	776
Breithaupt,	526	» J.,	360, 251	Buhler, (v.),	157
Bremer,	18	» J. N.,	144, 298	Bühn,	904
» H. R.,	123	» R. H.,	550	Buis,	732
Brentano,	287	» T.,	600, 186	Buisseret (de),	542
Brereton,	642	» W.,	339	Buliken (v.),	41
Breslau,	503	Browne,	809	Bulkeley, 365, 705, 360, 359, 81,	
Bresson,	874, 644, 906	» G L.,	68		959
Brett, H.,	122, 283	» H.,	651	» R. B. W.,	661
» W.,	242	» V.,	364	» T., 960, 499, 624, 113	
Brettmann,	522	Brown-Reynolds,	25	Bulkeley Hughes,	25
Breunner,	668	Brownrigg, H. M.,	257	Bull,	12
Brewster, J.,	934	» J. S,	825, 257	Bullivant,	578
» J. T.,	188	Brown-Westhead,	805	Bulteel,	460
Brian,	664	Bruce, E.,	73, 650, 556	Bundsmann,	872
Bricogne,	163	» G. B.,	254	Bunge,	858
	643	» J.,	652	Bunn,	408

— 124 a. —

Bunton,	271	Calleja,	855	Carret, R.,	126
Burbidge,	664	Callender,	549	» R. M.,	471
Burchard,	711	Callewaert,	60	» T. M.,	470
Burchell,	659	Calvi,	777	Cartier,	179
Burchells,	574, 575, 699, 705	Calzada y Ruiz de Apodada,	800	Cartmel,	149
Burden Strick,	852	Cambier,	735, 679	Cartwright, T.,	221
Buresch,	353, 296	Camino y Caminos (del',	800	» W. S.,	695
» H.,	474	Campbell,	827	Carvalho (de),	220
Burg,	289, 352	» C. M.,	659	Carvallo,	859bis
Burg (v.),	845	» F.,	140	Cary,	388, 912, 947
Burger,	686	» G. W.,	25	Casado,	192
Bürgers,	733	» H. H.,	80	Casa-Loring,	191, 192
Burghauss (v.),	105	» H. W.,	92, 510	Casanova,	390
Burgi,	995	» W.,	66	Casares,	10
Burgin,	519, 628	Campbell-Davys,	95	Casas (de),	628
Buris,	161	Campi,	747	Casement,	154
Burke, E.,	197	Campion,	879	Casilari,	192
» J. F.,	253	Campo, A. et J.,	17	Cash,	511
» S.,	942	Campoamor,	801	Casini,	747
» T. J.,	692	Camps, F,	264, 372	Caso,	799
Bürker,	904	» R.,	372	Caspers,	351
Burkitt,	446	Canalejas y Casas,	170	Cassalette,	733
Burn,	713	Candèze,	285	Cassels, A.,	574
Burnett,	363	Cane,	35, 364	» R.,	262
» J. J.,	984	Canga-Argüelles (de),	562	Cassian,	596
Burns Lindow,	969	Cann,	299	Casso,	465
Burrell,	462	Cannon,	39	Casson,	570
Burroughs,	854	Cantero,	562	Castagnola,	845, 369
Burrows,	973	Cantero y Seirullo,	562	Caste,	115
Burton,	643	Cánovas del Castillo,	562	Castel,	643
Bury,	92, 510	Capel, R.,	912, 947	Castellanos (de,	561
» M.,	241	» R. A.,	388, 360	Castellez,	267
Busch,	252	Cappa,	747	Castells,	859bis
Büschmann,	268	Cappellini,	747	Castle, H. J.,	206
Bushell,	217, 502, 854	Capper,	620	» M.,	300, 199, 112, 505, 823
Busse, I,	79	Cappuyns,	485	Castleman,	519, 299, 988
Busse, II,	79	Caprivi (v.),	807	Catalan,	474
Busse, O. F. A.,	787	Carcer (de),	871	Catargi,	37
Bussière (de),	678	Carceveny,	356	Caters (de),	37
Busto (del), F.,	801	Carden,	754	Catoir,	780
» L.,	10	Cardew,	511	Cator,	143
Butcher,	954	Cardinall,	188	Cattle,	60
Bute,	541	Carez,	285	Caughey,	707
Butler,	34, 38, 490	Carles y Ortiz,	191	Cauldfield,	104
Butler Stoney,	692	Carlier,	638	» H. S. G.,	623, 845
Butt,	772	Carlisle,	529	Cavallier,	163
Buttel,	670	Carlyon, E.,	519, 628	Cavaré,	186
Buttmann,	78	» J.,	199	Cave, G.,	762, 781
Büttner,	18, 528, 553	» T. T. S.,	764	» T.,	308, 329
Buxton,	830	Carmichael,	97bis	Cavendish,	513
Buxy,	469	Carne, J. W. N.,	205, 854, 502	Cavendish-Taylor,	81, 461, 509
Byvater,	654	» R. C.	205	Cawkwell,	747
Cabello Septien,	562	Carneiro,	710	Ceceherini,	656
Cabezas,	561	Carolath-Beuthen (v.),	105	Cecil,	484
Cabral,	710	Carr, H.,	559	Cederlöf,	10
Cabre,	356	» J. D.,	149	Cedrun,	747
Cabry,	285	» T. H.	660	Celesia,	543
Cáceres (de),	543	Carreras,	17	Cenia (de la',	543
Caesar,	409, 538	Carreras y Gonzalez,	859bis	Cerda,	389
Cagnola,	569	Carrion,	536	Cereda,	808
Cahen,	159	Carriquiri,	465, 988	Cérésole,	268
» L.,	808	Carroll, J. H.,	197	Cerny,	11
» S. F.,	345	» T.,	166	Cervela,	41
Cahill,	941	Carson,	242	Cervenka,	949
Caithness 'of',	136, 604	Carswell,	652	Cerwenka,	
Caldwell Bloomfield,	272	Carter, F. H.,	261	Ceumern,	

— 125 a. —

Chabaud-la-Tour (de), 685
Chabrol, 793
Chaillou, 678
Chaine, 47, 154, 466
Challenor, 3
Chambertin, 258
Chambers, C. 576
 » W., 693
Chambolle, 156, 354
Chamico, 710
Champlouis (de), 643
Chandler, 713, 588
Chaney, 848
Chantagrel, 94
Chaperon, 691
Chaplin, 685
Chapman, A , 588
 » C. H., 513
 » J., 97bis, 548, 672, 772,
Chappell, 775
Charlesworth, 113
Charlon, 741
Charrière, 193
Charter, 703
Chase, 66
Chassepot (de), 564
Chasteignes (de), 326
Chauffert, 539bis
Chaussette, 275
Chawner, 351
Cheese, 144
Chénery, 447
Chernoviz, 564
Chesham, 747
Chevalier, 506, 386
Chevallier Cobbold, 163
Chevandier de Valdrôme,167, 280
Child, 754
Chimay (de), 659
Ching, 174
Chitrowo (de), 957
Chludenew, 930
Chobrzynski, 675
Cholet, 643
Chopin, 678
Chotek, O., 793
 » R., 716
Christian, 714, 725
Christie, G. F., 424
 » P., 566
Christiersson (v.), 626
Christinson, 287
Christl, 654
Christoph, 268
Chubb, 668
Chute, 651, 657
Cichorius, 155
Cini, 472
Civyer, 569
Claessen, 712
Claessens, 733
Claisse, 634
Clanricarde (of), 285
Clapperton, 692
Clark, F. L., 139
 694, 547

Clark, J. 819
Clarke, F., 92, 510
 » J., 67
 » J. A. G., 796
 » J. C. et J. H., 3
 » J. G. et L. G., 795
 » S. 52
 » W., 12, 113, 476
 » W. B., 969
Clarkson, 141
Clary, 193
Clary-Aldringen, 41
Claudy, 268
Clauss, 123
Clavel, A., 720
 » L., 927
Clayton, E. E., 130
 » T. G., 583
Cleather, 781
Cleffins, 699
Clegg Hill, 805
Cleghorn, 131, 654
Clegram, 796
Cleland, 66
Clément, 931
Clerc, 685
Clermont, 387, 485
Clifford, C., 422
 » H. M., 2
Clift, 730
Clifton, 257
Clinch, 977
Clive, 748
Clo, 808
Close, 364, 655
Clot, 988
Clough, 127
Clouston, 178, 339
Clouzet, 735
Clowes, 476
Clucas, 423
Clutsom, 360
Clutterbuck, 149
Cnopf, B. et G., 520
Coates, F., 903
 » W., 903, 51
Cobb, J. R., 104
 » T., 43
 » T. R., 126
Cobb and Soutley, 620
Cobbold, 866
Cochran, 630
Cochrane, J. 314
 » J. A., 234
Cockerill, 781
Cockshott, 360
Colls (v.), 733
Coermann, 18
Cœy, 154
Coffey, 38, 942
Coffinet, 691
Coghen, 710
Coghlan, 194
Coince, 690
Coindard, 685
Coirea Paes, 846

Colin, 396
Colladon, 808
Collard, 146
Collet, 638
Colley, 206
Colli, 882
Collière, 280
Collin, 460
Collins, E., 422
 » R., 67
Colliss, 580
Collum, A., 515
 » R. 152
Collum and Son, 272
Colquhoun D M. et T., 516
Colston, 343
Colthurst, 196
Colvill, 364, 237
Colville, 754, 360
Cometter, 715
Commenge, 638
Commines de Marsilly, 28
Compes, 733
Compton, 199, 823
Comte, 643
Comyn, 810
Conacker, 143
Conegliano (de), 539bis
Connell, 272, 194
Conner, 139
Conolly, 272
Conrad, 78, 159
 » E., 74
 » W., 613
Conran, 194
Conrau, 286
Constable, 590
Constantine, 20
Contades (de), 539bis
Conybeare, 195
Cook, H., 329
 » W., 139
Cooke, 516, 314, 481, 741
Cooke and Sons, 114
Cooper, 977
 » C. J., 612
 » E. et R. E., 395
 » G., 651
 » G. E., 257
 » H. R., 319
 » J. B., 830
Cope, Rose and Pearson, 200,
 966, 512, 556
Copeland, 3
Copke de Carvalho, 230
Copland, 729
Copperthwaite, H., 654
 » W. C, 862, 654
Corbet, 620
Cordier-Dupanneau, 703
Corfield, 143
Cornaz, 848
Cornélis de Witt, 845, 389
Corner, 968
Corns, 509
Corona, 638

— 126 a. —

Corry, E.,	956	Csörgeö,	292
» J. P.,	234	Cuadra (de),	710
Corscaden,	516	Cube (v.),	743
Cortes,	646, 10, 638	Cucheval-Clarigny,	679, 640, 489
de Cossé, duc de Brisac,	97bis	Cudworth,	654
Costache Epureanu,	752	Cuenin,	266
Costerton,	564	Culley,	237, 239
Cot,	389	Cumming, J.,	66
Cotelle,	678	» J. B.,	984
Cotton, E. J.,	67	Cuningham,	513
» W.,	213	Cunin-Gridaine,	581
Courras,	690	Cunningham,	140
Courtenay Newton,	707	» J.,	44
Courtin,	28	» W. C.,	67
Cousin,	643	Cuony,	848
Coutin,	685, 793	Curant,	421
Couturié,	503	Curling,	728, 492
Covaggioni,	744	Currer,	139
Covven,	17	Currey, A.,	705, 589
Cowan C,	697	» F. E.,	945, 308
» J.,	139, 140, 132	Currey and Holland,	308
» T.,	655	Currie, G. W.,	866, 577, 517
» W.,	363, 559	» J. W.,	358
Cox,	653, 320	Curry,	655
» J.,	652	Cusack,	587, 361, 243
Crafoord,	555	Cutbill,	254, 160
Cramer,	551, 874	Cuthbertson,	44
Cramerus,	159	Cutsaert, A. L. V. et J. P.,	285
Crampton, T.,	253	Czarnikow,	644
» T. R.,	794	Czastka,	421
Cramstoun,	80	Czedik v. Brûndelsberg,	421
Crang,	91	Czekonski,	670
Crasemann,	77	Czelechowsky,	701
Craston,	86	Czermák,	292
Craushaar (v.),	168	Czernicki,	940
Craven,	434	Czernin v. Chudenic,	701
Crawford,	984	Czerny v. Schwarzenberg,	474
Crawshay, E.,	595, 796	Czerszyk,	164
» H.,	595	Czerwenka,	164
Crewe-Read,	917	Czetwertynsky,	504
Cribier,	396	Czigly,	281
Cripps,	511	Dabrowski (v.),	711
Criquillion,	897	Da Cunha Muniz,	230
Crockatt,	602	Dael v. Koth-Wanscheid,	521
Crombie, J.,	363, 492	Daggs,	476, 477
» L.,	92	Daguin,	280
Cronau,	18	Dahmen,	733
Cronshey,	873	Dailly,	685
Croonenberghs,	278	Dakin,	222, 68, 623, 737
Cropper, J.,	462	Dale,	794
» J. W.,	171	» D.,	812
Crosfield, G.,	461, 509	Dallas,	226
» H., 126, 915, 657, 248, 462, 509		Dallemagne,	485
		Dalloz,	710
Cross,	241	Dalmas (de),	929
Crossley,	434, 583	Dalrymple,	116, 52, 299, 983
Crosthwaite,	969, 183	Damas,	581
Crouch,	178	Damm,	294
Crow,	937	Danco,	72
Crowe,	909	» C.,	123
Cruger,	538	Dandelin,	285
Cruijs,	405	Danelle,	855
Crum,	139	Daniel,	114
Csathó (v.),	61	Daniell, H.,	533
Csausz,	292	» W. W.,	866
Csengery (v.),	14	Danzer,	268

Daragane,	464
Daragann,	738
Darby, A.,	2, 964
» W. H., 46, 203, 914, 953	
Darke,	425
Darlington, J. S. & Sons,	973
Dato,	281
Dattier,	428
Daubuz,	199, 957
Daudt,	399
Daugny,	710, 988
Davan (v.),	352
David,	920
» R.,	459
Davidson, A. et P.,	218
» G. B.	139
» J. D.,	313
» R.,	226, 313
Davies,	827, 786
» D., 104, 143, 394, 547, 694, 917	
» H.,	970
» S.,	655, 877
» W.,	311
Davilier.	280
Davis, G.,	412, 222
» L.,	695
» R.,	832
Davison,	127
Dawes,	887
Dawson, J.,	903
» J. W.,	113
» R. P.,	67
Dean, H.,	57
» R. R., 960, 657, 509, 126, 623	
Dean and Taylor,	394
Deans,	694, 547, 369
De Boigne,	369
De Boissieu,	621bis
De Boor,	561
Debuc,	193
Decazes,	733
Dechen (v.),	229
Deckner,	703
Décle-Vazelle,	26
De Corte,	640
De Cousemaker,	308
De Diest,	969, 818
Dees, J.,	401
» R. R.,	167
De Fresne,	581
De Friol,	421
Degetz,	285
De Grelle,	369
De Groux,	94
Deharme,	643
De Haynin,	285
De Heneffe,	278
de Hennin,	542
De Hoogh,	889
Deichmann,	421
Deitl,	100
De Joung van Beek et Donk,	100
De Kuyper,	280
De Laborie,	196
Delacour,	

— 127 a —

Delahante, 988, 735, 710, 536	Desrousseaux, 167	Doffegnies, 278
Delaherche, 640	Dessert, 897	Döhm, 378
Delahunty, 941, 441	Dessigny, 174	Dolezal, 421
Delaitre, 156, 685	Desurmont, 488	Dollfus-Mieg, 280
Delamarre, 592, 735, 920	Devaux, 389	Doman, 533
Delap, 314	Devon (of), 729, 728, 492, 300	Domeier, 541
De La Porte, 703	112, 52	Domenego, 845
Delarageaz, 848	Devonshire (of), 329, 308	Dommange, 685
De Laveleye, 489	Devos, 345	Dommett, 786
Delebecque, 156	Devrient, 352, 174	Domogatsky, 108
» E. et G., 643	Dew, S. et W., 25	Domville, 69, 66
Delerue, 691	De Wachter, 542	Donagh, 237
Delessert, 685	Dewar, J., 401	Donaldson, 629
Deligny, 800	Dewinton, 910	Donhofer, 281
Delisle, 352	Deyma (v.), 33	Donner, 20
Deloitte, 199, 503, 620	De Zanoni, 389	Doorman, 293
Deloy, 691	Diaz Ajero, 561	Dopffel, 291
Delpierre, 285	Diaz Zafra, 192	Döpke, 288
Delpire, 351	Dichl, 904	Dorman, 194
De Lungo, 160	Dickhuth, 105	Dormet, 710
Demachy, 691	Dickie, 364	Dormoy, 396
Demanet, 285	Dickinson, 953	Dornès, 929
Demarest, 275	Dickson, 794, 253	Dorph, 787
Démêtre-Ghica, 752	» A. J., 224	Dougal, 626
de Metz, 572	» R., 522	Dougall, A., 402, 226
Demunck, 351	» T. A., 251	» W. H. M. 763
Demeuze, 285	Dickson and C°, 557	Douglas, 652, 319, 224
Denecke, 538	Didion, 690, 156	Doukhowky, 452
De Nerée, 760	Dieck, 72	Doux, 634
Denina, 569	Dietel, 613	Dowding, 141
Denion du Pin, 690	Dietler, 266	Dowglas, 236
Denis, 692	Dietschold, 267	Dowling, 236
Denis y Leon, 646	Dietz, 280	Downess, 949
Denison, B., 360, 171, 962	» D. 596, 328	Downing, 420
Denman, 656, 358	Diez Canseco, 646	Drake, 474, 299
Denne, 577	Difford, 819	Drayson, 331
Dennler, 121	Diffurth (v), 290	Drechsler, 644
Denny, 945, 943	Digeon, 592	Dreger, 227
Denny Lane, 197, 196	Digges la Touche, J., 587	Dreifuss (v.), 714
De Nobele, 285	» » W., 237	Drew, 974
Dent, C. B. C., 509	Dihm, 537	Drewes, 459
» W., 656, 582	Dillenius (v.), 291	Drewke, 76
Dent, Palmer and C°, 621	Dillon, 947, 388	Dreyer, 20
Dentan, 469	Dillon, Mellon and Son, 242	Dromery, 920
Denton, 694, 547, 394	Dilbrich-Kalkhoff, 133	Druce, 977
Denys, 741	Dillwyn, 360	Drugman, E., 27
De Pass, 424	Dimler, 291	» L., 897
Deprez, 28	Dingle, 519	Drummond, 652
Depruysenaere, 285	Dinning, 401	Drummond-Wolff, 706
De Ronseray, 643	Direz, 685	Drury, 454
Derry, 729	Dittrich, 41	Du Bochet, 848, 808, 280
Dervis (v.), 453	Dive, 26	Dubois, 337, 156
Déry, 686	Dix, 197	Dubois, A., 735, 285
Desamari, 9	Dixon, 734	Du Bois, H. C., 293
Desamblanx, 285	» E., 979, 395	Dubus, 94
Descamps, A., 897	» G. M., 597, 127	Dubusc, 733
» E., 720	» P. J., 336, 149	Ducar, 904
Desen (v.), 674	» T. C., 969	Duchatel, 685, 369
» R., 498	» W. S., 341	Duckers, 620
Des Gouttes, 121	Dobberke, 169	Duckett, 532
Desgrange, H., 888, 793, 326	Dobbyn, 941	Ducobu, 489
Désiles-Benard, 280	Dobler (v.), 721, 268, 164	Ducommon, 428
De Smet, 285	Dodds, 182	Ducrey, 181
Despret, E. et V., 351	Dodgson, 969	Ducros, 179
Desroques, 563	Dodsworth, 654	Dufaure, 793
Desroses, 390	Doerstling, 759, 644	Dufeu, 690, 354, 156

— 128 a. —

Dugdale,	460	Edler, v. d. Planitz,	294	Engledue,	225
Duhayon,	488	Edwards and C°,	586	English,	171
Du Jardin, J. et L.,	332	Eger,	645	Engström,	287
Dukavits,	433	Egerton, P. L. B.,	775	Enomens,	225
Dula,	348	» .W.,	549	Enriquez,	102
Dülberg,	78	Egger,	161	Enyedi (v.),	281
Du Lin,	678	Eggert,	874, 221	Eötvös,	716
Dulk,	72	Egloff,	642	Epstein, J.,	940
Dumergne,	810	Egloffstein (v.),	874	Epstein (v.), G.,	421
Dumont,	77	Ehlers,	787	Erasmi,	526
Dunbar,	709	Ehlert.	551	Erdődi,	934
Duncan, J.,	218, 4	Ehrenberger,	227	Erdodt,	164
» J. T.,	336	Ehrhard,	472	Erlanger (v.),	724
» W.,	693	Eibach,	758	» L.,	296, 33
Duncombe,	388, 360	Eichborn,	105	» R. et W.,	399
Dunlop,	806	Eichholtz,	711	» V.,	714
Dunn, H.,	571	Eichler v. Eichkron,	267	Erler,	807
» J. B.,	629, 162	Eichmann (v.),	105	Erne (of),	422, 248
» V.,	366	Eichthal (d'),	581	Erneste,	285
Duparc,	167	Eichthal (v.), A.,	283	Ernst, G. et H.,	934
Dupont, E.,	285	» C. F.,	277	Erskine,	629
» J.,	720	Eilert,	288	Ertel,	746
» P.,	634	Einem (v.),	20	Ertl,	636
Du Pré,	43	Einsiedel-Wolkenburg (v.),	613	Escallier,	678
Duquesnes,	60	Eisl,	357	Escher, A.,	642, 348
Durand,	690	Ekenman,	902	» E.,	642
Durbach,	280, 156	Ekerot,	965	Eschke,	294
Durham, A.,	310	Ekler (v.),	641	Escriva de Romani,	855
Durham, W.,	664	Elbel,	645	Esmonde,	944
Durlach,	288	Elben,	787	Espregueira,	710
Du Roy,	60	Elduayen,	562	Essen (d'), T.,	439
Dürr,	904	Elgin and Kincardine (of),	250	Essen (v.), F. et R.,	403
Durrant,	446	Elibank,	693	Esser,	352
Dürre,	538	Elkington,	85	Estada y Sureda,	543
Durrieu,	163	Ellenberger,	288	Eszterházy,	872
Durst,	9	Eller,	345	Etlinger,	68
Dutton,	772, 299, 92	Elliot, G.,	144	Etur,	230
Dutzmann,	421	» J.,	654	Euler–Chelpin,	284
Duval,	920	Ellis, E. S.,	823, 583, 171	Evans,	833, 234
Dyck (v.)	277	» F.,	422	» B.,	970
Dyer,	729	» G. K.,	402	» D.,	910
Dyson and C⁶	360	» H. S.,	879, 213, 112	» E.,	500
Dzieduszycki.	164	Elmworth,	295	» E. B.,	981
Earle, H.,	660, 509	Eloin,	174	» G.,	786
» R.,	918	Elsey, J.,	411	» H. J.,	695
Early,	977	» W.,	912	» L. H.,	810, 38
Easton,	160	Elsner,	292	» M.,	366
Eaton, C. O.,	833	Eltzbacher,	375	» S.,	48
» J.,	903	Elwell,	109	» W.,	600, 238
Ebbinghaus,	613	Emden,	26	Evereth,	518
Ebeling,	123, 74	Emerique,	720	Evers,	293
Ebury,	947, 388	Emeris,	523, 522	Evrard,	285
Eccles,	466, 47	Emmerich,	72	Ewing,	341
Echegaray,	855	Enderlein,	294	Exeter (of),	833
Echevarria (de), L. et S.,	893	Engél,	74	Exham,	197
Echevarria y la Llana (de),	893	» F.,	277	Eyre,	299, 92
Eckardstein (v.),	378	Engelhardt,	874	» J.,	586
Eckersley, N.,	973	» C.,	292	Eyring,	20
» P.,	238	Engelhorn,	904	Eysank v. Marienfels,	931
» W.,	818, 663, 584	Engelke,	538	Eyssert,	636
Eckhard,	904	Engelmann,	520, 74	Faber,	754, 360, 171
Eckolt,	77	Engelstad,	176	Fabra,	859 bis
Edberg,	95	» J.,	381, 176	Fackh,	686
Eder,	716	Engeringh,	293	Fagerberg,	95
Edgreen et Wahlstrom,	286	Engerth (d'),	283, 122	Fahr,	70
Edler v. Emperger,	41	Engh,	235	Fairhurst,	702

— 129 a. —

Falewitsch,	750	Finch,	124	Forbes, J. S.,	577
Falguerolles,	163	Finckbein,	760	Forbes, W.,	825
Falk,	105	Finckh (v.),	353	Forceville (de),	326
» H.	433	Finckh (v.) A.,	169	Forcher,	292
Falkenstein,	294	Findeisen,	940	Ford, A.,	737
Falkin,	743	Findlater,	630	» J.,	833, 114
Falkner,	428	Findlay, G.,	509	Forderreuther,	284
Falshaw,	402, 262	» R.,	67	Fordham, F. J., et H.,	754
Farmer,	86	Finet,	539	Forman,	435, 132, 88
Farner,	621 bis	Fink,	321	Fornaro,	905
Farquhar,	602	Finlay,	51	Forquenot,	690
Farquharson,	4	Finti (v.),	845	Forsboom-Brentans,	845
Farr,	509	Firino,	793, 163	Forsman,	287
Farsch (v.),	684	Firnhaber,	807, 541	Forsten,	287
Farter,	905	Firth, M.,	548	Förster,	807, 733
Fassiaux,	285	» W.,	962, 377, 360	Forster,	781
Fattet,	428	Fiscner,	787, 352, 321, 106, 74	» C.,	126
Faube,	900	» F.,	421	» G., E.,	694, 547
Faugère,	631	» G. F. G.,	294	» H.,	508
Faugüas,	17	» H.,	284	» W.,	708
Faure,	478	Fisher, B. C.,	819	Fortis,	845, 389
Faust,	904	» C.,	969	Foster, E. J.,	827
Fearnley,	629	» G.,	854, 502, 217	» T. N.,	796
Fearon,	412	» J.,	949, 873	Foster, W.,	460
Feer-Herzog,	348, 161	Fisoher,	538	Fothergill, J. M.,	401
Fegner,	286	Fitch,	360	» R.,	205
Fehling,	526	Fitzadam,	630	Foulkes,	570
Feichtner (v.),	940	Fitzgerald, D. et T.,	622, 240	Foulon,	685
Felder,	267	» J. F. V.,	84	Fournier,	552, 74
Feldmann,	469	Fitz-James (of),	539 bis	» E.,	932
Feliu y Ferra,	543	Fitzmaurice,	754, 360	Fourquet-Bramma,	192
Fellowes,	727	» J. C.,	511	Fourtou (de),	690
Felsenstein,	645	Fitzsimons, J.,	509	Fousset,	678
Fentches,	123	Flach,	133	Fowler, F. S.,	823
Fenton, C. F.,	184	Flattich,	845	» H. H.,	979
» M.,	575, 574	Fleck,	807	» J., 966, 612, 577, 517,	
» W., 887, 672, 548, 171		Flesch,	715	492, 424, 360, 178, 43	
Fenwick, G.,	654	Fletcher, I.,	183	Fowler Nicoll, J.,	39
» W.,	402	» R., 966, 812, 654, 513,		Fox, C. D.,	977, 425
Fenzi,	747	503, 363, 147, 131, 4		» F.,	112
Féor,	459	Flight,	110	» G.,	549
Ferguson, I.,	139	Flood,	197	» S.,	834
» R. et R. S.,	149	Flörke,	77	» T. B.,	73
» T.,	51	Flower,	656	Fox and Sons,	825, 241
» W.,	363	Flück v. Lindenkron,	267	Fragues,	679
» W. B.,	363, 218, 4	Flügge,	77	Fragy,	133
Fergusson,	139	Flynn,	590	Franchell,	403
Ferrer,	988	Foates,	385	Franchini,	348
Ferrer y Vidal,	988	Focquet,	351	Francillon,	428
Ferreras,	988	» P.,	897	Franck,	378
Fesenbeckh,	352	Foerster,	79	» J.,	421
Festctics,	845	Fogelin,	403	» J. G. J.,	526
Festetics,	641	Foggo,	4	Frank,	100, 76
Fetz,	931	Foggweiler,	266	» E.,	268
Fetzer,	291	Fokker,	293	Franke,	294
Feversham (of),	654	Follett,	213	Frankl,	267
Fiáth,	686	Fongarnière,	793	Franoux,	9
Fibiger,	286	Fontaine,	489	Fraser, E. M.,	202
Fielden,	460, 377	Fontaine de Laveleye,	179, 159	» J., 982, 968, 694, 570, 547,	
Fierz,	642	Fontaine v. Felsenbrunn,	227	470, 397, 394, 377, 376, 221, 202	
Fiévet,	280	Fontana,	389	Fraser (jun), J.,	202
Fikeys,	421	Fontbaré (de),	398	» J. G.,	772
Filen,	150	Foot, J.,	178	» S.,	402, 226
Filgate,	51	» W.,	587	» W.,	966, 892
Fillunger,	267	Footner,	509	Fraser Tytler,	402
Finat,	539	Forbes, A., 947, 912, 754, 388, 360		Frech,	76

— 130 a. —

Frederick,	336	Fulton,	770	Garrós, J. et fils,		561
Fredricks,	59	Fungmirth,	538	Gartner,		41
Freeland,	762	Funk,	189	Gartside,	221,	143
Freeman, H. W.,	796	» C.,	41	Garvoud,		525
» J.,	590	Funke,	18	Garzoni,		747
Freigang,	940	Für,	292	Gaselee, M. S.,		92
Freihammer,	421	Furneaux,	125	» S.,	772,	299
Freise,	78	Furrer,	348	Gass,		352
Fremantle,	960, 511	Fürst,	635	Gassch,		628
Frémoire (de la),	643	Furtenberg-Durchlauchl,	133	Gauchez-Leghait,		278
Fremy,	167	Furstenstein (v.),	668	Gaudez,		634
» L.,	645	Futze,	213	Gaussen,		310
Frenck,	324	Fussell, Pritchard and Swann,	114,	Gautier,		678
Frensdorff,	711, 384		112	Gautrey,		888
Frere,	113	Fynney,	397, 221, 143	Gaviria (de),		800
Frescot,	389	Gabain (v),	72	Gay,		270
Freshwater,	839	Gabriel,	636	Gayrard,		156
Fresson,	679	Gagern (v.)	845	Gebauer,		133
Fretzdorff,	79	Gagg (v.),	352	Gebhardt,		954bis
Frey,	746	Gaham,	47	Geedts,		285
Frey, J. J.,	352	Gail, A.,	281	Geerinckx,		332
Freyer,	711	» F.,	399	Geerts,		26
Freund,	645	Gaildry,	685	Gehlen,		733
Freund v. Ferenczy,	872, 716	Gaja,	777	Gehrcke,	378,	70
Friba,	421	Gajewsky,	669	Geiger,		352
Frich,	403	Galba,	283	Geim,		74
Fricke,	538, 77	Galbraith, A.,	709, 339	Geisel,		874
Friedenthal D. P. G.,	105, 934,	» G.,	139	Geith,		954bis
	786	» T. L.,	319	Geldern (v.)		551
Friedheim,	874	» W. R.,	786, 627, 222,	Geldern-Crispendorf (v),	780,	767
Friedlander,	934		92, 58	Gelinck,		872
Friedlin,	430	Galewski,	421	Geliot,		932
Friedman,	786	Gallard,	690	Gellé,		174
Friedrich,	642	Galliéra (de),	845, 691, 643, 389,	Gelmi,		389
Friedrichs,	537		283	Gelpck,		77
Frigueiros,	846	Galline,	691	Gemahling,		690
Frisch,	740	Gallicher,	920	Gemmel,		282
Fritsch (v.),	133	Gallois,	280	Gendebien,	720,	60
Fritz,	721	Galloway (of)	974, 709	Genschow,		711
Froelich (v.),	277	» A.,	339	Gentilli,		430
Frogner,	405	Galt,	241	Genton,		808
Frohlich,	636	Galway,	444	Genuardi,		569
Frolich,	642	Galwey, C. R.,	941	Geoffroy,	634,	354
Fromberg,	786	» J. et W.,	945	George,		289
Frommert,	847	Gamba,	747	George,		832
Frontalt,	326	Gameter,	848	Geowacki,		227
Froschauer (v.),	931	Gamp,	321	Gerard, A.,	658,	167
Frossard,	428	Ganahl,	931	» E.,		634
Fruh,	760	Gandara (de la),	710, 536	Gerber,		752
Fruwirth,	421	Gandy,	183	Gerl,		421
Fry, F.,	823, 115, 112	Gans Edler Heer,	77	Gerlach,		293
» L. et R.,	114	Garcia,	163	Gerlich,		645
» T.,	625, 58	Garcia, J. G.,	191	Gerliczy (v.),		14
Frye,	760	Garcia Ruis,	646	Germa,		94
Frykman,	817	Garcia-Torres (de),	193	Germain,		283
Frys-Juellinge,	459	Garcke,	384, 290	Germann,	685,	169
Fuchs,	954bis, 289	Gardiner,	298	Germiny (de),		643
Fuchs, G. et M.,	686	Gardner,	620	Gerngross,		675
» R.,	14	Garet,	691	Gerstfeld (de),		930
Fuchss,	284	Gargan,	94	Gervais,		685
Fuel,	235	Garnett, P.,	652	Gerwig,		352
Führ,	551	» H.,	462	» R.,		348
Fuhrmann,	288	Garnier,	793	Gesell,		641
Fuidge,	114	Garnir,	285	Geske,		20
Fulke,	502	Garragarva,	776	Gessler,		472
Fölscher,	345	Garrard,	832	Gessner,		540

— 131 a. —

Gestewitz,		74	Goddart, J. H.,	518	Gould, W. R.,	58
Gette,		668	Godden,	397	Goulding,	412
Geyer (v.),		733	Goddyn,	60	Gourcy,	972
Géza v. Szüllö,		934	Godfrey, J. F.,	442	Goureau (de),	930
Gheude,		60	» T.	146	Gourgue (de),	94
Ghyca,		474	Godinez de Pas,	855	Gouvello (de),	97 bis
Gibbon,	265,	263	Godin-Gillard,	398	Govett,	832
Gibbons,		942	Godson,	376	Gowenlock,	402
Giboin,		685	Goebel,	711	Gover,	970
Gibson, A.,		139	Goedel-Lannoy (v.),	845	» E. F. L,	91
» G. S.,		762	Goedlin,	848	Gowthorpe,	848
» T. M.,		656	Goering,	538	Graaf,	321
Gide,		929	Goerschen (v.),	733	Graah,	381, 235, 176
Gidoin,		28	Goetze,	106	Graba,	345
Giehme,		746	Goff, T. W.,	361	Grabendorfer,	352
Giersberg,		760	» W. G. D.,	945	Gradenwitz,	105
Giesecke,	133,	78	Goffaux,	285	Grádisteanu,	752
Gignoux,		536	Gögl,	931, 716	Gräf,	645
Güell y Bacigalupi,		988	Gogneau,	28	Graf,	268
Gil,		536	Goldschmidt, M.,	552	Graffin,	643
Gildea,		361	» (v.), H.,	934, 725	Grafton,	139
Gililand,		516	» J.,	421	Graham,	781
Gill,		819	» M.,	845, 378, 267	» G.,	139
Gillespie,		139	Goldstand,	504	» J.,	709, 336, 140, 132
Gilliéron,		848	Goldstein,	357	» P.,	257, 182
Gillion,		286	Goltz (v. d.),	847	Grainger, D.,	48
Gilmour,		339	Golz,	872	Gram,	285
Ginori-Lisci,		569	Gombert (de),	685	Granard (of),	944
Gintl,		474	Gomes,	846	Grandjean,	428
Giovanelli,	845,	389	Gomez, J. M.,	988	Grandval (de),	488
Girard,		428	» M,	465	Granstedt,	287
Gireaud,		280	Gomis,	17	Grant, F. G. F.,	602
Girod,	848,	163	Gomperz (de),	684	» J.,	365
Girod de l'Ain,		691	Gondry,	285	» W. L.,	201, 93
Girona,		988	Gonnet,	640	» W. R.,	402
Girscher,		189	Gooch,	960, 705, 499, 365, 185	Grant and Jameson,	604
Girvan,		366		115, 81, 46	Grantham,	829
Gischler,		293	Good,	110	Grapinet,	428
Giskra,		645	Goode,	166	Grapow,	670
Gits,		285	Goodeve,	116	» H.,	746
Gladstone, M.,		856	Goodson,	983, 578, 576	Grardel,	5
» R.,		572	Goold,	595	Grasshof,	18
» T.,		139	Gorbena,	893	Gratex,	600, 186
Glascodine,		499	Gordon, A.,	32	Gray, G.,	67
Glaser (v.),	715,	227	» T. J.,	653	» G. J.,	346
Glasser,		780	» W. F.,	622, 240	» J.,	903, 242, 51
Glauer,		105	Gori (de),	747	» R.,	66
Gleim,		807	Göring,	282	» W.,	956, 658
Gleispach,		721	Görlitz,	746	Graydon,	310, 243
Glenny, J. S.,	422,	272	Goróve,	686	Greaves,	311
» W. B.,		466	Gort,	577, 116	Grebe,	954 bis
Glien,		345	Gortschakoff,	669	Green, E,	130
Glodt,		720	Goslett,	621	» H,	259
Glogau,		78	Gossett,	517	Green-Pryce,	476
Gloor,		469	Gossler, E.,	77	Greenaway,	657
Glover,		660	Gossler (v.),	847	Greene,	942, 38
Glünder,		290	Gossweyler,	352	Greenhill,	422
Glynn,		657	Goth,	292	Greenish,	509
Gmelin,		352	Gotha,	352	Greenly,	447
Gobat,		428	Gottloeber,	759	Greenwood,	318
Göbel,		164	Gottschalk,	845	Greer,	903
Gobert,		285	Götz,	291	Greer and Mullan,	629
Gocksch,		106	Goubet,	5	Greg,	550, 509
Godart,		285	Gouin, E.,	270	Greiff,	18
Godbold,		513	» S.,	703	Greiner,	421
Goddart, J.,		162	Gould,	845, 217, 205	Greinert,	551

— 132 a. —

Grempler,	105	Guebhard,	280	Haigh,	517, 507
Grenfell,	852	Guerard (v.),	18	Haines,	69, 66
Grenier,	808	Guérin de Litteau,	193	Haitink,	293
Gress,	954bis	Guérineau,	685	Haker,	79
Gretset,	449	Guérinet,	703	Halcomb,	503
Grevemeyer,	288	Guern,	449	Hale,	187
Grey,	401	Guest, J.,	509	Hall, G.,	253
Grierson, H.,	652, 178, 88	» T. B.,	59	Hall, H.,	580
» J.,	365	Guibal,	396	» J.,	981
Griffé,	485	Guichard,	405, 685	» R.,	197
Griffith, C. D.,	73	Guilhou, E.,	465	» T. B.,	729
Griffith, J. E.,	623	» L.,	801, 478, 465	» W. B.,	460
Griffiths,	86	Guilhou, N.,	801, 369	Hallauer,	642
Griffiths-Thomas,	695	Guillaume,	428, 280	Hallbauer,	294
Grifgens,	634	Guillet,	703	Hall Dare,	944
Grigson,	873	Guilloux,	752	Halle,	288
Grilhon,	280	Guinness,	422	Hallet-Degeneffe,	398
Grillo,	282	Guiry,	825	Halliday,	963, 834, 143
Grillo, F.,	229	Guisez,	351	Hallin,	95
Grim,	716	Gujer,	901	Halpin,	310
Grimm, A.,	742	Gull,	625	Halter,	428
» D.,	605	Gulson,	863	Haluska,	157
Grimmer,	807	Gummerus,	287	Hamecourt (d'),	732
Grimwade,	831	Gundry,	73	Hamer,	547
Grinling,	962	Gunning,	152	Hamilton,	894
» W.,	573, 360	Gunson,	937	» C. J.,	358
Griolet,	643	Güntzer,	321	» F. A.,	713, 597
Grobe,	636	Gurdon,	656	» W.,	984
Grogan,	946	Gurney,	659	» W. C. J.,	709
Gronovsky,	14	Gurney (jun),	258	» W. M.,	484
Groos,	351	Gust,	551	Hamiton-Jones,	67
Gropp,	106	Gustard,	600, 186	Hamlyn, J.,	125
Gros,	280	Gustorff,	117	» S. C.,	222
Grosch,	540	Güterbock,	79	Hamm,	904
Gross, G. R.,	645	Guthrie,	709, 336	Hammarskjold (af),	621
» L.,	292	Gutierrez,	465	Hammer,	520, 288
Grosse,	537, 78	Gutmann,	289	Hammond,	781
» A.,	19	Gwyer,	449	Hamond,	949
Grossmann,	551	Gyory (v.),	641	Hanam,	188
Grosvenor,	947, 918, 912, 802, 509	Haack,	20	Hanbury,	515
		Haage,	378	Hand,	518
Grote,	169	Haas,	715	Handschin,	744
Grotefend,	807	Haassengier,	75	Hanens (d')	542
Grotzebauch,	378	Haber (de),	645, 193	Hankey,	361
Groundy,	460	Haber v. Linsberg, L.,	684, 716	Hannah,	559
Grove,	964		872	Hannegger,	905
Grover,	570, 394	» S.,	645	Hannevaert,	60
Grubitz,	538, 384	Haberlin,	642	Hanon-Sénéchal,	488
Grucker,	433	Habermayer,	421	Hansemann, A.,	940
Grüll,	292	Habertisch,	642	Hansemann (v.), A.,	348
Gründacker v. Suttner (v.),	268	Hablin,	157	Hansen, G.,	151
Grundler (v.),	291	Hache,	78	» H. C.,	272
Grundy, F.,	162	Hackett,	197	Hansen, R. T.,	286
» F. A.,	460	Haddow,	510	Hansmann,	552, 551
Grünhagen,	733	Hadfield,	358	Harck,	472
Grüning,	629, 627, 441, 162	Hadra,	106	Harcourt-Johnstone,	654
Gruson,	77	Hadwen,	462	Hard,	903, 892, 864, 201, 93
Gruszecki,	940	Hachner,	189	Harding, E. W.,	620
Grüttehein,	288	Haersche,	807	» J.,	196
Guad-al-Jélu (de),	988	Haeusler,	123	Hardinge,	361
Guardamino,	10	Hagemeister (v.),	433	Hardman-Earle,	461
Guarducci,	777	Hagen,	733, 552, 74	Hardt,	552, 378, 229
Guasco,	390	Hagen (v.),	75	Hardtl, (v.),	283
Guastella,	569	Hahn,	780	Hardy,	809, 807
Gubonin,	525	Haig, J.,	482	Hare,	460
Gudowski,	940	» R.,	422	Hargreaves,	460

— 133 a. —

Hargrove, Fowler & Blunt,	947, 912, 627, 52	Haulet,	485	Hellft,		991
Harkányi, (v.),	715	Hauschild,	169	Hellft, H.,		378
» C.,	715, 14	Hauschka,	872	Hellingsworth and C°,		517
Harlé,	581	Hauslab (v),	715	Hellmann,		787
Harlemann,	484	Haussmann,	78, 678	Hellwag,		645
Harmens, (af.),	621	» A. et K.,	123	Helmersen (de).		49
Harms,	538, 78	Hawes,	983, 257	Helminger,		352
» G. H.,	526	Hawkins, C. H.,	184	Hély d'Oissel,		167
Harper, E.,	365	» C. T.,	977	Hemans,		444
» W.,	166	» J.,	237	» G. W.,	812,	38
Harries,	852	» S. M.,	866	Hemert (v.),		159
Harris, E.,	216	» W. B..	588, 385	» C. A.,		293
» F. W.,	734	Hawlitschek,	684	Heming,		730
» G. H.,	299	Hawshaw,	695, 512, 257	Hemingway,		189
» W.	513	Hay, A. P..	402	Hemme,		538
» T.	141	» G.,	604	Hemming,		515
Harrison, A. R. C..	654	» J.,	250, 652	Hempel,		537
» B. W.,	827, 144	» J. C. D.,	336, 709	Hencken,		378
» C.,	949, 702	Hayes, M.,	197	Hendel,	289,	409
» C. A.,	892	» R. B.,	255	Henderson, G.,		823
» G.	652, 600, 224	Hays,	226	» H. T.,		810
» O. B. C.,	957	Hayter,	162, 441	Hendrey,		385
» T. E.,	796, 654	Hazmann,	872	Hendrie,	341,	435
» W.,	969, 183	Head, G. H.,	462	Heneage,		523
Hart, C. F.,	544, 141, 73	» R. T. et R. W.,	628, 519	Heneage Dutton,		510
» P. M.,	58	» W. G.,	810	Henle,		277
Hartig,	283	Head Head,	969	Henley Eden,		749
Hartigan,	198	Headley,	442, 155	Henly,		141
Hartley, J.	654, 509	Hean,	21	Hennemann,		428
» T.,	969	Heane,	583	Hennequin,		285
Hartmann,	875, 428, 526, 352, 189	Hearn,	43	Hennequin de Villermont (Cte),		679
» G.,	891	Heath, L. G.,	412, 222, 82, 68	» (Vte,		640
Hartmeyer,	294	» R. A.,	650, 259	Hennig,		74
Hartnack,	378, 76	Heck (v.),	229	Henniker,		564
Hartopp,	83	Heckman,	74	Henning,		780
Hartridge,	810	Heckmann,	289	Hennings,		743
Harty,	655	Hedderich,	521	Hénouville (d'),		581
Hartz,	286	Hedeman,	105	Henrion,		698
Harvey, C.,	92	Hedenlund,	95	Henry,		39
» E.,	395	Hederstjerna,	965	Henshaw,		104
Harvie,	652, 435, 319, 178, 88	Hedley,	984	Hentsch,		537
Harzer,	41	Hedman,	287	Hentschel,		743
Hase,	347	Heeckeren (v.),	283	Henzel,		847
Hasel,	626	Hefty-Trumpy,	905	Hequet,		285
Hasler,	884	Heggerty,	434	Herbert, H. A.,		492
Hasner v. Artha,	164	Heggins,	39	» R. C.,		143
Hass,	721	Hegyi,	292	Herder auf Rauenstein (v.),		169
Hassberg,	845	Heiberg,	176, 381	Heredia,	191,	192
Hasse,	79	Heidebrand,	711	Herfurth,		268
Hasselbach,	78	Heidecker,	18	Hering,	18,	472
Hasselquist,	431	Heidenstam (v.),	151	Heriot,		626
Hassenkamp,	72	Heidman,	538	Hermann, M.,		552
Hassmann,	701	Heil,	294	» P.,		752
Hastings,	981	Heimann,	954bis	Hernimann,		963
Haswell,	283	Heimendahl,	594	Heron,		66
Haswell & Son,	805	Heine,	733	Herreros (de Los),		543
Hattasch,	168	Heinrich,	760	Herrmann,	538, 378,	874
Hattemer,	76, 378	» A.,	780, 352, 74	Herrmann (v.),		277
Hattersley,	434	Heise,	474	Herz, J.,		14
Hatton,	460	Helbling,	75	» W.,		430
Hauer,	678	Helczynski,	352	Herz (v.), A.,		474
Hauffeld,	133	Held,	940	Herzbruch,		78
Häufler,	720	Helhert,	721	Herzfeld,		875
Haughton,	421	Heller,	449	Heseltine,		522
	364, 239	» J..	367	Hesse,	538, 326,	288
			904	» R.,		20

— 134 a. —

Hessert,	904	Hoeter,	733	Hottinguer, P.,	643
Hettlingen (v.),	348	Hoeufft,	293	» R.,	275
Heugh,	806	Hofacker,	291	Hotzel,	759
Heurteau,	690	Hofbauer,	641	Hougton,	460
Heuser,	733	Hofeneder,	721	» T.,	509
Heusghem,	174	Hoff, L. E.,	176	» V. W.,	236
Heutz,	78	Hoff (v.),	670	Houseman,	770
Hewitt,	795	Höfken (v.),	164	How,	956
Hewlett,	461	Hoffman,	940	Howard, F. G.	329
Hewson,	492	Hoffmann, 874, 954 bis		» F. J.,	308
Heycke,	526	» G., 472, 596,		» R. G.,	325
Heydenreich,	170	» F., 294, 715		Howell,	856, 917
Heygate,	583	Höfliger,	905	» J. R,	877
Heyl,	541	Hofman,	295	Howell & Morgan,	560
Heyne,	472	Hofreiter,	904	Hoy,	620
Heyse,	874	Hohenegger,	645	Hoyos-Sprinzenstein,	268
Heysham,	708	Hohenlohe-Oehringen,	378	Hozier,	139, 140
Heywood,	656	Hohenlohe (v.) Ujest,	746	Hubbard,	823
Hiaber,	905	Holden, A. et I.,	434	Huber,	291
Hiat,	469	Hole,	591	Huber,	439
Hichens,	91	Holland, C. M., 46, 311, 570, 984		Hubert,	14
Hick,	509	» J. W., 195, 728		Hubertsy,	209
Hickie,	4	» S., 46, 311, 570		Huddart,	310
Hicks,	424, 580	» T.,	186	Huddelist,	645
Hicks Beach,	255	Hollander,	743	Huellessem (v.),	847
Hickx,	823	Hollingworth, Tyerman and		Hüfner,	872
Hideghéthy, A.,	292	Son,	507	Hugenberg,	384, 538
Hielmcrone (v.),	20	Holmberg,	965	Huggart & Denny,	492
Hieronymi,	18, 292	Holme,	397	Hughes, A. S.,	200
Higgins,	64	Holmes, T. K.,	25	» C.,	982
Hihotzky,	283	» V. W.,	477	» F.,	672
Hildebrand,	123, 758	Holnstein (v.),	277	» H.,	166
Hilf,	289	Holst,	286	» J. C.,	917
Hill, C.,	411, 582	Holzt,	875	Hugues,	25
Hill, J.,	271, 360	Homann,	176	Hui,	929
» J. C. et S.,	50	Home,	983	Hulek,	267
» T.,	132, 139, 651	Homer,	518	Hüller,	164
» T. D.,	544	Homfray, J.,	205	Hulse,	518
Hillier,	590	» J. R.,	854	Humbert,	79
Hilpert,	352	Hone, J.,	239	Humby,	211
Himmel,	267	» T., 237, 239		Humfrey,	258
Hind, J.,	48	Honigmann,	711	Humphray-Davy,	875
» W. M.,	386	Hood,	697	Humphreys,	166
Hinschius,	77	Hoogstraten (v.),	732	Hünersdorf,	874
Hinton,	532	Hooper,	795	Huni-Stettler,	642
Hinüber,	288	Hope, J. G.,	805	Hunoff,	712
Hirche,	72	» W.,	358	Hunt, D.,	695
Hirsch (v.),	277	Hopes,	659	» H. A.,	577
Hirst,	509, 672	Höpfen (v.),	845	» J. A.,	250
Hitch,	657	Hopkirk,	67	Hunte,	168
Hjelm,	891	Hoppe,	807	Huntemuller,	538
Hladik,	701	Hopwood,	577	Hunter, E.,	314
Hobson,	559	Hopwood-Hutchinson,	563	» W. R.,	401, 862
Hodges, W. H.,	583	Horn,	954 bis	Huriau,	927
» W. W.,	885	» T. W.,	659	Hurlimann-Zürcher,	642
Hodgkinson,	513, 583	Hornbostel, C.,	421	Hurman,	854
Hodgson, C.,	559	» (v.), T.,	421	Hurst,	460, 833
Hodgson, H. T.,	583, 796	Hornby,	460	» J.,	523
» K. D.,	110	Horncastle,	657	Hurt,	209
» W. N., 183, 462, 599, 709		Horne, A. V.,	964	Hurtado,	646
		» J.,	136	Hussey,	155, 196, 442
Hocheder,	284	Horschelmann,	759	Huster,	18
Hochhauser,	721	Horst,	375	Hutchins,	92, 299, 510
Hochheimer,	760	Horváth (v.), C. et L.,	292	Hutchison, R.,	261
Hoesch, H.,	9	Horwitz,	439	» W. E.,	583
» L.,	733	Hottinguer,	691	Huth,	887

— 135 a. —

Hutt,	570	James, W. E.,	708	Johnson, W. J.,		461
Hutton, H.,	237, 364	Jameson, J.,	183, 422, 604	Johnston, G. B.,		154
» L. O.,	238, 364	» W.,	239	» J. G., 92, 299, 510, 690		
» W.,	548, 894	Jamieson, A.,	261	» R. E.,		81
Huyot,	581	» J.,	763	Johnston, Farguhar & Leech, 255,		
Huze (v.),	252	» M. J.,	366			360
Hvitfeld v. Moltke,	326	Janner,	18	Johnstone,		131
Ibarra,	893	Janovski,	636	» A.,		652
Ibarrola (de),	638, 179	Janowitz,	641	» D.,		339
Ibotson,	187	Jansen,	72	» D. G.,		331
Ichon,	752	Janssens,	60, 542	» H.,		968
Iffland,	78	Janssens, J. J. G.,	285	» J.,		950
Ignatieff,	738	Janssens-Smits,	26	Jolissaint,		428
Ignatius (d'),	108	Jansson,	287	Joly (de),	735,	888
Ihlen,	235	Jaques, H.,	845, 872	Jolschin,		464
Iken,	449	» J.,	460	Jonas,		551
Ilbery, E.,	364	Jarrett,	795	Jones,	203,	501
Iljin,	609	Jarry,	678	» C. H.,		583
Illich,	433	Jarvis,	446, 584, 949	» D.,		402
Illing,	538	Jasperden,	20	» E.,		910
Illingworth,	434	Jayne,	124	» E. S.,		572
Imhof,	621 bis	Jeanjean,	351	» F. C.,		318
Inchiquin,	490	Jeanrenaud,	848	» F. P.,		84
Infante y Zuazo,	800	Jeanssen,	431	» G. S.,		311
Inglio, A. et H.,	228	Jebb,	805	» H. F.,		797
Inglis, A. et H.,	402	Jecklin,	760	» J.,	203, 734,	814
Ingraf,	474	Jefferson,	969	» J. C.,		620
Ingram, A.,	709, 974	Jefremoff,	767	» J. L.,		12
» J.	949	Jelf-Sharp,	513	» J. M.,		877
Inman,	533	Jencke,	294	» R.,		734
Innis,	80	Jenkin,	519, 628	» S.,		854
Ion,	130	Jenkins, A. L.,	823	» W.,	311,	805
Irwin,	271	» J.,	199	» W. P.,		203
Isaacs,	577	» R. C.,	104	Joost,		428
Ismaïloff,	606	Jenner,	59	Jopp,		224
Ismaïlow,	108	Jennings, A. F.,	385	Jopst,		433
Ithier,	285	» J.,	729	Jordan,	187,	977
Ivanka (v.),	641	Jennings, White & Buckston,	43	» A.,		904
Ivimey, J. et H.,	152	Jenny,	642	Joret,		396
Iwanow,	542	Jensen,	176	Joris,	60, 489, 640,	720
Jablonowsky,	164, 474	Jenty,	163, 703, 920	Jose,		957
Jabs,	875	Jérôme,	396	Joslé,		920
Jack,	651	Jerusalem,	701	Josselyn,		866
Jackson, H. B.,	856	Jesch,	526	Jouvenel (de),		920
» R	422, 462	Jessler,	701	Joyant,	280,	428
» R. W.,	532	Jessop,	209	Judd, A.,		713
» T. H.,	82	Jeune,	757	» R. R.,		144
Jacob,	77	Jeusen,	381	Junek,		626
Jacobi,	324, 552	Jindra,	268	Jullin,		678
Jacobi, (v.),	267	Joassart,	634	Jung,		77
Jacobsen,	787	Job,	698	Junod,		848
Jacoby,	78	Jobsen,	21	Jussel,		931
Jacomb,	510	Jochinch,	484	Juste,		285
Jacqmin,	156, 280	Joest,	189, 733	Kaan,		283
Jacques, F.	384	Joffre,	691	Kade,		378
» I. J. T.,	285	Johansen,	965	Kahl,		75
» R. M.,	741	John,	746	Kahlcke,		345
Jaeckel,	105	Johns, E. D.,	77	Kahle,		72
Jaedicke,	74	» J. W.,	143	» W.,		294
Jaeger (v.),	904	Johnson, C. J.,	702	Kahler,		20
Jagerström,	902	» G.,	211, 794	Kahr,		295
Jahn,	79	» J.,	571	Kail,		525
Jahoda,	281	» J. H.,	973	Kainz,		721
James, C. H.,	737	» R.	360	Kaiser,		267
» H. M.,	796	» R. W.,	827	» N.,		428
» I.,	149	» S. W.,	583	» R.,		30

Kaiser, S.,	266	Kerr, H.,	140, 178, 319	Klien,		294
Kalb,	321	Kerr, J.,	139	Klier,		636
Kalbe,	123	Kerrison,	564	» J.,		809
Kallab,	33	Kerry (of),	492	Klier v. Treuenstamm,		268
Kalmar,	292	Kersaint (de),	167	Klimenko,		712
Kaltbrunner,	348	Kessel,	76, 378	Klimke,		164
Kaltenbach,	931	Kesselkaul, E.,	9	Klingel,		352
Kaluschke,	872	» L.,	733	Klingelhöffer,		321
Kampf,	106	Kesteloot,	285	Klinghardt,		294
Kane,	655	Kettler,	288	Klipphahn,		324
Kann,	409	Keudefy (v.),	716	Klopfer,		526
Kanovich (v.),	716	Keyden, J.,	88, 366	Klopper,		210
Kaplick,	77	» T. E.,	88	Klose,	290,	905
Kappel,	540	Keydens,	132, 366	Klotz,		526
Karafiath,	872	Keydens, Strang & Girvan,	88	Klügmann,		526
Kardorff (v.),	711	Keyssner,	76	Klüpfel,		291
Karel,	421	Khitte,	636	Knapp,		291
Kargl,	721	Kidner,	216	Knauer,		267
Karo,	934	Kieber,	268	Knauschner,		621bis
Karolyi,	14	Kildemann,	759	Knight,		793
Karrer,	348	Kilényi,	292	» A. J. R. B.,	529,	917
Kasi,	525	Killias,	872	» E.,		580
Kaskel,	552	Kime,	523	» J. M.,		152
Kauffmann,	76	Kincaid,	242	» J. P.,		511
» J.,	552	» J.,	242	Knoblich,		268
» R.,	744	Kindermann,	743	Knoche,		288
Kaulla,	421	King, C.,	359	Knoop,		373
Kautz,	686, 872	» J. G.,	586	» A.,		930
Kavanagh,	441, 942	» J. K.,	476, 477	Knowles, J.,		741
Kaven (v.),	733	» W.,	462	» T. T.,		946
Kay,	509	» W. C.,	365, 705, 981	Knox, E. C.,		67
Kaye,	363, 88	King Meade King,	819	» R.,	67,	516
Kayser,	352, 105	Kinnaird,	126	» S.,		707
Keane, J. H.,	945	Kips,	293	Koblizek,		164
» M.,	490	Kirchhofer,	29	Kobyljansky,		665
Kearsey,	515	Kirchhofer-Gruber,	905	Koch,	384, 537, 551, 758,	759
Kecker,	18	Kirk,	629	» J.,	444,	808
Keeling, G. B.,	795	Kirkwood,	658	» J. E. C.,		84
» G. W.,	795, 796	» J. H. et J. T.,	499	Köchlin,		348
Keil,	644, 759	Kirn,	954bis	Kochmeister,		14
Keisseler (v.),	421	Kirshaw,	12, 651	Kock,		293
Kell,	294	Kirtley,	513	Koechlin-Geigy,		428
Keller,	168	Kirwan,	587	Koenigs,		733
Kelly, Keene & Roper,	127, 597,	Kiss,	872	Koenigswarter,		20
	984	Kiss v. Nemeskér,	872	Koeppen,		847
Keltscha,	164	Kistel,	169	Koffingen,		292
Kember,	532	Kitching,	654	Kogalniceano,		474
Kemm,	540	Kitson, F. W.,	471	Kogerer (v.)		268
Kemnitz, (v.),	668	» J.,	162, 654	Kohelin-Brunner,		161
Kemp, Ford & Co,	273	Kitston,	763, 863	Kohen,		504
Kempf,	521	Klähr,	18	Kohl,		954bis
Kempt,	139	Klaudy, K. L.,	714	Kohl v. Kohlenegg,		714
Kemshead,	657	Klaudy (v.), C.,	474	Köhler,		77
Kendall, E.,	318	Klaye,	428	Kohn,		327
« E. N.,	796	Kleffel,	875	Kohne,		711
Kennaway,	806	Klehmet,	75	Kois,		872
Kennedy,	630	Klein, A.,	122	Kolb,		904
Kennell,	507, 517	» C.,	430	Kolleng,		282
Kennemann,	711	» (v.),	291	Koller, A.,		934
Kenrick, J.,	171, 583	Klein v. Wiesenberg, A.,	684	» C.,		33
» W.,	216	Klemme,	288	Kolliker,		901
» T.,	583, 869, 885	» E.,	294	Kolosvary (v.),		33
Keogh,	243	Klepecka,	714	Kolshorn,		49
Kermann,	367	Kletke,	105	Kolsjaninoff,		368
Kern,	352, 538	Klevetzky,	608	Komarnicky,		872
Kernaghan,	241, 812, 825	Klewitz,	538	Komers (v.),		714

Kompach,	281	Kretz,	133	Lagarde,	643
Komrs,	714	Kricheldorff,	72	Lagnier-Legay,	5
Konemann (v.),	77	Kreigler,	421	Lagrange (de),	678
Könen,	288	Kreigs-Au (v.),	596	Laguéronnière (de), 163, 283, 920	
Koniakovsky,	433	Kristenmacher,	874	Lahens,	563
Konig,	538	Kroeger,	742	Laing,	136, 511
Königsberger,	106	Kroenig,	78	Lalauschek,	645
Königswarter, I et J.,	399	» T.,	123	Lamarche,	485
Königswarter (v.),	267, 684	Krohn,	644	Lamauski,	464
Kopka, W.,	714	Kronbiegel-Collenbusch,	759	Lambert, A. C.,	361
Kopp, E.,	122, 283	Krone,	288	» E.,	519, 628
Kopp (v.), E.,	30	Kronecker,	77	» S.,	485
Köppen,	290	Kronenberg (v.),	940	Lamberts, J. et T.,	9
Kopytowsky,	504	Krönig,	288	Lambinon,	720
Korányi (v.),	641	Kreuger,	847	Lamiable y Watrin,	800
Koraviakoff (de),	930	Krug,	78	Lamond, H. et R., 336, 341, 435	
Korb v. Weidenheim,	899	Krüger,	772, 538	Lamoninari,	280
Korény,	292	Kruntorad,	872	Lampa,	714
Korn,	825	Kruse,	20	Lampugnani,	389
» H.,	105	Kruzner,	252	Lamquet,	542
Körner,	472	Kubinyi,	53	» G. E. A..	285
Kornfeld,	701	Kuchen,	733	Lancelin,	581
Kossak,	79	Kucyynski,	74, 378	Lancia di Brola,	569
Kossuth,	389	Kugler,	33	Landau,	711
Kost,	321	Kuh,	934	» H.,	845
Kostejor,	459	Kuh (v.),	684	» O.,	389
Köster,	290	Kuhlmann,	643	Landauer,	684
Koster,	521	Kuhlmeyer,	282	Landegren,	150
Kostka,	715	Kühlwetter,	189	Langrebe,	288, 551
Kottenhoff,	72	Kuhn, E.,	721	Landor,	145
Koudratjew,	784	» F.,	285	Landschütz,	733
Kovalevsky,	712	Kühnast,	552	Lane, J.,	198
Kowalewsky,	858	Kuhne,	74, 78, 538	» M.,	110
Kozlowski,	715	Kuhnel,	636	» T.,	85
Kózniewski,	940	Kuhnels,	474	» W.,	600
Kracke,	20	Kuhnert,	77	Lanesborough,	610
Kraemer,	904	Kulisch,	378	Lang,	266
Kraff,	354	Kulschinski,	368	Lange,	78, 288, 537
Kraft,	168	Kummer,	538	Langenn (v.),	378
» E.,	472	Kunarth,	170	Langer, C. et F.,	292
Krahn,	72	Kund Graah,	381	» J.,	645
Krainski (v.),	164	Kunhegyi,	292	Langerhjelm,	632
Kramer, C.,	421	Kunl,	421	Langfeldt,	324
Krämer, E.,	164	Kunz,	78	Langgasser,	645
Kramer, G.,	357	Kunze,	940	Langhof,	267
» J.,	521	Kuppisch,	746	Langhorne,	408
Krancke,	537	Kuranda,	267	Langley,	358
Kranold,	551	Kurz,	721	Lankester, H., 64, 222, 438, 584	
Krapp,	711	Kutilek,	267	663, 699, 770, 885	
Krasicki,	164, 715	Kutschera v. Aichbergen,	268	» J.,	303, 864
Krasiki,	227, 474	Kuttruff,	352	Lanna (v.),	133, 899
Kratky,	636	Kux,	538	Lantzendörfer,	74
Kratz,	847	Kyd,	92	Lanyon,	67, 69, 154
Kraus,	20	Kynock,	313	Lapierre,	285
» J.,	872	Láber,	61	Larenz,	352
Krause,	77	Lacaita,	569	Lários (de',	192
Krausse,	19	Lachambre,	678	La Rochefoucauld (de),	581
Krefting,	235	Lachtin,	605	La Roncière le Noury (de),	685
Kreich,	79	Lacomblé,	285	Larsen,	459
Kreisler,	940	Lacroix -St-Pierre,	690	Larsson,	403
Krell,	954 bis	Ladenburg,	268	Lartigue,	536
Kremse (v.),	940	» C.,	904	Lasalle,	604
Kress (v.),	41, 133, 636, 899	Laffite,	193, 685	Lascoiti,	179
Kretschmer,		Laffitte y Castro,	800	Lash,	704
» G.,	133	Lafora,	478	Lat,	899
» S. V..	283	Lafuente,	17	Latesz,	61

Latham,	775	Lee, C.,	578	Letellier,	369
Latour,	905	» V. H.,	263, 265	Letona,	465
Latowski,	670	Lee & Houseman,	772	Letoret,	278
Latter,	582	Leeder,	715	Leu,	428
Lattermann,	644	Leeman,	654, 968	Leuchtenberg,	288
Lattis,	747	Leeming,	361	Leuhusen,	555
Latzko (v.),	716	Leese,	810	Leumann-Schwank,	642
Lauda,	421	Lefeaux,	86, 588	Leuthold,	168
Lauder,	586	Lefebvre,	174	Leuzinger,	280, 428, 581
Laue,	644	» F.,	332	Levander,	95
Lauff,	353	Le François,	747	Level, E.,	5, 270
Lauli,	884	Legg,	110	» P.,	270
Lauras,	690	Legh,	503	Leveson-Gower,	211
Laureau,	747	Legros,	280	Levi,	904
Laurencin (de), 159, 179, 489, 679,		Lehmann,	742	Levien,	780
	920	Lehmann, M.,	725	Levinstein,	76
Laurent,	581	Lehmann-Studer,	266	Lévy,	511
» A.,	685	Lehndorff (v.),	847	Lewald,	77
» F.,	469	» -Steinort de),	108	Lewick,	2
Lauterbach,	106	Le Hon,	536	Lewicki,	940
Lauteren,	521	Lehunte,	944	» D. A.,	164
Lavale,	904	Lehwald,	321	Lewis,	308
Lavallée,	26	Leiden, C. et F.	733	» E.,	217, 734
Lavaurs, J. F. et R.,	179	Leijonhjelm,	450	» G.,	143
Laver, H.,	515	Leilenberger,	899	» G. F.,	447, 477
Laver, J.,	149	Leiste,	464	» H.,	263, 265
Laverton,	548	Leitenberger,	421	» H. E. F.,	447
Lavington,	917	Letkep,	421	» H. F.,	574
Lavison,	389	Lejeune,	163, 643	» S.,	970
Law, H.,	238	Lekeux,	351	» W.,	48, 234
» S.,	50, 237	Le Maire,	286	» W. A.,	508
Lawn,	460	Lemaître,	181	» W. B.,	981
Lawrence, D.,	459	Le Mang,	169	Ley,	520
» E.,	572	Le Massan,	489, 640	Leysen,	897
» J.,	548, 600	Lemercier,	163, 156, 691	L'Hoest,	634
Lawrenson,	242	Lemoine,	285	Lhoneux (de),	398
Lawrie,	84	Lemos (de),	710	Lhoyd,	125
Lawson, A. S.,	810	Lendecke,	872	Lichfield (of),	83, 979
» S. W.,	559	Lengnick,	168	Lichnowsky,	872
Laycock,	654	Lennart,	287	Lichthammer,	540
Layton,	522	Lennox, A. G., 52, 511, 918, 933		Licot de Nismes,	174
Leadbetter,	655	» H. C. G. G.,	826	Liddell, 64, 216, 255, 650, 749
Leader,	556	Lent,	76, 538	Liebich,	874
Leady & Son,	492	Lentz,	384	Liebieg (v.), H.,	252
Leahy,	728	Lentze,	807	» (v.), J.,	645, 725
Leal,	855	Lenz.	267, 421	» (v.), T.,	41, 252
Lebeuf de Montgermont, 179, 193		Léon,	581	Liebrechts,	351
Le Blanc-Turquand,	703	Leon y Llerena,	638	Liebreich,	742
Le Bon, C.,	351	Leon y Medina,	193	Liebsch,	268
» G.,	351, 634	Leonard,	194	Liedekerke (de),	398
Lebrenier,	846	Leonhardi,	733	Liegel,	288
Le Breton,	512	Leonino,	569	Liermberger,	872
Lebrun,	720	Leotard,	720	Lieugme,	428
Léchet,	848	Lepère,	285	Liévin,	351
Leclercq,	351	Le Roux,	156, 685, 691	Lifford,	314
Lecointe,	122, 283	Le Roy,	280	Ligertwood,	363
Le Comte,	685	Leroy, C.,	351	Light,	511
Lecorbeiller,	685	» L.,	285	Lightfoot,	620
Lecornu,	634	Leschevin,	927	Lilford,	958
Lecoy,	703	Lescuyer,	536	Lilfversvärd,	403
Le Cren,	507	Leslie, H. M.,	729	Lill,	645
Lécuru,	280	» W.,	363	Limneu,	295
Ledermann,	105, 746	Lessing,	525	Lincoln,	206, 756
Ledlie,	314	Lessle,	267	Lind af Hageby,	151
Ledru,	280	Lestaubière (de),	888	Linda,	525
Lee,	941	L'Estrange Ewen,	184	Lindaht,	151

— 139 a. —

Lindenberg,	526	Longo,	268	Luke,	482
Lindesay,	763	Longridge, J. A.,	160, 253	Lumb,	969
Lindheim (v.),	421	» M.,	254	Lumsden,	178, 339, 654
Lindner,	18	Longueville,	203, 501	Luna (de),	561
» A.,	714	» T. L.,	656	Lund,	345
Lindow,	969	Lonsdale (of),	462	Lundberg,	902
Lindsay, D.,	32	Lónyay,	716	Lundblad,	902
» J.,	51, 343	Looker, J. B. et R. B.,	52	Lundgren,	95
» T.	195	Lopes, M.,	823	Lundie,	737
Line,	873, 949	» R. L.,	511, 960	Lungo (de),	160
Linford,	160	Lopesino,	17	Lupton,	630
Lingard, J. R.,	548, 574, 575	Lopez, F.,	799	Luque,	10, 628
» R.,	548	» J. M.,	478, 799, 801	Luschka,	164
Lingenthal (v.),	668	Lopez de Vega,	988	Lutscher,	275
Lintner,	641	Lopez y lopez,	988	Lütteken,	321
Lipp, A.,	164	Lopo da Silva,	846	Luttens,	20
» F.,	474	Lorentzen,	20	Luttrell,	591
Lipp-Biesterfelde,	552	Lorenz, J.,	552	Lutzenleithner,	430
Lireux,	581	» R.,	284	Luytgens,	542
List,	701	Lorimer,	224	Luzaró,	191
Lister,	887	Loser,	398	Lyle,	67, 69
Listowell (of),	492	Lóskay,	934	Lynch-Staunton,	211, 376
Littledale,	572	Los Rios (de),	855	Lyon, 126, 509, 550, 657, 915, 979
Livesay,	411	Lossens,	891	Lyons,	756
Livingstone,	310	Lossl (v.)	33	Lyster,	196
Lledo,	17	Lothigius,	150	Maassen,	538
Llorente,	710, 988, 536	Lott,	281	Macaulay,	154
Lloyd, E.	476	Lotter,	520	Mac. Blain,	422
» G. B.,	796	Lotteringo Della Stufa,	777	Macby,	314
» M.,	570	Lotze,	169	Maclesfield (of),	948
» S.,	200, 244, 298	Louis,	351	Mac. Cready,	243
Lloyd Morgan,	346	Lousteau,	643	Macdonald, J.,	652, 653
Lloyd Price,	203	Louth, J.,	517	» W.,	604
Llusa,	356	» J. B.,	200	» W. K.,	32
Loch,	402	Louvet,	270	Macduff,	402
Lochner.	874	Loveridge,	109, 979	Macfie,	140
Locke, J. A.,	223	Lovett, J. H. et T. H.,	814	Macia y Bonaplata,	356
» W.,	470	Low,	474, 636, 899	Mackay, R., 147, 394, 547, 694, 812
Lockett,	734	Lowe,	74, 77	
Lockhart,	659	Lowe,	12	» T.,	402
Lockington,	408	Löwenich,	33	» W.,	51, 236, 707
Lodron-Laterano,	721	Lowry,	519	Mackenna,	846
Loebbecke (v.),	105, 289	Lowther, J.,	470	Mackenzie, F. C.,	313
Loenartz,	641	Lowther, W., 248, 462, 509, 915	» W.,	339, 366, 652
Loesewitz,	106	Lowthian,	183	» W. D.,	509
Loewig,	105	Lowthian Bell,	654	Mackenzie-Lyle,	707, 903
Löfwensköld,	555	Lowy,	430	Mackenzie-Shaw, 27, 132, 351, 897
Logain,	875	Loxdale,	143		
Logar,	346	Loycke,	324	Mackessack,	313
Lohr,	538	Luard,	147	Mackie,	208
Lohrmann,	538	Lucan (of),	361	Mackinder,	829
Lohse,	780, 189	Lucanus,	538	Mackintosh,	226, 402
Loisel,	285	Lucas,	580	Mackintosh-Rate,	650
Lomachewsky,	712	Luce, C. R. et W. H.,	544	Macky,	481, 516
Lomax,	500	Lückes,	749, 796	Maclean, H.,	336
Lombard,	163	Luckraft,	131	» H. F.,	262
» J. F.,	38, 942	Lucy,	940	Mac. Leanand,	339
Lomel,	581	» W. C.,	796	Mac. Leod,	226
Londonderry (of),	143, 917	Lüddecke,	123	Macleod,	402
Long, C.,	104	Lüdecke,	746	Mac. Luckie,	319
» J.,	490	Luden,	279, 293	Maclure, H. M.,	549
» W.,	126	Lüdicke,	538	» J. W., 548, 549, 563, 775
Longfield,	364	Ludney,	796	Mac. Mahon,	893
» Davidson & Kelly,	707	Ludwig,	931	Mac. Namara,	38
Longman,	795	Luft,	157, 934	Mac. Nay,	317
Longmore,	363	Lukacs (v.),	14	Mac. Neill, J.,	234

— 140 a. —

Mac. Neill, T.,	68	Marchand,	270	Massey,	956
Macpherson,	402	Marcillet,	685	Massy,	196
Macrory,	248, 422	Marck,	105	Mastny,	714
Macrory & C°,	248	Marckoff,	738	Masurel,	640
Madarassy (v.),	872	Mardon,	983	Masy,	60
Madrid d'Avila (de),	988	Mardon & Mosley,	438, 584	Maszadro,	940
Maeghermann,	710	Maréchal,	685	Matallana,	988
Maeskens,	278	Maret,	538	Matharel (de),	678
Maey,	642	Margary,	125, 199, 823	Mathaus,	733
Magathaes (de),	846	Margetson,	441, 580, 830	Mathesius,	701
Magaz,	465	Margnay,	576	Matheson,	226, 402
Mager,	474	Mari,	389, 747, 845	Mathias,	156, 643
Magill,	47	Marié,	691	Mathie,	319
Magnay,	627	Marin,	156, 685	Mathieu,	581, 932
Magne,	690	Marindaz,	920	Matlekovics,	292
Magnieu,	74	Markby, Tarry & Stewart, 499,		Mattansch,	636
Magnieu (de),	678		512, 580, 656	Matthée,	537
Magunna,	79	Marlaud,	396	Matthews, B.,	695, 854
Maher,	944	Marling,	796	Matthews, J.,	25
Mahla,	284	Maroni,	389	» J. H.,	112
» F. N.,	904	Marques,	543	» T.,	657
Mahony, E. R.,	196	Marquis,	218, 602	Matthews & Son,	385
« T.,	196, 197, 956	Marr,	699	Matthewson,	21
Mahr,	721	Marriett,	187	Matthies,	874
Maier,	520	Marriott,	977	Mathieson,	250
Main,	709	Marriott, Jordan & Cooper,	589	Matthiessen,	20
Mainwaring,	775	Marschall,	189	Mathieu,	27, 897
Maire,	793	Marsh,	510, 770	Mattos (de),	230
Maistre (de),	433	Marshall, G. H.,	149	Matzerath,	189
Maitland,	358, 656, 915	» J. W.,	729	Mau,	874
Majérus,	720	Marsland,	376	Maucher,	904
Makins,	358	Martens,	20	Maudsley,	346
Malcolm, G. A.,	131	Martha,	927	Mauger,	700
» J. W.,	140	Marti,	428	Mauguin,	396
Malcomson, F.,	945	Martin,	428	Maule,	795
» J.,	943	» H.,	206	Maultby,	627
» W.,	444, 490, 493,	» H. D.,	756	Maunsell, E. W.,	243
	728, 942	» J.,	490, 493, 937	» G. W.,	361, 587
Mallet, A.,	275	» L.,	643	Mauquin,	888
» C.,	283, 691	» R.,	243, 942	Maurissen,	285
» E.,	581	» T.,	363	Maurogordato,	747
Mallincrodt,		Martin & Leslie,	226, 402	Mauser (v.),	291
Mallmann (v.),	41, 252, 645	Martin St-Leon,	280	Mauthuer,	686
Maltzan (v.),	670	Martinet,	285	Mavant,	332
Mamroth,	504	Martinez, M. A.,	179, 638	Mawson, I.,	57
M'Andrew,	412	» W.,	988	May,	20
Manega,	752	Martini,	74	Mayard,	285
Mangani,	747	Martinitz,	267	Mayer,	189
Manias,	899	Martino (de),	747	» A.,	421
Manier,	390	Martins,	708bis	» B.,	252
Manley,	144	Martos,	582	» E.,	685
Mann, J. A.,	424	Martyn,	764	Mayer (de), H.,	430
» T. J. H.,	526	Martys,	645	Mayerhoffe,	636
Mannerskrantz,	431	Marwood, F.,	217, 502, 854	Mayerhouser,	378
Mansel, R. S.,	651, 657	» J. B.,	115	Mayhew, Salmon & Whiting,	188
» W. A.,	101, 304	» R. G.,	589	Mayne,	422
Mansell-Pleydell,	819	Marychurch, J. et W.,	734	Mayran (v.), C.,	283
Mantelli,	389	Maschmann,	521	» R.,	14
Mantion,	156, 643	Maskelyne, A. M. S.,	852	Mazarin (de),	181
Manz (v.),	904	» N. S.,	25	M'Call,	132, 343
Manzanedo (de),	10	Maso,	356	Mc. Andrew, 143, 222, 424, 623
Manzanera (de),	561	Mason, B.,	937	M'Cartan,	655
Mappin,	583	» H.,	583	M'Carter,	422
Marbach,	41	» J. F.,	509	M'Carthy Mahony,	197
Marc-Caillard,	643	» R.,	329	Mc. Birney, 194, 240, 272, 622
Marcet Vidal,	859bis	Massa,	389	Mc. Blain,	272, 422

— 141 a. —

Mc. Call,	88, 435	Mentz,	105, 758	Middleton,	226
Mc. Clean,	144	Menz,	288	Miélert,	18
Mc. Clelland, R. et T.,	50	Menzel,	645	Mieling,	293
Mc. Clure,	974	Mercer,	583	Mieth,	294
Mc. Connell, J. et W.,	856	Mercier,	167	Mikolay,	14
Mc. Corkell, A.,	314	» A.,	808	Miles, C.,	730
» B.,	481, 516	» F. F.,	848	» C. W.,	544
Mc. Dougall,	652	Mercy d'Argenteau.	398	» J. W., 113, 115, 365, 624,
Mc. Dowell,	444, 941	Merensky,	18		625, 748, 798
Mc. Ewen, A..	968	Merfort (v.),	934	» P. W. S.,	116
» D. P ,	825	Meriton,	244	Miilar,	336
Mc. Gasson,	183	Merk,	277	» W.,	261
Mc. Gavin,	319	Melkel,	289	Miller, A.,	164
Mc. Gee,	66	Merrall,	434	» G.,	112, 366, 600
Mc. Hardy,	402	Merrick,	298	» W.,	80, 320, 652
Mc. Intosh,	261	Merriman & C°,	73	Millesi, (v.),	931
Mc. Landsborough,	434	Merrimans & Gwillen,	556	Milliken,	66, 69
M'Clean,	114	Merry,	402	Mills, A.,	659
Mc. Lean,	974	Mertens,	288, 721	» J. R.,	656, 966
Mc. Micking,	248	» C. A. C.,	285	» W.,	513
Mc. Neil,	412	» E.,	743	» W. H.,	604
M'Connell,	506	Merwarth,	872	Milne, R.,	4, 32, 218, 363
M'Donnell, A.,	364	Merz,	29	Milnes, J.,	590
» L. J.,	364, 238	Messany,	899	Minett,	749
M'Douall,	336	Messchert v. Vollenhoven,	405	Minghelli,	777
M'Dougal,	697	Messerklinger,	721	Minnett,	248, 422
Meade,	238	Messerschmidt,	294	Minshall,	82
Meade King,	112	Messow,	74	Miquél,	384
Meara,	692	Messtorff,	20	Mirabaud,	275
Meares,	629	Meston,	20, 602	Miranda, A.,	638
Mebes,	18	Metzener,	20	» F.,	646
Méchain,	280	Metzenthin,	79	Mirandolle,	405
Meck (v.),	464	Meunier,	107, 679	Mirbach (v.),	847
Medin, G. et S.,	389	Meurinne,	167	Miretti,	747
Mednyanszky,	934	Meuth,	904	Mirimanoff,	464
Meek,	460	Mevissen,	348, 733	Mises,	164
Meek, Jackson & Lush,	73	Mew,	533	Mitchell, D.,	602
Meinhard,	464	Meyen,	525	» G. H ,	516
Meischke,	473	» L..	20	» G. W.,	786
Meischner,	613	Meyer, 353, 428, 526, 538, 541,		» H. B.,	25
Meissl,	421		758, 874	» T. A..	110
Meissner,	641	» A.,	20	» W.,	602, 653
Meister, C. et J.,	79	» E.,	29, 150	Mitscha, (v.),	972
Meldon & Son,	586	» F.,	74	Mitscha, v. Marnheim,	645
Meldrum,	763	» I.,	79	Mitschke-Collande,	670
Mellbye,	176	» J.,	848	Mitson,	195, 728, 956
Melle (v.),	77	» (v.), F.,	904	Mittendorf,	123
Mellin,	189	Meyer-Cohn,	78	Mittmann,	60
Mello,	230	Meysenbug,	845	Mitzkewitsch,	880
Mellor,	548	Meysey-Thompson,	654	Mixa,	252
Meltzer, C. F.,	294	M'Garel,	154	Mlachatsch,	684
» J.,	421	M'Grath & C°,	38	M' Laren,	652
Melun (de),	654	M'Grigor, Donald & C°,	178	M' Micking,	509
Melville,	509, 657	Michael, A ,	650	M' Neile,	67, 154
Melzenbach,	76	» W. A.,	259	M' Neill,	67
Memmert,	345	Michaneck,	934	Moeller,	77
Memsen,	95	Michel,	97	» E.,	324
Menabrea,	348	Michell,	365, 823, 960	Moftenanowitek,	930
Mendelssohn-Bartholdy,	77	Michelmore, H. et J.,	125	Mogg,	795
Mendigoria (de),	988	Michie,	313	Möglich,	352
Mendiguren (de),	893	Michiels v. Kessenich,	9	Mohn,	399
Mendoza,	710	Michod,	469	Mohnié,	284
Menke,	123	Micklethwaith,	365, 589	Mohr,	79
Menne,	733	Micks,	874	Moir,	363
Menning,	954bis	Mickwitz,	287	Moïse,	685
Mensier,	280	Middelberg,	293	Molander,	902

— 142 a. —

Name	Page	Name	Page	Name	Page
Moldehnte,	847	Morrisson, F.,	363	Murray,	537, 652
Molini (de),	17	Mortimer,	58, 92	Murrey,	402
Mollard,	78	Morton, H. T.,	812	Murrmann,	421
Möllendorf,	324	» J.,	339, 196	Musgrave, F.,	127
Möller,	286	Moser, R.,	642	» G.,	515
Mollet,	708	Mosquera, T. M.,	562	» J.,	969
Molloy,	364, 692	Mott,	81, 365, 959	Muther,	954 bis
Monckton,	109	Motte,	946	Mutius,	282
Mongeal,	685	Mottrie,	351	Muüls,	332
Mongenast,	285	Motzfeld,	891	Muyser (de),	720
Monkeberg,	77	Moubiela,	988	Myers,	523, 863
Montagu Hay,	968	Mouchy (de),	643	Myers de Longueville,	831
Montefiore-Lévi,	27, 369	Moulenat,	536	Mynarski,	474
Montenegro (de),	543	Mounsey,	812	Naan,	271, 492, 493, 490
Montero Rios,	776	Mourier,	20	Naff,	744
Montes,	192	Mouthaan,	405	Nagant,	351
Montesimo,	536	Mowbray,	166	Nagorny,	504
Monthaye,	332	Moxon,	978	Nahm,	540
Monti,	747	Moya (de),	855	Nahrath,	288
Moody,	781	Moyano,	17	Naish,	624
Moon,	915	Moyerson,	542	Nakó,	283
» R,	81, 248, 461, 509, 805,	Moyse,	988	Namur,	720
Moore, A.,	959	Moysey,	223	Nanson,	149, 708
» E. H.,	304	Mráz,	714	Narjot de Toucy,	181
» J.,	533	Mudie, J.,	32	Nash,	854
» J. A.,	730, 580	Muggeridge,	223, 604	» J. H.,	502
Morales,	713	Muguiro,	10	» J. T.,	223
Morales Diaz,	646	Muhlberg,	74	Naszluhácz,	14
Moraweck (de),	855	Muhlenfels (v.),	760	Nathusius,	538
Morawitz, C.,	108	Muhr,	872	Naundorf,	874
» M.,	918	Muinana,	17	Navá de Tajo (de),	193
Mora y Garcia (de),	721	Muir, G. W.,	693	Navarro, J. J.,	628
Mordini,	800	» R. S.,	88	Navas, L.,	988
Moreau,	348	» W.,	80, 652	Neal,	221
Morel,	634	Müllbauer,	164	Nebbia,	389
Morgan,	643, 691	Mullen,	39	Neberich,	758
» A.,	850, 917	Müller,	105, 282, 289, 290, 352,	Necker,	848
» C.,	510		472, 711, 874	Needham,	583
» H.,	64, 358	Muller,	428	» Shelton,	310
» H. L.,	672	Müller, A.,	105	Neele,	509
» J.,	222	Muller, C. H.,	526	Neelemans, D. et E.,	332
» O.,	360, 513	Müller, E.,	324	Neilson,	363
» R. N.,	606	» G.,	940	Nelingan,	198
» W.,	513	» H. et J.,	642	Nellessen, C. et T.,	733
» Lloyd,	879	Muller, O.,	33	Nelson,	149
Morgenroth, (v.),	311	Müller, R.,	266	Nemes,	872
Morice,	277	» T. A.,	293	Nennstiel,	105
Morin,	508	» W.,	334	Nessbitt, C. M.,	523
Moring,	643	Mullet,	819	» H.,	241
Morison, G.,	287	Mullins,	794, 692	Nesselrode-Ehreshoven,	733
» P. G.,	363	Mulvany,	825	Nethe,	78
Moritz,	319	Münchhausen (v.),	644	Nettelbladt,	77
Morland,	644, 758, 874	Mündel v. Feldberg,	33	Nettleford,	85
Morley, I.,	3	Mündler,	904	Neubauer,	538
» S.,	583	Munier,	396	Neubert,	904
Morlok (v.),	659	Munner,	859 bis	Neuburg,	384
Morphett,	291	Muntadas,	988	Neuffer,	277
Morpurgo (v.),	574, 575	Muralt (de),	848	Neuhaus,	77
Morris, G.,	845	Murdoch,	499	Neuman,	287
» G. W.,	587	Murland, C.,	51, 234	Neumann,	74, 76, 670, 711
» P.,	318	» J.,	51	» J.,	421
» W.,	659	» J. W.,	238, 364	» L.,	164
Morrisson,	82, 298, 499	» S.,	903	Neumayer,	904
» A.,	280	Murney,	66	Neuschäfer,	537
» C.,	604	Muro,	988	Nevins, H. N.,	945
	202, 221	Murphy,	66, 234	» N.	942

New,	213	Norton, T.,	424, 508	Olphert,	481
Newall,	216	Norton, Rose & Brewer,	511	Om y Rubau,	598
Newcombe,	583	Nosé-Da,	679	O' Malley,	942
Newham,	664	Nostiz,	268	Ommanney,	52, 770
Newill,	830, 953	Nostitz-Janckendorf,	294	Oneto,	569
Newman,	794	Notman,	58, 64, 222, 438, 772	Onions,	620
» J.,	476, 477	Nott,	112	Opelt,	294
» Dale & Stretten,	211	Nouette-Delorme,	691	Opitz,	991
Newry,	248	Novelly,	641	Opolsky,	49
Newton,	444	Novosselski, N.,	712	Oppenheim, D.,	189
» J.,	713	Nowack,	78	» J. et P.,	26
» R. W.,	481	Nowotny, F. S. V.,	294	» (v.) A,,	348, 733
» W.,	360	» L.,	596	» E.,	733
» Robinson & Brown,	654	Noyes, H.,	597, 713	» S.,	421, 189
Nicholt,	329	» S. F., 84, 162, 441, 588,		Oppenheimer (v.),	725
Nicholls,	360		597, 832, 869	Oppikofer,	428
Nichols,	509	Nubel, H.,	715	Orban,	398
Nicholson, B.,	339	Nugent, P.,	242	Orczy.	872
» B C,	460	» R.,	251	Ordell,	529
» G. & R. D.,	978	Nunez de Velasco,	801	Orgler,	711
» H.	411	Nunnenmacher v. Rollfeld,	721	Orleth,	421
» J.,	559, 969	Nuoffer,	504	Orlich.	78
» W.,	76	Nussler,	277	Orlovius,	79
Nick,	105	Nyiri, L.,	686	Ormerod,	548
Nicks,	796	Nyman,	484	Ormiston,	208
Nicod,	469	Nys,	285	Orphat,	763
Nicolás.	536	Oakes, H. P.,	130	Orsini,	569
Nicoll, J. F.,	38, 586, 942	» R.,	720	Ortega,	536
» J. H.,	942	Oaklands,	248	Ortiz y Casado,	31
Nicolson, J.,	139	Oakley,	360	Osenbray (d'),	539bis
Niedner,	74	Oberbeck,	228, 807	O' Shaughnessy,	942
Niemeyer,	358	Oberleithner,	327	Oso y Herraiz,	191
Nies, C.,	399	Obermayer,	292	Osso,	192
Nilsson,	431	Obermeyer,	520	Ostermeyer,	18
Nimmo,	317	Oberstadt,	293	Osterwaldt,	286
Nipp,	742	Oblomiewsky,	439	Ostheim,	164
Nissen,	643	Obreen,	293	Ostle,	559
Nitzelberger,	157	Obregon,	19	Ostrowski,	691
Niven,	194	O'Brien O'Connor,	692	Oswald,	418
Nix,	957	Occolowitz,	324	Ott,	428
Nixon,	692	O'Donovan,	420	» G.,	41
» C. N.,	325	Oehme,	472, 668	Ottmann,	552
Noailles (de),	685	Oehs,	520	Otto,	72, 77, 551, 375
Nobili,	747	Oelschlaeger,	79	Otway,	97bis, 511, 826
Noble, G,	308	Oelsner,	168, 780	Oughterson,	441
» J.,	583	Oerbeck,	288	Outrey.	97bis
Noblemaire,	691	Oestreicher,	474	Overweg,	123
Nock, J.,	421	Oestreich,	321	Owen, G.,	143, 202, 221
Noftitz (v.),	189	O'Farrell,	197	» H.,	570
Nogelin,	642	Offermann,	189	» J.,	970
Noggerath,	75	Offoy (d')	326	» W.,	253, 970
Nohl,	733	Ogilvie,	866	» W. G., 365, 447, 589, 796	
Noisier,	387	Ogilvy,	216	» W. L,	600
Noizet,	280	Ohme,	282	Oxangoiti,	893
Nolan,	38	Ohnet,	634	Oxenham,	664, 832
Nollau,	20	Ojeda (de),	536	Oxley,	654
Nonnenprediger,	644	Olaechea (de),	893	Paap,	20
Nopcsa (v.),	716	Oldershausen,	644	Pablo Sans,	859bis
Norak,	357	Oldrey,	917	Pabst.	229
Nordeck zur Rabenau,	399	Olex,	504	Packeny,	721
Nordling (v.),	872	Oliveira Chamico,	710	Padiauer,	421
Nordman,	287	Oliven,	746	Paeme,	431
Norman,	969	Olivier, E.,	285	Page, E.,	801
Normann,	77	» G. J.,	130	» W. B.,	917
Norris, R. S.,	973	» J. H.,	661	» W.,	149
» S. H.,	856	Ollard,	909	Pagenstecher,	472

— 144 a. —

Pagès,	685	Paul, E.,	710	Peters, J.,		345
Paget, A.,	509, 659	» R. M.,	199	» N.,	108, 767,	930
» G. E.,	583	Paulet, H.,	428	Petersen, A. F.,		20
Pahlen (de),	49	Pauling, R.,	654	»		77
Pain, A. C.,	213	Paull,	147, 503	Peterson,		151
» T.,	58, 772	Paulus,	396	Petersson,		902
Paine, Layton & Cooper,	657	Paupe,	721	Peterzens,		555
Palacios,	465	Pavy,	574	Petit,	581,	920
Palander,	151	Pawloff,	609	» J.,		634
Palicyn,	940	Payne, F.,	188	Petit-Bergonz,	163,	703
Palin,	612	» J. H.,	196	Petiteau,		920
Palk,	863	» J. W.,	420	Peto,		892
Pallavicini,	292	» W. L.,	243	Petre,		206
Palluel,	142	Peacocke,	533	Petrossi,		715
Palm,	169	Pearson, C.,	661	Petty,		271
Palmer, J.,	64	» J.,	112	Petzold,		104
» J. P.,	974	Pease, H.,	183, 654, 862	Peyer,		348
Palmer, R. S.,	239	» H. F.,	862	Peyer im Hof,		642
Pamphilon,	659	Peat,	652	Peyer-Keller,		642
Pancera,	268	Pechar,	252	Peyron,	389,	845
Pander,	594	Pecher, A.,	872	Peyronnet (de),		
Panouse (de la),	690	» E.,	60, 107, 720, 927	Peyrusset,		163
Panthell,	289	Peck,	564	Pfane,		645
Pap (v.),	14	Peckover,	754	Pfarrius,		189
Papa,	569	Pedroso,	191	Pfeffer,		133
Pape,	290	Peel, C. F. et J. H. W.,	948	Pfeifer,		872
Pardon,	389	Peez, A.,	252	Pfeiffer,	472,	691
Parel,	5	» J. U. A.,	41	» C.,		268
Parellada,	859bis	Pegboux,	181	» E.,		474
Parent,	28, 920, 927	Peill,	710	» M.,		133
Parent-Pécher,	927	Peirce, J. S.,	912, 947	» R.,		872
Parez,	927	Pell, A.,	372	» (v.), J. M.,		104
Parino,	191	» O. C.,	264, 372	Pflügl (v.),		421
Paris,	84	Pelly,	83	Pfob,		267
Park,	657	Pemberton,	131	Phaer,		490
Parker, A.,	243, 587	Penant,	285	Philbrick,		184
» W.,	462	Pender,	336, 423	Philip, L. et R.,		286
Parkes, A. H.,	258	Pendleton,		Philippart, 60, 107, 489, 640,	679
» C. F.,	517	Penketh,	423			720
» C. H., 258, 358, 866, 885,		Pennant,	597	Philippe,	489,	833
	978	Penzig,	168	Philippi,	76,	378
Parkinson,	522	Pera,	859bis	Philippin,		848
Parkyn,	91	Peracamps,	191	Philipps,		600
Parson,	361	Pereira de Carvalho,	710	Philips,	588,	964
Parsons,	152	Pereire, E.,	193	Philipsborn,		78
Partoes,	351	» H.,	283, 591	Phillipps,		509
Partridge, J.,	749	» I., 193, 283, 581, 636		Phillips,		25
» W.,	748, 749	Perez, J. G.,	192	Phillpotts,		104
Partridge & Greene,	130	» L. D.,	465	Picard,		691
Paschkowsky,	108	Perez del Molino,	821	» C.,		643
Paskin,	453	Perkins,	873	» L. A. G.		285
Pastenaci,	76	Permpin,	884	Piccard,		634
Pasteur,	581	Per Muren,	334	Pichier,		72
Pastré,	691	Péronne (de),	932	Pichler, A.,		701
Pata,	714	Perrier,	194	» M.,		715
Patchett, J.,	591	Perroud,	848	Pickman,		800
» W., 181, 501, 529, 914		Perry, F. C.,	979	Pidcock & Son,		981
Paterson, A.,	44	» J., 112, 217, 502, 854		Piening,		345
» M.,	402	» S.,	533	Pieper,	78,	290
» S.,	363	» T.,	586	Piérard,	156,	685
Paton,	224	Persch,	872	Pierce,		762
Patterson,	481	Pertué,	678	Piers,		285
Patzak,	714	Pesaro,	747	Piesker,		551
Patzelt,	421	Pesci,	747	Pietruski (v.),		474
Paul,	733	Pestallozzi,	901	Pietsch,		294
» A. C. P.,	285	Peters,	472	Pike, E. J.,		114

Pike, J.,	194	Poliakoff,	452, 454, 857	Presniakow,	108
Pike, R. H.,	957	Polinsky (v.),	641	Preston, J. H.,	258
Pilcher,	508	Poliwka,	133	» J. W.,	829
Pilger,	288	Polkinghorne,	519, 628	» R. C.,	200
Pilkington,	460	Pollak, H.,	701	» R. M.,	25, 208
Pillerstorff (v.),	227, 327	» L.,	328	» W. A.,	83
Pillet-Wil,	643	Pollard,	213	Priborsky,	714
Pilz,	133	Polley,	357	Price, J.,	587
Pim, G.,	239, 364, 903	Pollitt,	548	» R. E.,	556
» H.,	239	Pollock,	44	» R. G.,	1, 208, 447
» J.,	67	Polonceau,	283	» S.,	64, 771
» J. B.,	239, 490, 493	Poltimore,	223	» Hollyland & Waterhouse,	200
» S. B.,	942	Pomar,	543	Prideaux,	832
Pincoffs,	273	Pombo (de),	638	Pridham,	823
Pinedo,	191	Poncelet,	800	Priess,	551
Pingrez,	685	Ponger,	641	Primavesi,	157
Pinnock,	756	Pongratz,	227	Pringsheim, F.,	746
Pino (del),	638	Poninski, C.,	33, 164	» S.,	105
Pinto de Soveral,	710	» (v.),	670	Prisse,	26
Pinzon,	646, 801	Ponsignon,	929	Pritchard,	25
Piquet,	685	Ponsonby,	81, 365, 959	Pritzel,	76
Pirel,	628	Ponzone,	389	Probst,	521
Pirsch,	282	Poole,	394, 547, 694	Prohoroff,	525
Pisa,	569	Poole-King,	112	Prokesch-Osten,	721
Pischof (v.),	215	Pope,	281	Proskowetz (v.),	157
Pissens,	285	Popplewell,	314	Prossor, T. B.,	943
Pitis,	764	Porcher,	634	Protais,	685
Pitlik,	421	Porro,	389, 845	Protesch,	267
Pitt,	82	Pörsch,	294	Prowse,	823
Pitt Skipton,	314	Portal,	92	Prudent,	174
Pitzschky,	79	Porter, D.,	516	Prud'Homme,	174
Plagino,	752	» G.,	650	Pryce,	143
Plainemaison,	638	» G. T.,	424, 756	Psarski,	151
Plange,	72	» H. A.,	213	Puchert,	74
Planitz,	291	Portol,	510	Puckler, (v.),	105
Planta (de),	905	Poschinger,	701	Puente (de la),	193
Platho,	296	Poschmann,	324	Pulszky (v.),	14
Platz,	596	Pospischil,	268	Punchard,	64
Platzer,	641	Posseldt,	76, 378	Pungeleer,	9
Plaut,	644, 538	Possen,	403	Purcell,	196, 956
Playfair,	339	Postler,	105	Purdon,	308, 945
Plemiannikoff (de),	930	Pototzky-Nelken,	105	Püringer,	268
Plenker (v.),	267	Potts,	805	Purssell,	509
Plesse (de la),	929	Poulsen,	787	Purves,	80
Plessing,	526	Powell,	917	Purvis,	763
Plessner,	815	» A.,	394, 577, 812	Pusteau,	20
Plewinski,	940	» T.,	797	Putilow,	722
Plews,	422	» T. S.,	795	Putz,	931
Plister-Spleiss,	642	» W.	695	Puzdrowski,	33
Pöch,	164	Power,	441	Pyke,	112
Pochin,	574	» E.,	941, 943, 945	Pym,	827
Podmanitzky,	14	» J.	243	Quack, H. P. G.,	293
Poeze (de la),	581	» M. J,	580, 629, 830	Quaedvlieg, G. L. L. E.,	293
Pöge,	472	Powis (of),	805	Quairier, J.,	278, 351, 398
Poggi,	389	Powles,	749	Quassowski,	78
Pohl, J.,	645	Pownall,	657	Quedenfeldt,	538
» O.,	292	Powrie,	32	Quelch, W. B.,	571
Poirel,	5	Pozas y Coteron,	855	Quelin,	720
Poirier,	60	Pracher,	277	Quenon, A.,	60, 640, 720
Poisson,	678	Pranghe (v.),	733	Querfurth (v.),	168
Polack,	678, 954bis	Prats y Rodes,	859bis	Queriol, M.,	710
Polack, E.,	139, 638	Pratt,	418	Querner,	399
» F.,	638	Praunn,	123	Quilter, W.,	184
Polansky,	237	Prauss,	940	Quincke,	78
Poleschajeff (de),	49	Prenninger,	845	Quinn, J.,	51
Polese,	777	Prescott,	894		

Quinn, P.,	630	Redlich,	321	Rhens,	552
Quinton, G. F.,	241	Reed,	590	Riall,	825
Raae,	286	Rees, R. J.,	819	Ribail,	685
Rabenau (v.),	733	» W.,	910	Ribári,	292
Rachel,	294	Reeve,	839	Ribaupierre (de),	848
Raczinski,	227	Reeves,	827	Richard,	163, 793
Radcliffe,	786	Regenhart,	33	» A.,	848
» J.,	460	Reginald Rogers,	199	Richards, C.,	501, 914
Radcliffe & Davis,	195, 957	Regnault,	685	» E.,	255, 650, 749
Rafchdorff,	189	Regray,	280	» G. R.,	796
Rahm,	79	Reguer (del),	543	Richardson, C.,	3
Rahn,	122	Regulski,	940	» J. G.,	707
Raimondo,	882	Reh,	18	» J. J.	945
Rainneville (de),	691	Rehbein,	74	» R. T.,	317, 862
Rainoschek,	157	Reiche,	526	» S.,	571
Rait,	968	Reichardt,	347, 464	» T.,	182, 217, 862
Ralchberg (v.),	721	Reichenstein,	716	Richardson, Gutch & C°,	654
Ramos,	679	Reichert,	701	Richet,	396
Ramp,	621 bis	Reickenheim,	78	Richter,	537, 538, 733
Rampoldt,	807	Reigersberg (v.),	277, 284	» C.,	645
Ramsauer,	353	Reille, G.,	280	» I.,	725
Ramsay, J.,	363	» R.,	690	Rick,	189
» R. B. W.,	693, 697	Reilly,	50, 237	Rickards,	329
Ramsbusch,	286	Reiman, R.,	884	Rico,	465
Ramsden,	308, 329, 945	Reimann,	77	Riddiford,	796
Ramsey,	21	Reimer,	105	Ridley,	523
Randé,	596	» G,	78	Rie,	14
Ranendahl,	229	Reimers,	20	Riedermann-Frei,	642
Rank,	291	Reimsfeld,	77	Riedl, C.,	421
Rankin,	658	Reinhardt,	78, 229, 552, 644	» E.,	872
Raphael,	903	» L.,	283	Rieloff,	76
Rasch,	807	Reisch,	33	Riem,	74
Raspi,	283	Reiser,	282	Riemann,	644
Rast,	288	Reisinger,	284	Riemsdyk (v.),	293
Ratcliff,	507	Reitler,	645	Riencke,	20
Rate,	259, 474	Reitzenstein,	321	Riese-Stallburg,	41
Rath (v.), C. et G.,	189	Relph,	186	Rieter,	348, 642
» E.,	733	Remy,	678	Riff,	536
Rathjen,	345	Renevier,	808	Riggenbach,	744
Rathsagg,	324	Renken,	20	Rilke,	41
Ratibor (v.),	746	Rennen,	733	Rindskopf, F.,	433
Ratkoff-Rojnoff,	525	Rennes,	163	» M.,	872
Rauer,	267	Renouard de Bussière,	280	Ring,	255
Raunheim,	33	Renson, C,	298	Ringklik,	20
Rauscher,	281	» V. F. F.,	285	Rinkler,	551
Rautenstrauch,	189, 733	Rentersvaard-Bagga,	451	Rinquet,	485
Ravelli,	351	Renzenberg (v.),	33	Rintelen,	282
Ravena,	562	Renzis (de),	777	Rio (del),	893
Ravène,	76	Repond,	848	Ris,	159
Rawlins,	982	Ressig,	163	Ritchie,	577
Rawsley,	829	Restelli,	389, 845	Ritter, F.,	449
Ray,	68	Retch,	781	» V.,	474
Rayson,	411	Retortillo,	893	Rittershausen (v.),	645
Rea,	943	Rettich,	721	Ritterstadt,	294
Read,	438, 584, 663, 669, 706, 819	Reuning,	399	Rittmeyer,	375
Readdy,	412	Reusch,	733	Rittner,	520
Reade, G. H.,	422	Reuscher,	78	Ritschard,	121
» P.,	586	Revenaz,	690, 691	Ritson,	559
Reay,	248, 461, 509	Revenga,	17	Rivero,	17
Rebham,	931	Revington,	490	» N. M.,	988
Recacoechea (de),	893	Rey de Foresta,	156, 270, 354,	Rix,	345
Récipon,	97 bis		691	Rixon,	426
Recke-Vollmerstein,	670	Reymond,	646	Roach,	957
Reder,	76, 378	Reynals,	988	Robartes,	169
Redlhammer, A.,	701	Reynaud,	97 bis	Robarts,	200
» E.,	725, 645	Reynolds,	660	Robbelen,	169

— 147 a. —

Name	Page(s)
Rober y Suris,	859bis
Robert, A.,	988
Roberts,	805
» A. T.,	208, 597
» D.,	205
» G.,	460
» H. B.,	208
» J.,	856
» R. F.,	248, 509
» W.,	402
Robertson, A. J.,	402
» G.,	217, 224, 652, 653
»	854
» H.,	203, 501, 914, 953
» J.,	1, 46, 203, 358, 501, 914
» J. J.,	239
» J. R.,	657
» L.,	178
Robin,	678
Robinson,	522
» A. A.,	570
» E. S.,	116
» G.,	411
» H.,	742, 743
» H. C.,	941
» J.,	182, 444, 441, 490, 493, 953, 964
» J. F. H.,	187, 831
» R.,	114
» R. A.,	753
Robinson, S.,	104, 447, 476
» S. P.,	548
» W.,	365, 942
Robson,	336
» J. S.,	762
» M.,	422
Roche, R.,	155
» T. R.,	38
Rochlitz,	292
Rocholl,	733
Rock,	551
Röckl, A.,	284
Rodas (de),	562
Rodd & Cornish,	957
Rodde,	526
Rodenhurst,	620
Röder,	874
Rodger,	178, 339
Rodgers,	620
Rodieux,	848
Rödiger,	540
Rodrigues,	685
Rodwell,	130
Roechling,	904
Roedenbeck,	288
Roemer,	613
Roff,	216
Roger,	690
Rogers,	863
Roget,	808
Röhner,	290
Rohrmann,	288
Rölig,	284
Rolls,	2
Rombaux,	747
Romberg, G.,	267
» (v.),	847
Romer,	292
Rommel,	321
Rommich,	904
Ronald,	320
Ronaldson,	339
Ronsperger,	872
Ronte,	405
Rooke, P. H.,	510
» W. F.,	781
Room,	361
Roosval,	431
Roschier,	287
Roscoe,	809
Röse,	954bis
Rose, H.,	262
» P.,	503
Rosenberg,	668
» C.,	14
Rosendru-Lehn,	459
Rosenthal,	847
Rosière (de la),	389, 845
Ross, E.,	171, 548, 672, 887
» H. J.,	777
» J.,	154
» J. (jun)	44
Rossi, A.,	569
» E. et F.,	389
Rossigneux,	563
Rossignol,	156
Rössler,	133
Rosso,	389
Rost,	472, 668
Rostand,	181
Roth, C.,	292
Rothardt,	759
Rothe,	787
Rothkirch-Schwarzenzels,	758
Rothmayer,	421
Rothschild (de) A.,	280, 354, 389, 485, 643, 845
» C.,	348, 904
» E.,	485
» G.,	389, 536, 643, 691, 845
» J.,	643
» L.,	389, 643, 845
» S. A.,	684
Rottensteiner,	621bis
Rougier,	690
Roussel,	60
Routh,	508
Rouvière,	988
Roux, H.,	181
Rowan, F. J.,	303, 864
» W. R.,	93, 201
Rowbotham,	978
Rowcliffe,	786, 964
Rowe,	43
Rowlands,	202
Rowley Hill,	981
Rubert,	17
Ruchholtz,	551
Ruchti,	121
Rücker,	733
Rückert,	954bis
Rudnitzky,	247
Rudolph,	77
Ruediger (de),	108
Ruelle,	691
» A.,	848
Ruesch,	642
Ruge,	324
Ruhl,	74
Rühle v. Lilienstern ter Meulen,	293
Ruinet du Tailly,	691
Ruiz de Apodada,	800
Ruiz de Quevedo,	855
Rummel,	123
Rummers,	386
Rumschöttel,	733
Rupertus,	72
Ruphy,	488
Ruppell,	733
Russell, A.,	604
» J.,	131
» R.,	314
» W.,	118
» Greg.,	672
Russer (v.),	746
Rust,	76
Rutherford,	652
» Huntor,	654
Rutledge,	39, 942
Ruttemann,	642
Ruvignes (de),	984
Ruxton,	4, 218
Ruziczka,	164
Ruzitschka,	252
Rybar,	645
Ryde,	512
Ryder, G. R.,	93, 201, 512
» J.,	549
Rydman,	955
Rye,	196
Ryez,	351
Rylander,	902
Ryperman,	100
Saavedra, E.,	646
» F.,	988
Sacerdoti,	747
Sachs,	352
» S.,	746
Sachse,	538
Sachsen-Weimar,	399
Sacré,	548, 672, 887
Safonow,	738
Sagar-Musgrave,	471
Sagasta,	801
Saige,	97
Sailer,	161
Saint-Aignan (de),	690
» -Didier (de),	156, 354, 643
Sainte-Claire Deville,	280, 428
Saint-Gouin,	793
» -James,	634
» -Pierre (de),	611, 643
Sakakini,	181
Salamanka (de),	536, 710, 988
Salfeldt,	644

— 148 a. —

Salice-Contesta,	746	Schefczig,	267	Schnackenberg,	409
Saling,	117	Scheffelt,	352	Schnaidt,	328, 596
Salkeld,	139, 709, 818	Scheffer,	123	Schnapper, A. M.,	645
» J.,	462	Scheffler,	353	» M.,	684
Salle,	643	Scheibler, C.,	504	Schnaubert,	758
» (de la),	581	» L.,	733	Schnebel,	760
Salm-Reifferscheid,	645	Schell,	352	Schnédar,	30
Salmon, C. J.,	285	Schellenberg,	905	Schneege,	711
» F. W.,	509	Schellens,	733	Schneider, 78, 375, 352, 472,	668
Salomonsohn,	76, 746	Scheller.	74, 552	» J.,	721
Salomonson,	547	» C.,	474	Schnetzler,	352
Salt,	513, 623, 659	Schellerer (v.),	284	Schnikler,	189
Salvador,	283, 581	Schenck,	288	Schnoor,	472
Salvandy,	691	Schenk,	121	» v. Carosfeld,	284
Salzer,	874	» (v.),	327, 645, 725	Schober,	292
Salzmann,	105, 538	Scherbening,	746	Schoberth,	399
Samazeuilh.	581	Scherbius,	521	Schoch,	428
Sampaio,	710	Scherenberg,	538	» A.,	884
Samuda,	654	Scherrer,	621bis	Schoeller,	733
Samuel,	604	Scherzer,	752	Schoemberg,	925
Sandaman,	29	Schewanoff,	857	Schoene,	940
Sandars,	623	Schey (v.), F.,	421	Schohay,	267
Sandberg,	9	» H.,	872	Scholl,	352
Sander,	472, 668	Schickert,	168	Schollar,	421
Sandes,	492	Schieffer,	18	Schöller,	746
Sandoz,	428	Schiefner,	30	» (v.), A.,	872
San Juan (de),	776	Schiff,	421	» (v.), P.,	645, 725
Sanna,	899	Schilling,	551	Scholnaszt,	872
San Roman,	646	»	78	Scholtz,	874
Santa Marina,	776	Schinmana,	268	Scholz,	327
Santona (de),	638	Schimke (de),	684	Schönbach,	421
Sarle,	511	Schindler,	721	Schönburg-Waldenburg, 613, 780	
Sarré,	79	Schlagenhaufer,	721	Schönerer (v.),	268
Sartiaux,	643	Schleip,	904	Schonert,	78
Satterthwaite,	462	Schleisher,	291	Schoon-Carbitzthal,	686
Sattig, -	76	Schlesinger,	701	Schopfer,	848
Sattler,	538	» -Trier,	409, 686	Schossberger (v.),	14
Sauer,	464	Schlichting (v.),	72	Schotsmans,	489
Saul,	708	Schlierholz,	291	Schottlander,	746
Saunders, F. G.,	147, 365, 503,	Schlinder,	292	Schottler,	123
	589	Schlink,	904	Schoutheete de Tervarent,	542
» W. A. F,	462	Schlitte,	644	Schrader,	74
» W. H.	101, 425	Schlösser,	474	Schrag,	291
» Hawksford & Bennett,	425, 984	Schlötke,	78	Schramek,	899
		Schlu,	267	Schecker,	378, 613
Savage,	600	Schlungbaum,	77	Schreiber,	474
Savageri (v),	845	Schluter,	636	Schreiner, A.,	845
Savary,	97bis	Schlutow,	79	» (v.),	357
Savile,	854	Schmarda,	268	Schröder,	72, 77
Sawle,	58	Schmeitzer,	324	» H.,	521
Say,	485, 536	Schmerfeld (v.),	288	» L.,	20
Scarbrough,	786	Schmeykal, F.,	636, 701, 899	Schroder, E.,	345
Scarth,	862	» H.,	701	Schrodter,	105
Schacher,		Schmid,	78	Schroeder,	670
Schaeffer,	733	» A.,	266	» D. A.,	20
Schaeffler,	369	» (v.),	714	Schroff,	157
Schaffer,	288	Schmidt,	76, 290, 321, 353, 537,	Schröter,	282, 746
» D.,	721		538, 760	Schtschepetoff,	49
» F.,	327	» A.,	20	Schubart,	807
Schaftner,	409	» C. A.,	294	Schübber,	18
Schambach,	874	» C. J.,	721	Schubert,	76, 538
Scharff,	433	» H.,	283, 345	» A.,	716
Scharinger,	721	» N. O. H,	413	» (v.),	277
Scharmer,	20	» W.,	607	Schucht,	78
Scheer,	20	Schmitz,	105	Schulenburg,	288
Scheerbarth,	207	» O.,	409	Schüler, J.,	327

Schüler, J. F.,	845	Semenza,	777	Shuttleworth,	574
Schull,	897	Semper,	20, 711	Sidler, A.,	621 bis
Schuller,	292	Semprum,	638	» E.,	348
Schulthess-Meiss,	642	Semsch,	421	Sieber,	347
Schultz,	282, 288	Sencier,	539 bis	Siebold,	296, 353, 409
Schulz,	18, 541	Senftleben,	290	Siegert,	74
Schulze,	78, 472, 551, 668	Senhouse,	559	Siegfried,	161, 621 bis
» J. C.,	294	Sensen,	459	Siegmund (v.),	645, 725
» M.,	644	Senzeilles (de)	60, 720	Siehr,	79
Schupp,	352	Septier,	17	Siemens,	78
Schüss,	29	Sepulveda,	988	Siemsen,	847
Schuster, F.,	283	Seren,	389	Siemssen,	526
» P.,	284	Serjeant & Son, F. R.,	727	Sierra y Cardenas,	638
» -Burckhardt,	428	» -Gaselee,	510	Sillies,	290
Schwabach,	74	Serres (de),	283	Sim,	964
Schwabe,	551, 668	Serrure,	581	Siman,	905
Schwamborn,	74	Sers (de),	369	Simas (de),	710
Schwarz, A.,	721	Servadio,	348, 747	Simbschen (v.),	164
« F.,	645, 701	Sessler,	428	Simette,	932
Schwarze, •	105	Seumé (de),	108, 930	Simms,	51
Schwarzenberg (v.),	268, 874	Seuten v. Lötzen,	268	Simon,	77, 168, 581, 714, 780
Schwedeler,	20	Sevène,	690		807, 847, 875, 932
Schweidnitz-Crayn (v.),	105	Sevenoaks,	254	» G,	875
Schweigert,	41	Severn,	477	» L,	77
Schweigl,	474	Sewell,	152	» y Peray,	56
Schweineberg,	759	Sexauer,	352	Simpson, A.,	341
Schweitzer,	711	Seydel,	18	» G.,	652
Schweizer, F. et M.,	348	Seydewitz (v.),	76	» L.,	258, 358, 517, 810
» J,	642	Seydler,	746		885
Schwencke,	288	Seydlitz,	542	» W. H.,	38
Schwenk,	267	» H.,	9	» (v.),	847, 875
Schwerin, A.,	746	» J.,	189	Simson,	18, 78
» (v.),	847	Seyfferth,	472, 668	Sinclair,	363
Schwinn,	904	Seylert,	613	» J. A.,	218
Schy-Schlesinger,	670	Seymour, A,	512	Singer,	872
Sclanders,	313	» H. D.,	772	Sinnek,	157
Scott, A.,	58, 510	Seyschab,	421	s' Jacob, F.,	293
» H.,	602, 653	Shand, A.,	548, 775	» J. C,	732
» J. J. F.,	166	» J. B.,	737	Sjogren,	621
» T.,	250	Sharp, H. P.,	160, 918	Sjöstedt,	403
» T. G.,	343	» R.,	533	Skalweit,	378
» W.,	364	» W.,	839	Skelmersdale,	423
» W. G.,	171	Sharpley,	523	Skibstedt,	787
Scotter,	548	Shaw, E.,	560	Skipworth,	509
Scotti,	551	» J.,	364, 968	Sladen,	980
Seafield (of),	402	» T.,	903	Sladkowski,	164
Sedgefield,	3	» W.,	234	Slaney,	953
Sedgwick,	195	» W. H.,	258, 885	Slarke,	146
Sedlacek,	157	Shee y Saavedra,	638	Slater,	57
Sedlmayer,	277	Sheill,	140	Slawkowitsch,	49
Seeböck,	267	Sheldon,	650	Slessor,	819
Seebohm,	754	Shelford,	522	Small,	139, 140
Seebold,	72	Shelly,	48	Smedley,	694
Seeliger,	123	Sheppard,	588	Smee,	657
Seels,	937	Sherriff,	68, 200, 394, 438, 547	Smellie,	559
Seering,	76, 378		575, 694, 699, 981	Smiles,	654
Seghers,	542	Sheward,	424, 425, 509, 960	Smiley,	154
Segré,	747, 777		979	Smith, C. G.,	254
Seibert,	540	Shield,	166	» C. H.,	852
Seifert,	670	Shilson,	519	» E.,	595, 798
Seiler,	121	Shipley Ellis,	885	» G.,	154, 507, 659
» -Hoff,	121	Shirley,	147	» G. F.,	58, 240, 604, 622
Seiller (de),	283	» T.,	762	» G. K.,	236
Sellden,	965	Shirtcliff,	978	» J. C.,	243
Sellier,	758	Short,	411	» J. H.,	737
Selwig,	123	Shorthouse,	529	» J. S.,	187

— 150 a. —

Smith, M.,	509	Spooner,	310, 661	Stephens,	942
» P.,	43, 506	Spowart,	250	» A.,	945
» R.,	59, 827	Sprenger,	668	» J. P.,	110
» T.,	630	Spruyt,	351	Stephenson, G.,	654
» T. C.,	556	Spyer,	948	» R.,	490
» T. G.,	544	Squarey,	770	» W. H.,	785
» W., 110, 343, 509, 654, 958		Squilbin,	351	» W. P.,	695, 737
» Mortimer,	510	Staats Forbes,	732	Stepinski,	504
» Roberts et Paul,	199	» » J.,	513	Stern,	4, 474
Smithells,	139	Staberow,	780	Sternberg,	733
Smits,	351	Stachlin-Buckner,	744	Sterzing,	874
Smyth, T. J.,	587	Stackfleth,	78	Stettershom,	150
» W.,	50	Stacpoole, R.,	490	Stetter,	746
Snell,	92, 510, 960	» W.,	271	Steutter,	645
Snellgrove,	273, 425	Staempfli,	121, 428	Stevens, A.,	444
Soahn,	965	Stafford,	418	» J.,	856
Sochor v. Friederichsthal,	164	Stahl (v.),	721	Stevenson, D.,	509
Sociaz,	543	Stahr,	77	» J.,	672
Soete,	285	Stainforth,	387	» W.,	80
Sooheele,	538	Stair (of),	709	Steward, A. B.,	969
Sohier,	156	Staley,	209	» F. J.,	512
Sohwarze,	105	Stallard, J.,	981	Steward, Rule, & Burns, 226, 402	
Solacroup,	156, 690	» T. B.,	476, 477, 981	Stewart,	67
Soler y Perez,	191	Stambke,	72	» A.,	657
Solly-Flood,	944	Stané,	701	» A. H.,	516
Sollykich,	934	Stanek,	421	» A. J. R. et J. V.,	481
Solms-Sonnewalde,	378	Stanhope,	411	» C.,	154
Sombart,	289	Stansfeld,	257	» C. A. W.,	903
Somerville,	420	Stanton, G.,	805	» J.,	346, 366, 960
Sommaruga, (v.),	421	» T.,	447	» M. J.,	709
Sommer,	9, 351	Stanyforth,	887	» R. H. J.,	974
Sommerville,	697	Staples,	664	Steyer,	904
Somody,	292	Stappenbeck,	670	Stieltjes,	293
Somoff,	464	Starck (v.),	701	Stileman,	114, 144, 329, 756
Somogyi (v.),	716	Starczewski,	474	Stimm,	352
Sondhaus,	874	Staring,	293	Stirbey,	752
Sonnino,	747	Starkey,	358, 978	Stirling, C. C. G.,	88
Sora,	543	Starling,	118, 582	» J.,	178, 319, 320, 339, 652, 653
Sörensen,	555	Startz,	733	» P.,	360
Sotomayor,	638	Stastny,	252	Stirner,	33
Soto y Lavaggi,	800	Staudinger,	290	Stjérmschantz,	287
Soubeyran (de),	643	Stauffer,	428	Stoate,	961
Soumar,	872	Steckner,	874	Stobart,	418
Southall,	476	Steele, H.,	688	Stöber,	780
Spada,	747	» R.,	659	Stocker, E.,	628, 764
Spaight,	490	Steffens,	538	»	348
Spain,	629	Stegmeyer,	399	Stockhausen,	283
Spängler,	421	Stehlin,	348	Stockwood,	205
Spankeren (v),	733	Steiger,	715	Stoclet, A., 27, 278, 351, 398, 897	
Spark, H. K.,	571	Steigerthal,	123	» V.,	351
» W. P.,	879	Stein,	79	Stoebe,	759
Sparre,	403	» (v.),	421	Stojanow,	440
Sparrow,	944	» (v.), H.,	743	Stokert (v.),	207
Speck, C.,	904	Steiner,	428	Stokes,	589
» T. S.,	577	Steinfelder,	645	» F.,	810
Spedding,	183	Steingl,	750	Stoll,	348, 642
Spence,	763	Steinglein,	277	Stolle, J.,	641
Spencer, J.,	141, 785	Steingraber,	645	Stolyhwo,	940
» L. C.,	958	Steinhart,	421	Stone,	973
» T.,	785	Steinmann,	169	Stoninski,	474
» W.,	12	Stelzer,	18	Stopford-Blair,	709
Spicer,	544	Stenglin (v.),	77	Stoppel,	20
Spiegeler,	296	Stenström,	287	Storch,	292
Spielhagen,	288, 758	Stepham,	79	Storen,	235
Spinelli,	569	Stephen, 81, 124, 509, 657, 915, 959, 979		Storey,	481
Spitz,	641				

Storm v. 's Gravesande,	293	Swansthöm,	555	Tennant, R.,	171, 360, 377, 471
Stösger,	74	Swanwick,	856	Tenne,	353
Stouts-Sloot,	293	Swarbrick,	358, 885	Tennenbaum,	267
Stower Hewett,	749	Swatridge,	110	Tenré,	678
Strache,	645	Swayne,	819	Tentor,	192
Strachwitz,	686	Swettenhan,	917	Terreira dos Santos E Silva,	710
Stradiot,	421	Swoboda,	421	Terrell,	116
Strang,	132, 366	Sybel (v.),	733	Terwagne,	485
Stratemeyer,	289	Symon,	652	Tesch,	278, 351, 398
Strebel,	733	Synnott,	942	Teubner,	294
Strick,	852	Szacsvay (v.),	641	Teuffel (v.),	353
» C. H.,	294	Szahlender,	716	Tex (den),	293
Strobandt,	229	Szalay (v.),	934	Textor,	288
Strode,	582	Szápáry,	872	Tham,	484
Strokirch,	403	Szarvassy,	292	Theobald,	188, 240, 318, 622, 650, 827, 963
Strömberg,	287	Szczepanowski,	33		
Stroudley,	511	Szésen,	283	Théry-Aimé,	5
Strousberg,	847	Szirmay (v.),	715	» -Watissé,	5
Struve,	525	Szkalka,	292	Thiebaut,	285
Stuart, S.,	363	Szlumper,	147, 547, 694, 970	Thielen,	288, 733
» W.,	693	Szmekál,	292	Thienne,	168
Stubbs,	706	Sztáray,	715	Thiesseng,	324
Studdert,	271	Sztrelko,	292	Thimbleby,	829
Studer,	266	Szücs,	641	Thiriar,	285
Stummer, L.,	157	Taaffe,	194	Thiry,	285
» (v.), A.,	684	Tabcau,	267	Thoinnet de la Turmelière,	690
» (v.), C. A.,	931	Tacke,	290	Thomas, C. E.,	941, 957
» v. Traunfels,	164, 267	Taeger,	541	» G., 112, 397, 541, 854, 957
Stündeck,	290	Tahourdin,	130, 503		
Stürcke,	874	Tainin,	396	» G. F.,	560
Sturm, E.,	327	Talabot,	691	» J.,	877
» V.,	347, 904	» P.,	845	» J. H.,	626
Stute,	538	Talbot, C. R. M.,	365	» J. S,	556
Stutz, H.,	621bis	» G. G. C.,	255	» W.,	104, 499
»	352	Talhouet-Roy (de),	690	» W. H.,	200
Suarez,	465	Talke,	875	Thomassin (de),	685
Subivan,	988	Talleau,	685	Thomé,	760
Suermondt,	485	Tallgvist,	287	Thommen,	685
Suffield,	258	Tamarit de Plaza,	855	Thompson, A. G.,	183, 818
Sugden,	434	Tandy,	941	» E. H.,	903
Sugrue,	197	Tapezierér,	41	» G.,	139, 364
Sulger, A.,	161, 348	Tarault,	94	» J.,	139
» J.,	884	Tardieu,	192	» M. W.,	339, 583
Sulikowski,	940	Tarducci,	747	» P.,	183, 377, 460
Sumerecker,	474	Tarrant,	943, 945	» R.,	418, 862
Sundin, A. T.,	555	Tarry,	499	» S.,	973
» C. A.,	151	Tasca,	389, 845	» S. H.,	660
Suguet,	691	Taubman,	423	» W., 446, 655, 833, 903
Sureda,	543	Tayler,	402	Thompsons,	833
Surell,	581	Taylor, D.,	509	Thomson,	364
Sürlh,	189	» G. C.,	376	Thon,	954bis
Susemihl,	79	» H. T.,	273	» (v.),	520
Sussmann,	538	» J., 68, 139, 272, 299, 501, 580, 830	t' Hooft, v. Benthuyse,	27
Suter,	642			Thorel,	685
Sutherland, F.,	981	» J. O. & Son,	258	Thorley,	460
» J.,	806	» T.,	948	Thorn,	151
» (of),	402, 423, 509, 805	» T. T.,	116	Thornburn,	693
		» W.,	131	Thornhill,	977
Sutter (v.),	277	Tchorznicki,	474	Thouin,	643
Sutton,	720, 794	Tedesco,	645	Throckmorton,	223
» W.,	509	Teisserenc de Bort,	536	Thuilleaux,	280
» & Ommaney,	983	Tellkampf,	20	Thud-Hohenstein (v.),	714
Svenson,	965	Temple,	104	Thune,	787
Svensson, A. S.,	95	Templetown,	67, 154	Thuneberg,	287
» C. E.,	95, 151, 965	Tempsky,	133	Thurneyssen,	581
Swan,	317	Tennant, H.,	654	Thurn-Valle-Sassina,	268

Thurstan,	509	Tredern (de),	539bis	Ulbright,	294
Tidswell,	654	Tredwell,	582	Uldershaw,	128
Tiedeman (v.),	552	Treffry,	200	Ulens,	897
Tielens,	9	Trenk de Tonder,	283	Ulilfers,	721
Tietgen,	459	Tretbewy,	764	Ulhmann,	77
Tietze,	105	Trevelyam,	786	Ulloa,	536
Tighe,	493, 942	Trevithick,	423	Ulrich,	18, 327, 541, 642
Tilleard,	59, 397	Trevor,	466	Umpfenbach,	874
Tilp,	268	Trewhella,	729	Underdown, R. D.,	672
Timmerman,	634	Trezzi,	569	» R. G.,	548
Tinne,	285	Tribe, 112, 114, 502, 600, 854		Underhill, G. L. et H.	979
Tinti (v.),	972	Trinder,	629	Unger (v.),	538
Tipping, 68, 124, 126, 216, 509, 657		Trinks,	954bis	Unwin,	834
		Tripet,	848	Urban,	551, 807
Tipula (v.),	433	Tripp,	796	» J. et M.,	351
Titze,	701	Triscott,	519, 628	Urbanides,	421
T'Kint de Roodenbeke,	278	Troilius,	295	Uriguen (de),	803
Tobler,	901	Troitski,	525	Urményi (d'),	686
Tod,	693	Trommer,	18	Urquhart, A.,	604
Todesco, A.,	684	Tross,	352	» R ,	313
» H.,	686	Trotter, E.,	447	Urquijo (de),	536
» (v.) E.,	164, 267	» H. J.,	358, 652	Ursinus	289
Tolentino (de),	646	Trouchon,	353	Ursprung, A.,	164
Toler,	590	Trubert,	691	Urwin,	654
Tolmé, J. H., 84, 376, 385, 580, 706, 713, 830, 968		Trubertskoi,	880	Usborne,	490
		Trunin,	247	Usener,	289
Tolmé, J. M.,	627	Trybom,	484	Ussow,	739
Tolnay (v.),	292	Tschavoll (v.),	931	Utermann,	541
Tölsche,	537	Tschihatscheff,	669	Uthemann,	541
Tomkinson,	556	Tschinkel,	252	Utley,	377
Tomlinson,	574	Tschirskky-Bogendorf,	294	Uytwerf-Sterling,	732
Tommasini,	747	Tschischow,	607, 608	Vacheron,	97
Toogood,	706, 819, 863	Tschögel,	30	Valentine, J. S.,	264, 873, 949
Topelmann,	294	Tschögl,	14	» T.,	48
Topète,	988	Tubbs,	506	» W., 48, 66, 67, 69, 154
Topp,	604	Tucker,	125	Valenziani,	747
Torp,	176	Tuckett,	651	Valero y Soto,	646
Torre (de la),	638	Tuggener,	901	Valle,	192
Torrens,	67, 154	Tugwell,	73	Vallotton,	848
Torres y Venecia,	859bis	Tull,	7	Valon,	691
Torronteras,	562	Turle,	963	Van Berchem,	542
Toth,	641	Turnbell,	781	Van Beuningen,	159
Tothill,	600	Turnbull,	80	Van Blarenberghe,	280
Tottenham, 203, 501, 914		Turner,	78	Van Cantfort,	542
Touchard,	280	»	421	Vance, S.,	234
Touneblach,	431	» C., 171, 360, 548, 550		» T.,	194
Tour und Taxis (v.),	645	» F. T.,	211	Vandeleur,	444
Tourangin,	678	» G.,	959	Van den Berg,	293
Tournay-Stévens,	720	» J. T.,	517	Van den Bogaard,	100
Tourneux,	640	» L.,	661	Van den Bogaerde,	60
Touron,	643	Turnor,	523	Van den Bogaert,	542
Toussieng,	286	Turquand, Young & Co, 423, 918		Van den Borre,	26
Townsend,	805	Tweed, F. W.,	411	Van den Broeck,	542
Towthill,	964	Tweedy, H. J.,	188	Van den Sande,	60
Traeger,	759	» R.,	199	Van den Wall-Bake,	405
Trafford (de),	958	Twelvetrees,	360	Vandeput,	285
Tragy,	41	Tyler, G.,	113, 152, 877	Vander Elst,	9
Traill,	32	» G. H.,	737	» D. I.,	285
Trapp,	74	Tyndal,	920	Vander Goes,	293
Tratham,	519, 628	Tyrell,	9	Vander Kun,	293
Trautman,	874, 954bis	Tyrrell, E.,	222, 412	Vander Maesen,	9
Treacy,	242	» G. N.,	365	Vanderspiet,	720
Tréau,	634	Tyson,	559	Vander Straeten,	278, 398
Tredcroft,	145	Ueber,	905	Vandersweep,	285
Tredegar,	600	Uechtritz (v.),	105	Vandervliet,	405
Tredennick,	272	Uhrig,	421	Vanderzanden,	285

— 153 a. —

Vandevin, A.,	720	Versfeld,	405	Wagner,	289, 538
» F.,	60	Verwilghen,	542	» A.,	931
Vande Velde,	710	» -Goris,	26	» E.,	733
Vande Werk,	100	Vessaz,	848	» F.,	473
Vande Wynckele,	369	Vessely,	714	» G.,	428
Vanduyl,	293	Veydt,	278	» J.,	357, 421
Van Ertborn,	542	Vicary,	806	» R.,	19
Van Espen,	285	Vickers,	238, 364	Wagner v. Wagensburg,	931
Van Gelder,	159	Victor,	18	Wagstaff, 46, 203, 501, 577, 772,	
Van Geuns,	293	Vieregge,	552		914, 954
Van Gülpen,	9, 733	Vigier,	266	» -Blundell,	914, 968
Van Heukelom,	293	Vigne, H.,	225	Wahl,	14
Van Hoegaerden,	278	» J.,	656	Wainwright, H. M.,	144
Van Hooff,	293	Vignes,	678	» W. J.,	339, 604
Van Kerkwyk,	27	Vignier,	685	Waite, H.,	57
Vanlangenhove,	285	Vignoles, C.,	242	» J.,	81, 959
Van Lennep,	159	» H.,	423	Wakefield,	243, 583
Van Lockhorst,	405	Vigo,	638	Walden,	918
Van Loon,	405	Vilain XIIII,	26	Waldedstrom,	985
Van Meerbeke,	387	Vilardebó,	776	Waldert,	701, 899
van Naamen v. Eemmes,	159	Villa-Alcázar (de),	561	Waldhausen,	733
Van Nieuwkuyck,	285	Villahermosa (de),	777	Waldron,	243, 587
Van Rossem,	100	Villamarin,	776	Waldstein,	872
Vans Agnew,	974	Villaneuva y Martinez,	855	» v. Wartemberg, E., 636,	
Van Snick,	285	Villaronga,	638		899
Van Volxem,	278	Villeneuve de),	369	» v. » J.,	715
Van Vyve,	332	Villers de Pité de),	9, 293	Wales,	183
Varady (v.),	716	Villiers (de),	678	Walker, A.,	143, 963
Vargas (de),	193	Vilmot,	97bis	» C.,	796
Varrentrapp,	521	Vinchent,	285	» G.,	377, 829
Vaughan, E.,	39, 942	Vinent y Vives (de),	561	» H.,	626
» G. L.,	166	Vioget,	808	» H. W.,	224
» J.,	311	Vischer,	161	» I. D.,	909
» J. F.,	749	Vismara,	389	» J.,	261, 518, 652
» J. L.,	509	Vitoria,	893	» J. W.,	211, 499
» T.,	317	Visard,	749	» R. R.,	171
Vaugrigneuse (de),	690	Vockrodt.	288	» T.,	250
Vaulchier (de),	691	Voegeli-Bodmer,	901	» W.,	363, 544
Vauthey,	469	Vogt	105	Walkstein (v.),	847
Vautier,	485	Volckmar, E. et H.,	20	Wall,	112
Vauvillier,	710	»	18	Wallace, D.,	753
Vay,	715	Volk,	954bis	» W. N.,	69
Vehill,	356	Volkart,	905	» & Co.,	66, 234
Veidinger,	686	Voorhoeve,	100	Wallenrodt,	711
Velde,	289	Voss,	290, 538	Waller, J. F.,	243
Velin,	932	Voué,	285	» R.,	516
Venables,	507, 517	Vougy (de),	369	Wallerand,	640
Veneau,	929	Vrints,	268	Wallut,	747
Venn,	318	Vrolik,	293	Walmsley Stanley,	160
Venning,	941	Vuillemain,	643	Walpole,	984
Ventry,	155, 442	Vuitry,	156, 354, 691	Walrond,	213, 300
Verderber,	292	Vulfran-Mollet,	640, 679, 720	Walsh,	918
Verdon,	238	Wachenfeld,	733	Walshe,	578
Verdurmen,	542	Wachsmann,	292	Walter,	106
Verest,	542	Wachsmulh,	133, 899	» A.,	292
Vereterra,	465	Wachsmuth,	41, 357	» T.,	20
Vergnes,	163	Wachter,	875	Wangenheim (v.),	874
Vergnol,	163	Wachtmeister,	151	Wanklyn, 185, 359, 365, 705, 960	
Verhoesen,	159	Wachulski,	940	Wanner,	348
Verhoop,	293	Waddell,	261	Ward, F. R.,	141
Verloop,	732	» J.,	104, 376, 385	» H.,	139, 509
Vernes,	643	» W.,	376, 385	» J.,	184
Verney, H.,	43, 126	Waddy,	258, 885	» J. E.,	587
» E. H.,	43	Wade,	588, 597, 713	» R. J.,	73, 556, 966
Vernhette,	489, 920	Wagemann,	551	» T. M.,	365, 802
Vernon,	364	Waghorn,	199	Wardell,	571

Wardruschka,	268	Weir, J.,	262	Whiteford,		823
Wargunin,	665	» T. F.,	697	Whitehead,		240
Waring, C.,	438, 699, 706, 819	Weise,	105, 289	Whitelaw,		753
» G.,	819	» J.,	211	Whitley,		434
» H.,	438, 584, 663, 699	Weis v. Weissenhall,	684, 716,	Whittington,	240,	622
» W.,	438, 584, 663, 699,		931	Whittle,		109
	776, 819	Weiss,	268, 551, 780	Witton,		139
Warmbrunn.,	105	» C.,	357, 872	Whitwell Pease,		654
Warner,	166	» E. et T.,	642	Whyte, A. B.,	4,	218
Warnes,	564	» J et N.,	715	» W		435
Warnstedt (v.),	296	Weissel, J.,	164, 430, 684	» W. P.,		757
Warren, D.,	515	» L.,	714	Wiardi-Beckman,		293
» J.,	730	Weissenbach,	161	Wiart,		678
» R.,	239, 587, 655	Weisveiller,	536	Wicher,		711
Warrington,	470, 781	Weizzäcker,	291	Wickhoff,		721
Warschaftky,	755, 930	Welck (v.),	668	Widdowson,		809
Warter, H. D.,	513	Weldon,	966	Widmann-Sedlnitzky,		645
» J.,	814	Welles de La Valette,	685	Wiebe,		105
Waru (de),	354, 690	Wells Owen,	166	Wieczorek,		106
Wasowicz,	940	Wenck,	787	Wiedenfeld,		74
Wassali,	621 bis	Wendelstadt,	348, 733	Wiederspan,		641
Wassastjerna,	287	Wendland,	847	Wieland,	320, 652,	653
Waterhouse, E.,	509, 577	Wendler,	18	Wiener (v.),		845
» S.,	360, 377, 962	Wendrich,	49	Wierrbicki,		474
Waterlow,	513	Weninger (v.),	30	Wiesenbach,		399
Watier,	167	Wenke,	645	Wieser,		421
Watkin,	171, 216, 550, 574, 672	Wennérus,	484	Wiggin,		85
Watkins, E. W.,	548, 809	Werchan,	551	Wiggins,		948
» R.,	499	Werdmüller,	901	Wigram,		657
Watson, A. J.,	88	Werker,	732	Wilckens,		76
» F.,	903	Werlé,	280	Wild,	642,	758
Watt, A.,	604	Werner,	74	» -Sulsberger,		905
» R. J.,	188	» C.,	645	» -Wirth,		901
Wattine,	640	» F.,	521	Wilde,		668
Watts, H.,	661	Wernich,	105	» A.,		787
» J.,	548	Werth,	324	Wilding,		588
Waugh,	183	Wertheim,	293	» W.,		86
Wauters,	542	Wertheimistein,	267	Wildy,		84
» E.,	485	Wertheimstein,	684	Wilhelm,		645
Wavell, Philbrick & Foster,	377	Wessely,	421	Wilke,		552
Waver,	285	West,	810	Wilkens,		78
Waydelin,	636, 899	» G.,	691	» A. D.,		123
Weall,	386	» R.,	981	Wilkie,		482
Weatherly,	114	» W.,	519, 628	Wilkin,		832
Weaver,	141	Westermayer,	715	Wilkins,	376,	385
Webb, F. W.,	509	Westerwoudt,	405	Wilkinson,		258
» L.,	977	Westhofen,	904	» C. N,		654
» R. F.,	625	Westland (v.),	357	» G. B.,		839
Weber,	168, 387, 428, 644, 711,	Westphal,	77, 378, 670	» J.,	52,	358
	904	Westphalen,	290	» R. S.,		664
» C.,	489	Westwood, E.,	978	» R. T.,		418
» D. et H.,	105	Wethered, H.,	624	Williams,	203,	501
» G.,	526	» O. P.,	359	» C. H.,	265,	854
» J.,	348, 744	Wetter-Müller,	905	» E. A.,	476,	477
» R.,	169	Wettermarll,	965	» F. M.,		199
Weck-Reynold (de),	808, 848	Wettstein (v.),	268	» G.,		205
Wedding,	77	Weyermann,	428	» G. C,	263,	265
Wedemeyer,	77, 288	Whaley,	917	» J.,	3, 110, 583,	734
Wegener,	20	Whalley,	86	» J. A.,		85
Weguelin,	160, 280	Wharncliffe,	548, 962	» J. W. H.,	195, 728,	814
Wehle,	874	Wheatcroft,	209	» R. W.,		265
Wehrmann,	72, 123	Wheeler,	110	» S. C. E. et E.,		980
Weid (v. d.),	848	Whetham,	515, 517, 578, 589,	» W.,	560,	941
Weiermüller,	642		941	Williamson,	43, 325, 589,	590
Weikard,	904	White, H.,	945	Willis, G.,		945
Weiler,	483	» J.,	786	Wilner,		721

— 155 a. —

Wills,		112	Wollheim,	20	Young, J. M.,		946
Willyams,		628	Wolski,	33	Young, Maples, Teesdale		
Wilmanns,		288	Wolston,	879	& C°		365
Wilmart, L.,	60,	720	Wood, A.,	365, 945	Ysenburg-Büdingen, F.,		399
» O.,		60	» B.,	866	Ysselstein (v),		290
Wilson, A.,	319,	776	» C. A.,	12, 81, 185, 624,	Zabala (de), M.,		893
» C. H.,		654		705, 942, 959	Zaborowski,		940
» E., 52, 258, 574,	575,		» E.,	509	Zachrisson, F. R.,		95
	705,	981	» G.,	377, 460	Zander, A.,		357
» F. M.,		130	» G. W.,	812	Zahorszky, K.,		292
» G.,		200	» J.,	183, 482	Zahringer,		348
» I.,	183,	654	» J. G.,	178, 481	Zajicek,		421
» W.,		43	» J. S.,	286	Zakrzewski,		940
» & Son,		522	» W.,	261	Zapóry (v.), F. R.,		33
» Bristow & Carpmael,		257	Woodhouse, H ,	509, 550	Zawadil, F.,		164
Wilton,		946	» J. T.,	145	Zeh,		760
Wiltons,		796	Woods,	827	Zehetner, F.,		931
Winberg, C.,	49,	930	Woodward,	114	Zeiner, C.,		686
» G.,	606,	739	Woolcombe,	199, 819	Zellweger-Waffler,		642
Winder,		903	Woolley,	141	Zelniczek, J.,		421
Windhorn,		613	Woosman,	917	Zeltner,		720
Windmüller,		635	Woremser,	26	Zenke,		79
Windsor-Clive,		695	Worm,	780	Zerbst,		758
Wingate,		319	Worthington, G. S.,	695	Zetsche, F.,		596
Winkler,		884	» S. B.,	509	Zichy, E.,		686
Winn,	522,	887	Wortmann,	189	» H.,	30, 283,	872
Winterstein,		746	Wottitz,	421	» J.,		934
» (v.),		267	Woyer,	164	Zieger, C. E.,		294
Wintle,		795	Wrede,	288, 291	Ziegler,		352
Winton (de),		104	Wrench, F.,	422	» F.,		872
Wintzingerode (v.),		189	Wretham, C.,	507	» G.,		642
Wirth,		905	Wright,	318	» T.,		621 bis
Wisgrill,		684	» H L.,	950	Ziehen,		288
Wissocq (de),		643	» J.,	209, 823	Zielinski, D ,		940
Witham,		862	» R.,	732	Ziemann,		874
Withers, J.,		304	Wuine, F.,	720	Ziembicki, M.,		33
» R.,	548, 550,	962	Wülfing, F. H.,	123	Ziffer, E. A.,		474
Witt,		670	Wulfsheim,	711	Zifferer, D.,		33
Witte,	72,	79	Wurfbain, A. L.,	293	Zillesen, F. C.,		742
Wittenberg,		351	Würich,	291	Zillessen,		538
Wittgenstein (v.),		189	Würmli, J. R.,	884	Zimmer,		352
Wittich,		551	Wurstenberg,	100	Zimmerli, J.,		621 bis
Wittmann,		168	Würth,	352	Zimmermann,		321
» J. F. M.,		285	Wurthenson (v.),	161	Zingg. J.,		348
Wittwer,		848	Wyatt, O. A.,	600, 186	Zino, B.,		389
Wobeser,		74	Wyder,	121	Zitowitch,		464
Wodianer (v.), B.,		716	Wyld, G.,	577	Zittel,		352
» (v.), M.,	283,	872	» J.,	91	Zobel,		521
Wodzicki,		164	Wyllie Guild, J.,	652	Zollingen, F.,		642
Woelfel,	76,	378	Wyndham, P.,	183	Zschille,		168
Wohler,		18	Wynn, W. W,	46, 365, 501	Zschokke, O.,	430,	744
Wojtechowsky,		421	Wynne, H.,	944	Zsedényi (v.) E.,		872
Wokaun,		357	» T.,	830	Züblin,		905
Wolf,	123,	352	Wythes, G.,	160	Zucker, J.,		281
» C. H.,		904	» G. E.,	184, 511	Zuikermandel,		296
» (v.), A.,		252	Yarmouth (of),	12	Zuliani, G ,		389
Wolff, 18, 77, 78, 79, 353,		644	Yates,	460	Zunterer, F.,		636
	780,	940	Yeaman, J.,	320	Zuppinger-Zollinger, H ,		901
» H.,	74,	296	Yelverton, W. H.,	970	Zurhelle, A.,		9
» W.,		74	Yirasch, A.,	164	Zurich, H.,		351
Wolffersdorf (v.),		644	Young,	756	Zwaan (de) N.,		293
Wolffhügel,		18	Young, A, 82, 68, 222, 412, 623,	762	Zwereff (de C.,		930
Wolfrum,		41	» F.,	852	Zwez,		79
Wolfs,		78	» G.,	424, 756, 852	Zwiacher,		428
Wolkhonsky,		930	» H.,	224	Zwicker,		74
Wollanke,		78	» J.,	67, 143, 319	Zwinz, F.,		281

JOWA, DELHEID & Cᴵᴱ
MAITRES DE FORGES
A LIÉGE (Belgique)

Toitures en tôles galvanisées, ondulées; toitures en tôles galvanisées, ondulées et cintrées, sans charpente. — Tôles galvanisées, ondulées pour tabliers de ponts, planchers de fabriques, etc. — Fil de fer galvanisé pour télégraphes, clôtures, etc ; fers galvanisés, tuyaux d'aérage, conduites d'eau, chenaux, châssis de fenêtres, feuillards, cercles de tonneaux, câbles, rivets, clous, articles de chaudronnerie, etc. — Matériel pour télégraphes. Galvanisation à Façon.

FERRO-MANGANÈSE

La Compagnie Anonyme de *Commentry-Fourchambault* est en mesure de livrer du ferro-manganèse en telle quantité qu'on voudra et à toutes les teneurs en manganèse jusqu'à 55 %.

Adresser les demandes au Directeur des Hauts-Fourneaux de Montluçon (Allier) France.

F. DOEHL & Cᵒ
Speditions-Commissions und Incasso-Geschäft
BERLIN, S.
22, Wasserthorstrasse

AVIS
AUX

Constructeurs de machines pour toutes industries et pour l'agriculture et fabricants de fournitures et accessoires pour usines et ateliers, instruments de pesage, de levage et d'arrosage, etc., etc.

Un ingénieur installe un dépôt pour tous ces articles sur la place de Bordeaux pour alimenter le Midi de la France. Pour les demandes de mises en dépôt, envoyer les catalogues et tarifs avec les conditions, à M. A. Baylac, 14, *place du Pont, Bordeaux* Labastide (*Gironde*).

COMMERCE — TRAVAUX PUBLICS

LES
CHEMINS DE FER DE L'EUROPE
EN EXPLOITATION

D'APRÈS LES DOCUMENTS OFFICIELS DES COMPAGNIES

PAR

C. L. C. HOCHSTEYN

EX-FONCTIONNAIRE DE LA DIRECTION GÉNÉRALE DES CHEMINS DE FER
DU GRAND CENTRAL BELGE

PREMIÈRE ANNÉE

BRUXELLES
IMPRIMERIE FÉLIX CALLEWAERT PÈRE
26, RUE DE L'INDUSTRIE, 26
1876

Tous Droits de Reproduction et de Traduction réservés

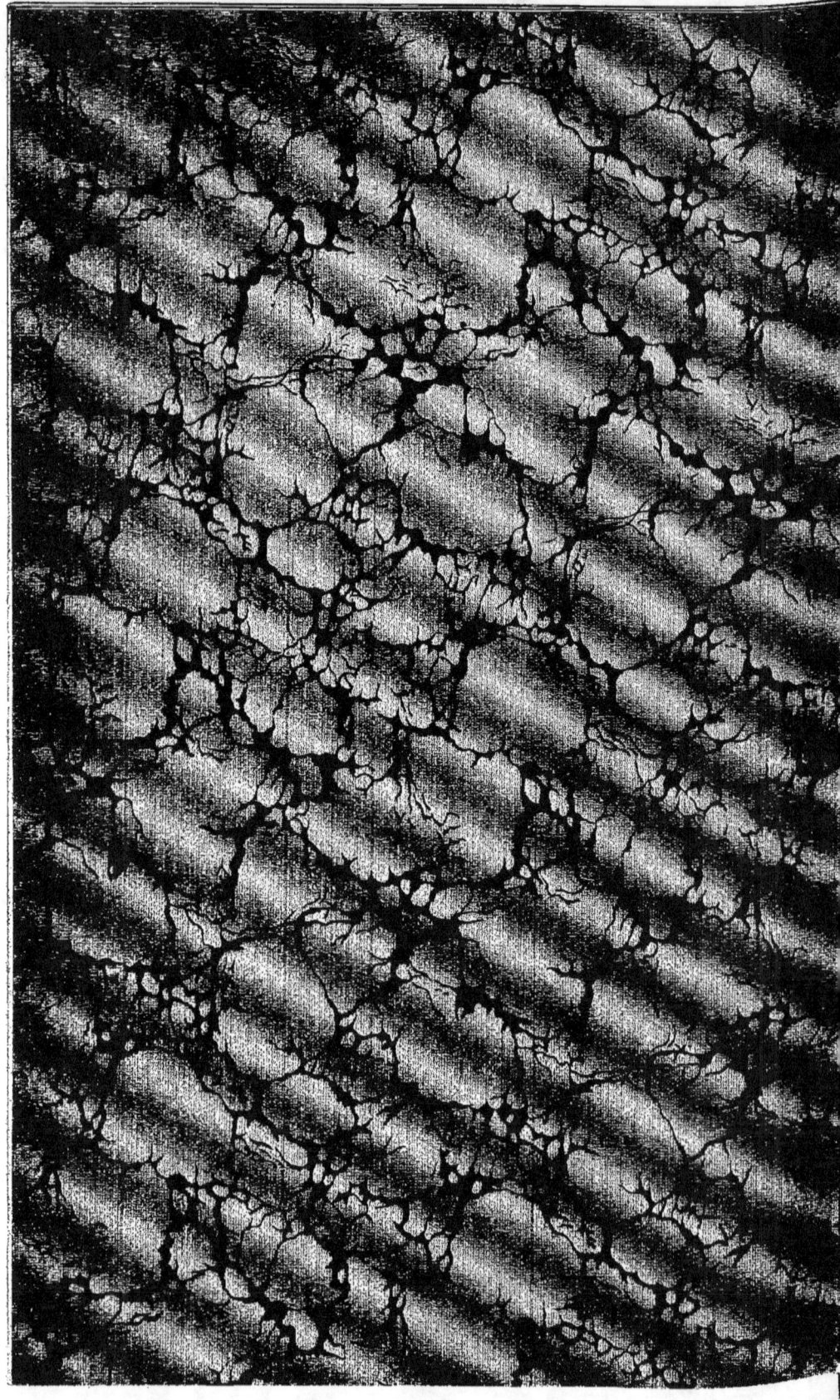

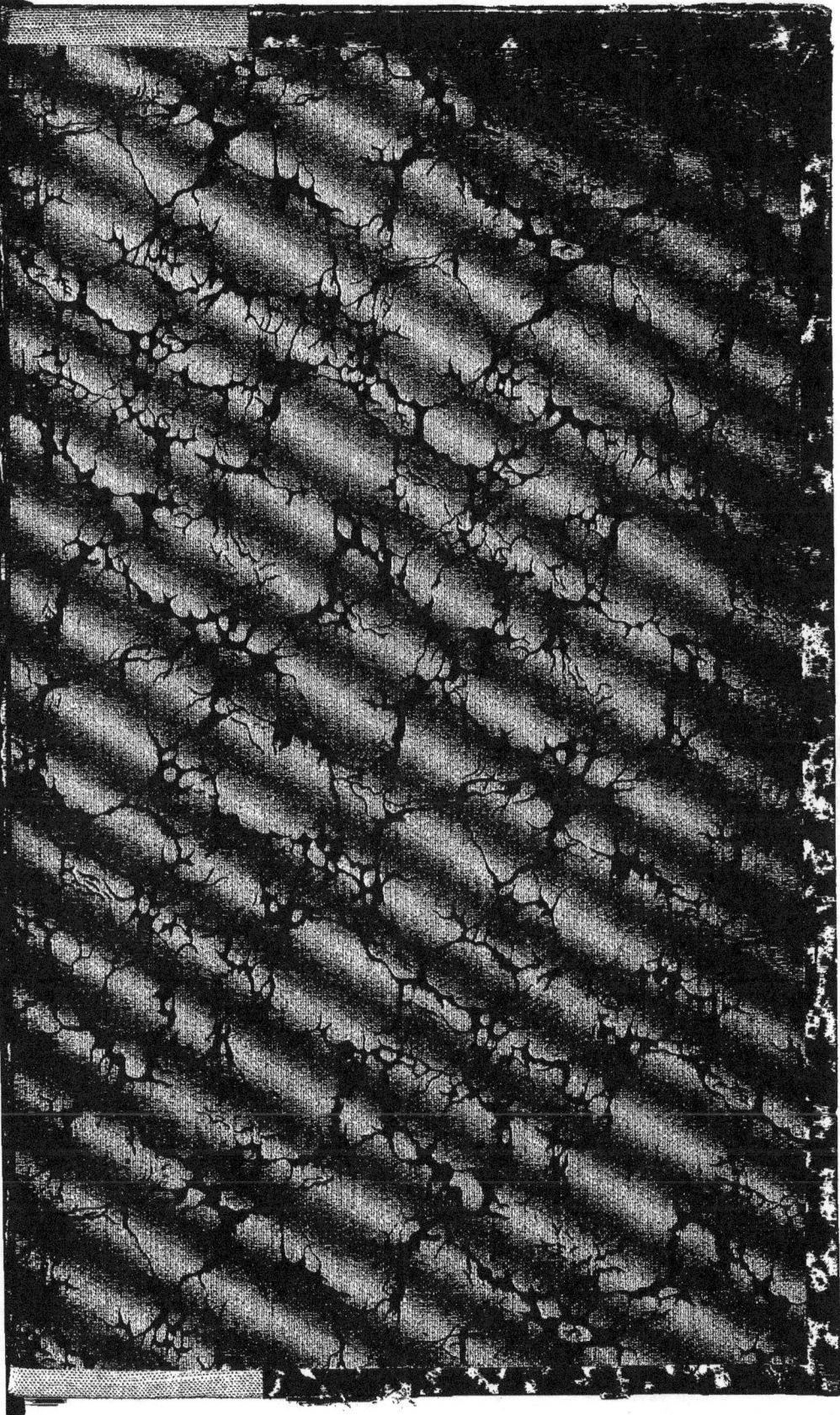

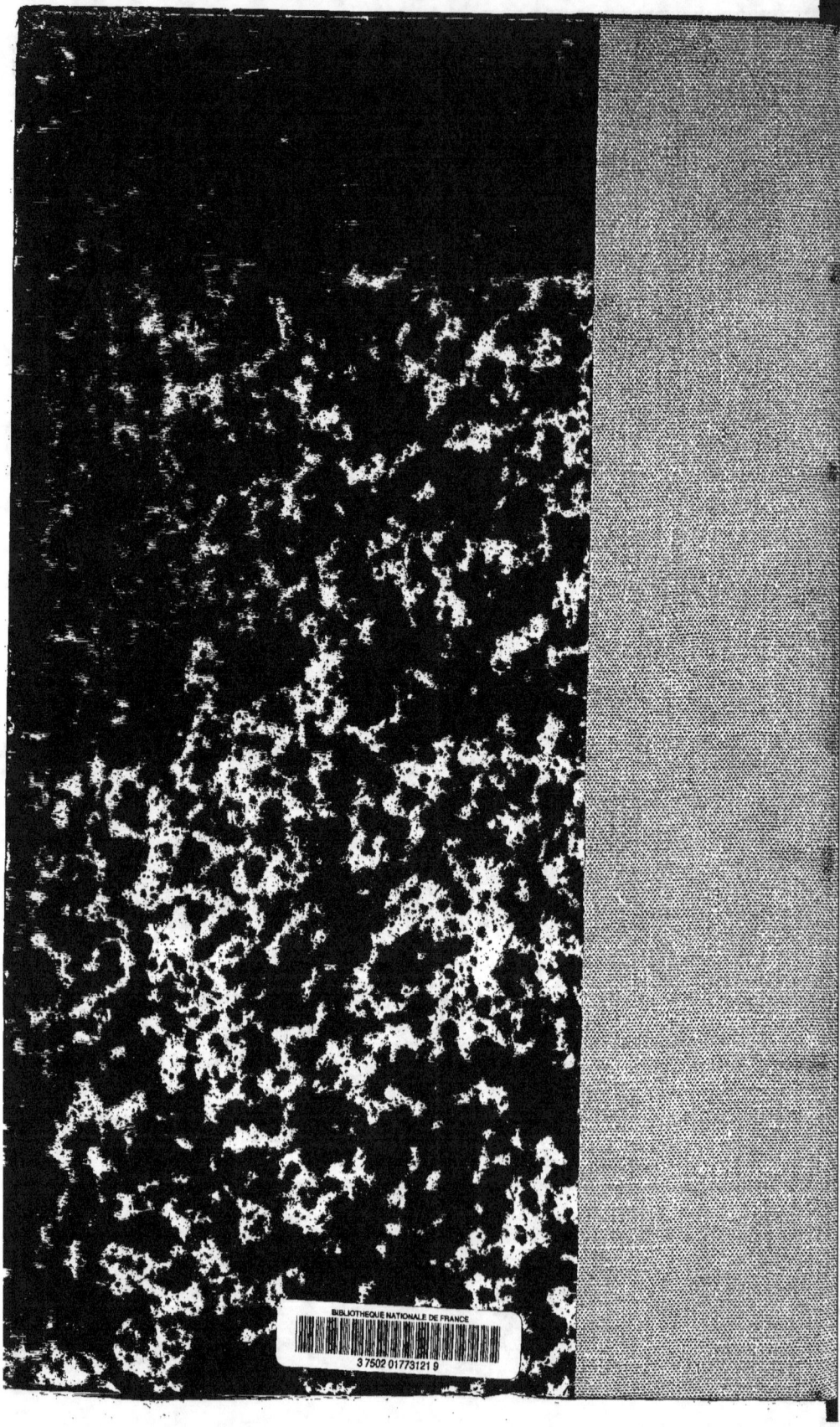

www.ingramcontent.com/pod-product-compliance
Lightning Source LLC
Chambersburg PA
CBHW070311240426
43663CB00038BA/1408